한국산업인력공단 시행 국가기술자격증

2026 최신판

필기완벽대비

청소년 상담사 3급

한방에 끝내기

미디어정훈
www.정훈에듀.com

머리말

청소년상담사 자격시험은 청소년의 정서, 인지, 행동발달을 조력하는 유일한 상담전문 국가자격시험입니다.

이 시험을 통하여 청소년상담기관인 한국청소년상담복지개발원, 시·도 청소년종합상담센터, 시·군·구 청소년상담센터를 비롯하여 청소년수련관, 청소년문화관, 사회복지관, 청소년쉼터, 청소년관련 복지시설 및 청소년업무 지원부서 등에서 청소년의 보호선도및 건전생활의 지도, 수련활동의 여건조성 장려 및 지원, 청소년단체의 육성 및 활동지원, 청소년을 위한 지역사회의 유익한 환경의 조성 및 유해 환경의 정화활동 등의 직무를 수행하는 청소년상담사들이 탄생하고 있습니다.

청소년상담사 3급은 상담 관련 분야 졸업자나 졸업 예정자 중에서 해당 과목의 필기시험에 합격하고, 상담 관련 실무경력을 거친 후 최종면접을 통해 그 자격을 성평등가족부장관에 의해 부여받게 됩니다.

필기시험의 합격률은 지난 몇년 간 다소 높아지는 추세를 보이면서, 2024년 제23회 시험에서는 합격률이 55.9%로 크게 올랐지만, 2025년 제24회 시험에서는 합격률이 30.21% 로 폭락하였습니다.

기출문제를 분석해 보면 어떤 문제는 그냥 답을 떠먹여 준다 싶을 정도로 쉬운 반면, 처음 접하는 난해한 문제도 곳곳에서 출제되어 시험장 여기저기에서 수험생의 한숨이 새어 나왔다는 후문입니다.

내년에는 어떻게 출제될지 모르지만 방대한 청소년상담사 출제범위를 고려하면 수험생 여러분은 최근 기출문제를 통해 출제경향을 꼼꼼히 파악한 후 너무 구석구석까지 파고들기 보다는 선택과 집중을 통한 반복적인 이론 학습을 통하여 시험 준비를 하는 것이 최선이라고 생각합니다.

아무쪼록 본서로 공부한 수험생 여러분들이 2026년 시험에서는 꼭 합격하고 사회에 진출해서 우리나라 상담분야에서 중추적인 역할을 하시길 간절히 기원합니다.

- JH청소년상담연구회

첫째, 최신 출제기준을 바탕으로 이해하기 쉽게 구성하였습니다.
둘째, 기출문제를 철저히 분석하여 적중예상문제를 수록하였습니다.
셋째, 시험에 자주나오는 DSM-5를 요약 정리하여 수록하였습니다.

시험안내

1. 청소년상담사 취득절차 흐름도

[주최 : 성평등가족부 | 주관 : 한국산업인력공단, 한국청소년상담복지개발원]

원서접수(한국산업인력공단) > 필기시험(한국산업인력공단) > 면접시험(한국산업인력공단) > 서류심사(한국산업인력공단) > 자격연수 및 자격증 교부(한국청소년상담복지개발원)

필기시험	원서 접수	• 청소년상담사 홈페이지(www.q-net.or.kr/site/sangdamsa)
		• 인터넷 접수만 가능
		  – 접수내용 변경은 원서접수 기간 내에 취소 후 다시 접수하여 변경
		  – 원서접수 마감 후에는 재접수 및 내용변경 불가

	합격(예정)자 발표	• 매 과목 100점 만점으로 하여 40점 이상, 전 과목 평균 60점 이상 득점한 사람 • 청소년상담사 홈페이지(www.q-net.or.kr/site/sangdamsa), ARS(1666-0100) 발표
	면접시험	• 면접시험 합격에 따른 최종합격자 : 면접위원(3인)의 평정점수 합계가 모두 15점(25점 만점) 이상을 얻은 자(다만, 면접위원의 과반수가 어느 하나의 평가사항에 대하여 1점으로 평정한 때에는 평정점수 합계와 상관없이 불합격 처리함) • 청소년상담사 홈페이지(www.q-net.or.kr/site/sangdamsa), ARS(1666-0100) 발표
	응시자격 서류 제출	• 졸업(학위)증명서 • 성평등가족부령이 정하는 상담 관련 분야 증명서류(해당자에 한함) • 상담실무경력 인정 증빙서류(해당자에 한함) • 응시자격 서류심사 신청서
최종합격자 발표		청소년상담사 홈페이지(www.q-net.or.kr/site/sangdamsa), ARS(1666-0100) 발표
자격연수		• 신청 : 한국청소년상담사복지개발원 청소년상담사 홈페이지(www.youthcounselor.or.kr) • 대상 : 자격시험 최종합격자 및 자격시험 합격 후 연수 미수료자
자격증 발급 대상		청소년상담사 자격시험 최종 합격 후 자격연수 수료자 ※ 결격사유에 해당하는 수험자는 최종합격 이후 자격연수를 수료하였더라도 자격증을 교부하지 않음

2. 청소년상담사 시험일정 (2025년 기준)

필기시험			면접시험		
원서접수	시행일	합격자 발표일	원서접수	시행일	합격자 발표일
7.21 (월)~7.25 (금)	9.13 (토)	10. 22.(수)	11.3 (월)~11.7 (금)	11.24(월)~11.29(토)	12.24(수)

3. 시험과목 및 시험방법

구 분	교시	시험과목	시험시간
3급 청소년상담사 (6과목)	1교시 (필수)	1. 발달심리 2. 집단상담의 기초 3. 심리측정 및 평가 4. 상담이론	9:30~11:10 (100분)
	2교시 (필수 및 선택)	5. 학습이론(필수) 6. 청소년이해론 · 청소년수련활동론 중 1과목(선택)	11:40~12:30 (50분)

※ 법령 관련 출제 기준일은 시험 시행일 기준

4. 응시자격

응시자격 (3급)	1. 대학 및 「평생교육법」에 따른 학력이 인정되는 평생교육시설의 청소년(지도)학·교육학·심리학·사회사업(복지)학·정신의학·아동(복지)학·상담학 분야 또는 그 밖에 성평등가족부령으로 정하는 상담관련 분야의 학사학위를 취득한 사람 2. 전문대학 또는 다른 법령에 따라 이와 동등한 학력을 인정받는 기관에서 상담 관련 분야 전문학사를 취득한 사람으로서 상담 실무경력이 2년 이상인 사람 3. 대학 또는 다른 법령에 따라 이와 동등한 학력을 인정받는 기관에서 학사학위를 취득한 후 상담 실무경력이 2년 이상인 사람 4. 전문대학 또는 다른 법령에 따라 이와 동등한 학력을 인정받는 기관에서 전문학사학위를 취득한 후 상담 실무경력이 4년 이상인 사람 5. 고등학교를 졸업하고 상담 실무경력이 5년 이상인 사람 6. 제1호부터 제4호까지에 규정된 사람과 같은 수준 이상의 자격이 있다고 성평등가족부령으로 정하는 사람
결격사유 (1·2·3급 공통)	1. 미성년자·피성년후견인 또는 피한정후견인 2. 파산선고를 받은 자로서 복권되지 아니한 사람 3. 금고 이상의 형을 선고받고 그 집행이 끝나거나 집행을 받지 아니하기로 확정된 후 3년이 지나지 아니한 사람 4. 금고 이상의 형을 선고받고 그 집행유예의 기간이 끝나지 아니한 사람 5. 제3호 및 제4호에도 불구하고 다음의 어느 하나에 해당하는 죄를 저지른 사람으로서 형 또는 치료감호를 선고받고 확정된 후 그 형 또는 치료감호의 전부 또는 일부의 집행이 끝나거나(집행이 끝난 것으로 보는 경우를 포함) 집행이 유예·면제된 날부터 10년이 지나지 아니한 사람 ① 「아동복지법」 제71조제1항의 죄 ② 「성폭력범죄의 처벌 등에 관한 특례법」 제2조의 성폭력범죄 ③ 「아동·청소년의 성보호에 관한 법률」 제2조제2호의 아동·청소년대상 성범죄 6. 법원의 판결 또는 법률에 의하여 자격이 상실되거나 정지된 사람

5. 청소년상담사3급 응시현황

구 분	1차 필기				최종면접			
	대 상	응 시	합 격	합격률(%)	대 상	응 시	합 격	합격률(%)
2025년 제24회	6,062	4,402	1,330	30.21				
2024년 제23회	6,444	4,779	2,672	55.91	2,923	2,804	2,377	84.77
2023년 제22회	6,436	4,851	2,446	50.42	2,758	2,599	2,232	85.90
2022년 제21회	7,417	5,526	2,859	51.70	2,914	2,794	2,342	83.80
2021년 제20회	7,346	5,608	1,468	26.18	1,782	1,710	1,522	89.01
2020년 제19회	7,545	5,822	3,056	52.50	3,202	3,061	2,666	87.10
2019년 제18회	7,086	5,667	1,549	27.33	1,675	1,626	1,396	85.85
2018년 제17회	7,365	5,597	1,731	30.20	1,998	1,946	1,701	87.41
2017년 제16회	7,558	6,008	2,047	34.07	2,194	2,132	1,825	85.60

시험안내

6. 면접시험

(1) 면접시험의 준비물 및 절차

면접시험 당일 준비물	면접 절차	면접시험 평가 항목
1. 수험표 2. 신분증 : 주민등록증, 운전면허증, 공무원증, 유효기간 내 여권, 외국인등록증 및 재외동포 국내거소증, 복지카드(장애인등록증), 국가유공자증, 신분확인증빙서 및 주민등록발급신청서, 중·고등학교학생증 및 청소년증, 국가자격증 등(단, 사진부착 및 주민등록번호 기재된 경우만 허용) 3. 필기도구	1. 대기(번호표 추첨 및 핸드폰 수거) 2. 수험표와 신분증 확인 및 범죄기록 열람 동의서 서명 3. 사례지 배부와 검토시간(5분가량)을 갖고 2명씩 입실 4. 공통사례에 대한 공통질문 5. 개인질문(2~3명의 면접관으로부터 질문 받음)	1. 청소년상담자로서의 가치관 및 정신자세 2. 청소년상담을 위한 전문적 지식 및 수련의 정도 3. 예의, 품행 및 성실성 4. 의사표현의 정확성과 논리성 5. 창의력, 판단력 및 지도력

(2) 사례질문의 출제유형과 질문내용

사례 **이메일 상담**

> 제 아들은 고등학교 1학년 학생인데, 덩치가 크고 단정한 외모를 가졌습니다. 저는 전문직에 종사하는 사람으로서 자녀의 교육에 관심이 아주 많습니다. 그런데 제 아들은 비행청소년들과 사귀면서 가출을 한다거나 학교에 제대로 적응하지 못하는 문제를 보이고 있습니다. 아이 아빠는 아들을 잘 이해해 주고 수용하려고 노력하는데, 아들은 거짓말을 일삼고 있습니다. 이 일로 얼마 전 제가 아이를 때리게 되었는데, 아이에게 처음 손을 대는 것이어서 그런지 죄책감이 많이 듭니다. 아들은 다행히도 동생과는 사이가 좋습니다.

공통사례에 대한 질문

1. 위 사례에서 내담자의 주 호소문제는 무엇인가?
2. 위 사례에 대한 상담자로서의 계획에 대해 말해보시오.
3. 사례는 이메일상담으로 주어졌지만, 대면상담으로 이끌어내기 위해서는 어떻게 상담을 주도해 나가야 하는가?

(3) 사례질문의 출제유형과 질문내용

① 청소년상담사가 되려고 하는 이유가 무엇인가요?
② 청소년상담사로서 청소년을 어떻게 이해할 것인가요?
③ 청소년 상담을 활성화시킬 방안은 무엇인가요?
④ 비행, 학교폭력, 자살 등 청소년문제들의 발생 원인은 무엇인가요?
⑤ 청소년상담사로서 가장 필요한 자질은 무엇이라고 생각하는지요?
⑥ 청소년의 문화에 대해 아는 대로 이야기해 보세요.

⑦ 청소년상담사로서 들어가고 싶은 센터와 그 곳에 가서 하고 싶은 일은 무엇인가요?
⑧ 청소년에게 상담이 필요한 이유는 무엇인가요?
⑨ 일반 청소년들을 위한 프로그램을 하나 계획한다면 어떤 프로그램을 하고 싶은가요?
⑩ 내담자가 상담사의 사적인 영역에 관하여 지속적으로 물어본다면 내담자를 어떻게 다룰 것인가요?
⑪ 상담하기에 까다롭다고 느껴지는 내담자는 어떤 가치관을 가진 내담자인지 이야기해 보세요.
⑫ 청소년 쉼터에 있는 사람들을 대상으로 집단 상담 프로그램을 진행한다면 어떤 프로그램으로 할 것인가요?
⑬ 상담사로서 자신의 장점과 한계는 무엇인가요?
⑭ 학교폭력으로 상담을 온 학생이 비밀 유지를 요청할 때 어떻게 할 것인가요?
⑮ 전화상담 시 지속적으로 성적인 이야기만 할 경우 어떻게 대처할 것인가요?
⑯ 학교 밖 청소년의 정의와 대안학교를 설명해 보세요.
⑰ 내담자가 계속 침묵만 지키는 경우 어떻게 할 것인가요?
⑱ 어머니와 함께 온 청소년의 저항이 심할 경우 어떻게 대처할 것인가요?
⑲ CYS-net과 활성화 방안에 대해서 설명해 보세요.
⑳ 상담사로서 근무 중 직장 상사나 동료와 갈등이 발생했을 때 어떻게 대처할 것인가요?

> 3급의 수준보다 어려운 문제를 일부러 물어보는 경우도 있다. 이 경우는 상담자의 기본 자질 중의 하나인 진실성을 평가하기 위한 테스트일 수도 있기 때문에 모르는 문제일 경우에는 억지로 답변을 하는 것보다는 솔직히 모른다고 얘기하는 것이 상담자로서의 진실된 모습이자 바른 자기인식이기도 할 것이다.

(4) 면접 대비 요령
① 매년 발간되는 청소년백서[성평등가족부 사이트(www.mogef.go.kr)]와 한국청소년상담복지개발원 사이트(www.youthcounselor.or.kr)의「청소년상담연구」자료를 읽어 보는 것이 좋다.
② 면접 스터디를 조직하여 사례문제를 출제하고 이에 대한 답안들을 작성한다. 그 다음 그 답안을 가지고 의견을 상호교환하여 올바른 상담자의 상을 형성하는 것이 필요하다.
③ 청소년사이버 상담센터(www.cyber1388.kr)에 올라온 공개상담 게시판의 글들을 읽어 보고 필요한 경우 직접 상담자 역할로 답글을 올리는 것도 면접에 대비하는 좋은 방법이다.
④ 한국청소년상담복지개발원 사이트에 '이달의 청소년상담사' 코너가 있다. 이 코너에는 상담사로서의 자세와 역할, 그리고 최근 청소년들의 모습 등에 대해 청소년상담사들의 체험들이 올라와 있다. 이를 통해 청소년상담사의 역할을 구체적으로 이해할 수 있으며 청소년상담사의 바람직한 상에 대하여 알 수 있을 것이다.
⑤ 개별사례의 경우는 면접관이 자주 물어보는 질문을 취합하여 이에 대한 모범답안을 만들어 면접에 대비하는 것도 좋다.

차 례

| 시험에 자주 나오는 DSM-5(정신질환 진단 및 통계편람) ········· 009

필수과목

1과목 발달심리
- 01 발달심리학의 기초 ·················· 082
- 02 발달에 대한 전생애적 접근 ········· 089
- 03 주요 발달영역별 접근 ················ 113
- 04 기타 ····································· 163

실전대비
적중예상문제 ······························· 174

3과목 심리측정 및 평가
- 01 심리측정의 기본개념 ················ 352
- 02 검사의 선정과 시행 ·················· 371
- 03 인지적 검사 ···························· 378
- 04 정의적 검사 ···························· 390
- 05 투사적 검사 ···························· 408
- 06 기타 ····································· 421

실전대비
적중예상문제 ······························· 426

2과목 집단상담의 기초
- 01 집단상담의 이론 ······················ 202
- 02 집단상담의 실제 ······················ 301
- 03 청소년 집단상담 ······················ 318
- 04 기타 ····································· 323

실전대비
적중예상문제 ······························· 328

4과목 상담이론
- 01 청소년상담의 기초 ··················· 448
- 02 청소년상담의 이론적 접근 ········· 459
- 03 청소년상담의 실제 ··················· 525
- 04 기타 ····································· 536

실전대비
- 02 적중예상문제 ·························· 539

5과목 학습이론

01 학습의 개념 ····· 562
02 행동주의 학습이론 ····· 573
03 인지주의 학습이론 ····· 589
04 신경생리학적 학습이론 ····· 597
05 동기와 학습 ····· 599
06 기타 ····· 602

실전대비
적중예상문제 ····· 607

7과목 청소년수련활동론

01 청소년활동 이해 ····· 726
02 청소년활동 프로그램이론 ····· 733
03 청소년활동 지도 ····· 737
04 청소년활동기관 설치 및 운영 ····· 748
05 청소년활동 실제 ····· 750
06 청소년활동 제도 및 지원 ····· 763
07 청소년활동 여건과 환경 ····· 768
08 기타 ····· 770

실전대비
적중예상문제 ····· 773

선택과목

6과목 청소년이해론

01 청소년 심리 ····· 632
02 청소년 문화 ····· 664
03 청소년 복지와 보호 ····· 682
04 기타 ····· 697

실전대비
적중예상문제 ····· 773

부록1 청소년 관련 법령

01 청소년기본법 ····· 790
02 청소년활동진흥법 ····· 801

부록2 2025년 제24회 기출문제 및 해설 ····· 818

시험에 자주 나오는

DSM-5

(정신질환 진단 및 통계 편람 제5판,
Diagnostic and Statistical Manual of Mental Disorders, Fifth Edition)

Section 01　DSM-5의 주요 진단 범주와 주요 하위 장애

범 주	하위 장애
신경발달장애 (Neurodevelopmental Disorders)	지적발달장애 및 지적장애 의사소통장애 자폐스펙트럼장애 주의력결핍과잉행동장애 특정학습장애 운동장애 틱장애
정신분열 스펙트럼 및 기타 정신증적 장애 (Schizophrenia Spectrum and Other Psychotic Disorders, 조현병 스펙트럼 및 기타 정신병적 장애)	조현병 조현정동장애 조현양상장애 망상장애 단기정신증적장애 다른 의학적 상태로 인한 정신병적 장애
우울장애 (Depressive Disorders, 심리적 독감)	주요우울장애 지속성우울장애 파괴적 기분조절 부전장애 월경전 불쾌장애
양극성 및 관련 장애 (Bipolar and Related Disorders)	제1형 양극성장애 제2형 양극성장애 순환성장애
불안장애 (Anxiety Disorders)	분리불안장애 선택적 함구증 특정공포증 사회불안장애(사회공포증) 공황장애 광장공포증 일반화된 불안장애
강박 및 관련 장애 (Obsessive-Compulsive and Related Disorders)	강박장애 신체변형장애 수집광(저장장애) 발모광(털뽑기장애) 피부뜯기장애
외상-및 스트레스 사건-관련 장애 (Trauma-and Stressor-Related Disorders)	반응성 애착장애 탈억제성 사회적 유대감장애 외상후 스트레스 장애 급성스트레스 장애 적응장애

분류	하위 장애
해리장애 (Dissociative Disorders)	해리성 정체감 장애 해리성 기억상실 해리성둔주 동반 이인성/비현실감장애
신체증상 및 관련 장애 (Somatic Symptom and Related Disorders)	신체증상장애 전환장애 질병불안장애 인위성장애
급식 및 섭식장애 (Feeding and Eating Disorders)	신경성 식욕부진증 신경성 폭식증 폭식장애 되새김장애 이식증 회피적/제한적 음식섭취장애
배설장애 (Elimination Disorders)	유뇨증 유분증
수면-각성 장애 (Sleep-Wake Disorders)	불면장애 과다수면장애 기면증 기타 수면장애
성기능 장애 (Sexual Dysfunctions)	사정지연 발기장애 여성 극치감 장애 여성 성적 흥미/각성장애 성기-골반통증/삽입장애 남성 성욕 감퇴장애 조기사정(조루증)
성별 불쾌감 장애 (Gender Dysphoria)	성별불쾌증
파괴적, 충동조절 및 품행장애 (Disruptive, Impulse Control, and Conduct Disorders)	적대적 반항장애 간헐적 폭발장애 품행장애 병적방화 병적도벽
물질-관련 및 중독 장애 (Substance-Related and Addictive Disorders)	물질관련장애 - 알코올 사용장애 - 알코올중독 - 알코올금단 - 카페인 관련장애 - 대마관련장애 - 환각제 관련장애 - 흡입제 관련장애

		– 아편계사용장애 – 진정제, 수면제 또는 항불안제 사용장애 – 자극제 관련장애 – 담배관련장애 비물질관련장애 – 도박장애
신경인지장애 (Neurocognitive Disorders)		주요 및 경도 신경인지장애 – 알츠하이머병으로 인한 – 전두측두엽 – 루이소체 – 혈관성 – 외상성 뇌손상 – 물질/약물치료로 유발 – HIV 감염으로 인한 – 프라이온병으로 인한 – 파킨슨병으로 인한 – 헌팅턴병으로 인한
성격장애 (Personality Disorders)		조현형 성격장애 조현성 성격장애 편집성 성격장애 반사회성 성격장애 자기애성 성격장애 경계선 성격장애 연극성 성격장애 회피성 성격장애 강박성 성격장애 의존성 성격장애
성도착 장애 (Paraphilic Disorders, 변태성욕장애)		관음장애 노출장애 마찰도착장애 성적피학장애 성적가학장애 소아성애장애 물품음란장애 복장도착장애
기타 정신장애 (Other Mental Disorders)		–

Section 02 신경발달장애(Neurodevelopmental Disorders)

1. 의미

(1) 유아 및 아동 발달 시기에 처음 진단되는 장애로서, DSM-IV에서는 '아동 청소년기에 시작되는 장애'로 분류되다가 DSM-5에서 새로운 진단 범주로 구분됨
(2) 학습이나 실행 기능 문제와 같은 제한적인 손상에서부터 사회기술 결함이나 지적장애처럼 전반적인 손상에 이르기까지 다양함

2. 하위 장애와 세부 특성

(1) **지적발달장애 및 지적장애**
  ① 임상적 특징과 경과
    ㉠ 기존에 사용되던 '정신지체'라는 용어가 '지적장애(지적발달장애)'라는 용어로 변경됨
    ㉡ 성, 연령, 사회문화적 배경이 유사한 또래에 비해 정신능력에서 전반적으로 결함이 나타나고 일상 적응 기능에 손상을 보이는 장애로 발달 초기에 시작됨
    ㉢ 지적장애 진단을 내리기 위해서는 지능과 적응 기능에 대한 표준화된 검사 결과가 있어야 함
  ② 원인 및 특성
    ㉠ 다운증후군(Down syndrome) 등 유전자 이상으로 발생할 수 있음
    ㉡ 임산부가 술을 많이 마실 경우, 낮은 지능과 정신적인 문제가 동반된 치명적 알코올 증후군을 가진 아이가 태어날 수 있음
    ㉢ 출생 후 요인으로 저산소성 하혈성 손상, 외상성 두부 손상, 감염, 탈수초성 질환, 발작장애, 심각한 사회적 결핍, 독성 대사 증후군, 중독(납, 수은), 발작 장애, 비정상적인 신경학적 기능, 감각 혹은 운동 기능 손상 등 신경학적 합병증이 생길 수 있음
  ③ 치료적 개입
    ㉠ 사실상 치료가 어려움
    ㉡ 조기 개입이 매우 중요하며, 특수교육이나 통합 교육을 받음으로써 최소한의 기능 수준을 유지할 수 있도록 해야 함
    ㉢ 경도의 지적장애일 경우 직업 훈련을 통해 보호 작업장에서 일할 수 있음

(2) 의사소통장애

① 언어장애
- ㉠ 어휘, 문장 구조, 언어 이해와 생성 결함으로 인해 언어 습득과 사용에 어려움이 있음
- ㉡ 말로 하는 의사소통, 글로 하는 의사소통이나 몸짓 언어에서 장애가 나타남
- ㉢ 4세 정도까지는 잘 드러나지 않으나, 그 이후에 나타나서 성인기까지 지속됨

② 말소리장애
- ㉠ 언어 명확성이 떨어지며 의사소통 전달에 있어 어려움이 있음
- ㉡ 음성학적 장애와 조음장애가 있음
- ㉢ 치료 예후가 좋고 시간이 흐를수록 개선되어 평생 지속되지 않는 경우가 많음

③ 아동기발병 유창성장애(말더듬)
- ㉠ 음이나 음절을 자주 반복하거나 길게 하는 특징이 있음
- ㉡ 6세 경에 나타나고, 발병 연령대는 2~7세 사이임
- ㉢ 말더듬장애의 65~86%는 회복됨

④ 사회적(실용적) 의사소통장애
- ㉠ 사실적 문맥에서 언어적·비언어적 의사소통을 할 때 사회적인 규칙을 이해하고 따르는 데 있어서 문제가 있고, 듣는 사람 혹은 상황적 요구에 따라 말을 바꾸면서 대화를 나누고 이야기 규칙을 따르지 못함
- ㉡ 4세 이상이 되면 적절한 언어 능력을 갖게 되기 때문에 이 연령이 되어야 사회적 의사소통의 특정한 결함을 인지함

(3) 자폐스펙트럼장애

① 진단 기준

> A. 다양한 분야에서 사회적 의사소통, 사회적 상호작용의 결함이 지속적으로 나타남
>   1. 사회적·정서적 상호작용의 결함을 보임(예) 비정상적인 사회적 접근, 정상적인 대화를 하지 못함, 흥미나 정서를 교류하지 못하고, 사회적 상호작용을 개시하거나 적절하게 반응하지 못함)
>   2. 사회적 상호작용에 필요한 비언어적 의사소통의 결함을 보임(예) 언어적·비언어적 의사소통이 불완전하고, 비정상적인 눈맞춤과 몸짓 언어를 보이며, 몸짓을 이해하고 사용하는 데 있어서 결함을 보임. 표정, 비언어적 의사소통이 전반적으로 결여)
>   3. 관계를 발전시키고 유지하고 이해하는 데 있어서 결함을 보임(예) 다양한 사회적 맥락에 맞게 적응하는 것과 상상 놀이를 하거나 친구를 사귀는 것이 어렵고, 또래에 대한 관심이 없음)
> B. 제한적이고 반복적인 행동이나 관심, 활동이 다음 항목들 가운데 적어도 2개 항목으로 표현된다.

1. 상동증적이거나 반복적인 운동 동작, 물건의 사용과 말하기(예 단순 상동증적 움직임, 장난감을 배열하기, 반향 언어(echolalia), 독특한 문구 반복하기 등)
2. 같은 것을 고집하고, 일상적인 것에서 융통성 없는 집착, 의례적인 언어적·비언어적 행동 양상을 보임(예 약간만 바뀌어도 극심하게 고통스러워하고, 변화를 어려워하며, 사고방식이 경직되어 있음, 같은 길을 고집하고, 같은 음식을 먹으며, 의례적인 인사를 함)
3. 강도나 초점에 있어서 비정상적으로 극도로 제한되고 고정된 관심사를 보임(예 특이한 물체에 강한 애착과 집착을 보이고 과도하게 제한적이고 고집스러운 흥미를 보임)
4. 감각 정보에 대해 과잉 또는 과소 반응, 감각 영역에 대한 특이한 관심(예 통증, 온도에 대한 무관심, 특정 소리나 감촉에 대한 부정적 반응, 과도하게 냄새 맡기, 물체 만지기, 빛이나 움직임에 대해 시각적으로 매료되기)
C. 이러한 증상이 반드시 초기 발달 시기부터 나타나야 한다.
D. 이러한 증상은 사회적·직업적 또는 다른 중요한 기능 영역에서 임상적으로 현저한 손상을 초래한다.

② 원인 및 특성
㉠ 약 15%가 특정 유전자의 복제수 변이나 돌연변이와 같은 유전적 변이와 연관되어 있음
㉡ fMRI 연구 결과, 뇌용량과 백질이 증가되거나 뇌 변연계, 뇌간핵과 편도핵에 구조 이상이 발견됨

③ 치료적 개입
㉠ 약물치료는 전혀 도움이 되지 않으나, 정서적인 흥분을 가라앉히기 위해 안정제나 선택적 세라토닌 재흡수 억제제(Selective Serotonin Reputable Inhibitor : SSRIs)를 사용할 수 있음
㉡ 다학제(multi-disciplinary) 임상팀(심리학자, 언어 병리학자, 소아 전문 정신과 의사, 소아과 의사 등)의 협조체제가 필요함

(4) 주의력결핍과잉행동장애

① 진단 기준

A. 기능이나 발달을 저해하는 지속적인 부주의 증상과 과잉행동-충동성이 다음 증상 1과 2의 특징을 갖는다.
  1. 부주의(다음 9개 중 6개 이상이 적어도 6개월 동안 발달 수준에 적합하지 않고 사회적 직업적 활동에 부정적인 영향을 미칠 정도로 지속됨)
    (1) 종종 세부적인 면에 대해 면밀한 주의를 기울이지 못하거나, 학업, 작업, 또는 다른 활동에서 부주의한 실수를 저지른다.
    (2) 종종 과제를 하거나 놀이를 할 때 지속적으로 주의를 집중할 수 없다(강의, 대화, 긴 글을 집중해서 읽기 어려움).

(3) 종종 다른 사람이 직접 말을 할 때 듣지 않는 것으로 보인다(주의를 방해하는 자극이 없는데도 마음이 다른 곳에 가있는 것처럼 보임).
(4) 종종 지시를 완수하지 못하고, 학업, 잡일, 작업장에서의 임무를 수행하지 못한다(예 과제를 하다가 주의력이 떨어지면서 곁길로 샘).
(5) 종종 과업과 활동을 체계화하지 못한다(예 물건을 정리하지 못하고 순차적인 과제 처리가 어려움. 정신이 없고 체계적이지 못한 작업, 시간 관리를 잘 하지 못함. 마감시간을 잘 지키지 못함).
(6) 종종 지속적인 정신적 노력을 요구하는 과업(학업 또는 숙제 같은)에 참여하기 피하고, 싫어하고, 저항한다(예 학업 또는 숙제, 후기 청소년이나 성인의 경우 보고서 준비, 서류 작성, 긴 서류 검토가 어려움).
(7) 종종 활동과 과제에 꼭 필요한 물건들(예 학습 과제, 연필, 책, 도구, 지갑, 열쇠, 서류, 안경, 휴대폰 등)을 잃어버린다.
(8) 종종 외부 자극에 의해 쉽게 산만해진다.
(9) 종종 일상적인 활동을 잊어버린다(예 심부름, 전화 회답하기, 청구서 지불, 약속 지키기 등).
2. 과잉행동 및 충동성(다음 9개 중 6개 이상이 적어도 6개월 동안 발달 수준에 적합하지 않고 사회적 직업적 활동에 부정적인 영향을 미칠 정도로 지속됨)
(1) 종종 손발을 가만히 두지 못하거나 의자에 앉아서도 몸을 꼼지락거린다.
(2) 종종 일정 시간 앉아 있어야 하는 교실이나 다른 상황에서 자리를 떠난다.
(3) 종종 부적절할 정도로 지나치게 뛰어다니거나 기어오른다(청소년 또는 성인에서는 주관적인 좌불안석으로 국한).
(4) 종종 조용히 여가 활동에 참여하거나 놀지 못한다.
(5) 종종 "끊임없이 활동하거나" 마치 "브레이크 없는 자동차"처럼 행동한다(예 음식점이나 회의실에 장시간 가만히 앉아 있지 못하고 불편해 함).
(6) 종종 지나치게 수다스럽게 말을 한다.
(7) 종종 질문이 채 끝나기 전에 성급하게 대답한다(예 다른 사람의 말을 가로챔, 대화 시 차례를 기다리지 못함).
(8) 종종 차례를 기다리지 못한다(줄 서 있는 동안).
(9) 종종 다른 사람의 활동을 방해하고 침범한다(예 대화나 게임, 활동에 참견함. 다른 사람의 허락을 구하지 않고 다른 사람의 물건을 사용함).
B. 몇 가지 부주의 또는 과잉행동 – 충동성 증상이 12세 이전에 나타난다.
C. 몇 가지 부주의 또는 과잉행동 – 충동성 증상이 2가지 이상이 환경에서 존재한다(예 가정, 학교나 직장, 친구들 또는 친척들과의 관계, 다른 활동).
D. 증상이 사회적·학업 또는 직업적 기능의 질을 방해하거나 감소시킨다는 명백한 증거가 있다.

② 원인 및 특성
㉠ 기질적인 원인으로는 행동 억제능력의 부족, 조절력과 통제감 부족, 부정적 정서성과 연관되어 있음

ⓛ 출생 시 미세한 뇌손상이나 출생 후의 고열, 감염, 독성 물질, 대사장애, 외상 등으로 인한 뇌손상, 태아기 알코올 노출과 관련됨
③ 치료적 개입
ⓐ 약 80%가 약물치료(예 메틸페니데이트)를 받고 있음
ⓛ 약물치료 외에도 행동치료가 사용됨

(5) 특정학습장애
① 임상적 특징과 경과
ⓐ 학업 기술을 취득하는 데 지속적인 어려움을 보임
ⓛ 정규 학습 과정이 시작된 후에 진단됨
ⓒ 개인의 의학력, 발달력, 가족력, 교육력, 학습 곤란에 대한 과거력과 현 시점의 발현, 학업 및 직업적 기능, 과거와 현재의 학교 기록 및 보고, 학업 기술이 요구되는 작업에 대한 포트폴리오, 교육 과정중심 평가, 임상 면담, 과거나 현 시점의 학업 성취도에 대한 표준화된 검사 결과 등을 종합하여 진단함
ⓓ 여자아이보다 남자아이에게서 2 : 1 정도로 더 흔함
② 원인 및 특성
ⓐ 생물학적 근원으로는 언어적・비언어적 정보를 효과적으로 인지하고 처리하는 뇌의 능력에 영향을 줄 수 있는 유전적・후생적(epigenetic), 환경적 요인이 복합적으로 상호 작용하여 발생함
ⓛ 출생 전후의 외상이나 생화학적 또는 영양학적 요인에 의한 뇌손상이 인지처리과정의 결함을 초래함
ⓒ ADHD와 공병률이 높음
③ **치료적 개입** : 읽기, 산술, 쓰기 과제를 해결하는 데 필요한 구체적 학습 기술을 체계적으로 가르치기, 정리하고 계획하기, 주의력・듣기 능력 향상시키기, 시간 관리하기

(6) 운동장애
① 임상적 특징과 경과

> **지속성(만성) 운동틱 또는 음성틱 장애 진단 기준**
> 1. 한 가지 혹은 여러 가지 운동틱 또는 음성틱이 장애의 경과 중 일부 기간 동안 나타나지만 2가지 틱이 모두 나타나지는 않는다.
> 2. 틱은 좋아졌다가 나빠졌다가 하지만 첫 발병 이후 1년 이상 지속된다.
> 3. 18세 이전에 나타난다.

㉠ 반복적이고, 억제할 수 없고, 목적 없어 보이는 운동 행동을 반복함
㉡ 목적이 없이 머리, 손 또는 몸을 율동적으로 움직이며 이러한 운동은 멈추려는 노력에 반응하지 않을 수도 있음

② 특 성
㉠ 상동증적 행동은 다양하며, 비자해적 상동증적 운동은 몸 흔들기, 양손 퍼덕거리기 또는 돌리기, 얼굴 앞에서 손가락 튕기기나 펄럭이기, 팔 흔들거나 퍼덕거리기, 고개 끄덕이기 등으로 나타남
㉡ 자해적 상동증적 행동으로는 반복적으로 머리를 벽에 박기, 얼굴 때리기, 눈 찌르기, 손이나 입술 또는 신체 부위를 물어뜯기 등이며, 하루에도 여러 차례 나타나고 몇 초에서 수분 혹은 그 이상 지속됨

(7) 틱장애

① 임상적 특징과 경과

> **뚜렛장애(Tourette's disorder)**
> 1. 여러 가지 운동틱과 한 가지 또는 그 이상의 음성틱이, 장애의 경과 중 일부 기간 동안 나타나지만 2가지 틱이 반드시 동시에 나타나는 것은 아니다.
> 2. 틱은 좋아졌다가 나빠졌다가 하지만 첫 발병 이후 1년 이상 지속된다.
> 3. 18세 이전에 나타난다.

㉠ 갑작스럽게 나타나고, 반복적이고, 비율동적인 운동 또는 음성 형태로 나타남
㉡ 틱은 대개 불수의적으로 나타나지만 다양한 시간 동안 자발적으로 억제되기도 함
㉢ 전형적으로 4-6세 사이에 시작되어 10-12세에 가장 심하며 점점 감소하다가 성인기에는 증상이 없어지는 경우가 많음

② 원인 및 특성
㉠ 유전적인 영향이 크며 뚜렛장애를 가진 엄마의 아들에게서 나타나는 비율이 높음
㉡ ADHD, 강박장애와 관련성이 높아서 공통적인 유전 요인이 관여하는 것으로 알려져 있음
㉢ 도파민 억제제가 틱증상을 억제하는 것으로 보아 도파민 과잉 활동이 원인으로 제기되기도 하고 기저핵의 이상으로 운동장애가 나타난다는 가설도 있음

③ 치료적 개입
㉠ 틱장애가 심할 경우 도파민계에 작용하는 전형적 항정신병 약물인 haloperidol, pimozide, fluphenazine이 효과적임
㉡ 습관반전훈련(Habit reversal training/HRT, 행동주의치료로서 첫째로 자각 훈련과 이완 훈련으로 시작하고, 양립하기 어려운 반응을 고안하게 하여 이후에 인지 치료와 전반적인 행동 양식을 수정)을 적용함

Section 03 정신분열 스펙트럼 및 기타 정신증적 장애(Schizophrenia Spectrum and Other Psychotic Disorders, 조현병 스펙트럼 및 기타 정신병적 장애)

1. 의미

(1) 정신분열증을 비롯하여 그와 유사한 증상을 나타내는 심각한 정신장애를 포함하고 있음
(2) 정신분열 스펙트럼 장애는 망상, 환각, 혼란스러운 언어, 부적절한 행동, 둔마된 감정이나 사회적 고립을 특징적으로 나타내는 일련의 정신장애를 의미함

2. 하위 장애와 세부 특성

(1) 사고장애
  ① 현실 접촉을 상실하고 현실에 대한 판단력이 저하되는 것으로 흔히 정신증(psychosis)이라 불림
  ② 같은 정신증을 가진 사람이라고 하더라도 증상의 심각성, 지속 기간, 기능 저하 등에 따라 다양한 스펙트럼상에 분류됨

〈조현스펙트럼장애의 종류와 특징〉

장애 유형	주요 특징	진단 부합 기간
조현병	망상, 환각, 와해된 언어, 밋밋하거나 부적절한 정서, 긴장과 같은 다양한 정신증적 증상	6개월 이상
단기 정신증적 장애	망상, 환각, 와해된 언어, 긴장증과 같은 다양한 정신증적 증상	1개월 이내
조현양상 장애	망상, 환각, 와해된 언어, 밋밋하거나 부적절한 정서, 긴장과 같은 다양한 정신증적 증상	1~6개월
조현정동장애	사고장애와 주요우울삽화 혹은 조증 삽화 혼재	6개월 이상
망상장애	한 가지 이상의 망상이 지속, 피해망상, 질투망상, 과대망상, 신체 망상 등	1개월 미만
다른 의학적 상태로 인한 정신병적 장애	뚜렷한 환각이나 망상을 보이며 장애가 다른 의학적 상태의 직접적인 병태생리학적 결과라는 증거가 있음	-

(2) 조현병

① 임상양상과 특징

㉠ 양성증상(positive symptoms)
- ⓐ 없어야 할 것이 있다는 의미로 병적으로 과도하거나 괴상한 증상을 의미함
- ⓑ 망상(delusion) : 본질적으로 분명히 모순적인 증거에도 불구하고 확고하게 믿고 있는 잘못된 믿음이며, 사고 내용(content)의 장애
  - 관계망상 : 다른 사람들의 행동이나 다양한 대상, 사건들에 대해 특별하고 개인적인 의미를 부여하고 자기와 연관시켜 해석
  - 과대망상 : 자신에 대해 과대하게 지각하는 것으로, '자신이 종교적으로 특별한 인물, 즉 하느님의 아들이다.'라고 이야기 함
- ⓒ 환각(hallucination) : 실제로 자극이 없는데 있는 것으로 착각하거나 왜곡하여 지각함
- ⓓ 형식 사고 장애(formal thought disorder) : 연상의 이완(loosening of association)이나 사고 탈선(derailment), 극단적으로는 앞뒤가 전혀 맞지 않는 지리멸렬(incoherence)한 언어 표현, 신조어(neologism)를 사용

㉡ 음성 증상(negative symptoms)
- ⓐ 있어야 할 것이 없다는 의미로 무엇인가 결핍되고, 병리적인 결함이 있는 것을 의미함
- ⓑ 언어 표현이 빈곤하고, 감정표현이 둔화되고 밋밋하며, 동기나 의욕이 부족하고 사회적으로 철수 상태임

㉢ 정신운동 증상(psychomotor symptoms) : 이상한 모습으로 움직이거나 반복해서 입을 씰룩거리거나 괴상한 자세를 취함

조현병의 진단 기준

A. 다음 증상 중 2개(또는 그 이상)가 1개월 중 상당기간 동안 존재해야 하며 이들 중 최소한 하나는 1 혹은 2 혹은 3이어야 한다.
  1. 망상
  2. 환각
  3. 와해된 언어(예 빈번한 탈선 또는 지리멸렬한 언어)
  4. 극도로 와해된 행동 또는 긴장성 행동
  5. 음성 증상(예 감정 표현의 감소 혹은 무의욕증)
B. 장애가 발병한 이후 상당 시간 동안 일과 대인관계, 또는 자기관리와 같은 주요 영역 중 한 가지 이상에서 기능 수준이 발병 전 성취 수준 이하로 현저히 저하된다(혹은 아동기나 청소년기에 발병하는 경우, 기대 수준의 대인관계, 학문적·직업적 기능을 성취하지 못함).
C. 장애의 지속적 징후가 최소 6개월 이상 계속된다.
D. 조현정동장애와 정신병적 증상을 동반한 우울 또는 양극성장애는 배제된다.
E. 장애가 물질(예 약물, 치료약물)의 생리적 효과나 다른 의학적 상태로 인한 것이 아니다.

② 예후 및 경과
  ㉠ 음성 증상과 장애 지속 기간이 길어지는 좋지 못한 치료 예후가 있음
  ㉡ 10대 후반과 30대 중반 사이에 나타나며 청소년기 이전과 40대 이후에 처음으로 발병하는 경우는 매우 드묾
  ㉢ 약 20%는 양호한 수준으로 좋아지고, 일부는 완전 회복함. 많은 조현병 환자들은 활성기 증상의 악화와 관해(완화)를 반복하면서 만성화되고 일부는 점진적으로 정신적인 황폐화 경과를 밟음

③ 원인
  ㉠ 생물학적 요인 : 출생 전후의 생물학적 환경, 즉 태내에 있을 때 어머니의 외상, 영양실조, 감염, 중독 등의 태내 환경, 출생 시 외상, 산소결핍, 감염 등의 문제, 출생 직후 감염, 영양부족 등의 문제로 발생할 수 있음
  ㉡ 구조적·기능적 뇌 이상 : 측두엽과 전두엽이 보통 사람들보다 더 작고 회백질 양이 더 적으며 뇌 혈류가 비정상적으로 감소되거나 항진하는 경우에 해당함
  ㉢ 소질 스트레스 모델 : 뇌발달의 주요 시기 동안 일어나는 스트레스(환경적 요인)의 영향을 받음
  ㉣ 심리학적 요인
    ⓐ 정신분석 : 부모가 양육을 잘 하지 못하면 초기 발달단계로 퇴행하여 일차적인 자기애 상태에 머무르며 자신의 욕구만을 인식하고 충족하게 됨. 이러한 퇴행의 결과 자기 중요성을 과장되게 지각하는 과대망상과 같은 자기중심적 증상이나 신조어 같은 증상이 나타남
    ⓑ 인지적 관점 : 비정상적인 감각을 스스로 이해하려는 과정에서 현실과 괴리된 부적절한 해석이 이루어짐
    ⓒ 정신분열병을 일으키는 엄마(schizophrenogenic mother) : 모순적이고 갈등적인 이중 구속 메시지를 줌으로써, 증상 악화를 촉진하는 경향이 있음

④ 치료 및 임상적 결과
  ㉠ 약물치료 : 약물치료가 우선적으로 적용되며, 60개 이상의 항정신병 약물이 개발되어 있음
  ㉡ 심리학적 접근
    ⓐ 인지교정 또는 인지재활 : 인지 결함을 수정하려는 치료 프로그램들이 개발되고 있음
    ⓑ 인지행동치료 : 조현병의 망상과 같은 양성 증상을 감소시키고 재발을 줄여 주며 사회적 무능력을 감소시키는 데 주력함

ⓒ 환경치료와 토큰 경제
- 환경치료(milieu therapy) : 인본주의 원칙에 입각한 것으로 1953년 영국의 정신과 의사 맥스웰 존스가 병원에 최초의 환경치료를 적용하면서 시작
- 토큰 경제(token economy) : 조작적 조건형성을 체계적으로 적용한 기법

(3) 조현정동장애

① 진단 기준

> A. 조현병의 연속 기간 동안 조현병의 진단 기준 A와 동시에 주요 기분(주요우울 또는 조증) 삽화가 있다.
> B. 평생의 유병기간 동안 주요 기분(주요우울증 또는 조증) 삽화 없이 망상이나 환각이 2주 이상 존재한다.
> C. 주요 기분삽화의 기분에 맞는 증상이 병의 활성기 및 잔류기 부분의 전체 지속 기간의 대부분 동안 존재한다.

② 조현병, 조현정동장애, 정신병을 동반한 조울증/우울장애 감별 진단 포인트

조현병	정신병을 동반한 조울증/우울장애	조현정동장애
망상, 환각이 기분 삽화와 상관이 없음	기분 삽화 동안에 망상, 환각이 존재하며, 기분 삽화가 없어지면 망상, 환각도 없음	주요 기분 삽화 증상이 전체 지속 기간 중 대부분 존재하며 기분 삽화 없이 최소 2주간 분명한 망상, 환각이 존재함

(4) 조현양상장애

① 진단 기준

> A. 다음 증상 중 둘 이상이 1개월 기간 동안 상당 시간 존재하고 이들 중 최소한 하나는 1 또는 2 또는 3이어야 함
>   1. 망상
>   2. 환각
>   3. 와해된 언어(예 빈번한 탈선 또는 지리멸렬)
>   4. 극도로 와해된 행동 또는 긴장증석 행동
> B. 장애 삽화의 지속 기간이 최소 1개월 이상, 6개월 이내로 지속됨

(5) 망상장애

① 진단 기준

> A. 한 가지 이상의 망상이 1개월 이상 지속된다.
> B. 조현병의 진단 기준 A에 맞지 않는다.
> C. 망상의 영향이나 파생 결과를 제외한다면 기능이 현저하게 손상되지 않고 행동이 뚜렷하게 이상하거나 괴이하지 않다.
> D. 조증이나 주요우울 삽화가 일어난다면, 망상 지속 기간에 비해 상대적으로 짧다.
> ※ 다음 중 하나를 명시할 것
> - 색정형 : 망상의 중심 주제가 또 다른 사람이 자신을 사랑하고 있다는 것일 경우
> - 과대형 : 망상의 중심 주제가 어떤 굉장한(확인되지 않은) 재능이나 통찰력을 갖고 있다거나 어떤 중요한 발견을 하였다는 확신일 경우 적용
> - 질투형 : 망상의 중심주제가 자신의 배우자나 연인이 외도를 하고 있다는 것일 경우 적용
> - 피해형 : 망상의 중심주제가 자신이 음모, 속임수, 염탐, 추적, 독극물이나 약물주입, 악의적 비방, 희롱, 장기 목표 추구에 대한 방해 등을 당하고 있다는 믿음을 수반한 경우 적용
> - 신체형 : 망상의 중심 주제가 신체적 기능이나 감각을 수반한 경우 적용
> - 혼합형 : 어느 한 가지 망상적 주제도 두드러지지 않은 경우 적용

② 주요 특징

㉠ 현실에 맞지 않는 지속적인 믿음을 가짐
㉡ 망상장애 환자의 친척들에게서 의심, 질투, 비밀스러운 행동이 많이 나타나는 것으로 보아 이러한 성향이 유전되는 것으로 추정됨
㉢ 망상장애의 전반적인 기능은 조현병보다 양호하지만 일부 망상장애는 조현병으로 발전함

(6) 단기정신증적장애

① 진단 기준

> A. 다음 증상 중 하나 혹은 그 이상이 존재하고 이들 중 최소한 하나는 1내지 2 혹은 3이어야 한다.
>   1. 망상
>   2. 환각
>   3. 와해된 언어(예 빈번한 탈선 또는 지리멸렬)
>   4. 극도로 와해된 행동 또는 긴장증적 행동
> B. 장애의 삽화가 최소 1일 이상 1개월 이내이며 증상이 사라지면 병전 수준으로 기능이 완전히 회복된다.
>
> ※ 다음의 경우 명시할 것
>   - 현저한 스트레스 요인을 동반하는 경우
>   - 현저한 스트레스 요인을 동반하지 않는 경우
>   - 산후발병
>
> ※ 다음의 경우 명시할 것
>   긴장증 동반

② 주요 특징

ㄱ. 별다른 전조증상 없이 갑작스럽게 비정신병적 상태에서 정신병적 상태로의 변화가 2주 이내에 발생함

ㄴ. 정서적 고통이나 혼란을 경험하며 강렬한 정동 상태를 경험함. 장애 지속 기간이 짧기는 하지만 정신증적 상태에서는 심각한 기능 손상이 동반함

ㄷ. 남성보다는 여성에게서 2배 이상 더 흔하게 나타남

Section 04 우울장애

우울장애의 종류	특 징
주요우울장애	2주 정도 거의 매일 우울한 기분을 느끼고 거의 모든 활동에 있어 흥미나 즐거움의 상실을 보이는 것이 특징임
지속성 우울장애(기분저하증)	2년 동안(아동 청소년의 경우 1년) 우울한 기분이 없는 날보다 있는 날이 더 많으며 우울감이 지속됨
파괴적 기분조절 부전장애	만성적이면서 지속적으로 과민성을 특징적으로 보임
월경전 불쾌장애	불안정한 기분, 과민함, 불쾌감, 불안 증상을 특징적으로 보이며 월경 주기 전에 시작되어 월경 시작 시 혹은 직후에 사라짐

1. 주요우울장애

(1) 진단 기준

> A. 다음의 증상 중 5가지 이상이 거의 매일 적어도 2주 이상 지속된다.
>   1. 하루 중 대부분 거의 매일 우울한 기분이 지속(아동이나 청소년의 경우 과민한 기분으로 나타남)
>   2. 대부분의 일상 활동에 대한 흥미나 즐거움이 현저히 감소
>   3. 다이어트를 하지 않아도 체중이 현저히 감소(1개월 동안 5% 이상의 체중 변화)하거나 증가, 거의 매일 식욕의 감소나 증가가 나타남
>   4. 거의 매일 불면증이나 과다수면
>   5. 거의 매일 정신운동성 초조나 지체
>   6. 거의 매일 피로나 에너지 상실
>   7. 거의 매일 무가치감과 부적절하거나 지나친 죄책감
>   8. 거의 매일 사고력, 집중력의 감소 또는 우유부단함
>   9. 반복적으로 죽음에 대한 생각을 하거나 구체적인 계획 없이 반복적인 자살사고, 또는 자살 시도나 자살 수행에 대한 구체적인 계획
> B. 증상이 사회적·직업적·또는 다른 중요한 기능 영역에서 임상적으로 유의한 고통이나 손상을 초래한다.

(2) 주요 특징

① 여성이 남성보다 1.5~3배 정도 높다고 알려져 있음
② 성격장애, 불안장애, 물질사용장애를 가지고 있을 경우에는 증상이 만성화될 수 있음
③ 양극성장애로 발전하는 경우도 있음(특히 사춘기에 발병하거나 정신병적 양상이나 양극성장애 가족력이 있을 경우)

2. 지속성 우울장애(기분저하증)

(1) 진단 기준

> A. 적어도 2년 동안 하루의 대부분 우울한 기분이 있고, 우울 기분이 없는 날보다 있는 날이 더 많고 이러한 증상을 주관적으로 보고하거나 객관적으로 관찰할 수 있다(아동 청소년은 기분이 과민한 상태로 나타나며 기간은 1년 정도).
> B. 다음의 2가지 이상의 증상이 나타난다.
>   1. 식욕부진이나 과식
>   2. 불면증이나 과다수면
>   3. 기력 저하나 피로감
>   4. 자존감의 저하
>   5. 집중력의 감소나 우유부단
>   6. 절망감
> C. 2년 동안(아동 청소년은 1년) 2개월 연속 진단 기준 A와 B의 증상이 존재하지 않았던 경우가 없었다.
> D. 주요우울장애 진단 기준을 만족하는 증상이 2년간 지속적으로 나타날 수 있다.

(2) 주요 특징

① 2년 동안(아동 청소년의 경우 1년) 우울한 기분이 없는 날보다 있는 날이 더 많으며 우울감이 지속됨
② DSM-IV의 만성 주요우울장애와 기분부전장애가 통합됨
③ 경계성 성격장애나 물질사용장애가 동반되는 경우가 많음
④ 기능 수준이 다양하며 만성화를 밟기 때문에 주요우울증보다 예후가 더 좋지 않을 수 있음

3. 파괴적 기분조절 부전장애

(1) 진단 기준

> A. 분노 발작이 언어(폭언), 행동(사람, 사물에 대한 물리적 공격성)으로 나타나며, 상황이나 촉발 자극에 비해 강도나 지속 시간이 매우 비정상적이다.
> B. 분노발작이 발달 수준에 맞지 않는다.
> C. 분노 발작이 보통 일주일에 3번 이상 발생한다.
> D. 분노 발작 사이에 기분이 지속적으로 과민하거나 거의 매일, 하루 중 대부분 화가 나 있으며 부모나 선생님, 또래집단이 객관적으로 관찰할 수 있다.
> E. 위의 증상이 12개월 이상 지속되며 증상이 없는 기간이 연속 3개월 이상 되지 않는다.

F. 위의 증상 중 A와 D가 가정, 학교, 또래 집단 중 최소 2가지 이상에서 나타나며 최소 한 가지 이상에서 증상이 매우 심하다.
G. 6세 이전 또는 18세 이후에 처음으로 진단될 수 없다.
※ 이 진단은 적대적 반항장애, 간헐적 폭발장애, 양극성장애와 동반이환될 수 없으나 주요우울장애, 주의력결핍 과잉행동장애, 품행장애, 물질사용장애와는 동반이환될 수 있다. 적대적 반항장애 진단 기준을 모두 만족시킨다면 파괴적 기분조절부전장애만 진단내린다. 조증 또는 경조증 삽화를 경험했다면 파괴적 기분조절부전장애 진단을 내릴 수 없다.

(2) 주요 특징
① 소아들에게서 흔히 나타나며 남자 아동과 학령기 아동에서 더 높은 비율로 나타남
② 10세 이전에 시작되지만 6세 미만인 경우에는 진단을 내릴 수 없음
③ 좌절에 대한 내성이 낮아 사소한 스트레스 상황에서도 잘 적응하지 못하며 또래들과 즐거운 활동에 참여하지 못하고 친한 관계를 맺는 것도 어려울 수 있음
④ 위험한 행동, 자살사고, 자살 시도, 공격성 등으로 인해 입원치료가 필요한 경우도 있음

4. 월경전 불쾌장애

A. 대부분의 월경 주기에서 월경 시작 1주 전에 다음 중 5가지 이상이 시작되어 월경이 시작되고 수일 안에 증상이 좋아지며 끝나면 증상이 약화되거나 없어진다.
B. 다음 중 적어도 한 가지 이상은 포함되어야 한다.
 1. 매우 불안정한 기분(갑자기 울고 싶거나 슬퍼지거나 거절에 대해 민감해진다.)
 2. 뚜렷한 과민성, 분노, 대인갈등이 증가
 3. 뚜렷한 우울 기분, 절망감, 자기비난적인 사고
 4. 뚜렷한 불안, 긴장, 신경이 곤두서는 느낌, 과도한 긴장감
C. 다음 중 한 가지 이상 추가적으로 있어야 하며 진단 기준 B 증상과 더불어 총 5가지 증상이 있어야 한다.
 1. 일상활동 시 흥미 저하(직업, 학교 또래집단, 취미)
 2. 집중이 어렵다는 주관적인 느낌
 3. 기면, 쉽게 피곤함, 무기력감
 4. 식욕 변화, 과식이나 특정 음식의 탐닉
 5. 과다수면 또는 불면
 6. 압도되거나 통제력을 잃을 것 같은 주관적 느낌
 7. 유방의 압박감, 부종, 두통, 관절통, 근육통, 체중이 증가된 느낌 등의 신체적 증상
※ 진단 기준 A~C에 해당하는 증상이 전년도 대부분의 월경 주기에 존재

5. 우울장애의 원인

(1) 생물학적 요인

① 가계연구, 쌍생아 연구, 분자생물학 유전자 연구 : 5-HTT 유전자 이상 → 17번 염색체에 있으며 세로토닌 신경전달물질의 활동과 관련된 유전자 → 세로토닌의 낮은 활동이 우울증과 관련되어 있음

② 코르티솔 수준이 우울하지 않은 사람들보다 우울한 사람들에서 비정상적으로 높음

(2) 심리적 요인

① 정신분석적 모델
  ㉠ 사랑하는 사람이 죽었을 때 무의식적 과정이 작동함
  ㉡ 처음에는 상실을 받아들일 수 없어서 구강기 발달 단계로 퇴행하고 상실한 사람의 정체성과 자신의 정체성을 결합하고 상징적으로 사랑하는 사람을 다시 되찾으려고 함
  ㉢ 사랑하는 대상을 향한 슬픔과 분노 등 복합적인 감정이 자신을 향하게 되면 우울감이 심해짐
  ㉣ 사랑하는 사람을 상징적으로 혹은 상상으로 상실할 경우에도 같은 기제가 작용함

② 행동주의
  ㉠ 셀리그만의 학습된 무력감 이론과 관련되어 있음
  ㉡ 우울 귀인양식(attributional style) : 부정적인 사건을 내적("이건 내 잘못이야."), 안정적("나쁜 일이 또 일어날 것이고 이건 내 잘못 때문이야."), 전반적("나는 모든 일이 잘 안 풀려.") 원인으로 돌려 우울증에 더 취약함

③ 인지모델
  ㉠ 기저에 있는 역기능적인 신념, 즉 우울 도식(depressogenic schemas)이 지나치게 극단적이고 경직되고 비생산적으로 작동함
  ㉡ 인지 삼제(cognitive triad)가 작용
    ⓐ 자기("나는 바보 같아. 나는 쓸모없어. 나는 실패자야.")
    ⓑ 세상("아무도 나를 좋아하지 않아. 사람들은 나에게 잘 대해 주지 않아.")
    ⓒ 미래("내 인생은 앞으로도 이렇게 잘 안 풀릴 거야. 앞으로 내 삶은 절망적이야.")

6. 우울장애의 치료

(1) 생물학적 치료

① 전기충격요법(Electroconvulsive therapy : ECT)
② 1950년대에 개발된 모노아민 옥시다제(MAO)억제제와 삼환계(1세대 항우울제)
③ 약을 끊으면 재발할 수 있으므로, 증상이 사라진 후 적어도 5개월 정도는 약을 복용할 것을 권장함(유지치료)

(2) 심리적 개입

① 정신분석 : 내담자 또는 환자가 자유롭게 연상하게 하고 연상, 꿈, 저항, 전이 등을 해석하고 과거 갈등적인 사건과 현재 느끼는 감정을 연결시켜 재검토함
② 행동치료 : 바람직한 행동에 대해 보상을 해 주고 우울한 행동을 체계적으로 무시함. 또한 사회기술을 통해 우울한 사람들의 사회적 능력을 향상시킴
③ 인지치료 : 역기능적 사고 과정을 검토하고 우울을 촉발하는 사고 오류를 알아차리고 교정함
④ 대인관계 치료(Interpersonal Psychotherapy : IPT)
　㉠ 기존의 관계 갈등을 해결하고 새로운 중요한 인간 관계를 형성하는 기술을 가르침
　㉡ 15-20회기 정도 단기적으로 실시함
　㉢ 우울을 촉발시키는 생활 스트레스를 확인한 다음 치료자와 환자가 대인문제에 초점을 둠
　　예 결혼 갈등과 같은 대인 간 역할 논쟁 다루기, 사랑하는 사람의 죽음과 관련된 비탄 등 관계 상실에 적응하기, 결혼하거나 전문적인 관계를 맺는 등 새로운 관계를 맺는 것, 중요한 관계를 시작하고 유지하는 것을 가로막는 문제가 무엇인지 확인하고 사회기술 익히기 등

Section 05 양극성 및 관련장애

종류	특징
제1형 양극성 장애	조증 삽화 기준을 충족함
제2형 양극성 장애	1회 이상의 주요우울 삽화와 경조증 삽화가 번갈아 나타남
순환성 장애	2년 간 경조증 기간과 경미한 우울증 기간이 혼재함

1. 제1형 양극성장애

조증삽화
A. 비정상적으로 들떠있거나, 의기양양하거나, 기분 과민, 목표지향적 활동, 에너지 증가가 최소한 7일간, 거의 매일 나타난다.
B. 다음 중 3가지 이상의 증상이 나타난다.
  1. 자존감이 증가하거나 과대감을 느낌
  2. 수면 욕구 감소
  3. 말이 많아지거나 끊을 수 없을 정도로 말을 계속함
  4. 사고비약, 사고가 빠른 속도로 꼬리에 꼬리를 무는 듯한 경험
  5. 주의산만이 지나쳐 주관적으로 보고하거나 객관적으로 관찰 가능
  6. 목표 지향적 활동이 증가, 정신운동 초조
  7. 과도한 쇼핑, 과소비, 무분별한 성행위, 어리석은 사업투자 등 지나친 활동

2. 제2형 양극성장애

※ 현재 또는 과거의 경조증 삽화 진단 기준을 만족시키고 현재 또는 과거의 주요 우울 삽화 진단 기준 만족

경조증 삽화
A. 비정상적으로 들떠있거나, 의기양양하거나, 기분 과민, 목표 지향적 활동, 에너지 증가가 최소한 4일간, 거의 매일 나타난다.
B. 다음 중 3가지 이상의 증상이 나다난나.
  1. 자존감이 증가하거나 과대감을 느낌
  2. 수면 욕구 감소
  3. 말이 많아지거나 끊을 수 없을 정도로 말을 계속 함
  4. 사고비약, 사고가 빠른 속도로 꼬리에 꼬리를 무는 듯한 경험
  5. 주의산만이 지나쳐 주관적으로 보고하거나 객관적으로 관찰 가능

> 6. 목표 지향적 활동이 증가, 정신운동 초조
> 7. 과도한 쇼핑, 과소비, 무분별한 성행위, 어리석은 사업투자 등 지나친 활동

3. 순환성장애

(1) 적어도 2년 동안(아동, 청소년은 1년) 경조증 삽화의 진단 기준을 충족하지 않는 경조증 기간과 주요우울 삽화 진단을 충족하지 않는 우울증 기간이 있음
(2) 2년 이상의 기간 동안 경조증 기간과 우울증 기간이 절반 이상 차지하고, 증상이 없는 기간이 2개월 이상 지속되지 않음
(3) 주요우울 삽화, 조증 삽화 또는 경조증 삽화가 존재하지 않음

4. 양극성 장애의 원인

(1) 생물학적 원인
① 신경전달물질의 활동, 이온 활동, 뇌구조 및 유전적 요인에 대한 연구가 활발함
② 노르에피네프린의 낮은 활동에 수반되는 세로토닌의 낮은 활동은 우울증을, 세로토닌의 낮은 활동과 노르에피네프린의 높은 활동은 조증을 야기함

(2) 심리적 원인
① 심리적 스트레스, 특히 긍정적인 스트레스의 영향을 받음
② 수면부족, 산후 기간, 비행기 시차 등

5. 양극성 장애의 치료

(1) 1970년대에 리튬(lithium) 같은 기분안정제(mood stabilizer)가 사용됨
(2) 약물치료 외에 정신건강의 교육적인 측면과 인지치료적인 측면을 병합한 인지치료가 적용되고 있음

Section 06　불안장애

유 형	특 징
분리불안장애	집이나 애착 대상과 분리되는 것에 대해 과도하게 공포와 불안을 느낌
선택적 함구증	대부분 정상적인 언어 능력을 갖추고 있지만 먼저 말을 꺼내지 못하거나 사람들이 질문을 해도 답하지 않음
특정공포증	공포와 불안이 특정 상황과 대상에만 국한됨
사회불안장애(사회공포증)	한두 가지 특정 사회적 상황을 두려워하는 것이 특징임
공황장애	반복적으로 예기치 못한 공황 발작이 일어남
광장공포증	다양한 상황에 실제로 노출되거나 노출이 예상되는 상황에서 현저한 극도의 공포와 불안이 유발됨
일반화된 불안장애	많은 사건이나 활동에 대해 과도하게 불안해하고 걱정함

1. 분리불안장애

(1) 진단 기준

> A. 애착대상과 분리되는 것에 대한 공포나 불안이 발달 수준에 비해 부적절하고 지나치며 다음 중 3가지 이상을 보인다.
>   1. 집 또는 애착 대상과 떨어져야 할 때 과도한 고통을 반복적으로 경험함
>   2. 주요 애착 대상을 잃어버리거나 질병, 상해, 재앙 혹은 죽음과 같은 해로운 일이 애착 대상에게 일어날까봐 지속적으로 불안해하고 두려워함
>   3. 길을 잃어버리거나 납치를 당하거나 사고를 당하거나 아프게 되는 것 등 안 좋은 일이 발생하여 주요 애착 대상과 떨어질까봐 지속적으로 염려함
>   4. 분리에 대한 공포 때문에 집 외에 학교, 직장 혹은 다른 장소로 나가는 것을 거부하거나 거절함
>   5. 집이나 다른 장소에서 주요 애착 대상 없이 혼자 있는 것에 대해 지속적으로 과도하게 두려워하거나 거부함
>   6. 집을 떠나 잠을 자는 것이나 주요 애착 대상이 없는 곳에서 자는 것을 과도하게 거부하거나 거절함
>   7. 분리 주제와 연관된 악몽을 반복적으로 꿈
>   8. 주요 애착 대상과 분리될 때 두통, 복통, 구토와 같은 신체증상을 반복적으로 호소함
> B. 공포, 불안, 회피 반응이 아동, 청소년은 4주 이상, 성인은 6개월 이상 지속된다.
> C. 장애가 사회적·직업적·또는 다른 중요한 기능 영역에서 임상적으로 현저한 고통이나 손상을 초래한다.

(2) 주요 특징
① 불안장애 중 아동기와 가장 밀접한 관련을 가짐
② 애착대상과 분리되면 사회적으로 위축되고 슬픈 기분을 느끼며 무감동하거나 일이나 놀이에 집중하기 어려워함

(3) 원인 및 치료
① 유전적인 요인보다 심리적 요인이 더 크게 작용함
② 등교 거부, 분리에 대한 악몽, 두통, 복통 등 다양한 신체증상을 동반하기 때문에 치료적 개입이 필요함
③ 성인인 경우 인지행동치료, 어린 아동일 경우 부모와 상호작용을 도와주는 놀이치료가 효과적임

2. 선택적 함구증

(1) 진단 기준

> A. 다른 곳에서는 말을 할 수 있음에도 말을 해야 하는 특정 사회적 상황(예 학교)에서 말을 일관성 있게 하지 않는다.
> B. 학습 혹은 직업상의 성취 혹은 사회적 의사소통을 방해한다.
> C. 증상이 최소 1개월 이상 지속된다.
> D. 사회적 상황에서 필요한 말을 하는 것에 대한 지식이 부족하거나, 언어가 익숙하지 않아 말을 하지 않는 것은 아니다.

(2) 주요 특징
① 집과 같은 친숙한 환경에서는 말을 하기 때문에 선택적인 함구증이라고 불림
② 과도한 부끄러움, 당황스러운 상황에 대한 공포, 사회적 고립과 위축, 매달리기, 거부증, 분노발작, 사소한 반항 행동이 동반됨

3. 특정공포증

(1) 진단 기준

> A. 특정 대상, 상황에 대하여 극심한 공포나 불안이 유발된다(예 비행기 타는 것, 높은 곳, 동물, 주사 맞기, 피를 보는 것 등).
> B. 공포 대상과 상황은 대부분 즉각적으로 공포나 불안을 유발한다.
> C. 공포 대상 혹은 상황을 회피하거나 매우 극심한 불안과 공포를 지니면서 참는다.

> D. 공포나 불안이 특정 대상이나 상황의 실제적인 위험에 비해 극심하며 사회문화적으로 흔히 받아들여지는 것보다 심하다.
> E. 공포나 불안, 회피 반응이 대체로 6개월 이상 지속된다.
> F. 공포, 불안, 회피로 인해 사회적·직업적 혹은 다른 중요한 기능이 임상적으로 뚜렷한 고통이나 손상을 유발한다.
> ※ 동물형(거미, 곤충, 개), 자연환경형(고소, 폭풍, 물), 혈액-주사-손상형(바늘, 침투적인 의료 시술), 상황형(비행기, 엘리베이터, 폐쇄된 장소), 기타(질식, 구토를 유발하는 상황)

(2) 주요 특징

① 공포와 불안이 특정 상황과 대상에만 국한됨
② 일반적으로 사람들에게서 일어나는 정상적인 불안 반응이나 일시적인 공포와는 달리 공포와 불안이 극심함
③ 아동기에 많이 발생하지만 어느 연령이든 발생할 수 있음

(3) 원인 및 치료

① 생물학적 원인으로는 기질적 요인과 유전적 요인이 특정공포증의 발현에 영향을 미침
② **정신분석** : 원초아(id)의 억압된 충동에서 나오는 불안에 대한 방어로 발생함. 억압된 원초아 충동을 인식하는 것이 너무 위험해서 불안의 실제 대상과 상징적으로 관련이 있는 외부 대상이나 상황으로 불안이 대치되는 것으로 설명함
③ **학습이론** : 고전적 조건형성의 원리 → 이전에는 중립적인 자극이었던 것이 외상 혹은 고통스러운 사건과 연합되면서 공포반응이 조건형성된다고 설명함
④ **노출치료(exposure therapy)** : 특정공포증을 유발하는 자극이나 상황에 직접, 혹은 상상으로 노출함
⑤ 특정공포증의 약물치료는 그다지 효과적이지 않음

4. 사회불안장애(사회공포증)

(1) 진단 기준

> A. 대화를 하거나 낯선 사람을 만나는 것과 같이 타인에게 관찰될 수 있는 하나 이상의 사회적 상황에 노출되는 것을 극심하게 두려워하거나 불안해한다.
> B. 수치스럽거나 당황한 것으로 보이거나 다른 사람을 거부하거나 공격하는 것으로 보이는 등 다른 사람들에게 부정적으로 평가되는 쪽으로 행동하거나 불안 증상을 보일까봐 두려워한다.
> C. 이러한 사회적 상황이 거의 항상 공포나 불안을 불러일으킨다.
> D. 이러한 사회적 상황을 회피하거나 극심한 공포와 불안을 견딘다.

> E. 불안과 공포가 실제 상황, 혹은 사회문화적 맥락에서 볼 때 실제 위험에 비해 비정상적으로 극심하다.
> F. 공포, 불안, 회피 반응이 대개 6개월 이상 지속된다.
> G. 공포, 불안, 회피로 인해, 사회적·직업적·다른 주요 기능이 임상적으로 뚜렷한 고통이나 손상을 초래한다.

(2) 주요 특징

① 아동의 경우에는 성인보다는 또래 집단에서 이러한 증상이 나타나며 다른 사람들에게 불안하고 어리석게 보이거나 좋지 않게 평가받을까봐 염려하는 경향이 있음
② 사회적 상황의 부정적 결과를 과도하게 확대해석하는 경향이 있어서 그 정도를 판단하기 위해서는 임상가의 엄밀한 판단이 필요함
③ 아동과 청소년에게서 발병 비율이 높고 연령이 높아지면 유병률이 떨어짐
④ 남성보다 여성에서 발생빈도가 높음

(3) 원인 및 치료

① 사회적 상황에서 실패를 경험하거나 창피를 당할 때 직접 혹은 대리 고전적 조건형성을 통해 학습됨
② **약물치료** : MAOIs와 SSRIs와 같은 항우울제와 벤조다이아제핀 계열의 항불안제를 사용함
③ **노출치료** : 사회공포를 가진 내담자가 두려운 상황에 자신을 노출하고 공포감이 줄어들 때까지 그 상황을 견디도록 도와줌
④ **인지치료** : 인지 재구성을 통해 기저의 부정적인 사고와 자동적 사고를 인식하도록 함

5. 공황장애

(1) 진단 기준

> A. 예기치 못한 공황발작이 반복적으로 지속된다. 공황발작은 극심한 고통이 갑작스럽게 발생하여 몇 분 이내에 최고조로 이른다. 다음 중 4가지 이상의 증상이 있다.
> 1. 심계항진, 가슴두근거림, 심장박동수 증가
> 2. 발한
> 3. 몸이 떨리거나 후들거림
> 4. 숨이 가쁘거나 답답한 느낌
> 5. 질식할 듯한 느낌
> 6. 흉통, 가슴 불편감
> 7. 메스꺼움, 복부 불편감

8. 현기증, 불안정감, 멍한 느낌, 또는 쓰러질 것 같음
　　　9. 오한 또는 화끈거리는 느낌
　　　10. 감각 이상(감각이 둔해지고 따끔거리는 느낌)
　　　11. 비현실감(현실이 아닌 것 같은 느낌) 또는 이인증(내가 아닌 것 같은 느낌)
　　　12. 스스로 통제할 수 없을 것 같은 두려움이나 미칠 것 같은 두려움
　　　13. 죽을 것 같은 공포
　B. 적어도 1회 이상 발작 뒤에 1개월 이상 다음 중 한 가지 조건을 만족한다.
　　　1. 추가적인 공황 발작이나 그 결과(심장발작, 미치는 것, 통제력 잃음)를 걱정
　　　2. 부적응적인 변화, 즉 공황발작을 회피하기 위해 익숙한 환경을 피하는 것

(2) 주요 특징
① 반복적으로 예기치 못한 (뚜렷한 유발 요인이 없는) 공황 발작이 일어나며, 극심한 공포와 고통이 갑작스럽게 발생하여 몇 분 이내에 최고조에 달함
② 공황발작으로 인해 다른 사람들에게 부정적으로 비춰지거나 평가받는 것에 대해 두려워하고, 당황스러운 상황에 처하는 것에 대해 걱정을 하고 '미치거나' 통제감을 잃을까봐 두려워 함

(3) 원 인
① **기질적 요인** : 행동억제, 부정적 정서성, 특히 신경증적 경향성 및 불안민감도
② **환경적 요인** : 아동기 성적·신체 학대 경험, 흡연, 대인관계 스트레스, 불법 약물 노출, 질병, 가족의 죽음 등 부정적인 생활 경험
③ **생물학적 원인** : 노르에피네프린 신경전달물질의 활동이 불규칙적
④ **인지적 요인** : 신체 감각을 의학적으로 재앙이 일어날 것 같은 신호로 오해석 → 통제력을 상실할 것을 염려 → 최악의 재앙을 예상

(4) 치 료
① **생물학적 치료** : 노르에피네프린의 활동을 적절하게 회복시켜 주는 일부 항우울제와 벤조다이아제핀 계열 항불안제
② **행동치료** : 두려움을 유발하는 내적인 감각(의자에서 뺑뺑 도는 것, 과잉호흡 등)에 의도적으로 노출 → 작은 공황을 불러 일으켜 그것이 사라질 때까지 그 감각을 붙잡고 있게 하고 그러한 감각적 두려움에 습관화
③ **공황통제 치료** : 불안과 공황의 성질에 대해 배우고 공황 발작 상황에서 호흡을 효과적으로 통제하는 법 학습

6. 광장공포증

(1) 진단 기준

> A. 다음의 5가지 상황에서 2개 이상의 상황에서 현저한 공포와 불안을 느낀다.
>   1. 대중교통 수단을 이용하는 것(예 자동차, 버스, 배, 비행기, 기차)
>   2. 열려 있는 공간에 있는 것(예 주차장, 시장, 다리)
>   3. 밀폐된 공간에 있는 것(예 상점, 영화관, 공연장)
>   4. 줄을 서있거나 많은 군중 속에 서 있는 것
>   5. 집 밖에 혼자 있는 것
> B. 공황발작과 유사한 증상이나 무능력하거나 당혹스럽게 되는 다른 증상(예 노인의 경우 낙상에 대한 공포, 실금에 대한 공포)이 생겼을 때 도움을 받을 수 없거나 그 상황에서 벗어나기 어려울 것이라는 불안 때문에 이러한 상황을 두려워하거나 회피한다.
> C. 광장공포 상황은 항상 불안과 공포를 일으킨다.
> D. 광장공포 상황을 적극적으로 회피하고, 다른 사람이 옆에 있어 줄 것을 요하거나 극도의 공포와 불안 속에서 견딘다.
> E. 공포, 불안, 회피 반응이 대개 6개월 이상 지속된다.
> F. 공포, 불안, 회피로 인해, 사회적·직업적·다른 주요 기능이 임상적으로 뚜렷한 고통이나 손상을 초래한다.

(2) 주요 특징

① 다양한 상황에 실제로 노출되거나 노출이 예상되는 상황에서 현저한 공포와 불안이 유발됨
② 공포와 불안을 경험하게 되면 끔찍한 일이 발생할 것 같다는 생각이 들고 공황과 유사한 증상 혹은 무력하게 만드는 다른 증상이나 당혹스런 증상을 경험하며 그 상황에서 벗어나기 힘들 것이라고 지각하게 됨
③ 아동기의 부정적 사건(분리, 부모의 죽음), 공격을 받거나 강도를 당하는 것 같은 스트레스 사건, 집안 분위기나 양육 방식이 건강하지 못하고 과잉보호적일 경우 등

7. 일반화된 불안장애(범불안장애)

(1) 진단 기준

> A. 직장이나 학교와 같이 일상 활동에서 과도하게 불안하거나 걱정을 하고 적어도 6개월 이상, 최소한 한 번에 며칠 이상 발생한다.
> B. 이런 걱정을 통제하는 것이 어렵다고 느낀다.

> C. 불안과 걱정은 다음의 6가지 증상들(증상들이 적어도 6개월 이내에 며칠 이상 존재해야 한다.) 중 3가지 이상의 증상을 동반한다(아동은 한 가지 항목만 필요).
>   1. 안절부절못하거나 가장자리에 선 느낌
>   2. 쉽게 피로해짐
>   3. 집중하기 힘들거나 머릿속이 하얗게 되는 느낌
>   4. 과민성
>   5. 근육의 긴장
>   6. 수면 장해
> D. 불안, 걱정, 또는 신체증상이 사회적·직업적·다른 주요 기능 영역에서 임상적으로 심각한 고통이나 기능 손상을 가져온다.

(2) 주요 특징
① 불안과 걱정의 정도와 기간, 빈도가 예상되는 사건이 미치는 실제 영향에 비해 극심함
② 범불안장애에서 나타나는 걱정은 전반적이고, 극심하고, 고통을 주고, 기간이 더 길게 지속되며, 유발요인이 없이도 발생함
③ 남성보다 여성에게서 높게 나타남

(3) 원인
① **생물학적 요인** : 뇌의 일부 뉴런은 신경전달물질인 GABA를 방출하는데, GABA 수용기가 너무 작거나 수용기가 신경전달물질을 빨리 결합하지 못해 불안 증상이 발생할 수 있음
② **기질적 요인** : 행동억제, 부정적 정서성, 특히 신경증적 경향성, 해로운 것을 회피하는 성향 등의 영향을 받을 수 있음
③ **정신분석** : 실제적인 위협에 대해서는 현실적인 불안을 느끼며, 원초아 충동 표현이 부모나 환경에 의해 금지되면 신경증적 불안을, 원초아 충동 표현이 누군가로부터 처벌을 받거나 위협을 당하게 되면 도덕 불안을 경험함 → 신경증적 불안 또는 도덕적 불안이 아동을 지배하게 되면 커서 범불안장애가 생길 수 있음
④ **인지이론** : 역기능적인 사고방식이 불안과 같은 심리 문제를 유발함

(4) 치료
① **약물치료** : 1950년 이후에 범불안장애의 치료에는 벤조다이아제핀 류의 항불안제가 사용됨
② **심리치료**
　　㉠ 이완훈련
　　㉡ 바이오피드백 : 몸에서 오는 전기 신호를 사용해서 심장박동, 근육긴장과 같은 생리과정을 조절할 수 있게 하는 기법

Section 07 강박 및 관련 장애

유 형	특 징
강박장애	강박사고와 강박행동이 특징적임. 강박적인 생각으로는 반복적이고 지속적으로 나타나는 오염에 대한 사고, 폭력적이거나 공포스러운 장면들과 같은 이미지, 누군가를 찌르는 것과 같은 충동들이 포함됨. 강박행동은 강박적인 생각에 대한 반응으로 일어남
신체변형장애	하나 이상의 신체 결함에 과도하게 집착하는 것으로 모든 신체 부위가 걱정의 대상이 됨
저장장애	물건의 실제 가치와 상관없이 버리지 못하고 버리는 것을 어려워하는 것을 말함
털뽑기 장애	반복적으로 몸에 난 털을 뽑음
피부뜯기 장애	반복적으로 신체 부위의 피부를 뜯음

1. 강박장애

(1) 진단 기준

A. 강박사고와 강박행동 혹은 둘 다 있고 강박사고는 다음 1, 2에 해당된다.
 1. 반복적이고 지속적인 사고, 충동, 또는 심상이 장애가 경과하는 어느 시점에서 침투적이고 원치 않는 방식으로 경험되며 대부분 현저한 불안이나 고통을 일으킨다.
 2. 이러한 사고, 충동, 심상을 무시하거나 억압하려고 시도하며, 다른 생각이나 행동(강박행동)을 통해 중화하려고 한다.

 강박행동은 다음 1, 2로 정의된다.
 1. 반복적인 행동(예 손 씻기, 정돈하기, 확인하기) 또는 심리 내적인 활동(예 기도하기, 숫자세기, 속으로 단어 반복하기)을 강박적 사고에 대한 반응으로 하거나 엄격한 규칙에 따라 수행한다.
 2. 강박행동이나 정신내적 활동은 불안감이나 괴로움을 예방하거나 감소시키고, 두려운 사건이나 상황이 일어나는 것을 방지하려는 목적으로 수행되지만 이 행동이나 행위들은 그 행위의 대상과 현실적인 방식으로 연결되어 있지 않거나 분명히 지나친 것이다.

B. 강박사고나 행동은 시간을 소모하게 해서(하루에 1시간 이상) 사회적·직업적·또는 다른 주요한 기능 영역에서 심각한 고통이나 손상을 초래한다.

※ 다음의 경우 명시할 것
 • 병식이 좋거나 양호함 : 강박적 믿음이 진실이 아니라고 확신하거나 진실 여부를 확실하게 인지하지 못한다.
 • 병식이 좋지 않음 : 강박적 믿음이 아마 사실일 것으로 생각한다.
 • 병식이 없음/망상적 믿음 : 강박적 믿음이 사실이라고 완전히 확신한다.

(2) 주요 특징
  ① 강박사고와 강박행동으로 분류됨
  ② **강박사고** : 반복적이고 지속적으로 나타나는 오염에 대한 사고, 폭력적이거나 공포스러운 장면들과 같은 이미지, 누군가를 찌르는 것과 같은 충동, 침습적이고 원치 않는 방식으로 불안감과 괴로움을 초래함
  ③ **강박행동** : 반복적 행동(씻기, 확인하기)이나 정신내적인 행위(숫자 세기, 속으로 단어 반복하기)를 말하며 강박사고에 대한 반응으로 엄격한 규칙에 따라 나타남

(3) 원 인
  ① **생물학적 원인** : 비정상적으로 낮은 세로토닌의 활동과 뇌의 중요한 영역에서 기능 이상
  ② **정신분석** : 원초아 충동을 두려워하여 불안이 올라올 때 자아방어기제가 작동
  ③ **학습이론** : 강박행동을 학습된 행동으로 파악
  ④ **인지적 관점** : 침습적인 사고를 통제하려고 하면 할수록 더 자주 강박사고에 몰두

(4) 치 료
  ① **약물치료** : 세로토닌 활동을 증가시키는 항우울제가 효과적
  ② **심리치료**
    ㉠ 노출 및 반응 방지 : 힘들게 하는 자극의 위계를 정해서 불안, 고통, 혐오를 유발하는 능력에 따라 0점에서 100점으로 나누게 함. 그 다음 상상이든 직접적이든 반복적으로 강박증을 유발하는 자극에 노출하게 함(청결강박증)
    ㉡ 인지치료 : 원치 않는 생각에 대한 오해석, 과도한 책임감, 중화 행동이 증상의 발생이나 유지에 어떤 영향을 미치는지 교육시킴
  ③ 노출 및 반응방지, 인지치료 모두 효과적이라고 알려지고 있으나, 이 두 가지를 병합한 치료가 가장 효과적임

2. 신체변형장애

(1) 진단 기준

> A. 타인이 잘 알아 볼 수 없거나 미미한 정도인 하나 이상의 신체 외모 결함을 의식하여 지나치게 몰두하고 집착을 보인다.
> B. 외모에 대한 걱정 때문에 거울보기, 과도한 치장, 피부뜯기, 안심을 구하려는 행동 등 반복적 행동을 보이고 정신내적인 행위(자신의 외모와 타인의 외모를 비교하기)를 한다.
> C. 외모에 대한 집착이 너무 커서 사회적·직업적·또는 다른 중요한 기능 영역에서 임상적으로 유의한 고통이나 손상을 초래한다.
> ※ 다음의 경우 명시할 것
> - 근육변형증 동반 : 자신의 체격이 너무 왜소하거나 근육질이 부족하다고 믿는다.
> - 좋거나 양호한 병식 : 신체변형장애에 대한 믿음이 진실이 아니라고 확신하거나 진실 여부를 확실하게 인지하지 못함
> - 좋지 않은 병식 : 신체변형장애에 대한 믿음이 사실일 것이라고 생각한다.
> - 병식이 없거나/망상적 믿음 : 신체변형장애의 믿음이 사실이라고 완전히 확신한다.

(2) 주요 특징

① 하나 이상의 신체 결함에 과도하게 집착함. 신체에 대한 걱정은 뭔가 '매력적이지 않다'부터 '끔찍하다', '괴물 같다' 등 다양함
② 남들과 자신의 외모를 비교하거나 거울에 비친 자신의 결함이나 부위들을 반복적으로 확인하기나 살펴보기, 과도하게 치장하기(빗질하기, 머리카락 자르기, 면도하기, 머리카락 당기거나 뽑기), 위장하기(화장하기, 모자나 옷, 머리카락으로 싫어하는 부위 가리기), 외모의 결함이 어떻게 보일지 남들에게 지속적으로 확인하거나 마음에 안 드는 부분을 만져서 확인하거나 과도한 유산소 또는 근력운동을 하고 미용시술에 과도하게 몰두하는 행동 등을 보임

(3) 원 인

① 강박장애 환자의 일차 친족에서 신체변형장애의 유병률이 높음
② 신체변형장애를 가진 사람들은 매력을 일차적인 가치로 생각하기 때문에 "내 외모에 결함이 있다면 나는 무가치한 사람이다."라는 핵심 신념이 크게 작용함

(4) 치 료

① 강박장애 환자의 치료와 비슷하게 SSRIs 계열의 항우울제가 효과적임
② 인지행동치료 방법으로는 강박증 환자처럼 노출 치료가 효과적임

3. 저장장애

(1) 진단 기준

> A. 실제 가치와 상관없이 가지고 있는 소지품을 버리지 못하고 소지품과 분리되는 것을 지속적으로 어려워한다.
> B. 이러한 어려움은 소지품을 보관해야 하는 인지적 필요 혹은 이를 버리는 데 따르는 고통에 의해 생긴다.
> C. 소지품을 버리기 어려워해서 물건들이 모여 쌓이게 되고 소지품의 원래 용도를 심각하게 저해하고 생활공간을 어지럽힌다.
> D. 자신과 타인을 위한 안전한 환경을 유지하는 것을 포함하여 이러한 증상이 사회적·직업적 또는 다른 중요한 기능 영역에 임상적으로 유의한 고통이나 손상을 초래한다.
> E. 증상이 뇌손상이나 뇌혈관 질환, 프래더-윌리 증후군과 같은 다른 의학적 상태에 의한 것이 아니다.
> F. 저장행동이 다른 의학적 상태(강박사고, 주요우울장애의 에너지 감소, 조현병이나 다른 장애에서의 망상, 주요 신경인지장애에서 인지 능력 결함, 자폐스펙트럼장애에서 제한된 흥미 등)로 인한 것이 아니다.
>
> ※ 다음의 경우 명시할 것
> • 과도한 습득 동반 : 소지품을 버리는 데 어려움을 겪고 필요가 없거나 가능한 공간이 없음에도 불구하고 물건을 습득하는 행위

(2) 주요 특징

① 물건의 실제 가치와 상관없이 버리지 못하고 그것들과 분리되는 것을 지속적으로 어려워 함
② 물건의 유용성과 미적 가치를 실제보다 크게 인식하고 물건에 대한 강한 감정적 애착을 가짐
③ 남성보다는 여성이 더 많고, 50세 이상 중장년층에서 많이 발생함

(3) 원인 및 치료

① 기질적으로 우유부단한 것이 특징이고, 환경적으로는 질환의 발생이나 악화 전에 스트레스 상황이나 외상사건을 보고함
② 물건을 버리면 마치 자신을 버린 것 같은 느낌이 든다고 표현할 정도로 이들은 물건과 자신을 동일시하는 경우가 많음
③ 인지행동치료와 약물치료를 병행하는 것이 일반적임
④ 물건을 버리는 것에 대해 불안해하기 때문에 이러한 불안을 다루어 주고 어떤 역기능적 신념이 불안을 야기하는지 분석하여 물건과 관련된 역기능적 생각을 다루어 주는 것이 효과적임

4. 털뽑기 장애

(1) 진단 기준

> A. 반복적으로 털을 뽑아 탈모로 이어진다.
> B. 털을 뽑는 행위를 줄이거나 멈추려는 반복적인 시도를 한다.
> C. 털을 뽑는 행동이 사회적·직업적·다른 주요 기능 영역에서 임상적으로 유의한 고통이나 손상을 초래한다.
> D. 털을 뽑는 행동이 피부과적 질환과 같은 의학적 상태나 신체변형장애에서 외모 결함을 개선하기 위해 하는 것과 다르다.

(2) 주요 특징

① DSM-IV에서 충동통제장애에 분류되다가, DSM-5에서는 강박증 관련장애로 범주화됨
② 몸의 어느 부위든 털이 나 있는 것은 다 뽑을 수 있고 드물게는 두피, 눈썹, 속눈썹, 겨드랑이, 얼굴, 생식기, 항문 주변 등의 털을 뽑기도 함
③ 불안이나 지루한 감정에 의해 촉발되기도 하고 털뽑기 전 잠깐 혹은 이를 저항하려는 시도에서 긴장감이 증가하며, 털을 뽑는 행동 이후에 만족감, 쾌감, 안도감 등의 감정을 느낄 수 있음

(3) 원 인

① **정신분석** : 털을 뽑는 행동은 무의식적인 갈등의 상징적인 표현이며 좋지 못한 대상관계의 결과
② **행동주의** : 스트레스에 대한 대응 행동으로 나타나며 긴장 완화 효과에 의한 일종의 부적강화

(4) 치 료

① 약물치료 효과는 보고된 것이 별로 없음
② 바이오피드백, 은밀한 감각화, 혐오치료, 소거, 반응 방지 등의 행동치료가 적용됨

5. 피부뜯기 장애

(1) 진단 기준

> A. 반복적으로 피부를 뜯어 피부 병변으로 이어진다.
> B. 피부뜯기 행동을 줄이거나 멈추려는 시도를 반복적으로 한다.
> C. 사회적·직업적 기능 영역을 손상시킨다.
> D. 정신병적 장애에서 망상이나 환촉, 신체변형장애에서 외모 결함을 개선하기 위해 하는 행동과 다르다.

(2) 주요 특징

① 강박증이나 신체변형장애와 동반되는 현상 때문에 강박관련장애로 분류함
② 반복적으로 스스로 피부를 뜯으며 얼굴, 팔, 그리고 손 부위를 뜯고 신체 여러 곳으로 옮겨 감
③ 하루에 수시간 동안 이런 행동을 하며, 증상은 수개월 혹은 수년 정도 지속됨

(3) 원인 및 치료

① DSM-5에 새로 들어온 장애라 연구가 부족한 편이며, 질병이 아니라 나쁜 습관으로 생각하기 때문에 적극적으로 치료를 받지 않는 경향이 있음
② 방치하면 만성적으로 진행되고 죄책감, 수치심 등의 부정 정서로 인해 우울증이 함께 발병하는 경우가 많으며 불안장애, 물질사용장애와 동반됨
③ 습관반전 훈련 : 반복적인 행동을 주의 깊게 관찰하도록 지시를 하고 그 행동이 막 시작되려고 할 때 껌을 씹거나 피부를 부드럽게 하는 로션을 바르거나 즐겁고 해가 없는 다른 행동으로 바꾸게 하는 것
④ 수용 증진 행동치료 : 피부뜯기 행동을 유발하는 단서나 자극 등을 알아차리게 하고, 자극 통제 기법을 사용함

Section 08 신체증상 및 관련장애

유 형	특 징
신체증상장애	신체증상을 지나치게 걱정하고, 고통을 받고, 장해를 경험함
전환장애	의학적으로 설명되지 않지만 수의적인 운동, 감각 기능에 영향을 미침
질병불안장애	건강염려적인 현상으로 신체증상이 없음에도 불구하고 심한 병에 걸렸다고 집착함
인위성장애	의도적으로 신체증상을 만들거나 꾸밈

1. 신체증상장애

(1) 진단 기준

> A. 지장이 될 정도로 한 가지 이상의 신체증상이 있다.
> B. 다음 중 적어도 하나 이상 신체증상 혹은 건강염려와 관련된 지나친 생각과 감정 혹은 행동을 보인다.
>   1. 신체증상의 심각성에 대해 편향되어 지속적으로 몰두함
>   2. 건강이나 증상에 대한 지속적으로 높은 수준의 불안
>   3. 이러한 증상이나 건강 염려에 대해 지나친 시간과 에너지를 쏟음
> C. 한 가지 증상을 지속적으로 보이지는 않아도, 증상이 있는 상태가 대개 6개월 이상

(2) 주요 특징

① 신체증상을 심하게 호소하여 일상생활에서 중대한 지장을 겪음
② 의학적인 이유 여부와 관계없이 환자가 느끼는 고통은 분명함
③ 여성들이 남성보다 더 많이 증상을 호소하며 아동들은 복통, 두통, 피로, 오심 등을 주로 호소함

(3) 원인 및 치료

① 치료하기 어려운 장애로 알려져 있고 효과가 잘 입증된 치료 방법이 없음
② 신체증상의 유발과 관련된 심리적 갈등이나 부정적 감정을 표현하고 해소하도록 도와주어야 함
③ 가족들이 관심을 기울여 주고 의무나 책임을 면제해 주는 행동을 통해 증상을 강화하지 말아야 함

2. 전환장애

(1) 진단 기준

> A. 변화된 수의적 운동 또는 감각 기능 이상을 보인다.
> B. 임상 검사 소견이 증상과 신경학적 혹은 의학적 상태와 불일치하는 증거를 보인다.
> C. 증상이나 결함이 사회적·직업적 기능을 손상시킨다.
> ※ 다음 중 하나를 명시할 것
> - 쇠약감 혹은 마비 동반
> - 비정상적 운동 동반(떨림, 근육긴장이상, 근경련, 근육간대경련, 보행장애)
> - 삼키기 증상 동반
> - 언어증상 동반(발성곤란, 불분명한 말 등)
> - 발작 혹은 경련 동반
> - 무감각증이나 감각 상실 동반
> - 특정 감각 증상 동반(시각, 후각 또는 청각 장해)
> - 혼합 증상 동반

(2) 주요 특징

① 진단을 위해서는 증상이 신경학적 질병으로 설명되지 않고 반드시 신경학적 질병과 불일치한다는 임상적 소견이 있어야 함
② 초기 발병은 심리적 혹은 신체적 스트레스나 외상과 관련이 있음. 증상의 초기 발병이나 발작 중에 이인증, 비현실감, 해리성 기억상실과 같은 해리 증상이 동반함

(3) 원 인

① **정신분석** : 엘렉트라 컴플렉스가 해결되지 못하면 이후에 성적 불안을 반복적으로 경험하고 이 감정을 감추고자 하는 무의식적 욕구에서 성적인 감정이나 갈등을 신체적인 증상으로 전환하여 표현함
② **행동주의** : 신체증상장애나 전환 증상이 일종의 보상 작용을 함. 증상은 불쾌한 관계를 빠져나오게 하기도 하고 사람들의 관심을 끌기도 함

(4) 치 료

① **정신분석가** : 내적인 두려움을 인식하고 해결하게 해주어 불안을 신체증상으로 전환할 필요성을 감소시킴
② **행동주의자** : 신체증상을 처음으로 일으킨 사건의 세부 특성을 파악하여 환자에게 반복 노출함으로써 이러한 단서에 덜 불안하게 만들어 신체적 경로를 통하지 않고 스트레스 사건에 직접 대면하도록 훈련시킴
③ 생물학적으로는 항불안제나 항우울제를 사용함

3. 질병불안장애

(1) 진단 기준

> A. 심각한 질병에 걸렸다고 집착한다.
> B. 신체증상은 없고, 있다고 하더라도 경한 상태다. 다른 의학적 상태가 나타나거나 의학적 상태가 악화될 고위험이 있을 경우 병에 대한 집착이 지나치거나 너무 부적절하다.
> C. 건강에 대한 높은 수준의 불안을 느끼고 건강 상태에 대해 쉽게 놀라는 반응을 보인다.
> D. 지나치게 건강 관련 행동(예 반복적으로 질병 의심 부위 체크)을 하고 부적응적인 회피(의사와의 약속이나 병원을 피한다.) 행동을 보인다.
> E. 질병에 대한 집착이 6개월 이상 존재하고 걱정하는 특정 질병이 수시로 바뀐다.
> F. 의학적 처치를 추구하는 유형 : 자주 의사를 찾아가고 검사를 받음
> 의학적 처치를 회피하는 유형 : 의료 보호를 받으려고 하지 않음

(2) 주요 특징

① 진단받지 않은 의학적 질병에 걸렸다고 믿거나 앞으로 걸릴 것에 대해 과도하게 집착함
② 치료를 받으면 불안이 더 악화되거나 진단 검사, 시술을 한 뒤 의사의 부주의로 합병증을 얻기도 함
③ 질병에 대한 염려는 어느 연령에서나 시작될 수 있으나 초기 청소년기에 가장 흔함

(3) 원인 및 치료

① 생활 스트레스나 위중하지만 비교적 문제가 없는 건강 위협 요인에 의해 촉발함
② 아동기에 학대를 받았거나 심각한 질환을 경험히면 성인기에 이 장애가 발전할 가능성이 높음
③ 강박증에 효과적인 항우울제에 비교적 잘 반응함
④ 노출과 반응방지와 같은 행동주의 치료를 통해 증상이 호전될 수 있음

4. 인위성장애

(1) 진단 기준

> <u>스스로에게 부여한 인위성장애</u>
> A. 신체적인 혹은 심리적 징후나 증상을 허위로 조작하거나 상해나 질병을 유도하는데, 이는 확인된 속임수와 연관된다.
> B. 다른 사람에게 자신이 아프고 장해가 있고 상해를 당했다고 표현한다.
> C. 분명한 외적 보상이 없는 상태인데도 속이는 행동이 분명하게 드러난다.
>
> <u>타인에게 부여한 인위성장애(과거 대리인에 의한 인위성장애)</u>
> A. 다른 사람에게 신체적 혹은 심리적 징후나 증상을 허위로 조작하거나 상해나 질병을 유도하는데, 이는 확인된 속임수와 연관된다.
> B. 제3자(피해자)가 아프고 장해가 있고 상해를 당했다고 다른 사람들에게 표현한다.
> C. 분명한 외적 보상이 없는 상태인데도 속이는 행동이 분명하게 드러난다.

(2) 주요 특징

① 분명한 외적 보상이 없는 상황에서도 질병의 징후나 증상을 거짓으로 꾸며내고, 모방하거나 유발하는 은밀한 시도를 함
② 진단을 내리려면 의도나 기저의 동기에 대한 추론보다 질병의 징후나 증상 조작의 객관적인 증거가 필요함

Section 09 급식 및 섭식장애

1. 신경성 식욕부진증

(1) 진단 기준

> A. 필요한 양에 비해 음식을 섭취하는 것을 지나치게 제한하여 연령, 성별, 발달 과정 및 신체 건강 수준에 비해 유의하게 저체중이 유발된다.
> B. 저체중임에도 불구하고 체중 증가와 비만에 대한 극심한 두려움이 있다.
> C. 기대되는 체중이나 체형을 경험하는 방식에 심각한 장해가 생기고, 체중이나 체형이 자기평가에 미치는 영향이 지나치며, 현재 저체중의 심각성에 대한 인식이 지속적으로 결여되어 있다.
>
> ※ 다음 중 하나를 명시할 것
> - 제한형 : 지난 3개월 동안 폭식하거나 하제를 사용하지 않음(즉, 스스로 유도하는 구토 또는 하제, 이뇨제, 관장제의 남용이 없음)
> - 폭식 및 하제 사용법 : 지난 3개월 동안 폭식, 신경성 식욕부진증의 현재 삽화 동안 규칙적으로 폭식하거나 하제를 사용함(즉, 스스로 유도 구토 또는 하제, 이뇨제, 관장제 남용)
>
> ※ 현재의 심각도를 명시할 것
> - 경도 : BMI ≥ $17kg/m^2$
> - 중등도 : BMI $16 - 16.99kg/m^2$
> - 고도 : BMI $15 - 15.99kg/m^2$
> - 극도 : BMI ≤ $15kg/m^2$

(2) 주요 특징

① 체중 증가와 비만에 대한 극심한 두려움을 지니고 있어서 음식 섭취를 현저하게 제한하거나 거부함으로써 체중이 비정상적으로 저하됨
② 체중 증가에 대한 자가 인식의 장애가 나타나서 날씬한데도 불구하고 자신의 몸이 뚱뚱하다고 왜곡되게 생각하는 경향이 있음
③ 저체중인데도 뚱뚱하다고 걱정하며 반복적으로 체중을 재고, 강박적으로 신체 부위를 체크하고 거울을 보며 뚱뚱하게 생각되는 신체 부위를 확인함
④ 일반적으로 청소년기나 성인기 초기에 시작되며 대학 진학을 위해 고향 집을 떠나는 것과 같이 압박감을 주는 생활 사건과 연관됨
⑤ 신체적으로는 백혈구 감소, 빈혈증, 탈수 상태, 저마그네슘증, 저아연증, 저염소혈증, 저칼륨증, 대사성 산증이 유발되며 무월경에 변비, 복통, 추위에 대한 내성 저하, 무기력증, 과도한 에너지 소모, 저혈압, 저체온, 서맥이 발생하고 드물게는 사지에 점상출혈, 반상출혈이 나타날 수 있고 과카로틴혈증으로 피부가 노랗게 변하기도 함

(3) 원인

① 낮은 세로토닌 활동으로 고열량 음식을 탐하고 폭식이 유도됨
② 정신분석에서는 어머니로부터 심리적 독립이 되지 못해 자기 몸에 대해 확고한 주체성이 없는 여성들에게서 이 장애가 나타난다고 보고 있음
③ 행동주의 이론에 따르면 체중이 늘어나는 것을 두려워하는 여성들은 뚱뚱함에 대한 과도한 공포와 음식섭취에 대한 두려움이 있어서, 이러한 공포를 감소시키기 위해 음식을 먹지 않는다고 봄
④ 인지적 입장에서는 자신의 신체에 대한 왜곡된 지각을 핵심 요인으로 파악하고 있음

(4) 치료

① 치료 목표는 잃었던 체중을 회복하고 영양 부족 상태를 벗어나서 다시 정상적으로 먹게 하는 것에 있음
② 합병증의 위험이 있어서 입원치료를 하는 경우가 많음
③ 행동적 측면에서는 환자들에게 자신의 감정, 배고픔의 수준, 음식 섭취를 관찰하고 일지를 쓰게 함
④ 인지적 접근에서는 신체상에 대한 왜곡과 불만감을 다루어 주고 신체상에 대한 둔감화나 비합리적 신념과 인지적 왜곡에 도전하는 등의 기법을 적용함

2. 신경성 폭식증

(1) 진단 기준

> A. 반복적인 폭식 삽화는 다음 2가지 특징이 있다.
> 1. 일정 시간 동안(예 2시간 이내) 보통의 사람들이 비슷한 상황에서 같은 시간 동안 먹는 것보다 분명하게 많은 양의 음식을 먹는다.
> 2. 폭식 삽화 동안 먹는 것을 조절하는 능력이 상실된다(예 먹는 것을 멈출 수 없으며, 무엇을 또는 얼마나 많이 먹어야 할 지 조절할 수 없다는 느낌).
>
> B. 체중 증가를 막기 위해 반복적이고 부절적한 보상 행동으로 스스로 유도한 구토, 또는 하제나 이뇨제, 관장약, 기타 약물의 남용, 또는 금식이나 과도한 운동과 같은 행동을 보인다.
> C. 폭식과 부적절한 보상 행동 모두 평균적으로 적어도 1주 1회씩 3개월 동안 일어난다.
> D. 체중과 체형이 자기 평가에 지나치게 큰 영향을 미친다.
>
> ※ 심각도를 명시할 것
> - 경도 : 평균적으로 일주일에 1~3회 부적절한 보상 행동 삽화
> - 중등도 : 평균적으로 일주일에 4~7회 부적절한 보상 행동 삽화

> • 고도 : 평균적으로 일주일에 18~13회 부적절한 보상 행동 삽화
> • 극심 : 평균적으로 일주일에 14회 이상 부적절한 보상 행동 삽화

(2) 주요 특징

① 폭식 삽화가 반복되고, 체중 증가를 막기 위해 구토 등의 보상행동이 일어남. 체형과 체중이 자기 평가에 과도하게 영향을 미치며, 부적절한 보상 행동이 있을 때 진단을 내릴 수 있음
② 폭식은 일정 기간 대부분의 사람이 비슷한 상황에서 같은 시간 내에 먹는 것보다 훨씬 더 많은 양의 음식을 먹는 것을 의미함
③ 폭식 삽화 동안에 조절 능력의 상실감이 동반함
④ 구토를 유도하기 위해 손가락이나 도구를 이용하거나 하제와 이뇨제를 남용함. 폭식 후에 관장제를 남용하기도 하고 갑상선 호르몬제를 복용하기도 함

(3) 원인 및 치료

① 식욕부진증의 약 40~50%가 폭식증 증세를 보임
② 낮은 자존감, 우울감, 사회불안, 아동기의 불안장애와 관련됨
③ 환경적으로는 날씬한 몸을 이상적 미의 기준으로 꼽는 사회 문화적 분위기의 영향을 받음
④ **정신분석** : 부모에 대한 해결되지 못한 무의식적 분노가 음식으로 대치되어 폭식이 일어남
⑤ 신체상을 변화시키기 위해 심상화를 통한 신체적 둔감화나 자신의 몸에 대한 둔감화, 몸에 대한 긍정적 평가 기법, 노출 및 반응 방지 기법이 효과적임

3. 폭식장애

(1) 진단 기준

> A. 폭식의 반복적인 삽화. 폭식의 삽화는 다음 2가지 특징이 있다.
>   1. 일정한 시간 동안(예 2시간 이내) 보통의 사람들이 비슷한 상황에서 동일한 시간 동안 먹는 것보다 분명하게 많은 양의 음식을 먹음
>   2. 폭식 삽화 동안 먹는 것을 조절하는 능력이 상실(예 먹는 것을 멈출 수 없으며, 무엇을 또는 얼마나 많이 먹어야 할지 조절할 수 없다는 느낌)
> B. 폭식 삽화는 다음 중 3가지 이상 관련된다.
>   1. 평소보다 양을 많이 급하게 먹음
>   2. 배가 불러서 불편하게 느껴질 때까지 먹음
>   3. 배고프지 않은데도 많은 음식을 먹음
>   4. 많이 먹는 것에 대한 불편감 때문에 혼자 먹음
>   5. 폭식 후 스스로에 대한 역겨움, 우울감, 큰 죄책감을 느낌

C. 폭식으로 인해 분명한 고통이 있다.
D. 최소 3개월 동안 일주일에 1회 이상 나타난다.
E. 신경성 폭식증에서 보이는 부적절한 보상 행동이 없다.

(2) 주요 특징

① 그동안 연구되지 않았지만 다이어트 문화 확산으로 특히 청소년, 대학생들 사이에서 흔히 나타남
② 폭식장애는 섭식 장애의 전구 단계에 나타나는 경향이 있고 심하면 통제감 상실에 의한 일화성 폭식이 나타남
③ 자연적으로 증상이 좋아지기도 하며, 증상의 강도나 기간 면에서 신경성 폭식증과 대등하지만 폭식 후에 부적절한 보상 행동(제거, 과도한 운동 등)이 나타나지 않음

4. 되새김장애

(1) 이전에 삼켜서 부분적으로 소화된 음식을 오심이나 비자발적 구역질, 역겨움을 보이지 않고 입으로 토하기도 함
(2) 일주일 동안 적어도 수차례 일어나거나 매일 나타나기도 하며 역류된 음식을 되씹거나, 되삼키거나, 뱉어냄
(3) 되새김장애를 가진 유아들은 자신의 혀를 빠는 동작을 하고 머리를 뒤로 젖힌 채 등을 활처럼 휘게 하는 특징적인 자세를 보이는데, 이 행동을 통해 만족을 얻는 것으로 알려져 있음
(4) 영유아기, 아동기, 청소년기, 성인기에 걸쳐 모두 나타남. 영아기는 보통 3~12개월 사이에 증상이 시작됨
(5) 자극의 결여, 방임, 스트레스성 생활사건, 부모-자녀 문제가 원인으로 알려져 있음

5. 이식증

(1) 영양분이 없고 음식도 아닌 하나 이상의 물질을 먹는 행동이 최소 1개월 이상 지속될 때 진단을 내림
(2) 나이에 따라 섭취하는 음식이 다양한데 종이, 비누, 천, 머리카락, 실, 털, 흙, 분필, 화장품, 페인트, 껌, 금속, 자갈, 숯 혹은 석탄, 찰흙, 녹말, 얼음 등이 있음
(3) 최소 2세 이상이 되어야 진단을 내릴 수 있음

(4) 아동기에 흔히 발병하며 성인들의 경우 지적장애나 기타 정신질환이 있는 경우 발병하는 경향이 있음
(5) 환경적 방임이나 지도 감독의 부재, 발달 지연이 이식증 위험을 증가시킴

6. 회피적/제한적 음식섭취장애

(1) DSM-IV의 유아기 또는 초기 소아기의 섭식장애 진단기준을 대체하고 확장한 것임
(2) 심각하게 체중이 감소하고 영양부족이 나타나며, 위장관 급식이나 경구 영양 보충제에 의존함
(3) 정신사회적 기능의 장애가 초래됨
(4) 신체 검진이나 검사실 검사, 식이 섭취 평가에서 심각한 영양 결핍 소견이 나타나고 저체온증, 서맥, 빈혈과 같은 신체증상이 나타날 수 있음
(5) 가장 흔하게는 영유아기나 초기 아동기에 나타나서 성인기까지 지속될 수도 있음. 음식에 대한 감각적 특징을 기반으로 한 회피는 10세 이전에 나타나는 경향이 있지만 성인기까지 지속될 수 있음
(6) 부모자녀 상호작용이 유아의 급식문제를 일으킬 수 있음

Section 10 배설장애

(1) 진단 기준

유뇨증의 진단 기준
A. 침구 또는 옷에 불수의적이든 의도적이든 반복적으로 소변을 본다.
B. 이러한 행동은 임상적으로 뚜렷하게 나타나고 적어도 연속적인 3개월 동안 주 2회 이상 나타나며 사회적·학업적(직업적) 또는 다른 중요한 기능에서 현저한 고통과 손상을 초래한다.
C. 생활 연령이 적어도 5세 이상이다.
D. 이러한 행동은 물질(예 이뇨제, 항정신병 약물)의 생리적 효과나 다른 의학적 상태(예 당뇨, 척수이분증, 발작장애)로 인한 것이 아니다.
※ 다음 중 하나를 명시할 것
  • 야간형 단독
  • 주간형 단독
  • 주야간형 복합

유분증의 진단 기준
A. 부적절한 장소(예 옷, 바닥)에 불수의적이든 의도적이든 반복적으로 대변을 본다.
B. 이러한 상황이 적어도 3개월 동안 월 1회 이상 나타난다.
C. 생활 연령이 적어도 4세 이상이다.
D. 이러한 행동은 물질(예 완화제)의 생리적 효과나 변비를 일으키는 기전을 제외한 다른 의학적 상태로 인한 것이 아니다.

(2) 주요 특징

① 배설장애 아동들은 반복적으로 옷이나 침대, 바닥에 대소변을 봄
② 학교 입학이나 가족 문제와 같은 생활 스트레스 상황에서 나타남
③ 유뇨증은 대부분 치료 없이 교정됨
④ 유분증을 치료할 때는 행동적인 접근과 의학적 접근이 필요함. 아동들에게 바이오피드백을 적용해서 장이 꽉 차면 더 잘 탐지하게 해주는 방법도 적용할 수 있음

Section 11 수면-각성 장애

1. 불면장애

(1) 진단 기준

> A. 수면의 양이나 질이 매우 불만족스럽고 다음 중 한 가지 이상의 증상이 나타난다.
>   1. 수면 시작이 어려움
>   2. 수면 유지의 어려움으로 자주 깨거나 깬 다음에 다시 잠들기 어려움
>   3. 이른 아침에 눈이 떠져서 다시 잠들기 어려움
> B. 수면 문제가 적어도 일주일에 3회 이상 발생한다.
> C. 수면 문제가 적어도 3개월 이상 지속된다.
> D. 수면 문제가 적절한 수면 기회가 주어졌음에도 불구하고 발생한다.

(2) 주요 특징
① **수면 시작 불면증** : 정상인은 10-15분 만에 잠이 드는데, 30분 이상 잠이 오지 않는 경우
② **수면 유지 불면증** : 수면 도중에 자꾸 깨는 시간이 30분 이상인 경우
③ **수면 종료 불면증** : 예상 기상 시간보다 일찍 잠에서 깨어 잠을 이루지 못하는 경우

(3) 치 료
① 약물치료
② 인지행동치료
③ **수면 위생**(sleep hygiene)**에 대한 교육** : 숙면을 취할 수 있는 환경이나 습관을 교육
④ **자극통제** : 수면을 유도하는 자극과 수면의 연합을 형성하고 강화, 침대와 침실은 수면과 성생활을 위해서만 사용하며 낮잠을 자지 않음
⑤ 심할 경우 약물치료와 인지행동치료를 병행하는 것이 가장 좋음

2. 과다수면장애

(1) 진단 기준

> A. 주요 수면 시간이 7시간 이상임에도 불구하고 과도한 졸림을 호소하며 다음 중 한 가지 이상의 증상을 호소한다.
>   1. 같은 날에 반복적으로 수면에 빠지거나 반복적으로 깜박 잠이 듦
>   2. 하루에 주요 수면 삽화가 9시간 이상 지속되지만 피로가 해소되지 않음
>   3. 갑자기 깬 후에 온전한 각성 상태를 유지하기 곤란
> B. 과다수면이 일주일에 3회 이상 발생하고, 적어도 3개월 이상 지속된다.
> C. 과다수면이 인지적·사회적·직업적 또는 다른 중요한 기능 영역에서 뚜렷한 손상이나 고통을 초래한다.

3. 기면증

(1) 주간에 깨어있는 상태에서 갑자기 저항할 수 없는 졸음을 느껴 수면에 빠짐

(2) 이는 불가항력적인 것으로서, 잠을 자기에 부적절한 상황(예 자동차 운전, 회의 도중, 대화 중, 성관계 중)에서도 잠을 자게 됨

(3) 수면은 5~20분 지속, 하루 2~6회 경험할 수 있음

(4) **치료** : 각성수준을 증가시키는 약물 사용, 당분이 많은 음식 피하기, 심리치료를 통해 자신의 상태를 받아들이고 장애에 대한 공포와 두려움을 극복하게 함(수면발작 시 대처, 직업 선택, 결혼 문제 등)

4. 기타 수면장애

(1) 호흡관련 수면장애의 종류와 특징

종 류	특 징
폐쇄성 수면 무호흡과 저호흡	다음의 1 또는 2 중에서 하나가 나타난다. 1. 수면다원검사에서 수면 시간당 적어도 5회 이상 보임. 야간호흡장애(코골이, 거친 콧숨/헐떡임, 수면 중 호흡 정지) 혹은 주간 졸림, 피로감, 개운하지 않은 수면 2. 동반된 증상과 상관없이 수면다원검사에서 수면 시간당 15회 이상 폐쇄성 무호흡과 저호흡
중추성 수면무호흡증	수면다원검사에서 수면 시간당 5회 이상의 중추성 무호흡이 존재한다.
수면 관련 환기저하	수면다원검사에서 이산화탄소 농도 상승과 관련한 호흡저하 삽화가 존재한다.

(2) 일주기 리듬 수면-각성장애 종류와 특징

종 류	특 징
뒤처진 수면위상형	기대되는 수면 시간과 기상 시간에 비해 주요 수면 시간의 시간대가 지연(대개 2시간 이상)이 있고 과도한 졸림과 불면이 발생한 과거력에 의해 진단을 내린다.
앞당겨진 수면위상형	기대되는 통상적인 시간보다 수 시간 이른 수면-각성 시간이 특징적이다. 진단은 주요 수면의 시간대가 기대되는 수면, 각성 시각에 비해 앞당겨진(대개 2시간 이상) 과거력을 바탕으로 한다.
불규칙한 수면-각성형	진단은 주로 야간 불면 증상과 낮 동안의 과도한 졸림을 근거로 내려진다. 주요 수면 기간이 없고, 24시간 동안 수면은 적어도 세 기간으로 분절되어 있다.
비24시간 수면-각성형	주로 24시간 광-암주기와 내인성 일주기리듬 간의 비정상적인 동기화에 의해 불면, 과도한 졸림 증상의 호소가 두드러진다. 잠이 들고 깨는 시간이 예측 불가능하여 학교에 출석하거나 직업을 유지하는 것이 어렵다.
교대근무형	야간 일을 하는 사람들의 과거력에 근거하여 진단을 내릴 수 있으며 직장에서는 과도한 졸림이 나타나고 집에서는 손상된 수면이 지속적으로 나타난다. 두 상황 모두에서 증상이 나타나는 것이 진단에 필수적이다. 낮 근무 일상으로 돌아가면 증상은 해소된다.

(3) 사건수면의 종류와 특징

종 류	특 징
Non-REM수면 각성장애	수면보행증과 야경증이 있다. 수면보행증은 수면 동안 일어나서 걸어 다니는 증싱을 보이며 무표정한 얼굴로 돌아다닌다. 야경증은 비명을 지르며 수면 중 급작스럽게 잠이 깨고 심한 공포와 빈맥, 빈호흡, 발한 같은 자율신경계 이상을 보인다.
악몽장애	수면 동안 심한 불안이나 공포를 유발하는 내용의 꿈을 꾸고 잠에서 깨어나는 일이 반복되어 주관적 고통을 느낀다. 악몽을 두려워해서 잠을 자지 못하면 낮에 과도한 졸음, 집중력 저하, 불안 등을 경험한다.
REM수면 각성장애	REM수면에서 발생하는 발성 및 복합 운동 행동을 반복하는 장애다. REM수면 중 발생하므로 수면 개시 후 90분 이내로 발생하고 수면 후반부에 더 자주 일어나며 낮에는 드물다. 행동이 많은 꿈 내용, 공격적인 꿈이나 위협적인 상황으로부터 탈출을 시도하는 운동반응을 보인다. 꿈을 행동으로 옮기다가 침대에서 추락하고 뛰쳐나가고 달리고 주먹으로 밀고 치고 발로 차는 동작을 되풀이한다. 깨어날 때는 즉시 깨고 인지적으로 명료해지고, 지남력이 유지된다.
하지 불안 증후군	수면 중 다리에 불편하고 불쾌한 감각을 동반하여 이에 대한 반응으로 다리를 움직이고 싶은 충동을 느낀다. 일주일에 적어도 3번, 3개월 이상 지속된다.

Section 12 성기능 장애

1. 종류와 특징

유 형	특 징
사정지연(지루증)	사정에 도달하지 못하거나, 사정에 도달하는 시간이 지연되어 사정에 어려움을 겪는다. 그러나 지연의 시간적 정의는 명확한 경계가 없다.
발기장애	다음 증상 3가지 중 하나가 있다. ① 거의 대부분의 성적 활동 상황에서 심각한 수준으로 발기의 어려움을 겪고, ② 발기를 유지하는 데 어려움을 겪거나, ③ 발기 후 단단함이 별로 없다. 증상은 최소한 6개월 이상 지속된다.
여성 극치감 장애	극치감의 지연, 또는 뚜렷한 부재, 극치감 감각의 강도가 현저히 감소된다.
여성 성적 흥미/각성 장애(불감증)	성적 활동이 결여되거나 관심의 감소, 성적 사고나 환상의 결핍, 성적 활동 개시 욕구 감소로 파트너의 성적 활동 시도에 반응하지 않는다. 성적 흥분이나 쾌락이 결핍 혹은 감소되고, 내적·외적 성적 단서에 성적 관심과 흥분이 감소 혹은 결핍되며, 성적 활동 동안 성기 또는 성기 외적 감각이 결핍되거나 감소된다.
성기-골반통증/삽입장애	성교 중 삽입통증, 성교 중이나 삽입 시도 중 현저한 음부나 질의 통증 혹은 골반통, 질 통증이나 골반통에 대한 분명한 두려움이나 불안, 질 내 삽입 시도 동안 골반저근의 현저한 긴장과 조임이 있다.
남성 성욕 감퇴장애	성행위, 성적인 생각이나 공상, 성적 활동에 대한 욕구가 결여된다.
조기 사정(조루증)	질내 삽입 이전 또는 직후에 대략 1분 안에 사정을 하는 것이다. 후천형은 40대 이후에 갑상선기능항진, 전립선염 등과 같은 의학적 상태로 주로 발생한다.

2. 원인 및 치료

(1) 정신분석 이론에선 유아기에 생긴 뿌리 깊은 무의식적인 갈등과 불안에서 기인한다고 봄

(2) 인지이론에선 역기능적 신념으로 인해 발생한다고 봄

(3) 단기적인 인지행동치료, 부부치료, 가족체계치료를 접목시킴

(4) 불안과 긴장을 감소시키기 위해 체계적 둔감법, 모방학습, 긴장이완 훈련을 실시하고 구체적인 성적 기술을 가르치는 것도 중요함. 성적 파트너와 솔직한 대화와 갈등해결이 필요하므로 의사소통 훈련, 자기주장 훈련, 사회적 기술훈련, 부부관계 개선 훈련 등이 적용되기도 함

Section 13　성도착 장애

1. 종류와 특징

유 형	특 징
관음장애	다른 사람이 옷을 벗고 있는 모습을 몰래 훔쳐봄으로써 성적 흥분을 느낀다.
노출장애	눈치채지 못한 사람에게 성기를 노출하는 행위를 통해 반복적이고 강렬한 성적 흥분이 성적 공상, 성적 충동 또는 행동으로 표현된다.
마찰도착장애	동의하지 않는 사람에게 자신의 성기나 신체 일부를 접촉하거나 문지르는 행위를 하면서 반복적으로 강렬한 성적 흥분을 느끼고 성적 공상, 성적 충동 또는 성적 행동으로 발현된다.
성적피학장애	굴욕을 당하거나, 매질을 당하거나, 묶이거나, 숨이 막히거나 하는 등 고통을 당하는 행위를 통해 성적 흥분을 느끼거나 성적 행위를 반복하는 경우이다.
성적가학장애	상대방이 고통이나 굴욕감을 느끼게 함으로써 성적 흥분을 느끼거나 성적 행위를 반복하는 것으로 몸을 묶고 때리거나 찌르거나, 불로 지지기, 목조르기 등의 가학적 행동을 한다.
소아성애장애	사춘기 이전의 아동들(13세 이하)을 상대로 한 성적 활동을 통해 반복적이고 강렬한 성적 흥분이 성적 공상, 성적 충동, 또는 성적 행동으로 발현된다.
물품음란장애	무생물인 물건에 대해 성적 흥분을 느끼며 집착하는 경우를 의미한다.
복장도착장애	이성의 옷으로 바꿔 입음으로써 성적 흥분을 하는 경우를 의미한다.

2. 원인 및 치료

(1) 정신분석이론에서는 억압된 변태적 공상들의 변형이 신경증 증상임. 성도착 장애에서는 공상이 의식화되고 곧바로 자아동조적 쾌락 행동으로 표현되기 때문에 신경증적 증상은 성적인 면이 박탈된 변태적 공상에 해당됨

(2) 성도착 장애의 핵심은 소아기 외상을 성인기의 승리로 전환시키려는 시도임. 부모가 모욕을 가한 것에 대해 복수하겠다는 환상을 가지게 되며 그 복수의 방편으로 변태적 공상이나 행동을 하면서 상대방을 인간 이하로 전락시키거나 모욕을 주게 됨

(3) 잘못된 조건형성으로 우연히 성적인 자극과 부적절한 대상이 연합되어 도착증으로 발전함

(4) 사회적 기술 훈련, 자기주장 훈련 등을 통해 치료함

Section 14 성별 불쾌감 장애

1. 진단 기준

아동기 성별 불쾌감
A. 자신에게 주어진 성별과 경험되는/표현된 성별에 있어서 뚜렷한 불일치가 최소 6개월 동안 다음 6가지에서 나타난다(1번은 반드시 포함).
  1. 이성이 되고 싶은 갈망, 자신이 이성이라고 주장함
  2. 남자아이는 여성 옷을 입거나 여성 복장 흉내내기를 좋아함. 여자아이는 오로지 전형적인 남성 복장만을 고집하고 여성 복장을 하는 것을 거부함
  3. 가상 놀이나 환상놀이에서 이성 역할을 강하게 선호함
  4. 이성이 주로 하는 놀이, 인형, 게임, 활동을 강하게 선호함
  5. 이성 놀이 친구를 강하게 선호함
  6. 남자 아이는 전형적인 남성 장난감, 게임, 활동을 심하게 거부하고, 난투 놀이를 강하게 회피하며, 여자아이는 여성 인형, 게임, 활동을 강하게 거부함
  7. 자기의 해부학적 성별을 강하게 혐오함
  8. 자신이 경험한 성별과 일치하고자 하는 일차 혹은 이차 성적 특징을 강렬하게 갈망함

청소년과 성인기 성별 불쾌감
A. 자신의 경험하고 표현된 성별과 할당된 성별과의 현저한 불일치가 최소 6개월 동안 다음 6가지에서 나타난다.
  1. 자신의 경험된/표현된 일차 또는 이차 성징 사이의 현저한 불일치
  2. 자신의 경험된/또는 표현되는 성별의 현저한 불일치로 인해 자신의 일차 또는 이차 성징을 제거하고 싶은 강한 갈망
  3. 이성의 일차 또는 이차 성징에 대한 강한 갈망
  4. 이성이 되고 싶은 강한 갈망
  5. 이성으로 대우받고 싶은 강한 갈망
  6. 자신이 이성의 전형적인 느낌과 반응을 가지고 있다는 강한 확신

2. 원 인

(1) 유전자의 이상
(2) 태내 호르몬의 이상
(3) 정신분석이론에서는 남근기에 이성의 부모를 과도하게 동일시한 결과, 동성의 부모가 이성의 역할을 요구하기 때문으로 해석함

(4) 학습과 강화의 관점에서는 동성의 부모가 소극적이거나 존재하지 않는 반면, 이성의 부모가 지배적이어서 반대성 부모를 모델로 삼는다고 봄

3. 치 료

(1) 성전환수술로 70~80%는 만족, 약 2%는 후유증으로 자살함
(2) 성불쾌장애에 수반되는 우울, 불안 등의 심리적 문제를 다루어 줌
(3) 심리치료 효과에 대해서는 보고된 결과가 거의 없음

Section 15　물질-관련 및 중독 장애

1. 물질 중독과 비물질 중독

(1) 물질 중독

① 알코올 사용 장애
② 니코틴 관련 장애
③ 카페인 관련 장애 : 하루 250mg 이상 섭취하면 중독 증상이 나타남
④ 흡입제 관련 장애 : 본드, 부탄가스, 가솔린, 페인트, 니스 제거제, 라이터 액, 아교, 고무시멘트, 세척제, 구두약 등 정신활성 효과를 유발하는 물질을 사용하는 것으로서, 신경계 손상을 일으킴
⑤ 아편류 관련 장애(opioids) : 아편과 유사한 화학적 성분이 들어 있는 물질(하이드로모르폰, 메사돈, 옥시코돈, 펜타닐 등)을 사용함
⑥ 환각제 관련 장애
⑦ 대마계(cannabis) 관련 장애
⑧ 코카인 관련 장애
⑨ 암페타민 또는 유사 약물 관련 장애

(2) 비물질 중독

① 행위 중독 : 섹스 중독, 쇼핑중독, 게임 중독 등
② 섹스중독, 쇼핑중독은 증거 부족으로 게임 중독(gambling disorder)만 DSM-5에 포함됨

2. 물질 사용장애 진단 기준

A. 반복적인 물질사용으로 직장, 학교, 가정에서의 중요한 임무를 수행하지 못한다(예 물질사용과 관련되어 반복적으로 결근하거나 업무수행이 불량하다. 물질사용과 관련되어 결석하거나 정학 퇴학을 당한다. 중독으로 인해 자녀를 돌보지 않고 집안일을 등한시한다.).
B. 신체적으로 해를 주는 상황에서 반복적으로 물질을 사용한다(예 물질사용으로 장애가 초래된 상황에서 차를 운전하거나 기계를 조작한다.).
C. 반복적으로 물질사용과 관련된 법적인 문제를 일으킨다(예 물질사용과 관련된 탈선행동으로 체포된 경험이 있다.).
D. 물질의 효과로 인해 사회적 문제나 대인관계문제가 지속적으로 또는 반복적으로 야기되거나 악화됨에도 불구하고 계속 물질을 사용한다(예 중독의 결과 배우자와 언쟁하거나 몸싸움을 한다.).
E. 물질을 사용하거나(예 줄담배), 또는 물질의 효과에서 벗어나기 위해 많은 시간을 보낸다.
F. 물질사용으로 인해 중요한 사회적, 직업적 및 취미활동 등을 포기하거나 줄인다.
G. 물질사용으로 인해 지속적, 반복적으로 신체적, 정신적 문제가 생긴다는 것을 알면서도 계속 물질을 사용한다(예 술로 인해 위궤양이나 십이지장궤양이 생겼음에도 불구하고 계속 음주를 한다.).

3. 알코올 사용 장애

(1) 알코올 중독

① 최근의 알코올 섭취
② 알코올을 섭취하는 동안 또는 그 직후에 임상적으로 심각한 부적응적인 행동 변화 및 생리적인 변화가 발생함(예 부적절한 성적, 공격적 행동, 정서 불안정, 판단력 장해, 사회적·직업적 기능 손상)
③ 알코올 사용 중 또는 그 직후에 다음 항목 가운데 1개 이상이 나타남
　㉠ 불분명한 말투
　㉡ 운동 조정 장해
　㉢ 불안정한 보행
　㉣ 안구 진탕
　㉤ 집중력 및 기억력 손상
　㉥ 혼미 또는 혼수
④ 증상이 일반적인 의학적 상태로 인한 것이 아니며, 다른 정신장애에 의해 잘 설명되지 않음

(2) 알코올 금단

① 심하게 지속적으로 사용하던 알코올의 중단(또는 감소)
② 진단 기준 ① 이후, 몇 시간 또는 며칠 이내에 다음 항목 가운데 2개(또는 그 이상)가 나타남
　㉠ 자율신경계 기능 항진(발한, 또는 맥박수가 100회 이상 증가)
　㉡ 손 떨림 증가
　㉢ 불면증
　㉣ 오심 및 구토
　㉤ 일시적인 환시, 환청, 환촉 또는 착각
　㉥ 정신운동성 초조증
　㉦ 불안
　㉧ 대발작
③ 진단 기준 B의 증상이 사회적, 직업적 또는 다른 중요한 기능 영역에서 임상적으로 심각한 고통이나 장해를 일으킴
④ 증상이 일반적인 의학적 상태로 인한 것이 아니며, 다른 정신장애에 의해 잘 설명되지 않음

4. 알코올 중독의 원인

(1) 유전적 요인 : 부모가 알코올 중독자인 경우, 알코올 중독자가 될 확률이 4배 이상 높음

(2) 1형과 2형

① 1형(Type I) : 증상이 늦게 발달하며 신체적 문제 발생 위험은 높으나 반사회적 행동, 사회적·직업적 문제 행동은 적음 → 유전 + 환경적 요인
② 2형(Type II) : 증상이 일찍 발생하고 남자에게서 빈번하며 반사회적 행동, 사회적 문제를 더 많이 일으킴 → 유전적 요인 높음. 자녀에게서 12배나 높은 비율의 중독자 발생

(3) 심리적 요인

① 프로이트 : 구강기 고착
② 성장과정에서 조기에 부모를 상실하거나 무모의 과잉보호를 받았거나 부모와 형제와의 갈등이 심하고 혼란스러운 가정에서 성장한 경우
③ 어릴 때 주의력이 결핍되거나 반사회적인 인격장애가 있거나 자기주장을 잘하지 못하는 경우 등

(4) 사회문화적 요인

① 음주나 음주문제에 대하여 관대한 문화권에서 많이 나타남. 따라서 술을 금하는 유태인, 이태리인, 이슬람교 및 보수적 신교도보다 술에 대하여 관대한 진보적 신교도, 카톨릭교도, 아일랜드인 및 프랑스인에게 많음
② 사회적으로 불안정할수록 또 하류층의 사람일수록 술을 마시는 경우가 많음
③ 학습적 요인 : 대부분 술을 처음 마셨을 때는 그 맛을 유쾌한 것으로 느끼지 않음. 그러나 반복적으로 마시면서 술로 인해서 불안이나 긴장, 죄의식 등이 감소하는 것을 경험하게 됨
④ 인지적 요인 : 알코올과 관련된 긍정적 기대, 낮은 자기효능감, 비합리적이고 부정적인 신념과 사고 등

5. 알코올 중독의 치료

(1) **AA(Alcoholics Anonymous)** : 익명의 알코올 중독자들 모임

(2) **인지행동치료** : 알코올 중독자를 위한 인지행동 대처기술훈련, 음주 충동과 갈망 다루기, 문제 해결 기술 배우기 등

(3) **가족치료** : 알코올 중독자를 위협하거나 잔소리하거나 감언이설로 달래거나 화를 내는 등의 행동을 자제하고 오히려 가족들의 솔직한 생각이나 감정을 이야기하는 것이 좋음

6. 비물질 장애 : 도박장애

(1) 진단 기준

> A. 다음 중 5개(또는 그 이상) 항목을 충족시키는 지속적이고 반복적인 비적응적인 도박 행동이 있다.
> 1. 바라는 흥분을 얻기 위해 액수를 늘리면서 도박하려는 욕구가 있음
> 2. 도박에 집착(예 과거의 도박 경험을 되새기고, 다음 모험의 승산을 예상하거나 계획하며, 도박으로 돈을 벌 수 있는 방법에 집착)
> 3. 도박을 조절하거나 줄이거나 중지시키려는 노력이 반복적으로 실패
> 4. 도박을 줄이거나 중지시키려고 시도할 때 안절부절못하거나 실패
> 5. 문제로부터 탈출하기 위한 수단으로, 또는 불쾌한 기분을 덜기 위한 수단으로 도박을 함 (예 무기력감, 죄책감, 불안감, 우울감)
> 6. 도박으로 돈을 잃은 후 흔히 만회하기 위해 다음 날 도박판에 되돌아감
> 7. 도박에 관여된 정도를 숨기기 위해 가족들, 치료자, 또는 타인들에게 거짓말을 함
> 8. 도박으로 인해 중요한 관계가 위태로워지거나 직업적, 교육적 기회나 출세의 기회를 상실
> 9. 도박으로 야기된 절망적인 경제 상태에서 벗어나기 위해 돈 조달을 남에게 의존
> B. 도박 행동은 조증 에피소드로 설명되지 않는다.

(2) 주요 특성

① 충동적 행동
② 과도한 몰두
③ 도박행위 최소화
④ 도박 결과에 대한 무시

(3) 원 인

① **정신분석적 관점** : 피학적·강박적 인격 성향, 흥분의 추구, 권위에 대한 도전, 무의식적 죄의식의 완화, 우울감을 없애려는 노력 등
② **생리적·생물학적 관점** : 가족력, 세로토닌계 기전, 도파민계 기전, 노르아드레날린계 기전, 오이오피드계 기전 등
③ **사회환경적 관점** : 도박을 허용하는 문화, 접근 용이성, 지역 인터넷 등

(4) 치 료

① **심리 상담** : 인지 행동 치료, 마음챙김 인지치료(MBCT) 등
② **자조모임** : 단도박(Gambling Anonymous : GA, 단도박 가족모임 : Gam-Anon)
③ **입원치료 및 약물 치료**
④ **가족 치료**

Section 16 성격장애

1. 분류와 특징

구 분	DSM-5	특 징
Cluster A	편집성 분열성 분열형	이상하고 엉뚱하며 냉담한 성향
Cluster B	연극성 자기애성 경계성 반사회성	극적, 감정적, 충동적이고 변덕스러움
Cluster C	회피성 의존성 강박성	불안해하고 두려워함

2. 진단 기준

A. 내적 경험과 행동의 지속적인 패턴이 개인이 속한 문화에서 기대되는 것으로부터 현저하게 편향되어 있다. 이 패턴은 다음의 사항 중 둘(또는 그 이상)의 영역에서 나타난다.
  1. 인지(자신과 다른 사람 및 사건을 지각하고 해석하는 방법)
  2. 정동의 정도(감정 반응의 범위, 강도, 가변성, 적절성)
  3. 대인관계기능
  4. 충동 조절
B. 지속적인 패턴이 개인 및 사회 상황의 광범위한 범위에 걸쳐서 경직되어 있고 전반적으로 나타난다.
C. 지속적인 패턴은 임상적으로 유의한 곤란 또는 사회, 직업, 기타 중요한 기능 분야에서는 손상을 유발한다.
D. 패턴은 안정적이고 오랫동안 있어 왔으며, 최소한 청소년기 또는 초기 성인기부터 시작되었다.
E. 지속적인 패턴이 기타 정신장애의 양상이나 결과로는 더 잘 설명되지 않는다.
F. 지속적인 패턴은 물질의 직접적 생리적 영향이나 일반적 의학적 상태에 의하지 않는다.

3. A군 성격장애

(1) 편집성 성격장애

① 진단 기준

> A. 타인의 동기를 악의적인 것으로 해석하는 것 같이 타인을 전반적으로 의심하고 불신하며 이는 초기 성인기에 시작되고 여러 상황에서 다음 중 4가지(또는 그 이상) 항목으로 나타난다.
> 1. 충분한 근거 없이 타인이 자신을 착취하거나, 해를 끼치거나, 속이려 한다고 의심한다.
> 2. 친구나 동료의 충정이나 신뢰에 대한 부당한 의심에 사로잡혀 있다.
> 3. 정보가 자신에게 나쁘게 이용될 것이라는 잘못된 두려움 때문에 타인에게 비밀 등을 털어놓기를 꺼린다.
> 4. 보통의 악의 없는 언급이나 사건 속에도 숨겨진 위협 또는 천대하는 의미가 있다고 판단한다.
> 5. 지속적으로 원한을 품는다. 즉, 모욕, 무례 또는 경멸을 용서하지 못한다.
> 6. 다른 사람이 볼 때 명백하지 않은 것을 자신의 성격이나 평판에 대한 공격으로 지각하고, 곧 화를 내거나 반격한다.
> 7. 정당한 이유 없이 배우자 또는 애인의 정절에 대해 반복적으로 의심한다.
>
> B. 정신분열병, 정신병적 양상이 있는 기분장애, 기타 정신병적 장애의 경과 동안에 국한해서 나타나지 않으며, 일반적 의학적 상태의 직접적 생리적 영향에 의한 것은 아니다.

② 원인 및 치료
  ㉠ 기본 신뢰(basic trust)가 부족함
  ㉡ 정신치료를 주로 시행함

(2) 분열성 성격장애

① 진단 기준

> A. 사회적 관계로부터 떨어져 있고, 대인관계 상황에서 감정표현의 범위가 제한된 패턴이 전반적으로 나타나는데, 이는 초기 성인기에 시작되며 여러 상황에서 다음 중 4가지(또는 그 이상) 항목으로 나타난다.
> 1. 가족과의 관계를 포함해서 친밀한 관계를 바라지도 않고 즐기지도 않음
> 2. 항상 거의 혼자서 하는 활동을 선택함
> 3. 다른 사람과의 성적 경험에 대한 관심이 있다 해도 경험은 별로 없음
> 4. 거의 모든 분야에서 즐거움을 취하려 하지 않음
> 5. 가족 이외의 친밀한 친구가 없음

> 6. 다른 사람의 칭찬이나 비난에 무관심해 보임
> 7. 감정적 냉담, 유리 혹은 단조로운 정동의 표현을 보임
> B. 정신분열병, 정신병적 양상이 있는 기분장애, 기타 정신병적 장애 또는 전반적 발달장애의 경과 동안에 국한해서 나타나는 것이 아니며 일반적 의학적 상태의 직접적인 생리적 효과에 의한 것이 아니다.

② 원인 및 치료
　㉠ 신뢰의 결여가 주요 원인임
　㉡ 치료를 받으려 하는 경우가 거의 없음
　㉢ 치료 시에는 애착이 일어나는 어떠한 관계도 가치가 있음

(3) 분열형 성격장애

① 진단 기준

> A. 인지 및 지각 왜곡, 행동의 엉뚱함뿐만 아니라 친밀한 관계를 갑자기 불편해하고, 그럴 능력이 감소된 것들로 구별되는 사회 및 대인관계 결핍의 패턴이 전반적으로 나타나며, 이는 초기 성인기에 시작되고 여러 상황에서 다음 중 5가지(또는 그 이상) 항목으로 나타난다.
> 1. 관계사고(관계망상은 제외)
> 2. 행동에 영향을 미치며 소문화권의 규범에 맞지 않는 이상야릇한 믿음이나 마술적 사고 (예 미신, 천리안, 텔레파시 또는 '육감'에 대한 믿음, 소아나 청소년은 괴이한 공상이나 몰두)
> 3. 신체적 착각을 포함하는 이상한 지각 경험
> 4. 이상야릇한 생각이니 말(예 모호하거나, 은유적이거나, 과도하게 수식적인 또는 상투적인)
> 5. 의심하거나 편집증적 사고
> 6. 부적절하거나 제한된 정동
> 7. 이상야릇하거나 엉뚱한 괴짜 같은 행동이나 외모
> 8. 일차 가족 외에 친밀한 친구나 막역한 친구가 없음
> 9. 익숙해져도 줄어들지 않으며, 자신에 대한 부정적 판단보다는 편집증적 두려움과 관련된 경향을 보이는 과도한 사회 불안
> B. 정신분열병, 정신병적 양상이 있는 기분장애, 기타 정신병적 장애 또는 전반적 발달장애의 경과 동안에 국한해서 나타나지 않는다.

② 원인 및 치료
　㉠ 유전적 요인 혹은 불안정한 애착관계로 인해 발생함
　㉡ 정신치료가 우선되며, 지지적인 정신치료가 적합함

4. B군 성격장애

(1) 연극성 성격장애

① 진단 기준

> A. 광범위하고 지나친 감정 표현 및 관심 끌기의 행동 양상이 성인기 초기에 시작하여 여러 상황에서 광범위하게 나타난다. 다음 중 5개(이상)의 항목을 충족시킨다.
> 1. 자신이 관심의 초점이 되지 못하는 상황에서 불편해함
> 2. 다른 사람과의 관계에서 흔히 상황에 부적절하게 성적으로 유혹적이거나, 도발적으로 행동을 하는 특징을 보임
> 3. 감정의 변화가 급격하고 감정 표현이 피상적임
> 4. 타인의 관심을 끌기 위해 항상 자신의 외모를 이용
> 5. 지나치게 인상적으로 말하지만 내용은 없는 대화양식을 가지고 있음
> 6. 자기극화, 연극조, 과장된 감정 표현
> 7. 피 암시성이 높고 타인이나 상황에 의하여 쉽게 영향받음
> 8. 대인 관계를 실제보다도 더 친밀한 것으로 생각

② 원인 및 치료
  ㉠ 어린 시절의 오이디푸스 콤플렉스로 인해 발생함
  ㉡ "모든 사람으로부터 사랑을 받아야 한다. 다른 사람의 관심과 애정만이 나를 행복하게 해줄 수 있다." 등의 신념을 가짐
  ㉢ 자신의 진정한 감정을 의식하지 못하기 때문에 그들의 진정한 내적 감정을 명료화하는 것이 중요한 치료 과정이므로, 정신분석적 개인 또는 집단치료가 적합함. 또한 함께 가지고 있는 증상에 따라 항우울제나 항정신병 약물이 사용됨

(2) 자기애성 성격장애

① 진단 기준

> A. 과대성, 숭배에 대한 요구, 공감 결여 등의 행동 양상이 초기 성인기에 시작되어 다음 중 5가지 이상의 항목을 충족시킨다.
> 1. 자기중요성에 대한 과대감
> 2. 무한한 성공, 권력, 아름다움에 대한 환상에 몰두
> 3. 특별한 자신, 특별한 사람이나 지위가 높은 사람에 의해서만 이해되고, 교제해야 함
> 4. 과도한 숭배 요구
> 5. 특권 의식
> 6. 착취적인 대인관계
> 7. 공감의 결여
> 8. 타인이 자신을 부러워한다고 믿음
> 9. 거만하고, 건방진 행동이나 태도

② 원인 및 치료
    ㉠ 심리적 에너지가 자신에게 향해져 자신의 신체를 성적인 대상으로 취급함
    ㉡ 유아기의 과대한 자기상에 대한 좌절 경험이 너무 없거나 또는 너무 심하게 좌절 경험을 할 경우 자기애적 손상으로 인해 병적인 자기애가 발생함
    ㉢ 처음부터 취약성을 직접적으로 해석, 직면하여 환자들이 자신의 과대성과 이로 인한 비적응인 결과들을 인식할 수 있도록 함
    ㉣ 치료과정에서 발생하는 우울증에 대해서는 항우울제 사용이 가능함

(3) 경계성 성격장애
① 진단 기준

> A. 대인관계, 자기이미지, 정동의 불안정성 및 현저한 충동성 등의 행동 양상이 초기 성인기에 시작되어 다음 중 5가지 이상의 항목을 충족시킨다.
>   1. 실제적 또는 가상의 유기를 피하기 위한 노력
>   2. 이상화와 평가절하의 양극단을 오락가락함. 불안정하고 강력한 대인관계 패턴
>   3. 불안정한 자기이미지, 정체성
>   4. 자신을 손상할 수 있는 2가지 이상의 충동성
>   5. 반복적인 자살행동, 자살 제스처, 자해행동
>   6. 정동 불안정성
>   7. 만성적인 공허감
>   8. 부적절하고 강력한 분노 또는 분노조절의 곤란
>   9. 일시적 편집적 사고 또는 심한 해리증상

② 원인 및 치료
    ㉠ 오이디푸스 이전의 갈등에서 비롯, 분리 개별화 단계에서 실패하여 이 단계에 고착된 것임
    ㉡ 장기간의 개인 정신치료가 도움이 되나, 환자가 치료에 잘 참여하지 않으려 하기 때문에 약물치료를 부가적으로 하는 것이 좋음
    ㉢ 환자의 충동, 분노 폭발의 조절, 거부에 대한 민감성 감소를 위해 행동치료도 적합함

(4) 반사회성 성격장애
① 진단 기준

> A. 타인의 권리를 무시, 침해하는 패턴 등의 행동 양상이 만 15세 이후에 시작되어 다음 중 3가지 이상의 항목을 충족시킨다.
>   1. 사회적 규범 및 법 위반
>   2. 자신의 이익이나 즐거움을 위해 거짓말, 속임
>   3. 충동적, 무계획
>   4. 신체적 싸움이나 폭력 등 공격성
>   5. 안전에 대한 부주의한 무시
>   6. 직업 유지나 재정의무 이행 실패 등 무책임성
>   7. 죄책감이나 후회의 결여
> B. 최소한 18세 이상이다.
> C. 15세 이전 품행장애가 시작된 증거가 있다.
> D. 정신분열병, 조증삽화의 경과 중에 국한되지 않는다.

② 원인 및 치료
　㉠ 유전적 요인과 자율신경계/중추신경계의 낮은 각성, 아동기 양육 환경이 원인이 될 수 있음
　㉡ 치료프로그램은 환자들의 행동에 책임지고, 타인에 대해 책임을 지도록 구조화시키는 것이 적절함
　㉢ 약물치료가 불안, 분노, 우울 등의 증상에 도움을 줄 수 있음

5. C군 성격장애

(1) 회피성 성격장애

① 진단 기준

> A. 사회적 억제, 부적절감, 부정적 평가에 대한 과민성 등이 초기 성인기에 시작되고 다음 중 4가지 이상의 항목을 충족시킨다.
> 1. 비판, 거부될 것에 대한 두려움 때문에 대인 접촉과 관련된 직업 활동 회피
> 2. 자신을 좋아한다는 확신 없이 어울리지 않음
> 3. 창피당하거나 조롱당할 것에 대한 두려움 때문에 친근한 대인관계 이내로 제한
> 4. 사회적 상황에서의 비난과 거부에 대해 몰두
> 5. 부적절감으로 인한 새로운 대인관계 억제
> 6. 자신을 부적절하거나 열등한 사람으로 봄
> 7. 새로운 활동에 참여하는 것에 대한 위험 감수나 회피

② 원인 및 치료
- ㉠ 기질적으로 수줍고 억제적인 성향, 위험에 대한 과도한 생리적 민감성을 가지고 있음
- ㉡ 정신치료가 우선시되며, 치료 시 환자와의 유대관계를 공고히 하는 것이 중요함

(2) 의존성 성격장애

① 진단 기준

> A. 돌봄 받고자 하는 과도한 욕구가 이별에 대한 두려움과 복종적이고 매달리는 행동을 초래하고, 초기 성인기에 시작되며, 다음 중 5가지 이상의 항복을 충족시긴다.
> 1. 타인의 충고와 재확신없이 일상적 결정이 어려움
> 2. 자신에 대해 타인이 책임질 것을 요구함
> 3. 지지와 칭찬을 잃는 것에 대한 두려움 때문에 타인과 의견이 다르다는 것을 표현하기 어려움
>   (주) 보복에 대한 두려움은 제외)
> 4. 자신의 뜻대로 무언가를 시작하는 것이 어려움
> 5. 돌봄과 지지를 얻기 위해 불쾌한 일을 자원함
> 6. 자신을 돌볼 수 없다는 확대된 두려움 때문에 혼자 있을 때 불편함과 절망감을 느낌
> 7. 친밀한 관계가 끝나면 다른 관계를 빨리 찾음
> 8. 자신의 일을 알아서 하도록 하는 것에 대한 두려움

② 원인 및 치료
- ㉠ 부모의 과잉보호, 구강기 고착으로 인해 구강기 성격인 의존성, 혼자됨에 대한 불안, 비관주의, 수동성 등의 특성을 보임
- ㉡ 역동적 정신치료, 행동치료는 환자가 결정을 내리거나 자기주장을 할 때 생기는 불안을 견디도록 지지해줌

(3) 강박성 성격장애

① 진단 기준

> A. 융통성, 개방성 및 효율성 희생, 정돈, 완벽 및 정신과 대인관계에서의 통제 등의 행동 양상이 초기 성인기에 시작되고, 다음 중 4가지 이상의 항목을 충족시킨다.
> 1. 세부, 규칙, 목록, 순서, 편성 또는 스케줄 몰두
> 2. 일의 완수를 방해할 정도의 완벽함
> 3. 일이나 생산적인 것에 지나치게 충실함
> 4. 과도하게 양심적이고 꼼꼼하며, 융통성이 없음
> 5. 낡고 가치 없는 물건을 버리지 못함
> 6. 정확히 복종하지 않은 한 타인에게 일을 위임하거나 함께 하지 않음
> 7. 돈을 쓰는 데 인색함. 미래 재난에 대비함
> 8. 경직되고 고집이 셈

② 원인 및 치료
- ㉠ 항문기 성격 : 규칙성, 완고성, 인색함, 정서적 억제, 자기회의, 강한 도덕의식을 보임
- ㉡ 정신분석을 포함하여 역동적 정신치료가 선호됨

Section 17 파괴적, 충동조절 및 품행장애

유 형	특 징
적대적 반항장애	어른에게 거부적이고 적대적이며 반항적인 행동 특성을 보인다.
간헐적 폭발장애	공격적인 충동조절이 어려워 심각한 파괴적 행동을 보인다.
품행장애	난폭하고 잔인한 행동, 기물 파괴, 도둑질, 거짓말, 가출 등 타인의 권리를 침해하거나 사회적 규범을 위반하는 행동을 한다.
병적방화	불을 지르고 싶은 충동이 통제되지 않아 반복적으로 방화행동을 한다.
병적도벽	남의 물건을 훔치고 싶은 충동을 조절하지 못해 반복적으로 도둑질을 한다.

1. 적대적 반항장애

(1) 진단 기준

A. 분노/과민한 기분, 논쟁적/반항적 행동, 복수심 등이 최소 6개월 이상 지속되고, 다음 중 적어도 4가지(또는 그 이상)가 존재한다.

분노/과민한 기분
1. 자주 버럭 화를 낸다.
2. 자주 기분이 상하거나 쉽게 짜증을 낸다.
3. 자주 화내고 원망한다.

논쟁적/반항적 행동
4. 자주 권위적인 인물과 논쟁한다.
5. 자주 적극적으로 어른의 요구나 규칙을 무시하거나 거절한다.
6. 자주 고의적으로 타인을 귀찮게 한다.
7. 자주 자신의 실수나 잘못된 행동을 남의 탓으로 돌린다.

복수심을 가짐
8. 지난 6개월간 적어도 2번 이상 악의에 차 있거나 앙심을 품고 있다.

※ 5세 이하 아동의 경우 최소 6개월 동안 거의 매일 이러한 행동이 나타나고, 5세 이후에는 6개월간 일주일에 최소 1회 이상 상기 행동이 나타난다.

(2) 주요 특징

① 대부분 좌절되어 있고 우울하며 열등감이 있고 참을성이 적음
② 3세경부터 시작될 수 있으나 대개 8세 이전에 시작됨

③ 성장하면서 자연적으로 사라지기도 하지만 부모와 교사와의 관계를 악화시킬 뿐만 아니라 교우관계나 학업성취도를 저하시킴

(3) 원인 및 치료
① 부모와 자녀 간의 갈등 : 부모가 지배적인 경우가 많은데 아이가 기질적으로 자기주장과 독립성이 강하다면 부모의 지배적인 성격과 많이 부딪힘
② 부모와 자녀 간의 의사소통을 개선시키는 것이 가장 중요함

2. 간헐적 폭발장애

(1) 진단 기준

> A. 공격적인 충동을 통제하지 못해서 반복적으로 행동 폭발을 보이며, 다음 중에서 한 가지를 특징적으로 보인다.
>   1. 언어적 공격(분노발작, 신랄한 비난, 언어적 논쟁이나 싸움)과 신체적 공격(재산, 동물, 사람에 대한)이 3개월 동안 평균 일주일에 2번 정도 발생함. 신체적 공격성은 재산피해나 재산파괴를 초래하지 않고 동물이나 사람에게 해를 입히지는 않음
>   2. 재산파괴, 동물이나 사람에 대한 상해를 입히는 신체 폭행이 12개월 동안 3회 보임
> B. 반복적인 행동 폭발 동안에 표현되는 공격성의 정도가 정신사회적인 요인에 의해 촉발되거나 유발되더라도 그 정도가 심하다.
> C. 공격적인 행동 폭발이 미리 계획된 것이 아니며(예 충동적이거나 분노로 유발된 행동), 뚜렷한 목표(예 돈, 힘, 친밀감)를 얻기 위한 것이 아니다.
> D. 반복적인 공격적 행동 폭발이 개인에게 현저한 직업적·대인관계 기능에 손상을 가져오며 경제적·법적인 문제에 연루된다.
> E. 적어도 생활연령이 6살 이상이다.

(2) 주요 특징
① 높은 안드로겐 수준과 같은 호르몬 요인이 원인으로 제기됨
② 유전적 취약성이 높아 스트레스에 대한 통제력이 낮음
③ 초발 연령은 주로 청소년 후기에서 30대까지로 나타나고 있음

(3) 원인 및 치료
① 치료에 대해 알려진 바가 별로 없음
② 스트레스에 대한 내성, 인내력을 증대시키는 방법이 사용됨

3. 품행장애

(1) 진단 기준

A. 다른 사람의 기본 권리를 침해하고 나이에 맞는 사회적 규범 및 규칙을 위반하는 지속적이고 반복적인 행동 양상을 보이며, 지난 1년간 다음 진단 기준 15개 중 3개 이상에 해당되고 지난 6개월 동안 적어도 한 가지 이상의 기준에 해당한다.

사람과 동물에 대한 공격성
1. 자주 다른 사람을 괴롭히거나, 위협하거나, 협박함
2. 자주 몸싸움을 걺
3. 다른 사람에게 심각한 신체적 손상을 일으킬 수 있는 무기를 사용함(예 방망이, 벽돌, 깨진 병, 칼 또는 총)
4. 사람에게 신체적으로 잔혹하게 대함
5. 동물에게 신체적으로 잔혹하게 대함
6. 피해자와 대면한 상태에서 도둑질을 함(예 노상강도, 날치기, 강탈, 무장강도)
7. 다른 사람에게 성적 행위를 강조함

재산 파괴
8. 심각한 손상을 입히려는 의도로 일부러 불을 지름
9. 다른 사람의 재산을 일부러 파괴함

사기 또는 도둑질
10. 다른 사람들의 집, 건물, 차를 파괴함
11. 어떤 물건이나 다른 사람의 호의를 얻기 위해, 또는 의무를 회피하기 위해 거짓말을 흔히 함 (예 다른 사람을 속인다.)
12. 피해자와 마주치지 않은 상황에서 귀중품을 훔침(예 부수거나 침입하지 않고 상점에서 도둑질하기, 문서위조)

심각한 규칙 위반
13. 부모의 금지에도 불구하고 13세 이전에 자주 밤늦게까지 집에 들어오지 않음
14. 친부모 또는 양부모와 같이 사는 동안 적어도 2번 이상 가출하거나 장기간 집에 돌아오지 않는 가출이 1회 이상임
15. 13세 이전에 무단결석을 자주 함

B. 행동장애가 사회적·직업적 기능 영역에서 임상적으로 유의한 손상을 초래한다.
C. 18세 이상일 경우, 반사회성 성격장애의 진단 기준에 맞지 않아야 한다.

※ 다음 중 하나를 명시할 것
- 아동기 발병형 : 10세 이전에 품행장애 진단 기준 가운데 적어도 1가지 이상 발생
- 청소년기 발병형 : 10세 이전에는 품행장애의 진단 기준도 충족시키지 않음

(2) 주요 특징

① 부모의 양육태도와 가정환경, 폭력적이고 강압적인 부모의 양육태도 또는 무관심하고 방임적인 양육 태도, 부모불화, 가정폭력, 아동 학대, 결손 가정, 부모의 정신 장애나 알코올 사용장애 등이 원인이 될 수 있음
② 문제 행동이 부모를 통해 모방학습이나 조작적 조건형성에 의해 습득, 유지됨

(3) 원인 및 치료

① 부모의 비난과 실망, 분노 표현이 품행장애 아이들의 저항과 반발을 더 악화시킴
② 치료 시 부모-자녀 간의 의사소통 악순환을 개선하는 데 중점을 둠

4. 병적방화

(1) 진단 기준

> A. 한 번 이상의 고의적이고 목적이 있는 방화를 한다.
> B. 방화 행위 직전 긴장감, 정서적 흥분이 고조된다.
> C. 불에 대한, 그리고 불과 연관되는 상황적 맥락에 매료되고, 흥미, 호기심을 느낀다.
> D. 불을 지르거나 목격하거나 그 결과에 참여할 때 기쁨, 만족, 안도감을 느낀다.
> E. 방화는 금전적 이득, 사회, 정치적 이념의 표현, 범죄 활동의 은폐, 복수심과 분노 표현, 생활환경의 개선, 망상이나 환각에 대한 반응이나 또는 판단력 결여(신경인지장애, 지적장애, 물질 중독)로 행해지는 것이 아니다.

(2) 원인 및 치료

① 불을 지르는 도구나 불을 질렀을 때의 상태, 또는 불을 지르고 난 이후의 결과에 대해 관심을 보임
② 치료에 대해 알려진 바가 거의 없고 정신분석, 행동 치료 사례가 보고됨

5. 병적도벽

(1) 진단 기준

> A. 개인적으로 쓸모가 없거나 금전적으로 가치 없는 물건을 훔치려는 충동을 통제하는 데 반복적으로 실패한다.
> B. 훔치기 직전 긴장감이 고조된다.
> C. 훔쳤을 때 기쁨, 충족감, 안도감을 느낀다.
> D. 훔치는 행동이 분노나 복수를 나타내는 것이 아니고 망상이나 환각에 의한 것도 아니다.
> E. 훔치는 것이 품행장애, 조증, 반사회성 인격장애에 의해 잘 설명되지 않는다.

(2) 원인과 치료

① 뇌의 특정 부분이 손상, 전두엽의 대뇌피질이 퇴화되어 있고 뇌측실이 커진 것으로 보고됨
② 정신분석 : 아동기에 잃어버린 애정과 쾌락에 대한 대체물을 추구하는 행위로 해석됨

나만의 정리노트

필수과목

1과목
발달심리

Section 01　발달심리학의 기초
Section 02　발달에 대한 전생애적 접근
Section 03　주요 발달영역별 접근
Section 04　기타

Section 01 발달심리학의 기초

학습포인트 발달심리학의 개념과 특징 및 연구방법론에 대해 알아본다. 또한 다양한 발달이론 및 발달심리학의 주요 쟁점에 대해 살펴본다.

나의 필기노트

단답형 문제

연령 증가에 따라 전 생애에 걸쳐서 일어나는 모든 신체적 및 심리적 변화란 무엇인가?

[정답] 발달(development)

OX 퀴즈

가소성(plasticity)은 발달의 주요 특성이다. [ ]

[정답] O. 가소성(plasticity)은 변화와 발전가능성을 의미하며, 가소성은 발달의 주요 특성에 해당한다.

연속성이론과 불연속성

연속성 이론	불연속성 이론
• 양적변화 • 비계단식발전 • 학습이론, 행동주의이론 예 식물의 잎 성장	• 질적변화 • 계단식 발전 • 정신분석이론(프로이드), 인지발달이론(피아제) 심리사회이론(에릭슨) 예 곤충의 탈피

1. 발달심리학(Development Psychology)의 개념과 특징

(1) 발달(Development)의 정의

연령 증가에 따라 전 생애에 걸쳐서 일어나는 모든 신체적, 심리적 변화를 의미한다.

① **사전적 의미**: 사물이나 상황이 낮은 수준에서 보다 높은 수준으로 진전되어 가는 것이다.

② **전문적 의미**: 생의 전반(수태에서 청년기)은 신체적, 심리적 구조와 기능이 모두 낮은 수준에서 보다 높은 수준으로 이행하는 상승적 변화를 나타내며, 후반(성인기에서 노년기)은 점차 기능이 쇠퇴해 가는 하강적 변화를 의미한다.

(2) 인간발달(Human Development)의 정의

생명의 시초인 수정부터 완전히 노화될 때까지의 양적·질적인 성장 혹은 변화 과정이다.

① **양적 발달**: 세포와 조직의 미세한 부분은 물론 신장이나 흉위가 커지고 체중이 늘어나 신체의 기능이 다원화 내지 정교화되는 과정이다.

② **질적 발달**: 감각, 지각, 인지는 물론 추리, 논리, 사고 등을 포함한 모든 심리적 발달이다.

③ **양적·질적 상호 협조적 발달**: 양적·질적 발달은 기능적으로 독립적이지만, 한 개인에게서 동시에 이루어지는 것으로 보아 상호 협조적으로 보아야 한다.

(3) 발달심리학의 개념

① 제2의 심리학이라고 불리며 인간의 연령에 따른 심리적 변화 과정을 과학적으로 연구한다.

② 인간의 생명이 시작되는 수정의 순간에서부터 사망할 때까지 전 생애 동안 나타나는 모든 변화의 양상과 과정을 연구한다.
③ 인간의 변화를 정확하게 기술하여 발달의 기준을 제시하고 이러한 변화에 내재된 발달의 원리가 무엇인지 발견하고자 하는 심리학의 한 분과이다.
④ 신체, 신경생리, 인지, 정서, 사회성을 포함한 인간 심리의 모든 영역에서 변화 과정을 과학적으로 탐색하는 심리학의 한 분야이다.

(4) 발달심리학의 특징

① 심리학이 인간의 생각, 감정, 행동을 연구한다면, 발달심리학은 인간의 생각, 감정, 행동의 일생을 통한 변화와 안정을 탐구한다.
즉, 발달심리학은 전 생애를 통하여 일어나는 성장과 변화, 안정을 연구하는 학문이다.
② 발달심리학은 여러 분야의 연구들이 관련된 학제 간 학문이며, 삶의 모든 분야에 적용되는 실용적인 과학이다.
③ 발달심리학의 연구결과들은 양육, 교육, 사회정책과 같은 일상생활에 직접적으로 적용된다. 발달학자들이 제시하는 대표적이고 평균적인 발달 변화과정과 속도는 개인의 발달평가에 중요한 기준이 되고, 교육 프로그램을 개발하는 준거가 된다.
④ 발달심리학자들은 전 생애를 통해 일어나는 성장과 변화, 안정의 발달 현상을 조사하기 위해 과학적인 접근을 한다. 과학으로서의 발달심리학은 기술, 설명, 예측, 개입을 목표로 한다.

> **바로 Check**
>
> **발달에 관한 설명으로 옳은 것을 모두 고른 것은?**
>
> ㄱ. 생물학적, 인지적 발달과정은 독립적으로 이루어진다.
> ㄴ. 상황에 따른 일시적인 변화도 발달에 속한다.
> ㄷ. 학습은 직접 또는 간접 경험의 산물로서 훈련이나 연습에 기인한다.
> ㄹ. 발달적 변화의 과정에는 신체, 운동기능, 사고, 언어, 성격, 사회성 등이 포함된다.
>
> ① ㄱ, ㄹ　　　　② ㄴ, ㄷ　　　　③ ㄷ, ㄹ
> ④ ㄱ, ㄴ, ㄷ　　　⑤ ㄴ, ㄷ, ㄹ
>
> **해설** 생물학적, 인지적 발달은 상호 영향을 미치며, 발달은 상황에 따른 일시적인 변화가 아닌 연령 증가에 따라 전 생애에 걸쳐서 일어나는 모든 신체적, 심리적 변화를 의미한다.
>
> ☑ 정답 ③

OX 퀴즈

발달심리학은 다학문적이다. [　]

[정답] O 발달심리학은 여러 분야의 연구들이 관련된 학제 간 학문이므로 다학문적이라 할 수 있다.

2 발달심리학의 연구방법론

(1) 종단적 연구방법(longitudinal method)

① 동일한 개인이나 집단을 대상으로 일정한 기간 동안 이들을 계속 추적하면서 연령의 증가에 따른 변화를 반복하여 측정하는 방법이다. 연령에 따른 발달의 변화를 측정한다.

② 예컨대, 2020년에 2015년에 출생한 5세 아동 집단을 대상으로 5년 동안 기억 수행을 검사하여 기억의 발달적 변화를 연구할 수 있다.

장 점	단 점
• 시간의 경과, 즉 연령 변화에 따른 대상자들의 발달 패턴이나 변화를 연구할 수 있음 • 개인이나 집단의 진정한 발달 양상을 파악할 수 있음	• 비용이 많이 듦 • 시간과 노력이 엄청나게 소모됨 • 조사 대상을 오랜 시간 동안 계속 추적하기 힘듦 • 훈련의 효과와 순수한 연령의 효과를 구분하기 애매함

(2) 횡단적 연구방법(cross-sectional method) 빈출

① 동일한 연구 시점에서 연령이 다른 여러 집단의 대상자를 측정하는 방법이다. 상이한 연령의 여러 개인이나 집단을 한꺼번에 조사하고, 여기에서 얻은 자료를 바탕으로 일정 기간에 걸친 발달 곡선을 그리는 방법이다.

② 예컨대, 기억 발달을 조사하기 위해 6세, 8세, 10세 아동의 기억 수행을 검사할 수 있다.

장 점	단 점
한꺼번에 조사하기 때문에 시간적으로나 비용 면에서 매우 경제적	• 시대적 상황에 따라 다른 효과가 발생할 수 있음 • 출생동시집단 효과가 포함되어 순수한 연령효과를 찾아내기 어려움

✎ **출생동시집단 효과(cohort effect)** : 출생 시기가 동일한 사람들이 공유하는 특성 때문에 출생 시기가 다른 사람 간에 발생하는 차이

(3) 단기 종단적 연구법(short-term longitudinal method)

① 연구 기간이 비교적 짧은 횡단적 연구의 장점을 살리되, 동일한 대상자의 지속적인 변화를 살펴볼 수 있는 종단적 연구의 장점을 결합한 방법이다.

② 개인의 성장, 발달에 미치는 역사적·사회적 영향을 배제하고 순수한 연령 효과를 밝히고자 하는 방법이다.
③ 다양한 연령대를 정하여 비교적 단기간에 반복 측정한다.

> **바로 Check**
>
> **발달에 관한 설명으로 옳지 않은 것은?**
> ① 종단적 연구는 횡단적 연구보다 시간과 비용이 많이 든다.
> ② 실험 참가자들이 받게 되는 각기 다른 실험처치 변인은 종속변인이다.
> ③ 단기종단연구에서는 반복된 검사의 결과로 연습효과가 발생할 수 있다.
> ④ 실험설계에서 통제집단은 실험처치를 받지 않는다.
> ⑤ 상관관계로 인과관계를 결정할 수 없다.
>
> [해설] 종속변인은 선행조건인 독립변인에 의해서 영향을 받는 변인을 말한다. 연구자의 처치가 가해지는 것은 독립변인이다.
>
> 정답 ②

3. 발달이론 및 발달심리학의 주요쟁점

(1) 인지 발달과 사회 행동

① 유아의 지각과 지식의 발달

㉠ 지각 발달

ⓐ 형태 재인(pattern recognition)

> **Plus Study** 레즈닉(Reznick)과 카간(Kagan)의 형태 재인 실험(1982)
>
> 한 연구에서 8개월 된 유아들은 단지 몇 달 더 된 유아들과는 반대로, 나비의 사진보다 아기의 얼굴 사진에 더 많은 관심을 보였다. 8개월 된 유아들은 어른들을 보면서 대부분의 얼굴에 대한 도식을 형성하게 된다. 반면에, 아기의 얼굴은 이미 형성되어 있는 도식을 강화시켜 줄 수 있을 만큼 충분히 다르기 때문에 유아들이 흥미를 갖게 된다고 설명하였다. 8개월 된 유아들은 아직 나비나 다른 날아다니는 작은 동물에 대한 도식을 가지고 있지 않다. 좀 더 나이 든 유아에게는 아기의 얼굴이 이미 너무 친숙하여 낡은 것이고, 나비가 어느 정도 새롭기 때문에 흥미롭다. 왜냐하면, 자신들이 형성하고 있는 작고 날아다니는 곤충에 대한 도식과 어느 정도 차이가 나기 때문이다.

ⓑ 높이 지각에서의 운동 경험의 역할

> **Plus Study** 깁슨(Gibson)과 워크(Walk)의 깊이 지각(시각 절벽) 실험(1960)
>
> 깁슨과 워크는 6~14개월 된 신생아를 대상으로 시각 절벽(visual cliff) 실험을 하였다. 본 실험에서는 유리로 된 높은 책상의 중심을 가로지르는 판을 구성하였는데, 한쪽(얕은 쪽)에는 바둑판 무늬 모양의 물질이 바로 아래에 놓여 있고, 다른 쪽(깊은 쪽)에는 같은 물질이 유리 아래쪽에 놓여 있다. 그리고 나서 유아를 그 위에 놓고 시각 절벽 건너편에서 어머니가 건너오라고 손짓을 하게 된다. 판 중앙에 놓아둔 유아는 얕은 쪽으로 선뜻 기어간다. 그러나 깊은 쪽은 피한다. 깊은 쪽에서는 엄마가 불러도 그쪽으로 기어가지 않으며 울어 버린다.
> 깁슨과 워크의 실험은 유아들이 기어 다닐 수 있을 때쯤 절벽을 피한다는 것을 보여 주었다. 높은 곳에 있는 것을 두려워하는 반응은 신생아나 아주 어린 유아에게서는 나타나지 않았다. 아기는 2~3개월이 되었을 때 높고 낮은 것을 구별할 수 있다는 연구들이 보고되었다. 그러나 신생아의 깊이 지각이 생득적인 것인지 아니면 경험에 의한 학습인지는 아직까지 밝혀지지 않고 있다.

ⓛ 초기 지식의 발달

ⓐ 탐색 행동과 인지 발달 : 탐색 행동에 대한 연구들은 유아들이 자극과 그들 자신의 생득적 움직임 간의 관계에 특히 관심을 갖는다는 점에 주목했다.

ⓑ 세상에 대한 인지적 관점, 대상영속성의 발달, 물체를 발견하는 능력은 잘 발달된 지각능력뿐만 아니라, 물체가 보이지 않을 때 마음속에 물체를 유지하는 능력에 달려 있다.

> **Plus Study** 피아제(Piaget)의 대상영속성(object permanence)
>
> 피아제는 대상영속성이 생후 18개월 동안 점차 발달한다고 믿었다. 일반적으로 피아제의 연구결과는 유아나 아동이 특정 능력을 표현하는 시기가 있다는 것을 보여 주었다. 피아제 이후에 잇달아 이루어진 많은 연구결과는 피아제의 아이들이 보여 준 순서대로 유아들이 많은 문제를 성공적으로 수행하게 된다는 것을 확인하였다. 그러나 각 사건들이 나타나고 또 경험하게 되는 시간적 경계나 나이는 종종 피아제가 발견한 것보다 다소 어릴 때 결정되기도 하였다. 또 실험이 어떻게 수행되는가에 따라 연령이나 행동이 다르게 나타난다는 것을 보여 주었다. 특히, 몇몇 실험은 어린 유아들이 물체가 보이지 않으면 실제 물체를 상상할 수 없다는 피아제의 주장을 반박하기도 하였다.

② 논리적 사고의 발달

㉠ 아동의 추론과 사고능력

ⓐ 자기중심성

> **Plus Study** 피아제(Piaget)의 자기중심성
>
> 피아제는 5세에서 7세경의 아동에서 자기중심적인 대화가 명확하게 보인다고 설명한다. 이때 자기중심적 언어는 자기중심적 사고를 나타내는 것이며, 이는 성장해 가면서 점차 감소된다.

괄호넣기

( )은(는) 어떤 물체가 눈에 보이지 않아도 여전히 존재하고 있다는 사실을 알고 이해하는 것이다.

[정답] 대상영속성(object permanence)

ⓑ 보존 개념

> **Plus Study** 피아제(Piaget)의 보존 실험
>
> 피아제의 보존 실험은 물체의 모양이 변한다고 해도 양을 변화시키지 않는다는 내용에 관한 것이다. 고전적인 실험에서 동일한 크기의 컵에 든 물을 서로 모양이 다른 컵에 옮겨 담았을 때, 그 양은 변화하지 않는다. 그러나 보존 개념이 없는 아동은 높이가 더 높은 컵에 있는 물이 더 많다고 생각하게 된다.

ⓒ 인과관계 : 사건은 반드시 어떤 것이 무엇을 일어나게 하는 것이며, 그냥 일어나는 것이 아니라는 가정에 기초한다.

> **Plus Study** 피아제(Piaget)의 인과관계 실험
>
> 피아제는 7~8세경의 아동들에게 '왜냐하면'이라고 끝나는 문장을 주면서 주어진 문장에 대한 이유를 말하라고 하였다. 그러나 그 결과 아동들이 주어진 문장의 내용과 일치하는 순서대로 대답을 하지 못하였다. 예를 들어, '서영이는 마트를 찾아가다가 길을 잃었다. 왜냐하면…'이라는 문장에서 아동은 '서영이는 드레스를 입었다.'라고 대답하는 식이었다.' 즉, 7~8세의 아동들은 현재 일어난 현상에 대해 이야기하거나 결과를 이야기할 수는 있지만, 왜 그 일이 일어났는가에 대해 이유를 설명하지는 못한다는 것이다. 이 나이의 아동은 현실의 실용가이지 원인을 탐색하는 과학자는 아니라는 것이다.

ⓛ **피아제의 인지 발달 이론** : 감각운동기 – 전조작기 – 구체적 조작기 – 형식적 조작기

> **바로 Check**
>
> **다음에서 설명하고 있는 유아의 사고 특성은?**
>
> - 다른 사람의 관점을 고려하지 못한다.
> - 엄마의 생일선물로 자신이 좋아하는 인형을 고른다.
> - 숨바꼭질 놀이를 할 때, 자신이 술래를 못 보면 술래도 자신을 볼 수 없다고 생각한다.
>
> ① 물활론적 사고 ② 상징적 사고 ③ 자아중심적 사고
> ④ 추상적 사고 ⑤ 보존개념의 부재
>
> **해설** 자아중심적 사고는 유아의 언어, 사고, 행동에서 다른 사람의 역할과 견해를 고려할 줄 모르고, 다른 사람도 자신과 동일할 것으로 생각하는 사고의 특징을 말한다.
>
> ☑ 정답 ③

(2) 사회 및 정서 발달

① 유아기의 사회 발달

㉠ **신체적 접촉의 중요성**

㉡ **기질과 성격 특성의 발달** : 기질은 각 개인에게서 분명히 구분되며, 특징적으로 나타나는 정서반응이다. 성격 발달에는 유전과 환경이 상호작용하여 서로 영향을 미친다는 것이 학자들의 주장이다.

OX 퀴즈

피아제의 인지발달 이론은 인지발달의 불연속성을 부정한다. [ ]

[정답] ×

[해설] 피아제는 인지발달의 연속성과 불연속성을 모두 강조한다.

OX 퀴즈

토마스와 체스의 기질 모델에서 활동수준이 낮고, 소리 내어 웃는 일이 적고 기분이 부정적인 기질은 '느린 기질'에 해당한다. [ ]

[정답] ○

[해설] 토마스와 체스는 순한 기질, 까다로운 기질, 반응이 느린 기질의 세 유형으로 기질을 구분하였다.

Plus Study 티파니 필드(Tiffany Field) 등의 실험(1986)

티파니 필드와 그의 동료들은 접촉이 미성숙 유아의 신체적 성장에 놀랄 만한 효과를 미친다는 것을 발견하였다. 그들의 실험에서 한 집단의 미숙아들은 인큐베이터 속에 있으면서 정기적이고 정상적인 병원치료만을 받았다. 다른 집단은 정상 치료에 더하여 하루에 45분씩 약 10일 동안 손으로 마사지를 받았다. 두 집단의 유아에게 주어진 음식의 양이 동일함에도 불구하고, 마사지를 받은 유아는 거의 50% 이상 몸무게가 증가하였으며, 더욱 활동적이었고, 더욱 성숙된 운동협응 능력을 보였다. 또한 다른 집단의 유아에 비해 평균 6일 먼저 퇴원하게 되었다.

② 사회 및 성격 발달
  ㉠ **유아 애착 행동의 초기 표현** : 애착 행동의 출현은 유아가 세상에 대한 이해를 발달시키는 것, 특히 친숙하고 안전한 곳과 그렇지 않은 곳을 구분할 수 있게 되는 것과 관련된다.
  ㉡ **낯선상황** : 애착 행동의 측정

Plus Study 메리 에인즈워스(Mary Ainsworth)의 낯선상황검사(strange situation test)

낯선상황검사는 유아를 친숙하지 않은 상황에 두고 미리 계획된 방식으로 엄마나 다른 친숙한 보호자가 같이 있거나 없거나 하면서, 낯선 사람이 들어왔을 때와 나갔을 때, 유아가 보이는 불안행동을 측정하는 것이다. 이러한 검사를 통해, 에인즈워스와 그의 동료들은 '안정적으로 애착된' 행동으로 분류된 반응을 보이는 유아들을 구분하였다.
안정적으로 애착된 아동들은 낯선 상황에서도 엄마가 같이 있을 때는 활발하게 놀았으며, 적극적으로 탐색하는 행동을 보였다. 그러나 엄마가 없거나 낯선 사람과 같이 있을 때는 약간 놀라면서 탐색하는 것이 줄었다. 엄마가 다시 돌아왔을 때는 적극적으로 엄마에게 접근하여 접촉하려고 하였다. '안정적으로 애착되지 못한 것'으로 분류된 유아의 행동은 여러 가지 방식으로 차이를 보였다. 이들은 비록 엄마가 같이 있더라도 낯선 상황에 대해 더 놀랐으며, 엄마가 돌아왔을 때는 적극적으로 접촉하려고 하지도 않았고, 심지어 거부하는 반응을 보이기도 하였다.
에인즈워스와 그의 동료들은 유아가 울 때마다 즉각적으로, 그리고 일관되게 잘 달래 주는 엄마의 유아들은 나이가 들어감에 따라 점점 우는 것이 줄어들 뿐 아니라, 낯선 상황에서 측정된 엄마의 애착반응도 높다는 것을 발견하였다. 다른 연구들도 어린 유아에 대한 엄마의 즉각적인 반응이나 민감성과 나중의 안정적인 애착의 정도와의 사이에 유의미하게 높은 상관관계가 있다는 것을 발견하였다.

출처 : 현성용 외(2008)

  ㉢ **에릭슨의 심리사회적 발달 이론** : 전 생애를 통한 발달을 중요시하고, 자아를 성격의 중심적 구조로 보고 있다.
  ㉣ **자아의 표현과 자아정체성** : 정체성은 개인적 정체성과 자아정체성으로 구분된다.

개인적 정체성 (personal identity)	시간이 흐르거나 상황이 바뀌어도 자신이 동일한 존재라는 자기동질성(self-sameness)과 자기연속성(self-continuity)에 대한 자각이다.
자아정체성 (ego identity)	개인을 과거에서 현재와 미래로 연결해 주는 연속성 내지는 동질성을 내포하며, 개인을 타인과 구별해 주는 독특성을 가지고 있다.

Section 02 발달에 대한 전생애적 접근

학습포인트 영유아기, 아동기, 청년기, 성인 전기, 성인 중기, 성인 후기에 이르기까지 전생애적 발달에 대해 살펴본다.

1 영유아기 발달

(1) 신생아기(New Born Baby, 0~2주)
① 평균 신장은 약 50cm, 체중은 약 3.3kg 정도이다.
② 생존 유지에 필요한 동공 반사, 빨기 반사, 삼키기 반사 등의 원시 반사 능력이 발달하지만 일정 기간 이후에 사라진다.
③ 신체 발달의 가장 큰 특징 : 가슴둘레보다 머리둘레가 더 크고, 전체 신장에 대비하여 머리가 차지하는 비율이 높다.
④ 신생아의 능력
  ㉠ **젖 찾기 반사**(rooting reflex, 근원 반사) : 누군가가 만지는 방향으로 머리를 돌려 손가락을 빨려고 하는 반사 행동, 생후 3~4개월 이후 사라짐
  ㉡ **빨기 반사**(sucking reflex) : 끝부분이 둥근 물체를 입에 가져다 대면 그 물체를 빨기 시작하는 반사 행동으로 사라지지 않는 반사 능력
  ㉢ **바빈스키 반사**(babinski reflex) : 발바닥을 자극하면 발가락을 부챗살처럼 발등 쪽으로 폈다 오므렸다 하는 반사 행동, 생후 8개월 이후 사라짐
  ㉣ **모로 반사**(Moro reflex) : 조용히 누워 있는 유아가 갑작스럽게 놀라거나 하면 팔다리를 벌려서 무엇인가를 껴안으려는 듯한 반사 행동, 생후 6~7개월 이후 사라짐
  ㉤ **파악 반사**(grasping reflex, 잡기 반사) : 손바닥을 가볍게 자극하면 자극한 물체를 잡으려고 주먹을 쥐는 반사 행동, 생후 1년 이후 사라짐

나의 필기노트

바로 Check

신생아의 반사행동에 관한 설명으로 옳지 않은 것은?

① 반사행동은 선천적이고 자동적인 반응이다.
② 잡기반사는 신생아의 손바닥에 물건을 놓으면 그것을 꽉 쥐는 행동이다.
③ 모로반사는 큰 소리가 나거나 머리의 위치가 변하면 등을 구부리고 팔다리를 앞으로 뻗는 반사행동이다.
④ 근원반사는 신생아의 입 주위에 자극을 주면 아기가 자극을 향해 고개와 입을 돌리는 반사행동이다.
⑤ 바빈스키반사는 갑작스러운 자극이 다가오면 눈을 감는 것이다.

해설 바빈스키반사는 신생아에게서 볼 수 있는 반사 중의 하나로, 발바닥을 자극했을 때 엄지발가락을 포함한 발의 앞쪽이 쫙 펼쳐졌다가 오므리는 반응을 나타내는 것이다.

정답 ⑤

Plus Study 신생아의 반사운동

반사	자극	반응	사라지는 시기	기능
근원 반사	뺨을 물체로 부드럽게 자극한다.	물체를 향해 고개를 돌리며 빨고자 한다.	3~4개월	젖꼭지를 찾게 한다.
빨기 반사	손가락이나 젖꼭지를 입에 넣어 준다.	규칙적으로 빤다.	사라지지 않는다.	수유를 하게 한다.
잡기 반사	젓가락이나 손가락을 손바닥에 둔다.	쥔다.	3~4개월에 약해지고 1년 뒤에 사라진다.	잡을 수 있는 능력을 준비한다.
모로 반사	큰 소리가 나거나 몸이 불안정하게 되어 놀라면 등을 구부린다.	등을 구부리고 손과 발을 앞으로 뻗는다.	6~7개월	어머니에게 매달리게 하는 기능으로 추측하고 있다.
바빈스키 반사	발바닥을 살살 간질인다.	발가락을 부챗살처럼 폈다가 오므린다.	8~12개월	기능이 불명확하다.
바브킨 반사	손바닥을 누른다.	눈을 감고 입을 연다.	3~4개월	기능이 불명확하다.
걷기 반사	아이를 세워 발을 땅바닥에 닿게 한다.	걸어가듯이 걷는다.	2~3개월	걷는 능력을 준비한다.
수영 반사	얼굴을 수면으로 닿게 하면서 놓는다.	수영하는 모습이다.	4~6개월	물속에 빠졌을 때 생존할 수 있도록 한다.

(2) 영아기(Infancy, 2주~24개월)

영아기의 시기 중 특히 15개월에서 30개월경까지를 걸음마기(toddlerhood)로 명명한다.

① 뇌의 발달
  ㉠ 출생 시 신생아는 신체의 크기에 비해 머리 부분이 커서 신장의 1/4 정도가 되지만, 뇌의 무게는 성인이 되었을 때 무게의 25%에 불과하다.
  ㉡ 출생 후 2년 동안 태내기와 함께 일생 중 가장 빨리 발달해서 1세경에는 성인 뇌 무게의 66%, 2세에는 75% 정도로 발달한다.
  ㉢ 2세 이후 신체에서 머리가 차지하는 비율이 낮아져서 신체의 비율은 성인과 흡사하다.

② 신체 및 운동 기능의 발달
  ㉠ **제1차 성장 급등기** : 출생 시 평균 신장은 약 50cm이며, 평균 체중은 약 3~3.5kg이다. 신장은 1년 후 출생 시의 약 1.5배가 되며, 2년 후에는 성인 신장의 약 1/2로 성장한다. 체중은 1년 후 3배, 2년 후에는 성인 몸무게의 20% 정도로 증가한다.
  ㉡ **골격** : 두개골의 발달에 따라 9~12개월이면 숫구멍이 닫혀서 뇌를 보호한다.
  ㉢ **운동 기능**
    ⓐ 이행 운동 발달 : 고개 들기(1개월), 뒤집기(3~4개월), 앉기, 기어 다니기, 일어서기(1세), 걷기, 뛰기 순서로 진행된다. 몸 전체로 움직이는 전체운동이 분화되어 특수운동으로 발달하고, 7~8개월경에 혼자 앉기를 시작하며, 15개월에 혼자 걸을 수 있다.
    ⓑ 눈과 손의 협응 기능 발달 : 3개월경이면 사물을 보고 손을 뻗으며, 12개월이 되면 엄지와 검지를 이용하여 물건 잡기가 가능해진다. 24개월이 되면 비록 음식을 많이 흘리기는 하지만 혼자서 숟가락으로 밥을 먹을 수 있다.
    ⓒ 신체 및 운동 기능의 발달 원리 : 머리 쪽에서 아래쪽으로, 중심부에서 말초부로, 전체 활동에서 특수 활동으로 발달한다.
    ⓓ 운동 기능 발달에는 개인차가 있어서 어떤 아기는 평균보다 더 빨리 발달하기도 하고, 어떤 아기는 더 늦게 발달하는 경우도 있다.
    ⓔ 장난감이나 기구를 사용하는 것보다 자신의 신체를 이용하는 활동을 더욱 즐긴다.

 나의 필기노트

OX 퀴즈

우리 인간의 발달은 특수 활동에서 전체 활동의 순서로 발달한다. [ ]

[정답] ✗

[해설] 인간 발달은 전체 활동에서 특수 활동으로 발달한다.

나의 필기노트

괄호넣기
깁슨(Gibson)과 워크(Walk)의 (   ) 실험에서 6개월 된 영아는 깊이 지각을 할 수 있는 것으로 나타났다.

[정답] 시각 절벽(visual cliff)

O× 퀴즈
까꿍 놀이와 같은 사회놀이는 언어 발달과 관련이 있다. [   ]

[정답] O
[해설] 까꿍 놀이의 효과로는 언어 발달, 정서적 안정감, 기억력 발달, 대소근육 발달 등이 있다.

---

③ **지각 발달** : 생후 1년 사이에 대부분의 중요한 지각 능력이 거의 발달한다. 신생아는 성인만큼 예민하게 지각하지는 못하지만 보고 들으며, 냄새를 맡거나 맛을 느낄 수 있다. 수평추적운동과 수직추적운동이 발달한다.

   ⊙ **시각 절벽**(visual cliff, 시각 벼랑, Walk & Gibson, 1961) **능력의 형성** : 6~14개월의 유아는 깊은 쪽으로 가는 것을 꺼려하기 시작한다. 6개월 된 영아는 절벽이 시작되는 시점에서 더 이상 나아가지 않고 주저하는데, 이는 영아가 깊이를 지각하고 있다는 증거이다. 물체에 다가가기도 하고, 원래 위치로 돌아가는 도형을 제시했을 때 다가가는 물체의 움직임을 지각한다.

   ⓒ **대상영속성**(object permanence) : 시각에서 사라져 보이지 않는 물체라도 여전히 존재함을 인식하는 것이다.

④ **인지 능력 발달** : 피아제의 감각운동기에 해당

   ⊙ 선택적 주의집중이 일어난다. 특정자극에 반응하는 지향 행동이 먼저 발달하고, 그 다음으로 여러 가지 자극 중에서 특정자극에 선택적으로 초점을 맞추는 것을 말한다.

   ⓒ 문제 해결 시 시행착오를 거치다가 차츰 통찰에 의해 문제를 해결해 나아가는 경향이 있다.

⑤ **언어 발달** : 주로 울음소리를 통해 자신의 의사를 표현하는 전언어 시기

   ⊙ **어휘의 폭발적 팽창 시기** : '엄마', '아빠' 같은 간단한 말에서부터 시작(생후 9~15개월)하여 '엄마, 어부바' 같은 말을 하기 시작(생후 18~20개월)하며, 2세가 되면 사용 어휘수가 폭발적으로 증가한다.

   ⓒ 자기중심적 언어를 사용한다. 타인의 관심을 수용할 수 없어서 타인이 보거나 아는 것이 자신이 아는 것과 반드시 같은 것이 아니라는 것을 깨닫지 못하는 것을 의미한다.

   ⓒ 언어 발달은 개인의 성숙도에 따라 개인차가 있고, 일반적으로 여아가 빠른 경향이 있다. 가족구성원 수나 어른과의 대화 기회에 따라서도 언어 발달에 차이가 있다.

⑥ **성격 및 사회성의 발달**

   ⊙ 성격 발달에 영향을 미치는 중요한 시기는 8~24개월 사이이며, 낯가림(5~8개월)과 격리 불안(13~18개월)을 경험한다.

   ⓒ 영아기의 사회성 발달은 양육자와의 의사소통을 통하여 발달한다. 영아의 반응이 부모에게 자극이 되고 부모의 반응이 영아에게 자극이 되는 과정이 반복됨에 따라 대인관계의 기초가 되는 애착이 발달한다.

⑦ 반사 기능 : 생존 반사(예 호흡 반사, 눈 깜빡이기 반사, 빨기 반사, 삼키기 반사 등), 원시 반사(예 바빈스키 반사, 모로 반사, 잡기 반사)

⑧ 정서표현 발달

출현 시기	정 서	출현 시기	정 서
출생 시	만족, 불만족	4개월	분노, 슬픔
8주	사회적 미소	9개월	공포, 분리불안
3개월	웃음, 호기심	18개월	수치심, 당혹감, 죄책감, 자부심

(3) 유아기(Early Childhood, 2~6세)

① 신체 및 운동 능력의 발달
  ㉠ 2~3세의 유아는 걷기, 뛰기, 멈추고 도약하기 등을 통해 균형 잡기와 방향 잡기 및 운동 능력이 발달한다.
  ㉡ **대소변의 통제 시작**(2세 이후)
    ⓐ 괄약근의 성숙도와 성별, 부모의 태도에 따라 개인차가 존재한다. 개인차를 무시한 강압적인 배변 훈련이나 질책은 정서 발달에 부정적인 영향을 미친다.
    ⓑ 프로이트는 이 시기에 특정하게 고착된 유아는 완전하고 융통성 없는 강박적 성격이나 지나친 소유욕을 갖는 항문애적 성격이 되기 쉽다고 조언하였다.
    ⓒ 언어와 운동 능력의 발달로 활동범위가 넓어지고 사물이나 세상에 대한 호기심과 탐색의 욕구가 여러 가지 놀이 활동을 증가시킨다.

② 인지 능력의 발달
  ㉠ **피아제의 전조작기에 해당** : 대상이나 사건의 고정적인 특성을 상징화할 수 있는 능력을 가지며, 보이지 않는 사물을 생각할 수 있고, 사물을 나타내는 새로운 상징을 만드는 것을 즐거워하는 단계이다. 사물의 외형상의 변화에도 불구하고 특정한 양과 질은 변하지 않는다고 판단하는 능력인 보존 개념의 획득이 시작된다.
  ㉡ 사물을 지각하는 능력의 발달은 피아제의 첨가설과 깁슨의 분화설을 근거로 설명한다.
    ⓐ 첨가설 : 어떤 사물을 자주 접할수록 그 사물에 대한 지식이 점점 늘어난다는 입장
    ⓑ 분화설 : 사물을 지각할 때 먼저 형태와 크기, 부피, 색채 및 부분적인 요소로 변별하고 이를 점차 분명하게 지각한다고 보는 입장

OX 퀴즈

깊이 지각은 3~4세에 발달한다. [　]

[정답] ×

[해설] 깊이 지각은 만 1세 이전에 발달한다.

③ 성격 및 사회성의 발달
  ㉠ 성 유형에 맞는 행동을 학습하기 시작한다.
  ㉡ 유아기의 사회관계는 또래나 친구를 통한 관계가 시작되고 점차 확대되지만(또래친구, 유아원, 어린이집, 유치원), 아직도 부모의 영향력은 절대적이다. 유아의 사회화에는 유아가 행동한 결과에 대한 보상과 처벌이 큰 영향을 준다.
  ㉢ 에릭슨의 '자율성 대 수치심/자기의심' 단계에 해당한다.

④ 정서 발달
  ㉠ 유아의 정서표현의 발달은 초기에는 울거나 신경질을 내는 것과 같은 전체적인 표현으로부터 눈물 흘리기, 울상 짓기 등의 부분적이고 구체적인 표현으로 변경된다.
  ㉡ 연령이 증가함에 따라 외현적인 정서표현은 억제되고 내적 경험이 증가한다.

⑤ 영아기와 유아기의 발달과업(Havighust)
  ㉠ 걸음마 배우기
  ㉡ 말 배우기
  ㉢ 배설의 통제 배우기
  ㉣ 성차의 인식과 이에 따른 행동양식의 학습 시작
  ㉤ 사회적, 물리적 세계에 대한 간단한 개념 형성
  ㉥ 부모, 형제, 타인과의 정서적 관계 형성하기
  ㉦ 선, 악의 판단을 익히고 양심 발달시키기

2 아동기(Middle and Late Childhood, 학동기, 7~12세) 발달

(1) 신체적 발달: 신체 발달에 있어서 완만한 상승곡선을 보이는 경향이 있다. 이미 획득한 운동기술이나 근육의 협응체계가 더욱 정교화되는 과정이다.

(2) 인지 및 정신 능력의 발달
  ① 피아제의 구체적 조작기에 해당 : 구체적인 사항에 한해서만 논리적인 조작이 가능하다. 어떤 행동이 일어날 가능성이나 그 행동 결과의 가능성을 시행착오를 통해 사고하며 구체적 사물을 처리하면서 여러 가지 논리적 조작을 할 수 있는 능력을 갖춘다. 보존 개념을 완전히 획득하고,

자기 중심주의에서 탈피하기 시작하며, 도덕 발달도 타율적에서 자율적으로 변화한다.

② 학교라는 집단에 속해 교사의 학습지도와 또래와의 관계를 통하여 새로운 장면에 대한 호기심과 탐색의 욕구를 추구하는 과정에서 많은 발달적 변화를 경험한다.

(3) 성격 및 사회성의 발달
① 에릭슨의 '근면성 대 열등감' 단계에 해당한다.
② 초등학교 입학과 더불어 생활 장면에서 많은 변화가 생긴다.
③ 또래시대(gang age) : 또래들과 집단생활을 통해 학업과 새로운 인간관계를 형성한다.

(4) 아동기의 발달과업(Havighust)
① 유희에 필요한 신체적 기능 습득하기
② 친구 사귀는 법 알기
③ 성 역할 이해하기
④ 읽기, 쓰기, 셈하기의 기초 능력 익히기
⑤ 양심, 도덕, 가치척도의 발달
⑥ 인격적 독립성
⑦ 사회집단과 사회제도에 대한 태도의 발달

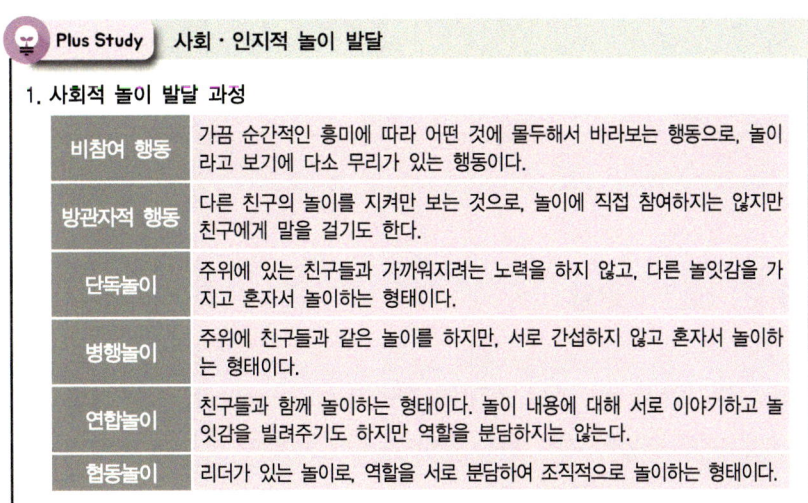

2. 인지 발달에 따른 놀이형태

기능놀이	만 2세 미만의 아이가 기능적인 즐거움을 위해 반복적으로 하는 단순한 놀이행동으로서, 특별히 기술이 필요하지 않은 반사행동이나 재미있는 결과를 보기 위해 시도하는 행동 등을 포함하며 연습게임이라고도 한다.
구성놀이	놀잇감 등을 통해 원가를 새롭게 만들어 내는 놀이로서, 기능적인 놀이에서 창조적인 놀이로 전환된 것이라고 할 수 있다. 블록으로 집 만들기, 미술재료로 자동차 만들기, 모래로 성 쌓기 등의 놀이가 그 예이다.
상징놀이	아이들은 2세 말 정도가 되면 상상놀이를 하게 되는데 7세까지 지속된다. 상징놀이는 상상놀이, 가상놀이, 가장놀이, 극적놀이, 환상게임 등으로도 불린다.
사회극놀이	상징놀이가 발전된 형태로 1명 이상의 친구와 함께 참여하는 놀이이다. 3세 정도부터 나타나 7세까지 지속된다. 사회극놀이는 아이들의 상상력, 창의력 증진에 도움이 되며, 자기중심적 존재에서 사회적 존재로 성장하는데도 큰 역할을 하게 된다.
규칙이 있는 게임	규칙을 포함하고 1명 이상의 사람과 경쟁을 하면서 즐거움을 위해 참여하는 활동이다. 규칙을 이해할 수 있는 4세 이후부터 가능하며, 성인까지 지속된다.

바로 Check

운동발달에 관한 설명으로 옳은 것을 모두 고른 것은?

ㄱ. 신생아기에는 손바닥에 어떤 물건을 쥐어주면 꼭 쥐는 반응을 보인다.
ㄴ. 생후 3~6개월 된 영아는 뒤집기를 한다.
ㄷ. 생후 1세 영아는 두발자전거를 탈 수 있다.
ㄹ. 아동기는 유아기보다 협응능력이 더 발달한다.

① ㄱ ② ㄹ ③ ㄴ, ㄷ
④ ㄷ, ㄹ ⑤ ㄱ, ㄴ, ㄹ

해설 자전거타기 등이 가능한 시기는 유아지방이 빠지고 근육이 발달하는 5세경이다.

정답 ⑤

3 청년기 발달

(1) 사춘기(Puberty, 청소년기)와 청년기(Adolescence) : 13~24세

2차 발육 급등의 시기로서, 심한 신체적 변화와 더불어 소위 '봄을 생각한다'는 심리적 변화를 경험하는 질풍노도의 시기이다.

① 인지 발달
  ㉠ 피아제의 형식적 조작기에 해당한다.
  ㉡ 구체적인 경험과 독립되어 추상적 개념에 대해 추론할 수 있는 시기

로서, 가설을 세우고 체계적으로 검증하며 추상적 개념을 사용하여 여러 가지 사태를 이해할 수 있는 시기이다.

② **성격 및 사회성의 발달**
  ㉠ 에릭슨의 '자아정체감 확립 대 역할 혼미' 단계에 해당한다.
  ㉡ 진학, 취업, 이성교제, 결혼 등의 문제로 자신의 진정한 욕구와 현실 사이에서 갈등과 좌절을 경험한다.

③ **발달 단계**
  ㉠ **청년 전기**(사춘기, 청소년기) : 성장 호르몬의 분비가 많아지면서 신체적 성장이 급등함과 동시에 성호르몬의 분비로 2차 성징이 출현한다. 성에 대한 관심이 급증한다. 사회적 발달은 주변인으로 표현된다.
    🖉 주변인 : 특정한 역할과 의무가 주어진 범주의 주변에 놓여 있다는 의미이다. 아직 아동의 세계와 성인의 세계 주변에 위치하여 있기 때문에 사회적 요구와 책임의 경계가 불명확하여 모순된 요구와 부담이 따른다.
  ㉡ **청년 중기** : 불완전하고 어색한 시기를 거쳐 안정된 시기에 이르는 시기이다. 자아발견, 자아정체감을 탐색하기 위한 노력을 시도한다.
  ㉢ **청년 후기**
    ⓐ 성인으로서의 대접을 받지만 아직 경제적으로 완전한 독립이 이루어지지 않은 시기이다. 이 시기에 해결해야 할 중요한 과제는 취업과 결혼이다.
    ⓑ 자아확립 : 가치관과 세계관이 확립되어 무엇을 하며 어떻게 살 것인지에 대한 인생의 좌표를 설정하는 것이다.

④ **사춘기와 청년기의 발달과업**(Havighust)
  ㉠ 직업의 선택과 그에 대하여 준비하기
  ㉡ 결혼과 가정생활 준비하기
  ㉢ 가치관과 윤리체제의 형성 및 자기의 인생관 정립
  ㉣ 시민생활에 필요한 지적 기능과 개념의 발달
  ㉤ 경제적 독립의 필요성 인식하기
  ㉥ 부모나 다른 성인으로부터 정서적으로 독립하기
  ㉦ 남녀 간의 성숙한 관계 익히기
  ㉧ 사회적으로 책임 있는 행동을 실천하는 습관 형성하기

괄호넣기
에릭슨(Erikson)의 (   )은(는) 청소년기에 자신이 어떤 사람인가에 대한 인식을 의미하는 것이다.
[정답] 자아정체감(self-identity)

> **Plus Study** 조숙과 만숙
>
> 조숙은 신체나 정신의 성장이 빠른 것이고, 만숙은 반대의 경우이다.
>
> | | |
> |---|---|
> | 조숙한 남자 청소년 | • 신체적인 활동능력과 세련된 태도로 우수하므로 또래 청소년들에게 인기가 있다.
• 흡연이나 음주와 같은 좋지 않은 습관에 빠지기 쉽다.
• 학교폭력과 같은 행동에 빠지기 쉽다.
• 또래 남자들에 비하여 신체적인 용모가 성숙하여 부러움의 대상으로 인기가 좋다. |
> | 조숙한 여자 청소년 | • 동년배보다 신체적으로 더 발달되어 자의식이 강하고 어색함을 느낄 수 있다.
• 만숙아보다 더 일찍 발달적 긴장을 해결해야 하므로 성인기에는 문제해결에서 뛰어날 수 있다.
• 성숙하다고 또래로부터 더 긍정적 기대를 받지는 않는다. |
> | 만숙한 청소년 | • 사회적인 불이익을 경험하며 열등감이 발달한다.
• 남자 청소년의 경우 운동능력이 떨어져 또래로부터 인기와 매력이 없다.
• 정서적으로 불안정하고 의존적이기 쉽다. |
> | 조숙한 청소년의 부모 | • 신체적 성장을 정신적인 성장으로 오인하여 과도한 책임감을 요구할 수 있다.
• 일반 청소년보다 관습적으로 영향을 줄 수 있다. |
> | 만숙한 청소년의 부모 | • 또래와 비교되는 말로부터 상처를 받기 쉽다.
• 부모의 과도한 걱정으로 왜곡된 자아를 형성하기도 한다. |

⑤ 청년기의 자아정체감(ego-identity)
  ㉠ 청년 후기에 들어서는 자아정체감의 확립에 관심을 기울이게 되면서 인생의 의미를 찾으며 내면적으로 풍부해지려는 태도가 발달한다.
  ㉡ 에릭슨(Erikson)의 개념으로서 내가 누구인지를 아는 것이며, 시간이 변하고 환경이 바뀌어도 지속되는 나의 독특성을 확립하고 인지하는 것이다.
  ㉢ 자아정체감이 확립되면 자기 나름의 인생관이 확립되며 사명감이 생기게 된다. 즉, 현실 사회에 대해 자기의 역할이나 입장을 자각하게 되며 자존심도 강해진다.
  ㉣ 타인보다 자기 우월을 원하지만 한편으로는 자신의 장점 및 단점도 분별할 수 있게 된다.
  ㉤ 자아정체감을 확립하게 됨에 따라 부모나 타인에게 반항하는 태도는 사라지게 되며 타인이나 외부 상황을 통찰하게 된다.
  ㉥ 특히 이성에 대해 상호 존중하는 태도와 이해할 수 있는 능력이 생기게 되어 건전한 이성관계를 발달시킬 수 있게 된다.

⑥ 청년기의 자아중심성
  ㉠ **개인적 우화**(personal fable) : 자신은 특별하고 독특한 존재로서, 자신의 감정이나 경험세계는 다른 사람들과 근본적으로 다르다고 믿는다.

> **Plus Study** 개인적 우화의 예
>
> - 첫사랑에 빠진 청소년이 인류 역사를 통틀어 봐도 그 누구도 자신이 지금 겪고 있는 괴로움을 겪은 사람은 없다고 생각한다.
> - 과도한 흡연을 하는 청소년은 남들과는 달리 자신만은 절대로 흡연으로 인한 질병에 감염될 위험성이 없을 것이라고 확신한다.
> - 10대 소녀의 경우 다른 소녀들은 다 임신해도 자신은 무사하리라는 생각에 무모한 짓을 하는 경우가 있다.
> - 다른 사람은 다 죽어도 자신은 영원히 죽지 않으리라는 불멸의 신념으로 위험한 행동을 하다가 크게 다치거나 죽음에까지 이르는 것을 볼 수 있다.

바로 Check

엘킨드(E. Elkind)의 개인적 우화(personal fable)에 관한 설명으로 옳지 않은 것은?

① 자기중심성(egocentrism)의 대표적 현상 중 하나이다.
② 다른 사람들이 나를 관심의 초점으로 생각하는 현상이다.
③ 어떠한 사건을 자신에게 적용시킬 때는 일반적인 확률을 무시하거나 왜곡하는 현상이다.
④ 자신의 사고와 감정이 너무나 독특해서 남들이 이해할 수 없을 것이라고 생각하는 것이다.
⑤ 약물을 복용해도 자신의 독특성으로 인해 중독현상이 없을 것이라고 생각하는 것은 개인적 우화의 예이다.

[해설] 다른 사람들이 나를 관심의 초점으로 생각하는 현상은 상상적 청중이다.

☑ 정답 ②

ⓒ **상상 속 청중**(imaginary audience, 상상적 관중) : 청년기의 과장된 자의식으로 인해 자신이 타인의 집중적인 관심과 주의의 대상이 되고 있다고 믿는다.

> **Plus Study** 상상 속 청중(상상적 관중)의 예
>
> - 사춘기 소녀가 여드름에 과도하게 신경을 쓰는 이유는 모든 사람들이 자신만 쳐다볼 것이라는 믿음을 가지고 있기 때문이다.
> - 청년들이 자의식이 강하고 대중 앞에서 유치한 행동을 하는 것도 다른 사람들의 시선을 지나치게 의식하기 때문이다.

⑦ **청소년의 문제행동**
  ㉠ 학교 중퇴   ㉡ 음주와 흡연
  ㉢ 약물 남용   ㉣ 혼전 성교 및 임신
  ㉤ 비만과 거식증   ㉥ 자살
  ✎ 청소년의 자살 원인 : 높은 학업 스트레스, 학업문제

OX 퀴즈

중3인 교환이가 길을 걸을 때 다른 사람들이 자기를 보고 있다고 의식하면서 '모두 나를 쳐다보네.'라고 생각하는 것은 개인적 우화의 예이다. [ ]

[정답] X
[해설] 상상적 관중(청중)의 예시에 해당한다.

⑧ 홀랜드(Holland)의 직업적 성격 유형

현실적 유형 (realistic, 실재적 유형)	• 현실적이고 사실적인 직무 선호 • 기계적이고, 꾸준하며, 정서적 동요가 적음 • 농업, 운전, 건설, 엔지니어 등의 분야에 적합
탐구적 유형 (investigative, 지적 유형)	• 과업 지향적이며 추상적인 일을 즐기고 세상의 여러 가지 문제들을 분석하고 이해하려는 욕구가 강함 • 논리적, 탐구적, 분석적, 지적이며 호기심이 많지만 지도력이 부족함 • 비판적, 독립적, 합리적이고 철저함 • 과학, 전문 직종 등의 지적 작업 분야에 적합
사회적 유형 (social)	• 남을 가르치거나 치료하는 등 타인을 돕는 역할 선호 • 언어능력 및 대인관계 기술이 뛰어나며 친절과 온정, 인내와 관용성 높음 • 교사, 상담자, 사회사업가, 선교사 등의 직업에 적합
예술적 유형 (artistic, 심미적)	• 상상력이 풍부하고 예민하며 정서적, 이상주의적, 직관적 혹은 충동적, 내향적, 비사교적 • 현실성과 실용성은 부족하고 경직된 질서를 싫어함 • 시인, 소설가, 작곡가, 연주가, 화가, 조각가, 배우, 연극 감독 등 예술 분야의 직업에 적합
사업가적 유형 (enterprising, 설득적, 기업적)	• 적극적, 외향적이며 언변과 리더십이 있어 타인을 설득하거나 리드하는 능력이 있음 • 모험적, 야망적, 지배적, 과시적, 활동적, 긍정적, 자기 확신적이며, 권력이나 지위 등에 관심이 많음 • 사업, 매니저, 방송국의 PD, MC 등의 직업에 적합
관습적 유형 (conventional, 보수 인습적)	• 정확성과 꼼꼼함을 요구하는 직업 선호 • 변화가 없는 상황에서 유능하게 일하며, 자기가 속한 집단의 가치관이나 태도를 비판 없이 받아들이는 경향이 있음 • 일상생활에서도 규칙, 법률 등을 잘 지키는 편 • 은행원, 비서, 서기, 우체국 직원 등의 직업에 적합

4 성인기 및 노년기 발달

(1) 성인 전기(Adulthood, 25~35세 또는 40세)

① 신체 발달
  ㉠ 청년기 말기와 성인기 초기에 걸쳐 거의 모든 신체적 성장과 성숙이 완결된다.
  ㉡ 점차 노화 증상이 진행되는 시기이다. 노화 과정은 모든 사람에게서 진행되는데, 노화 과정의 속도는 개개인에 따라 다르다.

② 사회 및 대인관계의 발달
　㉠ 사회 적응에 따른 환경 변화를 경험하기 때문에 다양한 인간관계를 형성한다.
　㉡ 배우자 선택 과정과 결혼, 부부생활, 직업 선택과 직장 적응, 주거 문제 등의 새로운 적응문제에 대처해야 한다. 새로운 가정생활의 시작인 부부생활은 타인과의 만남에서 일심동체가 되어 공동목표를 추구하고 가치 있는 삶을 누리는 측면에서 중요하다.
　㉢ 에릭슨의 '친밀감 대 고립감' 단계에 해당한다.
③ 인지 기능의 변화 : 인생에서 중요하게 결정해야 하거나 중대한 문제에 처했을 때 삶의 경험과 연륜을 발휘할 수 있는 노련한 인지 능력을 형성한다. 사회적 환경과 문제해결 상황에서 각 상황에 맞는 복잡한 사회적 추리가 가능하다.
④ 성인 전기의 자아 성장
　㉠ **자아정체감의 안정화**
　　ⓐ 청소년기의 '내가 누구인가', '무엇이 진실인가'에 대한 관심은 '나의 열망을 어떻게 실현시킬 것인가' 또는 '그것을 하기 위한 최선의 방법은 무엇인가'라는 질문들로 바뀐다.
　　ⓑ 많은 젊은 성인들이 자신이 누구인가에 대해 혼란스러움을 갖고 있지만, 성인 전기에는 정체감이 안정되어 가는 경향이 있다.
　　ⓒ 성인 전기의 사람은 자신에 대해 확신을 갖고 주어진 상황에서 자신이 어떻게 행동할 것인지를 더 잘 안다. 그들은 자신의 축적된 경험을 기초로 자아판단을 할 수도 있다.
　㉡ **자유로운 대인관계**
　　ⓐ 자아정체감이 안정되면 독립된 인간 존재로서 타인과 관계를 맺는 것이 가능하다.
　　ⓑ 성인 전기에는 자신의 입장을 이해시키려고만 하지 않고 다른 사람의 견해에도 기꺼이 귀를 기울인다.
　　ⓒ 대인 상호작용은 보다 친절하고 따뜻하며, 존중 속에 이루어진다.
　㉢ **관심의 심화**
　　ⓐ 자신의 관심사에 깊이 관여하며 많은 시간과 에너지, 비용을 쏟는다.
　　ⓑ 그들의 관심사 중에서 어느 것은 직업이 되고, 그렇지 않은 것은 일생 동안의 취미나 오락이 된다.
　㉣ **가치의 인간화**
　　ⓐ 가치들의 개인적 의미를 발견하고 그러한 개인적 의미와 사회적 목표의 성취 사이에서 관련성을 발견하려 한다.

ⓑ 개인이 자신의 동기와 경험 등을 더 수용하여 가치체계를 확고히 하고 향상시킨다.
　　　ⓒ 인간화된 가치는 콜버그의 후인습적 도덕 발달 관념과 일치한다.
　　ⓜ 양육의 확대
　　　ⓐ 타인에 대한 관심과 배려의 증대는 성숙의 가장 명백한 표시의 하나이다.
　　　ⓑ 아들러(Adler)는 이를 '증대된 사회적 관심', 매슬로우(Maslow)는 '소속감 및 사랑의 욕구', 로저스(Rogers)는 '감정이입'과 '무조건적 긍정적 존중'이라고 하였다.
⑤ 결혼과 부모됨
　㉠ 배우자 선택 : 여과 이론

근접성 여과 (propinquity filter)	가능한 최초의 배우자 선발은 근접성 여과를 통해 일어나며, 근접성은 지리적으로 가까움을 의미한다.
매력 여과 (attractiveness filter)	매력이라고 생각되는 바는 개인마다 문화마다 다르며, 문화적으로 개인적으로 이상적인 배우자의 특성에 관해 나름대로의 개념을 가지게 된다.
사회적 여과 (social filter)	사회·경제적 배경요인으로서 이는 당사자보다 부모들에 의해 더욱 강조되는데 결혼상대자들은 인종, 종교, 정치적 신념 및 사회계층의 구성요소로 간주되는 변수들의 집합에서 유사하다.
일치 여과 (consensus filter)	사람들은 자신과 견해, 태도를 같이 하는 사람들을 더욱 선호한다.
상보성 여과 (complementarity filter)	반대되는 것이 매력을 끈다는 의미이다.
준비성 여과 (readiness filter)	연령과 같은 경우에는 결혼상대자의 범위를 정하는 데 기여하며 결혼할 시기를 예측하는 확실한 변인이기도 하다.

　㉡ 독신의 선택 : 여성의 교육 및 고용 기회의 증대로 인한 경제적 독립은 결혼의 압력을 어느 정도 제거하였다. 독신의 문제는 독신을 선택했거나 하지 않았거나에 관계없이 고독함을 처리하는 문제를 경험해야 하며 동료감, 정서적 지원의 결핍을 내포한다.
　㉢ 결혼
　　ⓐ 결혼 적응 : 결혼 적응은 남편의 성숙도, 정체감의 안정성, 남편 부모의 결혼 행복, 교육정도, 사회경제적 지위에 의해 크게 좌우된다. 부부가 계속 생활하게 되면 부부간 힘의 균형은 남편에게서 아내에게로 옮겨 간다. 즉, 여성의 가정 내 책임, 권위가 증가한다.

ⓑ 결혼 성공과 관련되는 혼전 요인

부모들의 결혼 행복	부모들의 결혼 생활은 자녀의 동일시나 모방의 모델이 된다.
아동기의 행복	부모-자녀 간 긍정적 관계의 경험이 중요하다.
오랜 교제 기간	최소한 1년 이상의 교제를 통해 서로 더 잘 알고 서로가 기대하는 바를 알게 되면 효과적인 의사소통 유형을 수립할 수 있다.
결혼 연령	사회적, 경제적 안정을 위한 자립능력과 정서적 성숙을 어느 정도 갖춘 때인 결혼적령 이후의 결혼이 바람직하다.
부모의 승인	부모의 인정은 젊은 부부에게 중요한 지원의 원천이다.
결혼의 동기	사랑이나 공통 관심사가 결혼의 1차적인 동기일 때 바람직하다.

ⓒ 성공적인 결혼에 기여하는 결혼 후 요인

공통 관심사	같은 일에 관심과 흥미를 가지고 같은 활동에 참여할 때 부부는 서로를 더 잘 이해하고 공감을 나눌 수 있다.
문화적 배경	교육, 사회경제적 지위, 인종, 국적의 지나친 차이는 결혼 실패와 관련된다.
자녀에 대한 욕구	결혼 만족의 표시이며 관계 연장의 욕구를 의미한다.
관계의 요인	상호 존중과 이해 및 감사, 애정의 표시는 긍정적인 결혼관계 및 행복에 기여하는 중요 요인이다.
효과적인 의사소통	서로 많이 이야기하고 상대방의 감정에 보다 민감하게 반응하며 상대방에 대한 이해를 전달하는 것이 긍정적인 관계에 기여한다.
역할 기대의 양립성	역할 기대는 부부가 각각 어떻게 행동해야 하는가에 대한 규범적 신념이다.
성격 특성	정서적 성숙과 안정, 자제력, 애정 표현능력, 책임감, 사려성, 보수성, 긍정적 자아개념, 낙관적 태도가 결혼 성공과 관련된다.
소 득	전통적 결혼에서는 남편의 부양자 역할 수행 능력에 많은 것이 달려 있었으나 현대에 들어서는 맞벌이의 비율이 높아지고 있다.
직 업	안정적인 직업에 종사하는 사람들의 결혼은 불안정적인 직업에 종사하는 사람들의 결혼에 비해 안정성이 높다.
아내의 직업	자신의 선택보다는 경제적 필요에 의해 취업한 경우, 일을 좋아하지 않을 때, 남편이 취업을 승인하지 않을 때를 제외하고는 아내의 취업은 개인적 적응이나 결혼 만족에 긍정적인 영향을 준다.

종교 활동	무종교 부부에 비해 종교를 가진 부부의 결혼 안정성이 4배가량 높고, 아동기 동안 종교적 훈련의 경험 여부가 결혼 성공과 정적인 상관이 있다. 즉, 아동기 동안 종교적 훈련을 받은 사람은 결혼생활에서 성공할 가능성이 높다.

ⓔ 부모됨
  ⓐ 첫 자녀의 출생과 생활의 변화 : 부모됨과 더불어 오는 인생의 변화는 급격하고도 큰 것이어서 가끔 결혼관계에서 발달하기 시작하는 친밀감에 위협을 주어 위기로 간주되기도 한다. 부모됨은 남편보다 아내의 생활에 훨씬 더 큰 영향을 준다.
  ⓑ 하나의 발달 단계로서의 부모됨 : 자녀는 기본적인 양육욕구를 충족시킨다. 부모됨은 개인의 성장 발달을 돕는 생활경험 중에서도 특히 의미 있는 성장의 기회이다.
  ⓒ 자녀와 결혼관계 : 자녀는 결혼관계를 안정시키는 기능을 할 뿐 아니라 결혼생활은 곧 부모로서의 생활이라 해도 과언이 아니다. 자녀의 유무나 수는 결혼만족과 관계가 있기보다는 결혼안정과 더욱 관련된다.
  ⓓ 부모됨에 대한 준비와 적응 : 부모됨에 대한 준비성으로서, 부모가 되고자 하는 강한 욕구를 가지고 있어야 한다. 부모됨에 대한 교육으로서, 부모로서의 새로운 역할 등에 대해 준비하고 있어야 한다. 부모간 역할의 재규정으로서, 아버지와 어머니의 적극적인 자녀양육 및 가사 협조가 요구된다.

⑥ 성인 전기의 발달과업(Havighust)
  ㉠ 배우자 선택
  ㉡ 결혼 후 배우자와 동거생활 익히기
  ㉢ 자녀 양육
  ㉣ 직업에의 적응
  ㉤ 시민적 책임 수행
  ㉥ 마음에 드는 사회집단의 모색

(2) 성인 중기(Middle Adulthood, 중년기, 40~65세)

① 신체적 변화
  ㉠ **신체적 노화** : 노화의 표시는 신체의 외부, 주로 머리카락과 피부에 나타난다. 신체적 힘과 지구력도 어느 정도 감소하여 젊음의 특징인 활력을 잃어 간다.
    ⓐ 머리카락은 잘 자라지 않고 가늘어지며, 40대에는 머리선이 이마 뒤로 후퇴한다.
    ⓑ 피부는 탄력성이 줄어들고 늘어지며, 주름이 눈 가장자리와 입 주변, 앞이마에 나타난다.

ⓛ **감각의 변화**
  ⓐ 시각 : 40세 이후 원시 경향이 나타나고 빛으로부터의 회복과 암순응이 더 오래 걸리며, 밤중 운전이 어렵게 된다.
  ⓑ 청각 : 낮게 울리는 소리를 듣는 능력은 성인기 동안 일정하게 유지되지만, 남성은 특히 고음조의 소리에 청각적 예민성을 상실한다.
  ⓒ 미각 : 성인 중기까지 비교적 일정하게 유지되지만, 점차 미각의 식역이 다소 높아지거나 미각적 예민성이 다소 감소한다.

② **생리적 변화**
  ⓛ **여성의 갱년기**
    ⓐ 갱년기 장애 : 생리가 있던 상태에서 생리가 없는 상태로의 전환 시점에 변화에 적응해 가는 과정에서 느끼게 되는 심리적, 신체적 증상이다.
    ⓑ 폐경을 우울한 경험으로 간주하는 여성들이 많은 반면 드디어 월경이 끝났다는 안도감을 느끼는 여성들도 의외로 많이 있다. 따라서 사회가 나이 든 여성에 대해 대체로 부정적인 견해를 갖지 않는다면 폐경은 여성들의 성격 및 인생에 그다지 큰 영향을 주지 않을 것이다.
      📝 폐경(menopause) : 월경의 종료를 의미하며 모든 여성에게 일어나는 생리적 변화로서 많은 심리적 영향을 갖는다.
  ⓒ **남성의 갱년기** : 남성에게도 여성의 폐경과 유사한 것이 존재하며 과민, 안절부절, 우울, 피로, 불안 등 잦은 기분 변동이 나타난다. 남성들의 생식능력은 여전히 유지되지만 40~50세에 남성호르몬인 테스토스테론은 현저히 감소하며 이는 정액과 정자의 감소, 절정감의 강도 약화, 정력의 상실 등을 가져온다.
  ⓔ **건강과 질병** : 점차로 노화하는 신체적 자아에 대해 인지하기 시작하며, 사람은 처음으로 자신이 죽는다는 사실에 직면하게 된다. 일단 죽음을 생각하게 되면 자신의 건강을 염려하고 이에 대해 관심을 가지기 시작한다.

③ **지적 변화**
  ⓛ **성인 중기 동안의 지능 변화** : 일반적으로 나이가 들어감에 따라 지능점수가 체계적으로 감소하는 경향이 있다. 그러나 높은 교육을 받고 직업에 학업기술을 사용하는 사람들의 경우에는 성인 중기의 기간에도 지능이 향상되었다.

ⓛ **지능의 차원에 따른 변화** 🖱빈출

획득된 지식과 선천적 능력	• 획득된 지식은 어휘력 및 일반적인 정보(상식)에 관한 검사와 추리력에 관한 검사들과 관련되어 있으며, 인생에서 매우 늦게까지 유지되거나 증가된다. • 선천적 능력은 연령에 따라 저하되며 덜 효율적이 된다.
수행속도	• 일반적으로 연령에 따라 수행속도, 즉 반응시간은 늦어진다. • 중년들이 문제파악과 해결에 있어 더 느린 이유는 지적 능력이 열등하기 때문이 아닌 불안, 신중함, 숙고와 같은 변수들 때문일지도 모른다고 보는 입장도 있다.
유동성 지능과 결정성 지능	• 유동성 지능은 문제해결을 위한 정보의 조직과 재조직에 기초를 둔 정신적 기능으로 선천적 능력에 해당한다. • 결정성 지능은 공식교육이나 일반적 생활경험에 크게 영향을 받는 학습된 정신능력을 반영한다. • 결정성 지능은 연령과 함께 증가하고, 유동성 지능은 감소한다.

> **바로 Check**
>
> **지능에 관한 설명으로 옳지 않은 것은?**
> ① 유동성 지능은 결정성 지능보다 중추신경계의 기능에 더 의존한다.
> ② 유동성 지능에는 공간지각능력이 포함된다.
> ③ 결정성 지능에는 언어이해력이 포함된다.
> ④ 유동성 지능은 생활 경험과 교육을 통해 축적된 지식이다.
> ⑤ 결정성 지능과 유동성 지능이 절정에 달하는 시기는 각기 다르다.
>
> 해설 유동성 지능은 선천적으로 타고난 능력인 반면, 결정성 지능은 환경과 경험으로 결정되는 후천적으로 획득한 능력이다.
>
> ☑ 정답 ④

ⓒ **지능 변화와 환경**
 ⓐ 질병 : 연령 증가와 함께 저하된 혈액순환은 뇌세포로 가는 산소 공급과 영양의 일시적 결핍을 가져와 결국 뇌조직을 파괴시킴으로써 질병을 일으킨다.
 ⓑ 사회적 환경 : 개인이 사회적 활동에 참여하는 정도는 지능검사 점수의 증가 또는 감소와 관계가 있다. 즉, 사회 활동에 계속 종사하는 성인은 지적 능력에 변화가 없거나 오히려 증대되는 경향이 있다.

④ 성인 중기 성격 발달의 이론들
  ㉠ 융(Jung)의 이론
    ⓐ 융은 약 40세에 시작되는 제3단계인 성인 중기를 인생의 전반에서 후반으로 바뀌는 전환점으로 보고 매우 중요시했다.
    ⓑ 융은 인생의 전반기를 자기 확산기로 보고, 후반기는 자기 수렴기로 구분 짓는다. 자기 확산기에는 무의식 세계에서 의식 세계로의 적극적인 활동이 특징이라고 한다면, 자기 수렴기에는 종교적, 철학적, 직관적인 정신세계에 몰두해야만 인생 전체가 균형과 통합을 이루며, 결국 자아실현이라는 최종 목표에 이른다고 보았다.
  ㉡ 에릭슨(Erikson)의 이론 : 에릭슨은 성인 중기는 '생산성 대 자기침체/침체감'의 단계라고 설명한다. 성인 중기에 생산성과 침체감의 성공적인 해결은 개인이 비관주의를 넘어 낙관주의로 향해 나아가며, 불평보다는 문제해결을 선호하는 것을 의미한다.
  ㉢ 레빈슨(Levinson)의 이론 : 성인 중기는 지혜, 사리 분별, 도량, 감상적이 아닌 동정심, 포용력 있는 견해 등이 발달할 수 있는 시기이다. 이때를 정치, 외교, 철학, 조직체의 지도력, 인류에 봉사하는 직업들에서 가장 효율적인 공헌을 하는 시기라고 하였다.
  ㉣ 매슬로우(Maslow)의 이론 : 성인 중기는 자아성숙을 위해 에너지를 투여할 수 있는 시기이다. 모든 사람이 자아실현에 이르지는 않으며 자아실현의 준거도 다양할 수 있다.
⑤ 가족생활
  ㉠ 부모 역할 : 부모가 중년이 되는 시기(성인 중기)에 자녀들은 청소년이 된다.
    📝 부모들과 10대들이 직면하는 발달과업
      • 부모와 자녀가 효율적으로 의사소통을 하는 것이다.
      • 부모는 청소년들이 그들의 정체감을 찾도록 지원해야 한다.
      • 자녀의 학교교육과 진로 선택의 문제에 대처해야 한다.
  ㉡ 노부모와의 관계 : 성인 중기는 자녀의 부모인 동시에 그들 자신 부모의 자녀이다. 나이 든 세대와 젊은 세대 양쪽의 동시적 욕구를 충족시켜야 하는 위치에 있어 중년을 샌드위치 세대(sandwich generation)라고 한다. 그들의 부모는 청소년 자녀들과 마찬가지로 돌봄을 필요로 한다.

OX 퀴즈

01 에릭슨은 성인 중기에 생산성을 확립할 방법을 찾지 못한 성인들은 침체감을 경험한다고 본다. [ ]
[정답] ○

02 레빈슨은 인생주기 중 모두 5번에 걸친 전환기(과도기)를 제안한다. [ ]
[정답] ○

나의 필기노트

ⓒ 탈부모기의 위기와 적응
  ⓐ 중년 초기의 가족은 한두 명의 청소년 자녀를 가진 가족이지만, 머지않아 자녀가 곧 진학이나 취업, 결혼을 통해 차츰 집을 떠나가고, 중년 후기의 가족은 부부만이 남는 탈부모(post parent)의 가족이 되기 쉽다.
  ⓑ 자녀에게 자신을 전적으로 몰입시킨 부모들은 이 '빈둥지 단계'에 이를 때 이제 무엇을 위해 살아가야 할지를 모르고 방황하게 된다. 탈부모기를 잘 넘긴 부모들은 자녀들에게 의존성을 조장하지 않고 자율과 독립성을 격려해 온 사람들이다.
ⓔ **성인 중기의 결혼 만족** : 대체로 결혼 만족도는 결혼 초기에 가장 높다가 이후 계속 감소하며, 결혼 후기에 다시 상승하는 경향이 있다. 결혼 만족도가 가장 낮을 때는 자녀가 집을 떠나기 직전으로 자녀가 집을 떠나는 것과 더불어 남편과 아내는 오랜 시간 동안 그들이 따로따로 다른 일에 몰두해 왔음을 깨닫게 된다.

⑥ 성인 중기의 발달과업(Havighust)
  ㉠ 성인으로서의 시민적, 사회적 책임 수행
  ㉡ 생활의 경제적 표준 설정 및 유지
  ㉢ 성인에 필요한 여가 활동
  ㉣ 배우자와 인격적인 관계 맺기
  ㉤ 성인 중기의 생리적 변화를 인정하고 이에 적응하기
  ㉥ **성인 중기의 특징** : 인정 중독증, 완벽 중독증, 일 중독증, 사랑 확인 중독증 등에 대해 이해하기

바로 Check

성인 중기의 발달특징에 관한 설명으로 옳은 것은 몇 개인가?

- 폐경으로 인해 골밀도 감소가 가속화된다.
- 현실에서의 실용적인 문제해결능력이 증가한다.
- 결정성 지능은 유동성 지능에 비해 더 빨리 감퇴한다.
- 연령이 증가함에 따라 자극에 대한 반응속도가 느려진다.
- 청각 기능이 약화되고 저음보다 고음에 대한 감퇴가 먼저 발생한다.

① 1개 ② 2개 ③ 3개
④ 4개 ⑤ 5개

해설 유동성 지능은 청년기까지는 증가하지만 생리적 발달이 쇠퇴하는 성인기 이후에는 쇠퇴한다. 결정성 지능은 후천적인 능력으로 연령의 증가와 함께 지속적으로 발달한다.

정답 ④

(3) 성인 후기(Late Adulthood, 노년기, 65세 이상)

① **신체 변화** : 체력이 쇠퇴하기 시작하고 노쇠를 촉진시키는 질병이 나타나기 시작한다. 이 시기의 질병은 체념 상태의 무력감을 가져오고, 죽음에 대한 내적인 투쟁의 일환이다. 이러한 신체 변화는 후기 성인기를 맞은 누구에게나 당연히 일어나는 변화로, 이러한 변화에 어떻게 반응해 가느냐가 중요하다.

② **사회 및 대인관계**
 ㉠ 정년퇴직하고 사회 일선에서 벗어난 시기이며 지금까지 살아온 자신의 생애를 돌아보게 되는 시기이다. 이 시기의 가장 심각한 스트레스는 배우자의 죽음이 주는 상실감이다.
 ㉡ 가족 구성원과의 관계는 의존적이고 피보호적인 기능을 강조하는 반면, 친구는 개방성과 상호성에 의해 특징지어지는 즐거움과 친분을 제공하기 때문에 절친한 친구를 가지는 것은 노년기에 매우 중요하다.
 ㉢ 에릭슨의 '자아통합감 대 자아절망감' 단계에 해당한다.

③ **인지 능력의 변화** : 일반적으로 기억력이 감퇴한다. 반면 행동과 태도에 유연성이 있는 사람은 오히려 실생활의 문제해결 능력이 증가하며, 사회적 맥락의 이해를 요구하는 문제를 더 잘 해결하는 것으로 나타난다.

④ **발테스(P. Baltes)와 발테스(M. Baltes)의 보상과 선택의 최적화(SOC) 이론** : 노인은 노년기의 변화에 적응하기 위해 자신이 '선택'한 우선순위에 따라 활동 범위를 제한하고 제한된 범위의 역할수행을 '최적화'하며 노년기에 발생하는 손실을 '보상'받기 위해 외부의 도움을 활용하게 된다는 것이다. 노년기의 성공적인 삶은 선택, 최적화, 보상의 3가지를 필요로 한다.

선 택 (selection)	성공적인 삶을 위해서 개인은 자신에게 가장 중요한 활동에 집중적인 에너지를 사용할 필요가 있다.
최적화 (optimization)	자신의 삶에 중심이 되는 선택된 일에만 모든 노력을 기울이는 것이 성공적인 삶을 위해 필요하다.
보 상 (compensation)	자신에게 중요하다고 선택한 일들 중 혼자서 수행할 수 없는 일에 대해서 외부적 도움에 의존해야 한다.

⑤ **노년과 심리적 부적응**
 ㉠ **심리적 장애** : 노년의 심리적 장애는 어릴 때부터 노년기까지 계속되어 왔거나 노년에 처음으로 발생하는 심리적, 대인적 요인들과 관련된다. 심리적 장애로는 정신병적 반응, 신경증, 성격장애가 있다.
  ⓐ 정신병적 반응에서는 성격의 분열이 확대되고 정확한 현실평가를 하지 못하며, 심한 기분변동, 기억의 왜곡, 언어와 지각의 결함 등이 나타난다.

ⓑ 신경증의 경우 상당한 불안을 경험하는 것으로서 현실을 왜곡하거나 심한 성격분열을 보이지는 않는다.

ⓒ 성격장애(또는 행동장애)는 신경증과는 달리 내적 불안이 없으며 신경증적, 신체적 증상들 대신 혼란되고 부적응적인 행동유형이나 환경과의 상호작용이 두드러진다.

ⓛ **기질적 대뇌증후군**

ⓐ 치매(dementia) : 'Dement'라는 라틴어에서 유래된 것으로 '정상적인 마음과 거리가 멀어진 것', '정신이 없어진 것'이라는 의미를 지니고 있다. 치매는 나이가 들어감에 따라 정상적으로 발달한 뇌가 후천적인 외상이나 질병 등 외부적인 요인에 의해 손상되거나 파괴되어 언어·학습·지능 등에 대한 전반적인 인지 기능과 고등정신 기능이 비정상적으로 감퇴하는 복합적인 임상증후군을 포괄적으로 이르는 것을 말한다. 즉, 이전까지 얻은 지적인 기능들이 급격하게 떨어지는 상태를 일컫는 것이다.

ⓑ 픽(Pick)의 질환 : 알츠하이머 질환과 거의 같은 시기에 발생하며 남자보다 여자에게 더 많이 발생한다. 방향감각의 상실, 판단의 손상, 쉽게 피로함, 신체적·지적 기능의 손상을 보인다. 진전은 알츠하이머보다는 느리지만 예후는 더 좋지 못하다. 발생 후 5년 이내에 대부분 사망한다.

ⓒ 노인성 대뇌장애(senile brain disorders) : 은퇴기 동안 현저한 정신적, 신체적 쇠퇴가 특징이다. 환자의 대뇌는 조직의 위축으로 크기가 작아지며 전반적인 혼동, 망각, 동기저하, 집중 불가능, 분열되는 사고, 조리 없는 의사소통, 느린 심리 운동 기능 등이 특징적인 증상이다.

ⓓ 대뇌피질 동맥경화(cerebral arteriosclerosis) : 피질혈관의 확장이 혈류와 뇌조직 간의 필수적 물질의 교환을 방해하는 것이다. 대개 60세 이상의 사람에게 오며 일차적으로 동맥이 막혀 뇌로 가는 산소와 영양소의 결핍을 초래한다.

OX 퀴즈

알츠하이머병은 뇌혈관의 폐쇄로 발병하는 치매이다. [ ]

[정답] ×

[해설] 알츠하이머병은 퇴행성 뇌질환으로 뇌가 서서히 쇠퇴하여 기억, 일상생활 능력 및 행동에 있어 문제를 일으키게 된다.

> **Plus Study** 치매의 종류 빈출
>
> 1. **알츠하이머(Alzheimer) 질환** : 1907년 알로이스 알츠하이머(Alois Alzheimer)에 의해 처음 기술되었다. 40대 말 또는 50대 초반에 발병하며, 개인적 변이가 있지만 보편적 증상은 대뇌의 퇴화, 정서적 혼란, 기분변동, 의사소통의 손상이다. 알려진 치료법이 없고 발견 후 평균 5년 내에 사망한다. 치매의 50%를 차지할 정도로 가장 흔하고 원인적 치료가 불가능한 질환으로 기억, 사고 및 행동에 장애를 초래하는 뇌의 진행성, 퇴행성 병변이다. 지금까지 가능성이 높다고 알려진 대표적 위험요인으로는 연령과 성별, 교육 수준, 가족력, 출생 시 부모 연령, 두부외상, 흡연, 다운 증후군의 가족력, 우울증의 과거력 등을 들 수 있다.
> 2. **혈관성 치매** : 혈관성 치매는 두 번째로 흔한 원인이며 전체 치매 환자의 약 20%이다. 그 외에 약 15%에서는 혈관성 치매와 알츠하이머형이 같이 있는 혼합형 치매 환자이다. 혈관성 치매의 유형으로는 다발경색성 치매, 빈스반거병, 대뇌 아밀로이드 혈관증, 다발성 대뇌 색전증, 심장성 치매 등이 있다. 다발경색성 치매는 시작이 급성이고 경과는 계단식으로 악화되는 것이 특징이다.
> 3. **외상 후 치매** : 외상과 관련되어 나타난 치매의 가역적인 원인으로 경막하 혈종이 있고, 비가역적인 치매로 직업적인 권투선수에게 발생하고 반복적인 두부외상이 축적되어 나타나는 권투선수 치매가 있다. 일반적으로 두부외상 후의 치매는 경미한 상태로부터 극심한 상태인 지속적 식물상태에 이르기까지 그 정도는 천차만별이다. 지속적 식물상태는 의식은 있으나 모든 정신 기능을 상실한 상태로서 보통 1년 내에 사망한다. 이처럼 심한 상태가 아니면 수개월 혹은 수년에 걸쳐서 매우 서서히 호전되어 간다. 심할 경우 정신 기능의 둔화, 반응의 둔화, 기억장애 및 감정의 둔화 등의 특징적인 증상이 영구히 남을 수 있다.
> 4. **알코올성 치매** : 알코올중독으로 입원한 환자의 3% 정도에서 나타나며, 인지장애가 의심되어 검사 받는 환자의 약 7% 정도가 알코올성 치매로 추정된다는 보고도 있다. 알코올중독이 많은 우리나라에서는 심각한 문제로 부각되고 있다.
> 5. **가성치매** : 원인 질병으로는 여러 가지가 있지만 가장 흔한 것은 우울증이다. 가성치매는 정신의학적 치료로서 완전히 병이 발병하기 이전 수준으로 기능을 회복할 수 있으므로 치매로 오진하는 실수가 없어야 한다.

ⓥ 노년기 은퇴 이후의 적응 문제

㉠ **사회적 유리설**(social disengagement theory) : 은퇴 후의 노년기에는 적극적인 활동보다는 은둔생활이 적합하다고 주장한다. 은퇴를 수용·예견하며 점진적인 준비가 필요하다고 인식한다. 사회적인 활동과 유리되는 생활을 영위하는 것이 인생을 만족시킬 수 있으며, 이것이 바로 성공적인 노화의 과정이라고 인식한다.

㉡ **사회적 활동설**(social activity theory) : 은퇴란 청년 중심 사회의 강요된 산물이며 노년기에도 지속적으로 활동능력을 발휘할 수 있어야 한다고 주장한다. 개인은 완전히 사회적 관계를 끊을 때까지 적절한 활동을 계속함으로써 신체적, 정신적 건강 및 생활의 질 등을 향상시킬 수 있다고 인식한다.

⑦ 성인 후기의 발달과업(Havighust)

㉠ 체력 감소와 건강에 적응
㉡ 은퇴와 수입 감소에 적응
㉢ 배우자의 사망에 대비
㉣ 동년배와 친밀한 관계 맺기

OX 퀴즈
노년기 은퇴 이후의 사회적 유리설에서는 은퇴를 청년 중심 사회가 강요하는 폐해라고 주장한다. [ ]
[정답] ×
[해설] 사회적 유리설은 은퇴 후에는 적극적인 활동보다 은둔생활이 더욱 적합하다고 주장한다.

⑧ 죽음에 대한 태도(Kübler-Ross)
　㉠ **부정단계** : 자신이 곧 죽는다는 사실을 부인한다.
　㉡ **분노단계** : 자신의 죽음의 이유를 알지 못하여 주위 사람들에게 질투, 분노를 표출한다.
　㉢ **타협단계** : 죽음을 받아들이기 시작하며 인생과업을 마칠 때까지 생이 지속되기를 희망한다.
　㉣ **우울단계** : 이미 죽음을 실감하기 시작하며 극심한 우울상태에 빠진다.
　㉤ **수용단계** : 절망적인 단계로 거의 감정이 없는 상태이다.
⑨ 샤이(Schaie)의 성인기 인간 발달 단계 모형
　㉠ **획득단계** : 아동기, 청년기
　㉡ **성취단계** : 성인 전기
　㉢ **책임단계** : 성인 중기
　㉣ **실행단계** : 성인 중기 일부
　㉤ **재통합단계** : 성인 후기

바로 Check

애칠리(R. C. Atchley)의 은퇴 과정을 순서대로 바르게 나열한 것은?

| ㄱ. 준비 | ㄴ. 안정 | ㄷ. 적응 | ㄹ. 환멸 | ㅁ. 밀월 | ㅂ. 종결 |

① ㄱ → ㄴ → ㄷ → ㄹ → ㅁ → ㅂ
② ㄱ → ㄷ → ㅁ → ㄴ → ㄹ → ㅂ
③ ㄱ → ㄹ → ㅁ → ㄷ → ㄴ → ㅂ
④ ㄱ → ㅁ → ㄹ → ㄴ → ㄷ → ㅂ
⑤ ㄱ → ㅁ → ㄹ → ㄷ → ㄴ → ㅂ

해설 애칠리(Atchley, 1976) : 은퇴(퇴직)의 과정
1. 먼 단계 : 퇴직을 아직 멀리 앞둔 시기로 언젠가 퇴직을 하게 되리라는 사실은 알고 있지만, 아직 너무 먼 일이라고 여기기 때문에 구체적인 계획이나 생각을 갖고 있지 않은 단계이다.
2. 준비(근접) 단계 : 퇴직이 가까워지면서 재정계획을 더 구체적으로 세우고, 퇴직으로 인한 구체적인 수입에 대해서도 생각을 하게 되는 단계이다.
3. 밀월 단계 : 막상 퇴직을 하게 되면 직후에는 대부분 직장의 제약과 의무에서 벗어난 홀가분함을 만끽하게 된다.
4. 환멸 단계 : 일부 사람들은 경제적인 어려움이나 무료한 생활과 소외감 등으로 퇴직 생활에 대하여 환멸을 느끼고 심지어는 우울증에 빠질 수도 있다.
5. 적응(재지향) 단계 : 환멸 단계에 빠진 대부분의 사람은 자신이 처한 현실에 대하여 직시하고 현실에 맞추어 재지향하고자 한다.
6. 안정 단계 : 재적응에 성공하면 다시 안정된 생활로 되돌아간다.
7. 종결 단계 : 언젠가는 노화로 인하여 다른 사람의 보살핌에 의존하게 되고 퇴직자의 생활을 종결짓게 된다.

정답 ⑤

Section 03 주요 발달영역별 접근

학습포인트 유전과 태내발달, 신체 및 운동 발달, 인지 발달, 성격 및 사회성 발달, 정서 및 도덕성 발달에 대해 살펴본다. 또한 발달정신병리에 대해 파악한다.

1 유전과 태내발달

(1) 유전

① 정자와 난자의 결합체인 수정체가 형성됨과 동시에 유전자가 전달된다.
② 머리, 피부색, 눈동자, 성 등은 생래적으로 이미 설계된 유전계획에 따라 나타난 결과이다.
③ 인간을 대상으로 한 유전적 연구는 유전적으로 동일한 일란성 쌍생아와 유전적으로 유사한 이란성 쌍생아를 비교 연구한다.

> **Plus Study** 유전적 영향을 많이 받는 것으로 알려진 특징들
>
> | 신체적 측면 | 지적 측면 | 정서적 측면 |
> | --- | --- | --- |
> | • 신장　• 체중
• 목소리　• 체력
• 사망 연령　• 운동신경 | • 기억력　• 지능
• 정신지체　• 읽기장애
• 언어 획득 시기 | • 내향성, 외향성　• 정서적 안정성
• 신경증　• 정신분열증
• 알코올 중독　• 불면증 |

(2) 태내발달

태내기(The Period of Fetus, 수태~출생)는 어머니의 자궁 내에서 태아의 신체 조직이 구성되고 발달하는 시기로, 약 266일에 해당한다.

① **착상기(implantation)** : 수정란이 세포분열을 시작하면서 점차 자궁 쪽으로 이동하며, 수정 후 약 일주일에 낭배를 형성하여 자궁내막에 묻히게 되는 시기이다.
② **배종기(germinal period)** : 수정 후부터 약 2주 정도의 시기로서, 수정된 순간부터 수정체가 나팔관을 거쳐 자궁벽에 착상하기까지의 시기이다.

나의 필기노트

OX 퀴즈

운동기술의 발달은 유전이 전적으로 결정한다. [ ]

[정답] ×

[해설] 운동기술의 발달은 유전과 환경 모두의 영향을 받는다.

③ 배아기(embryonic period) : 수정 후 약 2주에서 8주까지를 의미하며, 영양세포에 의한 자궁내막의 파괴와 탐식작용을 통해 영양분을 공급받는 시기이다. 배아의 성장과정은 삼배엽이 각각 분화하여 서로 다른 형태의 세포로 발달함에 따라 독특한 신체 각 기관이 형성된다.
  ㉠ 외배엽 : 표피, 손톱, 발톱, 땀샘, 피지선, 유선, 점액선, 머리털, 뇌, 척수, 뇌척수신경, 눈, 코, 귀
  ㉡ 중배엽 : 골격근, 내장근, 골격, 전피, 혈액, 혈관, 심장, 임파선, 비장, 신장, 수뇨관, 방광, 난소, 정소, 수란관, 수정관, 외부생식기, 부신
  ㉢ 내배엽 : 입, 항문, 식도, 위, 장, 혀, 타액선, 간장, 췌장, 기관, 기관지, 폐, 폐포, 갑상선, 흉선, 편도선

④ 태아기(fetal stage) : 수정 후 3개월부터 출생하기 전까지를 말한다. 신체기관들이 혈관에 의해 연결되고 뇌의 크기도 급격히 증가되는 시기이다.

⑤ 출산(delivery) : 자궁수축과 복압의 힘으로 태아와 태반을 모체의 자궁 밖으로 밀어내는 과정이다. 출산방법은 자연분만, 유도분만, 제왕절개, 수중분만법 등 다양하지만, 태아의 발달 상태 및 임산부의 신체·심리적 상태에 따라 다르게 선택한다.

⑥ 태내 발달에 영향을 미치는 환경적 요인
  ㉠ 산모의 정서 상태 : 임신 중 불안하고 긴장감을 많이 느끼는 산모는 심하게 보채고, 자는 것과 먹는 방식이 좋지 않은 아이를 낳을 가능성이 높다. 이는 태아의 자율신경계가 산모의 정서 상태로 생긴 체내의 화학적 변화에 과민하게 반응하기 때문이다.
  ㉡ 산모의 영양 상태 : 태아는 발달에 필요한 모든 영양분을 산모를 통해 공급받기 때문에 산모의 영양 상태는 태아의 성장에 결정적인 요인이다. 산모의 영양 상태가 좋지 않으면 태아에게 합병증이나 신경적 결함이 나타날 수 있고, 후에 신생아의 몸동작, 감정, 민감성에 부정적인 영향을 준다.
  ㉢ 산모의 질병 : 산모의 질병은 탯줄을 통해 태아에게 감염될 수 있다.
    ⓐ 산모의 풍진은 태아에게 정신지체, 시각장애, 청각장애, 심장질환 등을 유발할 수 있다.
    ⓑ 산모의 당뇨병은 산모가 정상일 때보다 기형아를 가질 확률을 3배 이상 증가시킨다.

㉣ **산모의 약물 사용** : 흡연, 음주, 신경성 의약품은 태아의 건강에 치명적인 영향을 미친다.
　ⓐ 산모의 지나친 음주는 태아 알코올 증후군을 초래한다.
　　◈ 태아 알코올 증후군 : 임신 중인 산모의 지나친 음주로 생기는 신생아의 선천적인 장애이다. 얼굴, 팔다리, 심장과 같은 신체상의 기형뿐만 아니라 주의력 결함이나 정신지체와 같은 정신적 장애를 동반한다.
　ⓑ 임신 초기 산모의 지나친 흡연은 태아에게 공급되는 산소량을 감소시켜 태아의 성장을 방해하거나 태아에게 생리적 변화를 유발하기 때문에 심하면 유산, 사산, 출산합병증의 가능성을 증가시킨다.
㉤ **산모의 연령** : 노산은 자연유산, 임신중독증, 난산, 미숙아 출산의 원인이 될 수 있고, 다운 증후군의 발병 비율을 급격히 증가시킨다. 둘째에 비해 첫째의 경우, 출생 결함이나 기형이 될 비율이 증가한다.
㉥ **환경 공해**

>  바로 Check
>
> **태내 발달에 관한 설명으로 옳지 않은 것은?**
> ① 발아기(germinal period)는 수정에서부터 수정란이 자궁벽에 착상하기까지 약 2주간의 기간이다.
> ② 일반적으로 태아기(fetal period)가 배아기(embryonic period)보다 기형발생물질에 더 취약하다.
> ③ 태아기에는 산모가 태동을 느낄 수 있다.
> ④ 알코올 중독을 가진 산모의 태아는 출생 후 정신지체, 과잉행동 등의 문제를 보일 수 있다.
> ⑤ 임신 후기에 지방증의 발달로 태아의 체중이 급격히 증가한다.
>
> 해설 기형유발물질(teratogen)은 태아의 형태나 기능에 해를 끼치는 약물, 오염물질, 감염원 등을 말하는데, 임신 4~5주에서 10주 사이(최종월경 시작일 기준)인 배아기에 발생하는 것으로 알려져 있다.
>
> ☑ 정답 ②

 나의 필기노트

❓ OX 퀴즈

신체의 주요 구조적 이상은 접합기에 발생한다. [　]

[정답] ✕

해설 접합기는 수정 후 작은 세포 덩어리(접합체)가 나팔관 밖으로 떠내려가 자궁벽에 착상하는 약 2주간의 기간으로 이 시기 임산부의 음주, 흡연 등은 태아에게 크게 영향을 미치지 않는다.

2 신체 및 운동발달

(1) 신체 변화

① 출생 시
  ㉠ **남아** : 평균 체중 3.40kg, 평균 신장 51.4cm
  ㉡ **여아** : 평균 체중 3.24kg, 평균 신장 50.5cm
② 제1차 성장 급등기(0~2세)
  ㉠ 만 1세가 되면 체중이 출생 시의 약 3배로 증가한다.
  ㉡ 2세가 되면 신장은 성인 신장의 약 절반가량 성장한다.
③ 제2차 성장 급등기(사춘기)
  ㉠ 성호르몬의 분비가 많아지면서 급격한 신체 변화가 발생한다.
  ㉡ 신체 변화는 심리적 위기로 경험되어 새로운 적응을 요구한다.

(2) 뇌와 신경계의 변화

① 뇌의 구조와 기능 : 출생 시의 뇌는 성인 뇌의 약 25%밖에 되지 않지만, 1년 사이에 66%, 2년 사이에 75%, 만 6세에 약 90%가 성장한다.
  ㉠ **뇌간**(brainstem) : 호흡, 심장박동과 같은 생존과 관련된 기능을 담당하며, 뇌교와 연수를 포함하고 있다.

뇌교(pons)	척수와 뇌를 이어 주는 가교 역할, 수면과 관련된 화학물질을 생성시킴
연수(medulla)	척수의 상단에 존재하며 생명과 관련된 반사 기능을 조절하는 세포군을 포함하고 있음

  ㉡ **변연계**(limbic system) : 동기행동, 정서행동, 기억 저장에 관여하며, 시상하부, 편도체, 해마로 구성되어 있다.

시상하부 (hypothalamus)	많은 정서 반응에 대한 통제소로 알려진 변연계의 구조로서 체온, 배고픔, 목마름, 피로, 노여움과 같은 기능을 조절
편도체(amygdala)	의식적인 개입 없이 위험을 감지하고 빠른 대처 반응을 유발하는 신경체계로서, 정서의 형성과 기억에 관여
해마(hippocampus)	많은 종류의 기억을 뇌의 여러 영역 속에 영구적으로 저장하는 일에 관여

OX 퀴즈

청소년기에는 뇌의 성장급등과 더불어 뇌의 무게도 급격히 증가한다. [　]

[정답] ✕

[해설] 뇌의 성장급등은 1세까지 빠른 속도로 일어난다.

ⓒ **대뇌 피질**(cerebral cortex) : 뇌의 전체 표면을 망라하는 얇은 세포층이다.
  ⓐ 전두엽(frontal lobe) : 집행자 또는 관리자라고 불리는 영역으로 통합 및 관리 기능에 관여한다. 전두엽이 손상된 환자는 주의집중 문제, 기억 문제, 의사결정 문제, 사건을 계획하고 조직하는 문제 등을 경험한다.
  ⓑ 두정엽(parietal lobe) : 후두엽과 전두엽 사이에 위치한 영역으로 신체기관으로부터 들어오는 감각정보처리, 몸의 위치와 방향, 온각과 통각, 지각된 대상에 주의하기 같은 몇 가지 인지 기능에 관여한다. 두정엽이 손상된 환자는 껌과 동전과 같이 쉽게 구분할 수 있는 대상을 구분하지 못한다.
  ⓒ 측두엽(temporal lobe) : 후두엽의 앞쪽에 위치하며, 주로 청각정보처리에 관여한다. 측두엽의 상단 가장자리에는 일차 청각피질이 위치하며, 귀의 수용기로부터 전기적 신호를 전달받아 모음 및 자음과 같은 의미 없는 음 지각으로 변환시키는 기능을 한다.
  ⓓ 후두엽(occipital lobe) : 뇌의 뒷부분에 위치하며, 인간의 뇌에 존재하는 4개의 엽들 중에서 가장 작은 부분에 해당된다. 색을 보고 대상을 지각하고 인식하는 것을 포함한 시각정보처리에 관여한다. 후두엽의 가장 뒷부분에는 일차 시각피질이 존재하는데, 눈에 있는 수용기로부터 전기신호를 받아 의미 없는 기본적인 시감각으로 변환시키는 기능을 한다.

ⓔ **언어와 뇌**

브로카 영역	• 일반적으로 좌측 전두엽에 있으며, 소리들을 단어로 결합하고 그 단어들을 의미 있는 문장으로 배열한다. 이 영역에 손상을 입은 경우 브로카 실어증(aphasia)이 초래된다. • 브로카 실어증은 말을 유창하게 할 수는 없지만 글이나 구술되는 문장을 이해할 수는 있는 현상을 의미한다.
베르니케 영역	• 일반적으로 좌측 측두엽에 위치하며, 문장을 말하고 말을 이해하는 데 관여한다. • 이 영역이 손상을 입으면 베르니케 실어증이 초래되며, 이러한 증상을 가진 사람은 단어를 이해하지 못할 뿐만 아니라 단어를 의미 있는 문장으로 배열하지 못한다.

② **신경계의 발달**
  ㉠ **시냅스의 증가** : 시냅스는 축색돌기와 수상돌기가 만나는 연결고리로서, 화학물질을 방출하여 정보를 전달하는 역할을 한다. 출생 후 2세까지 시냅스는 급격히 증가하다가 그 후부터 서서히 감소하여 7세경에는 성인의 수준에 도달한다.

OX 퀴즈

전두엽에서 사용되지 않는 시냅스가 계속해서 제거되는 것은 청소년기 신경계 발달의 특징이다. [ ]
[정답] O

ⓛ **수초의 발달** : 수초는 신경의 축색돌기에 생기는 기름띠와 같은 것으로, 빠르고 효율적으로 정보를 전달하는 역할을 한다. 감각 및 운동신경은 2세쯤 되면 성인 수준의 수초화가 이루어지는 반면, 연합 영역의 수초화는 사춘기 이후까지 지속된다.

ⓒ **신경계**

ⓐ 중추신경계(CNS; central nervous system) : 뇌와 척수로 구성되어 있다. 이로 인해 인간은 사고, 대화, 독서, 운전 등과 같은 복잡한 인지 기능을 수행할 수 있다.

ⓑ 말초신경계(PNS; peripheral nervous system) : 인간의 근육을 움직이고, 신체로부터 감각 정보를 받으며, 다른 많은 신체 반응을 수행하게 된다. 하위체계로 체성신경계(somatic nervous system)와 자율신경계(autonomic nervous system)가 있다.

체성신경계	팔, 다리, 등, 목, 가슴 근육과 같은 수의적으로 움직일 수 있는 감각수용기나 근육을 연결하는 신경망으로 구성된다.
자율신경계	• 심장박동, 호흡, 혈압, 소화, 호르몬 분비와 기타 기능을 조절한다. • 교감신경계(sympathetic nervous system) : 위협적이고 도전적인 신체나 심리적 자극에 의해 촉발되며 생리적 각성을 증가시켜 신체가 행위를 하도록 준비시킨다. • 부교감신경계(parasympathetic nervous system) : 신체를 이완시키며 소화에도 관여한다.

바로 Check

두뇌발달에 관한 설명으로 옳은 것은?

① 대뇌 피질의 발달은 아동기에 완성된다.
② 청소년기의 뇌는 가소성(plasticity)이 가장 우수하다.
③ 수초화(myelination)는 정보처리 속도를 향상시키기 위한 시냅스의 가지치기 현상이다.
④ 청소년의 충동적 행동은 전전두엽과 변연계의 상호작용이 원활하지 않기 때문이다.
⑤ 시냅스의 수는 성인기에 가장 크게 증가한다.

해설 청소년기에는 행동과 인지적 조절 역할을 담당하는 전전두엽의 발달이 가장 늦게 일어난다. 이러한 청소년기의 불균형적 대뇌 발달은 이 시기에 뇌가 보상에 민감해져 흥분과 쾌락을 추구하게 되고, 그 결과 그들의 행동이 충동적이고 위험해 보일 수밖에 없는 이유를 잘 설명해준다.

정답 ④

3 인지발달

(1) 피아제(Piaget)의 인지 발달 이론

① 개요
  ㉠ 구조주의 인식론에 기초하고 있다.
  ㉡ 아동은 능동적으로 자기 자신을 구성할 수 있다고 본다.
  ㉢ 인간의 지식과 지능은 개인과 환경 간의 상호작용에 의해서 그 개인 내부에서 점차적으로 구성된다고 본다.
  ㉣ 언어 발달은 인지 발달에 의존한다.

② 인지 발달의 기초
  ㉠ **인지 발달 과정** : 환경에의 적응 과정이다.
  ㉡ **인지(cognition)** : 아동들이 환경에 적응하기 위하여 지식을 체계화시켜 나갈 때, 이러한 지식의 변화 과정이다. 좁은 의미로 단순히 사고 과정만을 의미하기도 하며, 넓은 의미로 지각, 사고, 심상, 기억 및 언어에 의한 정보처리 전 과정을 포함한다.
  ㉢ **인지 발달의 핵심 개념** : 도식(schema, 스키마, 쉐마)
    ⓐ 특정한 환경에 적응하도록 잘 체제화된 행동이다.
    ⓑ 지식을 표상하는 마음의 구조로서 이해의 틀이다.
    ⓒ 생래적으로 가지고 태어나는 것이 아니라 환경과의 접촉에서 반복되는 행동과 경험에 의해 형성되는 것이다.
    ⓓ 이러한 도식을 갖춤으로써 세상을 자신의 수준으로 알 수 있게 된다.
  ㉣ **인지 구조** : 특정한 환경에 적응할 수 있는 능력으로서, 환경에 적응하기 위하여 동화와 조절 과정을 반복한다.

동 화 (assimilation)	• 기존의 스키마로 주어진 환경에 적응하는 과정 • 아동이 새로운 상황을 다루기 위해 오래된 방법·경험을 사용하는 과정 • 연령과 지식에 따라 아이는 여러 방식으로 동화를 경험 • 자신이 이미 가지고 있는 도식 또는 인지 구조 속에 외계의 대상을 받아들이는 인지 과정 예 물건을 잡는 도식을 가지고 있는 아이가 손에 닿는 것은 무엇이든 잡는 과정

단답형 문제

피아제(Piaget)의 개념 중 아동이 이전에 갖고 있던 도식에 근거하여 새로운 경험을 해석하는 과정을 무엇이라고 하는가?

[정답] 동화(assimilation)

조절 (accommodation)	• 기존의 스키마로 환경에 적응할 수 없을 때 새로운 스키마를 형성하는 과정 • 유아가 새로운 상황을 다루거나 그에 적응하기 위해 오래된 방법을 변화시키는 과정 • 새로운 정보 때문에 기존의 지식을 변화시키는 과정 • 자신이 가진 기존의 도식이나 구조가 새로운 대상을 동화하는 데 적합하지 않을 때 새로운 대상에 맞게 이미 있는 도식이나 구조를 바꾸어 가는 인지 과정 예 자신이 잡기에 너무 큰 물체가 주어지면, 그 물체를 잡기 위해 자신의 잡는 방식을 바꾸는 과정
평형화 (equilibrium)	• 인지 구조와 사회 환경 간의 균형을 추구하는 원리 • 동화와 조절을 통한 자기조절 능력 • 동화와 조절 간의 균형을 맞추어 인지를 발달시키는 것 • 인지 발달의 핵심요인
불균형 (inequity)	• 기존의 도식에 새로운 정보나 자극이 더 이상 동화되지 않아 인지적으로 불균형을 이루거나 불편한 상태 • 인지 도식의 수정, 즉 조절이 필요한 상태

③ 피아제의 인지 발달에 대한 가정
  ㉠ 인지 발달은 질적으로 다른 단계들로 진행된다.
  ㉡ 전 단계를 성공적으로 거치지 않으면 다음 단계로의 진입이 불가능하다.
  ㉢ 교육에 의해 다음 단계로의 이행이 촉진될 수 없다.

④ 인지 발달 과정
  ㉠ 감각운동기(sensorimotor stage, 0~2세)
    ⓐ 감각 경험을 운동 행위와 관련시켜 환경과 상호작용하고 환경을 학습하는 시기이다.
    ⓑ 단순 반사에서 차츰 그 행동이 정교화되면서 복잡한 행동으로 발달한다.
    ⓒ 대상영속성(object permanence)의 발달 : 아이들은 경계해야 할 대상과 믿고 의지해도 되는 대상을 구별하기 시작한다. 낯가림과 까꿍 놀이는 아이들이 어떤 대상에 대한 정신적 표상을 형성하였다는 또 다른 증거이다.
      ✎ 대상영속성 : 어떤 물체가 눈에 보이지 않아도 존재한다는 것을 아는 것이다. 대상이나 사물이 더 이상 들리거나 만져지거나 보이지 않더라도 계속 존재한다는 사실을 이해하는 것이다.
    ⓓ 정신적(심리적) 표상의 발달 : 모방
      ✎ 모방이란 어른의 행동을 보고 따라 하는 것으로, 모방은 어떤 대상에 대한 정신적 표상이 어떻게 발달해 가는지를 보여 주는 증거이다. 지연모방은 어떤 사상에 대한 기억, 즉 정신적 표상이 형성되어 있음을 보여 준다.

ⓛ **전조작기**(preoperational stage, 2~7세) : 단어나 정신적 이미지와 같은 상징을 사용하여 간단한 문제를 해결하고, 존재하지 않는 사물에 대해 생각하거나 말할 수 있는 시기

> **Plus Study 목적론과 인공론**
> - 목적론 : 우연히 존재하게 된 현상의 원인을 찾아내려는 인과적 사고를 말한다.
> - 인공론 : 모든 존재하는 현상이 사람에 의해 만들어졌다고 믿는 인과적 사고를 말한다.

ⓐ 사회적 사고

자기중심성	• 자기중심성이란 타인의 생각, 감정, 지각, 관점 등이 자신과 동일한 것으로 가정하는 전조작기 사고의 특징을 의미한다. 피아제의 연구 중에서 전조작기 자기중심적 사고를 가장 명료하게 찾아볼 수 있는 것은 이 시기 아동의 시각적 조망과 언어에서이다. • 자기중심적 시각 조망 : 아동의 시각 조망(visual-perspective)의 자기중심성은 유명한 피아제의 세 산 모형실험에서 가장 잘 드러난다. • 자기중심적 언어(egocentric speech) : 듣는 사람이 자신이 하는 말을 이해할 수 있는가의 여부를 고려하지 않은 채 자신의 생각만을 전달하는 전조작기 특유의 의사소통 양상을 뜻하며, 조망수용능력의 결핍으로 인해 나타나는 의사소통 능력의 한계이다. 피아제는 자기중심성으로 인해 의미 전달이 어려운 유아기 특유의 대화 형태를 집단적 독백이라 부르고 있으며 그가 분석한 자료에 의하면 7세부터 자기중심적 언어가 급격히 감소하여 사회화된 언어를 사용할 수 있게 된다.
물활론적 사고 (animism)	모든 사물이 인간처럼 생명과 의지를 가지고 있다고 생각하는 것이다.
타율적 수준의 도덕률	도덕에 대한 내재적 원칙을 가지고 있지 않으며, 행위자의 의도와 동기를 결과와 구별하지 못하고 나타난 결과에 입각해 잘잘못을 판단하는 시기이다.

> **Plus Study** 피아제(Piaget)의 세 산 모형실험
>
> 이 실험은 피아제의 전조작기(3~6세) 아동이 나타내는 '자기중심성'을 보여 주는 실험이다. 세 개의 산 모양을 한 모형을 중심에 놓고 좌석 한 곳에 아동을 앉게 하고 다른 한쪽의 좌석에는 인형을 앉힌다. 그런 후에 여러 개의 사진을 아동에게 보여 주고 이 중 자신이 본 사진과 인형이 본 사진을 고르라고 한다. 이때 6세 이전의 아동은 자신이 본 사진은 제대로 고르나 인형이 본 사진을 고르라고 할 때는 자신이 본 사진을 선택한다. 이는 자신의 자리가 아닌 다른 자리에서는 산의 조망도 변하리라는 것을 인식하지 못하기 때문이다.
> 아동의 연령이 증가할수록 위치에 따라 산의 모습이 달라진다는 것을 깨닫게 되는데 이를 피아제는 '탈중심화'라고 지칭한다. 이렇게 타인의 시각으로 보이는 모습을 정확히 추론해 내는 능력은 7~8세 이후에나 획득된다.

ⓑ 표상적 사고 : 상징적 활동이 증가하여 엄마, 아빠 역할놀이인 소꿉놀이가 시작된다. 의도적으로 자신이 알고 있는 바와 욕망을 나타내는 그림을 그리기 시작하는 시기이다. 꿈에 대한 보고를 시작하는 시기로서, 처음에는 꿈과 현실을 혼동하다가 점차 구분하기 시작한다. 언어가 중요한 상징적 기능의 하나가 되기 시작하는 시기이다.

ⓒ 과학적 사고 : 보존 개념의 획득에 실패한다. 비가역적 사고를 한다.

> ✎ 보존 개념 : 물체의 배열이나 외형이 변해도 물체의 양이나 수가 변화하지 않는다는 것으로 이 시기의 아이들은 물체의 외형이 변하면 수나 양도 변한다고 생각한다. 아동이 보존 개념을 이해하지 못하는 이유는 가역성이라는 논리적 조작을 획득하지 못했기 때문이다.

ⓒ **구체적 조작기**(concrete operational stage, 7~11세) : 구체적인 상황에서 물리적으로 존재하는 대상에 대해 논리적인 정신적 사고가 가능하게 되는 시기이다. 구체적 상황에서만 논리적인 사고가 가능하기 때문에 물리적으로 존재하지 않는 대상이나 상상적인 상황 간의 관계성을 이해하는 데 어려움이 있다.

ⓐ 자율적인 도덕 판단이 형성된다.
ⓑ 생명체와 무생물의 차이를 알고, 무생물은 생명도 의지도 없다는 것을 이해한다.
ⓒ 보존 개념을 이해한다.
ⓓ 가역적 사고가 가능해진다.
ⓔ 자기중심성에서 탈피하기 시작한다.

ⓔ **형식적 조작기**(formal operational stage, 11~15세) : 추상적인 상황과 문제에서조차 논리적인 사고가 가능한 시기
ⓐ 상징적인 정신 조작이 가능하다. ― 개념적 사고의 등장

OX 퀴즈
구체적 조작기의 아동은 가설-연역적 추론 능력이 있다.
[　]
[정답] ✕
[해설] 가설-연역적 추론 능력은 형식적 조작기의 특징이다.

ⓑ 사물을 객관적으로 바라보는 시각이 형성된다.
ⓒ 내 입장과 타인의 입장을 고려하고 자신의 이익과 손해가 타자의 손해와 이익과 서로 맞물려 있다는 사실을 인식한다.
ⓓ 여러 가지의 가능성을 동시에 고려할 수 있는 조합적 사고와 가설을 설정하고 이를 전제로 하여 추론하는 가설적 사고가 가능하다.

⑤ 평가 : 피아제에 의하면 발달은 단계가 있으며 발달 과정에서 이 단계는 엄격하게 지켜진다. 피아제의 발달은 인지에 입각해 있다. 피아제는 상당수의 인지적 능력이 경험에 입각하여 형성하는 것으로 보고 있다.

출제포인트 　　　　　　　　　　　　　　　　**피아제(Piaget)의 인지 발달 단계**

단계	연령	발달 특징
감각 운동기	0~2세	• 행동에 의한 사고 가능 • 신체적 반응에 대한 조정의 개선 • 대상으로부터 자아를 분화 • 자신에 대한 의식의 발달 • 목적 성취에 대한 의식의 발달 • 대상영속성의 개념 발달 • 자아를 행위의 주체로 인식하고 의도적으로 행동하기 시작
전조작기	2~7세	• 전도추리 • 정적 표상 형성 • 심상의 우월성 • 물활론적 사고 • 사회적 관심과 사회적 참여 • 언어의 급속한 증가 • 논리적 사고의 불가능 • 비가역성(보존 개념을 이해하지 못함) • 지각이 사고의 우위에 있는 직관적 사고 • 언어 사용을 학습하고 대상을 이미지와 말로 표상 • 조망수용능력의 부족으로 인한 자기중심적 사고(자기중심성)
구체적 조작기	7~11세	• 조망수용 • 비율추리 불가 • 유목 포함 문제해결 능력 • 사물과 사건에 대해 논리적 사고 가능(논리적 문제해결) • 수, 양, 무게에 대한 보존성의 개념과 가역적 사고 가능
형식적 조작기	11~15세	• 논리적 통합 • 가설 연역적 사고 가능 • 비율추리 가능 • 추론 능력 • 사물의 인과관계 터득 • 추리력, 응용력 가능 • 문제해결에 필요한 조합적 사고 가능 • 언어적 명제에 의해 추론하는 명제적 사고 가능 • 가상적인 것, 미래, 이념적인 문제에 관심

> **바로 Check**
>
> 피아제(J. Piaget)가 제시한 구체적 조작기 사고의 주요 특징으로 옳지 않은 것은?
> ① 상위유목과 하위유목 간의 관계를 이해한다.
> ② 타인의 입장, 감정, 인지 등을 추론하고 이해한다.
> ③ 미래의 가능성에 대해 이상적으로 공상한다.
> ④ 문제해결 과정에서 직관보다는 논리적 조작이나 규칙을 적용한다.
> ⑤ 두 가지 이상의 속성에 따라 대상을 비교해서 순서대로 배열이 가능하다.
>
> 해설 이상적, 추상적 사고가 가능한 시기는 '형식적 조작기'이다.
>
> ☑ 정답 ③

(2) 비고츠키(Vygotsky)의 사회문화적 인지 이론 빈출

① 아동의 사고가 좀 더 능력 있는 사람들과의 대화를 통해 발달한다고 가정한다.
② 아동의 인지 발달은 사회적 상호작용만으로 이루어지는 것이 아니라, 그 아동이 속한 사회문화적 맥락과도 밀접한 관련성이 있다.
③ 유아가 타고나는 주의집중, 감각 및 기억과 같은 몇 가지 기초적인 정신 기능은 문화에 의해 고도의 정신 기능이라는 새롭고 복잡한 정신 과정으로 변형된다.
④ 아동의 인지적 기술 대부분은 부모, 교사 및 유능한 협력자와의 상호작용을 통해 형성된다.
⑤ 발달이란 그 문화권에서 좀 더 성숙한 사람과 협동하면서 일어나는 도제 과정이다.
⑥ 주요 개념
　㉠ **발달 영역** : 아이가 외부의 도움 없이 혼자서 문제를 해결할 수 있는 영역이다.
　㉡ **미발달 영역** : 외부의 도움을 받더라도 문제를 해결할 수 없는 영역이다.
　㉢ 발달은 미발달 영역이 근접 발달 영역(ZPD; Zone of Proximal Development)이 되고, 최종적으로 발달 영역이 되는 과정을 통해 이루어진다.

 OX 퀴즈
비고츠키는 학습을 준비가 될 때까지 기다릴 필요가 없는 능동적 과정으로 보았다. [ ]
[정답] ○

> **바로 Check**
>
> 비고츠키(L. Vygotsky)의 인지발달이론에 관한 설명으로 옳지 않은 것은?
> ① 근접발달영역이란 혼자서 성취하기는 어렵지만 유능한 타인의 도움으로 성취 가능한 것의 범위이다.
> ② 인지발달을 촉진하는 방법에는 발판화(scaffolding)와 수평적 격차가 있다.
> ③ 아동의 혼잣말은 문제해결능력을 조절하는 인지적 자기 안내 체계이다.
> ④ 지식은 사회적 상호작용을 통해 내면화된다.
> ⑤ 인지발달에 미치는 사회문화적 영향을 강조한다.
>
> **해설** 수평적 격차는 피아제의 개념으로서, 동일한 개념이 과제의 형태에 따라 습득되는 시기가 달라지는 것을 의미한다.
>
> ☑ 정답 ②

4 성격 및 사회성 발달

(1) 성격 발달

① 프로이트의 심리성적 발달 단계
  ㉠ 주요 개념
    ⓐ id(원초아, 본능) : 쾌락원칙에 지배를 받고 고통을 회피하고자 함
    ⓑ ego(자아) : 행동을 사회적으로 용납될 수 있도록 통제하는 성격의 일부분 – 현실원칙
    ⓒ superego(초자아) : 이상이나 도덕의 원리에 의해서 지배 – 도덕원리, 양심원리
    ⓓ Libido(리비도) : 성충동 에너지로서 발달 단계를 구분하는 기준
    ⓔ Mortido : 공격 충동의 에너지로서 죽음의 본능으로서의 에너지
  ㉡ **본능적 욕구**(instinctual drive)
    ⓐ 프로이트는 모든 행동에는 원인이 있음을 믿었던 엄격한 결정론자이다. 인간 내부에 있는 충동적인 힘과 인간 행동에 영향을 주는 경험을 제대로 밝히기는 어렵다고 보아, 어떤 행동을 추진하게 하는 행동 이면의 동기를 의미하는 본능적 욕구 개념을 제시하였다.
    ⓑ 본능은 근원(source), 목표(aim), 대상(object)이라는 세 가지 요소로 구성되어 정신의 역동을 나타낸다.
  ㉢ **발달 단계** : 프로이트는 성격 발달을 5단계의 심리성적 발달 단계로 가정하였다. 심리성적 발달 단계는 성감과 관련된 신체의 다른 영역으로부터 쾌감을 찾는 5단계의 상이한 발달 단계로 구성된다.

구강기 (oral stage, 구순기)	• 생후 18개월까지의 시기로, 유아의 쾌락 추구는 구강(입)에 집중된다. • 쾌락 추구 활동은 빨기, 씹기, 깨물기 등을 포함한다. • 구강 욕구가 너무 많이 충족되거나 너무 적게 충족되면 이 단계에 고착된다.
항문기 (anal stage)	• 생후 1년 반에서 2년까지의 시기로, 유아의 쾌락 추구는 항문에 집중된다. • 과도한 배변 훈련으로 고착이 되면, 이후 지나치게 정돈하거나 인색하며 행동적으로 엄격한 형태를 추구하는 경향이 생긴다. • 너무 느슨한 배변 훈련으로 고착이 되면, 이후 관대하거나 지저분한 행동의 형태를 추구하는 경향이 생긴다.
남근기 (phallic stage)	• 3~6세까지의 시기로, 유아의 쾌락 추구는 성기에 집중된다. • 유아는 반대 성의 부모에 대한 애정과 쾌락을 확보하기 위해 동성의 부모와 경쟁하게 된다(오이디푸스 콤플렉스, 엘렉트라 콤플렉스). • 위의 경쟁을 해결하는 과정에서 여성은 열등감, 남성은 우월감을 얻게 된다.
잠재기 (latent stage, 잠복기)	• 약 6세에서 사춘기까지 지속되는 시기이다. • 성적인 공상을 억압하고 비성적인 활동, 즉 사회성 발달이나 지적 기술의 발달에 해당되는 활동을 유지하는 시기이다. • 성적 추구는 사춘기에 다시 발발하지만, 이는 새로운 심리성적 단계의 시작을 의미한다.
생식기 (genital stage, 성기기)	• 사춘기에서 성인기까지 지속되는 시기로, 반대 성과의 관계성을 통해 충족시키고자 하는 새로운 성적 욕망을 가진다. • 구강기, 항문기, 남근기 단계에서 발생하는 갈등을 성공적으로 해결한다면 이 시기의 사람들은 건강한 애정 관계와 성숙된 성격을 발달시킬 에너지를 갖게 된다.

괄호넣기

프로이트(Freud)의 심리 성적 발달 단계 중 ( )에 유아의 쾌락 추구는 성기에 집중된다.

[정답] 남근기

Plus Study 오이디푸스 콤플렉스(Oedipus Complex)

일반적으로 남자 아이들은 어머니를 좋아하지만 경쟁상대로 아버지를 인식하게 되면서, 아버지에 대한 증오가 생기게 된다. 그러나 아직은 자신이 아버지의 상대가 되지 못하기 때문에 괜히 도전하였다가 패배하게 되면 닥칠지도 모르는 남근거세를 두려워하게 된다. 대신에 두려움을 피하기 위해 아버지와 자신을 동일시(identification)하는 아버지의 여러 가지 행동들(예 면도하는 모습, 담배 피우는 모습 등)을 모방하게 된다는 것이다. 그러면서 남아들은 남자의 역할, 즉 성 역할을 자연스럽게 습득하는 계기가 된다. 한편, 이러한 현상이 여아에게 나타나면 엘렉트라 콤플렉스(Electra Complex)가 된다.

바로 Check

아동의 사회성 발달에 관한 설명으로 옳지 않은 것은?

① 주양육자의 비일관적 양육행동은 불안정애착을 야기할 수 있다.
② 프로이트(S. Freud)에 의하면 초자아 발달은 구강기에 형성된다.
③ 닷즈(K. Dodge)에 의하면 공격적 아동은 적대적 귀인편향을 보인다.
④ 아이젠버그(N. Eisenberg)에 의하면 아동의 공감능력은 친사회성 발달을 촉진한다.
⑤ 반두라(A. Bandura)의 보보인형 실험은 아동의 공격성이 모방될 수 있음을 보여준다.

해설 프로이트는 초자아가 오이디푸스 콤플렉스가 해결되는 시기에 생성된다고 보았다.

✅ 정답 ②

ㄹ **정신의 구조**
  ⓐ 의식(consciousness) : 인간이 감각기관을 통해 알아차리는 모든 것이다.
  ⓑ 전의식(preconsciousness) : 의식과 무의식 사이에 존재하는 정신생활로서 억압되어 있지만 주의를 집중하고 노력하면 의식으로 회상된다.
  ⓒ 무의식(unconsciousness) : 마음 깊은 곳에 감추어져 있어서 기억하지 못하는 것이다.

ㅁ **방어기제(defense mechanism)** : 본능적 에너지가 방출되지 않아 높은 긴장상태가 되었을 때 자기기만을 통해 불안을 감소시키는 방법이다.
  ⓐ 억압(repression)
    • 수용될 수 없는 것들을 의식에서 제거시키는 것으로 불쾌하거나 바람직하지 않은 충동, 생각, 감정이나 기억들이 불안을 일으킬 수 있기 때문에 무의식으로 밀어 넣음으로써 이를 저지하는 것이다.
    • 억압되어 있는 사람들은 대외접촉이 한정되어 있고, 긴장되어 늘 위축되어 있으며, 융통성이 없다.
  ⓑ 투사(projection)
    • 원초아(id)나 초자아(superego)로부터 자아(ego)에게 압력을 주는 것으로 인해 사람이 불안감을 느낄 때 자신이 수용하지 못하는 특성을 타인에게 돌림으로써 이를 제거하고자 하는 것이다.

괄호넣기

프로이트(Freud)의 방어기제 중 ( )은(는) 자신의 성격 내에서 인정하기 어려운 동기를 느끼면, 그 동기가 자신의 내부에 있다고 인정하지 않고 대신 다른 사람에게 있다고 믿는 것이다.

[정답] 투사(projection)

- 자신의 성격 내에서 인정하기 어려운 동기를 느끼면, 그 동기가 자신의 내부에 있다고 인정하지 않고 대신 다른 사람에게 있다고 믿는 경우이다.

ⓒ 반동형성(reaction formation)
- 본능의 하나가 자아에 압력을 주어 불안을 일으킬 때 그 불안을 야기하는 충동, 생각이나 감정이 의식의 수준에서 그 반대의 것으로 대체됨으로써 불쾌한 충동을 피하려 하는 것으로 대립되는 본능에 의해 한 본능이 직접적인 자각으로부터 은폐되는 경우이다.
- '사랑은 증오를 숨기는 가면'

ⓓ 고착(fixations) : 프로이트의 발달 단계에서 아동이 만족을 얻지 못하거나 너무 많은 만족을 얻게 되면 심리적으로 다음 단계로 진행되지 못하고 그 단계에 머무르게 되는 것

구강기 고착 (구강기 성격, oral personality)	• 이기적이고 의존적이며, 타인을 비난하는 성격을 가지게 된다. • 먹기, 흡연, 음주와 같이 입으로 행하는 행동을 즐긴다.
항문기 성격 (anal personality)	• 평소 유별나게 청결하고 결벽하다. • 고집이 세고 인색하다.
남근기 성격 (phallic personality)	• 남성 : 여성을 경멸하거나 무시하는 태도를 가지며, 자신이 남성임을 과시하는 행동을 자주 보이는 경향을 말한다. • 여성 : 히스테리 성격을 보이는 경향을 가진다.

ⓔ 퇴행(regression) : 문제에 적응하기 위해 초기의 보다 원시적인 형태로 되돌아가는 방어기제를 말한다. 때로 건강하며 잘 적응하고 있는 사람들도 불안을 줄이기 위해서 또는 스트레스를 해소하기 위해서 퇴행을 하는 경향을 보인다.

ⓕ 합리화(rationalization) : 바람직하지 못한 행동에 그럴듯한 이유를 붙여 정당화하는 것이다. 이솝우화 중 '여우와 신포도(sour grapes)'가 그 예이다.

> 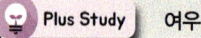 **여우와 신포도**
>
> 굶주린 여우가 어느 날, 많은 포도송이가 잘 익어 매달려 있는 포도밭으로 몰래 숨어들었다. 그런데 불행하게도 포도송이는 너무 높아서 여우에게는 닿기 어려울 만큼 높은 시렁 위에 매어져 있었다. 여우는 어떻게든 거기에 닿아 보려고 훌쩍 뛰고, 잠시 쉬었다가 다시 훌쩍 뛰었다. 하지만 모두 헛일이었다. 마침내 여우는 완전히 지치고 말았다. 그리하여 여우는 외쳤다.
> "아무나 딸 테면 따라지, 어차피 저 포도는 시어서 먹지도 못할 테니 말이야."

이솝 우화 중 '여우와 신포도'는 자아방어기제 중 승화에 해당된다. [ ]

[정답] ✕

[해설] 여우와 신포도는 합리화의 예이다.

ⓗ 프로이트가 발달 심리학의 발전에 기여한 점
  ⓐ 발달이 이루어지는 강력한 요인으로 무의식을 지적하였다.
  ⓑ 전 세계 사람들의 육아관에 영향을 미쳤다.

> **바로 Check**
>
> **다음 사례에서 방어기제의 연결이 모두 옳은 것은?**
>
> ㄱ. 학기 초에 마음에 들지 않는 반에 배정될 때면, 담임선생님이 자기를 미워한다고 불평한다.
> ㄴ. 게임시간을 어겨 엄마에게 야단을 맞은 후 의자에 앉아 있는 동생을 밀쳐버렸다.
> ㄷ. 갑자기 아버지가 돌아가신 후 다시 학교에 나왔는데, 오늘도 방과 후에 아버지께서 데리러 올 거라고 생각하고 있다.
>
> ① ㄱ - 부인, ㄴ - 퇴행, ㄷ - 합리화
> ② ㄱ - 투사, ㄴ - 퇴행, ㄷ - 치환
> ③ ㄱ - 투사, ㄴ - 치환, ㄷ - 부인
> ④ ㄱ - 퇴행, ㄴ - 치환, ㄷ - 억압
> ⑤ ㄱ - 합리화, ㄴ - 억압, ㄷ - 부인
>
> **해설** '투사(projection)'는 부끄럽거나 두려운 자신의 생각이나 행동의 동기를 타인에게서 찾아 그를 탓하는 것이다. '치환(displacement)'은 어떤 대상에게 향했던 감정 그대로를 전혀 다른 인물이나 대상에게 발산하는 것이다. '부인(denial)'은 고통스러운 현실을 인정하지 않는 것이다.
>
> ☑ 정답 ③

② 안나 프로이트(Anna Freud)의 청년기 방어 이론
  ㉠ **금욕주의** : 신체와 관련되는 모든 것에 대해 거부, 혐오, 분노를 나타내는 청년기 특성
  ㉡ **주지화** : 성적 갈등을 이와는 정반대인 지적 활동 속에서 찾고자 하는 자아의 방어양식

③ 에릭슨(Erikson)의 심리사회 발달 이론
  ㉠ **개요** : 전 생애에 걸친 발달 단계 이론을 주장하였으며, 인간은 매 단계마다 해결해야 할 과제 위기가 존재하는데 이 위기를 어떻게 해소하는가를 발달의 초점으로 삼았다.
  ㉡ **발달 단계**
    ⓐ 1단계 : 신뢰감 대 불신감(0~1.5세)
      • 생후 1년 반 동안 유아는 양육자와 상호작용하여 기본적 신뢰감을 발달시킬 필요가 있다. 신뢰감은 부모와의 강한 애착에 의한 자연적 부산물이다.
      • 이 시기에 이루어지는 벌, 칭찬에는 일관성이 있어야 한다.

- 부모가 유아의 욕구를 무시하고 적절하게 반응하지 못하면 세상에 대한 불신감을 형성한다. 이외에도 일관성 없는 양육, 온정의 결여 및 양육자의 빈번한 부재를 경험한 아이들은 기본적 욕구가 충족되지 못하여 전반적인 불신감, 불안감을 경험한다.
- 프로이트의 '구강기'에 해당한다.

ⓑ 2단계 : 자율성 대 수치심 / 자기의심(1.5~3세)
- 걷고 말하기 시작하면서 대상물에 대한 탐험과 조작이 확장된다.
- 자율성을 얻고, 유능하고 가치 있는 사람이라는 편안한 감정에 도달하는 시기이다.
- 만일 부모가 유아로 하여금 자율성을 획득하기 위한 여러 활동을 허용하고 격려해 주면 자율성을 발달시킨다. 반대로 부모가 유아를 과잉보호하거나 유아의 잠재적인 위험 행동을 처벌을 통해 제한이나 비난하게 되면 수치감과 자기의심에 이르게 된다.
- 프로이트의 '항문기'에 해당한다.

ⓒ 3단계 : 주도성 대 죄책감 / 죄의식(3~6세)
- 지적 활동과 운동적 활동 모두를 주도한다.
- 아동들의 자기 주도적 활동에 대해 부모가 어떻게 반응하는가에 따라 다음 단계를 위해 필요한 아동의 자유로움과 자신감을 지니게 되거나, 죄책감과 어른 세계에 대한 부적절한 방해자가 되었다는 느낌을 소유한다.
- 신체에 대한 호기심을 부모가 제지하면 죄책감을 형성하게 되어, 이후 이상 행동에서 보이는 불합리한 공포, 불안장애를 갖게 될 가능성이 높아진다.
- 프로이트의 '남근기'에 해당한다.

ⓓ 4단계 : 근면성 대 열등감(6세~사춘기)
- 근면성은 학령기 아동의 특성으로 열심히 과제를 수행하고 완성하는 일에 에너지를 사용하는 것을 의미한다.
- 초등학교에서의 읽기나 쓰기 등 인지적 기술과 운동 기술을 배우게 되며, 또래들과의 상호작용으로 사회적 기술을 발달시킨다. 일부 아이들은 성공적인 노력으로 근면성을 얻게 되지만, 다른 아이들은 수행자가 아닌 방관자가 되어 버리거나 열등감을 느낄 만큼의 실패를 경험한다.

OX 퀴즈

프로이트의 항문기는 에릭슨의 주도성 대 죄의식 단계와 시기적으로 일치한다. [ ]

[정답] ×
[해설] 자율성 대 의심 및 수치심 단계와 일치한다.

- 내적 동기 유발 수준이 높은 경우에는 실패의 원인을 찾고 다시 도전하게 되지만, 외적 동기 유발 수준이 높은 경우에는 열등감을 보다 오래 지속시키거나 평생 발달시킬 수 있다.
- 프로이트의 '잠재기'에 해당한다.

ⓔ 5단계 : 자아정체감 확립 대 역할 혼미(청소년기)
- 자아정체감(자신이 어떤 사람인가에 대한 인식)을 확립시키는 단계이다.
- 일관적인 자기상을 토대로 자아정체감 위기를 잘 극복하거나, 위기를 제대로 해결하지 못하여 혼란을 겪고 방황할 수도 있다.

ⓕ 6단계 : 친밀감 대 고립감(성인 초기)
- 친밀성과 고립 사이의 갈등을 해결하는 단계이다.
- 타인에게 완전한 정서적, 도덕적, 성적 헌신을 할 수 있는 능력을 발달시킨다.
- 타인과 어느 정도 타협하고, 책임을 수용하며, 사생활과 독립성을 확보하게 되면 친밀감을 형성하게 되는 반면, 이 위기를 해결하지 못하면 심리적으로 의미 있는 방식으로 타인과 연결되지 못하는 고립과 무능력을 초래한다.

ⓖ 7단계 : 생산성 대 자기침체 / 침체감(중년기)
- 성장을 위한 주된 기회는 생산성이다.
- 초기 발달과업을 해결하지 못한 사람은 아직 자기 탐닉적이고 과거의 결정과 목표에 의문을 던지며, 안전감을 느끼지 못하는 상태로 자유를 추구한다.

ⓗ 8단계 : 자아통합감 내 자아절망감(노년기)
- 앞의 각 단계의 위기를 해결한 노인들은 후회 없이 과거를 돌아보고 총체성을 갖게 된다.
- 앞 단계의 위기가 해결되지 않았거나 포부가 달성되지 않으면 무익함, 절망, 자기비하 등을 경험한다.

ⓒ 평가
ⓐ 성장에 이르는 길은 오직 하나라는 단계 이론의 문제점을 모두 공유하고 있다.
ⓑ 전 생애에 걸친 발달을 강조한 점이 의미가 깊다.
ⓒ 생애의 각 시점에서 중요한 문제들을 명시한 점도 의미가 깊다.
ⓓ 애매모호한 개념들이 많다.
ⓔ 남성 위주의 이론이다.

○× 퀴즈

에릭슨(Erikson)의 발달 단계에 의하면 청소년기는 자아정체감을 확립시키는 단계로서, 이 단계의 위기를 제대로 극복하지 못하면 역할 혼미에 이르게 된다. [　]

[정답] ○

에릭슨(Erikson)의 심리사회 발달 이론

단계 및 연령	심리사회적 위기	중요한 사회관계	발달과업	바람직한 결과	바람직하지 못한 결과
1단계 (0~1.5세)	신뢰감 대 불신감	어머니 혹은 대리어머니	어머니에 대한 애착으로, 이는 이후에 타인에 대한 신뢰의 기초가 됨	환경과 다가올 사건들을 믿음	다가올 사건에 대한 의혹과 두려움
2단계 (1.5~3세)	자율성 대 수치심 (자기의심)	부모	배변훈련과 같은 자기와 환경에 대한 기본적인 통제력을 획득하는 것	자기통제감과 자기효능감	수치심과 자기 의혹
3단계 (3~6세)	주도성 대 죄책감 (죄의식)	가족	목적 지향적이고 방향성을 획득하는 것	자신의 활동에서의 자율감	죄책감과 부족감
4단계 (6세~사춘기)	근면성 대 열등감	이웃, 학교	사회적, 신체적 및 학업적 기술을 발달시키는 것	사물을 이해, 조직하는 능력	이해, 조직하는 것에 대한 열등감
5단계 (청소년기)	자아정체감 확립 대 역할 혼미	동료 집단과 기타 집단, 리더십의 모델	아동에서 성인으로 이행하는 것으로, 정체감을 발달시키는 것	자아정체성의 확립	자기가 누구이며, 무엇인가에 대해 혼미
6단계 (성인 초기)	친밀감 대 고립감	친구, 성, 경쟁, 협동	사랑 및 우정과 같은 친밀한 유대를 형성하는 것	타인을 위해 봉사, 사랑할 수 있는 능력	애정관계를 형성하지 못함
7단계 (중년기)	생산성 대 자기침체 (침체감)	일의 분담과 가사를 공동분담	가족, 직업 및 사회와 관련된 인생의 목표를 수행하는 것으로, 미래의 세대와 관련된 관심사를 발달시키는 것	가정과 사회에 대한 책임감	자신의 복지와 번영에만 관심이 있음
8단계 (노년기)	자아통합감 대 자아절망감	인류, 민족	자신의 인생을 되돌아보면서 그 의미를 수용하는 것	통합과 성취감 속에 기꺼이 죽음을 직면	생에 대한 불만과 죽음에 대한 낙심

(2) 사회성 발달

① **사회성 발달의 의미**: 사회적인 존재로서 타인과 관계를 맺는 데 필요한 능력, 기술 등의 발달 과정을 의미한다.

② **사회성 발달의 가정**

  ㉠ **양방향성 가정**: 중요한 타인들(significant others)은 서로 영향을 주고받는다.

   ✎ 중요한 타인들: 인생에서 만나고 경험하게 되는 이들 중에서 나에게 결정적인 영향을 미치는 사람들

  ㉡ **계속성**: 새로운 사회성 획득의 문제는 생의 전 과정에서 진행된다.

  ㉢ **사회성 발달에서 발달시키는 것은 문화성**: 사회성은 문화에 의해 규정되기 때문에 각 사회에 적절한 문화적 특성을 발달시키는 것이다.

> **Plus Study** 발테스(Baltes)의 지혜의 모형
>
> 1. **지혜의 정의** : 지혜는 복잡하고 미래 예측이 불확실한 상황에서 뛰어난 통찰력과 판단력을 가능하게 하는 전문지식이라고 하였다. — 삶에 대한 지식체계
> 2. **지혜의 구성요소** : 삶의 실용적인 사실적 지식, 삶의 문제를 해결하는 실용적인 방략적 지식, 삶과 사회적 변화의 맥락에 대한 맥락적 지식, 삶의 복잡성과 미래의 불확실성에 대한 불확실한 지식, 삶의 가치 및 목표에 따라 달라지는 상대성을 고려하는 지식

③ 애착(attachment) 빈출

  ㉠ 애착의 의미

    ⓐ 대표자 : 볼비(Bowlby)
    ⓑ 심리학과 정신분석학적 용어이다.
    ⓒ 한 개인이 자신과 가장 가까운 사람에 대해서 느끼는 강한 감정적 유대관계를 말한다. 출생 후 1년여 동안 아이와 돌보아 주는 사람과의 사이에 발전하는 긍정적인 정서적 유대이다.
    ⓓ 첫 사회적 과제로서, 유아와 부모 또는 돌보는 사람 간에 발달하는 기본적인 정서적 유대감을 의미한다. 자신의 보호자에 대하여 가지는 인간적 유대로서 이후 모든 타인관계의 기초를 형성한다.
    ⓔ 어떤 대상과 정서적 유대관계를 형성하여 같이 있으면 좋고 따르고 신뢰하며 애착 대상이 없으면 불안해하는 것이다.

  ㉡ 대부분 어머니와 아이 간의 정서적 유대가 중요한데, 아이가 어머니에게 특별하게 느끼는 것은 어머니가 아이의 생리적 욕구를 충족시켜 주기 때문이다. — 프로이트(Freud)

  ㉢ 이 시기에 수유 욕구를 만족시켜 주는 것이 이후 세계에 대해 느끼는 기본적인 신뢰감의 기초를 형성한다. — 에릭슨(Erikson)

> **Plus Study** 애착 이론의 배경
>
> 애착 이론은 영국의 의학자이자 발달심리학자인 볼비(Bowlby)에 의해 체계화되었다. 볼비는 아동이 다양한 형태의 정형화된 행동을 나타내는데, 이러한 행동은 생존뿐만 아니라 정상 발달과 이상 발달을 이해하는 데 유용하다고 주장했다. 볼비에 따르면 유아는 외적인 위협으로부터 보호를 받기 위해 양육자와 가까이 있도록 하는 여러 가지 몸짓과 신호들, 즉 애착 행동들을 발달시킴으로써 생존해 나간다고 하였다. 가장 명백한 신호인 울음, 미소, 옹알이, 잡기, 빨기, 따라다니기 등이 애착 행동의 예이다. 유아가 애착 행동을 보이면 어머니는 아이에게 사랑을 느끼게 되고 이로써 아이의 요구에 대해 민감하고 신속하며 일관된 반응을 해 줌으로써 애착 관계가 형성된다. 이러한 상호작용에 따라 안정 또는 불안정 애착 관계가 형성되고, 이렇게 형성된 최초의 관계가 내재화되어 자신과 타인을 정의하고 인간관계의 기초가 되는 표상을 갖게 되어, 결국 이것은 개인의 특성으로서 평생 지속된다. 사회적 상호작용을 강조한 볼비의 애착 이론은 애착이 배고픔과 같은 일차적 욕구 충족과 관계없이 발달한다고 밝힌 할로우의 연구결과에 그 토대를 두고 있다.

OX 퀴즈

전생애 동안 애착의 유형은 변하지 않는다. [ ]

[정답] ✕

[해설] 애착의 질적 특성은 고정된 것이 아니며 새로운 정서적 경험의 결과로 전생애 동안 극적으로 변화할 수 있다.

나의 필기노트

단답형 문제

다음은 무엇에 대한 설명인가?

- 이를 주장한 대표학자는 볼비(Bowlby)이다.
- 한 개인이 자신과 가장 가까운 사람에 대해서 느끼는 강한 감정적 유대관계를 말한다.

[정답] 애착(attachment)

---

④ 신체적 접촉과 애착

㉠ 스피츠(Spitz)의 실험(1940년대)에서는 고아원 유아들을 대상으로 발달 연구를 수행하면서, 고아원에 있는 아이들에게 충분한 음식이 제공되고 청결한 환경인데도 불구하고 1/3 정도의 아이들이 첫 해를 넘기지 못하고 죽어 가며 이 중 많은 아이들이 신체적, 정신적 발달이 부진함을 발견하였다.

㉡ 할로우(Harlow)의 원숭이 대리모 실험은 애착 형성에 있어서 먹이 제공보다는 신체 접촉을 통한 심리적 안정이 중요함을 입증하였다.

㉢ 필드(Field) 등(1986)은 미숙아 연구를 통해 신체 접촉이 미성숙 유아의 신체적 성장에 놀랄 만한 영향을 미친다는 것을 발견하였다.

> **Plus Study** H. F. 할로우(Harlow)의 어린 원숭이 대리모 실험
>
> 할로우(Harlow)와 짐머만(Zimmerman)의 원숭이 대리모 실험에서는 새끼 원숭이를 어미와 격리한 후, 철사로 만든 대리모와 두꺼운 담요로 만든 대리모가 있는 방에 두었다. 시간이 경과하자 새끼 원숭이는 담요로 된 대리모와 대부분의 시간을 보낸다는 사실을 발견하게 되었다. 이러한 경향은 철사 대리모에게 젖병을 매달아 수유를 시켰을 때에도 나타났다. 이상한 소리를 내어 공포를 유발하는 로봇을 넣어 주면 모든 원숭이는 담요로 된 대리모에게 달려가 매달렸다. 일단 새끼 원숭이가 담요로 된 대리모에게 몸을 밀착시키면 얼굴에서 공포가 사라지고 몇 분 후에는 대부분의 새끼 원숭이들이 그렇게 두려워하던 로봇에게 다가가서 유심히 관찰하는 모습을 보였다. 이 연구는 음식만으로는 애착을 일으키기에 불충분하며, 신체 접촉을 통해서 얻게 되는 편안함이 중요하다는 것을 시사해 준 결과이다. 본 실험을 통해 할로우는 먹이가 아닌 접촉 위안(contact comfort)이 어린 원숭이가 어미에게 형성하는 애착에 더 중요한 변수라는 결론을 내리게 된다.

바로 Check

애착에 관한 설명으로 옳지 않은 것은?

① 애착은 영아와 주양육자 간에 형성되는 친밀한 정서적 유대감이다.
② 할로우(H. Harlow)는 원숭이 연구를 통해 수유가 애착형성과정에서 중요함을 밝혔다.
③ 에인즈워스(M. Ainsworth)는 '낯선 상황 실험'을 고안하여 애착에 관한 연구를 하였다.
④ 낯가림과 분리불안을 통해 영아가 주양육자와 애착을 형성했음을 알 수 있다.
⑤ 안정애착을 보이는 영아의 양육자는 자녀의 신호와 욕구에 민감하고 일관되게 반응하는 특성을 보인다.

[해설] 할로우(Harlow)는 원숭이 실험을 통해 영아의 애착이 수유 즉, 음식보다 어머니와 영아 간의 피부접촉(스킨십)이 더 중요하다는 사실을 강조하였다.

✅ 정답 ②

⑤ 애착의 발달

각 인 (imprinting)	• 태어나면서 바로 활동할 수 있는 동물들은 애착이 급격하게 이루어져야 하는데, 이때의 급격한 애착 형성 기제를 의미한다. • 처음 움직이는 대상에 대해 전적인 신뢰와 애착을 형성하는 것이다.
낯가림	• 유아가 애착을 형성한다는 증거는 6~8개월 사이에 이루어지는 낯가림에서 나타난다. 아이들은 낯선 사람을 피하고 낯선 사람이 친근감을 표하려고 하면 울음을 보인다. • 어머니와 애착 형성이 잘 이루어진 아이일수록 새로운 것을 탐색하는 모험에 적극적이므로, 애착은 어머니에 대한 의존성을 증가시키는 것이 아니라 아이의 자율성을 높인다.
분리 불안 (separation anxiety)	영아가 자신의 눈앞에서 부모가 일시적으로 사라질 때마다 큰 소리를 내어 울고 요동치는 식으로 스트레스를 느끼는 것을 말한다. 이는 영아가 부모에게 애착을 가진다는 분명한 증거이다. — 에인즈워스(Ainsworth, 1979)

⑥ 애착의 유형
   ㉠ **안정 애착**(안전 애착, secure attachment) : 대략 60~65% 정도의 유아에게서 나타난다. 부모를 안전한 환경으로 인식하고 사용하는 유아의 특성이다. 부모가 방을 떠나면 울기 시작하지만, 다시 방으로 돌아오면 반기면서 쉽게 진정된다.
   ㉡ **불안정 애착**(insecure attachment)
      ⓐ 회피 애착(avoidant attachment) : 대략 15~20% 정도의 유아에게서 나타난다. 유아는 부모에게 별다른 반응을 보이지 않으며, 부모가 밖으로 나가더라도 울지 않는다. 유아는 정서적 신호나 요구에 무감각하여 낯선 사람과 단둘이 있을 때나 부모와 함께 있을 때에도 비슷한 반응을 보인다.
      ⓑ 저항 애착(resistant attachment) : 대략 10~15% 정도의 유아에게서 나타난다. 유아는 낯선 상황 자체에 민감한 반응을 보이며, 장난감을 가지고 놀기보다 부모의 곁을 좀처럼 떠나지 않으려고 한다. 부모가 밖으로 나가는 경우 심한 분리불안 증상을 보이면서 낯선 사람과의 접촉에 거부반응을 나타낸다. 이후 부모가 돌아오면 과도하게 접근하여 과잉 애착 행동을 보이면서 분노와 저항적인 행동을 나타내는 등 양면적인 모습을 보인다.
      ⓒ 혼란 애착(disorganized attachment) : 대략 5~10% 정도의 유아에게서 나타난다. 불안정 애착의 가장 심한 형태로서, 회피 애착과 저항 애착이 혼합된 유형이다. 유아는 부모와 함께 있거나 부모와 떨어져 있어도 부모에게 굳은 표정을 보이고, 부모가

괄호넣기

(   )은(는) 부모를 안전한 환경으로 인식하고 사용하는 유아의 특성을 의미한다.

[정답] 안전 애착(secure attachment)

안아 주어도 다른 곳을 쳐다보는 등 혼란되고 모순된 행동을 보인다. 유아는 다른 사람과의 관계에 있어서도 적대적 또는 거부적 반응을 나타낸다.

⑦ 애착의 결여
  ㉠ **격리** : 일반적으로 아이들은 짧은 격리상황에서도 상당한 공포를 경험한다. 안정적 애착을 형성한 아이는 격리상황에 잘 대처하지만, 불안정적 애착을 형성한 아이는 불신에 가득한 반응이나 무신경한 태도를 보인다. 장기간의 격리는 불안감과 무감동, 적의감 등을 형성한다.
  ㉡ **애착 대상의 결여** : 애착이 결핍된 사회 환경에서 성장한 아이들이 이후에 보이는 경향
    ⓐ 사회성 발달에 장애를 보이는 경향
    ⓑ 세상에 대해 무감각한 경향
    ⓒ 지나치게 사랑과 관심을 요구하는 경향
    ⓓ 사춘기가 되면 심지어 기본적인 인지능력, 예를 들어 언어와 추상적인 사고에서 장애가 오는 경우도 있다.

⑧ 애착의 치유 가능성과 평가

치유 가능성	초기에 애착 대상이 결여된 어린 유아의 상처는 성장하면서 얼마든지 치유 가능하다는 것이 학자들의 입장
평 가	• 어린 시절의 애착 형성은 매우 중요하다. • 부모와 신뢰로운 관계를 형성하고 안정을 유지하는 것은 이후 생활의 기초를 형성한다. • 결혼한 직장 여성의 경우, 아이와 같이 하는 시간의 양이 중요한 것이 아니라 상호작용의 질이 중요하다.

⑨ 마르시아(Marcia)의 정체감 획득 단계 빈출
  ㉠ **정체감 확산**(identity diffusion, 정체감 혼미)
    ⓐ 정체감 혼미는 정체감 발달에 실패하고 자기 자신을 찾지 못하는 것이다.
    ⓑ 직업계획이나 이념적인 세계관에 참여하지 않거나 쉽게 중단해 버리는 경향이 있다.
    ⓒ 정체감 확산 상태가 지속되면 사고과정이 비조직화되고 대상관계가 혼란한 양상을 나타낸다.
  ㉡ **정체감 유실**(identity foreclosure)
    ⓐ 자신의 권리를 포기하고 타인이 바라는 대로 되는 것이다.
    ⓑ 위기를 경험하지 않은 채 바로 부모나 기타 권위주의에 의하여 주어진 가치관을 선택의 여지없이 그대로 받아들여 이에 동조하고 있는 상태를 말한다.

OX 퀴즈

마르시아(Marcia)의 정체감 유실 단계는 자신에게 주어진 여러 가지 대안과 선택을 탐색하면서 정체감 개발을 연기하는 시기이다. [   ]

[정답] ×

[해설] 정체감 유실 단계는 전혀 위기를 경험하지 않은 채 부모나 기타 권위주의에 의하여 주어진 가치관을 선택 없이 그대로 받아들여 동조하는 시기이다.

ⓒ 외적 상황이 바뀌거나 외적 충격이 오면 외견상 유지되던 정체감이 붕괴될 수 있는 위험을 내포하고 있다.
ⓒ **정체감 유예**(identity moratorium)
ⓐ 지불유예는 여러 대안과 선택을 탐색하면서 정체감 개발을 연기한다.
ⓑ 여러 가지 대상에 적극적인 참여를 보이지만 참여의 안정성과 만족이 결핍되어 있으며 대개는 위기를 경험한다. 위기를 경험하면서 선택적 참여를 위해 여러 대안들 중에서 능동적인 노력을 기울이는 상태이다.
ⓒ 에릭슨(Erikson)에 의하면 대학생은 인위적으로 청년기가 연장된 상태에 있기 때문에 심각한 자아정체감 위기를 경험한다고 한다.
ⓔ **정체감 성취**(identity achievement) : 이미 위기를 경험하고 비교적 강한 참여를 할 수 있게 되어 상황적 변화에 따른 동요 없이 성숙한 정체감을 소유한다.

바로 Check

다음 각 사례에 해당하는 청소년기의 자아정체감 유형이 바르게 나열된 것은?

A : 저는 사람들에게 봉사하는 것을 좋아해서 장래희망이 사회복지사예요.
B : 저는 잘하는 것도 없고, 하고 싶은 것도 없어요. 아직 장래에 대해 생각해보지 않았어요.
C : 아버지가 치과 의사이고, 부모님이 의사가 되는 게 좋겠다고 하셔서 장래희망은 의사예요.

① A : 정체감 성취, B : 정체감 유실, C : 정체감 혼미
② A : 정체감 성취, B : 정체감 혼미, C : 정체감 유실
③ A : 정체감 성취, B : 정체감 혼미, C : 정체감 유예
④ A : 정체감 유예, B : 정체감 유실, C : 정체감 혼미
⑤ A : 정체감 유예, B : 정체감 혼미, C : 정체감 유실

해설 마르시아의 정체감 획득 단계는 정체감 혼미(정체감 발달에 실패하고 자기 자신을 찾지 못하는 단계), 정체감 유실(자신의 권리를 포기하고 타인이 바라는 대로 되는 단계), 정체감 유예(여러 가지 대상에 적극적인 참여를 보이지만 참여의 안정성과 만족이 결핍되어 위기를 경험하는 단계), 정체감 성취(이미 위기를 경험하고 비교적 강한 참여를 할 수 있게 되어 상황적 변화에 따른 동요 없이 성숙한 정체감을 소유하는 단계)를 포함한다.

☑ 정답 ②

나의 필기노트

출제포인트 마르시아(Marcia)의 정체감 획득 단계

구 분	정체감 탐색	주어진 과업에 관여	위 기
정체감 성취	O	O	위기 해결
정체감 유예	O	X	위기 현재 진행 중
정체감 유실	X	O	위기 경험 없음
정체감 혼미	X	X	위기 경험 없음

⑩ 사회적 관계

㉠ 사랑(love)

ⓐ 사랑의 요소(Robert Sternberg, 1986)

친밀감 (intimacy)	• 상대방과의 관계에서 유대감이나 결속감 등을 느끼는 것이다. • 사랑하는 사람과 함께 있으면 행복감을 느끼고, 힘들고 위급할 때 서로 의지할 수 있으며, 상대방을 이해하고 있다고 느끼고 또 자신 역시 상대방에게 이해받고 있다고 느끼는 것, 마음을 터놓고 깊이 있는 의사소통을 할 수 있는 것, 상대방을 자신의 인생에서 중요한 사람이라고 인식하는 것 등과 관련된다. • 물리적으로 근접하여 빈번하고 다양한 접촉을 하는 것, 그리고 그 접촉에서 두 사람 사이의 생각과 행동의 유사성을 확인하고 상대방이 나에게는 없는 특성을 지니고 있어 서로 보완할 수 있는 상호작용을 바탕으로 형성된다.
열 정 (passion)	상대방과 하나가 되고 싶은 욕구를 의미하며 상대방을 향한 지배, 복종 욕구나 소유욕, 성행위를 하고 싶어 하는 욕구 등이 해당된다.
헌 신 (commitment)	사랑의 유지에 관한 것이다. 사랑의 요소인 헌신에는 결정이라는 요소가 선행되는데, 상대방을 사랑하기로 결정을 내리고 난 다음에 그 사랑을 장기적으로 유지하려고 노력하게 되는 것이다. 친밀감과 열정의 결과인 경우도 있고, 반대로 사랑에 대한 결정과 헌신이 친밀감과 열정을 불러오는 경우도 있다.

ⓑ 사랑의 유형

- 호감 : 친밀감만 있고 열정이나 헌신은 없는 사랑
- 도취성 사랑 : 열정이라는 요소만 있는 사랑, '첫눈에 반하는 사랑'
- 공허한 사랑 : 헌신이란 요소만 있는 사랑, 중년기에 이혼을 시도하는 많은 부부가 친밀감도 열정도 없이 오랜 기간을 의무감으로 살아왔다고 고백하는 경우

- 낭만적 사랑 : 친밀감과 열정이 결합된 사랑, 감정적·육체적으로 서로에게 빠져 있는 상태라고 할 수 있음
- 동반자적 사랑 : 친밀감과 헌신이 결합된 사랑, 상대방에게 불타는 열정을 느끼는 것은 아니지만 다른 사람에게 한눈을 팔지도 않는 경우에 해당
- 얼빠진 사랑 : 열정과 헌신이 결합된 사랑, 친밀감이 없는 상태에서 불같은 열정으로 대개는 단기간 상대에게 헌신하는 경우
- 성숙한 사랑 : 친밀감, 열정, 헌신이 결합되어 있는 이상적인 사랑

ⓒ 호감의 요인
- 근접성(proximity) : 물리적으로 가까운 거리에 있는 사람은 자주 접하게 되고, 얼굴이 눈에 익게 되므로 그렇지 않은 경우에 비해 더 쉽게 호감을 갖게 되고 친교를 더 맺게 된다.
- 반복 노출 : 어떤 자극(예 사람, 사진, 기록 등)에 반복적으로 노출되면 자극에 친숙해짐으로써 흔히 그것을 더 좋아하게 된다.
- 유사성(similarity) : 태도, 가치, 혹은 특질이 유사한 사람은 서로를 더 긍정적으로 평가하기 때문에 서로에게서 더욱 호감을 갖게 된다.
- 욕구 보완(need complementarity) : 성격, 흥미, 태도에서 완전히 다른 것으로 보이지만 서로 친교를 맺고 있는 경우에는 상대방의 욕구를 보완해 주는 특징을 가지고 있다.
- 신체적 매력 : 다른 요인이 동일하다면 신체적으로 매력이 있는 사람들은 덜 매력적인 사람보다 인기를 더 얻을 수 있다.
- 기타 호감의 요인 : 신뢰감, 충성심, 따뜻함, 다정다감, 유머감, 솔직함 등

ⓓ 사귐의 지속과 파경
- 사회적 침투 : 호감으로 시작된 관계가 지속적인 사귐으로 바뀌는 과정이다.
- 자기 공개 : 개인적으로 비밀스러운 부분을 상대방에게 드러내는 것이다.
- 사회 교환 이론 : 사귐을 지속할 것인지, 아니면 끝낼 것인지를 결정하는 데 작용하는 요인이다. 현재의 관계가 만족스럽지는 않다고 해도 더 나은 대안이 없으면 관계를 지속할 것이며, 이제까지의 관계가 만족스럽다고 해도 보다 더 나은 대안이 나타나면 현재의 관계를 청산할 것이라는 것이다.

ⓛ 공격성(aggression, 반사회적 폭력)
  ⓐ 좌절-공격성(frustration-aggression) 이론(Dollard)
    • 공격성을 본능으로 보기보다는 좌절을 통해서 발현되는 것으로 보는 것이다.
    • 어떤 사람이 내일 아침에 있을 프레젠테이션을 준비하고 있는데 복사용지가 없어서 복사를 하지 못했다(1차 좌절). 그래서 복사용지를 구입하기 위해 동네 컴퓨터 상점에 가 보았으나 마침 정기휴일이라 문을 닫았다(2차 좌절). 이러한 좌절로 인해 그 사람이 갑자기 화가 치밀어 상점 문을 발로 걷어찼다(공격성 발현).
  ⓑ 개정된 좌절-공격성 이론(Berkowitz)
    • 좌절감이 공격성을 생성하기 위해서는 어떤 촉발기제 혹은 유발자극이 존재해야 한다고 제안하였다. 사람들에게 촉발기제 혹은 유발자극은 공격성과 연관된 표적, 상황, 혹은 대상인 공격단서의 존재이다.
    • 사람이 좌절된 상태에서 공격단서가 존재하면 공격성이 나타날 것이며, 이 단서는 학습 단서의 일종이다.
    • 개정된 좌절-공격성 이론에서는 공격성의 선행조건으로 분노를 포함시켜 이론을 수정하였다.
  ⓒ 각성과 공격성 : 질만(Zillman)은 공격성에 이르게 하는 것은 좌절감이나 분노와 같은 특정 정서가 아니라 생리적 각성(흥분) 자체일 가능성에 대해 주장하였다. 즉, 각성(흥분) 상태에서 공격단서가 존재하면 사람들이 공격적 행동을 보일 가능성이 크다고 할 것이다.

> **Plus Study** 질만(Zillman)의 실험
>
> 질만은 남자 대학생들에게 세 가지 영화를 보여 준 후 여러 강도의 전기충격을 줌으로써 표현할 수 있다고 믿게 하였다. 첫째 집단은 각성을 유발할 공격적 혹은 성적인 장면을 전혀 포함하지 않은 비교적 따분한 풍경 영화를 보았다. 둘째 집단은 중간 정도의 각성을 일으키고 내용상 매우 공격적인 액션 영화를 보았다. 셋째 집단은 생생한 성행위 장면을 지닌 고도로 각성적인(흥분적인) 에로틱 영화를 보았다. 예언대로 가장 각성된 학생(에로틱 영화)이 가장 강한 충격을 주었으며, 가장 적게 각성된 사람이 가장 낮은 충격을 주었다. 이상의 결과를 요약하면, 각성(흥분) 상태에서 공격단서가 존재하면 사람들이 공격적 행동을 보일 가능성이 크다고 할 것이다.
>
> 출처 : 홍기원 외(2010)

ⓓ 공격성 획득과 감소
- 반두라(Bandura)의 사회학습 이론(관찰학습 이론) : 타인의 공격행동을 관찰하는 것만으로도 대리강화되어 공격행동을 할 것이라는 주장이다.
  📝 관찰학습의 구성요소 : 주의집중과정, 파지과정, 운동재생과정, 동기(유발)과정
- 정화 이론 : 화가 나면 풀어버려야 한다는 것으로서, 정화는 그 사람이 화가 나 있고, 꽤 직접적인 방식으로 공격을 표현할 수가 있고, 자기의 분노에 책임이 있는 사람에 대한 공격을 할 때만 효과적이다.

Plus Study 공격성의 유형

우연적 공격성	의도하지 않게 타인에게 피해를 주는 공격성을 말한다. 예 놀이기구를 오르다가 친구 손을 밟는 것
반응적 공격성	타인의 행동을 적대적으로 해석하고 이에 대한 보복으로 활용되는 공격성을 말한다. 예 태권도로 친구가 쌓은 탑을 무너뜨리고 즐거워하기
관계적 공격성	사회적 배척을 통해 또래관계에 손상을 가하는 공격성을 말한다.
적대적 공격성	다른 사람에게 상처를 주거나 협박해서 힘을 얻고자 하는 고의적인 공격성을 말한다. 예 소문이나 거짓말 퍼트리기

ⓒ 친사회적 행동
ⓐ 도움행동의 이유
- 유전적이고 진화적인 견해 : 이타적인 행동이 없었다면 인간이 생존하기 어려웠기 때문에 그 행동이 계속 유지된다고 보는 입장이다.
- 사회적 진화 : 친사회적 행동으로 인해 이타적인 행동을 하게 된다는 입장이다.

ⓑ 도움행동의 결정
- 무슨 일이 일어나고 있는지에 대해 판단한다.
- 도움이 필요한 상황이라고 지각하면 도움행동을 해야 할 개인적인 책임이 있는지에 대해 판단한다.
- 도움행동을 하였을 때 야기될 수 있는 부담과 이익에 대해 고려한다.
- 돕기로 결정했다면 어떤 형태로 도와줄 것인지에 대해 판단한다.

> **Plus Study** 방관자 효과(Latane & Darley)
>
> 1964년 어느 날 뉴욕 시에서 적어도 38명의 이웃들이 창문으로 지켜보는 가운데 키티 제노비스(Kitty Genovese)라는 여자가 남자 괴한이 휘두른 칼에 찔리면서 30분이나 비명을 지르며 도망다녔지만 결국 살해당했다. 왜 그들 중 아무도 경찰에 신고 전화를 하여 여자를 도와주지 않은 것일까? 이 사례는 사람들이 구경만 할 뿐 개입을 잘 하지 않는 방관자 효과를 연구하게 된 시발점이 되었다.
>
> 출처 : 홍기원 외(2010)

ⓒ 방관자 효과
- 애매성 : 사람들은 정보 해석의 애매성 때문에 돕기를 주저할 수 있다. 제노비스 사건의 목격자들 중 일부는 이후 무슨 일이 벌어지고 있는지 확실히 알지 못했다고 진술하였다. 즉, 장난을 치는 중인지, 아니면 애인끼리의 다툼인지 애매하게 여겨졌다고 한다.
- 다수로 인한 무지 : 모두가 모르고 있지만 마치 자기만 모르고 있다고 착각하는 것을 말한다. 제노비스 사건의 경우 한 개인의 입장에서 보면, 자신은 아무런 도움 행동을 취하지 않았지만 내심 누군가는 도와주었을 것이라고 생각할 수 있을 것이다. 그런데 이 경우 각각의 생각이 유사하기 때문에 모든 사람이 돕지 않았고, 자신도 그 중 하나라는 것이다. 즉, 많은 사람들이 창문으로 서로서로 쳐다보면서 구경하는 상황에서 바로 다수로 인한 무지에 빠져 별일 아닌 것으로 잘못 생각할 수 있다.
- 평가불안 : 방관자들은 무언가 부적절한 행동을 취하다가 창피를 당하지 않을까 하는 두려움이 있다. 대부분의 사람들은 사회 상황에서 침착해 보이고 '정상'으로 보이기를 바라며, 창피를 당하게 될지도 모를 행동을 삼가는 데 적극적이다. 애매한 위급상황에서 도움이 필요 없는 누군가를 도우려고 했다면, 바보처럼 보일 것이며, 바보가 된 느낌이 들 것이다.
- 책임감 분산(diffusion of responsibility) : 각 목격자는 다른 사람들도 같은 사건을 목격하고 있음을 알고 있다는 사실이 사태의 위급성을 깨닫기 어렵게 만들었다. 상황이 위급하다는 것을 알아차린 목격자에게조차 일부는 사건에 휘말리고 싶지 않아서, 또 일부는 공격하고 있는 괴한이 무서워서 본 사건에의 개입 가능성을 떨어뜨렸다.

ⓓ 도움행동에 영향을 미치는 요인
- 상황적 요인 : 타인의 존재, 날씨, 도시의 크기, 시간 압력 등
- 도움을 주는 사람의 요인 : 행위자의 성격, 기분 등
- 도움을 받는 사람의 요인 : 매력 등

5 정서 및 도덕성 발달

(1) 정서 발달

① 브리지스(Bridges)의 정서 발달
  ㉠ 정서 발달의 내용
    ⓐ 출생 초기 : 흥분 상태
    ⓑ 생후 3개월 : 쾌(즐거움)와 불쾌로 분화
    ⓒ 생후 6개월 : 불쾌에서 분노, 혐오, 공포로 분화
    ⓓ 생후 10~12개월 : 쾌에서 득의(의기양양) 및 애정으로 분화
    ⓔ 생후 5년 : 성인과 같은 대부분의 정서가 나타남
  ㉡ 정서 발달의 체제는 계속해서 그 유형을 그대로 유지하지만, 각각의 발달 단계에서 겪게 되는 여러 가지 경험을 통해 세분화된다. 정서의 표현방식 역시 점차 복잡해진다.

② 레빈슨(Levinson)의 성인기 발달 ◐빈출
  ㉠ 성인 초기 전환기(17~22세)
    ⓐ 고등학교를 졸업할 무렵인 청년기 말에 시작되어 20~24세 사이에 끝난다.
    ⓑ 부모의 가정을 떠나고 경제적, 정서적으로 보다 독립적이 되는 사건들이 일어난다.
    ⓒ 대학에서의 생활이나 군입대와 같은 한 가족의 자녀와 완전한 성인 지위 사이에 다리를 놓는 제도적 상황에 들어간다.
  ㉡ 성인기의 시작(22~28세)
    ⓐ 성인세계로 들어가는 시기이다. 성인으로 자신을 규정하고 성인기가 의미하는 가능성을 탐색하여 내·외적 측면에서 생활구조를 형성하기 시작한다.
    ⓑ 외적인 것은 가족, 직업, 사회적 역할들이며 개인이 어떻게 사회와 관계를 맺는가와 관련된다.
    ⓒ 내적인 것은 이런 역할들이 가지는 개인적 의미로서 개인의 기본적 가치, 목표, 자아 이미지들을 어떻게 조화시키는가 하는 것이다.

© **30세 전환기**(28~33세) : 인생을 달리 보게 하는 전환기이다. 직업 선택, 결혼, 인생목표가 옳지 못했다거나 변화시켜야겠다는 결정을 내리기도 한다.
② **정착기**(33~40세) : 일, 가족, 기타 생활의 중요 측면에 깊이 있는 참여와 실행을 하는 시기이다. 자신의 구체적 목표를 설정하여 고정된 시간표대로 일해 나간다. 흔히 40세를 시작으로 하여 흥미와 안정 모두를 추구하면서 질서 있는 생활방식에 안락하게 정착한다.
⑩ **성인 중기 전환기**(40~45세) : 성인 초기와 중기 사이의 발달적 교량 역할을 하는 시기로, 중년기에 걸맞게 젊음과 늙음의 균형을 이루는 새로운 방법을 모색하려고 애쓰는 시기이다.
⑪ **성인 중기 초보 인생 구조**(45~50세) : 중년기를 시작할 첫 인생 구조를 만드는 것으로 새로운 세대에서, 또한 인생의 새로운 계절에서 우리가 설 자리를 다시 마련하는 시기이다.
⊗ **50세 전환기**(50~55세) : 중년 입문기의 인생 구조를 재평가하고 자아와 세계에 대한 탐색에 더욱 관심을 기울이며 다음 시대의 인생 구조를 형성하기 위한 기초를 마련하는 시기이다.
⊙ **성인 중기 절정 인생 구조**(55~60세) : 30대 절정기에서처럼 이 시기의 인생 구조는 중년기의 중요한 야망과 목표를 실현하기 위한 수단이 된다.
③ **성인 후기 전환기**(60~65세) : 중년기를 종결하고 노년기를 시작하는 시기로서 지나온 과거를 심오하게 재평가해 보고 새로운 시대로 전환해 가는 시기이다.

③ 굴드(Gould)의 이론
㉠ **부모의 세계를 떠나는 시기**(16~22세)
ⓐ 이 시기에 벗어나야 할 주요 전제는 '나는 항상 부모에게 속해 있으며, 그들의 세계에 의지한다'는 것이다.
ⓑ 자신이 가지고 있는 환상에 도전하여 부모들이 통제하거나 지배할 수 없는 성인정체감을 형성한다.
ⓒ 집을 떠나 독립을 하고 직업을 갖게 되며 사회적 지평을 확대시켜 인생에 대한 개인적 확신들을 발달시키면서 성인으로서 독립성을 확립해 나가게 된다.
㉡ **누구의 아기도 아닌 시기**(22~28세)
ⓐ 이 시기의 비합리적 생각은 청년들이 어떤 일을 할 때 그들 부모의 방식대로 해야만 한다는 것과 충분한 의지력과 끈기만 있다면 좋은 결과가 오리라고 믿는 것이다.

OX 퀴즈

레빈슨(D. Levinson)은 노년기를 '다리 위에서의 조망(one's view from the bridge)'이라 표현한다. [ ]

[정답] ○

ⓑ 이 시기의 도전은 젊은 성인이 자기 존재의 건축자로서 자신의 인생에 대해 완전한 책임을 받아들이고 부모의 원조에 의존하지 않아야 하는 것이다.
ⓒ **내면을 들여다보는 시기**(28~34세)
  ⓐ '절대적 안전의 세계'를 떠난 지 10여 년이 지났고, 독립된 생활의 기본요소가 확립되어 성인들은 긍지를 가지고 자신을 신뢰하는 시기이다.
  ⓑ 성인들은 그들의 환경과 그들 내부에 존재하는 것에 대해 현실적 해석을 하고 그것을 기초로 그들의 미래를 구성해야 한다.

> **Plus Study** 레빈슨(Levinson)과 굴드(Gould)의 단계
>
> | 레빈슨 | 굴드 |
> |---|---|
> | • 성인 초기 전환기(17~22세)
• 성인기 시작(22~28세)
• 30세 전환기(28~33세)
• 정착기(33~40세) | • 부모의 세계를 떠나는 시기(16~22세)
• 누구의 아기도 아닌 시기(22~28세)
• 내면을 들여다보는 시기(28~34세) |
>
> 출처 : 조복희, 도현심, 유가효(2010)

④ 매슬로우(Maslow)의 욕구단계 이론

생리적 욕구 (Physiological Needs)	의식주와 본능적이고 원초적인 욕구를 말하며 인간에게 기본적으로 없어서는 안 되는 욕구
안전의 욕구 (Safety Needs)	범죄와 사회적 혼란이나 공포로부터의 편안함을 누리고자 하는 욕구
사회적 욕구 (애정·소속의 욕구) (Belongingness Needs)	사람들과의 애정적인 관계를 가지고 싶어 하고 자기가 속한 집단이나 조직에 소속감을 가지려는 욕구
존경의 욕구 (Esteem Needs)	타인으로부터 존경을 받거나 사회나 조직의 구성원으로부터 인정받고 싶은 욕구
자아실현의 욕구 (Self-Actualization Needs)	자기가 원하는 일을 하고 그 일을 통해 성장과 성숙을 이루어 나가려는 욕구

✎ 이러한 욕구가 단계별로 이루어지는 것은 아니고 복합적으로 욕구가 발생하기도 한다. 단지 이론의 편의성으로 욕구를 서열화하여 정의한 것이다.

(2) 도덕성 발달

① 피아제(Piaget)의 도덕 이론
  ㉠ 피아제는 자신의 인지 이론에 기초하여 4단계의 도덕 발달 이론을 제시하였다.
  ㉡ 도덕 갈등 상황에 대한 이야기를 아이들에게 들려주고 어느 쪽이 잘 했는지 잘못했는지 판단하게 하는 면접을 통해 도덕 발달을 연구하였다.

> [상황 1] 존(John)은 어머니께서 저녁을 먹으라고 불러서 식당에 갔다. 그런데 문 뒤에 의자가 있고, 의자 위에는 접시가 15개 놓여 있었다. 존은 문 뒤에 있는 접시를 알지 못했다. 존이 문을 열고 들어갔는데 문이 부딪치면서 접시 15개가 모두 깨졌다.

> [상황 2] 헨리(Henry)는 어머니가 외출하고 없는 사이 찬장에 있는 잼을 꺼내려고 하였다. 의자를 놓고 올라가서 손을 뻗어 보았지만 잼이 너무 높이 놓여 있었다. 잼을 꺼내려고 애쓰다가 컵을 1개 깨뜨리고 말았다.

  ㉢ 4단계 도덕 발달 이론
    ⓐ 1단계(2~4세) : 전도덕적 단계
      • 규칙이나 질서에 대한 인식이 거의 없다.
      • 도덕적 갈등 상황에서 일관성 있는 도덕적 인식을 유추하지 못한다.
    ⓑ 2단계(5~7세) : 도덕적 실재론(moral realism)의 단계
      • 놀이나 일상생활에서 자신이 준수해야 하는 규칙이나 질서 혹은 사회적 정의가 있음을 인식한다.
      • 도덕적 절대주의 : 사회적 규칙은 절대자가 만든 것으로 누구나 지켜야 하는 것이며 결코 범해서는 안 되는 것이라고 인식한다.
      • 타율적 도덕률에 의해 지배되기 때문에 한결같이 존이 헨리보다 나쁘다고 판단하는 경향이 있다.
    ⓒ 3단계(8~11세) : 도덕적 상대론(moral relativism)의 단계
      • 도덕적 상대주의 : 사회적 규칙은 임의적 약속이며 사회의 동의에 의해 얼마든지 변할 수 있음을 인식한다.
      • 자율적 도덕률 : 결과보다는 의도나 동기를 고려하기 시작한다.

OX 퀴즈

피아제의 자율적 도덕성에서는 규칙이란 절대적인 것이 아니라 바뀔 수 있는 임의의 것이다. [ ]

[정답] ○

- 1개를 깬 헨리가 15개를 깬 존보다 더 나쁘다고 생각 : 존은 실수로, 헨리는 의도적으로 깼기 때문이다.
  ⓓ 4단계(11세경) : 새로운 규칙을 생성할 수 있고 가설적 상황에서 작동될 수 있는 규칙을 미리 설정할 수 있다. 도덕적 추론은 개인적 차원을 넘어 전쟁, 공해와 같은 사회적 문제로 확대가 가능하다.
② 콜버그(Kohlberg)의 도덕성 발달 이론 빈출
  ㉠ 콜버그는 아동의 도덕 판단이 일정한 단계를 거친다고 보고, 3수준 6단계의 도덕 발달 단계를 주장하였다.
  ㉡ 아동에게 도덕적 갈등 상황을 겪는 가상적 이야기를 제시한 후 그 판단에 따라 도덕성 발달 수준을 분류하였다.
  ㉢ 도덕적 추론은 비연속적이다.

> **Plus Study** 하인츠의 딜레마 상황(The Heinz Dilemma)
>
> 하인츠에게는 불치병인 암에 걸린 아내가 있었다. 하인츠는 자신의 아내를 살리기 위해 암을 치료할 수 있는 약을 찾고 있었다. 그런데 그 마을의 어떤 한 약사가 그 병을 치료할 수 있는 약을 개발하였다. 그 약사는 약을 개발하기 위해 든 비용 등을 감안하여 약값으로 원가의 100배를 요구하였다. 하인츠는 약값을 마련하기 위해 모을 수 있는 모든 돈을 모았지만, 약사가 요구하는 약값의 절반밖에 모으지 못했다. 하인츠는 약사에게 약을 좀 싸게 팔거나 혹은 모자라는 나머지 돈을 외상으로 하고 약을 팔도록 부탁하였다. 그러나 약사는 자신이 자선사업가도 아니며, 자신은 이 약을 통해 돈을 벌어야 하므로 하인츠의 요구를 받아들일 수 없다며 이를 거절하였다. 절망한 하인츠는 결국 그 약국을 부수고 몰래 침입하여 약을 훔치고 만다. 하인츠의 행동은 정당한가, 그렇지 않은가? 그렇게 생각하는 이유는 무엇인가?

> **바로 Check**
>
> 도덕성 발달에 관한 설명으로 옳은 것은?
> ① 피아제(J. Piaget)에 의하면 타율적 도덕성은 구체적 조작기에서 처음 나타난다.
> ② 길포드(J. Guilford)에 의하면 여성의 도덕성은 배려와 관련된다.
> ③ 콜버그(L. Kohlberg)에 의하면 도덕적 추론은 비연속적이다.
> ④ 피아제(J. Piaget)에 의하면 아동의 도덕적 추론은 사회적 상호작용의 영향을 받지 않는다.
> ⑤ 반두라(A. Bandura)에 의하면 도덕적 행동은 관찰학습과 관련이 없다.
>
> **해설** 콜버그는 도덕적 추론의 비연속성을 강조하였다.
>
> ☑ 정답 ③

괄호넣기

"동생이랑 사이좋게 지내. 잘 놀아주지 않으면 혼내 줄 거야."라는 말을 듣고 야단맞지 않으려고 친구와 놀고 싶은 마음을 참고 동생과 놀아주는 것은 (　) 지향 단계에 해당한다.

[정답] 처벌 - 복종

ⓔ 도덕적 발달 단계
　ⓐ 전인습적 도덕수준(preconventional level) : 9세 이전 아동의 도덕수준으로서 이 시기는 벌을 피하기 위해 행동하거나 상을 받기 위해 행동하며, 모든 행위는 자신이 아닌 외부의 권위자에 의해 만들어진 규칙에 따른다.

제1단계 타율적 도덕 : 벌과 복종 지향	• 복종과 처벌을 지향한다. • 규율을 어겨 받아야 할 벌을 피하기 위해서 행동하는 단계이다. • 자기중심적인 사고를 하며 심리적인 관심보다는 물리적인 요인에 의해 행동이 결정된다. • 훔친 행위에 대한 찬성 : "만약 아내를 죽게 내버려 둔다면 아내 때문에 돈을 들이지 않으려 한다는 비난을 받았을 것이다. 그리고 아내의 죽음에 대해 당신과 그 약사는 조사를 받을 것이다." • 훔친 행위에 대한 반대 : "훔치는 행위는 잡혀서 감옥에 가야 되기 때문에 약을 훔쳐서는 안 된다. 만약 그런 행위를 했다면 언제 경찰에 잡힐지 모른다는 생각에 양심의 고통을 받게 될 것이다."
제2단계 개인주의적 도덕 : 도구적 목표 지향	• 도구적 상대주의를 지향하고, 보상을 지향한다. • 각 개인의 관심과 흥미에 따라 도덕적 행위가 결정되며 다른 사람도 똑같은 욕구가 있다는 것을 인정한다. • 도덕적 행위에는 공정한 교환이 포함된다고 여기므로, 옳다는 것은 상대적 의미를 지닌다. • 훔친 행위에 대한 찬성 : "만약 잡히면 약을 돌려주어야 하고 형을 오래 살지는 않을 것이다. 작은 형량을 받았다는 것이 그리 당신을 괴롭히지는 않을 것이며, 벌을 받고 나면 아내를 다시 볼 수 있다." • 훔친 행위에 대한 반대 : "약을 훔친 것에 대해 많은 형량을 살지는 않을 것이다. 그러나 당신의 아내는 아마도 당신이 형량을 마치기 전에 죽을 수도 있다. 만약 아내가 죽는다면 아내의 병이 당신 때문에 얻은 것은 아니지만 당신은 자신을 책망하게 될 것이다."

ⓑ 인습적 도덕수준(conventional level) : 청소년기와 성인 대부분이 이 수준에 해당되며, 사회 규율이나 관습에 맞는 행동을 도덕적 행동이라 간주한다.

제3단계 상호관계의 도덕 : 착한 아이 지향	• 대인 간 조화 또는 착한 소년/소녀를 지향한다. • 착한 아이 도덕성을 지향한다. • 가까운 사람의 기대에 부합하는 착한 아이로 행동하고자 하는 것이 동기가 된다. • 다른 사람과의 관계를 인식하게 되고, 다른 사람으로부터 인정을 받고자 노력한다. • 훔친 행위에 대한 찬성 : "약을 훔친 데 대해 아무도 당신을 나쁘다고 생각하지 않을 것이다. 그러나 당신이 약을 훔치지 않았다면 당신의 가족은 당신을 비인간적인 사람으로 생각할 것이다. 그렇게 되면 당신은 다시는 고개를 들고 가까운 사람의 얼굴을 볼 수 없을 것이다." • 훔친 행위에 대한 반대 : "당신을 범죄자로 생각하는 것이 약사뿐만은 아닐 것이다. 당신이 약을 훔친 후에 자신과 가족의 명예를 손상시켰다고 생각하면 나쁜 행위라고 느낄 것이다. 당신은 다시는 고개를 들고 다른 사람의 얼굴을 보지 못할 것이다."
제4단계 사회체계의 지향적 도덕 : 법과 질서 지향	• 법과 질서를 지향한다. • 권위와 사회질서 유지를 위한 도덕성을 지닌다. • 사회질서를 위한 법의 존재를 인정하고 법에 따른 행동이 도덕적 행위로 규정된다. • 훔친 행위에 대한 찬성 : "만약 당신이 어떤 명예가 있다면 아내를 구할 수 있는 유일한 일을 하는 것을 두려워하지 않을 것이기 때문에 아내를 죽게 내버려 두지는 않을 것이다. 만약 당신의 의무를 행하지 않아서 아내가 죽게 된다면 당신은 항상 죄책감을 느낄 것이다." • 훔친 행위에 대한 반대 : "당신은 절망적인 상태에 있기 때문에 약을 훔친다는 것이 잘못이라는 것을 모를 수 있다. 그러나 감옥에 가고 나면 그것이 잘못된 행동이었다는 것을 알게 될 것이다. 당신은 항상 불명예와 법을 위반했다는 것에 대해 죄책감을 느끼게 될 것이다."

ⓒ 후인습적 도덕수준(postconventional level) : 대부분 20세 이상의 성인들 중 일부분만 이 수준까지 간다고 한다. 도덕적 행위는 사회나 권위자에 의해 결정되는 것이 아니라 개인의 가치 기준에 의해 결정된다.

제5단계 사회계약 지향의 도덕	• 계약, 개인의 권리, 민주적으로 수용된 법이나 도덕성을 지향한다. • 다수의 공익을 위한 법률은 사회계약으로 인정하기도 하나 개인의 권리, 예를 들어 자유와 같은 개인적 가치도 경우에 따라 중요시된다. • 민주적인 절차에 따라 법률이 바뀔 수도 있다는 것을 알게 된다. • 훔친 행위에 대한 찬성 : "만약 당신이 약을 훔치지 않는다면 다른 사람을 존중하지 않게 될 것이고, 다시는 그것을 회복하지 못할 것이다. 만약 당신의 아내를 죽게 내버려 둔다면 두려움에서는 벗어날지 몰라도 도리로부터는 벗어나지 못할 것이다. 따라서 당신은 자신을 존중할 수 없을 것이고, 물론 다른 사람도 존중하지 못할 것이다." • 훔친 행위에 대한 반대 : "당신은 지역사회에서 당신의 위치와 존중을 상실하게 되고 법을 위반하게 된다. 당신은 자신을 존중할 수 없게 된다."
제6단계 보편원리 지향의 도덕	• 개인의 원리와 양심, 도덕성을 지향한다. • 인간의 권리는 동등하며 인간의 존엄성을 인정하는 정의라는 차원에서 도덕이 판단한다. • 도덕적 행위는 양심으로 표현된다. • 예수, 석가모니 등과 같이 소수의 성인만이 도달 가능하다. • 훔친 행위에 대한 찬성 : "만약 당신이 약을 훔치지 않는다면 그 후에 자신을 계속해서 책망하게 될 것이다. 자신의 양심 기준에 따라 행동하게 되면 법이라도 어쩔 수 없을 것이다." • 훔친 행위에 대한 반대 : "만약 당신이 약을 훔친다면 다른 사람이 그것을 책망하지는 않겠지만 당신 자신은 양심과 정직 기준을 따르지 않았기 때문에 스스로를 책망하게 될 것이다."
제7단계 우주적 영생을 지향하는 단계	• 도덕 문제는 도덕이나 삶 자체가 문제가 아니라 우주적 질서와의 통합이라고 보는 단계이다. • 생명의 신성함, 최대 다수를 위한 최선의 원리, 인간 성장을 조성하는 원리 등이 우주적 원리에 해당한다.

 콜버그의 생애 말년에 7단계를 추가함

ⓜ 비판
  ⓐ 불변성에 대한 종단적 연구의 필요성이 강조되고, 한 도덕 단계에서 전 도덕 단계로 퇴행 가능성이 고려되어야 할 필요성이 있다.
  ⓑ 연령에 따라 발달 단계를 구분 지을 수 있을지에 대해 의문스러우며, 성인의 기대 수준, 부모의 양육방식이 아동의 도덕 발달에 중요한 영향을 미친다는 사실을 간과하였다.
  ⓒ 각 발달 단계가 서로 상이한 도덕 판단 내용을 포함하고 있는지에 대해 점검해 보아야 할 필요성이 있다.
  ⓓ 도덕적 사고와 도덕적 행동 간의 관계가 부족하다.

출제포인트 — 콜버그(Kohlberg)의 도덕 발달 3수준 6단계 이론

수 준	단 계	특 징
수준 Ⅰ 전인습적 수준	단계1	• 복종과 처벌 지향 • 처벌을 피하기 위해 규범에 복종하는 단계
	단계2	• 보상 지향 • 보상과 호의를 얻기 위해 따르는 단계
수준 Ⅱ 인습적 수준	단계3	• 착한 소년/소녀 지향 • 타인의 승인을 얻고 비난을 피하기 위해 따르는 단계
	단계4	• 권위 지향 • 권위자의 비난을 피하고 의무 불이행에 따른 죄의식을 피하기 위해 법과 규범을 지키는 단계
수준 Ⅲ 후인습적 수준	단계5	• 사회적 계약 지향 • 공공의 선을 위해 다수가 동의한 원칙에 따라 행동하는 단계
	단계6	• 윤리적 원리(보편원리) 지향 • 정의, 존엄, 평등과 같이 자신이 스스로 선택한 윤리적 원칙에 따라 행동하는 단계

바로 Check

다음 설명이 모두 해당되는 콜버그(L. Kohlberg)의 도덕성발달 단계는?

• 자신의 흥미와 욕구를 만족시키기 위해 규범을 준수한다.
• 훈이는 어머니가 약속한 선물 때문에 찻길에서 뛰어다니지 않는다.

① 사회 계약 지향 ② 착한 아이 지향 ③ 법과 질서 지향
④ 벌과 복종 지향 ⑤ 도구적 목표 지향

해설 2단계는 개인주의적 도덕 단계로서 도구적 상대주의를 지향하고 보상을 지향한다.

✔ 정답 ⑤

○× 퀴즈

콜버그(Kohlberg)의 도덕 발달 단계에 의하면 착한 소년, 착한 소녀 지향 단계는 후인습적 도덕수준에 해당된다.
[   ]

[정답] ×

해설 착한 소년/소녀 지향 단계는 3단계인 상호 관계의 도덕에 속하며 인습적 도덕수준에 해당된다.

③ 길리건(Gilligan)의 도덕 발달 이론 : 콜버그의 이론이 정의를 강조하는 남성들에게 적합한 반면, 타인을 돌보는 것에 관심이 많은 여성에게는 부적합한 이론이라고 주장하였다. 타인에 대한 돌봄과 책임을 획득하는 발달적 단계를 제안하였다.

㉠ 길리건의 도덕 발달 단계

1단계	• 자기중심단계 • 아동은 자신의 요구에 몰두한다. • 자신에게 이득이나 도움이 되는 행동을 도덕적인 것으로 보는 반면, 자신에게 피해를 주는 행동을 부도덕한 행동으로 간주한다.
2단계	• 선과 타인에 대한 책임감을 동일시한다. • 타인에게 도움을 주거나 돌보는 행동을 도덕적인 것으로 간주한다. 특히, 스스로 돌볼 수 없는 노인이나 아동을 돌보는 것을 중시한다. • 자기 자신을 희생하면서도 상대방의 욕구를 충족시키는 데 몰두한다.
3단계	• 자아와 타인 사이의 역동성에 초점을 둔다. • 인간관계에 관여하는 모든 사람을 돌보는 데 관심을 둔다. • 자신과 타인을 모두 돌보고자 하는 데 중점을 둔다.

㉡ 길리건의 성별 도덕성 특징
　ⓐ 남성 : 권리와 독립성을 강조하는 '정의' 도덕성
　ⓑ 여성 : 인간관계와 상호의존성, 책임을 강조하는 '배려' 도덕성

바로 Check

도덕성 발달에 관한 설명으로 옳은 것을 모두 고른 것은?

ㄱ. 프로이트(S. Freud)는 남근기에 이성 부모와의 동일시 과정을 통해서 발달하는 초자아를 강조하였다.
ㄴ. 반두라(A. Bandura)는 도덕적 행동보다는 도덕적 갈등상황에서 개인이 느끼는 죄책감을 중요시 했다.
ㄷ. 콜버그(L. Kohlberg)는 도덕적 갈등상황에 대한 판단에 기초하여 개인의 도덕발달수준을 평가하였다.
ㄹ. 길리건(C. Gilligan)은 여성이 공동체적 관계와 타인배려를 중요시하는 배려의 도덕성을 지향한다고 하였다.

① ㄱ, ㄴ　　② ㄱ, ㄹ　　③ ㄴ, ㄹ
④ ㄷ, ㄹ　　⑤ ㄱ, ㄷ, ㄹ

해설 프로이트는 남근기에 이성 부모로부터 감각적 요구를 충족시키고자 하며 동성의 부모를 경쟁자로 보는 과정을 통해 남아는 오이디푸스 콤플렉스, 여아는 엘렉트라 콤플렉스를 경험한다고 설명했다. 초자아는 동성 부모와 스스로를 동일시하며 오이디푸스, 엘렉트라 콤플렉스를 극복하는 과정에서 형성된다. 반두라는 도덕성 발달은 특정 사회가 지닌 가치, 규범, 관심 등을 내면화함으로써 이루어지며, 내면화가 이루어지면 아동은 어떤 행동이 도덕적이고 금지된 것인지 결정한다고 설명한다.

정답 ④

피아제, 프로이트, 에릭슨의 발달 단계

발달단계	연령	피아제의 인지 발달	프로이트의 심리성적 발달	에릭슨의 심리사회성 발달	적용
신생아기	생후 1개월 ~ 1.5세	• 초기 감각운동기 반사 작용 • 초기 순환 반응 • 2차 도식의 통합 • 여러 가지 반사 행동을 통합·발전	[구강기] • 수유를 성공적으로 이끌면 낙관적이고 안정감 있는 성격 • 문제가 있으면 불안감, 적대감, 불신감 형성	[신뢰감 대 불신감] 특히 어머니와 같이 지속적으로 잘 보살펴 주는 사람에 의존	• 새로운 환경에 순응하려고 준비하는 시기 • 모체 내의 환경과 전혀 다르므로 뇌에 상처(두 측골이 고정되지 않음)나 충격을 받지 않도록 주의
걸음마기	1.5 ~ 3세	[후기 감각운동기] 대상영속성, 3차 순환 반응, 초보적인 사고, 이미 사라진 모델에 대한 내적인 표상을 가진 지연 모방을 하기도 하고, 문제해결을 위해 노력함	[항문기] 배변훈련의 문제는 외부 요구에 순종 혹은 반항하는 성격을 형성, 지저분함, 청결에 대한 강박관념. (너무 빨리 훈련시키면) 갈등 유발	[자율성 대 수치심] • 자율감을 형성하는 동안에 사회적 요구와 배변훈련에 순응할 필요 • 수치감과 자기의심의 감정이 오래 지속되는 것은 위험	어머니와 영아 주위에 있는 인적 환경 모두가 사랑으로 대화하며 언어의 자극을 주고, 환경을 탐색하고, 애착 관계가 바르게 형성되도록 도움
유아기	3 ~ 6세	[전조작기] • 사고를 함 • 기억력 사용, 조건화, 기계적인 암기 학습, 자아중심적 인지 발달, 자아중심적 언어 발달, 도식들의 점진적인 동화	[남근기] • 이 시기 여러 가지 거절은 소유욕과 관련, 인색함 • 소유욕, 신체와 능력에 대한 긍지, 자기과시 • 여아는 어머니를, 남아는 아버지를 애정의 경쟁 대상으로 삼아 자기와 같은 성을 동일시하는 엘렉트라 및 오이디푸스 콤플렉스	[주도성 대 죄책감] • 견딜 수 없는 죄책감 또는 억제 없이 탐구하고 즐기는 욕구, 호기심 등의 충족이 필요 • 행동통제의 기본이 되는 옳고 그름의 감성 발달 • 목표를 세워 거기에서 적응하고자 노력하는 시기	• 호기심과 질문이 많아 언어 발달이 급격하고 지능, 성격, 도덕, 운동 등 모든 특성이 발달되며 점차로 사회화되어 가는 시기 • 조화롭게 발달되도록 도움
아동기	6 ~ 12세	[구체적 조작기] • 도식의 동화작용, 안정된 구조의 확립, 보존 개념, 가역성, 그 밖의 논리적 조작 능력 획득 • 사고와 문제해결에 구체적 조작 사용 등	[잠재기] • 아동기 과업(지적, 사회적, 성격적)에 집중, 성욕 억제 • 초등학교에 입학하여 지적 탐색과 활동이 많은 시기	[근면성 대 열등감] • 유아기의 기능을 숙련하고 지식에 관한 즐김을 수반하면서 성공적으로 학교의 기대에 부응하고 가족과 동료들을 대함 • 자기비하나 열등감을 느끼지 않고, 좌절과 실패를 극복	새로운 지식 습득의 요구가 강해지고 또래집단, 동료들로부터 인정을 받고 회원이 되고 자부심도 느끼게 되며 문제해결력도 있음

6 발달정신병리

(1) 개요

① 인간의 발달 과정에서는 어느 단계에서든지 발달장애 혹은 발달 이상이 생길 수 있다.

② 발달 이상을 정의하는 기준
  ㉠ **평균적인 발달에서 얼마나 일탈되어 있는가에 따라 분류** : 한 개인이 속한 연령집단의 평균치에서 신체적 성장치나 행동패턴의 일탈 정도를 기준으로 분류하는 방식이다.
  ㉡ **임상심리학자들에 의해 제안된 견해** : 연령에 따라 정상적인 적응능력의 기준을 정하고 그 기준에서 적응능력이 어느 정도 결여되어 있는가에 따라 분류한다.

(2) 태내 발달의 이상

① 유전적 이상
  ㉠ **다운 증후군**(Down's syndrome) : 23쌍의 염색체 배열 중에서 제21번째 염색체가 2개가 아닌 3개로 되어 있어 전체 염색체 수가 47개인 경우이다. 초산부의 연령이 높을수록 증가한다. 신체적·지능적 결함을 가지고 출생하며 선천적 심장판막증, 발육 지연을 보일 수 있다. 면역력이 약하기 때문에 질병에 걸리기 쉽고 수명도 매우 짧은 편이다.
  ㉡ **클라인펠터 증후군**(Klinefelter syndrome) : 남성이 XXY의 성염색체를 가짐으로써 모두 47개의 염색체를 가지는 경우를 말한다.
  ㉢ **터너 증후군**(Turner syndrome) : 여성이 단지 1개의 성염색체 X만을 가지고 태어나 정상인보다 1개가 적은 45개의 염색체를 가지는 경우를 말한다. 정상적인 여성의 성염색체가 XX인데, XO로서 X염색체 1개만 가진다. 생식기관의 미성숙과 2차 성징이 나타나지 않는 성적 결함을 가지게 된다.
  ㉣ **페닐케톤뇨증**(phenylketonuria) : 염색체의 기본 물질인 DNA의 염기 배열상에 이상이 있을 때 나타나는 증상이다. 정신박약의 정도가 높아 IQ가 50 이하이고, 멜라닌 형성이 나빠서 피부가 백색이며, 모든 체모는 적갈색이다.
  ㉤ **겸상 적혈구성 빈혈증**(sickle cell anemia) : 헤모글로빈을 만드는 데 관여하는 유전인자의 결함으로 적혈구가 낫이나 초승달 모양의 비정상적인 형태로 만들어져 모세혈관을 통과할 때 걸리게 되어 혈액순환이 순조롭지 못하며 뼈와 신장에 손상을 가져오는 경우가 있다.

항상 기운이 없고, 가벼운 운동에도 가슴이 두근거리며, 숨이 가쁘고, 대부분 20세 이전에 사망한다.

> **바로 Check**
>
> **다음에 해당하는 성염색체 이상 증후군은?**
>
> - 난소가 제 기능을 하지 못해 여성 호르몬이 부족하고, 사춘기가 되어도 2차 성징이 나타나지 않는다.
> - 공간지각 능력은 평균 이하인 경우가 많다.
> - 연소자형 관절염과 작은 체격이 보편적인 특성이다.
>
> ① 터너 증후군   ② 클라인펠터 증후군   ③ XYY 증후군
> ④ 삼중 X 증후군   ⑤ 다운 증후군
>
> [해설] 터너 증후군은 염색체 이상의 하나로, 정상 여성의 성염색체가 XX 두 개인 데 반해, X 염색체가 하나밖에 없기 때문에 발생하는 증후군이다.
>
> ☑ 정답 ①

② **약물** : 해로운 약물을 복용했을 때에는 어떤 경우이든 태아에게 치명적인 손상을 줄 수 있다. 심한 경우 사산 또는 유산되거나 기형아, 뇌성마비, 성장장애를 일으키고 척추나 뼈 혹은 염색체에 이상을 초래하기도 한다.

③ **음주와 흡연** : 임신 초기 임산부가 알코올이나 흡연을 자주 접하면 태아는 자연유산되거나 조산아로 태어날 확률이 높으며, 태내 성장이 지체되어 대개 미숙아로 출생하기도 한다.

㉠ **알코올** : 태아의 신체적인 기형과 정신지체를 일으키는 매우 심각한 약물이다.

    ⓐ 태아 알코올 증후군(FAS; fetal alcohol syndrome) : 태내기 동안에 알코올이 태반을 통과하여 태아에게 전달되는 것이다. 이 증상을 가진 태아는 머리가 작고 미간 사이가 넓으며 코가 낮은 형태의 신체적 특징을 지닌다. 정신지체 및 과잉행동과 같은 심리적 결함을 나타내기도 한다.

    ⓑ 태아 알코올 노출(PEA; prenatal exposure to alcohol) : 알코올을 섭취한 임산부에게서 태어난 영아에게 발생한다. 이 문제를 가진 영아는 인지 과제, 학업 능력, 정교한 운동 및 조정의 결함과 같은 행동장애를 보인다.

㉡ **흡연** : 임산부의 흡연은 태아의 유산 및 사산의 가능성을 증가시킨다. 태아가 태어나더라도 만성적인 산소 부족으로 인해 언어장애 및 인지 발달 지체 현상을 보이게 된다. 흡연은 태아의 체중이 증가하는 시점에 영향을 주기 때문에 태아 저체중의 원인이 된다.

나의 필기노트

④ **질병**
  ㉠ **풍진**(german measles) : 선천성 심장질환, 백내장, 귀머거리, 정신박약 등의 신체 결함을 초래한다. 단독 증세가 나타나기도 하지만, 몇 가지가 합병되어 나타나는 경우가 많아서 선천성 풍진 증후군이라고 명명된다.
  ㉡ **매독**(syphilis) : 태반을 통해 태아에게 감염된다. 임신부가 중증 매독일 경우 태아는 유산되며, 출산이 되는 경우에도 대개 조산되는 경향이 있다. 아기는 매독 제2기의 증세를 가지고 태어나게 되는데, 피부에는 수포, 농포, 짓무름 등이 나타나고, 입 주위는 균열이 생기며 비염이나 뼈에 이상을 초래하기도 한다.
⑤ **혈액형** : 일반적으로 ABO형과 태아와는 아무 문제가 없다. Rh형의 경우 아버지가 Rh(+)이고 어머니가 Rh(-)인 경우에 문제가 발생한다.
  ㉠ Rh(-)인 어머니가 임신을 하면 우성인 Rh(+)의 아기를 잉태하게 되는데, 이때 모체의 면역체계는 Rh(+)를 비자기(not-self) 단백질로 인식하여 항원자극을 받게 된다.
  ㉡ 자극을 받은 후 면역체계는 Rh(+)에 대한 항체를 만들기 시작하나, 첫 번째 아기는 항체의 영향을 별로 받지 않고 무사히 출산된다.
  ㉢ 출산 후 모체에서는 항체가 더욱 많이 생성되어 두 번째로 아기를 임신했을 때에는 항체가 태반을 통해 태아의 혈액 내로 들어가서 항원-항체 반응을 일으킨다. 항원-항체 반응이 일어나면 용혈상태가 나타나는데, 태아의 적혈구가 파괴되어 태아가 유산되거나 사산되며 혹시 출산된다고 해도 정신박약아가 된다. — 태아적아구증(fetal erythroblastosis)

(3) 영아기의 발달 이상
① **정신지체**(mental retardation)
  ㉠ 지적 지능이 낮아 적응에 어려움이 있으며 지능지수가 70 이하인 경우가 대부분이다.
  ㉡ **정신지체의 원인** : 유전적 요인, 태내 환경의 영향, 출산 직전 약물에 의한 장애, 출산 시 장애, 출산 후 장애, 문화적 요인 등
② **언어장애**(language disorder)
  ㉠ **언어발달지체** : 동일 연령층에 비해 발달 수준이 유의하게 낮은 경우로서 정신박약, 청각장애, 뇌손상이나 뇌기능장애, 정서장애 등이 원인이 될 수 있다.

ⓒ **조음장애** : 연령 수준에 비해 발음이 정확하지 못하고 발음을 생략하거나 첨가, 왜곡 또는 대치하는 것으로서 청각장애, 청각기억장애, 신경계의 손상, 발음기관의 결함이나 잘못된 사용 등이 원인이 될 수 있다.

ⓒ **말더듬이** : 특정한 음절의 반복과 발음이 연관되는 것으로서 기질적(높은 혈당비) 및 환경적 원인(잘못된 모방, 정신적 외상, 정서불안 등)으로 초래될 수 있다.

ⓔ **선택적 함묵증** : 아무런 지적장애를 보이지 않는데도 불구하고, 사람이나 장소에 따라 입을 다물고 말을 안 하는 증세를 보인다.

③ **자폐증(autism)** : 타인과 애정 있는 관계를 갖지 못하며 사람을 기피하거나 말을 전혀 못하고, 특정한 사물이나 대상을 멍하니 주시하는 증상을 가진다.

㉠ 자폐장애는 사회적 상호작용에서의 질적인 장애가 다음 항목들 중 적어도 2개 항목으로 표현된다.

ⓐ 사회적 상호작용을 조절하기 위한 눈 마주치기, 얼굴 표정, 자세, 몸짓과 같은 다양한 비언어적 행동을 사용함에 있어서 현저한 장애를 보인다.
ⓑ 발달 수준에 적합한 친구 관계 발달의 실패를 보인다.
ⓒ 자발적으로 다른 사람들과 기쁨, 관심, 성공을 나누지 못한다.
ⓓ 사회적으로나 감정적으로 서로 반응을 주고받는 상호 교류가 결여되어 있다.

㉡ **원인**

ⓐ 기질론 : 중추신경계의 결함을 가정하는 경우
ⓑ 환경론 : 영아기에 아동을 돌보는 부모나 양육자와의 관계 결함으로 인해 순조로운 애착 발달을 이루지 못하거나 인지 발달에 있어 결함이 생기는 경우

바로 Check

자폐스펙트럼장애의 특징이 아닌 것은?
① 사회적 상호작용의 질적 손상   ② 의사소통 장해
③ 상동적인 행동   ④ 제한된 특정 분야에 대한 관심과 몰두
⑤ 언어성 지능에 비해 낮은 동작성 지능

해설 자폐스펙트럼장애는 사회적 상호작용과 의사소통에서 질적인 장애를 보이며, 행동, 관심, 활동에서 반복적이며 상동적인 양상을 나타낸다.

✅ 정답 ⑤

④ 야뇨증(enuresis)
  ㉠ 소변을 가릴 나이가 되었음에도 불구하고 종종 배뇨하는 증상을 말한다.
  ㉡ 원인
    ⓐ 생리적 원인 : 방광 근육의 미성숙으로 수의적 통제가 불가능한 경우
    ⓑ 심리적 원인 : 정서적 스트레스로 인해서 생기는 경우
⑤ 정서장애(affection disorder)
  ㉠ 나이에 알맞게 정서표현을 하지 못하거나 정서적 감수성이 발달하지 못한 경우이다. 정서표현이 지나치게 과격하거나 변화가 심하거나 가까운 사람에게조차 애정적 관계를 형성하지 못하여 적응에 어려움이 있는 장애이다.
  ㉡ 손가락 빨기, 잦은 설사, 구토, 잦은 용변, 피부질환, 발열, 물어뜯기, 과잉활동, 주의산만 등을 보인다.

(4) 유아기의 발달 이상

① 미소 대뇌 기능장애(MBD; minimal brain disfunction, 과잉활동 증후군)
  ㉠ 과도한 운동 활동, 충동적 행동 및 주의가 산만하여 학업성취 수준이 표준 이하로 떨어지는 경우를 말한다. 지능이 정상 혹은 우수한 경우라고 해도 실제로는 평균 수준 이하이며, 남아가 여아보다 3~4배가량 많다. 최근에는 2~5세경에 나타나는 것으로 보고 조기발견 및 조기예방의 필요성이 대두되고 있다.
  ㉡ 원인 : 임산부의 영양실조, 조산, 기구(겸자)를 사용한 분만 등으로 인한 뇌손상과 무산소증, 부모로부터 받은 유전적 결함 등
② 유아 정신분열증(childhood schizophrenia)
  ㉠ 정신분열 증세를 보이는 아동은 전체 심리적 장애아의 약 10%를 차지하며, 남아가 여아보다 두 배 이상 높은 발병률을 보인다. 2세까지는 정상적인 심리적 발달을 보이다가 2세 이후 사람들로부터 위축되는 증세가 나타나기 시작한다.
  ㉡ 환경의 변화를 참지 못하고 반복적인 활동과 타인이 이해할 수 없는 행동패턴, 감각자극에 대한 심한 변화, 과다활동, 신체적 경직, 이상한 자세를 취하는 경향, 타인에게 무관심하고 무표정하며 때로는 강한 불안과 격렬한 투정을 보인다.
  ㉢ 증세 : 인지적 결함, 대인관계 및 통제력 결함 등

② 원인
　　ⓐ 선천적, 생화학적, 신경생리적인 손상의 결과로 보는 입장
　　ⓑ 불화, 불목으로 인한 잘못된 가정환경으로 보는 경우
　　ⓒ 생물발생적인 유전적 요인이 환경적 영향을 받아 발생
③ **두려움**(fear)**과 공포증**(phobia) : 유아는 신체적 손상을 줄 수 있는 동물이나 사물에 대한 무서움과 두려움을 가질 수 있다. 대부분의 두려움은 성장함에 따라 점차 약화되거나 사라지는 것이 일반적인데, 유아의 절반 정도는 과도한 두려움을 느끼는 공포증을 가지게 된다.

　📝 유아 공포증 : 아동, 성인 및 일반적인 유아의 경우에는 큰 공포감을 느끼지 못하는 상황에서 일부 유아만 공포반응을 일으키는 경우

④ **악몽**(nightmare)**과 수면 이상**(sleeping disorder)
　㉠ 정서적으로 미성숙한 유아에게서 많이 발병한다.
　㉡ **몽유병** : 수면 중에 꿈꾸는 내용대로 실제 걸어 다니는 경우로서, 의식과는 동떨어진 해리 상태에서 나타난다.

(5) 아동기의 발달 이상

① **신체 발육의 이상** : 비만(obesity)
　㉠ **유전적 요인** : 부모가 비만인 경우나 음식 단서에 대한 반응이 민감한 경우에는 비만에 걸릴 가능성이 높다.
　㉡ **문화적 요인** : 영아기 초기에 지방질 섭취를 지나치게 많이 한 영아가 성인이 되어서까지 그 습관이 지속되는 경우에는 비만의 가능성이 높다.
　㉢ **심리적 요인** : 정서적으로 긴장되거나 불안할 때에는 비만일 가능성이 커진다.
　㉣ **기타 요인** : 영양 섭취량은 늘고 운동량은 부족한 데서 오는 경우에도 비만에 걸릴 가능성이 높다.

② **행동장애**
　㉠ **학교공포증**(school phobia) : 학교생활에서 교사나 또래와의 관계에서 불쾌한 경험이나 불안이 학교를 아예 회피하려는 행동으로 나타나는 경우이다. 두통, 복통, 구역질, 과민성 기침 등을 수반하기도 한다. 부모는 아동을 무조건 야단치지 말고 그 원인을 찾아 근본적인 대책을 강구해야 한다.
　㉡ **전환증**(conversion)**과 히포콘드리아시스**(hypochondriasis) : 불안이 주된 원인으로, 신체적 증상이나 신체기능에 일시적으로 이상이 생기는 신경증적 행동을 보인다. 특정한 신체기관의 이상이 없고 일시적으로 일어나는 감각이나 동작의 장애를 보인다.

증상의 유형	고통, 무감각, 근육계통의 장애 등을 수반하기도 한다.
틱(tic) 장애	얼굴, 머리, 목 등에서 일어나는 불수의적인 반복적 근육운동인 경련을 보인다.

ⓒ **습관장애**(habit disorder) : 잘못된 습관에 원인이 있는 장애
  예) 야뇨증, 손가락 빨기 등
ⓔ **품행장애**(conduct disorder) : 심리적 갈등이나 욕구 좌절이 공격적이거나 반항적인 행동, 도벽, 방화, 무단결석, 가학적 행동 등으로 나타나는 장애를 말한다. 충동성이 높은 아동은 그렇지 않은 아동에 비해 품행장애가 발생할 확률이 높으며, 때로는 부모의 양육방식과 관련되어 나타난다.
ⓜ **강박적 사고**(obsessive thinking) : 어떤 생각이 원치 않는데도 자꾸 떠오르는 것이다. 일반적으로 아동에 대한 부모의 지나치게 엄격한 훈련이 심한 강박증을 유발할 가능성이 높다.
ⓗ **학습장애**(learning disabilities) : 정상적인 지적 능력이 있는 아동이 불안이나 갈등에 의해 낮은 성적을 받는 경우이다. 지능은 정상인데 신체적 이상이나 심리적인 이상으로 나타나기도 한다.

읽기장애	읽기의 정확도 또는 이해 능력을 평가하기 위해 개별적으로 실시된 표준화 검사에서 읽기 성적이 개인의 생활연령, 측정된 지능, 나이에 적합한 교육에서 기대되는 정도보다 현저하게 낮은 경우
쓰기장애	개별적으로 실시된 표준화 검사에서 쓰기 능력이 개인의 생활연령, 측정된 지능, 나이에 적합한 교육에서 기대되는 정도보다 현저하게 낮은 경우
산술(셈하기)장애	개별적으로 실시된 표준화 검사에서 산술 능력이 개인의 생활연령, 측정된 지능, 나이에 적합한 교육에서 기대되는 정도보다 현저하게 낮은 경우

③ **도지(Dodge)의 아동 공격성에 대한 이론**
  ㉠ 도지(Dodge)는 아동 공격성에 대하여 내적 인지 과정을 통하여 아동이 공격성을 표출하는 과정을 설명하였다. 공격성이나 문제행동을 하는 아동은 내적 인지 과정에서 한 단계 이상이 결함을 보이기 때문이라고 한다.
  ㉡ 공격적인 행동을 하는 아동은 다른 사람이 자신에게 적개심을 가지고 행동한다고 생각하기 때문에 이에 원만한 반응을 보이기보다는 적대적인 방식으로 신속히 보복한다고 한다. 예를 들면 친구가 실수로 자신의 팔을 건드리는 경우에도 이를 의도적으로 자신을 때렸다고 귀인하는 경향이 있다고 한다.

(6) 청년기의 발달 이상

① **불안장애**(anxiety disorder)
  ㉠ 나쁜 일이 곧 일어날 듯한 막연한 두려움이나 긴장감의 정도가 심한 경우를 말한다. 어떤 구체적인 대상이나 원인이 없이 막연한 상태를 경험한다.
  ㉡ 불안감, 초조감을 나타내며 신경이 날카로워져 작은 일에도 쉽게 놀라고, 주의집중력이 떨어지게 되며, 때로는 복통, 두통, 현기증 등이 수반되기도 한다.
  ㉢ 원인 : 예기치 않은 실패를 경험한다거나 심리적인 충격이 만성화되는 데에서 올 때도 있고, 부모와의 갈등, 성문제에 관한 죄의식 같은 내면적 갈등 때문일 수도 있다.

② **강박증**(obsessive compulsive disorder) : 원치 않는 어떤 생각이나 충동이 자꾸 떠오른다든지 어떤 의식화된 행위를 반복하여 수정하지 않으면 극히 불안해지는 증상을 말한다. 우리나라에서는 특히 고등학생 집단에서 가장 높은 강박증을 보이고 있는데, 이는 학업성취에 관한 정신적 부담 때문으로 해석된다(이민규 외, 1986).

③ **시험불안**(test anxiety) : 시험을 앞두기만 하면 심한 불안감을 느끼고 무기력해지며, 주의집중이 전혀 안 된다든지 두통, 복통 등의 신체적 증상이 나타나는 것을 말한다. 시험에 대한 심리적인 부담감이 스트레스가 되어 불안의 직접 원인이 되는 경우이다.

④ **우울증**(depression) : 우울감이 너무 심각해서 적응에 어려움이 있는 경우를 말한다. 청소년기의 우울증은 때로 여러 가지 신체 증상 및 극심한 무력증, 피로감, 권태감으로 나타날 수 있고, 가출이나 비행을 초래하기도 한다.

⑤ **자살**(suicide)
  ㉠ 15~24세의 젊은층에서는 자살이 사망 원인 중 두 번째로 높다. 자살의 성비율은 3 : 1 정도로 남성이 여성에 비해 더 많으나, 자살기도는 여성이 남성보다 3배 정도 많다.
  ㉡ 자살의 동기로는 삶에 대한 의욕과 동기를 상실한 경우와 극도로 좌절되고 낙담한 상태에서 도움을 청하고 관심을 끌기 위한 경우, 그리고 이 두 가지가 혼합된 경우가 있다.
  ㉢ 청소년의 경우는 대개 좌절되고 낙담한 상태에서 일시적으로 모면하기 위해 자살을 시도한다.

⑥ 섭식장애(Eating Disorder)
  ㉠ **비만** : 정상 체중보다 20% 이상이 초과될 때 비만이라 한다. 비만은 순환계의 퇴행성 질환 및 심장질환과 높은 관련이 있을 뿐만 아니라 십대 비만이 성인 비만으로 이어지는 경우가 많기 때문에 청년기에 비만이 되지 않도록 각별히 유의해야 한다.
  ㉡ **신경성 거식증** : 음식의 섭취를 지속적으로 거부함으로써 궁극적으로 생명에 위협이 될 정도로 체중이 감소하는 증상을 말한다. 음식의 거부는 체중을 줄이고자 하는 동기에서 시작되며 간혹 뚱뚱함에 대한 병적인 공포와 함께 지나치게 날씬함을 추구하는 데에서 기인하기도 한다. 청소년 초기에 주로 나타나며 환자의 약 95%가 여성이다.
  ㉢ **폭식증**
    ⓐ 엄청난 양의 음식을 먹으며, 이어서 극도의 신체적, 정서적 불쾌감을 느끼게 되고 속을 비우기 위해 스스로 토하거나 하제 등을 이용하는 먹기장애이다.
    ⓑ 10대와 젊은 성인 여자에게 가장 흔하며, 두 경우 모두 지나치게 체중에 관심을 기울인다.
    ⓒ 지나치게 많이 먹으려는 자신의 충동에 굴복하여 엄청난 양의 음식을 먹게 되고 이어서 죄책감과 수치심 및 우울증에 빠지게 된다.
    ⓓ 폭식증은 행동 및 인지치료, 심리치료, 가족치료, 입원치료, 약물치료 등을 포함하는 여러 가지 치료법으로 치료할 수 있다.

바로 Check

섭식장애에 관한 설명으로 옳은 것을 모두 고른 것은?

ㄱ. 청소년기 신경성 식욕부진증의 유병률은 남녀 성차가 뚜렷하게 나타난다.
ㄴ. 폭식장애는 신경성 폭식증과 달리 부적절한 보상행동이 나타나지 않는다.
ㄷ. 신경성 식욕부진증을 가진 사람은 흔히 문제에 대한 통찰이 없거나 문제를 부정한다.
ㄹ. 섭식장애의 행동 개선에는 약물치료가 인지행동 치료에 비해 효과적이다.

① ㄱ, ㄴ ② ㄱ, ㄷ ③ ㄱ, ㄴ, ㄷ
④ ㄴ, ㄷ, ㄹ ⑤ ㄱ, ㄴ, ㄷ, ㄹ

해설 섭식장애의 행동 개선에는 인지행동 치료가 더 효과적이다.

정답 ③

Section 04 기타(기타 발달심리에 관한 사항)

학습포인트 발달 연구의 기본 문제 및 발달과업에 대해 살펴본다. 아울러 인간발달의 기본 원리에 대해 파악한다.

1 발달 연구의 기본 문제

(1) 발달 연구의 필요와 목적
① 실존적인 이유 : 인간은 지속적으로 변화하는 존재이다. 따라서 생애 전반에 걸쳐서 일어나는 모든 심리적 변화의 양상과 그 변화 과정 및 기본 기제에 관심을 가지게 된다.
② 이론적인 측면 : 인간의 여러 가지 심리현상을 설명하는 데에는 다양한 가설과 이론이 존재한다. 때로 이 이론과 가설들은 상반되기도 한다.
③ 실제적인 필요 : 연령단계에 따른 발달 과제 및 행동의 기본 기제에 대해 설명하기 위한 것이다. 궁극적으로는 발달 과정을 바람직한 방향으로 이끌어 나갈 수 있도록 하기 위한 것이다.

(2) 발달에 관한 학설

구 분	내 용	대표적 학자
생득설	유전론	멘델, 게젤
경험설	환경론	로크, 왓슨
폭주설	생득론과 환경론의 대립된 논쟁의 결과를 인정하고 이의 통합을 시도	–
체제설	내부적 소인과 환경적 요인이 고차적으로 작용하며 하나의 새로운 체계를 이루는 역동적 과정	레빈

(3) 발달의 연구대상
① 발달적 변화의 형태뿐만 아니라 여러 가지 신체적·심리적 변화가 왜, 어떻게 일어나며, 그러한 변화들은 후속 발달에 어떠한 영향을 미치는가를 밝히는 것이다.

② 발달 과정에서 유전과 환경 중 어느 것이 더 중요한 영향을 미쳐 왔는지를 논의하는 것이다.
③ 발달 과정에 있어서 결정적 시기에 대한 문제를 연구하는 것이다.

(4) 발달 기제

① 적기성 : 각 단계에 맞는 과업이 있다.
② 기초성 : 유아기의 경험이 중요하다.
③ 누적성 : 이전 단계에서 잘못되면 다음 단계에 더욱 잘못된다.
④ 불가역성 : 이후 단계에서는 전 단계의 잘못을 교정하거나 보충하지 못한다.
⑤ 상호 관련성 : 아동 발달의 여러 측면들은 서로 밀접하게 연결되어 있다.

2 발달과업

(1) 발달과업의 의의

개인의 일생에 있어서 어떤 시기에 이룩해야 할 과업을 의미한다. 이 과업이 성공적으로 이루어지면 그 개인의 행복이 이루어지고 다음 과제를 성공적으로 이룰 수 있다.

(2) 길모어(Gilmore)의 발달과업
: 인간 발달의 과업을 일, 인간관계, 자기 자신에 관련된 것 등의 3가지 영역으로 구분하였다.

(3) 해비거스트(Havighurst)의 발달과업

① 개인의 생리적·심리적 조건, 사회규범과 기대, 개인의 철학적 이상과 포부, 가치관의 상호작용에 의해서 결정된 특징이다.
② 특정한 시기에 기대되는 과업이며, 질서와 개연성, 결정적 시기를 가진다.
③ 그 시기의 적응도를 결정한다.
④ 다음 발달 단계의 행동 발달에 영향을 준다.
⑤ 교육목표 설정에 도움을 준다.
⑥ 학습준비도 결정에 도움을 준다.

단답형 문제

개인이 어떤 특정 시기에 이룩해야 할 과업을 무엇이라고 하는가?

[정답] 발달과업(developmental tasks)

3 인간 발달의 기본 원리

 나의 필기노트

(1) 발달에는 순서가 있으며, 이 순서는 일정하다.

발달 과정에는 시간의 흐름과 같이 거스를 수 없는 일정한 순서와 방향이 있다.

① **두미(cephalocaudal)의 원리** : 상부에서 하부로, 즉 머리와 가까운 부분이 발과 가까운 부분보다 먼저 발달한다.

② **중심 – 말초(proximo-distal)의 원리** : 유아의 신체 중심부에서 가까운 부분이 먼 부분보다 먼저 발달하는 것으로서, 중심에서 말초 방향으로 발달한다.

③ 전체 활동에서 특수 활동으로 발달한다.

(2) 발달은 계속적인 과정이나 발달의 속도는 일정하지 않다.

① 개체의 일생은 변화의 연속이며, 이 변화는 수정의 순간부터 시작되는 연속적 과정이다.

② 신체의 각 부위 및 정신 기능에 따라 발달의 속도가 다르다.

(3) 발달은 성숙과 학습에 의존한다.

발달은 생물학적·유전적 요인에 의한 성숙과 환경적·경험적 요인에 의한 학습의 상호작용의 산물이다.

① **성숙(maturation)** : 유전이나 생리요인에 기초하여 이루어지는 자연적인 것

② **학습(learning)** : 환경이나 경험에 기초해서 이루어지는 후천적인 것

(4) 발달에는 개인차가 있다.

① 개인 간의 차이, 남녀 간의 차이는 물론이고 동성 간에도 차이가 있다. 조숙, 만숙이라는 용어는 이러한 사실을 증명하는 것이다.

② 발달의 개인차는 개인과 개인 사이에서만 존재하는 것이 아니라, 개인 내에서도 각 발달 영역 간에 차이가 있다.

(5) 발달의 초기 단계는 일생에서 가장 중요한 시기이다.

유아기의 발달은 이후 모든 단계의 성장 및 발달을 좌우한다.

(6) 발달의 각 측면은 밀접하게 상호 관련되어 있다.

신체적, 지적, 성격 발달은 서로 밀접하게 연관되어 있다.

DSM-5(정신장애 진단 및 통계편람)의 요약

※ DSM-5 요약입니다. 더 자세한 정신장애의 종류와 내용은 9p '시험에 자주 나오는 DSM-5'에서 학습하실 수 있습니다.

(1) 이상행동의 분류

진단분류의 목적 : 전문가 간의 의사소통, 유사 장애와의 변별, 원인 파악 및 효과적 치료법 개발

(2) 정신장애의 진단 및 통계편람(DSM)의 개발 및 활용

① 미국의 정신의학계에서 제작한 정신장애의 진단 및 통계편람(Diagnostic and Statistical Manual of Mental Disorder)
② 정신장애를 주요범주 20개, 하위범주 300여 개로 구분한다.
③ 역사 : DSM-I(1952) → DSM-II(1968) → DSM-III(1980) → DSM-III-R(1987) → DSM-IV(1994) → DSM-IV-TR(2000) → DSM-5(2013)
④ DSM-5의 특징
   ㉠ 특정한 이론적 입장에 치우치지 않고 심리적 증상과 증후군을 위주로 하여 정신장애의 분류체계와 진단기준을 제시하고 있다.
   ㉡ DSM-IV에서 사용했던 다축 진단체계가 임상적 유용성과 타당성이 부족하다는 이유로 폐기되었다.
   ㉢ 범주적 진단체계의 한계를 보완하기 위해서 차원적 평가를 도입한 혼합 모델(hybrid model)을 적용하여 모든 환자의 주된 증상과 다양한 공병증상을 심각도 차원에서 평가하도록 되어 있다.
   ㉣ 정신장애를 20개의 주요한 범주로 나누고 그 하위범주로 300여 개 이상의 장애를 포함하고 있다.

(3) DSM-5 주요 이상행동

① 신경발달장애(Neurodevelopmental Disorders)

> 1. 중추신경계 즉, 뇌의 발달 지연 또는 뇌 손상과 관련된 것으로 알려진 정신장애를 포함한다.
> 2. 심리사회적 문제보다는 뇌의 발달장애로 인해 흔히 생의 초기부터 나타나는 아동기 및 청소년기의 정신장애를 포함한다.

② **정신분열 스펙트럼 및 기타 정신증적 장애**(Schizophrenia Spectrum and Other Psychotic Disorders)

1. 정신분열증을 비롯하여 그와 유사한 증상을 나타내는 심각한 정신장애를 포함한다.
2. 정신분열 스펙트럼 장애는 망상, 환각, 혼란스러운 언어, 부적절한 행동, 둔마된 감정이나 사회적 고립을 특징적으로 나타내는 일련의 정신장애를 의미한다.

③ **양극성 및 관련 장애**(Bipolar and Related Disorders)

1. 기분의 변화가 매우 심하여 기분이 고양된 상태와 침체된 상태가 주기적으로 나타나는 일련의 장애이다.
2. 양극성 장애는 조증 증상과 더불어 우울증 증상이 주기적으로 교차되면서 나타나는 장애로서 조울증이라고 불리기도 한다.

④ **우울장애**(Depressive Disorders, 심리적 독감)

1. 우울하고 슬픈 기분을 주된 증상으로 하는 다양한 장애를 의미한다.
2. 우울상태에서는 일상생활에 대한 의욕과 즐거움이 감퇴하고, 주의집중력과 판단력이 저하되며, 체중과 수면패턴이 변화할 뿐만 아니라 무가치감과 죄책감, 죽음이나 자살에 대한 사고가 증가한다.

⑤ **불안장애**(Anxiety Disorders)

1. 불안과 공포를 주된 증상으로 하는 장애로서 불안이 나타나는 다양한 양상에 따라 여러 가지 하위 유형으로 구분한다.
2. 불안은 누구나 생활 속에서 경험하는 불쾌하고 고통스러운 감정이다.
3. 병적인 불안
    (1) 현실적인 위험이 없는 상황이나 대상에 대해서 불안을 느끼는 경우
    (2) 현실적인 위험의 정도에 비해 과도하게 심한 불안을 느끼는 경우
    (3) 불안을 느끼게 한 위협적인 요인이 사라졌음에도 불구하고 불안이 과도하게 지속되는 경우

⑥ 강박 및 관련 장애(Obsessive-Compulsive and Related Disorders)

> 1. 강박적인 집착과 반복적인 행동을 특징적으로 나타내는 일련의 장애를 포함한다.
> 2. 강박 장애는 불안을 유발하는 부적절한 강박사고에 집착하면서 불안을 완화시키기 위한 강박행동을 반복적으로 나타내는 장애이다.
>   (1) 사고, 행동이 스스로 통제하지 못할 만큼 반복되고 그로 인해 현실 적응에 문제가 발생하는 경우
>   (2) 자신의 의지와 전혀 관계없이 사고, 심상, 충동, 행동 등이 반복적이고 지속적으로 일어나는 증상
>   (3) 강박사고 : 심한 불안이나 고통을 동반(예 악수할 때 손이 오염될 것에 대한 불안한 생각)
>   (4) 강박행동 : 강박사고에 대한 불안을 중화시키는 기능(예 손을 자주 씻기)

⑦ 외상 및 스트레스 사건-관련 장애(Trauma and Stressor-Related Disorders)

> 1. 충격적인 외상사건(예 교통사고, 전쟁, 건물 붕괴, 지진, 강간, 납치)이나 스트레스 사건을 경험한 이후에 부적응 증상을 나타내는 다양한 경우를 포함한다.
> 2. 외상후 스트레스 장애(PTSD)
>   (1) 일상적으로 경험하지 못한 다양한 외상성 사건을 경험한 후에 회피적 행동이 1개월 이상 나타나는 심각한 불안장애
>   (2) 충격적인 사건을 경험한 후 그 후유증으로 충격 사건을 재경험하는 것으로, 이와 관련된 각성증상이 증가하고 외상과 관련된 자극을 회피하려는 반응특징을 보이는 장애

⑧ 해리장애(Dissociative Disorders)

> 1. 의식, 기억, 자기정체감 및 환경지각 등이 평소와 달리 급격하게 변화하는 장애이다.
> 2. 정체감, 기억, 의식, 환경에 대한 지각 등에 갑작스럽고 일시적인 이상이 생긴 상태로서 그들 기능의 일부가 상실되거나 변화된 것이다.
> 3. 스스로가 스스로의 감각을 잃는 상태로서 현실감이 없거나, 어느 시기의 기억이 전혀 없거나, 어느샌가 자신이 모르는 장소에 있는 일 따위가 일상적으로 일어나며, 생활면에서 다양한 차질을 빚는 상태이다.

⑨ 신체증상 및 관련 장애(Somatic Symptom and Related Disorders)

1. 원인이 불분명한 신체증상을 호소하거나 그에 대한 과도한 염려를 나타내는 부적응 문제를 의미한다.
2. 이러한 장애는 생물학적, 심리적, 사회적 요인의 복합적 영향에 의해서 시작되고 악화될 수 있다.

⑩ 급식 및 섭식장애(Feeding and Eating Disorders)

1. 개인의 건강과 심리사회적 기능을 현저하게 방해하는 부적응적인 섭식행동과 섭식-관련 행동을 의미한다.
2. 분류
   (1) 신경성 식욕부진증(anorexia nervosa, 신경성 거식증)
      ① 개요 : 대표적인 섭식장애의 하나로 살을 빼려는 지속적인 행동, 체중 감소, 음식과 체중과 연관된 부적절한 집착, 음식을 다루는 기이한 행동, 살이 찌는 것에 대한 강한 두려움 그리고 무월경 등을 주요 특징으로 하는 질환이다.
      ② 원인 : 생물학적, 사회적, 심리학적 요인이 신경성 식욕부진증의 원인으로 여겨진다. 시상하부-뇌하수체 축의 이상이나 뇌의 구조적, 기능적 이상 등의 생물학적 연구 보고가 있다. 사회적 요인으로는 운동과 날씬함에 대한 사회적 이슈와 관련 있으며 심리학적, 정신 역동학적 요인으로는 어머니로부터의 심리적 독립 등이 원인으로 제기되고 있다.
   (2) 신경성 폭식증(bulimia nervosa, 신경성 대식증)
      ① 개요 : 짧은 시간 내에 많은 양을 먹는 폭식행동과 이로 인한 체중 증가를 막기 위해 구토 등의 보상행동이 반복되는 경우
      ② 처음에 구토는 매우 어렵지만 후에는 매우 쉬워지며 나중에는 구토가 폭식을 유발하게 된다. 폭식 시에는 달고 기름진 음식을 먹으며 폭식 후 죄책감, 자신에 대한 혐오감, 열등감, 낮은 자존감 등을 느낀다. 심리적으로 폭식 당시에는 쾌감이 느껴지지만 곧 불쾌하게 바뀌게 되고 이런 불쾌한 감정이 구토를 유발한다. 또한 자신의 행동에 대한 수치감이 크게 느껴지기 때문에 이 사실들을 가족들에게 숨기려고 한다. 체중 조절에 지나치게 신경 쓰기 때문에, 자신이 남들보다 뚱뚱하다고 생각해 다이어트에 매우 신경을 쓰고 음식조절이 되지 않는 것에 대한 두려움을 가진다. 폭식증 환자의 대부분이 정상체중이고, 지나치게 마르거나 약간 비만상태 정도이며 매우 비만인 상태는 거의 없기 때문에 이런 행동이 반복될 경우 건강을 크게 해칠 수 있다.

> **신경성 폭식증의 진단기준**
>
> A. 아래의 특징을 갖는 폭식행동이 되풀이된다.
>   1. 일정시간 동안 일반적인 사람들에 비해 뚜렷하게 많이 먹는다.
>   2. 폭식 중, 먹는 것을 자제할 수 없다.
> B. 체중증가를 막기 위해, 토하기, 설사제, 이뇨제, 관장, 굶기, 심한 운동 등의 행동을 되풀이한다.
> C. A와 B의 행동 모두 3개월 중 평균 1주일에 두 번 이상 발생한다.
> D. 몸매와 체중에 의한 자기 평가가 지나치다. 대개 이런 이상행동이 적어도 1주일에 2회 이상씩, 3개월 넘어 지속되면 폭식증이란 진단을 내릴 수 있다.

⑪ 배설장애(Elimination Disorders) : 아동기나 청소년기에 흔히 진단되는 장애로서 대소변을 가릴 충분한 연령이 되었음에도 불구하고 이를 가리지 못하고 옷이나 적절치 않은 장소에서 배설하는 것을 의미한다.

⑫ 수면-각성 장애(Sleep-Wake Disorders)

> 1. 수면의 양이나 질의 문제로 인하여 수면-각성에 대한 불만과 불평을 나타내는 다양한 경우로서 10가지의 하위 장애로 구분한다.
> 2. 하위 장애 : 불면 장애, 과다수면 장애, 수면발작증, 호흡관련 수면장애, 일주기 리듬 수면-각성 장애, 수면이상증 등

⑬ 성기능 장애(Sexual Dysfunctions) : 원활한 성행위를 방해하는 다양한 기능장애를 포함한다.

⑭ 성 불편증(Gender Dysphoria)

> 1. 자신에게 주어진 생물학적 성과 자신이 경험하고 표현하는 성 행동 간의 현저한 괴리로 인해서 심한 고통과 사회적 적응곤란을 나타내는 경우
> 2. 성 불편증을 지닌 사람은 다른 성이 되고자 하는 강렬한 열망을 지니거나 반대 성의 의복을 선호하거나 반대 성의 역할을 하고자 하는 등의 다양한 행동을 나타낼 수 있다.

⑮ 파괴적, 충동통제 및 품행장애(Disruptive, Impulse Control, and Conduct Disorders)

> 1. 정서와 행동에 대한 자기통제의 문제를 나타내는 다양한 장애를 포함한다.
> 2. 특히 다른 사람의 권리를 침해하거나 사회적 규범을 위반하는 부적응적 행동들이 이에 해당된다.

⑯ **물질-관련 및 중독 장애**(Substance-Related and Addictive Disorders) : 술, 담배, 마약 등과 같은 중독성 물질을 사용하거나 중독성 행위에 몰두함으로써 생겨나는 다양한 부적응적 증상을 포함한다.

⑰ **신경인지장애**(Neurocognitive Disorders)

> 1. 뇌의 손상으로 인해 의식, 기억, 언어, 판단 등의 인지적 기능에 심각한 결손이 나타나는 경우
> 2. DSM-5에서는 원인에 따라 섬망, 주요신경인지장애, 경도신경인지장애, 신경인지장애로 분류한다.

⑱ **성격장애**(Personality Disorders)

> 1. 성격 자체가 부적응적이어서 사회적 기대에 어긋나는 이상행동을 지속적으로 나타내는 경우
> 2. 특정한 계기로 인해 발생하는 임상적 증후군과 달리 성격장애는 어린 시절부터 점진적으로 형성되며 이러한 성격특성이 굳어지게 되는 성인기(보통 18세 이후)에 진단한다.
> 3. 분류
>   (1) A군 성격장애
>   ① 편집성 성격장애, 분열성 성격장애, 분열형 성격장애
>   ② 행동이 이상하고 엉뚱하며 동떨어진 경향
>   (2) B군 성격장애
>   ① 반사회성 성격장애, 연극성 성격장애, 경계선 성격장애, 자기애성 성격장애
>   ② 행동이 극적이고 감정적이며, 변덕스러운 경향
>   (3) C군 성격장애
>   ① 회피성 성격장애, 의존성 성격장애, 강박성 성격장애
>   ② 불안하고 근심걱정이 많으며, 무서워하는 경향
> 4. 유형
>   (1) 편집성 성격장애(paranoid personality disorder) : 타인에 대한 근거 없는 의심과 불안, 지나친 과민성을 가지고 있으며, 화를 잘 내고 타인에게 적대적이며 조소나 기만, 배신 같은 것에 지나치게 분노하는 경향
>   [예] 직장상사 A는 직원들이 자신을 피해 자기들끼리 놀고 있다고 생각하며, 횡령을 하지는 않는지 항상 감시하고 있다.

(2) 분열성 성격장애(schizoid personality disorder) : 사람에 대해 무관심하여 친밀한 관계를 바라거나 관계를 맺지 않으려 하기 때문에, 거의 혼자 또는 매우 가까운 소수의 사람들과 관계를 유지

> 예 B는 현재 컴퓨터 프로그래머로 근무를 하면서 주로 혼자서만 작업을 하고 직장동료와 사적인 어울림을 전혀 갖지 않는다. 퇴근해서도 게임을 하거나 TV를 보고 외출하는 일은 극히 드물다. 여자 친구를 사귄 적도 없지만 자기 자신은 특별히 불편함을 느끼지도 못한다.

(3) 분열형 성격장애(shizotypal personality disorder) : 흔히 경험하지 못하는 기괴한 감각이나 환상을 경험하며, 사람들을 접할 때 강한 불안과 부적절감 때문에 사귀지 못하고 홀로 지내는 경향

> 예 C는 자신이 다른 사람들과 다른 고귀한 존재이고 귀하게 대접받아야 하기 때문에 그들과 어울리지 못한다고 여긴다. 따라서 다른 사람들과의 교류가 없는 것을 선호한다.

(4) 반사회적 성격장애(antisocial personality disorder) : 사회적 규범이나 법을 지키지 않으며 무책임하고 폭력적인 행동을 반복적으로 나타내어 사회적 부적응을 초래하는 경우

> 예 D는 성폭행 피해자에 대해 그(녀)의 감정이나 권리 등을 무시한 채, 그(녀)가 어리석어서 혹은 무력해서 그러한 행동을 당하는 것이 당연하다며 비난을 한다.

(5) 연극성 성격장애(histrionic personality disorder, 히스테리성 성격장애) : 타인으로부터 관심과 인정을 받기 위해서 과장하며, 자신이 관심의 대상이 되지 못하는 상황은 불편하게 느끼고 우울해지거나 화를 내기도 하고 자살기도나 자살 위협도 빈번

> 예 E는 사람들에게 관심을 받기 위해 도발적인 옷을 즐겨 입으며, 과감한 행동을 일삼는다. 그리고 스스로를 매우 극적으로 표현함으로써 관심의 중심에 서기 위한 시도를 지속적으로 한다.

(6) 경계선 성격장애(borderline personality disorder) : 신경증과 정신병의 두 가지 범주 중에 어느 한 가지로 분류하기 어렵다고 해서 명명되었으며, 대인관계, 자아상, 행동, 기분, 정서에서의 불안정성과 심한 충동성의 특징을 보이는 장애

> 예 F는 혼자 있는 것을 견디지 못하며 혼자 있는 상황을 피하기 위해 자해 행동을 하기도 한다. 즉, 자신이 얼마나 힘들고 괴로운지에 대해 지속적으로 주변 사람들에게 이야기하며, 다른 사람들이 자신을 구조하고 돌보도록 하기 위해 자살을 시도하기도 한다.

(7) 자기애성 성격장애(narcissistic personality disorder) : 자신에 대한 과장된 평가로 인한 특권의식을 지니고 타인에게 착취적이거나 오만한 행동을 나타내어 사회적인 부적응을 초래하는 성격

> 예 G는 과도한 감탄을 늘 갈구하기 때문에, 자존감은 주로 타인이 자신을 이떻게 생각하느냐에 따라 달라진다. 자존감이 매우 약하며, 대개 타인이 자신에 대해 어떻게 생각하는지를 통해 자신이 얼마나 잘하고 있는지 혹은 못하고 있는지를 평가한다.

(8) 회피성 성격장애(avoidant personality disorder) : 대인관계를 바라면서도 상대방 으로부터 비난, 조롱, 거절 등을 당할 것을 두려워하여 기피하는 경향
   예 H는 동료가 자신을 비판하는 것이 두려워서 승진을 거부하고 있다.
(9) 의존성 성격장애(dependent personality disorder) : 자신이 노력하지 않고 타인의 도움과 보살핌만을 의지하고 사는 장애로서 자기 확신과 자신감이 전혀 없고 잠시도 혼자 있지 못하는 성격
   예 I는 가까운 사람과의 관계가 끊어지면 자신을 돌봐주고 지원해 줄 새로운 사람과의 관계를 빠른 시일 내에 확립해야 한다는 절박함을 늘 가지고 있다.
(10) 강박성 성격장애(obsessive-compulsive personality disorder) : "어떤 일이 있더라도 실수를 해서는 안 된다."는 원칙에 의거하여, 삶이 잘 조직되어 있고 질서정연하고 효율적이고 모든 것이 제 자리에 놓여 있고 완벽해지려고 노력하며 작은 실수에도 엄청난 죄의식을 형성하는 경향
   예 J는 일에 전념하기 때문에 여가 활동 및 인간관계에 소홀하다. 그는 쉬거나 친구들과 함께 나갈 시간이 없다고 늘 생각한다. 휴가를 매우 오랫동안 연기하여 가지 않을 수도 있고, 그렇지 않으면 시간을 낭비하지 않기 위해 일을 가져가야만 한다고 느낀다.

⑲ **성도착 장애**(Paraphilic Disorders)

1. 성행위 대상이나 성행위 방식에서 비정상성을 나타내는 장애로서 '변태성욕증'이라고도 명명한다.
2. 인간이 아닌 대상(예 동물, 물건)을 성행위 대상으로 삼거나, 아동을 비롯하여 동의하지 않은 사람을 대상으로 성행위를 하며, 자신이나 상대방이 고통이나 굴욕감을 느끼게 하는 성행위 방식이 이에 포함된다.

⑳ **기타 정신장애**(Other Mental Disorders) : 개인에게 현저한 고통과 더불어 사회적, 직업적 기능의 저하를 초래하는 심리적 문제이지만 앞에서 제시한 정신장애의 진단기준을 충족시키지 못하는 다양한 경우를 포함한다.

적중예상문제

01 다음 인간 발달 중 질적 발달에 해당하지 않는 것은?
① 인지 발달　　② 정서 발달　　③ 체중 발달
④ 추리 발달　　⑤ 감각 발달

02 다음 중 발달 심리학에 대한 설명으로 올바르지 못한 것은?
① 제2의 심리학이라고도 한다.
② 인간이 태어나면서부터 죽을 때까지의 모든 과정을 다룬다.
③ 인간의 연령에 따른 심리적 변화 과정을 과학적으로 연구한다.
④ 발달에 영향을 주는 요인으로 유전적 요인을 주로 강조한다.
⑤ 심리특성들이 연령 증가에 따라 어떻게 변화하는지를 알아보는 데 주안점을 둔다.

기출 ★

03 신경성식욕부진증에 관한 설명으로 옳지 않은 것은?
① 폭식이 나타나지 않는다.
② 실제 체중에 비해 과체중으로 지각한다.
③ 주로 청소년기 또는 초기 성인기에 시작된다.
④ 여성의 유병률이 더 높다.
⑤ 가족 내 상호작용 방식에 문제가 있는 경우가 많다.

정답 & 해설　　　　　　　　　　　　　　01. ③　02. ④　03. ①

01 신장 및 체중 발달 등은 양적 발달에 해당된다.
02 발달 심리학에서는 발달에 영향을 주는 요인으로 유전, 환경, 그리고 유전과 환경의 상호작용을 중요하게 다룬다.
03 신경성식욕부진증 중 폭식하제 사용형은 폭식을 한 후 체중을 줄이기 위해 하제를 사용한다.

1과목 발달심리

기출 ★

04 발달에 관한 설명으로 옳지 않은 것은?

① 발달에는 개인차가 존재한다.
② 발달은 분화와 통합의 과정을 거친다.
③ 발달은 양적 변화와 질적 변화를 포함한다.
④ 발달의 각 영역은 서로 영향을 주고받는다.
⑤ 발달의 가소성(plasticity)은 청소년기까지만 나타난다.

05 다음은 무엇에 대한 설명인가?

> 생후 6~7개월 이후에 사라지는 것으로서, 조용히 누워 있는 유아가 갑작스러운 큰 소리에 놀랐을 때 자신의 평형을 잃음으로써 나타나는 현상을 말한다.

① 젖 찾기 반사 ② 빨기 반사 ③ 바빈스키 반사
④ 모로 반사 ⑤ 파악 반사

기출 ★

06 태내 발달에 관한 설명으로 옳은 것을 모두 고른 것은?

> ㄱ. 태내기는 난자와 정자가 수정된 순간부터 출생까지의 기간을 말한다.
> ㄴ. 태아기는 8주 이후부터 출생까지의 기간을 말한다.
> ㄷ. 배아기에는 심장이 뛰기 시작하며 생식기가 형성된다.
> ㄹ. 산모의 흡연은 저체중아 출산 가능성을 높인다.

① ㄱ, ㄴ ② ㄴ, ㄷ ③ ㄱ, ㄴ, ㄷ
④ ㄴ, ㄷ, ㄹ ⑤ ㄱ, ㄴ, ㄷ, ㄹ

정답 & 해설 04. ⑤ 05. ④ 06. ⑤

04 뇌 발달의 가소성은 성인기에도 나타난다.
05 모로 반사는 조용히 누워 있는 유아가 갑작스럽게 놀라거나 하면 팔다리를 벌려서 무엇인가를 껴안으려는 듯한 반사 행동을 의미한다.
06 태내 발달 단계에는 배란기(정착기, 발아기), 배아기 및 태아기가 포함된다.

기출 ★

07 발달이론가와 그가 주장한 내용의 연결이 옳지 않은 것을 모두 고른 것은?

> ㄱ. 파블로프(I. Pavlov) - 보상과 처벌을 강조하였다.
> ㄴ. 볼비(J. Bowlby) - 각인의 기제를 설명하였다.
> ㄷ. 에릭슨(E. Erikson) - 동화와 조절을 인지발달의 과정에 적용하였다.
> ㄹ. 에인즈워스(M. Ainsworth) - 애착의 발달단계를 제시하였다.

① ㄱ, ㄴ, ㄷ ② ㄱ, ㄴ, ㄹ ③ ㄱ, ㄷ, ㄹ
④ ㄴ, ㄷ, ㄹ ⑤ ㄱ, ㄴ, ㄷ, ㄹ

08 다음 중 유아기(2~6세)의 특징으로 올바르지 못한 것은?

① 대소변의 통제가 시작된다.
② 성 유형에 맞는 행동을 학습하기 시작한다.
③ 피아제의 구체적 조작기에 해당한다.
④ 보존 개념의 획득이 시작된다.
⑤ 에릭슨의 자율성 대 수치심의 단계에 해당한다.

정답 & 해설   07. ⑤ 08. ③

07 보상과 처벌을 강조한 학자는 B. F. Skinner, 각인의 기제를 설명한 학자는 Konrad Zacharias Lorenz, 동화와 조절을 인지발달의 과정에 적용한 학자는 Jean Piaget, 애착의 발달단계를 제시한 학자는 John Bowlby이다.

08 유아기의 특징
- 대소변의 통제가 시작된다.
- 피아제의 전조작기에 해당한다(보존 개념의 획득 시작).
- 성 유형에 맞는 행동을 학습하기 시작한다.
- 에릭슨의 자율성 대 수치심/자기의심 단계에 해당한다.
- 연령의 증가와 더불어 외현적 정서표현이 억제되고 내적 경험이 증가한다.

기출 ★
09 신경계 발달에 관한 설명으로 옳은 것은?

① 태아기 신경세포 증가는 정보 저장의 결과이다.
② 시냅스의 선택적 소멸은 신경퇴화 현상이다.
③ 수초화는 정보 전달의 효율성을 낮춘다.
④ 대뇌 편재화에 따라 뇌 가소성이 증가된다.
⑤ 영유아기 뇌 발달의 특징은 뉴런과 시냅스의 과잉생산 후 가지치기이다.

기출 ★
10 다음 사례에서 마샤(J. Marcia)의 이론에 근거하여, A의 자아정체감 지위에 관한 설명으로 옳은 것을 모두 고른 것은?

> 부모님이 초등학교 교사가 되기를 권유하셔서, A는 자신의 적성이나 흥미 등을 깊이 고민하거나 탐색하지 않고 ○○교육대학교에 진학하기로 결심하고 학업에 열중하고 있다.
>
> ㄱ. A는 주어진 과제에 대해서 의사결정을 한 상태이다.
> ㄴ. A는 자아정체감 위기의 경험이 없다.
> ㄷ. A는 정체감 유예 상태이다.

① ㄴ   ② ㄱ, ㄴ   ③ ㄱ, ㄷ
④ ㄴ, ㄷ   ⑤ ㄱ, ㄴ, ㄷ

정답 & 해설
09. ⑤   10. ②

09 영유아기에는 성인보다 많은 뉴런과 시냅스를 보유하여 어떤 환경에도 적응할 수 있게 된다. 8개월~1세는 시냅스가 폭발적으로 증가하는 시기로, 어른보다 1.5배 많다. 그러나 너무 많으면 에너지를 소비할 뿐이므로 결국 필요한 것만 남게 된다.

10 정체감 유실 상태에 있는 사람들은 겉으로 보기에 정체감 성취자와 비슷하다. 그러나 심리적 위기를 경험한 바 없으며, 그 자신에게 적용될 수 있는 다른 목표, 가치, 대안들을 고려해 본 경험을 가지고 있지 않다. 정체감 유예 상태는 위기를 겪고 있으며 의사결정을 내리지 못한 단계를 의미한다.

11 다음 중 성 역할 발달 이론을 올바르게 연결한 것은?
① 사회학습 이론 – 성 역할 고정관념에서 벗어나 성 역할 규범에 얽매이지 않는다.
② 정신분석 이론 – 프로이트의 심리성적 발달 단계 중 3단계인 남근기의 서로 다른 경험에 기인한다.
③ 인지 발달 이론 – 성 유형화는 아동의 인지 발달 수준이나 사회문화적인 요인의 영향을 받지만 동시에 성 도식화 과정을 통해 형성된다.
④ 성 역할 초월 이론 – 교사나 부모 등에 의해 아동의 성에 적합한 행동을 강화하고 그것을 통해 학습하는 것이다.
⑤ 성 도식 이론 – 성 역할 동일시의 가장 중요한 요인은 아동 자신이 성별 자아개념을 인식하는 것이다.

기출 ★

12 청소년기 발달에 관한 설명으로 옳지 않은 것은?
① 급격한 신체 발달과 성적 성숙이 일어난다.
② 조숙과 만숙은 성별에 따라 미치는 영향이 다르다.
③ 청소년은 주로 구체적 경험에 근거해 사고한다.
④ 신체상(body image)은 자아존중감에 영향을 미친다.
⑤ 이상주의적 사고와 미래 가능성에 관한 사고가 가능해진다.

13 청소년기의 자아중심성에 대한 내용 중 틀린 것은?
① 상상 속 청중과 개인적 우화가 있다.
② 상상 속 청중은 다른 사람으로부터 눈에 띄고 싶어 하는 욕망에서 나온다.
③ 개인적 우화는 자신의 감정이나 경험 세계는 다른 사람들과 근본적으로 다르다고 믿는 것이다.
④ 개인적 우화는 개인적이고 현실성이 결여되어 있다는 의미에서 개인적 우화라 한다.
⑤ 상상 속 청중은 자신은 다른 사람들과는 달리 특별하고 독특한 존재라고 생각한다.

정답 & 해설

11. ② 12. ③ 13. ⑤

11 ① 성 역할 초월 이론, ③ 성 도식 이론, ④ 사회학습 이론, ⑤ 인지 발달 이론
12 아동의 사고는 구체적이고 관찰 가능한 사건이나 현상에 국한되어 있지만 청소년들은 사물이 눈앞에 존재하든 존재하지 않든 그 사물에 대해 생각할 수 있다. 즉, 체계적이고 추상적인 사고력을 갖게 되어 은유적인 표현이나 논리적 유추가 가능하다.
13 자신은 특별하고 독특한 존재라고 생각하는 것은 개인적 우화이다.

14 다음은 퀴블러-로스(Kübler-Ross)의 죽음에 대한 태도 중 어느 단계에 대한 설명인가?

> 희진이는 의사의 말대로 이제 곧 자신이 죽을 것이라는 사실을 떠올릴 때마다 주체할 수 없이 화가 난다. 왜 이런 일이 나에게 일어나는 것일까? 나는 그동안 착하게 살아왔는데, 그 누구에게 피해도 주지 않았는데…. TV를 보면 살인마가 나온다. 저런 사람은 저렇게 건강한데 나는 왜 이렇게 죽어 가는 걸까? 화가 치밀고 질투가 나서, 오늘 밤도 역시 잠이 오지 않을 것 같다.

① 부정단계 ② 분노단계 ③ 타협단계
④ 우울단계 ⑤ 수용단계

15 다음 중 설리번(Sullivan)의 대인관계 발달 단계에 대한 설명으로 올바르지 못한 것은?

① 유아기는 전적으로 부모의 보살핌에 의존하는 시기이다.
② 청년 전기에 비로소 독립심이 나타나지만 다소 혼란스럽다.
③ 청년 중기에 이성 친구에 대한 친밀감 욕구가 나타난다.
④ 청년 후기에는 다소 독립적인 상황을 유지한다.
⑤ 성인기에는 완전한 사회화가 이루어진다.

16 다음 중 성인 전기의 특징으로 올바르지 못한 것은?

① 에릭슨의 친밀감 대 고립감의 단계이다.
② 노화 증상이 점차 진행되는 시기이다.
③ 배우자 선택 및 자녀 양육의 발달과업을 수행하는 시기이다.
④ 정년퇴직을 하고 지금까지의 자기 인생을 돌아보는 시기이다.
⑤ 사회 적응에 따른 환경 변화를 경험하기 때문에 다양한 인간관계를 형성한다.

정답 & 해설

14. ② 15. ④ 16. ④

14 분노단계는 자신의 죽음의 이유를 알지 못하여 주위 사람들에게 질투와 분노를 표출하는 단계이다.
15 청년 후기에는 완전히 독립적이다.
16 ④는 성인 후기의 특징이다.

✤ 성인 전기(25세~35세 또는 40세)의 특징
- 노화 증상이 진행되는 시기로 노화 과정의 속도에는 개인차가 존재한다.
- 배우자 선택 과정과 결혼, 부부생활, 직업 선택, 자녀양육 등의 새로운 적응 문제에 대처해야 한다.
- 에릭슨의 친밀감 대 고립감 단계에 해당한다.
- 사회적 환경과 문제해결 상황에서 각 상황에 맞는 복잡한 사회적 추리가 가능하다.

17 다음 중 노화의 주된 원인에 대한 이론으로 올바르지 못한 것은?

① 마모 이론   ② 신경 내분비 이론   ③ 유전자 조절 이론
④ 시계 이론   ⑤ 성장 이론

18 다음 중 치매에 관한 설명으로 틀린 것은?

① 치매에 걸려도 성격은 변하지 않는다.
② 알츠하이머는 뇌세포 파괴로 인해 뇌의 무게가 감소한다.
③ 치매는 유전의 영향을 받는다.
④ 치매의 종류에는 알츠하이머와 혈관성 치매가 있다.
⑤ 일반적인 인지 기능과 고등정신 기능이 비정상적으로 감퇴되는 것이다.

19 노년기의 기억에 관한 연구로 올바른 것은?

① 최근의 것은 잘 기억하지 못하나 오래된 것은 비교적 잘 기억한다.
② 정보처리가설은 경험, 동기, 문화적 요인의 영향으로 기억력이 감퇴한다는 가설이다.
③ 노인성 치매는 가벼운 망각, 기억력 파괴, 일반적 혼돈 순으로 발전한다.
④ 정보 처리 역량, 작업 기억 역량 등의 감소로 장기기억의 감퇴가 일어난다.
⑤ 알츠하이머는 치매와 근육 손상이 함께 나타나는 질병이다.

정답 & 해설

17. ⑤   18. ①   19. ①

17 노화의 원인
① 마모 이론 : 마모 이론은 적절한 건강식품이나 영양보충 등과 같은 치료법을 통해 우리 몸의 수리 기능을 자극하고, 마모를 막는 대처 방법이 노화를 늦추는 데 도움이 된다는 이론적인 근거가 된다.
② 신경 내분비 이론 : 젊은 사람의 경우 호르몬의 농도가 높게 유지되는 경향이 있으며, 특히 성욕이 왕성하고 여자의 경우 월경주기가 잘 지켜진다. 그러나 나이가 들수록 전반적으로 호르몬의 농도가 점차 감소하며 여러 가지 활동에 장애를 가져오게 된다.
③ 유전자 조절 이론 : 우리 몸의 DNA에서 이미 유전적 정보를 통해 노화가 프로그램되어 있다는 이론이다.
④ 시계 이론 : 우리는 이미 조금씩 자신을 파괴하도록 만들어진 기계와도 같은 존재이다. 몸속에 지니고 있는 생물학적 시계는 계속 마지막을 향해서 움직이며, 이 시계가 멈추는 순간 죽음에 이른다는 이론이다.
18 치매란 정상적인 마음과는 거리가 멀어진 것 혹은 정신이 없어진 것으로서, 성격에도 영향을 미친다.
19 장기기억의 감퇴는 단기기억의 감퇴보다 정도가 적고, 오래된 기억의 회상률은 높은 편이다.
② 기억력의 감퇴 원인 중 맥락적 가설에 대한 설명이다.
③ 노인성 치매는 가벼운 망각, 일반적 혼돈, 기억력 파괴 순으로 발전한다.
④ 단기기억의 감퇴에 대한 설명이다.
⑤ 파킨슨병에 대한 설명이다.

기출 ✪

20 아버지 애착에 관한 설명으로 옳은 것을 모두 고른 것은?

> ㄱ. 아버지의 민감하고 반응적인 양육은 안정 애착 발달에 기여한다.
> ㄴ. 어머니와 불안정 애착을 형성한 경우, 아버지와는 안정 애착을 형성할 수 없다.
> ㄷ. 아버지와의 안정 애착은 자녀의 정서적 안정 및 사회적 유능성에 긍정적 영향을 준다.
> ㄹ. 아버지는 주로 신체적 놀이를 통해서 자녀와 애착 관계를 형성한다.
> ㅁ. 아버지는 어머니 양육을 지원하는 간접적 방식으로만 애착 형성에 기여한다.

① ㄱ, ㄴ   ② ㄱ, ㄷ   ③ ㄱ, ㄷ, ㄹ
④ ㄱ, ㄷ, ㄹ, ㅁ   ⑤ ㄴ, ㄷ, ㄹ, ㅁ

21 샤이에(Schaie)의 성인기 인지 발달 단계 중 자신의 꿈을 세우고 습득한 능력을 열심히 실행하는 단계는?

① 성취단계   ② 책임단계   ③ 실행단계
④ 획득단계   ⑤ 재통합단계

22 영유아기 언어발달에 관한 설명으로 옳은 것을 모두 고른 것은?

> ㄱ. 유아는 문법적 형태소를 획득하면서 구사하는 말의 길이가 길어진다.
> ㄴ. 옹알이에 대한 부모의 강화는 영아의 모국어 습득을 촉진시킨다.
> ㄷ. 유아는 문법규칙을 적용하는 과정에서 예외 상황에도 문법규칙을 과잉 적용한다.
> ㄹ. 대부분의 영아는 어휘 표현 능력이 어휘 이해 능력보다 먼저 발달한다.

① ㄱ, ㄴ   ② ㄴ, ㄷ   ③ ㄱ, ㄴ, ㄷ
④ ㄱ, ㄷ, ㄹ   ⑤ ㄴ, ㄷ, ㄹ

정답 & 해설   20. ③ 21. ① 22. ③

20 아버지와의 애착 형성은 어머니와의 애착 형성만큼 중요하며, 아버지의 역할은 직·간접적으로 자녀와의 애착 형성에 기여한다.
21 성취단계는 스스로 설정한 인생의 목표에 적합한 과업에서 최선을 다하는 단계이다.
22 대부분의 영아는 어휘 이해 능력이 어휘 표현 능력보다 먼저 발달한다.

기출 ⭐

23 다음에 해당하는 놀이 유형은?

> 영희와 순영이는 같은 방에서 놀고 있었다. 순영이는 영희가 가지고 놀던 인형을 바라보고 있다가 영희가 인형을 내려놓자마자 그 인형을 가지고 놀기 시작했다. 두 아이는 서로의 놀이에 직접적인 영향을 미치지 않지만, 마음속으로는 서로를 의식하는 것처럼 보였다.

① 비사회적 놀이　　② 평행 놀이　　③ 상상 놀이
④ 교환 놀이　　　　⑤ 연합 놀이

24 다음 중 다운 증후군에 대한 설명으로 옳은 것은?

① 여성이 단지 1개의 성염색체 X만을 가지고 태어나 정상인보다 1개가 적은 45개의 염색체를 가지는 경우이다.
② 염색체의 기본 물질인 DNA의 염기 배열상에 이상이 있을 때 나타나는 증상이다.
③ 남성이 XXY 성염색체를 가짐으로써 모두 47개의 염색체를 가지는 경우를 말한다.
④ 제21번째 염색체가 3개로 되어 있어 염색체 수가 47개인 경우이다.
⑤ 정신박약의 정도가 높아 IQ가 50 이하이다.

25 성염색체 이상으로 생기는 유전적 이상이 아닌 것은?

① 터너 증후군　　② 트리플X 증후군　　③ 페닐케톤뇨증
④ 클라인펠터 증후군　　⑤ X염색체 결함 증후군

정답 & 해설　　　　　　　　　　　　　　　　23. ②　24. ④　25. ③

23 평행 놀이는 주변의 친구와 동일한 놀이를 하지만 서로 간섭하지 않고 혼자서 놀이를 하는 것이다.
24 ① 터너 증후군, ②·⑤ 페닐케톤뇨증, ③ 클라인펠터 증후군
25 페닐케톤뇨증은 염색체의 기본 물질인 DNA의 염기 배열상에 이상이 있을 때 나타나는 증상이다.

26 다음의 진단적 특징을 보이는 정신장애는?

- 분노발작이 평균적으로 일주일에 3회 이상 발생한다.
- 분노발작이 부모나 교사, 또래에 의해 자주 관찰된다.
- 거의 하루 중 대부분의 시간 동안 분노에 차 있다.

① 파괴적 기분조절부전장애 ② 품행장애
③ 간헐적 폭발 장애 ④ 경계성 성격장애
⑤ 반사회성 성격장애

27 산모의 약물 복용에 따른 영향이 잘못 연결된 것은?
① 탈리도마이드 - 사지 기형 ② 흡연 - ADHD
③ 알코올 - 정신지체 ④ 카페인 - 조산
⑤ 항생제 - 청각 결함

정답 & 해설
26. ① 27. ②

26 파괴적 기분조절부전장애의 진단 기준
1. 고도의 재발성 분노 발작이 언어적 혹은 행동적으로 나타나며 상황이나 도발 자극에 비해 그 강도나 지속기간이 극도록 비정상적이다.
2. 분노 발작이 발달 수준에 부합하지 않는다.
3. 분노발작이 평균적으로 일주일에 3회 이상 발생한다.
4. 분노발작 사이의 기분이 지속적으로 과민하거나 거의 매일 하루 중 대부분의 시간 동안 화가 나 있으며, 이것이 객관적으로 관찰된다.
5. 진단기준 1~4가 12개월 이상 지속되며, 진단 기준 1~4에 해당하는 모든 증상이 없는 기간이 연속 3개월 이상 되지 않는다.
6. 진단기준 1과 4가 장소로 치면 3곳의 환경(예 가정, 학교, 또래집단) 중 최소 두 군데 이상에서 나타나며 최소 한 군데에서는 고도의 증상을 보인다.
7. 이 진단은 6세 미만 또는 18세 이후에 처음으로 진단될 수 없다.
8. 과거력 또는 객관적인 관찰에 의하면 진단 기준 1~5의 발생이 10세 이전이다.
9. 진단기준 1을 만족하는 기간을 제외하고 양극성 장애의 조증 또는 경조증 삽화의 모든 진단기준을 만족하는 뚜렷한 기간이 1일 이상 있지 않아야 한다.
10. 이러한 행동이 주요 우울 삽화 중에만 나타나서는 안 되며 다른 정신질환(예 자폐스펙트럼, 외상후스트레스장애, 분리불안 장애, 지속성우울장애)으로 더 잘 설명되지 않는다.
11. 증상이 물질(예 약물 남용, 투약) 또는 일반적인 의학적 상태(예 갑상선기능항진증)의 직접적인 생리적 효과로 인한 것이 아니다.

27 흡연 : 저체중아, 유산 및 사산, 언어장애 및 인지 발달 지체

28 아동기 및 청년기의 발달 이상과 이에 대한 설명이 올바르게 연결되지 않은 것은?

① 강박적 사고 – 어떤 생각이 떨치려고 해도 자꾸 떠오르는 경우
② 전환증 – 불안으로 인해 신체적 증상이나 신체 기능에 일시적으로 이상이 생기는 경우
③ 시험불안 – 시험을 앞두기만 하면 심한 불안감을 느끼고 주의집중이 되지 않는 경우
④ 신경성 거식증 – 과도한 음식 섭취와 구토를 습관적으로 반복하는 경우
⑤ 불안장애 – 나쁜 일이 곧 일어날 듯한 막연한 두려움이나 긴장감의 정도가 심한 경우

29 피아제(Piaget)의 인지 발달 이론에서 각 단계에 따른 특징의 순서가 바르게 연결된 것은?

① 대상영속성 – 보존 개념 – 자기중심성 – 가설 연역적 사고
② 대상영속성 – 자기중심성 – 보존 개념 – 가설 연역적 사고
③ 자기중심성 – 대상영속성 – 보존 개념 – 가설 연역적 사고
④ 자기중심성 – 보존 개념 – 대상영속성 – 가설 연역적 사고
⑤ 보존 개념 – 자기중심성 – 대상영속성 – 가설 연역적 사고

정답 & 해설   28. ④ 29. ②

28 신경성 거식증은 음식의 섭취를 지속적으로 거부함으로써 생명에 위협이 될 정도로 체중이 감소하는 증상이다. 음식을 거부하는 이유는 비현실적인 신체상을 가지고 있으면서 이로 인해 체중을 줄이고자 하는 동기에서 시작되는 경우가 많다.

29 대상영속성(감각운동기) – 자기중심성(전조작기) – 보존 개념(구체적 조작기) – 가설 연역적 사고(형식적 조작기)
• 도식(schema) : 특정한 환경에 적응하도록 잘 체제화된 행동을 말한다.

30. 다음의 ㉠~㉤은 피아제(Piaget)의 주요 개념 중 무엇에 해당하는가?

> 민수 : 엄마, 저게 뭐예요?
> 엄마 : 다리가 4개이고 발톱이 날카로운 사자란다. (㉠)
> 민수 : 아, 사자구나. (㉡) 그럼 저것도 사자예요? (㉢)
> 엄마 : 아니. 저건 줄무늬가 있네. 호랑이야. (㉣)
> 민수 : 아, 호랑이구나. 저기에도 호랑이가 있어요. (㉤)

	㉠	㉡	㉢	㉣	㉤
①	동화	조절	불균형	도식	평형화
②	도식	동화	불균형	조절	평형화
③	조절	도식	동화	불균형	평형화
④	도식	조절	동화	불균형	평형화
⑤	조절	동화	도식	불균형	평형화

31. 아동·청소년의 사회성 발달에 관한 설명으로 옳지 않은 것은?

① 셀만(R. Selman)의 조망수용이론에서 미분화된 자기중심적 단계에 있는 청소년들은 자신과 타인의 행동을 제3자의 관점에서 생각할 수 있다.
② 권위있는(authoritative) 양육을 하는 부모의 자녀는 자신감이 높고 또래와 안정된 관계를 맺는다.
③ 아동기는 유아기에 비해 대체로 이타적 행동이 증가한다.
④ 언어 능력과 가상놀이는 마음이론의 발달에 영향을 준다.
⑤ 아동기는 유아기에 비해 대체로 연합놀이나 협동놀이의 비중이 증가한다.

정답 & 해설   30. ②   31. ①

30.
- 동화(assimilation) : 기존의 스키마로 주어진 환경에 적응하는 과정이다.
- 조절(accommodation) : 기존의 스키마로 환경에 적응할 수 없을 때 새로운 스키마를 형성하는 과정이다.
- 평형화(equilibrium) : 인지 구조와 사회 환경 간의 균형을 추구하는 원리이다.
- 불균형(inequity) : 기존의 도식에 새로운 정보나 자극이 더 이상 동화되지 않아 인지적으로 불균형을 이루거나 불편한 상태를 말한다.

31. 자신과 타인의 행동을 제3자의 관점에서 생각할 수 있는 단계는 상호적 조망 수용 단계이다.

32 다음은 피아제(Piaget)의 인지 발달 단계 중 어느 단계에 대한 설명인가?

> • 물활론적 사고를 한다.
> • 언어의 급속한 증가가 이루어진다.
> • 보존 개념을 이해하지 못한다.
> • 자기중심적인 사고를 한다.

① 감각운동기　　② 전조작기　　③ 구체적 조작기
④ 형식적 조작기　　⑤ 해당 사항 없음

33 피아제(Piaget)의 인지 발달 단계와 그에 따른 특성의 연결이 올바르게 짝지어진 것은?
① 감각운동기 – 사회적 관심과 사회적 참여
② 전조작기 – 행동에 의한 사고가 가능
③ 구체적 조작기 – 가역적 사고 가능
④ 구체적 조작기 – 명제적 사고 가능
⑤ 형식적 조작기 – 대상으로부터 자아를 분화

34 비고츠키(Vygotsky)의 사회문화적 인지 이론에 대한 설명으로 틀린 것은?
① 아동의 인지 발달은 사회적 상호작용으로만 이루어진다.
② 아동의 인지적 기술은 대부분 부모나 교사, 유능한 협력자와의 상호작용을 통해 형성된다.
③ 유아의 기초적인 정신 기능은 문화에 의해 고도의 정신 기능으로 변형된다.
④ 미발달 영역이란 외부의 도움을 받더라도 문제를 해결할 수 없는 영역이다.
⑤ 발달은 미발달 영역이 근접 발달 영역이 되고, 최종적으로 발달 영역이 되는 과정으로 이루어진다.

정답 & 해설

32. ②　33. ③　34. ①

32 전조작기의 특징
- 정적 표상 형성
- 자기중심성
- 물활론적 사고
- 사회적 관심과 사회적 참여
- 논리적 사고의 불가능
- 비가역성(보존 개념의 미형성)
- 언어의 급속한 증가

33
- 감각운동기 : 행동에 의한 사고가 가능, 대상으로부터 자아를 분화
- 전조작기 : 사회적 관심과 사회적 참여
- 형식적 조작기 : 명제적 사고 가능

34 아동의 인지 발달은 사회적 상호작용뿐만 아니라 아동이 속한 사회문화적 맥락과도 밀접한 관련성이 있다.

35. 다음 중 비고츠키(Vygotsky) 이론에 대한 설명으로 올바르지 못한 것은?

① 어린아이의 중얼거림은 지적 발달에 중요한 역할을 한다.
② 자기중심적 언어는 자기중심적 사고를 나타낸다.
③ 아동 혼자서는 해결할 수 없지만 성인이나 뛰어난 동료와 함께 학습하면 성공할 수 있는 근접 발달 영역이 있다.
④ 인지 발달은 주변 사람들과의 상호작용으로 발달된다.
⑤ 독립적으로 발생한 사고와 언어는 일정 기간이 지난 후 서로 연합한다.

36. 생후 1개월 이내 신생아의 감각발달에 관한 설명으로 옳지 않은 것은?

① 시신경과 망막이 완전히 성숙하지는 않다.
② 엄마와 다른 여성의 젖 냄새를 구분한다.
③ 촉각을 이용해서 주위 물체를 구분한다.
④ 단순한 소리의 크기와 음조를 구분한다.
⑤ 쓴맛, 단맛, 신맛을 구별한다.

37. 인간의 지능은 서로 독립적인 7개의 능력으로 구성된다는 사실을 밝혀낸 사람은?

① 길포드(Guildford)　　② 스턴버그(Sternberg)　　③ 가드너(Gardner)
④ 서스톤(Thurstone)　　⑤ 스피어맨(Spearman)

정답 & 해설

35. ②　36. ③　37. ④

35 ②는 피아제의 인지 발달 이론에 대한 설명이다. 피아제는 인지가 언어를 발달시킨다고 본 반면, 비고츠키는 언어가 인지를 발달시킨다고 보았다.

36 촉각을 이용하여 주위 물체를 구분하는 것은 영아기에 가능하다.

37 ① 길포드(Guildford) : 내용(5개), 조작(6개), 산출(6개)의 3차원을 구성하는 요소들이 상호 결합하여 얻어지는 180개의 상이한 정신능력으로 지능을 설명한 학자이다.
② 스턴버그(Sternberg) : 문제해결에 필요한 전략을 5가지 요소로 분류하고, 이를 지능으로 인식하였다.
③ 가드너(Gardner) : 인간의 지적 능력은 서로 독립적이며 상이한 여러 유형의 능력으로 구성된다고 주장하였다.
⑤ 스피어맨(Spearman) : G요인과 S요인의 결합으로 인간의 정신 기능이 이루어진다고 보는 입장이다.

38 청소년기 자아정체감에 관한 설명으로 옳은 것은?
① 에릭슨(E. Erikson)은 자아정체감을 위기(crisis)와 전념(commitment)에 따라 네 가지 지위로 구분하였다.
② 정체성 혼미(diffusion)와 정체성 유실(foreclosure)은 정체성 위기를 경험하고 있는 지위이다.
③ 정체성 유실이 정체감 발달에서 가장 미숙한 수준의 지위이다.
④ 자아정체감은 청소년 중기에 대부분 완벽하게 확립된다.
⑤ 정체성 형성(achievement)과 정체성 유예(moratorium)는 심리적으로 건강한 지위이다.

39 애착 형성 이론에 관한 설명으로 옳지 않은 것은?
① 안정 애착과 불안정 애착이 있다.
② 유아가 애착을 형성한다는 증거는 6~8개월 사이의 낯가림으로 알 수 있다.
③ 애착 형성이 이루어지기 전의 영아는 낯선 사람도 좋아한다.
④ 0~6주 영아는 외부의 비사회적 및 사회적 자극에 긍정적이다.
⑤ 학자들에 의하면 초기 애착 대상이 결여된 유아의 상처는 평생 동안 치유 불가능하다.

40 다음은 마르시아(Marcia)의 자아정체감 형성 과정 중 어느 단계에 해당하는가?

> 수지는 이제 고3으로 자신의 진로를 결정해야 할 시기가 되었다. 수지는 별 고민 없이 부모님이 원하시는 법대에 가서 공부하기로 결정했다.

① 정체감 혼미   ② 정체감 유실   ③ 정체감 유예
④ 정체감 성취   ⑤ 정체감 위기

정답 & 해설　　　　　　　　　　　　　　　　　38. ⑤　39. ⑤　40. ②

38 정체성 유예는 현재 정체성 위기의 상태에 있으면서 자아정체성 형성을 위해 다양한 역할, 신념, 행동 등을 실험하고 있으나 아직 의사결정을 못한 상태를 말한다.
39 학자들은 초기 애착 대상이 결여된 유아의 상처는 성장하면서 얼마든지 치유 가능하다고 밝히고 있다.
40 정체감 유실은 자신의 가치관이나 진로에 대해 의문을 제기하는 등 위기를 경험하지는 않았지만 부모 혹은 부모와 같은 타인의 기대를 수용하여 의사결정을 내린 상태를 말한다.

41 애착에 관한 설명으로 옳지 않은 것은?
① 애착의 대상이 어머니에 국한된 것은 아니다.
② 회피애착과 저항애착은 모두 불안정한 애착이다.
③ 비사회적 애착 단계의 아동은 일차 애착대상뿐만 아니라 다른 사람과도 애착을 형성한다.
④ 안정애착 아동은 사회적 기술이 우수한 편이다.
⑤ 회피애착 아동은 주양육자와 분리될 때 저항이 거의 없다.

기출

42 시험에서 낮은 점수를 받은 후 다음과 같이 말한 학생의 귀인 양식과 실패 후 반응이 바르게 묶인 것은?

> "음악회에 가지 말고 공부를 더 열심히 했어야 했는데"

① 내적·안정적 귀인, 숙달지향적 반응
② 내적·불안정적 귀인, 숙달지향적 반응
③ 내적·안정적 귀인, 무기력 반응
④ 외적·안정적 귀인, 무기력 반응
⑤ 외적·불안정적 귀인, 숙달지향적 반응

43 다음 중 지능에 대한 설명으로 올바르지 못한 것은?
① 유년기는 인간의 지능 발달에 가장 중요한 시기이다.
② 지능은 유전과 환경의 영향을 받는다.
③ 지능 발달을 촉진시키기 위해서는 언어를 효과적으로 사용하는 환경이 조성되어야 한다.
④ 영아기 지능지수가 높은 아기는 커서도 지능지수가 모두 높다.
⑤ 3세 때의 지능지수가 12세 때의 지능지수보다 30세의 지능지수와 더 상관이 높다.

정답 & 해설　　41. ③　42. ②　43. ④

41 비사회적 애착 단계(0~6주)의 영아는 사람이나 물체 등에 특별한 반응을 보이지 않는다. 이 단계가 끝날 무렵에는 사람의 얼굴과 웃는 표정에 더 반응을 보인다.
42 내적 귀인은 행위자의 내부적 요인(성격, 능력, 동기)에, 불안정적 귀인은 자주 변화될 수 있는 원인(노력의 정도나 동기)에 그 원인을 돌리는 것이다. 또한 숙달지향적인 반응을 보이는 사람들은 실패를 하더라도 낙심하지 않고 다시 시도하는 경향을 가진다.
43 지능지수는 환경의 영향을 받으며, 성장 및 발달할 수 있다.

44 다음은 어떤 방어기제에 대한 설명인가?

> 5살 된 지혜의 가정에는 석 달 전에 동생 지윤이가 태어났다. 지혜는 엄마와 아빠의 관심이 자연스럽게 지윤이에게 향하고 자신에게는 관심이 없는 것처럼 보여 괜히 심술이 났다. 지혜는 오늘 아침, 이불에 소변을 봤다. 동생처럼 소변을 통제하지 못하면, 부모님의 관심이 다시 자신에게 돌아올 것이라는 느낌이 들었기 때문이다.

① 억압(repression)
② 투사(projection)
③ 퇴행(regression)
④ 반동형성(reaction formation)
⑤ 합리화(rationalization)

45 다음 중 정서에 대한 설명으로 올바르지 못한 것은?
① 일반적으로 정서는 희로애락과 같은 감정상의 흥분 상태를 의미한다.
② 청소년기에는 조화로운 정서를 가지는 것이 보편적이다.
③ 정서의 어원은 '뒤흔든다'는 라틴어에서 유래한다.
④ 청소년기에는 지극히 동요하며 불안정적인 정서를 가지는 것이 일반적이다.
⑤ 일반적으로 어떤 외적인 자극이나 개체의 내적 자극에 의해 일어나는 변화를 계기로 동요되고 흥분될 때에 경험하는 심리적 상태이다.

46 에릭슨(Erikson)의 심리사회 발달 이론의 주요 개념에 대한 설명으로 올바르지 못한 것은?
① 근면성은 학령기 아동의 특성으로서, 열심히 과제를 수행하고 완성하는 일에 에너지를 쏟는 것을 의미한다.
② 청소년기는 일관적인 자기상을 토대로 자아정체감 위기를 잘 극복하거나, 위기를 제대로 해결하지 못하여 방황할 수 있다.
③ 자아통합감은 이전 단계의 위기를 잘 해결한 노인들이 후회 없이 과거를 돌아보고 총체성을 갖는 상태이다.
④ 중년기의 성장을 위한 주된 기회는 자기침체감으로 나타난다.
⑤ 가정 내에서 부모가 유아를 과잉보호하거나 잠재적인 위험 행동을 처벌을 통해 비난하려고 하면 수치감이나 자기의심을 가지게 된다.

정답 & 해설

44. ③ 45. ② 46. ④

44 퇴행은 주어진 문제에 잘 적응하기 위해 초기의 보다 원시적인 형태로 되돌아가는 방어기제이다.
45 청소년기에는 조화성이 없고, 동요하며 불안정적인 정서를 가진다.
46 중년기의 성장을 위한 주된 기회는 생산성을 발달시키는 것으로 나타난다.

47. 학교 폭력을 당할까 봐 같이 학교 폭력을 하는 아이는 콜버그(Kohlberg)의 도덕적 발달 단계에서 어느 단계에 해당하는가?
    ① 윤리적 원리 지향
    ② 처벌과 보상 지향
    ③ 착한 소년/소녀 지향
    ④ 권위 지향
    ⑤ 사회적 계약 지향

기출

48. 다른 유아가 노는 것을 관찰하면서 말을 하거나 제안을 하지만, 자신이 직접 놀이에 참여하지 않는 놀이유형은?
    ① 방관자적 놀이
    ② 몰입되지 않은 놀이
    ③ 혼자 놀이
    ④ 협동 놀이
    ⑤ 연합 놀이

49. 콜버그(Kohlberg)의 도덕적 발달 이론에 대한 한계점으로 옳은 것을 모두 고르면?

    ㄱ. 성인의 기대 수준, 부모의 양육방식이 아동의 도덕 발달에 미치는 영향을 간과하였다.
    ㄴ. 도덕적 사고와 도덕적 행동 간의 관계가 부족하다.
    ㄷ. 여성에게만 적합한 이론이다.
    ㄹ. 한 도덕 단계에서 전 도덕 단계로 퇴행할 가능성이 고려되어야 한다.
    ㅁ. 애매모호한 개념들이 많다.

    ① ㄴ, ㄷ
    ② ㄹ, ㅁ
    ③ ㄱ, ㄴ, ㄹ
    ④ ㄷ, ㄹ, ㅁ
    ⑤ ㄱ, ㄴ, ㄷ, ㄹ

정답 & 해설

47. ② 48. ① 49. ③

47 처벌과 복종 및 보상 지향 단계에 해당되는 사람들은 도덕적 행위에 공평한 교환이 포함된다고 여기기 때문에 옳다는 것은 상대적인 의미를 가진다.
48 방관자적 놀이 유형은 놀이에는 직접 참여하지 않지만, 놀고 있는 친구들에게 가끔 질문을 하거나 제안을 하는 수준의 행동을 보인다.
49 ㄷ. 길리건(Gilligan)에 의해 남성 위주의 이론이라 비판받았다.
   ㅁ. 에릭 에릭슨(Erikson)의 심리사회학적 발달 이론에 대한 비판이다.

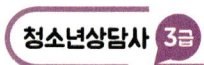

50 레빈슨(Levinson)의 성인기 이론 중 옳지 않은 것은?

① 20~25년 주기로 네 단계로 구분하였다.
② 인생의 계절이 바뀌는 것처럼 우리 인생도 안정적 시기와 전환기가 있다고 설명한다.
③ 성인기 전환기는 성인기와 청년기를 연결하는 교량 역할을 한다.
④ 성인기로의 진입은 22~28세를 말한다.
⑤ 성인기의 절정기는 자기성찰의 시기이다.

51 브론펜브레너(Bronfenbrenner)의 생태학적 체계 이론 중 외체계와 관련 있는 것은?

① 정치, 관습
② 형제간의 관계
③ 부모의 직장, 정부기관
④ 정부기관, 또래집단
⑤ 학교, 친구

52 다음 사례의 쌍생아 연구방법은 무엇인가?

> 각기 다른 환경에 입양된 두 쌍의 일란성 쌍생아에게 지능검사를 2016년과 2022년에 실시하였더니 한 쌍은 비슷한 지능을 보이고 다른 한 쌍은 지능의 차이가 크게 나타나지 않았다.

① 종단적 연구방법
② 횡단적 연구방법
③ 단기 종단적 연구방법
④ 관찰법
⑤ 면접법

정답 & 해설

50. ⑤   51. ③   52. ①

50 자기성찰의 시기는 30세 전환기이고, 성인기의 절정기는 자기 자신이 되는 시기이다.
  ✦ 레빈슨은 성인기 발달 이론의 가장 대표적인 학자로서, 인생을 25년 정도의 주기인 4개의 국면으로 나눌 수 있다고 보았다. 그의 '인생의 계절적 주기'는 계절이 바뀌는 것과 마찬가지로 우리 인생도 안정적인 시기와 그것이 바뀌는 전환기가 번갈아 오고 있다고 지적한다.

51 브론펜브레너의 생태학적 체계
  • 미시체계 : 부모, 친구, 학교, 가정
  • 중간체계 : 형제간의 관계, 학교와 가정의 관계
  • 거시체계 : 정치, 관습, 경제, 법
  • 외(부)체계 : 부모의 직장, 정부기관, 대중매체
  • 시간체계

52 종단적 연구방법은 동일한 개인이나 집단을 대상으로 일정한 기간 동안 계속 추적하면서 연령의 증가에 따른 변화를 반복하여 측정하는 방법이다.

53 매슬로우(Maslow)의 욕구위계 이론에 의하면 다음 중 가장 먼저 만족되어야 하는 것은?

① 생리적 욕구　　② 안전의 욕구　　③ 애정·소속의 욕구
④ 존경의 욕구　　⑤ 자아실현의 욕구

54 발달 정신 병리에 관한 내용으로 올바른 것은?

① 뇌 발달에 대한 지식의 증가와 뇌 발달이 행동의 변화와 관련이 있다는 가설에 힘이 실리면서 급속도로 발전하고 있다.
② 기초연구에서 쌓여진 지식을 특정한 목적에 따라 여러 방향으로 이용할 수 있다.
③ 다학제적인 성격을 띤 신생 영역으로, 부적응 행동의 기원과 과정을 연구하는 학문이다.
④ 인간 발달의 모습을 보다 전체적으로 바라볼 수 있는 토대를 제시한다.
⑤ 문화는 전 생애, 모든 발달 영역에 걸쳐 영향을 미친다.

55 발달연구에서 자료수집 방법에 관한 설명으로 옳지 않은 것은?

① 관찰법은 인간의 행동을 관찰하고 기록하는 연구방법이다.
② 질문지법은 많은 피험자를 한꺼번에 연구할 수 있다.
③ 사례연구법은 많은 수의 피험자를 연구하고 대부분 정상인을 대상으로 한다.
④ 정신생리학적 방법은 심장박동률, 호르몬, MRI 등을 통해서 정보를 수집한다.
⑤ 면접법에서 면접자의 특성은 자료수집 과정에 영향을 미친다.

정답 & 해설

53. ①　54. ③　55. ③

53 하위단계가 충족되어야 그 다음 단계의 욕구를 충족할 수 있다.
54 ① 발달신경과학에 대한 설명이다.
② 발달과학에 대한 설명이다.
④ 다이내믹 시스템 이론에 대한 설명이다.
⑤ 문화 속의 발달에 대한 설명이다.
55 사례연구법은 소수의 피험자를 대상으로 연구하며, 일반적으로 희귀 사례를 다룬다.

기출 ★

56 발달 이론가의 주장으로 옳은 것은?

① 미드(M. Mead) : 청년기 발달은 주로 개인차에 영향을 받는다.
② 해비거스트(R. Havighurst) : 청소년기를 질풍노도의 시기라고 하였다.
③ 안나 프로이트(A. Freud) : 청년기에 두드러지게 나타나는 방어기제는 금욕주의와 지성화이다.
④ 마샤(J. Marcia) : 23세부터 28세 사이에 자아정체감이 형성된다.
⑤ 길리건(C. Gilligan) : 여성의 도덕심을 구성하는 핵심개념은 정의(justice)이다.

기출 ★

57 동물행동학적 이론과 애착에 관한 설명으로 옳지 않은 것은?

① 종 특유의 행동은 유기체의 생존가능성을 높이며 진화의 산물이다.
② 어떤 동물이 생후 특정 시기에 어떤 대상을 뒤따르거나 그 대상의 특정 행동을 습득하게 되는 것을 각인이라고 한다.
③ 동물행동학은 모든 문화권의 인간이 공통적으로 갖는 발달의 생물학적 뿌리를 탐색하는 데 도움이 된다.
④ 아기의 미소짓기와 옹알이, 귀여움은 아기를 보살피는 어머니의 모성행동을 유발하는 중요한 유발자극이다.
⑤ 볼비(Bowlby)는 애착을 측정하기 위한 '낯선 상황 실험장치'를 보안하였다.

58 횡단적 연구방법과 종단적 연구방법에 대한 설명으로 알맞은 것은?

① 횡단적 연구는 시간과 비용이 많이 소요된다.
② 횡단적 연구는 연령 변화에 따른 대상자들의 변화를 연구할 수 있다.
③ 종단적 연구는 출생동시집단 효과가 포함되어 있어 순수한 연령 효과를 찾아내기 어렵다.
④ 종단적 연구는 조사 대상을 오랜 시간 동안 계속 추적하기 힘들다는 단점을 가지고 있다.
⑤ 연구 기간이 비교적 짧은 종단적 연구의 장점과 동일한 대상자의 지속적인 변화를 살펴볼 수 있는 횡단적 연구의 장점을 결합한 것이 단기 종단적 연구방법이다.

정답 & 해설

56. ③ 57. ⑤ 58. ④

56 안나 프로이트는 청소년들이 때로 부모를 경멸함으로써 독립한 것 같은 착각에 빠지기도 하며, 또 때로는 어떤 감정과 충동으로부터 자신을 방어하려는 '금욕주의' 경향을 보인다고 하였다. 또한 충동에 대한 방어기제로서 '주지화', 즉 성적이고 공격적인 문제를 해결하기 위한 하나의 위장된 방편으로 지적인 활동에 몰두하기도 한다고 강조하였다.
57 낯선 상황 실험은 에인즈워스(Ainsworth, 1983)에 의해 고안되었다.
58 ① 종단적 연구방법의 단점이다.
② 종단적 연구방법에 대한 설명이다.
③ 횡단적 연구방법의 단점이다.
⑤ 연구 기간이 비교적 짧은 횡단적 연구의 장점과 동일한 대상자를 지속적으로 살펴볼 수 있는 종단적 연구의 장점을 결합한 것이 단기 종단적 연구방법이다.

59 다음에서 설명하는 부모의 형태로 옳은 것은?

> 포장마차를 하느라 같이 있어 주지 못한 부모가 용돈을 많이 주는 것

① 민주형 ② 방임형 ③ 허용형
④ 거부형 ⑤ 지배형

기출 ✪

60 정신질환의 진단 및 통계편람(DSM-5)에서 유뇨증을 진단하는 기준으로 옳은 것은?

① 적어도 연속된 5개월 이상 지속적으로 주 3회 이상 나타난다.
② 아동의 생활연령이 최소 4세 이상이다.
③ 의도적으로 침구 또는 옷에 반복적으로 소변을 보는 것은 포함하지 않는다.
④ 이뇨제 등 약물에 의한 것은 포함하지 않는다.
⑤ 야간, 주간, 주야간 복합인지 명시할 필요가 없다.

61 권위 있는(authoritative) 부모의 양육 태도에 대한 설명으로 가장 적절한 것은?

① 가부장적이다.
② 자녀에게 설명을 하지 않는다.
③ 대화와 토론의 분위기를 형성한다.
④ 자녀에 대한 통제가 없다.
⑤ 자녀에게 애정이 없고 엄격하지도 않으며 무관심하다.

정답 & 해설

59. ② 60. ④ 61. ③

59 방임형은 부모가 자녀를 양육하면서 최소한의 역할만 수행할 뿐 자녀에 대한 관심이 없고 자녀 양육에 대한 철학이 없어 무기력하게 양육하는 유형이다.

60 유뇨증은 만 5세가 되어도 소변을 적절히 가리지 못하는 장애로, 5세 남아의 약 7%, 여아의 약 3% 정도에서 볼 수 있다. 대개는 밤에 자다가 소변을 실수하므로 흔히 야뇨증(문화어 : 밤오줌증)이라고 하기도 한다.

진단기준
- 반복적으로 침구나 옷에다 소변을 본다(불수의적이거나 의도적으로).
- 최소 3개월간 일주일에 2회의 유뇨증을 보이거나, 임상적으로 중대한 장애가 있거나, 사회, 학업(직업), 또는 다른 중요한 분야의 기능에 장애로 나타난다.
- 실제 연령이 최소 5세이다(또는 동등한 발달수준).
- 증상이 약물(예 이뇨제)의 생리적 결과나 일반적 의학상태(예 당뇨, 이분척추, 경련성질환)로 인한 것이 아니다.

61 ① 권위주의적(authoritarian) 부모   ② 권위주의적 부모
④ 허용적인 부모   ⑤ 무관심한 부모

62 도지(Dodge)의 공격성 이론으로 옳은 것은?

① 다른 사람이 나를 공격할 의도가 있다고 생각하는 사람이 공격적이다.
② 공격적인 행동은 결과적으로 보상을 가져다주기 때문에 발달한다.
③ 공격은 모델의 공격적 행동을 모방하는 과정에서 형성되는 것이다.
④ 생존과 번식을 위한 필연적 수단이다.
⑤ 인간의 본능, 욕구 좌절 등과 관련이 있다.

기출 ★

63 영아기 신체 발달에 관한 설명으로 옳은 것을 모두 고른 것은?

> ㄱ. 신생아는 머리 크기가 성인 머리의 약 70%에 이를 만큼 머리부터 발달한다.
> ㄴ. 잡기 기능은 물건을 가슴으로 덮치듯이 잡기 – 팔로 끌어당기기 – 손바닥으로 잡기 – 손가락으로 잡기 순으로 발달한다.
> ㄷ. 촉각은 환경에 대한 지식을 습득하는 주요 수단으로, 출생 시 손과 발에 집중되어 있다.
> ㄹ. 이행운동 기능은 머리 들기 – 뒤집기 – 혼자 앉기 – 혼자서기 – 가구잡고 걷기 – 잘 걷기 – 계단 오르기 등의 순으로 발달한다.
> ㅁ. 눈으로 보는 것을 잡을 수 있는 협응기능은 4세경에 발달한다.

① ㄱ, ㄴ, ㄷ   ② ㄱ, ㄷ, ㅁ   ③ ㄱ, ㄴ, ㄹ
④ ㄴ, ㄷ, ㄹ   ⑤ ㄴ, ㄹ, ㅁ

64 발테스(Baltes)의 지혜의 모형 중 전문 지식에 해당하지 않는 것은?

① 삶의 불확실성에 대한 지식
② 삶의 실용적인 사실적 지식
③ 삶의 기본적이며 실용적인 방략적 지식
④ 삶과 사회적 변화의 맥락에 있어서의 지식
⑤ 삶의 절대적 가치를 고려하는 지식

정답 & 해설

62. ①   63. ③   64. ⑤

62 도지(Dodge)는 공격성이 잘못된 사회인지적 판단에 의한 것이라 생각하였다. 즉, 공격적인 아동은 자신에 대한 또래의 행동 원인을 지나치게 적의적인 것으로 생각하는 의도 판단 경향을 갖고 있다는 것이다.
63 출생 시 촉각은 입술, 혀, 이마 등에 집중되어 있으며 눈으로 보는 것을 잡을 수 있는 협응기능은 12개월(1세)경에 발달한다.
64 삶의 가치와 목표의 상대성을 고려한 지식이다.

65. 도덕 판단에서 여성들이 더 중요하게 생각하는 것으로 짝지어진 것은?

① 정의 – 합리성
② 공정성 – 합리성
③ 정의 – 희생
④ 공평성 – 배려
⑤ 배려(보살핌) – 책임

66. 다음 중 대뇌 부위별 기능의 연결이 옳은 것은?

① 이마엽 – 언어와 청각, 후각
② 측두엽 – 다양한 감각을 이해, 조합
③ 후두엽 – 시각
④ 전두엽 – 공간과 자세를 인식
⑤ 두정엽 – 기억, 사고판단

67. 사람이 태어나면서부터 갖고 태어나는 감정은 무엇인가?

① 공포
② 자부심
③ 수치심
④ 질투
⑤ 죄책감

68. 다음 중 비연속 발달 이론이 아닌 것은?

① 스키너의 학습 이론
② 프로이트의 인간 발달 단계
③ 피아제의 인지 발달 이론
④ 콜버그의 도덕 발달 이론
⑤ 에릭슨의 심리사회적 발달 단계

정답 & 해설

65. ⑤ 66. ③ 67. ① 68. ①

65 길리건(Gilligan)의 여성 도덕 발달 이론은 콜버그(Kohlberg)의 정의 지향적인 도덕 발달 이론에 반대하며, 여성들에게 보다 강하게 나타나는 배려(보살핌), 책임, 애착, 희생 등을 강조하는 대인 지향적인 도덕 발달 이론을 제시하였다.

66 • 측두엽 : 언어와 청각, 후각 등
• 두정엽 : 다양한 감각을 이해하고 조합, 신체를 움직이며, 공간과 자세를 인식하는 기능
• 전두엽(이마엽) : 기억, 사고판단 등 고등정신작용

67 사람이 태어나면서부터 갖고 태어나는 감정을 일차 정서라 하는데 기쁨, 분노, 공포, 슬픔 등의 감정이 있다.

68 스키너는 연속성 발달의 대표적인 학자로, 행동주의와 같이 학습과 경험을 강조하는 발달론자들은 발달을 연속적인 과정으로 본다.

69 다음 중 발달심리학의 특징에 대한 설명으로 옳은 것을 모두 고른 것은?

> ㄱ. 전 생애를 통해 일어나는 성장과 변화를 연구한다.
> ㄴ. 삶의 모든 분야에 적용된다.
> ㄷ. 특히 아동기에 중점을 두어 연구한다.
> ㄹ. 인간의 감정에 중점을 두어 연구한다.

① ㄱ, ㄴ ② ㄱ, ㄷ ③ ㄱ, ㄹ
④ ㄴ, ㄷ ⑤ ㄴ, ㄹ

70 종단적 연구방법의 한계와 단점에 대한 설명으로 잘못된 것은?
① 비용이 많이 든다.
② 시간과 노력이 많이 소모된다.
③ 조사 중 탈락자가 나올 수 있다.
④ 연령에 따른 발달 변화를 측정할 수 없다.
⑤ 특정 집단을 대표하는 소수에게서 얻은 자료를 일반화해야 하는 어려움이 있다.

71 에릭슨(Erikson)의 심리사회적 발달 단계와 프로이트(Freud)의 심리성적 발달 단계의 연결이 올바른 것은?
① 신뢰감 대 불신감 – 항문기
② 주도성 대 죄의식 – 남근기
③ 근면성 대 열등감 – 구강기
④ 친밀감 대 고립감 – 청소년기
⑤ 생산성 대 침체감 – 잠재기

정답 & 해설

69. ① 70. ④ 71. ②

69 발달심리학은 전 생애를 연구하고 삶의 모든 분야에 적용된다.
70 종단적 연구방법은 동일한 개인이나 집단을 대상으로 일정한 기간 동안 계속 추적하면서 연령의 증가에 따른 변화를 반복하여 측정하는 방법이다. 따라서 시간과 노력, 비용이 많이 들며, 조사 대상을 오랜 기간 추적하기 어렵다는 단점을 가지고 있다.
71 에릭슨(Erikson)의 심리사회적 발달 단계
- 신뢰감 대 불신감 – 구강기
- 자율성 대 수치심/자기의심 – 항문기
- 주도성 대 죄책감/죄의식 – 남근기
- 근면성 대 열등감 – 잠재기
- 자아정체감 확립 대 역할 혼미
- 친밀감 대 고립감
- 생산성 대 자기침체/침체감
- 자아통합감 대 자아절망감

기출 ★

72 정신질환의 진단 및 통계편람(DSM-5)에서 제시한 자폐스펙트럼장애의 증상이 아닌 것은?

① 동일성에 대한 고집
② 제한된 관심사
③ 낮은 지능
④ 상동증적 동작
⑤ 감각정보에 대한 과잉 또는 과소반응

73 정신질환의 진단 및 통계편람(DSM-5)의 신경발달장애에서 운동장애에 해당하지 않는 것은?

① 발달성 협응장애
② 틱장애
③ 상동증적 운동장애
④ 뚜렛장애
⑤ 신체이형장애

74 주의력결핍 과잉행동장애(ADHD)에 관한 설명으로 옳지 않은 것을 모두 고른 것은?

> ㄱ. 청소년기에 주로 발병한다.
> ㄴ. DSM-5에서 정서장애로 분류된다.
> ㄷ. ADHD를 치료할 때에는 중추신경계를 자극하는 약물을 사용한다.
> ㄹ. 주로 연령이 높아질수록 과잉행동이 증가하며 주의산만은 감소한다.
> ㅁ. ADHD 청소년의 대인관계 기술향상을 위해서는 뇌파치료가 가장 효과적이다.

① ㄴ, ㄷ
② ㄱ, ㄴ, ㄷ
③ ㄱ, ㄹ, ㅁ
④ ㄱ, ㄴ, ㄷ, ㄹ
⑤ ㄱ, ㄴ, ㄹ, ㅁ

정답 & 해설 72.③ 73.⑤ 74.⑤

72 자폐스펙트럼장애의 필수 증상으로는 사회적 상호작용 부족, 사회적 의사소통 부족, 놀이 혹은 친구관계 부족 등이 있다. 이 외에도 제한적이고 반복적인 행동(상동행동) 혹은 제한적이고 반복적인 관심, 활동을 보이게 된다.

73 DSM-5의 신경발달장애 중 운동장애에는 발달성 협응장애, 상동증적 운동장애, 틱장애가 포함되며 틱장애에는 뚜렛장애, 지속성 운동 또는 음성 틱장애, 잠정적 틱장애 등이 포함된다.

74 ADHD는 주로 3세 이전에 발병하지만 정규교육을 받기 전에는 알기 어렵다. 청소년기가 되어야 증세가 호전을 보이지만 성인이 되어서도 증세가 유지되는 경우가 있다. DSM-5에서 신경발달장애의 하위유형으로 분류되며, 행동치료와 약물치료가 많이 사용된다.

필수과목

2과목
집단상담의 기초

- **Section 01** 집단상담의 이론
- **Section 02** 집단상담의 실제
- **Section 03** 청소년 집단상담
- **Section 04** 기타

Section 01 집단상담의 이론

학습포인트 집단상담의 기초적인 내용 및 집단상담자의 기술에 대해 이해한다. 더불어 집단상담의 계획 및 평가와 윤리기준에 대해 파악한다. 또한 집단상담의 여러 가지 이론을 이해한다.

1 집단상담의 기초

(1) 집단상담(Group Counseling)의 본질
① 내담자 문제해결에 대한 '집단적 접근'
  ㉠ 1 대 1의 개인적 상담과는 달리 7~10명의 내담자를 동시에 상담한다.
  ㉡ 집단상담의 인간관계는 개인적 관계보다 사실적이고 실존적이다. 특히 청소년은 성인과의 개인적 대면관계보다는 같은 동료집단을 편안하게 느끼며 보다 의미 있는 상호작용을 한다.
② 집단은 상호작용을 통해 변화를 추구하는 역동적인 집단을 의미한다.
③ 집단상담은 학교, 대학상담센터, 지역사회 정신건강센터, 청소년 상담센터 등에서 실시한다.

(2) 집단상담의 정의 : '생활 과정상의 문제를 해결하고 보다 바람직한 성장 발달을 위해 전문적으로 훈련된 상담자의 지도와 집단구성원들과의 역동적인 상호교류를 통해 각자의 감정, 태도, 생각 및 행동양식 등을 탐색·이해하고 보다 성숙된 수준으로 향상시키는 과정'이다(이장호, 1992).
① **생활상의 문제해결** : 집단구성원의 생활경험을 다룸으로써 비정상적인 성격이나 병든 마음을 고치기보다는 정상적 범위에 속하는 개인들로 하여금 보다 바람직한 자기이해와 대인관계를 갖도록 조력한다.
② **전문적으로 훈련된 상담자** : 전문적인 능력이란 개인상담에서의 성공적인 경험, 인간의 성격 및 집단역동에 관한 광범위한 이해, 타인과의 정확한 의사 및 감정 소통 능력 등을 말하는데, 이를 갖추기 위해서는 동료 및 선배 집단상담자의 지도 아래 실습 및 수련과정을 갖는 것이 바람직하다.

③ **역동적인 상호교류** : 집단구성원 간의 상호교류를 통해 집단상담의 기본이라고 할 수 있는 수용적이고 문제해결적인 집단 분위기를 형성한다.

(3) 집단상담의 목표

① 자기이해, 자기수용 및 자기관리 능력의 향상을 통한 인격적인 성장을 도모한다.
② 개인적 관심사, 생활상의 문제에 대한 객관적 검토와 해결을 위한 실천적 행동을 습득한다.
③ 집단생활 능력을 향상시키고, 대인관계 기술을 습득한다.

(4) 집단상담의 조건

① **심리적 유의성**(psychological significance) : 집단이 구성원에게 심리적으로 의미 있는 특성을 지녀야 한다는 의미로서, 구성원이 심리적 유의성을 지니기 위해서는 자기지도(self-guidance) 능력을 갖춘 사람들로 구성되어야 한다.
② **직접적 의사소통**(directive communication) : 집단 내 의사소통을 할 때 간접적 방식이 아니라 당사자들 간에 면대면 상태에서 직접적인 방식으로 이루어지는 특징을 가진다.
③ **유의한 상호작용**(significant interaction) : 유의한 상호작용은 구성원 사이에 공유된 정체감, 즉 '우리(we-ness)'라는 집단의식이 있어서 구성원이 어떤 구분된 전체에 속해 있다는 느낌을 가져야만 형성되는 것이다. 따라서 구성원은 자신의 욕구가 집단의 목적과 부합하는가를 면밀하게 고려해야 한다.
④ **역동적 상호관계**(dynamic interrelation) : 구성원 사이에 힘과 에너지가 형성되어 서로 영향을 주고받는 상태를 의미한다. 구성원은 자발적이고 적극적인 태도로 집단에 참여함으로써 신뢰를 바탕으로 역동적 상호관계를 형성한다.
⑤ **생산적 상호의존**(productive interdependence) : 2인 이상의 상호독립적인 구성원이 생산적인 방식으로 서로 의존해야 한다는 것이다. 집단 내 상호의존적인 관계 속에서 공통 목적을 가지고 여러 사람들이 함께 모여 지속적으로 생산적인 변화를 꾀하는 활동을 하는 것이다.

 괄호넣기

집단상담은 ( )를 해결하고 보다 바람직한 성장발달을 위해 ( )의 지도와 집단구성원과의 ( )를 통해 각자의 감정, 태도, 생각 및 행동양식 등을 탐색, 이해하고 보다 성숙된 수준으로 향상시키는 과정이다.

[정답] 생활과정상의 문제, 전문적으로 훈련된 상담자, 역동적인 상호교류

(5) 집단상담의 특징

① 상담자는 전문적 훈련을 받은 사람이며 구성원을 조력하기 위한 전문적 훈련의 중요성을 인식하고 자신의 전문성 향상을 위해 노력한다.
② 집단상담 활동의 공동 주체는 상담자와 구성원이다. 상담자가 구성원에게 일방적으로 전문적 집단지도력 기술을 적용하는 활동이 아니라 함께 노력하는 과정이다.
③ 집단에 참여한 구성원은 조력을 필요로 하는 사람들이다. 따라서 일상을 살아가는 우리 모두가 잠재적 내담자라고 할 수 있다.
④ 집단상담은 구성원의 자기자각 확장을 이루도록 조력하는 활동이다. 대부분의 구성원은 자신이 갖고 있거나 행하는 것을 알아차리지 못함으로써 고통을 받는다. 집단상담은 구성원으로 하여금 자신의 장점과 단점이 무엇인지를 알아차리도록 하는 활동이라고 할 수 있다.
⑤ 집단상담은 구성원의 문제예방, 발달과 성장, 문제해결을 달성하는 것이다. 상담자는 문제해결을 위해 조력하는 치료적 역할, 미래에 일어날 수 있는 일을 기대하고 계획을 세우고 방지하는 예방적 역할, 잠재력을 발견하고 발달시키는 교육적·발달적 역할을 실천하는 사람이다.
⑥ 집단상담은 구성원의 삶의 질을 향상시키기 위해 노력하는 활동이다. 구성원이 집단상담을 통해 달성하고자 하는 궁극적 목적은 행복이나 성공이다.
⑦ 집단상담은 집단역동에 근거한 집단과정에 의해 구성원을 조력하는 활동이다.

(6) 집단상담의 장점과 한계

① 집단상담의 장점 **빈출**
  ㉠ 경제성
    ⓐ 한정된 시간에 한 명 혹은 소수의 상담자가 여러 명의 내담자들에게 동시에 상담 서비스를 제공할 수 있어서 효율적이고 에너지, 비용면에서도 경제적이다.
    ⓑ 학교나 기업 또는 임상장면에서 널리 활용할 수 있다는 점에서 실용적이다.
  ㉡ 다양한 자원 획득
    ⓐ 1 대 1의 관계보다 여러 가지 문제를 더욱 용이하게 취급할 수 있다.

ⓑ 상호작용을 통해 서로의 사고, 행동, 생활양식 등을 탐색해 보는 기회를 가짐으로써 인간적 성장의 기틀을 마련할 수 있다.

ⓒ 서로의 정보를 공유하고, 문제해결 방안을 함께 모색하며, 개인의 가치관을 명료화하는 과정에서 다양한 자원을 획득할 수 있다.

ⓓ 폭넓은 성격을 가진 사람들과 접촉하면서 다양한 피드백을 획득할 수 있다.

ⓒ 인간적 성장환경 제공

ⓐ 집단은 자연스럽게 자아성장을 위한 바람직한 환경을 제공한다.

ⓑ 구성원은 신뢰관계를 토대로 자신의 문제와 관심사를 공개하고, 이에 대해 협의하면서 다른 사람들을 통한 간접경험이 가능하다.

ⓒ 현실적이고 실제생활에 근접한 사회장면을 제공한다.

ⓓ 구성원은 타인과의 관계 속에서 자기 자신을 관찰해 봄으로써 자신에 대해 보다 심도 있게 탐색하고 이해하는 사회적 교류경험을 가진다.

ⓔ 실생활의 축소판

ⓐ 집단은 건강한 가족과 같은 분위기 속에서 타인에 대한 관심과 친밀한 관계를 형성하고자 하는 사람들의 기본 욕구를 충족시켜 준다.

ⓑ 외적인 비난, 징벌에 대한 두려움 없이 새로운 행동에 대하여 현실검증을 해 볼 수 있는 인간적 성장의 기회를 제공해 준다.

ⓒ 구성원은 집단과정에서 습득한 적응능력과 기술을 자신의 실생활에 적용함으로써 더 생산적인 삶을 살 수 있다.

ⓜ 문제예방

ⓐ 잠재적인 문제가 악화되거나 발생하기 전에 집단상담을 통해 사전에 대처할 수 있는 생활관리 기술을 습득할 수 있다.

ⓑ 집단에 소속감을 갖게 됨으로써 외로움, 고립감, 무기력감 등이 자연스럽게 해소되는 효과가 있다.

ⓗ 상담에 대한 긍정적 인식 확대

ⓐ 상담에 대해 잘 알지 못하거나 막연하게 부정적인 인식을 가지고 있던 사람들이 집단 경험을 통해 긍정적인 인식을 가질 수 있다.

ⓑ 집단에 대해 긍정적인 인식을 갖게 되면 필요한 경우 자연스럽게 상담 서비스를 요청할 가능성이 높아진다.

나의 필기노트

> **바로 Check**
>
> 집단상담의 장점으로 옳은 것을 모두 고른 것은?
>
> ㄱ. 한정된 시간에 보다 많은 내담자와 상담할 수 있다.
> ㄴ. 개개인에 대한 깊이 있는 관심과 탐색이 용이하다.
> ㄷ. 실생활에 필요한 대인관계 기술을 학습할 수 있다.
> ㄹ. 유대감, 소속감, 협동심을 향상시킬 수 있다.
>
> ① ㄱ, ㄹ ② ㄷ, ㄹ ③ ㄱ, ㄴ, ㄷ
> ④ ㄱ, ㄷ, ㄹ ⑤ ㄴ, ㄷ, ㄹ
>
> **해설** 집단상담은 다수의 집단원을 포함하고 있기 때문에 개인상담과 같은 개개인에 대한 깊이 있는 관심과 탐색이 어렵다.
>
> ☑ 정답 ④

② 집단상담의 한계
  ㉠ **비밀보장(confidentiality)의 한계**
    ⓐ 집단의 비밀보장 원칙은 다른 사람의 사적인 정보를 집단 밖으로 유출하는 행위뿐만 아니라 집단회기 중에 나누었던 대화내용을 집단 밖에서 언급하는 행위에도 적용된다.
    ⓑ 집단에서의 비밀보장에 한계가 있으므로 상담자는 집단 초기에 그러한 한계를 설명해 줌으로써 구성원이 자기개방을 할 때 적정한 한계를 설정하도록 도와야 한다.
  ㉡ **개인에 대한 관심 미약**
    ⓐ 특정 구성원의 개인적인 문제가 충분히 다루어지지 않을 가능성이 있다.
    ⓑ 집단상담은 상담자의 개인적인 관심이나 보살핌이 더 필요하거나 더 집중적인 치료적 접근이 요구되는 사람에게는 부적합하다.
  ㉢ **역효과의 가능성**
    ⓐ 동료들과의 집단상담이 대체로 편안하게 느껴지지만 다양한 자극이나 배움의 기회가 감소할 가능성이 있다.
    ⓑ 집단참여를 원하지 않았거나 준비가 미처 되지 않은 상태로 집단에 참여하게 된 구성원의 경우에는 자칫 개인적인 문제로 집단의 분위기를 해치거나 다른 사람들의 집단경험에 걸림돌이 될 수 있다.
  ㉣ **집단압력의 가능성**
    ⓐ 구성원이 심리적으로 준비가 되기 전에 집단압력을 받을 가능성이 있다.
    ⓑ 집단의 규준과 기대치에 부응해야 할 것 같은 미묘한 압박감을 가질 수 있다.

> **바로 Check**
>
> 개인상담과 비교했을 때 집단상담의 단점을 모두 고른 것은?
>
> ㄱ. 집단압력의 가능성 ㄴ. 개인 작업의 제한성
> ㄷ. 경제성과 효율성   ㄹ. 대리학습
>
> ① ㄱ, ㄴ   ② ㄱ, ㄷ   ③ ㄱ, ㄹ
> ④ ㄴ, ㄷ   ⑤ ㄷ, ㄹ
>
> [해설] 집단상담은 개인상담과 달리 다른 집단원과의 상호작용을 중요시한다. 따라서 집단압력이 있을 수 있으며, 개인작업을 하는 데에는 시간상의 이유로 아무래도 한계가 존재한다.
>
> ✅ 정답 ①

(7) 집단상담과 개인상담의 비교

① 집단상담이 필요한 경우
  ㉠ 여러 사람들을 보다 잘 이해하고, 타인이 자기를 어떻게 보는가를 알아야 할 것으로 판단되는 내담자의 경우
  ㉡ 자기의 성격, 생활배경 등이 다른 사람들에 대한 배려와 존경심을 습득해야 할 것으로 판단되는 내담자의 경우
  ㉢ 다른 사람과의 대화를 포함한 사회적 기술의 습득이 필요한 내담자의 경우
  ㉣ 다른 사람과의 유대감, 소속감 및 협동심의 향상이 필요한 내담자의 경우
  ㉤ 자기의 관심사나 문제에 관해 다른 사람의 반응, 조언이 필요한 내담자의 경우
  ㉥ 동료나 타인의 이해와 지지가 도움이 되리라고 판단되는 내담자의 경우
  ㉦ 자기문제에 관한 검토, 분석을 기피하거나 유보하기를 원하고, 자기노출에 관해 필요 이상의 위협을 느끼는 내담자의 경우

② 개인상담이 필요한 경우
  ㉠ 당면 문제가 위급하고, 원인과 해결방법이 복잡하다고 판단되는 내담자의 경우
  ㉡ 내담자 자신과 관련 인물들의 신상을 보호할 필요가 있는 경우
  ㉢ 자아개념이나 사적인 내면세계와 관련하여 심리검사 결과를 해석해 주는 면담의 경우
  ㉣ 집단에서 공개적으로 발언하는 것에 대해 심한 불안 공포가 있는 내담자의 경우

> **OX 퀴즈**
>
> 집단상담은 당면 문제가 위급하고 해결방법이 복잡한 내담자의 경우에 특히 적합하다.
> [ ]
>
> [정답] ✗
> [해설] 당면 문제가 위급하고 원인 및 해결방법이 복잡한 내담자의 경우에는 개인상담이 더욱 적합하다.

ⓜ 집단상담의 동료들로부터 수용될 수 없을 정도로 대인관계가 좋지 못한 내담자의 경우
ⓑ 자기 자신에 대한 탐색, 통찰력이 극히 제한되어 있는 내담자의 경우
ⓢ 상담자가 타인으로부터 주목과 인정을 강박적으로 요구할 것으로 판단되는 내담자의 경우
ⓞ 폭행이나 비정상적인 성적 행동을 취할 가능성이 있는 내담자의 경우

③ **집단상담과 개인상담의 유사점**
  ㉠ 내담자로 하여금 자기관리, 인격상의 통정 및 생활상의 문제해결 등을 달성하도록 촉진한다.
  ㉡ 내담자들의 자기공개 및 자기수용을 촉진하기 위해 이해적이고 허용적인 상담 분위기의 조성과 유지를 강조한다.
  ㉢ 상담자는 내담자의 감정을 명료화하여 이를 반영하고 해석한다.
  ㉣ 내담자로 하여금 자신의 감정과 태도 등을 자각하고, 스스로 이를 검토하도록 유도한다.

④ **집단상담과 개인상담의 차이점**
  ㉠ 집단상담은 타인을 대하는 바람직한 태도나 행동반응을 즉각적으로 시도해 보고 확인할 수 있다.
  ㉡ 집단상담은 내담자들이 타인으로부터 도움을 받을 수 있을 뿐만 아니라 내담자 자신이 타인을 도와주는 경험을 가질 수 있다.
  ㉢ 집단상담의 상담자는 내담자의 감정을 이해해야 한다.
  ㉣ 내담자 스스로 자신을 지각할 수 있도록 유도한다.
  ㉤ 내담자의 발언이 다른 내담자와 집단상담 전체에 어떤 영향을 주고 있는지 관찰한다.

(8) 집단상담, 집단지도 및 집단치료의 비교

① **집단상담**(group counseling)
  ㉠ 현재의 문제에 관련되는 요인을 검토하고, 앞으로의 성장발달을 위한 태도변화를 강조한다.
  ㉡ 비교적 정상적인 내담자 집단을 대상으로 한다.
  ㉢ 주제보다 집단구성원 개인에게 초점을 둔다.
  ㉣ 상담자가 권위적인 책임자보다는 '안내자'나 '민주적인 촉진자' 역할을 한다.
  ㉤ 교정적 접근방법이라기보다는 예방적·성장촉진적인 접근방법이다.

② **집단지도**(group guidance)
  ㉠ 바람직하고 건전한 학습 및 생활태도를 촉진하기 위해 주로 정보와 자료를 제공하는 예방적인 접근방법이다.
  ㉡ 필요한 정보를 주고, 새로운 문제 사태에 대한 방향을 안내한다.
  ㉢ 토의하는 주제에 초점을 맞춘다.
  ㉣ 학교장면의 경우에는 학생활동을 기획하고 실천하며, 학습방법이나 진로방향에 관한 결정과 실천을 위한 자료 등을 집단적으로 제공한다.
  ㉤ 학급이나 연수원에서 실시되는 교육적인 경험을 얻는다.
  ㉥ 교사나 강사의 책임하에 진행한다.
  ㉦ 일반적인 차원에서 구성원의 행동변화를 기대할 수 있다.

③ **집단치료**(group therapy)
  ㉠ 심각한 정서문제, 심한 심리적 갈등을 겪고 있거나 정신병 상태 등에 있는 내담자 혹은 환자가 정상적인 생활을 할 수 있도록 전문적으로 도와주는 것이다.
  ㉡ 인간의 심리적 문제해결을 돕는 과정이라는 점에서는 집단상담과 유사하나 치료대상에 있어서의 차이가 존재한다.
  ㉢ 교정, 치료, 성격의 재구성에 초점을 맞춘다.
  ㉣ 비교적 장기간 실시된다.

출제포인트 집단상담, 집단지도 및 집단치료의 차이

구 분	집단상담	집단지도	집단치료
상담자	상담심리전문가	교사, 특정분야 강사, 연수원 강사	임상심리전문가, 정신과 의사
목 적	개인의 행동변화	바람직하고 건전한 학습 및 생활태도를 촉진	심리적·정서적 문제가 있는 환자들의 정상적인 생활을 가능하게 함
대 상	개인적 목표를 지닌 정상인	공동목표를 지닌 학생 및 일반인	임상적으로 비정상적인 환자
내 용	개인의 심리적 문제, 적응의 문제, 행동변화	필요한 정보제공, 문제에 대한 해결책과 방향 제시	심리장애, 이상행동
초 점	참여자 개인	진로, 공부방법 등 토의되는 주제	참여 환자 본인
접근방법	예방적, 성장촉진적	예방적	교정적(장기적)

 나의 필기노트

단답형 문제
다음은 무엇에 대한 설명인가?

임상심리전문가나 정신과 의사가 심각한 정서문제, 심한 심리적 갈등을 겪고 있거나 정신병 상태에 있는 환자집단을 전문적으로 도와주는 것이다.

[정답] 집단치료(group therapy)

(9) 집단의 유형

① 상담집단(counseling group)
   ㉠ 개인적·교육적·사회적·직업적 문제에 초점을 맞추고, 치료적인 목표뿐만 아니라 예방과 교육적인 목표를 설정하여 상담을 실천하는 집단이다.
   ㉡ 집단상담자에게는 심리사회적인 문제에 관한 폭넓은 지식과 경험이 요구된다.
   ㉢ 대부분 4~12명 정도의 내담자로 구성된다.
   ㉣ 주로 초·중·고교의 상담실, 대학의 학생상담센터 혹은 전국의 시·도 상담실과 같은 지역사회 정신건강 관련 기관 등에서 흔히 활용되는 집단유형이다.

> **Plus Study** 상담집단의 특징
> 1. 지금-여기의 경험을 강조한다.
> 2. 심각한 정신장애는 다루지 않는다.
> 3. 실행 지향적(action-oriented)이고 경험중심으로 진행된다.
> 4. 4~12명 정도의 비교적 잘 기능하는 사람들로 구성된다.
> 5. 개인의 내적 자원을 발견하고, 발달 저해요소를 건설적인 방향으로 변화시키는 데 초점을 맞춘다는 점에서 성장 지향적(growth-oriented)이다.
> 6. 비교적 단기간에 해결 가능한 의식수준의 문제(발달과업, 대인관계, 문제해결, 의사결정, 스트레스 대처방안 등)에 초점을 맞춘다.
>
> 출처 : 강진령(2012)

바로 Check

다음에 해당하는 집단의 유형은?

- 집단원들은 주로 일상생활에서 어려움을 경험하는 일반인들로 구성된다.
- 대인관계 과정, 자기이해 증진, 부적응 행동의 극복에 초점을 맞춘다.
- 과거 문제의 탐색보다 지금-여기에 초점을 둔 상담기술을 주로 사용한다.
- 비교적 단기간에 해결 가능한 문제를 다루며 성장 지향적인 특징이 있다.

① 상담집단 ② 치료집단 ③ 과업집단
④ 자조집단 ⑤ 교육집단

해설 상담집단은 개인적·교육적·사회적·직업적 문제에 초점을 맞추고, 치료적인 목표뿐만 아니라 예방과 교육적인 목표를 설정하여 상담을 실천하는 집단이다.

정답 ①

② 치료집단(therapy group)
   ㉠ 상담집단보다 심각한 정도의 정서·행동 문제나 정신장애를 치료하기 위한 목적으로 구성되어 입원, 통원의 형태로 이루어지는 집단이다.

ⓛ 구성원은 새로운 사회기술을 연습하고, 새롭게 습득한 지식과 행동을 적용한다.
ⓒ 무의식적 요소, 과거사, 성격의 재구성 등에 초점을 맞춘다.

> **Plus Study 치료집단의 종류**
> 1. 급성·만성 우울증 집단
> 2. 우울증 재발방지 집단
> 3. 섭식장애(eating disorder) 집단
> 4. 공황장애(panic disorder) 집단
> 5. 의료 지지집단(암, HIV/AIDS, 류머티스 관절염, 다발성 경화증, 과민성 장 증후군, 비만, 심근경색, 하반신 마비, 당뇨로 인한 시력상실, 신부전, 골수이식, 파킨슨병 등)
> 6. 특수집단(성학대 피해자, 성학대 아동의 부모, 치매노인과 도우미, 강박장애, 초기·만성 정신분열증, 알코올 중독자 성인자녀, 폭력적 남성, 자해자, 이혼자, 별거자, 사별자, 문제 가족 등)
>
> 출처 : 강진령(2012)

③ **교육집단**(education group)
  ㉠ 치료적 측면보다는 정의적·인지적 측면의 정신건강 교육의 기회와 이와 관련된 다양한 주제에 대한 정보를 제공하기 위해 구성되는 집단이다.
  ㉡ 상담자는 교육자, 촉진자로서 구성원에게 필요한 정보를 전달하고, 상호작용을 촉진시키는 역할을 한다.
  ㉢ **교육집단의 일반 절차**
    ⓐ 상담자가 강의나 발표 형식으로 구성원에게 필요한 정보를 제공한다.
    ⓑ 발표내용과 정보 및 자료에 대해 질문을 받는다.
    ⓒ 서로 소감을 나눈다.
    ⓓ 주제와 관련된 토의를 한다.

> **Plus Study 교육집단의 주요 주제**
> 1. 성교육
> 2. 교우관계
> 3. 이성교제
> 4. 진학지도
> 5. 학습방법
> 6. 문제해결 기술
> 7. 의사소통 기술
> 8. 스트레스 관리
> 9. 대인관계 기술
> 10. 학교폭력 및 집단 괴롭힘
> 11. 의사결정 기술
> 12. 진로의식, 진로탐색, 진로의사 결정
> 13. 다양성, 다문화 교육
> 14. 물질 오남용(흡연, 음주, 본드 등)
>
> 출처 : 강진령(2012)

④ **성장집단**(growth group)
  ㉠ 집단경험을 원하거나 자신에 대해 좀 더 알기를 원하는 구성원으로 구성되는 집단이다.

나의 필기노트

OX 퀴즈
성장집단은 보다 심각한 정도의 정서·행동 문제 및 정신장애를 치료하기 위한 목적으로 구성된다. [　]
[정답] ✕
[해설] 보다 심각한 정서·행동 문제 및 정신장애를 치료하기 위한 목적으로 구성되는 집단은 치료집단이다.

○ 구성원이 안전한 분위기 속에서 집단의 치료적 요소를 경험하게 됨으로써 자신을 정직하게 평가하여 자신의 참모습을 깨닫게 되고, 사고·감정·행동 변화를 꾀하면서 궁극적으로 인간적 성장을 실현하는 것이다.

ⓒ **성장집단의 목표**
- ⓐ 생활방식의 변화
- ⓑ 자신과 타인의 감정 인식
- ⓒ 대인 간 의사소통 증진
- ⓓ 가치관 명료화
- ⓔ 생산적인 태도 형성
- ⓕ 대인관계 형성 및 유지능력 향상

② **성장집단의 유형**
- ⓐ 훈련집단(training group) — T그룹 혹은 T집단
  - 구성원의 인간관계에서 감수성을 높이고, 인간관계 기술을 신장시키기 위해 고안된 집단이다.
  - 체험과정을 통해 인간적 성장과 효과적인 의사소통, 인간관계의 발전과 증진을 강조한다.
  - 감수성훈련 집단(sensitiveness training group) 혹은 실험훈련 집단(experiment training group)으로 명명되기도 한다.
- ⓑ 참 만남 집단(encounter group)
  - 모든 장면에서 사람들의 인간적 성장기회를 제공하기 위한 훈련의 형태에서 발전된 집단이다.
  - 참 만남 집단의 목표는 사회적 기술의 개발보다는 일치성(congruence)과 진실성(genuineness)을 신장시키는 데 있다.
- ⓒ 마라톤 집단(marathon group) : 며칠 동안 연이어 회기를 가짐으로써 구성원의 방어를 감소시키고 친밀감을 창출해 더 집중적이고 심화된 상호작용을 가능하게 하여 인간적 성장을 꾀하는 집단이다.

⑤ **과업집단(task group)**
- ㉠ 구체적인 과업의 목적을 달성하기 위해 모인 집단이다.
- ㉡ 의식적인 수준의 행동을 강조하고 집단역동을 활용하여 어떤 결과나 산물을 성공적으로 추출할 것인가에 초점을 맞춘다.
- ㉢ 과업집단을 이끄는 사람은 보통 '리더(leader)', '지도자', '팀장', '컨설턴트(consultant)'라고 불린다.
- ㉣ **과업집단의 예**
  - ⓐ 클럽 회원들이 임원 후보자들을 선발한다.
  - ⓑ 교칙 수정을 위해 교사들 혹은 학생들이 모여 협의한다.

 괄호넣기

( )은(는) 성장집단의 한 유형으로서, 며칠 동안 연이어 집단회기를 진행하여 집단구성원의 방어를 감소시키는 동시에 더욱 집중적이고 심화된 상호작용을 통해 인간적 성장을 꾀한다.

[정답] 마라톤 집단(marathon group)

ⓒ 대학 기숙사 관리위원들이 기숙사 운영규정 및 세칙을 제정, 개정한다.
ⓓ 학교폭력 예방 및 대책 마련을 위해 학교상담위원들이 모여 협의한다.
ⓔ 도로 및 철도 건설을 위한 계획 수립을 위해 정부 인사와 전문가들이 모여 협의한다.
ⓕ 정부기관의 연구 프로젝트 결과보고서 작성을 위해 연구에 참여한 전문가들이 모여 협의한다.
ⓖ 지적 능력이 떨어지는 학생의 특수학교로의 전학 여부를 결정하기 위해 관련 영역 전문가들이 모여 협의한다.

⑥ **자조집단**(self-help group)
㉠ 정신건강 전문가의 도움을 필요로 하지 않거나 전문가들이 돕는 데 한계가 있는 문제를 지닌 사람들을 위한 집단이다.
㉡ 공통적인 문제를 가진 사람들로 구성되어 있기 때문에 응집력이 높은 집단으로 발전되는 경향을 가진다.
㉢ **자조집단 프로그램의 대표적인 예**
ⓐ 근친상간 성인생존자집단
ⓑ 체중조절 집단
ⓒ 심장수술 환자집단
ⓓ 과식자 익명 집단
ⓔ 마약중독자 익명 집단
ⓕ 성 중독자 집단
ⓖ 자녀를 잃은 부모집단
ⓗ 현재·과거의 정신질환자 모임
ⓘ 피살아동 부모집단
ⓙ 알코올 중독자 익명집단(AA; Alcoholics Anonymous)

⑦ **지지집단**(support group)
㉠ 공통적인 관심사가 있는 구성원이 서로의 생각과 감정을 나누는 한편, 특정 문제와 관심사에 대해 점검해 보기 위한 집단이다.
㉡ 매일, 매주, 매월 1~2회 정도 정기적으로 모임을 갖는다.
㉢ 구성원은 다른 구성원도 흔히 유사한 문제를 경험하고 있고, 유사한 감정을 체험하고 있으며, 비슷한 생각을 하고 있다는 사실을 깨닫게 된다.
㉣ **지지집단의 전형적인 대상자 목록**
ⓐ HIV/AIDS 감염자
ⓑ 회복 센터에 입원 중인 노인

ⓒ 최근 신체장애를 입게 된 사람들
ⓓ 재혼을 통해 새 자녀를 두게 된 부모
ⓔ 가까운 사람이 임종을 앞두고 있는 사람들
ⓕ 중학교, 고등학교, 대학교에 재학 중인 미혼모
ⓖ 자연재해(홍수, 태풍, 지진, 쓰나미), 인재(화재, 교통사고) 희생자

⑧ 기타 집단의 유형
㉠ 구조화 · 비구조화 · 반구조화 집단
ⓐ 구조화 집단(structured group)
- 사전에 설정된 특정 주제와 목표를 달성하기 위해 일련의 구체적인 활동으로 구성되고, 상담자가 정해진 계획과 절차에 따라 상담을 진행하는 집단의 형태이다.
- 집단회기의 길이
  - 초등학생이나 주의집중 시간이 짧은 사람들 : 회기당 30~45분
  - 중·고등학생 : 4~15주, 회기당 2시간

Plus Study 구조화 집단에서 주로 다루는 주제

1. 자기표현, 주장훈련
2. 스트레스 관리
3. 섭식장애
4. 이성교제
5. 약물 오남용 이해 및 예방
6. 아동학대 예방 및 대처방법
7. 알코올 중독 부모 대하기
8. 부모역할 훈련
9. 사회기술
10. 진로의사 결정
11. 상급학교 적응
12. 완벽주의 극복
13. 성희롱·성폭행 대처방법
14. 외모 콤플렉스
15. 대처기술 학습
16. 부모자녀관계 회복

출처 : 강진령(2005)

바로 Check

구조화 집단상담 계획에 관한 설명으로 옳지 않은 것은?
① 집단상담 회기, 시간, 장소를 사전에 계획한다.
② 집단원의 선별 절차에 대한 계획을 사전에 수립한다.
③ 집단평가 시기, 방법, 내용을 사전에 계획한다.
④ 집단원 모집을 위한 홍보계획을 사전에 수립한다.
⑤ 회기별 세부적인 활동은 해당 회기 직전에 계획한다.

해설 회기별 세부적인 활동은 사전에 계획한다.

정답 ⑤

ⓑ 비구조화 집단(unstructured group)
- 사전에 정해진 활동이 없고, 구성원 개개인의 경험과 관심을 토대로 상호작용을 통해 집단의 치료적 효과를 얻고자 한다.
- 구조화 집단에 비해 폭넓고 깊은 자기탐색이 이루어질 수 있다.
- 구조화 집단에 비해 구성원 개개인의 상호작용과 자기탐색을 원활하게 촉진시킬 수 있는 능력과 임상경험을 겸비한 상담자가 요구된다.

ⓒ 반구조화 집단(semi-structured group) : 비구조화 집단의 형태를 토대로 운영하되, 필요에 따라 구조화 집단과 비구조화 집단을 혼합한 집단의 형태이다.

ⓛ 개방·폐쇄 집단
ⓐ 개방집단(open group) : 회기가 진행되는 동안 기존의 구성원이 종결하면 새로운 구성원이 들어올 수 있는 집단의 형태로 유치원, 초등학교 저학년 집단에 적합하다.

ⓑ 폐쇄집단(closed group)
- 구성원이 중도 탈락을 하더라도 그 자리를 채우기 위해 새로운 구성원을 받아들이지 않는다.
- 구체적인 목표를 설정한 폐쇄집단은 일반적으로 학교에서의 집단상담에 적합하다.

ⓒ 동질·이질 집단
ⓐ 동질집단(homogeneous group)
- 구성원의 인구통계학적 배경(성별, 연령, 인종, 민족, 종교, 성장배경, 출신지역, 교육수준, 사회경제적 지위, 직업 등)이 유사한 사람들로 구성된 집단의 형태이다.
- 집단응집력이 조기에 높아지고, 비교적 즉각적으로 지지하게 되며, 참석률이 높은 편이고, 갈등이 적으며, 증상완화가 조기에 이루어지는 특징이 있다.
- 집단의 깊이가 다소 피상적이고 표면적인 수준에 머무르는 경향이 있어서 성격 재구성과 같은 목표로 구성되는 집단상담에는 효과적이지 못하다.

ⓑ 이질집단(heterogeneous group)
- 구성원의 인구통계학적 배경과 특성이 서로 다른 사람들로 구성된 집단의 형태이다.
- 구성원의 갈등이 유발될 가능성이 높다.
- 갈등해소를 통해 개인적 성장과 문제해결력을 증진시킬 수 있다.

나의 필기노트

> **바로 Check**
>
> 청소년 집단상담에 관한 설명으로 옳은 것은?
> ① 비자발적인 집단원이 집단참여에 대한 불편한 감정을 표현할 수 있도록 돕는다.
> ② 정신병리 징후를 가진 학생을 집단상담에 참여하도록 권유한다.
> ③ 개방집단은 상담진행에서 높은 안정성과 일관성을 유지할 수 있다.
> ④ 동질집단에 비해 이질집단은 속마음을 쉽게 공개하고 공감할 수 있다.
> ⑤ 게임이나 매체를 활용하는 활동은 하지 않는다.
>
> 해설 정신병리 징후를 가진 학생은 집단상담보다 개인상담에 적합하며, 상담진행에서 높은 안정성과 일관성을 유지하는 것은 폐쇄집단이다. 이질집단에 비해 동질집단은 속마음을 쉽게 공개하고 공감할 수 있으며, 청소년이 대상이라면 게임이나 매체를 활용하는 활동이 효과적이다.
>
> ☑ 정답 ①

2 집단상담의 지도성 및 집단상담자의 기술

(1) 집단상담자의 정의

① **집단행동의 중심에 의한 정의** : 타인보다 더 많은 의사소통을 하며, 집단의 결정에 더 많은 영향을 미치는 집단행동의 중심이 되는 사람이다.
② **집단목표 관점에 의한 정의** : 집단을 어떤 목표로 향하게 하는 사람으로, 목표가 명확하지 않은 경우에는 혼란에 빠지는 경우도 있다.
③ **집단구성원에 의한 정의** : 구성원에 의해 지도자로 지목되는 사람으로, 간혹 전문상담원으로서의 특성을 갖추고 있는지를 확인할 수 없는 특징이 있다.
④ **집단수행의 수준에 의한 정의** : 여러 명의 가능성 있는 사람 중 집단수행의 수준에 가장 큰 변화를 가져올 수 있는 사람이다.
⑤ **조작적 정의** : 집단에서 지도적 행동을 하는 사람이다.

(2) 집단상담자의 특성

① 집단상담자의 인간적 특성
　㉠ **용기**(courage)
　　ⓐ 어렵고 힘든 상황에서 포기하거나 좌절하지 않고, 삶을 슬기롭게 지속하도록 만드는 삶의 원동력이 된다.
　　ⓑ 개인이 삶에 대한 모든 책임을 지고, 자신감을 갖게 하는 동력이다.

ⓛ **기꺼이 모범을 보일 의지**(willingness to display for modeling)
  ⓐ 상담자의 모든 행동이 구성원에게 본보기가 된다는 점을 명심하고, 매사에 솔선하는 것이 중요하다.
  ⓑ 개방적인 태도, 수용적 자세, 적극적 경청, 자기개방, 타인에 대한 존중과 배려, 즉각적인 피드백 등을 상담자가 몸소 실천함으로써 구성원이 보고 배울 수 있다.

ⓒ **집단구성원과 함께 있음**(being together with group members)
  ⓐ 구성원과 감정적으로 함께 하는 것이 중요하다.
  ⓑ 타인의 고통, 분투, 기쁨에 의해 감동받는 것으로 구성원의 고통에 너무 심취하여 압도되지 않도록 주의한다.

ⓓ **기꺼이 돌봄을 보일 의지**(willingness to display for caring)
  ⓐ 타인의 복지에 대해 진실한 관심을 가지는 것이다.
  ⓑ 돌봄은 구성원을 존중하고 신뢰하며, 가치 있는 존재로 소중하게 여기는 것이다.

ⓔ **긍정적 변화에 대한 믿음**(belief in positive change)
  ⓐ 건설적·긍정적 변화를 이룰 수 있다는 확고한 신념을 말한다.
  ⓑ 자신이 하고 있는 것을 믿고 집단 내의 치료적 힘을 신뢰한다.

ⓕ **개방성**(openness) · **자기노출**
  ⓐ 상담자가 같은 인간으로서 자기 자신을 충분히 구성원에게 보여주는 것이다.
  ⓑ 새로운 경험과 자신과 다른 삶의 유형 및 가치에 대해 개방적인 태도를 갖는 것이다.
  ⓒ 상담자의 자기개방으로 구성원도 자신의 감정과 신념에 더욱 개방적이 되고 집단과정에 유동성을 부여한다.

> **바로 Check**
>
> **청소년 집단상담자의 자기개방 기법에 관한 설명으로 옳지 않은 것은?**
> ① 집단원과 신뢰로운 관계가 형성된 후에 자기개방을 한다.
> ② 타인의 경험이 아니라 반드시 자기 자신의 경험을 표현한다.
> ③ 집단원이 관심을 가지고 있는 주제에 대해 자기개방을 한다.
> ④ 종결단계에서 적극적으로 사용해야 한다.
> ⑤ 자기개방을 하기 위해서는 모험을 감행해야 한다.
>
> 해설 청소년 집단상담자의 자기개방은 주로 작업단계에서 이루어진다.
>
> 정답 ④

나의 필기노트

ⓐ **공격에 대처할 때 비방어적이 됨**(being non-defensive when coping with attack)
　ⓐ 상담자로서 손상받기 쉬운 자존심을 가지지 않는 것이다.
　ⓑ 비판 뒤에 숨어 있는 감정을 비방어적으로 집단과 함께 탐색하는 것이 중요하다.
　ⓒ 공격 받았을 때, 상담자의 생각과 감정을 표현하는 효율적·비공격적 방식을 구성원에게 보여준다.
ⓞ **문화적 민감성**(cultural sensitivity)
　ⓐ 상담자의 문화적인 고립이나 지방색은 구성원에게 영향을 미친다.
　ⓑ 상담자는 자신의 이론적 관점에 관계없이 구성원에 대한 이해와 변화, 발달과 성숙에 미친 문화의 중요성을 인식하는 것이 필요하다.
　ⓒ 다문화주의에 대한 지식과 이해를 바탕으로 높은 문화적 민감성을 가지고 구성원의 문제를 이해하고 해결할 수 있어야 한다.
ⓩ **호기심**(curiosity)
　ⓐ 집단과정에서 표현된 구성원의 행동에 대해 의구심을 갖고 탐구하려는 강한 동기를 말한다.
　ⓑ 상담자는 구성원의 언어적·비언어적 행동에 대해 호기심을 가지고 관찰하며, 의문을 던지고 탐구할 때 의미를 정확히 파악하고 이해할 수 있다.
ⓩ **개인적인 힘**(personal power) : 구성원을 배제한다거나 상담자의 목적에 따라 조정한다는 의미가 아니라 상담자의 자기 확신, 구성원에게 미치는 자신의 영향을 자각하는 것으로 자신감과 카리스마를 내포한다.
㉠ **심리적 에너지**(psychological energy)
　ⓐ 구성원 개개인을 이해하고, 욕구를 충족시키기 위해 활용되는 상담자의 역동적인 자원이다.
　ⓑ 집단을 이끄는 것은 재미있고 에너지를 주는 것뿐만 아니라 고생스럽고 지치게 만드는 것일 수도 있다. 따라서 신체적·심리적 지구력이 필요하며, 집단과정을 통해 활력을 유지하기 위해 압력을 견딜 필요가 있다.
㉢ **자기자각의 확장**(extension of self-awareness) : 상담자 자신의 장단점을 정확하게 이해하고 자신의 정체성, 문화적 시각, 목표, 동기, 요구, 한계, 강점, 가치관, 감정, 문제에 대해 자각하는 것을 의미한다.

나의 필기노트

ⓔ 유머감각(sense of humor)
   ⓐ 스스로에 대해 웃을 수 있고, 인간적 약점에 내재하는 유머를 볼 수 있는 능력이다.
   ⓑ 유머감각은 구성원으로 하여금 적절한 시각을 갖고, 심리적으로 무거워지는 것을 피할 수 있도록 돕는 데 유용하다.
   ⓒ 시의적절한 유머는 강력한 치유효과를 가진다.

ⓗ 창의성(creativeness)
   ⓐ 각 집단을 신선한 아이디어로 접근하면서 자발적인 창조성을 보이는 능력이다.
   ⓑ 창의적인 상담자는 지속적으로 기법이나 프로그램의 변화를 추구한다.

㉮ 개인적인 헌신과 적극적 참여(personal commitment and active involvement)
   ⓐ 뛰어난 전문인이 되는 일은 삶에 의미와 방향을 주는 이상을 가진다는 것을 의미한다.
   ⓑ 집단과정의 가치를 믿고 집단이 구성원에게 어떻게 힘을 불어 넣는가에 대한 비전을 가지고 있다면 집단에서의 어려운 시기를 이겨낼 수 있고, 자신을 안내할 비전을 가지고 있다면 중심을 잃지 않고 나아갈 수 있다.

㉯ 자기수용(self-acceptance) : 자신을 있는 그대로 받아들이며 인정하는 것으로 자기수용적인 상담자는 자신의 약점까지 수용함으로써 구성원과의 상호작용을 더 정확하게 이해하고, 스스로 완벽하지 않은 존재라는 사실을 인정함으로써 집단과정을 촉진한다.

바로 Check

청소년집단을 이끄는 집단상담자에게 요구되는 인간적 자질을 모두 고른 것은?

ㄱ. 집단 경험
ㄴ. 창의성
ㄷ. 상담이론에 관한 지식
ㄹ. 자신의 경험에 대한 개방성
ㅁ. 호기심

① ㄱ, ㄴ ② ㄱ, ㄹ ③ ㄴ, ㄷ, ㅁ
④ ㄴ, ㄹ, ㅁ ⑤ ㄱ, ㄷ, ㄹ, ㅁ

해설 집단 경험 및 청소년 상담이론에 관한 지식은 전문적 자질에 포함된다.

정답 ④

② 집단상담자의 전문적 특성
  ㉠ 개인상담 경험
    ⓐ 내담자로서의 경험 : 개인상담을 통해 상담자가 되고자 하는 동기에 대해 탐색하고, 내담자로서 상담의 효과를 체험해 보는 기회를 가진다.
    ⓑ 상담자로서의 경험 : 개인상담의 경험은 구성원과의 효과적인 의사소통 기술을 연마할 수 있는 기회뿐만 아니라 상담자와 내담자 사이의 역동성을 이해하는 데 효과적이다.
  ㉡ 집단경험 : 상담자가 되기 위해서는 먼저 구성원으로 경험을 해 보는 것이 필요하다.
  ㉢ 집단계획과 조직능력
    ⓐ 총 집단회기수, 집단의 목적, 구성원의 바람, 토론내용 등과 관련된 계획을 수립한다.
    ⓑ 집단의 전체 회기뿐만 아니라 각 회기별로 구체적인 계획을 수립할 수 있고, 집단을 생산적으로 이끌 수 있으며, 구성원 개개인이 집단참여 목적을 달성할 수 있도록 도울 수 있는 기법과 전략을 수립한다.
  ㉣ 상담이론에 관한 지식 : 다양한 상담이론에 대한 전문적 지식은 잠재적 구성원과 그들의 관심사, 그들이 겪을 수 있는 복잡한 심리적 문제를 이해하고 조력하는 데 필수적이다.
  ㉤ 인간에 관한 폭넓은 지식과 경험
    ⓐ 인간의 발달과정에 따른 과업을 신체적·인지적·심리사회적·성격적·문화적·도덕적 측면 등에서 조망할 수 있는 지식과 경험이 요구된다.
    ⓑ 집단경험이 쌓이고 전문적 능력이 신장될수록 상담자는 일상생활에서도 자신감을 갖게 되는 경향이 있다.

(3) 집단상담자의 임무

① 집단의 구성 및 유지
  ㉠ 상담자는 집단의 발전단계에 관한 명백한 인식을 가져야 하며, 집단을 구성하고 지속시켜야 할 책임을 가지고 있다.
  ㉡ 집단상담의 전반적인 틀은 초기단계에 형성되며 상담자의 역할이 중요하다.
  ㉢ 상담자는 구성원이 위협을 느끼는 자극이나 긴장을 감소시키고, 자기탐색을 촉진시키는 집단풍토를 조성하도록 노력해야 한다.

② 집단 분위기의 조성
  ㉠ 집단이 구성되면 집단의 상호작용을 이끌어 줄 일련의 행동규칙과 규범을 설정해야 한다.
  ㉡ 구성원은 자신이 속해 있는 집단이나 다른 구성원과 상담자와의 관계에서 자신의 감정을 표현하는 데 자유로워야 한다.
  ㉢ 집단 내에서는 수용과 이해의 분위기뿐만 아니라 충돌과 적대적인 표현도 허용되는 풍토가 자연스럽게 형성됨을 이해해야 한다.
③ 집단규범의 설정
  ㉠ 집단규범은 집단이 효과적으로 기능하도록 하기 위해 필요한 행동이 무엇인지를 집단구성원이 공유하는 신념체계로 집단 초기단계에 형성한다.
  ㉡ 규범은 명시적으로 표현될 수도 있지만 표현되지 않거나 암시적인 규범을 가지게 된다.

(4) 집단상담자의 과제
① 사회적 강화자
  ㉠ 모든 형태의 심리상담은 상담자가 사회적 강화자가 되는 조작적 조건화에 의한 학습과정이라고 할 수 있다.
  ㉡ 상담자의 반응이 구성원의 성숙한 행동을 강화하고, 미성숙한 행동은 제지시키는 사회적 자극이 될 수 있다.
② 집단과정의 본보기
  ㉠ 구성원이 새로운 행동변화를 시도해 나갈 수 있는 환경적 분위기를 조성하기 위해 상담자가 집단과정에서 본보기가 될 수 있다.
  ㉡ 구성원의 자기노출을 유도하되, 그들이 가진 욕구수준을 감안하면서 집단의 발달 단계에 부합되는 행동을 보여야 한다.
  ㉢ 상담자는 개입해야 할 시기와 방법에 유의하면서 동시에 구성원에게 모범이 될 수 있는 반응을 해야 한다.
③ 집단규범 형성을 위한 상담자의 과제
  ㉠ **자기공개의 격려** : 구성원의 바람직한 행동변화를 위해 집단행동에 관한 구조를 제시하거나 개념적 설명을 덧붙임으로써 구성원이 좀 더 적극적으로 자기공개를 할 수 있도록 지지하고 격려하여야 한다.
  ㉡ **솔직하고 자연스러운 언행의 촉진** : 자신이 느낀 감정을 솔직하고 직선적으로 표현할 수 있도록 지지해야 한다.
  ㉢ **상호이해적 태도의 촉진** : 상담자는 구성원 간의 유대를 강하게 함으로써 집단의 잠재력을 증가시키고, 집단에 대한 지지와 정보제공을

통하여 구성원으로 하여금 집단에 대한 중요성을 인식시켜 소속감을 높여주어야 한다.

> **바로 Check**
>
> 청소년집단상담에서 나타날 수 있는 문제행동에 관한 집단상담자의 대처로 옳지 않은 것은?
> ① 불평하는 집단원에게 개별면담을 활용한다.
> ② 집단 전체가 침묵하는 경우 주위를 둘러보거나 시간을 자주 확인한다.
> ③ 하위집단에 속하지 않는 집단원을 의도적으로 집단활동에 참여시킨다.
> ④ 집단규칙을 위반하는 경우 필요에 따라 강제로 중도 탈락 시킨다.
> ⑤ 대화를 독점하는 집단원에 대해 이야기를 차단하는 기법을 사용하여 제재한다.
>
> [해설] 집단 전체가 침묵하는 경우, 이를 집단원들에 대한 자료 수집의 시간으로 활용할 수 있다.
>
> ☑ 정답 ②

 OX 퀴즈

대화를 독점하는 집단원에게는 "이야기 하고 싶은 것이 많은 것처럼 보이는데, 그것을 한 문장으로 말해 보시겠어요?"와 같이 반응해 본다. [ ]

[정답] ○

② 비생산적인 행동에 대한 개입 : 상담자는 구성원이 보이는 침묵, 순서대로 말하기, 자기고백의 강요, 화제의 독점, 피상적 화제의 지속, 의존성 등의 비생산적인 행동을 억제·제지하여야 한다.

⑩ '지금-여기'에 직면시키기 : 구성원이 집단장면에서 스스로 느끼고 경험하는 것을 자유롭게 표현할 수 있도록 독려하여야 한다.

(5) 집단상담자의 역할

① 집단과정에 대한 상담자의 인식
  ㉠ **집단긴장의 처리** : 모든 집단에는 어느 정도의 긴장이 존재하는데, 상담자는 이를 인식함으로써 집단을 잘 파악하게 되고 적절히 대처할 수 있다.
  ㉡ **집단구성원들의 1차적인 과제와 2차적인 만족**
    ⓐ 1차적인 과제
      • 도움을 구하고 문제로부터 해방되거나, 다른 사람들과 보다 생산적인 인간관계를 형성한다.
      • 상담경험을 통해 무엇을 성취하고자 하는지를 지각해야 하며, 특히 구성원이 자신의 과제를 수행하기 위해 집단 안에서 무엇을 해야 하는지를 의식하도록 해준다.
    ⓑ 2차적인 만족
      • 다른 사람들과의 편안한 관계를 형성한다.
      • 자신이 원하는 이미지가 집단에 투사되도록 한다.

- 집단에서 자신의 역할이 주목받도록 한다.
- 자신이 매력을 가지고 있고, 현명한 사람으로 인정받는다고 생각되도록 한다.

ⓒ **상담자 자신의 느낌에 주목**
ⓐ 자신의 느낌에 주목하고, 필요하다면 자신의 느낌을 구성원에게 표현함으로써 상담작업의 촉진제가 되도록 해야 한다.
ⓑ 상담자는 자신의 감정이 자신의 성격에서 기인한 것인지, 집단과정에서의 경험단서인지를 구별해야 한다.
ⓒ 집단과정의 단서로 활용하는 느낌은 타당하고 신뢰가 있어야 한다.

② **과정 중심적 태도의 촉진**
㉠ 상담자는 구성원이 '지금-여기'의 상황에 초점을 두어 느끼고 생각하도록 하고, 과거의 이야기보다 현재의 의사교류 과정을 검토하도록 자극한다.
㉡ 상담자는 집단과정의 주요부분을 명료화하는 언급을 하거나 집단에 대한 상담자의 전망을 설명한다.

③ **과정 명료화에 대한 집단구성원의 수용**
㉠ 적절한 해석방법을 취해야 한다.
㉡ 구성원의 행동 또는 감정을 범주화하거나 한정시키지 말아야 한다.
㉢ 구성원에게 총체적인 비난을 하지 말아야 한다.

④ **과정 논평의 원리와 실제**
㉠ 자신이 만들어 낸 세계는 자신만 변화시킬 수 있으며 자신이 원하는 것을 얻기 위해서 변해야만 한다는 것을 인식한다.
㉡ 변화에는 부담이 따르지만 큰 위험은 없다는 것을 인식한다.
㉢ 확고한 결심과 실천이 따르면, 누구든 할 수 있는 잠재력을 실제로 지니고 있다는 것을 인식한다.

⑤ **과거사의 활용 범위**
㉠ 상담자의 해석에서는 흔히 내담자의 배경적 자료를 토대로 행동의 원인을 추정한다.
㉡ 인간행동의 가장 심층적인 원인을 밝히기 위해서는 반드시 과거를 고려한다[프로이트(Freud)].
㉢ 과거를 언급하는 목적은 과거사에 대한 인식을 재구성하기 위한 것이다.

(6) 집단상담자의 지도성(group leadership)

① 집단지도성의 정의
  ㉠ 집단의 공동목표를 달성하기 위해 구성원의 행동을 조정하는 데 필요한 요소이다.
  ㉡ 사회적 상호작용의 특수한 형태, 즉 집단과 개인의 목표달성을 촉진하기 위해 다른 사람에게 영향을 주고 동기화시키도록 개인들 간의 협력이 허용되는 상호 간·의사교류적·변형적 과정이다.

② 효과적인 집단지도성의 특성
  ㉠ 동일시대상
    ⓐ 구성원은 자기들을 좋아하고 돌봐주는 상담자와 동일시하는 반응을 보이게 된다.
    ⓑ 구성원은 상담자 성격의 여러 면을 모형으로 이용하고, 상담자를 자신의 자아이상을 형상하는 데 도움이 되는 한 인간으로 간주한다.
  ㉡ 욕구대상 : 상담자는 구성원에게 공격적 욕구나 사랑의 욕구를 어떻게 처리하는지를 보여주는 모형으로서의 역할을 담당한다.
  ㉢ 자아지지 : 구성원의 왜곡된 내면 감정을 드러내도록 상담자가 허용해 줌으로써 자기의 감정을 효과적으로 통제하는 방법을 터득하고 죄의식, 불안, 갈등을 처리하도록 도와준다.

③ 집단상담자의 지도성과 집단유형
  ㉠ 지도자 중심의 집단
    ⓐ 엄격하고 권위주의적인 지도자를 가지고 있다.
    ⓑ 일반적으로 상담자가 논의할 주제를 제시한다.
    ⓒ 구성원이 무엇을 해야 하는지, 어떻게 실행할 것인지, 그들 행동의 뚜렷한 의미 등을 구성원에게 교육한다.
  ㉡ 방임적 집단
    ⓐ 허용적인 지도자를 가지고 있다.
    ⓑ 구성원에 대하여 행동의 한계를 설정하지 않는다.
    ⓒ 구성원이 상담자의 지도나 지시 없이 처리할 수 있기를 기대한다.
    ⓓ 상담자는 대부분 수동적이거나 자신감이 결여되어 집단에 과제를 부과하기를 망설임으로써 적절한 통제를 가할 수 없다.
  ㉢ 내면적 통제집단
    ⓐ 실제로는 구성원이 상담자가 원하는 것만 하도록 허락해주면서 겉으로는 권위나 통제를 나타내지 않는 집단이다.

 단답형 문제

다음은 어느 집단유형에 대한 설명인가?

- 허용적인 지도자
- 집단구성원에 대한 행동의 한계 미설정

[정답] 방임적 집단

ⓑ 상담자는 구성원에게 전적으로 책임감을 부여하는 것처럼 보일지 모르지만 실제로는 예상 밖으로 허술한 부분을 많이 노출한다.

ⓒ 상담자는 자신에게 어려움을 주는 분야를 스스로 인정하며 구성원 앞에서 이를 시인하고, 가능한 정직하고 개방적으로 문제를 다루려고 노력함으로써 자신과 구성원의 성장을 도울 수 있다.

ⓔ **외면적 통제 및 격려집단**

ⓐ 구성원에게 한계를 설정해 주고, 자신의 행동에 대한 책임을 느낄 수 있도록 환경을 조성해 주며, 스스로의 정체감과 자율성을 유지하도록 돕는 집단이다.

ⓑ 규율에 근거를 둔 지도력 자체는 구성원이 자신의 문제해결방법을 배우게 되는 틀과 동기를 제시한다.

ⓒ 상담자는 구성원이 자신의 목표와 목적을 명확하게 하도록 도와주는 역할을 담당한다.

④ 집단지도성의 유형

㉠ **민주형 집단지도성**(democratic group leadership)

ⓐ 집단 중심적 혹은 비지시적 집단지도력이다.

ⓑ 상담자는 자신의 지식과 경험보다 구성원의 자기이해 및 문제해결능력을 인정하고 의지하여 촉진자의 역할을 담당하고, 구성원과 집단에 대한 책임을 공유한다.

ⓒ 주로 명료화, 반영, 재진술, 피드백, 과정에 대한 평가 등의 상담기법을 사용한다.

㉡ **독단형 집단지도성**(autocratic group leadership)

ⓐ 구성원은 전문가의 도움이 필요하다는 기본 가정 아래, 인간행동과 집단역동에 관한 자신의 지식과 경험을 토대로 집단의 방향을 독자적으로 설정하고 집단과정을 주도한다.

ⓑ 집단역동과 집단 개개인의 행동을 해석하여 구성원에게 그들의 행동에 대한 이해의 폭을 확대시키도록 조력한다.

㉢ **방임형 집단지도성**(laissez-faire group leadership)

집단의 방향뿐만 아니라 집단과정과 결과에 대한 책임 역시 구성원에게 달려 있다고 보기 때문에 집단의 계획이나 절차는 전적으로 구성원에 의해 설정되고 진행된다.

⑤ 기본적 집단지도성 기술

㉠ 구성원의 참여를 격려한다.

㉡ 집단과정에서 일어나는 일들을 관찰하고 확인한다.

㉢ 구성원의 행동에 주의를 기울여 파악하고 인식한다.

OX 퀴즈

외면적 통제집단은 집단구성원이 상담자의 지도나 지시 없이 무엇인가를 처리할 수 있기를 기대한다. [ ]

[정답] ×

[해설] 외면적 통제집단은 집단구성원에게 한계를 설정해 주고, 자신의 행동에 대한 책임을 느낄 수 있도록 환경을 조성해 준다.

단답형 문제

다음은 집단지도력의 유형 중 무엇에 대한 설명인가?

- 집단구성원은 전문가의 도움이 절대적으로 필요하다고 믿는다.
- 인간행동과 집단역동에 관한 자신의 지식과 경험을 토대로 집단의 방향을 독자적으로 설정하고 집단과정을 주도한다.

[정답] 독단형 집단지도력(autocratic group leadership)

ⓔ 구성원의 진술을 명료화하고 요약한다.
　　ⓜ 집단회기를 시작하고 종결한다.
　　ⓗ 필요한 경우 구성원에게 정보를 제공한다.
　　ⓢ 효과적인 집단지도자의 행동을 모방한다.
　　ⓞ 적절한 자기노출을 하며 집단에 참여한다.
　　ⓩ 집단에서 피드백을 주고받는다.
　　ⓒ 집단에서 개방형 질문을 사용한다.
　　ⓚ 구성원을 공감한다.
　　ⓣ 구성원의 행동을 직면한다.
　　ⓟ 구성원이 경험에 의미를 부여하도록 조력한다.
　　ⓗ 구성원이 학습을 통합해서 적용하도록 조력한다.
　　㉮ 집단을 실제 운용하는 데 필요한 윤리적·전문적 기준에 따라 행동한다.
　　㉯ 집단이 목표를 달성하도록 집단에게 과제를 부여한다.

(7) 집단상담자의 문제행동

① **지나친 개입** : 구성원의 참여가 소극적일 때 개인이 말할 때마다 반응을 보이려는 유혹을 가지는 것으로 일일이 반응을 보이기보다는 다른 구성원이 반응을 보일 때까지 기다리거나 구성원의 참여를 독려하는 것이 필요하다.

> **Plus Study　지나친 개입의 예**
>
> [내담자1] 우리 아빠는 매일 저녁마다 술에 취해 들어오세요. 그리고는 엄마와 소리소리 지르면서 싸워요.
> [상담자] 엄마 아빠가 밤늦게 다투실 때마다 무섭겠구나.
> [내담자2] 우리 엄마는 제가 하는 일마다 참견하고 잔소리를 하셔서 이젠 엄마랑 말도 하기 싫어요.
> [상담자] 엄마와 대화 나누기가 많이 힘들겠구나.
> [내담자3] 우리 아빠는 어려서부터 공부 잘하는 형만 좋아하세요. 저는 우리 형이 없어졌으면 좋겠어요.
> [상담자] 형에 대한 아빠의 편애 때문에 많이 속상한가 보구나.
>
> 출처 : 강진령(2005)

② **방어적 태도**
　㉠ 상담자는 자신에 대한 구성원의 비판적인 태도와 평가, 부정적인 반응 등을 견디기 힘들어 한다.
　㉡ 상담자와 구성원 사이에 방어적인 태도로 일관하는 것은 자칫 서로 간의 적대감으로 연결되어 깊이 있는 집단작업을 저해하는 결과를 초래한다.

> **Plus Study** 방어적 태도의 예
>
> [내담자] 제가 이 집단에 참여하게 된 지도 그럭저럭 5주가 지났는데… 음, 솔직하게 말해서 이번 집단은 제 기대에 미치지 못하는 것 같아요. 집단을 통해 얻은 것이 아무것도 없거든요.
> [상담자] 음… 그건 그동안 집단 참여에 소극적이고 자신을 드러내기를 주저하는 님에게도 어느 정도 책임이 있지 않을까요?
>
> 출처 : 강진령(2005)

③ 폐쇄적 태도
  ㉠ 자기 자신의 사적인 내용의 노출을 최소화하는 것이다.
  ㉡ 상담자의 시기적절한 자기경험 노출은 집단역동을 촉진시킬 수 있다.

④ 과도한 자기개방
  ㉠ **집단상담자가 자기개방을 할 때 고려해야 할 사항**
    ⓐ 상담자의 역할수행에 방해되는 문제가 있다면 다른 전문가와의 상담을 통해 그 문제를 최우선적으로 해결한다.
    ⓑ 집단작업과 관련된 자기개방은 일반적으로 바람직하다는 점을 기억한다.
    ⓒ 집단에서 자신의 사적인 문제를 개방하고자 한다면, 그 이유와 정도를 고려한다.
  ㉡ 상담자는 자신의 문제를 공개하기보다 구성원 사이에 자기개방의 빈도와 깊이에서 큰 차이가 나지 않도록 균형유지를 위한 조정자 역할을 해야 한다.

(8) 집단상담자의 자격

① 개인의 능력 수준
  ㉠ 집단을 이끌만한 충분한 교육과 훈련을 받았는가?
  ㉡ 자신의 능력 정도를 결정하는 기준은 무엇인가?
  ㉢ 능력의 한계를 인식할 방법은 무엇인가?
  ㉣ 상담자로서의 충분한 자격이 없다면, 우선적으로 해야 할 일이 무엇인가?
  ㉤ 상담능력을 높이기 위해 무엇을 할 수 있는가?
  ㉥ 능숙하게 사용할 수 있는 기법은 어떤 것인가?
  ㉦ 어떤 구성원을 가장 잘 상담할 수 있는가?
  ㉧ 가장 상담하기 어려운 사람들은 어떤 사람들이며 왜인가?
  ㉨ 구성원과 어느 정도까지 같이 갈 수 있는가?
  ㉩ 구성원에게 언제, 어떻게 조언해야 하는가?
  ㉪ 다른 전문가의 조언을 필요로 할 때는 언제인가?

OX 퀴즈

집단상담자의 시기적절한 자기경험의 노출은 집단역동을 촉진시키는 역할을 할 수 있다.
[　]

[정답] ○

② 집단상담자 전문훈련
  ㉠ **과제·작업 집단을 위한 전문가 훈련** : 조직발달, 경영, 자문 등
  ㉡ **지도·교육 심리집단을 위한 전문가 훈련** : 지역사회 심리학, 건강증진, 경영, 자문, 교과과정 고안 등
  ㉢ **상담·대인 관계 문제해결집단을 위한 전문가 훈련** : 일반상담, 집단상담, 슈퍼비전 등
  ㉣ **심리치료집단을 위한 전문가 훈련** : 이상심리학, 정신병리학, 진단평가 등
③ 집단상담자 훈련에서 고려해야 할 기타 사항
  ㉠ 집단상담이나 개인 성장 집단에 참여함으로써, 집단에서 자신의 인간적 특성을 효과적으로 사용할 수 있어야 한다.
  ㉡ 훈련집단이나 슈퍼비전 집단에 참여함으로써 효과적인 개입을 위해 필요한 기법을 익힌다.
④ 집단상담자 훈련에서의 윤리
  ㉠ 프로그램에 참여하기 전 무엇을 해야 하는지에 대한 정보를 받아야 한다.
  ㉡ 적절하고 유용한 자기노출에 대한 지침이 주어져야 한다. 상담자의 자기노출은 같은 인간으로서 자신을 구성원에게 보여주는 것으로 구성원이 자신의 감정과 신념에 개방적이게 하고 집단과정에 유동성을 부여한다.
  ㉢ 개별목표를 이루기 위한 반복연습을 시키거나 과제를 낼 수도 있다.

(9) 집단상담자의 기술

① 변화촉진 분위기 조성
  ㉠ **적극적 경청**(active listening)
    ⓐ 구성원의 언어적·비언어적 행동에 대해 민감하게 반응하여 상담자 자신이 이해한 내용을 자신의 말과 행동으로 되돌려 주는 것이다.
    ⓑ 타인이 이야기를 할 때 충분한 주의를 기울이는 방법을 배우는 것이 가장 중요하며, 이는 단순히 말을 들어주는 것 이상을 의미한다.
    ⓒ 내용을 이해하고 몸짓, 음성, 표현의 미묘한 변화, 저변에 깔린 메시지를 감지하는 것 등을 포함한다.
  ㉡ **공감적 이해**(empathic understanding)
    ⓐ 구성원의 내면 감정을 가슴으로 느끼고, 입장을 머리로 이해하는 것이다.
    ⓑ 공감적인 상담자는 구성원의 주관 세계를 감지할 수 있어야 한다.

ⓒ 공감기술의 핵심은 타인의 경험을 흐리게 하는 일이 없도록 하는 것이며, 타인의 경험을 숨김없이 파악하는 동시에 자신의 분리를 유지해야 한다.

ⓒ **초점 맞추기**(focusing) : 집단의 초점이 어디에 맞추어져 있는지, 집단의 목적에 일치되고 있는지를 지속적인 관심을 가지고 관찰하는 것이다.

바로 Check

다음 청소년 집단상담 장면에서 상담자가 공통으로 사용한 기술은?

- "여러분, 지금 이야기하는 내용에 대해 곰곰이 생각해 봅시다. 여러분이 친구들과 다투게 되는 상황에서 어떤 패턴이 있는지 더 이야기를 나누어 볼까요?"
- "지금 다루고 있는 주제를 10분 정도만 더 나누고, 새로운 주제로 옮겨 가겠습니다."

① 피드백하기   ② 차단하기   ③ 연결하기
④ 초점 맞추기   ⑤ 해석하기

해설 초점 맞추기는 집단의 초점이 어디에 맞추어져 있는지, 집단의 목적에 일치되고 있는지를 지속적인 관심을 가지고 관찰하는 것이다.

정답 ④

ⓔ **모델링**(modeling)
   ⓐ 상담자가 구성원의 모델 역할을 담당함으로써 상담자를 보고 배울 수 있도록 분위기를 조성하는 것이다.
   ⓑ 상담자가 모범을 보일 수 있는 특정한 행동
- 다양성에 대한 존중
- 적절한 자기노출
- 타인이 비빙어적으로 듣고 수용할 수 있는 방식으로 피드백하기
- 비방어적 방식으로 구성원으로부터 피드백받기
- 집단과정에의 참여
- 구성원과 함께 있기
- 직접적이고 애정 어린 방식으로 타인을 자극하기

ⓜ **집단구성원의 적극적 참여를 유도** : 순서대로 돌아가기, 손들기

② **과정적 기법** 빈출
   ⓒ **구조화**(structuring) : 상담자가 집단을 시작하면서 구성원에게 집단상담 참여에 필요한 제반규정과 한계를 설명하는 것이다.
   ⓒ **진단**(diagnosis) : 구성원의 행동·감정·사고 유형을 분류하고, 증상 유무를 확인하며, 어떤 진단적 범주에 속하는지를 파악하는 기법이다.
   ⓒ **연결**(linking, connecting) : 특정 구성원의 행동이나 말을 다른 구성원의 관심사와 연결시키는 데 사용되는 통찰력 표현의 한 기법으로, 구성원 간의 의사소통을 향상시킨다.

ㄹ **차단**(blocking, cutting-off, intervening)
  ⓐ 집단과정에 부정적인 영향을 주거나 구성원의 성장을 저해하는 의사소통에 상담자가 개입해 구성원의 말을 중지시키는 기법으로, 집단규범 확립에 도움을 주며 초기단계에 중요한 개입방법이다.
  ⓑ 저지해야 할 행동
    - 다른 사람에게 질문 퍼붓기 : 상대가 질문에 답을 잘할 수 있도록 먼저 자신의 생각과 느낌을 잘 표현하고, 직접적으로 말할 수 있는 분위기를 조성한다.
    - 험담하기 : 한 구성원이 다른 구성원에 관해 뒤에서 이야기를 할 때 직접 이야기하라고 요구한다.
    - 장황하게 늘어놓기 : 길게 말을 늘어놓는 일이 생기면 상담자가 끼어들어 이 모든 것이 현재 감정, 사건과 어떤 관련이 있는지 말하도록 당사자에게 요구한다.
    - 신뢰를 깨는 행동 : 한 구성원이 타 집단이나 이전 집단에서 일어난 일에 대해 부주의하게 이야기를 할 때 상담자는 확고하지만 점잖은 태도로 막는다.
    - 사생활 침해 : 특정 구성원이 개인적 정보를 탐색하면서 상대방을 압박한다면 상담자가 저지한다.

바로 Check

사실적 이야기를 장황하게 말하는 집단원에 대한 상담자의 개입 방법으로 옳지 않은 것은?

① 사실적 이야기를 장황하게 말하는 것과 자기 개방을 차별화시켜 줄 필요가 있다.
② 이야기의 세부 사항보다는 그 사건에 대한 집단원의 감정과 생각에 초점을 맞추도록 돕는다.
③ 구체적이고 명료하게 자신을 표현하도록 가르칠 필요가 있다.
④ 방어의 한 형태이므로 연결하기(linking) 기법을 통해 그 행동을 멈추도록 돕는다.
⑤ 공감적 이해를 통해 집단원의 사실적 이야기가 현재에 미친 영향을 표현하도록 돕는다.

해설 연결하기는 집단상담 장면에서 한 집단원의 말과 행동을 다른 집단원의 관심사나 공통점과 연결시키고 관련짓는 기술로서, 집단원의 상호작용과 의사소통을 촉진한다. 따라서 장황하게 말하는 집단원에게 사용하기에는 부적절하다.

정답 ④

ⓜ **피드백**(feedback)
　ⓐ 긍정적 · 부정적 피드백

긍정적 피드백(positive feedback)	부정적 피드백(negative feedback)
구성원의 강점이나 장점을 드러내어 언어적 · 비언어적 행동으로 되돌려 주는 것이다.	구성원의 문제행동이나 비생산적인 사고 또는 사고방식을 드러내어 언어적 · 비언어적 행동으로 되돌려 주는 것이다.

　ⓑ 피드백은 라포(rapport) 형성이 된 후에는 구체적이고 관찰가능한 행동의 직후에 하는 것이 좋다.

> **Plus Study 피드백을 주고받을 때 유의할 점**
> 1. 생각이나 느낌을 나타내는 데 중점을 두고 상대의 행동을 강제로 바꾸도록 하는 것은 지양한다.
> 2. 구체적으로 관찰 가능한 행동에 대해 행동이 있은 바로 직후에 한다.
> 3. 주는 이나 받는 이가 모두 피드백을 생산적으로 활용할 마음의 준비가 되어 있는지를 점검한다.
> 4. 변화 가능한 행동에 대해 피드백하며 가능한 대안을 제시한다.
> 5. 한 사람보다는 집단의 여러 사람에게서 온 피드백이 더 의미 있다.
> 6. 피드백을 받을 때는 관심을 기울이고 상대방 말의 내용을 확인해보는 것이 중요하다.

ⓑ **보편화**(universalizing) : 구성원이 다른 구성원과 상호작용하게 되면서 자신과 유사한 감정과 관심을 가지고 있다는 사실을 깨닫게 해 변화를 촉진하는 것이다.

ⓢ **'지금-여기**(here and now)**' 상호작용 촉진** : 구성원 간의 명쾌한 의사소통을 유발하여 집단의 방향에 대한 책임감을 일깨워 주는 것이다.

ⓞ **지지**(support)**와 격려**(encourage)
　ⓐ 구성원이 새로운 환경에 적응하게 되면서 생기게 되는 불안에 대처하고, 자신의 생각이나 감정을 다른 구성원과 나눌 수 있도록 돕는 것이다.
　ⓑ 지지가 필요한 시기 : 위기에 직면했을 때, 공포스러운 영역으로 나아갈 때, 건설적인 변화를 시도하고 있지만 아직 확신하지 못할 때, 스스로를 제한시키는 낡은 패턴을 없애려고 분투할 때

ⓩ **종결**(termination)**과 평가**(evaluation)
　ⓐ 회기 종결 후 회기에서 다루었던 내용과 과정을 면밀히 검토해 다음 회기의 목표와 상담전략을 미리 구상해 보는 것이다.
　ⓑ 상담시간 후에 작업을 계속하도록 구성원을 격려하는 분위기를 만들어 주는 것이다.

ⓒ 상담자는 개인과 집단과의 작업을 언제, 어떻게 종결해야 할지를 배워야 한다.

바로 Check

다음 청소년집단상담에서 상담자가 적용한 집단기술은?

하 늘 : 저는 어릴 때부터 아토피가 있어서 얼굴이나 목이 빨개요. 그래서 다른 친구들이 싫어하기 때문에 머리카락으로 가려야만 해요.
상담자 : 하늘이가 아토피 때문에 머리카락으로 얼굴을 가리고 있었구나. 머리카락을 늘어뜨리고 있으니까 얼굴을 잘 볼 수가 없네. 네 얼굴이 조금 빨간 것이 나는 크게 느껴지지 않는데, 하늘이가 어떻게 느끼고 있는 지 네 이야기도 듣고 싶구나.

① 연결하기   ② 차단하기   ③ 피드백
④ 구조화   ⑤ 요약하기

해설 '피드백'이란 다른 사람의 행동 사고, 감정과 관련하여 개인의 생각과 감정을 언어적 표현으로 되돌려주는 것이다.

정답 ③

③ 내용적 기법
   ㉠ 명료화(clarification)
      ⓐ 구성원의 진술내용에서 공백을 메우거나 진술내용에 의미를 부여하기 위해 상담자가 사용하게 되는 언어적 도구로 집단 초기에 유용하게 적용시킬 수 있다.
      ⓑ 기저의 문제에 초점을 맞추고, 다른 사람들이 무엇을 생각하고 느끼는지에 대해 선명한 그림을 갖도록 돕는 것이다.
      ⓒ 쟁점 뒤에 숨어 있는 핵심에 집중하고, 혼란스럽고 갈등을 일으키는 감정을 가려내는 것이다.

Plus Study 집단상담에서 명료화의 예

[상담자] 지금 집단상담을 끝내는 것이 어떤 느낌일지에 대해 좀 더 이야기해 보세요.
[내담자1] 모르겠어요. 그건 상담자가 얘기해줘야 하는 것 아닌가요?
[내담자2] 있잖아요, 뭐라고 얘기해야 하는지 알아야 하죠.
[상담자] 그럼 제가 알아야 하는 것에 대해서 좀 더 이야기해 줄 수 있을까요?
(명료화 : 비록 이것은 새로운 정보라기보다는 사실을 확장하기 위한 것이지만 질문 형태인 것에 주목해야 한다.)

출처 : 주은선 외 역(2008)

   ㉡ 재진술(paraphrase) : 어떤 상황, 사건, 사람, 생각을 기술하는 구성원의 진술 중 내용부분을 상담자가 다른 동일한 말로 바꾸어 말해 그 의미를 화자 및 집단 모두에게 분명하게 전달하는 기법이다.

> **Plus Study 집단상담에서 재진술의 예**
>
> [상담자] 집단의 어떤 구성원은 서로 의견이 다를 때 어렵다고 말합니다.
> [내담자1] 제가 아무런 준비가 안 되어 있을 때 많은 개인적인 질문을 받고 싶지 않아요. 저는 화가 나서 당신들한테 소리 지르게 되는 것을 원치 않아요.
> [내담자2] 저도 같은 느낌이에요. 저는 사람들이 저를 존중해 주고 밀어붙이지 않길 바라요.
> [상담자] 두 분은 집단에서 안전하다는 느낌을 받기 위해서 사람들이 당신들의 영역을 존중해 주고 밀어붙이지 않아야 한다고 생각하는군요.(재진술)
>
> 출처 : 주은선 외 역(2008)

ⓒ 반영(reflection)
  ⓐ 구성원의 느낌이나 진술의 정서적인 부분을 상담자가 그 느낌의 원인이 되는 사건, 상황, 사람, 생각과 함께 다른 동일한 의미의 말로 바꾸어 기술하는 기법이다.
  ⓑ 상대방이 알 수 있도록 구성원이 전달하는 것의 핵심을 되돌려 주는 능력이다.

> **Plus Study 집단상담에서 반영의 예**
>
> [내담자] 이번 시험은 정말 잘 봐서 혼자서 저희들을 기르시느라 애쓰시는 엄마를 깜짝 놀라게 해드리고 싶었어요. 그런데 수학 계산문제에서 어이없게 실수를 하는 바람에... 선생님, 제가 너무 한심하죠?
> [상담자] 이번 시험결과가 기대했던 것과 다르게 나와서 무척 실망스러운가 보구나. 이번 시험결과가 좋아서 엄마를 기쁘게 해드리고 싶었던 것 같은데 말이야.(반영)
>
> 출처 : 강진령(2005)

ⓓ 요약(summary)
  ⓐ 구성원 둘 이상의 언어적 표현을 서로 묶어서 진술의 내용부분을 다른 동일한 의미의 말로 바꾸어 기술하는 재진술과 반영의 확대기법이다.
  ⓑ 중심요소와 공통주제를 확인하고 집단상담시간이 나아가는 경향에 대한 그림을 제공해 집단 초기단계 점검 후 유용하게 사용되는 것으로 집단과정에 난관이 있거나 분열되면 실시한다.

> **Plus Study 집단상담에서 요약의 예**
>
> [상담자] 지금까지 우리는 우리 삶에서 바꾸고 싶은 것에 대하여 이야기했습니다. **님과 OO님은 전공을 바꾸고 싶다고 말했고, @@님은 가족 내에서 특히 남편과의 관계를 좋은 방향으로 바꾸고 싶다고 했습니다. 이렇게 여러 가지 바꾸고 싶은 것에 대해 이야기를 나누어 왔는데요, 그렇다면 여러분들이 원하는 것을 얻기 위해서 포기해야 할 것은 무엇이 있을까요?

ⓜ **질문**(question)
  ⓐ 구성원에 관한 정보와 자료를 수집하고 생각이나 감정을 탐색하기 위한 기법이다. 적절한 질문은 상담자가 경청하고 있음을 전달해주고 내담자의 자기탐색을 촉진한다.
  ⓑ 개방형·폐쇄형 질문

개방형 질문(open question)	폐쇄형 질문(closed question)
육하원칙에서 '왜'로 시작되는 질문을 제외한 질문의 형태	'예' 또는 '아니오'로 대답할 수 있는 질문의 형태

  ⓒ 직접·간접 질문

직접 질문(direct question)	간접 질문(indirect question)
직접적으로 묻는 형태의 질문	다소 완곡한 형태의 질문으로 대체로 문장의 끝을 물음표가 아닌 마침표로 끝맺는 경우

  ⓓ 이중 질문(alternative question) : 두 가지 중 하나를 선택하게 하는 질문이다.
  ⓔ '왜'로 시작되는 질문(why-question) : 자칫 구성원의 잘못을 지적하거나 비난하려는 의도로 받아들여지기 쉬워 자기방어적인 태도를 초래할 수 있다.
  ⓕ 질문 공세 : 이미 질문을 한 상황에서 상대가 대답을 마치기도 전에 다른 질문들을 연속적으로 던지는 것이다.

ⓗ **직면**(confrontation)
  ⓐ 구성원의 언어적 진술내용과 비언어적 행동이 불일치하거나 언어적 진술내용들 사이에 상충되는 면이 있을 때 상담자가 그 모순을 진술하는 기법이다.
  ⓑ 자신이 한 행동의 일부를 보도록 구성원을 자극하는 것이다.
  ⓒ 직면을 시도할 때에는 애정과 기술이 모두 필요하다.
  ⓓ 상담자는 꼬리를 달지 않고 문제가 되는 행동에 구체적으로 이의를 제기하며, 그 행동에 대한 자신의 느낌을 공유한다.

ⓢ **해석**(interpretation)
  ⓐ 구성원이 자신의 행동을 통찰하도록 돕기 위해 상담자가 행동의 원인에 대한 설명이나 연관성 여부를 잠정적인 가설의 형태로 기술하는 기법이다.
  ⓑ 행동유형의 의미를 일정한 이론적 틀로 설명하는 것이다.
  ⓒ 해석은 정확하고 시기적절하게 이루어져서 구성원이 난관을 극복할 수 있도록 도움을 주어야 한다.

ⓓ 해석을 사실보다는 가설로서 제시하는 것이 중요하며, 당사자가 집단에서 이러한 직감의 타당성을 고려할 기회를 가지는 것도 중요하다.

ⓞ **정보제공**(information giving) : 구성원이 필요로 하는 자료나 사실적인 정보를 구두로 전달해 주는 것이다.

ⓩ **자기표현법**(self-expression) : 자기 자신을 주어로 하여 구성원의 행동으로 인한 상담자 자신의 의사와 감정을 전달하는 방법이다.

ⓩ **촉진하기**
　ⓐ 집단에서 자신을 분명하게 표현하고 행동하도록 구성원을 돕는 것이다.
　ⓑ 상담자의 촉진방법
　　• 구성원이 자신의 공포나 기대, 갈등과 논쟁을 표현하도록 도와주며 직접적인 의사소통 장애물을 극복하도록 구성원을 도와 집단과정을 촉진한다.
　　• 구성원이 서로를 신뢰하여 생산적인 교환에 참여할 수 있는 안전하고 수용적인 분위기를 창출하려고 적극적으로 노력한다.
　　• 구성원이 개인적인 소재를 탐색하거나 새로운 행동을 시도할 때 장려하고 지지해줌으로써 구성원의 참여를 권하거나 자극을 주면서 가능한 많은 구성원을 집단 상호작용에 참여시키고, 상담자에게 덜 의존하는 방향으로 나아가게 한다.

ⓚ **제안하기**(suggestion)
　ⓐ 정보를 주거나 독립적인 결정을 내리는 데 구성원이 이용할 수 있는 가능한 행동을 제공하는 것으로 사고와 행동의 대안적 방식을 개발하도록 돕는 목적으로 제안한다.
　ⓑ 정보를 주거나, 구체적인 숙제를 생각하게 하거나, 자신만의 실험을 하게 하거나, 새로운 관점에서 상황을 보도록 구성원을 조력한다.

ⓔ **솔선수범하기**(taking the lead)
　ⓐ 상담자가 구성원에게 적극적인 역할을 하고 방향을 제시하며, 구조를 제시하여 필요한 행동을 취하면 구성원은 집단활동에 몰입하게 된다.
　ⓑ 초기에 상담자가 깊게 관여하면 창의성을 억압하게 되고, 너무 개입을 하지 않으면 구성원이 수동적으로 될 가능성이 있다.

> **바로 Check**
>
> 집단상담자의 상담기법과 예시의 연결로 옳은 것은?
> ① 구조화 - "선생님이 노력한 것을 알아주지 않아 서운했겠네요."
> ② 해석 - "집단을 마치기 전에 오늘 여러분들이 경험한 것에 대해 잠시 이야기 나눠보죠."
> ③ 개방적 질문 - "오늘 아침 식사를 하고 왔나요?"
> ④ 보편화 - "방금 언급한 부정적인 감정이 구체적으로 무엇을 의미하는 것이죠?"
> ⑤ 직면 - "긴장되지 않는다고 이야기하며 다리를 계속 떨고 있는데 알고 있나요?"
>
> 해설 직면은 구성원이 의식적, 무의식적으로 피하고 있는 사실에 대해 일치하지 않는 언행을 의도적으로 지적함으로써 알게 하는 상담기법이다.
>
> ☑ 정답 ⑤

④ 비언어적 측면의 기법
　㉠ **시선** : 가치 있는 정보를 수집하고, 구성원의 상호작용을 촉진하는 데 유용하게 사용될 수 있다.
　㉡ **머리의 끄덕임**(nodding) : 누군가 의견을 제시하거나 관심사에 대해 이야기할 때 동의와 반대의 의미를 나타낸다.
　㉢ **얼굴 표정**(facial expression) : 다른 구성원의 의견에 대한 인정이나 불인정, 만족감이나 불만족감, 또는 상담자가 명확하게 짚고 넘어가기 원하는 기타 반응을 나타낸다.
　㉣ **눈물**(tearing) : 구성원의 눈물은 상담자에게 중요한 단서를 제공한다.

(10) 협동상담자(공동상담자) ◎빈출

① 2인 또는 그 이상의 상담자가 협력하여 한 집단을 이끄는 경우의 집단상담자를 말한다. 주로 초심 상담자가 임상경험이 풍부한 상담자와 함께하는 형태로 이루어진다.
② 우리나라에서는 경험의 정도에 따라 경험이 많은 상담자는 리더(leader), 경험이 적은 상담자를 부리더(sub-leader) 또는 보조리더(co-leader)라고 한다.
③ 장점
　㉠ **소진**(burnout) **가능성 감소** : 한 상담자가 집단을 이끌어 가는 동안 다른 상담자는 문제의 소지가 있는 구성원에게 주의를 기울임으로써 서로 소진 가능성을 줄일 수 있다.
　㉡ **역할분담 용이** : 상담자들은 협의를 통해 역할분담을 한 후 집단을 이끌 수 있으며 이를 통해 집단의 흐름을 효과적으로 조율할 수 있다.

ⓒ **상호보완** : 상담자가 가지고 있는 서로 다른 집단에 대한 관점과 견해, 다양한 삶의 경험을 활용하여 특정 사안에 대한 대안과 정보를 제공할 수 있다.

ⓔ **상호 피드백 교환** : 서로의 감정이 주관적으로 치우치지 않도록 조절하며, 유용한 피드백을 교환할 수 있다. 상담자 간의 솔직한 피드백 교환을 통해 회기 결과에 대해 평가하고 토의할 기회를 갖는 것은 서로에게 유익한 학습의 기회가 될 수 있다.

ⓜ **상호 정보 교환** : 상담자들은 각자의 집단을 이끄는 방식과 전략에서 다양한 방법을 배울 수 있다. 또한 각자의 전문성을 살려서 집단을 이끌 경우, 집단역동을 활성화시킬 수 있다.

④ 단점

㉠ **지나친 경쟁심** : 상담자들은 구성원으로부터 더 나은 평가나 인정을 받기 위해 상대 상담자와 과도한 경쟁을 하거나 상대방을 압도하고 싶은 욕구를 느낄 수 있다. 따라서 상담자들은 같은 목적을 가진 사람으로서 같은 배를 타고 있다는 의식을 가지고 팀워크를 발휘해 집단작업에 임해야 한다.

㉡ **집단상담자들 간의 의견갈등** : 집단회기 중 상담자의 의견이 일치되지 않을 수 있는데, 이는 집단역동, 분위기, 성과 등에 부정적인 영향을 초래할 수 있다. 따라서 상담자들은 서로의 의견을 들어보고 조정할 수 있는 시간을 자주 가지는 것이 효과적이다.

> **바로 Check**
>
> **공동리더십 한계의 극복방안으로 옳지 않은 것은?**
> ① 집단계획과 목표를 분담하여 수립한다.
> ② 집단 예비모임에 함께 참석한다.
> ③ 서로의 개인적 특성을 파악할 시간을 갖는다.
> ④ 회기 후 집단원 반응에 대해 서로 의견을 교환한다.
> ⑤ 회기 전 집단에 대한 기대를 함께 나눈다.
>
> 해설 집단계획과 목표는 동일한 내용을 숙지하는 것이 중요하다.
>
> 정답 ①

(11) 초심 집단상담자가 당면하는 문제들

① 초기 불안감
  ㉠ 내가 어떻게 집단을 잘 시작할 수 있을 것인가?
  ㉡ 나는 한 집단을 이끌 만큼의 충분한 지식을 습득했는가?
  ㉢ 구성원이 나에게 실제로 기대하는 것은 무엇인가?
  ㉣ 집단이 활동을 개시하도록 기다려야 하는가?
  ㉤ 집단을 진행해 갈 수 있을까? 어떻게?
  ㉥ 무엇인가가 시작되면 그것을 끝까지 지속시키기 위해 필요한 것을 내가 가지고 있는가?
  ㉦ 회기가 끝나기 전에 이야기할 거리가 바닥날 것인가, 아니면 이야기할 거리가 남아 있을 것인가?
  ㉧ 능동적인 역할을 할 것인가, 구성원이 이야기할 때까지 기다릴 것인가?
  ㉨ 구성원이 이야기할 수 있도록 이야깃거리를 제공할 것인가, 스스로 결정하게 할 것인가?
  ㉩ 어떤 상담기법을 집단 시작단계에서 쓸 것인가?
  ㉪ 아무도 참가를 원하지 않는다면? 너무 많은 인원이 참가를 원한다면? 참석하길 원하는 사람들에게 어떻게 처신할 것인가?
  ㉫ 구성원이 다시 모이고 싶어 할 것인가?

② 자기 드러내기
  ㉠ 촉진적이고 적절한 자기 드러내기는 집단지도력의 핵심이다.
  ㉡ 자기 드러내기는 구성원이 자신의 목적을 달성하도록 도울 수 있어야 한다.
  ㉢ 개인적인 과거사가 아닌 '지금-여기'의 감정을 드러내는 것이 중요하다.
  ㉣ 내가 불안하고 미심쩍은 마음을 가지고 있으면 이를 집단과 나누어야 하는가?

③ 까다로운 집단구성원 다루기
  ㉠ 저항을 치료적으로 다루는 방법을 학습하고 다양한 형식을 배우는 것이 상담자의 중심 과제이다.
  ㉡ 저항은 이유나 목적을 지니고 생겨난다는 점을 기억하고, 문제성 있는 구성원을 다루기 위한 전략에 전적으로 매달리기보다는 저항하는 구성원에게 느끼는 반응을 중요시하도록 깨우치는 것이 중요하다.
  ㉢ 침묵이 길어지면 어떻게 처리해야 하는가?

 괄호넣기

( )은(는) 지성화에 상대되는 개념으로서 인지적이고 이성적인 면을 외면하고 매사에 감정적으로 처리하여 집단의 흐름을 저해하는 현상이다.

[정답] 감정화(emotionalization)

④ 집단구성원의 저항에 대한 자신의 반응 다루기
  ㉠ 구성원의 저항적인 행동을 효율적으로 다루기 위해서는 상담자의 대응이 중요하다.
  ㉡ 역전이를 다루기 위해서는 슈퍼비전이 가장 효과적이다.
  ㉢ 만일 집단 전체가 나를 공격한다면 어떻게 해야 하는가?
⑤ 체제에 대응하는 문제 : 때로는 기관의 요구와 정책에 효율적으로 대응하는 것이 유능한 전문성을 갖추는 것만큼 중요하다.

(12) 집단상담 효과 증진을 위한 기술 및 활동
① 효과 증진을 위한 기술
  ㉠ **초점두기**
    ⓐ 훌륭한 지도력을 위해 초점두기를 확립·유지·변경하고, 심화시키는 방법을 터득하는 것이 필요하다.
    ⓑ 상담자는 구성원, 주제, 활동 중 어디에 적용하는 것이 바람직한지를 판단한다.
  ㉡ **차단하기**
    ⓐ 집단회기 진행 중에 집단에 방해가 되는 구성원의 언행을 중지시키는 것이다.
    ⓑ 발언권을 가진 구성원이 횡설수설하거나, 길게 시간을 끌며 이야기하고 더 진전되는 이야기를 피하는 경우, 주제에 맞지 않는 부적절한 내용을 이야기하는 경우 적용한다.
  ㉢ **끌어내기**
    ⓐ 집단에 참여하지 않는 구성원에게 끌어내기 기술을 적용하여 참여하도록 도와주는 것이다.
    ⓑ 집단구성원이 침묵을 하는 이유
      • 두려움 및 불안
      • 생각하는 과정에 있음
      • 원래 조용한 성격
      • 현재에 집중하지 않고 다른 생각을 함
      • 지배적인 상담자나 구성원의 위협
      • 준비 부족
      • 혼란된 상태
      • 집단에 대한 신뢰나 참여 동기 부족

> **바로 Check**
>
> 집단원의 침묵과 참여 부족의 이유에 해당하는 것을 모두 고른 것은?
>
> ㄱ. 비밀누설에 대한 두려움
> ㄴ. 말보다는 침묵이 더 효과적이라는 생각
> ㄷ. 자신은 말할 가치가 별로 없다는 느낌
> ㄹ. 집단원이나 지도자에 대한 표현되지 않는 분노감
> ㅁ. 다른 집단과 비교하여 자신은 기대에 미치지 못한다는 느낌
>
> ① ㄱ, ㄴ, ㅁ ② ㄷ, ㄹ, ㅁ ③ ㄱ, ㄴ, ㄷ, ㄹ
> ④ ㄴ, ㄷ, ㄹ, ㅁ ⑤ ㄱ, ㄴ, ㄷ, ㄹ, ㅁ
>
> **해설** 침묵은 인간행동의 한 형태이며, 침묵하는 과정 중에 많은 느낌과 사고가 진행될 수 있다. 따라서 집단상담자는 이를 잘 알고 있으며, 집단원에게 침묵을 지킬 권리도 있음을 인정해야 한다.
>
> ☑ 정답 ⑤

② 효과 증진을 위한 활동
㉠ 성취하려는 것을 가장 잘 달성할 수 있는 활동을 선택한다.
㉡ 사용하려는 활동이 구성원의 욕구와 집단의 목적에 부합하는지 확인한다.
㉢ 지시사항이 명확히 기술되었는지 확인한다.
㉣ 활동이 시작되기 전에 있을 수 있는 혼란을 제거한다.
㉤ 지시사항은 짧고 간단하게 제시한다.
㉥ 활동을 도입하기 전에 필요한 자료가 모두 구성원 앞에 갖추어졌는지 확인한다.
㉦ 활동 시작 전에 유인물이나 문장완성 자료를 배부하여 주의집중을 유도한다.
㉧ 충분한 정보를 포함한 지침을 제공한다.
㉨ 구성원에게 활동에 참여하지 않을 권리를 허용한다.
㉩ 활동 시작 전에 활동의 목적을 설명한다.
㉪ 활동에 걸리는 시간이 어느 정도인가를 구성원에게 안내한다.
㉫ 활동은 목적이 아닌 수단임을 명심한다.
㉬ 생각을 촉발하는 개방형 질문으로 처리과정을 논의한다.
㉭ 활동 후 처리과정에서 구성원의 생활을 연결한다.
㉮ 활동 간에 충분히 처리과정을 다룬 후 다른 활동으로 이동한다.

3 집단상담의 계획 및 평가

(1) 집단상담의 계획

① 집단에 대한 안내 및 집단구성원의 모집
  ㉠ 상담자는 미래의 구성원에게 집단의 이론적 근거, 목표에 대해 충분히 설명한다.
  ㉡ 집단에 대한 더 많은 정보를 원하는 사람에게 간단한 신청서를 나누어 주는 것도 좋다.

② 집단구성원 선발
  ㉠ 상담자는 장래의 구성원을 선별하고, 집단생활 전체를 통해 구성원의 적합성을 인식하고 있어야 한다.
  ㉡ 상담자는 자신의 이론적 지향점과 일치하는 구성원을 선별하는데, 가능한 집단의 목표와 요구에 부합되는 구성원을 선택해야 하며, 그러한 구성원은 집단과정을 방해하지 않고 집단경험을 통해 행복을 유지·향상시켜야 한다.
  ㉢ 대개는 연령, 지적 능력, 성별, 문제영역에 따라 동질적으로 묶을 수 있으나, 성별은 발달수준에 따라 고려하는 것이 좋다.
  ㉣ 아동의 경우에는 남성과 여성을 따로 모집하는 것이 좋으며, 청소년기 이상은 남성과 여성이 혼합된 집단이 더욱 효과적이다.
  ㉤ 학생들의 경우에는 같은 또래끼리 만나는 것을 더 편해하지만, 성인들의 경우에는 다양한 연령층이 모임으로써 서로의 경험을 교환할 수 있다.
  ㉥ 구성원은 반드시 도움받기를 원해야 하고, 자기의 관심사나 문제를 기꺼이 말해야 하며, 집단 분위기에 잘 적응할 수 있어야 한다.
  ㉦ 개인의 배경이나 성격에도 주의를 기울여야 한다. 지나치게 공격적이거나 내성적인 사람은 집단상담이 제 기능을 발휘하기 어렵다.

③ 집단상담에 적용되는 상담이론 결정
  ㉠ 집단상담에 적용하는 주요한 상담이론이 무엇인지에 대한 고려가 필요하다.
  ㉡ 집단상담자는 자신이 취하는 이론적 입장에 대한 강점과 제한점이 무엇인지에 대한 인식을 갖는 것이 중요하다.
  ㉢ 이론적으로 절충적인 입장을 취할 때에도 자신이 진행하는 상담집단에 적절한 이론적 형태를 선택하는 것이 필요하다.
  ㉣ 집단의 유형은 개인, 대인관계, 집단에 어떻게 초점을 두느냐에 따라 다른 특징을 지닌다.

④ 집단 형성에 있어서의 실제적인 관심사 빈출
  ㉠ 개방집단과 폐쇄집단
    ⓐ 개방집단 : 새로운 구성원이 중도에 그만 둔 구성원 대신에 참여하게 되는 집단형태로 집단의 응집에 역효과를 초래할 수 있다.
    ⓑ 폐쇄집단 : 새로운 구성원이 상담기간 중간에 추가되지 않는 집단형태로서 지속성을 유지하고, 응집력을 조장하여 구성원에게 안정감을 제공한다.
  ㉡ 자발적 구성원과 비자발적 구성원
    ⓐ 일반적으로 스스로 집단과정에 참석하기로 선택한 구성원으로만 구성된 집단과의 상담이 더욱 효과적이다.
    ⓑ 집단경험에서 이득을 얻기 위해서는 개개인이 상당히 동기화되어 있어야 한다.
  ㉢ 동질집단과 이질집단 : 동질집단은 비슷한 특성을 가진 사람들이 모인 집단으로 특정한 요구를 지닌 집단일 때 더 적절한 반면, 이질집단은 다양한 특성을 가진 사람들로 이루어진 집단으로 개인 성장 집단일 때 많은 장점을 지닌다.
  ㉣ 집단의 크기
    ⓐ 바람직한 집단의 크기는 구성원의 나이, 집단의 형태, 집단상담자의 경험 등의 요인에 달려 있다.
    ⓑ 성인집단에서는 상담자 1명당 6~8명의 구성원이, 어린이집단에서는 3~4명의 구성원이 적당하다.
  ㉤ 상담의 빈도와 간격 : 주 1회, 2시간이 일반적이며, 어린이와 청소년 집단의 경우에는 이보다 더 자주, 짧게 만나는 것이 더 효과적이다.
  ㉥ 집단 지속기간
    ⓐ 지속기간은 집단의 유형과 구성원에 따라 다양하다.
    ⓑ 개인상담에서 집단은 30~50주간 지속되는 것이 일반적이다.
    ⓒ 대학교와 고등학교 집단은 대개 한 학기(약 15주) 동안 지속되는 것이 일반적이다.
  ㉦ 상담장소 : 사생활 보장, 안락감을 느낄 수 있는 매력적인 분위기, 대면적 상호작용, 깊이 있는 상담이 가능한 장소가 중요하다.
⑤ 상담 전 만남 또는 최초 회기(접수면접)
  ㉠ 상담자는 구성원의 기대, 두려움, 목표, 오해를 그들과 함께 탐색한다.
  ㉡ 특정한 기준과 절차에 대한 상세한 설명을 통해 집단의 구조화를 수립한다.

OX 퀴즈

바람직한 집단의 크기는 집단구성원의 연령에 따라 달라질 수 있는데 성인의 경우에는 6~8명, 어린이의 경우에는 3~4명이 적당하다.
[   ]

[정답] ○

ⓒ 구성원의 초기 불안을 줄이고, 이들의 기대를 분명히 하며, 집단과정에 대한 교육을 강화시키는 시간이다.

⑥ 집단구성원에 대한 오리엔테이션
　㉠ 상담자는 사전 집단면접과 초기의 집단회기가 계속되는 동안 구성원에게 계약수준을 검토하게 하고, 이를 결정하도록 도와야 한다.
　㉡ 구성원이 집단에 참여함으로써 무엇을 얻고자 하는지를 살피고, 분명하고 의미 있는 개인적 목표를 정할 수 있도록 도와야 한다.

⑦ 상담 전 고려사항
　㉠ 집단의 형성을 위해 서면으로 작성된 제안을 명백히 한다.
　㉡ 적합한 전문가들에게 제안을 보여주고, 이에 대한 생각을 받아들인다.
　㉢ 참가 예정자들에게 가능한 한 많은 정보를 제공하기 위해 집단을 소개한다.
　㉣ 구성원의 선별과 오리엔테이션을 목적으로 예비 집단면접을 본다.
　㉤ 구성원 선별에 대한 결정을 내린다.
　㉥ 성공적인 집단을 만드는 데 필요한 실제적인 세부사항을 조직화한다.
　㉦ 18세 미만의 구성원의 경우에는 부모의 허가를 받는다.
　㉧ 심리적으로 지도력을 준비하고, 협동(공동)상담자를 만나본다.
　㉨ 참가목적을 제시하고, 기본 규칙들을 알리며, 구성원이 성공적인 집단경험을 하도록 준비시키기 위해 예비기간을 계획한다.
　㉩ 사전 동의에 대해 조항을 만들고, 집단경험에 내포되어 있는 잠재적인 위험을 구성원과 탐색한다.

> **바로 Check**
>
> **청소년 집단상담 운영 시 고려해야 할 사항으로 옳지 않은 것은?**
> ① 집단상담에 적합하지 않은 청소년을 선별하여 제외한다.
> ② 청소년 집단상담 운영에 관련된 법률을 충분히 숙지하여야 한다.
> ③ 자발성이 낮은 집단인 경우 집단초기에 재미있는 활동들을 활용하는 것이 좋다.
> ④ 개인의 목표를 현실적인 수준에서 달성 가능하도록 설정하는 것이 좋다.
> ⑤ 참여동기가 낮은 집단인 경우 집단초기 오리엔테이션을 짧게 진행하는 것이 좋다.
>
> 해설 참여동기가 낮은 집단일수록 라포 형성 및 안내를 위해 집단초기 오리엔테이션을 길게 진행해야 한다.
>
> 정답 ⑤

⑧ 집단상담 홍보하기
  ㉠ 집단상담을 홍보하여 구성원을 모집한다.
  ㉡ 집단상담을 홍보하는 방법으로는 인터넷, 신문, 팸플릿, 현수막, 포스터 등이 있다.
  ㉢ 집단상담자는 집단목표에 부합하는 구성원이 홍보물의 내용을 보고 참여할 수 있도록 분명한 메시지를 줄 수 있어야 한다.

(2) 집단상담의 평가
  ① 추후 면담
    ㉠ 집단의 마지막 상담에서 집단경험을 토론하고 추후 면담일정을 정하는 것이 바람직하다.
    ㉡ 추후 면담은 상담자에게 집단의 결과를 평가할 기회를 제공하며, 동시에 구성원에게 집단이 자신과 동료에게 미친 효과에 대해 생각할 기회를 제공한다.
    ㉢ 추후 면담에서 구성원은 집단이 종결한 후부터 실제 세계에서 배운 것을 실천하는 데 자신이 기울였던 노력을 토의할 수 있다.
  ② 개인면담
    ㉠ 전체 집단에서 나누지 못한 반응을 공유한다.
    ㉡ 상담자는 1 대 1 접촉을 통해 구성원에게 관심을 갖고 배려하고 있음을 보여주어야 한다.
    ㉢ 참조적 자료를 논의하고, 개인적 문제를 전문가적 입장에서 다룰 수 있는 이상적인 기회를 제공한다.
  ③ 집단구성원의 역할
    ㉠ 자신이 계속해서 성장하도록 스스로 강화하는 방법을 찾는다.
    ㉡ 발전된 점과 문제점을 포함해 자신의 변화를 기록한다.
    ㉢ 얼마나 자신의 목표를 잘 이루었는지 토의하기 위한 개인면담에 참석하거나 집단경험이 어떠했는지 다른 구성원과 나누기 위해 추후 면담에 참석한다.
  ④ 집단상담자의 역할
    ㉠ 적절하다면 집단의 효과를 평가하기 위해 추후 면담이나 개인면담을 제공한다.
    ㉡ 좀 더 자문을 구하고, 앞으로의 상담에서 필요한 참조적 자원을 찾는다.
    ㉢ 계속적인 지지와 도전의 몇 가지 방법을 찾아서 집단의 종결이 자기이해를 위한 시작의 표시가 될 수 있다고 참석자들을 격려한다.
    ㉣ 집단의 전반적인 효과를 평가하기 위해 협동(공동)상담자와 만난다.

⑤ 발생가능한 문제점
  ㉠ 구성원이 집단에서 배운 것을 매일의 일상생활에서 적용하는 데 어려움을 가진다면 낙담하게 될 것이고 집단의 가치를 깎아 내릴 것이다.
  ㉡ 구성원이 집단의 지지적 환경 없이 새로운 행동을 계속하는 데 어려움을 가질 것이다.
  ㉢ 구성원은 변화에는 시간, 노력, 연습이 필요하다는 것을 잊고 즉시 효과가 나타나지 않으면 자신이 배운 것을 사용하지 않을 수도 있다.

⑥ 집단평가의 기회
  ㉠ **매 회기 종료 시점** : 매 회기의 마지막 몇 분을 할애해 해당 회기의 내용을 평가할 수 있다.
  ㉡ **집단회기의 중간 시점** : 집단회기가 진행되는 중간 시점에 한 회기를 통틀어서 그때까지의 집단상담 경험에 대하여 평가를 할 수 있다.
  ㉢ **집단회기의 마지막 시점** : 집단회기의 마지막 시점에 그동안 주고받은 피드백이나 집단경험에 대하여 솔직한 의견이나 평가를 주고받을 수 있다.
  ㉣ **추후 평가** : 집단상담의 모든 과정이 종결된 2~3개월 후 다시 구성원을 소집하여 그동안 어떻게 지내왔는지, 집단상담의 경험이 어떠한 변화를 초래해왔는지, 집단상담의 효과는 어떠한지 등에 대해 평가할 수 있다.

⑦ 집단평가의 방법
  ㉠ **공개토의 방식** : 사전에 특별한 준비 없이 언제, 어디서나 실시할 수 있으니 평가해야 할 규준이 분명하지 않아서 일관성과 체계성을 상실할 우려가 있다.
  ㉡ **단어 연상법** : 질문을 듣고 즉각 머릿속에 떠오르는 반응단어를 이야기하도록 하는 것으로서, 시간이 절약되며 정직한 느낌을 반영할 수 있다.
  ㉢ **관찰자나 기록자를 이용하는 방법** : 특정한 구성원을 선정하여 구성원의 행동과 집단과정에 대해 관찰하고 기록을 한 후 집단에 피드백을 하도록 하는 방법이다. 특히, 구성원이 차례로 돌아가면서 관찰자의 역할을 한 번씩 해보는 경우 좋은 학습의 기회가 될 수 있다.
  ㉣ **녹음이나 녹화장치를 이용하는 방법** : 녹음이나 녹화장치를 이용하는 경우에는 주관적인 가치판단이 개입되지 않기 때문에 객관성을 유지할 수 있다.
  ㉤ **측정도구를 이용하는 방법** : 질문지나 평정척도 등을 사용하여 여러 가지 정보를 쉽게 얻을 수 있다.

⑧ 집단평가의 내용
　㉠ 젠킨스(Jenkins, 1961)의 집단자체에 대한 평가
　　ⓐ 목표지향적인 방향성　　ⓑ 집단토의나 활동의 성취도
　　ⓒ 성취 혹은 진전의 속도　　ⓓ 집단자원의 활용도
　　ⓔ 집단활동의 개선책
　㉡ 젠킨스의 집단활동의 관찰
　　ⓐ 집단의 방향과 오리엔테이션　　ⓑ 동기유발과 연합성
　　ⓒ 집단의 분위기　　ⓓ 구성원의 공헌도
　　ⓔ 특수한 구성원의 공헌
　㉢ 국가훈련연구소(National Training Laboratory, 1970)의 바람직한 집단평가의 규준
　　ⓐ 효율적인 집단기능
　　ⓑ 보다 평범한 사회적 목표에 대한 인식
　　ⓒ 집단자원의 충분한 활용
　　ⓓ 구성원 성장의 증진
　㉣ 잭소(Jackso, 1969)의 집단과정에 대한 평가내용
　　ⓐ 의사소통은 자유롭고 자발적이었는가 아니면 강제적이었는가?
　　ⓑ 집단의 목적이 자체의 기능화에 있었는가?
　　ⓒ 집단과정을 위해 구성원은 책임을 분담했는가?
　㉤ 평가도구의 유형
　　ⓐ 행동서술 질문지　　ⓑ 집단활동 체크리스트
　　ⓒ 집단과정 체크리스트　　ⓓ 집단활동 평가서
　　ⓔ 집단활동 참여태도 척도　　ⓕ 집단행동 평정표

4 집단상담의 윤리기준

(1) 집단상담에서의 윤리적 쟁점들

① 집단에서 비밀을 유지하기 위해서 상담자가 할 수 있는 방안은 무엇인가? 한 구성원이 비밀유지 약속을 어겼을 경우 어떻게 할 것인가?
② 비자발적인 구성원으로 구성된 집단을 이끌 경우 어떤 특수한 윤리적 쟁점이 발생할 수 있는가?
③ 집단의 일원으로서 겪을 수 있는 심리적 위험은 무엇인가? 이러한 위험은 어떻게 최소화할 수 있는가?

④ 유능한 상담자가 되는 데 필요한 교육과 훈련이 어떤 것인가? 훈련과정에서 집단상담과 관련하여 어떠한 경험과 슈퍼비전을 받을 것으로 기대하는가?

(2) 집단구성원의 권리

① 기본 권리 : 서면동의
  ㉠ **집단에 참가하기 전에 내담자가 알아야 할 정보**
    ⓐ 집단의 목적에 대한 명백한 진술
    ⓑ 집단형식, 절차, 기본 규칙에 대한 기술
    ⓒ 상담자와 함께 이 집단에 참가하는 것이 자신의 요구에 적절한지를 결정하기 위한 사전 면접
    ⓓ 집단에 대한 정보를 얻고 문제를 제기하며, 관심사를 탐색할 기회
    ⓔ 상담자의 자격과 교육, 훈련에 대한 진술문
    ⓕ 요금과 비용에 대한 정보와 요금이 추후 회기를 포함한 것인지의 여부, 집단의 길이, 상담의 빈도와 지속기간, 집단목표, 사용되는 기법
    ⓖ 집단참여에 내포되어 있는 심리적 위험에 관한 정보
    ⓗ 법적·윤리적 혹은 전문적 이유로 인해 깨질 수 있는 비밀보장에 대한 정보
    ⓘ 집단에서 제공될 수 있거나 제공될 수 없는 서비스에 관한 명료화
    ⓙ 개인적 목표를 발전시키는 데 있어서 상담자에게 받는 도움
    ⓚ 상담자와 구성원의 책임 분할에 대한 분명한 이해
    ⓛ 구성원의 권리와 책임에 관한 논의
  ㉡ **집단상담 동안 집단구성원의 권리**
    ⓐ 그들이 기대할 수 있는 것에 관한 교육
    ⓑ 자신이 기대하거나 요구하는 것이 나타나지 않았을 경우 집단을 떠날 자유
    ⓒ 집단과 관련된 연구나 집단회기의 오디오 및 비디오테이프 기록에 관한 안내
    ⓓ 기록이 구성원의 참여를 제한한다는 생각이 들 때에는 기록을 하지 못하게 할 권리
    ⓔ 집단에서 학습한 것을 생활에 적용시킬 때 상담자의 도움
    ⓕ 집단에서 배운 것에 대해 논의하고, 집단을 종결할 기회를 가져서 구성원이 불필요하게 미해결된 일에 매달리지 않을 권리
    ⓖ 어떤 위기가 집단참여에 의한 직접적인 결과일 때 상담자와 상의할 권리, 상담자로부터 유용한 도움이 없을 때 다른 전문가의 도움을 받을 권리

나의 필기노트

ⓗ 집단의 위험을 최소화하기 위한 상담자의 노력
ⓘ 드러내기 수준이나 내용에서 구성원의 사생활 존중
ⓙ 집단활동에의 참여, 의사결정, 개인적인 일에 대한 드러내기, 다른 구성원이 제안한 것 수용하기 등에 대해 부당한 집단압력을 받지 않을 자유
ⓚ 상담자와 다른 구성원에 대한 비밀보장의 준수
ⓛ 상담자나 다른 구성원의 가치관으로부터 자유로울 수 있는 권리
ⓜ 성장을 위해 집단자원을 사용할 수 있는 기회
ⓝ 적절한 위신과 존중, 인간으로서 대접받을 권리

② **비자발적 집단**
㉠ 구성원에게 참여를 강요할 때 특히 서면동의가 중요하다.
㉡ 비자발적 참가자들에게 집단의 목표와 본질, 집단에서 사용되는 절차, 권리와 책임, 비밀보장의 한계를 충분히 알려주는 것이 중요하다.

③ **집단을 떠날 수 있는 자유**
㉠ 상담자는 미리 정한 횟수 동안 집단에 참석할 것인지, 더 이상 집단에 참가하고 싶지 않을 때 떠날 것인지 등과 관련된 원칙에 대해 명확히 설정한다.
㉡ 집단을 떠나는 문제는 상담 초기에 논의되어야 하며, 상담자의 태도와 방침은 처음부터 명확해야 한다.
㉢ 구성원은 상담자와 다른 구성원에게 집단을 떠나는 이유에 대해 설명할 책임이 있다.

④ **강요나 부당한 압력으로부터의 자유**
㉠ 상담자는 가능한 구성원을 육체적 위협, 협박, 강요, 부당한 압력으로부터 보호해야 한다.
㉡ 어느 정도의 집단압력은 불가피하기 때문에 상담자는 파괴적 압력과 치료적 압력을 구별해야 한다.

⑤ **동등한 대우를 받을 권리**
㉠ 구성원은 집단 내의 자원을 최대한 이용할 수 있는 권리를 가진다.
㉡ 상담자는 상황을 파악하고, 구성원 한 명이 집단 에너지를 약화시키거나 타인에게 방해가 되지 않도록 집단을 이끌어야 한다.
㉢ 구성원을 동등하게 대하는 것은 인종, 문화적 배경, 종교적 관점, 생활방식, 나이, 장애, 성에 있어서의 개인차에 대해 상담자가 인식하고 존중하는 것을 포함한다.

⑥ 비밀보장의 권리
  ㉠ 상담자는 구성원의 비밀을 지킬 뿐만 아니라 구성원에게도 집단에서 드러난 것에 대한 비밀보장의 필요성을 명심하도록 할 책임을 지닌다.
  ㉡ 구성원에게 부주의하게 비밀을 드러낼 위험이 늘 있다는 사실을 상기시키는 것이 중요하다.
  ㉢ 상담자는 비밀보장의 중요성에 대한 전문가로서의 감정을 표현하거나 그 문제에 대해 논의할 수 있고, 구성원이 비밀보장에 동의하는 계약을 할 수 있으며, 심지어 그 계약을 깨뜨리는 사람에 대해 어떠한 형태의 제재도 가할 수 있다.
  ㉣ **비밀보장의 한계**
    ⓐ 전문가의 입장에서 볼 때 구성원이 자신이나 다른 사람 혹은 기물에 심각한 손상이나 위협을 끼칠 것으로 판단되는 경우
    ⓑ 아동이나 노인의 학대, 방임 및 폭행이 의심되는 경우
    ⓒ 법원으로부터 정보를 제공하라는 명령을 받는 경우
    ⓓ 슈퍼비전을 받고 있는 경우
    ⓔ 구성원이 서면으로 허락한 경우

> **Plus Study** 비밀보장의 한계(한국상담심리학회 상담심리사 윤리강령)
>
> 1. 내담자의 생명이나 사회의 안전을 위협하는 경우가 발생한 경우에 한하여 내담자의 동의 없이도 내담자에 대한 정보를 관련 전문인이나 사회에 알릴 수 있다. 이런 경우 상담 시작 전에 이러한 비밀보호의 한계를 알려준다.
> 2. 내담자가 감염성이 있는 치명적인 질병이 있다는 확실한 정보를 가졌을 때, 상담심리사는 그 질병에 위험한 수준으로 노출되어 있는 제3자(내담자와 관계 맺고 있는)에게 그러한 정보를 공개할 수 있다. 상담심리사는 제3자에게 이러한 정보를 공개하기 전에 내담자가 자신의 질병에 대해서 그 사람에게 알렸는지 아니면 조만간에 알릴 의도가 있는지를 확인한다.
> 3. 법적으로 정보의 공개가 요구될 때에는 비밀보호의 원칙에서 예외이지만, 법원이 내담자의 허락 없이 사적인 정보를 밝힐 것을 요구할 경우 상담심리사는 내담자와의 관계를 해칠 수 있기 때문에 정보를 요구하지 말 것을 법원에 요청한다.
> 4. 상황들이 사적인 정보의 공개를 요구할 때 오직 기본적인 정보만을 밝힌다. 더 많은 사항을 밝히기 위해서는 사적인 정보의 공개에 앞서 내담자에게 알린다.
> 5. 만약 내담자의 상담이 여러 전문가로 구성된 팀에 의한 지속적인 관찰을 포함하고 있다면 팀의 존재와 구성을 내담자에게 알린다.
> 6. 상담이 시작될 때와 상담과정 중 필요한 때, 상담심리사는 내담자에게 비밀보호의 한계를 알리고 비밀보호가 불이행되는 상황에 대해 인식시킨다.
> 7. 비밀보호의 예외 및 한계에 관한 타당성이 의심될 때에 상담심리사는 동료 전문가의 자문을 구한다.

⑦ **이중관계를 지양할 권리** : 상담자는 집단에 전력해서 참여할 능력을 위협하거나 그들의 목표와 전문적 판단을 해칠 수 있는 구성원과의 이중관계를 피해야 한다.

⑧ 의뢰를 받을 권리 : 만일 특별한 구성원의 욕구가 진행되고 있는 집단의 유형 내에서 충족될 수 없으면, 집단상담자는 그 구성원에게 다른 적절한 전문적 의뢰를 제안할 수 있다.

(3) 집단에서의 심리적 위험
① 상담자는 구성원이 잠재적 위험을 알아차리고, 이에 대해 경계하도록 도와주어야 한다.
② 상담자는 어떤 집단에서나 삶의 변화 등 개인적인 위험이 있다는 사실을 강조하고, 구성원이 이러한 위험을 직시할 준비를 하도록 도와주어야 한다.
③ 집단에서 심리적 위험을 최소화하는 방법은 상담자가 자신의 책임능력을 명확히 하고, 구성원 자신이 집단에서 탐색하고자 하는 것이 무엇인지를 진술하게 함으로써 관여의 정도를 명확히 하는 '계약'을 시행하는 것이다.

(4) 다문화적 집단상담에서의 윤리 빈출
① 상담자는 집단에서 다양한 구성원과 효과적으로 상담하기 위해 필요로 하는 지식과 기법을 획득해야 한다. 이러한 배경이 부족하면 자문, 지도감독, 폭넓은 교육과 훈련을 받아야 한다.
② 상담자는 자신의 편견, 문화적 배경, 태도, 가치, 신념이 상담에 어떤 영향을 미치는지를 인식해야 하고, 자신이 가졌을지도 모르는 편견을 수정하기 위해 노력해야 한다.
③ 상담자는 인종이나 문화가 행동에 영향을 미친다는 것을 인식해야 한다.
④ 상담자는 구성원이 속해 있는 문화 속 가족이나 사회의 위계를 존중해야 한다.
⑤ 상담자는 구성원의 어려움이 다른 사람들의 인종주의나 편견에서 유래된 것이었을 때 문제를 부적절하게 내면화하지 않도록 구성원을 도와야 한다.
⑥ 상담자는 상담방법을 계획하고, 문제를 평가할 때 구성원에게 불리하게 작용하는 사회적·환경적·정치적 요인의 영향을 고려해야 한다.
⑦ 상담자는 편견이나 차별대우를 없애려고 노력해야 하며, 자신의 상담에서 압력, 성차별, 인종차별 등에 대해 잘 알고 있어야 한다.

> **바로 Check**
>
> 다문화 가정 청소년 집단상담을 실시할 때 상담자의 태도로 옳지 않은 것은?
> ① 문화적 특성이 고려된 다양한 개입방법을 사용한다.
> ② 집단원들의 문화적 가치와 경험들을 존중한다.
> ③ 집단원에게 상담자의 문화적 가치를 강요하지 않는다.
> ④ 집단원의 문화적 배경에 대해 학습한다.
> ⑤ 집단원 행동을 다수 집단원의 문화적 관점에서 이해한다.
>
> 해설 집단원 행동을 각각의 문화적 관점에서 이해하는 것이 중요하다.
>
> 정답 ⑤

(5) 집단상담기법의 사용과 오용

① 상담자가 집단에서 사용할 기법에 대한 명확한 이론적 근거를 갖는 것은 매우 중요하다.
② 이론적 근거를 가지고 기법을 사용할 때 더 적절하게 사용할 수 있다.

(6) 법적 책임과 과실

① 집단의 참가 예정자들에게 집단참여 선택에 대한 충분한 정보를 주어야 한다.
② 상담자가 일하는 기관의 지침이나 치료한계에 대한 법에 대해 알아야 한다.
③ 상담자가 받은 교육, 훈련, 경험의 한계 내에서 구성원을 치료해야 한다.
④ 불참을 예고하는 구성원의 심리적 취약의 징후에 주의를 기울여야 한다.
⑤ 구성원에게 상담자가 할 수 없는 일을 해줄 수 있다고 약속하지 않는다.
⑥ 미성년자와의 상담에서는 법률에서 요구하지 않더라도 부모의 서면허가를 확실하게 받아야 한다.
⑦ 의심나는 일에 대해서는 항상 동료들과 의논해야 한다.
⑧ 구성원이 자신이나 타인에게 위험한 행동을 할 경우에 사전에 이를 평가하고, 개입하는 방법을 배워야 한다.
⑨ 구성원을 미리 알아보고, 선발하고, 사전 교육시키는 시간을 아끼지 말아야 한다.
⑩ 직업적 관계와 사회적 관계를 동시에 갖지 않는다.
⑪ 현재나 이전의 구성원과 성적 관계에 빠지는 것을 피해야 한다.
⑫ 집단과정을 방해할지도 모르는 반응과 역전이에 주의해야 한다.
⑬ 최신 연구를 알고, 이 정보를 집단의 유효성 증가를 위해 적용시킬 수 있어야 한다.
⑭ 상담자는 집단에서 사용하는 기법에 대해 설명할 수 있어야 한다.

나의 필기노트

> **바로 Check**
>
> 집단상담의 윤리에 관한 설명으로 옳지 않은 것을 모두 고른 것은?
>
> ㄱ. 법원 판결을 받아 참여하는 집단원이 중도에 집단을 포기할 때, 이로 인해 발생할 수 있는 문제를 설명하고 집단 참여 여부를 스스로 선택하게 한다.
> ㄴ. 한 집단원이 부정적인 감정표출에 대한 집단압력을 받을 때, 집단상담자는 집단원들이 상호작용해서 문제를 해결하도록 기다린다.
> ㄷ. 청소년 집단원이 치명적인 전염병에 걸렸을 때, 즉시 집단원, 법적 보호자, 교사 및 관련 전문 기관 등에 이 사실을 알려야 한다.
> ㄹ. 청소년들이 집단상담에 참여할 때 상담료와 상담기록 부분은 집단상담 종료 후 청소년과 법적 보호자에게 동의를 받아야 한다.
> ㅁ. 개인상담 내담자가 집단상담에 참여해야 할 때, 상담의 효과를 위해 개인상담자는 가급적 자신이 운영하는 집단에 내담자를 참여하게 해야 한다.
>
> ① ㄱ, ㄷ ② ㄹ, ㅁ ③ ㄱ, ㄴ, ㅁ
> ④ ㄱ, ㄹ, ㅁ ⑤ ㄴ, ㄹ, ㅁ
>
> **해설** 한 집단원이 부정적인 감정표출에 대한 집단압력을 받을 때, 집단상담자는 즉시 개입하여 중재자의 역할을 한다. 청소년들이 집단상담에 참여하기 전에 청소년 및 법적 보호자에게 집단상담 관련 부분에 대한 동의를 받아야 한다. 개인상담 내담자를 집단상담에 참여하도록 할 때에는 문제의 성질과 내용에 따라 동일상담자가 맡을지의 여부를 결정한다.
>
> ☑ 정답 ⑤

5 집단상담의 제 이론

1 정신분석(Psychoanalysis) 접근 – 지그문트 프로이트(Sigmund Freud)

(1) 상담과정

① 상담목표
  ㉠ 내담자의 특성과 성격체계를 재구성하는 것
  ㉡ 하위목표
    ⓐ 내담자가 인격적으로 성숙하는 데 방해가 되는 여러 가지 환경적 압력을 현실적으로 대처해 나갈 수 있도록 판단 및 행동기능의 회복을 돕는 것이다.
    ⓑ 내담자가 부적응 행동에서 벗어날 수 있도록 자기 내면세계에 대한 통찰을 얻게 하는 것이다.

② 상담자의 기능과 역할
  ㉠ 권유자 : 구성원이 다루려고 애쓰고 있으나 잘 드러나지 않는 주제를 확인하고 명료화하며, 그 주제에 초점을 맞추도록 조력하는 역할을 한다.

- ⓒ **자극제** : 구성원이 관련 없는 사소한 주제에 시간을 낭비하고 있을 때, 집단에 활력을 불어넣기 위해 진행과정을 다져주는 역할을 한다.
- ⓒ **확장자** : 구성원이 어느 영역에 고착되어 그 이상의 의사소통을 하지 못할 때 보다 넓고 깊은 의사소통을 하도록 도우며, 의식적 자아와 무의식적 자아 간의 연결을 도모하는 역할을 한다.
- ㉣ **해석자** : 자유연상이나 꿈, 저항, 전이 등을 분석하고, 그 속에 담긴 행동상의 의미를 구성원에게 해석해 줌으로써 구성원이 미처 자각하지 못했던 의식자료를 통찰할 수 있도록 돕는 역할을 한다.

③ 집단구성원들의 입장과 경험
- ㉠ 동료들과의 상호작용이 중요시되는 집단상황에 처해 있기 때문에 권위적인 상담자와의 2차 대면관계에서 보다 자신의 주장을 더 자유롭게 표현하게 되고, 그 결과로 사회적 자아가 성숙될 가능성이 증가한다.
- ㉡ 상담자와의 관계뿐만 아니라 다른 구성원과의 다양한 접촉을 통해 다면적 또는 복합적인 전이를 나타낼 가능성이 증가한다.
- ㉢ 사적인 비밀이 누설될 것에 대해 걱정을 하게 되고, 자신의 문제로 인해 동료들로부터 거부당할지도 모른다는 두려움을 가질 가능성이 있다.
- ㉣ 구성원에게 자신의 행동에 대한 책임을 요구하며, 개인상담에서의 수동적인 입장보다 훨씬 더 적극적이고 다중적인 역할을 요구한다.

④ 상담과정
- ㉠ 초기갈등의 탐색
- ㉡ 의식수준의 확대
- ㉢ 성격구조의 재구성 : 자아의 강화
- ㉣ 부적응 행동과 치료

(2) 주요 개념

① 과거(past)의 영향
- ㉠ 초기 5~6년 동안의 경험은 현재 갈등의 뿌리가 된다고 본다.
- ㉡ 과거를 상기시키고, 현재 개인에게 신경증을 유발시킨 초기의 외상사건을 의식하도록 적당한 시기에 시간의 축을 오가는 것이 중요하다.

② 무의식(unconsciousness)
- ㉠ 의식적 자아의 자각 외부에 있는 사고, 감정, 동기, 충동 등을 이해한다.
- ㉡ 무의식은 꿈의 분석, 자유연상의 사용, 전이의 학습, 저항의 의미 이해, 해석과정 등을 통해 의식에 접근한다.

OX 퀴즈

정신분석적 집단상담에서는 집단구성원이 가지고 있는 평생을 통한 경험이 현재 갈등의 뿌리가 된다고 본다. [ ]

[정답] ×

[해설] 정신분석적 집단상담에서는 집단구성원이 가지고 있는 초기 5~6년 동안의 경험이 현재 갈등의 뿌리가 된다고 본다.

ⓒ 정신분석 집단상담의 목표는 무의식의 내용을 의식하도록 만드는 것이다.
③ 불안(anxiety)
㉠ 의식의 표면으로 끓어오르는 억압된 감정, 기억, 욕망, 경험으로 생긴 두려움이다.
㉡ 분명하지 않고 광범위하며, 역동적인 특징을 가진다.
④ 자아방어기제(self-defense mechanism)
㉠ 위협적인 사고나 감정으로부터 자아를 보호하는 것이다.
㉡ 집단상담에서 상담자와 다른 구성원으로부터 받는 피드백을 통해 상호작용에서 나타나는 방어형태를 점차 의식하게 된다.
㉢ 종류
ⓐ 억압(repression) : 고통스런 생각과 감정을 무의식 속으로 밀어 넣음으로써 죄책감과 갈등이 있는 상황에서 생기는 불안을 다루는 것
ⓑ 거부(denial) : 유쾌하지 못한 현실을 숨기려고 노력하는 것
ⓒ 퇴행(regression) : 미숙한 수준의 발달 단계로 되돌아가는 것
ⓓ 투사(projection) : 자신이 수용할 수 없는 생각, 감정, 행동, 동기를 다른 사람의 탓으로 돌리는 것
ⓔ 치환(replacement) : 실제 대상에 대한 분노와 같은 특정 감정을 다른 인물이나 대상에게 나타내는 것
ⓕ 반동형성(reaction formation) : 실제 감정과 반대되는 방식으로 행동하는 것
ⓖ 합리화(rationalization) : 논리적이거나 그럴 듯한 동기를 부여함으로써 자신의 행동을 정당화시키는 것

> **바로 Check**
>
> 정신분석 집단상담에서 '놀림을 받는 집단원 A는 인기가 많은 집단원 B에 대해 불편한 마음을 가지고 있다.' 이때 집단원 A가 드러내는 행동의 방어기제로 옳은 것은?
> ① 반동형성 - 자신이 B를 불편해하는 줄도 모른다.
> ② 억압 - 자신은 B를 싫어하지 않는데 B가 자신을 싫어한다고 한다.
> ③ 퇴행 - B에게 부정적인 감정을 숨기기 위해 더 잘해준다.
> ④ 합리화 - B가 잘난 체해서 B를 싫어한다고 말한다.
> ⑤ 전치 - B에게 말할 때 어린아이같이 말하거나 행동한다.
>
> 해설 합리화는 자신의 언행 속에 숨어 있는 용납하기 어려운 충동이나 욕구를 사회적으로 그럴듯한 설명이나 이유로 설명하는 것이다.
>
> 정답 ④

⑤ **저항**(resistance)
　㉠ 이전에 억압되었거나 부정되었던 개인을 위협하는 무의식적 자료를 의식하는 것을 피하는 것이다.
　㉡ 구성원이 무의식적 자료를 다루는 것을 막는 것으로 집단의 발전을 저해할 수 있다.
　㉢ 저항을 다루는 한 가지 방법은 자유연상(free association)으로서 검열받지 않고 억제되지 않은 구성원의 사고 흐름을 돕는 것이다.
　㉣ **집단상담에서 저항의 또 다른 표현**
　　ⓐ 항상 늦게 도착하거나 전혀 나타나지 않는 것
　　ⓑ 자기만족이나 무관심한 태도를 유지하는 것
　　ⓒ 침묵하거나 끊임없이 말하는 것
　　ⓓ 집단에서 남을 도와주려는 과장된 욕구를 나타내는 것
　　ⓔ 의심하는 것
　　ⓕ 비협조적으로 행동하는 것
　　ⓖ 과장된 행동을 하는 것
　　ⓗ 단순한 사회활동을 위해 집단을 이용하는 것

⑥ **전이**(transference)
　㉠ 구성원의 무의식적 감정, 태도, 부정적 상상이나 긍정적 상상이 상담자에게 향하는 것이다.
　㉡ 집단상담은 집단에서 구성원이 상담자의 인정을 얻으려고 할 때 명확해진다.
　㉢ 집단상담은 중다전이를 가능하게 한다.

⑦ **역전이**(counter transference)
　㉠ 구성원에 대한 상담자의 무의식적 정서반응으로서, 구성원의 행동을 잘못 지각하도록 만드는 것이다.
　㉡ **역전이의 예**
　　ⓐ 구성원을 특정한 사람으로 보고, 이들과 효과적으로 상담해 나갈 수 없는 시점에서는 편파적으로 생각한다.
　　ⓑ 자신이 경멸하는 어떤 특성을 구성원에게 투사하고, 상담에 적합하지 않거나 불가능하다고 생각한다.
　　ⓒ 특정 구성원을 유혹하거나 애정을 얻기 위해 상담자의 위치를 이용한다.
　㉢ 상담자가 가진 미해결 감정과 억압된 욕구는 집단과정을 심각하게 방해할 수 있으며, 상담자라는 위치를 남용하는 결과를 초래할 수 있다.

ⓔ 상담자는 자신의 역동을 인식하기 위해 내면의 정신분석을 경험해 보고, 그러한 역동이 치료임무 수행을 어떻게 방해하는지 인식해야 한다.

(3) 기본 기법

① 불안(anxiety) 탐색
  ㉠ 개인은 자기욕구에 대한 스트레스의 최적수준을 경험하지 못할 때 불안이나 불균형 상태를 경험한다.
  ㉡ 집단의 대인관계 환경은 파괴적 균형 상태인 집단 불균형, 건설적 균형 상태인 집단 균형, 편안하지만 균형을 엉망으로 만들어 놓는 상태인 집단 오균형의 3가지 형식으로 특징지어진다.

② 자유연상(free association)
  ㉠ **한 바퀴 돌기 기법** : 집단에서 자유연상을 적용한 기법으로서 구성원의 상호작용을 자극하기 위한 것이다.
  ㉡ 꿈과 상상을 공유함으로써 촉진되는 긍정적 분위기 속에서 좋은 신뢰관계를 형성한 후에 각 구성원에게 자유연상을 격려한다.

③ 해석(interpretation)
  ㉠ 자유연상, 꿈, 저항, 전이감정을 분석할 때 사용하는 치료기법이다.
  ㉡ 구성원에 의한 통찰을 공유한다.

④ 꿈의 분석(dream analysis)
  ㉠ 꿈은 무의식에 이르는 왕도이다.
  ㉡ 꿈은 내담자의 과거에서 나온 무의식 재료를 드러내는 것 외에도 구성원의 꿈속에는 상담자가 다른 구성원에 대한 반응이 드러나기 때문에 집단에서 진행되고 있는 것과 관련된 의미 있는 재료를 많이 포함한다.
  ㉢ 구성원은 다른 사람의 꿈을 분석하고 자신의 연상을 이야기함으로써 자신의 중요한 차원을 투사하게 된다.

⑤ 통찰(insight)과 훈습(working through)
  ㉠ **통찰** : 과거 경험과 현재 문제 간의 관계를 지적·정서적으로 인식하는 것이다.
  ㉡ **훈습** : 분석집단의 마지막 단계에 나타나며, 의식을 증가시키고 자아를 통합시킨다.

(4) 집단상담자의 역할과 기능
① 구성원 각자가 전체 집단의 저항을 직면하고 다룰 수 있도록 조력한다.
② 집단 내에서 결실 있는 상담의 기회로 전이의 출현을 인정한다.
③ 구성원이 서로의 무의식적 진실에 접근할 수 있는 능력을 인정한다.

(5) 발달 단계와 집단상담에의 적용[프로이트(Freud)와 에릭슨(Erikson) 이론의 적용]
① 1단계 : 유아기 - 신뢰 대 불신
  ㉠ 사랑이나 보살핌을 받지 못했다는 감정과 깊이 사랑하고 돌봐 줄 어떤 사람을 바라는 간절한 소망을 주로 탐색한다.
  ㉡ 구성원이 느끼는 고통을 표현하도록 도와주며, 자신을 완전히 수용할 수 없고 다른 사람을 신뢰하지 못하도록 하는 장벽을 통찰하도록 조력한다.
② 2단계 : 초기 아동기 - 자율 대 수치와 의심
  ㉠ 구성원은 집단의 안정된 분위기 속에서 사랑하는 사람을 향한 분노와 미움을 수용하는 법을 배우고, 자신의 것이 아니라고 부인했던 기저에 있는 갈등적 감정과 접촉한다.
  ㉡ 자기의심을 가진 구성원은 잠재력을 다시 얻고, 자신이 누구인지와 무엇을 할 수 있는지를 규정하기 위해 집단에 참가하는 경향이 있다.
③ 3단계 : 학령 이전기 - 솔선 대 죄책
  ㉠ 집단은 구성원이 가지고 있는 성역할 고정관념에 도전하고, 더 완전하게 기능할 수 있는 기회를 제공한다.
  ㉡ 성적 관심을 표현할 기회, 잘못된 학습을 수정할 기회, 억압해 놓은 감정과 사건을 통찰할 기회, 남성이나 여성으로서의 자신에 대한 다른 시각을 형성할 기회를 제공한다.
④ 4단계 : 학령기 - 근면 대 열등
  ㉠ 집단에서 다룰 수 있는 문제는 부정적 자기개념, 학습과 관련된 무능력감, 사회적 관계를 이루는 것에 대한 열등감, 가치에 대한 갈등, 성역할 정체감의 혼동, 새로운 도전에의 직면을 꺼려함, 의존심, 자신감의 부족 등이 있다.
  ㉡ 구성원이 집단에서 당연하게 나타날 아동기에 비롯된 행동양식을 인식하는 것은 매우 중요하다.
⑤ 5단계 : 청년기 - 자아정체 대 역할혼미
  ㉠ 집단상담에서 청년들은 때로는 잘못된 초기 발달 단계와 주요 타인과의 관계를 탐색할 필요가 있다.

ⓒ 집단상담은 청년들이 고민하고 있는 감정을 표현하고 탐색할 수 있는 공개장소를 제공하며, 이러한 갈등을 혼자만 가지고 있는 것이 아님을 발견하도록 도움을 준다.
  ⑥ 6단계 : 성인 초기 – 친밀 대 고립
   ㉠ 친밀의 위기로 자신의 독립을 유지하려는 소망과 친밀한 관계를 이루려는 소망 사이에서 갈등을 경험한다.
   ⓒ 집단은 친밀감 문제로 고민하고 있는 구성원이 자신의 공포를 깨닫고 직면하는 이상적인 장소이다.
  ⑦ 7단계 : 중년기 – 생산 대 침체
   ㉠ 삶의 단계에 발생하는 변화, 위기, 갈등은 집단상담에서 유용한 기회로 나타난다.
   ⓒ 상담자는 중년기에 대부분의 사람들이 경험하는 절망감을 지켜보고, 그것이 인생의 모든 것이라는 파괴적인 관점을 넘어서도록 도와야 한다.
  ⑧ 8단계 : 노년기 – 통합 대 절망
   ㉠ 노인과의 집단상담은 다른 연령집단보다 구조적이고 지식적이어야 한다.
   ⓒ 상담자는 나이가 들어감에 따라 만족스러운 삶을 살기 위하여 지금 현재에 준비를 하는 것이 중요하다는 점을 강조한다.

(6) 평 가
 ① 중다문화민족에의 적용이 가능하다.
 ② 여성 및 저소득층의 사람들에게 본 이론적 접근을 적용하는 데에는 어려움이 있다.

2 개인심리학(Adlerian) 접근 – 알프레드 아들러(Alfred Adler)

(1) 상담과정
 ① 집단은 인간행동의 본보기를 제공한다.
 ② 구성원은 다른 구성원과 상담자에게서 받는 피드백으로부터 이익을 얻는다.
 ③ 구성원은 타인과 도움을 주고받는다.
 ④ 집단은 새로운 행동을 시도하고, 현실을 검증할 기회를 제공한다.
 ⑤ 집단상황은 구성원이 자신의 삶을 변화시키는 행동을 하도록 격려한다.
 ⑥ 집단에서의 상호작용은 구성원이 자신의 직장과 가정에서 어떻게 기능하는지를 이해하도록 돕고, 자신의 사회적 위치를 찾는 방법이 드러나도록 도움을 준다.
 ⑦ 집단은 구성원이 소속의 욕구를 충족할 수 있는 방법으로 구조화한다.

(2) 주요 개념

① 총체주의
  ㉠ 개인 심리학에서 전체주의는 단일하고 분리할 수 없는 전체로서의 인간을 의미한다.
  ㉡ 개인은 항상 부분의 합 이상이다.

② 목적론
  ㉠ 삶의 모든 형태는 성장과 발전을 향한 경향이 있다.
  ㉡ 인간은 목표와 목적으로 인해 살아가며, 미래에 관심을 기울이고 의미를 창출하는 존재이다.

③ 현상학
  ㉠ 사람들이 자신의 세계를 지각하는 주관적 형식에 주의를 기울인다.
  ㉡ 현상학적 관점을 가진 다른 집단접근으로는 심리극, 실존치료, 인간중심치료, 게슈탈트 치료, 인지치료, 현실치료 등이 있다.

④ 창조와 선택
  ㉠ 건강한 사람은 완벽주의가 아닌 완벽을 향해 노력하는 사람이다.
  ㉡ 창조적·활동적·자기결정적인 특성을 중요하게 다룬다.

⑤ 사회적 관심
  ㉠ 우리의 행복과 성공이 사회적인 유대와 깊이 관련되어 있다는 핵심 신념에 기초한다.
  ㉡ 집단의 일반적인 목표는 사회적 관심을 발달시키고, 자기존중감을 증가시키기 위한 것이다.

⑥ 열등감, 우월감
  ㉠ 기본적인 열등감은 우리가 환경을 지배하도록 동기를 부여한다고 인식한다.
  ㉡ 목표를 향한 우리의 노력은 열등감을 극복하고, 우월을 추구하도록 한다.

⑦ 가족의 역할
  ㉠ 아동기 동안 성격발달에 중요한 역할을 하는 가족 내의 위치를 강조한다.
  ㉡ 출생순위, 가족의 분위기, 가족의 가치관, 아버지로부터 물려받은 남성적 지침, 어머니로부터 물려받은 여성적 지침, 가족 내에서 내담자의 역할, 가족 내에서 형제자매의 역할, 역할모형과 협력관계, 아동기와 청소년기의 이웃관계 경험, 청소년기의 성적 자극에 대한 경험, 아동기와 청소년기에 풀리지 않고 남아 있는 주요한 논점 등을 언급한다.

⑧ 생활양식
  ㉠ 삶에 대한 개인의 기본적 지향이며, 개인 존재를 특징짓는 주제이다.
  ㉡ 가족 내의 위치와 가족의 분위기에서 최초로 발생한다.
⑨ 행동장애
  ㉠ 정서장애는 생활에서의 실패로 나타난다고 본다.
  ㉡ 내담자는 병으로 고통받는 것이 아니라 삶의 과업과 문제해결의 실패나 좌절로 고통받는 것으로 파악한다.

(3) 기본 기법

① **즉시성** : 집단상담 중에 구성원이 경험을 표현하는 것을 의미하며, 상담자는 집단상담 중에 일어나는 것이 일상생활에서 생기는 것의 표본이라는 사실을 구성원이 깨닫도록 해야 한다.
② **격려** : 구성원의 기를 살려주는 작업으로서, 아들러식 심리치료 과정 동안 계속해서 사용된다.
③ **'마치 ~인 것처럼(as~if)' 행동하기** : 구성원이 실패할 거라고 믿기 때문에 시도하기를 두려워하는 행동을 마치 ~인 것처럼 행동하도록 도와주는 것이다.
④ **자기 모습의 파악** : 구성원이 자신의 목표를 이해하고 변화된 행동을 하기 위해서는 자기 모습을 있는 그대로 파악해 보는 것이 필요하다.
⑤ **질문** : 구성원의 문제가 신체적인 것인지, 심리적인 것인지 결정하기 위한 진단도구로서, 응답에 대하여 반영하거나 해석할 수 있는 치료적 가치를 가지고 있다.
⑥ **집단구성원의 수프에 침 뱉기** : 기숙학교 아이들이 흔히 다른 사람의 음식을 얻기 위해서 음식에 침을 뱉는 방법에서 유래한 것이다. 구성원의 어떤 행동의 목적과 대가를 인식한 상담자는 곧바로 그 행동이 총체적으로 손해되는 행동이라는 사실을 구성원에게 분명하게 보여줌으로써 그가 더 이상 손해되는 게임을 하지 못하도록 한다.
⑦ **악동 피하기** : 상담자는 구성원의 비효율적인 지각이나 행동을 언급하는 대신, 더 큰 심리적인 건강을 가져올 수 있도록 격려를 해야 한다.
⑧ **단추 누르기 기법** : 구성원이 유쾌한 경험과 유쾌하지 않은 경험을 번갈아 가면서 생각하도록 하고 각 경험과 관련된 감정에 관심을 가지도록 하는 것이다.
⑨ **역설적 의도** : 구성원을 나약하게 만드는 생각이나 행동에 의도적으로 관심을 가지고 과장하는 것이다.

⑩ **심상 만들기** : 상담자는 구성원에게 간략한 심상을 부여하는데, 이는 '하나의 그림이 천 마디의 말만큼이나 가치가 있다'는 금언을 확인하는 것이다. 심상을 기억하면서 집단구성원은 자신의 목표를 상기할 수 있으며, 이후의 단계에서 자신을 비웃는 데 그 심상을 사용하는 것을 배울 수 있다.

⑪ **과제설정과 이행** : 상담자와 구성원은 때때로 자신의 문제에 대한 특별한 행동을 계획하고, 선택을 이행하기 위한 최선의 방법을 결정한다.

⑫ **숙제주기** : 구성원이 과제를 성공시키도록 돕기 위해서 아들러식 상담자는 숙제를 내준다.

(4) 집단상담자의 역할과 기능

① 협력적으로 치료를 위해 노력하는 활동적인 역할을 담당한다.
② 집단과정을 수립하고 유지하는 역할을 한다.
③ 내담자의 신념과 목표에 도전하고, 내담자가 집단과정에서 학습한다는 것을 새로운 믿음과 행동으로 옮길 수 있도록 조력한다.

(5) 발달 단계와 집단상담에의 적용

① **1단계 : 치료관계 수립**
　㉠ 아들러 학파의 치료적 관계는 서로 동등하다.
　㉡ 민주적인 분위기가 장려되며, 효과적인 집단상담관계는 상호존중에 기초한다.

② **2단계 : 분석과 평가 - 개인역동의 탐색**
　㉠ 구성원이 상담과 사회적 상황에서 어떻게 기능하는지, 그들이 자신과 성역할 정체감에 대해 어떻게 느끼는지를 탐색한다.
　㉡ 평가단계에서 상담자는 생활양식 조사 자료를 요약하고 통합하며, 구성원에게 영향을 주는 잘못된 개념과 개인의 신화를 어떻게 해석할 것인지를 파악한다.

③ **3단계 : 통찰**
　㉠ 통찰은 변화를 위해 필요한 조건이 아니라 변화를 향한 단계에 불과하다고 인식한다.
　㉡ 구성원이 왜 자신이 존재함으로써 기능하는지를 이해하도록 도움을 준다.

④ **4단계 : 행동화**
　㉠ 집단과정의 마지막 단계는 재교육이다.
　㉡ 재교육 단계는 상담에 있어서 대안적 태도·신념·목표·행동을 고려하며, 새로운 결정을 하고, 목표를 수정하는 집단의 행동화 단계이다.

(6) 평가

① 해석의 강조, 초기기억에의 관심, 발달의 결정기간을 강조한 점에 있어서는 프로이트 학파와 유사하다.
② 인간경험 전체를 이해하는 통합적인 이론이다.
③ 구조적인 집단상담에서는 구성원의 초기경험이 현재 어떤 영향을 미치는지를 파악하고, 생활양식을 이해하는 데 어려움이 있다.

> **바로 Check**
>
> 아들러(A. Adler) 집단상담에서 분석과 통찰단계의 활동으로 옳지 않은 것은?
> ① 집단원의 초기기억을 탐색한다.
> ② 가족구도에서 차지하는 심리적 위치를 파악한다.
> ③ 일과 사회적 상황에서 어떻게 기능하고 있는가를 조사한다.
> ④ 생활양식에 대한 이해를 바탕으로 대안적인 행동을 하도록 격려한다.
> ⑤ 지금-여기에서 행동하는 방식의 이면에 숨겨진 동기를 다룬다.
>
> **해설** 생활양식에 대한 이해를 바탕으로 대안적인 행동을 하도록 격려하는 단계는 사회적 관심을 돕는 재교육 단계이다.
>
> ☑ 정답 ④

3 행동주의(Behaviorism) 접근

(1) 상담과정

① 기본 원리
㉠ 행동주의는 효과적이든 비효과적이든, 우리가 통제하는 대부분의 행동이 학습된다는 전제에 근거한다.
㉡ 행동은 학습의 법칙에 따른다.
㉢ 인간행동이 환경적 사건에 의해 결정된다는 입장을 취한다.
㉣ 행동주의에 근거한 상담자는 구성원의 행동이 조건형성의 산물이라고 보며, 모든 인간행동학습의 기본적 유형으로 자극-반응의 패러다임을 주장한다.

② 상담목표
㉠ 행동주의 집단상담에서는 초기단계에서 내담자가 성취하고자 하는 목표를 평가의 마지막 단계까지 상세하게 구체화시킨다.
㉡ 상담자의 과제는 구성원이 전반적이거나 일반적인 목표를 구체적이고 명확하게 측정 가능한 목표로 세분화시켜서 체계적으로 추진해 나갈 수 있게 돕는 것이다.

(2) 주요 개념

① 고전적 조건형성 : 파블로프(Pavlov)의 조건형성 절차
   ㉠ 1단계 : 무조건 자극(음식물) → 무조건 반응(타액 분비)
   ㉡ 2단계 : 무조건 자극(음식물) + 조건 자극(종소리) → 무조건 반응(타액 분비)
   ㉢ 3단계 : 조건 자극(종소리) → 조건 반응(타액 분비)

② 조작적 조건형성
   ㉠ 행동의 결과에 의해 특별한 행동을 조성하고 유지시키는 과정이다.
   ㉡ 행동과 행동 결과의 연합을 통해 조작행동을 형성하는 절차이다.
   ㉢ 핵심개념
      ⓐ 수반성(contingency) : 어떤 사건(A)이 다른 사건(B)에 의해 야기될 것이라는 것을 진술하는 규칙이다.
         [예] 라니가 이번 시험에서 좋은 성적을 받으면(A), 부모님으로부터 예쁜 드레스를 선물받을 것이다(B).
      ⓑ 강화(reinforcement) : 반응의 빈도를 증가시키는 것이다.

정적 강화(positive reinforcement)	부적 강화(negative reinforcement)
정적 강화물(음식, 물, 칭찬 등)에 의해 반응 빈도를 증가시키는 것	비호의적 혹은 혐오자극을 제거함으로써 반응 빈도를 증가시키는 것

      ⓒ 처벌(punishment) : 반응의 빈도를 감소시키는 것이다.

정적 처벌(positive punishment)	부적 처벌(negative punishment)
반응자가 싫어하는 자극을 제시함으로써 반응 빈도를 감소시키는 것	반응자가 선호하는 자극을 주지 않음으로써 반응 빈도를 감소시키는 것

출제포인트 — 강화와 처벌의 종류

구 분	선호자극	혐오자극
제 시	정적 강화 (+)	정적 처벌 (-)
제 거	부적 처벌 (-)	부적 강화 (+)

+ : 반응 빈도의 증가   - : 반응 빈도의 감소

      ⓓ 강화계획(reinforcement schedule)

고정간격계획	일정한 시간간격마다 강화물이 주어지는 것
변동간격계획	일정한 시간간격 없이 무선으로 강화물이 주어지는 것
고정비율계획	일정한 반응비율에 따라 강화물이 주어지는 것
변동비율계획	변동된 반응비율에 따라 강화물이 불규칙적으로 주어지지만 평균적으로는 일정한 횟수의 반응 뒤에 강화가 주어지는 것

ⓔ 변별(discrimination) : 어떤 자극이 있을 때 반응한 결과로 강화를 받고, 다른 자극 하에서는 반응을 하여도 강화를 받지 못하거나 훨씬 적은 강화를 받게 되어 학습자들이 두 자극 사이를 구분하여 상이한 반응률을 나타내는 것이다.

ⓕ 일반화(generalization) : 특정 자극이 있을 때 어떤 반응을 수행한 결과 강화를 받았다면, 유사한 자극조건하에서도 동일한 반응을 하는 것이다.

ⓖ 소거(extinction) : 강화를 통해 반응의 빈도가 증가된 이후에 그러한 반응이 강화되는 것이 완전히 중단되면, 그 반응이 일어날 빈도가 감소되는 것이다.

ⓗ 조성(shaping) : 목표행동에 접근하는 반응을 강화함으로써 새로운 행동을 가르치는 것이다.

ⓘ 사회적 인지이론 : 행동유지의 원인
- 행동은 기대된 결과에 의해서 유지된다.
- 행동은 대리적 강화에 의해서 유지된다.
- 행동은 결과에 의해서 스스로 결정된다.
- 인간은 자기조절을 할 수 있다.
- 만족의 지연은 본보기에 의해 영향을 받을 수 있다.

ⓙ 인지행동수정
- 부적응적 사고를 바꿈으로써 부적응 행동을 수정하는 것이다.
- 인지 재구조화를 함으로써 행동을 변화시킬 수 있음을 강조한다.

(3) 기본 기법

① 체계적 둔감화
  ㉠ 구성원이 해결하고자 하는 불안이나 공포 상황의 위계를 작성하고, 역조건형성과 상호억제원리를 적용해서 점차적으로 해결하는 과정이다.
  ㉡ **역조건 형성** : 파블로프의 고전적 조건형성의 이론적 가정에 근거한 것으로 어떤 상황에서 나타나는 부적절한 행동을 적절한 행동으로 바꾸도록 새롭게 학습하는 것이다.
  ㉢ **상호억제원리** : 불안과 이완은 양립할 수 없다는 전제에서 출발하며, 공포나 불안과 양립할 수 없는 이완 반응이 정상적으로 나타나게 되면 이로 인해 공포나 불안을 유발하지 못하는 것이다.

② **자기표현훈련** : 타인에게 불안보다는 다른 감정을 적절하게 표현하도록 하는 훈련으로, 자신이 원하는 것을 표현하지 못했을 때 느끼는 우울이나 절망감을 피하고 대인관계에서 보다 평등한 관계가 되도록 해주는 것이다.

③ 타임아웃(time-out)
  ㉠ 구성원이 긍정적 강화를 받을 기회를 박탈시키는 것으로, 세심한 모니터링이 요구되는 약한 혐오기법이다. 대개 10분 이내와 같이 짧은 시간을 설정할 때 가장 효과적이다.
  ㉡ 특정한 행동 뒤에 강화가 많은 상황에서 적은 상황으로 이동시키는 것이다.
④ 혐오치료 : 바람직하지 않은 행동을 부정적 경험과 연합시켜 행동변화가 일어나게 하는 방법으로 구토제, 전기쇼크 등을 혐오자극으로 사용한다.
⑤ 홍수법 : 상담자가 구성원을 지속적으로 강력한 문제상황에 노출시키는 방법이다.
  예 높은 곳에 있는 것을 무서워하는 사람을 빌딩의 옥상으로 데려가서 계속 아래를 내려다보도록 하였더니 공포감이 사라지게 되는 경우
⑥ 토큰(token) 경제법 : 강화원리를 이용한 행동변화를 위해 널리 사용되는 방법으로, 구성원이 바람직한 행동을 했을 때 토큰을 나누어 주어 나중에 그가 원하는 물건이나 권리와 바꿀 수 있도록 하는 것이다.
  예 아이가 심부름을 잘하면 스티커를 주는 것
⑦ 프리맥(premack)의 강화원리 : 더 좋아하는 활동을 통해 덜 좋아하는 활동을 강화하는 방법이다.
  예 공부를 마치면 한 시간 동안 오락을 할 수 있도록 해주는 경우(오락을 하는 것이 공부하는 것을 강화)
⑧ 모델링(modeling) 기법
  ㉠ 구성원이 다른 사람의 바람직한 행동을 관찰하여 학습한 것을 수행하는 방법이다.
  ㉡ 모방자는 모델이 행동을 수행하는 방법을 배우고, 행동을 학습한 결과로서 자신에게 무엇이 발생하는가를 아는 것이 중요하다.
  ㉢ 목표행동을 보다 효과적으로 유발시켜 유지시키기 위해 모델링을 병행할 필요가 있다.
⑨ BASIC-ID : 라자루스(Lazarus)가 개발한 다중양식치료의 핵심개념
  ㉠ B(Behavior, 행동) : 얼마나 활동적인가? 얼마나 행동적인가?
  ㉡ A(Affect, 감정) : 얼마나 정서적인가? 사물을 얼마나 깊이 느끼는가? 감정적이거나 영혼을 감동시키는 내적 반응을 하는 성향이 있는가?
  ㉢ S(Sensation, 감각) : 감각으로부터 나오는 쾌와 고통에 얼마나 초점을 맞추는가? 신체적 감각에 얼마나 주의를 기울이는가?
  ㉣ I(Image, 심상) : 생생한 상상을 하는가? 환상을 하고 백일몽을 꾸는가? 그림으로 생각하는가?

ⓑ C(Cognition, 인지) : 어느 정도의 사색가인가? 일을 분석하고 계획을 세우는 일이 되는 과정을 추론하기를 좋아하는가?

ⓗ I(Interpersonal relationship, 대인관계) : 얼마나 사교적인가? 타인이 자신에게 얼마나 중요한 존재인가? 타인의 호감을 사는가? 타인과 친밀하기를 원하는가?

ⓢ D(Drug/Biology, 약물/생물학) : 건강한가? 건강한 의식을 가지고 있는가? 몸과 신체를 돌보는가? 과식, 불필요한 약물과 과잉복용, 폭음, 해로운 다른 물질의 복용을 피하는가?

(4) 집단상담자의 역할과 기능

① 예비평가의 오리엔테이션을 하는 과정에서 예비참가자들과 초기면접을 한다.
② 구성원에게 집단과정에 참가하는 것과 집단에서 많이 얻을 수 있는 방법을 가르쳐 준다.
③ 구성원의 문제에 대해 지속적인 평가를 한다.
④ 구성원이 정한 목표를 성취할 수 있도록 다양한 기법을 사용한다.
⑤ 각 구성원에 대한 치료의 유용성을 판단하기 위한 자료를 모은다.
⑥ 적절한 행동과 가치관을 가진 하나의 본보기가 된다.
⑦ 구성원에게 작은 성취라도 의미가 있다는 것을 확인시켜 주어서 새로운 행동과 기술을 개발하도록 강화를 준다.
⑧ 구성원에게 상담시간이나 일상생활에서 주도적으로 열심히 노력하는 것을 가르친다.
⑨ 구성원이 집단의 종결시점에 앞서 종결을 잘 준비하도록 돕는다.

(5) 발달 단계와 집단상담에의 적용

① **초기단계**
  ㉠ 역할 구조화와 치료동맹을 형성한다.
  ㉡ 변화를 위한 다짐을 한다.
  ㉢ 행동을 분석한다.
② **작업단계** : 치료계획 및 기법 적용
  ㉠ 상담목표와 방법을 협상한다.
  ㉡ 상담을 실행하고, 동기를 유지한다.
  ㉢ 상담효과를 조정하고 평가한다.
③ **종결단계**
  ㉠ 상담에 대해 스스로 점점 더 많은 책임을 지도록 구성원을 독려한다.

ⓒ 구성원에게 다양한 실습상황을 제공한다.
　　ⓓ 연습할 때 실생활과 유사한 상황을 조성한다.
　　ⓔ 구성원으로 하여금 받아들일 수 없는 환경에 직면하게 될 경우를 준비하도록 하고, 가능한 퇴행을 다룰 수 있도록 준비한다.
　　ⓜ 가능한 한 구성원에게 바람직한 목표행동을 훈련시킨다.
　　ⓗ 구성원이 어려운 상황장면을 연습하도록 교육한다.
　　ⓢ 상담효과를 유지·일반화시키며 상담을 종결한다.

(6) 평가

① 목표와 절차를 정확하게 구체화시킬 수 있으며, 명확하고 측정할 수 있는 용어로 정의된다.
② 새롭게 획득한 행동을 상담장면에서 실습하는 것과 일상생활에서 수행하는 것 사이의 중간단계로서 구성원에게 제공한다.
③ 개인의 행동을 통제하는 강력한 규범을 제공한다.
④ 구성원에게 지속적인 피드백을 제공함으로써 정확하게 평가할 수 있는 상황을 제공한다.
⑤ 집단상담은 동료의 강화, 다양한 모델링, 집단세뇌 등을 제공할 수 있는 기회를 제공한다.
⑥ 집단장면에서 익힌 다양한 대인관계기술을 집단 외부의 상황에서 실행하는 것이 가능하다.
⑦ 새로운 행동을 무비판적 상황에서 시도하도록 참가자들을 격려한다.
⑧ 행동주의 집단상담과 인지적 행동주의 집단상담의 다양한 구성요소의 효율성에 대한 경험적 지지가 점점 증가하는 추세이다.

바로 Check

행동주의 이론에 관한 설명으로 옳지 않은 것은?
① 아동발달에서 생물학적 요인보다 환경적 요인을 더 강조한다.
② 고전적 조건형성이론에서는 관찰학습의 과정을 강조한다.
③ 행동주의 이론에서는 자극과 반응 간의 관계를 강조한다.
④ 초기 행동주의 연구에서는 직접 관찰하고 측정할 수 있는 행동을 중요하게 여긴다.
⑤ 조작적 조건형성이론에서는 강화와 처벌의 역할을 강조한다.

해설　고전적 조건형성이론에서는 자극과 반응의 연합을 강조한다.

정답 ②

4 실존주의(Existential) 접근

(1) 상담과정

① 실존주의 상담의 초점
  ㉠ 세상에 대한 개인의 주관적 초점을 중요하게 다루는 현상학적 접근이다.
  ㉡ 인간을 아픈 존재로 보는 것이 아니라 어떤 역할을 하는 데 있어 부족하거나 생활이 조금 불편한 존재로 보기 때문에 인간을 고치는 데 목적을 두지 않는다.

② 상담목표
  ㉠ 구성원이 자기 자신에게 진실되도록 한다.
  ㉡ 자신과 자신을 둘러싼 세상에 대한 관점을 넓힌다.
  ㉢ 구성원의 현재와 미래 삶에 의미를 주는 것을 밝힌다.

(2) 주요 개념

① 자기인식
  ㉠ 내가 누구인지, 내가 어디로 가고 있는지를 어느 정도 인식하고 있는가?
  ㉡ 내 세계를 어떻게 경험하는가?
  ㉢ 내가 경험하는 사건에 어떤 의미를 부여하는가?
  ㉣ 자기인식을 어떻게 증가시킬 수 있는가?
  ㉤ 어떤 구체적인 방법에서 확장된 의미가 대안의 범위를 증가시키는가?

② 자기결정과 개인의 책임능력
  ㉠ 대안을 선택하는 데 있어 자유롭기 때문에 우리 삶을 방향 지우고 운명을 결정하는 데 책임이 있다는 의미이다.
  ㉡ 우리와 별개인 채 의미를 가지는 것은 아무것도 없으며, 유의미한 공간으로서의 세상에 대해 책임이 있다고 파악한다.
  ㉢ 실존집단의 구성원은 자유를 피할 수 없고, 그들의 실존에 책임이 있다는 사실을 계속해서 직면하게 된다.

③ 실존적 불안
  ㉠ 인간의 근본적 특성으로서 병적인 것이 아닌 성장을 향한 동기적 힘이다.
  ㉡ 성장을 위해서는 새로운 것과 알려지지 않은 것을 친숙하고 안전한 방법으로 바꾸어야 한다고 주장한다.

ⓒ 실존집단에서 구성원은 불안으로 인해 성장할 수 있다는 것을 수용하도록 하고, 그 불안에 직면해서 완전하게 경험할 용기를 찾도록 도움을 받게 된다.
④ 죽음과 비존재
ⓐ 죽음을 삶의 의미와 목적을 발견하는 데 필수적인 것으로 파악한다.
ⓑ 죽음이 늘 있기 때문에 실존집단에서 다루고 받아들이는 것이 불가피하다고 설명한다.
⑤ 의미에의 추구
ⓐ 인간의 주된 관심사는 삶의 방향을 제공해 주는 의미를 발견하는 것이다.
ⓑ 실존집단에서는 의미 및 도전과 관련된 질문을 발견하고, 더 이상 의미 없는 가치를 버리는 것에 관한 문제 모두가 탐색된다.
⑥ 진솔성의 탐색
ⓐ 모순된 삶을 지양하며, 우리의 한계를 알고 받아들이는 것이다.
ⓑ 집단은 자기를 바라보고 완전히 기능하는 인간이 되도록 결심하며, 어떠한 결정이 자신에게 가장 솔직한 것인지를 생각하게 하는 분위기를 형성한다.
⑦ 홀로됨과 같이함
ⓐ 우리는 존재적으로 혼자인 동시에 다른 사람들과 관계를 맺게 된다.
ⓑ 집단에서 구성원은 의미 있는 방식으로 타인과 관계하고, 타인의 동반자가 되는 것을 배우며, 자신이 만든 관계에서 보상과 이점을 발견할 기회를 가진다.

(3) 집단상담자의 역할과 기능
① 실존치료는 특별한 기법을 쓰는 것보다 내담자가 현재 순간에 경험하는 것을 더 강조한다.
② 실존적 관점에서 치료란 동료애이자 상담자와 내담자가 함께 하는 모험이다.
③ 집단에서 변화는 상담자와의 관계뿐만 아니라 다른 내담자들과의 관계에 의해서도 생겨난다.

(4) 평 가
① 인간에게 초점을 두고 인간에게 의미 있는 것이 무엇인지에 관한 것을 주된 질문으로 한다는 점에 가치를 둔다.
② 실존주의의 많은 개념은 너무 추상적이고 실제로 적용하기 어렵다는 한계를 지닌다.

> **바로 Check**
>
> 실존주의 집단상담에 관한 설명으로 옳은 것은?
> ① 정신병리의 원인에 대한 체계적인 이론을 기초로 집단원을 범주화한다.
> ② 공포를 집단원들의 실존에 대한 대표적인 정서반응으로 간주한다.
> ③ 집단원의 일중독 문제를 실존적 분노 회피를 위한 방어적 노력이라고 여긴다.
> ④ 집단원들을 불안의 원천인 죽음이라는 실존적 조건 속에서 살아가는 존재로 본다.
> ⑤ 과거는 현재에 중요한 영향을 미친다는 가정하에 집단원들의 과거에 관심을 갖는다.
>
> 해설 │ 실존주의 집단상담에서는 죽음, 고립, 이별 등의 실존적 요인들에 대한 재경험과 재인식이 집단활동에서 발생함으로써 생기는 요인으로 강조하였다.
>
> ☑ 정답 ④

5 인간중심(Person-centered) 접근 – 칼 로저스(Carl Rogers)

(1) 상담과정

① 인본주의적 접근의 주제
  ㉠ 현상학적 접근의 참여
  ㉡ 실현경향과 성장경향
  ㉢ 인간은 자유롭고 자기결정적인 존재라는 것에 대한 믿음
  ㉣ 각 개인에 대한 관심과 존중
② 인간중심 집단의 적용
  ㉠ **참 만남 집단** : 대규모 공동체 집단으로 알려진 인간중심 집단의 새로운 형식
  ㉡ 세계평화 증진을 시도

(2) 주요 개념

① 집단과정에 대한 신뢰
  ㉠ 역할수행에서 더 직접적으로 자신을 표현하도록 한다.
  ㉡ 비교적 폐쇄된 경험과 불확실성에서 외부 실제와 모호함에 더 개방적이게 한다.
  ㉢ 내적이고 주관적인 경험을 피하는 데서 이것을 인식하는 방향으로 전환한다.
  ㉣ 자신의 외부에서 답을 찾는 것에서 내부에서 자신의 삶의 방향을 잡는다.
  ㉤ 대인관계에서 다소 폐쇄적이고 두려워하며 신뢰가 결여된 것에서 타인에게 더 개방적이게 표현을 하도록 한다.

② 성장을 위한 치료적 조건
  ㉠ **진실성**(genuineness, 일치성)
    ⓐ 상담자가 상담과정 동안에 외부적 표현과 자신의 내부 경험을 일치시키는 것이다.
    ⓑ 상담자가 진실성을 유지하기 위해서는 자기인식, 자기수용, 자기믿음이 강해야 한다.
  ㉡ **무조건적 긍정적 존중**(unconditional positive regard, 수용)
    ⓐ 내담자의 느낌이나 생각을 평가하거나 판단하지 않고 애정을 전달하는 것이다.
    ⓑ 어떤 규정이나 기대 없이 집단구성원을 존중하고 수용하는 것이다.
    ⓒ 비소유적인 애정과 온정의 태도이다.
  ㉢ **공감적 이해**(empathic understanding)
    ⓐ 내적 참조체제를 가지고 타인의 세계를 볼 줄 아는 능력이다.
    ⓑ 내담자의 개인세계를 '마치 ~인 것처럼' 느끼는 것이다.
    ⓒ 가치판단을 하지 않는 것으로서 상담자가 내담자의 의식의 끝에 놓여 있는 것이 표현하는 의미를 듣는 방법이다.
③ **상담효과를 막는 장애** : 관심과 공감의 부족, 상담자 자기 드러내기의 부재, 존중·온정·수용의 부족, 상담과정에 대한 불신

(3) 기본 기법
① 적극적 경청
② 심사숙고하기
③ 명료화하기
④ 요약하기
⑤ 개인적인 경험 말하기
⑥ 집단에서 다른 사람과 어울리고 관심 가지기
⑦ 집단이 나아가야 할 방향을 지시하기보다는 집단의 흐름에 동참하기
⑧ 내담자의 자기결정능력에 대해 인정하기

(4) 집단상담자의 역할과 기능
① 집단과정을 신뢰하며, 직접적인 개입 없이도 집단이 발전해 나갈 수 있음을 믿는다.
② 각각의 구성원에게 주의 깊게 귀 기울인다.
③ 구성원에게 심리적으로 안전한 분위기를 만들어 준다.
④ 공감적 이해를 하고, 개인과 집단을 수용하기 위해 노력한다.

OX 퀴즈

개인 심리학적 집단상담에서는 성장을 위한 치료의 조건으로서 진실성, 무조건적 긍정적 존중, 공감적 이해를 강조한다. [ ]

[정답] X

[해설] 성장을 위한 치료의 조건으로서 진실성, 무조건적 긍정적 존중, 공감적 이해를 강조하는 것은 인간중심 집단상담이다.

⑤ 지금-여기의 반응을 표현할 수 있도록 분위기를 조성한다.
⑥ 구성원에게 피드백을 주며, 적절하다면 구체적인 행동에 직면시킨다.

(5) 발달 단계와 집단상담에의 적용

① 맴돌기
② 개인적 표현 또는 탐색에 대한 저항
③ 과거 감정의 기술
④ 부정적 감정의 표현
⑤ 집단 내에서의 행동변화
⑥ 친밀한 감정의 표현
⑦ 집단 내 치유능력의 발달
⑧ 자기수용과 변화의 시작
⑨ 직면
⑩ 피드백
⑪ 기본적인 참 만남
⑫ 집단상담 밖에서의 조력관계
⑬ 가면 깨뜨리기(내담자의 벽 허물기)
⑭ 개인적으로 의미 있는 자료의 표현과 탐색
⑮ 집단 내에서의 즉각적인 개인 상호 간의 감정 표현

(6) 평 가

① 내담자의 주관적인 세계관에 기초한 아주 현상학적인 것이기 때문에 초기단계에 적합하다.
② 집단의 과정과 성과를 연구하기 위한 주관적인 연구방법을 적용시키려는 시도이다.
③ 이론이나 실제에 대한 자체평가가 부족하다.

OX 퀴즈
자기수용은 다른 사람의 삶과 가치를 인정해 주는 것이다.
[ ]

[정답] ✕
해설 자기수용은 자신을 있는 그대로 받아들이고 인정하는 것으로서 자신의 강점뿐만 아니라 약점까지도 가까이 받아들이는 것이다.

바로 Check

다음에서 공통적으로 설명하고 있는 집단상담의 이론적 접근은?

- 집단상담자는 집단원들이 자신을 표현하도록 돕는 역할을 하므로 촉진자로 불린다.
- 집단원에 대한 상담자의 태도와 개인적 특성이 핵심적인 역할을 한다.
- 집단원의 성장을 신뢰하며, 집단에서 현재의 순간을 충분히 경험하도록 한다.

① 인간중심 집단상담　② 교류분석 집단상담　③ 행동주의 집단상담
④ 실존주의 집단상담　⑤ 인지주의 집단상담

해설 인간중심 집단상담은 집단원들에 대한 신뢰를 바탕으로 집단원이 더 직접적으로 자신을 표현하도록 도우며, 비교적 폐쇄된 경험과 불확실성에서 외부 실제와 모호함에 더 개방적이게 한다.

정답 ①

6 게슈탈트(Gestalt) 접근 - 프리츠 펄스(Fritz Perls)

(1) 상담과정

① 상담목표
- ㉠ 자기 내부의 양극단을 통합시킨다.
- ㉡ 자신과 타인 간의 접촉을 이룬다.
- ㉢ 타인에게서 지지를 구하는 대신 자기지지를 제공하는 것을 학습한다.
- ㉣ 현재 개인이 지각하고, 느끼고, 생각하고, 상상하고, 행동하는 것을 인식한다.
- ㉤ 자신의 한계를 분명하게 정의한다.
- ㉥ 통찰을 행동으로 옮긴다.
- ㉦ 창조적인 실험에 참여함으로써 자신에 대해 배우려고 한다.
- ㉧ 집단지도자에게 의존하기보다는 집단 내부의 자원을 사용하는 방법을 학습한다.

② 기본 가정
- ㉠ 인간은 완성을 추구하는 경향을 가지고 있다.
- ㉡ 인간은 자신의 현재 욕구에 따라 게슈탈트를 완성할 것이다.
- ㉢ 인간의 행동은 그것을 구성하는 구체적인 구성요소, 즉 부분의 합보다 큰 전체다.
- ㉣ 인간의 행동은 행동이 일어난 상황과 관련해서 의미 있게 이해할 수 있다.
- ㉤ 인간은 전경과 배경의 원리에 따라 세상을 경험한다.

(2) 주요 개념

① 지금-여기(here and now)
- ㉠ 현재를 올바르게 인식하고 충분히 경험하는 데 초점을 둔다.
- ㉡ 과거는 지나가 버렸고 미래는 아직 오지 않았기 때문에, 현재가 가장 중요한 시제이다.
- ㉢ 현재 진행 중인 경험에 좀 더 가까이 접근하고, 순간에 자신이 무엇을 느끼고 있는지 인식하도록 설계한다.

② 인식과 책임능력
- ㉠ 구성원은 자신의 경험구조에 관심을 기울여야 하며, 무엇을 어떻게 경험하고 있는지 인식해야 한다.
- ㉡ 우리가 경험하는 것과 행하고 있는 것이 무엇이든 그에 대한 책임능력이 자신에게 있다는 것을 인식해야 한다.

③ 미결 과제와 회피
㉠ 미결 과제는 분노, 증오, 원망, 고통, 상처, 불안, 죄책감, 슬픔 등과 같은 표현되지 않은 감정, 사건, 기억 등을 포함한다.
㉡ 미결 과제와 관련된 개념은 회피인데, 이는 사람들이 미결 과제에 직면하고 미결된 상황과 관련되어 있는 불편한 정서를 경험하는 것을 피하기 위해 사용하는 수단이다.
㉢ 상담자는 구성원에게 이전에는 직접적으로 표현된 적이 없는 강한 감정을 상담시간에 표현하도록 격려한다.

④ 신경증의 층과 방어양식
㉠ 개인이 심리적인 성숙을 이루기 위해서는 신경증의 다섯 층을 벗어야 한다.

가짜층(허위층)	판에 박힌 진실하지 않은 방법으로 다른 사람에게 반응하는 것
공포층	부정하려고 했던 자신의 어떤 모습을 직시할 때 나타나는 정서적인 고통을 회피하는 것
한의 장벽(난국층)	타인이 우리를 대신해 결정하도록 환경을 조작하려고 시도하는 것
내파층	우리의 무력함과 솔직하지 못한 방식에 접촉함으로써 방어를 노출시키고, 진정한 자아와 접촉하는 것
외파층(폭발층)	가짜 역할과 위장에서 해방되어 우리가 아닌 존재를 가장함으로써 묶어 두었던 많은 에너지를 방출하는 것

㉡ **접촉경계장애**(저항) : 현재를 충분하게 경험하는 것을 방해하기 위해 발달시키는 방어기제
ⓐ 내사(introjection) : 타인의 신념과 기준을 무비판적으로 수용하는 것
ⓑ 투사(projection) : 내가 가진 것을 부인하고 남에게 돌려서 접촉을 피하는 것, 내가 접촉하기 싫어한 나의 어떤 면을 타인에게서 봄으로써 자신이 느끼는 감정이나 자기를 부정하는 것
ⓒ 반전(retroflection) : 개인이 타인이나 환경에 대해 해야 할 것을 자신에게 하는 것
ⓓ 융합(confluence) : 밀접한 관계에 있는 두 사람이 서로 간에 차이점이 없다고 느끼도록 합의함으로써 발생하는 접촉-경계 혼란으로, A가 행복하다고 느끼면 B도 행복하다고 느끼고 A가 불행하다고 느끼면 B도 불행하다고 느끼는 일심동체의 관계와 같은 것

ⓔ 편향(deflection) : 감당하기 힘든 내적 갈등이나 외부 환경적 자극에 노출될 때, 이러한 경험으로부터 압도당하지 않기 위해 자신의 감각을 둔화시킴으로써 자신 및 환경과의 접촉을 약화시키는 것

⑤ 에너지와 에너지 차단
 ㉠ 집단상담에서 구성원이 작업을 하기 위해서는 에너지가 필요하다.
 ㉡ 게슈탈트 상담자는 에너지가 어디에 위치하고 있는지, 어떻게 사용되고 있는지, 어떻게 방해받고 있는지에 관해 특별한 관심을 기울인다.
 ㉢ **저항** : 에너지가 차단된 상태를 의미한다.

(3) 기본 기법

① 언어표현 바꾸기
 ㉠ **'그것'과 '당신' 대신 '나'로 바꾸기** : 3인칭이나 2인칭 대신 1인칭으로 바꾸는 것은 개인에게 상황에 대한 책임감을 부여한다.
 ㉡ **'내가 ~할 수 없다' 대신 '나는 ~하지 않겠다'로 바꾸기** : 구성원에게 자신의 결정에 책임을 지고 자신의 힘을 수용하도록 한다.
 ㉢ **'내가 ~해야 한다' 대신 '나는 ~하기를 선택한다'로 바꾸기** : 구성원에게 선택에 대한 책임감을 부여한다.
 ㉣ **'나는 ~가 필요하다' 대신 '나는 ~을 바란다'로 바꾸기** : 더 정확하고, 덜 긴급하고, 불안을 덜 야기하는 표현을 습득한다.

② **신체활동을 통한 자각 확장**
 ㉠ **과장하기** : 움직임이나 제스처를 반복적으로 과장함으로써 행동과 관련된 감정을 보다 강렬하게 경험하고 이의 내적 의미를 보다 잘 자각하는 것이다.
 ㉡ **순회하기** : 한 사람이 구성원 각각에게 돌아가면서 그/그녀가 보통 때는 언어적으로 표현하지 않았던 것을 말하는 것이다.
 ㉢ **시연**
  ⓐ 집단상담에서 구성원이 사회적 역할을 수용하는 데 있어 보다 많은 자각을 위해 집단에서 시연을 공유한다.
  ⓑ 시연을 통해 구성원은 어떻게 하면 타인을 즐겁게 하고, 인정받고 수용받기 위해서는 어느 정도이어야 하며, 타인과 소외되지 않기 위해서는 얼마나 노력해야 하는지를 인식한다.

③ **책임지기**
 ㉠ 게슈탈트 집단상담자는 구성원이 자신이 스스로 한 일에 대해 책임질 것을 강조한다.

ⓒ 타인에게 투사하는 대신 '나는 ~에 대하여 책임을 진다'는 태도로 자신의 감정을 알아차리도록 돕는 것이다.

④ 대화하기
  ㉠ 내적 분열과 궁극적인 성격을 통합하는 자각을 증진하기 위한 것이다.
  ㉡ 대화는 전형적으로 내사와 투사의 자각을 높이는 데 사용한다.
  ㉢ **빈 의자**(empty chair) **기법** : 구성원이 가진 내적 갈등과 대인관계 갈등을 해결하는 데 유용하다.

⑤ 환상기법
  ㉠ 구성원이 지나치게 위축되어 있어 구체적인 용어로 문제를 다루어야 할 때 사용한다.
  ㉡ 종종 무력감을 야기하기도 하는 파국적인 기대를 다룰 때 유용하다.
  ㉢ 부끄러움과 죄책감을 표현하고 탐색하는 데 이용한다.
  ㉣ 집단에서 일어나는 구성원의 두려움을 탐색하는 안전하고 유용한 방법이다.

⑥ 역전기법 : 게슈탈트 집단상담은 꿈을 해석·분석하지 않고, 그 대신 일상 속으로 꿈을 가지고 와서 마치 지금 일어난 일인 양 재창조하고 재생시키는 데 목적을 둔다.

(4) 집단상담자의 역할과 기능

① 구성원이 접촉, 즉 유기체로서의 경험을 통하여 자각을 확장하도록 다양한 상담기법을 적용하여 조력한다.
② 구성원이 거짓층, 공포층, 난국층을 지나 자신을 자각해서 성장하도록 조력한다.
③ 구성원이 지금-여기의 자각을 하도록 조력하는 동시에 이를 방해하는 시도를 좌절시킨다.
④ 성장을 증진시키는 집단 분위기와 집단 자체의 창의성을 창조한다.
⑤ 구성원으로 하여금 유기체의 지혜를 믿고 접촉경계장애 기제인 내사, 투사, 반전, 융합, 편향을 제거하고 자각을 통해 통합을 이루도록 다양한 창조기법을 사용한다.

(5) 발달 단계와 집단상담에의 적용

① **발견단계** : 구성원은 이전에 깨닫지 못한 자신, 문제, 상황에 대한 새로운 관점을 발견한다.
② **조절단계** : 구성원은 자신의 오래된 정체감을 바꿈으로써 새로운 선택을 하는 것이 가능하고 새로운 방식으로 시도할 수 있음을 인식한다.

③ **동화단계** : 구성원은 새로운 행동을 선택하고 시도하는 것에서 자신의 환경을 변화하는 방법을 학습하는 것으로 발전한다.

(6) 평 가

① 현재의 치료적 실험에서 과거의 과제를 완수하도록 개발된 기법이다.
② 구성원에게 신체적으로 경험하고 있는 것에 주의를 기울이도록 격려함으로써 피하고 싶어 하는 영역에 대해 많은 단서를 제공하며, 불안과 접촉할 수 있는 방법을 제공한다.
③ 실존주의 원리에 기초하므로 상담자의 진실성과 상담자와 구성원 간 그리고 구성원 상호 간의 상담관계의 질을 강조한다.
④ 상담의 인지적 측면을 고려하지 않는다.
⑤ 게슈탈트 기법 적용은 언제, 누구에게, 어떤 상황에서 등과 같은 문제에 따라 달라질 수 있으므로 모든 사람에게 역동적인 것은 아니다.

> **바로 Check**
>
> 다음에서 설명하는 집단상담자의 역할은 어떤 이론에 근거한 것인가?
>
> - 지금-여기의 경험 강조
> - 알아차림과 접촉 촉진
> - 내담자의 감각 사용촉진
> - 내담자의 신체언어와 접촉
>
> ① 게슈탈트 ② 해결중심 ③ 현실치료
> ④ 행동수정 ⑤ 실존주의
>
> **해설** 게슈탈트 집단상담은 있는 그대로의 자기 자신을 수용하고, 스스로 통제할 수 있는 행동과 사고를 자각하는 경험을 통해 통합적인 인식과 자신의 행동을 스스로 지지할 수 있는 능력을 획득하고 성장하도록 도움을 준다.
>
> ✅ **정답** ①

7 합리정서행동(REBT : Rational Emotional Behavioral Therapy) 접근 – 앨버트 엘리스(Albert Ellis)

(1) 상담과정

① **상담목표**
  ㉠ 내담자에게 비기능적인 행동과 감정을 어떻게 적절한 것으로 변화시키고, 일상생활에서 겪게 되는 불행한 사건에 대해 어떻게 대처하는지를 가르치는 것이다.
  ㉡ 부적절한 정서(우울, 불안 등)를 감소시키거나 제거하기 위한 수단을 구성원에게 제공한다.

② 합리적 근거
  ㉠ 구성원은 현실을 수용하는 것이 옳다는 것을 서로 상기시켜 줄 수 있고, 긍정적인 변화를 초래하기 위해 같이 노력할 수 있다.
  ㉡ 구성원은 개인의 부정적인 사고에 대해 강력하게 도전하는 역할을 하게 된다.
  ㉢ 구성원은 상담자가 하는 제안, 코멘트, 가설, 강화를 지원해 줄 수 있다.
  ㉣ 행동지향 숙제는 개인상담에서보다 집단상담에서 더욱 효과적으로 수행된다.
  ㉤ 집단은 역할연기, 주장훈련, 행동시연, 모델링, 모험행동 해보기와 같은 행동적·지시적 절차에 대한 효과적인 환경을 제공한다.
  ㉥ 집단은 행동을 직접 관찰할 수 있는 실험실을 제공해 준다.
  ㉦ 내담자는 흔히 보고서 형식으로 된 완전한 숙제를 요구받는데, 화가 나는 상황의 A-B-C를 극복하는 것과 잘못된 사고와 행동을 어떻게 바로잡는지에 대해 배운다.
  ㉧ 구성원은 자기만 그러한 문제를 가진 것이 아니라는 것을 알게 됨으로써 이러한 문제를 지닌 것에 대해 자신을 비난할 필요가 없음을 발견하게 된다.
  ㉨ 자신에 대한 다른 사람들의 피드백을 통해 구성원은 타인의 입장에서 자신을 바라보게 되며, 변화해야 할 행동에 주목하게 된다.
  ㉩ 구성원의 말 속에서 잘못된 생각이 드러나면 다른 구성원과 상담자가 잘못된 그 생각에 주의를 기울이게 해서 사고를 바로잡을 수 있다.
  ㉿ 구성원은 다른 구성원을 지켜봄으로써 치료가 효과적일 수 있다는 것, 사람이 변할 수 있다는 것, 자신에게 도움이 되는 무언가를 시작할 수 있다는 것, 성공적인 치료는 힘들고 계속되는 작업의 결과라는 것을 알 수 있게 된다.
  ⓔ 집단상담에서 내담자들은 개인상담에서보다 문제해결에 더 광범위한 대안을 고려할 기회를 가지게 된다.
  ⓟ 수치스럽다고 생각하는 것 중 몇 가지 문제를 이야기하는 것은 그 자체가 치료적이다.
  ⓗ REBT는 매우 교육적이고 지시적이기 때문에 일반적으로 정보제공과 문제해결에 대한 논의를 포함한다.
  ㉮ 집단상담의 평균시간은 경직된 자기파괴적 신념에 효과적으로 도전을 줄 만큼 충분한 시간이다.
  ㉯ 집단절차는 특히 낡은 역기능적 행동형태에 얽매여 있는 사람에게

유용한데, 그것은 집단장면이 이러한 형태를 재평가하고 더 건설적인 형태를 받아들이는 데 필요한 도전의 장을 마련해 주기 때문이다.

(2) 주요 개념

① REBT의 가정과 가설
  ㉠ 사고, 감정, 행동은 지속적으로 상호작용하며 서로 영향을 준다.
  ㉡ 정서적 혼란은 복잡한 생물학적·환경적 요인에 의해 야기된다.
  ㉢ 인간은 그들 주위에 있는 사람과 환경의 영향을 받고, 주위에 있는 사람들에게 의도적으로 영향을 미치기도 한다.
  ㉣ 사람들은 스스로를 인지적, 정서적, 행동적으로 혼란시킨다.
  ㉤ 불행한 사건이 일어날 때 사람들은 그런 사건에 대해 절대주의와 독단주의적인 성격을 가진 비합리적 신념을 가지는 경향이 있다.
  ㉥ 정서적으로 혼란을 야기하는 것은 불행한 사건 그 자체가 아니라 성격 문제를 야기하는 비합리적인 신념이다.
  ㉦ 대부분의 인간은 자신을 정서적으로 혼란시키려는 강력한 경향성이 있다.
  ㉧ 사람들이 자기패배적인 방식으로 행동할 때 이들의 신념이 자신들에게 부정적으로 영향을 주는 방식을 인식하는 능력을 가지게 된다.
  ㉨ 비이성적 신념이 탐색되면 인지적·정서적·행동적 기법을 사용하여 대항할 수 있다.
  ㉩ 내담자는 자신의 혼란된 사고, 감정, 행동에 대한 책임을 인식하고, 쓸데없이 자신을 괴롭히는 사고, 감정, 행동을 살펴보며, 변화를 위한 상담을 할 의지를 가져야 한다.

② ABCDE 모형
  ㉠ A(Activating events) : 내담자가 노출되었던 문제장면이나 선행사건
  ㉡ B(Belief) : 문제장면에 대한 내담자의 신념
  ㉢ C(Consequence) : 선행사건 때문에 생겨났다고 내담자가 보고하는 정서적·행동적 결과
  ㉣ D(Dispute) : 비합리적 신념에 대한 상담자의 적극적인 논박
  ㉤ E(Effect) : 비합리적 신념을 논박 또는 직면한 결과

③ 자기평가와 자기수용
  ㉠ **자기평가**
    ⓐ 실수를 했다는 것은 내가 무능하다는 것이다.
    ⓑ 폭넓은 수용과 인정을 받지 못하면 나는 끔찍한 인간이다.
    ⓒ 무언가에 실패한다면 나는 인생의 실패자이다.

ⓒ 자기수용
  ⓐ 변화는 부지런한 실천과 연습의 산물임을 인정한다.
  ⓑ 변할 수 없는 것에 대해 투덜대지 않으면서 수용한다.
  ⓒ 우리가 불완전하다는 현실을 수용한다.
  ⓓ 자신이나 타인에 대해 비난하지 않는다.
  ⓔ 단기적인 편안함보다는 장기적인 즐거움을 택한다.

(3) 기본 기법

① 인지적 기법
  ㉠ **ABC 교육** : 내담자가 일상생활 속에서 부딪히게 되는 실제 문제에 ABC 이론을 적용하는 방법을 제시한다.
  ㉡ **비합리적 신념 논박** : 내담자가 자신과 타인에 대한 가치와 태도를 점검하고 수정하는 방법을 가르친다.
  ㉢ **적응적인 자기 진술문 가르치기** : 자기파괴적 진술을 대안 진술문으로 대치한다.
  ㉣ **심리 교육적 방법들** : 탐닉 극복, 우울을 다루는 것, 분노를 조절하는 것, 문제를 이해하고 그것에 대처하는 것, 주장적이게 되는 것, 주저하는 버릇을 극복하는 것 등 일반적인 정서문제와 구체적 관심사를 다루는 데 많은 자원을 제공한다.
  ㉤ **인지적 숙제** : 매일 생활에서 일어나는 문제에 ABC 이론을 적용한다.

② 정서적 기법
  ㉠ **무조건적 수용** : 구성원이 느끼는 것이나 행하는 것에 관계없이 그들이 수용된다는 느낌을 받도록 한다.
  ㉡ **합리적·정서적 상상** : 내담자가 상상할 수 있는 최악의 것을 어떻게 상상하는지 보여주고, 그 다음에 혼돈된 감정 대신 적절한 감정을 발전시키도록 훈련시킨다.
  ㉢ **유머의 사용** : 내담자들이 자신이 아닌 자기파괴적인 신념에 대해 웃을 수 있도록 가르친다.
  ㉣ **수치-공격 연습** : 수치심에 기저하는 비합리적인 신념을 많이 다루고 직면하게 되면, 이로 인해 정서적 혼돈을 점점 덜 느끼게 된다.

> **Plus Study** 수치-공격 연습의 예
> • 공원에서 목소리를 높여 걷는다.
> • 복잡한 길을 걸으며 "12시 10분 50초"라고 정확한 시간을 소리친다.
> • 레스토랑에서 식사를 마친 후, "이 집 음식은 맛이 별로네"라고 말한다.

ⓔ **역할연기**(role playing) : 구성원을 정서적으로 자유롭게 해 줄 뿐만 아니라, 새로운 방식 내에서 행동할 기회를 제공한다.
　③ **행동적 기법**
　　　㉠ **과제** : 합리적으로 행동하도록 돕기 위해 활동을 강조하는 과제를 사용한다.
　　　㉡ **강화와 벌칙** : 상담자가 구성원이 스스로 자신의 보상과 벌칙을 정하도록 돕는 것이다.
　　　㉢ **훈련** : 내담자들은 취약한 구체적 행동에 오랫동안 노출되는 훈련을 받으며, 이들의 비기능적 행동이 없어질 때까지 계속한다.

(4) 집단상담자의 역할과 기능
　① 구성원이 가지고 있는 비합리적 생각과 스스로 계속 비논리적으로 생각함으로써 정서적으로 혼란되는 것에 대한 구성원의 생각을 수정하도록 노력한다.
　② 내담자의 비합리적인 경향을 논박하는 동시에 인간으로서는 완전하게 수용한다.
　③ 구성원이 상담회기에서 배운 내용을 일상생활에서 실천하도록 하는 데에도 적극적인 역할을 수행한다.

(5) 발달 단계와 집단상담에의 적용
　① 구성원 중 한 사람에게 문제를 내놓도록 한다.
　② 구성원이 ABC 모형을 활용하여, 그 사람에게 반응하도록 한다.
　③ 구성원이 문제를 내놓은 사람의 감정 및 관점, 스스로에게 다짐하고 있는 자기진술에 대하여 질문하고 도전한다.
　④ 상담자는 구성원에게 행동숙제를 내주고, 다음 모임에서 결과를 보고하게 하고 함께 토의한다.

(6) 평 가
　① 자신의 문제에 대한 책임을 받아들이려고 하는 내담자에게 가장 적합하다.
　② 몇 회기 내에 중요한 경험을 하려고 하는 내담자를 위한 본질적인 단기치료이다.
　③ 교육, 사업, 의사소통과도 관련된다.

나의 필기노트

바로 Check

합리정서행동상담에 관한 설명으로 옳지 않은 것은?
① 합리적 사고수준의 객관적 탐색을 위해 표준화된 검사 사용을 권장한다.
② 절대적 당위성을 비롯한 사건왜곡 메커니즘이 강조된다.
③ 적극적이고 지시적으로 개입한다.
④ 인지적 과정을 자기패배적 정서와 역기능적 행동의 주된 원인으로 본다.
⑤ 합리적 사고는 개인이 자신, 타인, 상황에 대해 무조건적 수용을 할 수 있게 한다.

해설 표준화된 검사 사용을 권장하는 것은 특성요인이론이다.

✅ 정답 ①

8 인지치료(Cognitive Therapy) 접근 – 아론 벡(Aaron Beck)

(1) 상담과정

① 상담목표
  ㉠ 구성원이 보다 효과적으로 기능하도록 사고의 편견이나 인지 왜곡을 제거하고, 구성원의 문제행동에 바람직한 대안을 찾도록 돕는다.
  ㉡ 부적절한 정서와 부적응적 행동을 적절한 정서와 적응적 행동으로 변화시킨다.

② 상담과정
  ㉠ 구성원이 자신의 머릿속을 스치고 지나가는 자동적 사고에 주의를 기울이고 인식하게 하여 자신의 생각을 들여다보고, 그것이 정서와 행동에 어떠한 영향을 미치는가를 알게 한다.
  ㉡ 상담자는 자동적인 사고를 합리적이고 융통성 있는 사고로 변화시키도록 격려한다. 이를 통해 구성원은 자신이 지니고 있는 인지적 오류를 확인할 수 있으며, 역기능적인 가정이 어떤 것인지 실제적으로 인식할 수 있게 된다.
  ㉢ 집단상담은 이러한 역기능적 가정을 재구성함으로써 구성원이 가지고 있는 부적응적인 도식을 변화시키는 단계까지 진행된다.

③ 집단상담 과정에서 구성원이 긍정적인 경험을 할 수 있도록 행동적인 과제를 부여하는 방법도 병행한다.

(2) 주요 개념

① **자동적 사고**(automatic thoughts)
  ㉠ 우리가 경험하는 대부분의 심리적 문제는 스트레스 상황을 경험했을 때 자동적으로 떠올리는 부정적 내용의 생각들로 인해 발생한다.
  ㉡ 자동적 사고는 구체적이고 축약되어 있으며, 아무리 비합리적인 내용이라 할지라도 거의 의심 없이 믿어진다.

② **역기능적 인지도식**(dysfunctional cognitive schema)
  ㉠ 인지도식은 세상을 살아오는 과정 속에서 자신의 삶에 관한 이해의 틀을 형성하게 된 것이다.
  ㉡ 역기능적 인지도식은 심리적 문제 상황을 유발할 수 있다.

③ **인지적 오류** : 자신의 현실을 제대로 지각하지 못하거나 그 의미를 왜곡하여 받아들이는 인지 왜곡을 말한다.

이분법적 사고 (흑백논리)	사건의 의미를 이분법적인 범주 중의 하나로 해석하려는 오류로, 사건을 흑백논리로 사고하고 해석하거나 경험을 극단으로 범주화하는 것
임의적(자의적) 추론	어떠한 결론을 내릴 때 충분한 증거가 없음에도 최종적인 결론을 성급히 내리는 오류
과잉일반화	한두 번의 단일 사건에 근거하여 극단적 신념을 가지고 일반적 결론을 내려 그와 무관한 상황에도 그 결론을 적용하는 오류
선택적 추상화 (정신적 여과)	상황이나 사건의 주된 내용은 무시하고 일부 특정 정보에만 주의를 기울여 사건 전체의 의미를 해석하는 오류
극대화 및 극소화	사건의 의미나 중요성을 지나치게 과장하거나 축소하는 오류
파국화	개인이 걱정하는 한 사건을 지나치게 과장하여 두려워하는 오류

(3) 기본 기법

① 불안감소법
  ㉠ **이완훈련**(relaxation training) : 몸에 전체적으로 도움이 될 때까지 순차적으로 수의근의 긴장과 이완을 반복하는 것으로, 다른 인지행동 기술과 함께 또는 단독으로 사용한다.
  ㉡ **체계적인 탈감화 혹은 체계적 둔감법**(systematic desensitization) : 불안을 야기하는 자극에 직면하도록 긍정적 강화를 제공하며 두려워하는 부정적 결과가 결코 일어나지 않는다는 것을 깨닫게 함으로써 부적응적 행동을 소멸시키는 것이다.

ⓒ **홍수요법**(flooding) : 노출치료 중 하나로서 가장 불안을 많이 일으키는 자극에 내담자를 즉각적으로 노출시키는 방법이다.

② 인지 재구성법
㉠ **사고와 감정의 감시법**(monitoring thought and feeling) : 5가지 기록 형식(상황, 감정, 상황에 반응하는 자동적 사고, 합리적 반응, 결과)을 이용해서 내담자의 자기 인식을 증진시키고 자신의 생각과 감정을 감시하는 것을 돕는 방법이다.
㉡ **탈파국화**(decatastrophizing) : 내담자가 상황의 비극적 성질을 과대평가하는 것을 깨닫게 하기 위해 '일어날 수 있는 가장 나쁜 일은 무엇인가?', '그것이 정말 일어난다면 그렇게 끔찍할 것인가?', '다른 사람은 그 사태에 대해 어떻게 대처할 것인가?' 등의 질문을 사용할 수 있다.
㉢ **재구성**(reframing) : 내담자의 상황이나 행동에 대한 인식을 변화시키는 전략으로, 문제의 다른 측면에 초점을 두거나 내담자가 다른 시각에서 문제를 바라볼 수 있도록 해 주는 것이다.
㉣ **사고 중지**(thought stopping) : 역기능적인 사고의 진행을 멈추게 하기 위해서 '중지(stop)'라고 외치거나 내담자가 멈춤 표지판, 벽돌을 쌓은 벽 등을 상상함으로써 내담자의 생각을 제어하는 방법이다.

(4) 집단상담자의 역할과 기능
① 구성원이 자신의 머릿속을 순간순간 스치고 지나가는 자동적 사고에 주의를 기울이고 인식하게 하여, 자신의 생각을 들여다보고 그것이 정서와 행동에 어떠한 영향을 미치는가를 알게 한다.
② 집단상담자는 자동적인 사고를 합리적이고 융통성 있는 사고로 변화시키도록 격려한다. 이를 통해 구성원은 자신이 지니고 있는 인지적 오류들을 확인할 수 있으며, 역기능적인 가정들이 어떤 것인지 인식할 수 있게 된다.
③ 집단상담은 이러한 역기능적 가정들을 재구성함으로써 구성원이 가지고 있는 부적응적인 도식을 변화시키는 단계까지 진행된다.
④ 집단상담 과정에서 구성원이 긍정적인 경험을 할 수 있도록 행동적인 과제를 부여하는 방법도 병행한다.

바로 Check

다음 예시에 해당하는 인지치료 기법은?

> 친한 친구와 심하게 다퉈 헤어졌을 때 마음이 많이 아프지만 이 상황을 자신의 의사소통이나 대인관계 방식을 돌아볼 수 있는 기회로 삼는다.

① 개인화(personalization)
② 사고중지(thought stopping)
③ 의미축소(minimization)
④ 재구성(reframing)
⑤ 증거탐문(questioning the evidence)

해설 재구성은 문제를 보기 좋게 다른 단어로 재정의하는 방법이다.

정답 ④

9 현실치료(RT : Reality Therapy) 접근 – 윌리암 글래써(William Glasser)

(1) 상담과정

① **상담목표** : 구성원이 바람직한 방법으로 욕구를 달성할 수 있도록 3R, 즉 책임감(Responsibility), 현실(Reality), 옳거나 그름(Right or Wrong)을 강조한다.
  ㉠ **책임감** : 개인이 타인의 욕구충족을 방해하지 않으면서 자신의 욕구를 충족시키는 능력
  ㉡ **현실** : 책임은 현실의 직면과 직결되기 때문에 현실세계를 정확하게 받아들여야 하고, 더 나아가 현실세계가 정해주는 어떤 범위 내에서만 자신의 욕구충족이 가능하다는 점을 이해해야 한다.
  ㉢ **옳거나 그름** : 현실치료 상담자는 구성원이 다른 사람들에게 해가 되지 않는 옳은 판단을 통해 자신의 욕구를 충족하도록 조력한다.

② **상담원리**
  ㉠ 인간은 욕구와 바람을 달성하도록 동기화되어 있다.
  ㉡ 환경으로부터 얻고 있다고 지각하는 것과 바라는 것 사이에 차이나 불일치가 있기 때문에 사람들은 각자에게 필요한 구체적 행동을 수행하게 된다.
  ㉢ 행동하기(doing), 생각하기(thinking), 느끼기(feeling), 생물학적 행동(biological behavior)으로 구성되어 있는 인간행동은 목적이 있다.
  ㉣ 행동하기, 생각하기, 느끼기는 행동의 서로 분리될 수 없는 측면이며, 내부로부터 생성된다.
  ㉤ 인간은 지각을 통해서 세상을 본다.

OX 퀴즈

현실치료 집단상담의 목표에는 집단원의 기본욕구 충족을 통한 사회적 관심 증가가 포함된다. [ ]

[정답] X
해설 개인주의 집단상담의 목표이다.

(2) 주요 개념

① 기본 욕구
  ㉠ **소속감**(belongness) **욕구**
    ⓐ 소속감의 동의어는 사랑, 우정, 돌봄, 관심, 참여 등이다.
    ⓑ 사회적 동물로서 가정, 학교, 직장, 사회에 소속되어 다른 사람과의 관계를 유지하면서 사랑을 주고받고자 하는 인간의 속성을 말한다.
  ㉡ **힘**(power) **욕구**
    ⓐ 힘의 동의어는 성취감, 존중, 인정, 기술, 능력 등이다.
    ⓑ 경쟁하고 성취하고 중요한 존재이고 싶어 하는 속성을 가지고 있다.
  ㉢ **즐거움**(fun) **욕구**
    ⓐ 즐거움의 동의어는 흥미, 기쁨, 학습, 웃음 등이다.
    ⓑ 인간은 새로운 것을 배우고 놀이를 통해 즐기고자 하는 속성을 가지고 있다.
  ㉣ **자유**(freedom) **욕구**
    ⓐ 자유의 동의어는 선택, 독립, 자율성 등이다.
    ⓑ 인간은 이동하고 선택하는 것을 마음대로 하고 싶어 하고 내적으로 자유롭고 싶어 하는 속성을 의미한다.
  ㉤ **생존**(survival) **욕구**
    ⓐ 생존 욕구는 먹고, 마시고, 안식처를 찾고, 질병으로부터 보호함으로써 자신을 돌보는 것을 말한다.
    ⓑ 살고자 하고 종족보존을 통해 자기확장을 하고자 하는 속성을 의미한다.

② **통제이론**(control theory)
  ㉠ 우리 자신의 내적 동기가 우리의 행동을 통제한다는 심리학적 이론이다.
  ㉡ 모든 행동이 목적을 갖고 있으며, 우리는 다른 사람을 통제할 수 없다. 모든 행동은 우리의 기본 욕구를 충족시키려는 목적에서 비롯된다.

③ **전체행동**(total behavior)
  ㉠ 인간의 전체행동은 행동하기, 생각하기, 느끼기, 생물학적 행동으로 구성되어 있다고 본다.
  ㉡ 인간행동의 목적은 개인의 기본 욕구에 따른 바람과 얻고 있다고 지각하는 것 간의 차이를 줄이도록 계획된다.

④ 선택이론의 원리

원리1	우리의 행동을 통제할 수 있는 사람은 우리 자신이다.
원리2	우리가 타인에게서 얻을 수 있는 모든 것은 정보이다.
원리3	지속되는 모든 심리적 문제는 관계문제이다.
원리4	관계문제는 항상 개인이 현재 영위하는 삶의 일부분이다.
원리5	과거에 일어난 고통스러운 일이 현재 우리 자신에게 많은 영향을 주고 있지만, 이러한 고통스러운 과거를 다시 들추어내는 것은 현재 우리가 할 필요가 있는 것에 거의 기여할 수 없다.
원리6	우리는 기본 욕구인 생존, 사랑과 소속감, 힘, 자유, 즐거움에 의해 행동한다.
원리7	우리는 단지 각자의 질적 세계를 만족시킴으로써 이러한 기본 욕구를 충족시킬 수 있다.
원리8	평생 우리가 할 수 있는 모든 것은 행동이다.
원리9	모든 전체행동은 동사, 보통 부정사와 동명사로 나타낼 수 있으며, 가장 쉽게 인식할 수 있는 용어로 표현된다.
원리10	모든 전체행동은 선택되지만 우리는 단지 행동하기와 생각하기를 직접적으로 통제할 수 있다.

⑤ 현실치료와 WDEP 공식
  ㉠ W(Want) : 욕구와 바람, 지각 탐색하기
    구성원의 질적 세계를 탐색하기 위해 구성원이 주변 사람이나 자기 자신에게 원하는 것을 알아보고 자신의 심리적 욕구 중 충족된 것과 충족되지 않은 것을 구분하는 단계
    ⓐ '무엇을 원하는가?'라고 질문하기
    ⓑ '진정으로 원하는 것이 무엇인가?'라고 질문하기
    ⓒ '사람들이 당신에게 원하는 것이 무엇이라고 생각하는가?'라고 질문하기
    ⓓ '당신은 어떤 시각으로 사물과 환경을 바라보는가?'라고 질문하기
    ⓔ '당신은 상담자에게 무엇을 바라는가?'라고 질문하기
    ⓕ 상담에 대한 확약 얻기
  ㉡ D(Doing) : 전행동과 행동방향 탐색하기
    상담 초기에 구성원이 어디로 가고 있는가를 알 수 있도록 도와주는 절차로 현실치료 집단상담자들은 구성원이 통제할 수 있는 활동을 스스로 탐색할 것을 강조

ⓒ E(Evaluation) : 행동계획을 위한 자기평가하기
평가는 개인의 행동과 욕구와의 관계를 점검해 보는 것으로서, 구성원의 행동변화를 위해 스스로 자기평가를 하는 단계
ⓐ 당신의 현재 행동이 당신에게 도움이 됩니까?
ⓑ 당신이 지금하고 있는 것은 당신이 진정으로 원하는 것을 얻는 데 도움이 됩니까?
ⓒ 당신이 행동하는 것이 규칙에 어긋납니까?
ⓓ 당신이 원하는 것은 현실적이거나 실현 가능한 것입니까?
ⓔ 그런 식으로 보는 것이 당신에게 도움이 됩니까?
ⓕ 상담의 진행과 당신 인생의 변화에 대해 어떻게 약속을 하시겠습니까?
ⓖ 도움이 되는 계획입니까?
ⓔ P(Plan) : 계획하기
ⓐ 계획과 실행과정으로서 긍정적인 행동계획, 그 계획에 대한 약속, 과정에 대한 마무리 제안으로 이루어진다.
ⓑ 대부분의 구성원은 예전에 계획하기에 실패한 경험이 있기 때문에 새로운 계획을 세우고 실행하는 데 커다란 두려움을 느끼고 있을 수도 있으므로 상담자는 구성원의 진정한 바람과 욕구를 충족시킬 수 있는 계획을 수행하도록 도와주어야 한다.

> **Plus Study** 현실치료의 5가지 원리[우볼딩(R. Wubbolding)]
>
> - **원리1** : 인간은 자신의 욕구와 바람을 충족시키기 위해 동기화된다. 인간의 욕구는 모든 사람들에게 공통적인 것이며, 바람은 개인적이고 독특한 것이다.
> - **원리2** : 인간은 자신이 원하는 것과 환경으로부터 얻고 있다고 지각하는 것 사이의 차이(좌절) 때문에 특정 행동을 하게 된다.
> - **원리3** : 활동하기, 생각하기, 느끼기, 신체반응하기 등으로 이루어진 인간의 행동은 목적이 있다. 즉, 인간의 행동은 자신이 원하는 것과 얻고 있다고 지각한 것 사이의 간격을 줄이기 위한 것이다.
> - **원리4** : 활동하기, 생각하기, 느끼기와 신체반응하기는 분리될 수 없는 행동의 요인들로서 내부로부터 생성되며, 대부분이 선택이다.
> - **원리5** : 인간은 지각을 통해 세상을 본다. 지각에는 두 가지 보편적인 수준이 있는데, 그것은 1차 수준과 2차 수준이다. 1차 수준의 지각은 사건이나 상황을 있는 그대로 본다. 높은 수준의 지각(2차 수준)은 그러한 수준이나 상황에 대해 가치를 부여한다.

바로 Check

현실치료의 WDEP 모델의 상담자 반응을 순서대로 나열한 것은?

ㄱ. 원하는 것을 얻기 위해 어떻게 하고 있나요?
ㄴ. 문제해결을 위해 노력할 마음이 있나요?
ㄷ. 문제해결을 위해 어떻게 하려고 하나요?
ㄹ. 지금 하고 있는 행동이 원하는 것을 얻는데 도움이 되나요?

① ㄱ - ㄴ - ㄷ - ㄹ
② ㄱ - ㄹ - ㄴ - ㄷ
③ ㄴ - ㄱ - ㄷ - ㄹ
④ ㄴ - ㄱ - ㄹ - ㄷ
⑤ ㄷ - ㄴ - ㄱ - ㄹ

해설 W는 원함(바람), D는 행동, E는 평가, P는 계획과 관련된다.

☑ 정답 ④

 나의 필기노트

(3) 기본 기법

① **집단상담자 태도** : 상담자는 구성원과의 친밀한 관계형성을 바탕으로 구성원의 변명을 수용하지 않고, 처벌이나 비판을 하지 않으며, 결코 포기하지 않고 조력하는 태도를 보인다.
② **질문하기** : 현실치료에서 질문하기는 구성원의 전체행동 탐색, 바람 파악, 현재 하고 있는 행동 파악, 구체적 계획수립에서 중요한 역할을 한다.
③ **직면하기** : 상담자는 직면하기를 통해 구성원의 변명을 다룰 때 긍정적인 태도를 유지하면서 변명을 수용하지 않는다.
④ **역설적 기법** : 상담자는 구성원에게 모순된 요구나 지시를 주어 그를 딜레마에 빠지게 하는 역설적 기법을 사용한다.
⑤ **유머 사용하기** : 상담자는 유머를 통해 구성원과 친근한 관계를 유지함으로써 그의 소속감 욕구를 충족시킬 수 있다.

(4) 집단상담자의 역할과 기능

① 자신의 욕구를 충족시킬 수 있는 책임 있는 사람이어야 한다.
② 정신적으로 강해서 구성원이 저지른 비생산적인 행동에 대한 동정과 핑계를 통한 호소에 저항할 수 있어야 한다.
③ 구성원에 대한 수용의 태도를 견지한다.
④ 구성원을 정서적으로 지지하고 그와 밀접한 정서적 유대관계를 맺어야 한다.

(5) 발달 단계와 집단상담에의 적용

① **집단구성원과 관계 형성** : 구성원이 상담관계에 자발적으로 참여하도록 원만한 관계를 형성한다.
② **집단구성원의 바람과 현재 하고 있는 행동의 파악** : 구성원의 바람, 욕구, 지각 및 그가 그러한 바람을 달성하기 위해 현재 하고 있는 행동이 탐색된다.
③ **행동평가** : 구성원의 현재 행동이 그의 바람을 달성하는 데 도움이 되는가의 여부를 평가한다.
④ **책임질 수 있는 행동을 계획** : 구성원이 자신의 바람을 보다 효과적으로 성취할 수 있는 행동을 수행하기 위한 계획을 수립한다.
⑤ **계획이행에 대한 약속** : 구성원이 자신이 수립한 계획에 따라 행동할 것에 대한 언약을 얻어 낸다.
⑥ **변명에 대한 불수용** : 구성원이 계획을 이행하지 않고 변명할 경우 이를 수용하지 않는다.
⑦ **처벌의 금지** : 상담자는 구성원을 비판하거나, 논쟁하거나, 처벌하지 않는다.
⑧ **지속적인 조력** : 상담자는 결코 구성원을 포기하지 않고 지속적인 관심을 갖고 조력한다.

10 교류분석(TA : Transactional Analysis) 접근 – 에릭 번(Eric Bern)

(1) 상담과정

① 기본 원리
　㉠ 교류분석이론은 문화를 반영한 성격이론이다.
　㉡ 교류분석의 상담목표는 개인을 독특한 문화적 존재로 보고, 자율성을 성취하도록 돕는 것이다.
　㉢ 교류분석은 다문화사회에서 필요한 상호존중의 삶의 태도를 강조한다.
　㉣ 계약기법을 통해 민주사회에서 자율적 인간으로서 **책임감**을 갖고 실천하게 한다.
　㉤ 인생각본 분석은 문화환경의 영향을 받아 형성된 내담자의 생활양식을 재결단할 수 있는 토대를 제공한다.
　㉥ 자신을 변화시킬 재결단의 힘은 전적으로 내담자에게 달려 있다.
　㉦ 보완적(상보적) 교류는 다문화사회에서 필요한 공감적 대화이다.
　㉧ 구조분석은 문화적 적응을 돕는 상담기법이다.

② 기본 가정
- ㉠ 생각, 감정, 행동방식을 변화시키는 과정에서 중요한 첫 단계는 인식이다.
- ㉡ 집단의 초기단계에서 기법은 삶에서 그들의 문제와 근본적 변화를 할 수 있는 선택에 대한 내담자의 인식을 증가시키는 데 목표를 두고 있다.
- ㉢ 우리가 하는 일, 생각하는 방식, 느끼는 방식에 대한 책임은 우리 자신에게 있다.

③ 상담목표
- ㉠ 교류분석 상담자는 구성원이 자각, 자발성, 친밀성의 능력을 회복하도록 조력한다.
- ㉡ 주어진 상황에서 적절하게 타인과 의사소통을 하기 위해 우리의 성격을 구성하고 있는 3가지 자아 상태가 건전하게 발달하도록 조력한다.
- ㉢ 우리가 대하는 상대방이 어떤 자아 상태에서 이야기하는가를 파악하여 그가 전달한 메시지에 따라 상보적인 교류가 될 수 있도록 조력한다.

(2) 주요 개념

① 심리적 욕구
- ㉠ **자극갈망** : 다른 사람으로부터 신체적 접촉을 받고 싶어 하는 욕구로 인간의 생존에 필수적이다.
- ㉡ **인정갈망**
    - ⓐ 타인으로부터 제공될 수 있는 특별한 종류의 감각을 추구한다.
    - ⓑ 어루만짐(strokes) : 관계하는 다른 사람으로부터 받는 인정이다.
    - ⓒ 교류분석 상담자는 우리의 삶을 유지하는 데 있어 적절한 어루만짐이 필요하다고 강조한다.
- ㉢ **구조갈망**
    - ⓐ 인간이 삶을 유지하는 동안 주어진 시간, 즉 인생을 어떻게 보낼 것인가의 방법을 우리 각자가 찾고 발달시키려는 욕구이다.
    - ⓑ 인간이 자신의 시간을 구조화하는 6가지 방법

철 회 (withdrawal)	자기를 타인으로부터 멀리하고, 대부분의 시간을 공상이나 상상으로 지내며, 자기에게 어루만짐을 주려고 하는 자기애에 해당한다.

의례적 행동 (ritual)	• 일상적인 인사를 하거나 전통, 습관에 따름으로써 간신히 어루만짐을 유지하는 것이다. • 상호 간의 존재를 인정하면서도 누구와도 특별히 친하게 지냄이 없이 일정한 시간을 보내게 되는 것이다.
활동 (activity)	• 풍부한 인간관계와 소극적 인간관계의 중간에 위치하는 방법이다. • 건설적인 교류는 밝고 무리가 없는 실용적인 형태를 취하는 것인 반면, 부정적인 교류는 가족이나 아이들과의 시간을 피하기 위해 일에 전념하는 경우이다.
여흥 (pastime)	• 사회적으로 수용될 수 있는 방식으로 수용되는 주제에 관해 이야기하며 시간을 보내는 것이다. • 깊이 들어가지 않고 어루만짐을 주고받는다는 점에서 비교적 단순한 보완적 교류에 해당한다.
게임 (game)	• 심리적 대가를 치르는 반복되는 일련의 저의적 교류이다. • 신뢰와 애정이 뒷받침된 진실한 교류가 영위되지 않기 때문에 부정적 어루만짐을 교환하고 있다고 할 수 있다.
친밀성 (intimacy)	• 두 사람이 서로 신뢰하며 상대방에 대하여 순수한 배려를 하는 진실한 교류이다. • 교류분석에서 추구하는 이상적인 시간 구조화 방법이다.

② 자아 상태
  ㉠ **부모 자아 상태**(P; Parent ego state)
    ⓐ 개인이 자신이나 타인에게 강요하는 당위적인 명령으로 구성되어 있는 자아 상태이다.
    ⓑ 비판적 부모 자아(CP; Critical Parent ego)와 양육적 부모 자아(NP; Nurturing Parent ego)가 있다.
  ㉡ **성인 자아 상태**(A; Adult ego state)
    ⓐ 개인이 현실세계와 관련해서 기능하는 성격의 부분으로서, 성격의 합리적이고 객관적인 측면을 나타낸다.
    ⓑ 현재의 실제에 적용되는 자율적인 감정, 태도 및 행동유형으로 특징지어진다.
  ㉢ **아동 자아 상태**(C; Child ego state)
    ⓐ 자발성, 창의성, 매력 등이 아동 자아 상태의 특성이다.
    ⓑ 현실적 아동 자아(AC; Adapted Child ego), 자유분방한 아동 자아(FC; Free Child ego), 어린 교수 자아(LP; Little Professor ego)로 구분한다.

③ 교류유형
　㉠ **보완적 교류**(complementary transaction) : 자신과 상대방의 자아상태가 서로의 욕구를 충족시키는 평행선을 이루는 교류로, 인정이나 어루만짐이 서로에게 보완적이기 때문에 대화가 지속된다.
　㉡ **교차적 교류**(crossed transaction) : 상대방이 원하는 욕구가 무시되거나 잘못 이해되어 나타나는 반응의 교류로, 종종 대화가 중단된다.
　㉢ **저의적 교류**(ulterior transaction) : 동시에 이중적인 메시지가 전달되는 교류로, 말하는 내용과 다른 숨은 의도가 깔려 있기 때문에 발생한다.

④ 삶의 입장
　㉠ **자기긍정-타인긍정**(I'm OK, You're OK)
　　ⓐ 상호존중을 의미한다.
　　ⓑ 정서적·생리적 욕구가 사랑과 수용으로 충족되면 승리자 각본을 유지한다.
　㉡ **자기긍정-타인부정**(I'm OK, You're Not OK)
　　ⓐ 투사적인 삶의 태도이다.
　　ⓑ '나는 잘났고, 너는 별 볼일 없다'는 입장이다.
　　ⓒ 타인의 반응 없이도 생존할 수 있다는 강한 편집적 태도를 보인다.
　　ⓓ 타인에 대한 극단적인 불신, 증오, 비난, 양심부재의 현상이 나타날 수 있다.
　㉢ **자기부정-타인긍정**(I'm Not OK, You're OK)
　　ⓐ 내사적인 삶의 태도이다.
　　ⓑ 타인과 비교해서 무력감을 느끼는 사람들이 공통적으로 취하는 입장이다.
　　ⓒ 욕구충족에 있어 거의 무능한 상태에 있기 때문에 타인의 도움 없이는 생존의 위협을 느끼게 되고 많은 좌절감을 경험한다.
　㉣ **자기부정-타인부정**(I'm Not OK, You're Not OK)
　　ⓐ 비관론적인 태도이다.
　　ⓑ '나도 별 볼일 없고, 너도 별 볼일 없다'는 입장이다.
　　ⓒ 나를 포함하여 모두가 별 볼일 없다는 입장은 인생 자체에 대한 깊은 회의감과 함께 인생의 막다른 골목에 와 있다는 부정적인 태도를 나타낸다.

 나의 필기노트

(3) 기본 기법

① 구조분석
- ㉠ 상담자가 3가지 자아 상태인 부모(P), 어른(A), 아동(C)을 통해 구성원이 자신을 이해하도록 조력하는 것이다.
- ㉡ 3가지 자아 상태가 우리의 사고, 감정, 행동에 미치는 영향을 파악하는 것이다.

② 교류분석
- ㉠ 개인이 타인과 교류하는 3가지 방식은 보완적 교류, 교차적 교류, 저의적 교류로 분류한다.
- ㉡ 교류분석은 우리가 타인에게 관계하는 방식을 설명하고, 어떤 교류가 효과적인지 혹은 비효과적인지를 알아보는 것이다.
- ㉢ 교류분석 상담자는 3가지 자아 상태를 바탕으로 구성원 간 교류가 어떻게 이루어지는지를 파악하여 부적절한 교차적 교류나 저의적 교류를 중단하도록 촉진한다.

③ 각본분석 : 상담자는 교류분석을 통해 부정적인 3가지 삶의 입장을 '자기긍정-타인긍정'의 입장으로 변화시키는 데 주안점을 둔다.

(4) 집단상담자의 역할과 기능

① 교류분석이 무엇인지를 구성원에게 가르치는 교사 역할
② 구성원의 자아 상태가 적절하게 기능하는가를 파악하는 분석자 역할
③ 타인과의 교류분석이 적절하게 이루어지는가를 판단하는 평가자 역할
④ 부적절한 인생각본을 새로운 각본으로 재구성해서 살아가도록 촉진하는 재결단의 촉진자 역할

(5) 발달 단계와 집단상담에의 적용

① 계약 단계
- ㉠ 상담자와 구성원 사이의 라포(rapport) 형성, 상담 구조화, 상담목표를 세우고 달성하기 위한 상담계약이 이루어진다.
- ㉡ 상담계약은 상담과정 후 구성원 자신의 변화를 위한 재결단이 이루어지는 데 도움이 된다.

② 구조분석 단계
- ㉠ 구성원으로 하여금 현재 자신의 자아상태가 균형 있게 기능하지 못하는 원인을 찾아 그것을 수정하기 위해 이루어지는 단계이다.
- ㉡ 상담자는 구성원에게 구조분석의 의미와 3가지 자아 상태 및 기능을 이해시키고, 구성원의 행동특징 등을 근거로 자아 상태를 확인한다.

③ 교류분석 단계
　㉠ 구성원이 어떤 유형의 의사교류를 하고 있는지를 알아보고, 이것이 인간관계의 과정에서 발생시키는 문제점이 무엇인가를 확인함으로써 구성원의 문제해결을 돕고자 한다.
　㉡ 구성원의 문제해결을 돕기 위해 구성원에게 의사교류의 의미와 유형을 이해시키고, 구성원과 관계있는 사람들과의 의사교류를 분석하며, 분석을 통해 구성원의 현재 문제와 관련 있는 의사교류를 찾아낸다.

④ 게임분석 단계
　㉠ 상담자가 구성원에게 게임의 의미와 그 유형을 이해시키고, 구성원의 암시적 의사교류가 어떻게 형성, 유지되는지를 함께 찾아본다.
　㉡ 구성원이 사용하는 게임의 유형을 확인하고, 그것이 주는 이득은 무엇인지와 어떤 경로로 게임이 형성되는지를 게임의 공식에 대입하여 알아본다.

⑤ 각본분석 단계
　㉠ 각본(script)은 어린 시절 자신이 경험한 일에 대한 해석을 통해 내리는 결단에 의해 형성되는 것이다.
　㉡ 구성원에게 각본의 의미와 종류에 대해 이해시키고, 구성원이 가지고 있는 각본을 찾아보며, 특히 구성원의 문제행동과 관련된 각본을 확인시켜 이러한 각본이 어떻게 형성되었는지를 분석해 본다.

⑥ 재결단 단계
　㉠ 재결단(redecision)이란 구성원이 지금까지 문제 있는 각본이나 의사교류, 게임 등으로부터 탈피하여 자율적이고 정상적인 자아상태를 회복하고 긍정적인 생활자세로 돌아오기 위한 과정이다.
　㉡ 상담자는 구성원이 재결단한 그대로 살아갈 수 있도록 지속적인 도움을 주어야 한다.

(6) 평가

① 집단과정에 대한 인지적 관점을 제공한다.
② 구성원의 상담을 이끄는 방법으로서 '계약'을 강조한다.
③ 의사교류 분석 집단의 많은 요소(계약의 사용, 집단구성원과 집단상담자의 대등한 관계, 집단구성원에게 의사교류분석 집단과정의 지식을 제공하는 데 대한 강조, 집단구성원에게 힘을 부여하는 가치 등)는 특히 여성과 상담할 때 유용하다.
④ 예방적 상담과 치료적 상담이 모두 가능하다.
⑤ 이론과 절차가 충분한 실험적 타당성을 가지지 못한다.

⑥ 구성원의 자유로운 상호작용을 독려하기보다는 오히려 집단에서 개인적인 작업을 독려하는 경향이 있다.

> **바로 Check**
>
> 교류분석(TA) 집단상담에서 다루는 내용이 아닌 것은?
> ① 각본분석 ② 구조분석 ③ 동기분석
> ④ 게임분석 ⑤ 라켓분석
>
> 해설 교류분석 집단상담에서는 구조분석, 교류형태분석, 게임분석, 각본분석 등을 한다.
>
> 정답 ③

11 기타 접근 – 예술적 접근

(1) 개요 : 여러 분야의 예술과 상담 및 심리치료 이론을 통합하여 접근하는 방법으로 기존의 심리치료를 미술, 음악, 영화, 동작, 놀이, 연극 등과 같은 예술매체를 이용해 시행하는 것이다.

(2) 특 징

① 다양한 연령대의 내담자들에게 정신과 신체건강을 사전에 예방하고 복원·유지시키는 데 도움이 된다.
② 내담자의 방어를 최소화하고 치료과정에서 내담자에게 즐거움을 제공한다.
③ 급격한 신체적, 정서적, 인지적 변화로 인해 정서적으로 매우 긴장되고 억압되어 있어 자신의 감정과 사고를 자각하여 언어로 표현하는 데 어려움을 느끼는 청소년들에게 효과적이다.
④ 상담이나 치료적 상황에서 대화를 기피하는 학생들에게 새로운 의사소통 방법으로 적용할 수 있다.

12 기타 접근 – 심리극(Psychodrama)

(1) 상담과정(심리극의 기본 요소)

① **무대** : 연기를 하는 장소이자 주인공의 생활공간의 확대를 의미한다.
② **연출자** : 촉매자, 촉진자, 관찰자, 분석자의 역할을 담당한다.
③ **주인공** : 연기를 통해 공포와 환상이 삶에 나타나고, 정신내적·대인관계 과정을 수정할 기회를 가진다.

④ 보조자아
  ㉠ 주인공의 중요 타인의 역할을 하며, 살아 있거나 죽었거나 실제이거나 상상할 수 있어야 한다.
  ㉡ 주인공에 의해 제안되었던 지각대상을 연기한다.
  ㉢ 주인공과 자신의 역할 간에 상호작용을 탐구하고, 이러한 상호작용과 관계를 해석한다.
  ㉣ 주인공이 개선된 관계를 개발하도록 조력하는 치료적 안내자로 연기한다.
⑤ 관객 : 주인공에게 가치 있는 지지와 피드백을 주고, 주인공과 동일시하거나 공감을 통해 감정이 완화되며, 대인관계 갈등에 대한 통찰이 가능하다.

> **바로 Check**
>
> **심리극 접근의 집단상담에 관한 설명으로 옳지 않은 것은?**
> ① 역할연기를 통해 자신, 타인 및 상황에 대한 이해를 증진한다.
> ② 과거 발생한 일도 지금-여기에서 일어나는 것처럼 실연된다.
> ③ 주요 5대 구성요소로 주인공, 보조자아, 연출가, 각본, 무대가 있다.
> ④ 실연단계에서 내면적 정서들이 표현되면서 주인공은 억압된 감정을 의식하게 된다.
> ⑤ 언어적·비언어적 수단을 통해 즉흥적으로 주인공의 상황이 표현된다.
> **해설** 심리극의 기본 요소는 무대, 연출자, 주인공, 보조자아, 관객이다.
>
> ✅ 정답 ③

(2) 주요 개념

① **창조성** : 신 혹은 신의 힘은 단지 세상을 창조하기만 하는 것이 아니라 모든 존재의 본질 내에 기능하는 전형적인 에너지로 계속적으로 활동하는 존재로 파악한다.
② **즉흥성** : 새로운 상황에서 적절한 반응을 하거나 낯익은 상황에서 새로운 반응을 하는 것이다.
③ **참 만남** : 지금 – 여기에서 일어나는 것으로서, 서로 깊고 의미 있는 수준으로 이해하고 만나는 것이다.
④ **지금 – 여기**(here and now) : 심리극에서 내담자는 갈등이나 위기상황을 단순히 이야기하는 것이 아니라 현재 순간에 일어나고 있는 것 같이 연기를 한다.

단답형 문제

심리극의 기본 요소 중 이것은 주인공의 중요한 타인의 역할을 하며, 실제로 존재할 수도 있고 상상될 수도 있는 존재이다. 이것은 무엇인가?

[정답] 보조자아(들)

⑤ 표현되지 않은 정서의 탐색 : 심리극에 참가한 사람들은 실제로 경험했던 것뿐만 아니라 상상으로만 일어나고 실제로는 일어나지 않은 것까지 연기한다.
⑥ 정화 : 구성원은 실제생활에서의 상황을 다루고, 자신이 느끼는 것을 표현함으로써 억눌린 감정이 발산되는 경험을 하게 된다.
⑦ 현실성 검토하기 : 구성원은 다른 구성원의 가정과 환상을 평가하고, 그들이 고려해보지 않았을 많은 행동대안을 제시한다.
⑧ 역할연기 : 구성원에게는 다양한 역할을 시도해 볼 자유가 주어지며, 이를 통해 타인에게 보여주고 싶어 하는 자신의 어떤 부분에 더 정확히 초점을 맞추게 된다.

(3) 기본 기법

① 행동연습 : 주인공은 자신에게 맞는 반응을 찾을 때까지 한 장면을 여러 번 연기할 수 있다.
② 자기 제시 : 상황을 소개하기 위해 자기묘사를 하는 것이다.
③ 역할 바꾸기 : 구성원이 상상하거나 기억하는 타인의 성격을 더 잘 묘사하고, 다른 관점이나 상황에 대해 더 충분히 이해하도록 하기 위해 사용한다.
④ 이중기법 : 구성원의 내적 과정의 지각을 풍부하게 하며, 종종 음성화되지 않은 사고와 감정을 표현하도록 하는 것이다.
⑤ 독백 : 주인공이 생각을 명료화하고 감정을 좀 더 강렬하게 경험하도록 하는 데 도움을 주는 방법이다.
⑥ 반영기법 : 보조자아가 연기할 때 주인공의 태도, 몸짓, 언어가 나타나면 이를 반영하여 주인공의 역할을 가정하는 것이다.
⑦ 마술가게 : 워밍업 단계의 기법으로 사용되며, 가치관이 명확하지 않고 목표가 혼란스러우며 가치에 우선순위를 매기기 어려워하는 주인공에게 흔히 사용한다.
⑧ 미래투사 : 구성원이 미래에 대한 관심사를 표현하고 명료화하도록 하기 위한 것이다.

(4) 집단상담자(연출자)의 역할과 기능

① 상담회기를 계획해서 다양한 구성원이 주인공이 될 기회를 가지며, 제안된 문제가 집단의 요구와 관심에 관련될 수 있도록 한다.
② 의미 있는 사건과 관련된 감정을 자발적으로 표현하도록 하는 수용적이고 관대한 분위기를 제공한다.
③ 집단을 워밍업시켜서 구성원이 개인적 문제를 자유롭게 충분히 탐색하고, 자신의 목표를 명료화하도록 심리적으로 준비하게 한다.

④ 연기를 이끌어 낼 수 있는 적절한 기법을 제안하고, 주인공을 지지해 주는 연출을 한다.
⑤ 즉흥성과 정화를 독려하고, 심리극 동안에 주인공이 경험한 것을 해석하도록 돕는다.
⑥ 탐색해 볼 관계성, 연기해야 할 장면, 노력해야 할 시도 등을 제안한다.
⑦ 필요하다고 생각되면 명료화를 위해 연기를 중단하고, 역할이 적절히 연기되고 있는지를 확인한다.
⑧ 구성원의 반응에 조심스럽게 주의를 집중하고, 다른 구성원이 적절한 때에 심리극에 들어오도록 하며, 다른 구성원이 이 경험으로 치료적 이익을 얻도록 지지해 준다.
⑨ 다른 구성원에게 언어적으로 공격받지 않고, 극적으로 단순한 지시와 충고의 대상이 되지 않도록 주인공을 보호한다.
⑩ 연기가 끝난 후 집단토론을 주도하여 구성원이 주인공에게 피드백을 주도록 하고, 심리극 동안에 경험한 것, 배운 것, 주인공과 공유하고 있다고 생각하는 경험과 감정을 나누도록 격려한다.
⑪ 토론과 연기에서의 피드백을 기초로 경험을 요약하여 다른 탐색 영역으로 이끄는 경험과 방향에 대한 좋은 마무리를 하도록 한다.

(5) 발달 단계와 집단상담에의 적용
① 워밍업 단계(준비단계)
　㉠ 심리극의 본질과 목적에 대해 구성원에게 간단하게 설명한다.
　㉡ 구성원은 연출자(상남자)에게 간단히 인터뷰를 받는다.
　㉢ 구성원은 상담시간에 경험하고 탐색하고자 하는 갈등을 나눈다.
　㉣ 돌아가며 이야기하기 기법은 집단 상호작용을 도울 수 있으므로 구성원에게 그 순간에 자신이 경험하는 것에 대해 짧게 설명하도록 분위기를 조성한다.
　㉤ 구성원은 상담하러 올 때에 지각한 것을 간단하게 진술하거나 상담에 대한 자신의 준비성에 관한 설명을 한다.
② 연기단계(행동화단계)
　㉠ 과거나 현재 상황, 예정된 사건을 연기하고 훈습한다.
　㉡ **연출자가 주인공에게 할 수 있는 질문들**
　　ⓐ 지금 당신과 가장 문제가 있는 사람은 누구인가?
　　ⓑ 아버지(어머니)를 어떤 단어나 문장으로 가장 잘 설명할 수 있을까?
　　ⓒ 아버지(어머니)로부터 얻는 주된 교훈은 무엇인가?
　　ⓓ 가장 고립되고 버려졌다고 느꼈을 때는 언제인가?

ⓔ 거절당하고 사랑받지 못한다고 느꼈을 때 무엇을 했는가?
ⓕ 이 때가 몇 살이었나?
ⓖ 아내(남편)가 당신을 다르게 대해 주기를 얼마나 바라고 있는가?
ⓗ 아내(남편)에게서 가장 비난받았다고 느꼈던 때는 언제인가?
ⓘ 아내(남편)가 한 말 중 당신을 가장 화나게 한 것은 무엇인가?
ⓙ 아들(딸)에게 말하고 싶은 수칙은 무엇인가?
ⓚ 아들(딸)에게 가장 듣고 싶은 말은 무엇인가?
ⓒ 주인공은 가능한 한 빨리 관계에서의 갈등과 관련된 장면을 연기하도록 독려받아야 한다.
ⓓ 모든 연기는 지금-여기에 적합해야 한다.
ⓔ 주인공은 상황과 관련된 사건, 시간, 장소, 상황, 사람을 자유롭게 선택할 수 있어야 한다.
ⓕ 일반적으로 덜 중요한 사건을 먼저 다루는 것이 좋다.
ⓖ 주인공에게 가능한 충실하게 상황을 재구조화하되 정확한 말을 회상하는 데 지나치게 신경 쓰지 않고, 연기의 흐름을 유지하도록 조력한다.
ⓗ 주인공은 가능한 충분히 언어적·비언어적으로 자신을 표현하도록 독려받아야 한다.
ⓘ 주인공은 역할 바꾸기, 즉 그 장면에서 각자의 역할을 연기해 볼 수 있다.

③ **공유단계**
ⓐ 구성원은 자신에 대해 말하며, 주인공을 분석하지 않아야 한다.
ⓑ 공유하기는 개방적이기 때문에 주인공은 냉정한 분석이나 비난 이상의 것을 받을 수 있다.
ⓒ 구성원은 다른 사람이 경험을 드러냄으로써 사람은 혼자가 아니라고 느끼고 결속하게 된다.
ⓓ 해석과 평가는 주인공이 상처 입기 쉬운 때가 아닐 때 행해진다.

(6) 평 가
① 정신치료에서 기법적 절충주의를 향해 성장해 가는 것을 지지한다는 점이다.
② 많은 심리극적 기법이 심리분석상담, 행동상담, 중다양식 상담, 형태상담, 아들러 상담, 놀이치료, 상상치료, 융 치료, 가족상담, 집단상담을 포함하여 다른 이론적 모델의 틀 안에서 잘 적용된다는 점이다.

Section 02 집단상담의 실제

학습포인트 집단역동에 및 이에 영향을 미치는 요인에 대해 이해한다. 초기, 중기, 종결기의 집단상담 과정에 대해 이해한다.

1 집단역동에 대한 이해

(1) 집단역동의 의의

① 집단역동은 집단구성원 사이, 집단상담자와 집단구성원 사이에 발생하는 지속적인 상호작용과 상호관계를 말한다.

 상호작용 : 의식과 무의식적인 힘과 에너지의 기능으로서 집단의 구조, 이론적 접근, 집단구성원의 성격·성별·연령·문화·욕구 등과 같은 복잡한 요인의 영향을 받는다.

② 집단역동은 집단이 형성되는 단계에서부터 작용한다.
③ 집단역동을 이해하기 위해서는 집단의 형성 및 발달 단계에서 집단의 상호작용 과정까지 전반적인 이해가 필요하다.

(2) 집단역동에 영향을 미치는 요인

① 집단구성원의 배경
  ㉠ 성별, 연령, 출신지역, 학력, 결혼여부, 직업, 사회경제적 지위, 종교, 인종, 민족 등이 있다.
  ㉡ **집단역동 촉진을 위한 체크리스트**
    ⓐ 어떤 사람들로 구성되었는가?
    ⓑ 집단경험이 있는/없는 사람이 얼마나 되는가?
    ⓒ 구성원은 어떤 기대와 욕구를 가지고 있는가?
    ⓓ 집단회기를 주도하고 싶어 하는 사람은 누구인가?
    ⓔ 집단을 조기에 마치고 싶어 하는 구성원이 있는가?
    ⓕ 모든 사람에게 인정받고 싶어 하는 구성원이 있는가?

② 집단목적의 명료성
  ㉠ 상담자와 구성원이 집단목적을 명확하게 이해하고 있는가의 여부이다.
  ㉡ 집단목적과 무관한 주제에 초점을 맞추는 것은 시간과 노력의 낭비일 뿐만 아니라 집단이 나아갈 방향을 상실하게 하는 원인이 된다.
  ㉢ 상담자는 자신과 구성원이 집단목적을 성취하고자 하는 방향으로 집단작업에 참여하고 있는가에 대해 지속적으로 사정해야 한다.

③ 집단의 크기
  ㉠ 집단의 크기가 너무 크면 구성원 개개인에게 주어지는 시간이 너무 적은 것에 대한 불만의 원인이 되고, 집단의 상호작용이 원활하지 못해 산만해지며, 구성원이 자신을 드러내는 데 주저해 응집력 형성을 저해한다.
  ㉡ 집단의 크기가 너무 작은 경우에는 구성원이 집단참여에 대해 부담을 갖게 되어 소극적인 태도를 보일 수 있다.
  ㉢ 상담자는 사전에 집단목적과 자신의 리더십 능력을 고려하여 구성원의 적정한 인원수를 고려해야 한다.

④ **집단회기의 길이** : 집단회기의 길이는 구성원 개개인의 개인적인 관심사를 매우 심도 있게 다룰 수 있을 만큼 충분하지는 않더라도, 최소한 언급할 수 있을 정도는 되어야 한다.

⑤ 집단모임의 장소
  ㉠ 참석이 용이한 장소일수록 구성원의 참석률이 높아질 수 있다.
  ㉡ 구성원의 말소리가 새어 나가지 않을 만큼 방음시설이 잘 되어 있는 곳이어야 한다.
  ㉢ 상담실의 실내장식, 채광상태, 조명, 의자의 편안한 정도와 배열상태 등은 집단과정과 집단역동뿐만 아니라 집단의 성과에도 직접적으로 영향을 미친다.
  ㉣ 구조화 집단의 경우 글씨를 쓴다거나 그림을 그리는 등의 활동을 위해 탁자를 필요로 한다. 그러나 탁자가 구성원 사이를 가로막아 원활한 심리적 상호작용을 방해하기 때문에 가급적 탁자를 사용하지 않는 것이 좋다.
  ㉤ 좌석 배열의 형태는 쉽게 전체가 보일 수 있고 대면할 수 있는 원형이 바람직하다.

⑥ **모임의 빈도수** : 집단회기를 너무 자주 갖는 경우 지루함을 느낄 수 있게 되는 반면, 회기의 간격이 너무 떨어져 있으면 다시 만날 때 생소한 느낌이 들 수 있다. 따라서 상담자는 집단목적에 합당한 모임의 빈도수를 결정해야 한다.

⑦ 모임시간
  ㉠ 대학생·성인 집단은 보통 하루 일과가 끝나는 늦은 오후나 저녁에 모임을 갖는 것이 일반적이다.
  ㉡ 점심 직후나 늦은 밤 시간에는 구성원이 쉽게 피로감을 느끼게 되어 집중력이 떨어질 수 있다.
  ㉢ 초·중·고등학생 집단은 수업시간을 활용하는 것과 방과후에 갖는 것 사이에 집단역동이 다를 수 있다.
  ㉣ 상담자는 이러한 점을 충분히 고려하여 가장 효과적이고 소속기관의 상황에 적절한 시간대를 선정해야 한다.

⑧ **집단참여 동기** : 집단참여가 자발적으로 이루어졌는가, 아니면 강제조치에 의해 비자발적으로 이루어졌는가에 따라 집단역동이 달라질 수 있다. 가장 이상적인 것은 구성원이 자발적으로 집단에 참여하는 것이다.

⑨ 집단응집력
  ㉠ 상담자는 집단상담 초기에 구성원이 서로 간의 신뢰를 바탕으로 끈끈한 관계를 형성하도록 돕는 것이 필요하다.
  ㉡ 상담자는 집단응집력을 통해 구성원이 '우리'라는 의식을 갖고 상담집단의 목표달성을 위해 서로 지지하고 협조하는 분위기를 조성해야 한다.

> **바로 Check**
>
> **집단응집력에 관한 설명으로 옳지 않은 것은?**
> ① 집단원들이 집단에 남아 있도록 하는 힘이다.
> ② 자신의 내면세계를 타인과 공유하고 수용 받는다.
> ③ 응집력 자체로는 치료적 요인이 될 수 없다.
> ④ 지금-여기에 상호 피드백의 활성화는 응집력의 지표이다.
> ⑤ 더 높은 출석율과 더 많은 참여를 이끌어 낸다.
>
> [해설] 집단응집력은 집단원들이 서로 간에 호감을 가지고 있으며 결과적으로 집단에 대한 애정과 소속감이 높다는 것으로서, 그 자체로서 치료적 요인이 될 수 있다.
>
> ☑ 정답 ③

⑩ 집단규범
  ㉠ 집단규범은 집단의 유지, 발전과 관련된 요소로 구성된다.
  ㉡ 상담자는 구성원이 기본적으로 지켜야 할 규칙을 집단상담 초기에 제안하고, 적절한 토의를 거쳐 집단규범을 형성하는 것이 필요하다.
  [예] 비밀유지, 결석하지 않기, 목표달성을 위해 적극적으로 참여하기, 집단을 떠날 권리, 자신의 문제를 다룰 권리, 다른 집단구성원 공격하지 않기, 나-전달법(I-message)으로 피드백하기, '왜'라는 질문하지 않기

⑪ 집단구성원의 역할
  ㉠ 상담자는 집단에 역행하는 역할을 하는 집단구성원을 적절하게 중재해서 그러한 역할을 차단시키는 것이 필요하다.
  ㉡ 집단에 반하는 역할을 하는 구성원이 정보제공자, 조정자 같은 과업지향 역할이나 격려자, 훌륭한 관찰자 같은 성장·활력지향 역할을 할 수 있도록 조력한다.
⑫ 다문화적 역동성 : 집단상담에 참여한 구성원은 각기 다양한 문화적 배경에서 성장해 왔기 때문에 표현하는 행동도 각기 다양하다. 따라서 효과적인 집단상담을 운영하기 위해 집단상담자는 '문화적 민감성'을 갖는 것이 필요하다.

바로 Check

집단역동에 영향을 미치는 요소를 모두 고른 것은?

ㄱ. 집단참여 경험 ㄴ. 집단모임 장소
ㄷ. 집단크기   ㄹ. 집단모임 시간

① ㄴ, ㄷ
② ㄱ, ㄴ, ㄹ
③ ㄱ, ㄷ, ㄹ
④ ㄴ, ㄷ, ㄹ
⑤ ㄱ, ㄴ, ㄷ, ㄹ

해설 집단역동에 영향을 미치는 요인으로는 집단구성원의 배경, 집단목적의 명료성, 집단의 크기, 집단회기의 길이, 집단모임의 장소, 모임의 빈도수, 모임시간, 집단참여 동기, 집단응집력, 집단규범, 집단구성원의 역할, 다문화적 역동성 등이 있다.

정답 ⑤

2 집단상담의 과정

(1) 초기(참여, 시작, 도입) 단계 - 오리엔테이션과 탐색

① 특징
  ㉠ 참여자는 집단의 분위기가 어떠한지 점검하고 익숙해지는 과정에 있다.
  ㉡ 구성원은 집단에서 무엇이 기대되고, 집단이 어떻게 기능하며, 어떻게 집단에 참여해야 하는지를 습득한다.
  ㉢ 감수해야 하는 위험의 수준은 비교적 낮고, 탐색은 깊지 않고 잠정적인 형태로 한다.
  ㉣ 구성원이 생각과 감정을 있는 그대로 표현하려는 의지가 있다면, 집단의 응집성과 신뢰수준은 증가한다.

ⓜ 구성원은 집단에 속하는지 혹은 배제되는지에 대해 신경을 쓰며 집단에서 자신의 위치를 규정하기 시작한다.
ⓑ 구성원은 실제 모든 감정이 수용되는지 확인하기 위해 부정적인 감정을 드러내기도 한다.
ⓢ 신뢰와 불신이 핵심적인 주제이다.
ⓞ 침묵이나 어색한 순간이 발생하게 되면, 구성원은 지도자가 지시해 주기를 바라거나 이 집단에서 무슨 일이 일어나고 있는지에 대해 의아해한다.
ⓩ 구성원은 누구를 믿을 수 있고, 자신을 얼마나 드러낼 수 있으며, 이 집단이 얼마나 안전하고, 그들이 누구를 좋아하거나 싫어하며, 얼마나 관여할 것인지를 결정한다.
ⓒ 구성원은 존중, 공감, 돌봄, 반응 같은 기본적인 태도를 습득하는데, 이러한 태도는 집단 내 신뢰형성을 촉진한다.

② 과제
㉠ **걱정 다루기**
ⓐ 집단상담을 시작하는 상담자나 구성원은 앞으로 전개될 미지의 세계에 대해 불안해하거나 걱정한다.
ⓑ 집단상담 슈퍼바이저는 상담자의 진행에 대한 부담 등을 잘 알고, 이를 슬기롭게 지도하는 것이 필요하다.
ⓒ 상담자 또한 구성원의 다양한 걱정을 잘 파악하여 슬기롭게 대처할 수 있도록 조력한다.

㉡ **집단구성원의 목표와 계약 검토하기**
ⓐ 상담자는 첫 집단회기에서 집단상담의 목표를 재진술하여 구성원이 원하는 목표와 부합하는지를 확인해야 한다.
ⓑ 구성원의 바람과 집단상담의 목표 및 제반 실질적 내용이 일치하는지를 확인하는 것이 필요하다.
ⓒ 상담자는 구성원으로 하여금 자신이 원하는 상담집단이 아니라고 판단하는 경우에는 계약을 취소하고, 집단을 떠날 권리가 있음을 주지시켜야 한다.

㉢ **집단규칙을 보다 명료하게 구체화하기**
ⓐ 집단상담자는 특히 첫 집단회기 때 구성원이 지켜야 할 집단규칙을 함께 논의한다.
ⓑ 집단규칙은 가능하면 보다 명료하고 구체적이며, 긍정적인 방식으로 진술한다.

단답형 문제

다음은 집단상담의 어느 단계에 대한 설명인가?

- 집단구성원은 신뢰와 불신에 대해 다루게 된다.
- 집단규칙을 보다 명료하게 구체화한다.
- 집단상담자는 집단의 방향과 결과에 대해 책임을 져야 한다.

[정답] 참여(도입, 시작) 단계

ⓒ 첫 집단회기에 언급되어야 할 중요한 규칙으로는 결석하지 않기, 비밀보장, 집단을 떠날 권리, 구성원이 자신의 문제를 다룰 권리, 집단에서 해서는 안 될 행동, 다른 구성원을 배려하고 존중하기 등이 있다.

ⓔ **한계 설정하기**
  ⓐ 상담자는 집단규칙과 함께 구성원이 자신의 권리를 유지하고 주장하기 위한 전제조건으로서 일정한 한계 내에서 행동할 것을 규정하는 경계선을 설정한다.
  ⓑ 구성원이 집단규칙을 몇 번 이상 위반하는 경우 집단을 떠나도록 한계를 정한다.

ⓜ **집단구성원들 간에 긍정적 교류 촉진하기**
  ⓐ 상담자는 신뢰의 분위기를 바탕으로 구성원 간에 긍정적 교류가 이루어지도록 촉진하는 것이 필요하다.
  ⓑ 구성원 간에 긍정적 교류가 촉진되면 개방적으로 서로를 공유하기 시작하며, 집단응집력이 향상된다.

바로 Check

다음 집단상담자 역할이 공통으로 요구되는 집단 발달단계는?

- 상호작용 촉진
- 신뢰분위기 조성
- 구조화 실시 및 모델역할

① 준비단계 ② 초기단계 ③ 과도기단계
④ 생산단계 ⑤ 종결단계

해설 집단상담 초기단계에서 상담자는 모델링의 역할하기, 목표설정하기, 책임분배하기, 분위기의 형성 및 유지하기, 참여과정 촉진하기 등의 역할을 담당한다.

☑ 정답 ②

Plus Study 집단상담 첫 회기의 과제

1. 집단 시작하기
2. 구성원이 서로를 알도록 소개하기
3. 긍정적인 집단 분위기를 형성하기
4. 집단상담의 목적을 명료화하기
5. 집단상담자의 역할을 설명하기
6. 상담집단이 어떻게 진행될 것인가를 설명하기
7. 구성원이 집단상담을 통해 얻고자 기대하는 것을 표현하도록 조력하기
8. 표현하지 않는 구성원을 참여하도록 이끌어내기
9. 활동을 사용하기
10. 구성원의 정서적 안정수준을 확인하기
11. 집단규칙을 설명하기
12. 앞으로 사용될 어떤 특별한 용어를 설명하기

13. 구성원의 상호작용 스타일을 평가하기
14. 다문화적 및 다양성 주제와 나타날 수 있는 집단역동을 민감하게 관찰하기
15. 내용에 초점두기
16. 집단 진행에 방해가 되는 구성원을 차단하기
17. 구성원의 다양한 질문을 처리하기
18. 구성원 간에 서로 시선접촉을 하면서 이야기하도록 하기
19. 집단상담 첫 회기 종결하기

출처 : 노안영(2011)

③ 집단구성원의 역할
  ㉠ 신뢰할 수 있는 분위기를 창출하는 데 적극적인 태도를 취하는 것이 중요하다. 불신이나 두려움은 집단에 대한 거부감을 증가시킨다.
  ㉡ 자신의 감정과 생각을 표현하는 법을 습득한다. 특히, 그것이 집단에서 발생하는 상호작용에 관한 것일 때 반드시 표현한다.
  ㉢ 집단에 대한 두려움, 소망, 염려, 주저, 기대 등을 표현하려고 애쓴다.
  ㉣ 집단에서 자신을 다른 사람에게 알리려고 한다. 뒤에 숨어 있는 구성원은 집단에서 의미 있는 상호작용을 할 수 없다.
  ㉤ 가능한 한 집단규범을 만드는 과정에 동참한다.
  ㉥ 개인적이고 구체적인 목표를 설정한다.
  ㉦ 집단과정에 대한 기초적인 지식을 습득한다.

④ 집단상담자의 역할
  ㉠ **모델링**
    ⓐ 집단을 이끌 때 기술적인 전문가일 뿐만 아니라 역할모델을 하는 구성원으로서 규준을 설정해야 한다.
    ⓑ 효과적인 상담이 되기 위해서 상담자는 집단 속에서 심리적으로 그 집단에 존재하고 진실해야 한다.
    ⓒ 구성원의 내적 장점을 이해하고 지켜봄으로써 치료적 상황을 만들 수 있다.
    ⓓ 집단을 통제해야 하며, 권위 있는 인물로 보여야 한다.
  ㉡ **목표설정**
    ⓐ 구성원이 의미 있는 목표를 발전시키고, 분명히 하도록 도와야 한다.
    ⓑ 일부 구성원은 집단의 목표와 상반된 목표를 숨기고 있는데, 이러한 숨겨진 논제를 숨김없이 말하도록 분위기를 조성해야 한다.
  ㉢ **책임의 분배**
    ⓐ 상담자는 집단의 방향과 결과에 대해 책임을 져야 한다.
    ⓑ 상담자는 구성원의 책임을 빼앗는 것이 아닌, 책임을 정확하게 분배함으로써 균형을 이루어야 한다.

ⓔ 분위기의 형성 및 유지
　　　ⓐ 몇 가지 일반적인 지침과 집단에 적극적으로 참여하는 방법을 가르친다.
　　　ⓑ 기본적인 규칙과 규범을 정한다.
　　　ⓒ 집단과정의 기본적인 측면을 가르친다.
　　　ⓓ 구성원에게 이 집단에 들어오게 된 이유가 무엇인지를 분명히 해주고, 서로 친숙하게 해주며, 수용과 신뢰의 분위기를 형성한다.
　　　ⓔ 구성원이 스스로 구체적이고 개인적인 목표를 세우도록 돕는다.
　　　ⓕ 구성원의 의존성을 높이거나 집단을 헤매도록 놔두지 않는 수준에서 구조화의 수준을 정한다.
　　ⓜ 참여과정의 촉진
　　　ⓐ 촉진적인 치료적 행동의 모범을 보여준다.
　　　ⓑ 구성원과 열린 마음으로 교류하고, 심리적으로 그들과 함께 한다.
　　　ⓒ 구성원의 염려와 질문을 개방적인 태도로 다룬다.
　　　ⓓ 구성원이 자신의 두려움과 기대를 표현하도록 돕고, 신뢰감을 발전시키기 위해 작업한다.
　　　ⓔ 구성원이 현재 집단에서 발생하는 현상에 대한 그들의 생각과 감정을 나눌 수 있도록 격려한다.
　　　ⓕ 기본적 대인관계 기술을 구성원에게 가르친다.
　　　ⓖ 집단의 욕구를 평가하고, 이러한 욕구가 충족되는 방향으로 집단을 인도한다.
⑤ 주요 개념
　㉠ **집단규범** : 구성원의 집단에 대한 기대, 집단상담자와 비교적 더 영향력이 있는 구성원의 직·간접적인 지시나 제안 등에 의해 설정된다.
　㉡ **집단응집성**
　　ⓐ 집단 내에서 함께 하는 느낌이나 공동체라는 느낌을 의미한다.
　　ⓑ 진정한 의미의 응집성은 대체로 집단에서 갈등을 경험하고 고통을 나누며, 의미 있는 정도의 위험을 감수하기로 마음먹은 이후에 형성된다.
　　ⓒ 응집성의 가장 중요한 기초는 참여단계에 형성된다.
⑥ 발생가능한 문제점들
　㉠ 신뢰할 수 있는 분위기를 만들기 위해 활동적인 단계로 들어가야 한다.
　㉡ 자신이 속해 있는 집단에서의 상호작용과 관련해서 감정과 생각을 표현하는 방법을 배워야 한다.

ⓒ 집단에 대한 두려움, 희망, 관심, 조건, 기대를 기꺼이 표현해야 한다.
ⓓ 집단에서 자신을 다른 사람에게 기꺼이 알려야 한다.
ⓔ 집단규준을 만드는 데 관여해야 한다.
ⓕ 집단과정의 기초를 학습해야 하며, 특히 집단 상호작용이 어떻게 연루되는지를 배워야 한다.

(2) 중기 단계

① 과도기 단계(전환단계, 준비단계, 갈등단계) - 저항 다루기
  ㉠ 특징
    ⓐ 자기자각이 증가함에 따라 스스로에 대해 어떠한 생각을 갖게 될지, 타인들이 자신을 수용할지 아니면 거부할지에 대해 염려하게 된다.
    ⓑ 집단환경이 얼마나 안전한지 판단하기 위해 상담자나 다른 구성원을 시험하려 한다.
    ⓒ 집단에 참여하기 위해 위험을 감수할 것인지 뒤로 물러나 있을 것인지 선택의 기로에서 고심하게 된다.
    ⓓ 통제와 힘에 대한 역동, 다른 사람들과의 갈등을 경험하게 된다.
    ⓔ 상담자가 신뢰할 만한 존재인지를 탐색하고자 한다.
    ⓕ 다른 사람들의 경청을 이끌어내기 위해서 어떻게 자신을 표현해야 할지에 대해 배우게 된다.
    ⓖ 구성원 사이에서 주도권 쟁탈전이 벌어지게 된다.
    ⓗ 상담자와 다른 구성원에 대한 적대감이나 저항이 표면화된다.
    ⓘ 상담자 자신이 불편감이나 저항에 대한 방어가 일어난다.
  ㉡ **집단구성원의 역할**
    ⓐ 어떠한 부정적인 반응이라도 인식하고 표현한다. 표현되지 않은 감정은 불신의 분위기를 만들 수 있다.
    ⓑ 자기 자신의 저항을 존중하되 그것을 기꺼이 다루어 나간다.
    ⓒ 의존으로부터 독립으로 전향해 나간다.
    ⓓ 방어적인 태도가 아닌 건설적인 방식으로 타인을 직면시키는 방식을 습득한다.
    ⓔ 집단 내에서 일어나는 상황에 대한 반응을 기꺼이 직면하고 다루어 나간다.
    ⓕ 갈등을 기꺼이 경험한다.

ⓒ 집단상담자의 역할
　ⓐ 갈등상황을 충분히 다루고 인식하는 일에 대한 가치를 구성원에게 가르쳐 준다.
　ⓑ 구성원이 자신의 특성과 방어기제를 인식할 수 있도록 도와준다.
　ⓒ 저항과 불안을 존중하고, 방어를 건설적으로 다룰 수 있도록 지도한다.
　ⓓ 어떤 도전도 직접적이고 실질적으로 다룸으로써 인간으로서 그리고 전문가로서 구성원에게 적절한 모델링을 제공한다.
　ⓔ 구성원을 낙인 찍는 일을 삼가되 특정 문제 행동을 이해하는 방식에 대해 배우도록 한다.
　ⓕ 구성원이 서로 의존할 수 있으면서도 독립적일 수 있도록 조력한다.
　ⓖ 회기 중에 지금-여기와 관련된 반응을 충분히 표현할 수 있도록 격려한다.
　ⓗ 집단의 전개과정 중 자신의 판단과 느낌이 있다고 해도 먼저 구성원으로부터 발언과 피드백을 듣는 것이 바람직하다.
ⓔ 주요 개념 : 저항(resistance)
　ⓐ 아주 사적인 문제나 고통스런 감정을 탐색해 자신이나 다른 사람을 보호하려는 행동이다.
　ⓑ 집단에서 피할 수 없는 현상이며, 저항을 인식하거나 탐색하지 못하면 집단과정을 심각할 정도로 방해할 수 있다.
　ⓒ 저항은 삶에 접근하는 전형적인 방법의 한 부분이기 때문에 불안으로부터 자신을 보호하는 방법으로 이해해야 한다.
ⓜ 발생가능한 문제점들
　ⓐ 구성원은 문제 있는 사람으로 분류될 수 있으며, 자신 스스로도 이러한 생각에 사로잡힐 수 있다.
　ⓑ 구성원은 계속되는 부정적인 감정을 표현하길 거부하여 불신의 분위기를 조장할 수도 있다.
　ⓒ 직면이 서툴게 다루어진다면, 구성원은 방어적인 자세를 유지할 것이며 문제는 숨겨진 채 남게 된다.
　ⓓ 구성원은 집단에 순종적·배타적이 되어 집단 밖에서는 부정적인 반응을 표현하지만 집단 내에서는 침묵으로 일관한다.

> **바로 Check**
>
> **다음과 같은 개입이 요구되는 집단상담 단계에서 집단상담자의 역할에 관한 설명으로 옳지 않은 것은?**
>
> - 집단상담자에 대한 도전 다루기
> - 방어적인 행동 다루기
> - 두려움과 저항 탐색하기
> - 곤란한 행동을 하는 집단원 다루기
>
> ① 집단 응집력 형성 촉진하기
> ② 집단 참여를 격려하기
> ③ 적극적 작업과 생산적 성과 촉진하기
> ④ 집단원간 갈등의 직면과 해결 도전하기
> ⑤ 정직하고 건설적으로 직면하는 본보이기
>
> **해설** 과도기 단계의 특징은 불안, 방어와 저항, 두려움, 지배권에 대한 경쟁, 집단원들 간의 갈등, 지도자에 대한 도전이나 지도자와의 갈등, 다양한 형태의 문제행동들이 나타난다는 것이다. '적극적 작업과 생산적 성과를 촉진하는 것'은 작업 단계에서 필요한 집단상담자의 역할이다.
>
> ✅ **정답** ③

② 작업단계(응집단계, 생산단계) - 응집력과 생산성
　㉠ 특징
　　ⓐ 신뢰와 응집력이 높다.
　　ⓑ 집단 내의 의사소통이 개방적이고, 자신이 경험한 것에 대해 정확히 표현한다.
　　ⓒ 구성원 모두가 지도력을 가지고 있으며, 그런 점에서 구성원은 직접적으로 자유롭게 상호작용한다.
　　ⓓ 모험을 감수하고 용기를 내어 자신을 다른 사람에게 알리려고 한다. 구성원은 탐색하고 더 잘 이해하고 싶은 개인적 문제를 집단에 내놓는다.
　　ⓔ 구성원 간의 갈등이 무엇인지 잘 알고 있으며, 그것을 직접적이고 효과적으로 다룬다.
　　ⓕ 피드백을 자유롭게 주고받으며, 충분히 숙고한다.
　　ⓖ 직면은 다른 사람들을 평가하는 것이 아닌 차원에서 이루어져야 한다.
　　ⓗ 구성원은 집단 밖에서 행동의 변화를 가져오려고 노력한다.
　　ⓘ 구성원은 변화하려는 자신의 시도가 지지를 받는다고 느껴 과감히 새로운 행동을 시도한다.
　　ⓙ 자신들이 변하려고만 하면 얼마든지 변할 수 있다는 점에서 구성원은 절망적이지 않고 희망을 갖는다.

ⓒ **집단구성원의 역할**
  ⓐ 자신이 탐색하기 원하는 문제를 제안한다.
  ⓑ 다른 사람들에게 피드백을 주고, 열린 마음으로 피드백을 받는다.
  ⓒ 다른 사람들의 존재에 어떻게 영향을 받고 있는지와 집단에서 어떻게 작업하는지를 나눈다.
  ⓓ 다른 사람들에 대한 도전과 지지를 둘 다 제공하고, 자기직면에 참여한다.
  ⓔ 새로운 기술과 행동을 일상생활에서 연습하고 결과를 집단에서 함께 나눈다.
  ⓕ 지속적으로 집단에 대한 자신의 만족도를 평가하고, 필요하다면 활동적으로 회기에 참여하는 수준을 변화시키며 단계를 밟아 나간다.

ⓒ **집단상담자의 역할**
  ⓐ 보편성을 제공하는 구성원의 이야기에서 공통된 주제를 찾는다.
  ⓑ 구성원을 배려하면서 직면하기와 같은 적절한 행동을 통해 모델링을 계속해서 보여주고 집단에서 계속되는 반응들을 노출한다.
  ⓒ 구성원이 기꺼이 위험을 감수하는 것을 지원하고, 그들이 일상생활에서 이러한 행동을 실행하도록 돕는다.
  ⓓ 적절한 때에 행동양식이 가진 의미를 설명하여 구성원이 더 깊은 수준의 자기 탐색에 도달하고 대안적 행동을 고려할 수 있도록 한다.
  ⓔ 통찰을 행동으로 옮기는 것이 얼마나 중요한지를 강조한다.
  ⓕ 구성원이 집단에서 원하는 것을 마음속에 유지하고 그것을 요구하도록 격려한다.

ⓔ **주요 개념**
  ⓐ 신뢰와 수용
    • 작업단계에서 구성원은 상담자나 집단구성원 서로를 신뢰하거나, 적어도 신뢰의 부족에 대해 솔직하게 표현한다.
    • 구성원이 수용받는다고 느끼면, 집단에서 거절당하지 않고 할 수 있는 것을 하도록 허용됨을 느끼게 된다.
  ⓑ 공감과 관심
    • 공감은 회상하기, 되새기기, 타인의 강렬한 경험을 통하여 사람의 감정을 울리는 심오한 능력을 동반한다.
    • 공감은 관심을 의미하며, 관심은 다른 구성원과 진실로 활동적으로 섞임으로써 집단에서 표현된다.

ⓒ 희망
- 대안을 탐색하도록 동기를 주며, 상담에서 자신을 내어놓을 수 있는 자신감을 주기 때문에 그 자체로 치료적이다.
- 희망은 유능한 상담자의 특성이며 구성원, 상담자 및 집단상담을 통해 이루어질 기본적인 목적에 대한 신념의 토대가 된다.

ⓓ 자유로운 시도
- 작업단계에서는 다양한 행동방식에 대한 행동의 수행이 가능하다.
- 일정한 실험 후 구성원은 자신이 변하기를 원하는 행동이 무엇인지를 결정할 수 있다.

ⓔ 변화를 위한 실천
- 변화가 일어나기 위해서는 변화가 가능하다는 것을 믿어야 한다.
- 건설적인 변화는 변화를 위해 필요한 어떤 것을 실제로 하려는 단호한 결의가 있을 때 나타난다.
- 어떻게 변화할 것인지와 마찬가지로 무엇을 변화시킬지를 결정해야 한다.

ⓕ 친밀감
- 진정한 친밀감은 다른 사람들이 자신을 알 수 있을 만큼 충분히 자신을 드러낸 후에 집단에서 발달하는 것이다.
- 작업단계 동안에 구성원은 개인 간의 친밀감에 대한 저항뿐만 아니라 타인과 가까워지려는 것과 관련된 두려움을 기꺼이 훈습해야 한다.

ⓖ 정화
- 정화는 대인관계적 과정이다.
- 정화가 일어난 후에는 표출된 감정을 다루고, 경험의 의미에 대한 다소의 이해를 얻으며, 그러한 이해를 바탕으로 새로운 결론을 내리는 것이 중요하다.

ⓗ 인지적 재구조화
- 새로운 인지적 구조를 설명하고 명료화하며, 해석하는 것이다.
- 집단은 자신이 체험한 것 이외에도 구성원에게 자신의 생각을 평가하고, 건설적인 신념을 채택해 볼 많은 기회를 제공한다.

ⓘ 자기-드러내기
- 문화적으로 상이한 구성원은 충분한 확신이 있을 때까지 자기-드러내기를 늦출 수 있으며, 이는 구성원과 상담자에 대한 테스트를 포함하고 있다.
- 상담자는 구성원의 드러내기를 막는 장애에 도전해야 한다.

ⓙ 직면
- 건설적인 직면은 한 사람이 말하는 것과 행하는 것 사이의 불일치를 조사하고, 사용되지 않는 잠재력을 인식하며, 통찰을 행동으로 옮기기 위한 도전이다.
- 성공적인 집단에서 직면은 직면자들이 직면당하는 사람에 대한 판단보다는 그 사람에 대한 자신의 반응을 나누는 방식으로 일어난다.

ⓚ 피드백
- 집단에서 특정한 행동에 대한 반응은 구성원이 자신의 관점과 비교할 수 있는 즉각적이고 독립적인 평가를 제공한다.
- 명확하고 정직한 방법으로 주어진 피드백은 세련된 진술과 해석적이거나 혼합된 피드백보다 효과적이다.
- 긍정적인 피드백은 교정적인 피드백보다 변화에 있어서 더욱 바람직하고 수용적이다.

ⓜ 발생가능한 문제점
ⓐ 구성원이 기꺼이 논의하고자 하는 문제를 집단회기에 가져와야 한다.
ⓑ 다른 사람에게 피드백을 주고, 이것을 받아들이는 데 개방적이어야 한다.
ⓒ 타인의 존재와 집단 내 상담으로 어떻게 영향을 받았는지를 나누어야 한다.
ⓓ 일상에서 새로운 기술과 행동을 실행하고, 그 결과를 상담에 가져온다.
ⓔ 도전과 지지를 타인에게 주고, 자기직면에 참가한다.
ⓕ 지속적으로 집단에 대한 구성원 자신의 만족도를 평가하고, 필요하면 상담에서 참여 수준을 변화시키기 위해 적극적으로 임해야 한다.

바로 Check

코리(G. Corey)의 집단상담 발달단계에서 집단상담자가 집단원의 사고와 정서변화, 자기탐색을 촉진하고, 공통으로 나타나는 주제나 강렬한 정서를 다루는 단계는?

① 추수 단계   ② 초기 단계   ③ 전환(과도) 단계
④ 작업 단계   ⑤ 종결 단계

해설 집단상담의 작업 단계 특성으로는 신뢰감과 응집력, 자기개방과 원활한 피드백, 집단 규준의 적극적 실천, 갈등의 불가피성 인정과 적극적 해결, 희망, 관심과 수용, 바람직한 대안적 행동학습, 변하겠다는 의지, 마음껏 시도해보기 등이 있다.

정답 ④

(3) 종결(마무리) 단계 – 통합과 종결

① 특징
- ㉠ 헤어진다는 사실에 대해 슬픔과 우려를 느낀다.
- ㉡ 구성원은 상담이 곧 끝난다는 사실에 움츠려들며, 이전보다 덜 열심히 참여한다.
- ㉢ 구성원은 어떻게 변하고 싶은지를 결정한다.
- ㉣ 집단상담에서 배운 것을 실생활에 옮길 수 있을 것인가에 대한 두려움과 집단이 해체되는 것에 대한 두려움을 느낀다.
- ㉤ 구성원은 서로 간에 두려움과 희망, 근심을 표현한다.
- ㉥ 상담의 일부는 구성원이 일상생활에서 마주하는 주요한 사람들과의 관계에 대처하는 연습을 한다. 역할극, 타인에게 보다 효과적으로 대처하는 행동 리허설이 일반적이다.
- ㉦ 구성원이 집단상담의 평가작업을 한다.
- ㉧ 추후 상담에 대해 이야기를 나누어 구성원이 변화하겠다는 계획을 더욱 열심히 수행할 수 있도록 격려한다.

② 집단구성원의 역할
- ㉠ 집단과 소원하지 않도록 구성원과 헤어지고 상담을 끝내는 데서 오는 감정을 조절한다.
- ㉡ 집단작업에서의 배움을 일상생활에 적용시킬 준비를 한다.
- ㉢ 집단 내에서 일어난 문제나 구성원의 개인적 문제 중에서 아직 해결되지 않은 문제를 정리한다.
- ㉣ 집단상담이 미친 영향을 평가하고 변화를 위해서는 시간, 노력, 연습이 필요하다는 것을 기억한다.
- ㉤ 집단과정에서 배운 것을 미래의 생활장면에 어떻게 적용하고 실천할 것인지를 계획한다.

③ 집단상담자의 역할
- ㉠ 상담이 종료되는 데에서 오는 감정을 잘 다스리도록 돕는다.
- ㉡ 구성원에게 자기표현의 기회를 주고, 집단 내에서 아직 마무리 짓지 못한 문제를 정리한다.
- ㉢ 구성원의 변화를 강화하고, 그들에게 더 변할 수 있는 깨달음을 얻은 것에 대해 확인시켜 준다.
- ㉣ 구성원이 특별한 기술을 다양한 일상에 적용시키도록 돕는다.
- ㉤ 변화하는 실질적 방법으로서 구성원이 구체적 다짐을 하고 과제를 실천하도록 한다.

ⓗ 구성원의 이해, 통합, 강화를 돕는 개념적 구조화를 통해 구성원이 상담에서 깨달은 사실을 잊지 못하도록 한다.
ⓢ 구성원에게 바람직한 피드백을 주고받을 수 있는 기회를 준다.
ⓞ 상담이 끝난 후에도 집단에서 있었던 일에 대해 비밀을 유지할 것을 다시 한 번 당부한다.

④ 주요 개념
ㄱ. 감정 다루기
ⓐ 집단의 마무리 단계 동안에 상담자가 앞으로 몇 회기의 상담이 남아 있음을 구성원에게 상기시킴으로써 구성원이 종결에 대해 스스로 준비할 수 있어야 한다.
ⓑ 강력하고 의미 있는 경험의 최후 종결로 인한 상실과 슬픔의 감정을 개방적으로 토론할 수 있도록 촉진하는 것이 상담자의 역할이다.

ㄴ. 집단의 효과 검토
ⓐ 집단이 종결로 향할 때 모든 구성원에게 집단에서 자신이 배운 것이 무엇이고 증가된 자기이해를 어떻게 적용할 것인지를 말로 할 기회를 주는 것이 유용하다.
ⓑ 구체적인 감정에 초점을 두고 이를 개념화시키며 나누는 데 초점을 두면, 구성원이 배운 것을 유지하고 이용할 기회를 증가시킬 수 있다.

ㄷ. 피드백 주고받기 : 구성원이 상담 회기마다 자신의 인식과 감정을 나누었더라도 간략한 피드백을 주고받는 기회는 그 자체로 가치가 있다.

ㄹ. 미결 과제의 완성
ⓐ 구성원 간의 교류나 집단과정, 목표에 관련된 어떤 해결되지 못한 일을 훈습하기 위해 얼마간의 시간이 필요하다.
ⓑ 상담자는 구성원이 미결 과제를 고찰하고, 이로 인해 애태우지 않도록 하는 것이 중요하다.

ㅁ. 계속해서 학습을 수행하기 : 구성원은 본 집단이 종결된 후에도 개인적 성장을 위한 방법을 지속적으로 찾음으로써 탐색의 과정을 계속해야 한다.

⑤ 발생가능한 문제점
  ㉠ 구성원은 자신의 경험을 재검토하기를 피하고, 이를 어떤 인지적 틀로 합치는 데 실패할 수 있으므로 자신들의 학습을 일반화하는 것을 제한한다.
  ㉡ 분리 불안으로 인해 구성원이 자신을 멀리할 수 있다.
  ㉢ 구성원은 그 자체로서 집단이 끝났다고 생각할 수 있으며, 성장을 계속하려는 방법으로 이를 계속 사용하지 않을 수 있다.

> **바로 Check**
>
> **청소년 집단상담 회기 종결 시에 주로 이루어지는 상담자의 반응을 모두 고른 것은?**
>
> ㄱ. "오늘 어떤 경험을 했습니까?"
> ㄴ. "이번 회기에서 어떤 느낌이 들었습니까?"
> ㄷ. "이번 회기에 필요한 참여규칙은 무엇일까요?"
> ㄹ. "오늘 배운 것을 일상생활에 어떻게 적용할 계획입니까?"
>
> ① ㄱ ② ㄴ, ㄷ ③ ㄱ, ㄴ, ㄷ
> ④ ㄱ, ㄴ, ㄹ ⑤ ㄱ, ㄴ, ㄷ, ㄹ
>
> **해설** 회기에 필요한 참여규칙 등은 집단회기 시작 시에 주로 토의한다.
>
> ✅ 정답 ④

Section 03 청소년 집단상담

학습포인트 청소년 집단상담이 가지고 있는 고유한 특성에 대해 이해하고, 여러 영역에 대해 파악한다. 또한 청소년 집단상담자의 기술에 대해 파악한다.

1 청소년 집단상담의 특징

(1) 청소년 집단상담의 의미

① 정의 : 한 명의 상담자와 여러 명의 청소년들이 함께 모여 일정기간 동안 정기적으로 만나면서 생활과정에서 직면하는 문제나 사건 등 그들의 관심사에 대하여 각자의 느낌, 반응행동, 생각을 대화로 서로 교환하는 가운데 허용적·현실적·감정 정화적·상호 신뢰적·수용적·지원적인 집단의 응집력과 치료적 분위기를 통해 상호이해를 촉진함으로써 긍정적인 변화를 모색하는 목적을 가진 집단활동이다(한국청소년상담복지개발원).

② 청소년에게 집단상담이 적합한 이유
  ㉠ 일반적으로 청소년들은 부모나 상담자와 같은 어른들로부터 이질감을 느낀다.
  ㉡ 그들은 또래들로부터 많은 영향을 받기 때문에 집단상담에서 다른 동료로부터 받은 피드백은 그들이 자신을 이해하는 데 중요한 영향을 미친다.

(2) 청소년 집단상담의 목표

① 타인에게 관심을 가지고 배려하며, 솔직하게 직면하는 태도를 배우도록 돕는다.
② 주어진 환경에 적응하고, 수용하는 방법을 배우도록 돕는다.
③ 발달과정에서 발생하는 다양한 요구를 충족시키고, 그들의 느낌과 태도를 점검하며, 행동의 동기를 이해하여 능력에 대한 자신감을 갖도록 돕는다.
④ 집단 내의 인간관계를 통해 다른 사람들을 이해하여 일상의 문제해결능력에 도움을 받는 동시에, 다른 사람의 기대를 탈피하여 자신의 기준으로 의사결정하는 것을 배우도록 돕는다.

⑤ 청소년들이 관심 있는 문제를 해결하는 과정에서 문제의 양극성을 인식하고, 새로운 관점을 발달시켜 보다 융통성 있는 결정을 할 수 있도록 돕는다.

(3) 청소년 집단상담의 특징

① 신뢰감 형성과 저항 다루기
② 비자발적이고 저항적인 청소년과 작업하기
③ 회기 진행 시 유의사항
   ㉠ 타인이 그들에게 어떻게 행동했는지 보다 그 상황에서 그들이 어떤 영향을 받았는지에 대해 이야기하도록 독려한다.
   ㉡ 청소년 집단에서는 특히 초기단계에서 적극적인 개입과 구조화가 중요하다.
   ㉢ 역할연기와 같은 행동지향기법을 적용한다.
   ㉣ 구성원이 참여하고 시작하도록 분위기를 조성한다.
   ㉤ 동료(또래) 상담자를 이용한다.

2 청소년 집단상담의 제 영역

(1) T집단

① 소집단 훈련을 위주로 형성된 집단을 T집단 혹은 훈련집단이라고 한다.
② 실습, 결과 분석, 새로운 방안 탐색, 새로운 결정을 내리는 경험적 교육과정에 중점을 둔다.
③ 과제 지향적이며 구체적인 문제해결에 초점을 둔다.
④ 구성원은 자신의 집단참여에의 진전 과정을 관찰하는 방법을 배우며, 집단 내에서 중심적인 역할을 떠맡는 방법도 배우게 된다.

(2) 참 만남 집단

① 건강하고 정상적인 청소년들이 그들과 다른 사람들과 더욱 친근감을 갖고 만날 수 있도록 도움으로써 성장·발전할 수 있도록 한다.
② 집단활동은 구성원에게 성장과 발달에 중요한 사항을 가르치고, 설정된 목표를 성취하도록 돕는 데 중점을 둔다.
③ 구성원에게 상호 친밀감과 경험 및 느낌을 교환하도록 격려하며, 개방적이고 정직한 상호관계를 형성하도록 강조한다.

OX 퀴즈

청소년 집단상담은 특히 상담자와 내담자 간 신뢰감 형성과 청소년들의 저항을 다루는 방식이 중요하다. [　]

[정답] ○

(3) 체계적 인간관계 훈련집단

① 상호작용적인 삶에 필요한 기술의 체계적 훈련에 관심 있는 사람들을 위한 집단이다.
② 경험 학습, 소집단에서 피드백 주고받기, 실험적 분위기, 심리적 안정, 지금-여기에 초점두기 등이 핵심이다.

(4) 구조화 집단

① 구성원이 특수한 기술을 개발한다거나, 어떤 특정한 주제를 이해하거나, 인생의 힘든 전환기를 헤쳐 나가도록 돕기 위한 집단 프로그램이다.
② 상담자, 구성원의 관심 분야에 따라 주제는 다양하지만, 구조화 집단은 삶의 문제에 대한 인식을 증가시키고 문제를 좀 더 잘 극복할 수 있는 도구를 제공한다.

(5) 자조 집단

① 공통 관심사, 비슷한 정서적·신체적·행동적 문제를 가진 사람들이 모여 심리적 스트레스를 받지 않도록 보호하고 자신의 생활 패턴을 바꾸기 위한 자극제를 주는 지원 체계이다.
② 특정한 사람들에게 정신건강 전문가나 다른 교육기관, 종교기관, 지역 사회 기관에서 얻을 수 없는 중요한 욕구를 충족시켜 준다.

3 청소년 집단상담자의 기술

(1) 청소년 집단상담의 지침

① 자기수용과 자존감을 형성한다.
② 타인과의 차이를 존중하고, 타인을 위한 진정한 사랑을 키운다.
③ 갈등을 탐색하고 자신에게 맞는 해답을 찾는다.
④ 가치관을 명료화하고 자신의 인생철학을 검토한다.
⑤ 노력하며 사는 법과 의사결정하는 방법을 배우고, 이러한 선택의 결과를 수용한다.

(2) 청소년 집단상담을 위한 구조화된 프로그램

① 집단경험의 기본적 요소
  ㉠ 집단참여로 인해 긍정적인 변화가 가능하다는 것을 강조한다.
  ㉡ 공동체 의식을 증진하고, 바람직한 사회역할에 참여하려는 희망을 고취시킨다.
  ㉢ 지금-여기를 강조한다.
  ㉣ 적절한 사회적 기술을 강화한다.
  ㉤ 자기가치에 대한 느낌을 탐색하고, 자신의 성취에 대한 객관적인 정보에 대해 자신의 감정을 평가한다.
  ㉥ 학생의 교사를 상담자, 사회 사업가나 심리학자와 함께 동료 상담자로 참여시키는 것이 중요하다.
② 집단상담자의 역할 : 위기개입, 집단지도력, 협조적인 학습경험을 구축하고 다양한 상담이론을 적용한다.

(3) 청소년 집단상담자의 기술

① **신뢰 확립하기** : 초기 회기에서는 비밀 유지, 집단규칙, 집단 내 상호작용을 촉진하는 방법을 명료화하는 경계 확립하기, 피드백 주고받기, 집단 외부에서의 적용 제안하기 등과 같은 주제를 반드시 다루어야 한다.
② **자기노출에 대한 안전지대 알기** : 집단상담자는 말하는 것과 실제 행동하는 것이 일치하는 모델로서의 역할을 맡는다.
③ **비자발적이고 저항적인 청소년 집단 구성원과 작업하기** : 개별적인 초기 만남을 통해 집단에 비자발적으로 참여하는 청소년들의 부정적인 반응을 효과적으로 탐색하며, 청소년의 권리를 존중하고 집단에서 대안을 탐색하고 시도한다.
④ **상담 회기의 역동 유지하기** : 집단상담자는 적극적인 중재를 통해 집단 구성원들이 개인적이고도 구체화된 방식으로 스스로 표현하도록 가르치고 부적절한 이야기를 하지 않게끔 만들어야 한다.
⑤ **집단 구성원 참여시키기와 전수하기** : 회기 내내 참여하지 않는 집단 구성원이 있다면 집단 속에서 상호작용하도록 만들어야 하며, 집단 구성원에게 지시할 때에는 요구를 최소화하면서 리더십 기능을 서로 분담하도록 집단을 진행해야 한다.

바로 Check

청소년 집단상담에서 비밀유지에 관한 집단상담자의 역할로 옳지 않은 것은?

① 비밀유지 한계를 알려주어 집단에서 자기개방을 어느 정도 할지 집단원 스스로 결정하도록 한다.
② 동일한 학급에 소속된 집단원들의 경우 비밀유지의 문제를 더 중요하게 다룰 필요가 있다.
③ 부모나 법적보호자의 참여 동의서 작성 시 비밀유지에 관한 내용은 고지하지 않아도 된다.
④ 집단회기 중의 녹음, 녹화에 대해 반드시 사용 목적을 알린 후 서면 동의를 받아야 한다.
⑤ 법적으로 집단원에 대한 정보 공개가 요구되는 경우는 비밀유지 예외상황이다.

해설 부모나 법적보호자의 참여 동의서 작성 시 비밀유지에 관한 내용도 고지해야 한다.

☑ 정답 ③

Section 04 기타(기타 집단상담의 기초에 관한 사항)

학습포인트 집단상담자와 집단구성원들의 관계 및 집단상담자의 가치관이 집단에 미치는 영향에 대해 이해한다. 집단 내에서 중요하게 간주되는 집단응집력 및 집단의 치료적 요인에 대해서 파악한다.

1 집단상담자와 집단구성원의 개인적 관계

(1) 상담자는 집단에 참여하고자 하는 구성원의 능력을 손상시키거나 자신의 객관성과 전문가적 판단을 방해하는 구성원과의 이중관계를 피해야 한다.

(2) 상담자와 구성원의 성적 친밀성은 비윤리적이다.

2 집단구성원들 간의 사회적 관계

(1) 구성원이 집단 내에서 소집단을 만들거나, 나른 구성원에 대한 소문을 만들거나, 혹은 집단상담 시간 내에 탐색해야 할 문제에 대해 서로 단결하여 자기들끼리 이야기할 때 윤리적인 문제가 생길 수 있다.

(2) 집단이 막다른 골목에 들어서서 갈 곳을 잃어버리거나 구성원이 서로에 대해 반응하지 않을 때가 소집단 형성의 부정적인 영향에 대해 탐색하기 적절한 시점이다.

 나의 필기노트

3 집단상담자의 가치관이 집단에 미치는 영향

(1) 상담자는 자신이 조성할 수 있는 영향과 욕구, 자신의 가치를 인식하고 있어야 한다.

(2) 상담자는 구성원에 대한 자신의 반응이 집단과정을 어떻게 방해하는지 인식하고 있어야 한다.

4 집단응집력

(1) **집단응집력의 정의** : 한 집단의 구성원들이 서로를 신뢰하고, 집단의 일원으로서 계속적으로 존재하고 싶어 하는 정도를 의미한다.

(2) **집단응집력과 상호작용**
  ① 상호작용의 질과 양은 집단응집력과 관계있다. 응집력이 높은 집단에서는 보다 많은 양의 의사소통이 이루어지는 반면, 응집력이 낮은 집단에서는 의사소통이 상대적으로 적다.
  ② 응집력이 높은 집단의 구성원은 합의에 도달하는 데 매우 적극적인 반면, 응집력이 낮은 집단의 구성원은 비교적 독립적으로 행동하고 상대방의 의견을 고려하지 않는다.

(3) **집단응집력과 사회적 영향**
  ① 집단응집력은 구성원이 집단의 기대에 따라 행동하도록 하는 데 큰 영향을 미친다.
  ② 응집된 집단의 구성원은 집단규준에 동조하며, 집단 내의 다른 사람들이 미치는 영향에 대해 긍정적으로 반응한다.
  ③ 구성원이 집단에 대해 호감을 느낄 때 다른 구성원이 바라는 바에 따라 행동하려는 동기를 가지며, 집단의 기능을 촉진시키는 방향으로 행동한다.

O× 퀴즈
응집력이 높은 집단은 집단규범을 어기는 집단원이 있을 때 기꺼이 도전한다. [ ]
[정답] ○

(4) 집단응집력과 만족도

① 응집된 집단의 구성원은 집단에 대해 더 만족한다.
② 응집된 집단일수록 보다 많은 사회적 상호작용을 하고, 구성원 간에 긍정적인 관계를 형성하며, 다른 구성원에게 더 큰 영향을 주어 목표를 달성하는 데 보다 효율적이고 만족을 느끼는 경향이 있다.

(5) 집단응집력 촉진 방법

① 집단의 초기단계에 신뢰감이 형성되어야 한다.
② 구성원이 자신에게 중요한 측면을 서로 나눈다면, 위험을 감수하고 집단응집력을 높일 수 있는 방법을 알게 된다.
③ 집단목표와 개인의 목표는 구성원과 상담자가 협력하여 세울 수 있다.
④ 응집성은 모든 구성원을 집단의 적극적인 참여자가 되도록 종용함으로써 높아질 수 있다.
⑤ 응집성은 상담자가 자신의 역할을 구성원과 함께 나눌 때 높아진다.
⑥ 갈등은 집단에서 피할 수 없는 현상이다. 구성원 간에 갈등이 발생했을 때 갈등의 근원을 인식하고 개방적인 태도로 다루는 것이 바람직하다.
⑦ 집단의 매력과 응집성은 서로 관련된다. 구성원이 집단에 대한 매력을 더 많이 느낄수록 집단의 응집력은 강해진다.
⑧ 구성원은 집단에서 발생하는 일에 대한 생각과 느낌, 반응을 드러내도록 조장되는 것이 좋고 긍정적인 반응과 부정적인 반응 모두 격려되어야 한다.

바로 Check

집단응집력에 관한 설명으로 옳지 않은 것은?
① 집단 내에서 함께 하는 느낌 또는 공동체라는 느낌을 의미한다.
② 집단회기가 진행되면서 자연스럽게 발달되고 유지된다.
③ 집단매력도와 관련이 있다.
④ '지금-여기'에 초점을 맞추어 피드백을 하려는 집단원의 의지는 집단응집력 지표 중 하나이다.
⑤ 초기부터 종결단계까지 항상 중요하다.

해설 집단응집력은 스스로 강화되지 않으며, 강화하기 위해서는 집단원 간의 상호작용 정도, 개인적 매력, 집단목표에 동의, 성공적 성과달성, 집단 간 경쟁 및 집단에의 보상 등이 중요하다.

정답 ②

5 집단의 치료적 요인 – 얄롬(Yalom)

(1) **희망감 고취**(instillation of hope) : 삶에 대한 희망감

(2) **보편성**(universality) : '나 혼자가 아니구나' 하는 느낌

(3) **정보전달**(imparting information) : 건강한 삶에 관한 정보 습득

(4) **이타심**(altruism) : 다른 사람들을 위해 기꺼이 나누어 줌

(5) **일차가족집단의 교정적 재현**(corrective recapitulation of the primary family group) : 초기 아동기와 유사한 역동 체험을 통한 학습

(6) **사회화 기법 발달**(development of socializing techniques) : 성숙한 사람들의 특성으로 나타나는 사회화 기술 습득

(7) **모방행동**(imitative behavior) : 다른 사람들의 긍정적 행동의 모방

(8) **대인학습**(interpersonal learning) : 다른 사람들과의 상호작용을 통한 학습

(9) **집단응집력**(group cohesiveness) : 다른 사람들과 서로 연결되어 있다는 느낌

(10) **정화**(catharsis) : 과거에 표출해 본 적이 없었던 감정 방출

(11) **실존적 요인**(existential factors) : 삶에 대한 책임 수용

OX 퀴즈

얄롬이 주장한 집단상담의 치료적 요인에서 지금-여기 상호작용은 현재 집단에서의 경험에 초점을 맞춤으로써 집단의 힘과 효과를 증가시키는 것이다. [　]

[정답] ✕
[해설] 게슈탈트 집단상담에 대한 설명이다.

바로 Check

다음에서 설명하는 집단상담의 치료적 요인은?

> 집단원들은 타인으로부터 받을 수 있는 도움에 한계가 있다는 점, 자신들이 선택한 삶에 대한 궁극적인 책임은 자신의 것이라는 점, 그리고 아무리 가까운 사이라 할지라도 타인과는 함께 할 수 없는 어떤 부분이 있다는 점을 깨닫게 된다.

① 정화　② 실존적 요인　③ 자기이해
④ 보편성　⑤ 이타주의

[해설] 실존적 요인은 삶에 대한 책임을 수용하도록 돕는다.

정답 ②

Plus Study | 집단상담의 변화촉진 요인

1. **수용(acceptance)** : 다른 사람들뿐만 아니라 자기 자신을 있는 그대로 받아들이고 인정하는 것으로 사람들이 자신을 싫어할 만하다거나, 받아들여질 수 없다고 여겼던 자신의 믿음과 신념에 반문하고 탐색해 볼 수 있는 기회를 제공한다.
2. **응집력(cohesiveness)** : 집단구성원이 '우리'라는 의식과 소속감을 기반으로 집단 내에서 적극적으로 일체화하려는 정도를 의미하며, 집단 내의 갈등을 감내하고 갈등을 대인관계 방식의 변화를 위한 치료적 작업으로 전환시키는 원동력이다.
3. **보편성(universality)**
   ① 문제를 겪고 있는 사람이 자기 혼자가 아니라는 점과 다른 사람들도 자신과 비슷한 생각과 감정을 가지고 있다는 사실을 깨닫게 되는 것이다.
   ② 구성원은 상호개방을 통해 자신만이 고통을 겪고 있는 것이 아니라는 사실을 알게 된다.
4. **피드백(feedback)**
   ① 다른 구성원의 행동, 사고, 감정, 경험에 대한 반응으로서, 반응과 관련된 개인의 솔직한 생각과 감정을 되돌려주는 것을 의미한다.
   ② 다른 구성원이 주는 피드백은 자기 모니터를 통해 새로운 생산적인 행동 습득을 가능하게 하며, 외부 환경에 적용됨으로써 집단 밖에서도 대인관계 행동의 변화를 촉진한다.
5. **희망감(hope)** : 변화 가능성에 대한 믿음으로, 삶을 효율적으로 통제하기 위해 노력하고 방법을 찾고자 하는 사람들을 집단에서 만나는 것은 구성원에게 새로운 가능성을 심어 준다.
6. **책임감(responsibility)**
   ① 자신의 선택에 대한 결과를 스스로 떠맡는 것을 의미한다.
   ② 먼저 자신의 행동에 책임을 지고 변화하게 되면, 외부 요인도 따라서 변할 수 있다는 원리를 터득하게 하는 것이 집단의 힘이다.
7. **모험심(risk-taking)**
   ① 자신의 약점을 기꺼이 공개하고 인정하며, 변화를 꾀하는 것을 의미한다.
   ② 모험심은 구성원이 스스로를 통제하고 되풀이해 온 방식을 포기하는 것이며, 자발적으로 선택하게 하는 효과가 있다.
8. **감정 정화(catharsis)**
   ① 개인의 내면에 누적되어 있는 감정을 표출하고 해소하는 것을 의미한다.
   ② 내재된 감정을 외부로 표출하는 것은 위협적인 감정의 속박에서 벗어나는 것으로 치료적으로 중요한 의미가 있다.
9. **자기이해(self-understanding)** : 전에는 알지 못했거나 받아들이지 않았던 자신의 모습을 발견하는 것으로, 상담과 심리치료는 인간의 존엄성을 기반으로 한 강점과 잠재능력을 발굴해 내는 의미 있는 과정이다.
10. **자기개방(self-disclosure)**
    ① 개인적인 문제와 관심, 욕구와 목표, 기대와 두려움, 희망과 좌절, 즐거움과 고통, 강함과 약함, 개인적 경험 등을 언어행동과 비언어행동을 통해 드러내는 것을 의미한다.
    ② 자기개방은 개인의 비밀스러운 정보를 털어놓음으로써 마음의 짐을 벗게 되는 효과가 있으며, 다른 구성원과 깊고 복합적인 관계를 형성하도록 돕는다.
11. **모방학습(modeling)**
    ① 구성원은 상담자뿐만 아니라 다양한 측면에서 서로에 대한 관찰과 상호작용을 통해 학습하게 된다.
    ② 구성원의 변화는 상담자를 포함해서 다른 구성원과의 상호작용과 모방을 통해 일어난다.

적중예상문제

01 다음 중 집단상담의 목표로 보기 어려운 것은?
① 대인관계 기술의 습득
② 집단생활 능력의 향상
③ 타인의 기대에 부응하는 태도
④ 자기이해 및 자기수용을 통한 인격적 성장
⑤ 생활상의 문제해결을 위한 실천적 행동 습득

기출 ★

02 집단상담자의 윤리적 행동으로 옳은 것을 모두 고른 것은?

> ㄱ. 청소년집단에서 집단원이 같은 학교 여자친구와 성관계를 했다는 것을 알게 되었을 때 담임선생님에게 즉각 알려준다.
> ㄴ. 청소년집단에서 집단원의 자살에 대한 구체적인 내용을 알았을 때 즉각 부모와 담당선생님에게 알린다.
> ㄷ. 가정에서 지속적으로 학대당하고 있는 청소년집단원에 대해 본인이 거부하는 경우 비밀을 보장하고 신고하지 않는다.
> ㄹ. 집단상담자는 자신의 가치관을 집단원에게 분명히 알려주는 것보다는 가치중립적 태도를 보이는 것이 좋다.
> ㅁ. 집단상담진행 중 집단원이 집단상담자와 이성적 만남을 원하는 경우 비밀보장을 원칙으로 개인적인 만남을 가질 수 있다.

① ㄱ, ㄴ ② ㄴ, ㄹ ③ ㄷ, ㅁ
④ ㄱ, ㄴ, ㄹ ⑤ ㄱ, ㄴ, ㅁ

정답 & 해설   01. ③ 02. ②

01 집단상담의 목표는 자기이해, 자기수용, 자기관리 능력의 향상 등이다.
02 아직 미성년자인 청소년집단에서 집단원의 자살에 대한 구체적인 내용을 알게 되었을 때 상담자는 부모 및 담당선생님에게 알리고 적절한 관련 조치를 취해야 한다. 또한 집단상담자는 가치중립적인 태도로 상담에 임한다.

2과목 집단상담의 기초

기출 ⭐
03 현실치료 집단상담에서 사용하는 주요기법을 모두 고른 것은?

> ㄱ. 질문하기 ㄴ. 유머사용 ㄷ. 역할 바꾸기 ㄹ. 역설적 기법 ㅁ. 게임분석

① ㄱ, ㄴ
② ㄱ, ㄷ
③ ㄱ, ㄴ, ㄷ
④ ㄱ, ㄴ, ㄹ
⑤ ㄴ, ㄹ, ㅁ

04 집단상담, 집단지도, 집단치료에 대한 설명이다. 설명의 연결이 바르지 않은 것은?
① 집단상담 – 개인의 심리적 문제의 해결에 치중한다.
② 집단지도 – 예방적 입장을 취한다.
③ 집단상담 – 집단구성원 개인의 행동변화보다는 집단의 변화가 중심이다.
④ 집단치료 – 심리적·정서적 문제가 있는 환자들의 정상적인 생활을 가능하게 한다.
⑤ 집단지도 – 진로, 공부방법 등 토의되는 주제에 초점을 맞춘다.

기출 ⭐
05 집단상담기술에 관한 설명으로 옳은 것을 모두 고른 것은?

> ㄱ. 명료화하기 : 어떤 중요한 문제의 밑바닥에 깔려있는 혼동되고 갈등적인 느낌을 가려내어 분명히 해주는 것이다.
> ㄴ. 요약하기 : 집단원들이 이야기의 핵심을 제대로 파악하지 못하거나 전체적인 집단과정에서 방향을 잡지 못할 때 활용할 수 있다.
> ㄷ. 자기노출 : 중요한 기술 중의 하나이며, 적절한 모험심과 용기가 필요하다.
> ㄹ. 해석하기 : 집단원이 표면적으로 표현하거나 인식한 내용을 뛰어넘어 집단상담자가 그에게 새로운 방식으로 자신의 문제를 바라볼 수 있도록 하는 것이다.
> ㅁ. 맞닥뜨림하기 : 피드백의 일종으로서 보다 정도가 강한 피드백이라 할 수 있다.

① ㄱ, ㄴ, ㄹ
② ㄱ, ㄷ, ㅁ
③ ㄴ, ㄷ, ㄹ
④ ㄱ, ㄴ, ㄷ, ㄹ
⑤ ㄱ, ㄴ, ㄷ, ㄹ, ㅁ

정답 & 해설 03. ④ 04. ③ 05. ⑤

03 역할바꾸기는 인지치료와 행동치료, 게임분석은 교류분석(TA)에서 주로 사용하는 기법이다.
04 집단상담은 개인의 행동변화에 중점을 둔다.
05 명료화하기는 Clarification, 요약하기는 Summary, 자기노출은 Self-disclosure, 해석하시는 Interpretation, 맞닥뜨림하기는 Confrontation이다.

기출 ★

06 집단의 구조 또는 형태에 관한 설명으로 옳지 않은 것은?

① 구조화 집단은 과정 중심 집단이다.
② 폐쇄집단은 집단의 안정성이 높아 집단응집력이 강한 편이다.
③ 구조화 집단은 집단의 목표, 과정, 내용, 절차 등을 체계적으로 구성해 둔다.
④ 마라톤 집단은 심화된 상호작용의 활성화를 꾀하기 위한 집단이다.
⑤ 자조집단은 지도자의 전문적 도움 없이 집단원들 간에 서로를 돕는 특성이 강한 집단이다.

기출 ★

07 얄롬(I. Yalom)이 제시하고 확인한 집단상담 치료적 요인 중에서 집단의 종결단계로 갈수록 부각되는 치료적 요인은?

① 보편성　　　　　② 희망　　　　　③ 응집력
④ 동일시　　　　　⑤ 실존적 요인

08 다음은 성장집단의 유형 중 무엇에 대한 설명인가?

> • 집단의 목표는 무엇보다도 일치성과 진솔성을 신장시키는 데 있다.
> • 인간적 성장기회를 제공하기 위한 훈련의 형태에서 발전된 집단이다.

① T집단　　　　　② 감수성훈련 집단　　　　　③ 참 만남 집단
④ 마라톤 집단　　　⑤ 실험훈련 집단

정답 & 해설　　　　　　　　　　　　　　　　　　　　　06. ① 07. ⑤ 08. ③

06 구조화 집단은 내용 중심 집단으로, 집단의 목표, 회기목표, 회기 내에 할 내용이 정해져 있다. 스트레스 관리, 자기주장 훈련, 섭식장애, 알코올중독자 부모에 대처하기, 대인관계 기술 습득 등의 집단을 구성할 수 있다.

07 실존적인 요인은 집단상담의 종결단계에서 부각되는 치료적 요인으로, 그 내용은 다음과 같다.
• 인생이 때로는 부당하고 공정하지 않다는 것을 인식한다.
• 궁극적으로 인생의 고통이나 죽음은 피할 길이 없음을 인식한다.
• 내가 아무리 다른 사람과 가깝게 지낸다 할지라도, 여전히 홀로 인생에 맞닥뜨려야 한다는 것을 인식한다.
• 나의 삶과 죽음에 대한 기본적인 문제들을 직면하고, 그럼으로써 좀 더 솔직하게 나의 삶을 영위하고 사소한 일에 얽매이지 않는다.
• 내가 다른 사람들로부터 아무리 많은 지도와 지지를 받는다 할지라도 내 인생을 살아가는 방식에 대한 궁극적인 책임은 나에게 있다는 점을 알게 된다.

08 참 만남 집단은 모든 장면에서 사람들의 인간적 성장기회를 제공하기 위한 훈련의 형태에서 발전된 집단으로 사회적 기술의 개발보다는 일치성과 진솔성을 고취시키려는 목적을 가지고 있다.

2과목 집단상담의 기초

기출 ✪
09 다음은 집단상담 축어록의 일부이다. (ㄱ)~(ㄹ)에 해당되는 것을 순서대로 옳게 나열한 것은?

> 향기 : 저는 요즘 남자 친구와 많이 싸우고 있어요. 그래서 지금 너무 힘들어서 헤어지고 싶다는 생각이 들어요.
> 겨울 : 남자 친구와 많이 싸우면서 힘들고, 너무 힘들어서 벗어나고 싶은 생각에 헤어지고 싶다는 생각이 들었군요. (ㄱ)
> 향기 : 네. 정말 힘들어요…… 혹시 저와 같은 고민을 가지고 계신 분 있나요? (ㄴ)
> 바다 : 저도 남자친구와 싸웠어요. 너무 성격이 안 맞는 것 같아 많이 힘들고 헤어질까도 고민하고 있어요. (ㄷ)
> 향기 : 바다님도 저처럼 남자친구와의 관계가 힘드셨군요. (ㄹ)
> 그런데, 바다님은 어떤 문제로 자주 싸우고 있나요?

① 공감 - 개방적 질문 - 자기개방 - 반영
② 반영 - 폐쇄적 질문 - 반영 - 공감
③ 공감 - 연결하기 - 자기개방 - 연결하기
④ 공감 - 개방적 질문 - 명료화 - 연결하기
⑤ 반영 - 연결하기 - 자기개방 - 공감

10 다음 중 구조화 집단에 대한 설명으로 옳지 않은 것은?
① 스트레스 관리, 부모역할 훈련과 같은 주제를 다루기에 좋다.
② 너무 소극적이어서 의사소통과정에 참여하기 어려운 사람에게 좋다.
③ 집단상담자가 정해진 계획과 절차에 따라 진행하는 집단의 형태이다.
④ 비구조화 집단보다 더 깊은 수준의 경험을 하기는 어렵다.
⑤ 집단구성원 개개인의 경험과 관심을 토대로 상호작용함으로써 집단의 치료적 효과를 얻고자 하는 집단의 형태이다.

정답 & 해설　　　　　　　　　　　　　　　　　　　　　　　　　　　　09. ⑤　10. ⑤

09 반영은 내담자의 말과 행동에서 표현된 기본적인 감정 생각 및 태도를 상담자가 다른 말로 부연해 주는 것이다. 연결하기는 집단상담 장면에서 집단원들 간의 관련성 및 연계성에 주목하는 것이다. 자기개방은 적절한 때에 자기 자신에 대한 정보를 개방하는 기술이다. 공감은 상담자가 내담자의 마음을 감지하여 이를 반영해 주는 것이다.
10 ⑤는 비구조화 집단에 대한 내용이다.

11 다음 중 동질집단과 이질집단에 대한 설명으로 옳지 않은 것은?
① 인구통계학적 배경이 유사한 사람들로 구성된 것은 동질집단이다.
② 이질집단은 서로 다른 배경과 특성으로 인해 갈등 유발가능성이 동질집단보다 크다.
③ 이질집단에서는 갈등해소를 통해 개인적인 성장을 증진시킬 수 있다.
④ 동질집단은 초기에 집단응집력이 낮은 특징을 가진다.
⑤ 동질집단의 깊이는 다소 피상적이고 표면적인 수준에 머무는 경향이 있다.

기출 ★

12 집단역동에 영향을 주는 요인을 모두 고른 것은?

| ㄱ. 집단상담자 | ㄴ. 집단원 | ㄷ. 집단과정 |
| ㄹ. 집단응집력 | ㅁ. 지도성 경쟁 | |

① ㄱ, ㄷ
② ㄱ, ㄴ, ㄹ
③ ㄱ, ㄴ, ㄷ, ㄹ
④ ㄴ, ㄷ, ㄹ, ㅁ
⑤ ㄱ, ㄴ, ㄷ, ㄹ, ㅁ

13 다음 중 폐쇄집단에 대한 설명으로 옳은 것은?
① 집단의 응집에 역효과를 가져올 수 있다.
② 구성원의 가입과 탈퇴가 언제든지 가능하다.
③ 일단 집단이 시작되면 새로운 구성원을 받아들이지 않는다.
④ 새로운 구성원의 아이디어나 자원이 계속 유입되므로 집단과정이 촉진된다.
⑤ 새로운 구성원의 참여는 집단의 과정을 되풀이하게 하여 집단의 발달을 저해할 수 있다.

14 집단역동에 영향을 주는 요인이 아닌 것은?
① 집단구성원의 배경
② 집단의 크기
③ 집단회기의 길이
④ 주제의 획일성
⑤ 다문화적 역동성

정답 & 해설

11. ④　12. ⑤　13. ③　14. ④

11 동질집단은 유사한 인구통계학적 배경을 가진 사람들로 구성되기 때문에 초기에 집단응집력이 높다.
12 집단역동에 영향을 미치는 요인으로는 집단상담자, 집단구성원, 집단과정, 집단의 배경, 집단의 참여형태, 의사소통의 형태, 집단의 응집성, 집단의 분위기, 집단행동의 규범, 집단원들의 사회적 관계유형, 하위집단의 형성, 주제의 회피, 지도성의 경쟁, 숨겨진 안건, 제안의 묵살, 신뢰수준 등이 있다.
13 ①, ②, ④, ⑤는 개방집단에 대한 내용이다.
14 집단역동에 영향을 미치는 요인으로는 집단구성원의 배경, 집단 목적의 명료성, 집단의 크기, 집단 모임 장소, 집단회기의 길이, 모임의 빈도수, 모임시간, 집단참여 동기, 집단응집력, 집단규범, 집단구성원의 역할, 다문화적 역동성 등이 있다.

15 다음 중 성장집단의 특성을 모두 고른 것은?

ㄱ. 기술향상, 지식의 습득을 목표로 한다.
ㄴ. 스스로의 잠재력을 개발하고자 한다.
ㄷ. 생산적인 태도의 형성과 생활방식의 변화를 목표로 한다.
ㄹ. 단기간에 해결이 가능한 일상적 문제를 대상으로 한다.
ㅁ. 정신질환자 모임, 체중조절 모임이 대표적인 예시이다.

① ㄱ, ㄴ, ㄷ
② ㄱ, ㄴ, ㄹ, ㅁ
③ ㄴ, ㄷ
④ ㄴ, ㄷ, ㅁ
⑤ ㄴ, ㄹ, ㅁ

기출

16 중·고등학교 청소년집단상담에 관한 설명으로 옳지 않은 것은?

① 교우관계, 학습기술과 전략 외에도 성지향성, 부모의 이혼과 재혼, 분노조절의 주제를 다룬다.
② 참가자는 참여목적이 분명하고 집단원들 간에 상호작용이 가능한 청소년들을 중심으로 선발한다.
③ 집단상담자는 청소년집단원과의 불필요한 힘겨루기 및 갈등을 해결하기 위해 주도적 역할을 한다.
④ 집단원들의 관심을 높일 수 있도록 놀이나 매체를 활용한다.
⑤ 자발적 집단상담은 치료센터나 시설거주치료센터에서 실시한다.

17 집단응집력이 낮은 집단의 특성으로 옳은 것은?

① 비교적 독립적으로 행동한다.
② 보다 많은 양의 의사소통을 한다.
③ 보다 많은 사회적 상호작용을 한다.
④ 합의에 도달하는 데 매우 적극적이다.
⑤ 집단구성원 간에 긍정적인 관계를 형성한다.

정답 & 해설

15. ③ 16. ⑤ 17. ①

15 자신에 대해 좀 더 알기를 원하는 구성원으로 구성되는 집단이다. 안전한 분위기 속에서 집단의 치료적 요소를 경험하게 됨으로써 자신을 정직하게 평가하여 자신의 참모습을 깨닫게 되고, 사고·감정·행동 변화를 꾀하면서 궁극적으로 인간적 성장을 실현한다.
ㄱ은 교육집단, ㄹ은 상담집단, ㅁ은 자조집단에 대한 설명이다.

16 치료센터나 시설거주치료센터에서는 자발적 집단상담이 이루어지기 어렵다.

17 ②, ③, ④, ⑤는 모두 응집력이 높은 집단의 특성이다.

기출 ★

18 청소년집단을 이끄는 집단상담자에게 요구되는 인간적 자질을 모두 고른 것은?

> ㄱ. 개인상담 경험　　　　　　　　　　ㄴ. 유머감각
> ㄷ. 청소년 집단에 대한 폭넓은 식견　　ㄹ. 자신의 경험에 대한 개방성
> ㅁ. 집단에 접근하는 새로운 방식에 대한 독창성

① ㄱ, ㄴ　　　　② ㄱ, ㄹ　　　　③ ㄴ, ㄷ, ㅁ
④ ㄴ, ㄹ, ㅁ　　　⑤ ㄱ, ㄷ, ㄹ, ㅁ

기출 ★

19 다음은 집단상담자의 피드백 내용이다. 효과적인 피드백에 적용된 원리는?

> • 비효과적인 피드백 : "바다님, 다른 집단원들을 쳐다볼 때 왜 곁눈질하고 흘겨보고 그래요? 그런 행동은 사람을 무시하는 나쁜 태도 같아요."
> • 효과적인 피드백 : "바다님, 다른 집단원들을 쳐다볼 때 똑바로 보지 않고 자주 곁눈질하는 것처럼 보이는데, 혹시 그런 사실을 스스로 알고 있는지요? 그것에 대해 어떻게 생각하는지 궁금합니다."

① 지각된 사실적인 진술을 제공하되 도덕적인 가치판단을 배제한다.
② 집단원과의 관계에서 변화되기 원하는 바를 표현한다.
③ 집단원의 행동에 대한 집단상담자 자신의 느낌을 표현한다.
④ 다른 집단원들이 유사하게 지각하고 있는 피드백을 제공한다.
⑤ 가능한 한 행동변화 대안까지 제시한다.

정답 & 해설　　　　　　　　　　　　　　　　　　　　　　　　18. ④　19. ①

18 개인상담 경험 및 청소년 집단에 대한 폭넓은 식견은 전문적 자질에 포함된다.
19 집단상담의 여러 가지 상담기술 중 피드백 주고받기에는 몇 가지 유의해야 할 사항이 있다. 사실적인 진술을 하되 가치판단을 하거나 변화를 강요하지 말고, 구체적으로 관찰 가능한 행동에 대하여 그 행동이 일어난 직후에 해 준다. 또한 변화 가능한 행동에 대해 피드백을 주어야 하며, 가능하면 대안까지 마련해 줄 때 효과적이다.

20 집단의 변화촉진 요인 중 피드백에 대한 설명과 거리가 먼 것은?

① 다른 집단구성원의 행동, 사고, 감정에 대한 반응이다.
② 변화의 가능성에 대한 믿음이다.
③ 솔직하고 구체적인 피드백을 해야 한다.
④ 집단상담에서의 피드백은 개인상담에서의 피드백보다 더 큰 힘을 발휘한다.
⑤ 다른 집단구성원이 주는 피드백은 자기 모니터를 통해 새로운 생산적인 행동 습득을 가능하게 한다.

21 집단상담자의 지도력에 따라 집단유형을 나누었을 때, 다음 설명 중 가장 올바른 것은?

① 외면적 통제 및 격려집단에서는 일반적으로 집단상담자가 논의할 주제를 제시한다.
② 방임적 집단에서는 집단구성원이 상담자의 지시 없이 무엇인가를 처리할 수 있기를 기대한다.
③ 내면적 통제집단에서 집단상담자는 구성원이 자신의 목표와 목적을 명확하게 하도록 도와주는 역할을 담당한다.
④ 실제로는 집단구성원이 상담자가 원하는 것만 하도록 허락해주면서 겉으로는 권위나 통제를 나타내지 않는 집단은 지도자 중심의 집단이다.
⑤ 내면적 통제집단에서는 집단구성원에 대하여 행동의 한계를 설정하지 않는다.

22 다음 중 집단상담의 기법에 대한 설명으로 옳지 않은 것은?

① 직면 - 자신이 한 행동의 일부 측면을 보도록 집단구성원을 자극하는 기법
② 해석 - 행동유형의 의미를 일정한 이론적 틀로 설명하는 기법
③ 공감적 이해 - 집단구성원의 진술 중 내용부분을 집단상담자가 다른 동일한 말로 바꾸어 기술하는 기법
④ 적극적 경청 - 집단구성원의 언어적·비언어적 행동에 대해 민감하게 반응하여 집단상담자 자신이 이해한 내용을 자신의 말과 행동으로 되돌려 주는 기법
⑤ 명료화 - 모호하고 불명확한 메시지를 분명하게 해주어 집단구성원이 선명한 그림을 갖도록 도와주는 기법

정답 & 해설

20. ② 21. ② 22. ③

20 ②는 집단의 변화촉진 요인 중 하나인 희망감에 대한 설명이다.
21 ①은 지도자 중심의 집단, ③은 외면적 통제 및 격려집단, ④는 내면적 통제집단, ⑤는 방임적 집단에 대한 설명이다.
22 공감적 이해는 집단구성원의 내면 감정을 가슴으로 느끼고, 그의 입장을 머리로 이해하는 것이다. 집단구성원의 진술 중 내용부분을 집단상담자가 다른 동일한 말로 바꾸어 기술하는 기법은 '재진술'이다.

기출 ★

23 게슈탈트 집단상담에 관한 설명으로 옳은 것을 모두 고른 것은?

> ㄱ. '왜'보다 '무엇'과 '어떻게'를 더 중요시한다.
> ㄴ. 지적인 이해보다 '행함'을 강조한다.
> ㄷ. 자기 스스로 일어서지 못하게 하는 방해물을 제거하는 것을 목표로 한다.
> ㄹ. '뜨거운 자리', '차례로 돌아가기', '빈자리', '질문형을 진술형으로 고치기' 등의 기법이 있다.

① ㄱ, ㄴ   ② ㄴ, ㄷ   ③ ㄱ, ㄴ, ㄹ
④ ㄱ, ㄷ, ㄹ   ⑤ ㄴ, ㄷ, ㄹ

24 다음은 무엇에 대한 예인가?

> 어제 밤에 또 늦게 들어 왔나요?

① 개방형 질문   ② 폐쇄형 질문   ③ 간접 질문
④ 질문 공세   ⑤ 정보제공 질문

기출 ★

25 집단상담 기술과 그 예시가 바르게 연결된 것은?

① 개방적 질문 - "지금 기분이 슬픈가요?"
② 연결짓기 - "슬픈 이야기를 웃으면서 하네요."
③ 명료화 - "잠깐, 다른 분들의 이야기도 들어야하니 가능한 1분 안에 마무리해 주세요."
④ 해석 - "다른 친구들이 고통스러웠던 이야기를 할 때 계속 달래려고 하는 것은 자신이 겪었던 고통스런 기억이 되살아나는 것에 대한 두려움 때문이 아닌가요?"
⑤ 직면 - "아까 민준이도 송이처럼 친구사귀기가 힘들다고 이야기한 것 같은데 민준이 이야기를 들어볼까요?"

정답 & 해설   23. ④   24. ②   25. ④

23 지적인 이해보다 행함을 강조하는 것은 행동주의 집단상담이다.
24 폐쇄형 질문은 '예' 혹은 '아니오'로 대답할 수 있는 질문의 형태이다.
25 해석은 집단구성원이 자신의 행동에 대하여 통찰하도록 돕기 위해 집단상담자가 행동의 원인에 대한 설명이나 연관성 여부를 잠정적인 가설의 형태로 기술하는 기법이다. 해석은 가설로서 제시하는 것이 중요하며, 당사자가 집단에서 이러한 직감의 타당성을 고려할 기회를 가지는 것도 중요하다.

기출 ★
26 개인상담보다는 집단상담에 가장 적합한 청소년은?
① 대인관계에 관심이 많은 청소년
② 의심이 심한 청소년
③ 극도로 의존적인 청소년
④ 반사회적인 청소년
⑤ 주의산만하고 충동적인 청소년

27 다음 중 협동상담자의 장점이 아닌 것은?
① 상담자끼리 역할분담을 통해 집단의 흐름을 효과적으로 조율할 수 있다.
② 협동으로 일하기 때문에 집단구성원에게 다양한 기법과 시범을 보여줄 수 있다.
③ 각자의 전문성을 살려 집단을 이끌 경우, 집단역동을 활성화시킬 수 있다.
④ 서로의 감정이 주관적으로 치우치지 않도록 조절하며, 유용한 피드백을 교환할 수 있다.
⑤ 보조상담자와 동의어로서, 한 명은 지배적인 역할을, 다른 한 명은 보조자의 역할을 담당한다.

28 다음 중 집단구성원이 침묵을 하는 이유에 해당되지 않는 것은?
① 혼란스러운 감정을 느끼고 있을 때
② 생각하는 과정에 몰두해 있을 때
③ 현재에 집중하지 않고 다른 백일몽을 꿈꾸고 있을 때
④ 지배적인 집단상담자나 집단구성원으로부터 위협을 느낄 때
⑤ 집단에 대한 준비가 과도할 때

정답 & 해설
26. ① 27. ⑤ 28. ⑤

26 집단상담은 집단구성원 간의 상호작용을 우선시하기 때문에, 대인관계에 관심이 많은 청소년이 참여하면 좋다.
27 협동상담자는 보조상담자와는 달리 동등한 관계에서 협동으로 상담을 진행하는 경우이다.
28 대개 집단구성원은 집단에 대한 준비가 미흡할 때 침묵을 하게 된다.

기출 ★

29 사실적인 이야기를 늘어놓으며 집단을 지루하게 하는 집단원에 대한 집단상담자의 자세로 옳지 않은 것은?

① 지루함에 대해 호기심을 갖는다.
② 지루함도 하나의 중요한 정보로 여긴다.
③ 집단상담자의 역전이에 대해 주의를 기울인다.
④ 언제, 어떤 경우에 덜 지루하게 하는지에 대해 파악한다.
⑤ 의존성이 원인이므로 먼저 의존성에 대해 직면시킨다.

기출 ★

30 차단하기 기법이 필요한 상황에 해당되는 것을 모두 고른 것은?

ㄱ. 집단원이 중언부언할 때
ㄴ. 집단원이 상처를 주는 말을 할 때
ㄷ. 지도자가 주제의 초점을 변경하고자 할 때
ㄹ. 집단이 비생산적인 분위기로 흘러가서 분위기 전환이 필요할 때

① ㄱ, ㄴ
② ㄷ, ㄹ
③ ㄱ, ㄴ, ㄷ
④ ㄴ, ㄷ, ㄹ
⑤ ㄱ, ㄴ, ㄷ, ㄹ

31 다음 중 집단상담의 작업단계에서 상담자의 역할에 해당하는 것은?

① 문제해결의 동기를 부여한다.
② 구성원의 문제의 심각성을 파악한다.
③ 보편성을 제공하는 집단구성원의 이야기에서 공통된 주제들을 찾는다.
④ 집단구성원이 특별한 기술을 다양한 일상에 적용시키도록 돕는다.
⑤ 변화하는 실질적 방법으로서 구성원들이 구체적 다짐을 하고 과제를 실천하도록 한다.

정답 & 해설

29. ⑤ 30. ⑤ 31. ③

29 집단원이 사실적인 이야기를 늘어놓는 경우에는 공감적 이해를 통해 해당 집단원이 여기 지금에 초점을 맞추고 과거의 경험에서 야기된 감정을 적절하게 표출할 수 있도록 도와야 한다.

30 차단하기는 집단과정에 부정적인 영향을 주거나 집단원의 성장을 저해하는 의사소통에 집단상담자가 직접 개입하여 집단원의 말을 중지시키는 기법으로 적용해야 할 시기는 ① 중언부언할 때, ② 질문 공세를 퍼부을 때, ③ 부정확한 사실을 말할 때, ④ 상처 싸매기를 시도할 때, ⑤ 집단원 간에 논쟁을 할 때, ⑥ '거기 그때' 형식의 논의를 할 때, ⑦ 사실적인 이야기를 늘어놓을 때, ⑧ 집단의 초점을 옮기고 싶을 때, ⑨ 잡담을 늘어놓거나 집단의 목적과 무관한 이야기를 할 때, ⑩ 다른 집단원의 비밀을 누설하거나 사생활을 침해하는 행위를 할 때, ⑪ 회기 종결이 임박했을 때 등이다.

31 ①·②는 참여단계, ④·⑤는 종결단계에서의 집단상담자의 역할이다.

32 다음 중 참여단계에 대한 설명으로 옳지 않은 것은?

① 집단구성원의 저항을 주로 다루게 된다.
② 집단구성원은 집단의 분위기를 점검하고, 익숙해지는 과정에 있다.
③ 집단상담자는 집단구성원이 의미 있는 목표를 발전시키고, 분명히 하도록 돕는다.
④ 집단상담자는 규칙과 함께 집단구성원이 일정한 한계 내에서 행동할 것을 규정하는 경계선을 설정한다.
⑤ 집단구성원은 집단에서 무엇이 기대되고, 집단이 어떻게 기능하며, 어떻게 집단에 참여해야 하는지를 습득한다.

기출 ★
33 다음 대화에서 집단상담자가 사용한 상담기술은?

- 집단원 : 아버지가 미워요. 아버지는 제 마음을 너무 상하게 해요. 하지만 이런 생각을 할 때마다 죄책감이 들어요. 그래도 여전히 아버지를 사랑해요. 아버지도 저를 사랑해줬으면 좋겠어요.
- 상담자 : 아버지에 대해 사랑과 미움의 감정을 동시에 갖고 있구나. 그래서 그런 두 감정을 동시에 갖는 것이 바람직하지 못하다고 생각하는구나.

① 연결하기　② 해석하기　③ 직면하기
④ 명료화하기　⑤ 자기노출하기

기출 ★
34 생산적인 지지와 격려에 해당하는 것은?

① 차선을 우선적으로 결정하려 할 때 지지와 격려하기
② 침묵하던 집단원이 조심스럽게 자기개방을 했을 때 지지와 격려하기
③ 집단원에 대해 매번 지지와 격려하기
④ 집단원이 자신의 나약함을 집단에서 확인하려 할 때 지지와 격려하기
⑤ 집단원이 고통스러운 감정을 충분히 경험하기 전에 지지와 격려하기

정답 & 해설　　32. ①　33. ④　34. ②

32 ①은 과도기단계에 대한 설명이다.
33 명료화는 집단구성원의 진술내용에서 공백을 메우거나 진술내용에 의미를 부여하기 위해 집단상담자가 사용하게 되는 언어적 도구이다. 쟁점 뒤에 숨어 있는 핵심에 집중하고, 혼란스럽고 갈등을 일으키는 감정을 가려내는 것이다.
34 지지와 격려는 내담자가 긍정적인 방향으로 나아갈 때 해주는 것이 생산적이다.

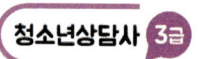

35 다음 중 과도기단계에 대한 설명으로 옳지 않은 것은?

① 신뢰와 응집력이 형성된 상태에서 집단구성원 자신이 탐색하고자 하는 문제를 제안한다.
② 집단상담자는 집단구성원이 자신의 특성과 방어기제를 인식할 수 있도록 도와야 한다.
③ 집단상담자는 갈등상황을 충분히 다루고 인식하는 일에 중점을 둔다.
④ 집단구성원이 의존으로부터 독립으로 전향해 나갈 수 있도록 한다.
⑤ 집단상담자 및 다른 구성원에 대한 적대감이나 저항이 표면화된다.

36 집단구성원의 문제행동에 따른 상담자의 대응으로 옳지 않은 것은?

① 대화를 독점하는 구성원은 다른 구성원의 분노를 일으킬 수 있으므로 상담자가 즉각적으로 개입해 해결하도록 한다.
② 습관적으로 불평을 하는 구성원은 개별 면담을 진행해 불평의 이유를 알아보도록 한다.
③ 질문 공세를 하는 구성원은 다른 구성원의 발언 기회를 빼앗으므로 회기 당 질문 횟수를 제한하도록 한다.
④ 소극적으로 참여하는 구성원은 집단이 침체되는 부정적 영향을 끼치므로 상담자는 적극적으로 참여할 수 있는 분위기를 조성한다.
⑤ 과거의 사실만 늘어놓는 구성원은 지금-여기에 초점을 맞출 수 있도록 돕는다.

37 다음 중 집단상담의 참여단계에서 나타나는 특징은?

① 상담에서 습득한 대로 행동을 연습해본다.
② 서로 주도권을 잡기 위해 신경전을 한다.
③ 서로 발전을 위해 활발하게 조언을 주고받는다.
④ 집단과정에 대한 기초적인 지식을 습득한다.
⑤ 집단과정에서 배운 것을 미래의 생활장면에 어떻게 적용하고 실천할 것인지를 계획한다.

정답 & 해설

35. ① 36. ③ 37. ④

35 ①은 작업단계에 대한 설명이다.
36 연속적인 질문은 다른 구성원에 대한 호기심을 충족하려는 잘못된 수단으로 사용될 수 있으므로 질문 공세를 하는 구성원에게 자신을 주어로 하여 직접적인 방식으로 표현하도록 한다.
37 ①·③은 작업단계, ②는 과도기단계, ⑤는 종결단계에서 나타나는 특징이다.

38 정신분석적 집단상담자의 기능에 대한 설명이 아닌 것은?

① 피상적 대화를 할 경우 밑바탕에 깔린 숨은 주제를 지적한다.
② 지금-여기의 반응을 표현할 수 있도록 분위기를 조성한다.
③ 억압, 저항, 피로, 흥미 상실의 상태에서 능동적 질문을 한다.
④ 의사소통이나 상호작용이 한 영역에 고착되면 의식적 자아와 무의식적 자아를 관련시킨다.
⑤ 미처 자각하지 못했던 의식자료를 통찰할 수 있도록 한다.

기출 ✪

39 공동상담자 활용의 장점으로 옳은 것을 모두 고른 것은?

ㄱ. 상담자의 신체적·정서적 소진을 감소시킬 수 있다.
ㄴ. 역할을 분담함으로써 집단활동을 효율적으로 이끌어 갈 수 있다.
ㄷ. 각자의 전문성을 적절하게 활용할 경우 집단역동을 활성화시킬 수 있다.
ㄹ. 서로 다른 관점을 교환함으로써 보다 효과적인 방안을 모색할 수 있다.

① ㄱ, ㄴ ② ㄱ, ㄷ ③ ㄱ, ㄴ, ㄹ
④ ㄴ, ㄷ, ㄹ ⑤ ㄱ, ㄴ, ㄷ, ㄹ

40 다음 중 집단상담 추수작업의 목적이 아닌 것은?

① 집단상담 효과의 재확인
② 집단상담 효과의 극대화
③ 집단상담 효과의 지속여부 확인
④ 집단의 긍정적·부정적 영향 확인
⑤ 집단상담자와 집단구성원 간의 친밀감 형성

정답 & 해설 38. ② 39. ⑤ 40. ⑤

38 ②는 인간중심 집단상담자에 대한 설명이다.
39 집단상담에서 공동상담자를 활용하면 소진 가능성 감소, 역할분담 용이, 상호보완, 상호 피드백 교환, 상호 정보 교환 등의 장점을 가질 수 있다.
40 추수(추후)상담은 집단상담자에게 집단의 결과를 평가할 기회를 제공하며, 동시에 구성원에게 집단이 자신과 동료에게 미친 효과에 대해 생각할 기회를 제공한다.

41 아들러의 개인 심리학적 집단상담의 목표로 옳은 것은?

① 전이의 해결
② 꿈의 분석 및 해석
③ 바람직한 생활양식의 확립
④ 합리적인 신념을 가진 개인으로 육성
⑤ 자기실현 경향성을 가진 개인으로 성장

기출 ★

42 다음은 집단상담축어록의 일부이다. (ㄱ)~(ㄹ)에 해당되는 것을 순서대로 옳게 연결한 것은?

> 태리: 저는 요즘 중간고사 공부를 하면서 너무 자신이 한심하다는 생각이 들어요.
> 유진: 자신이 한심하다는 생각이 든다니 속상하시겠어요. (ㄱ) 잠은 잘 자는 편인가요? (ㄴ)
> 태리: 요즘은 힘도 없고 잠도 잘 못자요.
> 동맥: 시험공부할 때는 누구나 그런 생각이 들기 마련이지요. 너무 걱정하지 말아요. 다 지나 갈 거예요. (ㄷ)
> 희성: 지난번에 유진님도 자격증 공부로 힘들어했었던 것 같은데, 유진님은 태리님의 이야기를 듣고 어떤 느낌이 드나요? (ㄹ)

① (ㄱ) 공감하기, (ㄴ) 폐쇄적 질문, (ㄷ) 공감하기, (ㄹ) 차단하기
② (ㄱ) 공감하기, (ㄴ) 폐쇄적 질문, (ㄷ) 구원하기, (ㄹ) 연결하기
③ (ㄱ) 자기개방, (ㄴ) 개방적 질문, (ㄷ) 공감하기, (ㄹ) 연결하기
④ (ㄱ) 공감하기, (ㄴ) 개방적 질문, (ㄷ) 구원하기, (ㄹ) 연결하기
⑤ (ㄱ) 자기개방, (ㄴ) 폐쇄적 질문, (ㄷ) 공감하기, (ㄹ) 차단하기

정답 & 해설　　　　　　　　　　　　　　　　　　　　　　　41. ③　42. ②

41 개인 심리학적 집단상담에서 집단상담자는 집단구성원의 생활양식을 파악하여 바람직한 방향으로 생활양식을 바꾸도록 재교육이나 재정향을 위해 노력한다.

42
- 공감하기는 집단원의 심정을 마치 그 사람이 느끼는 것처럼 함께 한다는 것으로서, 마치 그 사람처럼 감정을 느끼는 것이다.
- 폐쇄적 질문은 예나 아니오로 대답하도록 답변의 범위를 제한한다.
- 구원하기는 다른 집단원의 상처를 달래고 고통을 줄여 사람들을 즐겁게 하고 자신도 안정을 취하려는 욕구의 표현이다.
- 연결하기는 집단원의 행동이나 말을 다른 집단원의 관심사와 연결시키는 데 사용되는 통찰력 표현이다.

43. 집단상담에서 일어나는 저항을 표현하는 방법과 관계없는 것은?
① 침묵
② 의심
③ 말의 독점
④ 개인의 독립성
⑤ 과장된 행동

44. 정신분석적 집단상담에 대한 설명으로 옳지 않은 것은?
① 집단상담자의 지시에 의존하지 않는다.
② 다른 집단구성원에게 전이를 느낄 수 있다.
③ 집단상담자는 자신의 역전이를 상담에 사용해서는 안 된다.
④ 집단상담자로부터 분석을 받음으로써 독점하고 싶은 욕구를 채워준다.
⑤ 집단구성원 각자가 전체 집단의 저항을 직면하고 다룰 수 있도록 조력한다.

기출

45. 다음 특성이 나타나는 집단 발달 단계에서 집단상담자가 담당해야 할 역할로 옳은 것은?

- 좌절 극복하기
- 분리에 대한 감정다루기
- 집단에서 다루려고 했던 문제 완결하기

① 집단원들이 상호 간에 의존할 수 있으면서도 독립적일 수 있도록 돕는다.
② 집단원의 저항과 불안을 존중하고 자신의 특성과 방어기제를 인식할 수 있게 돕는다.
③ 집단응집력을 높이는 행동을 장려하고 상담자가 적절한 행동 모델을 보여준다.
④ 집단원들의 변화를 강화하고, 특별한 기술들을 다양한 일상에서 적용시키도록 돕는다.
⑤ 집단원이 자신의 두려움과 기대를 표현하도록 돕고 집단원의 질문을 개방적인 태도로 다룬다.

정답 & 해설   43. ④   44. ④   45. ④

43 집단상담에서 일어나는 저항은 불안으로부터 자신을 보호하기 위해 취하는 방법으로 이해해야 한다.
44 정신분석적 집단상담의 분석은 장기간을 요하는 집중작업이기 때문에 집단상담에서 개개인에게 분석을 시도한다는 것이 거의 불가능하다.
45 마무리단계, 즉 종결단계에서 집단상담자는 상담이 종료되는 데에서 오는 감정을 다스리는 것을 돕고 마무리 짓지 못한 문제를 정리하며 변화를 강화시켜준다. 또한 특별한 기술을 일상에 적용시키도록 돕고, 피드백을 주고받으며 비밀유지를 당부한다.

46. 다음 중 참 만남 집단에 적용되는 집단상담 이론은 무엇인가?
    ① 인간중심 집단상담
    ② 행동주의 집단상담
    ③ 교류분석적 집단상담
    ④ 정신분석적 집단상담
    ⑤ 개인 심리학적 집단상담

47. 다음 중 REBT 집단상담에 대한 설명으로 옳지 않은 것은?
    ① 부적절한 정서를 제거하기 위한 수단을 집단구성원에게 제공한다.
    ② 집단구성원이 가지고 있는 실현경향성과 성장경향성에 대해 중요하게 다룬다.
    ③ 대개 인간들은 스스로를 인지적, 정서적, 행동적으로 혼란에 빠트린다고 본다.
    ④ ABCDE 모형을 적용하여 상담과정을 진행시킨다.
    ⑤ 집단상담자는 집단구성원이 가지고 있는 비합리적 생각에 도전할 수 있는 기회를 제공한다.

48. 게슈탈트 집단상담 이론의 접촉경계 장애에 관한 용어의 설명 중 틀린 것은?
    ① 반전 – 개인이 타인이나 환경에 대해 해야 할 것을 자신에게 하는 것
    ② 내사 – 타인의 신념과 기준을 무비판적으로 수용하는 것
    ③ 편향 – 내가 접촉하기 싫어한 나의 어떤 면을 타인에게서 봄으로써 자신이 느끼는 감정이나 자기를 부정하는 것
    ④ 투사 – 내가 가진 것을 부인하고 남에게 돌려서 접촉을 피하는 것
    ⑤ 융합 – 밀접한 관계에 있는 두 사람이 서로 간에 차이점이 없다고 느끼도록 합의함으로써 발생하는 접촉-경계 혼란

정답 & 해설

46. ① 47. ② 48. ③

46 인본주의를 바탕으로 하는 인간중심 집단상담의 원리와 기법은 참 만남 집단에 적용된다.
47 ②는 인간중심 집단상담에 대한 설명이다.
48 ③의 내용은 투사에 관한 것이다.
✚ 편향 : 감당하기 힘든 내적 갈등이나 외부 환경적 자극에 노출될 때, 이러한 경험으로부터 압도당하지 않기 위해 자신의 감각을 둔화시킴으로써 자신 및 환경과의 접촉을 약화시키는 것

49 실존주의 집단상담에 대한 설명으로 옳지 않은 것은?

① 인생각본 분석과 생활양식 분석 등을 통해 집단구성원의 변화를 도모한다.
② 집단구성원이 자신과 자신을 둘러싼 세상에 대한 관점을 넓히도록 조력한다.
③ 집단구성원의 현재와 미래 삶에 의미를 주는 것이 무엇인지 밝힌다.
④ 죽음을 삶의 의미와 목적을 발견하는 데 있어 필수적인 것으로서 파악한다.
⑤ 인간에게 초점을 두고 인간에게 의미 있는 것이 무엇인지를 밝히고자 한다.

50 의사교류 분석 집단상담에 대한 설명으로 옳지 않은 것은?

① 예방적 상담과 치료적 상담이 모두 가능하다.
② 집단구성원이 상담을 이끄는 방법으로써 계약을 강조한다.
③ 의사교류 분석 집단의 많은 요소들은 특히 여성과 상담할 때 유용하다.
④ 의사교류 분석 이론은 정신분석 이론과 달리 생후 5년의 시기에 대해 중요하게 생각하지 않는다.
⑤ 집단구성원의 자유로운 상호작용을 독려하기보다는 오히려 집단에서 개인적인 작업을 독려하는 경향이 있다.

기출 ★

51 인간중심 집단상담자의 개입방식으로 옳지 않은 것을 모두 고른 것은?

ㄱ. 개인적인 경험을 말한다.
ㄴ. 집단과정에 대해 많은 의견을 말한다.
ㄷ. 집단원의 동기와 행동을 지속적으로 해석해 준다.
ㄹ. 어떤 정서를 이끌어 내기 위해 계획된 방법을 사용한다.
ㅁ. 상담자의 직접적인 개입이 없어도 집단이 발전해 나갈 수 있다고 믿는다.

① ㄱ, ㄷ ② ㄱ, ㄹ ③ ㄴ, ㄷ, ㄹ
④ ㄴ, ㄷ, ㅁ ⑤ ㄷ, ㄹ, ㅁ

정답 & 해설 49. ① 50. ④ 51. ③

49 ①은 의사교류 분석적 집단상담에 대한 설명이다.
50 의사교류 분석 이론은 정신분석 이론과 같이 생후 5년의 시기에 대해 중요하게 생각한다.
51 인간중심 집단상담자는 적극적 경청, 심사숙고하기, 명료화하기, 요약하기, 개인적인 경험 말하기, 집단이 나아가야 할 방향을 지시하기보다는 집단의 흐름에 동참하기 등의 형식으로 개입을 시도한다.

기출 ★

52 현실치료 집단상담의 주요기법이 아닌 것은?
① 질문하기　　② 유머사용　　③ 역설적 기법
④ 탈숙고(dereflection)　　⑤ 직면하기

53 청소년 집단상담의 목표가 아닌 것은?
① 청소년들이 발달과정에서 발생하는 다양한 요구를 충족시키도록 한다.
② 청소년들이 집단 내의 인간관계를 통하여 다른 사람을 이해하도록 한다.
③ 청소년들이 주어진 환경에 적응하고, 이를 수용하는 방법을 배우도록 한다.
④ 청소년들이 타인에 관심을 가지고 배려하며 솔직하게 직면하는 태도를 배우도록 돕는다.
⑤ 상실이나 슬픔을 다루는 것에 중점을 둔다.

기출 ★

54 게슈탈트 집단상담의 목표에 관한 설명으로 옳지 않은 것은?
① 통찰을 행동으로 옮긴다.
② 자기 내부의 양극단을 통합시킨다.
③ 자신과 타인 간의 접촉을 경험하게 한다.
④ 집단원 자신의 한계를 분명하게 정의한다.
⑤ 지금-여기에 입각하여 과거는 다루지 않고 현재를 다룬다.

55 집단상담을 할 때 성인집단과 청소년집단의 가장 큰 차이점은 무엇인가?
① 집단의 목표　　② 집단원의 구성　　③ 부모의 동의 얻기
④ 비밀유지　　⑤ 집단상담자의 자격

정답 & 해설　　52. ④　53. ⑤　54. ⑤　55. ③

52 탈숙고는 실존치료 집단상담의 주요기법이다.
53 상실이나 슬픔을 다루는 것에 중점을 두는 것은 노인 집단상담의 목표에 해당된다.
54 지금-여기에 중점을 두는 것은 사실이지만, 과거를 아예 무시하는 것은 아니다.
55 아직 성인에 이르지 못한 집단구성원의 경우에는 특별히 부모의 동의가 필요하다.

56 상담하기 싫어하는 학생 내담자와 우선 달성해야 할 목표가 아닌 것은?
① 내담자가 원하는 것 파악하기
② 부모님의 욕구에 중점을 두기
③ 상담을 기피하는 원인을 파악하기
④ 비자발적으로 집단에 참여하는지의 여부 파악하기
⑤ 하기 싫은 것보다 하고 싶은 것 알아내기

57 학교에서 문제 청소년을 강제로 집단상담에 참가시켰다. 초기단계에서 필요 없는 것은?
① 상담이 끝나는 시점은 상담자가 결정한다.
② 청소년들에게 자기개방을 강제로 유도하지 않는다.
③ 청소년들에게 상담을 강제로 하게 되어 느끼는 마음에 대해 개방할 시간을 준다.
④ 청소년들이 편안하게 이야기할 수 있는 집단 분위기를 조성한다.
⑤ 학교의 바람이나 목표설정 등에 초점을 두어 집단을 이끈다는 것을 주지시킨다.

58 심리극에서 주인공을 대신하기도 하며, 다양한 역할을 함으로써 주인공의 역할을 가정하는 것은 무슨 기법인가?
① 행동연습　　② 자기제시　　③ 반영기법
④ 마술가게　　⑤ 역할 바꾸기

59 다음 중 심리극의 기본 요소가 아닌 것은?
① 무대　　② 주인공　　③ 연출자
④ 보조자아　　⑤ 감정이입

정답 & 해설　　56. ②　57. ⑤　58. ③　59. ⑤

56 부모님의 욕구에 중점을 두는 경우에는 청소년의 반발심을 더욱 증가시킬 수 있다.
57 문제 청소년은 아직 상담에 대한 개입 의도나 목적이 불분명하고 반항적인 경우가 많이 있기 때문에 학교나 교사의 바람보다는 청소년 자신에게 중점을 두어 상담을 진행시키는 것이 도움이 된다.
58 반영기법은 보조자아가 연기할 때 주인공의 태도, 몸짓, 언어들이 나타나면 이를 반영하여 주인공의 역할을 가정하는 것이다.
59 심리극의 기본 요소로는 무대, 주인공, 연출자, 보조자아, 관객 등이 있다.

60. 다음 중 집단구성원의 권리가 아닌 것은?

① 기본 권리 : 서면동의
② 동등한 대우를 받을 권리
③ 집단을 떠날 수 있는 자유
④ 강요나 부당한 압력으로부터의 자유
⑤ 어떤 경우라도 비밀보장을 받을 권리

61. 다음 중 집단상담에서 집단 자체에 관계되는 평가내용이 아닌 것은?

① 집단자원의 활용도
② 목표 지향적인 방향성
③ 집단토의나 활동의 성취도
④ 집단구성원의 행동변화
⑤ 성취 혹은 진전의 속도

62. 심리극의 3가지 단계에서 제일 나중에 하게 되는 단계는?

① 준비단계
② 워밍업 단계
③ 연기단계
④ 행동화단계
⑤ 공유단계

63. 다음 중 집단상담자의 행동윤리에 대한 사항으로 옳지 않은 것은?

① 집단상담 훈련시간 조정은 내담자 각자에게 맡겨야 한다.
② 구성원의 개인적인 정보를 누설하지 않도록 해야 한다.
③ 구성원에게 상담자가 할 수 없는 일을 해줄 수 있다고 약속하지 않는다.
④ 상담자는 구성원의 문화 속 가족이나 사회의 위계를 존중해야 한다.
⑤ 현재나 이전의 집단구성원과 부적절한 관계에 빠지는 것을 피해야 한다.

정답 & 해설

60. ⑤ 61. ④ 62. ⑤ 63. ①

60 집단상담에서 비밀보장의 한계
- 전문가의 입장에서 볼 때 내담자가 자신이나 다른 사람 혹은 기물에 심각한 손상이나 위협을 끼칠 것으로 판단되는 경우
- 아동이나 노인 학대, 방임 및 폭행이 의심되는 경우
- 법원으로부터 정보를 제공하라는 명령을 받는 경우
- 슈퍼비전을 받고 있는 경우
- 내담자가 서면으로 허락한 경우

61 집단 자체에 관계되는 평가내용 - 젠킨스(Jenkins, 1961)
- 목표 지향적인 방향성
- 집단토의나 활동의 성취도
- 성취 혹은 진전의 속도
- 집단자원의 활용도
- 집단활동의 개선책

62 심리극의 단계 : 워밍업(준비) 단계 → 연기(행동화)단계 → 공유단계

63 집단상담의 훈련시간 조정은 내담자와 상담자의 합의하에 이루어져야 한다.

64 비밀보장을 충분히 설명했는데도 불구하고 비밀보장이 지켜지지 않았을 경우 책임은?

① 상담자 책임이다.
② 내담자 책임이다.
③ 상담자와 내담자가 함께 책임을 진다.
④ 누구의 책임도 아니다.
⑤ 비밀을 누설한 사람의 책임이다.

65 집단을 구성할 때의 내용으로 옳은 것은?

① 아동은 개방적으로 하는 게 좋다.
② 아동을 위한 집단상담의 크기는 성인과 비슷하다.
③ 청소년 집단상담에서는 또래상담자를 활용하는 것이 도움이 된다.
④ 청소년을 모집할 때 성별을 구별하지 않는 것이 좋다.
⑤ 청소년 집단구성원의 주요 주제는 학습에 중점을 두는 것이 효과적이다.

66 다음은 집단의 유형 중 무엇에 대한 설명인가?

- 정상적인 청소년의 성장, 발달에 중점을 둔다.
- 집단원 간 상호 친밀감과 경험 및 느낌을 교환하도록 격려한다.
- 개방적이고 징직한 상호관계를 형성하도록 강조한다.

① T집단 ② 과업 집단 ③ 참 만남 집단
④ 구조화 집단 ⑤ 자조 집단

정답 & 해설　　　　　　　　　　　　　　　64. ①　65. ③　66. ③

64 집단상담자는 집단구성원의 비밀유지에 대한 윤리적·법적 책임을 우선적으로 가지고 있다.
65 또래상담자의 활용은 또래의 영향을 받는 청소년기의 집단구성원들에게 특히 효과적이다.
66 참 만남 집단은 건강하고 정상적인 청소년들이 그들과 다른 사람들과 더욱 친근감을 갖고 만날 수 있도록 도움으로써 성장, 발전할 수 있도록 하는 집단이다.

나만의 정리노트

필수과목

3과목
심리측정 및 평가

- **Section 01** 심리측정의 기본개념
- **Section 02** 검사의 선정과 시행
- **Section 03** 인지적 검사
- **Section 04** 정의적 검사
- **Section 05** 투사적 검사
- **Section 06** 기타

Section 01 심리측정의 기본개념

학습포인트 표준화 검사의 개념과 개발 및 통계의 기초에 대해 이해한다. 또한 검사 개발 시 신뢰도와 타당도의 중요성에 대해 이해한다.

1 검사, 측정, 평가의 개념

(1) 검사 개발의 원리

① **이해** : 심리검사는 전통적으로 임상심리전문가, 상담자, 교사, 공공기관 또는 기업체의 인사 담당 부서에서 환자, 학생, 직원의 개인차를 이해하기 위해 사용하고 있다.

② **선발** : 검사를 사용하여 어떤 능력이나 문제를 가진 사람을 정확하게 선발해야 한다.

③ **분류** : 본래 모양, 성질, 종류에 따라 사물을 유목별로 분리하는 것으로, 여러 사람 중에서 일부를 탈락시키고 필요한 인원만 뽑는 것을 말한다.

④ **정치(placement)** : 능력 또는 흥미를 기준으로 분류한 후 적재적소에 인력을 배치하는 것이다.

⑤ **진단** : 일반적으로 장애나 질환을 확인하고 치료하기 위한 작업으로서, 단순히 증상에 따라 질환을 분류하거나 병명을 붙이는 것 이상으로 환자의 증상과 장애의 원인을 파악하고 가장 적합한 치료방법을 선택하는 데 필요한 정보를 제공하는 것이다.

⑥ **평가** : 정신과에서 환자를 치료하거나 교정기관에서 교정지도를 한 뒤에 그 효과를 객관적으로 확인하기 위해 심리검사를 실시했을 경우 이를 평가기능이라고 한다.

⑦ **검증** : 연구에서 가설검증을 위한 자료수집을 목적으로 심리검사를 사용했을 경우 검사의 기능을 과학적 탐구 또는 가설검증이라고 한다.

(2) 난이도

① 0에서 1 사이의 값을 가지며, 값이 1에 가까울수록 문항이 쉬움을 의미한다.
② 전반적인 흐름으로서, 문항은 수검자의 수준에 따라 난이도를 고려하여 적절하게 구성해야 한다.

> **바로 Check**
>
> **다음 설명으로 옳은 것은?**
>
> - 해당 문항의 정답자 수를 그 문항에 반응한 사람의 총수로 나눈 비율이다.
> - 지수는 0.0~1.0의 범위를 가진다.
>
> ① 문항추측도 ② Lamda ③ Z score
> ④ 평균비 ⑤ 문항난이도
>
> **해설** 문항난이도는 어떤 문항에 있어서 전체반응자 중 정답자의 비율을 말하며, 값이 낮을수록 어렵다는 의미이다.
>
> ✔ 정답 ⑤

(3) 변별도

① 정적인 변별도 지수는 값이 클수록 문항의 변별력이 높다는 것을 의미한다.
② 문항변별도가 부적(-)인 값을 가지면 능력이 부족한 사람들이 더 높은 점수를 받았다는 뜻이므로, 재설 방향을 검토해 보아야 한다.
③ 문항변별도가 0인 경우 능력이 높은 집단과 낮은 집단을 구분할 수 없으므로 해당 문항을 삭제해야 한다.

(4) 유용도

① 검사의 경제성이나 간편성과 같이 실제 검사를 활용할 때 고려하는 요인이다.
② 전문적 훈련을 받은 자가 검사를 실시해야 하는가의 문제와 검사의 구입·실시·채점·해석 등에 소요되는 경비, 검사 실시에 소요되는 시간 등의 전반적인 사항에 관한 문제이다.

2 표준화 검사의 개념과 개발

(1) 표준화의 개념과 개발
  ① 표준화(standardization) 검사의 개념
    ㉠ 표준화의 정의
      ⓐ 검사의 실시 및 채점에서의 일관성을 의미한다.
      ⓑ 어떤 수검자의 구체적인 점수가 어떤 의미를 지니는지 알 수 있게 해주는 검사의 요소이다.
      ⓒ 누가 사용하더라도 검사의 실시, 채점, 결과의 해석이 동일하도록 모든 절차와 방법을 일정하게 만들어 놓은 것이다.
    ㉡ 표준화의 종류
      ⓐ 검사 절차의 표준화 : 검사의 실시나 채점이 검사 상황이나 검사자에 의하여 좌우되지 않도록 제한한다.
      ⓑ 점수 평가의 표준화 : 검사 결과를 누구나 동일하게 해석할 수 있는 절차와 방법을 규정하며 해석의 균일성 유지를 위해 규준집단의 검사 결과를 제시한다.
      ⓒ 심리검사는 여러 사람에게 같은 검사를 실시하는 경우 수검자가 달라지더라도 검사 실시나 채점 방법이 동일하여 측정된 결과를 서로 비교할 수 있다.
      ⓓ 표준화를 위한 규준설정도 중요한 문제이며, 측정된 검사 점수는 그 검사에 대한 정상적인 분포인 규준과 비교한다.
  ② 표준화 검사의 개발
    ㉠ 평가 목적과 대상, 대상의 연령대 등의 범위를 정한다.
    ㉡ 가장 합당한 문항의 형식을 선택하고 이에 따라 다수의 문항을 제작한다.
    ㉢ 보다 많은 수로 만들어진 문항으로 예비검사를 제작하고 실시한다.
    ㉣ 분석 결과에 따라 최종 검사를 구성하고, 실시방법 및 채점방법을 결정한다.
    ㉤ 앞선 단계가 모두 결정되면 규준을 만들 목적으로 모집단을 대표할 수 있는 다수의 표본을 표집하고 검사를 실시한다.
    ㉥ 실시한 검사를 채점하고 평균 수나 여러 가지 통계적 조작을 통해 규준을 정한다.
    ㉦ 검사 자체의 신뢰도와 타당도를 산출하고 검증한다.

OX 퀴즈

실용도는 검사 실시 및 채점에 있어서의 일관성을 의미한다. [ ]
[정답] ×
[해설] 검사 실시 및 채점에 있어서의 일관성을 의미하는 것은 표준화이다.

(2) 규준의 개념과 개발

① 규준(norm)의 개념
  ㉠ 검사가 사용될 대상을 대표할 수 있는 큰 표본인 규준집단으로부터 얻은 검사 점수의 분포를 의미한다.
  ㉡ 규준 자료는 흔히 규준표라는 형식으로 제시되는데, 각 점수는 이 규준표에 나타난 전체에 대한 개인의 비율로 설명한다.
  ㉢ **규준집단 선정 및 평가 시 유의사항**
    ⓐ 규준집단의 성격과 특징을 정확하게 정의하여야 한다.
    ⓑ 규준집단은 전집을 대표할 수 있는 표집이어야 한다.
    ⓒ 규준은 최근성을 반영하고 있어야 한다.
    ⓓ 검사 결과로 얻은 원 점수를 해석이 가능한 척도로 바꾸어야 한다.

② 규준의 개발
  ㉠ 규준 적합성이란 표준화된 집단이 전체 인구를 대표하느냐의 여부로서, 검사 매뉴얼을 살펴보면 표준화에 사용된 표집의 대표성을 확인할 수 있다.
  ㉡ 규준을 개발할 때에는 표집 수가 충분히 큰지를 확인해야 하는데, 표집 수가 작다면 안정적인 추정지를 얻기 어렵기 때문이다.
  ㉢ 좋은 검사는 전체적인, 즉 전국적 수준의 규준뿐만 아니라 특별 하위 규준이 있어야 한다. 하위 집단 규준이 있으면 검사자는 좀 더 유연하고 자신감 있게 검사 결과를 활용할 수 있기 때문이다.

(3) 검사점수의 해석

① **집중경향**(central tendency, 중심경향)
  ㉠ **평균**(M; Mean)
    ⓐ 묶지 않은 자료 : 원 자료를 그대로 가지고 있는 경우를 말하며, 이 경우 모든 사례 수의 값을 더해서 총 사례수로 나눈 것이 평균이다.

$$\overline{X} = \frac{1}{n}(x_1 + x_2 + \cdots + x_n) = \frac{\Sigma x_i}{n}$$

$[x_1,\ x_2 \cdots x_n : 각각의\ 정수 \quad n : 총\ 사례수]$

ⓑ 묶은 자료 : 원 자료가 아닌 급간에 의해 나누어진 자료를 의미하며, 묶은 자료로 평균을 계산할 때는 각 급간의 중앙치와 해당 급간의 빈도를 곱한 후 그 값을 더하여 총 사례수로 나눈다.

$$\overline{X} = \frac{\Sigma f x_i}{n}$$

ⓒ **중앙치**(Md ; Median)
　ⓐ 중앙치는 점수 분포를 상하 50%씩 나누어지게 하는 값으로, 빈도분포곡선의 면적을 반으로 나누는 값을 말한다. 따라서 자료를 순서대로 오름차순이나 내림차순으로 재배열한 후 한가운데 속하는 값이 중앙치가 된다.
　ⓑ 중앙치 산출하는 방법
　　• 자료가 홀수인 경우 : $\frac{n+1}{2}$ 번째의 값
　　• 자료가 짝수인 경우 : $\frac{n}{2}$ 번째 값과 $\frac{n}{2}+1$번째 값의 평균값
　ⓒ 예를 들어, 3, 9, 7, 8, 5라는 5개의 점수가 있을 때, 중앙치를 계산하기 위해서는 우선 자료를 3, 5, 7, 8, 9의 오름차순 혹은 9, 8, 7, 5, 3의 내림차순으로 정리한다. 그리고 위의 공식을 이용하면
　　$\frac{5+1}{2} = 3$(번째)이므로 7이 중앙치가 되는 것이다.

ⓒ **최빈치**(Mo ; Mode)
　ⓐ 최빈치는 어떤 분포에서 가장 많이 나타나는, 빈도가 가장 높은 점수를 말한다. 명명, 서열, 등간, 비율척도 모두에 사용될 수 있는 집중경향치이다.
　ⓑ 예를 들어, 6명의 점수가 55, 44, 78, 78, 66, 81이라면 여기에서 최빈치는 78이다.

ⓓ **평균, 중앙치 및 최빈치의 관계성**
　ⓐ 정상분포 : 수집된 점수가 정상분포를 그릴 때 평균, 중앙치, 최빈치의 값은 동일하다.
　ⓑ 부적편포 : 분포가 부적으로 편포되었을 때는 최빈치, 중앙치, 평균의 순서로 높은 값을 갖는다.
　ⓒ 정적편포 : 분포가 정적으로 편포되었을 때는 평균, 중앙치, 최빈치의 순서로 높은 값을 갖는다.

O× 퀴즈
부적 편포에서는 최빈치, 중앙치, 평균의 순서로 높은 값을 갖는다. [ ]
[정답] ○

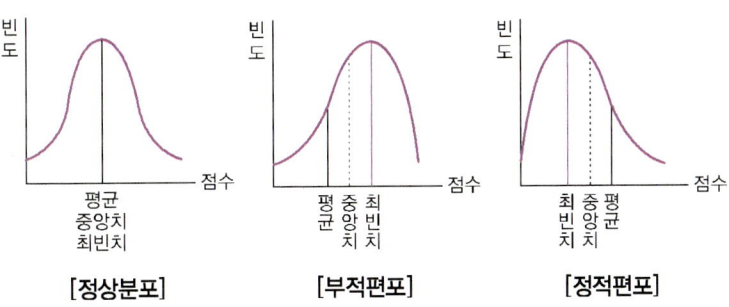

[정상분포]　　　[부적편포]　　　[정적편포]

② **변산도**(Variability, 분산도)
　㉠ **범위**(range)
　　ⓐ 범위는 분포의 흩어진 정도를 가장 간단하게 알아볼 수 있는 방법으로, 자료의 최고치에서 최저치를 뺌으로써 구할 수 있다.
　　ⓑ 점수가 빽빽하게 모여 있는 분포의 경우 범위가 작아지고, 점수가 넓게 퍼져 있는 분포일수록 범위는 커진다.
　　ⓒ 범위 구하는 공식

$$R = H - L$$
[H : 최고치, L : 최저치]

　㉡ **평균편차**(AD; Average Deviation)
　　ⓐ 편차(x)란, 각 점수에서 평균을 뺀 값이다. 일반적으로 편차를 구하는 목적은 각 점수가 평균으로부터 얼마나 떨어져 있는지 알아내는 것이다.
　　ⓑ 편차의 절댓값이 작으면 점수들이 평균에 가까이 있으며, 반대로 편차의 절댓값이 크면 평균에서 멀리 떨어져 있다는 의미이다.
　　ⓒ 평균편차는 편차의 절댓값을 모두 합한 값을 전체 사례수로 나눈 값이다.
　㉢ **표준편차**(SD; Standard Deviation)
　　ⓐ 모든 자료의 분포 정도를 나타내는 것이 변량과 표준편차이다.
　　ⓑ 표준편차는 분산의 루트 값이며, 분산은 편차를 제곱해 합을 총 사례수로 나누어 구한다.
　　ⓒ 변수 값이 평균에서 어느 정도 떨어져 있는지를 알 수 있게 한다.
　　ⓓ 표준편차가 클수록 평균값에서 이탈한 것이고, 작을수록 평균값에 근접한 것이다.
　㉣ **변량**(Variance, 분산)
　　ⓐ 평균을 중심으로 자료의 값이 얼마나 흩어져 있는가를 나타낸다.

> **단답형 문제**
> 다음은 무엇에 대한 설명인가?
> • 분산의 양의 제곱근으로 산출한다.
> • 변수 값이 평균값에서 어느 정도 떨어져 있는지 확인할 수 있다.
>
> [정답] 표준편차

ⓑ 변량은 편차를 제곱한 후 그 수를 모두 더하여 전체 사례수로 나눈 값이다.
ⓜ **사분편차**(Quartile Deviation, 사분위편차)
  ⓐ 퍼센트(percent)는 100 중에 어느 한 부분을 의미한다.
  ⓑ 퍼센타일(percentile)은 100의 단위를 갖는 척도에서 위치 혹은 위치 값을 의미한다.
  ⓒ 사분위수(quartiles)는 자료를 크기 순서로 배열하여 4등분한 값을 의미한다.

25%	25%	25%	25%
Q1	Q2	Q3	

  ⓓ 제1사분위는 Q1으로, 제2사분위는 Q2로, 제3사분위수는 Q3로 표기하며, Q2는 자료의 중앙치와 같다.
  ⓔ 사분편차는 제2사분위인 Q2, 즉 중앙치를 중심으로 한 분산도이다.
③ **정규분포**(Normal Distribution, 정상분포)
  ㉠ **정규분포곡선**(Normal Distribution Curve)
    ⓐ 어떤 것을 측정한 결과 얻어진 실제 자료의 분포가 아니라, 전체 사례 수(N)가 무한히 크다고 가정하였을 경우 얻어지는 이론적인 분포를 의미한다.
    ⓑ 정규분포곡선의 특징
      • 연속적 변인의 분포이다.
      • 평균을 중심으로 좌우 대칭이며 하나의 꼭지를 가진 분포이다.
      • 산술평균, 중앙치, 최빈치가 일치하는 분포이다.
      • 중앙치에 사례수가 모여 있고, 양극단으로 갈수록 무한히 X축에 접근할 뿐 Y축에 닿지는 않는다.
      • 곡선하의 전 영역은 1 혹은 100%이며, 전 영역의 반은 평균의 좌측에, 나머지 반은 평균의 우측에 놓인다.
  ㉡ **표준정규분포**(Standard Normal Distribution) : 평균이 0이고 표준편차가 1인 분포로 Z분포 또는 단위정규(정상)분포라고도 한다.
  ㉢ **표준점수**
    ⓐ Z점수
      • 어떤 측정치의 점수 분포에서 특정한 점수를 표준점수로 변환시키기 위해, 그 점수의 편차를 원래 점수 분포의 표준편차로 나눈 값이다.
      • 표준점수 Z는 평균이 0이고 표준편차가 1인 점수 분포를 이룬다.
      • 표준점수는 점수의 출발점과 그 단위를 같게 함으로써 기준점이

OX 퀴즈
표준정상분포는 평균이 0이고 표준편차가 1인 분포이다.
[   ]
[정답] O

서로 다른 여러 집단의 점수를 상호 비교하거나 통합할 때 합리적으로 쓰일 수 있는 점수이다.

$$Z = \frac{원점수(Xi) - 평균(M)}{표준편차(S)}$$

ⓑ T점수 : 일종의 표준점수로, 마이너스 값을 피하기 위해 평균은 50, 표준편차는 10으로 한다.

$$T = 10 \times 표준점수(Z) + 50$$

ⓒ 스테나인 점수
- 스테나인(Stanine)이란 말은 Standard nine-point score의 약자로서 9간 점수 또는 9단계 점수라고 불린다.
- 평균이 5이고 표준편차가 2인 정상분포를 참조하여 $\frac{n}{2}$ 표준편차의 구간을 1점 구간으로 표현하여 9개의 구간으로 척도화한 점수이다.
- 이해하기 쉽고, 수리적인 조작이 용이하며, 점수의 범위를 나타내므로 평균을 계산할 수 있어서 미세한 점수 차이의 영향을 적게 받는다.
- 9개의 점수만 사용하기 때문에 상대적 위치를 정밀하게 나타내기 어렵다.

ⓓ Z점수나 T점수 분포는 원점수의 분포형태를 변화시키지 않지만, 원점수를 스테나인 점수로 변환하면 원래 분포가 편포를 이룰 경우에도 정상분포로 바뀐다.

바로 Check

규준에 관한 설명으로 옳은 것을 모두 고른 것은?

ㄱ. Z점수는 평균이 0, 표준편차가 1이다.
ㄴ. T점수는 평균이 50, 표준편차가 5이다.
ㄷ. 스테나인(stanine) 점수는 원점수를 0~8까지의 범주로 나눈 것이다.
ㄹ. 백분위는 규준집단에서 주어진 점수보다 낮은 점수를 받은 사람의 비율이다.

① ㄱ, ㄴ   ② ㄱ, ㄷ   ③ ㄱ, ㄹ
④ ㄴ, ㄷ   ⑤ ㄴ, ㄹ

해설 ㄴ. T점수는 평균이 50, 표준편차를 10으로 하는 변환된 표준점수이다.
ㄷ. 스테나인 점수(9등급 점수)는 원점수 분포를 평균 5, 표준편차 2인 점수분포로 전환한다.

✓ 정답 ③

④ 문항분석(Item Analysis)
  ㉠ 정의 : 어떤 문항이 좋은 문항인지 알아보기 위해 문장을 하나씩 분석하는 과정을 거쳐야 하는데, 이 과정을 문항분석이라고 한다. 문항 양호도 분석이라고도 한다.
  ㉡ 필요성
    ⓐ 심리검사는 개인 간 비교에 관심을 두며, 개인차를 정확하게 밝히고자 한다. 따라서 개인차를 잘 나타내는 문항을 개발해야 한다.
    ⓑ 새로운 검사를 개발할 때 개발자는 가능한 작은 수의 문항으로 높은 수준의 신뢰도와 타당도를 얻고자 한다.
    ⓒ 신뢰도와 타당도를 낮추는 문항은 제거하고 높이는 문항은 포함시킬 필요가 있다.

⑤ 상관분석(Correlational Analysis)
  ㉠ 상관분석의 개념
    ⓐ 서열척도, 등간척도, 비율척도로 측정된 두 변인 간의 상관관계가 존재하는지 알아보고, 그 정도를 측정하는 것이다.
    ⓑ 상관분석은 두 변인 간의 선형적인 관계를 알아보는 것으로 정적상관과 부적상관 두 종류가 있다.

정적상관	한 변인의 측정치가 증가할 때 다른 변인의 값도 증가하는 것이다.
부적상관	한 변인의 측정치가 증가할 때 다른 변인의 값은 감소하는 것이다.

    ⓒ 상관관계의 종류로는 두 변인 간의 상관관계를 나타내는 단순상관(simple correlation)과, 하나의 변인과 두 변인 이상의 변인 간의 상관관계를 나타내는 다중상관관계(multiple correlation), 그리고 다른 변인의 상관관계를 통제하고, 두 변인 간의 상관관계만을 알아보는 편상관관계(partial correlation)가 있다.
  ㉡ 상관분석의 목적
    ⓐ 변인 간의 관계를 규명함으로써 주위 현상을 이해하고 해석하는 것이다.
    ⓑ 두 변인 사이에 충분한 관계가 있을 때 한 변인의 측정치에서 다른 변인의 측정치를 예측하는 것이다.
  ㉢ 기본 가정 및 고려할 점
    ⓐ 선형성(linearity) : 두 변인 X와 Y의 관계가 직선적인지 알아보는 것으로, 이 가정은 X변인과 Y변인 간의 분포를 나타내는 산포도(scatter plot)를 통해 확인할 수 있다.

ⓑ 동변량성(homoscedasticity, equal variance) : X변인의 값에 관계없이 Y변인의 흩어진 정도가 같음을 의미한다.

ⓒ 이분산성(heteroscedasticity) : X변인이 변해감에 따라 Y변인의 흩어지는 폭이 넓어지거나 좁아지는 경우이다.

ⓓ 두 변인의 정규분포성 : 두 변인의 측정치 분포가 모집단에서 모두 정상분포를 이루는 것이다. 만일 한 변인이라도 정상분포성(normality)에 위배되면 상관계수가 정확하게 해석될 수 없다.

ⓔ 무선독립표본의 측정치 : 두 변인 X와 Y의 측정치는 모집단에서 표본을 뽑을 때 확률적으로 선정된 무선독립표본의 것이어야 한다. 만일 이 가정을 만족시키지 못하면 이 표본에서 추정된 상관계수는 모집단의 모수치를 추정할 수 있는 신뢰 있는 값이 되지 못한다.

ⓔ **단순상관분석**(simple correlation analysis)

ⓐ 산포도(scatter diagram) : X축에 한 변인, Y축에 다른 변인을 설정하고, 각 변인의 값을 나타내는 점을 찍어 두 변인 간의 관계를 파악하는 도표를 말한다. 즉, 연구 집단의 각 사례에서 얻어진 두 변인의 값을 짝으로 하여 이차평면상에 나타낸 것이다.

ⓑ 공변량(covariance) : 두 변인 X와 Y가 평균 X 및 Y로부터 얼마나 퍼져 있는가를 나타내는 것이다. 두 변인 간의 선형관계의 방향을 파악할 수 있다는 장점을 가진 동시에, 측정 단위에 따라 값이 민감하게 변화하기 때문에 두 변인 간의 상관관계를 나타내는 좋은 지표는 되지 못한다는 단점을 가진다.

ⓒ 적률상관계수(product-moment correlation coefficient) : 상관계수는 변인 간의 상호 관련성을 요약해주는 통계치로서, 대표적으로 피어슨(Pearson)의 적률상관계수가 있다. 피어슨의 상관계수 r은 두 변인이 모두 등간 또는 비율척도에 의해 측정된 연속 변인일 때 사용되며, 선형성을 가정할 수 있을 때 사용된다.

ⓓ 결정계수(determination index) : 예언변인이 준거변인을 설명할 수 있는 비율을 말해 준다. 예를 들어, $r=.80$일 때 r^2은 .64가 되며, 이런 경우 Y분산의 64%를 X가 설명할 수 있다고 해석한다.

ⓔ 이관계수(coefficient of alienation) : 한 변인에서 다른 변인을 예측할 때 생기는 오차의 정도를 의미한다.

ⓜ **특수상관계수**

ⓐ 스피어만(Spearman)의 등위상관계수 : 두 변인 모두가 서열척도인 경우, 연속 변인을 서열변인으로 변환한 경우, 척도 값의 분포가 극단적 분포일 경우에 사용한다.

ⓑ 양류상관계수(point-biserial correlation coefficient) : 이분변인인 명목척도와 등간(비율)척도로 측정된 연속 변인 간의 상관 정도를 추정하기 위하여 사용한다.
ⓒ 양분상관계수(biserial correlation coefficient) : 두 변인 모두 연속 변인이지만 한 변인을 이분변인으로 간주하여 상관관계를 분석할 때 사용한다.
ⓓ 파이(ϕ)계수 : 두 변인이 이분화된 명목척도일 경우에 변인 간의 상관관계를 구하는 방법이다.

(4) 규준참조 해석

① 규준참조 검사는 상대적 규준을 이용하여 검사결과를 해석한다. 대부분의 표준화 심리검사는 규준을 이용하여 동일한 해석이 되도록 하기 때문에 규준참조 검사라고 할 수 있다.
② 한 검사에서 개인이 획득한 점수를 개인이 속한 집단의 구성원의 점수와 비교하여 해석하는 검사이다.

(5) 준거참조 해석

① 준거참조 검사는 절대적 준거를 이용하여 검사결과를 해석하는 검사로 한 검사에서 개인이 획득한 점수를 미리 세워놓은 목표, 즉 준거에 도달한 정도로서 해석하는 검사이다.
② 대부분의 국가자격시험은 대표적인 준거참조 검사인데, 이때 기준점수는 검사 사용 기관이나 조직의 특성, 검사의 시기나 목적에 따라 달라질 수 있다.

3 통계의 기초

(1) 척도의 종류와 해설

① 척도는 사물의 속성을 구체화하기 위한 측정의 단위이다.
② 체계적·논리적으로 연관되어 있는 문항으로 구성된 복합적인 측정도구로서, 측정하고자 하는 대상에 수치나 기호를 부여한다.

(2) 명명/서열/동간/비율

① 명목척도(nominal scale, 명명척도)
㉠ 분류를 목적으로 측정대상의 속성에 수치를 부여하는 것으로, 가장 낮은 수준의 측정이다.

ⓒ 성별, 인종, 직업, 종교 등의 구별이 이에 해당된다.
② 서열척도(ordinal scale)
  ㉠ 순위 척도로서 속성에 따라 서열이나 순위를 매길 수 있도록 측정대상에 수치를 부여한 것이다.
  ㉡ 서열 간의 간격이 동일하지 않으며 절대량을 지적하지 않는다.
  ㉢ 선호도, 사회계층 등의 측정에 이용된다.
③ 동간척도(interval scale)
  ㉠ 구간 척도로서 측정하고자 하는 대상이나 현상을 분류하고 서열을 정할 수 있을 뿐만 아니라 이들이 분류된 범주 간의 간격까지도 측정하는 측정도구이다.
  ㉡ 등간격이므로 산술 계산에 사용될 수 있으나, 절대 영점이 없다.
  ㉢ IQ, 온도, 학점, 시험 점수 등이 이에 해당된다.
④ 비율척도(ratio scale)
  ㉠ 척도를 나타내는 수가 등간일 뿐만 아니라 의미 있는 절대 영점을 가지고 있는 경우에 이용되는 척도이다.
  ㉡ 연령, 몸무게, 키, 수입 등의 구별이 이에 해당된다.

> **Plus Study** 통계의 기초
> • 측정척도는 양적 분석을 위한 통계분석 방법을 결정하기 때문에 중요하다.
> • 명목척도와 서열척도로 측정된 변인은 비모수통계(nonparametric statistics)를 적용하고, 등간척도와 비율척도로 측정된 변인은 t검정이나 상관관계분석, 변량분석과 같은 모수통계(parametric statistics)를 적용한다.
> • 측정척도는 측정하고자 하는 변인의 속성에 따라 결정되는 것이 아니라 측정하는 방식에 따라 결정되기 때문에, 동일한 측정변인에 대해서도 어떻게 측정하였는가에 따라 적용되는 통계분석 방법이 달라진다.

바로 Check

척도에 관한 설명으로 옳지 않은 것을 모두 고른 것은?

ㄱ. 성별은 서열척도이다.
ㄴ. 온도는 등간척도이다.
ㄷ. 비율척도는 절대영점이 존재하지 않는다.
ㄹ. 서열척도는 단위 사이의 간격에 관한 정보가 없다.

① ㄱ, ㄴ ② ㄱ, ㄷ ③ ㄴ, ㄷ
④ ㄴ, ㄹ ⑤ ㄷ, ㄹ

해설 성별은 명목척도이며, 비율척도에는 절대영점이 존재한다.

정답 ②

단답형 문제

다음은 무엇에 대한 설명인가?

• 측정을 하기 위한 도구
• 측정하고자 하는 대상에 수치나 기호를 부여하는 것
• 체계적, 논리적으로 연관되어 있는 여러 문항으로 이루어진 복합적인 측정도구

[정답] 척도

(3) 기본 개념의 적용

① 측정척도가 중요한 이유
  ㉠ 검사가 수검자에게 제공하는 정보의 성질을 결정한다.
  ㉡ 검사점수를 연구하기 위해 적용할 수 있는 통계적 기업들에 영향을 미친다.
② 각 척도의 적용 예
  ㉠ **명명척도 적용의 예**
    ⓐ 주민등록번호에서 남자에게는 '1', 여자에게는 '2'를 배당하는 경우
    ⓑ 여러 가지 교수법에 1, 2, 3, 4의 숫자를 부여하여 이를 구분하고자 하는 경우
    ⓒ 우편번호, 학생들의 학번, 야구선수들의 등 번호 등
  ㉡ **서열척도 적용의 예**
    ⓐ 반 학생을 키 순서로 번호를 매기는 경우
    ⓑ 성적에 따라 수, 우, 미, 양, 가로 분류하는 것
    ⓒ 시험결과에 따라 석차를 매기는 것 등
  ㉢ **동간척도 적용의 예**
    ⓐ 시험을 보고 얻은 원점수
    ⓑ IQ검사의 원점수, 나이 등
  ㉣ **비율척도 적용의 예**
    ⓐ 원점수를 가공해서 얻은 표준점수인 Z점수, T점수, H점수, 스테나인점수
    ⓑ IQ검사의 원점수를 가공해서 얻은 편차 IQ 등

4 신뢰도(reliability)

(1) 신뢰도의 개념

① 얼마나 믿을 수 있느냐의 문제이다.
② 검사가 한 개인의 특성을 측정할 때 그 오차 값에 의해 신뢰도가 결정된다.
③ 검사 점수의 반복 가능성 및 일관성과 관련이 있다.

(2) 신뢰도의 종류와 특성

① 종류
- ㉠ **검사-재검사 신뢰도**(test-retest reliability)
  - ⓐ 한 개의 평가 도구를 수검자에게 두 번 실시하여 그 전후의 결과에서 얻은 점수로 상관계수를 산출하는 접근 방법이다.
  - ⓑ 검사를 반복해서 얻은 점수 간에 상관이 얼마나 되는지 알아보는 방법이다.
  - ⓒ 두 점수 간의 상관이 높을수록 신뢰도가 높다고 할 수 있다.
  - ⓓ 처음 실시했을 때의 점수와 나중에 실시했을 때의 점수 사이에 어느 정도의 안정성이 있느냐를 보는 관점이기 때문에 안정성 계수라고도 한다.
  - ⓔ 검사-재검사 간의 간격이 짧으면 기억효과, 연습효과에 의해 신뢰도가 낮아질 수 있다.
- ㉡ **반분검사 신뢰도**(split-half reliability)
  - ⓐ 한 번에 실시한 검사문항을 반으로 나누어서 두 검사 간의 상관을 측정하는 방법이다.
  - ⓑ 한 개의 평가도구 혹은 검사를 하나의 피검집단에 실시한 다음 두 부분의 점수로 분할하고, 이 분할된 두 부분을 독립된 검사로 생각해서 그 사이의 상관을 계산하여 신뢰도를 측정하는 방법이다.
- ㉢ **동형검사 신뢰도**(equivalent-form reliability)
  - ⓐ 곤란도는 같으나 문항의 형태가 다른 두 개의 동형검사를 제작하고, 그것을 같은 수검자에게 실시하여 두 동형검사에서 얻은 점수 사이의 상관을 산출하여 신뢰도 계수를 얻는 방법으로 동형성 계수라고도 한다.
  - ⓑ 기존의 검사를 동시에 실시해서 상관을 내는 방법이다.
  - ⓒ 기억 효과, 연습 효과와 같은 것을 극복할 수 있는 장점을 가지고 있다.
  - ⓓ 두 검사가 측정하려고 하는 내용은 서로 다르지만 측정이론상 동질적이라고 여겨지는 문항으로 검사를 구성하여 신뢰도를 추정한다.
- ㉣ **문항내적합치도** : 한 검사 내에 있는 문항을 독립된 별도의 검사로 간주하여 문항 내의 정답과 오답 간의 일관성을 표시한 것이다.
- ㉤ **크론바흐 알파계수**(Cronbach α계수) : 변량분석에 기초하고 있는 것으로 급내 상관(inter-class correlation)이라고도 한다.

OX 퀴즈

검사-재검사 신뢰도는 실시 간격의 영향을 받지 않는다.
[ ]

[정답] X

[해설] 검사-재검사 신뢰도는 실시 간격의 영향을 받는다.

> **Plus Study** 이월효과(carry-over effect)
>
> 먼저 한 번 검사를 실시한 경험이 다음 번 검사 실시에 영향을 미치는 것을 통틀어서 이월효과라고 한다.
> - 연습 효과 : 한 번 연습해 보았기 때문에 두 번째 검사에서 이득을 보는 것이다.
> - 기억 효과 : 앞에서 응답한 것이 기억나서 두 번째 검사에서 그대로 응답하는 것이다.

② 특성
  ㉠ 검사가 어떤 대상을 일관성 있게 측정하면 그 검사는 신뢰할 만하다고 할 수 있다.
  ㉡ 검사 신뢰도가 높다면 같은 집단을 반복 측정하더라도 집단 내 사람들의 점수는 대체로 동일하게 유지된다.

> **바로 Check**
>
> **신뢰도에 관한 설명으로 옳지 않은 것은?**
> ① 동형신뢰도는 전체 문항을 짝수항과 홀수항으로 나누어서 측정한다.
> ② 검사-재검사 신뢰도는 검사와 재검사 간 시간 간격의 영향을 받는다.
> ③ 신뢰도는 측정의 안정성을 나타낸다.
> ④ 반분신뢰도는 검사-재검사 신뢰도보다 비용 측면에서 장점이 있다.
> ⑤ 평정자 간 신뢰도는 두 명 이상의 평가자가 필요하다.
>
> 해설 동형신뢰도는 한 검사의 문항들을 비교 가능한 두 가지의 버전으로 만들어서 두 검사결과 점수가 유사한지 확인하는 방법으로, 유사하다면 동형신뢰도가 높다고 할 수 있다. 동형의 검사를 따로 제작하는 것으로 기존의 검사를 분리하는 반분신뢰도와는 구분된다.
>
> ☑ 정답 ①

(3) 신뢰도에 영향을 주는 요인

① **신뢰도의 추정 방법** : 신뢰도는 어떤 접근 방법에 의해서 계산되었느냐에 따라 달라진다. 따라서 어떤 방법으로 신뢰도 계수를 계산할 것인지를 고려해야 하며, 이때 특정한 방법을 쓸 수 있는 기초 조건이 어느 정도 성립되어 있는가를 보아야 한다.

② **검사의 길이** : 한 가지 특성을 재려는 검사에서 모든 문항이 동질적인 경우 검사의 길이, 즉 문항의 수를 늘리면 신뢰도 계수는 커진다. 검사 문항의 표집에서도 표집이 크면 클수록 검사의 길이는 길어지고 검사는 보다 신뢰할 수 있게 된다.

③ **집단의 이질성** : 측정하고자 하는 능력 및 특성의 분포 범위가 좁은 집단에서 계산되어 나온 신뢰도 계수는 같은 특성이 넓게 분포되어 있는 집단에서 나온 신뢰도 계수보다 작게 나온다. 따라서 검사 제작자는 통용 범위가 가능한 모든 다른 집단에 대해 각각 독립된 신뢰도를 보고해야 한다.

 OX 퀴즈
문항들의 내용이 동질적일수록 신뢰도는 높아진다. [ ]
[정답] ○

(4) 신뢰도의 평가 및 적용

① 검사의 신뢰도를 낮추는 요인
  ㉠ 검사 자체의 결함이 있는 경우
  ㉡ 문항의 뜻이 모호하여 여러 가지 뜻으로 해석되는 경우
  ㉢ 검사를 받는 수검자의 신체적, 심리적 조건이 좋지 않은 경우
  ㉣ 순전히 우연적인 여러 요인의 작용으로 인한 문제

② 검사의 신뢰도를 높이는 방법
  ㉠ 측정도구의 모호성을 제거한다.
  ㉡ 측정 항목수를 늘린다.
  ㉢ 조사자들의 면접방식과 태도에 일관성이 있어야 한다.
  ㉣ 조사대상자가 잘 모르거나 전혀 관심이 없는 내용에 대한 측정은 하지 않는다.
  ㉤ 동일한 질문이나 유사한 질문을 2회 이상 한다.
  ㉥ 이전의 조사에서 이미 신뢰성이 있다고 인정된 측정도구를 사용한다.
  ㉦ 동일한 척도 항목을 모아서 배열한다.
  ㉧ 상호 영향을 미칠 수 있는 질문은 분리해서 배열한다.

> **Plus Study** 손다이크(Thorndike)의 검사점수 변동의 원인
>
> 1. 개인의 영속적·일반적 특질
>   ① 일반적 기능
>   ② 문항의 지시를 이해하는 일반적인 능력, 검사에 익숙한 정도, 수험의 요령
>   ③ 이 검사에 출제된 형식의 문제를 푸는 일반적인 능력
>   ④ 검사 장면과 같은 상황에서 일반적으로 작용하는 태도, 정서적 반응, 습관
>
> 2. 개인의 영속적·특수적 특질
>   ① 검사의 문항이 요구하는 지식과 기능
>   ② 특정한 검사 자극에 관련된 태도, 정서적 반응, 습관
>
> 3. 개인의 일시적·일반적 특질
>   ① 건강, 피로, 정서적 긴장
>   ② 동기, 감독자와의 인간관계
>   ③ 온도, 광선, 통풍 등의 영향
>   ④ 현재의 태도, 정서적 반응, 습관의 강도
>   ⑤ 검사의 문항 형식이 요구하는 기능에 대한 연습의 정도
>
> 4. 개인의 일시적·특수적 특질
>   ① 검사를 받는 도중에 생긴 피로와 동기의 변화
>   ② 주의력, 조절력, 판단기준의 동요
>   ③ 특수한 사실에 대한 기억력의 동요
>   ④ 검사가 요구하는 지식이나 기능에 대한 연습의 정도
>   ⑤ 특정한 검사 자극에 관련된 일시적인 태도, 정서적 반응, 습관의 강도 등
>   ⑥ 추측에 의해서 답할 경우의 운수
>
> 출처 : 윤가현 외(2008)

5 타당도(validity)

(1) 타당도의 개념
① 검사하고자 하는 심리 특성을 그대로 반영하고 있는지의 문제이다.
② 한 측정 도구가 문항 제작 시 의도했던 목적을 얼마나 충실히 측정하고 있느냐에 따라 결정되며 검사가 측정하고자 하는 바를 객관적으로 측정할 때 타당도가 있다고 말한다.
③ 주어진 검사가 무엇을 측정하든 측정의 일관성에 초점을 둔다.

(2) 타당도의 종류와 특성 빈출
① 종류
  ㉠ **내용타당도**(content validity)
    ⓐ 측정하고자 하는 분야의 전문가가 자신의 지식이나 논리에 의해서 타당성을 결정하는 방법이다.
    ⓑ 주어진 측정 도구가 평가하려고 하는 내용을 어느 정도로 충실히 측정하고 있는지를 측정, 분석한다.
    ⓒ 검사 문항이 제작 목적을 잘 반영하는지, 검사 문항이 얼마나 실용적인지 등을 알 수 있다.
  ㉡ **구성타당도**(construct validity, 구인타당도)
    ⓐ 어떤 검사의 측정 결과가 측정하고자 하는 속성 및 목적의 이론적 합리성에 비추어 얼마나 적합한가를 측정하여 검사의 타당성을 보는 방법이다.
    ⓑ 검사 결과의 요인이 그 검사의 이론적 개념과 얼마나 일치하는지를 분석하는 것이며, 검증 방법으로 요인 분석이 사용된다.
    ⓒ 살피고자 하는 구성 개념의 속성과 이론적 타당성을 검증할 수 있다.
  ㉢ **준거타당도**(criterion validity) : 어떤 심리검사가 다른 심리검사의 점수나 미래의 행위(준거)와 비교하여 얼마나 타당한가를 나타내는 것이다. 준거타당도는 다시 공인타당도와 예언타당도로 구분할 수 있다.

공인타당도 (concurrent validity)	• 검사 실시와 동시에 준거에 관한 자료를 수집하여 이와의 관계를 따진다. • 비용이 너무 많이 드는 경우, 수검자들이 정해진 준거행동에 이를 때까지 기다릴 수 없는 경우, 즉각적으로 결과를 얻고자 하는 경우에 요구되는 방법이다. • 공인 타당도의 준거는 현재에 있다.

괄호넣기
( )은(는) 검사의 규준이 되는 기존의 검사와 새로 만든 검사를 비교하는 것으로서, 공인타당도와 예언타당도로 나뉜다.
[정답] 준거타당도

나의 필기노트

예언타당도 (predictive validity)	• 한 측정도구의 검사결과가 수검자의 미래 행동이나 특성을 어느 정도로 정확하고 완전하게 예언하느냐에 의해 결정되는 타당도이다. • 검사가 미래의 행동을 얼마나 성공적으로 예측할 수 있는가의 문제이다. • 예언 타당도의 준거는 미래에 있다.

② 특성
  ㉠ 타당도를 결정하기 위해서는 독립적인 어떤 외적 준거나 준거집단이 필요하다.
  ㉡ 결국 타당도를 알기 위해 가장 중요한 것은 어떤 특성을 많이 가진 독자적인 집단이 있어야 한다는 것이며, 이러한 준거와 제작된 검사와의 상관계수를 산출한 것이 곧 타당도계수이다.

바로 Check

타당도에 관한 설명으로 옳은 것은?
① 안면타당도는 다른 점수와의 관계를 분석하여 추정한다.
② 공인타당도는 검사점수와 예측행동자료를 일정시간에 거쳐 수집해서 알아본다.
③ 내용타당도는 관련분야 전문가의 평가를 통해 판단된다.
④ 구성타당도는 크론바흐 알파계수(α)를 사용하여 측정한다.
⑤ 내용타당도는 숙련도검사보다 성격검사나 적성검사에서 더 중요하다.

해설 내용타당도는 측정하고자 하는 분야의 전문가가 자신의 지식이나 논리에 의해서 타당성을 결정하는 방법으로서, 주어진 측정 도구가 평가하려고 하는 내용을 어느 정도로 충실히 측정하고 있는지를 측정, 분석한다.

정답 ③

(3) 타당도에 영향을 주는 요인

① 검사의 길이
  ㉠ 일반적으로 검사의 길이를 늘리면 타당도가 증가하지만 모든 검사가 그런 것은 아니며, 이는 동질 검사의 경우에만 적용된다.
  ㉡ 검사의 길이를 늘릴 때는 검사의 새로운 부분과 원래 부분의 검사가 동질적이어야 한다.

② 검사 또는 준거 검사의 신뢰도
  ㉠ 검사와 그 준거 검사 간의 신뢰도 계수가 낮으면 타당도 계수도 낮아진다.
  ㉡ 준거 검사의 낮은 신뢰도로 원래의 타당도가 약소화했을 때는 이 약소화를 교정하여 최선의 조건일 때의 타당도 계수를 짐작하게 해주어야 한다.

③ 신뢰도와의 관계
  ㉠ 신뢰도는 검사 점수의 안정성에 관한 것이고, 타당성은 외적 준거와 관련된 것이다.
  ㉡ 신뢰할 수 있는 검사는 이론적으로 타당하나 실제적으로 타당하지 않을 수 있다.
  ㉢ 타당도가 높은 검사는 신뢰할 수 있다.

> **Plus Study** 요인분석(factor analysis)
> - 검사 개발 시 가정했던 이론적 요인구조가 실제 검사자료에서도 나타나는지 확인하는 방법이다.
> - 검사 문항 간의 상호 상관을 기초로 잠재변수(latent variable)인 요인을 추출한다.
> - 구인타당도를 검증하는 데 주로 사용된다.

(4) 타당도의 평가 및 적용
① 타당도는 수검자 집단에 사용된 측정도구나 검사에 의하여 얻어진 검사결과의 해석에 대한 적합성이지 검사 자체와 관련된 것은 아님을 주의하여 이해한다. (=검사결과의 해석에 대한 적합성)
② 타당도는 '낮다, 적절하다, 높다'의 정도로 표현한다.
③ 특별한 목적이나 해석에 제한된다. 즉, 한 검사가 모든 목적에 부합할 수 없듯이 검사는 무엇을 측정하는 데 타당하다고 표현해야 한다.
④ 다양한 종류의 근거에 기초한 단일한 개념으로 해석한다.

Section 02 검사의 선정과 시행

학습포인트 검사의 종류를 파악하며, 검사를 선정하고 시행할 때 고려해야 할 사항에 대해 이해한다. 이와 더불어 검사의 윤리적인 문제에 대해 이해한다.

1 검사의 종류

(1) 투사적 검사
① 투사적 검사에서 '투사'란 개인에게 내재된 성격특성이 검사자료를 통해 밖으로 드러난다는 의미이다.
② 비교적 모호한 자극을 검사자료로 사용하며, 이러한 자극자료에 대해 수검자가 지각하는 방식이나 반응을 구성하는 방식 및 반응유형이 개인의 동기나 갈등 및 방어와 관련이 있다고 가정한다.
③ 모호한 자극에 대한 수검자의 반응은 여러 성격적 특징이 투사되는 것으로 볼 수 있고, 수검자의 반응범위가 크면 클수록 개인의 독특한 성격적 특성이 더 잘 투사될 것이라고 가정한다.
④ HTP 검사, SCT 검사, Rorschach 검사, TAT 검사 등이 이에 해당된다.

(2) 정의적 검사
① 인간의 정의적 속성을 측정하는 검사이다.
② 특정한 사항에 대한 자신의 성향, 기질 등을 측정하기 때문에 정답이 없으며, 문제에 대한 자신의 판단과 결정에 따라 검사에 임한다.
③ MMPI, MBTI 검사, PAI 검사 등이 이에 해당된다.

(3) 행동관찰 및 면접
① **행동관찰**(Behavioral Observation)
  ㉠ **의미** : 개인의 특이한 행동을 발견하고 문제 행동을 유발시키는 요인과 이들 간의 상호 관련성을 밝히는 과정으로, 관찰 가능하고 측정 가능한 행동을 대상으로 한다.

ⓒ 행동관찰법의 유형
  ⓐ 자연관찰법 : 자연 환경 내에서 일어나는 수검자의 행동을 체계적으로 관찰하는 방법이다.
  ⓑ 유사관찰법 : 주로 자연스러운 환경에서 관찰하기 어려운 행동, 발생 빈도가 낮은 행동, 정상적인 방법으로는 나타나지 않는 행동을 제한된 통제 환경 속에서 관찰하는 방법이다.
  ⓒ 자기관찰법 : 수검자가 자신의 행동을 스스로 직접 관찰하고 기록하는 방법이다.
  ⓓ 참여관찰법 : 수검자의 주변 인물 가운데 관찰자를 선정하여 수검자의 행동을 평가하게 하는 방법이다.

> **바로 Check**
>
> 자연스런 환경에 참여하고 있는 관찰자가 개인을 관찰하는 측정법은?
> ① 유사관찰법　　② 일화관찰법　　③ 참여관찰법
> ④ 자기관찰법　　⑤ 실험관찰법
>
> 해설 참여관찰법은 조사자가 직접 자연스런 환경에 참여하는 연구 대상의 행동을 관찰하여 자료를 수집하는 방법이다.
>
> ☑ 정답 ③

ⓒ 행동관찰의 기능
  ⓐ 목표행동의 결정　　ⓑ 대안적 행동의 발견
  ⓒ 결정 요인의 발견　　ⓓ 기능적 분석의 발달
  ⓔ 치료적 전략의 고안　　ⓕ 치료적 개입의 평가

② 면접(Interview)
  ㉠ 개요
    ⓐ 일반적으로 검사자와 수검자가 면 대 면으로 마주 보고 어떤 주제에 대해 협의하거나 상담하는 과정이다.
    ⓑ 심리검사의 내용을 보완하고 해석의 타당성을 뒷받침한다.
    ⓒ 언어적 또는 비언어적 정보를 교환하는 의사소통 과정을 통해 검사자와 수검자 간에 정보, 태도, 감정을 교환하는 과정이다.
  ㉡ 면접 전략
    ⓐ 예비 단계
      • 면접 환경의 물리적 특징을 점검한다.
      • 면접자 자신을 소개한다.
      • 면접의 목적을 설명하고, 면접에 대한 수검자의 이해를 점검하고, 불일치가 있는지 점검한다.

- 면접에서 얻은 정보를 어떻게 사용할지 설명한다.
- 비밀이 보장됨을 설명하고, 말하고 싶지 않은 부분은 말하지 않아도 된다고 설명한다.
- 평가에 사용될 도구, 전체 시간 등을 설명하면서 수검자가 할 역할이나 활동을 설명한다.
- 비용에 대한 이야기를 해 준다.

ⓑ 지시적 대 비지시적 면접
- 어떤 종류의 면접을 할지는 이론적인 것과 실제적인 것을 고려해서 결정한다.
- 시간이 제한되어 있다면 구체적이고 직접적인 지시적 면접을 하는 것이 좋다.

ⓒ 면접 기법의 순서
- 촉진 : 대화의 흐름을 촉진시키는 것으로서, "계속 말씀해 보세요." 등의 반응을 말한다.
- 명료화 : 수검자가 미묘한 단서를 제시하면서도 말하려는 주제에 관해 뭔가 충분히 표현하지 않을 때 명확하게 해달라고 요청하는 것이다.
- 공감 : 수검자의 자기 노출을 도와주는 것이다.
- 직면 : 수검자가 보고하고 있는 내용이 관련 정보나 맥락에 맞지 않을 경우 면접자는 이를 지적할 수 있다.

2 검사 선정 시 고려사항

(1) 측정학적 문제

이론적 지향	• 검사가 측정하려고 하는 이론적 구성 개념을 충분히 이해하고 있는가? • 검사 항목이 구성 개념의 이론적 기술 내용과 부합하는가?
실제적 고려사항	• 수검자의 독해력을 요하는 검사라면, 수검자는 검사가 요구하는 독해력 수준을 갖추고 있는가? • 검사 길이가 적당한가?
표준화	• 검사하려는 집단이 그 검사가 표준화할 때 사용했던 집단과 유사한가? • 표준화 연구에 사용되었던 표집 수가 적당한가? • 특별 하위 집단 규준이 있는가? • 검사 지시가 얼마나 적절하게 표준화된 검사 실시를 따르고 있는가?
신뢰도	• 신뢰도가 충분히 높은가? • 심리적 특성의 상대적 안정성, 신뢰도를 측정하는 방법, 검사 형식은 신뢰도에 어떤 의미를 갖고 있는가?
타당도	• 검사를 타당화하기 위해 사용된 준거와 절차는 무엇인가? • 검사를 이용하려는 목적과 맥락에 맞게 정확한 측정을 해 주는가?

(2) 의뢰목적

① 심리검사 전 면담에서 담당자는 심리검사가 의뢰된 상황에 대해 알아보는 것이 중요하다.
② 수검자 당사자나 부모 및 가족이 검사를 의뢰하기도 하지만 대부분은 수검자와 관련된 기관이나 관계자들이 의뢰한다.
③ 검사자는 의뢰상황에 따라 검사에 대한 수검자의 인식, 동기, 태도, 검사 목적에 있어서 차이가 있음을 인식하고 적절하게 대처할 수 있어야 한다.

3 검사 시행 시 고려사항

(1) 라포(rapport) 형성
① 수검자가 상담자를 신뢰하고 상담에 대한 동기를 가질 수 있어야 한다.
② 상담자는 진지한 관심과 전문적 능력을 갖추고 있어야 한다.

(2) 수검자 변인
① 검사자는 심리검사를 받는 수검자의 심리적 상태를 인식하고 있어야 한다.
② 수검자가 검사 결과와 내면 노출에 대한 두려움, 권위자에 대한 저항, 양가감정, 적대감, 긴장과 불안, 자존심에 대한 위협, 시험 불안 등을 느낄 수 있음을 이해해야 한다.
③ 검사자는 수검자와 적절한 라포를 형성하고 수검자의 자발적 참여와 정서적 안정이 이루어지고 난 다음 검사를 시행하는 것이 바람직하다.

(3) 검사자 변인
: 검사자의 연령, 성, 인종, 수련과 경험, 성격, 특징, 외모, 검사 시행 전이나 중간의 태도와 행동, 검사자와 수검자 간의 의미 있는 상호작용, 검사자의 기대 등이 검사 결과에 영향을 미칠 수 있다.

(4) 검사상황 변인
: 심리 검사실의 환경, 세부적인 검사 조건, 검사 시행 시간, 수검자의 정서적 안정도나 신체적 피로감도 심리검사 결과에 영향을 미칠 수 있다.

> **Plus Study 속도검사와 역량검사**
>
> 1. **속도검사**(속도제한검사) : 지각속도나 기계적 기억력을 재는 검사처럼 비교적 쉽고, 곤란도가 비슷한 문항을 제시하고 주어진 시간 내에 바른 답을 어느 정도 많이 했는가를 재는 검사
> 2. **역량검사**(작업제한검사) : 곤란도가 다른 다양한 문항을 제시하고 시간제약이 거의 없는 상태에서 어느 정도 어려운 수준의 문제를 풀 수 있는가를 알아볼 수 있게 만든 검사
>
> 출처 : 김영환 외(2012)

(5) 검사시행 준비
① 검사 실시 전 면담의 목적
  ㉠ 친숙한 관계를 형성하기 위해 중요하다.
  ㉡ 검사 목적에 대한 합의가 이루어질 수 있기 때문에 중요하다.
  ㉢ 검사 동기를 높이기 위해 중요하다.

② 검사 전 면담내용
　㉠ 수검자의 인적 사항(이름, 나이, 출생일자, 결혼상태, 학력, 직업 등)을 파악한다.
　㉡ 수검자가 겪고 있는 심리적 문제를 파악한다.
　㉢ 심리검사를 통해 수검자가 알고자 하는 점과 기대하는 점을 파악한다.

4 윤리적 문제

(1) 비밀보장
① 검사자와 수검자 이외에 제3자의 검사내용에 대한 접근 가능성을 제한해야 하며, 수검자의 이해나 동의 없이 검사내용을 공개해서는 안 된다.
② 기관에서 기록을 보관할 경우, 본래의 검사 목적이 아닌 다른 목적을 위해 사용할 수 있는데, 이러한 경우라도 검사결과의 타당한 이용과 해석을 전제로 해야 한다.
③ 평가서의 의뢰인과 수검자가 동일하지 않을 경우에, 평가서와 검사보고서는 의뢰인이 동의할 때 수검자에게 열람될 수 있다.

(2) 이중관계
① 검사자는 객관성과 전문적인 판단에 영향을 미칠 수 있는 이중관계는 피해야 한다.
② 검사를 할 때 수검자와 검사자 외에 다른 관계가 있다면, 수검자는 다른 검사자에게 의뢰되어야 한다.

(3) 검사결과 피드백
① 검사요강에 따라 검사를 실시하고 채점하는 것과 마찬가지로 검사결과도 실시요강에 따라 해석해야 한다.
② 심리검사 결과는 검사자만 알고 진단에 사용하거나 의사나 책임자에게 보고하면 되는 경우도 있고, 수검자에게 검사결과를 상세하게 설명해야 하는 경우도 있다.
③ Rorschach, TAT와 같은 심리검사일 경우 검사자는 검사결과의 해석에 상당한 책임을 져야 한다. 반면, 심리측정이론에 따라 제작된 검사결과를 해석할 경우에는 실시요강에 따라 해석하면 되기 때문에 검사결과 해석에 검사자의 책임이 별로 없다.

④ 검사자가 어떠한 내용과 방법으로 알려 줄 것인가 하는 문제는 검사를 실시한 목적, 검사의 종류에 따라 다를 수 있다.

(4) 성추행 및 성관계
① 검사자는 수검자와 어떠한 종류이든 성추행 및 성적관계는 피해야 한다.
② 검사자는 이전에 성적인 관계를 가졌던 사람을 수검자로 받아들이지 않는다.

(5) 실시 및 해석자의 자격
① 현재 심리검사를 실시할 수 있는 전문가 그룹은 대학이나 대학원에서 심리학을 전공한 사람들이다. 정신보건 임상심리사 2급의 경우 학부 졸업 후 정신보건 전문요원 수련기관에서 1년, 정신보건 임상심리사 1급의 경우 대학원 졸업 후 3년의 수련을 거치도록 하고 있다.
② 임상심리전문가의 경우 대학원 과정을 포함해서 3년간 수련을 받게 되어 있다.
③ 심리학 전공자가 아닌데다가 수련을 제대로 받지 않은 상태로 심리검사 실시와 해석이 오남용되는 사례가 특히 우리나라에서는 비일비재한 것으로 알려져 있다.
④ 수검자가 입을 손해를 생각한다면 전문가적인 양심과 책임감을 가지고 충분한 교육과 훈련을 마친 후에 심리검사를 실시해야 한다.
⑤ 상담 및 발달심리 전문가들도 수련 과정 중에 심리검사 훈련을 받게 되어 있다.

바로 Check
심리검사 및 평가의 윤리에 관한 설명으로 옳지 않은 것은?
① 수검자가 자해 위험이 있는 경우 비밀보장의 원칙을 지키지 않아도 된다.
② 평가결과의 해석은 내담자가 그 내용을 이해할 수 있어야 한다.
③ 평가서를 보여 주면 안 되는 경우, 사전에 수검자에게 이 사실을 인지시켜야 한다.
④ 가장 적은 시간과 노력을 들여 가장 타당하게 평가할 수 있는 검사를 선택한다.
⑤ 평가 의뢰인과 수검자가 동일하지 않을 경우에, 평가서와 검사보고서는 의뢰인의 동의 없이 수검자에게 열람될 수 있다.

해설) 평가서의 의뢰인과 수검자가 동일하지 않을 경우에, 평가서와 검사보고서는 의뢰인이 동의할 때 수검자에게 열람될 수 있다.

정답 ⑤

Section 03 인지적 검사

학습포인트 인지적 검사 중 기능검사와 성취도 검사의 개념, 내용 및 해석 등에 대해 이해한다.

1 지능검사

(1) 지능의 개념과 측정

① **지능(intelligence)의 개념** : 인간의 지적 능력을 나타내는 심리학적 개념으로 아직까지 지능의 정의와 관련하여 학자들 간에 보편타당하고 명확하게 합의된 결론에 이르지 못하고 있다.

> **Plus Study** 지능에 대한 학자들의 정의
>
> - 비네(Binet) : 이해력, 창조력, 비판력, 행동의 방향 설정 능력이 포함되는 인식능력
> - 터만 & 스피어만(Terman & Spearman) : 추상적으로 사고하는 능력
> - 디어본(Dearborn) : 학습하는 능력
> - 스턴(Stern) : 생활의 새로운 문제나 상황에 대한 정신적 적응능력
> - 웩슬러(Wechsler) : 어떤 목적을 향하여 행동하고 합리적으로 사고하며 환경을 효과적으로 다루는 개인의 총체적이고 전체적인 능력
> - 헨몬(Henmon) : 소유하고 있는 지식의 양과 지식을 알 수 있는 능력
> - 가드너(Gardner) : 한 문화권 혹은 여러 문화권에서 가치 있게 인정되는 문제를 해결하거나 산물을 창조해 내는 능력
> - 스턴버그(Sternberg) : 메타 요소, 수행 요소, 지식획득 요소의 기능에 따라, 신기성에 대한 반응 혹은 정보처리의 자동화와 관련되는 경험의 연속선에서, 상황적으로 적절한 행동을 방출하는 정신능력
> - 아나스타시(Anastasi) : 지능검사가 측정하는 것
>
> 출처 : 정미경 외(2010)

② **지능의 본질**
  ㉠ 진리 혹은 사실의 관점으로부터의 훌륭한 반응력
  ㉡ 추상적 사고를 수행하는 능력
  ㉢ 환경에 적응하는 것을 학습한 것 또는 그 학습 능력
  ㉣ 생활에서 비교적 새로운 장면에 대한 적응 능력
  ㉤ 아는 능력과 소유하고 있는 지식
  ㉥ 자극의 복잡성의 효과를 한데 모아서, 행동에 단일 효과를 가져오게 하는 생물학적 기제

ⓢ 본능적인 적응을 금지하는 능력, 금지된 본능적인 적응을 상상으로 경험된 시행착오를 통해 재정의하는 능력, 사회적 동물로서의 개인에 알맞도록 수정된 본능적인 적응을 행동으로 실현시키는 의지력
ⓞ 능력을 획득하는 능력
ⓩ 경험에 의한 학습 능력 또는 이해 능력

③ **지능 측정의 의의**
  ㉠ 일반적인 지적 능력 수준을 평가한다.
  ㉡ 성격적 장애를 평가한다.
  ㉢ 특수 능력 및 지적 기능 장애를 평가한다.
  ㉣ 수검자에 대한 행동을 관찰한다.
  ㉤ 치료계획을 세우는 과정에서의 지능평가를 통하여 합리적인 치료목표를 설정한다.

④ **지능의 구조**
  ㉠ **스펜서**(Spencer) : 지능이라는 개념을 처음으로 심리학에 도입하였다.
  ㉡ **갈톤**(Galton)
    ⓐ 최초로 지능 측정을 시도하였다.
    ⓑ 가족 계보를 연구하여 수월성과 사회적 성공이 여러 세대에 걸쳐 일관되게 나타나는 원인이 우수한 지능의 유전이라고 보았고, 이를 자신의 저서 〈유전적 천재〉를 통해 주장하였다.
  ㉢ **비네**(Binet)
    ⓐ 지능의 요소로 판단력, 이해력, 논리력, 추리력, 기억력을 제안하면서 기억, 산수, 어휘 등의 소검사로 구성된 지능 검사를 제작하였다.
    ⓑ 지능이 동기, 의지, 인격 및 이와 유사한 행동 특징과도 관련이 있다고 주장하였다.
  ㉣ **스피어만**(Spearman)
    ⓐ 지능의 2요인 이론
    ⓑ 지능에는 공통적으로 존재하는 하나의 일반 요인(g-factor)과 특수한 기능을 지닌 여러 개의 특수 요인(s-factor)이 작용한다고 주장하였다.
    ⓒ 지능검사의 결과를 일반 지능 요인과 특수 지능 요인에 의하여 결정하였다.
  ㉤ **손다이크**(Thorndike)
    ⓐ 지능을 추상지능, 동작지능, 사회지능으로 구분하고 이들이 지능을 이루는 서로 다른 요인이라고 설명하였다.

OX 퀴즈

특수(s)요인은 모든 종류의 인지과제를 해결하는 데 필수적으로 관여하는 요인이다. [ ]

[정답] ×
[해설] 일반(g)요인에 대한 설명이다. 특수(s)요인은 특정 과제의 문제해결에만 적용되는 다수의 특수요인이다.

ⓑ 추상지능검사 : CAVD
- C(Complement) : 문장 완성으로 추리작용
- A(Arithmetic) : 수학적 추리
- V(Verbal) : 어휘 검사
- D(Demand) : 명령 지시

ⓑ **써스톤**(Thurstone)
ⓐ 능력의 차이에 관심을 두고 지능을 일곱 개의 기본 정신 능력(PMA; Primary Mental Abilities)으로 구분하였다.
ⓑ 기본 정신 능력 : 공간 능력(S), 기억(M), 지각 속도(P), 단어 유창성(W), 수리 능력(N), 추리(R), 언어(V)
ⓒ 각 기본 정신 능력은 고유한 특성과 독립적인 본질을 갖고 있다고 가정하면서, 이것이 우리들의 지적 활동에서 발견될 수 있는 정신적 요인이자, 일반적으로 말하는 지능이라고 보았다.

> **바로 Check**
>
> **심리검사와 개발자의 연결이 옳은 것은?**
> ① Army-β : 헤서웨이(S. Hathaway)
> ② Stanford-Binet : 머레이(H. Murray)
> ③ PMA : 써스톤(L. Thurstone)
> ④ 16PF : 엑스너(J. Exner)
> ⑤ Strong-Campbell : 벡(A. Beck)
>
> 해설 Army-β 검사는 1917년 Robert Yerkes 등에 의해 개발되었으며, 최초의 Stanford-Binet 검사는 미국 스탠퍼드 대학교의 Terman 교수가 기존의 Binet 검사를 번역하여 미국 아동들에게 사용하기 위해 개정한 것이다. 16PF 검사는 1949년 Cattell이 개발하였으며, Strong-Campbell 검사는 Strong과 Campbell이 개발하였다.
>
> ☑ 정답 ③

ⓐ **길포드**(Guildford)
ⓐ 스피어만과 써스톤의 지능 이론의 한계점을 지적하면서 경험적 자료와 이론을 근거로 새로운 지능구조 모형을 제안하였다.
ⓑ 내용, 조작, 결과라는 3차원 지능 모형을 개발하였으며, 각 차원의 아래에 하위 차원이 존재하여 지능은 120개의 요인으로 구성되어 있다고 주장하였다.
ⓒ 지능 구조에서 내용(시각·청각·상징·의미·행동), 조작(평가·수렴적 생산·발산적 생산·기억파지·기억저장·인지), 결과(단위·유목·관계·체계·변화·함축) 차원을 수정하여 총 180개의 지능 요소를 제시하였다.

ⓗ 케텔(Cattell) : 지능을 유동적 지능(fluid intelligence)과 결정적 지능(crystallized intelligence)으로 구분하였다.

유동적 지능	• 개인의 신체 구조에 기초해서 발달하다가 뇌손상이나 노령화에 의해 감소하는 지적 능력 • 비언어적이며 비교적 특정한 문화적 환경에 국한되지 않는 형태의 정신능력을 의미 • 선천적으로 타고난 학습 능력과 문제 해결 능력을 포함 • 새로운 상황에 적응하는 것을 요구하는 과제에서 사용
결정적 지능	• 유동적 지능을 바탕으로 문화적·교육적 경험에 의해 영향을 받아 40세까지 또는 환경에 따라 그 이후에도 발전할 수 있는 지능 • 학습된 반응을 요구하는 과제에 사용

ⓘ 스턴버그(Sternberg)
  ⓐ 삼위일체 지능 이론(삼원지능모형)
  ⓑ 지능의 개인차를 단순한 지능 검사의 점수 차이로 보지 않고, 상호작용하는 많은 심리적 과정이 문제를 해결하는 데 걸리는 시간이라고 규정하였다.
  ⓒ 삼위일체 지능 이론의 구성요소
  • 요소 하위이론(componential subtheory, 성분 하위이론) : 새로운 지식을 획득하고 이를 논리적 과제 해결에 적용하는 능력으로서 이것의 결과가 분석적 능력임을 제안하였다.

메타 요소 (meta components)	고차적 집행과정으로서 활동 계획을 세우고 결정한 일의 진행 과정을 감독, 조정하고 진행 결과를 평가하는 데 관여
수행 요소 (performance components)	과제 수행에 실제로 이용하는 과정으로서 정보를 부호화하고 기억, 추리하는 데 관여
지식획득 요소 (knowledge-acquisition components)	새로운 정보의 획득에 이용하는 과정으로서 선택적 부호화, 선택적 조합, 선택적 비교 등에 관여

  • 경험 하위이론(experiential subtheory) : 새로운 생각을 형성하고 관련되어 있지 않은 사실을 조합하는 능력으로서 이것의 결과가 창의적 능력임을 제안하였다.

신기성(novelty)을 다루는 능력	새로운 상황을 효과적으로 다루는 능력, 통찰력, 창의력을 의미
정보처리를 자동화(automatization) 하는 능력	익숙한 과제에 대한 효율적이고 자동적인 문제 해결 능력, 사고력을 의미

OX 퀴즈

길포드는 요소 하위이론, 경험 하위이론, 상황 하위이론을 주장하였다. [ ]

[정답] ✕

[해설] 스턴버그(Sternberg)는 삼위일체 지능이론을 주장했으며 요소 하위이론, 상황 하위이론, 경험 하위이론으로 구분된다.

• 상황 하위이론(contextual subtheory, 맥락 하위이론) : 변화하는 환경에 적응하고 기회를 최적화하는 능력으로서 이것의 결과가 실제적 능력임을 제안하였다.

적응(adaptation)	기존 환경에 자신을 맞추는 것
조성(shaping)	기존 환경을 자신에게 맞도록 변형시키는 것
선택(selection)	적응이 가능하지 않거나 조성이 적절하지 않을 때 새로운 환경을 선택하는 것

바로 Check

맥락적, 경험적, 성분적 요인을 기반으로 지능의 삼원지능모형을 주장한 학자는?
① 스피어만(C. Spearman) ② 써스톤(L. Thurstone)
③ 길포드(J. Guilford)   ④ 스턴버그(R. Sternberg)
⑤ 카텔(R. Cattell)

해설 스턴버그는 삼위일체 지능 이론인 삼원지능모형을 주장하였으며, 지능의 개인차를 단순한 지능 검사의 점수 차이로 보지 않고, 상호작용하는 많은 심리적 과정이 문제를 해결하는 데 걸리는 시간이라고 규정하였다.

✅ 정답 ④

 피아제(Piaget)
ⓐ 지적 행위와 비지적 행위를 구분하는 것을 거부하고 환경에 적응하는 능력으로서의 지능은 동화와 조절을 통해서 발달된다고 하는 연속성을 선호하였다.
ⓑ 아동의 지적 발달에 대한 기술의 기초를 이루는 기본적 가정
• 아동의 지적 발달은 성숙, 물리적 환경의 경험, 사회적 환경의 영향, 아동 자신의 자기 조정 과정을 통해 가능하다.
• 지적 발달은 단계별로 나타나며 다음 단계가 전단계의 성취 내용을 통합 확장하는 불변의 계열을 따른다.
• 지적 발달에는 개인차에 관계없이 모든 인간이 따라야 하는 하나의 경로가 있다.

 가드너(Gardner)
ⓐ 다중 지능(multiple intelligence, 다면적 지능) 이론
ⓑ 인간의 지적 능력은 일상생활 속에서 다양한 방식으로 작용하는 기능적 개념으로서 일반 지능과 달리 다수의 능력으로 구성되어 있으며 능력의 상대적 중요성은 동일하다고 주장하였다.
ⓒ 인간의 사고 전체를 이끄는 적어도 7가지의 지능이 있으며, 이는 서로 독립적이지만 발현될 때는 서로 교류하면서 복잡한 방식으로 협응하여 작용한다고 주장하였다.

3과목 심리측정 및 평가

Plus Study 다중 지능의 구성요소

지능의 요인	핵심 능력	관련 직업의 예
언어 지능 (linguistic intelligence)	언어를 효과적으로 구사하는 능력	작가, 정치가, 웅변가, 시인, 극작가, 언론인
논리-수학 지능 (logical-mathematical intelligence)	숫자를 효과적으로 사용하고 추론하는 능력	수학자, 세무사, 통계학자, 과학자, 컴퓨터 프로그래머
공간 지능 (spatial intelligence)	시각적·공간적 세계를 정확하게 지각하는 능력과 지각을 통해 형태를 바꾸는 능력	예술가, 건축가, 항해사, 발명가, 지리학자, 정찰병, 실내장식가
음악 지능 (musical intelligence)	음악적 표현 형식을 지각, 변별, 변형, 표현하는 능력	연주가, 작곡가, 음악비평가
신체-운동 지능 (bodily-kinesthetic intelligence)	자신의 신체를 이용해서 생각이나 감정을 표현하는 능력과 자신의 손을 이용해서 사물을 만들거나 변형시키는 능력	배우, 운동선수, 무용가, 조각가, 기계공, 외과 의사
대인관계 지능 (interpersonal intelligence)	타인의 기분, 의도, 동기, 감정 등을 지각하고 식별하고 적절하게 반응하는 능력	정치가, 종교인, 교사, 세일즈맨
내성 지능 (intrapersonal intelligence)	자기 자신에 대한 객관적 이해 능력 및 그에 기초하여 적절하게 행동할 수 있는 능력	철학자, 소설가, 종교인, 상담가, 임상학자
자연탐구 지능 (naturalistic intelligence)	자연 현상을 파악하고 분류하는 능력, 환경의 특징을 이용하는 능력	생물학자, 과학자, 수의사, 여행가
실존 지능 (existential intelligence)	철학적, 종교적으로 사고할 수 있는 능력으로 뇌에 해당 부위가 없고 아동기에는 나타나지 않음	철학자, 종교인

출처 : 정미경 외(2010)

⑤ 지능지수
  ㉠ 스턴버그의 비율지능지수

  $$IQ = (정신연령 \div 생활연령) \times 100$$

  ⓐ 정신연령과 생활연령이 동일하면 지능은 100
  ⓑ 정신연령이 생활연령보다 크면 지능은 100 이상
  ⓒ 정신연령이 생활연령보다 낮으면 지능은 100 이하
  ㉡ **편차 지능지수**
  ⓐ 특정 시점에서 한 개인의 지능을 동일한 연령 집단 내의 상대적 위치로 산출한다.
  ⓑ 평균 = 100, 표준편차 = 15로 변환한 표준점수이다.

⑥ 지능의 연령에 따른 변화
  ㉠ 일반적으로 7~8세가 되면 IQ 점수가 안정이 되고, 이를 통해 비교적 정확하게 성인 IQ를 예측할 수 있게 된다.
  ㉡ 지능검사 점수는 유전뿐 아니라 환경의 영향을 받는다.

(2) Wechsler식 지능검사
① 개요
  ㉠ **정의** : 지능이란 단순한 지적 능력뿐 아니라 '개인이 목표를 달성하기 위해 실행할 수 있고, 합리적으로 사고할 수 있으며, 환경에 효과적으로 대처할 수 있는 전반적(global)이고 총체적(aggregate)인 능력'이다.
  ㉡ 지능검사가 인지적 요소뿐만 아니라 정서적, 정의적 측면을 모두 포함하므로 지능을 성격의 다른 부분과 분리하여 생각할 수 없다고 주장하였다.

② 목적
  ㉠ 개인의 전반적인 지적 능력을 평가한다.
  ㉡ 지능검사의 소검사 프로파일을 통해 개인의 인지적 특성·강점·약점을 파악한다.
  ㉢ 지능검사의 결과에 기초해 임상적 진단을 명료화하고 두뇌 손상 여부, 두뇌 손상으로 인한 인지적 손상을 평가한다.
  ㉣ 지능검사의 결과에 기초해 치료 계획 및 합리적인 치료 목표를 수립한다.

③ 철학
  ㉠ 지능검사의 소검사는 개인이 학습해 온 것을 측정하며 이는 개인 행동의 표본일 뿐 총체는 아니다.
  ㉡ 개인을 대상으로 하는 표준화된 검사는 특정 실험적 환경 아래 정신 기능을 평가한다.
  ㉢ 지능검사와 같은 종합 검사는 이론적 모형에 근거하여 해석해야 유용하다.
  ㉣ 검사 프로파일을 통해 도출된 가설은 다양한 출처의 자료를 통해 검증되어야 한다.

바로 Check

웩슬러 지능검사에 관한 설명으로 옳지 않은 것은?
① 편차지능지수 개념을 도입했다.
② 개인의 인지적 강점과 약점에 관한 정보를 제공한다.
③ 학업성취와 신경심리학적 손상까지 예측할 수 있다.
④ 지능지수는 타고난 능력과 모든 문제해결능력을 대표한다.
⑤ 개인의 성격을 측정하는 도구로도 사용할 수 있다.

해설 웩슬러는 지능을 성격의 일부 요소로서 인지적 요인 및 비인지적인 요인인 불안, 지구력, 목표 자각 등의 영향을 받는 것으로 이해하였다.

☑ 정답 ④

④ 유형
- ㉠ **성인을 대상으로 하는 검사**(Wechsler-Bellevue Intelligence Scale Form I, 1939)
    - ⓐ 지능을 개인이 목적을 이루기 위해 합리적으로 사고하고 행동하며 환경을 효율적으로 처리하는 총체적인 능력으로 정의하였다.
    - ⓑ 지능은 성격의 일부 요소로서 인지적 요인뿐만 아니라 비인지적인 요인인 불안, 지구력, 목표 자각 등의 영향을 받는 것으로 이해하였다.
    - ⓒ 지능검사를 단순히 지능 수준을 평가하는 도구라기보다는 성격까지도 측정할 수 있는 역동적인 도구라고 주장하였다.
- ㉡ 두 번째 유형의 검사(Wechsler-Bellevue Alternative Form II, 1946)
- ㉢ 웩슬러 아동용 지능검사(WISC; Wechsler Intelligence Scale for Children, 1949)
- ㉣ 웩슬러 성인용 지능검사(WAIS; Wechsler Adult Intelligence Scale, 1955)
- ㉤ 취학전 아동용 지능검사(WPPSI; Wechsler Preschool and Primary Scale of Intelligence, 1967)
- ㉥ 한국 웩슬러 아동 지능검사(K-WISC; Korean-Wechsler Intelligence Scale for Children)
    - ⓐ K-WISC-IV
        - 만 6세 0개월부터 16세 11개월까지의 아동과 청소년의 인지적 능력을 평가하기 위한 개별 검사도구로서, 본 검사를 통해 인지적 강점과 약점 등을 포함하는 전반적인 인지적 기능에 대한 포괄적인 평가가 가능하다.

 나의 필기노트

나의 필기노트

OX 퀴즈
K-WISC-Ⅳ에서 토막짜기를 실시할 때에는 수검자의 정 중앙에 토막을 놓는다. [　]
[정답] ○

- 지표
  - 언어이해 지표(VCI; Verbal Comprehension Index) : 핵심 소검사(공통성, 어휘, 이해), 보충 소검사(상식, 단어 추리)
  - 지각추론 지표(PRI; Perceptual Reasoning Index) : 핵심 소검사(토막짜기, 공통그림 찾기, 행렬 추리), 보충 소검사(빠진 곳 찾기)
  - 작업기억 지표(WMI; Working Memory Index) : 핵심 소검사(숫자, 순차연결), 보충 소검사(산수)
  - 처리속도 지표(PSI; Processing Speed Index) : 핵심 소검사(기호쓰기, 동형찾기), 보충 소검사(선택)

바로 Check

K-WISC-Ⅳ의 작업기억지표(WMI)를 측정하는 소검사는?
① 행렬추리　　② 기호쓰기　　③ 동형찾기
④ 단어추리　　⑤ 순차연결

해설 K-WISC-Ⅳ 작업기억지표의 핵심 소검사로는 숫자(DS)와 순차연결(LN)이 있다.

정답 ⑤

ⓑ K-WISC-V
- K-WISC-Ⅳ와 K-WISC-V의 차이점
  - 소검사와 검사 순서

K-WISC-Ⅳ	K-WISC-V
1. 토막짜기	1. 토막짜기
2. 공통성	2. 공통성
3. 숫자	3. 행렬추리
4. 공통그림찾기	4. 숫자
5. 기호쓰기	5. 기호쓰기
6. 어휘	6. 어휘
7. 순차연결	7. 무게비교
8. 행렬추리	8. 퍼즐
9. 이해	9. 그림기억
10. 동형찾기	10. 동형찾기
11. 빠진곳찾기	11. 상식
12. 선택	12. 공통그림찾기
13. 상식	13. 순차연결
14. 산수	14. 선택
15. 단어추리	15. 이해
	16. 산수

- 소검사 순서가 일부 변경되고 제외된 검사, 새로 추가된 검사가 있다.
- 5판이 되면서 제외된 검사 : 빠진 곳 찾기, 단어추리
- 5판이 되면서 추가된 검사 : 무게비교, 퍼즐, 그림기억

(3) 지능지수의 해석
① 변화 가능성
  ㉠ 지능은 지속적으로 변화하지만 12세까지 급격한 증가를 보이고 20세까지는 완만한 변화를 보인다.
  ㉡ 지능의 변화는 검사가 경험과 학습에 영향을 받는 것일 경우에는 평생 동안 계속된다.
② 도구 제작
  ㉠ 지적 능력을 정확하게 반영할 수 있는 검사 도구의 제작이 중요하다.
  ㉡ 문화적으로나 성적으로 편파되지 않은 문제를 만들어야 한다.
③ 창의성
  ㉠ 창의성은 기발하고 가치 있는 사고나 사고의 산물을 의미한다.
  ㉡ **지능과 창의성의 관계**
    ⓐ 지능지수 120 까지 : 지능과 창의성은 비례한다.
    ⓑ 지능지수 120 이상 : 창의성과 지능 간 상관은 적다.

Plus Study 지능의 진단적 분류

IQ	분류
130 이상	최우수(very superior)
120~129	우수(superior)
110~119	평균상(high average)
90~109	평균(average)
80~89	평균하(low average)
70~79	경계선(borderline)
69 이하	정신지체(mentally deficient)

출처 : 이우경 외(2012)

(4) 집단용 지능검사 및 기타 사항
① 의의 : 제1차 세계대전 동안 미국에서는 조종사와 같은 특정 과제에 있어서의 적격자와 부적격자를 빠른 시간에 한꺼번에 선별해야 할 필요에 따라 지필형으로 된 집단용 지능검사를 개발하였다.
② 집단용 지능검사의 예
  ㉠ Army alpha test : 일반적 인력 선별을 위한 언어성 검사로 구성
  ㉡ Army beta test : 외국인이나 문맹자를 위한 비언어성 검사로 구성

OX 퀴즈
군대알파검사와 군대베타검사는 대표적인 개인 지능검사이다. [ ]
[정답] X
[해설] 군대알파검사와 군대베타검사는 대표적인 집단 지능검사이다.

③ 장점
   ㉠ 개인용 검사에 비하여 비용이 적게 든다.
   ㉡ 적은 시간에 많은 학생들을 대상으로 실시할 수 있다.
④ 한계점
   ㉠ 수검자와 라포(rapport)를 형성하거나 수검자의 관심을 지속적으로 유지시킬 수 있는 기제가 내재되어 있지 않다.
   ㉡ 개인용 검사만큼의 시험 운용의 융통성이 부족하다.
   ㉢ 수검자의 건강상태나 피로, 걱정 등의 이유로 검사점수가 영향을 받을 수 있다.

2 성취도 검사

(1) 성취도(학습기능)의 개념

① 성취검사의 개념
   ㉠ 현재 상황에 초점을 맞춘 능력검사 중의 하나이다.
   ㉡ 피검자가 특정 주제를 자기 것으로 소화한 정도를 측정한다.
   ㉢ 특정 주제의 영역에서 피검자의 학습 정도, 성패 정도, 성취도를 측정한다.
② 성취검사의 내용
   ㉠ **전국단위 학업성취도 평가**
      ⓐ 한국교육과정평가원에서 시행한다.
      ⓑ 성취기준을 '교과 교육의 목표에 비추어 학생들이 알아야 할 것과 할 수 있는 것의 범위와 깊이를 구체적으로 제시한 것'으로 정의하고 평가도구를 개발하는 기준으로 삼는다.
   ㉡ **수학, 과학 성취도 추이변화 국제비교연구**(TIMSS)
      ⓐ 국제교육성취도평가협회(IEA; International Association for the Evaluation of Edu- cational Achievement)에서 시행한다.
      ⓑ 교육과정을 의도된 교육과정, 실행된 교육과정, 성취된 교육과정으로 구분하고, 연구 참여국들의 교육과정에 기초하여 평가 문항을 구성하였다.
      ⓒ 참여국들의 교육과정에 공통적으로 포함되어 있는 내용에 준하여 이루어지기 때문에 몇몇 국가에서 아무리 중요하게 다루는 내용이라도 다른 국가의 교육과정에서 다루어지지 않은 지식이나 능력은 제외될 수 있다.

(2) 표준화 성취도 검사의 해석

① 국가수준의 학업성취도 검사와 TIMSS, PISA 등 대부분의 학업성취도 검사는 학업성취도에 대한 개념 정의가 어떠하든지에 관계없이, 검사결과를 제시함에 있어서 일반적으로 척도점수와 함께 성취수준을 제시하고 있다.

② 대부분의 학업성취도 평가연구는 평가대상이 되는 집단 내에서 각 개인의 상대적 위치를 나타내므로 규준지향검사(norm-referenced test)와 관련된 정보를 제공하고 있을 뿐 아니라, 문항의 내용 분석을 토대로 설정된 성취수준을 제공함으로써 준거지향검사(criterion-referenced test)와 관련된 정보도 함께 제공하고 있다.

③ 성취수준은 모든 과목에 대하여 '우수학력', '보통학력', '기초학력', '기초학력 미달'로 구분하여 제시된다.

우수학력	평가대상 학년급 학생들이 성취할 것으로 기대하는 기본 내용을 대부분 이해한 수준을 의미(80% 이상을 이해한 수준)
보통학력	평가대상 학년급 학생들이 성취할 것으로 기대하는 기본 내용을 상당 부분 이해한 수준을 의미(50~80% 정도를 이해한 수준)
기초학력	평가대상 학년급 학생들이 성취할 것으로 기대하는 기본 내용을 부분적으로 이해한 수준을 의미(20~50% 정도를 이해한 수준)
기초학력 미달	평가대상 학년급 학생들이 성취할 것으로 기대하는 기초학력 수준에 도달하지 못한 수준을 의미(20% 이상을 이해한 수준에 도달하지 못함)

④ 성취수준의 특성에서 '평가대상 학년급 학생들이 성취할 것으로 기대하는 기본 내용의 이해 정도'를 양적으로 표현하면 성취수준별 특성을 명료하게 이해하는 데 도움이 된다.

Section 04 정의적 검사

학습포인트 정의적 검사 중 MMPI의 특징, 채점 및 해석에 대해 이해하며 기타 성격검사의 종류 및 내용에 대해서도 알아본다. 또한 적성검사에 대해서도 살펴본다.

1 MMPI(Minnesota Multiphasic Personality Inventory; 다면적 인성검사)

(1) 실시 목적과 방법
① MMPI의 특징
  ㉠ 장점
    ⓐ 오랜 역사를 거쳐 매우 대중적이며 익숙한 검사이다.
    ⓑ 검사의 실시와 채점이 용이하다.
    ⓒ 투입되는 시간과 노력 대비 효용성이 높다.
    ⓓ 객관적으로 표준화된 규준을 갖추고 있다.
    ⓔ 코드 유형 등을 사용해 간편하게 해석할 수 있다.
    ⓕ 다양한 유형의 MMPI가 개발되어 활용 가능도가 높다.
    ⓖ 여러 인종, 문화, 언어를 대상으로 대규모의 규준 및 타당도 연구가 진행되고 있어 국가 간, 문화 간, 인구 통계학적 변인을 고려한 비교가 가능하다.
  ㉡ 한계
    ⓐ 여러 척도 간 문항 중복으로 상관 계수가 높고 개별 척도 및 코드 유형에 대한 정보가 진단적 변별에 유용하지 않다.
    ⓑ MMPI에서 사용하는 일부 용어는 시대에 뒤떨어지고 진부하여 최근 정신 장애 진단 체계 및 정신 병리 용어에 부합하지 않는다.
② MMPI의 실시
  ㉠ **검사자에 대한 고려사항** : MMPI는 매우 복잡하고 정교한 심리 검사이므로 결과에 대한 해석은 심리 검사의 제반 이론, 성격의 구조 및 역동, 정신병리학, 심리 진단 등에 대해 체계적인 지식을 갖추고 임상 훈련을 받아 자격을 취득한 전문가만이 가능하다.

○ **피검자에 대한 고려사항** : 문항을 정확히 읽고 충분히 이해하여 답할 수 있을 정도인 초등학교 6학년 이상의 독해력을 갖춘 사람에게 실시해야 한다.
© **검사 실시 및 채점**
  ⓐ 답안을 완성하는 데는 일반적으로 1시간~1시간 30분 정도의 시간이 소요된다.
  ⓑ 검사 전, 검사자는 피검자와 라포를 형성하여 최대한 협조를 끌어내는 것이 중요하다.
  ⓒ 채점하기 전, 검사자는 피검자의 답안지를 전체적으로 검토하여 적절하게 응답되지 않은 경우에는 재응답을 권유해야 한다.

③ **MMPI-2의 개발**
  ⊙ **개정의 주안점**
    ⓐ 시대에 뒤떨어지거나 이의제기의 소지가 있는 문항 삭제
    ⓑ 원판 MMPI의 타당도 척도와 임상척도 유지
    ⓒ 대표성이 있으면서도 광범위한 표집
    ⓓ 임상적 문제를 정확하게 반영함과 동시에 단일한 백분위로 분류될 수 있는 규준 개발
    ⓔ 문항과 척도를 평가하는 데 사용할 수 있는 새로운 임상자료의 수집
    ⓕ 타당도 척도, 내용 척도, 보충 척도 등 새로운 척도 개발

> **Plus Study 모호-명백 문항**
> 1. 긍정왜곡과 부정왜곡을 탐지하기 위해서 고안
> 2. 주로 척도 2번, 3번, 4번, 9번에서 모호 점수와 명백 점수로 산출
> 3. MMPI-2에서는 경험적 연구 부족으로 모호-명백 점수가 제시되지 않음

  © **MMPI-2의 장점**
    ⓐ 문항의 의미를 명확히 전달할 수 있고 현대사회의 특성을 잘 반영하도록 문항내용을 개선하고 수정하였다. 하지만 수검자의 응답방향과 척도점수에 미치는 영향, 심리 측정적 특징은 크게 달라지지 않았다.
    ⓑ 척도 5와 척도 0을 제외한 대부분의 임상척도와 내용척도 등에서 동형 T점수방식을 채택함으로써 척도 간 T점수에 기초한 백분위 비교가 가능해졌다.
    ⓒ MMPI-2에서는 수검자의 응답방식을 다양한 관점에서 탐색할 수 있는 여러 가지 새로운 타당도 척도가 추가된 것을 비롯해 새로운 내용척도 및 내용 소척도, 성격병리 5요인 척도, 재구성 임상척도, 다양한 보충척도 등이 개발되었다.

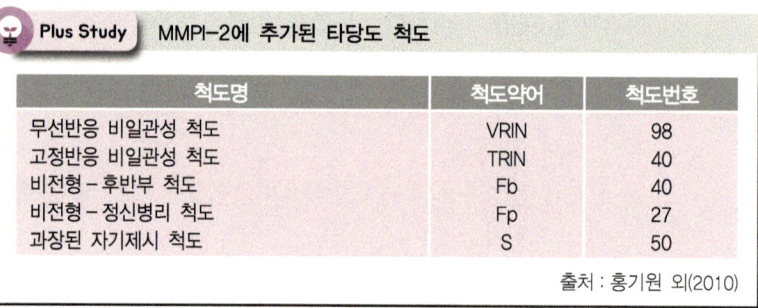

출처 : 홍기원 외(2010)

(2) 채점과 타당도 척도의 해석

① 타당도 척도

㉠ 무응답 척도(?)
  ⓐ 무응답 점수(?, Cs)는 표준화된 점수로 환산되는 척도가 아니라 피검자가 응답하지 않은 문항의 개수를 나타낸다.
  ⓑ 무응답 문항이나 이중으로 응답한 문항의 개수가 30개가 넘으면 다른 임상 척도의 점수를 왜곡시키기 때문에 검사의 신뢰도가 떨어진다.
  ⓒ 무응답의 이유 : 피검자가 부주의하거나 혼란스러워 의도와 무관하게 반응을 누락하는 경우, 자신의 바람직하지 않은 특성에 대해 고의로 거짓 응답을 하기보다는 회피하려는 경우, 양자택일 상황에서 어느 하나를 택하지 못하는 우유부단한 피검자들이 답안지를 빈칸으로 남겨 두는 경우

㉡ L척도(거짓말 척도, 부인 척도, Lie) : 다소 세련되지 못하고 미숙한 수준에서 자신을 보다 좋게 보이려는 정도를 측정하는 척도

㉢ F척도(비전형 척도, Infrequence) : 비정상적인 경험, 생각 및 감정 등의 정도를 알아보는 척도

㉣ K척도(교정 척도, Correction) : 자신의 정신 병리나 심리적인 상태를 드러내지 않고 방어하려는 경향이 어느 정도인지를 말해 주는 척도

㉤ S척도(과장된 자기 제시 척도) : 자신이 도덕적 결점이 없음을 강조한다. 방어적 수검태도를 탐지하기 위한 척도

㉥ VRIN(무선반응 비일관성 척도) : 내용면에서 비슷하거나 상반되는 문항들로 짝지어진 문항 반응 쌍으로써, 이들 문항 쌍에서 수검자가 일관되지 않은 방식으로 응답할 경우 증가

㉦ TRIN(고정반응 비일관성 척도) : 내용면에서 정반대임에도 문항 내용과 무관하게 한 방향으로 채점할 경우 증가

단답형 문제

다음은 MMPI의 타당도 척도 중 무엇에 대한 설명인가?

> 세련되지 못하고 미숙한 수준에서 자신을 보다 좋게 보이려는 정도를 측정하는 척도

[정답] L척도(거짓말 척도, 부인 척도)

바로 Check

MMPI-2의 타당도 척도에 관한 설명으로 옳지 않은 것은?

① ?무응답 척도가 높아지는 요인으로 읽기장애, 정신운동의 지체가 있다.
② L척도가 높으면 자신을 완벽하고 이상적으로 꾸며대는 경향이 있다.
③ F척도는 이상반응 경향을 탐지하기 위한 척도이다.
④ K척도는 자신을 긍정적으로 기술하는 것을 측정하기 위한 척도이다.
⑤ TRIN은 비일관적으로 응답하는 경향을 탐지하기 위한 무선반응 비일관성 척도이다.

해설 TRIN은 고정반응 비일관성 척도이다.

✅ **정답** ⑤

(3) 임상척도의 해석

① 임상 척도
  ㉠ **척도1**(건강염려증, Hs; Hypochondriasis)
    ⓐ 신체적 건강을 부정하고 다양한 신체적 증상에 집착하는 내용으로 구성된다.
    ⓑ 높은 점수의 피검자는 여러 가지 만성적인 신체 증상을 보이며, 불행감을 느끼고 애처롭게 호소하며 타인의 관심을 원한다.
    ⓒ 높은 점수의 피검자는 강한 압박감, 신체적 불편감이나 기능 저하, 잦은 방어기제 사용으로 인해 낮은 통찰 수준을 보인다.
  ㉡ **척도2**(우울증, D; Depression)
    ⓐ 비관 및 슬픔의 정도를 나타내는 척도이다.
    ⓑ 우울증의 증상인 슬프고 우울한 기분, 행복감이나 개인 존중감의 부족, 비관적 태도, 정신성 운동의 지연과 위축, 외부에 대한 관심 저하, 근심과 걱정 같은 내용의 문항으로 구성되어 있다.
  ㉢ **척도3**(히스테리, Hy; Hysteria)
    ⓐ 히스테리 증상을 평가하기 위한 척도이다.
    ⓑ 신체 건강의 부인과 수면 문제, 메스꺼움, 구토, 두통, 흉통과 같은 여러 신체 증상의 호소, 심리적 문제의 전반적인 무관심과 같은 내용의 문항으로 구성된다.
  ㉣ **척도4**(반사회성, Pd; Psychopathic Deviate)
    ⓐ 정상 범위의 지능에 문화적 결손이나 심각한 정신적 혹은 신경증적 증상이 없음에도 불구하고 거짓말, 절도, 성적인 문제, 과도한 음주 문제 등 반사회적 일탈 행동을 지속적으로 보이는 사람들을 변별할 목적에서 개발되었다.

OX 퀴즈

MMPI 중 히스테리 척도(Hy)는 신체적 건강을 부정하고 다양한 신체적 증상에 집착하는 내용으로 구성되어 있다.
[   ]

[정답] X

해설 Hy 척도는 히스테리 증상을 평가하기 위한 척도이다.

> **괄호넣기**
> MMPI 척도 중 ( )의 점수가 높은 사람은 사회의 가치관과 기준을 받아들이지 못하고, 충동적이고 계획성이 없으며, 적대적인 경향이 있다.
> [정답] 반사회성, Pd

　　ⓑ 만족의 결여, 가족문제, 이탈 행동, 성 문제, 권위자와의 어려움 등의 문항으로 구성된다.
　　ⓒ 높은 점수의 피검자는 사회의 가치관과 기준을 받아들이지 못하고 반사회적인 행동을 하며, 충동적이고 계획성이 없고 적대적이며 냉소적이다.
　ⓜ 척도5(남성성-여성성, Mf ; Masculinity - Femininity)
　　ⓐ 직업에 대한 관심, 취미, 여가 활동, 걱정, 두려움, 과민성, 사회적 활동, 종교, 가족관계, 성적인 내용의 문항으로 구성된다.
　　ⓑ 남성들이 여성의 특성을, 여성들이 남성의 특성을 보일 때 높은 점수를 얻는다.
　　ⓒ 남성의 경우 이 척도가 매우 높으면 동성애적 경향이나 성 정체감 및 남성적 역할에 대한 불안정감, 명백한 여성적 행동을 보인다.
　　ⓓ 여성의 경우 이 척도가 매우 높으면 전통적인 여성적 역할에 대한 거부, 높은 남성적 취향, 남성적 직업과 전문직을 선택하는 경향을 보인다.
　ⓑ 척도6(편집증, Pa ; Paranoia)
　　ⓐ 명백한 정신증적 행동 즉 의심, 관계망상, 피해망상, 과대망상 외에도 과민성, 냉소적 태도, 비사교적 행동, 과도한 도덕주의, 타인에 대한 불만과 같은 문항들로 구성된다.
　　ⓑ 높은 점수의 피검자는 남을 비난하거나 원망하며, 적대적이거나 따지기를 좋아하고, 경쟁심이 많고 지나치게 민감하며, 논쟁을 좋아하고 남 탓하기를 잘하는 경향이 있다.
　ⓢ 척도7(강박증, Pt ; Psychasthenia)
　　ⓐ 강박적인 행동 외에도 비정상적인 공포, 자기 비판, 자신감의 저하, 주의 집중 곤란, 과도한 예민성, 우유부단 및 죄책감과 같은 문항으로 구성된다.
　　ⓑ 심리적 고통이나 불안을 나타내는 좋은 지표로 높은 점수의 피검자는 매우 사소한 일에도 걱정이 많고 겁이 많으며 불안, 긴장, 공포심 등을 가지는 경향이 있다.
　ⓞ 척도8(정신분열증, Sc ; Schizophrenia)
　　ⓐ 명백한 정신분열증 증상과 여러 행동 특질로 구성되어 있다.
　　ⓑ 지각의 혼란, 사고장애, 사회적 고립, 가족 관계의 문제, 성적 관심, 충동 통제, 집중의 실패 등 다양한 내용으로 구성된다.

㉢ **척도9**(경조증, Ma; Hypomania)
　ⓐ 고양된 정서, 활발한 행동, 사고의 비약으로 나타나는 조증 상태를 진단하기 위한 문항과 가족 관계, 도덕적 가치나 태도, 신체적 관심에 대한 문항으로 구성된다.
　ⓑ 높은 점수의 피검자는 정력적이고 무엇인가를 하지 않고는 견디지 못하는 사람이다.

㉣ **척도0**(내향성, Si; Social Introversion)
　ⓐ 사회적 접촉과 책임으로부터의 회피 경향을 평가하기 위해, 사회적 장면에서의 불편감, 고립, 일반적 부적응 및 자기 비하의 내용으로 구성된다.
　ⓑ 높은 점수의 피검자는 다른 사람들을 회피하는 경향이 있고 불안정감, 자신감 결여, 지나친 억제, 냉담, 사회적 내향성을 보인다.

> **바로 Check**
>
> 다음 내용을 포함하는 MMPI-2의 Harris-Lingoes 소척도는?
>
> • 사회적 불안의 부인　• 애정욕구　• 권태-무기력
> • 신체증상 호소　• 공격성의 억제
>
> ① Hy　② D　③ PD
> ④ SC　⑤ Ma
>
> **해설** Hy는 히스테리 척도로서, 신체 건강의 부인과 수면 문제, 메스꺼움, 구토, 두통, 흉통과 같은 여러 신체 증상의 호소, 심리적 문제의 전반적인 무관심과 같은 내용의 문항으로 구성된다.
>
> ☑ 정답 ①

> **Plus Study** MMPI-A(청소년용)
>
> 1. MMPI의 문항 내용이 상당수 청소년에게 어색하고 부적합하여 청소년에게 적합한 내용 및 표현으로 수정해 14~18세의 청소년에게 사용하고 있다.
> 2. 검사 시간은 40~90분이다(총 478문항, 예/아니오 응답 방식).
> 3. 척도의 구성과 해석
>   ① 타당도 척도
>   • 무응답 지표(? : Cannot say) : 무응답 문항이 10개 이상인 경우 청소년 수검자에게 검사를 다시 돌려준다.
>   • 부인 척도(L : Lie) : L 척도 점수가 높고, 다른 표준척도, 내용척도, 또는 보충 척도들에서 T 점수 60 이상인 척도가 없다면 심각한 정신병리가 없는 것으로 해석해서는 안 되며, 방어적일 가능성이 있다고 해석한다.
>   • 비전형 척도(F, F1, F2 : Infrequency) : F 척도 점수가 높은 사람은 자신을 부정적으로 나타내거나 증상을 가장하는 것으로 생각하며, 이는 L 척도가 높은 사람, 즉 자신을 긍정적으로 나타내 보이려는 사람과 상반된다.
>   • 방어성 척도(K : Defensiveness) : K 척도 T 점수가 65점 이상으로 상승되었다면 방어적인 검사 태도의 가능성을 조심스럽게 언급한다.

- 무선반응 비일관성 척도(VRIN : Variable Response Inconsistency)와 고정반응 비일관성 척도(TRIN : True Response Inconsistency) : VRIN과 TRIN 척도는 L, F, K 척도의 해석을 보완하는 데 사용한다.

② 임상 척도
- 척도 1(Hs : 건강염려증, Hypochondriasis) : 척도 1의 상승은 건강, 질병 및 신체 기능에 대한 과도한 집착을 반영한다.
- 척도 2(D : 우울증, Depression) : 척도 2에서 높은 점수를 보이는 청소년 입원 환자들은 임상가들로부터 심리치료에 대한 동기가 더 높고 자신의 감정과 태도를 논의하는 데 더 개방적인 것으로 평정된다.
- 척도 3(Hy : 히스테리, Hysteria) : 척도 3에서 가장 높은 상승을 보인 정상 청소년들은 지능, 학업성취, 사회경제적 지위가 더 높은 경향이 있다.
- 척도 4(Pd : 반사회성, Psychopathic Deviate) : 척도 4가 상승된 청소년들은 알코올이나 다른 약물을 더 많이 사용하는 경향이 있다.
- 척도 5(Mf : 남성성-여성성, Masculinity-Femininity) : 남자에게 있어서 이 척도의 상승은 여성적인 흥미와 관심을 의미하고, 여자에서의 상승은 남성적인 흥미와 관심을 의미한다.
- 척도 6(Pa : 편집증, Paranoia) : 척도 6에서 높은 점수를 보이는 정상 청소년들은 타인의 말이나 추론된 태도에 민감한 경향이 있다.
- 척도 7(Pt : 강박증, Psychasthenia) : 높은 점수를 받은 청소년들은 종종 주의집중에 곤란을 겪으며, 우유부단한 모습을 보이고, 자기 비판적이며, 실패에 대한 죄책감을 느낀다.
- 척도 8(Sc : 정신분열증, Schizophrenia) : 척도 8에서 가장 높은 상승을 보인 정상 청소년들은 지능이 더 낮고 학업성적이 더 낮으며 학교를 중도에 그만 둔 경우가 많다.
- 척도 9(Ma : 경조증, Hypomania) : 이 척도에서 높은 점수를 보이는 청소년들은 안절부절못하며 흥분을 위해서 흥분을 일으킨다.
- 척도 0(Si : 내향성, Social Introbersion) : 척도 0에서 높은 점수를 받는 청소년들은 내향적이고 수줍음이 많으며 소심하고 친구를 사귀는 데 어려움을 겪는다. 또한 자신감이 부족하고 감정을 억제하는 경향을 보인다.

③ 내용 척도
- 불안척도(A-anx : Adolescent-Anxiety) : 불안 척도에서 높은 점수를 보이는 청소년들은 긴장, 잦은 걱정, 수면장애 등의 불안 증상을 보고하고 또한 혼란, 주의집중의 어려움, 그리고 과제 지속의 어려움을 호소한다.
- 강박성 척도(A-obs : Adolescent-Obsessiveness) : 강박성 척도에서 높은 점수를 보이는 청소년들은 종종 사소한 일에 대한 과도한 걱정을 보고한다.
- 우울 척도(A-dep : Adolescent-Depression) : 이 척도에서의 상승은 불행감/우울의 증상 및 행동과 관련되고, 임상 집단에서는 자살 사고 및 자살 시도와 관련된다.
- 건강염려 척도(A-hea : Adolescent-Health Concerns) : 건강 염려 척도에서 높은 점수를 보이는 청소년들은 다양한 신체 증상을 호소하는데, 이로 인해 이들은 방과 후 활동을 즐기지 못하며 학교에 자주 결석하게 된다.
- 소외 척도(A-aln : Adolescent-Alienation) : 이 척도는 정상 집단과 임상 집단 모두에서 타인과의 정서적 거리감에 대한 좋은 측정치인 것으로 입증된다.
- 기태적 정신상태 척도(A-biz : Adolescent-Bizarre Mentation) : 이 척도에서 높은 점수를 받을수록 학교에서 어려움을 겪고 학업 성적이 낮다.
- 분노 척도(A-ang : Adolescent-Anger) : 이 척도에서 높은 점수를 보이는 청소년들은 분노 조절과 관련된 많은 문제들을 보고하고, 또 청소년 환자들은 폭행이나 다른 과격행동의 과거력을 지닌다.
- 냉소적 태도 척도(A-cyn : Adolescent-Cynicism) : 이 척도에서 높은 점수를 얻은 청소년들은 염세적인 태도를 지닌다.

- 품행 문제 척도(A-con : Adolescent-Conduct Problems) : 이 척도에서 높은 점수를 보이는 청소년들은 절도, 좀도둑질, 거짓말, 기물 파손, 무례, 욕설, 반항적 행동과 같은 다양한 행동적 문제를 보고한다.
- 낮은 자존감 척도(A-lse : Adolescent-Low Self-Esteem) : 이 척도에서 높은 점수를 보이는 청소년들은 자신은 매력이 없으며, 자신감이 부족하고, 쓸모없는 존재이며, 능력이 없고, 결점이 많으며, 어떤 일도 잘하지 못한다고 생각하는 등 자신에 대해 부정적인 견해를 보고한다.
- 낮은 포부 척도(A-las : Adolescent-Low Aspirations) : 이 척도에서 높은 점수를 보이는 사람은 성공하는 것에 대해 흥미를 보이지 않는다.
- 사회적 불편감 척도(A-sod : Adolescent-Social Discomfort) : 이 척도에서 높은 점수를 보이는 청소년들은 사람들과 함께 있는 것이 힘들다고 보고한다.
- 가정 문제 척도(A-fam : Adolescent-Family Problems) : 이 척도에서 높은 점수를 보이는 청소년들은 학교에서의 많은 문제들을 보고한다.
- 학교 문제 척도(A-sch : Adolescent-School Problems) : 이 척도에서 높은 점수를 보이는 청소년들은 학교에서의 많은 문제들을 보고한다.
- 부정적 치료 지표 척도(A-trt : Adolescent-Negative Treatment Indicators) : 이 척도에서 높은 점수를 보이는 청소년들은 의사나 정신 건강 전문가에 대한 부정적인 태도를 보고한다.

4. MMPI-A의 15개 내용 척도 중 4개 척도는 MMPI-A에만 속한다.
   ① 소외척도(A-aln)   ② 낮은 포부척도(A-las)
   ③ 학교문제척도(A-sch)   ④ 품행문제척도(A-con)

5. MMPI-A와 MMPI-2의 차이점

구 분	MMPI-A	MMPI-2
K교정점수	K교정을 적용하지 않음	K교정점수 사용
재구성 임상 척도	없음	9개의 재구성 임상 척도 개발
내용 척도	11개의 내용 척도는 MMPI-2와 동일, 4개 내용 척도 청소년용으로 개발	15개의 새로운 내용 척도 개발
보충 척도	3개의 보충 척도는 MMPI-2와 동일, 3개의 보충 척도 청소년용으로 개발	15개의 새로운 보충 척도 개발

바로 Check

MMPI-A의 내용척도에 관한 설명으로 옳은 것은?

① A-aln : 높은 점수는 다른 사람들과 큰 정서적 거리를 느낌
② A-cyn : 높은 점수는 자신이 매력 없고 자신감이 부족하다고 생각함
③ A-las : 낮은 점수는 수줍어하고 혼자 있는 것을 좋아함
④ A-con : 높은 점수는 낮은 성적과 무단결석 등을 나타냄
⑤ A-ang : 높은 점수는 부모나 다른 가족과 많은 갈등이 있음

해설 A-aln은 소외 척도로서, 정상집단과 임상집단 모두에서 타인과의 정서적 거리감에 대한 좋은 측정치가 된다.

정답 ①

2 기타 성격검사

(1) 성격의 기본차원

① 객관적 성격검사
  ㉠ **우드워스의 성격검사** : 최초의 객관적 성격검사
  ㉡ **다면적 인성검사**(MMPI; Minnesota Multiphasic Personality Inventory) : 경험적 근거에 따라 문항 선택이 이루어졌으며, 현재 정신장애 진단용 검사로 널리 이용
  ㉢ **케텔의 16 성격요인검사**(16PF) : 요인분석에 의한 성격검사
  ㉣ 젝슨의 성격검사
  ㉤ 밀런의 다축임상검사(MCMI)
  ㉥ **성격 차원 검사** : 아이젱크 성격검사(EPQ; Eysenck Personality Questionnaire), 캘리포니아 성격검사(CPI)
  ㉦ **정신병리적 측면에서 성격 유형을 진단하고자 제작된 검사** : 다축임상검사(MCMI), 성격장애검사(Personality Disorder Examination)
  ㉧ NEO-PI-R(NEO-Personality Inventory Revised) 성격 검사
    ⓐ 성격 5요인
      • 개방성(O요인 개방성) : 개방성이 높은 사람은 창조적이고 상상력이 풍부하며 추상적이고 호기심이 많다.
      • 성실성(C요인 성실성) : 성실성이 높은 사람은 빈틈없고 의지가 되며, 믿음직스럽고 열심히 일하며, 목표 중심적이고 효율적이며 계획성이 뛰어나다.
      • 외향성(E요인 외향성) : 외향성이 높은 사람은 수다스럽고 에너지가 넘치며, 열정적이고 자기주장이 강하며 사교적이다.
      • 친화성(A요인 수용성) : 친화성이 높은 사람은 남에게 도움을 주고, 사심이 없으며, 동정심이 많고, 친절하며, 용서하고, 신뢰하고, 사려 깊으며, 협조적이다.
      • 신경성(N요인 신경증) : 신경성이 높은 사람은 불안해하고 쉽게 동요하거나 우울해하며, 걱정이 많고 침울하다.

바로 Check
NEO-PI-R의 성격 5요인이 아닌 것은?
① 신경증(N)   ② 친화성(A)   ③ 개방성(O)
④ 내향성(I)   ⑤ 성실성(C)
[해설] NEO-PI-R의 성격 5요인에는 개방성, 성실성, 외향성, 친화(동조)성, 신경성이 포함된다.

✅ 정답 ④

OX 퀴즈
성실성 척도(C)는 그 특성으로 지배성과 연결된다. [ ]
[정답] ✗
[해설] 성실성 척도는 능력, 질서, 책임감, 성취 추구, 절제, 숙고 등을 포함한다.

> **Plus Study** 성격의 정의
>
> - 올포트(Allport) : 성격이란 한 개인의 특징적인 행동과 사고를 결정하는 개인 내부의 정신신체적 체제의 역동적 조직체
> - 길포드(Guildford) : 성격이란 한 개인의 독특한 특성
> - 미셸(Mischel) : 성격은 개인이 생활 장면에 적응하도록 하는 사고와 정서를 포함한 고유한 행동 유형
>
> 출처 : 오세진 외(2011)

② 성격 요인 검사
  ㉠ 케텔의 16PF
  ㉡ **다요인 인성검사**(염태호, 김정규)
    ⓐ 타당도 척도인 무작위 반응 척도
    ⓑ 14개의 성격 척도
    ⓒ 5개의 이차 요인 척도
③ 성격 차원 검사 : 아이젱크 성격검사

> **Plus Study** 오이디푸스 콤플렉스(Oedipus Complex)
>
> | 문항 | |
> |---|---|
> | 당신은 취미가 다양합니까? | E |
> | 당신은 일을 시작하기 전에 골똘히 생각합니까? | P |
> | 당신은 감정의 기복이 심합니까? | N |
> | 사실은 남이 한 일에 대해서 당신이 칭찬을 받은 일이 있습니까? | L |
> | 당신은 말이 많은 편입니까? | E |
> | 당신은 빚을 지면 걱정됩니까? | P |
> | 당신은 별 이유도 없이 비참하게 느껴진 적이 있습니까? | N |
> | 당신 몫보다 더 작은 것을 원합니까? | I |
> | 당신은 밤마다 문단속에 세심한 주의를 합니까? | P |
> | 당신은 활기가 넘칩니까? | E |
> | 당신은 어린이나 동물이 고통받고 있는 것을 보면 몹시 마음이 언짢아집니까? | P |
> | 당신은 때때로 해서는 안 될 말이나 말하지 않았어야 할 일을 하고 나서 괴로워합니까? | N |
> | 당신은 한 번 약속하면 어떤 일이 있더라도 꼭 지킵니까? | L |
>
> 출처 : 홍기원 외(2010)

(2) 객관성격검사 사용의 유의사항
  ① 장점
    ㉠ **검사 실시의 간편성** : 시행과 채점, 해석의 간편성으로 인하여 임상가들이 선호하는 경향이 있고 검사에 따라서 차이가 있지만 일반적으로 시행 시간이 비교적 짧다.
    ㉡ **검사의 신뢰도 및 타당도** : 투사적 검사에 비해 검사 제작 과정에서 신뢰도와 타당도에 대한 증거가 제대로 확보되는 표준화 검사이다.

ⓒ **객관성의 증대** : 투사적 검사에 비해 검사자 변인이나 검사 상황 변인의 영향을 적게 받고 개인 간 비교가 객관적으로 제시될 수 있으므로 객관성이 보장된다.

② 단점
ⓐ **사회적 바람직성** : 문항 내용이 사회적으로 바람직한 내용인가에 따라 응답 결과가 영향을 받는다. 피검자들은 객관적 검사에서 바람직한 문항에 대해 긍정적으로 반응하는 경향이 있다.
ⓑ **반응의 경향성** : 개인이 응답하는 방식에 있어서 일정한 흐름이 있기 때문에 이러한 방식에 따라 결과가 영향을 받는다.
ⓒ **문항 내용의 제한성** : 객관적 검사의 문항이 특성 중심적이기 때문에 특정 상황에서의 상호작용 내용을 밝히기 어렵다.

(3) MBTI(Myers-Briggs Type Indicator) 검사의 활용

① 성격 유형 검사(MBTI)의 개요
ⓐ 융(Jung)의 심리유형 이론을 근거로 캐서린 브릭스(Catherine C. Briggs), 이사벨 마이어스(Isabel B. Myers), 피터 마이어스(Peter Myers)까지 3대에 걸쳐 70년 동안 연구 및 개발된 비진단성 성격 유형 검사이다.
ⓑ 사람들은 저마다 다르지만 어떤 공통된 특징에 따라 묶을 수 있다는 기본 전제를 가지고, 4가지 척도에 근거하여 16가지 성격유형으로 분류하고 있다.
ⓒ 정상인의 성격 유형을 측정하는 검사이며, 총 94문항으로 구성되었다.

② MBTI의 4가지 선호경향
ⓐ **외향(E; Extraversion)과 내향(I; Introversion)**
ⓐ 에너지(energy)의 방향에 따른 구분이다.
ⓑ 외향형은 외부 세계의 사람이나 사물에 에너지를 주로 사용한다.
ⓒ 내향형은 내부 세계의 개념이나 아이디어에 에너지를 사용한다.
ⓑ **감각(S; Sensing)과 직관(N; iNtuition)**
ⓐ 인식기능(information)에 따른 구분이다.
ⓑ 감각형은 오감을 통한 사실이나 사건을 더 잘 인식한다.
ⓒ 직관형은 사실, 사건 이면의 의미나 관계, 가능성을 더 잘 인식한다.
ⓒ **사고(T; Thinking)와 감정(F; Feeling)**
ⓐ 판단기능(Decision Making)에 따른 구분이다.
ⓑ 사고형은 사고를 통한 논리적 근거를 바탕으로 판단한다.

ⓒ 감정형은 정서를 통한 사람과의 관계나 상황을 고려하여 판단한다.
ⓔ **판단**(J; Judging)**과 인식**(P; Perceiving)
  ⓐ 생활양식(Life Style)에 따른 구분이다.
  ⓑ 판단형은 외부 세계에 대하여 빨리 판단을 내리고 결정하려 한다.
  ⓒ 인식형은 정보 자체에 관심이 많고 새로운 변화에 적응적이다.

Plus Study | 4가지 선호경향의 대표적 표현들

외향형(Extraversion)	내향형(Introversion)
• 사람을 만나고 활동할 때 에너지가 생긴다. • 다양한 사람들과 폭넓은 관계를 형성한다. • 말을 통한 의사소통 방식을 선호한다. • 생동감 넘치고 활동적이다.	• 혼자 조용히 있을 때 에너지가 충전된다. • 소수의 사람들과 밀접한 관계를 형성한다. • 글을 통한 의사소통 방식을 선호한다. • 조용하고 신중하다.
감각형(Sensing)	**직관형(iNtuition)**
• 오감을 통해 직접 경험한 정보를 더 잘 받아들인다. • 구체적으로 표현한다. • 실용성을 추구하고 현실적이다. • 전통적인 가치를 중요하게 여긴다.	• 이론적이고 개념적인 정보를 더 잘 받아들인다. • 추상적으로 표현한다. • 과거, 현재, 미래를 전체적으로 살펴본다. • 미래의 가능성이 중요하다.
사고형(Thinking)	**감정형(Feeling)**
• 의사결정을 할 때 인과관계를 파악하여 객관적으로 판단한다. • 원리원칙이 중요하고 이성적이다. • 진실과 사실에 주된 관심을 갖는다. • 무엇이 잘못되었는지 잘 분석한다. • 목표 달성이 사람들과의 관계보다 앞선다.	• 의사결정을 할 때 주관적 가치에 근거해 무엇이 중요한지 판단한다. • 주관적 가치가 중요하고 감성적이다. • 사람들과의 관계에 주된 관심을 갖는다. • 다른 사람들의 의견에 잘 공감한다. • 사람들과의 관계가 목표 달성보다 앞선다.
판단형(Judging)	**인식형(Perceiving)**
• 조직적이고 구조화된 환경을 선호한다. • 어떤 일을 하기 전 미리 계획을 세운다. • 미리미리 준비해서 여유롭게 끝낸다. • 분명한 목적의식과 방향을 갖고 있다. • 빠르게 결정하고자 한다.	• 새로운 것에 대해 유연하고 개방적이다. • 어떤 일을 먼저 시작하고 본다. • 마지막 순간에 집중해서 끝낸다. • 목적과 방향은 바뀔 수 있다고 생각한다. • 결정을 보류하고 정보를 수집하고자 한다.

바로 Check

MBTI(Myers-Briggs Type Indicator)의 선호지표(Indicator)가 아닌 것은?

① 내향형(introversion) ② 직관형(intuition)
③ 사고형(thinking) ④ 감각형(sensing)
⑤ 의식형(consciousness)

해설 MBTI의 4가지 선호경향은 외향과 내향, 감각과 직관, 사고와 감정, 판단과 인식이다.

정답 ⑤

(4) PAI(Personality Assessment Inventory) 검사의 활용

① 성격 평가 검사(PAI)의 개요
  ㉠ 미국의 심리학자 Morey(1991)가 개발한 성격검사로 자기보고형 질문지이다.
  ㉡ 청소년을 위한 성격평가 질문으로 알코올, 자살, 스트레스, 공격성 등과 같은 임상적인 영역도 측정해 비행에 대한 사전 예방과 적절한 지도에 도움이 된다.
  ㉢ 총 334개 문항이며 22개의 척도는 4개의 타당도 척도, 11개의 임상 척도, 5개의 치료고려 척도, 2개의 대인관계 척도로 구성되어 있다.

② 특징
  ㉠ 환자집단의 성격 및 정신병리적 특징뿐만 아니라 정상인의 성격 평가에 매우 유용하다.
  ㉡ 행동손상정도 및 주관적 불편감 수준을 정확히 파악할 수 있는 4점 평정척도로 구성되었다.
  ㉢ 분할점수를 사용한 각종 장애 진단 및 반응 탐지에 유용하다.
  ㉣ 각 척도는 3~4개의 하위척도로 구분되어 있어 장애의 상대적 속성을 정확히 측정·평가할 수 있다.
  ㉤ 높은 변별타당도 및 여러 가지 유용한 지표를 활용한다.
  ㉥ 임상 척도의 의미를 보다 정확하게 평가할 수 있는 결정 문항지를 제시한다.
  ㉦ 수검자가 경험하고 있는 다양한 증상이나 심리적 갈등을 이해하는 데 도움을 준다.
  ㉧ 채점 및 표준점수 환산 과정이 편리하다.

③ PAI 구성척도 빈출
  ㉠ 타당도 척도
    ⓐ 비일관성(ICN) : 문항에 대한 학생의 일관성 있는 반응 태도를 알아보기 위한 문항
    ⓑ 저빈도(INF) : 부주의하거나 무선적인 반응 태도를 확인하기 위한 문항
    ⓒ 부정적 인상(NIM) : 지나치게 나쁜 인상을 주거나 꾀병을 부리는 태도와 관련이 있으나 임상집단에서는 반응 비율이 매우 낮음
    ⓓ 긍정적 인상(PIM) : 자신을 지나치게 좋게 보이려 하며 사소한 결점도 부인하려는 태도

OX 퀴즈
긍정적 인상척도(PIM)는 타당도 척도이다. [　]
[정답] O

ⓒ **임상 척도**
   ⓐ 신체적 호소(SOM) : 건강과 관련된 문제에 대한 집착과 신체화 장애 및 전환증상 등의 구체적인 신체적 불편감을 의미하는 문항
   ⓑ 불안(ANX) : 불안의 여러 특징을 평가하기 위해 불안현상과 객관적인 징후에 초점을 둔 문항
   ⓒ 불안관련 장애(ARD) : 구체적인 불안과 관련이 있는 증상과 행동에 초점을 둔 문항. 강박장애, 공포증, 외상적 스트레스 등 3개의 하위척도가 있음
   ⓓ 우울(DEP) : 우울의 증상과 현상에 초점을 둔 문항. 인지적, 정서적, 생리적 우울 등
   ⓔ 조증(MAN) : 조증과 경조증의 정서적, 인지적, 행동적 증상에 초점을 둔 문항
   ⓕ 망상(PAR) : 망상의 증상과 망상형 성격장애에 초점을 둔 문항. 과경계, 피해망상, 원한 등
   ⓖ 정신분열병(SCZ) : 광범위한 정신분열병의 증상에 초점을 둔 문항. 정신병적 경험, 사회적 위축, 사고장애 등
   ⓗ 경계선적 특징(BOR) : 불안정하고 유동적인 대인관계, 충동성, 정서적 가변성과 불안정, 통제할 수 없는 분노 등을 시사하는 경계선적 성격장애의 특징에 관한 문항
   ⓘ 반사회적 특징(ANT) : 범죄행위, 권위적 인물과의 갈등, 자기중심성, 공감과 성실성의 부족, 불안정, 자극추구 등에 초점을 둔 문항
   ⓙ 알코올문제(ALC) : 문제적 음주와 알코올 의존적 특징에 초점을 둔 문항
   ⓚ 약물사용(DRG) : 약물사용에 따른 문제와 약물 의존적 특징에 초점을 둔 문항

ⓒ **치료고려척도**
   ⓐ 공격성(AGG) : 언어적, 신체적 공격행동이나 공격행동을 자극하려는 태도와 관련된 분노, 적대감 및 공격성과 관련된 특징과 태도에 관한 문항
   ⓑ 자살관념(SUI) : 무력감과 자살에 대한 일반적이고 모호한 생각에서부터 자살에 관한 구체적인 계획에 이르기까지 자살하려는 관념에 초점을 둔 문항
   ⓒ 스트레스(STR) : 가족, 건강, 직장, 경제 및 다른 일상생활에서 현재 또는 최근에 경험하는 스트레스와 관련된 문항

ⓓ 비지지(NON) : 접근이 가능한 지지의 수준과 질을 고려해서 지각된 사회적 지지의 부족에 관한 내용

ⓔ 치료거부(RXR) : 심리적·정서적 측면의 변화에 대한 관심과 동기를 예언하기 위한 척도로 불편감과 불만감, 치료에 참여하려는 동기, 변화의 필요성에 대한 인식, 새로운 아이디어에 대한 개방성 및 책임을 수용하려는 의지 등에 관한 문항

ⓒ 대인관계척도

ⓐ 지배성(DOM) : 대인관계에서 개인적 통제와 독립성을 유지하려는 정도를 평가하기 위한 대인관계척도로 대인관계적 행동방식을 지배와 복종이라는 차원으로 개념화 하였으며 점수가 높은 사람은 지배적이고 낮은 사람은 복종적임

ⓑ 온정성(WRM) : 대인관계에서 지지적이고 공감적인 정도를 평가하기 위한 척도로 대인관계를 온정과 냉담 차원으로 개념화하며 점수가 높은 사람은 온정적이고 외향적이지만 낮은 사람은 냉정하고 거절적임

> **바로 Check**
>
> 성격평가질문지(PAI)의 하위척도와 그 형태적 해석으로 옳은 것은?
> ① ALC : 정서적 불안정성, 분노, 정체감 혼동, 충동성 시사
> ② ANT : 자기중심적 또는 감각적 경험 추구, 반사회적 행동경향 지속
> ③ SAS : 마술적 사고, 망상적 신념과 지각, 환각 경험
> ④ DEP : 공포적 회피행동, 외상사건과 관련된 불쾌한 생각 포함
> ⑤ DRG : 확장된 자존감, 뚜렷한 과대성, 다양한 일에 대한 지나친 개입
>
> 해설 ANT는 반사회적 특징으로서 범죄행위, 권위적 인물과의 갈등, 자기중심성, 공감과 성실성의 부족, 불안정, 자극추구 등에 초점을 둔 문항이다.
>
> 정답 ②

3 적성검사

(1) 적성의 개념

① 적성

㉠ 일반적으로 어떤 특정한 활동이나 작업을 수행하는 데 필요한 능력이 어느 정도 있으며 그러한 능력의 발현가능성이 어떠한가를 문제 삼는 것이다.

ⓒ 지능이 일반적으로 총괄적인 능력의 가능성을 의미하는데 비하여, 적성이란 구체적인 특정 활동이나 작업에 대한 미래의 성공가능성을 예언하는 것으로 학력이나 성취도까지 포함한다.
② 적성검사
㉠ 특정 분야에서의 활동에 대한 잠재적 능력을 평가하는 검사이다.
㉡ 여러 가지 과제를 통해 어떤 사람이 어느 분야에 소질이 있는지 알아볼 수 있다.
㉢ 특정한 분야와 관련된 검사를 종합적으로 측정하여 그 분야에 대한 적성 여부를 판단한다.

(2) 표준화 적성검사의 해석방안

① 홀랜드(Holland) 검사 빈출
㉠ **개요** : 홀랜드(Holland)의 직업적 성격유형론을 바탕으로 안창규 등이 개발한 홀랜드 진로발달 검사, 홀랜드 진로탐색검사, 홀랜드 적성탐색검사 등이 있다. 검사 시간은 종류에 따라 약 40~50분 정도 소요된다.
㉡ **직업적 성격유형론(RIASEC유형론)의 기본 가정**
ⓐ 대부분의 사람들은 6가지 성격유형[R : 실재형(현실형), I : 탐구형, A : 예술형, S : 사회형, E : 기업형, C : 관습형] 중 한 가지 유형으로 분류할 수 있다.
ⓑ 우리들의 생활환경에는 실재적, 탐구적, 예술적, 사회적, 기업적, 관습적인 6가지 환경이 있다.
ⓒ 사람들은 기술과 능력을 시험하고 자신의 태도와 가치를 표현할 수 있으며, 기꺼이 문제와 역할을 수용하도록 해 주는 환경을 찾는다.
ⓓ 개인의 행동은 자신의 성격과 환경 특성 간의 상호작용에 의해 결정된다.
㉢ **각 유형의 설명**
ⓐ 현실적 유형(R) : 기계, 도구, 동물에 관한 체계적인 조작활동을 좋아하지만 사회적 기술이 부족하다. 대표적인 직업은 기술자이다.
ⓑ 탐구적 유형(I) : 분석적이고 호기심이 많고 조직적이며 정확하다. 그러나 리더십 기술이 부족하며 대표적인 직업은 과학자이다.
ⓒ 예술적 유형(A) : 표현이 풍부하고 독창적, 비순응적이며 규범적인 기술이 부족하다. 대표적인 직업은 음악가와 미술가이다.

ⓓ 사회적 유형(S) : 다른 사람과 함께 일하거나 다른 사람을 돕는 것을 즐기지만 도구와 기계를 포함하는 질서정연하고 조직적인 활동을 싫어한다. 기계적이고 과학적인 능력이 부족하다. 대표적인 직업은 사회복지가, 교육자, 상담가이다.

ⓔ 기업적 유형(E) : 조직 목표나 경제적 목표를 달성하기 위해 타인을 조작하는 활동을 즐긴다. 그러나 상징적이고 체계적인 활동을 싫어하며 과학적 능력이 부족하다. 대표적인 직업은 기업 경영인, 정치가이다.

ⓕ 관습적 유형(C) : 체계적으로 자료를 처리하고 기록을 정리하거나 자료를 재생산하는 것을 좋아한다. 그 대신 심미적 활동은 피한다. 대표적인 직업은 경리 사원, 사서 등이다.

바로 Check

다음 성격 특징을 모두 포함하는 홀랜드(J. Holland)의 직업적 성격유형은?

- 상상력이 풍부하며 감수성이 강하다.
- 자유분방하며 개방적이다.
- 감정이 풍부하고 독창적이며 개성이 강한 반면 협동적이지는 않다.

① 사회적(Social) 유형 ② 예술적(Artistic) 유형
③ 관습적(Conventional) 유형 ④ 탐구적(Investigative) 유형
⑤ 현실적(Realistic) 유형

해설 예술적 유형은 표현이 풍부하고 독창적, 비순응적이며 규범적인 기술이 부족하다. 대표적인 직업은 음악가와 미술가이다.

정답 ②

Plus Study 홀랜드의 5가지 주요개념

1. **일관성** : 홀랜드 코드 첫 두 문자가 육각형에 인접할 때 일관성이 높게 나타난다.
2. **차별성** : 한 개의 유형에는 유사성이 많이 나타나지만 다른 유형에는 유사성이 나타나지 않는다.
3. **정체성** : 개인에게 있어 정체성이란 목표, 흥미, 재능에 대한 견고한 청사진을 말하며, 환경에 있어 정체성이란 투명성, 안정성, 일, 보상의 통합이라고 규정된다.
4. **일치성** : 사람은 자신의 유형과 비슷하거나 정체성이 있는 환경 유형에서 일하거나 생활할 때 일치성이 높아지게 된다.
5. **계측성** : 홀랜드에 의하면 유형(환경) 내 또는 유형 간의 관계는 육각형 모형에 따라 정리될 수 있는데 육각형 모양에서 유형(환경) 간의 거리는 그것들 사이의 이론적인 관계에 반비례한다고 한다.

② 스트롱(Strong) 직업흥미검사
  ㉠ 1927년 스트롱에 의해 미국에서 개발되어 1994년까지 계속하여 개정되었다.
  ㉡ 스트롱 흥미검사(Strong Interest Inventory)는 2001년 김정택, 김명준, 심혜숙에 의해 고등학생 이상 성인에게 적용 가능하도록 만들어진 검사이다.
  ㉢ 응답자들이 다양한 직업, 직업과 관련된 활동, 취미, 여가 활동, 학교 교과목 및 사람 유형 등에 대해 좋아하는지, 싫어하는지를 답하도록 되어 있다.
  ㉣ 스트롱 흥미검사의 결과는 일반적 직업 주제(General Occupational Themes), 기본 흥미 척도(Basic Interest Scales) 및 개인 특성 척도(Personal Style Scales)의 3가지 척도로 제시된다.

> **Plus Study** 적성검사의 해석방안
> 1. 수치를 해석하고 의미를 부여할 때 신중을 기해야 한다.
> 2. 검사결과는 수검자의 행동 특성에 관한 참고자료로 활용해야 하며, 절대로 과신은 금물이다.
> 3. 검사를 유용하게 활용하기 위해서는 검사를 사용하는 사람이 검사에 관한 전문적인 심리학적 식견을 가지고 있어야 한다.
> 4. 결과를 잘 활용할 수 있도록 기록하고 보관해야 한다.

나의 필기노트

Section 05 투사적 검사(Projective Test)

학습포인트 투사적 검사에 대해 이해하며, 대표적인 투사검사인 HTP 검사, SCT 검사, Rorschach(로샤) 검사, TAT 검사, BGT 등에 대해 파악한다.

1 투사검사의 개관

(1) 투사검사의 특성

장 점	단 점
• 투사적 검사 반응은 면담이나 행동 관찰, 객관적 검사에서의 반응과는 달리 매우 독특하며 개인을 이해하는 데 매우 유용하다. • 자극의 내용이 불분명하여 수검자가 자신의 의도에 맞추어 적절한 방어를 하기 어렵다. • 검사 자극이 모호하고 검사 지시 방법이 제한되어 있지 않기 때문에 개인의 반응이 다양하게 표현되며 이를 통해 개인의 독특한 심리적 특성을 알 수 있다. • 실제 투사적 검사는 자극적 성질이 매우 강렬하여 평소에는 의식화되지 않던 사고나 감정을 자극함으로써 전의식적이거나 무의식적인 심리적 특성을 이끌어 낸다.	• 전반적으로 검사의 신뢰도가 부족하며 특히 재검사 신뢰도는 매우 낮게 평가되고 있다. • 대부분의 투사적 검사의 경우 타당도 검증이 매우 빈약하며 결과도 매우 부정적이다. 투사적 검사를 통해서 내려진 해석의 타당성은 대부분 객관적으로 입증할 수 있는 자료가 아닌 임상적인 증거를 근거로 하고 있다. • 검사자의 주관적 해석에 의존하며, 뚜렷한 표준화도 없다.

바로 Check

투사검사의 장점을 모두 고른 것은?

ㄱ. 반응의 독특성 ㄴ. 방어의 어려움 ㄷ. 반응의 풍부함
ㄹ. 사회적 바람직성의 반영 ㅁ. 무의식의 반영

① ㄱ, ㅁ ② ㄴ, ㄷ, ㄹ ③ ㄴ, ㄹ, ㅁ
④ ㄱ, ㄴ, ㄷ, ㄹ ⑤ ㄱ, ㄴ, ㄷ, ㅁ

해설 투사검사는 애매한 자극을 제시하여 수검자의 방어가 어렵고 무의식이 반영됨으로써 사회적 바람직성이 덜 반영된다.

정답 ⑤

(2) 투사검사의 활용방안

유형	주요 내용	검사의 활용
연상을 위주로 하는 검사	수검자에게 특정한 검사자극을 주고 자유롭게 연상을 하는 검사	로샤(Rorschach) 검사, 단어 연상검사(Word Association Test)
창작을 위주로 하는 검사	수검자에게 어떤 상황이나 자극적 상태를 제공하고 이야기를 꾸미게 한다거나 놀이를 하게 하는 검사	주제 통각 검사(TAT), 아동용 주제통각 검사(CAT), 가정놀이검사(Play Kit), 심리극(Psychodrama)
미완성을 완성시키는 검사	미완성된 문제 장면을 제시해주고 수검자로 하여금 자유롭게 완성시키는 검사	문장완성검사(SCT), 그림좌절검사(PFT)
표현을 위주로 하는 검사	수검자가 자유롭게 표현하는 검사	벤더 게슈탈트 검사(BGT), 인물화 검사(DAP), 집·나무·사람 검사(HTP)
선택을 위주로 하는 검사	여러 가지 자극을 주고 그중에서 수검자가 좋아하는 것, 싫어하는 것 등을 고르게 하는 검사	스존디 검사(Szondi Test)

2 HTP 검사(House · Tree · Person; 집·나무·사람)

(1) 개인에게 가능한 가장 멋진 집(나무, 사람)을 그려 보라는 지시를 한 후, 완성된 그림에 대해 임상적인 해석을 하는 것이다.

(2) **기본 가정** : 사람들이 그리는 그림에는 내면의 욕구, 감정, 생각, 자신의 환경과 경험이 투사되어 있다.

(3) **특 징**

① 짧은 시간 내에 간편하게 실시할 수 있다.
② 언어적·문화적 제약이 적다.
③ 개인의 의식적인 방어가 덜 관여하며, 수검자가 인식하지 못하는 내면 세계까지 반영한다.
④ 복잡한 채점 절차를 거치지 않고 그림만으로 직접 해석이 가능하다.

단답형 문제

다음은 무엇에 대한 설명인가?

- 그림에는 내면의 욕구, 감정, 생각 등이 투사되어 있다고 가정한다.
- 가장 멋진 집, 나무, 사람을 그리게 한다.

[정답] HTP(House · Tree · Person)

나의 필기노트

 OX 퀴즈

HTP는 도형을 이용하여 심인성 정신장애를 진단할 수 있는 독창적인 검사방법이다.
[　]

[정답] ✕

해설 도형을 이용하여 심인성 정신장애를 진단하는 검사는 BGT검사이다.

(4) 해 석

① 그림 해석 시 고려해야 할 항목

> **Plus Study**　HTP 그림의 해석 시 고려해야 할 항목
>
> | 수행 시간 및 수검 태도 | 크기 | 선의 강도 및 필압 |
> |---|---|---|
> | 세부 묘사 | 대칭 | 투명성(투시) |
> | 회전 | 순서 | 위치 |
> | 선의 질, 방향 | 지우기 | 왜곡 |
> | 움직임 | 불필요한 내용을 추가해서 그리는 경우 | |
>
> 출처 : 이우경 외(2012)

② 집 : 지붕, 벽, 문, 창문, 굴뚝, 기타 부수적 사물, 조망 및 원근감
③ 나무 : 수관과 잎, 기둥, 가지, 뿌리, 부수적 요소, 내용 및 주제
④ 사람 : 머리, 얼굴, 눈, 귀, 코, 입, 목, 팔, 손, 다리, 발, 기타 신체 부위, 의상

 바로 Check

집-나무-사람(HTP) 검사에 관한 설명으로 옳은 것은?
① 머레이(H. Murray)가 개발하였다.
② 집, 나무, 사람의 순서대로 그리도록 한다.
③ 모든 용지를 가로로 제시하여 수검자가 원하는 대로 사용하게 한다.
④ 문맹자에게는 실시할 수 없다.
⑤ 각 그림마다 시간제한을 두어야 한다.

해설 HTP는 수검자에게 집-나무-사람의 순서대로 그리도록 한다.

☑ 정답 ②

3　SCT 검사(Sentence Completion Test; 문장완성검사)

(1) 검사의 특징

① 연상검사의 응용으로 발전한 것으로, 수검자가 미완성의 문장을 완성하는 것이다.
② 다른 투사적 검사와는 달리 검사 자극이 분명하며, 수검자가 검사 자극 내용을 지각하기 때문에 의식적 수준의 심리적 현상을 측정한다.
③ 문장완성 검사는 다른 검사에 대한 부가적인 정보를 제공해 줄 뿐만 아니라 다른 검사에 의해 나타난 역동적 내용을 확인해 줄 수 있는 매우 간단하면서도 유용한 검사이다.

④ 대표적인 검사 : WUSCT(Washington University Sentence Completion Test)

(2) 검사의 방법

① 정답, 오답이 없으므로 생각나는 것을 쓰도록 한다.
② 글씨 쓰기, 글짓기 시험이 아니므로 글씨나 문장의 좋고 나쁨을 걱정하지 않아도 된다.
③ 주어진 어구를 보고 제일 먼저 생각나는 것을 쓴다. 주어진 어구를 보고도 생각이 안 나는 경우에는 번호에 O표를 하고 다음으로 넘어가서 문장을 작성한 뒤, 최후에 완성시킨다.
④ 시간 제한은 없으나, 너무 오래 걸리지 않도록 한다.
⑤ 볼펜이나 연필로 쓰되, 지울 때는 두 줄로 긋고 빈 공간에 쓴다.

(3) 해석 방법

① 고집형 : 내용의 변화가 적고, 특정의 대상이나 욕구를 고집하기 때문에 반복이 많다 – 인성의 경직성, 방어를 나타낸다.
② 감정 단반응형 : 짤막한 감정적 어휘로 반응한다 – 저지능이거나 감정통제가 되지 않거나 방어를 나타낸다.
③ 장황형 : 장황하게 빽빽하게 적어 넣는다 – 신경증적인 사람이거나 강박경향이 있다.
④ 자기중심형 : 어느 문항이든 자기중심의 주제로 바꿔버린다 – 미숙하거나 자기중심적인 사람이다.
⑤ 허위 반응형 : 도덕적인 반응을 한다 – 자기를 잘 보이게 하려는 방어태도의 출현이다.
⑥ 공상 반응형 : 비현실적인 생각이나 공상을 말한다 – 도피적인 인성이거나 검사에 대한 방어적 태도를 보인다.
⑦ 모순형 : 검사 전체에 모순이 보인다 – 무의식 중의 갈등을 보인다.
⑧ 반문형 : 확실히 결정짓지 못한다 – 권위에 대한 반항의 표현을 보인다.
⑨ 은닉형 : '말할 수 없다.'와 같은 반응을 보인다 – 자기방어적인 태도를 취한다.
⑩ 거부형 : 반발을 보인다 – 정서적 불안정, 방어적 태도를 보인다.
⑪ 병적 반응형 : 망상을 보인다 – 정신 분열증일 가능성이 있다.

```
┌─ Plus Study ─ 문장완성검사의 예 ─────────────────┐
│ 1. 내가 가장 행복한 때는 _____ │
│ 2. 내가 좀 더 어렸다면 _____ │
│ 3. 나는 친구가 _____ │
│ 4. 다른 사람들은 나를 _____ │
│ 5. 우리 엄마는 _____ │
│ 6. 나는 _____ 공상을 잘한다. │
│ 7. 나에게 가장 좋았던 일은 _____ │
│ 8. 내가 제일 걱정하는 것은 _____ │
│ 9. 대부분의 아이들은 _____ │
│ 10. 내가 좀 나이가 많다면 _____ │
│                                  출처 : 김현주 외(2009) │
└──────────────────────────────────────────┘
```

4 Rorschach(로샤) 검사

(1) 개 요

① 표준화된 10개의 잉크 반점 카드로 구성되어 있다.

② 개인의 지각 과정을 통해 행동 특징이나 성격을 예측한다.

③ 잉크 얼룩이 대칭으로 된 카드로 구성되어 있다.

㉠ I, IV, V, VI, VII : 무채색

㉡ II, III : 검정과 붉은 색채가 혼합

㉢ VIII, IX, X : 여러 가지 색채가 혼합

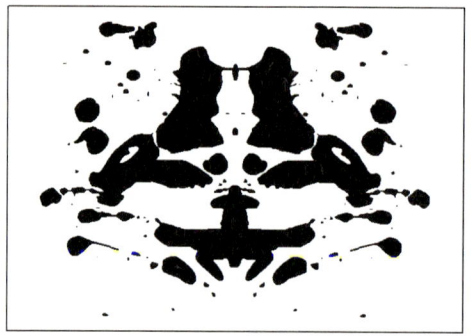

[로샤 카드의 예]

④ 카드는 불분명하며 뚜렷한 의미가 없는 것으로, 특정 대상이나 사물을 지칭하지는 않으나 다양한 함축적인 의미를 지니고 있다.

(2) 특징

① 장점
   ㉠ 수검자의 의식적 저항을 통과해서 개인의 심층적인 무의식적 성격 구조를 평가한다.
   ㉡ 명백한 임상적 증상으로 발현되기 전에 나타나는 미묘한 사고 장애 과정을 예민하게 감지할 수 있다.
   ㉢ 로샤 검사를 실시할 때 수검자들은 반응의 진정한 의미를 잘 모르기 때문에 고의적으로 좋게 보이려 하거나 나쁘게 보이기 위한 반응을 하기가 어렵다.
   ㉣ 실시하기가 쉽다.

② 한계
   ㉠ 신뢰도와 타당도가 낮고 수검자에 의한 검열·채점 오류·해석 시의 미묘한 오류, 연령이나 교육 배경을 고려하지 않은 해석, 검사자 편향 등이 생길 수 있다.
   ㉡ 검사의 해석이 복잡하기 때문에 실시자는 상당한 훈련을 받아야 한다.

(3) 검사의 실시

① 준비물 : Rorschach 카드 10매, 초시계, 반응기록지, location chart, 필기도구
② 검사의 분위기 조성 : 검사는 자유로운 분위기 속에서 긴장을 풀고 실시한다.
③ 지시(instruction)

> "지금부터 당신에게 10장의 카드를 보여드리겠습니다. 이것은 잉크를 떨어뜨려 우연히 이루어진 모양이기 때문에 무엇으로 보여도 관계없습니다. 이것이 당신에게 무엇으로 보이는지 무엇과 같이 생각되는지를 말씀해 주십시오. 그러면 지금부터 한 장씩 보여 드리겠습니다."

④ 자유 반응단계(performance proper) : 수검자로부터 자유롭고 자발적인 응답을 얻어내도록 노력하는 단계
⑤ 질문 단계(inquiry) : 앞에서 반응한 내용에 대하여 질문하는 단계
⑥ 한계 검증 단계(test the limit) : 질문 단계를 거쳤음에도 불구하고 평범 반응이 나오지 않으면 검사자가 카드를 들고 일정한 한계를 준 후 (손으로 가리고) 다시 물어보는 단계

(4) 채점 항목

① **반응의 위치** : 수검자가 잉크반점의 어느 부분에서 반응했는가?
② **반응 위치의 발달질** : 위치 반응은 어떤 발달수준을 나타내는가?
③ **반응의 결정 요인** : 반응을 결정하는 데 영향을 준 잉크반점의 특징은 무엇인가?(형태, 운동, 유채색, 무채색, 음영, 형태차원, 쌍반응 및 반사반응)
④ **형태질** : 반응된 내용은 자극의 특징에 적절한가?
⑤ **쌍반응** : 사물을 대칭적으로 지각하고 있는가?
⑥ **반응 내용** : 반응은 어떤 내용 범주에 속하는가?
⑦ **평범 반응** : 일반적으로 흔히 일어나는 반응인가?
⑧ **조직 활동** : 자극을 조직화하여 응답했는가?
⑨ **특수 점수** : 특이한 언어 반응이 일어나고 있는가?

(5) 채점표

구분	기호	정의	기준
반응의 위치 채점표	W	전체반응	카드 반점의 전체가 반응에서 사용되었을 때
	D	보통 부분 반응	흔히 사용되는 반점 영역을 사용하였을 때
	Dd	드문 부분 반응	D영역 이외에 잘 사용되지 않는 반점 영역을 사용하였을 때
	S	공백 반응	카드의 흰 공백 부분을 사용하였을 때 항상 다른 반응 영역의 기호와 같이 사용함
발달질 채점표	+	통합 반응	반응에 포함된 둘 이상의 대상이 서로 관련을 맺고 있고, 그중 적어도 하나는 분명한 형태가 있을 경우
	O	보통 반응	단일 반점 영역이 형태를 가지고 있는 단일한 대상을 나타낼 경우
	v/+	모호/통합 반응	반응에 포함된 둘 이상의 대상이 서로 관련을 맺고 있고, 그들이 모두 분명한 형태가 없는 경우
	v	모호 반응	반응에서 형태를 가지고 있지 않은 단일 대상이 나타난 경우
형태질 채점표	+	우수하고 정교한	반점의 형태에 맞게 정확히 기술하였거나 형태 사용이 적절하여 반응의 질적 수준이 향상되었을 경우
	O	보통의	일반적인 형태 특징을 분명하고 정확하게 사용한 반응
	u	드문	반응에 나온 대상의 형태와 반점의 형태가 잘 맞지는 않지만 어느 정도는 그렇게 볼 수 있는 반응
	–	왜곡된	반응에 나온 대상의 형태와 반점의 형태가 전혀 맞지 않고 왜곡된 반응

5 TAT 검사(Thematic Apperception Test)

(1) 개요

① 머레이(Murray)와 모건(Morgan)이 1935년에 창안하였다.
② 개인과 환경과의 관계를 밝히는 검사로서, 검사 도구는 여러 생활 장면을 묘사한 30매의 흑백사진 그림과 1매의 백색 카드이며, 학생의 연령과 성별에 따라서 그 중 20매를 선택하여 두 번에 걸쳐 실시한다.
③ 수검자의 성격, 내적 욕구 및 동기, 환경과의 심리적 갈등에 대한 정보를 빠르게 얻을 수 있다.
④ 기본 가정은 사람들이 모호한 상황을 자신의 과거 경험과 현재의 소망에 따라 해석하는 경향이 있다는 것이다.

[TAT 카드의 예(총31매)]

> **Plus Study TAT의 종류**
> - 아동 통각 검사(CAT; Children Apperception Test) : 3~10세 아동 대상, 동물 자극 사용
> - CAT-H(Children Apperception Test-Human) : 동물이 아닌 사람 그림 사용
> - 노인용 통각 검사(GAT; Gerontological Apperception Test), SAT(Senior Apperception Test) : 가족, 외로움을 묘사한 그림 사용
> - 아동용 로버트 통각 검사(RATC; Robert Apperception Test for Children) : 아동용 TAT의 최신판(1990)
> - 이야기 검사(TEMAS; The Tell Me A Story) : 소수 인종 아동과 청소년 대상, 9개의 성격 기능
> - 로젠츠바이크 그림 좌절 검사(Rosenzweig Picture Frustration Study) : 좌절 지각 및 대처 유형 검사
> - 스트레스 내성 검사(The Stress Tolerance Test) : 스트레스가 높은 전투에서 군인의 반응 및 대처 유형 검사
> - 가족 통각 검사(The Family Apperception Test)
>
> 출처 : 이우경 외(2012)

(2) 검사 실시 방법

① **준비물** : 검사 도구, 검사 기록지, 필기도구
② **지시**(instruction)

> "자, 이제 그림이 그려져 있는 카드를 한 장씩 보여드릴 테니 그것을 보고 마음대로 이야기를 만들어 보세요. 이 그림은 현재 무슨 그림 같고(현재), 이 그림 이전에는 어떠한 일이 일어났었으며(과거), 그리고 앞으로 그 일은 어떻게 될 것인지(미래) 떠오르는 대로 이야기해 보세요. 여기 첫 번째 그림이 있습니다."

③ 그림을 보고 상상으로 이야기를 꾸미게 한다.
④ 과거, 현재, 미래의 연관성을 고려해서 이야기하게 한다.
⑤ 그림 안의 사람이 무엇을 생각하며, 어떠한 감정을 가지고 있는지를 이야기 가운데 밝혀야 한다.
⑥ 수검자는 그림에 나오는 사람과 자신을 동일시하거나 수검자의 실생활에 관련된 사람들과 결부시키면서 수검자 자신의 억압되었던 정신적 내용이나 다른 사람과의 인간관계가 그림의 이야기에 투사되어 나오게 된다.
⑦ 이야기의 내용을 분석하여 수검자가 갖는 욕구와 그가 환경에서 받는 압력을 분석하여 보면 그의 성격적 문제를 찾아낼 수 있다.

(3) 결과의 분석

① **주인공**(ego) : 일반적으로 수검자는 주인공을 동일시하기 때문에, 주인공에게 강요되는 압력은 수검자에게 영향을 미치는 압력과 같고 주인공의 욕구는 수검자의 욕구와 같으며 주인공이 이야기하는 대상, 활동 및 감정도 수검자의 것과 동일하다고 가정할 수 있다.
② **이야기 중의 주인공** : 수검자가 맨 처음으로 이야기에 등장시킨 인물, 이야기 전체를 통해서 수검자의 주의를 집중시킨 인물, 중요한 행동의 주동적 위치에 있는 인물
③ **주인공의 행동** : 욕구
  ㉠ TAT 분석은 이야기 속에 나타나는 주인공의 행동과 활동에 세심한 주의를 기울인다.
  ㉡ 이야기 속의 주인공을 분석함으로써 수검자의 욕구와 동기를 추측하고 평가할 수 있다.
④ **환경 자극** : 압력
  ㉠ 환경이 주인공의 발달을 돕는가, 방해하는가?

ⓛ 주인공이 환경을 적당하다고 보는가, 부적당하다고 보는가?
ⓒ 주인공이 환경과 조화를 이루는가, 대립하고 있는가?
② 주인공이 환경을 만족스럽게 생각하고 있는가, 불만을 느끼고 있는가?

6 BGT(Bender Gestalt Test)

(1) 개 요
① Bender(1938)가 지각과 다양한 유형의 정신 병리의 관계를 연구하기 위한 검사로서 개발하였다.
② 검사 목적
 ㉠ 두뇌 기질적 장애 여부를 평가하는 신경심리학적 검사
 ㉡ 아동의 경우, 지각 성숙도에 대한 발달 수준 평가
 ㉢ 정서적 혼란이나 성격 특성에 대한 평가
 ㉣ 아동의 학업 성취에 대한 예측이나 대략적인 지능 추정을 위한 목적

(2) 검사 실시 방법
① 준비
 ㉠ 백지와 지우개, 연필, 9장의 도형(A와 도형 1에서 도형 8까지 총 9장)을 묘사한다는 것을 말해준다.
 ㉡ 스케치가 아닌 단선으로 그리도록 한다.
 ㉢ **지시**(instruction)

 > "여기 당신이 그릴 9장의 간단한 그림이 있습니다. 스케치하지 말고 자 같은 것도 쓰지 말고 이 종이에 그립니다. 이 도형들은 한 장씩 보여주겠습니다. 시간제한은 없습니다."

② 도형 제시 순서
 ㉠ 도형은 뒷면의 번호 순서에 따라 제시해야 한다.
 ㉡ 지시가 끝나면 도형 A를 제시하고 다른 도형은 엎어둔다.
 ㉢ 도형 A가 완성되면 도형 1부터 순서대로 제시한다.
③ 검사 소요시간
 ㉠ 소요되는 시간은 채점항목에서 제외한다.
 ㉡ 정상인은 대개 5분, 환자들은 평균 10분 정도이나, 어떤 환자는 거의 30분 이상 소요되는 경우도 있다.

(3) 결과의 분석 빈출

① 조직화 방식

㉠ **배열순서** : 9개의 도형의 용지에 배열하는 순서의 규칙성을 말한다. 대부분 왼쪽에서 오른쪽 또는 위에서 아래로 배열하는데, 이런 배열 방식에서 벗어날 때, 또 수검자가 정한 순서에 변화가 일어날 때 평가의 대상이 된다.

㉡ **도형 A의 위치** : 도형 A를 어디에 그리는가에 대해서 평가하는 것이다. 도형 A가 용지 상부의 1/3 이내에 있고 가장자리에서는 2.5cm 이상 떨어져 있다면 정상적인 위치에 있는 것으로 볼 수 있으나 용지의 왼쪽 또는 오른쪽 아래의 모서리에 A 도형을 그리면 매우 병리적인 상태임이 시사된다.

㉢ **공간의 사용** : 이어서 그린 도형들 사이의 공간의 크기에 대해서 평가한다. 연속되는 두 도형 간의 공간이 앞 도형의 해당 축(수평 또는 수직 축)의 크기보다 1/2 이상 떨어져 있거나 1/4 이내로 좁으면 비정상적인 것으로 본다.

㉣ **그림의 중첩** : 도형들이 서로 중첩되어 그려진 경우이다. 중첩되게 그리는 것은 그 수검자의 자아 기능에 큰 장애가 있음을 시사한다.

㉤ **가장자리의 사용** : 도형을 용지 가장자리에서 약 2cm 이내에 배치하는 것을 말한다. 7개 이상의 도형에서 나타날 때 유의미한 것으로 본다. 그림을 종이의 가장자리에 지나치게 치우쳐 그리는 것은 내재된 불안의 지표가 될 수 있으며, 한편으로는 외부의 도움을 받아 자아통제를 유지해 보려는 노력의 일환으로 해석할 수도 있다.

㉥ **용지의 회전** : 주어진 용지를 수직 위치에서 수평 위치로 회전시키는 것으로, 약 90도 정도로 회전시키게 된다. 용지 회전은 제멋대로 하려는 경향을 시사하는 것으로, 잠재적 혹은 외현적인 저항, 자기 중심적인 경향이 있을 때 나타난다.

② 크기의 일탈

㉠ **전체적으로 크거나 작은 그림** : 자극 도형과 비교했을 때 모사된 도형의 크기가 어떠한가에 대해서 평가한다. 자극 도형의 수직 또는 수평축의 크기가 1/4 이상 크거나 작게 그린 것이 5개 이상일 때 유의미한 것으로 본다.

㉡ **점진적으로 커지는 그림과 작아지는 그림** : 그림을 그려나가면서 점점 크기가 커지거나 작아지는 것을 말한다. 이런 양상은 자아통제가 빈약하고 욕구좌절에 견디는 힘이 부족한 경우에 나타난다.

ⓒ **고립된 큰 그림과 작은 그림** : 한 도형 내에서 일부분이 상대적으로 아주 크거나 작은 경우, 또는 어느 한 도형이 다른 도형들에 비하여 아주 크거나 작은 것을 말한다. 도형 A의 경우 각 부분의 크기가 변하는 것은 여성상(원)과 남성상(장방형)에 대한 상대적인 태도를 반영한다.

③ **형태의 일탈**
  ㉠ **폐쇄 곤란** : 한 도형 내에서 폐곡선을 완성시키지 못하거나 부분들을 접촉시키는 데 어려움이 있는 것을 말한다.
  ㉡ **교차 곤란** : 심리적 단절의 지표가 될 수 있으며, 강박증과 공포증 환자, 대인관계의 곤란을 겪는 사람들에게서 많이 나타난다.
  ㉢ **곡선 묘사 곤란** : 곡선의 성질이 명백히 변화된 것으로, 진폭이 커지거나 작아지는 경우이다. 이 요인은 정서와 밀접한 관련이 있는데, 곡선의 진폭이 커졌을 때는 정서적인 민감성이나 정서적 반응성이 크다는 것을 나타낸다.
  ㉣ **각의 변화** : 15도 이상 커지거나 작아지는 것을 말한다. 각을 부정확하게 그리면 기질성 뇌손상 또는 정신지체와 관련이 많다.

> **바로 Check**
>
> 허트(M. Hutt)의 BGT 평가항목 중 '형태의 일탈'에 해당하는 것은?
> ① 지각적 회전(perception rotation)
> ② 중첩 곤란(overlapping difficulty)
> ③ 교차 곤란(crossing difficulty)
> ④ 단편화(fragmentation)
> ⑤ 보속성(perseveration)
>
> [해설] 벤더 게슈탈트 검사(BGT)의 해석 시 형태의 일탈에 해당되는 것은 폐쇄 곤란, 교차 곤란, 곡선 묘사 곤란, 각의 변화이다.
>
> ☑ 정답 ③

④ **형태의 왜곡**
  ㉠ **지각적 회전** : 묘사된 도형의 주축이 회전된 것을 말한다. 심한 회전은 다른 명백한 요인이 없으면 자아 기능 수행에 심한 장애를 시사한다.
  ㉡ **퇴영** : 자극 도형을 아주 유치한 형태로 묘사하는 것이다. 일반적으로 퇴영은 심리적 외상에 대한 비교적 심하고 만성적인 방어 상태에서 일어난다.
  ㉢ **단순화** : 자극 도형을 훨씬 단순화시켜 그리는 경우를 말한다. 단순화 과제에 대한 집중력의 감소를 나타내며, 행동의 통제나 자아를 실행하는 기능의 장애와 관련이 있다.

② **단편화**: 자극의 형태가 본질적으로 파괴된 것이다. 이는 지각-운동 기능 수행에 심한 장애를 반영하며, 추상적 사고능력과 통합 능력의 저하와도 관련이 깊다.

⑩ **중첩 곤란**: 두 부분을 겹치는 것이 잘 안 되는 것과 두 부분의 접촉에 특별한 곤란을 보이는 것을 말한다. 중첩 곤란은 뇌기능 장애와 관련이 있다.

⑪ **정교화 또는 조잡**: 너무 정교하게 그리거나 낙서하듯 되는 대로 그려서 그 모양이 크게 변해버린 것이다. 조증 삽화를 보이는 환자들에게서 많이 볼 수 있다.

⑫ **보속성**: 앞 도형의 요소가 뒤 도형에 이어서 이용되거나, 한 도형의 요소들이 자극 도형에서 요구되는 이상까지 연장해서 그려진 경우이다. 보속성은 장면을 변화시킬 능력의 부족이나 이미 설정된 장면을 유지하려는 완고성을 나타낸다.

⑬ **도형의 재묘사**: 첫 번째로 모사한 것을 완전히 지우지 않고 그대로 두거나, 지우개를 사용하지 않고 줄을 그어 지워버리고 다시 그리는 것을 말한다. 이러한 현상이 한 번만 일어날 때는 현재 불안 수준이 상승되어 있음을 반영하고, 한 번 이상 일어날 때는 계획 능력의 부족 또는 지나친 자기 비판적 태도라고 해석한다.

⑤ 그려나가는 방식

㉠ **그려나가는 방향에서의 일탈**: 도형의 선과 곡선을 그리는데 있어서, 처음에 수검자가 정하고 시작한 방향으로부터의 일탈이 일어난 것을 말한다. 역시계 방향의 운동은 정상적인 성격 적응을, 시계 방향의 운동은 수동-공격적인 경향과 자기 중심성을 시사한다.

㉡ **그려나가는 방향의 비일관성**: 그려나가는 방향이 일정하지 않고 비일관되게 변화하는 경우를 말한다. 이는 검사나 어떤 행동에서 긴장이 일어남으로써 생길 수 있으며, 그 도형이 수검자에게 특징적이고도 상징적인 의미를 가질 때 나타나기도 한다.

㉢ **선의 질**: 도형 묘사에 사용된 선의 질을 말한다. 지나치게 굵은 선, 협응이 빈약하고 지나치게 굵은 선, 지나치게 가는 선, 협응이 빈약하고 지나치게 가는 선, 빈약한 협응 및 스케치한 선 등이 있는데 이는 뇌기능 장애, 강렬한 불안, 적응을 못하는 사람들에서 나타난다.

Section 06 기타(기타 심리측정 및 평가에 관한 사항)

학습포인트 심리평가와 관련된 기본적인 개념들을 이의 본질, 기본 철학, 목적, 단계 및 윤리적 문제 등으로 나누어 이해한다. 또한 기타 심리검사법에 대해 파악한다.

1 심리평가(Psychological Assessment)

(1) 심리평가의 본질
① 심리검사, 면접, 행동 관찰 등 여러 방법으로 개인의 심리적 특성을 통합적으로 이해하는 일련의 전문적인 과정이다.
② 평가자는 심리검사 외에도 개인 기록이나 면담, 자연적·체계적 상황에서의 행동 관찰, 평가자의 심리학적 및 정신병리학적 지식, 임상적 경험 등을 요구한다.
③ 심리평가 = 심리검사 + 행동관찰 + 면담 + 전문지식의 활용 등

(2) 심리평가의 기본 철학
① 심리평가는 일종의 임상 실험이라고 할 수 있을 만큼 매우 전문적인 작업이다.
② 평가 대상자인 환자나 수검자는 검사를 실시하는 평가자와 마찬가지로 존엄한 인간임을 항상 자각하고 있어야 한다.
③ 평가 자료에서 나온 결과는 하나의 가설로 간주하며, 과학자가 가설을 검증하듯이 타당화 작업을 거치는 것이 필요하다.
④ 평가자는 선행 연구와 자신의 임상 경험을 토대로 하여 현재로서 가능한 범위 내에서 가장 전문적인 견해를 제시할 수 있어야 한다.

(3) 심리평가의 목적
① 임상적인 진단을 보다 명확하게 하기 위해 진단적 인상을 제시한다.
② 수검자가 보이는 심리적 증상, 문제의 정도, 심각도를 평가한다.
③ 수검자의 자아 능력, 즉 자아 강도를 평가한다.
④ 수검자의 인지 능력(주의력, 집중력, 기억력, 실행 기능 등)을 평가한다.

 OX 퀴즈
심리평가는 심리검사와 동의어이다. [ ]
[정답] X
[해설] 심리평가는 심리검사에 대해 행동관찰, 면담 및 전문지식의 활용을 내포한다.

⑤ 수검자의 지적 기능 수준을 평가한다.
⑥ 수검자의 성격 구조와 특성을 평가한다.
⑦ 수검자에게 적절한 치료 유형, 치료 전략, 기법을 제시한다.
⑧ 수검자를 치료적 관계로 유도한다. 수검자 자신이 그의 자아 강도와 문제 영역을 인식하도록 돕는다.
⑨ 치료적 반응을 예상하고 치료 효과를 평가한다.

(4) 심리평가의 단계

① 의뢰된 문제 평가
   ㉠ 검사자는 자신이 일하고 있는 현장의 어휘, 개념적 모델, 역동, 기대를 잘 알고 있어야 한다.
   ㉡ 평가 과정의 각 단계에서 의뢰 문제의 원천과 접촉하는 것도 도움이 된다.

② 문제 내용과 관련된 지식 획득
   ㉠ 검사자는 실제 검사 전에 검사가 문제를 주의 깊게 평가하기에 적합한지, 개인의 독특한 상황에 구체적으로 적용 가능한지 고려해야 한다.
   ㉡ 측정하려고 하는 검사가 문제가 되는 변인을 잘 측정하는지 숙지하고 표준화 정도, 신뢰도, 타당도를 고려하여 선정해야 한다.

③ 자료 수집
   ㉠ 의뢰된 문제를 확인하고 검사와 관련된 실제적인 지식을 얻은 다음, 실제적 자료를 수집해야 한다.
   ㉡ 자료 수집 시에는 다양한 자료의 출처(검사 점수, 개인사, 행동 관찰, 면담 자료 등)를 고려해야 한다.
   ㉢ 학교생활 기록부, 의학적 기록, 경찰 기록, 부모나 교사와의 면담 등도 필요하다.

④ 자료 해석
   ㉠ 효과적으로 치료 개입을 할 수 있도록 검사 자료를 제대로 해석하여 활용한다.
   ㉡ 심리평가의 최종 산물은 수검자의 현재 기능 수준, 증상의 원인, 예후, 치료 제안 등과 관련된 사항이다.
   ㉢ 검사자 및 임상가는 한 사람을 단순하게 진단적인 명칭으로 분류하기보다 그 사람 자체를 깊고 정확하게 이해하려고 애써야 하며, 수검자의 내적인 경험과 타인과의 관계 모두를 고려해서 이해해야 한다.

 괄호넣기

( )은(는) 심리검사, 면담, 행동 관찰 등 여러 방법으로 개인의 심리적 특성을 통합적으로 이해하는 일련의 전문적인 과정이다.

[정답] 심리평가

(5) 심리평가와 관련된 윤리적 문제

① 검사 윤리에는 수검자의 안정성, 비밀보장, 고통의 감소, 솔직함 등이 포함된다.
② 심리 검사는 철저하게 전문적인 과정이기 때문에, 분명하게 정의된 전문적 관계 맥락에서 시행해야 한다.
③ 검사자는 자신이 수검자에게 미칠 수 있는 영향력을 인식해야 한다.
④ 검사자는 평가 절차에 대한 수검자의 동의서를 받아야 한다.
⑤ 심리평가 동의서는 검사의 합리적 근거를 설명해 주며, 검사 결과의 활용에 대해 의사소통하는 과정도 포함한다.

> **Plus Study 심리평가 동의서**
>
> ○○ 심리 상담 센터
>
> 심리평가 동의서
>
> 본 심리평가는 표준화된 심리 검사 도구를 사용하여 수검자의 인지적인 기능, 학업적 능력, 사회적 능력, 정서적 기능 및 현재 기능 수준을 평가할 목적을 가지고 있습니다. 심리평가는 심리 검사, 면담, 관련 자료 검토, 보호자 면담 등으로 이루어져 있습니다. 심리평가 결과는 피드백 회기에 수검자와 보호자에게 설명해 드릴 것입니다.
>
> 본 심리평가 결과에 대해서는 비밀 보장을 약속합니다. 그러나 다음과 같은 경우에는 비밀 보장의 예외가 적용됩니다.
>
> 1) 아동, 지적 장애인, 노인 수검자가 학대를 받고 있다고 판단되는 경우
> 2) 수검자에게 심각한 자·타해 위험이 있을 경우
> 3) 수검자가 법적인 문제에 연루되어 법원의 명령에 따라 검사 자료를 공개할 의무와 책임이 있다고 판단되는 경우
>
> 위의 사항을 숙지하였으며 심리평가에 동의합니다.
>
> 수검자 성명 _____ (인)
> 일자   년   월   일
>
> 출처 : 이우경 외(2012)

2 심리검사법

(1) 심리검사(psychological test) : 행동의 표집(sample of behavior)을 객관적이고 표준화된 방법으로 측정하는 것이다. 심리검사를 통해 각 개인의 심리적 상태를 비교하고 개인의 인격적·행동적 측면을 이해할 수 있으며, 인간의 내적 특성을 파악할 수 있다.

나의 필기노트

단답형 문제

다음은 무엇에 대한 설명인가?

- 객관적이고 표준화된 측정을 통해 인간의 내적 특성을 파악하고자 하는 과정
- 개인 내, 개인 간 비교가 가능한 심리학적 측정 과정

[정답] 심리검사(psychological test)

(2) 심리검사의 특성

① 개인 행동을 모두 측정해 보지 않더라도 소수의 행동 표본을 바탕으로 개인의 전체 행동을 예견할 수 있다.
② 행동 표본을 표준화된 방식에 따라 측정한다.
③ 체계적이고 전문적인 과정이다.
④ 심리검사 하나만으로 개인을 평가해서는 절대 안 된다.

바로 Check

심리검사에 관한 설명으로 옳은 것을 모두 고른 것은?

ㄱ. 검사자는 검사실시의 표준절차를 따라야 한다.
ㄴ. 전집의 행동을 측정한다.
ㄷ. 검사자의 성격특성은 검사결과에 영향을 미친다.
ㄹ. 심리검사의 결과는 확정적이다.

① ㄱ, ㄴ ② ㄱ, ㄷ ③ ㄴ, ㄷ
④ ㄴ, ㄹ ⑤ ㄷ, ㄹ

[해설] 심리검사는 어떠한 구성개념이 반영될 수 있는 모든 행동들인 전집 중에서 실제로 측정하는 일부 행동들의 객관적이고 표준화된 측정이다. 또한 심리검사의 결과는 잠정적이다.

정답 ②

(3) 심리검사의 목적

① 개인 내, 개인 간 비교를 통하여 개인의 행동, 성격을 이해하고 이를 바탕으로 개인의 문제 해결에 도움을 준다.
② 개인의 다양한 심리적 속성(지능, 흥미, 적성, 학업 성취도, 성격 특성 및 발달 상황 등)을 평가하여 진단, 분류, 치료(상담), 추후 상담 등에 유용한 정보를 얻을 수 있다.
③ 상담 및 임상장면에서의 심리검사는 내담자에 대한 역동적이고 기술적인 이해를 제공한다. 내담자 이해에 중요한 평가 요인은 사고, 지각, 기억과 같은 인지과정, 정서적 경험과 표현, 의미 있는 내적 갈등, 두드러진 방어 및 대처 기제, 되풀이되는 대인관계의 주제와 갈등, 스트레스에 대한 반응상의 취약성과 자원 등이다.
④ 프로그램의 평가와 과학적 탐구를 위해서 사용된다.

출제포인트 — 심리검사의 목적

1. 임상적 진단의 명료화와 세분화
2. 증상과 문제의 심각도를 구체화
3. 수검자의 자아 강도를 평가
4. 인지적 기능을 측정
5. 적절한 치료 유형을 제시
6. 치료 전략을 세움
7. 수검자를 치료적 관계로 유도
8. 치료적 반응을 검토하고 치료 효과 평가
9. 개인의 정신역동적 진단의 명료화

(4) 심리학적 측정(psychological measurement) : 각 개인의 심리적 특성을 측정하여 수량적으로 표현하는 과정이다.

> **바로 Check**
>
> **심리측정과 검사에 관한 설명으로 옳지 않은 것은?**
> ① 추상적인 구성개념을 직접적으로 측정하는 과정이다.
> ② 심리측정은 신뢰성 높은 측정도구가 요구된다.
> ③ 심리검사는 개인 간 또는 개인 내 비교를 가능하게 한다.
> ④ 심리검사는 행동의 표본을 표준화된 방법으로 측정한다.
> ⑤ 표준화검사는 시행과 채점이 일정한 방식으로 진행된다.
>
> 해설 심리측정은 인간의 심리적 현상과 행동에 대한 이해를 좀 더 객관적으로 설명하고자 한다.
>
> 정답 ①

> **Plus Study 심리검사의 정의**
>
> 1. **크론바흐**(Cronbach)**의 정의** : 두 사람 이상의 행동을 비교하는 체계적 과정
> 2. **아나스타시**(Anastasi)**의 정의** : 행동의 표본을 심리학적 방식으로 측정하는 기법
> 3. **종합** : 심리검사란 측정하고자 하는 특정 행동을 체계적이고 표준화된 방식에 따라 수치로 측정하여 개인 내 비교뿐만 아니라 개인 간 비교도 가능하게 하는 심리 측정법
>
> 심리검사 = 행동표본 + 체계화 + 표준화 + 횡단적 시행
>
> 출처 : 오세진 외(2011)

적중예상문제

01 심리평가와 관련된 윤리적 문제에 대한 설명 중 옳은 것은?
① 심리검사는 친밀한 상대를 통해 편안한 방법으로 이루어져야 한다.
② 검사자는 피검자에게 심리평가 동의서를 받아야 한다.
③ 검사 윤리에 고통 감소나 솔직함 등은 포함되지 않는다.
④ 피검자는 어떤 상황에서도 검사자의 의견에 따라야 한다.
⑤ 검사자는 무조건 피검자의 비밀을 보장해야 한다.

기출 ★

02 척도에 관한 설명으로 옳지 않은 것은?
① 비율척도는 절대영점의 특성도 가지고 있다.
② 한 학급의 영어성적 석차는 서열척도에 해당한다.
③ 성별은 서열척도이다.
④ 명명척도는 구별성의 특성을 가지고 있다.
⑤ 운동선수의 등번호는 명명척도에 해당한다.

03 심리평가의 구성 요소로 알맞지 않은 것은?
① 심리검사　② 행동관찰　③ 면담
④ 치료　　　⑤ 전문지식

04 다음 중 온도계나 시험점수는 어떤 척도에 해당하는가?
① 등간척도　② 서열척도　③ 명목척도
④ 비율척도　⑤ 표준척도

정답 & 해설　　01. ②　02. ③　03. ④　04. ①

01　① 심리검사는 철저하게 전문적인 과정이므로, 분명하게 정의된 전문적 관계의 맥락에서 시행되어야 한다.
　　③ 검사 윤리에는 피검자의 안정성, 비밀보장, 고통의 감소, 솔직함 등이 포함된다.
　　⑤ 예외적 상황에서는 피검자의 비밀을 보장하지 않을 수 있다.
02　성별은 명목척도이다.
03　심리평가 : 심리검사 + 행동관찰 + 면담 + 전문지식
04　등간척도(interval scale) : 구간척도로서 측정하고자 하는 대상이나 현상을 분류하고 서열을 정할 수 있을 뿐만 아니라 이들 분류된 범주 간의 간격까지도 측정하는 측정도구이다. 등간격이므로 산술계산에 사용될 수 있으나, 절대 영점이 없다. IQ, 온도, 학점, 시험점수 등이 이에 해당된다.

05 다음 중 표본 기록법의 특징으로 알맞지 않은 것은?

① 특별한 준비나 계획 없이 어느 곳에서나 기록할 수 있다.
② 가능한 많은 자료를 수집하고자 할 때 적합하다.
③ 정해진 시간 동안 발생하는 모든 것을 관찰하고 기록한다.
④ 관찰 대상 및 관찰 장면, 관찰 시간을 미리 정해 둔다.
⑤ 한 번에 관찰할 수 있는 수가 아주 제한적이다.

기출 ✪

06 규준참조검사(norm-referenced test)의 특징으로 옳은 것을 모두 고른 것은?

> ㄱ. 원점수를 어떤 상대적 위치로 바꾼 유도(derived)점수를 이용한다.
> ㄴ. 운전면허 시험처럼 최소한의 숙달수준을 달성했는지 측정하는 검사가 여기에 속한다.
> ㄷ. 개인의 점수는 동일한 검사를 수행한 다른 사람들의 점수와 비교해서 해석한다.

① ㄱ
② ㄱ, ㄴ
③ ㄱ, ㄷ
④ ㄴ, ㄷ
⑤ ㄱ, ㄴ, ㄷ

07 다음은 무엇에 대한 설명인가?

> • 검사 실시 및 채점에서의 일관성
> • 개별 피검자의 구체적인 점수가 지니는 의미를 파악하는 데 도움을 줌

① 표준화
② 신뢰도
③ 타당도
④ 객관도
⑤ 실용도

정답 & 해설

05. ① 06. ③ 07. ①

05 ①은 일화 기록법의 특징이다.
- 표본 기록법 : 관찰자가 관찰 대상 및 관찰 장면, 관찰 시간 등을 모두 정해 놓고 정해진 시간 동안 발생하는 아동의 행동과 상황을 모두 관찰하고 기록하는 것이다. 행동에 대한 해석이나 평가보다는 가능한 많은 자료를 수집하고자 할 때 적합하다.
- 일화 기록법 : 선택된 행동에 대한 관찰 내용을 기록한 것으로 관찰이나 기록에 있어서 시간이나 장소의 구애를 받지 않는다. 학생을 포함한 주변인의 대화나 반응도 기록해야 하며 반복적인 기록이 요구된다.

06 규준참조검사는 상대적 규준을 이용하여 검사결과를 해석하는 검사로서, 한 검사에서 개인이 획득한 점수를 그 개인이 속해있는 집단의 구성원들의 점수와 비교하여 해석하는 검사이다. 준거참조검사는 절대적 준거를 이용하여 검사결과를 해석하는 검사로서, 한 검사에서 개인이 획득한 점수를 미리 세워놓은 목표, 즉 준거에 도달한 정도로서 해석하는 검사이다.

07 표준화는 검사를 실시 및 채점하는 데 있어서 일관성을 유지하는 것이다.

기출 ★

08 다음에서 설명하는 유형의 척도는?

- 보통 12~46개의 문항으로 구성됨
- 측정 변인의 연속선상에서 문항이 놓이는 위치가 그 문항의 척도치가 됨
- 수검자의 점수는 자신과 일치한다고 표시한 문항들의 척도치를 모두 합해서 그것을 문항수로 나눈 값임

① 리커트(Likert)식 척도
② 써스톤(Thurstone)식 척도
③ 형용사 체크리스트
④ 의미변별척도
⑤ 숫자 등급 척도

09 다음 설명 중 틀린 것은?
① 평균은 전체 사례수의 값을 더한 다음에 총 사례수로 나눈 값이다.
② 최빈치는 분포에서 가장 많은 도수를 갖는 점수이다.
③ 범위는 자료의 최고치에서 최저치를 뺀 값이다.
④ 편차는 대표치를 중심으로 사례들이 어느 정도 밀집 또는 분산되어 있는지를 나타내는 지수이다.
⑤ 정규분포는 하나의 꼭지를 갖는 좌우 대칭적인 연속적 변인의 분포이다.

10 다음 중 정규분포에 대한 설명으로 옳지 않은 것은?
① 정규분포는 평균과 중앙치가 같다.
② 정규분포는 종모양을 나타낸다.
③ 정규분포는 좌우가 대칭을 이룬다.
④ 정규분포를 통해 개인이 얻은 점수의 상대적인 의미를 알 수 있다.
⑤ 표본의 크기와 정규분포는 무관하다.

정답 & 해설　　　　　　　　　　　　　　　　　　　08. ②　09. ④　10. ⑤

08 써스톤 척도는 조사자들이 어떠한 대상에 대해 가능한 많은 설명을 문장으로 만들어놓고 일정 수의 응답자들이 가장 많이 동의하는 문장을 찾아 이를 바탕으로 하여 척도에 포함될 적절한 문항들을 선정하여 척도를 구성하는 방법이다.
09 각각의 측정치가 대표치에서 벗어나고 있을 때 측정치와 대표치의 차이 값을 편차라고 한다.
10 표본의 크기가 클수록 더 정규분포에 가까워진다.

11 문항분석에 관한 설명으로 옳지 않은 것은?

① 문항변별도 지수(item discrimination index)의 범위는 0부터 1까지이다.
② 오답의 능률도(effectiveness)는 오답의 매력도라고도 한다.
③ 문항변별도는 문항난이도의 영향을 받는다.
④ 문항분석을 위해서는 사전에 총점계산, 집단구분이 필요하다.
⑤ 오답의 능률도는 문항반응분포를 통해 파악할 수 있다.

12 다음 중 상관분석에 대한 설명으로 올바르지 못한 것은?

① 변인 간의 관계를 규명하는 것이다.
② 명목척도로 측정된 두 변인 간의 상관관계를 측정한다.
③ 상관분석에는 정적상관과 부적상관이 있다.
④ 두 변인 간에 충분한 관계가 있을 때 한 변인의 측정치에서 다른 변인의 측정치를 예측하는 것이다.
⑤ 두 변인 간의 선형적인 관계를 알아보는 것이다.

13 다음 설명 중 옳지 않은 것은?

① 안면(face)타당도가 높아도 내용(content)타당도는 낮을 수 있다.
② 공인(concurrent)타당도는 준거(criterion)타당도에 속한다.
③ 수렴 – 변별(convergent–discriminant)타당도는 내용타당도에 속한다.
④ 구인(construct)은 직접 관찰하거나 측정할 수 없는 이론적 개념이다.
⑤ 예언(predictive)타당도는 검사 실시 후 일정시간이 경과되어야 평가될 수 있다.

정답 & 해설

11. ① 12. ② 13. ③

11 문항변별도 지수는 -1.00 ~ +1.00 사이에 분포된다.
12 상관분석은 서열척도, 등간척도, 비율척도로 측정된 두 변인 간의 상관관계가 존재하는지 알아보고, 그 정도를 측정하는 것이다.
13 수렴 – 변별 타당도는 측정하고자 하는 추상적 개념이 실제로 측정도구에 의해 제대로 측정되었는지의 정도를 의미하는 구성타당도에 해당된다.

14 다음 중 상관분석에 대한 설명으로 올바르지 못한 것은?

① 산포도는 X축에 있는 한 변인과, Y축에 있는 한 변인의 값을 나타내는 점을 찍어 두 변인 간의 관계를 파악하는 도표를 말한다.
② 결정계수는 예언변인이 준거변인을 설명할 수 있는 비율을 말한다.
③ 이관계수는 한 변인에서 다른 변인을 예측할 때 생기는 오차의 정도를 의미한다.
④ 적률상관계수는 두 변인 모두 서열척도인 경우에 사용한다.
⑤ 공변량은 두 변인 X와 Y가 평균으로부터 얼마나 퍼져 있는지를 나타내는 것이다.

기출

15 심리검사의 윤리에 관한 설명으로 옳은 것을 모두 고른 것은?

> ㄱ. 수검자에게 비밀보장의 한계를 설명해 준다.
> ㄴ. 검사결과에 대해 수검자가 설명을 요구할 권리를 존중한다.
> ㄷ. 수검자의 문화적 배경을 고려한다.

① ㄱ ② ㄴ ③ ㄱ, ㄷ
④ ㄴ, ㄷ ⑤ ㄱ, ㄴ, ㄷ

16 신뢰도의 측정 방법 중 〈보기〉의 내용에 해당하는 것은?

> **보기**
> • 한 개의 평가도구를 피검자에게 두 번 실시하여 얻은 점수 간의 상관계수를 산출한다.
> • 두 점수 사이의 안정성을 보기 때문에 안정성 계수라고도 한다.

① 검사-재검사 신뢰도 ② 반분검사 신뢰도 ③ 동형검사 신뢰도
④ 문항내적합치도 ⑤ 크론바흐 알파계수

정답 & 해설   14. ④ 15. ⑤ 16. ①

14 적률상관계수는 등간 혹은 비율척도에 의해 측정된 변인에 사용된다.
15 심리검사 시 검사자는 수검자에게 비밀보장의 한계를 설명해주어야 하고, 검사결과에 대해 수검자가 설명을 요구할 권리를 존중하며, 수검자의 문화적 배경을 고려해야 한다.
16 검사-재검사 신뢰도(test-retest reliability)
• 한 개의 평가도구를 피검자에게 두 번 실시하여 그 전후의 결과에서 얻은 점수로 상관계수를 산출하는 접근방법이다.
• 두 점수 간의 상관이 높을수록 신뢰도가 높다고 할 수 있다.
• 처음 실시했을 때의 점수와 나중에 실시했을 때의 점수 사이에 어느 정도의 안정성이 있느냐를 보기 때문에 안정성 계수라고도 한다.

기출 ★

17 타당도의 특성을 설명한 내용으로 옳지 않은 것은?

① 검사점수 간 상관이 높을수록 수렴(convergent)타당도가 높아진다.
② 구인(construct)타당도는 각 요인의 부하량에 의해 영향을 받는다.
③ 내용(content)타당도는 해당분야의 전문가에 의해서 판단된다.
④ 검사점수 간 상관이 높을수록 변별(discriminant)타당도가 높아진다.
⑤ 검사점수 간 상관이 높을수록 공인(concurrent)타당도가 높아진다.

기출 ★

18 심리평가(psychological assessment)의 정의로 옳은 것은?

① 심리적 특성에 대한 체계적인 면담이다.
② 심리검사, 면담, 행동관찰, 개인력 등 개인에 관한 정보를 종합적으로 통합하는 과정이다.
③ 얻어진 검사점수의 질을 객관적인 기준에 따라서 분류하는 과정이다.
④ 심리적 특성을 나타내는 행동표본을 표준화된 방식으로 측정하는 기법이다.
⑤ 명확한 공식이나 규칙에 따라서 사람의 특성을 수량화하는 것이다.

19 검사의 문항, 질문, 목적이 측정을 위하여 규정된 내용 영역이나 전체를 얼마나 잘 대표하느냐의 정도를 측정하는 것은?

① 내용타당도　　　　② 예언타당도　　　　③ 공인타당도
④ 검사–재검사 신뢰도　　⑤ 동형검사 신뢰도

20 한 검사 내에 있는 문항 하나하나를 각각 독립된 별도의 검사로 간주하여 문항 내의 정답과 오답 간의 일관성을 표시하는 신뢰도 측정 방법은?

① 문항내적합치도　　② 동형검사 신뢰도　　③ 크론바흐 알파계수
④ 검사–재검사 신뢰도　⑤ 공인타당도

정답 & 해설　　　　　　　　　　　　　　　　　　17. ④　18. ②　19. ①　20. ①

17 변별타당도는 검사의 결과가 이론적으로 측정하고자 하는 속성과 관계가 있는 변인들과 얼마나 상관관계가 낮은지를 측정하는 것을 말한다. 따라서 관계없는 변인과 상관관계가 낮을 때 변별타당도는 높아진다.
18 심리평가는 심리검사, 면담, 행동 관찰 등 여러 방법으로 개인의 심리적 특성을 통합적으로 이해하는 일련의 전문적인 과정이다.
19 내용타당도는 주어진 측정도구가 평가하려고 하는 내용을 어느 정도 충실히 측정하고 있는지를 분석하려는 타당도이다.
20 문항내적합치도는 문장 하나하나를 별도의 검사로 간주하여 검사 문항의 동질성 지수 또는 문항 반응과 전체 경우의 상도를 나타낸다.

21 다음 중 신뢰도와 타당도의 관계로 옳지 않은 것은?
① 타당도가 높은 측정은 항상 신뢰도가 높다.
② 타당도가 낮은 측정의 신뢰도는 높을 수도 낮을 수도 있다.
③ 신뢰도가 낮은 측정은 반드시 타당도 낮다.
④ 신뢰도가 낮고 타당도가 높은 측정은 존재하지 않는다.
⑤ 타당도는 신뢰도에 대한 필요조건, 신뢰도는 타당도의 충분조건이다.

22 신뢰도를 높이는 방안으로 옳지 않은 것은?
① 측정 항목의 수를 가능한 늘린다.
② 측정 도구의 내용을 명확하게 한다.
③ 유사한 질문을 2회 이상 하여 일관성 있는 응답을 하도록 유도한다.
④ 측정 방식을 다양하게 하여 측정한다.
⑤ 일반적으로 신뢰도가 인정된 도구를 사용한다.

23 다음 설명 중 올바르지 못한 것은?
① 객관도는 평가자의 신뢰도라고도 불린다.
② 실용도는 검사의 경제성이나 간편성과 같이 실제 검사를 활용할 때 고려되는 요인이다.
③ 표준화는 실시 및 채점에서의 일관성을 의미한다.
④ 규준은 과거의 특징을 잘 반영하고 있어야 한다.
⑤ 심리검사의 표준화 과정은 검사의 실시, 채점, 해석 방법을 일정하게 하여 검사과정을 동일하게 만드는 과정이다.

정답 & 해설

21. ⑤ 22. ④ 23. ④

21 타당도는 신뢰도에 대한 충분조건, 신뢰도는 타당도의 필요조건이다.
22 측정자들의 측정 방식이나 태도에 일관성이 있어야 한다.
23 규준은 최근성을 반영하고 있어야 한다.

기출 ★
24 심리검사 종류에 관한 설명으로 옳지 않은 것은?
① 성취검사는 능력검사에 속한다.
② 아동용 주제통각검사(CAT)는 투사적 검사에 속한다.
③ 아미 – 알파(Army–α) 검사는 흥미검사에 속한다.
④ 최대(maximum) 수행검사는 능력검사라고도 한다.
⑤ 인성검사는 습관적(typical) 수행검사에 속한다.

25 민수의 생활연령은 10세, 정신연령은 12세이다. 스턴버그의 비율지능지수에 따르면, 민수의 지능지수는 얼마인가?
① 80 ② 90 ③ 100
④ 110 ⑤ 120

기출 ★
26 지능의 개념과 측정에 관한 설명으로 옳지 않은 것은?
① 아동기의 전반적인 인지발달은 청소년기보다 그 속도가 느리다.
② 발달규준에서는 수검자의 생활연령과 정신연령을 함께 표기한다.
③ 편차 IQ는 집단 내 규준에 속한다.
④ 추적규준은 연령별로 동일한 백분위를 갖는다고 가정한다.
⑤ 연령규준을 설정할 경우에는 수검자가 어릴수록 연(월)령 간격을 좁게 해야 한다.

27 지능지수의 진단적 분류에서 경계선에 해당하는 점수는?
① 60~69 ② 70~79 ③ 80~89
④ 90~99 ⑤ 100~109

정답 & 해설   24. ③ 25. ⑤ 26. ① 27. ②

24 아미 – 알파 검사는 지능검사이다.
25 지능지수는 (정신연령 ÷ 생활연령) × 100이다.
26 아동기는 다른 발달단계에 비해 인지능력에서 상당한 발전을 보인다.
27 70~79면 경계선, 69 이하면 정신지체로 분류한다.

28 웩슬러 지능검사의 시행방법 및 주의사항으로 옳은 것은?
① 표준절차에 따르기보다는 내담자의 요구에 맞춰 시행한다.
② 특별한 이유가 없는 한 1회에 전체 검사를 완성해야 한다.
③ 피검자의 주의를 분산시키는 환경에서 더 정확한 지능 측정이 가능하다.
④ 검사에 대한 설명 없이 바로 질문을 시작한다.
⑤ 검사 도중에 나타나는 행동은 중요하지 않다.

29 나이가 5~6세인 아이가 받을 수 있는 지능검사는 무엇인가?
① WAIS   ② WISC   ③ WPPSI
④ WAIS-R   ⑤ WISC-R

30 다음 중 지능지수에 대한 설명으로 올바르지 못한 것은?
① 정신연령이 생활연령보다 낮으면 지능은 100 이하이다.
② 정신연령이 생활연령보다 높으면 지능은 100 이상이다.
③ 정신연령과 생활연령이 같으면 지능은 100이다.
④ 편차지능지수는 평균은 100, 표준편차는 10으로 변환한 표준점수이다.
⑤ 편차지능지수는 특정 시점에서 개인의 지능을 동일한 연령집단 내의 상대적 위치로 산출한다.

정답 & 해설

28. ②   29. ③   30. ④

28 ① 결과의 의미 있는 해석을 위해서 표준절차를 엄격하게 따라야 한다.
③ 피검자의 주의를 분산시키는 자극이 없어야 한다.
④ 검사에 대한 설명을 간단하게 한 후에 질문을 한다.
⑤ 검사 행동 관찰의 중요성을 고려해야 한다.

29 ①·④는 만 17세에서 64세를 대상으로 하는 검사이며, ②·⑤는 만 6세에서 16세를 대상으로 하는 지능검사이다.

30 편차지능지수는 평균 = 100, 표준편차 = 15로 변환한 표준점수이다.

31 웩슬러 지능검사의 구성에 관한 설명으로 옳은 것은?

① 웩슬러 지능검사는 11개 소검사로 이루어져 있다.
② 동작성과 언어성 지능이 혼합되어 있다.
③ 원점수 개념을 사용한다.
④ 언어성 검사에는 토막 짜기, 모양 맞추기 등이 있다.
⑤ 동작성 검사에는 숫자 외우기, 어휘 문제 등이 있다.

기출

32 K-WAIS-Ⅳ와 K-WISC-Ⅳ에 관한 설명으로 옳은 것은?

① 준거참조 검사의 대표적인 양식이다.
② 아동용은 중지규칙에서 요구하는 연속 오답 문항 수가 더 적다.
③ 지능지수는 정신연령과 생활연령 간의 비율로 표현된다.
④ 소검사의 표준점수는 평균 10, 표준편차 3이다.
⑤ 연령수준마다 과제가 다르며, 연령척도 형식으로 채점된다.

33 다음 중 학자와 그 학자가 주장한 지능 이론이 바르게 연결된 것은?

① 길포드 - 지능을 유동적 지능과 결정적 지능으로 구분하였다.
② 케텔 - 지능검사는 인지적 요소 외에도 정서적, 정의적 측면을 포함한다고 주장하였다.
③ 스턴버그 - 내용, 조작, 결과라는 3차원 지능 모형을 개발하였다.
④ 써스톤 - 지능을 일곱 개의 기본 정신 능력으로 구분하였다.
⑤ 웩슬러 - 삼위일체 지능 이론을 주장하였다.

정답 & 해설

31. ① 32. ④ 33. ④

31 ② 동작성과 언어성 지능이 구분되어 있다.
③ 편차IQ의 개념을 사용한다.
④ 언어성 검사에는 숫자 외우기, 어휘 문제 등이 있다.
⑤ 동작성 검사에는 토막 짜기, 모양 맞추기 등이 있다.

32 한국판 웩슬러 아동용 지능검사(K-WISC-Ⅳ)는 6세 0개월부터 16세 11개월의 아동 및 청소년을 대상으로 실시하며, 한국판 웩슬러 성인용 지능검사(K-WAIS-Ⅳ)는 16세 이상의 청소년 및 일반 성인을 대상으로 실시한다.
• K-WAIS-Ⅳ의 경우 연령교정 표준점수로서 환산점수를 제공한다. 환산점수는 수검자의 수행을 동일연령대와 상대적으로 비교하기 위한 것으로 평균 10, 표준편차 3인 표준점수로 변화한 것이다. 따라서 동일한 원점수를 얻어도 연령에 따라 지능지수는 달라질 수 있다.
• K-WAIS-Ⅳ와 K-WISC-Ⅳ의 지능지수 산출방식은 큰 틀에서 서로 다르지 않다.

33 ① 길포드 : 내용, 조작, 결과라는 3차원 지능 모형을 개발하였다.
② 케텔 : 지능을 유동적 지능과 결정적 지능으로 구분하였다.
③ 스턴버그 : 삼위일체 지능 이론을 주장하였다.
⑤ 웩슬러 : 지능검사는 인지적 요소 외에도 정서적, 정의적 측면을 포함한다고 주장하였다.

기출 ★
34 K-WAIS-IV에 관한 설명으로 옳은 것을 모두 고른 것은?

> ㄱ. 10개의 핵심소검사와 5개의 보충소검사로 구성된다.
> ㄴ. 소검사들의 표준점수의 평균은 15이고, 표준편차는 5이다.
> ㄷ. 전체지능지수(FSIQ)의 범위가 70~79이면 '경계선'으로 분류한다.
> ㄹ. 동형찾기를 대체하는 보충소검사는 지우기이다.
> ㅁ. 일반능력지수(GAI)는 언어이해와 작업기억의 핵심소검사로 구성된 조합점수이다.

① ㄱ, ㄴ, ㄷ　　② ㄱ, ㄷ, ㄹ　　③ ㄴ, ㄷ, ㅁ
④ ㄴ, ㄹ, ㅁ　　⑤ ㄱ, ㄷ, ㄹ, ㅁ

기출 ★
35 다음의 직업과 가장 관련 있는 홀랜드(J. Holland)의 직업적 성격유형은?

> 화학자, 물리학자, 인류학자

① 현실적(Realistic) 유형　　② 탐구적(Investigative) 유형
③ 예술적(Artistic) 유형　　④ 기업적(Enterprising) 유형
⑤ 관습적(Conventional) 유형

36 다음 중 능력검사에 해당되는 것은?
① MBTI　　② MMPI　　③ 로샤검사
④ 지능검사　　⑤ HTP

정답 & 해설
34. ②　35. ②　36. ④

34 K-WAIS-IV는 10여 개의 검사를 통해 언어이해, 지각추론, 작업기억, 처리속도 등을 파악한다. IQ 평균은 100, 표준편차는 15인 정규분포 안에서 자신의 위치를 점수로 나타낸다. 일반능력지수는 언어이해의 주요 소검사(공통성, 어휘, 상식)와 지각추론의 주요 소검사(토막짜기, 행렬추론, 퍼즐)로 구성된 조합점수이다.

35 Holland의 탐구적 성격유형은 탐구심이 많고, 논리적/분석적/합리적이며, 정확하고, 지적 호기심이 많으며, 비판적/내성적이고, 수줍음을 잘 타며, 신중하다. 대표적인 직업으로는 과학자, 생물학자, 화학자, 물리학자, 인류학자, 지질학자, 의료기술자, 의사 등이 있다.

36 능력검사에는 지능검사, 적성검사, 성취검사 등이 해당된다.

37 웩슬러의 지능 검사에서 병전 지능을 측정하는 검사를 모두 고른 것은?

> ㄱ. 기본 지식　　ㄴ. 이해 문제　　ㄷ. 어휘 문제
> ㄹ. 토막 짜기　　ㅁ. 빠진 것 찾기

① ㄱ, ㄴ, ㄷ　　② ㄴ, ㄷ, ㄹ　　③ ㄱ, ㄷ, ㄹ
④ ㄷ, ㄹ, ㅁ　　⑤ ㄴ, ㄹ, ㅁ

38 MMPI의 타당도 측정에서 부적 기울기를 보이는 사람의 특징으로 옳은 것은?

① 심리적 문제를 인정하지만 자신감이 취약하다고 느낀다.
② 순박하고 교육 수준이나 경제 수준이 낮다.
③ 자신의 문제와 불편함을 인정하지 않고 방어만 한다.
④ 바람직하지 않은 충동을 부인하고 좋게 보이려고 애쓴다.
⑤ 일상생활의 여러 가지 문제를 해결할 자신이 있다.

기출 ★

39 다음에 해당하는 MBTI의 지표는?

> • 실제 경험을 중시하며, 현재에 초점을 맞추어 살아가고자 한다.
> • 정확한 것을 좋아하고, 관찰 능력이 뛰어나며, 상세한 것까지 기억을 잘 하는 편이다.

① 내향성(Introversion)　　② 감각(Sensing)　　③ 사고(Thinking)
④ 현실(Reality)　　　　　　⑤ 감정(Feeling)

정답 & 해설　　37. ③　38. ②　39. ②

37 병전 지능을 측정하는 검사에는 기본 지식, 어휘 문제, 토막 짜기가 해당된다.

38 부적 기울기를 보이는 사람(하강형)은 순박하고 덜 세련되어 있으나 좋게 보이고 싶어 한다. 애를 쓰지만 효과적으로 방어하지 못하며 교육 수준이나 경제 수준이 낮다.
①은 삿갓형, ③·④는 V형, ⑤는 정적 기울기를 보이는 유형(상승형)이다.

39 MBTI의 감각(S)은 오감을 통해 정보를 받아들이며 보고, 듣고, 말하고, 맛보고, 만지는 행위를 통해 얻는 실제 경험에 가치를 둔다. 따라서 사실적으로 구체적인 묘사가 가능하며 현실을 수용하는 모습을 보인다. 이들은 지금, 현재를 중요하게 생각하기 때문에 일처리에 있어서도 사실을 바탕으로 정확하고 철저하게 일을 수행하며, 정해진 관계에 따르려 하고, 숲보다는 나무를 보는 경향이 있다.

40 다음 중 〈보기〉의 검사에 해당하는 것은?

| 보기 |
- 검사의 시행과 채점, 해석이 간편하다.
- 검사 제작 과정에서 신뢰도와 타당도에 대한 증거가 제대로 확보되는 표준화 검사이다.

① 16PF ② 로샤 검사 ③ 주제통각검사
④ HTP ⑤ 문장 완성 검사

41 다음은 MBTI의 어떤 유형에 대한 설명인가?

- 판단기능에 따른 구분이다.
- 정서를 통한 사람과의 관계나 상황을 고려하여 판단한다.

① 사고형 ② 감정형 ③ 감각형
④ 인식형 ⑤ 판단형

기출
42 삭스(J. Sacks)의 문장완성검사(SSCT)에서 자기개념 영역에 포함되지 않는 태도는?
① 죄의식(죄책감) ② 이성관계 ③ 목표
④ 두려움 ⑤ 자신의 능력

기출
43 표준점수(Z)에 관한 설명으로 옳지 않은 것은?
① (원점수 − 평균점수)/표준편차의 수식으로 표현할 수 있다.
② 평균에서 이탈된 거리와 방향을 동시에 나타낼 수 있다.
③ 표준점수를 이용하여 서로 다른 검사의 결과들을 비교할 수 있다.
④ 원점수의 분포가 부적으로 편포되어 있으면 표준점수도 부적으로 편포된다.
⑤ 한 점수 분포에서 원점수를 표준점수로 변환하면 평균은 50, 표준편차는 10이 된다.

정답 & 해설   40. ① 41. ② 42. ② 43. ⑤

40 객관적 검사에 대한 설명으로 케텔의 16PF는 요인분석에 의한 객관적 성격검사이다. 그 외의 보기는 모두 투사적 검사에 해당된다.
41 사고형 및 감정형은 판단기능에 따른 구분으로서, 사고형은 사고를 통해 감정형은 정서를 통해 상황을 판단한다.
42 자기개념 영역은 자신의 능력, 과거, 미래, 두려움, 죄책감, 목표 등에 대한 태도를 포함한다.
43 ⑤는 T점수에 대한 설명이다.

44. 직업흥미검사를 개발하여 다양한 직업, 직업과 관련된 활동, 취미, 여가 활동, 학교 교과목 및 사람 유형 등에 대한 응답자의 좋고 싫음을 검사한 학자는 누구인가?

① Strong
② Rorschach
③ Briggs
④ Holland
⑤ Myers

45. 민식이는 〈보기〉와 같은 경향을 가지고 있다. MBTI의 이론에 따르면 그는 어떠한 유형인가?

| 보기 |
- 다양한 사람들과 폭넓은 관계를 형성한다.
- 현재보다는 미래의 가능성이 중요하다.
- 진실과 사실에 주된 관심을 가진다.
- 어떤 일을 하기 전에 반드시 계획을 미리 세운다.

① ISTJ
② ENFJ
③ ENTJ
④ INFP
⑤ ESTJ

46. 〈보기〉에서 설명하고 있는 성격검사로 옳은 것은?

| 보기 |
- 객관적 성격검사의 한 종류이다.
- 검사의 실시와 채점이 용이하다.
- 타당도 척도와 임상 척도를 포함한다.

① MBTI
② MMPI
③ 16PF
④ EPQ
⑤ TAT

정답 & 해설

44. ①   45. ③   46. ②

44. 스트롱은 1927년에 직업흥미검사를 개발하였다.
45. E는 외향형, N은 직관형, T는 사고형, J는 판단형이다.
46. MMPI는 5개의 타당도 척도와 10개의 임상 척도를 포함한다.

47 Holland의 6가지 직업 모형 중 〈보기〉에 해당하는 유형은?

> **보기**
> • 정확하고 빈틈이 없으며 세밀하고 계획성 있다.
> • 조심성이 있으며 변화를 좋아하지 않고 완고하고 책임이 강하다.

① 관습적 유형　　② 예술적 유형　　③ 실재적 유형
④ 사회적 유형　　⑤ 탐구적 유형

기출 ★

48 투사적 검사에 관한 설명으로 옳은 것은?
① 벤더게슈탈트검사(BGT)에서 성인이 그린 도형A의 정상적인 위치는 용지의 정중앙이다.
② 주제통각검사(TAT) 카드는 성인 남성과 성인 여성으로만 구별된다.
③ 동작성 가족화 검사(KFD)는 가족의 정서적인 관계를 살펴보는 데 유용하다.
④ 아동용 주제통각검사(CAT)의 카드 수는 주제통각검사(TAT)와 동일하다.
⑤ 벤더게슈탈트검사(BGT)는 8세 이하의 아동에게는 실시할 수 없다.

49 다음 중 임상 척도와 그 증상이 바르게 짝지어지지 않은 것은?
① Hy - 히스테리 증상　　② Hs - 신체 염려 호소
③ D - 불행과 우울　　　④ Pa - 충동적 흥분
⑤ Pd - 사회적 동조성 부족

정답 & 해설　　　　　　　　　　　　　47. ① 48. ③ 49. ④

47 관습적 유형 : 자료를 잘 정리하고 책임감이 강한 반면, 변화에 약하고 융통성이 부족하다(비서, 경리, 은행원).
48 Burns와 Kaufman(1970, 1972)에 의해 발전된 동작성 가족화 검사(KFD)는 개인을 통해 가족의 역동성을 파악할 수 있다. 즉, 아동이 의식적이든 무의식적이든 그 자신의 입장에서 자신을 포함한 가족관계를 나타내고 있다고 보는 것이다.
49 임상척도
• 척도1 : 건강염려증(Hs)　　• 척도2 : 우울증(D)　　• 척도3 : 히스테리(Hy)
• 척도4 : 반사회성(Pd)　　　• 척도5 : 남성성-여성성(Mf)　• 척도6 : 편집증(Pa)
• 척도7 : 강박증(Pt)　　　　• 척도8 : 정신분열증(Sc)　　• 척도9 : 경조증(Ma)
• 척도0 : 내향성(Si)

기출 ★
50 MMPI-2의 척도에 관한 설명으로 옳은 것은?

① 재구성 임상척도는 모두 9개이다.
② TRIN척도는 내용이 유사하거나 상반되는 문항 쌍으로 구성된다.
③ K척도는 긍정왜곡 경향성을 탐지하는 보충척도이다.
④ DEP는 우울 증상을 측정하는 임상척도이다.
⑤ AGGR은 공격적인 성향을 측정하는 내용척도이다.

51 다음은 무엇에 대한 설명인가?

> • 투사적 검사에 해당된다.
> • 여러 생활 장면을 묘사한 그림을 사용한다.
> • 피검자는 그림을 보고 상상으로 이야기를 꾸미게 된다.

① TAT ② HTP ③ MBTI
④ MMPI ⑤ SCT

52 다음 중 동적가족화(KFD) 검사의 해석에 대한 내용으로 옳지 않은 것은?

① 구획 나누기 – 상호작용이 없는 가정, 가족과의 감정 분리
② 구성원과의 거리 – 인물 사이의 거리가 멀면 의사소통 및 접촉이 소원함
③ 그림의 크기 – 힘의 서열, 관심 정도 및 태도에 비례
④ 그린 순서 – 인물에 대한 공포심의 크기
⑤ 인물의 덧칠 – 인물과의 갈등이나 양가감정을 나타냄

정답 & 해설
50. ① 51. ① 52. ④

50 재구성 임상척도는 임상척도들의 핵심 특징들을 분리시켜 정제된 해석을 가능하게 하는 것으로서, 모두 9개이다.
51 주제통각검사(TAT)는 사람들이 모호한 상황을 자신의 과거 경험과 현재의 소망에 따라 해석하는 경향이 있다는 가정에서 시작된다.
52 그린 순서는 가족 내의 서열이나 심리적으로 가까운 순서를 나타낸다.
✤ 동적가족화(KFD; Kinetic Family Drawing) 검사 : 아동이 자유롭게 가족 그림을 그리도록 하는 검사로 가족 간의 역동이나 상호 친밀감 등을 알아볼 수 있다.

53 다음 중 PAI검사의 척도에 해당하지 않는 것은?

① 타당도 척도　② 임상척도　③ 치료고려 척도
④ 대인관계 척도　⑤ 평정척도

54 로샤 검사에서 채점에 관한 변인으로 알맞지 않은 것은?

① 반응의 위치　② 조직 활동　③ 반응 점수
④ 쌍반응　⑤ 형태질

기출 ★

55 성격평가질문지(PAI)의 임상척도와 그 측정내용이 옳지 않은 것은?

① ANT : 반사회적 성격장애의 특징과 불법적 행위에 관여한 경험
② ARD : 불안장애와 관련된 구체적인 임상 증상이나 행동
③ ALC : 알코올 남용 및 의존과 관련된 행동
④ BOR : 원한과 앙심, 의심과 불신, 지나친 경계 행동
⑤ DRG : 약물 사용에 따른 문제와 약물의존적 행동

56 다음 중 주제통각검사(TAT)에 대한 설명으로 올바르지 못한 것은?

① 피검자의 성격에 대한 정보를 얻을 수 있다.
② 머레이와 모건에 의해 제작되었다.
③ 총 20매의 그림 카드로 구성되어 있다.
④ 기본 가정은 사람들이 모호한 상황을 자신의 과거 경험과 현재의 소망에 따라 해석한다는 것이다.
⑤ 개인과 환경과의 관계를 밝히는 검사이다.

정답 & 해설

53. ⑤　54. ③　55. ④　56. ③

53 성격평가검사(PAI; Personality Assessment Inventory)는 성인의 다양한 정신 병리를 측정하기 위해 구성된 성격 검사로 정상인에게도 적용할 수 있는 성격검사이다. 4점 척도로 되어 있으며, 4개의 타당도 척도, 11개의 임상척도, 5개의 치료고려 척도와 2개의 대인관계 척도로 이루어져 있다.

54 로샤 검사의 채점 항목 : 반응의 위치, 반응 위치의 발달질, 반응의 결정요인, 형태질, 쌍반응, 반응 내용, 평범 반응, 조직 활동, 특수 점수

55 BOR(경계선적 특징) 척도는 심한 성격장애와 관련된 여러 가지 특징을 평가하는 척도로서, 정서적으로 안정되어 있고 안정된 대인관계를 유지하고 있는지와 관련되어 있다.

56 TAT는 30매의 생활그림 카드와 1매의 백색 카드로 구성되어 있다.

57 HTP의 검사에서 환경과의 접촉으로 해석되는 항목은 무엇인가?

① 지붕　　　　　② 벽　　　　　③ 문
④ 굴뚝　　　　　⑤ 전체 조직

기출 ★

58 심리검사의 타당도에 관한 설명으로 옳지 않은 것은?

① 내용타당도는 측정변인이 구체적일수록 검증이 어렵다.
② 안면타당도가 높아도 내용타당도는 낮을 수 있다.
③ 예언타당도는 미래의 행동특성을 준거로 검증할 수 있다.
④ 공인타당도는 검사와 외적준거 간의 상관계수로 표현할 수 있다.
⑤ 구인타당도는 요인분석이나 다특성-다방법 행렬분석으로 검증할 수 있다.

59 다음 중 Murray의 욕구이론을 기초로 만들어진 검사는?

① HTP　　　　　② TAT　　　　　③ Rorschach 검사
④ DAP　　　　　⑤ BGT

정답 & 해설

57. ③　58. ①　59. ②

57 HTP 검사의 해석

집	지붕	환상의 영역을 나타내며 손상된 지붕은 정신적 손상을 의미
	벽	자아의 강도. 희미한 벽은 위기감, 약한 자아 통제를 의미
	문	문의 크기는 환경과의 직접적 접촉의 성질과 그 정도를 나타냄
	창문	문 다음으로 환경과의 접촉을 상징
	굴뚝	성적인 의미로 해석. 많은 수의 굴뚝은 부적절한 성적 경험을 의미
	연기	내적 갈등 및 긴장
	기타	지나치게 많은 장식이나 부수적인 꾸밈은 안정감 결여를 의미
나무	기둥	자아 강도와 내적인 힘
	뿌리	내적으로 느끼는 안정감. 뿌리가 없음은 현실에서의 불안정 의미
	가지	환경에서 만족을 느끼는 능력과 대인관계에서의 태도
	크기	자아존중감과 그것을 다루는 방식
사람	머리	지성과 환상을 의미하는 동시에 정서적 통제를 상징
	눈	큰 눈은 의심이나 망상적 특징을, 작은 눈은 내성적 성격을 의미
	코	성기의 상징 또는 권력 욕구의 상징
	입	퇴행적 방어를 상징

58 내용타당도는 측정변인이 구체적일수록 검증이 용이하다.

59 주제통각검사(TAT; Thematic Apperception Test)는 Murray와 Morgan이 1935년에 창안하였다. 피검자가 자신의 문제를 이야기 속에 투사하므로 그 내용을 분석하여 피검자가 갖는 욕구와 그가 환경에서 받는 압력을 분석해 보면 그의 성격적 문제를 찾아낼 수 있다.

60 다음 중 NEO-PI-R의 성격 요인에 속하지 않는 것은?

① 정서적 불안정성 ② 외향성 ③ 개방성
④ 신중성 ⑤ 성실성

61 성격 검사 중 객관적 검사만으로 이루어진 것은?

| ㄱ. TAT | ㄴ. MMPI | ㄷ. HTP |
| ㄹ. MBTI | ㅁ. SCT | |

① ㄱ, ㄴ ② ㄱ, ㄷ, ㄹ ③ ㄴ, ㄹ
④ ㄴ, ㄷ, ㅁ ⑤ ㄴ, ㄹ, ㅁ

62 다음 중 변별도에 설명으로 옳은 것은?

① 정적인 변별도 지수는 값이 클수록 문항의 변별력이 높다는 것을 의미한다.
② 0에서 1 사이의 값을 가진다.
③ 검사의 경제성이나 간편성과 같이 실제 검사를 활용할 때 고려하는 요인이다.
④ 값이 1에 가까울수록 문항이 쉬움을 의미한다.
⑤ 얼마나 믿을 수 있는가와 관련되어 있다.

정답 & 해설

60. ④ 61. ③ 62. ①

60 NEO-PI-R의 5대 요인은 각각 6개의 하위 척도로 구분되며, 각 척도 당 8문항씩 모두 240문항으로 구성되어 있다.

✤ 5가지 요인의 6가지 하위 척도

요인	하위 척도
신경증(정서적 불안정성)	불안, 적대감, 우울, 자의식, 충동성, 심약성
외향성	온정, 사교성, 자기주장, 활동성, 자극 추구, 긍정적 감정
개방성(경험 개방성)	상상, 심미성, 감정의 개방성, 행동의 개방성, 사고의 개방성, 가치의 개방성
수용성(호감성)	신뢰성, 정직성, 이타주의, 순응성, 겸손, 동정
성실성	능력, 질서, 충실성, 성취 갈망, 자기통제, 신중성

61 MMPI(다면적 인성검사), MBTI(성격 유형 검사)는 객관적 검사이고 TAT(주제 통각 검사), HTP(묘화검사), SCT(문장완성검사)는 투사적 검사에 해당한다.

62 정적인 변별도 지수는 값이 클수록 문항의 변별력이 높다는 것을 의미한다. 문항변별도가 부적(-)인 값을 가지면 능력이 부족한 사람들이 더 높은 점수를 받았다는 뜻이므로, 채점 방향을 검토해 보아야 한다.

기출 ★

63 고등학생용 심리검사의 규준을 만들기 위해 1,000명을 표집할 때, 전국을 15개 지역으로 나누어 지역별 고등학생 비율에 따라 무선표집하였다. 이 표집 방법은?

① 군집표집
② 유층표집
③ 의도적 표집
④ 단순무선표집
⑤ 체계적 표집

64 HTP의 해석에 대한 설명으로 옳지 않은 것은?

① 그림을 2분 이내 혹은 30분 이후에 완성하는 것은 특별한 의미가 있다.
② 나무의 기둥은 자아 강도 및 내적인 힘을 나타낸다.
③ 집의 지붕은 생활의 환상적인 영역을 상징한다.
④ 표현적인 동작보다는 내용에 더 중심을 둔다.
⑤ 세부적인 것은 해석하지 않는다.

정답 & 해설

63. ② 64. ⑤

63 ② 유층표집(층화표집): 모집단 안에 동일성을 갖는 여러 개의 하부집단이 있다고 연구자가 가정할 때 모집단을 속성에 따라 계층으로 구분하고 각 계층에서 단순무선표집을 하는 방법이다(예 교육제도 개혁에 대한 교사들의 의견을 물을 때 각자 근무하는 학교 형태에 따라서 의견이 다를 수 있으므로 국립, 공립 사립학교 교사로 모집단을 충화하여 표집한다).

① 군집표집: 모집단을 군집으로 나눈 다음, 무선표집에 의하여 군집을 추출한다. 군집표집을 표집 틀의 사용이 어려울 경우 연구대상이 되는 요소들로 구성된 집단을 추출하는 것이다.

③ 의도적 표집(목적표집, 유의표집, 판단표집): 목적표집이란 연구의 목적을 위해 연구자가 의도적으로 표집하는 것을 말한다(역사연구, 인류학연구 등). 목적표집을 위하여 연구자는 표집의 대상에 대해서 구체적으로 알고 있어야 하고 논리적 사고에 의하여 연구대상을 표집한다. 의도적 표집으로 연구대상을 표집하였을 경우, 연구결과를 일반화시키는 데 제한점이 있음을 인식하고 연구결과의 적용범위를 제한하여야 한다.

④ 단순무선표집: 구성원들에게 일련 번호를 부여하고 이 번호들 중에서 무선적으로(무작위로) 필요한 만큼을 표집하는 방법이다(예 행운권 추첨).

⑤ 체계적 표집: 모집단의 표집목록에서 일정한 간격을 두고 연구대상을 추출하는 표집방법으로, k번째 1이라는 법칙이 적용된다. 표집목록에 일련번호를 부여한 다음, 한 번호를 선정하고 k번째를 뛰어넘어 표집하는 방법을 말한다.

64 그림의 세부적인 부분보다는 조화나 구조와 같이 명백하고 큰 특징을 우선적으로 다루는 것이 중요하지만 그렇다고 세부적인 사항에 대한 해석이 필요 없는 것은 아니다.

기출 ★

65 다음 사례에서 A양에게 MMPI-2를 실시했을 때 예상되는 결과가 아닌 것은?

> 21세인 A양은 약 2개월 전부터 불안과 걱정이 심해졌고, 강의실에서 무기력하게 엎드려 있는 경우가 많았다. 최근 상담실을 방문하여 "사는 것이 재미없고, 다 귀찮다. 차라리 죽고 싶다."고 울면서 심리적인 고통을 호소하며 상담사에게 도움을 요청하였다.

① 척도 2의 상승 ② F척도의 상승 ③ S척도의 상승
④ ANX 척도의 상승 ⑤ 척도 9의 하락

기출 ★

66 엑스너(J. Exner)의 종합체계의 결정인에 관한 설명으로 옳지 않은 것은?

① 반점의 크기에 기초해서 거리감을 지각한 경우에는 Y로 채점한다.
② 형태를 사용한 경우에는 F로 채점한다.
③ 동물이 인간의 동작을 취하고 있는 경우에는 M으로 채점한다.
④ 유채색 결정인에는 C, CF, FC, Cn이 있다.
⑤ 쌍반응은 (2)로 채점한다.

정답 & 해설

65. ③ 66. ①

65 S(과장된 자기제시) 척도는 자신을 매우 정직하고 책임감이 강하며 도덕적이고 심리적 문제가 없고 관계에서 유능한 사람인 것처럼 보이려는 경향을 측정한다.

66 로샤검사를 엑스너 방식으로 채점하고자 할 때, 질문을 통해 탐색해야 할 내용은 반응 영역, 반응 결정인, 반응 내용이다.
- 반응 영역(어디에서 그렇게 보았는가?) : 특정 반응이 어느 영역에서 일어나는지 탐색
- 반응 결정인(무엇 때문에 그렇게 보게 되었는가?) : 피검자의 반응이 나오게 된 반점의 특징이 무엇인지 탐색
- 반응 내용(무엇으로 보았는가?) : 반응에 나온 대상이 무엇이며 어떤 종류인지 탐색

필수과목

4과목
상담이론

Section 01 청소년상담의 기초
Section 02 청소년상담의 이론적 접근
Section 03 청소년상담의 실제
Section 04 기타

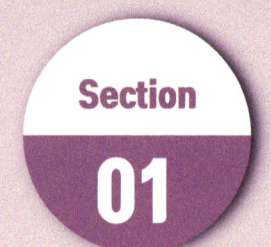

Section 01 청소년상담의 기초

학습포인트 청소년상담의 기초로서 상담의 본질과 여러 가지 다양한 기능에 대해 이해한다. 또한 상담자의 자질 및 윤리에 대해서도 파악한다.

1 상담의 본질

(1) 상담(Counseling)의 정의

① 상담은 도움을 필요로 하는 내담자와 전문적 훈련을 쌓아 조력자로서의 자격을 갖춘 상담자 사이에 이루어지는 일련의 조력관계 과정이다(이형득 외, 1984).

② 상담이란 도움을 필요로 하는 사람과 전문적 훈련을 받은 사람 사이의 면 대 면의 관계에서 생활과제의 해결과 사고(행동 및 감정) 측면의 인간성장을 위하여 노력하는 학습과정이다(이장호, 1999).

③ 상담이란 내담자와 상담자 간에 수용적이고 구조화된 관계를 형성하고 이 관계 속에서 내담자가 자기 자신과 환경에 대하여 의미 있는 이해를 증진하도록 함으로써, 내담자 스스로가 효율적으로 의사결정을 하고 여러 심리적 특성을 긍정적 방향으로 변화시키도록 원조하여 결과적으로 내담자의 성장과 발전을 촉진하는 심리적 조력과정이다(박성수, 2000).

④ 상담은 훈련 받은 전문가와 내담자 간의 전문적 관계이다. 이러한 관계는 간혹 두 사람 이상을 포함하지만 대체로 일 대 일의 관계이다. 전문가는 내담자가 자신의 생활공간에 대한 관점을 잘 이해하고 명료화하며, 의미 있고 현명한 선택, 정서적 문제나 대인관계 문제해결을 통해서 스스로 결정한 목표에 도달하도록 도움을 준다(Burks & Stefflre, 1979).

⑤ 상담이란 일상생활에서 위기 사태 또는 문제 사태에 임하였을 때 현명한 선택, 적응, 해결을 하도록 조력하는 과정이다(Brammer et al., 1998).

⑥ 상담이란 내담자로 하여금 어떤 문제를 해결하도록 하거나, 자신의 능력을 효과적으로 활용하는 방법을 발견하도록 하거나, 중요한 생의 결정을 하도록 돕기 위하여 이루어지는 상담 전문가와 내담자 간의 일 대 일 상호작용이다(Osipow et al., 1980).

OX 퀴즈

상담을 통해서 내담자가 피해를 입을 수도 있다. [ ]

[정답] ○

해설 상담을 통해서 내담자는 이익을 얻을 수도 있지만 피해를 입을 수도 있다. 따라서 상담자는 내담자의 복지와 안전을 위해 최선의 노력을 기울여야 한다.

상담의 정의

> **출제포인트**
> 1. 상담은 개인 대 개인의 관계이다.
> 2. 상담은 언어적 수단에 의한 역동적인 상호작용이다.
> 3. 상담은 전문적인 조력을 주는 관계이다.
> 4. 상담은 학습의 과정이다.
> 5. 상담은 사적인 관계이다.
>
> 출처 : 이현림(2009)

> **바로 Check**
>
> 상담의 정의에 관한 설명으로 옳지 않은 것은?
> ① 상담자, 내담자, 상담관계가 주요 요소이다.
> ② 상담자는 상담에 대한 전문적 훈련을 받은 사람이다.
> ③ 내담자는 자발적인 신청자로 제한한다.
> ④ 상담은 내담자의 문제를 해결하도록 노력하는 것이다.
> ⑤ 상담은 조력의 과정이다.
>
> 해설 내담자는 자발적, 비자발적 내담자가 있다.
>
> ✅ 정답 ③

(2) 상담의 의미

① 도움을 필요로 하는 사람과 도움을 줄 수 있는 사람의 관계이다.
② 상담에 관하여 전문적 훈련을 받은 사람이 도움을 주는 관계이다.
③ 내담자가 스스로 자신의 문제를 해결하도록 조력하는 관계이다.
④ 일방적 관계가 아니라 상호 역동적 관계이다.
⑤ 일상적 개인 관계보다는 사적이고 비밀이 보장되는 관계이다.
⑥ 궁극적으로 내담자의 성장과 발전을 안내하는 관계이다.
⑦ 내담자의 현명한 선택과 결정을 돕는 관계이다.

(3) 상담의 특징

① 우선적으로 인간의 긍정적인 변화에 관여한다.
② 개인과 그가 속한 체제의 양자에 초점을 맞춘다.
③ 학교, 지역사회 상담소, 정부기관, 산업체 등에서 다발적으로 실시된다.
④ 다문화적인 인식 위에서 이루어진다.

(4) 상담의 기본 원리

① 개별화의 원리 : 사람마다 개성과 개인차가 있으므로 상담자는 이를 고려해 상담에 임해야 한다.

② **감정 표현의 원리** : 내담자가 감정을 솔직하게 표현하도록 상담자는 노력을 기울여야 한다.

③ **통제된 정서 관여의 원리** : 내담자가 표현한 감정에 민감하고 의도적이고 적절히 반응해야 한다.

④ **수용의 원리** : 상담자는 내담자를 따뜻하고 친절하게 대하고 수용하는 자세를 지녀야 한다.

⑤ **비심판적 태도의 원리**
  ㉠ 내담자에 대한 편견이나 선입견을 갖지 않아야 한다.
  ㉡ 내담자와 보조를 맞추어야 하며, 성급하게 결론을 내리고 해서는 안 된다.
  ㉢ 어떤 행동을 미리 상정해 놓고 내담자가 그러한 행동을 수용하도록 몰아가지 않아야 한다.
  ㉣ 상담자에 대하여 내담자가 부정적 감정을 느낄 수 있다는 것도 받아들여야 한다.

⑥ **자기결정의 원리** : 상담자는 내담자가 스스로를 수행할 수 있게 하고, 자신의 잠재능력을 발견하고 계발함으로써 인격성숙을 도모할 수 있도록 해야 한다.

⑦ **비밀보장의 원리** : 상담과정에서 있었던 모든 사항을 제3자가 알지 못하도록 해야 한다.

2 상담의 기능

(1) 교육 기능 : 상담은 내담자의 행동을 바람직한 방향으로 변화시키기 위하여 노력한다.

(2) 진단 및 예방 기능 : 내담자의 적응력과 가능성을 촉진하기 위해서는 내담자가 안고 있는 부적응 행동의 원인을 진단하고 그것을 제거하기 위하여 적절한 상담기법을 적용한다.

(3) 교정 기능 : 바람직하지 못한 행동, 부적응 행동을 바람직하고 적응적인 행동으로 변화시킨다.

(4) 치료 기능 : 상담은 내담자가 안고 있는 문제나 증상을 제거하거나 완화시켜 준다.

O× 퀴즈

상담은 교육, 교정, 진단과 예방 그리고 치료의 기능을 담당한다. [ ]

[정답] ○

> **Plus Study | 상담과 심리치료의 차이**
>
> 1. 상담에서는 상황적이고 환경적인 영향을 다루는 반면, 심리치료는 성격의 교정과 좀 더 심각한 행동의 교정에 관여한다.
> 2. 상담은 주로 심각한 적응문제를 가지고 있는 사람들보다는 정상적인 사람들을 대상으로 하는 반면, 심리치료는 대개 심리적 장애를 가지고 있는 사람들을 대상으로 한다.
> 3. 상담에서는 현재의 의식적인 자료를 강조하는 반면, 심리치료에서는 무의식적인 과정의 반응에 대한 역사적이고 상징적인 자료를 강조한다.
> 4. 상담은 주로 학교, 대학, 지역사회 건강센터 등에서 실시되는 반면, 심리치료는 임상진료소, 병원 등에서 실시된다.
> 5. 상담에서는 개인의 긍정적인 장점을 강조하지만, 심리치료에서는 진단과 치료를 강조한다.
> 6. 상담은 주로 단기간 동안 실시되지만, 심리치료는 좀 더 장기간 동안 실시된다.
> 7. 상담에서는 개인이 발달 과업에 적응하도록 도와주는 것을 강조하지만, 심리치료에서는 개인의 내적인 갈등을 주로 다룬다.
>
> 출처 : 이현림(2009)

3 상담자의 자질

(1) 개 요

① 상담자는 전문적인 자질을 갖추고 자질 향상을 위해 노력해야 한다.
② 상담자는 자신의 한계성을 알고 내담자의 문제가 자신의 능력 밖이라고 여겨질 경우에는 동료 상담자의 도움을 요청하거나 다른 상담자에게 의뢰해야 한다.
③ 상담자는 자신이 소지한 것 이상의 능력이 있는 것처럼 행동해서는 안 되며, 그렇게 오인되었을 때에는 수정해야 할 의무가 있다.
④ 상담자는 내담자의 무리한 요구를 거절할 권리가 있다.

(2) 인간적 자질

① 진실성(일치성, 정직성)
　㉠ 상담자는 내담자와의 관계에서 정직해야 한다.
　㉡ 상담자는 상담 과정에서 자신의 생각이나 감정을 은폐하거나 왜곡하면 안 된다.
　㉢ 경우에 따라서 상담자가 판단하여 말을 하지 않을 수는 있으나, 왜곡해서는 안 된다.
② 인간에 대한 깊은 관심
　㉠ 상담자는 인간에 대하여 기본적으로 따뜻해야 하며, 상대를 수용할 줄 알아야 한다.

단답형 문제

인간중심 상담기법 중 상담자가 있는 그대로의 자기 자신을 솔직하게 인정하고 표현하는 태도를 무엇이라고 하는가?

[정답] 일치성(진실성)

　　ⓒ 다른 사람의 문제를 들어주고, 함께 느끼고, 생각하는 일에는 깊은 관심과 이해가 필요하며, 내담자 스스로 자신의 문제를 통찰하게 함으로써 그의 적응력과 성장을 돕는 봉사 정신 역시 필요하다.

③ 정서적 성숙
　ⓐ 상담자는 상담 장면에서 내담자의 다양한 문제와 예민한 정서 변화에 직면하게 되는데, 어떤 경우에도 상담자는 자신의 정서를 통제하여 내담자가 안심하고 자신의 이야기를 할 수 있도록 침착하고 따뜻하게 대해야 한다.
　ⓑ 내담자가 안심하고 무엇이든지 이야기할 수 있는 성숙한 사람이 상담자로서 적합하다.

④ 심리적 안정감
　ⓐ 상담자는 겸손한 태도로 내담자의 모든 문제에 깊은 관심을 가지며, 내담자를 한 인간으로 대할 수 있어야 한다.
　ⓑ 안정감을 가진 상담자에게 내담자는 자신의 문제를 솔직하게 드러낼 수 있다.

⑤ 민감성
　ⓐ 상담자는 내담자의 태도나 속마음을 읽는 과정에서 마음이 상하거나 위협을 느끼게 하지 않아야 한다.
　ⓑ 상담자는 내담자의 작은 변화도 알아차릴 수 있어야 한다.

(3) 효과적인 상담자의 특성
① 개방적이며 타인의 감정과 경험을 수용할 줄 알아야 한다.
② 자기 반성적이고 자신의 문제에 직면하여 적극적으로 해결하려고 노력해야 한다.
③ 자신의 가치와 신념을 잘 인식하고 있어야 한다.
④ 마음이 열려 있어야 한다.
⑤ 상처받는 것을 두려워하지 않고 기꺼이 위험을 감수해야 한다.
⑥ 온정을 베풀 줄 알고 타인과 깊이 있는 관계를 맺을 줄 알아야 한다.
⑦ 자신을 있는 그대로 보여주어야 한다.
⑧ 자신이 한 행동에 대하여 책임을 질 줄 알아야 한다.
⑨ 현실적 포부 수준을 가지고 있어야 한다.
⑩ 인성과 인간에 대하여 호기심을 가지고 있어야 한다.
⑪ 유머 감각이 있어야 한다.
⑫ 자신을 신뢰하고 타인과 깊이 있는 접촉을 하는 상담자는 직관을 바탕으로 하여 내담자에게 자발적으로 반응해야 한다.

> **바로 Check**
>
> 상담자의 자질에 해당하는 것을 모두 고른 것은?
>
> ㄱ. 상담이론의 적용 능력   ㄴ. 자기성찰적 태도
> ㄷ. 자신과 타인의 감정인식 및 수용능력   ㄹ. 상담자 윤리에 대한 이해
>
> ① ㄱ　　② ㄴ, ㄷ　　③ ㄱ, ㄴ, ㄷ
> ④ ㄴ, ㄷ, ㄹ　　⑤ ㄱ, ㄴ, ㄷ, ㄹ
>
> 해설 상담자는 전문적인 자질, 인간적인 자질을 두루 갖추어야 한다.
>
> ☑ 정답 ⑤

(4) 상담자의 역할

① **교육자** : 인간발달의 원리와 방법, 정신건강의 역동 및 방법 등에 대한 전문적 지식을 여러 가지 방법으로 지역사회 주민이나 관련 기관의 구성원에게 교육함으로써 기여할 수 있다.

② **훈련자** : 지역사회 주민이나 관련 기관 구성원에게 생산적 삶에 필요한 여러 가지 기술을 훈련함으로써 그들의 발달과 정신건강 증진에 기여할 수 있다.

③ **자문** : 내담자를 취급하는 한편 지역사회의 여러 봉사 전문직종에 종사하는 사람들의 임상적, 발달적 자문에 응함으로써 보다 많은 사람에게 도움을 줄 수 있다.

④ **조직 개발자** : 조직체가 인간 발달과 정신건강에 방해되는 요인을 제거할 수 있도록 스스로 문제점과 해결책을 찾고 평가하도록 함으로써 조직 자체의 개발을 도와줄 수 있다.

⑤ **지역사회 개발자** : 지역사회 자원을 잘 활용하여 지역사회가 당면하고 있는 인간 발달 및 정신건강의 장애요인을 사전에 탐지하고 개선함으로써 지역사회 풍토 개선에 도움이 되는 다양한 프로그램 개발과 실천에 힘써야 한다.

⑥ **조정자** : 상담학은 위치상 임상적 접근과 지역사회 심리학적 접근의 중간에 있으므로 상담자가 조정자의 역할을 하기에 적합하다.

⑦ **상담 면접자** : 위기에 처한 사람들이 원만하게 문제를 해결할 수 있도록 개인상담은 물론 집단상담을 통한 조력에 힘써야 한다.

⑧ **옹호자** : 늘 부당한 취급을 받는 사람 편에 서서 그들의 권리를 옹호해 주어야 한다.

⑨ **의뢰자** : 상담면접 등을 통해 장기간의 심리치료를 필요로 하거나 타인 또는 사회에 손해를 끼칠 우려가 있는 사람을 만나면 이들을 정신병원이나 기타 적절한 보호시설에 의뢰 또는 위탁함으로써 도움을 줄 수 있다.

⑩ 연구자 : 개인의 성장을 저해하는 조건을 탐색하며, 발달을 촉진하는 데 도움이 되는 방법을 모색하고 그 효과를 측정하는 등 다각적 연구에 적극 참여하여야 한다.

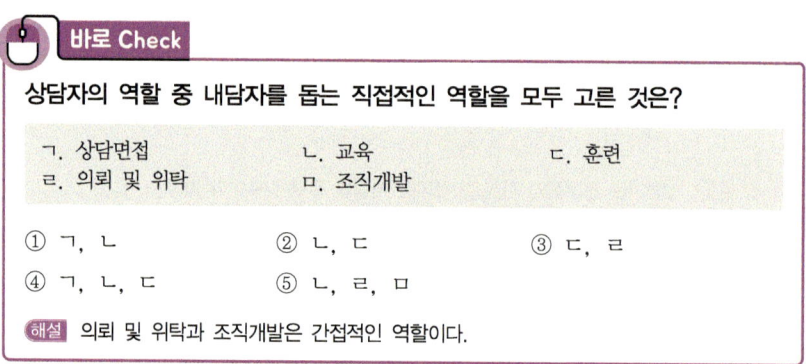

4 상담자 윤리

(1) 상담윤리의 내용 빈출

① 비밀보장(confidentiality)
  ㉠ 대부분 내담자는 상담자가 자신의 비밀을 완전히 보장해 주리라고 기대하고 상담에 임한다. 따라서 상담자는 내담자의 비밀을 보장해 주기 위해 노력해야 한다.
  ㉡ 비밀보장의 한계
    ⓐ 분명한 위험이 임박한 경우 : 내담자나 제3자가 분명하게 위험에 임박해 있는 경우에 상담자는 개인적으로 적절하게 조치를 취하고 관계 당국에 신고하여야 한다.
    ⓑ 아동 학대를 하는 경우 : 내담자가 아동학대를 하는 경우에는 비밀보장의 예외가 적용된다.
    ⓒ 내담자가 심각한 질병에 감염되었을 경우 : 내담자가 에이즈 같은 심각한 질병에 감염되었을 경우 비밀보장에서 제외한다.
    ⓓ 교육 및 연구 목적의 경우 : 전문적 목적, 교육이나 연구 목적으로 사용할 경우에는 비밀보장을 유보할 수 있다.
② 상담 권한의 제한
  ㉠ 상담자는 자격을 넘어서는 행위를 해서는 안 된다.

OX 퀴즈
판사가 정보공개를 요청하면 내담자에게 그 사실을 알리고 필요한 최소한의 정보를 공개할 수 있다. [ ]
[정답] ○

ⓒ 초보상담자가 주의를 기울이는 것은 물론이며, 상담훈련 프로그램 과정에서도 상담자의 권한에 대해 분명히 하는 것이 중요하다.
③ 성적관계 금지
　　㉠ 상담과정에서 성적관계는 비윤리적이다.
　　㉡ 내담자와 상담자는 어떤 성적관계도 가지지 말아야 한다.
　　㉢ 상담자는 내담자와의 관계뿐만 아니라 상담자가 속한 기관을 관리, 평가, 지도해야 할 책임이 있는 동료와도 성적인 접촉을 하지 말아야 한다.
　　㉣ 성에 관한 필름이나 녹화테이프 사용 시 주의해야 한다.
④ 내담자의 복지 우선 : 상담자는 내담자의 복지와 이익을 증진시키는 방식으로 성장과 발달을 도모해야 하며, 의존적 상담관계를 만들지 말아야 한다.
⑤ 내담자의 차별 금지 : 상담자는 내담자의 나이, 피부색, 문화, 장애, 인종, 성, 종교, 성적 성향, 결혼 여부, 사회적·경제적 지위에 따라 차별하지 않아야 한다.
⑥ 내담자 권리와 자유의 존중
　　㉠ 상담자는 상담과정 내내 상담의 목적, 목표, 기법, 절차, 한계, 잠재적 위험성과 이점에 대하여 알려주어야 한다.
　　㉡ 내담자는 상담계획에 참여할 권리가 있고 상담서비스를 거부할 수 있으며, 거부로 인해 초래될 결과에 대해 조언받을 권리가 있다.
⑦ 내담자와의 개인적 관계 금지
　　㉠ 상담자는 내담자와 상담관계 이외의 금전적, 사업적, 사회적, 개인적 친분관계와 같은 이중적 관계를 맺지 말아야 한다.
　　㉡ 상담자는 자신과 행정적 관계 또는 감독이나 평가관계에 있는 윗사람이나 아랫사람을 내담자로 받아들여서는 안 된다.
⑧ 상담연구
　　㉠ 상담연구자는 연구가 바람직한 것이 되도록 해야 하고 연구로 인한 문제에 대해 책임을 져야 한다.
　　㉡ 상담연구자는 연구의 필요성을 포함하여 연구에 관한 전반적인 사항에 대해 내담자에게 상세히 설명하여 동의를 얻어야 하며, 자발적으로 연구에 참여하도록 해야 한다.
　　㉢ 연구결과를 발표할 때에는 결과와 관련된 모든 정보를 정확하게 서술해야 하며, 객관적이고 공정한 발표가 되게 하고, 연구결과가 다른 상담자의 연구를 위한 자료가 될 수 있도록 할 의무가 있다.
⑨ 심리검사
　　㉠ 상담자는 상담 목적에 맞는 심리검사를 선택해야 하며, 심리검사 실시 전에 검사의 목적 등 검사에 대한 정보를 내담자에게 알려야 한다.

OX 퀴즈

상담을 전공한 박교사가 반 학생에게 소정의 상담료를 받으며 주 1회 상담을 진행한 경우 상담자 윤리 기준에 위배되지 않는다. [　]

[정답] X

ⓒ 심리검사를 실시할 자격이 있는 사람에 의해 표준화가 이루어진 상황에서 실시되어야 한다.
ⓒ 심리검사 결과의 해석과 활용에 유의해야 한다.
② 심리검사를 실시하거나 해석할 때 컴퓨터를 사용한 경우 컴퓨터의 구조를 포함한 제반 사항에 대해 훈련이 되어 있어야 하는 등 여러 가지 유의점이 있다.
ⓜ 심리검사지와 저작자를 보호해야 한다.

> **바로 Check**
>
> 상담자의 윤리적 행동으로 옳은 것을 모두 고른 것은?
>
> ㄱ. 내담자와의 다중 관계는 그 자체로 착취적이므로 한계를 명확히 하는 것이 좋다.
> ㄴ. 전문적으로 훈련받지 않은 영역에 대한 상담이라도 내담자와의 관계를 위해 상담을 계속 수행한다.
> ㄷ. 상담 중 내담자의 학교폭력 가해 사실을 알게 된 경우, 내담자에게 비밀보장 예외에 대한 설명을 하고 관련 기관에 신고해야 한다.
>
> ① ㄱ ② ㄷ ③ ㄱ, ㄷ
> ④ ㄴ, ㄷ ⑤ ㄱ, ㄴ, ㄷ
>
> **해설** 상담자는 자신의 객관성과 전문적인 판단에 영향을 미칠 수 있는 다중관계를 피해야 한다. 또한 자신이 훈련받지 않은 영역에 대한 상담은 그 분야의 전문가에게 의뢰해야 한다.
>
> ✅ 정답 ②

(2) 상담윤리요강

① **상담윤리요강의 기능**
  ㉠ 상담자가 직무수행 중의 갈등을 어떻게 처리해야 할지에 관한 기본 입장을 제공한다.
  ㉡ 내담자에 대한 상담자의 의무를 분명히 하고 의무를 이행함으로써 내담자를 보호한다.
  ㉢ 각 상담자의 활동이 상담의 기능과 목적에 저촉되지 않도록 보장한다.
  ㉣ 상담자의 활동이 사회윤리와 지역사회의 도덕적 기대를 존중할 것임을 보장한다.
  ㉤ 상담자로부터 내담자의 사생활과 인격을 보호하는 근거를 제공한다.

② **상담윤리요강 활용의 한계**
  ㉠ 상담윤리요강으로 해결할 수 없는 문제가 있음을 명심해야 한다.
  ㉡ 상담자에게 상담윤리요강을 지키도록 강요하는 것에는 항상 제한점이 있다.

ⓒ 상담윤리요강을 제정하는 과정에서 내담자의 관심을 체계적으로 반영할 수 있는 길이 제한되어 있다.
ⓓ 상담자의 가치와 윤리요강의 내용이 불일치할 때, 갈등이 일어날 수 있다.
ⓔ 법정판결과 같은 공개석상에서 상담윤리와 관련된 결과가 상담윤리요강에서 기대했던 것과 다르게 나타날 수 있다.

③ 상담윤리원칙
  ㉠ **자율성의 원칙**
    ⓐ 내담자의 자율성을 최대한 존중해 주어야 한다.
    ⓑ 내담자는 자신의 생활이나 그에 관한 정보에 대해 스스로 선택하고 행동할 수 있는 권리를 가지고 있으므로 내담자의 사생활에 관한 선택이나 행동은 내담자 자신의 의사에 따라야 한다.
  ㉡ **무해성의 원칙**
    ⓐ 내담자에게 해를 끼치는 행위를 하지 않는다.
    ⓑ 자율성의 원칙을 준수하여 내담자의 의사나 권리를 존중해 주는 것이 제3자에게 피해를 줄 수 있는 경우 무해성을 고려해야 한다.
    ⓒ 상담연구로 인해 실험대상이 된 내담자가 실험으로 인해 피해를 입게 될 경우 무해성을 고려해야 한다.
    ⓓ 심리검사 등을 통한 진단이 잘못되어 내담자에게 심적 부담을 주거나 필요에 따라 진단이라는 이름으로 인간을 분류함으로써 문제가 생길 경우 무해성을 고려해야 한다.
  ㉢ **자선의 원칙** : 상담자는 내담자의 정신건강이나 복지에 최선을 다해 긍정적인 방향으로 성장할 수 있도록 도와야 하며, 내담자의 소망이나 바람에 중점을 두어 효과적인 상담을 진행해야 한다.
  ㉣ **정의 및 공정의 원칙**
    ⓐ 내담자는 어떠한 근거에 의해서든 다른 사람과 동등하게 취급받아야 한다.
    ⓑ 상담자는 내담자에게 필요한 사회적 봉사를 적절하고 평등하게 해주어야 한다.
  ㉤ **성실의 원칙** : 상담자는 내담자와 솔직하고 정직한 상담관계를 이루고, 신뢰를 바탕으로 성실하게 해야 한다.

괄호넣기

( )은(는) 상담자가 직무수행 중의 갈등을 어떻게 처리해야 할지에 관한 기본 입장을 제공하는 것이며, 내담자에 대한 상담자의 의무를 분명히 하고 이러한 의무를 이행하도록 함으로써 내담자를 보호하기 위한 것이다.

[정답] 상담윤리요강

바로 Check

상담에서 윤리적 의사결정을 할 때 필요한 기본적인 윤리적 원칙을 순서대로 옳게 나열한 것은?

- ( ) : 내담자가 원하는 것을 선택하고 그것을 할 수 있는 권리를 인정하는 것
- ( ) : 내담자의 안녕과 복지를 증진시키는 것

① 공정성(justice), 선의(beneficence)
② 자율성(autonomy), 공정성(justice)
③ 선의(beneficence), 진실성(veracity)
④ 진실성(veracity), 자율성(autonomy)
⑤ 자율성(autonomy), 선의(beneficence)

해설 자율성은 내담자가 자신이 내린 선택에 대한 효과와 결과를 인식하는 것이며, 선의는 내담자의 복지에 기여하기 위한 책임감을 의미한다.

정답 ⑤

Section 02 청소년상담의 이론적 접근

> **학습포인트** 정신분석, 개인심리학, 실존주의 상담, 인간중심 상담, 게슈탈트 상담 등 청소년상담의 이론적 접근을 위해 각 이론의 주요 학자, 주요 개념, 상담목표와 과정, 상담기법과 적용 및 평가에 대해 파악한다.

1 정신분석(Psychoanalysis)

(1) 주요 학자 : 지그문트 프로이트(Sigmund Freud)

> **Plus Study | 지그문트 프로이트**
>
> 지그문트 슐로머 프로이트(1856년 5월 6일~1939년 9월 23일)는 오스트리아의 정신과 의사, 철학자이자 정신분석학파의 창시자이다. 프로이트는 무의식과 억압의 방어 기제에 대한 이론과 환자와 정신분석자의 대화를 통하여 정신병리를 치료하는 정신분석학적 임상 치료 방식을 창안한 것으로 매우 유명하다. 또한 그는 성욕을 인간생활에서 주요한 동기부여의 에너지로 새로이 정의하였으며, 자유연상, 감정전이의 이론 그리고 꿈을 통해 무의식적 욕구를 관찰하는 등의 치료기법을 연구한 것으로 알려져 있다. 그리고 프로이트는 뇌성마비를 연구한 초기 신경병 학자이기도 하였다.
> 신 프로이트주의에서 프로이트의 많은 이론을 버리거나 수정하였으며, 20세기 말에 심리학 분야가 발전하면서 프로이트 이론에서 여러 결함이 드러났으나, 프로이트의 방법과 관념은 임상 정신 역학의 역사에서 중요한 위치를 차지하고 있다. 그의 생각은 인문과학과 일부 사회과학에 계속 영향을 주고 있다.

(2) 주요 개념

① 인간관 빈출
  ㉠ 인간관은 비관적이고 결정론적이며 환원적이다.
  ㉡ 인간의 행동이 무의식적 동기와 생물학적 욕구 및 충동, 그리고 생후 5년간의 생활경험에 의해 결정된다고 보았다.

② 상담의 철학적 가정
  ㉠ 인간은 생물학적 욕구에 일차적인 중요성을 둔다.
  ㉡ 인간은 발생학적으로 제한을 받고 있다.
  ㉢ 모든 행동에는 목적이 있는데, 이는 무의식적 동기에 의하여 크게 좌우된다.
  ㉣ 인간의 내부에는 삶의 힘과 죽음 또는 파괴의 힘 등 상극적인 두 힘이 내재하고 있다.

ⓜ 인간의 마음은 본능적 측면(id), 사회적·자기 확충적 측면(ego), 도덕적·양심적 측면(superego)으로 형성되어 있다.
　　　ⓗ 인간행동을 이해하려면 과거의 생활을 이해해야 한다.
　　　ⓢ 상담의 목표는 개인의 정신건강을 회복하는 데 있다.
　③ 기본 개념
　　㉠ 성격 구조

id (원초아)	• '쾌락의 원칙'에 따라 본능적 욕구를 충족시킨다. • 심리적 에너지의 원천이자 본능이 자리 잡고 있는 곳이다. • 무의식적으로 욕망충족을 소망하고 이를 위해 움직인다.
ego (자아)	• '현실의 원칙'에 따라 현실적이고 논리적 사고를 하며 환경에 적응한다. • 원초아의 본능과 외부 현실세계를 중재 또는 통제하는 역할을 한다. • 주관적 욕구와 외부의 현실을 구별할 줄 아는 현실검증의 능력을 가지고 있다.
superego (초자아)	• '양심의 원칙'에 따라 행동한다. • 쾌락보다 완전을 추구하고 현실적인 것보다 이상적인 것을 추구한다. • 도덕에 위배되는 원초아의 충동을 억제하며 자아의 현실적 목표를 도덕적이며 이상적 목표로 유도하려고 한다.

　　㉡ 의식과 무의식
　　　ⓐ 프로이트는 의식(consciousness)을 정신의 작은 부분으로 보고, 의식의 표면 아래에 존재하는 더 큰 부분을 무의식(unconsciousness)으로 보았다.
　　　ⓑ 무의식은 지각할 수 없으며 경험과 기억, 억압된 경험의 자료를 저장한다.
　　　ⓒ 정신분석 상담의 목적은 무의식적인 동기를 의식화하는 것이다.
　　㉢ 성격 발달
　　　ⓐ 구강기(oral stage)
　　　　• 생후 1년간으로 입과 입술을 통해 만족을 얻는 시기이다.
　　　　• 이때 적절한 만족을 얻지 못하면 자신과 타인, 주변 세계에 대해 불신감을 갖게 된다.
　　　ⓑ 항문기(anal stage)
　　　　• 1~3세까지로 배변 훈련과 관련된 시기이다.
　　　　• 대소변 훈련을 시킬 때 부모가 보이는 감정이나 태도, 반응은 유아의 성격형성에 큰 영향을 미친다.

 OX 퀴즈

프로이트는 의식을 중요하게 다룬다. [　]

[정답] ✕

해설 프로이트는 의식을 정신의 작은 부분으로 보고 의식의 표면 아래에 있는 무의식을 중요하게 다룬다.

- 지나치게 엄격한 변 훈련은 아동을 강박적이고 의존적인 성격으로 만든다.
ⓒ 남근기(phallic stage)
- 3~5세까지로 성기가 주요 관심의 대상이 된다.
- 자신의 육체에 대해 호기심을 갖게 되며 이성과의 차이점을 발견하려고 한다.
- 아동은 자신의 육체나 성적 발견을 자연스럽고 긍정적인 것으로 받아들일 필요가 있다.
- 이성 쪽 부모에 대해 성적인 유대 감정을 느끼는 오이디푸스 콤플렉스(Oedipus Complex), 엘렉트라 콤플렉스(Electra Complex)가 형성되는 시기이다.
ⓓ 잠재기(latent stage)
- 5~12세까지로 특별한 관심의 대상이나 성욕의 출구가 잘 나타나지 않는 시기이다.
- 이 시기에 학교에 들어가며 새로운 학습환경에 부딪치게 된다.
- 비록 성적인 본능은 억압되지만, 이전 단계의 성적인 기억들은 그대로 남아 있는 셈이며 장차 성격형성에 영향을 미치게 된다.
ⓔ 생식기(genital stage)
- 12세 전후의 시기로 사춘기가 시작되는 기간이다.
- 이성과의 성욕 발산을 지향하는 것이 특징이며, 처음에는 자애적 행동으로 출발하여 점차 사회화한다.

ⓒ **불안**(anxiety)
ⓐ 심리적인 에너지를 통제할 수 없을 때 발달하는 것으로 원초아와 자아, 초자아 간의 갈등을 의미한다.
ⓑ 불안에 적절한 대책이 취해지지 않으면 자아를 위협하게 되고, 자아가 합리적이고 직접적인 방법으로 불안을 제거할 수 없을 때 비현실적인 방법, 즉 자아방어기제에 의존하게 된다.

ⓜ **자아방어기제**(self defense mechanism)
ⓐ 억압(repression) : 의식하기에는 현실이 너무나 고통스럽고 충격적이어서 무의식 속으로 억눌러 버리는 것으로 다른 방어기제나 신경증적 증상의 기초가 됨
  예) 좋아하는 남성에게 거절당한 것이 고통스러워 아예 그 사람에 대한 기억을 지우고자 하는 경우
ⓑ 부인(denial) : 고통스러운 현실을 인정하지 않는 것
  예) 사랑하는 사람의 죽음이나 배신을 인정하려 들지 않고 사실이 아닌 것으로 여기는 경우

나의 필기노트

괄호넣기
( )은(는) 프로이트의 성격 발달 단계로서, 오이디푸스 콤플렉스 및 엘렉트라 콤플렉스가 형성되는 시기이다.
[정답] 남근기

OX 퀴즈
도덕적 불안은 원초아와 초자아의 갈등에서 비롯된 불안이다.
[   ]
[정답] O

OX 퀴즈

투사와 승화는 건강하고 성숙한 방어기제의 일종이다.
[　]

[정답] ✗
[해설] 억압, 투사, 퇴행 등은 미성숙한 방어기제이며 승화는 성숙하고 건강한 방어기제이다.

ⓒ 투사(projection) : 부끄럽거나 두려운 자신의 생각이나 행동의 동기를 타인에게서 찾아 탓하는 것
  예 자신이 먼저 화를 낸 것은 의식하지 못하고 상대방이 먼저 자기에게 화를 내서라고 생각하는 경우

ⓓ 고착(fixation) : 다음 단계로 발달해 나아가는 것이 불안해 현 단계에 그냥 머물러 버리는 것
  예 자신의 행동과 사고에 책임을 져야 할 성인이 되었는데도 불구하고, 고등학교 수준의 행동 및 사고방식에 머물러 있는 경우

ⓔ 퇴행(regression) : 비교적 단순한 초기의 발달 단계로 후퇴하는 것
  예 동생을 본 아동이 나이에 어울리지 않게 응석을 부리거나 대소변을 가리지 못하는 경우

ⓕ 합리화(rationalization) : 현실에 더 이상 실망을 느끼지 않으려고 그럴 듯한 구실을 붙이는 것
  예 먹고 싶지만 너무 높은 곳에 매달려 있어서 딸 수 없는 포도를 보면서 "저 포도는 어차피 시어서 먹지도 못할 거야."라고 말하는 경우

ⓖ 승화(sublimation) : 사회적으로 인정되는 형태와 방법을 통해 충동과 갈등을 발산하는 것
  예 다른 사람을 공격하고 싶은 욕구를 권투라는 스포츠로 승화시키는 경우

ⓗ 치환(replacement) : 어떤 대상에게 향했던 감정 그대로를 전혀 다른 대상에게 발산하는 것
  예 종로에서 뺨 맞고 남대문에서 화풀이한다.

ⓘ 반동 형성(reaction formation) : 무의식적 소망과는 반대되는 방향으로 행동하는 것
  예 미운 놈에게 떡 하나 더 준다.

ⓙ 동일시(identification) : 받아들일 수 없는 충동을 부정하고 그 충동을 갖고 있는 사람 또는 그 사람의 일면을 동일화하여 받아들이는 과정
  예 큰 형을 무서워하는 차남이 그 큰 형을 닮아 막내 동생을 무섭게 대하거나, 강한 성적 욕망이 있는 여자가 화려한 여배우와 동일시하는 경우

ⓚ 보상(compensation) : 심적으로 어떤 트라우마나 약점이 있는 사람이 이를 보상받기 위하여 다른 어떤 것에 몰두하는 것
  예 돌아가신 어머니에게 못한 효도를 동네에 홀로 사는 할머니를 극진하게 보살핌으로써 보상하는 경우

ⓛ 상징화(symbolization) : 자신의 정서적 내용이나 감정 혹은 어떤 물체의 관념이나 특질을 어떤 상징적인 것으로 표현하는 것
  예 "그 공무원은 청렴함과 순수함을 상징하는 '백로'같은 삶을 살았다."라고 표현하는 것

ⓜ 분리(isolation) : 괴로운 생각이나 기억을 그에 수반되는 감정상태와 분리시키는 것
  예 어머니의 죽음에 대하여 슬픈 감정을 느끼지 못했던 아들이 어머니를 연상시키는 여자 주인공이 죽는 TV 드라마를 보면서 대성통곡하는 경우

ⓝ 해리(dissociation) : 개인의 성격 부분 간의 의사소통이 잘 이뤄지지 않는 경우에 괴로워하고 갈등을 일으키게 되면, 그 부분을 성격과 분리시키는 것
  예 다중인격, 잠꼬대, 건망증 등

ⓞ 저항(resistance) : 억압된 감정이 의식화되는 경우 너무 고통스럽기 때문에 이를 막는 것으로 이 경우 질문을 하면 대개 기억이 없다고 답하는 경우가 많음

ⓟ 내면화(introjection) : 외부대상에 대한 감정을 자기 내면의 자아체계로 받아들이는 기제
  예 어머니를 미워하는 감정을 수용할 수 없기 때문에 자기 자신을 미워하는 것

ⓠ 전환(conversion) : 심리적 갈등이 신체감각기관과 수의근계통의 증상으로 표출되는 것
  예 월요일 출근하기 싫은 회사원의 입이 마르고 심장이 두근대는 현상

ⓡ 신체화(somatization) : 심리적 갈등이 신체감각기관과 수의근계를 제외한 기타 신체부위의 증상으로 표출되는 것

ⓢ 역전(reversion) : 자신의 감정, 태도, 관계를 반대로 변경하는 것
  예 아버지의 술주정으로 고통을 겪은 아들이 장성하여 술을 아무리 먹어도 이성을 유지하는 것

ⓣ 지성화(intellectualization) : 고통스러운 감정과 충동을 직접 경험하는 대신 그것들에 대하여 체계적인 생각을 통하여 그것에 대한 좋지 않은 정서를 제거하여 불안을 막는 기제

바로 Check

〈보기〉에 해당하는 방어기제로 옳은 것은?

보기
- 용납되기 어려운 충동이나 행동을 그럴듯한 이유로 설명함으로써 비판으로부터 자신을 보호하여 자존심을 유지하고자 한다.
- 원하는 대학에 불합격하자 "그 대학은 명문대학도 아니야. 나도 그 대학을 꼭 다니고 싶지는 않았어."라고 말하는 경우에 해당된다.

① 부인 ② 합리화 ③ 치환
④ 투사 ⑤ 억압

해설 합리화는 현실에 더 이상 실망을 느끼지 않으려고 그럴듯한 구실을 붙이는 방어기제이다.

정답 ②

나의 필기노트

OX 퀴즈

저항(resistance)은 상담의 진전을 방해하고 상담자에게 협조하지 않으려는 내담자의 무의식적 행동을 의미한다. [ ]

[정답] ○

해설 저항을 하는 이유는 자신의 억압된 충동이나 감정을 깨닫게 되었을 때 느끼게 되는 불안으로부터 자기를 보호하기 위함이다.

OX 퀴즈

상담실에서 걸려오는 연락을 받지 않는 것은 저항의 예에 해당한다. [ ]

[정답] ○

(3) 상담목표와 과정

① 상담목표
  ㉠ 무의식적 갈등을 의식화시켜서 개인의 성격 구조를 재구성하는 것이다.
  ㉡ 정신분석에서는 의식되지는 않으나 마음 속에 잠재해 있는 갈등이 해소되지 않으면, 심리적 긴장상태로 남아 있거나 심한 경우 여러 가지 증상으로 나타난다고 본다.
  ㉢ **성격 구조의 재구성** : 무의식적 기능인 원초아의 억압을 약화시킴으로써 의식적 기능인 자아의 힘을 강화시키는 것이다.

② 상담자의 기능과 역할
  ㉠ 상담자는 내담자로 하여금 과거의 경험과 감정을 자유롭게 털어놓도록 격려한다.
  ㉡ 내담자가 보이는 심리적 저항에 관심을 가지며, 이야기 중 불일치되는 점에 주목한다.
  ㉢ 내담자가 보고하는 꿈과 자유연상의 의미를 추론하며, 상담자에 대한 내담자의 감정을 나타내는 단서에 민감하게 귀를 기울인다.

③ 상담자와 내담자와의 관계
  ㉠ **전이**(transference) : 내담자가 과거의 중요한 인물에 대한 감정을 상담자에게 투사하는 현상으로서, 전이현상의 해소는 정신분석 상담의 핵심이다. 전이의 예로는 부모나 형제 혹은 친구들에게 느낀 불만이나 애정, 적개심, 기대 등을 상담자에게 옮겨 나타내는 것을 들 수 있다.
  ㉡ **훈습**(working - through)
    ⓐ 자신의 심리적 갈등을 깨달아 실생활에서 자신의 사고와 행동을 수정하고 적응방법을 실행해 나가는 과정이다.
    ⓑ 전이를 이해하고 해결하기 위해서는 훈습의 과정이 필요하다.
    ⓒ 훈습과정은 해석을 반복하고 저항의 형태를 탐색하여 과거의 사고와 행동을 수정하고 새로운 선택을 할 수 있게 한다.
    ⓓ 훈습으로 유아기적인 욕구에 의하여 동기화된 행동유형을 벗어날 수 있으며 무의식의 자료를 인식할 수 있게 된다.
  ㉢ **역전이**(counter transference) : 상담자가 내담자와의 관계에서 갈등을 느끼고 내담자를 싫어하거나 좋아하게 되는 현상을 말한다. 역전이가 일어나면 상담자 자신의 감정이 부각되어 상담에 방해가 되기 때문에 상담자는 내담자에 대한 자신의 감정에 주의를 기울이면서 역전이가 일어나지 않도록 조심해야 한다.

④ 상담 과정
　㉠ 내담자가 갈등, 부정적 감정 등 도움을 필요로 하는 심리적 불편을 말하기 시작한다.
　㉡ 상담장면에서 내담자가 신경증적 증세를 보인다.
　㉢ 상담자는 자유연상, 꿈의 분석, 최면 등을 통해 내담자의 신경증적 갈등을 탐색한다.
　㉣ 상담자가 내담자의 언어 내용에서 갈등의 핵심, 주제 내용과 관련된 행동 측면을 추리한다.
　㉤ 상담자는 전이현상에서 내담자의 갈등이 표면화되도록 한다.
　㉥ 상담자는 내담자의 저항적 언어반응을 해석한다.
　㉦ 상담자는 해석에 대한 내담자의 반응 및 수용을 격려한다.
　㉧ 신경증의 감소 및 제거가 시작된다.
　㉨ 내담자의 부정적 감정이 해소되고 정신 에너지가 해방된다.
　㉩ 내담자에게 보다 적절한 언어반응은 물론 자아통정력 및 통찰이 생긴다.

(4) 상담기법과 적용

① 해석(interpretation)
　㉠ **의미** : 자유연상, 꿈, 저항, 전이 등을 분석하고 그 속에 담긴 행동상의 의미를 내담자에게 지적하고 설명하는 기본적인 절차이다.
　㉡ **해석의 원칙**
　　ⓐ 적절하지 못한 때에 해석을 하면 내담자가 거부반응을 일으킬 수 있기 때문에, 해석을 시도하는 시기가 적질해야 한다.
　　ⓑ 가능하면 상담자 – 내담자 간 신뢰관계가 형성된 이후에 해석을 실시하는 것이 바람직하다.
　　ⓒ 내담자가 소화해낼 수 있을 정도의 깊이까지만 해석해야 한다.

② 자유연상(free association)
　㉠ 상담자는 내담자에게 '가능한 마음을 비우고 아무리 고통스럽고 꺼림칙하고 우스꽝스럽고 사소한 것이라도 떠오르는 대로 남김없이 모두 이야기하라'고 지시한다.
　㉡ 내담자는 자유연상을 통해 과거를 회상하고 충격적인 상황 속에서 느꼈던 여러 감정을 발산하게 된다.
　㉢ 내담자가 자유연상을 하는 동안 상담자는 연상의 계열이나 흐름을 살펴서 무의식 속에 억압되어 있는 주요 자료를 찾아내고, 설명해 줌으로써 무의식적 심리 과정을 이해할 수 있도록 도와준다.

③ 꿈의 분석(dream analysis)
   ㉠ 프로이트는 꿈을 '무의식에 이르는 왕도'라고 불렀다.
   ㉡ 꿈에는 나타난 그대로의 현재몽과, 현재몽이 상징하고 있는 잠재몽 두 가지가 있으며 상담자의 임무는 현재몽 속에 상징적으로 감추어진 잠재몽의 정체를 밝혀내는 것이다.

④ 저항(resistance)의 해석
   ㉠ 상담의 진전을 방해하고 상담자에게 협조하지 않으려는 내담자의 무의식적 행동을 저항이라고 한다. 저항의 예로는 약속된 상담시간에 지각하거나, 연락도 없이 상담에 나오지 않는다거나, 상담자의 질문에 대해 엉뚱한 대답을 하거나, 무례한 행동을 하는 것 등을 들 수 있다.
   ㉡ 내담자가 저항을 하는 이유는 자신의 억압된 충동이나 감정을 알아차렸을 때 느끼게 되는 불안으로부터 자아를 보호하기 위해서이다.
   ㉢ 상담자는 내담자의 갈등을 근본적으로 해결하기 위해서 저항에 대해 지적해 주어야 한다.

⑤ 전이(transference)의 해석
   ㉠ 정신분석 상담자들은 내담자에 대해 중립적이고 객관적이며 비교적 수동적인 자세를 취함으로써 내담자의 전이를 유도한다.
   ㉡ 상담자의 해석으로 전이감정이 해소되면, 내담자는 과거의 영향으로부터 벗어나게 되고 보다 정서적으로 성숙한 인간이 될 수 있다.

바로 Check

정신분석 상담기법으로 옳은 것을 모두 고른 것은?

ㄱ. 자유연상   ㄴ. 꿈분석   ㄷ. 실험기법
ㄹ. 해석   ㅁ. 역설적 의도   ㅂ. 탈숙고

① ㄱ, ㄴ   ② ㄷ, ㄹ   ③ ㄱ, ㄴ, ㄹ
④ ㄷ, ㅁ, ㅂ   ⑤ ㄱ, ㄴ, ㄹ, ㅂ

해설 역설적 의도와 탈숙고는 의미치료의 상담기법이다.

☑ 정답 ③

(5) 평가

① 공헌점
- ⊙ 방어기제의 증명은 이상행동과 불안의 역할을 이해하는 데 중요한 영향을 미쳤다.
- ⓒ 초기 아동기 경험의 영향과 발달 단계는 현재의 발달과 양육에 많은 영향을 주었다.
- ⓒ 프로이트의 창조성, 본성 및 인간 행동에 대한 관찰은 성격이론의 시초가 되었다.
- ⓔ 치료적 접근으로서 정신분석학은 많은 현대 이론가들이 이론을 정립하는 데 초석이 되었다.
- ⓜ 무의식의 동기를 체계적으로 이론화하였다.

② 제한점
- ⊙ 인간 본성에 대한 관점이 매우 부정적이고 결정론적이다.
- ⓒ 초기 아동기 경험에 대한 강조는 내담자가 그들의 문제에 대한 책임을 부인하게 할 가능성이 있다.
- ⓒ 대인 간의 경험과 관계의 역할이 실질적으로 무시되었다.
- ⓔ 여성들은 남근 선망 개념을 강력하게 거부하고 있다.
- ⓜ 과학적으로 통제되지 않은 연구가 수행되었다.
- ⓑ 본능적 충동, 특히 성적 충동을 과도하게 강조했다.

(6) 신 프로이트 학파

① 에릭 에릭슨(Erik Erickson)의 심리사회적 발달 이론
- ⊙ 인간의 발달 단계에서 문화, 사회, 역사의 영향을 인식하였다.
- ⓒ 자아는 전 생애를 통하여 적응 대 부적응의 위기에 따른 심리사회적 8단계를 거치면서 발전한다고 하여 정신사회적 발달의 개념을 제시하였다.
- ⓒ **에릭슨의 심리사회적 발달 단계**(8단계설)
    - ⓐ 영아기(출생~1세) : 신뢰감 대 불신감
    - ⓑ 소아기 초기(1~3세) : 자율성 대 수치심과 의심
    - ⓒ 소아기 후기(3~6세) : 주도성 대 죄의식
    - ⓓ 학령기(7~12세) : 근면성 대 열등감
    - ⓔ 청소년기(12~18세) : 주체성(또는 정체감) 대 주체성 혼동
    - ⓕ 청년기(18세 이후) : 친밀성 대 고립
    - ⓖ 중년기 : 생산성 대 정체
    - ⓗ 노년기 : 자아통정감 대 절망감

② 융의 분석심리학
  ㉠ 프로이트의 성적 충동에 대한 과도한 치우침과 기계론적이며 생물학적 환원론적인 접근방법을 비판하고 독자적인 분석심리학을 내세웠다.
  ㉡ 리비도를 성적인 것으로 제한하는 프로이트를 비판하고 리비도를 정신에너지로 간주하며 이는 평형(equilibrium)을 향해 간다고 생각하였다.
  ㉢ **집단무의식** : 무의식 중에는 개인적 무의식 이외에 더 깊은 곳에 인류 전체의 공통적이고 종족적이며 선험적인 집단적 무의식이 있다고 하였다.
  ㉣ **자기실현** : 자아의식이 자신의 전부를 실현할 수 있는 가능성을 받아들여 끊임없는 노력을 통한 자기실현을 해야 한다고 하였다. 이러한 노력을 통해서 그림자를 포함한 무의식이 의식 속에 수용(무의식의 의식화 과정)되어 자기실현(개성화)을 할 수 있다고 하였다.
    🖉 그림자 : 수치스럽거나 치욕적인 것을 무의식에 묻어버리고자 하는 반사회적 욕망이다.
  ㉤ **인격성숙** : 개성화 또는 자기실현의 과정을 통하여 실현된다.
  ㉥ **심리학적 유형**
    ⓐ 기본적인 태도 : 내향성과 외향성
    ⓑ 심리학적 기능 : 사고형, 감정형, 감각형, 직관형으로 분류하고 있다. 이는 합리적 기능(사고 – 감정)과 비합리적 기능(직관 – 감각)으로 이루어지며 이는 각각 쌍을 이루어 하나가 발달하면 다른 하나는 억눌리게 된다. 4가지 특수한 정신기능 중 특히 발달된 기능은 주기능으로 내적 사고형, 외향적 감정형 등의 유형으로 나뉘고, 반대극의 미분화된 기능은 무의식에 남아 열등기능이 된다.
  ㉦ **꿈의 분석** : 꿈을 정상적이고 창조적인 무의식의 표현으로 보았다. 즉, 꿈은 "전체적인 정신적 평형을 미묘하게 재정립시켜 주는 꿈의 자료를 만들어 내어 우리들의 심리적 균형을 회복시켜 주는 것"이라고 하였다.

2 개인심리학(Individual/Adlerian Counseling)

(1) 주요 학자 : 아들러(Alfred Adler)

> **Plus Study 알프레드 아들러**
>
> 알프레드 아들러(1870년 2월 7일～1937년 5월 28일)는 오스트리아의 정신의학자이자 심리학자이다. 빈에서 자란 유대인인데 후에 미국으로 이주했다. 빈 대학교 의학부 졸업 후 트로츠키의 친구인 러시아 여성과 결혼하여 친구 중에는 사회주의자가 많았고 그 자신도 사회주의자였다. 프로이트의 강연에 매혹되어 문하로 들어갔으나 프로이트의 범성욕설을 받아들이기 어려워 분파하여 사회 감정을 중요시하게 되었다. 아들러에 의하면 어떠한 형태의 사회도피든 간에 모두 불건강의 징후이다. 병약한데다 2남이고 형과 사이가 나빴던 데에서 출생순위와 성격의 관계에 주목하던 중 열등감을 특히 중요시하게 되었다. 즉, 인간은 누구나 여러 가지 원인으로 열등감을 갖고 있으며 이를 보상하려고 노력하는 과정에서 그 사람의 생활양식이 형성되어 가기 때문에 만일 보상될 수 없는 열등감이나 과도하게 보상된 열등감이 있으면 인격의 왜곡이 생긴다고 생각하여 이를 시정하기 위한 재교육이 중요하다고 하였다. 그 때문에 정신분석에 관심을 가지면서도 성욕주의를 혐오하고 있는 교육자 · 사회 사업가 · 종교가 등에게 환영받았다. 그의 심리학은 '개인심리학'이라고 하며 신프로이트학파나 상담이론에 많은 영향을 주었다. 그는 연설을 잘 해서 구미(歐美)를 누비며 강연 여행을 계속했는데, 영국에서 강연 여행을 하던 중 스코틀랜드에서 갑자기 세상을 떠났다. 주요 저서로는 〈개인심리학의 실제와 이론〉이 있다.

(2) 주요 개념

① 인간관
  ㉠ **전체적 존재** : 인간은 목표를 향해 일정한 패턴으로 인생을 사는 역동적이고 통합된 유기체이다.
  ㉡ **사회적 존재** : 인간은 본질적으로 사회적 존재이며, 인간의 행동은 사회적 충동에 의해서 동기화되기 때문에 이를 이해하려면 사회적 맥락 속에서 해석해야 한다.
  ㉢ **목표지향적, 창조적 존재** : 인간은 유전과 환경에 반응하는 반응자가 아니라 자기가 선택한 목표를 향해 운명을 개척하고 창조해 나가는 행위자이다.

② 기본 개념
  ㉠ **열등감과 보상**
    ⓐ 인간의 심층 심리에 자리 잡고 있는 열등감이 모든 병리현상의 일차적 원인이라고 해석하고, 정신병리 현상은 열등감에 대한 이차적인 반응으로 보았다.
    ⓑ 인간은 누구나 열등한 존재로 태어나므로 인간이 된다는 것이 곧 열등감을 갖는 것이라고 설명한다.

 나의 필기노트

단답형 문제

아들러는 이것을 인간의 심층심리에 자리 잡고 있는 것으로서, 모든 병리현상의 일차적인 원인이라고 해석하였다. 이것은 무엇인가?

[정답] 열등감

OX 퀴즈

열등감은 주관적 원인보다 객관적 원인의 영향이 더 크다. [ ]

[정답] ×
[해설] 열등감은 주관적 원인의 영향이 더 크다.

ⓒ 열등감은 객관적인 원인보다는 주관적으로 어떻게 느끼는가에서 결정적인 영향을 받는다.
ⓓ 열등상황을 극복해 우월의 상황으로 밀고 나아가게 하는 강한 열등감은 인간이 지닌 잠재능력을 발달시키는 자극제, 촉진제로서의 역할을 한다.

ⓛ **우월의 추구** : 삶의 기초적 사실로서 모든 인간은 문제에 직면하였을 때, 부족한 것은 보충하며, 낮은 것은 높이고, 미완성의 것은 완성하며, 무능한 것은 유능하게 만들려는 것을 말한다.

ⓒ **가상적 목적론**
ⓐ 모든 행동에는 목적이 있어 설명하기 어려운 행동도 일단 그들의 무의식적 목표나 목적을 알게 되면 이해할 수 있다고 보았다.
ⓑ 개인의 행동을 이끄는 마음속의 중심목표를 가상적 목표라고 하였다.

ⓔ **공동체감**(community feeling)
ⓐ 개인의 완전하고자 하는 욕구가 사회적 관심으로 대체된 것으로, 인간은 사회와 결속되어 있을 때 안정감을 갖게 된다.
ⓑ 인간이 사회적 존재로 살아가면서 직면하는 삶의 과제를 해결할 수 있는 동기를 제공해 준다.

ⓜ **생활양식**(Life Style)
ⓐ 사람들이 행동하고 사고하는 관점, 삶의 목적, 자아개념, 가치, 태도 등 개인의 독특성을 설명하는 것이다.
ⓑ 열등감을 극복하고 우월 또는 완전의 목표를 이루어가는 과정에서 창조한 자기 나름의 독특한 생활로, 보통 4~5세에 틀이 형성되고 후에는 거의 변하지 않는다.
ⓒ 유형별 특성

생활양식 유형	특 성
지배형 (dominant or ruling type)	부모가 힘으로 자녀를 지배할 때 나타난다.
기생형 (획득형, getting type)	부모가 자녀를 과잉보호할 때 나타난다.
회피형 (도피형, avoiding type)	부모가 자녀의 기를 꺾는 행동을 할 때 나타난다.
사회적으로 유용한 형 (socially useful type)	긍정적 태도를 가진 성숙한 사람으로 높은 사회적 관심과 활동성을 가진다.

ⓑ 가족 구도와 출생 순위
  ⓐ 가족 구도는 가족의 사회심리학적인 형태를 설명하는 것으로서, 가족 구성원의 성격 특성, 감정적인 유대, 출생순위, 구성원 간의 지배와 복종, 연령 차이, 성, 가족의 크기 등이 가족 구도의 요인이 된다.
  ⓑ 출생 순위는 한 사람의 생활양식이나 성격형성 과정에 매우 중요한 요인으로서, 이에 따른 성격 특성을 설명한다.

> **Plus Study** 출생 순위와 형제 관계
>
> 1. **첫째 아이** : 잠시 동안 부모의 사랑을 독차지 하지만 동생이 태어나면서 사랑을 빼앗기게 되고 그것을 되찾으려고 노력하나 실패한다. 그 결과 스스로 고립해서 적응해 나가며 다른 사람의 애정이나 인정을 얻고자 하는 욕구에 초연해 혼자 생존해 가는 전력을 습득해 간다. 일반적으로 다른 성인들과 좋은 관계를 맺으며 타인의 기대에 쉽게 순응하고 사회적인 책임을 잘 감당하는 특징을 보인다.
> 2. **둘째 아이** : 태어날 때부터 형이나 누나라는 경쟁자를 가지고 있으므로 그들의 장점을 능가하기 위한 자극과 도전을 받는다. 그래서 첫째보다 훨씬 빠른 발전을 보이기도 하는데, 그 결과 아주 경쟁심이 강하고 대단한 야망을 가진 성격이 되기 쉽다. 자신이 형보다 낫다는 것을 증명하기 위해 노력한다.
> 3. **중간 아이** : 자신의 지위에 압박감을 느끼고, 자신이 불이익을 받는다고 지각한다. 독립적, 반항적, 판단적이고 민감하며, 공공연히 부모에게 자신의 지위를 확인하고자 한다. 그러나 다른 가족 구성원과 다르게 일을 보는 경향을 가지고 있어 사회적 상황에 대해 창의적인 해결책을 발견할 수 있다.
> 4. **막내 아이** : 관심의 집중을 인식하며 그 지위를 즐긴다. 쾌락을 얻기 위해 자기의 매력과 조직적인 방법을 사용할 수 있다. 그러나 자기보다 크고 힘이 세고 특권이 있는 형들에게 둘러싸여 독립심의 부족과 함께 강한 열등감을 경험하기 쉽고 다른 사람이 자기 대신 자기의 생활을 만들어 주기를 바라는 경향이 있다.
> 5. **독자** : 경쟁할 형제가 없으므로 응석받이가 되기 쉬우며, 이러한 생활양식으로 인해 의존심과 자기 중심성이 현저하게 나타난다. 경쟁자의 압력을 덜 느끼지만, 나누어 가지거나 다른 아이들과 협동하는 것을 배우지 못하는 결함을 가진다. 그러나 성인들과 잘 어울리고 책임감이 있으며 협동적이고 인지 기술에서 숙달을 보인다. 항상 무대의 중앙에 있기를 원하며, 그 위치가 도전을 받으면 불공평하다고 느낀다.
>
> 출처 : 이현림(2009)

(3) 상담목표와 과정

① 상담목표
  ㉠ 내담자를 병든 존재나 치료받아야 할 존재로 보지 않기 때문에 상담의 목표도 증상 제거 보다는 열등감을 극복하고, 잘못된 생의 목표와 생활양식을 수정하며, 사회에서 다른 사람과 상호작용할 수 있도록 타인과 동등한 감정을 갖고, 공동체감을 증진시키는 것에 중점을 둔다.
  ㉡ 구체적인 상담목표는 열등감 극복하기, 자신의 독특한 생활양식 이해하기, 잘못된 삶의 목표 수정하기, 공동체감 향상시키기 등이다.

② 상담과정
  ㉠ **초기단계** : 좋은 내담자 – 상담자 관계를 창조하고 유지한다.
  ㉡ **탐색단계** : 내담자의 초기기억을 탐색하고 생활양식과 목표의 요인이 인간에게 미치는 영향 등 내담자의 역동을 규명한다.
  ㉢ **해석단계** : 통찰을 위해 해석을 한다.
  ㉣ **재정립 혹은 재교육단계** : 이해한 것을 실행하도록 한다.

(4) 상담기법과 적용
① 질문기법
  ㉠ **순환질문**(circular question) : 관계의 일방적 인과성보다는 순환성에 기초하여 형성된 것으로 개인의 대인관계와 가족관계를 묘사하는 데 사용하며, 개인과 연관되는 패턴을 이끌어 내고 생활사를 구조화하기 위한 초석을 형성한다.
  ㉡ **반사질문**(reflexive question) : 순환적 가정에 기반을 두고 있고 간접적·일반적 방식으로 가족이나 내담자에게 영향을 주고자 하는 것으로서, 내담자가 새로운 견해나 맥락을 발견하도록 도움을 준다.
  ㉢ **전략질문**(strategic question) : 치료적 범위에서 개인의 행동을 변화시키는 것이다.
② 단추 누르기 기법
  ㉠ 내담자가 스스로 자신의 감정을 창조하는 것임을 깨닫도록 돕는 데 사용되는 기법이다.
  ㉡ 자신이 원하는 감정을 선택함으로써(마음의 단추를 누름으로써) 감정을 통제할 수 있다는 사실을 알게 하는 것이다.
③ 수프에 침뱉기
  ㉠ 개인을 이전 행동으로부터 분리시키려고 할 때 아주 효과적으로 사용하는 기법이다.
  ㉡ 상담자가 내담자의 잘못된 인식, 생각, 행동에 대하여 '침을 뱉으면', 내담자는 그것을 더 이상 하지 않거나 주저하게 되는 것이다.
④ '마치 ~인 것처럼' 행동하기 : 내담자가 바라는 행동을 실제장면이 아닌 가상장면에서 '마치 ~인 것처럼' 해 보게 하는 것 또는 바람직한 자신의 모습을 상상함으로써 실제로 그렇게 되도록 하는 것이다.
⑤ 과제 설정하기 : 바람직한 행동이나 목표를 설정하여 꾸준히 반복 실천해보도록 하는 방법이다.
⑥ 자기 포착하기 : 원하지 않는 행동을 시작하는 순간을 포착하여 문제행동이 더 이상 진행되지 않게 하는 방법이다.

⑦ 역설 기법 : 바라지 않거나 바꾸고 싶은 행동을 의도적으로 반복 실시하게 함으로써 역설적으로 그 행동을 제거하거나 벗어날 수 있게 하는 방법이다.

⑧ 초기 기억
  ㉠ 초기 기억은 개인이 자기 자신과 다른 사람 그리고 삶을 어떻게 지각하는지, 삶에서 무엇을 갈구하는지, 삶에서 무엇이 일어날 것이라고 예견하는지에 대한 간략한 틀을 제시해 준다.
  ㉡ 초기 기억에서 사람들은 기억되는 사건과 그것에 대한 감정, 사건 자체에 대한 자신의 초기 태도, 다른 사람과 자신의 관계, 자신의 삶의 관점을 드러낸다.

⑨ 꿈 분석
  ㉠ 꿈의 요소 의미는 꿈을 꾸는 사람에 따라 특수하다.
  ㉡ 해석은 초기 기억, 현재 문제, 평소 경향 등과 같은 다른 증거와 함께 조화를 이루어야 한다.
  ㉢ 아들러에게 꿈은 당시에 지니고 있는 문제를 해결하는 자원이자 다음 날 깨어 있는 삶을 위해 필요한 정서를 생산하는 경험이다.

⑩ 격려하기 : 내담자를 격려함으로써 내담자가 능력과 유용성을 소유하고 있다는 것을 깨닫도록 돕는다.

바로 Check

상담자가 사용하고 있는 개인심리학의 상담 기법으로 옳은 것은?

내담자 : 저도 언니처럼 엄마에게 제 속마음을 이야기하고 싶어요.
상담자 : 엄마와 대화를 잘하는 언니를 흉내 낸다고 생각하고 엄마와 대화를 나눠보면 어떻겠니?

① 격려하기   ② 자기 포착하기   ③ 스프에 침 뱉기
④ 단추 누르기 기법   ⑤ 마치 ~인 것처럼 행동하기

해설 마치 ~인 것처럼 행동하기는 내담자가 바라는 행동을 실제장면이 아닌 가상장면에서 '마치 ~인 것처럼' 해 보게 하는 것 또는 바람직한 자신의 모습을 상상함으로써 실제로 그렇게 되도록 하는 것이다.

정답 ⑤

(5) 평가

① 공헌점
  ㉠ 정신병리적 입장을 취하기를 거부하며, 신경증적 문제가 있는 사람들을 병에 걸린 사람이 아니라 낙담한 사람이라고 본다.
  ㉡ 개인의 자율성과 독립성을 적극적으로 육성하고자 애쓰기 때문에 내담자로 하여금 상담과정에서 건전한 자아정체감을 획득할 수 있게 하는 데 크게 기여한다.
  ㉢ 신경증 내담자들에게 정상적인 상태가 더 바람직하다는 것을 확신시켜 주고, 사회적 과제와 대인관계를 통하여 이를 통합할 수 있도록 도움을 준다.

② 한계점
  ㉠ 가족 구도의 해석에 있어서 출생 순위에 의한 고정관념에 사로잡히기 쉽다.
  ㉡ 개인심리 상담의 이론적인 개념은 실제적인 연관이 상당히 높은 것으로 인정되는 반면, 이 개념의 경험적인 검증은 수적으로 빈약하다.
  ㉢ 급히 해결해야 할 문제를 가지고 있는 내담자들에게 적합하지 않다.
  ㉣ 해석을 통한 통찰을 지나치게 강조한다.

 바로 Check

아들러(A. Adler)의 개인심리학에 관한 설명으로 옳지 않은 것은?
① 범인류적 유대감(공동체감)을 중시한다.
② 인간을 전체적 존재로 본다.
③ 증상의 원인을 찾는 데 초점을 둔다.
④ 사회 및 교육 문제에 관심을 갖는다.
⑤ 역경을 이겨 내는 능력을 발달시키기 위해 격려를 사용한다.

해설 아들러의 개인심리학은 내담자가 추구하는 목표와 생활양식을 탐색하며 자기인식을 증가시키고 열등감과 실망감을 극복하도록 도우면서 내담자의 목표나 생활양식을 건강한 것으로 변화시키는 것이 상담목표이다.

정답 ③

OX 퀴즈

개인심리학의 강점은 경험적 연구를 통해 풍부한 치료적 성과를 확증하였다는 점이다. [ ]

[정답] ×

해설 개인심리학은 아직 경험적 연구를 통한 풍부한 치료적 성과가 확증되지 않았다.

3 행동주의 상담(Behavioral Counseling)

(1) 주요 학자 : 왓슨(John B. Watson), 스키너(B.F.Skinner), 반두라(Albert Bandura), 울프(Joseph Wolpe)

> **Plus Study** 버러스 프레더릭 스키너
>
> 버러스 프레더릭 스키너(1904년 3월 20일~1990년 8월 18일)는 미국의 심리학자이다. 그는 행동주의 심리학자로 교육과 심리학에 많은 영향을 끼쳤다. 하버드 대학교에서 1958년부터 1974년 은퇴할 때까지 심리학과의 교수로 재직하였다. '스키너의 상자'로 불리는 조작적 조건화 상자를 만들었으며 이를 바탕으로 급진적 행동주의라고 부르는 과학철학을 만들어냈다. 행동의 실험적 분석을 목적으로 하는 실험연구학과를 창시했으며 심리학에 있어 연관된 변수에 의한 반응률에 대한 연구를 발전시켰다. 또한 강화이론에 대한 이론을 만들기 위해 행동의 반응률을 측정하는 누적합산기도 만들었다. 그의 연구는 20세기의 가장 영향력있는 심리학적 연구로 인정 받고 있으며 21권의 책과 180편의 글을 남겼다.

(2) 주요 개념

① 인간관
  ㉠ 인간행동은 유전과 환경의 상호작용의 소산이라고 본다.
  ㉡ 인간행동이 복잡하기는 하지만 원칙적으로 예측이 가능하고 현재의 행동은 어떤 선행조건에 의하여 결정된다는 견해이다.

② 상담의 철학적 가정
  ㉠ 인간은 타인의 행동을 변화시켜 주는 데 필요한 기술을 갖고 있다.
  ㉡ 인간은 사회적 존재이므로, 타인으로부터 학습한다.
  ㉢ 인간은 타인의 행동에 영향을 미칠 수 있다.
  ㉣ 목표와 수단은 별개의 것이므로, 상담자의 역할은 내담자가 목표에 도달하는 가장 효과적인 수단을 선택하고 사용하게 하는 것이다.
  ㉤ 인간은 무엇이 자신을 위하여 가장 좋은 것이며, 어떤 결과가 인간으로서의 발달에 기여할 것인지를 알고 있다.

③ 기본 개념
  ㉠ **정적 강화인자** : 가치 있는 자극이나 결과를 제공함으로써 바람직한 행동의 빈도와 강도를 증가시키는 것을 말한다.
  ㉡ **부적 강화인자** : 바람직한 행동을 할 때 그 사람이 싫어하는 대상물을 제거해 줌으로써 바른 행동의 빈도를 높이는 것이다.
  ㉢ **중립적 자극의 제공** : 개인이 어떤 행동을 할 때, 중립적 자극만이 제공되거나 아무런 자극도 제공되지 않으면 그 반응은 강화 자극을 받지 못하게 되어 소멸된다.

OX 퀴즈

울프(J. Wolpe는 새로운 반응이 습관적 반응을 감소시키는 상호억제를 설명하였다.
[　]

[정답] ○

나의 필기노트

> **Plus Study** 강화와 벌
>
> 1. **강화** : 특정 행동에 뒤따르는 결과 중에서 행동재발의 가능성을 높여주는 것이다.
>   ① 긍정적 강화 : 가치있고 즐거운 결과를 낳게 하여 행동의 빈도와 강도를 증가시키는 것을 말한다. 부모가 자녀에게 성적이 오르면 용돈을 올려준다는 약속을 하여 공부하는 시간이 많아지게 하는 경우를 예로 들 수 있다. 이 때 용돈을 올려주겠다는 것은 공부시간을 스스로 늘리도록 하는 긍정적 강화라고 할 수 있다.
>   ② 부(정)적 강화 : 그 사람이 싫어하는 대상물이나 결과를 제거하여 바른 행동의 빈도를 높이는 것이다. 자녀의 성적이 지속적으로 올라가는 경우 공부하라는 잔소리를 하지 않겠다는 어머니의 약속은 '잔소리'라는 자녀가 싫어하는 결과를 제거하여 자녀의 공부하는 시간을 늘리도록 하는 부적 강화라고 볼 수 있다.
>   ✎ 2차적 강화물 : 1차적 강화물과 짝지어진 중립적 자극을 말한다. 이 자체가 강화물이 될 수 있다. 긍정적인 강화와 함께 어머니가 "네가 이번에 성적이 올라서 이번달 용돈을 올려준다. 네 성적이 올라서 나도 용돈을 주는 것이 즐겁구나." 하며 웃는 얼굴로 격려를 보내는 경우에 '웃는 얼굴과 따뜻한 분위기'는 2차적 강화물이라고 할 수 있다.
> 2. **벌** : 특정 행동에 뒤따르는 결과 중에서 행동재발의 가능성을 낮추는 것이다.
>   ① 혐오적 자극의 제시 : 혐오적 자극을 제시함으로써 행동재발의 가능성을 낮춘다. 지각하는 학생에게 화장실 청소를 시킨다는 혐오적 자극을 제시해 지각의 빈도를 줄이는 것이다.
>   ② 즐거운 자극의 철회 : 즐거운 자극을 철회하여 행동재발의 가능성을 낮추는 것이다. 성적이 떨어지는 경우 인터넷 사용시간을 줄인다는 것을 약속하여 성적이 떨어질 가능성을 낮추는 것이다.
>   ③ 소거 : 공격적이거나 나쁜 감정을 가질 수 있는 벌보다 바람직한 방법이 소거이다. 관심을 끌기 위해 다른 학생들에게 피해를 끼치는 아동이 있는 경우 선생님과 다른 학생들이 그 아동의 행동에 관심을 기울이지 않기로 약속하면 그 아동은 결국 그런 행동을 중단하게 될 것이다.
> 3. **강화계획**
>   ① 연속적 강화계획 : 행동이 일어날 때마다 강화물을 제시하는 것이다.
>   ② 고정간격 강화계획 : 정해진 시간 안에 강화를 하는 것이다.
>   ③ 변동간격 강화계획(간헐적 강화) : 예측할 수 없는 시간간격으로 강화를 하는 것이다.
>   ④ 고정비율 강화계획 : 특정한 수의 반응이 일어날 때만 강화를 하는 것이다.
>   ⑤ 가변(변동)비율 강화계획 : 평균적으로 정해진 어떤 수의 반응이 일어난 후 강화를 하는 것이다.

(3) 상담목표와 과정

① 상담목표

㉠ 행동주의 상담목표는 구체적이고, 관찰 가능하며, 측정될 수 있는 행동 술어로 진술되어야 한다.

㉡ **상담목표의 기준**

ⓐ 내담자가 원하는 목표이어야 한다.

ⓑ 상담자는 내담자가 목표에 도달할 수 있도록 기꺼이 도와주어야 한다.

ⓒ 내담자가 상담을 통한 학습의 결과로 어느 정도 그 목표에 도달할 수 있는가를 평가할 수 있어야 한다.

② 상담과정
  ㉠ 변화시킬 행동을 밝혀내고, 이를 행동 용어로 서술한다.
  ㉡ 바라는 목표행동의 기본방향을 설정한다.
  ㉢ 목표행동이 일어나도록 상담상황을 조정한다.
  ㉣ 내담자에게 강화가 될 수 있는 자극이나 사건들을 확인한다.
  ㉤ 바람직한 목표행동이나 그 행동에 접근하는 행동을 강화한다.
  ㉥ 목표행동의 변화를 기록함으로써 상담절차의 효과를 평가한다.
  ㉦ 상담을 종결한다.

(4) 상담기법과 적용
  ① 체계적 둔감법 빈출
    ㉠ 불안을 일으키는 자극을 가장 약한 정도에서 출발하여 가장 강한 자극으로 옮겨가면서 점차 자극력을 감소해 나가는 방법이다.
    ㉡ 1단계 : 근육 이완 훈련을 한다.
    ㉢ 2단계 : 내담자에게 불안을 일으키는 자극 상황을 모두 열거하도록 한 후, 가장 심하게 불안을 느끼게 하는 상황을 제일 위에 두고 가장 낮은 불안을 느끼는 자극 상황을 제일 밑으로 하여, 불안을 느끼는 정도에 따라 순서대로 불안의 위계를 작성한다.
    ㉣ 3단계 : 근육 긴장을 이완하도록 한 후, 가장 약한 불안을 야기하는 상황에서부터 차례로 상상하도록 하여 불안 유발자극을 제시한 다음, 근육 이완에 의해서 불안을 제거한다.
  ② 근육 이완 훈련
    ㉠ 근육의 긴장상태를 이완반응으로 해소함으로써, 불안반응을 제지하는 것이다.
    ㉡ 내담자에게 근육을 이완시키는 방법을 훈련시키고, 이완상태에서 그에게 위협적이고 불안감을 주는 경험을 강도가 낮은 것부터 점차적으로 하나씩 상상하게 함으로써 둔감 시키는 방법이다.
  ③ 인지적 모델링과 사고 정지
    ㉠ 인지적 모델링은 상담자가 모델이 되어 과제를 수행하면서 그 사고과정을 내담자에게 소리 내어 들려주는 절차이다.
    ㉡ 사고 정지는 내담자의 부정적인 인지를 억압하거나 제거함으로써, 비생산적이고 자기 패배적인 사고와 심상을 통제하도록 도와주는 것이다.
  ④ 인지적 재구조화
    ㉠ 내담자 자신의 인지를 확인하고 평가하는 과정이다.
    ㉡ 어떤 사고에 의해 일어나는 행동의 부정적 영향을 이해하는 과정이다.

ⓒ 인지를 좀 더 현실적이고 적절한 사고로 대체하는 것을 학습하는 과정이다.
ⓔ 내담자가 부정적인 자기 패배적 사고 대신에 긍정적인 자기 진보적 사고를 갖도록 교수하는 체계적인 기법이다.

⑤ 스트레스 접종
㉠ 예상되는 신체적, 정신적인 긴장을 약화시켜 내담자가 충분히 자신의 문제를 다룰 수 있도록 준비시키는 데 사용되는 인지적 행동주의적 기법이다.
㉡ 정보 제공, 인지적 재구조화, 문제 해결, 근육 이완 훈련, 자기 모니터, 자기 교수 및 수정된 환경상황과 같은 요소들의 결합으로 구성되어 있다.

⑥ 정서적 상상 : 내담자에게 실제 장면에 대한 정서적인 느낌이나 감정을 마음속으로 생생하게 상상해보도록 하는 방법으로서, 내담자의 공포를 제거하는 데 효과가 있다.

⑦ 토큰 경제
㉠ 직접적으로 강화인자를 쓰는 대신, 후에 내담자가 원하는 다양한 물건과 교환할 수 있는 상표(token)를 보상으로 제공하는 방법이다.
㉡ 적절한 행동을 할 때마다 확인할 수 있는 강화물로 상표가 주어지는 체계적인 기법이다.

⑧ 모델링
㉠ 내담자에게 행동 대안들의 시범을 공개적으로 보여주는 것이다.
㉡ 상담자는 내담자에게 필요한 반응을 정의하고 분석하도록 돕고, 모델링 경험과 연습 기회를 제공하며, 내담자가 만족할 수 있는 수준에서 적절한 반응목록을 발달시킬 수 있을 때까지 추후지도를 해 주어야 한다.

⑨ 주장훈련(assertive training)
㉠ 대인관계에서 오는 불안을 제거하는 데 효과가 있다.
㉡ 주장훈련의 목표는 내담자가 광범위한 대인관계의 상황을 효과적으로 다루기 위해 필요한 기술과 태도를 갖추게 하는 것이다.

⑩ 자기관리 프로그램(self - management program)
㉠ 내담자가 자기 관리와 자기 지시적인 삶을 영위하고 상담자에게 의존하지 않게 하기 위해 상담자가 내담자와 지식을 공유하는 것이다.
㉡ 상담자는 일차적으로 내담자에게 자신의 삶을 효율적으로 영위해 나가는 데 필요한 기술을 가르치게 된다.

⑪ 행동계약(behavior contract)
㉠ 두 사람이나 그 이상의 사람들이 정해진 기간 내에 각자가 해야 할 행동을 분명하게 정해 놓은 후 그 내용을 서로가 지키기로 계약을 맺는 것이다.

 OX 퀴즈

행동주의 상담에서 정서적 상상은 바람직하지 않은 행동을 제거하기 위해 이를 고통스러운 자극과 연결시켜서 제거하는 것이다. [ ]

[정답] ✕
[해설] 혐오치료는 원치 않는 행동을 제거하기 위해 전기충격과 같은 고통스러운 절차들을 사용한다.

ⓒ 계약을 설정할 때에는 내담자 자신이 자기 문제를 이해하고 있어야 할 뿐만 아니라 자기가 바라는 해결의 방향이 무엇인가를 분명히 알고 있어야 한다.

⑫ **역할연기**(role playing)
  ㉠ 일상생활 속에서 수행하지 못하거나 수행하기 곤란한 역할행동 때문에 이상행동을 하고 있는 내담자에게 현실적 장면이나 극적인 장면을 통하여 역할행동을 시키고, 이를 시연시킴으로써 이상행동을 적응행동으로 바꾸는 기법이다.
  ㉡ 역할연기는 내담자의 인식을 확대하고, 내담자에게 대안적 행동을 제시하는 기법이다.

⑬ **혐오 치료**
  ㉠ 바람직하지 않은 행동이 제거될 때까지 이상행동과 고통스러운 자극을 연관시키는 것이다.
  ㉡ 원하지 않는 행동을 제거하기 위해 전기충격, 구토제, 불쾌한 정신적 및 시각적 심상 또는 불쾌한 소리 및 언어적 표현과 같은 도구들을 사용한다.

⑭ **바이오피드백**(Biofeedback)
  ㉠ 각 개인에게 자신의 근육 활동, 체온, 심장 박동수, 혈압, 뇌파 등의 광범위한 정보를 제공해 주는 과정이다.
  ㉡ 자기 내부의 생리적 활동에 대한 계속적인 정보를 내담자에게 제공해 주는 동시에, 그러한 생리적 활동에 대한 자기 관리적 통제를 가능하게 해주는 것이다.

> **바로 Check**
>
> **다음 사례에서 초등학생 민수에게 사용된 행동주의 상담기법은?**
>
> 민수는 낮은 학업 성적으로 인해 학교 적응에 어려움을 겪고 있다. 상담자는 민수가 평소 컴퓨터 게임하는 것을 매우 좋아한다는 사실을 알았다. 상담자는 민수가 하루 계획한 학업량을 달성하는 경우, 컴퓨터 게임을 30분 동안 하도록 개입하였다.
>
> ① 자기교수훈련, 정적강화
> ② 프리맥의 원리, 정적강화
> ③ 체계적 둔감법, 자기교수훈련
> ④ 자극통제, 부적강화
> ⑤ 프리맥의 원리, 부적강화
>
> **해설** 프리맥의 원리는 선호하는 반응(행동)은 덜 선호하는 반응(행동)을 강화하여 행동의 발생빈도를 증가시킬 수 있다는 원리이다. 또한 정적강화는 선호하는 자극을 줌으로써(컴퓨터 게임시간 부여) 행동의 빈도를 증가시키는 것(학업량 달성)이다.
>
> ☑ 정답 ②

나의 필기노트

Plus Study 반두라의 사회학습 이론

1. **관찰학습** : 인간은 단순히 환경에 반응을 통하여 행동하는 것이 아닌 타인들의 행동을 관찰함으로써 새로운 행동을 학습한다는 것이다. 대부분 청소년들의 행동은 자기 주변 사람의 행동에 대한 관찰학습의 결과에서 비롯된다.

단 계	내 용
주의집중단계	모델의 행동은 물론 중요 측면들을 재인식하여 그 특징을 변별하는 단계이다.
파지(보존)단계	모델자극을 재생하기 위하여 모델자극의 주요요소들을 회상할 수 있는 능력을 갖는 단계이다.
운동재생단계	기호화된 표상을 행동으로 전환시키는 단계이다. 이는 반응선택단계와 계속적 접근단계로 구성된다.
동기화 단계	모델에 주의집중하거나 관찰할 경우, 동기가 적절히 반영되는 경우, 사회적 행동의 습득과 수행이 촉진될 수 있다.

2. **대리적 조건화** : 모델을 관찰하여 이미 알고 있던 행동들을 더욱 강화하는 경우를 말한다. 다른 선생들이 학생들에게 더욱 효과적으로 보상하는 것을 보았을 때 그 행동을 본 선생님이 이보다 더욱 강화하여 보상하는 것이다.

3. **자아강화와 자아효능감**
   ① 자아강화 : 개인이 수행 또는 성취의 기준을 세워놓고 이를 달성하거나 그 기대에 못 미치는 경우 자신에게 보상 또는 벌을 내린다는 것이다. 예를 들어, 다른 학생을 때려 선생님으로부터 질책을 받은 경우 이후 공격적 행동을 하려는 충동이 일어나게 되면 선생님에 의하여 설정된 평가기준을 따를지에 대해 스스로 평가하여 이에 따라 반응한다는 것이다.
   ② 자아효능감 : 내적 행동평가기준이나 자아강화기제로 형성된다. 자아효능감이 낮은 사람은 어떤 과제를 수행하려고 할 때 자신의 결함을 심각하게 생각하고 과제를 어렵게 생각하여 실패할 가능성이 높아진다.

바로 Check

반두라(A. Bandura)가 제안한 관찰학습 과정에 포함되지 않는 것은?

① 주의(attention) ② 파지(retention)
③ 행동산출(behavioral production) ④ 동기(motivation)
⑤ 자동화(automatization)

해설 반두라의 사회학습(관찰학습) 과정에는 주의집중, 파지, 행동산출, 동기 등이 포함된다.

☑ 정답 ⑤

(5) 평 가

① 공헌점
   ㉠ 학습과정에 대해 알려진 지식을 상담과정에 적용하고 연구를 수행함으로써, 상담을 과학으로 발전하게 하였다.
   ㉡ 상담의 결과를 측정할 수 있게 함으로써, 행동목표를 구체적이고 명확하게 하였다.

ⓒ 환경 내에 존재하는 여러 가지 제약을 어떻게 제거할 수 있으며, 효율적 행동의 학습을 위한 환경적 조건을 어떻게 조성할 수 있는지에 대해 설명하였다.

② 제한점
  ㉠ 행동적인 영역을 지나치게 강조하고 상담관계 자체를 부차적인 것으로 간주한다.
  ㉡ 상담의 기술을 지나치게 강조하는 경향이 있다.
  ㉢ 학습이론에서 발전된 특정 개념, 가설, 법칙들은 아직 인간의 모든 학습현상을 종합적으로 설명할 수 있을 만큼 포괄적이지 못하다.

4 실존주의 상담(Existential Counseling)

(1) 주요 학자 : 빅토르 프랭클(Viktor Frankl), 롤로 메이(Rollo May), 어빈 얄롬(Irvin Yalom)

> **Plus Study | 빅토르 프랭클**
>
> 빅토르 에밀 프랭클(1905년 3월 26일~1997년 9월 2일)은 오스트리아 비엔나에서 태어난 유대인으로 2차 세계대전 때 유대인 수용소인 아우슈비츠에 갇혔다가 살아남았다.
> 신경정신과 의사였던 그는 1942년 부모님과 아내, 형제, 친구들과 함께 기차에 실려서 아우슈비츠 강제수용소로 끌려갔고, 결국 가스실, 굶주림, 질병 때문에 모두 죽고 말았다.
> 빅토르 프랭클은 책으로 내려고 했던 소중한 원고들을 독일군에게 빼앗기고 언제 죽음의 가스실로 끌려가게 될지 모르는 공포를 겪으며 몹시 절망해 있었다. 그 때 누군가가 빅토르가 입을 죄수복을 건네주었고, 옷 안에는 작은 종이 쪽지가 있었다. 그 종이 쪽지에 있는 "진심으로 내 영혼과 힘을 다하여 하나님을 사랑하라."라는 구절의 말씀을 보는 순간 그는 무슨 일이 닥치더라도 열심히 살아서 하나님이 주신 삶의 목적을 찾아야겠다고 결심했다. 그리고 인간으로서 존엄성을 잃지 않고 살기 위해 노력했는데 당시, 아우슈비츠에 갇힌 유대인들은 견디기 힘든 중노동을 하면서 제대로 먹지 못하는 것은 물론이거니와 씻을 물은 아예 없고 마실 물조차 얻기 어려운 생활을 했다.
> 하지만 빅토르는 하루에 한 컵씩 배급되는 물을 받으면 반만 마시고, 나머지는 세수를 위해 아껴두었으며, 유리조각으로 면도까지 했다고 한다. 턱없이 부족한 물로 세수를 하려니까 깨끗하게 되지 않는 데다, 유리에 베이기도 했는데 그럼에도 불구하고 몸 씻기와 면도를 게을리 하지 않았다. 그리고 결코 낙담하거나 절망적인 말을 입에 담지 않았다.
> 다른 유대인들은 가축우리처럼 지저분한 숙소에서 병약해진 몸으로 희망을 잃은 채 마치 동물처럼 살아가고 있었지만, 빅토르 프랭클은 인간이기를 포기하지 않고 자신을 갈고 닦으며 희망을 다졌다. 그 덕분에 다른 유대인들보다 건강하고 깨끗해 보여서 죽음의 가스실로 붙들려 가는 것을 면할 수 있었고, 끝까지 살아남아서 1945년, 아우슈비츠에서 해방될 수 있었다.
> 언제 죽을지 모르는 두려운 상황, 인간이 살아갈 수 없는 지독한 환경에서도 빅토르 프랭클은 긍정적인 마음가짐을 잃지 않는 태도를 선택했고, 결국 2차 대전이 끝난 후 로고테라피(logotherapy : 의미치료)라는 심리치료 이론을 만들어 많은 사람들에게 도움을 주는 훌륭한 의사가 되었다.

(2) 주요 개념

① 인간관
   ㉠ 실존적 존재인 인간은 이 세상에 우연히 내던져진 존재이다.
   ㉡ 인간은 계속해서 완성되어 가는 존재이다.
   ㉢ 인간은 언젠가는 죽을 수밖에 없다는 사실을 알고 있는 존재이다.
   ㉣ 모든 인간은 존엄성과 가치를 지닌 존재이다.
   ㉤ 인간은 과거를 떨쳐 버리고 일어나 즉각적인 상태에서 자신을 초월할 능력을 가진 존재이다.

② 기본 개념
   ㉠ 죽음
      ⓐ 실존철학의 가장 중요한 문제는 죽음이다.
      ⓑ 인간은 자신이 지금은 존재하지만 언젠가는 죽어서 사라진다는 것을 스스로 자각한다.
      ⓒ 실존주의자들은 죽음을 부정적으로 보지 않는다.
      ⓓ 죽음의 불가피성과 삶의 유한성에 대한 인식을 통해 보다 진지하게 현재에 충실한 삶을 살 수 있도록 자극한다.
   ㉡ 자유와 책임
      ⓐ 자유란 인간이 그 자신의 세계, 인생 설계, 선택과 행동에 책임이 있다는 사실을 의미한다.
      ⓑ 실존적 의미에서 자유란 일상에서의 긍정적 개념과는 반대로 인간이 응집력 있는 거대한 설계를 지닌 구조화된 우주에 들어가지 못하고, 결국 그곳에서 나오지도 못하는 것을 의미한다.
   ㉢ 고립
      ⓐ 개인 간 고립은 자신과 타인 사이에 존재하는 심연을 말한다.
      ⓑ 개인 내 고립은 우리가 자기 자신의 부분들로부터 고립되어 있다는 것을 의미한다.
      ⓒ 인간관계에서 오는 정신병리에는 실존적 고립에 대한 두려움이 기저하고 있다.
   ㉣ 무의미
      ⓐ 인간은 삶의 의미를 필요로 한다.
      ⓑ 삶에 의미가 없을 경우 계속 살아야 할 이유도 없으며, 삶의 의미는 개인에 따라 특이하고 독특하며 인간은 시간 및 상황에 따라 삶에 부여할 다른 의미를 찾아야 한다.

ⓒ 삶의 의미를 구성하는 3가지

창조적 가치	작품을 창조하고, 발견함으로써 삶의 의미 발견
경험적 가치	삶의 경험을 통해 삶의 의미 발견
태도적 가치	자신에게 닥친 운명을 대하는 태도를 통해 삶의 의미 성취

ⓜ 실존적 욕구 좌절
   ⓐ 인간이 자기 삶의 의미를 상실한 상태에 빠진 것을 말한다.
   ⓑ 실존적 욕구 좌절은 그 자체로는 병이 아니다. 즉, 삶의 무가치에 대한 회의나 절망은 절망적 불안이기는 하지만 정신적 병은 아니다.

(3) 상담목표와 과정

① 상담목표
   ㉠ 내담자로 하여금 자신의 내면세계를 있는 그대로 자각하고 이해하도록 하며, 지금 현재의 자기 자신을 신뢰하도록 돕는 데 그 목표를 둔다.
   ㉡ 내담자로 하여금 자각을 통해 자신의 문제를 직시할 수 있도록 돕는다.
   ㉢ 내담자가 한계상황을 초월하기 위해서는 자신의 무한한 잠재력을 깨닫고 자기에게 주어진 선택과 책임을 통하여 자유를 향유해야 한다는 것을 깨닫도록 한다.
   ㉣ 내담자가 자각을 최대화함으로써 실존적 공허를 갖는 무의미성이나 신경증에서 벗어나 삶의 의미와 목적을 스스로 발견하게 하고, 자기 인생에 대한 확고한 방향설정과 결단을 내리도록 도와주고자 한다.

② 상담과정

메이의 상담과정	프랭클의 상담과정
• 친밀한 관계(rapport)의 수립 • 고백(confession) • 해석(interpretation) • 내담자의 인격변형	• 증상의 확인 • 의미의 자각(삶, 죽음, 일, 사랑, 고통의 의미) • 태도의 수정 • 증상의 통제 • 삶의 의미 발견

(4) 상담기법과 적용

① 직면 : 내담자가 겪는 실존적 불안이나 실존적 공허감이 개인의 관심사와 관련되어 있다는 전제에서 그 문제를 진솔하게 마주할 수 있도록 격려한다.
② 역설적 의도 : 내담자가 두려워하는 일을 하게 만들거나 그런 일이 일어나기를 소망하도록 촉진하는 과정이다.

 나의 필기노트

OX 퀴즈

인간중심 상담에서는 개인이 삶의 의미를 상실한 상태에 빠진 것을 '실존적 욕구 좌절'이라고 본다. [ ]

[정답] X

[해설] 실존주의 상담에서 실존적 욕구 좌절에 대한 개념을 설명한다.

OX 퀴즈

실존주의 상담에 적합한 내담자로는 명예퇴직한 중년 남성, 만성 질환을 앓고 있는 노인, 남편과 사별한 중년 여성, 정체성에 혼란을 느끼는 청소년 등이 있다. [ ]

[정답] O

[해설] 실존주의 상담은 삶이 내던져 잡혀있다 본다. 내던져진 존재의 본성을 자신이 창조하며 잠재력을 각성함으로써 인생을 보다 행복하게 만들 수 있다고 보는 관점이다.

③ 탈숙고 : 내담자가 자신의 문제에 대해 지나치게 숙고하면 자발성과 활동성에 방해가 되므로 지나친 숙고를 상쇄시킴으로써 내담자의 자발성과 활동성을 회복시켜 주어야 한다.

(5) 평가

① 공헌점
  ㉠ 철학적인 요소를 통해 삶의 의미와 방향을 제시해 줌으로써 기계화된 인간상실 시대를 살아가는 많은 현대인들이 삶의 의미와 보람을 발견할 수 있도록 도와준다.
  ㉡ 기계적이고 동물적인 인간관을 반대하며, 자유와 책임을 갖고 가치를 창조하며 삶의 의미와 보람을 추구하는 존재로서의 궁극적인 인간관을 제시한다.

② 한계점
  ㉠ 검증의 대상이 되기 어려운 철학적인 측면에 치중한 나머지 기법이나 방법면에 소홀하다.
  ㉡ 인간을 사회적, 심리적으로 수준이 높은 존재로 보고 있기 때문에 낮은 수준에 있는 사람이나 위기에 있는 사람 또는 가난한 사람들에게 적용하는 데 한계가 있다.

바로 Check

집단상담의 이론적 접근과 기법의 연결로 옳지 않은 것은?
① 현실치료 – 유머, 직면
② 정신분석 – 꿈 분석, 해석
③ 게슈탈트 – 자각, 빈 의자 기법
④ 해결중심 – 기적 질문, 탈숙고 기법
⑤ 아들러 – 생활양식 분석, 역설적 의도

해설 탈숙고 기법은 실존치료에서 주로 사용한다.

정답 ④

5 인간중심 상담(Person-centered Counseling)

(1) 주요 학자 : 칼 로저스(Carl Rogers)

> **Plus Study 칼 로저스**
>
> 칼 로저스(1909~1987)는 인간의 잠재력과 가능성에 대한 신뢰를 바탕으로 인간중심 상담이론을 창시하였다. 1960~1980년대에 걸쳐 심리상담가 및 치료자들 간에는 정신분석과 행동주의 접근의 대안으로 '제3세력'에 대한 관심이 증가하였다. 이러한 움직임 속에서 인간중심 접근은 인본주의 심리학에 뿌리를 두고 실존주의 철학의 영향을 받아 로저스에 의해 발달하였다. 로저스는 그의 임상경험과 연구를 통해 인간중심 이론을 지속적으로 발전시켰다. 초기 그의 이론은 내담자에 대해 진단하며 지시적이었던 전통적 정신분석적 접근 방법에 반대하여 '비지시적 상담(nondirective counseling) 접근'으로 불리었으나, 그 후 비지시적이라는 방법적 측면보다는 내담자가 가지고 있는 성장의 요인을 강조하면서 '내담자중심 상담(client-centered)'으로 이름을 바꾸었다. 즉, 로저스는 내담자를 변화하도록 이끄는 것은 상담자의 이론이나 치료적 기법이 아니라 내담자가 가지고 있는 자기실현 경향성이며, 이를 발현시키도록 돕는 상담관계가 중요한 치료적 요인이라고 보았다. 그 후 로저스는 인생의 후반부에 그의 이론을 확장하여 인간에 대한 확고한 신념을 강조하며 그의 상담접근을 '인간중심(person-centered) 상담이론'으로 수정하였다. 로저스는 내담자와 상담자의 관계에서 인간 대 인간의 평등한 관계를 강조하고 그의 이론을 교육, 산업, 집단, 긴장 이완, 세계평화를 위한 노력 등 광범위한 영역에 적용하였다.
>
> 출처 : 김창대 외(2011)

(2) 주요 개념

① 인간관
  ㉠ 인간은 근본적으로 합목적적·전진적·건설적·긍정적·독립적·수용적·현실적인 존재인 동시에 아주 신뢰할 만한 선한 존재이다.
  ㉡ 인간은 사회적이고 미래지향적인 존재이며, 자아실현의 의지를 갖고 태어난다.
  ㉢ 인간은 본래 부적응 상태를 극복하고 건강한 정신상태를 되찾을 수 있는 능력을 가지고 있기 때문에 상담진행의 책임을 내담자에게 맡긴다.

② 상담의 철학적 가정
  ㉠ 인간은 가치를 지닌 독특하고 유일한 존재이다.
  ㉡ 인간은 자기확충을 향한 적극적인 성장력을 지니고 있다.
  ㉢ 인간은 근본적으로 선하며, 이성적이고 믿을 수 있는 존재이다.
  ㉣ 개인을 알기 위해서는 개인의 주관적 생활에 초점을 두어야 한다.
  ㉤ 개인은 자신이 의사결정을 내릴 권리, 장래에 대해 선택할 권리를 가지고 있다.
  ㉥ 개인은 결정하고, 계획하고, 훌륭한 사람이 되는 데 유용한 내적 자원을 가지고 있다.

OX 퀴즈

인간중심 상담에서는 자아는 성격의 조화와 통합을 위해 노력하는 원형으로 본다. [ ]

[정답] ×

[해설] 융의 분석심리학에 대한 설명이다.

ⓐ 상담 목표는 개인으로 하여금 자기를 수용하고, 심리적 장애를 제거하는 자기통찰을 통하여 전인적인 기능을 발휘하도록 하는 것이다.

③ 기본 개념
  ㉠ **유기체** : 개인의 사상, 행동, 신체적 존재 모두를 포함하는 전체로서의 한 개인을 지칭한다.
  ㉡ **현상학적인 장** : 유기체 개인의 현실세계로서, 유기체가 경험하는 모든 것을 말한다.
  ㉢ **자아** : 개인 자신의 존재나 기능화의 각성 등을 의미한다.

(3) 상담목표와 과정

① 상담목표
  ㉠ 자기 실현을 이룬 사람으로서, 자기방어를 위해 현실을 왜곡하지 않아야 한다.
  ㉡ 올바른 이해에 바탕을 둔 자기 자신에 대한 신뢰감과 융통성 있는 마음의 자세를 갖고 있어야 한다.
  ㉢ 실존문제에 대한 해답을 자신의 내부에서 찾아야 하며, 인간적인 성숙이 지속적인 과정임을 이해해야 한다.

② 상담의 특징
  ㉠ 상담자 중심이 아니라 내담자 중심의 상담이다.
  ㉡ 내담자의 문제보다 개인 그 자체를 중요시한다.
  ㉢ 지적인 면보다는 정의적인 면을 더 강조한다.
  ㉣ 공감(empathy)이 기본이 된다. 따라서 상담자는 라포(rapport) 형성을 통해 내담자가 느끼고 있는 것을 느끼는 것이 아니라 내담자의 마음상태를 이해해야 한다.
  ㉤ 내담자가 상담자보다 문제와 문제의 해결방법을 더 잘 알고 있다고 본다.
  ㉥ 개인의 과거경험보다는 현재 상태를 중요시한다.
  ㉦ 진단을 중요시하지 않고 배제한다.
  ㉧ 심리적 부적응도가 심한 사람뿐만 아니라 비교적 정상수준에서도 광범위하게 적용된다.

③ 상담의 조건
  ㉠ 두 사람이 만나야 한다.
  ㉡ 내담자는 불일치 상태, 취약한 상태, 불안정한 상태에 있다.
  ㉢ 상담자는 관계에 있어서 균형과 일치 상태에 있어야 한다.
  ㉣ 상담자는 내담자에게 무조건적인 긍정적 지각을 해야 한다.
  ㉤ 상담자는 내담자의 준거에 대하여 공감적 이해를 경험해야 한다.

ⓑ 내담자도 최소한의 긍정적 지각과 공감적 이해의 상태를 갖추어야 한다.

> **Plus Study 인간중심 상담에 있어서 신경증과 방어기제**
>
> 1. **성격파괴로 인한 신경증** : 어떤 경험이 자아구조와 불일치하고 그 정도와 빈도가 높아질 경우 이로 인한 과도한 불안의 체험과 부조화로 자기 자신을 방어할 수 없을 때 신경증, 정신병리 현상이 발생할 수 있다.
> 2. **위협에 대한 방어기제** : 자신의 위협적인 경험과 자아개념 사이에 갈등이 의식되었을 때 자아구조가 위협당하는 경우, 자기 구조를 유지하기 위한 행동적 반응을 방어라고 한다.
>   ① 지각적 왜곡 : 자아개념과 부조화적인 경험을 자기의 자아상과 일치하는 형태로 왜곡시키는 것을 말한다.
>   예) 입사시험에 자주 떨어지는 사람이 불합격의 원인을 면접관의 편견 탓으로 돌려 자아개념의 손상을 막으려는 것
>   ② 방어 : 위협적인 경험의 의식을 완벽하게 거부하고 부조화적인 경험을 완전히 무시하여 자기의 자아구조를 보존하고자 하는 것을 말한다. 부정이 심해지면 현실과 동떨어진 생활을 하게 되는 병리현상이 나타날 수 있다.

④ 상담과정

　㉠ 내담자가 도움을 받기 위해 상담실에 온다.

　㉡ 상담이라는 상황을 정의한다.

　㉢ 상담자가 내담자의 정서 반응을 반영하고 명료화하여, 내담자가 자신의 문제에 관한 감정을 자유롭게 표현하도록 북돋워 준다.

　㉣ 상담자는 내담자가 표출하는 부정적 감정을 수용하고, 알아주고, 정리해 주어야 한다.

　㉤ 부정적인 감정을 완전히 표현할 수 있게 된 후에는 성격성장에 보탬이 되는 긍정적 감정과 충동이 나타나게 된다.

　㉥ 상담자는 내담자의 부정적 감정을 받아들임과 동시에 긍정적인 감정을 인정하고 받아들인다.

　㉦ 부정적 감정과 긍정적 감정을 모두 경험하면 자기 이해, 자기 수용, 자기 통찰이 나타난다.

　㉧ 통찰과 함께 여러 가지 의사결정을 할 수 있는 길이 선명하게 보이게 된다.

　㉨ 내담자는 긍정적 행동을 취하게 되며, 생활장면에 대해 더욱 정확하고 완전한 분별을 하고 성장한다.

　㉩ 내담자는 보다 통정된 긍정적 행동을 더 많이 하게 된다.

　㉪ 내담자는 도움을 받을 필요를 덜 느끼게 되고 치료 관계를 종결해야겠다는 생각을 하기에 이른다.

(4) 상담기법과 적용 빈출

① 일치성 혹은 진실성(genuineness, 진솔성)
  ㉠ 상담자가 내담자와의 관계에서 경험하는 자신의 감정이나 태도를 있는 그대로 솔직하게 인정하고, 경우에 따라서 솔직하게 표현하는 태도를 말한다.
  ㉡ 상담자가 자신의 부정적 감정을 표현하는 것뿐만 아니라 내담자가 표현하는 부정적 감정 역시 받아들일 수 있을 때, 내담자와의 진실한 의사, 감정의 교류가 가능하다.

② 무조건적 긍정적 관심(unconditional positive regard)
  ㉠ 상담 관계에서 상담자가 내담자를 구별, 비교, 평가, 판단하지 않고 내담자가 나타내는 감정과 행동 특성을 있는 그대로 수용하여 소중히 여기고 존중하는 태도를 말한다.
  ㉡ 상담자가 이를 마음과 행동으로 보여줄 때, 내담자는 자유롭게 자신의 감정을 경험하고 표현할 수 있게 된다.

③ 공감적 이해(empathic understanding)
  ㉠ 상담 과정에서 상담자와 내담자가 상호작용하는 동안 발생하는 내담자의 경험과 감정의 의미를 상담자가 민감하고 정확하게 이해하려는 노력을 말한다.
  ㉡ 내담자가 있는 그대로의 자신에게 가깝게 접근해 갈 수 있도록 격려하고, 깊이 있고 강한 경험을 할 수 있도록 도와주어 내담자의 자아와 유기체적 경험 간의 불일치성을 인지하고 해결할 수 있도록 하는 것이다.

(5) 평 가

① 공헌점
  ㉠ 내담자를 지시적인 상황에서 해석하고 진단하여 급진적인 인격 변화를 시도하려는 상담에 비해 훨씬 자연스럽다.
  ㉡ 내담자의 말에 귀 기울이기 때문에 내담자가 자기의 감정을 표현하게 되며, 평가되고 판단되지 않을 것이라는 사실을 알기 때문에 본래의 자기 자신이 될 수 있다.
  ㉢ 상담에서 상담자와 내담자 사이의 관계의 중요성을 강조하였다.
  ㉣ 내담자를 스스로 중요한 결정을 할 수 있는 인격체로 인정하였다.
  ㉤ 상담에서 기술보다는 상담자의 태도가 더 중요하다는 점을 강조하였다.
  ㉥ 인간 행동에서 정서와 감정의 역할이 중요함을 인식하도록 하였다.

괄호넣기

(   )은(는) '내가 내담자와 다른 생각을 가지고 있지만, 내가 그의 입장이라면 충분히 그렇게 느끼고 행동했을 것이다.'라는 것을 내담자에게 표현해 주는 것이다.

[정답] 공감적 이해

② 한계점
　㉠ 지나치게 현상학에 근거하여 무의식의 요인을 간과하고 있다.
　㉡ 내담자의 내면 세계, 즉 정서적이고 감정적인 요인에만 치중한 나머지 지적이고 인지적인 요인을 무시하는 경향이 있다.
　㉢ 인간중심적 상담접근이 내담자 자신의 문제를 집어내지 않기 때문에 상담자가 무엇을 지향하고 있는지를 이해하지 못하는 경우가 생길 수 있다.

> **바로 Check**
>
> **인간중심 상담에 관한 설명으로 옳지 않은 것은?**
> ① 구체적인 상담기법보다 상담자의 태도를 더 중요시한다.
> ② 인간은 자기실현경향성을 가지고 있는 존재이다.
> ③ 철학적 배경은 실증주의이다.
> ④ 로저스(C. Rogers)에 의해 창시된 상담이론이다.
> ⑤ 비지시적 상담 또는 내담자중심 상담으로 불리어졌다.
>
> **해설** 인간중심 상담은 실존주의에 기초를 둔다.
>
> ☑ 정답 ③

6 게슈탈트(형태주의) 상담(Gestalt Counseling)

(1) 주요 학자 : 프레더릭 펄스(Frederick Perls)

> **Plus Study 프레더릭 펄스**
>
> 프레더릭 펄스(1893 ~ 1970)는 형태주의 상담의 창시자이고 이를 발달시킨 학자이다. 그는 1893년 독일 베를린의 중하층 유대인 가정에서 태어났으며 자신을 그의 부모들에게 고통을 주는 존재로 여겼다. 그는 중학교 1학년 때 두 번 낙제했으며, 권위가 주는 어려움 때문에 학교를 떠났다. 그러나 간신히 학업을 마치고 정신의학의 전문의로서 M.D.(1920)를 받았다. 1916년 독일군에 입대하여 제1차 세계대전 중 군의관으로 복무하였다.
> 전후에 그는 프랑크푸르트에 있는 '뇌손상 장병을 위한 골드슈타인 협회'에서 일했다. 그가 인간을 부분적으로 기능하는 총체로서 보다 전체로서 보는 관점을 갖게 된 것은 이 병원에서 얻은 연상을 통해서였다. 후에 그는 비엔나로 옮겨 정신분석의 훈련을 받기 시작하였다. 펄스는 자기 이해의 방법과 신체와 함께 움직이는 성격 변화의 분야에서 선구자였던 리이히(Reich)로부터 훈련을 받았다. 그는 또한 호니(Horney)를 포함해서 정신분석운동의 여러 다른 인물들에게서 지도받았다.
> 1933년 무렵 펄스는 독일을 떠나 암스테르담을 거쳐 1935년에는 요하네츠버그에서 정신분석가가 되었다. 그는 1946년 미국으로 이민 갈 즈음에 정신분석학의 전통에서 벗어났으며, 1952년에 '뉴욕 형태치료 협회'를 세웠다. 말년에 그는 1964년 켈리포니아의 빅서(Big Sur)에 정착해서 워크숍과 세미나를 개최하였으며, 심리치료의 혁신자로 명성을 날리게 되었다. 여기에서 그는 전문적 저술로 위대한 영향을 끼쳤는데 주로 워크숍에서의 개인적 접촉을 통해서였다. 1969년 캐나다 벤쿠버로 가서 형태주의 공동사회를 시도하던 중 1970년 3월에 병으로 세상을 떠났다.
>
> 출처 : 김충기 & 강봉규(2006)

(2) 주요 개념

① 인간관
- ㉠ 인간은 전체적으로 기능한다.
- ㉡ 인간은 환경의 일부분이므로, 인간을 환경과 분리시켜 이해할 수 없다.
- ㉢ 인간은 수동적인 존재가 아니라 능동적 행위자이다.
- ㉣ 인간은 자신의 감각, 사고, 정서, 지각을 완벽하게 자각할 수 있는 능력을 가지고 있다.
- ㉤ 인간은 자각의 과정을 통해 선택할 수 있고, 행동에 대한 책임을 질 수 있다.
- ㉥ 인간은 자기 자신의 삶을 효과적으로 통제할 수 있는 능력을 가지고 있다.
- ㉦ 인간은 일차적으로 현재 상황에서 자신을 경험한다.
- ㉧ 인간의 본성은 선하지도 악하지도 않다.

② 기본 개념
- ㉠ **총체론**
    - ⓐ 총체적 인간에 관심을 가지기 때문에 인간이 가지고 있는 한 가지 독특한 측면을 강조하지는 않는다.
    - ⓑ 내담자의 생각과 감정, 행동, 신체, 꿈 등에 관심을 가진다.
    - ⓒ 부분을 맞추어 가는 방법, 개인이 환경과 접촉하는 방법 등 통합을 강조한다.
- ㉡ **장 이론**
    - ⓐ 유기체는 그가 속한 환경이나 맥락에서 끊임없이 변화하는 장의 일부이다.
    - ⓑ 모든 것은 관련되어 있으며, 유동적이며, 상호 관계적이며, 과정에 있다는 원리에 근거한다.
- ㉢ **상 형성과정**
    - ⓐ 사람이 매순간마다 환경을 조직화하는 방법을 의미한다.
    - ⓑ 형태주의 상담에서 미분화된 장은 배경 또는 바탕이라고 하며, 주의를 기울임으로써 부각되는 부분을 상이라고 한다.
- ㉣ **유기체의 자기 조절** : 균형상태가 욕구나 감각, 흥미 등으로 인해 깨어나는 과정이다.

(3) 상담목표와 과정

① 상담목표
　㉠ 자기 인식을 증가시키도록 한다.
　㉡ 자신의 경험에 대한 주체가 바로 자기라는 태도가 점진적으로 형성되도록 한다.
　㉢ 타인의 권리를 침해하지 않으면서 자신의 욕구를 충족시킬 수 있는 기술을 개발하고 가치관을 형성시킨다.
　㉣ 모든 감각이 더 잘 인식되도록 한다.
　㉤ 행동의 결과가 수용되며, 행동을 결정할 책임이 자신에게 있음을 인정하게 한다.
　㉥ 외적 지지에서 내적 지지로 바꾸도록 돕는다.
　㉦ 타인에게 요구하거나 도움을 요청할 수 있게 하며, 동시에 타인에게 도움을 줄 수 있도록 돕는다.

② 상담과정
　㉠ '지금 – 여기(here and now)'에 대한 자각
　㉡ 욕구 좌절에 대한 내담자의 자각과 상담자의 촉진
　㉢ **자아 통합의 촉진과 실현**
　　ⓐ 발견 : 내담자는 자신에 대해 현실적으로 이해하게 되고 이전 상황을 새로운 관점으로 보게 되며, 삶에서 중요한 타인에 대해서도 새로운 관점을 가지게 된다.
　　ⓑ 조절 : 내담자들이 선택권을 가지고 있음을 인식한다.
　　ⓒ 동화 : 환경에 영향을 미치는 방법에 대해 학습한다.

> **Plus Study** 성격변화 단계
>
> 1. **피상층**(cliche or phony layer)
>   ① 사람들이 형식적이고 의례적인 규범에 따라 만나는 단계이다.
>   ② 피상적인 만남과 관계가 형성된다.
> 2. **공포층 혹은 연기층**(phobic or role playing layer)
>   ① 개체가 고유한 자신의 모습으로 살아가지 않고, 부모나 주위환경의 기대에 맞추어 행동하며 살아가는 단계이다.
>   ② 개체는 환경에 적응하기 위해 자신의 욕구를 억압하고 주위에서 바라는 역할행동을 연기하면서 사는데, 그들은 자신이 하는 행동이 연기라는 것을 망각하고 그것이 진정한 자신인줄로 착각하고 산다.
>   ③ 역할연기는 의존적 태도에서 비롯한다. 타인의 원조를 얻기 위해 남에게 잘 보이려는 태도로 행동한다.
>   ④ 많은 사람들이 진정한 자기 자신과 만나는 것을 두려워하는 이유는 내사된 사회규범과 부모의 목소리가 그들의 내면에서 끊임없이 그들을 위협하기 때문이다.
>   ⑤ 역할연기에 의존하는 사람들은 자신이 진정 누구인지를 깨닫는 대신에, 자기는 '어떠어떠한 사람이어야 한다.'는 관념으로 살고 타인 또한 진정한 인간으로서 이해하지

못하고 단지 '그들은 어떠어떠하게 행동해야 한다.'라는 관념적인 규준과 틀로서만 대한다.
⑥ 이러한 인간관계는 진정한 존재를 발견하고 만나는 것이 아니라, 서로에 대한 기대와 이미지 그리고 환상만을 좇는 것이다.
⑦ 역할연기를 그만두지 못하는 것은 비현실적인 공포 때문이다.

3. 교착층 혹은 막다른 골목(impasse)
① 개체는 역할연기를 그만두고 자립하려고 시도하지만 동시에 심한 공포를 체험한다.
② 역할연기는 포기했으나 자립능력은 생기지 않은 상태이므로 오도 가도 못하는 실존적 딜레마에 빠지게 됨으로써 심한 공포를 체험한다.
③ 상담자는 내담자가 이러한 상태를 피하지 말고 직면하여 견뎌내도록 격려해 주어야 한다.

4. 내파층(implosive layer)
① 이제까지 자신이 억압하고 차단해왔던 욕구나 감정을 알아차리게 된다.
② 이러한 유기체 에너지들은 오랫동안 차단되어 왔던 것들이기 때문에 상당한 파괴력을 지니고 있다.
③ 파괴적 에너지가 외부로 발산하면 타인과의 관계가 악화될 것이라는 두려움을 느끼기 때문에 자신의 내부로 향하게 된다.
④ 자신의 감정을 표현하지 않고 억제하며, 타인에게 분노감을 표현하는 대신에 자기 자신에게 공격성을 돌려 자신을 비난하고 질책하는 행위를 한다.

5. 폭발층(explosive layer)
① 개체는 자신의 감정이나 욕구를 더 이상 억압하거나 차단하지 않고 밖으로 표출할 수 있게 된다.
② 개체는 자신의 욕구와 감정을 분명하게 알아차려 강한 게슈탈트를 형성하고 마침내 환경과의 접촉을 통하여 이를 완결 짓는다.
③ 내담자는 이전에 억압하고 차단했던 미해결 과제들을 전경으로 떠올려 해소하고 완결 지을 수 있게 된다.
④ 이 단계에 도달함으로써 상담은 종결된다.
⑤ 내담자들은 신체적·정서적으로 강렬한 자각과 접촉경험을 하게 되고, 또한 인지적으로 깊이 몰입하여 마침내 정신과 신체의 총체적인 통합을 체험하기도 한다.

출처 : Daum 팁, 2015

(4) 상담기법과 적용

① **현재 각성기법** : 상담자는 내담자가 자기 각성 및 환경과의 접촉에 관한 각성을 하도록 한다.
② **내담자중심 각성기법** : 내담자의 각성에 초점을 맞추는 것이다.
③ **대화게임** : 내담자 마음속에 있는 갈등을 대화로 엮어 보는 것이다.
④ **투사 연기하기** : 내담자가 자신의 투사에 대해서 의식하지 못할 때 다른 사람이 잘난 체한다고 비난한다면 내담자에게 잘난 체하는 행동을 재연해 보도록 하는 것이다.
⑤ **반대 행동하기** : 내담자가 평소에 하는 행동과 정반대되는 행동을 하도록 시키는 것이다.
⑥ **책임지기** : 상담자가 내담자에게 어떤 진술을 하도록 한 다음 "나는 그것에 대해 책임을 지겠다."라고 말하게 하는 것이다.

⑦ 신체언어기법 : 신체 각 부분의 움직임과 자동적 반사행동 등을 각성시킴으로써 무의식적인 신체언어를 각성하고 그 원인이 되는 것을 내담자가 깨달아서 현재의 내적 상태를 파악할 수 있도록 하는 것이다.
⑧ 빈의자(empty chair)기법 : 갈등 상태에 있는 내담자의 감정 문제를 해결하는 데 도움이 되는 것이다.
⑨ 언어적 기법
  ㉠ 일인칭 대명사로 바꾸기
  ㉡ 자신의 생각과 의지를 나타내는 동사로 바꾸기
  ㉢ '그러나'를 '그리고'로, '의문형'을 '진술문'으로 바꾸기

(5) 평 가
① 공헌점
  ㉠ 내담자를 보다 직접적으로, 비교적 단시간에 자기 각성시킬 수 있는 방법이다.
  ㉡ 언어를 통한 상담을 넘어서 내담자의 비언어적, 신체적 메시지까지 주의를 기울이도록 한다.
  ㉢ 상담자가 내담자로 하여금 자신의 새로운 면을 발견하도록 돕는다.
  ㉣ 과거를 현재와 관련되는 면으로 가져와서 생생하게 처리한다.
  ㉤ 자각을 통해 내담자는 자신이 체험하고 있는 것에 대해 개인적인 책임감을 갖는다.
② 제한점
  ㉠ 상담의 인지적 측면을 고려하지 않는 반지성적 관점이다.
  ㉡ 형태주의 상담기법의 적용은 언제, 누구에게, 어떤 상황에서 등과 같은 상황에 따라 달라진다.

바로 Check

게슈탈트 상담에 관한 설명으로 옳지 않은 것은?
① 내파층은 개체가 게슈탈트를 해소하고 완결 짓는 단계이다.
② 알아차림과 접촉 주기는 배경, 감각, 알아차림, 에너지 동원, 행동, 접촉의 순으로 이루어진다.
③ 완결되지 못했거나 해소되지 않은 게슈탈트를 미해결 과제라고 한다.
④ 게슈탈트 상담의 목적은 알아차림과 접촉을 증진시키는 것이다.
⑤ 언어수정 기법을 통해 "나는 ~할 수 없다"를 "나는 ~하지 않겠다"로 바꾼다.

해설 내파층은 이제까지 자신이 억압하고 차단해왔던 욕구나 감정을 알아차리는 것이며, 개체가 게슈탈트를 해소하고 완결 짓는 단계는 폭발층이다.

정답 ①

7 > 합리정서행동 상담(REBT; Rational Emotional Behavioral Therapy)

(1) 주요 학자 : 앨버트 엘리스(Albert Ellis)

> **Plus Study 앨버트 엘리스**
>
> 앨버트 엘리스(1913~2007)는 1913년 9월 27일 미국 피츠버그의 가난한 유대인 집안에서 2남 1녀 중 장남으로 태어났다. 만 4세 되던 해에 뉴욕으로 이주하여 줄곧 거기서 생활하였다. 그는 수치심과 부끄러움을 많이 느끼는 내성적인 성격의 소유자였다. 어려서 병치레를 자주 하여 만 5세 때 편도선염이 악화되어 심각한 상태에 이르게 되어 응급수술을 하였고, 그 후 급성 신장염까지 앓았다. 그러나 엘리스는 부모의 보살핌 없이 혼자서 투병생활을 하였다. 투병생활은 오히려 독서를 통해 지적 능력을 키우게 되어 우수한 학교성적을 유지할 수 있었던 기반이 되었다. 12세 되던 해 부모는 이혼했고, 자녀양육에 소홀한 엄마와 살던 엘리스는 오히려 독립심과 자율성을 키워 나갔다. 이러한 배경을 고려할 때, 그의 이론은 자신의 유년기 문제를 치료하기 위해 개발한 것이다. 엘리스는 작가가 되려는 꿈을 이루기 위해서는 돈을 벌어야 한다는 생각으로 상업 고교에 진학했고, 1934년 경영학 전공으로 뉴욕 시립대를 졸업하였다. 사업가로서 부자가 되려는 꿈은 1930년대 대공황으로 포기하였다. 1940년대 중반까지 'Business World' 잡지사에서 근무하였다. 그러나 이후에도 글 쓰는 일은 계속하여 소설, 시, 희곡, 그리고 실화 등 20권 분량의 글을 썼으나 대부분 출판되지 않았다. 반면 성 문제에 관한 2권의 책은 의외로 반응이 좋아 주위 사람들은 엘리스를 이 분야의 전문가로 보기 시작하였고 조언을 구하기도 하였다.
>
> 출처 : 강진령(2009)

(2) 주요 개념

① 인간관
  ㉠ 인간은 합리적 사고와 비합리적인 사고를 할 수 있는 잠재력을 가지고 있으며 자신의 인지, 정서, 행동적 과정을 변화시킬 수 있는 능력이 있다.
  ㉡ 인간은 어떤 외부 요인에 의해서 불안해지기 보다는 스스로 혼란과 불안을 자초한다.
  ㉢ 인간은 왜곡하여 생각하고 불필요하게 스스로를 혼란시키는 생물학적, 문화적 성향을 가지고 있다. 스스로를 혼란시키는 신념을 만들 뿐 아니라 자신이 지금 혼란을 느낀다는 것 자체에 대해서조차 불안해한다.

② 상담의 기본 원리
  ㉠ 인지는 인간의 정서를 결정하는 가장 중요한 요소이다.
  ㉡ 역기능적 사고는 정서장애의 중요한 결정요인이다.
  ㉢ 정서적인 문제를 해결하기 위해서는 사고를 분석하는 것부터 시작하는 것이 가장 효과적이다.

ⓔ 유전적이고 환경적 영향을 포함하는 다양한 요인들은 불합리한 사고나 정신병리를 일으키는 원인이 된다.
ⓜ 행동에 대한 과거의 영향보다는 현재에 초점을 둔다.
ⓑ 신념은 변화한다고 믿는다.

③ 비합리적 신념의 유형 🔖빈출
ⓐ 중요한 모든 사람들로부터 사랑받고 인정받고 이해받아야만 가치 있는 사람이다.
ⓑ 자신이 가치 있다고 인정받으려면 모든 영역에 대해 완벽한 능력이 있어야 하며, 성공을 해야만 한다.
ⓒ 어떤 사람들은 나쁘고 사악하며, 그들의 사악함은 반드시 비난받고 처벌받아야만 한다.
ⓓ 일이 뜻대로 진행되지 않는다는 것은 무시무시하고 끔찍한 일이다.
ⓔ 불행이란 외부사건들 때문에 생기며 우리는 통제할 능력이 거의 또는 전혀 없다.
ⓕ 만약 어떤 사람에게 위험하거나 두려운 일이 일어날 가능성이 있다면 그는 그 일에 대해 염려해야 하고, 그것이 일어날 가능성에 대해 늘 생각하고 있어야 한다.
ⓢ 인생에서의 어려움에 부딪힐 때는 책임 있게 해결하기보다 피해가는 것이 편하다.
ⓞ 다른 사람에게 의지해야 하고, 의지할 수 있는 누군가가 있어야 한다.
ⓩ 한 개인의 과거사는 현재 행동을 결정하는 가장 중요한 요인이며, 그 일이 큰 영향을 주었기 때문에 이후로도 계속 유사한 영향을 끼칠 것이다.
ⓒ 사람은 다른 사람의 문제와 어려움에 대해 함께 괴로워하고 속상해야만 한다.
ⓚ 인간의 문제에는 완전한 해결책이 있다.
ⓣ 세상은 반드시 공평해야 하며, 정의는 반드시 승리해야 한다.
ⓟ 항상 고통 없이 편안해야 한다.
ⓗ 나는 아마 미쳐가고 있는지도 모른다. 그러나 미쳐서는 안 된다. 왜냐하면 그것을 견딜 수 없기 때문이다.

> **Plus Study** 비합리적 신념의 요소
> 1. 당위적 사고
> 2. 과장
> 3. 자기 비하 또는 타인 비하
> 4. 좌절에 대한 인내심 부족
> 출처 : 이현림(2009)

(3) 상담목표와 과정

① 상담목표
  ㉠ 자기에 대한 관심(Self - Interest)
  ㉡ 사회에 대한 관심(Social - Interest)
  ㉢ 자기 지향(Self - Direction)
  ㉣ 관용(Tolerance)
  ㉤ 융통성(Flexibility)
  ㉥ 불확실성의 수용(Acceptance of uncertainty)
  ㉦ 창조적 일에 대한 실행(Commitment to creative thing)
  ㉧ 과학적 사고(Scientific thinking)
  ㉨ 자기 수용(Self - Acceptance)
  ㉩ 모험 실행(Risk - Taking)
  ㉪ 반유토피아주의(Nonutopianism)
  ㉫ 장기적 쾌락(Long range hedonism)

② ABCDE 모형

Ellis 이론에서 핵심이 되는 이론이다. 어떤 사건(A)이 일어나면 각 개인은 이 사건을 자신의 가치관이나 태도인 신념체계(B)를 매개로 하여 지각하고 그 다음 정서적이거나 행동적인 결과(C)인 우울하거나 초조해 하거나 화를 내는 행동 등을 하게 된다.

[ABCDE 모형]

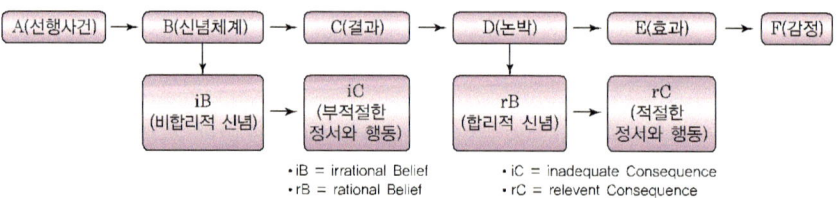

㉠ ABC 관계 : 내담자가 겪는 심리적 문제(C)는 선행사건(A) 때문이 아니라 내담자가 그 사건에 대해 가지는 비합리적 신념(iB) 때문이다.
  ⓐ A(Activating events) : 내담자가 노출되었던 문제장면이나 선행사건
  ⓑ B(Belief) : 문제장면에 대한 내담자의 신념
  ⓒ C(Consequence) : 선행사건 때문에 생겨났다고 내담자가 보고하는 정서적 또는 행동적 결과

○× 퀴즈

ABCDE 절차 중 B는 결과를 일으킨 행동 탐색과 관련된다. [ ]

[정답] ×

해설 B는 합리적 혹은 비합리적 신념을 의미한다.

ⓒ DE 관계 : 상담과정에서 상담자는 내담자가 갖는 비합리적 신념(iB)의 부당성을 적극적으로 논박(D)하여 비합리적 신념을 합리적 신념으로 바꿈으로써 정서적 건강을 회복시키는 효과(E)를 얻는다.
ⓐ D(Dispute) : 비합리적 신념에 대한 상담자의 적극적인 논박
ⓑ E(Effect) : 비합리적 신념을 논박 또는 직면한 결과

③ 상담과정
㉠ 상담자는 내담자에게 문제점을 질문한다.
㉡ 문제점을 규명한다.
㉢ 부적절한 부정적 감정을 알아본다.
㉣ 선행사건(A)을 찾아내고 평가한다.
㉤ 2차적 정서문제를 규명한다.
㉥ 비합리적 신념(B)과 결과(C)의 연관성을 가르쳐 준다.
㉦ 비합리적 신념(B)을 평가하고 확인한다.
㉧ 비합리적인 신념체제(B)와 결과(C)를 연관시켜 비합리적 신념을 확인시킨다.
㉨ 비합리적인 신념을 논박(D)한다.
㉩ 합리적 신념체제를 내담자가 학습하고 심화하도록 한다.
㉪ 새로 학습된 신념체제를 실천에 옮기도록 내담자를 격려하고 연습시킨다.
㉫ 합리적 인생관을 확립하게 한다.

바로 Check

다음 사례에서 합리정서행동상담(REBT)의 ABCDE 절차와 내용의 연결이 옳지 않은 것은?

> 늘 우수한 성적을 유지하던 지호는 최근 중간고사에서 평균 정도의 성적을 받은 후 심한 무력감을 호소하여 상담에 의뢰되었다.

① A – "중간고사에서 평균점수를 받았어요."
② B – "평균이라니! 저는 정말 바보 멍청이예요."
③ C – "학교 다니기 싫어요. 전 망했어요."
④ D – "중간고사에서 원하는 성적을 받지 못했다니 정말 속상하겠구나."
⑤ E – "한 번 시험을 망쳤다고 내가 바보라는 뜻은 아니죠. 이번 시험을 못 본 이유를 잘 살펴보고 다시 노력해 보겠어요."

해설 D – "중간고사에서 평균점수를 받은 것이 정말 바보 멍청이라고 할 수 있을까?"

정답 ④

(4) 상담기법과 적용

① 인지적 기법
  ㉠ **암시** : 상담자는 내담자에게 부정적인 사고를 긍정적인 사고로 대체시키는 방법을 보여줌으로써 내담자가 개선될 수 있다는 것을 암시한다.
  ㉡ **자기방어의 최소화** : 자기수용은 내담자의 방어욕구를 최소화시켜 준다.
  ㉢ **대안의 제시** : 내담자가 대안을 스스로 찾아내도록 격려한다.
  ㉣ **기분 전환시키기** : 상담자는 내담자로 하여금 확실하게 몰두할 관심거리 특히 장기적이고 건설적인 목적에 관심을 가지도록 격려한다.
  ㉤ **인지적 과제** : 내담자는 자신이 가지고 있는 비합리적 신념에 도전하여 점차 불안을 없애게 된다.
  ㉥ **정확한 언어 사용** : 상담자는 내담자의 언어 유형에 주의를 기울여 무기력하고 자기 경멸적인 언어를 재진술하도록 가르친다.
  ㉦ **유추기법** : 내담자로 하여금 자신의 특성을 이해하여 유해한 습관의 단점을 깨닫도록 한다.

② 정서적 환기기법
  ㉠ **합리적 정서 상상** : 부정적 상상과 긍정적 상상을 사용하여 비합리적 사고를 포기하고 합리적인 사고로 대체한다.
  ㉡ **수치심 제거 연습** : 내담자가 창피해 하거나 부끄럽게 느끼는 방식으로 행동해 보도록 함으로써, 사람들은 생각만큼 타인에게 관심이 없으며 타인의 비난에 지나치게 영향을 받을 필요가 없다는 사실을 발견하게 한다.
  ㉢ **역할 연기** : 내담자가 자신의 정서를 이끌어 내기 위해 타인과의 상호작용을 행동화할 때 역할 연기를 사용한다.
  ㉣ **유머 사용** : 이치에 맞지 않는 생각 때문에 일어나는 내담자의 불안을 줄여주기 위해 유머가 사용되기도 한다.

③ 행동적·적극적 지시 기법
  ㉠ **강화 기법** : 일어날 확률이 낮은 행동의 발생 가능성을 증가시키기 위해 사용될 수 있다.
  ㉡ **과제 부과** : 행동지향적인 과제를 부과하는 것이다.
  ㉢ **자극 통제** : 내담자에게 특정 종류의 자극을 어떻게 통제하는가를 시범으로 보여줌으로써, 내담자가 역기능적으로 행동할 가능성을 줄이도록 한다.

(5) 평가

① 공헌점
  ㉠ 인간의 사고와 정서 간의 관계를 명료화시키고 강조하였다.
  ㉡ 인간행동에 대한 인지적 측면을 강조함으로써 사고와 신념이 행동에 미치는 효과를 규명하였다.
  ㉢ 정서적 장애와 문제 행동의 원인 및 해결방법을 아주 명확하게 제시하고 있다.
  ㉣ 인간에게 장애를 유발하는 것은 과거사건이나 심리적 외상 그 자체가 아니라 이에 관한 인간의 해석이라는 것을 강조하고 있다.
  ㉤ 합리적·정서적·행동적 치료는 과제부과를 통해 상담실 밖에서도 상담절차가 계속되게 하였고, 상담과정에 상담자가 더욱 적극적으로 개입할 수 있도록 하였다.

② 제한점
  ㉠ 인지구조를 바꾸는 것과 관계되기 때문에 자신의 합리적 생각에 대해 철저한 분석을 통한 논박을 할 수 없을 정도로 지적 수준이 낮은 내담자, 현실감이 거의 없는 내담자, 나이가 많아 생각이 아주 경직된 내담자, 철학적 편견을 가진 내담자에게는 그 효과를 기대하기 어렵다.
  ㉡ 매우 설득적이고 지시적인 방법이기 때문에, 상담자가 자신의 인생철학을 단순히 내담자에게 강요할 가능성이 있다.
  ㉢ 과거경험을 경시한다.

> **Plus Study** 벡(A. Beck)의 인지적 치료(cognitive therapy)
>
> 1. 특징
>   ① 소크라테스식의 대화술을 강조하여 내담자가 잘못된 신념을 발견하도록 돕는다.
>   ② 인지적 치료는 REBT보다 구조적이고 체계적이다.
>   ③ 내담자의 인지유형에 따라 장애유형을 정하고 이에 따라 다른 기법을 적용해야 한다고 하였다.
>   ④ 엘리스의 '비합리적 신념'이라는 용어에 대해 부정확하며 추상적이라고 비판하였다.
>   ⑤ 인지적 기법에 초점을 두어 우울, 불안과 같은 문제를 다루었으며, 우울증 척도(BDI)를 개발하여 우울증 환자를 관찰하고 치료에 이를 활용하였다.
>
> 2. 문제발생과정
>   ① 스트레스와 부정적인 생활사건 예 학교폭력
>   ② 역기능적 인지도식 예 나는 학교폭력에 대항할 수단이 없다.
>   ③ 인지적 오류 예 내가 가해급우에게 대항한다면 더욱 공포에 떠는 것은 물론 학교의 학생들로부터 '왕따'를 당하게 될 것이다.
>   ④ 부정적 자동적 사고 예 폭력을 당하는 것은 내가 못난 탓이다.
>   ⑤ 심리적 문제발생 예 우울증, 학업포기, 대인기피, 공황장애 등

바로 Check

엘리스(A. Ellis)가 제시한 합리적 사고와 비합리적 사고의 변별 기준으로 옳은 것을 모두 고른 것은?

| ㄱ. 논리성 | ㄴ. 현실성 | ㄷ. 실용성 |
| ㄹ. 객관성 | ㅁ. 융통성 | |

① ㄱ, ㄴ, ㄷ ② ㄱ, ㄹ, ㅁ ③ ㄴ, ㄷ, ㄹ
④ ㄱ, ㄴ, ㄷ, ㅁ ⑤ ㄱ, ㄷ, ㄹ, ㅁ

해설 합리적 사고와 비합리적 사고의 변별 기준으로는 논리성, 현실성, 실용성, 융통성 등이 있다.

☑ 정답 ④

8 인지치료(Cognitive Therapy)

(1) 주요 학자 : 아론 벡(Aaron T. Beck)

Plus Study | 아론 벡

펜실베이니아 대학의 정신과의사인 아론 벡은 자신의 우울증 환자를 통해 스스로 고통을 받으려고 보이는 우울증 환자가 실제로는 고통을 받지 않으려고 한다는 것을 알게 되었다. 그는 우울증 환자가 자신, 외부 세계, 미래에 대해 전반적으로 부정적 시각을 가지고 있다는 것을 발견하였고, 이런 부정적 시각들은 광범위한 부정적 인지 왜곡으로 명백하게 드러남을 보았다. 그는 이런 부정적 인지 왜곡의 두드러진 역할을 지지하는 증거들이 축적되는 것에 따라 경험적인 증거의 논리와 규칙들을 응용하여 왜곡된 인지를 교정하고 정보처리를 현실에 맞추는 기법들을 개발함으로써 우울증상을 완화시키려고 노력하였다.
벡은 엘리스와 독립적으로 일했지만 그 두 사람의 접근법은 환자로 하여금 자기 패배적인 인식을 자각하고 버리게 한다는 점에서 같은 목표를 지니고 있다. 벡은 수년간 정신분석의로 일했는데 차차 환자의 자동적 사고에 관심을 가지게 되었다. 그는 환자들에게 자신의 생각을 잘 살펴보도록 요구했는데 이런 생각들이 그들에게는 마치 자동적으로 발생하는 듯이 보인다. 나아가 그들은 이런 자동적 생각들이 객관적 증거에 어긋난다 하더라도 그런 부정적인 생각들을 고집하려는 경향이 있다. 장애를 지닌 사람들은 자기비난으로 객관적 사실을 공격하는 특성적인 논리적 오류에 자신을 맡기는 경향이 있다. 벡은 환자의 내적 대화는 그의 행동에 중요한 역할을 한다고 결론짓고 있다.

(2) 주요 개념

① 인간관
  ㉠ 인간의 여러 측면 중 감정이나 행동도 중요하지만 인지, 즉 사고가 가장 중요하다고 본다.
  ㉡ 인간은 자신의 인지, 정서, 행동 과정을 변화시킬 수 있는 능력을 가지고 있다.

② 핵심개념
　㉠ **자동적 사고**(automatic thoughts)
　　ⓐ 사람들이 경험하는 대부분의 심리적 문제는 스트레스 상황을 경험했을 때 자동적으로 떠올리는 부정적 내용의 생각들로 인해 발생한다. 이는 사람들의 경험 속에서 여러 가지 환경적 자극과 심리적 문제 사이에 자동적 사고라는 인지적 요소가 개입되어 작용한다는 것이다.
　　ⓑ 자동적 사고는 구체적이고 축약되어 있으며, 아무리 비합리적인 내용이라 할지라도 거의 의심 없이 믿어진다.
　　ⓒ 우울 증상을 경험하는 사람들의 자동적 사고
　　　• '나는 가치 없는 사람이다.'와 같은 자신에 대한 비관적 생각
　　　• '나의 미래는 절망뿐이다.'와 같은 앞날에 대한 염세적 생각
　　　• '세상은 나를 받아주지 않는다.'와 같은 세상에 대한 부정적 생각
　㉡ **역기능적 인지도식**(dysfunctional cognitive schema)
　　ⓐ 인지도식은 세상을 살아오는 과정 속에서 자신의 삶에 관한 이해의 틀을 형성하게 된 것이다.
　　ⓑ 개인이 가진 인지도식은 그가 살아온 삶을 반영하는 응축된 생각의 덩어리이다. 문제는 살아오는 과정에서 부정적인 내용들로 구성된 역기능적 인지도식으로 인해 심리적 문제에 매우 취약하기 쉽다는 것이다.
　　ⓒ 심리적 문제 상황을 유발할 수 있는 역기능적 인지도식
　　　• 인간으로서의 내 가치는 타인의 평가에 달려 있다.
　　　• 여자든 남자든 외모가 출중하고 똑똑하며 돈이 많아야 행복해지기 쉽다.
　　　• 타인의 사랑 없이는 내가 행복해질 수 없다.
　　　• 다른 사람에게 도움을 요청하는 것은 나약함의 표시이다.
　　　• 사람들이 언제 나에게 등을 돌릴지 모르기 때문에 다른 사람을 믿을 수 없다.
　㉢ **인지적 오류** : 자신의 현실을 제대로 지각하지 못하거나 그 의미를 왜곡하여 받아들이는 인지 왜곡을 말한다. 빈출

이분법적 사고 (흑백논리)	사건의 의미를 이분법적인 범주 중의 하나로 해석하려는 오류로, 사건을 흑백논리로 사고하고 해석하거나 경험을 극단으로 범주화하는 것
임의적(자의적) 추론	어떠한 결론을 내릴 때 충분한 증거가 없음에도 최종적인 결론을 성급히 내리는 오류

과잉일반화	한두 번의 단일 사건에 근거하여 극단적 신념을 가지고 일반적 결론을 내려 그와 무관한 상황에도 그 결론을 적용하는 오류
선택적 추상화 (정신적 여과)	상황이나 사건의 주된 내용은 무시하고 일부 특정 정보에만 주의를 기울여 사건 전체의 의미를 해석하는 오류
극대화 및 극소화	사건의 의미나 중요성을 지나치게 과장하거나 축소하는 오류
파국화	개인이 걱정하는 한 사건을 지나치게 과장하여 두려워하는 오류

바로 Check

사례에 해당하는 A의 인지적 오류로 옳은 것은?

> A는 친구들이 자신을 꼬맹이라고 부르는 이유가 성적이 낮은 자신을 무시해서라고 생각한다.

① 이분법적 사고　② 파국화　③ 의미축소
④ 잘못된 명명　⑤ 임의적 추론

해설 임의적 추론은 어떠한 결론을 내릴 때 충분한 증거가 없음에도 최종적인 결론을 성급히 내리는 오류이다.

✅ 정답 ⑤

(3) 상담목표와 과정

① 상담목표
　㉠ 내담자가 보다 효과적으로 기능하도록 사고의 편견이나 인지 왜곡을 제거하고, 내담자의 문제행동에 바람직한 대안을 찾도록 돕는다.
　㉡ 부적절한 정서와 부적응적 행동을 적절한 정서와 적응적 행동으로 변화시킨다.

② 상담과정
　㉠ 내담자가 자신의 머릿속을 스치고 지나가는 자동적 사고에 주의를 기울이고 인식하게 하여 자신의 생각을 들여다보고, 그것이 정서와 행동에 어떠한 영향을 미치는가를 알게 한다.
　㉡ 상담자는 자동적인 사고를 합리적이고 융통성 있는 사고로 변화시키도록 격려한다. 이를 통해 내담자는 자신이 지니고 있는 인지적 오류를 확인할 수 있으며, 역기능적인 가정이 어떤 것인지 실제적으로 인식할 수 있게 된다.
　㉢ 상담은 이러한 역기능적 가정을 재구성함으로써 내담자가 가지고 있는 부적응적인 도식을 변화시키는 단계까지 진행된다.

③ 상담과정에서 내담자가 긍정적인 경험을 할 수 있도록 행동적인 과제를 부여하는 방법도 병행한다.

(4) 상담기법과 적용

① 불안감소법
- ㉠ **이완훈련**(relaxation training) : 몸에 전체적으로 도움이 될 때까지 순차적으로 수의근의 긴장과 이완을 반복하는 것으로, 다른 인지행동 기술과 함께 또는 단독으로 사용한다.
- ㉡ **바이오피드백**(biofeedback) : 인체의 생리적 변화에 대한 전자장치를 사용하는 것으로, 바이오피드백에 연결된 작은 전극을 내담자의 신체에 부착하고 모니터링하는 것이다.
- ㉢ **체계적인 탈감화 혹은 체계적 둔감법**(systematic desensitization) : 불안을 야기하는 자극에 직면하도록 긍정적 강화를 제공하며 두려워하는 부정적 결과가 결코 일어나지 않는다는 것을 깨닫게 함으로써 부적응적 행동을 소멸시키는 것이다.
- ㉣ **감각기관에의 노출**(interceptive exposure) : 내적인 신체 단서에 대해 극단적인 해석을 하는 사람을 대상으로 탈감각화하기 위해 사용되는 노출치료이다.
- ㉤ **홍수요법**(flooding) : 노출치료 중 하나로서 가장 불안을 많이 일으키는 자극에 내담자를 즉각적으로 노출시키는 방법이다.
- ㉥ **전정기관의 탈감각화 훈련**(vestibular desensitization) : 환경적인 단서에 의해 현기증, 불균형, 어지러움, 오심, 이명, 흐린 시야, 두통과 같은 운동성 장애를 야기하는 공황발작을 가진 내담자에게 적용하는 노출치료이다.
- ㉦ **반응예방 또는 반응차단**(response prevention) : 불안 감소반응 없이 불안을 야기하는 자극에 반복적으로 노출시키는 것이다.

② 인지 재구성법
- ㉠ **사고와 감정의 감시법**(monitoring thought and feeling) : 5가지 기록 형식(상황, 감정, 상황에 반응하는 자동적 사고, 합리적 반응, 결과)을 이용해서 내담자의 자기 인식을 증진시키고 자신의 생각과 감정을 감시하는 것을 돕는 방법이다.
- ㉡ **증거 탐문**(questioning the evidence) : 내담자와 상담자가 특정 믿음을 뒷받침하기 위해 사용되는 증거를 검토해 보는 것으로, '그 생각에 대해 어떤 증거를 가지고 있는가?'라는 질문을 사용할 수 있다.

ⓒ **대안 검토**(examing alternatives) : 내담자가 자신의 강점과 대처 자원에 기초한 선택을 가능하게 한다.

ⓔ **탈파국화**(decatastrophizing) : 내담자가 상황의 비극적 성질을 과대평가하는 것을 깨닫게 하기 위해 '일어날 수 있는 가장 나쁜 일은 무엇인가?', '그것이 정말 일어난다면 그렇게 끔찍할 것인가?', '다른 사람은 그 사태에 대해 어떻게 대처할 것인가?' 등의 질문을 사용할 수 있다.

ⓜ **재구성**(reframing) : 내담자의 상황이나 행동에 대한 인식을 변화시키는 전략으로, 문제의 다른 측면에 초점을 두거나 내담자가 다른 시각에서 문제를 바라볼 수 있도록 해 주는 것이다.

ⓗ **사고 중지**(thought stopping) : 역기능적인 사고의 진행을 멈추게 하기 위해서 '중지(stop)'라고 외치거나 내담자가 멈춤 표지판, 벽돌을 쌓은 벽 등을 상상함으로써 내담자의 생각을 제어하는 방법이다.

바로 Check

벡(A. Beck)의 인지치료에 관한 설명으로 옳은 것을 모두 고른 것은?

ㄱ. 협동적 경험주의 관점을 따른다.
ㄴ. 심리교육적 모델에 근거하고 있다.
ㄷ. 내담자의 자가치료(self-treatment) 능력을 키우는 데 초점을 둔다.
ㄹ. 1960년대에 정신분석과 행동치료로 잘 치료되지 않던 우울증에 대한 새로운 치료법으로 개발되었다.

① ㄱ, ㄹ ② ㄴ, ㄷ ③ ㄱ, ㄴ, ㄷ
④ ㄴ, ㄷ, ㄹ ⑤ ㄱ, ㄴ, ㄷ, ㄹ

해설 벡(A. Beck)의 인지치료 이론은 원래 우울증을 치료하는 이론으로 출발하였으나, 점차 불안과 공포증 등을 포함한 정서적 문제 전반, 그리고 사람들의 성격적 문제를 치료하는 이론으로까지 확장되었다. 인지치료 이론에서 가장 핵심이 되는 개념은 자동적 사고, 역기능적 인지도식, 인지적 오류 등이다.

✅ **정답** ⑤

9 현실치료(Reality Therapy)

(1) 주요 학자 : 윌리엄 글라써(William Glasser)

> **Plus Study** 윌리엄 글라써
>
> 윌리엄 글라써(1925~2013)는 1925년 클리블랜드에서 화목한 가정의 셋째이자 막내로 태어났다. 그는 자신의 어린시절을 행복하고 평온 무사한 시기로 회고하고 있다. 이러한 이유에선지 자신의 이론에서도 과거의 영향을 그리 중시하지 않는다. 학창시절 그는 밴드부로 활동하는가 하면 스포츠에도 관심이 높았다. 19세 되던 해, 케이스 공업학교를 졸업하면서 화학공학 전공으로 학사학위와 화공기사 자격증을 취득하였다. 그리고 대학졸업과 동시에 임상심리학 전공으로 23세에 석사학위를 받았으나 박사논문은 통과되지 못했다. 그 후, 클리블랜드 소재 케이스 웨스턴 리저브 대학 의과대학에 입학하여 28세에 의학사 학위를 받았다.
>
> 출처 : 강진령(2009)

(2) 주요 개념

① 인간관
  ㉠ 인간은 자신의 건강을 증진시키고 자신을 성장시키는 힘을 가지고 있다.
  ㉡ 인간은 자기결정이 가능한 존재이다.
  ㉢ 인간은 자신과 환경을 통제할 수 있는 존재이다.
  ㉣ 인간은 자신의 행동을 포함하여 자신에 대해 전적으로 책임질 수 있는 존재이다.
  ㉤ 인간은 성공적인 정체감을 발전시킬 수 있는 존재이다.
  ㉥ 인간은 기본적인 욕구를 충족시키려는 존재이다.

② 기본 개념 ◎빈출
  ㉠ **선택 이론**(choice theory)
    ⓐ 우리의 행동을 통제할 수 있는 사람은 우리 자신이다.
    ⓑ 우리는 타인으로부터 모든 정보를 얻을 수 있다. 그러나 우리가 얻은 정보를 어떻게 활용할 것인가는 우리의 선택이다.
    ⓒ 지속되는 모든 심리적 문제의 근원은 관계에 관한 문제이다.
    ⓓ 관계 문제는 개인이 현재 영위하는 삶의 일부분이다.
    ⓔ 과거에 일어난 고통스러운 일이 현재 우리 자신에게 많은 영향을 주고 있지만, 이러한 고통스러운 과거를 다시 들추어내는 것만으로는 현재 우리가 필요로 하는 것을 얻을 수 없다.
    ⓕ 우리의 행동은 기본 욕구인 생존, 사랑과 소속, 힘, 자유, 즐거움에 의해 동기화된다.

ⓖ 우리는 각자의 질적 세계 안에 있는 사진첩을 만족시킴으로써 이러한 기본 욕구를 충족시킬 수 있다.
ⓗ 우리가 할 수 있는 모든 것은 결국 행동뿐이다.
ⓒ 기본 욕구

사랑과 소속감의 욕구 (belonging)	• 다른 사람들과 사랑하고 나누고 함께 하고자 하는 속성을 의미한다. • 3가지 형태 : 사회 집단에 소속되고 싶은 욕구, 직장에서 동료들에게 소속되고 싶은 욕구, 가족에게 소속되고 싶은 욕구
힘과 성취의 욕구 (power)	• 경쟁하고 성취하여 중요한 존재로 인정받고 싶어 하는 속성을 의미한다. • 인간은 자신의 환경에 영향을 끼치며 어느 정도는 환경을 통제하고 싶어 한다.
자유의 욕구 (freedom)	• 선택, 독립, 자율성 등의 의미를 내포하며 각자가 원하는 곳에서 살고, 대인관계와 종교활동 등을 포함한 삶의 모든 영역에서 어떤 방법으로 삶을 영위해 나갈지 스스로 선택하고 싶어 하는 욕구를 의미한다. • 인간이 이동과 선택을 마음대로 하고 싶어 하고 내적으로 자유롭고 싶어 하는 속성을 의미한다.
즐거움의 욕구 (fun)	• 새로운 것을 배우고 놀이를 통해 즐기고자 하는 속성을 의미한다. • 모든 인간이 지니고 있는 기본적이고 유전적인 지시라고 할 수 있다.
생존의 욕구 (survival)	생명을 유지하고 생식을 통해 자신을 확장시키고자 하는 속성을 의미한다.

(3) 상담목표와 과정
① 상담목표
  ㉠ 내담자의 기본적인 심리적 욕구를 충족시켜 주는 좀 더 효율적인 방법을 찾도록 도와주는 것이다.
  ㉡ 내담자가 현실을 직면하고 올바른 판단을 해서 자신의 심리적 욕구를 현재보다 더 효과적으로 충족시켜 줄 수 있는 행동을 학습하도록 돕는다.
② 상담의 특징
  ㉠ 내담자가 정신질환을 앓고 있다는 개념을 용납하지 않고 내담자의 과거나 미래보다는 현재에 초점을 둔다.
  ㉡ 상담자는 전이의 대상이 아니며, 따뜻하고 인간적인 위치에서 내담자와 친밀한 치료관계를 맺는다.

> **괄호넣기**
> ( )은(는) 현실 상담의 기본 욕구 중 새로운 것을 배우고 놀이를 통해 즐기고자 하는 속성을 의미한다.
> [정답] 즐거움의 욕구

ⓒ 행동의 무의식적 원인을 배제하며, 행동의 진단보다는 내담자의 욕구 및 바람과 비교하여 그 행동선택을 평가하고, 행동의 도덕성과 책임감을 강조한다.

ⓔ 통찰이나 허용적인 태도를 통해 내담자의 행동이 변하기를 기대하기보다는 욕구충족을 위한 보다 효과적인 행동을 선택하고 실천하는 방법을 학습시키는 데 초점을 둔다.

③ 상담과정

ⓐ 상담관계를 형성한다.
ⓑ 현재 행동에 초점을 둔다.
ⓒ 행동을 평가한다.
ⓓ 활동계획을 짠다.
ⓔ 내담자로부터 다짐을 받아낸다.
ⓕ 내담자가 실행하지 못했을 경우, 변명을 받아들이지 않는다.
ⓖ 처벌을 사용하지 않는다.
ⓗ 절대 포기하지 않는다.

Plus Study | WDEP 체계

- 욕구(Wants), 요구 : 상담자는 내담자에게 바람에 대한 숙련된 질문을 하고 그들이 욕구를 만족시킬 수 있는 방법을 인식·정의하여 이를 보다 세련화시킬 수 있도록 격려한다.
- 방향과 행동(Direction and Doing) : 상담자는 내담자에게 전반적인 방향과 지금 무엇을 하고 있는지를 물어 스스로 통제할 수 있는 활동을 탐색하도록 한다.
- 평가(Evaluation) : 상담자는 내담자가 원하는 방향으로 가고 있는지를 평가하는 질문을 한다. 예를 들면, "당신은 현재 원하는 방향으로 가고 있는가"라는 질문을 하여 내담자가 자신의 행동을 평가할 수 있도록 한다.
- 계획과 실천(Planning and Commitment) : 내담자가 무엇을 변화시킬 것인가를 결정하면 공동으로 가능한 행동을 탐색하고 활동계획을 수립하고 이를 실천해야 한다.

(4) 상담기법과 적용

① 유머 사용 : 상담자는 때에 따라 적절한 유머를 사용하여 내담자의 긴장감을 풀어주어야 한다.

② 역설적 기법 : 언어 충격기법을 의미한다. 강력한 도구이기 때문에 충분히 훈련을 받은 상담자가 철저한 지도감독하에서만 실시해야 한다.

(5) 평 가

① 공헌점

ⓐ 학교나 소년원과 같은 교육기관에서 크게 효과가 기대된다.
ⓑ 긍정적이면서 활동적인 상담치료방법이다.

ⓒ 책임을 강조함으로써 문제행동의 원인이 내담자 자신에게 있음을 깨닫게 한다.
② 내담자의 변화 정도에 대해 스스로 평가하도록 한다.
⑩ 비교적 단기치료법이고, 의식적인 현재 행동의 문제를 다루고 있어 내담자가 자유와 책임을 감당할 수 있도록 용기를 준다.

② 한계점
㉠ 상담자의 가치나 도덕관이 지나치게 내담자에게 강요될 수 있다.
㉡ 무의식적 동기나 과거를 지나치게 무시한다.
㉢ 정신병은 무책임 때문이라고 하지만, 현실적으로는 자신에 대해 책임질 수 없는 사람이 많고 또 완전히 책임질 수 있는 사람도 없다.
㉣ 내담자가 자신의 해답을 찾는 대신에 상담자의 해결책을 받아들이도록 만들 위험이 있다.

바로 Check

현실치료에 관한 설명으로 옳은 것은?

① 기본 욕구에는 사랑과 소속, 힘과 성취, 자유, 즐거움, 자아실현의 욕구가 있다.
② 개인이 경험하는 현실세계는 감각체계와 직관체계를 거친다.
③ 전행동에는 활동하기, 생각하기, 관계하기의 세 가지 요소가 있다.
④ 3R에는 책임, 현실, 옳고 그름이 있다.
⑤ WDEP에서 W는 바람, D는 행동, E는 평가, P는 내담자를 의미한다.

해설 현실치료에서는 기본 욕구로서 사랑과 소속, 힘과 성취, 자유, 즐거움, 생존의 욕구를 강조한다. 개인이 경험하는 현실세계는 감각체계를 통해 접촉한다. 전행동은 활동하기, 생각하기, 느끼기와 신체반응으로 이루어진다. WDEP에서 P는 계획과 실천이다.

✅ 정답 ④

10 해결중심상담(Solution-focused Counseling)

(1) 주요 학자 : 스티브 드 세이저(Steve de Shazer), 김인수(Insoo Kim Berg)

> **Plus Study** 스티브 드 세이저
>
> 스티브 드 세이저(1940~2005)는 1940년 미국 밀워키에서 출생하였다. 밀워키 지역은 독일계와 폴란드계의 소수 민족이 모여 사는 지역으로 그는 어린 시절을 다문화적 환경에서 보냈다.
> 그는 건축에 관심이 있던 아버지의 요구에 따라 미술사와 건축과 철학을 공부하다가, 1971년 캘리포니아의 팰러앨토(Palo Alto)로 옮겨 사회학과 심리치료에 전념하게 된다. 특히 헤일리의 심리치료에 관심을 가졌고, 그 당시에 이미 에릭슨적 접근법들을 기초로 단기치료적 처치법들을 발전시키기 시작하였다. 팰러앨토에서 그는 장래의 배우자이며 작업동료인 김인수(1934~2007)를 만나게 된다. 드 세이저는 위스콘신 대학교에서 사회사업학 석사학위를 받았고, 그 후 팰러앨토에 있는 정신건강 연구소의 단기치료센터에서 연구하였다.
> 드 세이저와 김인수는 1908년 중반 이후, 미국은 물론 유럽과 아시아 그리고 뉴질랜드에서 많은 초청강연과 워크숍과 훈련과정들을 지도해 나갔다. 드 세이저는 해결중심 상담의 이론형성과 연구에 크게 기여하였고, 김인수는 임상과 교육 및 훈련에 많은 기여를 하였다. 두 사람은 한 팀이 되어 전 세계를 누비며 많은 초청강연과 워크숍을 진행하였다.
>
> 출처 : 김춘경 외(2010)

(2) 주요 개념

① 인간관
  ㉠ 인간은 근본적으로 건강하며, 누구나 자신의 문제를 해결할 수 있는 능력을 가지고 있다.
  ㉡ 상담자는 내담자를 문제를 지닌 자로 보지 않고, 자신이 지닌 자원 및 강점을 활용하지 못하고 있는 자로 본다.

② 기본 개념
  ㉠ **문제중심 접근과 해결중심 접근**
    ⓐ 해결중심 상담에서는 삶의 어려움을 성공적으로 해결하지 못한 것을 문제로 보기 때문에 문제에 대해 깊이 알려고 하기보다는 새로운 해결 방안을 찾는 것을 더 중요하게 생각한다.
    ⓑ 문제 해결을 위해서는 문제에 대해 더 많이 알아야 하는 것이 아니라 문제가 없거나 문제가 안 되는 상황에 대해 더 많이 알아야 한다.

나의 필기노트

Plus Study 문제중심 상담자의 질문 vs 해결중심 상담자의 질문

문제중심 상담자의 질문	해결중심 상담자의 질문
어떻게 도와 드릴까요?	상담이 도움이 된다는 것을 어떻게 아시나요?
문제에 대해 저에게 말씀해 주시겠습니까?	무엇을 변화시키기를 원합니까?
드러난 문제는 어떤 더 깊은 문제의 증상인가요?	우리는 당신이 집중하기를 원하는 핵심 주제를 규정하고 있나요?
문제에 대해 좀 더 상세히 말씀해 주시겠습니까?	문제에 대해 예외를 발견할 수 있습니까?
과거에 비추어 문제를 어떻게 이해할 수 있나요?	문제가 없어진다면 미래는 어떻게 될 것 같나요?
내담자는 자신을 어떻게 방어하는가?	내담자의 강점과 자질을 어떻게 사용할 수 있을까?
상담자와 내담자의 관계는 과거의 관계를 재연하는가?	상담자는 내담자와 어떻게 협력할 수 있을까?
상담이 몇 회 정도 필요할까?	목표를 충분히 달성했는가?

출처 : 김춘경 외(2010)

ⓛ 긍정적 관점 지향
ⓐ 임파워먼트(empowerment) : 개인, 집단, 가족, 지역사회가 내부 또는 외부에 있는 자원과 도구를 발견하고 확장하도록 돕는 과정을 말한다.
ⓑ 소속감 : 인간은 지역 사회에서 책임과 가치가 있는 구성원이 되고자 하는 욕구를 가지고 있고, 집단이나 조직의 구성원으로 소속되어 권리, 책임, 확신, 안전함 속에서 행복을 추구한다.
ⓒ 탄력성(resilience) : 엄청난 시련을 견딜 수 있는 능력을 의미한다.
ⓓ 치유 : 어려움에 당면했을 때 무엇이 자신에게 정당하고 무엇을 해야 하는지를 판단할 수 있는 지혜를 갖고 있으며, 이러한 지혜는 인간 유기체가 스스로 치유할 수 있는 능력이 있다는 것을 의미한다.
ⓔ 대화와 협동적 관계 : 사람은 일상생활에서 대화를 통해 상대방의 입장과 생각을 더 잘 이해하게 되며 관계를 회복하거나 문제를 해결하게 된다.
ⓕ 불신의 종식 : 내담자를 믿고자 하는 의지를 나타내는 개념이다.

③ 해결중심 상담의 기본 규칙
㉠ 문제가 없으면 손대지 마라.
㉡ 효과가 있으면 계속하라.
㉢ 효과가 없으면 그만둬라.

④ 해결중심 상담의 기본 가정
  ㉠ 항상 긍정적인 측면에 초점을 둔다.
  ㉡ 작은 변화는 생성적이므로 더 큰 변화를 야기할 수 있는 다양한 효과를 가진다.
  ㉢ 사람들은 더 나은 방향으로 변화하기를 원한다.
  ㉣ 예외상황은 해결점을 제시한다.
  ㉤ 문제분석을 피한다.
  ㉥ 협동작업은 있게 마련이다.
  ㉦ 사람들은 자신의 문제를 해결하기 위하여 필요한 자원을 가지고 있다.
  ㉧ 의미와 체험의 변화는 상호작용 속에서 일어난다.
  ㉨ 내담자가 전문가다.
  ㉩ 행동과 묘사는 순환적이다.
  ㉪ 상담자는 문제를 해결할 내담자의 의도를 신뢰한다.
  ㉫ 상담팀은 치료목표와 치료노력을 공유하는 사람들로 구성된다.
⑤ 해결중심 상담의 기본 원리
  ㉠ 병리적인 것 대신에 건강한 것에 초점을 둔다.
  ㉡ 내담자의 강점, 자원, 건강한 특성을 발견하여 상담에 활용한다.
  ㉢ 탈이론적, 비규범적이며 내담자의 견해를 존중한다.
  ㉣ 일차적으로 단순하고 간단한 방법을 사용한다.
  ㉤ 항상 변화는 일어나며 불가피한 것이다.
  ㉥ 현재에 초점을 맞추며 미래 지향적이다.

(3) 상담목표와 과정

① 상담목표
  ㉠ 내담자가 이미 문제 해결의 자원과 강점을 지니고 있다고 믿기 때문에 내담자가 가지고 있는 자원을 활용하여 상담목표를 이루어 나가도록 돕는다.
  ㉡ 내담자와 함께 내담자가 원하는 목표를 세우는 것을 중요하게 생각하는데, 내담자가 가지고 오는 목표가 윤리적이고 합리적이면 그것이 상담의 목표가 된다.
  ㉢ **목표설정의 원칙**
    ⓐ 내담자에게 중요한 것을 목표로 한다.
    ⓑ 작은 것을 목표로 한다.
    ⓒ 구체적이고 명확하며 행동적인 것을 목표로 한다.
    ⓓ 문제를 없애는 것보다는 긍정적인 행동에 관심을 둔다.

ⓔ 목표를 종식보다는 시작으로 간주한다.
ⓕ 내담자의 생활에서 현실적이고 성취 가능한 것을 목표로 한다.
ⓖ 목표수행을 힘든 일로 인식한다.

② 상담과정
㉠ 첫 회기 상담과정
ⓐ 상담구조와 절차 소개, 상담 분위기 조성
ⓑ 문제 진술
ⓒ 예외 탐색
ⓓ 상담목표 설정
ⓔ 해결책 정의
ⓕ 메시지 작성
ⓖ 메시지 전달
㉡ 첫 회기 이후의 상담과정
ⓐ 이끌어 내기
ⓑ 확장하기
ⓒ 강화하기
ⓓ 다시 시작하기

(4) 상담기법과 적용
① 질문기법
㉠ **상담 전 변화에 관한 질문** : "처음 상담을 약속했을 때와 오늘 상담을 받으러 오기 전까지 상황이 좀 나아지셨습니까? 전화로 약속하고 오늘 오시기까지 어떤 변화가 있었나요?"
㉡ **예외질문** : "최근 문제가 일어나지 않은 때는 언제였습니까? 문제가 해결되었다면 그것을 어떻게 알 수 있겠습니까? 문제가 발생하지 않았다는 것을 어떻게 압니까? 문제가 발생하는 상황과 발생하지 않는 상황에서 차이점은 무엇입니까?"
㉢ **기적질문** : "당신이 밤에 잠이 들었을 때 기적이 일어나서 당신이 상담을 받으러 온 문제들이 모두 사라졌다고 상상해 보세요. 당신이 잠든 사이에 일어난 일이기에 당신은 기적이 일어났는지 모릅니다. 그런데 당신이 아침에 일어나서 지난밤에 기적이 일어났다는 것을 알 수 있었어요. 그렇다면 무엇을 보면 기적이 일어났다는 것을 알 수 있을까요?"
㉣ **척도질문** : "1점에서 10점까지 있는 척도에서 1점은 문제가 가장 심각했던 최악의 상태를 나타내는 점수이고, 10점은 당신이 가지고 있는 문제가 다 해결된 것을 나타내는 점수라고 가정한다면 지금의 상태는 몇 점이라고 생각하세요? 그렇다면 지금의 점수에서 몇 점이 되면 만족하시겠어요?"

OX 퀴즈

"어떻게 하면 덜 고통스러웠던 상황이 다시 일어날 수 있을까요?"는 예외질문이다. [ ]

[정답] ○

[해설] 예외질문은 어떤 문제도 예외는 있다는 것을 믿고 예외 발견 질문을 통해 문제가 일어나지 않은 상황을 찾아낸다.

ⓜ **대처질문** : "그 어려운 상황 속에서 어떻게 견딜 수 있었나요? 어떻게 해서 상황이 더 이상 나빠지지 않았나요? 어떻게 죽지 않고 살아남을 수 있게 되었습니까? 그런 악조건에서 어떻게 참고 견뎌낼 수 있었습니까?"

ⓗ **관계성 질문** : "엄마가 여기 계시다고 생각해 보자. 너의 어떤 점이 변화되면 엄마께서 너의 생활태도가 나아졌다고 말씀하시겠니? 엄마에게 너의 문제가 해결되면 무엇이 달라질까를 묻는다면 엄마는 뭐라고 말씀하실까?"

ⓢ **악몽질문** : "오늘 밤에 잠자리에 들었다고 가정해 봅시다. 당신은 한밤중에 악몽을 꾸었습니다. 오늘 여기에 가져온 모든 문제가 갑자기 더 많이 나빠진 것입니다. 내일 아침에 무엇을 보면 악몽 같은 인생을 살고 있다는 것을 알 수 있을까요?"

ⓞ **간접적인 질문** : "엄마가 소리를 지를 때 잠시 참으면 상황이 더 악화되지 않는다는 것을 어떻게 아셨나요? 그런 상황에서 화를 참기가 쉽지 않은데, 어떻게 그렇게 조용히 참아낼 수 있으셨나요?"

ⓩ **'그 외에 또 무엇이 있습니까?' 질문** : "그 외에 또 무엇이 있습니까? 뭐가 더 있을까요? 더 좋은 생각은 없을까요? 이전에 말한 것과 연결시켜 또 다른 게 있을까요? 또 다른 좋은 생각이 없습니까?"

② 메시지 전달기법

㉠ 해결중심 상담에서는 상담을 종료하고 5~10분 휴식 시간을 가진 후 상담 회기에 대한 피드백을 '메시지'라는 형태로 전달한다.

㉡ 이때 전달되는 메시지는 교육적 기능, 정상화의 기능, 새로운 의미의 기능, 과제의 기능을 가지고 있으며 칭찬, 연결문, 과제로 구성된다.

> **바로 Check**
>
> 사례에서 상담자가 사용한 해결중심 상담의 질문기법으로 옳은 것은?
>
> 내담자 : 너무 힘들어서 죽고 싶었어요.
> 상담자 : 그렇게 힘든 상황 속에서 어떻게 견딜 수 있었나요?
>
> ① 예외 질문   ② 기적 질문   ③ 대처 질문
> ④ 척도 질문   ⑤ 관계성 질문
>
> **해설** 대처질문은 자신의 미래를 매우 절망적으로 보아 아무런 희망이 없다고 생각하는 내담자에게 주로 사용한다.
>
> ✓ 정답 ③

11 > 교류분석(TA; Transactional Analysis)

(1) 주요 학자 : 에릭 번(Eric Berne)

> **Plus Study** 에릭 번
>
> 에릭 번(1910～1970)은 의사교류분석의 창시자로 1935년 캐나다 몬트리올의 맥길 대학에서 M.D.를 취득하였고 그 후 미국의 예일 대학에서 단기간 정신의학에 대한 전문의 실습을 받았다. 그가 집단치료를 실험한 것은 미 육군에 군의관으로 근무하던 때였다. 집단작업의 가능성에 고무되어 번은 점차로 개인적인 정신분석치료에 흥미를 잃게 되었다.
> 전쟁이 끝난 후 미국 캘리포니아주 카멜에 집을 마련하고 에릭슨과 함께 그의 정신분석학에 대한 연구를 하였다. 샌프란시스코와 카멜에서 정신의학자로 일하면서 그는 내담자들을 계속 관찰하여 성격의 구조와 기능에 대한 결론을 끌어냈다. 그의 탐색연구들은 1950년대 중반 대부분의 정신의학자들의 연구들과는 정반대의 생각으로 귀결되었다. 46세에 그는 정신분석학회의 회원으로 돌아왔다. 그는 전통적인 정신분석치료의 기본가정에 도전하였으나 곧 전통적인 훈련을 포기하였으며 그가 교류분석이라고 부르는 방법을 시행하기 시작하였다.
> 1964년에 그의 책〈사람들이 하는 게임들〉은 국제적인 베스트셀러가 되었다. 동시에 그의 새로운 치료접근법은 정신분석학으로부터 급속히 분리되었으며 폭넓은 지지를 받게 되었다. 1960년대 말에 그의 이론은 거의 완성되었다.
>
> 출처 : 김충기 & 강봉규(2006)

(2) 주요 개념

① 인간관
  ㉠ 인간은 자율적인 존재이다.
  ㉡ 인간은 자유로운 존재이다.
  ㉢ 인간은 선택할 수 있는 존재이다.
  ㉣ 인간은 책임질 수 있는 존재이다.

② 기본 개념 빈출
  ㉠ 자아 상태

어린이 자아 (C; Child)	• 출생 후 5세경까지의 외적 사태들에 대한 감정적 반응으로서 외적 사태에 대한 어린아이의 감정적 반응체제가 내면화된 것이다. • 순응하는 어린이 자아(AC; Adapted Child), 자유스러운 어린이 자아(FC; Free Child)
어버이 자아 (P; Parent)	• 부모나 그 외 정서적으로 중요한 인물, 형제 및 이와 비슷한 사람들의 행동이나 태도로부터 영향 받아 형성된 것이다. • 양육적 어버이 자아(NP; Nurturing Parent), 비평적 혹은 통제적 어버이 자아(CP; Critical or Controlling Parent)

OX 퀴즈

교류분석 상담은 인간에 대해 신뢰롭지 못하고, 나약한 존재라는 등의 부정적인 입장을 가지고 있다. [ ]

[정답] ✕
[해설] 교류분석 상담은 인간이 자율적이고, 자유로우며 스스로 선택할 수 있고, 책임질 수 있는 존재라고 본다.

성인(어른) 자아 (A; Adult)	• 18개월부터 발달하기 시작하여 12세경이면 정상적으로 기능하게 된다. • 사고와 합리적 행동이 그 특성으로, 내적 욕구와 외적 욕구를 중재하는 중재자다.

 나의 필기노트

ⓛ **대화 분석** : 구조 분석에 의해서 명확하게 된 자아 상태, 즉 P, A, C의 이해를 기반으로 하여 일상생활 속에서 주고받은 말, 태도, 행동 등을 분석하는 것이다.

ⓐ 상보적 교류(complementary transaction) : 2개의 자아 상태가 상호 관여하고 있는 교류로서, 발신자가 기대하는 대로 수신자가 응답해 가는 것이다.

ⓑ 교차적 교류(crossed transaction) : 3개 또는 4개의 자아 상태가 관여하고 있는 것으로, 발신자가 기대하는 응답이 아닌 예상 밖의 응답이 나올 때 일어나는 교류이다.

ⓒ 이면적 교류(ulterior transaction) : 상대방의 하나 이상의 자아 상태를 향해서 상보적 교류와 잠재적 교류가 동시에 작용하는 복잡한 교류이다.

ⓒ **각본 분석**(script analysis)

ⓐ 대화 분석에서는 전의식 속에 내재해 있는 삶의 이야기를 각본 또는 생활각본이라고 한다.

ⓑ 각본은 어린 시절에 기록되는 삶의 이야기이며 주요 줄거리는 7세 이전에 거의 완성된다.

ⓔ **스트로크**(strokc)

ⓐ 스트로크는 사람이 피부 접촉, 표정, 감정, 태도, 언어, 기타 여러 형태의 행동을 통해서 상대방에 대한 자신의 반응을 알리는 인간 인식의 기본 단위를 말한다.

ⓑ 인간의 만남은 연속되는 스트로크의 교환으로 이루어지는 셈이며, 인간의 성장이나 문제해결을 위한 상담의 내용은 스트로크의 분석으로 이해될 수 있다.

ⓜ **게임**(game)

ⓐ 초기결정을 지지할 목적에서 이루어지며 유쾌한 감정을 가장하고 인생각본을 추진시키기 위한 교류로서 시간을 구조화하는 하나의 방법이다.

ⓑ 게임은 스트로크를 얻기 위한 수단이며, 이를 위해 시간을 구조화한다.

ⓑ 생활태도

생활태도	특 징
자기 긍정 – 타인 긍정 (I'm OK – You're OK)	• 나도 너도 모두 OK로서, 건설적이며 전향적인 인생관을 가지고 있는 사람이다. • 나를 긍정하고 타인을 긍정하므로 떳떳한 인간관계를 갖게 되고, 타인을 긍정함으로써 타인과의 사이에 따뜻한 교류가 이루어져서 원만한 인간관계를 맺게 된다.
자기 부정 – 타인 부정 (I'm not OK – You're not OK)	• 너도 나도 모두 OK가 아니라는 것으로서, 비건설적인 인생관을 가지고 살아가는 사람이다. • 자칫하면 자신의 틀에 박혀 살아갈 수 있으며, 대인관계가 소극적이다.
자기 긍정 – 타인 부정 (I'm OK – You're not OK)	• 나는 OK지만 타인은 OK가 아니라는 것으로, 자신은 긍정하지만 타인에게는 배타적인 차별적 인생관을 갖고 살아가는 사람이다. • 타인에게는 비판적이며 자신을 적극적으로 주장하는 경향이 있다.
자기 부정 – 타인 긍정 (I'm not OK – You're OK)	• 나는 OK가 아니지만 타인은 OK라는 것으로, 열등감이나 무력감을 수반한 인생관을 갖고 살아가는 사람이다. • 자신을 희생하고서라도 타인과의 관계를 잘 하려는 경향이 있다.

(3) 상담목표와 과정

① 상담목표

㉠ 혼합 없이 성인 자아가 정상적으로 기능할 수 있도록 한다.
　✎ 혼합 : 하나의 자아 상태의 내용이 또 다른 자아 상태와 혼합될 때 발생

㉡ 배타 없이 상황에 따라 P, A, C가 적절히 기능할 수 있도록 한다.
　✎ 배타 : 어버이 자아, 어른 자아, 어린이 자아의 경계가 지나치게 경직되어 심적 에너지의 이동이 거의 불가능한 상태

㉢ 부모의 금지령에 따라 자신이 내린 초기결단을 각성시켜 게임에서 벗어나게 한다.

㉣ 초기결단에 근거한 생활각본을 새로운 결단에 근거한 '자기 긍정 – 타인 긍정'의 생활 각본으로 바꾸게 한다.

② 상담과정

㉠ **계약** : 상담자와 내담자 모두가 수용 가능한 상담목표 설정, 상담자의 노력에 상응하는 내담자의 노력 투입, 상담자와 내담자의 능력과 한계를 분명하게 설정하는 것, 상담자와 내담자의 제한점과 책임사항 등이 포함된다.

ⓒ **구조분석** : 내담자로 하여금 현재 자신의 자아 상태가 균형 있게 기능하지 못하는 원인을 찾아 그것을 수정하기 위하여 이루어지는 단계이다.
ⓒ **교류분석** : 내담자가 어떤 유형의 의사교류를 하고 있는지를 알아보고, 그러한 의사교류가 발생시키는 문제가 무엇인지 확인하여 내담자의 문제해결을 돕는 단계이다.
ⓔ **게임분석** : 상담자가 내담자에게 게임의 의미와 그 유형을 이해시키고 내담자의 암시적 의사교류가 어떻게 형성, 유지되는지를 함께 찾아보는 단계이다.
ⓜ **각본분석** : 내담자에게 각본의 의미와 종류에 대해 이해시키고, 내담자가 가지고 있는 각본을 찾아본다. 특히 내담자의 문제행동과 관련된 각본을 확인시켜 이러한 각본이 어떻게 형성되었는지를 분석하는 단계이다.
ⓑ **재결단**(재결정) : 내담자가 문제 있는 각본이나 의사교류, 게임, 배타와 혼합 등으로부터 탈피하여 자율적이고 정상적인 자아 상태를 회복하고 긍정적인 생활자세로 돌아오도록 하는 단계이다.

(4) 상담기법과 적용

① 상담 분위기 조성 기법
　㉠ **허용** : 상담자는 내담자로 하여금 자신의 모든 자아 상태를 경험하도록 하고, 게임을 하지 않아도 될 수 있는 분위기를 허용해야 한다.
　㉡ **보호** : 상담자는 내담자의 반응에 대해 안심시키고 지지함으로써 내담자가 더욱 안전하게 새로운 자아를 경험하도록 한다.
　㉢ **잠재력** : 상담자는 자아 상태, 의사 교류, 게임, 각본 등과 관련된 내용을 분석하고 바람직하게 변화시킬 수 있는 상담기술을 소지하고 있어야 한다.

② 조작기법
　㉠ **질문** : 상담자는 내담자가 성인 자아로 반응할 때까지 질문을 한다.
　㉡ **특별 세부반응** : 내담자가 자신의 특별한 행동의 원인에 대해서 어떤 반응을 했을 때, 그 반응에 상담자가 동의함으로써 내담자가 보다 분명하게 그 반응을 보이도록 돕는다.
　㉢ **직면** : 내담자의 행동이나 진술이 일관되지 않거나 모순적임을 발견할 때 상담자가 지적해 주는 것이다.
　㉣ **설명** : 상담자가 성인자아 대 성인자아의 입장에서 내담자에게 가르치는 것이다.

- ⓜ **예시** : 상담자가 내담자에게 긴장을 풀고 뭔가를 가르쳐 주는 것이다.
- ⓑ **확립** : 직면으로 사라졌던 내담자의 행동이 원래의 행동으로 재발할 때 상담자가 내담자에게 과거행동을 아직도 완전히 버리지 못했으니 더욱 열심히 노력하라고 지적해 주는 것이다.
- ⓐ **해석** : 상담자가 내담자의 행동 이면에 숨어 있는 원인을 각성할 수 있도록 도와주는 것이다.
- ⓞ **구체적 종결** : 상담자가 내담자의 생활자세를 성인자아 대 성인자아의 입장에서 명료화할 때 사용되는 것이다.

(5) 평가

① 공헌점
  ㉠ 대인관계에 있어서 의사소통의 질을 개선할 수 있는 구체적인 방안을 제시한다.
  ㉡ 효율적인 부모 역할에 대한 터전을 마련해 주었다.
  ㉢ 교류분석 상담에서 사용되는 개념들은 쉬운 이해와 적용이 가능하다.

② 제한점
  ㉠ 주요 개념들이 인지적이기 때문에 지적 수준이 낮은 내담자에게는 부적합하다.
  ㉡ 교류분석 상담이론과 개념들의 타당성을 검증하거나 지지하기 위한 경험적 연구가 부족하다.
  ㉢ 개념에 있어서 새롭거나 독특한 면이 부족하다.

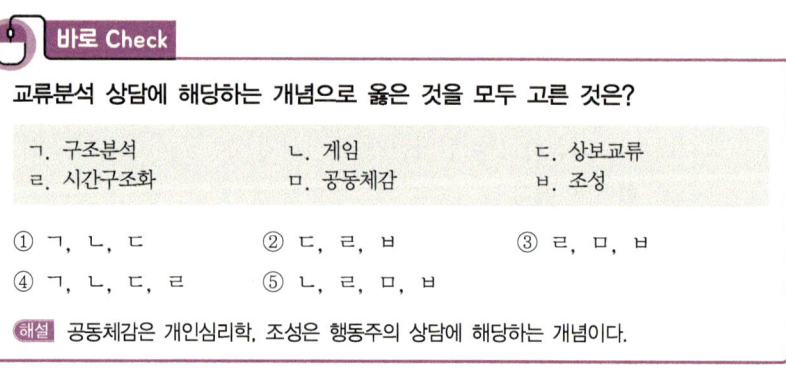

12 여성주의 상담(Feminist Counseling)

(1) 주요 개념
① **여성주의 가치관** : 여성주의 상담의 형태는 개개인의 상담자가 여성주의적 가치기준과 접근방식을 어떻게 혼합하는가에 따라 다양한 방식으로 결정된다.
② **개인의 변화를 넘어 사회적인 변화를 추구** : 여성들이 가지고 있는 힘을 깨닫고 스스로 자유로워지도록 하는 것이 의식화이자 심리상담의 목표이다.

(2) 상담원리와 목표
① 상담원리
  ㉠ **여성문제를 이해하는 관점**(엔스)
    ⓐ 개인적인 것이 정치적이다.
    ⓑ 증상은 의사소통 적응의 도구이다.
  ㉡ **상담관계에서의 원리**
    ⓐ 여성주의적 가치와 태도를 설명한다.
    ⓑ 내담자를 유능하게 본다.
    ⓒ 내담자와 상담자를 평등하게 본다.
    ⓓ 내담자와 계약을 맺고 상담목표를 합의한다.
② 상담목표
  ㉠ **적응이 아닌 변화를 위한 상담** : 개인적인 문제는 사회적인 변화를 통해 궁극적인 해결이 가능하기 때문에 변화의 목적 또한 사회운동에서의 참여를 강조한다.
  ㉡ **평등성의 강화** : 내담자가 사회에서 개인적인 평등을 이룰 수 있도록 경제적인 능력을 강조한다.
  ㉢ **수행성과 친교성의 균형** : 남성적 특성인 수행성과 여성적 특성인 친교성이 개인에게 의미 있는 방법으로 유연하고 적절하게 균형을 이루어야 한다고 강조한다.
  ㉣ **역량강화** : 사회권력구조의 분석, 여성들이 무력감을 느끼도록 어떻게 사회화되었는지에 대한 토론과 인식, 여성들이 개인적·관계적·제도적 영역에서 어떻게 힘을 성취하는지에 대한 발견, 여성의 이익을 옹호하는 기술의 사용 등을 포함한다.

OX 퀴즈
밀러의 관계 모형은 여성의 경험으로부터 창안된 이론으로, 여성을 긍정적으로 보고 여성의 삶의 다양성과 복잡성을 망라하고 있다. [ ]
[정답] ○

ⓜ **자기양육** : 자신을 돌보는 행동을 통해 즐거움과 지배의 느낌을 경험하도록 한다.
ⓑ **다양성의 인정** : 다양한 배경의 여성의 삶에 대한 이해를 풍부하게 하고 편견 없이 대하도록 한다.

> **바로 Check**
>
> 여성주의 상담에 관한 설명으로 옳지 않은 것은?
> ① 차별적이고 가해적인 사회제도를 변화시키는 것은 여성주의 상담목표를 벗어난다.
> ② 밀러(J. Miller)의 관계 모형에서 여성은 타인과 연결되어 있다고 느낄 때 존재 가치를 인정받는 것으로 지각한다.
> ③ 내담자의 문제는 개인적 특성에 의해서라기보다 사회·정치적 환경에 의해 더 잘 유발된다.
> ④ 여성주의 상담은 성에 대한 도식, 관계의 중요성, 다중 정체성 등을 다룬다.
> ⑤ 성(性) 차이는 선천적이라기보다 사회화에 의한 것이다.
>
> 해설 여성주의 상담은 평등성의 강화에 목표를 둔다.
>
> ☑ 정답 ①

13 다문화 상담(Multicultural Counseling)

(1) 개념

① 다문화란 서로 다른 문화가 부딪치고 영향을 주고받는 가운데 각 문화를 연결시키고 조화롭게 적용하고자 하는 사회적 필요성을 의미한다.
② 문화의 개념은 성별, 주거지역, 나이, 교육적 배경까지도 포괄하는 광의의 개념과 국가, 민족, 종족의 테두리에서 이해되는 협의의 개념으로 이해할 수 있다.

(2) 대상 : 북한이탈주민, 국제결혼가족, 외국인 근로자·유학생

(3) 특징

① **상담관계** : 상담자는 내담자의 출신문화를 존중하고, 문화적 역량을 강화하며 타문화에 대한 지식과 이해를 넓히는 의도적인 노력을 기울여야 한다.
② **상담목표**
 ㉠ 상담목표를 설정할 때는 내담자 개인만 고려하는 것에서 더 나아가

그 목표를 실현했을 때 내담자가 가족 맥락에서 생활하면서 얼마나 혜택을 얻을 수 있는지에 주목해야 한다.
ⓒ 상담목표가 내담자의 주류사회 적응뿐만 아니라 이중문화 정체성을 확고히 하는 데 도움이 되어야 한다.
③ 진단
㉠ 내담자에게 병리가 있음을 암시하는 진단을 내려야 할 경우, 내담자의 문화적 배경을 충분히 고려하고 검토해야 한다.
ⓒ 진단보다는 내담자의 세계를 이해하려는 접근이 더 중요하다.

(4) 상담원리
① 도움의 범위가 포괄적이어야 한다.
② 문화를 포괄적이고 역동적으로 정의해야 한다.
③ 확대된 관계체계와 전체적인 시각에서 도울 수 있는 방법을 모색해야 한다.
④ 평가에 함의된 사회정치적 맥락을 이해해야 한다.
⑤ 문화의 복합성을 이해해야 한다.

(5) 상담자의 자질
① 차이에 대한 자각과 수용이 있어야 한다.
② 자기 인식력을 가져야 한다.
③ 차이의 역동에 대한 대응이 필요하다.
④ 내담자의 문화에 대한 지식을 갖추어야 한다.
⑤ 상담기술을 문화적으로 적용해야 한다.

바로 Check

다문화 상담 역량을 갖춘 상담자의 자질로 옳은 것을 모두 고른 것은?

ㄱ. 다른 문화적 배경을 가진 내담자가 자신의 영적 멘토에게 자문을 구하지 않도록 한다.
ㄴ. 내담자의 문화적 배경에 대해 구체적인 정보와 지식을 학습한다.
ㄷ. 다문화적 관점을 발전시키기 위해 일상에서 소수자들을 접할 기회를 갖는다.
ㄹ. 자신의 가치관과 편견이 다른 문화권의 내담자를 상담할 때 방해가 될 수 있음을 안다.

① ㄱ, ㄴ   ② ㄴ, ㄷ   ③ ㄷ, ㄹ
④ ㄴ, ㄷ, ㄹ   ⑤ ㄱ, ㄴ, ㄷ, ㄹ

해설 다른 문화적 배경을 가진 내담자는 자신의 영적 멘토와 라포를 형성하고 지속적인 관계를 맺는 것이 정서적 안정에 도움이 된다.

정답 ④

14 통합적 접근(Integral Approach)

(1) 개 념
① Frederick Thorne이 제창한 이론으로 문제의 성질에 따라서 여러 가지의 상담이론(방법) 중 적절한 것만 선택하여 적용시키는 것이다.
② 어느 특정의 이론이나 방법으로는 문제해결에 부족할 경우 적절한 상담기법을 선택하고 적용하는 이론이다.

(2) 상담과정
① 상담관계를 형성하고 문제의 원인, 불안의 증상을 추측하여 상담을 진행시킨다.
② 상담자는 특별히 능동적인 태도를 사용할 필요가 없는 한 대체로 수동적인 태도를 취한다.

(3) 장 점
① 부적응 행동의 원인을 광범위하게 취급한다.
② 여러 가지 이론과 방법을 적용시킴으로써 상담에 있어서 독단과 과오를 최소한 줄일 수 있다.
③ 효과적인 방법을 선택적으로 활용함으로써 다양화, 효율화의 특징을 가질 수 있다.
④ 상담과 심리치료를 체계화하여 통일된 이론을 전개하려고 함으로써 상담의 이론과 실제를 타당성 있고 신뢰성 있게 발전시켰다.

(4) 제한점
① 다양한 문제에 대해서 아직은 변별적 처치를 할 수 없다.
② 상담자가 여러 가지 상담방법과 기술을 숙달한다는 것에 현실적으로 어려움이 많다.
③ 상담자의 대부분은 상담 접근방법을 바꾸는 데 익숙하지 않고 원하지 않는다.
④ 내담자에게 어떤 방법이 가장 적합한지를 결정하기가 힘들다.

15 절충적 접근(Eclectic Approach)

(1) 개 요
① 주로 인지, 정의, 환경 등의 영역을 각기 강조하는 여러 가지 접근과 이론을 체계적으로 종합하여 효과적이고 과학적으로 좀 더 타당한 상담절차를 발전시키고 포괄적인 이론을 발전시키는 노력의 소산이다.
② 최근엔 단순히 두 이론만의 절충이 아니라, 상담자가 오랜 경력을 쌓으면 자연적으로 독창적인 접근을 시도할 수 있게 된다는 사실과 인간은 유일한 존재라는 명제에 비추어 볼 때 절충적 상담의 정당성이 인정된다.

(2) 철학적 가정
① 만일 상담을 개인 특성적인 것으로 본다면 상담은 상담자 개인에 따라 유일성을 지녀야 하며, 상담자와 내담자 간의 관계를 맺는 방법에도 그 나름의 원칙이 있어야 한다.
② 상담자는 자기 자신, 현존하는 상담이론, 성격발달과 학습이론, 남을 지각하고 이해하는 방법 등에 관하여 충분한 지식과 소양을 지니고 있어야 한다.
③ 상담자는 타인과의 관계에서 일관성을 유지할 수 있어야 하는데, 이는 자기 나름의 일정한 이론에 입각하여 행동할 수 있음을 의미한다.
④ 상담자는 틀에 박힌 격식화된 접근방법에서 벗어나 자신에게 알맞은 개인적인 상담 유형을 발전시켜야 한다.

(3) 상담의 절차
① 알려져 있는 모든 상담과 심리치료 이론을 수집하여 정리한다.
② 각각의 상담방법이 실제로 어떻게 사용되고 있는지 조작적이고 행동적인 양식으로 기술한다.
③ 각각의 상담방법에 포함되어 있는 심리적 역동성을 분석한다.
④ 각 상담방법에 내포되어 있는 성격병리 또는 행동병리에 대한 실험 및 임상연구를 통하여 타당성을 검토하여 하나의 종합적 행동병리 체계를 수립한다.
⑤ 각각의 상담방법이 효과적으로 적용될 수 있는 문제와 적용해도 별다른 효과가 없는 문제를 명백하게 확인한다.

⑥ 논리적으로 타당하고 경험적으로 유용한 기준을 설정하여 상담효과를 측정할 수 있도록 한다.
⑦ 상담이 실제에 적용되었을 경우 그 효과에 대한 검증과 실험 연구를 한다.
⑧ 진단과 상담방법의 적용이 이루어졌으면 상담의 최초 단계에서 최종 단계까지 예측하고 통제할 수 있게 한다.

Section 03 청소년상담의 실제

학습포인트 청소년상담의 실제에 있어 상담계획과 준비, 상담목표, 상담과정과 절차 및 상담기술과 기법에 대해 이해한다.

1 상담계획과 준비

(1) 상담준비
① 상담실은 적절한 방음시설을 갖추어야 한다.
② 상담실 내부의 시설과 환경은 아늑하고 편안해야 한다.
③ 상담실 조명은 내담자에게 햇빛이나 불빛이 직접 영향을 주지 않도록 세심하게 배려해야 한다.
④ 상담신청서를 작성하는 접수실의 직원은 최대한 친절하고 부드럽게 내담자를 맞이하고 질문에 성실하게 응해야 한다.

(2) 접수면접
① 개요
  ㉠ 처음 상담실에 온 내담자를 맞이하는 면접이다.
  ㉡ 접수면접은 내담자가 선호하거나 내담자의 문제와 관련하여 최선의 치료적 효과를 거둘 수 있을 것으로 예측되는 것을 파악해 내기 위한 최소한의 정보를 얻는 것으로 만족해야 한다.
  ㉢ 대략 15~30분 정도 소요된다.
② 접수면접자의 역할
  ㉠ 상담 진행과정에 대한 설명과 진행될 예상 회기에 대해 알려준다.
  ㉡ 비밀보장에 대해 알려준다.
  ㉢ 내담자에 대한 여러 가지 기초정보를 수집해야 한다. 스스로 작성한 기록이나 실제 면담을 통하여 가족관계, 사회경제적 수준, 이전 상담경험, 주요 호소문제, 상담실에 오게 된 경위 등을 파악한다.

 나의 필기노트

(3) 첫면접

① **첫면접**(First Interview) : 상담자와 내담자가 처음으로 만나는 장면으로써, 라포 형성의 첫발을 내딛는 만남이다.
② 상담자와 내담자는 각자 다양한 불안과 기대를 가지고 상대를 만나게 된다.

> • 내담자의 불안과 기대
>   - 내가 어떤 사람으로 보일까?
>   - 상담자가 나를 도와줄만한 능력이 있을까?
>   - 내 문제가 해결될 수 있을까?
> • 상담자의 불안과 기대
>   - 내담자에게 능력 없는 상담자나 초심상담자로 보이지 않을까?
>   - 상담 중 돌발 상황이 일어나면 어쩌지?

③ **첫면접의 진행** : 최초 대화 → 내담자의 설명 → 구조화 및 마무리 → 다음 상담 예약

  ㉠ **최초 대화**(도입)
    ⓐ 최초 대화는 구조화의 시작이다.
    ⓑ 상담자는 간략하게 자기소개를 한다.

  ㉡ **내담자의 설명**
    ⓐ 상담자의 최초 대화에 내담자가 설명하는 식으로 이루어진다.
    ⓑ 상담자는 내담자에게 대화의 주도권을 주면서도 초점을 잡아주는 노력을 기울인다.

  ㉢ **구조화 및 마무리**
    ⓐ 마무리할 때는 내담자 문제의 요약과 이해를 전달하고 내담자의 소감을 청취한다.
    ⓑ 소감을 청취하는 것은 상담의 방향을 제대로 잡아가고 있는지 확인하기 위함이다.
    ⓒ 상담자도 소감을 말할 수 있으며, 이에 대한 내담자의 반응을 확인할 수 있다.

  ㉣ **다음 상담 예약**
    ⓐ 소감을 들은 후 다음 번 면담을 위한 시간 정하기가 필요하다.
    ⓑ 첫면접을 마치기에 아쉬운 느낌이 든다면, 아쉬운 점이 있더라도 다음에 더 이야기할 수 있음을 알린다.

2 상담목표

(1) 일반적 목표
① **행동변화의 촉진** : 내담자가 생산적이고 만족스런 삶을 살 수 있도록 행동의 변화를 가져오는 것을 목표로 한다.
② **대처기술의 향상** : 내담자가 새로운 사태나 요구에 직면하였을 때 대처해 나가도록 돕는다.
③ **의사결정력 증진** : 내담자가 정보를 수집하고 결정하는 데 나쁜 영향을 미친다고 여겨지는 개인적 특징이나 정서적으로 걱정되는 점을 명확히 해 준다.
④ **대인관계 능력 신장** : 타인과의 관계의 질을 향상시키도록 돕는다.
⑤ **잠재능력 촉진** : 개인의 타고난 능력을 발견하고 계발하여 자아실현을 할 수 있도록 돕는다.
⑥ **자유롭고 책임 있는 행동의 증진** : 내담자가 자유의지로써 스스로 행동하고 결과를 책임질 줄 알아야 한다.
⑦ **부정적 감정의 이해와 관리** : 내담자가 가지고 있는 부정적 감정을 이해하기 위해 노력하며, 고도의 불안이나 슬픔, 분노를 다스릴 수 있도록 도와주어야 한다.

(2) 소극적 목표 ●빈출
① **문제해결** : 내담자 스스로 문제라고 생각하는 것을 해결할 수 있도록 돕는다.
② **적응** : 내담자의 다양한 욕구를 다루어 훌륭하게 적응할 수 있도록 돕는다.
③ **치료** : 내담자의 심리적 상처를 치료해 준다.
④ **예방** : 폭력, 가출, 범죄나 비행 등 인간이 가질 수 있는 문제를 사전에 예방한다.
⑤ **갈등해소** : 내담자가 심리적 및 대인 간 갈등을 극복하고 해소하도록 돕는다.

(3) 적극적 목표 ●빈출
① **긍정적 행동변화** : 가정, 학교, 직장 등의 생활에서 내담자로 하여금 보다 생산적이고 만족스러운 삶을 누릴 수 있는 적극적이고 긍정적인 행동변화를 가져오게 한다.
② **합리적 의사결정** : 교육, 직업, 결혼 및 기타 수많은 선택과 결정에서 합리적, 현실적, 논리적, 융통성 있는 의사결정을 하도록 지원한다.
③ **전인적 발달** : 잠재적 능력을 개발하고 인간 특성을 조화롭게 발달시킨다.

④ **자아존중감** : 성격발달은 물론 인간의 적응행동 등 삶 전체에 걸쳐 영향을 미치는 긍정적 자아개념을 형성하고 발달시킨다.
⑤ **개인적 강녕** : 강녕이란 건강하고 편안하다는 의미로, 신체적인 것뿐 아니라 사회적으로 평화롭고 안정되어 있으며 정신적으로 굳세고 흔들림이 적은 것이다.

3 상담과정과 절차

(1) 초기단계

① 호소 문제의 확인
  ㉠ 내담자는 상담을 받으러 올 때 반드시 이유를 가지고 있다. 따라서 상담자는 내담자에게 무엇이 문제인지를 반드시 확인하여야 한다.
  ㉡ 내담자가 안고 있는 문제의 배경이나 원인이 무엇인지 탐색한다. 상담을 받으려는 이유가 무엇이고 문제 행동이 무엇인지를 어느 정도 파악한 뒤, 그 문제가 발생한 배경이나 원인이 어디에 있는지 찾는다.
  ㉢ 내담자가 상담 받고자 하는 문제와 그 발생 배경에 대해 어느 정도 파악하였으면, 상담을 통해 문제를 해결하고자 하는 의지와 동기가 어느 정도인지를 확인하여야 한다.

② 촉진 관계의 형성
  ㉠ 촉진 관계의 형성이란, 내담자와 상담자 간에 솔직하고 신뢰감 있는 관계를 형성하는 것을 의미한다.
  ㉡ **촉진적 상담관계를 형성하는 데 필요한 상담자의 태도**
    ⓐ 끊임없이 내담자를 이해하려는 진지한 태도
    ⓑ 모든 것을 내담자 입장에서 생각하는 내담자 중심적인 태도
    ⓒ 내담자를 비판하기보다는 수용하고 존중하는 허용적 자세
    ⓓ 거짓이 없는 솔직한 태도
    ⓔ 내담자를 도와주겠다는 인간적 자세

③ 상담의 구조화 및 상담목표 설정
  ㉠ **상담의 구조화**
    ⓐ 내담자가 상담에 대하여 올바르게 인식할 수 있도록 오리엔테이션을 해주는 것을 말한다.
    ⓑ 상담의 구조화에 포함되어야 할 사항으로는 상담의 본질, 상담자와 내담자의 역할과 책임, 비밀보장, 상담의 시간 및 횟수, 상담의 목표 등이다.

O× 퀴즈

상담초기에는 관계형성, 저항해결, 이별감정 다루기, 미해결 과제 점검 등이 다루어진다.
[ ]

[정답] ×
[해설] 저항 해결은 상담중기, 이별감정 다루기와 미해결 과제 점검은 상담종결기에 이루어진다.

ⓒ 상담목표의 설정
  ⓐ 내담자가 원하는 것에 근거하여 일차적 목표를 설정한다.
  ⓑ 일차적 목표보다 포괄적이고 상위의 목표인 이차적 목표도 설정한다.
  ⓒ 상담목표를 설정할 때 목표는 구체적이고 명확하게 설정하되 현실적으로 달성 가능한 목표를 설정하며, 너무 많은 목표를 설정하지 않도록 한다.

> **바로 Check**
>
> **상담구조화에 관한 설명으로 옳은 것을 모두 고른 것은?**
>
> ㄱ. 상담절차나 조건, 비밀보장 등에 대해 설명한다.
> ㄴ. 라포가 형성된 이후 상담구조화를 천천히 진행한다.
> ㄷ. 상담자의 역할과 내담자의 역할을 안내한다.
> ㄹ. 내담자가 상담에 대한 비현실적 기대를 갖고 있을 경우 중요성이 더욱 높아진다.
>
> ① ㄱ, ㄴ   ② ㄷ, ㄹ   ③ ㄱ, ㄴ, ㄷ
> ④ ㄱ, ㄷ, ㄹ   ⑤ ㄱ, ㄴ, ㄷ, ㄹ
>
> **해설** 상담구조화는 내담자가 상담에 대하여 올바르게 인식할 수 있도록 오리엔테이션을 해주는 것이기 때문에 초기단계에 진행한다.
>
> **정답** ④

(2) 중기단계

① 문제해결 방안 탐색
  ㉠ 문제에 대하여 명확하게 정의한다.
  ㉡ 문제해결을 위한 방향과 가능한 방안을 설정한다.
  ㉢ 문제해결 방안에 관한 정보를 수집한다.
  ㉣ 수집된 자료를 바탕으로 대처행동을 의논한다.

② 실천계획의 수립 및 실행
  ㉠ 앞 단계에서 마련한 해결방안에 대하여 구체적 행동절차를 협의하고 세부행동계획을 작성한다.
  ㉡ 세부계획이 완성되면 이를 실천해 나가도록 한다.
  ㉢ 실천해 나가면서 제대로 되어 가는지 평가하고, 그 결과를 바탕으로 행동계획을 수정하거나 보완한다.
  ㉣ 상담자는 이 단계에서 내담자가 잘 실천하도록 안내하고 확인하는 등의 역할을 주로 담당한다.

(3) 종결단계

① 대부분 상담에서는 상담초기에 종결 시기에 대하여 미리 언급을 해 두어야 한다.
② 상담의 종결은 상담의 목표와 관련지어서 생각하여야 한다.
③ 목표를 설정할 때 목표달성의 기준이 무엇이며, 그 기준에 도달하면 종결한다는 것을 서로 합의해 둔다.
④ 상담의 종결은 상담자의 판단에 따를 수도 있고, 내담자의 제안을 통해 이루어질 수도 있다.
⑤ 상담이 더 이상 효과가 없다고 판단될 때에도 상담을 종결할 수 있고, 상당히 늦은 속도로 변화를 보일 때에도 후에 다시 상담을 받는다는 전제 아래 종결할 수 있다.

바로 Check

상담의 종결과정에서 다루어야 할 사항으로 옳지 않은 것은?
① 내담자와 비공식적인 수준에서 지속적인 상담관계를 계획한다.
② 내담자가 상담과정에서 무엇을 얻었는지 확인한다.
③ 내담자와 상담종결에 대한 불안을 다룬다.
④ 내담자가 사용했던 효과적인 대처행동을 검토한다.
⑤ 내담자가 앞으로 사용할 수 있는 가용자원과 행동목록을 점검한다.

해설 상담자는 상담 장면 이외의 곳에서 비공식적으로 내담자와 만나는 것을 삼가야 한다.

정답 ①

출제포인트 — 상담과정

1. **초기단계** : 내담자에 관한 포괄적인 정보를 수집하여 내담자를 이해하는 단계
2. **중기단계** : 상담자가 내담자를 관찰하고 대화를 나누며 개인의 문제를 분석하여 실질적으로 내담자를 돕고 필요한 치료를 하는 단계
3. **종결단계** : 상담을 받은 내담자가 건전하게 적응하고 있는지에 관해서 정기적으로 평가하는 단계

4 상담기술과 기법

(1) 관심 집중(attention)
① 상담자는 내담자를 맞이하는 신체적 자세나 시선의 마주침과 같은 신체적 주의 집중은 물론 심리적 주의 집중도 해야 한다.
② 내담자에게 관심을 집중시키는 몇 가지 기술
 ㉠ 내담자를 향해서 앉는다.
 ㉡ 긴장을 푼다.
 ㉢ 시선을 맞춘다(eye contact).
 ㉣ 상대를 향해서 몸을 약간 기울여 앉는다.
 ㉤ 개방적 자세를 취한다. 예 팔다리 꼬지 않기

(2) 경청(listening)
① 상담자가 상대적으로 더 비중을 두어야 할 내담자의 말과 행동을 선택하여 주목하는 것이다.
② 상담자가 경청하고 있음을 전달하는 방법
 ㉠ 내담자가 말을 하고 있을 때 적절하게 고개를 끄덕여 준다.
 ㉡ 단순한 음성반응을 보여준다. 예 음…이나 네… 등
 ㉢ 적절한 질문을 한다.
 ㉣ 내담자가 한 말을 재진술한다.

(3) 공감적 이해(empathic understanding)
① 내담자의 입장에서 그들의 내면세계를 이해하는 것으로 내담자를 이해하면서 내담자가 느끼는 정서도 함께 느끼는 것을 말한다.
② 공감적 이해 능력의 기초
 ㉠ 상담자가 내담자의 말 속에 깔려 있는 주요한 감정, 태도, 신념, 가치기준을 포착해야 한다.
 ㉡ 상담자가 내담자의 외적 측면뿐만 아니라 내적 측면까지 이해하고 알게 되었다는 것을 내담자에게 알려주어야 한다.

(4) 무조건적 긍정적 존중(unconditional positive regard)
① 내담자를 한 인간으로서 존중하여 내담자의 감정이나 행동을 비판하지 않고 있는 그대로 수용하는 것을 말한다.

② 무조건적 긍정적 존중의 전달 방식
  ㉠ 내담자를 위하여 헌신을 한다.
  ㉡ 상담의 비밀을 보장한다.
  ㉢ 내담자에 대하여 판단하지 않는다.
  ㉣ 내담자를 따뜻하게 대한다.

(5) 반영(reflection)

① 내담자가 한 말이나 행동에 나타난 감정, 생각, 태도를 상담자가 다른 말로 부연해 주는 것을 말한다.
② 단순히 내담자가 한 말을 반복해 주는 것이 아니라, 내담자의 내면적 감정이나 생각을 정확히 파악하여 상담자가 그것을 이해하고 있음을 알도록 해 주어야 한다.
③ 반영할 때의 주의 사항
  ㉠ 내담자가 한 말과 별반 다르지 않은 말을 반복하지 않도록 한다.
  ㉡ 반영은 피상적으로 해도 안 되지만 너무 깊게 해도 안 된다.
  ㉢ 내담자가 느끼고 있는 감정이나 생각을 언급하되 판단적 표현은 사용하지 않도록 한다.

(6) 명료화(clarification)

① 내담자가 자신의 느낌이나 생각을 분명하게 할 수 있는 기술이다.
② 내담자가 한 말 중에서 모호한 부분의 의미를 확실히 알도록 해 주는 것이다.
③ 상담자가 내담자의 말을 잘 이해하지 못하여 내담자에게 분명하게 다시 말해 줄 것을 요청하는 경우도 이에 해당된다.

(7) 요약(summary)

① 내담자가 상담 시간 동안 이야기한 것을 상담자가 하나로 묶어 정리하는 것이다.
② 내담자가 요령 없이 이것저것 늘어놓은 말을 간결하게 하는 것이다.
③ 요약의 목적
  ⓐ 내담자가 미처 의식하지 못한 부분을 학습시킨다.
  ⓑ 문제해결의 과정을 밝히며, 자신의 생각과 느낌을 탐색하도록 돕는다.
  ⓒ 생각을 정리하고 통합하며 새로운 해결책을 모색한다.
  ⓓ 매회기 상담을 자연스럽게 종결한다.

OX 퀴즈

상담자는 요약의 기법을 통해 내담자가 한 말 중에서 모호한 부분의 의미를 확실히 알게 해 줄 수 있다. [ ]

[정답] ✕
[해설] 명료화에 대한 설명이다. 요약은 내담자가 한 말을 간결하게 정리하는 것을 말한다.

(8) 직면(confrontation)

① 내담자가 내면에 지니고 있는 자신에 대한 그릇된 감정, 특히 현실의 경험과 일치되지 않는 감정을 드러내어 스스로 인지하도록 하는 기술이다.
② 내담자가 모르고 있거나 인정하기를 거부하는 생각과 느낌에 대하여 주목하도록 지적하는 것을 말한다.
③ 직면을 할 때 주의할 점은 부정적 측면에만 초점을 맞추어 내담자의 한계를 깨닫도록 하는 것만이 전부가 아니라, 내담자가 미처 깨닫지 못했거나 사용하지 않은 능력과 자원을 지적하는 것도 포함된다.

> **바로 Check**
>
> 직면에 관한 설명으로 옳지 않은 것은?
> ① 신념과 행동의 불일치를 깨닫게 해준다.
> ② 자신의 현실을 되돌아보게 한다.
> ③ 모순되는 행동을 직시하여 새로운 조망을 갖도록 돕는다.
> ④ 내담자의 건설적인 변화를 위해 새로운 내·외적 행동의 발달을 촉진한다.
> ⑤ 내담자의 행동들 간의 관계, 행동의 의미, 동기에 대해 설명해 준다.
>
> **해설** 내담자 행동들 간의 관계, 행동의 의미, 동기에 대해 설명해 주는 것은 해석이다.
>
> 정답 ⑤

(9) 해석(interpretation)

① 내담자가 직접 진술하지 않은 내용이나 개념을 과거경험이나 진술을 토대로 추론해서 말하는 것이다.
② 내담자가 말한 것이나 경험한 것이 어떤 의미를 가지고 있는지 설명해 주는 것이다.
③ 내담자가 왜 저런 말과 행동을 했으며, 그 의미는 무엇인지 상담자가 스스로 묻고 해답을 제공해 주는 것이다.
④ 해석의 대상은 주로 내담자의 방어기제나 문제에 대한 생각, 느낌, 행동양식이다.
⑤ 주의할 점은 내담자가 이를 받아들일 준비가 되어 있을 때 그리고 사용자와 충분한 신뢰관계가 형성되어 있을 때 비로소 해석을 실시해야 한다는 것이다.

(10) 조언(advice)

① 상담초기에 하는 조언은 내용의 가치보다 상담관계의 출발을 안정시켜 주는 데에 그 가치가 더 있다.
② 상담의 구조화 역시 일종의 조언이다.

 나의 필기노트

③ 상담의 종결단계에서 상담을 통해 학습한 새로운 행동을 실제에 적용해 보도록 하는 것 또한 조언에 해당된다.
④ 조언이 필요한 경우
　㉠ 신속한 의사결정이 요구될 때
　㉡ 위기상황일 때
　㉢ 부모상담이나 가족상담을 할 때
　㉣ 사례관리상 필요한 경우

(11) **질문**(question)
① 내담자에게 하는 질문은 분명한 의도를 가지고 진행된다.
② 상담자가 질문하는 목적
　㉠ 필요한 정보를 얻기 위해
　㉡ 내담자의 마음을 탐색하기 위해
　㉢ 내담자의 말을 정확하게 이해하기 위해
　㉣ 대화의 실마리를 풀기 위해
　㉤ 치료 개입을 위해
③ 개방형 질문과 폐쇄형 질문
　㉠ **개방형 질문**(open question) : 자유롭게 응답할 수 있는 질문형태로서, 응답의 범위가 넓고 다양하게 나올 수 있다.
　　예 어제 무엇을 하셨나요?
　㉡ **폐쇄형 질문**(closed question) : 응답이 비교적 제한된 질문형태로서, 응답의 범위가 좁고 제한된 응답이 나오게 된다.
　　예 어제 그 친구랑 나가서 놀았나요?
④ 직접 질문과 간접 질문
　㉠ **직접 질문**(direct question) : 문장형태가 의문문으로서, 직접적인 응답을 유도한다.
　㉡ **간접 질문**(indirect question) : 내담자 자신이 질문을 받는다는 느낌을 덜 받게 되기 때문에 질문 공세를 받는다는 느낌을 주지 않도록 할 필요가 있을 때 사용한다.

(12) **침묵**(silence)**의 처리**
① 대체로 상담초기에 일어나는 침묵은 내담자가 상담분위기에 불안을 느끼고 있거나 상담에 저항하고 있다는 의미로 볼 수 있다.
② 상담이 어느 정도 진행된 후에 나타나는 침묵은 내담자 자신의 생각과 감정을 나타내는 방식일 수 있다.

③ 침묵에 대처하는 방법
  ㉠ 상담관계가 이루어지기 전에 침묵이 일어날 수 있다. 이는 상담을 거절하려는 의도에서 나타날 수도 있고 내담자가 불안을 느끼기 때문에 일어날 수도 있다. 따라서 이러한 경우에는 상담관계 형성에 초점을 두어야 한다.
  ㉡ 내담자가 무슨 말을 해야 할 지 생각이 떠오르지 않아서 침묵이 일어날 수 있다. 이러한 경우에는 상담자가 내담자에게 생각할 시간을 주면 된다.
  ㉢ 상담자에게 적대감이 있을 때 저항의 수단으로서 침묵이 일어날 수 있다. 이런 상황은 내담자가 자발적으로 상담에 임한 것이 아닌 경우에 잘 나타나기 때문에 내담자에게 최근의 경험 중에서 중요하다고 생각되는 것부터 언급함으로써 대화를 풀어갈 수 있다.
  ㉣ 내담자가 자신의 생각이나 느낌을 표현하려고 하지만 잘 되지 않은 경우에 침묵이 일어날 수도 있다. 이러한 경우에는 "안심하고 생각나는 대로 천천히 이야기하세요." 등의 말로 안심시켜 주는 것이 필요하다.
  ㉤ 내담자가 상담자에게 재확인을 바라거나 해석 등을 기대할 때 침묵이 일어날 수 있다. 이러한 경우는 상담자가 간파하기 쉽기 때문에 내담자의 기대에 맞게 대응하면 된다.
  ㉥ 내담자 자신이 방금 이야기한 것에 관해서 좀 더 생각하려고 할 때 침묵이 일어날 수 있다. 이러한 경우에는 상담자가 원칙적으로 침묵을 깨지 않고 기다려야 한다.
  ㉦ 이 외에도 감정 상태에서 생긴 피로를 회복할 때에 침묵이 일어날 수 있다. 이러한 때에는 침묵을 조용히 경청해야 한다.

바로 Check

〈보기〉의 상담자가 사용한 상담기법으로 옳은 것은?

> **보기**
> 내담자 : (굳은 표정을 지으며) 괜찮아요.
> 상담자 : 당신은 말로는 괜찮다고 하면서도 얼굴표정은 그렇게 보이지 않네요.

① 도전과 직면
② 질문과 탐구
③ 이해와 공감
④ 주의집중과 경청
⑤ 패턴과 자각 및 수정

해설 도전과 직면은 내담자가 모르고 있거나 인정하기를 거부하는 생각과 느낌에 대하여 주목하도록 지적한다.

정답 ①

Section 04. 기타(상담이론에 관한 사항)

학습포인트 ▶ 초보상담자가 경험하는 문제 및 실제 상담 시 당황스러운 상황에 반응하는 방법 등에 대해 이해한다.

※ 상담에서 부딪치는 문제

(1) 초보상담자가 겪는 문제

① 초보상담자는 첫 회기에 바로 내담자가 안고 있는 문제에 초점을 두는 오류를 범하는 경향이 있다.
  ➡ 상담자는 먼저 내담자의 관심사를 전반적으로 살펴보고 나서 내담자와 공동으로 상담의 목표를 설정해야 한다.

② 내담자의 신체적 또는 의학적 문제를 간과하는 경향이 있다.
  ➡ 상담자는 내담자에 대한 정보를 수집할 때 알코올이나 약물 남용에 대한 정보를 수집하여 이러한 문제를 피할 수 있다.

③ 내담자를 행복하게 해 주는 것이 상담이라고 잘못 생각하는 경향이 있다.
  ➡ 상담은 내담자가 어려움을 직면하는 위험을 감수하도록 돕는 과정이다.

④ 상담을 완벽하게 하려는 경향이 있다.
  ➡ 상담을 완벽하게 하려고 하다 보면 실수를 두려워하고 좋게 보이려고 하는 두려움에 사로잡히게 된다.

⑤ 비현실적 기대를 한다. 이 때문에 내담자에게 어떤 진전이 보이지 않으면 좌절을 한다.
  ➡ 따라서 상담자가 기대를 할 때 현실성을 가지고 낙관적으로 하여야 한다.

⑥ 최근의 상담기법에 도취된다.
  ➡ 상담자는 자신이 배운 것에 대하여 흥미를 느끼고 열정을 갖는 것도 중요하지만 동시에 그 관심을 현재의 내담자에게 쏟아 붓기보다는 긍정적 방향으로 돌리는 것도 배워야 한다.

⑦ 상담방향을 잃어버리고 방황한다.
  ➡ 상담자는 내담자와 함께 세운 상담목표를 염두해 두고 매회기 상담에 임해야 한다.

⑧ 부적절한 언어를 구사한다.
- ➥ 상담자는 상담자로서의 인간적·전문적인 자세를 유지하면서 이에 적절한 언어를 구사해야 한다.

⑨ 내담자를 돕겠다는 열망이 과도하다.
- ➥ 이러한 열망은 내담자에게 불필요한 의존성을 불러일으킬 수 있다.

⑩ 내담자에게 과도하게 호감을 받으려고 한다.
- ➥ 상담에서 필요한 것은 상담분위기를 유지하기 위한 내담자와 상담자 간의 상호존중이다.

⑪ 지나친 정서개입을 한다.
- ➥ 효과적 상담을 하려면 정서를 느끼기는 해야 하지만, 내담자의 문제를 떠맡는 것처럼 해서는 안 된다. 상담자는 내담자가 스스로 문제를 해결할 수 있도록 도와야 한다.

⑫ 일을 사적으로 처리한다.
- ➥ 일부 상담자는 내담자가 강한 정서를 나타내면 일을 사적으로 다루는 경향이 있다.

⑬ 정상과 비정상을 잘 구분하지 못한다.
- ➥ 일부 상담자는 내담자가 정신병리적 상태에 있는지 잘 판단하지 못한다.

⑭ 적절한 자아 개방의 정도를 잘 모른다.
- ➥ 다듬지 않고 질문에 바로 대답하는 것에 불편함을 느끼지 않을 정도여야 하고, 자신의 전문적 자격에 대한 정보를 자유롭게 제공할 정도여야 하며, 상담과정에서 일어나는 일에 즉각적 반응을 할 수 있을 정도는 되어야 한다.

⑮ 비밀보장에 대하여 분명한 입장을 취하지 못한다.
- ➥ 상담자는 슈퍼바이저와 상담사례에 대해 이야기할 수도 있고, 아동학대가 있을 경우에는 법적으로 신고하여야 한다.

(2) 당황스러운 상황에 반응하기

① 내담자의 상담동기가 없어지거나 약해졌을 때
- ㉠ 내담자가 본인의 문제는 결국 스스로 해결해야 하는 것이라는 식의 결론에 도달했을 때이다. 이때 상담자는 본인의 문제는 본인이 해결해야 하지만, 그 방법에 대해서 탐색하는 것이 상담이라고 이야기할 수 있을 것이다.
- ㉡ 내담자가 왜 상담에 왔는지 모르겠고 별 변화가 없다는 식의 결론에 도달했을 때이다. 이때 상담자는 내담자가 원하는 변화에 대해 다시 한 번 점검해 보는 것이 필요할 것이다.

OX 퀴즈

상담자와 내담자 간의 가치관과 규범이 다를 때, 상호존중이 어렵다. [ ]

[정답] X

[해설] 상담자와 내담자는 서로의 가치관과 규범이 다르다고 해도 상호존중해야 한다.

② 상담자의 전문성이나 경험을 신뢰하지 못하는 경우
　㉠ 내담자가 자신과 같은 문제를 가진 사람을 상담해 본 적이 있는지에 대해 의심을 할 때이다. 이때 내담자가 자신의 문제가 독특해서 해결할 수 없다고 믿는 것은 아닌지에 대해 점검해 보고 이 부분에 대해서 안심할 수 있도록 해 주어야 한다.
　㉡ 내담자가 상담자의 전공 등에 대해 의심을 하는 경우이다. 이때 상담자는 자신의 전공분야와 전문가로서의 입지에 대해 설명하고, 이 부분에 대해 안심할 수 있도록 해 주어야 한다.
③ 대답하기 난처한 질문의 경우에는 질문의 의도에 대해 분명하게 다시 묻거나, 그 질문에 대해 난처한 입장을 표현한다.
④ 침묵을 하는 경우에는 시간적인 여유를 두고 그 상황을 파악하려고 노력한다.

적중예상문제

01 다음 중 효과적인 상담자의 특성으로 옳지 않은 것은?
① 상담자는 타인의 경험 및 감정을 수용할 수 있어야 한다.
② 상담자는 마음이 열려 있어야 한다.
③ 상담자는 완벽한 상담을 할 수 있어야 한다.
④ 상담자는 자신의 행동에 책임을 져야 한다.
⑤ 상담자는 인간에 대한 호기심이 있어야 한다.

02 다음 중 상담과 심리치료에 대한 설명으로 올바르지 못한 것은?
① 심리치료는 개인의 내적인 갈등을 주로 다룬다.
② 심리치료는 상담에 비해 단기간 동안 실시된다.
③ 상담은 주로 정상적인 사람들을 대상으로 한다.
④ 상담은 주로 학교나 지역사회 건강센터 등에서 실시된다.
⑤ 상담에서는 개인의 긍정적인 장점을 강조하지만, 심리치료에서는 진단과 치료를 강조한다.

03 다음은 상담의 어떠한 원리에 대한 설명인가?

> 상담자는 내담자를 따뜻하고 친절하게 대해 주어서 내담자를 전적으로 받아들이는 자세를 지니게 된다.

① 수용의 원리 ② 통제된 정서 관여의 원리
③ 감정 표현의 원리 ④ 개별화의 원리
⑤ 자기결정의 원리

정답 & 해설　　　　　　　　　　　　　　　01. ③ 02. ② 03. ①

01 초보상담자가 겪는 문제 중 하나로서 비합리적인 신념이라고 할 수 있다.
02 일반적으로 상담은 주로 단기간 동안 실시되며, 심리치료는 이보다 긴 기간 동안 실시된다.
03 수용의 원리는 상담자가 내담자에게 따뜻하고 명랑하며 친절하게 대해주는 자세를 지니는 것이다.

04 상담자의 자질 중 인간적인 자질에 해당하지 않는 것은?
① 전문성 ② 정서적 성숙 ③ 심리적 안정감
④ 민감성 ⑤ 진실성

기출 ★

05 정신분석에 관한 설명으로 옳은 것을 모두 고른 것은?

> ㄱ. 성격형성과 정신장애의 원인이 어린 시절의 경험과 관련이 있다고 본다.
> ㄴ. 인간중심 상담과 마찬가지로 객관적·과학적 검증을 위한 시도가 부족하다는 비판을 받고 있다.
> ㄷ. 개인이 불안을 느끼게 되면 자아가 방어기제를 동원한다고 가정한다.
> ㄹ. 정상적 불안은 개인의 존재를 유지하기 위한 노력에서 발생한다고 본다.

① ㄱ, ㄴ ② ㄷ, ㄹ ③ ㄱ, ㄴ, ㄷ
④ ㄴ, ㄷ, ㄹ ⑤ ㄱ, ㄴ, ㄷ, ㄹ

기출 ★

06 비밀유지의 상담자 윤리에 관한 설명으로 옳은 것을 모두 고른 것은?

> ㄱ. 비밀유지 원칙의 위반은 윤리적 문제뿐 아니라 법적 문제도 초래할 수 있다.
> ㄴ. 현재 우리나라에서는 비밀유지를 위한 증언거부권이 적용되고 있다.
> ㄷ. 미성년자를 상담하고 있는 상담자는 자녀의 상담내용에 대한 부모나 보호자의 알 권리를 인정해야 한다.
> ㄹ. 상담자는 상담에서 알게 된 타인에 대한 심각한 위협을 잠재적 희생자에게 알려야 할 의무가 있다.

① ㄱ, ㄷ ② ㄴ, ㄹ ③ ㄱ, ㄷ, ㄹ
④ ㄴ, ㄷ, ㄹ ⑤ ㄱ, ㄴ, ㄷ, ㄹ

정답 & 해설

04. ① 05. ③ 06. ③

04 상담자의 인간적인 자질에는 진실성, 인간에 대한 깊은 관심, 정서적 성숙, 심리적 안정감, 민감성이 있다.
05 정상적 불안은 개인이 자신의 삶에서 다루는 상황에 적절한 것이고, 통상 억압되지 않으며, 책임/선택/죽음과 같은 실존적 딜레마를 야기할 수 있다. 이러한 관점은 실존주의 상담이론이다.
06 상담의 정보가 법적으로 요청을 받은 경우에는 비밀보장의 한계가 적용된다.

07 상담윤리에서 비밀보장의 한계 상황으로 옳지 않은 것은?
① 내담자나 제3자가 분명한 위험에 처한 경우
② 교육 및 연구 목적인 경우
③ 내담자가 심각한 질병에 감염된 경우
④ 내담자가 아동을 학대하는 경우
⑤ 내담자의 가족이 상담내용을 알고자 하는 경우

08 다음 중 초보상담자가 주의해야 할 사항으로 알맞은 것은?
① 첫 회기부터 내담자의 문제에 접근해야 한다.
② 내담자에게 더 큰 행복을 느끼게 해 줘야 한다.
③ 완벽한 상담을 해야 한다.
④ 내담자의 문제를 모두 떠맡아 도와줘야 한다.
⑤ 비밀보장에 대해 분명한 입장을 취해야 한다.

09 다음 중 자아방어기제와 이에 대한 설명이 올바르게 연결된 것은?
① 치환 – 서윤이는 동생이 갓 태어나게 되면서 엄마의 관심이 동생에게만 집중되는 것 같아서 관심을 끌기 위해 일부러 큰소리로 아기처럼 울어버린다.
② 합리화 – 야구를 하던 타자가 풀스윙을 했는데 헛방망이질로 끝나버리자 괜히 야구방망이를 쳐다 보며 원망을 한다.
③ 반동형성 – 승연이는 대학교를 졸업하고 직장인이 되면 경제적으로 독립해야 한다는 생각이 부담스러워서, 일부러 대학원에 진학을 하여 자신의 학생신분을 연장하려고 한다.
④ 승화 – 승철이는 자신의 공격본능을 충족시키기 위해 사회적으로 용인될 수 있는 권투를 배우기로 한다.
⑤ 지성화 – 민아는 인기가수의 복장이나 말투를 따라 하면서 왠지 그녀처럼 예뻐진 기분을 느끼게 된다.

정답 & 해설

07. ⑤ 08. ⑤ 09. ④

07 상담자는 내담자의 비밀을 보장해 주기 위해 노력해야 하지만 비밀보장의 한계 상황인 경우는 예외로 한다. ⑤는 비밀보장의 한계에 해당하지 않는 경우이다.

08 ① 첫 회기에 바로 내담자가 안고 있는 문제에 초점을 두어서는 안 된다. 상담자는 먼저 내담자의 관심사를 전반적으로 살펴보고 나서 상담자와 공동으로 상담의 목표를 설정해야 한다.
② 상담은 내담자를 더 행복하게 느끼도록 해 주는 것이 아니라 내담자가 어려움에 직면하는 위험을 감수하도록 돕는 과정이다.
③ 상담을 완벽하게 하려고 하다 보면 실수에 대한 두려움에 사로잡히게 된다.
④ 효과적 상담을 위해 내담자의 정서를 느끼기는 해야 하지만, 모든 문제를 떠맡아서는 안 된다. 상담자는 내담자가 자신의 문제를 스스로 해결할 수 있도록 도와야 한다.

09 ① 퇴행, ② 투사, ③ 고착, ⑤ 동일시

기출 ★

10 다음 사례개념화 내용에서 나타난 내담자의 방어기제를 순서대로 옳게 나열한 것은?

(ㄱ) 내담자는 또래들과의 관계에서 자신이 인식한 약점이나 실패를 다른 긍정적인 특성으로 보충함으로써 자존심을 회복하고자 하고, (ㄴ) 용납하기 어려운 감정이나 동기를 타인 또는 외부에 돌리는 경향이 있으며, (ㄷ) 내담자의 폭력적인 행동은 자신의 자아를 위협하는 대상에 대한 감정을 덜 위협적인 대상으로 옮겨 표출하는 기제로 보인다.

(ㄱ) – (ㄴ) – (ㄷ)	(ㄱ) – (ㄴ) – (ㄷ)	(ㄱ) – (ㄴ) – (ㄷ)
① 합리화 – 투사 – 퇴행	② 승화 – 전이 – 치환	③ 보상 – 투사 – 전치
④ 승화 – 합리화 – 치환	⑤ 보상 – 전이 – 전치	

11 다음 중 전이에 대한 설명으로 옳은 것은?
① 무의식적 내용이 의식화되는 것을 막으려는 내담자의 시도이다.
② 문제를 새로운 각도에서 이해하도록 행동의 의미를 설명하는 것이다.
③ 중요한 사람에게 가졌던 감정을 상담자에게 표현하는 것이다.
④ 마음에 떠오르는 의식과 감정을 모두 말하는 기법이다.
⑤ 꿈속에 내재된 본능적이고 무의식적인 욕구를 밝히는 것이다.

기출 ★

12 인간중심 상담의 관점에 해당되지 않는 것은?
① 내적 경험을 무시하고 부모의 기준에 맞추는 것이 부적응의 원인이라고 본다.
② 공감적 이해를 통해 오랫동안 감추고 있던 이야기를 내담자가 꺼낼 수 있도록 돕는 것을 중시한다.
③ 내담자가 비행행동을 하고 있음에도 불구하고 내담자 안에는 성장 동기가 있음을 신뢰한다.
④ 내담자의 고집스러운 성격은 어릴적 엄격한 배변훈련으로 인해 형성된 것으로 본다.
⑤ 내담자에게 필요한 것은 무조건적이고 긍정적으로 수용해주는 것이라고 본다.

정답 & 해설

10. ③ 11. ③ 12. ④

10 보상은 실제적인 노력이든 상상으로 하는 노력이든 간에 자신의 성격, 지능, 외모 등과 같은 이미지의 결함을 메우려는 비의식적인 노력이다. 투사는 받아들일 수 없는 충동이나 생각을 외부 세계로 옮겨놓는 정신과정이다. 전치(치환)는 어떤 생각이나 감정 등을 덜 위험한 대상에게 옮기는 것이다.
11 ① 저항, ② 해석, ④ 자유연상, ⑤ 꿈의 분석
12 배변훈련 관련한 항문기 고착은 정신분석 상담의 관점이다.

13 다음은 누구의 이론을 설명한 것인가?

- 프로이트의 성적 충동의 과도한 치우침과 환원론적인 방법론을 비판하였다.
- 무의식은 개인적인 무의식 이외에도 집단적인 무의식이 있다고 하였다.
- 자아실현은 무의식적인 것을 깨달아가는 의식화를 거듭함으로써 가능하다고 한다.

① 에릭 프롬(Erich Fromm) ② 칼 융(Carl Jung)
③ 카렌 호니(Karen Horney) ④ 알프레드 아들러(Alfred Adler)
⑤ 반두라(Bandura)

14 다음은 프로이트의 정신분석학과 아들러의 개인심리학에 대해 설명한 것이다. 옳지 않은 것은?

① 프로이트의 동일시의 문제는 다른 형태이기는 하나 아들러의 이론에서도 등장한다.
② 아들러는 프로이트의 본능이론에 대하여 반대하고 개인의 추구와 태도가 중요하다고 보았다.
③ 프로이트는 동성의 양친에게 느끼는 동일시는 그 자신의 성의 특수한 태도의 형성에 결정적인 역할을 한다고 하였다.
④ 아들러의 이론에서는 성이 다른 요소와 병렬적인 하나의 능력 또는 기능에 불과하다고 하였다.
⑤ 프로이트는 열등감이 인간행동의 주요 동인이라고 하였다.

15 칼 로저스의 상담이론 명칭의 변화를 순서대로 나열한 것은?

| ㄱ. 비지시적 상담 | ㄴ. 인간중심 상담 | ㄷ. 내담자중심 상담 |

① ㄱ - ㄴ - ㄷ ② ㄷ - ㄴ - ㄱ ③ ㄱ - ㄷ - ㄴ
④ ㄴ - ㄱ - ㄷ ⑤ ㄷ - ㄱ - ㄴ

정답 & 해설 13. ② 14. ⑤ 15. ③

13 융의 분석심리학에 관한 설명이다.
14 열등감이 인간행동의 주요 동인이라고 주장한 학자는 아들러이다.
15 비지시적 상담(non directive counseling) → 내담자중심 상담(client-centered counseling) → 인간중심 상담(person-centered counseling)으로 명칭이 변하였다.

기출 ★

16 인간중심상담에 관한 설명으로 옳지 않은 것은?

① 이상적 자기와 현실적 자기 간의 괴리가 큰 경우 심리적 부적응이 발생한다고 본다.
② 모든 인간에게 실현경향성이 있다고 보는 긍정적 인간관을 지닌다.
③ 상담자가 내담자에 대해 무조건적 긍정적 존중의 태도를 지니는 것을 강조한다.
④ 아동은 부모의 기대와 가치를 내면화하여 현실적인 자기를 형성한다.
⑤ 충분히 기능하는 사람은 경험에 대해 개방적이며 매 순간의 삶에 충실하다.

기출 ★

17 다음 중 개인심리학의 개념에 해당하는 것을 모두 고른 것은?

| ㄱ. 열등감 | ㄴ. 가상적 목적론 | ㄷ. 사회적 관심 |
| ㄹ. 인생태도 | ㅁ. 생활양식 | |

① ㄱ, ㄴ
② ㄷ, ㄹ
③ ㄱ, ㄴ, ㄷ
④ ㄷ, ㄹ, ㅁ
⑤ ㄱ, ㄴ, ㄷ, ㅁ

18 개인심리 상담의 상담기법 중 〈보기〉에 해당하는 것은?

| 보기 |
- 자신의 감정은 스스로 창조하는 것임을 내담자가 깨닫도록 돕는다.
- 원하는 감정을 선택함으로써 스스로 감정을 통제할 수 있다는 사실을 알게 한다.

① 수프에 침뱉기
② 단추 누르기
③ '마치 ~인 것처럼' 행동하기
④ 초기 기억
⑤ 자기 포착하기

정답 & 해설   16. ④ 17. ⑤ 18. ②

16 인간중심상담에서는 성장과정에서 부모나 가까운 성인이 요구한 가치 조건에 물들여져 위축되고 왜곡된 자기개념을 보다 융통성 있게 변화시켜야 한다고 주장한다.
17 인생태도에 대해 강조한 것은 Eric Berne의 교류분석이다.
18 개인 심리상담의 단추 누르기 기법은 우울 단추, 행복 단추를 통해 내담자가 자신의 감정에 주의를 기울이게 하고 나아가 스스로 원하는 감정을 만들 수 있도록 돕는다.

19. 다음 중 특성 – 요인 상담에 대한 설명으로 올바르지 못한 것은?
   ① 내담자의 감정과 정서에 초점을 두는 상담이론이다.
   ② 상담자 중심의 상담방법이다.
   ③ 인간은 선과 악의 잠재력을 모두 지니고 있다고 본다.
   ④ 상담관계는 내담자를 한 인간으로서 존중하며, 그의 잠재력 실현을 돕는다.
   ⑤ 내담자에게 정보를 제공하고 학습기술과 사회적 적응기술을 알려주는 것을 중요시한다.

20. 특성 – 요인 상담에서 중요시하는 효과적인 면담기법에 관한 설명으로 옳지 않은 것은?
   ① 가능한 제한된 개방형 질문을 사용해서 면담의 범위를 넓혀야 한다.
   ② 상담자는 내담자가 스스로 말을 많이 하여 자기탐색을 하도록 한다.
   ③ 내담자가 침묵할 때는 이를 미리 판단하여 그 의미를 내담자에게 전달하여야 한다.
   ④ 내담자의 말이 장황하거나 명확하지 않으면 명료화를 통해 통찰하도록 한다.
   ⑤ 상담의 효과는 상담자와 내담자 사이에 어느 정도의 라포가 형성되어 있는가에 달려있다.

기출 ★

21. 실존주의 상담의 인간관에 관한 설명으로 옳은 것을 모두 고른 것은?

   > ㄱ. 인간은 자기인식 능력을 지닌 존재이다.
   > ㄴ. 개인은 그가 처한 객관적 상황 속에서 이해되어야 한다.
   > ㄷ. 인간은 자신의 의사와 상관없이 이 세상에 우연히 던져진 존재이다.
   > ㄹ. 인간이 처한 실존상황의 주된 네 가지 조건은 죽음, 고독, 자유, 희망이다.

   ① ㄱ, ㄷ   ② ㄴ, ㄹ   ③ ㄱ, ㄴ, ㄷ
   ④ ㄴ, ㄷ, ㄹ   ⑤ ㄱ, ㄴ, ㄷ, ㄹ

정답 & 해설   19. ① 20. ③ 21. ①

19. 특성 – 요인 상담은 객관적인 자료에만 의존하는 나머지, 내담자의 감정과 정서를 무시하는 경향이 있다.
20. 내담자가 침묵할 때는 섣불리 말하지 말고 침묵의 의미를 이해한 후 말을 꺼낸다.
21. 실존주의 상담에서는 개인을 그가 처한 주관적인 상황 속에서 이해하며 죽음, 자유, 소외, 무의미를 중요하게 다룬다.

22. 인지치료의 주요 개념에 해당하는 것을 모두 고른 것은?

ㄱ. 기저가정(underlying assumptions)
ㄴ. 자동적 사고(automatic thoughts)
ㄷ. 인지삼제(cognitive triad)
ㄹ. 스트로크(stroke)
ㅁ. 역기능적 인지도식(dysfunctional schema)

① ㄱ, ㄴ ② ㄴ, ㄷ ③ ㄴ, ㄷ, ㅁ
④ ㄱ, ㄴ, ㄷ, ㅁ ⑤ ㄴ, ㄷ, ㄹ, ㅁ

23. 다음 중 REBT와 현실치료(상담)에 대한 설명으로 옳지 않은 것은?

① REBT와 현실치료 모두 현재 행동에 초점을 둔다.
② REBT와 현실치료 모두 내담자의 책임을 강조한다.
③ REBT는 상담과정에서 ABCDE 모형을 이용한다.
④ 현실치료는 내담자가 계획 실행에 실패하면 이유를 듣고 격려해 준다.
⑤ REBT와 현실치료 모두 행동을 중시하는 상담기법이다.

24. 다음 중 REBT의 ABCDE모형을 순서대로 나열한 것은?

|보기|
ㄱ. 논박   ㄴ. 선행사건   ㄷ. 선행사건의 결과
ㄹ. 비합리적 신념   ㅁ. 논박의 효과

① ㄹ - ㄴ - ㄷ - ㄱ - ㅁ
② ㄴ - ㄱ - ㄹ - ㄷ - ㅁ
③ ㄴ - ㄹ - ㅁ - ㄷ - ㄱ
④ ㄴ - ㄹ - ㄱ - ㄷ - ㅁ
⑤ ㄴ - ㄹ - ㄷ - ㄱ - ㅁ

정답 & 해설 22. ④ 23. ④ 24. ⑤

22 ㄹ은 TA의 주요개념이다.
23 현실상담(현실치료)에서는 내담자가 다짐을 실행하지 못했을 경우, 절대 변명을 받아들이지 않는다.
24 REBT의 ABCDE 모형
- A(Activating events) : 내담자가 노출되었던 문제 장면이나 선행사건
- B(Belief) : 문제장면에 대한 내담자의 관점이나 신념
- C(Consequences) : 선행사건 A 때문에 생겨났다고 내담자가 생각하는 정서적, 행동적 결과
- D(Dispute) : 비합리적 신념에 대한 상담자의 논박
- E(Effect) : 내담자의 비합리적 신념을 직면 또는 논박한 효과

25 다음 중 REBT의 ABCDE 모형 중 B에 해당되는 것은?

① 나는 지난달에 이혼을 했다.
② 이혼한 나는 무가치한 인생의 실패자이다.
③ 우울하다. 자꾸 죽고 싶은 생각이 든다.
④ '정말 이혼하면 인생에 실패한 것일까?'라는 의문이 든다.
⑤ 이혼한 것은 슬픈 일이지만 내가 자살할 필요까지는 없다. 나는 이 상황을 견딜 수 있다.

기출 ★

26 다음 사례에서 보인 인지치료에서의 인지왜곡을 바르게 짝지은 것은?

> ㄱ. A는 여자 친구가 바쁘다며 연락을 자주 하지 않자 '나를 싫어하고 멀리하려 한다'는 결론을 내리고 이별을 준비한다.
> ㄴ. B는 수업시간에 과제를 발표한 후 대부분의 학생들이 긍정적인 반응을 보인 반면 소수의 학생들이 부정적인 반응을 보이자, 부정적 반응에 초점을 두고 자신의 발표가 잘못되었다고 단정 짓고 낙담한다.

① ㄱ – 선택적 추론, ㄴ – 임의적 추론
② ㄱ – 임의적 추론, ㄴ – 선택적 추론
③ ㄱ – 임의적 추론, ㄴ – 파국화
④ ㄱ – 개인화, ㄴ – 파국화
⑤ ㄱ – 개인화, ㄴ – 과잉일반화

27 REBT의 논박과정(D)에서 필요한 특성으로 옳지 않은 것은?

① 논리성
② 일관성
③ 현실성
④ 유용성
⑤ 융통성

정답 & 해설

25. ② 26. ② 27. ②

26. '임의적 추론'은 어떤 결론을 내리기에 적절하고 충분한 증거 없이 성급하게 결론을 내리는 것이다. '선택적 추론'은 상황이나 사건의 정황을 무시하고 특정 부분만 선택해서 주의를 기울이는 것이다.

27. REBT의 ABCDE 모형 중 논박과정에서 다섯 가지 중 한 가지만 없어도 그것을 비합리적 신념으로 보았다. 하지만 실제상담 사례에서의 문제는 복합적으로 발생하기에 이 다섯 가지 기준을 구분하는 것은 쉽지 않다.
  • 논리성 : 논리적으로 모순이 있는가?
  • 현실성 : 경험적 현실과 일치하는가?
  • 유용성 : 삶의 목적 달성에 유용한가?
  • 융통성 : 전환되고 변화할 수 있도록 충분히 유연한가?
  • 파급효과 : 적절한 정서와 적절한 행동이 영향을 주는가?

28 다음 〈보기〉는 어떤 상담기법에 대한 설명인가?

| 보기 |
- 상담자는 내담자가 가지고 있는 낡은 사고에 대한 평가를 한다.
- 상담자는 새로운 사고의 적절성을 검증하는 실험을 해본다.
- 의문이 있는 경우에는 상담자가 정답을 제시하기 보다는 스스로 해결방법을 모색하도록 유도한다.

① 논리적 기법 ② 심리측정 도구 사용기법
③ 실제적 기법 ④ 인지적 기법
⑤ 행동적·적극적 지시 기법

29 다음은 REBT의 정서적 환기기법 중 무엇에 대한 설명인가?

상담자는 내담자가 창피해 하거나 부끄럽게 느끼는 방식으로 행동하도록 함으로써, 자신이 생각한 것만큼은 아니라는 사실을 발견하게 한다.

① 유머 사용 ② 역할연기 ③ 수치심 제거 연습
④ 유추기법 ⑤ 강화기법

기출

30 게슈탈트치료에 관한 설명으로 옳은 것을 모두 고른 것은?

ㄱ. 여기-지금의 경험을 강조한다.
ㄴ. 상담의 중요한 목표는 알아차림과 접촉의 증가다.
ㄷ. 내담자가 자신의 감각을 완전히 사용하고 신체언어와 접촉할 수 있도록 독려한다.
ㄹ. 인간의 행동은 비합리적이고 생물학적 동기인 추동(drive)에 의해 좌우된다고 본다.

① ㄱ, ㄴ ② ㄷ, ㄹ ③ ㄱ, ㄴ, ㄷ
④ ㄴ, ㄷ, ㄹ ⑤ ㄱ, ㄴ, ㄷ, ㄹ

정답 & 해설

28. ④ 29. ③ 30. ③

28 지문내용은 벡(Beck)의 인지치료 단계이다.
　✢ 인지적 기법
　• 내담자가 자기의 생각이 무엇인지 자각할 수 있도록 한다.
　• 자각한 생각 중에서 부정확하고 왜곡된 관념이 무엇인지를 규명한다.
　• 부정확한 관념을 대치할 수 있는 객관적이고 정확한 인지내용이 무엇인지 발견하고 학습하도록 한다.
　• 상담자는 내담자의 인지적·행동적 변화에 대하여 귀환반응을 보이지 않도록 해야 한다.
29 수치심 제거 연습은 창피하거나 부끄러워하는 방식으로 행동하도록 함으로써, 사람들은 자신이 생각했던 만큼 타인에 대해 관심이 없으며 그 비난에 대해 지나치게 영향을 받을 필요가 없다는 사실을 발견하게 하는 방법이다.
30 ㄹ은 정신분석에 대한 설명이다.

31 REBT의 정서장애(혼란)을 가져오는 왜곡된 지각 내지는 잘못된 신념에 포함되지 않는 것은?

① 나는 반드시 이 발표를 훌륭하게 수행하여야 하며 중요한 타인으로부터 인정받아야 한다.
② 나는 이번 발표를 훌륭하게 하고 싶다.
③ 이번 발표회에서 여러 조건들이 내가 원하는 대로 돌아가야 하며 그렇지 못한 경우는 생각하고 싶지도 않다.
④ "나는 봉사활동을 많이 하지 못해서 나쁜 아이야"라고 표현한다.
⑤ 심사위원들은 반드시 공정하게 나를 평가해야 하며 그렇지 못한 경우는 절대로 받아들일 수 없다.

기출 ★

32 상담의 통합적 접근에 관한 설명으로 옳지 않은 것은?

① 여러 접근법에서 기법을 체계적으로 가져온 접근이다.
② 각 내담자의 독특한 욕구에 맞추기 위한 접근이다.
③ 통합적 입장을 취하는 상담자가 과거에 비해 증가하는 추세이다.
④ 치료과정이 고도로 조직화된 접근이다.
⑤ 이론적 통합은 토대가 되는 치료이론들과 그 이론들의 기법을 통합하는 것이다.

33 반두라의 사회학습 이론 중 관찰학습의 단계가 순서대로 나열된 것은?

① 주의집중단계 – 보존단계 – 운동재생단계 – 동기화단계
② 주의집중단계 – 운동재생단계 – 동기화단계 – 보존단계
③ 주의집중단계 – 운동재생단계 – 보존단계 – 동기화단계
④ 운동재생단계 – 동기화단계 – 주의집중단계 – 보존단계
⑤ 운동재생단계 – 동기화단계 – 보존단계 – 주의집중단계

정답 & 해설   31. ② 32. ④ 33. ①

31 비합리적 사고의 요소로는 당위적 요소(①, ③, ⑤)와 당위적 사고에서 파생된 사고인 자신의 가치에 대한 총체적 비하(④)가 있다.
32 통합적 접근은 융통성과 유연성을 기본으로 한다.
33 반두라의 관찰학습 단계는 주의집중단계, 파지(보존)단계, 운동재생단계, 동기화단계이다.

기출

34 행동주의 상담의 기법과 예시의 연결이 옳지 않은 것은?

① 소거 - 자녀가 문제행동을 했을 때 부모가 관심을 기울이지 않았다.
② 차별강화 - 수업 중 자리를 이탈하는 학생이 제 자리에 앉아있을 때만 칭찬을 하였다.
③ 과잉교정 - 주1회 방청소를 하기로 한 아이가 청소를 하지 않자 다음 2주 동안 매일 방을 청소하도록 하였다.
④ 혐오치료 - 금연을 하려는 청소년에게 담배와 관련된 질병에 걸려 고통스러워하는 장면을 상상해 보게 하였다.
⑤ 행동조성 - 자기표현을 잘하는 친구의 행동을 지켜보고 나서 친구들의 부당한 요구에 거절하는 행동을 시도해보았다.

35 다음 〈보기〉의 사례는 반두라(Bandura)의 사회학습이론 중 무엇에 대한 설명인가?

|보기|
모범생인 A학생이 독거노인을 정기적으로 보살펴주는 행동으로 학교로부터 상장을 받았다. 이에 감동한 B학생이 자기 집 주변의 독거노인을 보살피는 행동을 하였다.

① 자아강화   ② 자아효능감   ③ 부정적 강화
④ 긍정적 강화   ⑤ 대리적 조건화

36 다음은 무엇에 대한 설명인가?

수연이는 매일 학교에 지각을 한다. 그러자 선생님은 한번만 더 지각을 하면 수연이가 그토록 싫어하는 화장실 청소를 시키겠다고 이야기한다.

① 정적 강화   ② 정적 처벌   ③ 부적 강화
④ 부적 처벌   ⑤ 연속적 강화

정답 & 해설   34. ⑤   35. ⑤   36. ②

34 행동조성이란 강화를 사용해 형성하고자 하는 목표행동에 점진적으로 접근하는 방법이다.
35 대리적 조건화는 모델을 관찰하여 이미 알고 있었던 행동들을 강화받는 경우를 말한다. B학생은 A학생의 선행을 보고 강화받아 독거노인을 보살핀 행동을 한 것이다.
36 정적 처벌은 싫어하는 자극을 제시함으로써 행동의 빈도를 감소시키는 것이다.

기출

37 상담의 중기과정에 관한 설명으로 옳지 않은 것은?
① 내담자와의 관계형성에 집중한다.
② 문제해결을 위한 대안을 모색한다.
③ 직면을 통해 내담자의 변화를 촉진한다.
④ 상담과정에서 얻은 통찰을 실행에 옮기도록 돕는다.
⑤ 호소문제와 관련된 감정, 사고, 행동 등을 인식하도록 돕는다.

38 상담자 A는 고등학생인 B군을 상담하는 과정에서 〈보기〉와 같은 얘기를 하였다. 이는 현실 상담이론의 WDEP 과정 중 어디에 해당하는가?

| 보기 |
| B군이 무엇을 하고 싶은지 이제 알 것 같아요. 그럼 지금 하고 싶은 것을 하기 위해 무엇을 하고 있는지 알고 싶은데요. |

① 바람 파악하기 ② 추측하기 ③ 평가하기
④ 계획하기 ⑤ 행동 파악하기

39 다음 중 현실치료(상담) 이론의 기본 욕구에 해당하지 않는 것은?
① 힘과 성취의 욕구 ② 자유의 욕구 ③ 즐거움의 욕구
④ 시기와 질투의 욕구 ⑤ 생존의 욕구

정답 & 해설   37. ① 38. ⑤ 39. ④

37 ①은 초기단계에 대한 설명이다.
38 현실상담(현실치료)에서 내담자의 현실 변화를 위한 상담과정으로서, 실제에서 사용될 수 있는 절차를 'WDEP'라는 약자를 써서 나타낸다.
- W(Want) : 내담자의 욕구가 무엇인지를 질문한다.
- D(Doing) : 현재 행동에 초점을 두고 무엇을 하고 있는지 질문한다.
- E(Evaluating) : 지금의 행동이 욕구 충족에 도움이 되는 행동인지 탐색하도록 한다. 또한 자신의 욕구가 실현 가능한 것인지도 평가해 보게 한다.
- P(Planning) : 욕구를 충족시킬 수 있는 계획을 수립하는 것이다. 구체적이고 현실적인 계획이 될 수 있도록 한다.

39 현실상담이론의 기본욕구 : 사랑과 소속감의 욕구(belonging), 힘과 성취의 욕구(power), 자유의 욕구(freedom), 즐거움의 욕구(fun), 생존의 욕구(survival)

기출 ⭐
40 현실치료에 관한 설명으로 옳지 않은 것은?

① 내담자는 자신의 행동에 대해 선택권이 있다.
② 인간은 즐거움, 자유, 실현, 소속, 힘의 욕구를 가지고 태어난다.
③ 전행동은 행동하기, 생각하기, 느끼기, 생리적 반응으로 구성되어 있다.
④ 행동은 자신의 욕구를 충족시키기 위한 노력이다.
⑤ 계획은 간단하고, 실현가능하고, 즉각적이어야 한다.

기출 ⭐
41 내담자의 저항에 대한 상담자의 태도로 적절한 것은?

① 저항을 상담과정의 자연스러운 현상으로 받아들인다.
② 저항이 가라앉을 때까지 개입하지 않고 기다린다.
③ 상담 종결을 우선적으로 고려한다.
④ 내담자가 괴롭혀도 비위를 맞추며 견딘다.
⑤ 상담 결과에 대한 기대를 낮춘다.

42 〈보기〉의 상담기법을 사용하는 상담이론으로 알맞은 것은?

| 보기 |
- 내담자는 맞은편 빈 의자에 사람이 앉아 있다고 상상하며 그와 대화한다.
- 다른 사람에 대한 자신의 감정을 명료화하고 새로운 행동을 시험할 수 있다.

① 인간중심 상담이론 ② 게슈탈트 상담이론 ③ 교류분석 이론
④ 현실 상담이론 ⑤ 개인심리 상담이론

정답 & 해설 40. ② 41. ① 42. ②

40 현실치료에서는 인간의 욕구를 생존, 사랑과 소속감, 힘, 자유, 즐거움의 5가지로 보았다.
41 상담자는 내담자의 저항을 상담과정의 자연스러운 현상으로 받아들여야 한다. 내담자의 저항은 그의 갈등을 근본적으로 해결하기 위한 주요 열쇠이기 때문에 즉시 다루어야 한다.
42 〈보기〉의 상담기법은 빈 의자(empty chair) 기법으로 게슈탈트 상담이론에서 사용하는 상담기법이다.

43 다음 중 게슈탈트 상담이론의 접촉장애에 대한 설명이 올바른 것은?

① 내사 – 자신의 욕구나 충동의 자각 및 접촉이 두려워 남에게 그 책임을 돌리는 것
② 투사 – 개인이 타인이나 환경에게 바라는 것을 스스로에게 행하는 것
③ 반전 – 힘든 환경에 압도당하지 않기 위해 감각을 둔화시켜 환경과의 접촉을 약화시키는 것
④ 융합 – 두 사람이 하나의 개체인 것처럼 어떤 갈등이나 불일치도 용납하지 못하고 서로에게 의존하고 있는 것
⑤ 편향 – 무비판적으로 받아들인 행동방식이나 가치관이 자기 것으로 동화되지 못한 채 개체에게 악영향을 미치면서 남아 있는 것

44 〈보기〉는 어떤 상담기법의 인간관을 설명하고 있는가?

| 보기 |
| 인간은 과거와 환경에 의해 결정되는 존재가 아니라 현재의 사고, 감정, 행동의 전체성과 통합을 추구하는 존재이다. |

① 정신분석학적 상담
② 형태주의 상담
③ 개인주의 상담
④ 교류분석 상담
⑤ 인간중심 상담

기출 ★

45 다음 사례에서 게슈탈트 이론의 접촉경계 혼란 현상은?

| 고등학생 A는 우울과 신체화 증상을 자주 호소한다. 이러한 증상은 학교에서 친구들과 갈등이 생길 때 더욱 심하게 경험하게 되는데, 특별히 자각하지 못한 채 자동적으로 일어난다고 하였다. |

① 반전
② 투사
③ 편향
④ 융합
⑤ 내사

정답 & 해설

43. ④ 44. ② 45. ①

43 접촉이란 전경으로 떠올린 게슈탈트를 해소하기 위해 현재를 있는 그대로 경험하고 환경과 상호작용 하는 행위이다.
① 내사 : 무비판적으로 받아들인 행동방식이나 가치관이 자기 것으로 동화되지 못한 채 개체에게 악영향을 미치면서 남아 있는 것
② 투사 : 자신의 욕구나 충동의 자각 및 접촉이 두려워 남에게 그 책임을 돌리는 것
③ 반전 : 개인이 타인이나 환경에게 바라는 것을 스스로에게 행하는 것
⑤ 편향 : 힘든 환경에 압도당하지 않기 위해 감각을 둔화시켜 환경과의 접촉을 약화시키는 것

44 형태주의(게슈탈트) 상담이론의 인간관이다.

45 반전(retrofoection)은 개체가 다른 사람이나 환경에 대하여 하고 싶은 행동을 자기 자신에게 하는 것, 혹은 타인이 자기에게 해주기를 바라는 행동을 스스로 자기 자신에게 하는 것을 뜻한다. 즉, 타인이나 환경과 상호작용하는 대신 자신을 행동의 대상으로 삼는 것이다. 예컨대 타인에게 화를 내는 대신 자신에게 화를 내거나, 타인으로부터 위로받는 대신 자위하는 것이다.

기출 ✪

46 합리정서행동상담(REBT)에 관한 설명으로 옳은 것은?

① 동물실험에서 얻은 결과를 인간에게 적용하였다.
② 인간은 가상적인 최종목표를 추구하는 존재로 보았다.
③ 인간은 선천적으로 합리적이면서도 비합리적이라고 보았다.
④ 우울한 사람들이 부정적인 생각을 갖는 세 가지 주제, 인지삼제를 개념화하였다.
⑤ 다양한 정신장애의 원인을 실존적 불안을 다루는 방식에서 찾았다.

47 다음은 교류분석에서 어떠한 교류(대화)에 해당되는가?

> A : 영어시험 잘 봤어?
> B : 응. 잘 정리된 네 자료 덕에 잘 본 것 같아.
> A : 난 수학시험이 걱정이야. 뭐로 공부해야 할지 모르겠어.
> B : 걱정 마! 나한테 잘 정리된 자료가 있어. 메일로 보내줄게.

① 상보적 교류
② 이면적 교류
③ 교차적 교류
④ 스트로크
⑤ 자기긍정 – 타인긍정

기출 ✪

48 상담이론과 기법이 옳게 짝지어진 것은?

① 개인심리학 - 혐오기법
② 인지치료 – 역기능적 신념 수정
③ 정신분석 – 빈의자 기법
④ 게슈탈트 상담 - 자유연상
⑤ 해결중심 상담 – 자동적 사고 수정

정답 & 해설 46. ③ 47. ① 48. ②

46 REBT에서는 인간을 선천적으로 합리적인 동시에 비합리적인 존재로 이해한다.
47 상보적 교류는 2개의 자아상태가 상호 관여하고 있는 교류로서, 발신자가 기대하는 대로 수신자가 응답해 가는 것이다.
48 인지치료는 내담자의 역기능적 신념을 수정하는 데 중점을 둔다.

49 교류분석에 관한 설명으로 옳지 않은 것은?

① 성격은 어버이자아상태, 어른자아상태, 어린이자아상태로 구성된다.
② 어른자아상태는 합리적, 이성적, 객관적 성격특징을 지닌다.
③ 상보적 교류는 두 사람 간의 대화가 지지적으로 잘 이루어지는 상태를 말한다.
④ 게임은 겉으로는 친밀한 것처럼 보이지만 결과적으로는 라켓 감정을 유발하는 현상을 말한다.
⑤ 시간구조화에는 의식, 친밀관계, 소일, 공생관계가 포함된다.

50 벡(Beck)이 제시한 인지적 왜곡(오류)의 형태를 올바르게 연결한 것은?

ㄱ. 한 명의 청소년 내담자를 상담하는 과정에서 어려움을 경험한 후, 모든 청소년 상담 분야에는 소질이 없다고 결론을 내렸다.
ㄴ. 복도에서 만난 친구가 인사를 하지 않고 지나간 것에 대해 나를 미워하기 때문이라고 생각했다.
ㄷ. 발표를 한 후, 대다수는 칭찬을 했지만 소수의 사람들이 부정적 반응을 보인 것만 보고 자신의 발표가 실패한 것이라고 여겼다.
ㄹ. 지난 주 사례회의에서 지적당한 것을 볼 때, 이제 곧 팀장자리도 내놓아야 하고 머지않아 상담실에서도 쫓겨나고 말 것이라고 생각했다.

A. 선택적 추상화(selective abstraction)　　B. 과잉일반화(overgeneralization)
C. 개인화(personalization)　　D. 파국화(catastrophizing)

① ㄱ－A, ㄴ－B, ㄷ－C, ㄹ－D
② ㄱ－A, ㄴ－C, ㄷ－D, ㄹ－B
③ ㄱ－B, ㄴ－C, ㄷ－A, ㄹ－D
④ ㄱ－B, ㄴ－C, ㄷ－D, ㄹ－A
⑤ ㄱ－D, ㄴ－C, ㄷ－A, ㄹ－B

정답 & 해설　　49. ⑤　50. ③

49 시간을 구조화하는 방법으로는 회피, 의식, 잡담, 활동, 게임, 친밀 등이 포함된다.
50 선택적 추상화는 일부분을 선택하여 전체를 잘못 요약하는 것, 과잉일반화는 한 가지의 사건을 가지고 이를 일반화하는 것, 개인화는 상대방의 행동이 모두 자신을 두고 하는 것이라고 믿는 것, 파국화는 좋든 나쁘든 특정한 사건 결과의 정도를 심각하게 부풀려 파국으로 몰고 가려는 것을 의미한다.

51 〈보기〉에 해당하는 상담이론으로 알맞은 것은?

> **보기**
> • 인간의 자아는 부모 자아, 어른 자아, 어린이 자아로 구성되어 있다.
> • 인생의 각본을 분석함으로써 성격형성 과정을 확인할 수 있다.

① 형태주의 상담 ② 실존주의 상담 ③ 개인심리 상담
④ 교류분석 상담 ⑤ 인간 중심 상담

52 다음은 해결중심 상담의 질문기법 중 무엇에 대한 설명인가?

> 최근 문제가 일어나지 않은 때는 언제였나요? 그리고 문제가 해결되었다면 그것을 어떻게 알게 되었나요?

① 예외질문 ② 악몽질문 ③ 척도질문
④ 기적질문 ⑤ 간접적인 질문

53 상담이론과 그와 관련된 상담기법으로 옳지 않은 것은?

① 인지치료이론 - 인지적 재구성
② 정신분석학 상담 - 저항의 해석
③ 인지적 상담 - 이완기법
④ 형태치료 상담 - 역할연기, 감정에 머무르기, 직면
⑤ 현실 상담 - WEDP

정답 & 해설　　　　　　　　　　　　　　　　51. ④　52. ①　53. ③

51　교류분석 상담은 상황에 따라 부모 자아, 어른 자아, 어린이 자아가 적절히 기능할 수 있도록 한다. 또한 초기 결단에 근거한 생활각본을 '자기 긍정 - 타인 긍정'의 생활각본으로 바꾸게 한다.
52　예외질문은 문제가 일어나지 않은 상황을 떠올려봄으로써 문제에 접근하는 방법이다.
53　이완기법은 행동주의 상담의 기법이다.

54 다음 상담이론에 대한 설명으로 옳지 않은 것은?

① 게슈탈트(형태주의) 상담이론 – 인간은 과거와 환경에 의해 결정되는 것이 아니라 현재의 사고, 감정, 느낌, 행동의 전체성과 통합을 추구하는 존재라고 한다.
② 인간중심 상담이론 – 인간은 자신의 삶 속에서 스스로를 불행하게 만드는 요인이 무엇인가를 이해할 수 있을 뿐만 아니라 자신의 나아갈 방향을 찾고 건설적인 변화를 이끌 수 있다.
③ 실존주의 상담이론 – 치료가 상담목표가 아니라 내담자로 하여금 자신의 현재상태에 대해 인식하고 피해자적 역할로부터 벗어날 수 있도록 돕는 것이다.
④ 개인주의 상담이론 – 과거사건에 대한 개인의 지각과 해석이 현재의 행동에 어떠한 영향을 미치는가에 중점을 두고 개인의 선택과 책임, 삶의 의미, 성공추구 등을 강조한다.
⑤ 해결중심 상담이론 – 상담자는 내담자가 문제를 지닌 사람으로 보고, 자신이 지닌 자원 및 강점을 활용하고 있는 존재로 본다.

55 〈보기〉에서 설명하고 있는 상담기법은 무엇인가?

| 보기 |
- 내담자의 말이나 행동에 나타난 감정, 생각, 태도를 상담자가 다른 말로 부연해 주는 것이다.
- 단순히 내담자의 말을 반복하는 것이 아니라 내담자의 내면을 상담자가 이해하고 있음을 알도록 해야 한다.

① 명료화 ② 반영 ③ 직면
④ 요약 ⑤ 공감적 이해

기출

56 청소년 내담자의 상담목표에 해당하지 않는 것은?

① 또래의 부당한 요구를 거절하기
② 친구들이 내 기분을 이해하게 만들기
③ 다른 사람과 5분 이상 대화를 지속하기
④ 엄마가 소리를 지를 때 함께 고함치지 않고 말하기
⑤ 이번 학기가 끝나기 전까지 친한 친구 1명 사귀기

정답 & 해설

54. ⑤ 55. ② 56. ②

54 해결중심 상담이론에서 상담자는 내담자를 문제를 지닌 자로 보지 않고, 자신이 지닌 자원 및 강점을 활용하지 못하고 있는 자로 본다.
55 반영 시에는 내담자가 느끼는 감정이나 생각을 언급하되 판단적 표현은 사용하지 않도록 주의해야 한다.
56 다른 사람이 내 기분을 이해하도록 하거나 변화되도록 하는 것이 상담은 아니다. 상담의 목표는 나 자신의 변화와 관련되어 있다.

기출 ★

57 종결 단계에서 상담자가 취한 행동으로 옳은 것을 모두 고른 것은?

> ㄱ. 내담자가 이별에 대한 감정을 충분히 이야기할 수 있는 기회를 제공하였다.
> ㄴ. 종결에 대한 두려움으로 상담자에게 의존하는 내담자와 정해진 회기를 초과하여 상담을 계속 진행하였다.
> ㄷ. 상담이 필요한 사안이 발생하면 다시 상담을 받을 수 있다고 이야기하였다.
> ㄹ. 내담자가 상담 초기에 호소했던 문제가 얼마나 줄어들었는지 비교하도록 하였다.

① ㄱ, ㄴ ② ㄴ, ㄷ ③ ㄷ, ㄹ
④ ㄱ, ㄷ, ㄹ ⑤ ㄱ, ㄴ, ㄷ, ㄹ

58 다음 중 상담초기 과정에 해당하지 않는 것은?

① 촉진관계 형성 ② 상담의 구조화 ③ 실천 계획의 수립
④ 상담목표의 설정 ④ 내담자의 문제확인

59 다음 중 상담의 구조화에 포함되는 사항이 아닌 것은?

① 상담의 권유 ② 상담의 본질 ③ 상담의 시간
④ 상담의 목표 ⑤ 상담자와 내담자의 역할 및 책임

기출 ★

60 개인심리학에서 다루는 내용으로 올바르게 묶인 것은?

① 열등감, 억압된 성충동, 사회적 관심
② 사회적 관심, 출생순위, 우월성 추구
③ 우월성 추구, 페르소나, 가상적 최종목표
④ 생활양식, 전경과 배경, 출생순위
⑤ 가상적 최종목표, 이면교류, 열등감

정답 & 해설

57. ④ 58. ③ 59. ① 60. ②

57 종결에 대한 두려움을 가지고 있는 내담자가 있을 때에는 이에 대해 함께 충분히 다룸으로써, 내담자가 종결을 건강하게 받아들이도록 하는 것이 중요하다.
58 실천계획의 수립은 상담중기에 실행한다.
59 상담의 구조화에 포함되어야 할 사항으로는 상담의 본질, 상담자와 내담자의 역할 및 책임, 비밀보장, 상담의 시간, 상담의 목표 등이 있다.
60 개인심리학에서는 사회적 관심, 출생순위, 열등감, 우월성 추구, 생활양식 등에 중점을 둔다.

61 다음은 무엇에 대한 설명인가?

- 상담자가 내담자를 평가하거나 비판하지 않고 있는 그대로 이해하려고 하는 것이다.
- 이로 인해 내담자는 자유롭게 자신의 감정을 표현할 수 있게 된다.

① 일치성 ② 진실성 ③ 무조건적 긍정적 존중(관심)
④ 공감적 이해 ⑤ 관심 집중

기출 ★

62 여성주의 치료에 관한 설명으로 옳은 것은?

① 내담자의 문제는 사적인 것으로 간주하여 사회 정치적 맥락을 배제하고 이해한다.
② 남녀의 행동차이를 사회화 과정보다는 선천적인 것으로 설명한다.
③ 내담자의 개인적 변화를 돕는 것이 주된 역할이며, 사회 변화를 위한 직접적 개입은 상담자의 역할이 아니다.
④ 사회적 성역할 기대는 정체성 형성에 커다란 영향을 미치는 것으로 간주한다.
⑤ 치료의 핵심은 권력에 대한 관심이므로 상담자에게 절대적 권위를 부여한다.

기출 ★

63 여성주의 상담에 관한 설명으로 옳은 것을 모두 고른 것은?

ㄱ. 사회의 변화에도 관심을 가진다.
ㄴ. 사회직 성역할 기대가 개인의 정체성 형성에 많은 영향을 미친다고 본다.
ㄷ. 남녀를 이분법적으로 구분하지 않고 다양성을 인정하고 수용하도록 돕는다.
ㄹ. 남녀의 행동 차이는 사회화 과정보다는 선천적인 것에 기인하는 것이 더 크다고 본다.

① ㄱ, ㄴ ② ㄷ, ㄹ ③ ㄱ, ㄴ, ㄷ
④ ㄴ, ㄷ, ㄹ ⑤ ㄱ, ㄴ, ㄷ, ㄹ

정답 & 해설

61. ③ 62. ④ 63. ③

61 무조건적 긍정적 존중(관심)은 상담관계에서 상담자가 내담자를 평가나 판단하지 않고, 있는 그대로 수용하여 존중하는 것이다.

62 여성주의 치료의 목표는 성에 근거한 차별과 제한을 벗어나 여성과 남성이 자아실현을 할 수 있도록 돕는 것이다. 여성과 남성이 사회적, 정치적, 경제적으로 동등한 존재가 되기를 돕는 것과 각 개인이 그러한 삶을 살 수 있도록 촉진하는 성 평등 사회를 만드는 것이 주요 목표가 된다. 따라서 여성주의 치료는 성역할 기대에 따른 성역할 고정관념과 제도화된 성차별주의에 도전하는 여성주의를 상담을 통해 실현시키려고 하는 상담이론이다.

63 여성주의 상담의 목표는 내담자가 자신의 성역할 사회화 과정과 내재화된 성역할 신념을 알게 하고 이러한 신념들을 보다 의식이 향상된 자기 말로 대치시키도록 하는 데 있다.

64 행동주의 상담이론의 체계적 둔감화에 대한 설명으로 옳은 것은?

① 안정감을 느끼는 순서대로 위계를 작성한다.
② 가장 심한 불안의 상황을 위계의 가장 아래에 두고 처음으로 시도한다.
③ 근육이완을 통해 불안을 해소한다.
④ 내담자에게 가장 강한 불안을 주는 요인만 이야기하게 한다.
⑤ 근육이 긴장된 상태에서 불안 자극을 준다.

65 다음 중 현실 상담의 특징을 모두 고른 것은?

ㄱ. 책임감에 대한 강조
ㄴ. 과거 경험에 대한 체계적인 탐색
ㄷ. 자율적이고 합리적인 모습 강조
ㄹ. 내담자 스스로 계획수립 및 수행 평가

① ㄱ, ㄷ, ㄹ
② ㄴ, ㄷ, ㄹ
③ ㄱ, ㄴ
④ ㄱ, ㄴ, ㄷ
⑤ ㄷ, ㄹ

정답 & 해설　　　　　　　　　　　　　　　　　　64. ③　65. ①

64 ① 불안을 느끼는 정도에 따라 불안의 위계를 작성한다.
② 가장 심하게 불안을 느끼게 하는 상황을 제일 위에 두고 가장 낮은 불안을 느끼는 자극상황을 제일 아래에 둔다.
④ 내담자에게 불안을 일으키는 자극상황을 모두 열거하도록 한다.
⑤ 근육긴장을 이완하도록 한 후, 불안을 유발하는 자극을 제시한다.

65 현실 상담은 책임성과 현재성을 강조하며, 합리적 모습과 더불어 치료적 과정에 적합한 계획수립 등을 주요기법으로 한다.

필수과목

5과목
학습이론

Section 01 학습의 개념
Section 02 행동주의 학습이론
Section 03 인지주의 학습이론
Section 04 신경생리학적 학습이론
Section 05 동기와 학습
Section 06 기타

Section 01 학습의 개념

학습포인트 학습의 정의 및 개념에 대해 이해한다. 또한 학습관련 연구의 쟁점을 인지적, 정의적, 환경적 영역으로 나누어 파악한다.

1 학습의 정의·개념

(1) 학습의 정의

① 훈련 또는 경험을 통해 얻는 행동과 지식에서의 비교적 영속적인 변화이다. 이전 경험에 기인한 비교적 영속적인 행동변화 또는 그 변화의 잠재력을 지칭한다. 영속적인 변화이긴 해도 성숙의 경우 유전적 또는 생물학적 프로그램에 따른 것이므로 학습이 아니다.

② 생득적으로 계획된 행동인 연어의 회귀본능이나 생물학적 반사는 과거의 경험에 기반을 두지 않기 때문에 학습이라 하지 않는다.

> **Plus Study** 학습(learning)의 정의
>
> 학습은 경험을 통하여 얻어지는 행동과 지식에서의 비교적 영속적인 변화이다. 학습은 일반적인 의미에서의 지식 습득뿐만 아니라 젓가락질을 배운다든지, 신발 끈을 맨다든지, 자전거를 타거나 운전을 배우는 등의 다양한 행동을 포함한다. 이렇게 우리는 다양한 경험을 통해 지식과 기술을 습득하고 이를 유지한다.
>
> 출처 : 오세진 외(2011)

 바로 Check

학습에 관한 설명으로 옳지 않은 것은?
① 성숙에 의한 변화는 학습이 아니다.
② 수행이 없어도 학습은 일어날 수 있다.
③ 행동 잠재력의 변화는 학습으로 볼 수 없다.
④ 태도의 변화는 학습의 영역에 포함된다.
⑤ 학습은 경험을 통하여 이루어진다.

해설 행동잠재력의 변화 역시 학습으로 볼 수 있다.

☑ 정답 ③

O× 퀴즈
한 미국인이 우리나라에서 머무는 약 1개월 동안 젓가락을 사용하여 식사를 하였으며, 이후 본국에 돌아가서도 지속적으로 젓가락을 사용하여 식사를 했다면, 이것은 학습에 해당된다. [ ]
[정답] ○

나의 필기노트

(2) 학습의 목적
① 정상행동과 비정상행동에 대한 이해 및 이를 바탕으로 심리치료 등에 활용하기 위한 것이다.
② 유전과 환경의 상호작용을 이해하기 위한 것이다.
③ 실제 교육장면에 응용하기 위한 것이다.

(3) 학습의 조건
① **동기** : 학습을 하려는 욕구
② **지각(수용)** : 자극을 수용하는 것
③ **반응** : 학습자가 행동으로 반응하는 것
④ **보상 또는 강화**

> **Plus Study │ BAS/BIS 척도**
>
> 1. **행동활성화체계**(BAS; Behavioral Approach System) : 자신이 바라는 바가 달성되리라고 기대할 때 생기는 긍정적 정서인 희망, 흥분, 행복 등을 유발하는 동기체계로서, '음식'이나 '성' 혹은 '더위나 고통의 회피' 등과 같이 원하는 어떤 것들의 단서를 민감하게 감지하고 적극적으로 추구하도록 만들어 준다. 행동활성화체계의 뇌신경 기저는 카테콜라민계, 특히 도파민 경로라고 알려져 있다. 행동활성화체계에서의 높은 민감성은 목표 지향적인 행동에 관여하는 경향성을 높이고 보상이 가까이 있다는 정보를 주는 단서에 노출되었을 때 긍정적 감정을 더욱 크게 경험하게 만든다.
> 2. **행동억제체계**(BIS; Behavioral Inhibition System) : 유기체가 처벌과 위험 단서에 반응해서 움직임을 억제하는 심리적 멈춤(브레이크) 체계에 비유할 수 있다. '처벌'이나 '위협'과 같은 불안 관련 단서들에 반응해서 불안을 경험하고 현재 진행 중인 행동을 멈추고 다른 위험이나 위협 단서들을 찾기 위해 환경을 조사하도록 유도하는 동기체계이다. 사람들이 부적 결과를 예상할 때 흔히 경험하는 공포나 좌절, 불안, 슬픔 등의 정서가 행동억제체계의 높은 민감성과 밀접하게 관련된다.
>
> 출처 : 김교헌(2002)

(4) 학습의 범위
① **광의의 학습** : 경험이 개인의 지식이나 행동에 비교적 지속적인 변화를 야기할 때 일어난다. 그 변화는 의도적일 수도 있고 비의도적일 수도 있으며, 좋은 것일 수도 있고 나쁜 것일 수도 있다. 또한 옳거나 틀린 것일 수도 있고, 의식적이거나 무의식적인 것일 수도 있다.
② **협의의 학습** : 학습자가 정해진 학습목표를 달성시키려는 상황에 참여하여 의도한 학습 목표를 성취하는 활동을 하는 경우로서 학습의 주체, 학습의 상황, 행동의 변화 등에 있어서 일정한 제한이 있다.
  ㉠ 학습의 주체는 학습자로 한정된다.
  ㉡ 학습의 상황은 의도한 것에 국한된다.
  ㉢ 행동의 변화는 바람직한 행동으로의 변화를 의미한다.

(5) 학습의 종류

① **둔감화**(habituation, 습관화) : 동일한 자극을 반복적으로 경험함으로써 그에 대한 반응이 감소되는 것
② **민감화**(sensitization) : 한 자극에 대한 반응이 그 자극을 경험할수록 더 강해지는 것
③ **연합학습**(associative learning) : 한 사건과 다른 사건을 연합(연결)시키는 것
   예 고전적 조건형성과 조작적 조건형성
④ **비연합학습**(non-associative learning) : 한 가지 사건에 대한 학습
   예 둔감화와 민감화

> **괄호넣기**
> 반복적으로 제시되는 자극에 대하여 정향 반응이 감소하는 현상을 (   )라고 한다.
> [정답] 습관화(둔감화)

2 학습관련 연구의 쟁점

(1) 인지적 영역

① **두뇌(Brain)의 기능**
   ㉠ 뇌에 대한 연구는 출생 시부터 타고난 학습능력 외에 학습경험에 의해 변화될 수 있는 가능성, 뇌의 적응적 능력에 대한 가능성 등을 보여주고 있다.
   ㉡ 뇌에 대한 연구가 활발하게 진행되면 개인별로 어떤 부분의 발달이 더 많이 이루어지고 있으며, 어떤 경험을 할 때 그러한 발달을 더욱 촉진할 수 있는지를 알게 될 것이다.
② **지능(Intelligence)**
   ㉠ 지능이 학업성취를 설명하는 비율은 15~36% 정도에 이른다.
   ㉡ 학습이론에서 가장 보편적으로 지능을 활용하는 방안은 학습자의 영역별 인지적 발달 정도를 진단하여 각 개인의 능력에 맞게 학습방안을 마련하는 것이다.
   ㉢ 지능의 객관적인 측정 결과 못지않게 지능에 대한 학습자의 주관적인 인식도 학습태도에 많은 영향을 준다.
   ㉣ 일반적으로 지능이 학습자의 노력 여부에 따라 변할 수 있다고 생각하는 관점이 지능은 고정적이어서 학습자가 노력해도 변화시킬 수 없다는 관점에 비해 학습자의 적극적인 학습태도를 유발할 수 있다.
③ **과목별 선행학습 수준** : 선행학습 수준을 파악하기 위해 표준화된 학업성취검사 등을 사용할 수 있다. 선행학습의 결손 부분을 파악하여 학습을 익히도록 하는 것은 현재 학습진로에 대한 이해를 높이는 데 도움되며, 이후의 결손 누적을 예방할 수 있는 방법이다.

④ 학습전략
　㉠ 학습전략이란 공부하는 방법이나 기술을 의미한다. 지능이나 선행학습 수준과는 별도로 학습자가 공부할 내용을 효과적으로 다루고 파악하여 자기 것으로 만드는 방법을 얼마나 잘 알고, 또 사용하고 있는가를 의미한다.
　㉡ 학년이 올라가거나 교과의 난이도가 높아질수록 학습전략의 필요성도 더 많아진다. 학습전략의 사용에 영향을 주는 동기나 흥미와 같은 요인도 함께 고려할 필요가 있다.

(2) 정의적 영역

① 동기(motivation)
　㉠ 동기란 어떤 행동을 발생시키고, 그 행동을 유지시키며, 그 행동의 방향을 정해 주는 요인으로서 행동의 수준 또는 강도를 결정하는 심리적 구조이며 과정이다. 따라서 동기란 목표를 이루어 가기 위한 물리적 혹은 정신적 활동이라고 볼 수 있다.
　㉡ 동기는 의지(will)와 구별되기도 하고 그것을 포괄하는 개념으로 사용되기도 한다.
　㉢ **동기의 유형**
　　ⓐ 내재적 동기(intrinsic motivation, 내적 동기)
　　　• 개인적 흥미에 따라 도전할 만한 과제를 찾아 정복하는 과정에서 자연스럽게 능력을 발휘하게 되는 동기를 의미한다.
　　　• 내재적 동기가 높은 사람은 과제 자체나 그것이 가져다주는 성취감을 즐긴다.

바로 Check

내재적(intrinsic) 동기에 관한 설명으로 옳지 않은 것은?
① 몰입(flow)은 내재적 동기에 해당된다.
② 내재적 동기가 높아질수록 외재적 동기는 낮아진다.
③ 내재적 동기는 시간이 경과함에 따라 달라질 수 있다.
④ 과제를 선택할 수 있는 자율성이 주어지면 내재적 동기가 높아지는 경향이 있다.
⑤ 내재적으로 동기화된 과제에 외적 보상이 더해지면 내재적 동기가 감소될 수 있다.

해설 효과적인 학습을 위해 지속력이 강한 내재적 동기를 유발하는 것이 바람직하나, 적절한 외적 동기유발 방법의 적용 없이 순수한 내재적 동기유발은 어렵다. 따라서 외재적 동기유발을 통해 내적 동기를 자극할 필요가 있다.

☑ 정답 ②

나의 필기노트

OX 퀴즈
교수자는 학생의 상황적 흥미보다 개인적 흥미를 더 잘 변화시킬 수 있다. [ ]
[정답] ✕
[해설] 교수자는 개인적 흥미보다 상황적 흥미를 더 잘 변화시킬 수 있다.

ⓑ 외재적 동기(extrinsic motivation, 외적 동기)
- 과제에 대한 관심이나 흥미보다는 그것을 통해 얻게 되는 이익에 의해 동기화되는 것을 의미한다.
- 외재적 동기가 높은 사람은 과제를 통해 얻게 되는 보상이나 처벌 등 자기 자신보다는 타인에 의해 제공되는 유인가의 영향을 받게 된다.

ⓒ 학습동기
- 학습동기란 학습자로 하여금 특정 학습의 준비 또는 일련의 학습을 지속시키도록 하는 내적·외적 조건이다. 학습에 있어서의 동기는 어떤 내용을 선택하고, 언제 공부하고, 어떤 방법으로 공부하는지 등 그 과정 전반에 영향을 미친다.
- 개인 또는 집단의 학습목표를 개인 또는 집단의 목표와 결부시켜 분명한 목표의식을 갖게 하고, 적성이나 흥미에 맞는 과제의 제시와 보상, 경쟁심의 적용, 피드백 등을 활용하는 학습에 작용하는 동기를 일컫는다.

> **Plus Study** 학습동기 유발방법
> 1. 도전적인 학습목표를 구체적으로 설정한다.
> 2. 학습자의 흥미와 적성에 맞는 학습과제를 제시한다.
> 3. 열정을 가지고 가르치는 내용의 중요성을 의사소통한다.
> 4. 학생들과의 관계를 중시한다.
> 5. 다양한 교수방법을 계획하고 실행한다.
> 6. 학습자에게 긍정적인 기대를 갖는다.
> 7. 학습수행 과정과 결과에 대해 피드백을 해준다.
> 8. 학습자의 지적 호기심을 유발한다.

> **Plus Study** 프리맥의 원리(Premack Principle)
> 프리맥의 원리는 1965년 프리맥(D. Premack)이 제시한 이론으로 학생들이 좋아하지 않는 일(빈도가 낮은 일)을 하는 보상으로 좋아하는 일(빈도가 높은 일)을 제시하여 바람직한 행동(좋아하지 않는 일)의 빈도를 증가시키는 원리를 말한다. 예를 들어, 영어공부를 열심히 하지 않는 중학교 3학년 아들에게 "영어공부를 열심히 하면 네가 좋아하는 탁구 레슨을 받도록 해 주마."라고 하여 아들이 영어공부를 더욱 열심히 하도록 할 수 있을 것이다.
> 프리맥의 원리는 가정이나 학교에서 아동이나 청소년들에게 학습동기를 유발하는 방법으로 많이 사용된다. 아동에게 흔히 보상으로 제공하는 활동에는 만화책 보기, TV 보기, 컴퓨터 게임하기 등이 있다.

바로 Check

다음 내용에 해당되는 이론 또는 원리는?

C학생은 매일 영어공부를 1시간씩 하기로 하였다. 하지만, 이 목표가 잘 지켜지지 않아서 영어공부를 1시간 해야만 자신이 좋아하는 게임을 하는 것으로 바꾸었다. 그 후 영어공부를 더 자주 하게 되었다.

① 2과정 이론 ② 추동감소 이론 ③ 자극대체이론
④ 반응박탈 이론 ⑤ 프리맥의 원리

해설 프리맥의 원리는 학생들이 좋아하지 않는 일(빈도가 낮은 일)을 하는 보상으로 좋아하는 일(빈도가 높은 일)을 제시하여 바람직한 행동(좋아하지 않는 일)의 빈도를 증가시키는 원리를 말한다.

정답 ⑤

ⓓ 학습 무동기
- 기질적 관점 : 학습 무동기는 주변 세계에 대한 호기심이 부족하고 겁이 많으며 사회적 보상에 둔감하고 인내력이 낮은 기질적 특성을 생득적으로 가지고 있는 경우에 해당된다.

Plus Study 개인의 기질에 영향을 미치는 신경전달물질

기 질	특 성	신경전달물질
자극 추구	새로운 자극이나 보상 신호에 대한 반응 및 처벌을 적극적으로 회피하기 위한 반응	도파민
위험 회피	처벌이나 위험의 신호, 보상 부재의 신호에 대한 반응	세로토닌
사회적 민감성	사회적 보상 신호 및 타인의 감정에 대한 민감성	노르에피네프린

출처 : 김동일 외(2011)

- 행동주의적 관점 : 학습 무동기는 외부로부터 적절한 강화가 주어지지 않거나 학습을 하지 않았을 때 받게 되는 벌의 정도가 낮은 상태가 지속될 때 발달할 수 있다.
- 인지주의적 관점(귀인이론, attribution theory) 빈출
  - 귀인은 성공 또는 실패에 대한 원인을 찾는 과정에서 나타나는 경향성을 의미한다.
  - 귀인이론은 인간은 누구나 자신에게 일어난 사건이나 결과가 어떠한 이유에서 일어났는지를 알고자 하며, 각기 다른 방식으로 그 원인을 찾는다고 가정한다.
  - 귀인이론은 개인이 성공 또는 실패를 귀인하는 방식을 원인의 소재, 안정성, 통제 가능성 차원으로 구분하여 설명한다. 원인의 소재는 능력, 노력, 건강 등이 포함된 개인 내부의

OX 퀴즈

귀인은 학습결과의 원인에 대한 학습자의 믿음을 말한다.
[   ]

[정답] O

원인과 운, 타인, 난이도 등이 포함된 외부 원인으로 나눌 수 있다.
- 내적 귀인(성격, 지능, 동기 등) : 타인이나 대상의 행위를 능력, 성격, 가치관 등 행위자의 내부적인 요소로 그 원인을 이해하는 귀인이다.
- 외적 귀인(운, 맥락, 제3자 행동 등) : 타인이나 대상의 행위를 상황요인과 같은 행위자 외부적 요소에 의한 것으로 원인을 이해하는 귀인이다.

• 학습된 무기력(learned helplessness, 학습된 무력감)
 - 거듭된 실패 경험으로 인해 자신의 반응이 혐오자극에 어떠한 영향도 미칠 수 없다는 것을 사전에 학습한 결과에서 기인한다(Seligman, 1967).
 - 자신의 노력이 성적에 어떠한 영향도 미칠 수 없다는 사실에 대한 기대는 학습자가 결과를 통제하려는 기대를 감소시키고, 노력이 성적 변화를 이끌 수 있다는 사실을 경험을 통해 학습할 기회마저 박탈하게 된다.

바로 Check

학습된 무력감(learned helplessness)에 관한 설명으로 옳은 것을 모두 고른 것은?

ㄱ. 행동과 그 결과 사이에 관련이 없다고 인식될 때 나타난다.
ㄴ. 학습된 무력감이 높은 사람은 실패를 노력 부족으로 생각한다.
ㄷ. 숙달지향성이 높은 사람에게 나타날 가능성이 높다.
ㄹ. 통제 불가능한 상황에서 혐오자극의 반복적 노출로 발생할 수 있다.

① ㄱ, ㄷ   ② ㄱ, ㄹ   ③ ㄴ, ㄹ
④ ㄱ, ㄴ, ㄷ   ⑤ ㄴ, ㄷ, ㄹ

해설 학습된 무력감은 거듭된 실패 경험으로 인해 자신의 반응이 혐오자극에 어떠한 영향도 미칠 수 없다는 것을 사전에 학습한 결과에서 기인한다. 즉, 자신의 노력이 성적에 어떠한 영향도 미칠 수 없다는 사실에 대한 기대는 학습자가 결과를 통제하려는 기대를 감소시키고, 노력이 성적 변화를 이끌 수 있다는 사실을 경험을 통해 학습할 기회마저 박탈하게 된다.

정답 ②

ⓔ 성취동기
- 사회적 동기의 일종으로서, 맥클랜드(McClelland)에 의하여 가장 조직적이고 광범위하게 연구되었다.
- 성취동기란 탁월한 업적을 이루려는 동기이다. 즉, 학습자가 탁월한 학습 성과를 내려는 심적 상태로서, 그 결과에 따르는 만족감과 즐거움 때문에 열심히 학습하게 된다.

성취동기 종류	특 징
성공추구동기	성공추구동기가 높은 사람은 목표 달성이 지나치게 어려운 비현실적인 과제에 도전하기보다는 난이도가 중간 정도인 과제에 도전하는 경향이 두드러지고, 실패하고 있는 상황에서조차 지속적인 노력을 계속한다.
실패회피동기	실패회피동기가 높은 사람은 위험이 높은, 새롭거나 도전적인 과제를 회피하는 경향이 강하기 때문에 실패 가능성이 있는 상황에서 시도 자체를 꺼리거나 누구도 성공할 수 없는 매우 비현실적이고 무모한 시도를 하는 경향이 있다.

ⓔ 동기와 관련된 이론

정신분석적 관점	프로이트(Freud)는 동기를 심리적 에너지로 보았다. 겉으로 보이는 행동은 사실상 인간 내면의 심리적 에너지에서 비롯된다고 이해한다. 성장과정에서 기본적인 욕구가 얼마나 잘 충족되는가에 따라 에너지의 흐름은 발달 단계를 잘 거쳐갈 수도 있고 특정한 욕구에 고착되기도 한다.
행동주의적 관점	• 파블로프(Pavlov)는 고전적 조건형성 이론에서 행동의 동기를 불러일으키지 않는 대상을 행동의 동기를 쉽게 불러일으키는 대상과 지속적으로 같이 제시하면 결국 그 대상에 대한 동기를 불러일으킬 수 있다고 주장하였다. • 스키너(Skinner)는 조작적 조건형성 이론에서 특정한 행동을 우연히 했는데 결과적으로 보상을 받으면 그 행동은 계속 유지되지만, 반대로 보상을 받지 못하거나 벌을 받는다면 그 행동은 더 이상 유지되지 않을 것이라고 보았다. • 관점의 차이가 있기는 하지만 행동주의적 관점에서는 관련된 환경적 요인과 그 결과에 개입하여 학습에 대한 동기를 증가 또는 감소시킬 수 있다고 본다.

인지적 관점	• 페스팅거(Festinger, 1957)는 사람은 자신의 신념, 태도, 의견 및 행동 사이에 일관성 있는 관계를 유지하려는 경향이 있다고 보았다. 불일치로 인해 긴장이 발생하여 이를 줄이려는 방향으로 행동하게 되는데, 이것이 바로 행동에 대한 동기를 불러일으킨다고 보았다. • 데시와 라이언(Deci & Ryan, 1985)은 인간이 스스로 결정하려고 하는 성향(자기결정성)이 동기에 영향을 미친다고 보았다. 즉, 학생들이 스스로 가치를 둔 목표라고 생각할 때 이를 실현하려는 동기가 더욱 높아진다는 것이다.
인본주의적 관점	• 로저스(Rogers)는 인간중심 상담 이론을 통해서 인간에게는 자기실현 경향성이 있어 이를 위해 살아간다고 보았다. 자기실현 경향성에는 개인적 성장, 자율성, 외적 통제로부터의 자유 등이 포함된다. 자기실현 경향성이 잘 발현되기 위해서는 그 사람에 대한 무조건적 존중의 환경이 필요하다. • 인본주의적 관점에서는 인간의 학습에 대한 동기도 자기실현 경향성 안에 존재하는 것으로 보기 때문에 그것이 잘 발현될 수 있는 무조건적 존중의 환경을 만들어 주는 것이 가장 중요하다.

② **자아개념**(self-concept, 자기개념) : 자아개념이란 자기 자신에 대한 포괄적 평가이면서 동시에 자신에 대한 전체적인 느낌이라고 할 수 있다. 개개인이 자신에 대해 가지고 있는 자아개념은 자신의 행동에도 영향을 미친다. 즉, 긍정적인 자아개념을 가진 사람은 성공에 대한 기대를 가지고 실제로 성공할 가능성이 높으며, 부정적인 자아개념을 가진 사람은 쉽게 불안해하거나 일이 잘못되었을 때 자책감이나 좌절감에 빠질 가능성이 높다.

③ **흥미의 3가지 관점**
  ⊙ 기질적 특성의 하나로 보는 관점
  ⓒ 교과내용, 학습방법 등과 같은 상황적·환경적 특성에 의해 생기는 것으로 파악하는 관점
  ⓒ 개인적 성향이 특정한 맥락과의 상호작용을 통해 흥미를 느끼는 심리적 상태로 활성화되는 것이라고 보는 관점

④ **불안**(anxiety) : 일반적으로 학습 상황과 관련된 대표적인 부정적 정서는 시험불안(test anxiety)이라고 볼 수 있다. 불안은 기질적 특성과 관련이 깊은 특성불안과 특수한 상황에서의 불안인 상태불안으로 구별할 수 있는데, 시험불안은 상태불안에 해당된다. 시험불안은 인지적 요소인 걱정 요인과 정서적 요인인 감정 요인이 함께 있으나, 보다 지속적인 영향을 미치는 것은 인지적 요소인 걱정 요인이다.

Plus Study · 흥미의 4가지 발달 단계

구분	정의	필요한 지원의 유형	특징
1단계 상황적 흥미의 촉발	정서적, 인지적 과정으로 인한 단기간의 변화에서 야기한 심리적 상태	퍼즐, 모둠 활동, 컴퓨터 등 흥미를 유발할 수 있는 환경적 조건	관심의 집중과 정서적 반응, 초기에는 부정적인 정서반응이 나올 수도 있음
2단계 상황적 흥미의 유지	관심이 촉발된 이후의 심리적 상태 : 집중과 관심을 유지하는 단계	협동학습과 일대일 학습 등 개인적으로 학습 내용을 의미 있게 받아들일 수 있도록 교육적 환경을 조성함	관심의 집중과 정서적 반응, 만일 부정적인 정서가 있다면 개인적 흥미로 발전되기 전에 바뀌어야 함
3단계 개인적 흥미의 등장	내용에 대한 지속적인 관심이 나타나 흥미가 개인의 성향이 되는 초기 단계	또래나 전문가 등의 지원이 있기는 하지만 스스로도 흥미를 갖게 되는 초기 단계	긍정적인 관심과 내용 관련 지식의 축적이 이루어지며 호기심 어린 질문을 하게 되는 초기 단계
4단계 개인적 흥미로 자리 잡음	시간이 지나도 특정한 주제에 대해 지속적인 흥미를 보임	상당한 정도로 자발적 흥미를 보이며, 외적인 지원도 이를 유지하는 데 도움이 됨	긍정적 감정, 지식의 증가 및 축적, 자기 성찰의 증가

출처 : 김동일 외(2011)

(3) 환경적 영역

① **가정** : 부모가 자녀의 학습환경이나 학습에 대해 보이는 관심은 자녀의 학업성취와 밀접한 관련을 가지고 있다. 부모가 자녀에게 관심을 보이는 것뿐만 아니라 '어떤 방법으로 이를 표현하는가'도 매우 중요하다. 부모의 학업성취에 대한 압력이 지나치게 높거나 비현실적인 기대를 가지고 있을 때에는 오히려 부정적인 영향을 주는 경우가 많다.

Plus Study · 자녀의 학습과 관련된 올바른 부모의 태도

1. 자녀의 학업수행에 대한 귀인
2. 과제 난이도에 대한 인식
3. 자녀의 능력에 대한 기대와 확신
4. 학업에 대한 가치 부여
5. 실제적인 성취 수준
6. 성공하는 데는 장해물이 있으므로 이를 극복하기 위한 전략이 필요하다는 신념

② **학교**
  ㉠ **교사** : 교사의 학생에 대한 신념, 교사로서의 효능감, 교사가 학생에게 자신의 신념을 나타내는 방법 등은 모두 학생의 학습 과정 및 결과에 큰 영향을 미치는 요인이다. 교사가 학생에게 학업수행의 결과

에 대해 어떤 방법으로 상호작용을 어떻게 하는가에 따라 같은 결과라 하더라도 학생은 스스로의 학습능력에 대해 긍정적으로 생각하거나, 반대로 부정적이거나 노력해도 소용없는 것으로 생각할 수 있다.

출제포인트 — 교사의 피드백 유형

구분	정의	예시
수행 피드백	과제를 얼마나 정확하게 했는지, 그리고 제대로 하기 위해서는 어떻게 수정해야 하는지 등에 대한 피드백을 제공한다.	"맞았어." "첫 번째 부분은 잘했는데, 그 다음까지 계속 써야 한단다."
동기 피드백	잘하고 있는지에 대한 정보를 제공하고, 다른 학습자와의 비교나 설득이 포함될 수도 있다.	"네가 잘해 낼 줄 알았단다."
귀인 피드백	학생의 수행을 하나 또는 그 이상의 다른 속성으로 귀인한다.	"열심히 하더니 좋은 성적을 얻었구나."
전략 피드백	학생이 사용한 전략이 효과적이었는지에 대해 피드백을 제공하고, 아울러 과제를 하기 위해 어떤 전략을 사용해야 할지를 알려 준다.	"이런 순서로 한 것은 아주 잘했구나."

ⓒ 학급
  ⓐ 물리적 환경 : 교실의 넓이나 구조, 온도, 책상의 크기나 형태도 학습에 영향을 줄 수 있다.
  ⓑ 사회적 환경 : 경쟁을 강조하는 분위기인지 협동을 강조하는 분위기인지, 학업성적에 대한 상대적 평가의 의미를 강조하는지 또는 절대적 평가의 의미를 더 중요시하는지, 학업에 대한 자율권을 어느 정도 허용하는지 등 학업과 관련된 학교의 정책적 방향은 학교의 문화와 조직을 결정하고 학생들은 결국 그 영향을 받을 수밖에 없다.

 단답형 문제

이는 교사의 피드백 중 하나로서, 학생이 사용한 전략이 효과적이었는지에 대해 피드백을 제공하는 것이다. 이는 무엇인가?

[정답] 전략 피드백

Section 02 행동주의 학습이론

학습포인트 행동주의 학습이론의 기초를 형성하는 고전적 조건학습이론과 조작적 조건학습이론에 대해 이해한다.

1 고전적 조건학습이론(Classical Conditioning Theory)

(1) 개요 : 고전적 조건형성은 고전적 조건화(Classical conditioning), 반응 조건화(Respondent conditioning), 혹은 파블로프 조건화(Pavlovian conditioning) 등으로도 불린다.

(2) 파블로프의 조건반사(Pavlovian Conditioning)

> **Plus Study 파블로프**
>
> 이반 페트로비치 파블로프(Ivan Petrovich Pavlov, 1849~1936)는 러시아의 생리학자이다. 1902년에 타액이 입 밖으로 나오도록 수술한 개로 침샘을 연구하던 중 사육사의 발소리를 듣고 개가 침을 흘리고 있던 것을 발견하고 이를 계기로 고전적 조건화 실험을 실시했다. 하지만 개를 이용한 실험 때문에 동물학대를 했다는 비평을 받기도 했다. 대표적인 실험으로 '파블로프의 개'가 있으며, 조건반사를 연구했다. 초기에는 소화 기관의 연구를 실시했고, 1904년에는 노벨 생리의학상을 수상했다. 말기에는 수면이나 본능 등의 연구를 실시했다.

① **실험준비** : 파블로프는 음식물이 없는데도 어떻게 타액이 분비되는지를 알아보기 위해 간단한 실험을 고안하였다. 개의 타액선에 가는 튜브를 연결시키는 수술을 하고, 이 튜브를 통해 타액이 바깥으로 흘러나오면 분비된 타액의 양이 기계적으로 정확하게 측정될 수 있게 하였다.

② **훈련 전 단계**
  ㉠ 개의 입에 음식물을 넣어주면 타액이 분비되고, 종소리를 들려주면 타액이 분비되지 않는다는 것을 확인하였다.
  ㉡ 음식물을 입에 넣어 줄 때 나타나는 타액 분비는 선천적이고 자동적으로 유발되는 반사이다.
  ㉢ 종소리는 개의 타액 분비와 무관한, 즉 타액 분비를 촉진시키거나 억제시키는 작용을 하지 못하는 중성 자극이다.
  ㉣ 종소리만 들릴 때 개는 타액을 분비하는 것이 아니라 귀를 쫑긋 세우고 소리가 들려오는 쪽으로 머리를 돌리는 정위 반사 행동을 한다.

나의 필기노트

OX 퀴즈

스키너는 고전적 조건학습이론을 체계적으로 연구하여 발표하였다. [ ]

[정답] ✕

[해설] 스키너는 조작적 조건형성의 대표적인 학자이다.

③ 훈련 단계
   ㉠ 종소리를 들려준 직후 개의 입에 음식물을 넣어주었다. 이렇게 하면 음식물이 제시되기 때문에 개는 당연히 침을 흘린다.
   ㉡ 종소리와 음식물을 짧은 시간 간격으로 함께 제시하는 짝지움을 어느 정도 반복한다.
④ 훈련 후 단계
   ㉠ 음식물 없이 종소리만 제시된다. 종소리만으로 타액 분비가 된다는 사실을 발견한다.
   ㉡ 음식물과 관련된 어떤 경험을 한 후 음식물이 제시되지 않아도 타액이 분비되는 것을 정신반사(조건반사)라고 한다.

출제포인트 — 고전적 조건형성

단계	구분	내용
1단계	조건화 전	종소리(중립 자극) ⇨ 정위 반응 음식물(무조건 자극) ⇨ 타액 분비(무조건 반응)
2단계	조건화 도중	종소리 + 음식물(짝지움) ⇨ 타액 분비(무조건 반응)
3단계	조건화 후	종소리(조건 자극) ⇨ 타액 분비(조건 반응)

(3) 기본 개념

① 무조건 자극(UCS; unconditioned stimulus)
   ㉠ 반사 반응(정위 반응)을 유발시키는 자극이다.
   ㉡ 파블로프의 실험에서는 '음식물(고기가루)'이 이에 해당한다.
② 무조건 반응(UCR; unconditioned response)
   ㉠ 무조건 자극에 의해 자동적으로 유발되는 반응이다.
   ㉡ 파블로프의 실험에서는 '타액 분비'가 이에 해당한다.
③ 중립 자극(NS; neutral stimulus)
   ㉠ 중성 자극이라고도 한다. 그 자체로는 무조건 반응을 일으키지 않는 자극을 의미한다. 그러나 연합 과정을 여러 차례 반복하게 되면, 결국 무조건 자극이 없어도 반응을 유발할 수 있게 된다.
   ㉡ 파블로프의 실험에서는 '종소리'가 이에 해당한다.
④ 조건 자극(CS; conditioned stimulus)
   ㉠ 중립 자극이 무조건 자극과 짝지어짐으로써 새로운 반응을 유발하게 될 때 그 자극을 말한다. 원래는 조건 반응을 유발하지 않는 중립 자극이었다가 훈련 후 조건 반응을 유발하게 되는 자극이다.
   ㉡ 파블로프의 실험에서는 '음식물 + 종소리'가 이에 해당한다.

⑤ 조건 반응(CR; conditioned response)
  ㉠ 조건 자극에 의해 새롭게 형성된(학습된) 반응을 의미한다. 조건 자극에 대한 반응은 기본적으로 무조건 반응과 동일한 반응이다.
  ㉡ 파블로프의 실험에서는 '종소리 후 타액분비'가 이에 해당한다.
⑥ 조건화 과정
  ㉠ **지연 조건화**(delayed conditioning) **과정** : 중립 자극을 먼저 제시하여 일정 시간을 유지한 후 제거함과 동시에 무조건 자극을 제시하는 방법이다. 중립 자극을 제시하고 있는 중에 무조건 자극을 제시함으로써 두 자극을 동시에 제시하여 일정 시간이 지난 후 동시에 제거하는 방법이다.
  ㉡ **흔적 조건화**(tracing conditioning) **과정** : 중립 자극의 철회와 무조건 자극의 제시 사이에 어느 정도의 시간 간격이 있는 것이다.
  ㉢ **동시 조건화**(simultaneous conditioning) **과정** : 중립 자극과 무조건 자극을 동시에 제시하였다가 동시에 제거하는 것이다.

(4) 고전적 조건학습이론의 주요 현상
① 조건 반응의 획득
  ㉠ CS와 UCS가 빈번히 짝지어질수록 CS가 CR을 유발하는 경향성은 증가한다. 즉, 훈련시행의 수가 많을수록 학습된 반응이 증가된다.
  ㉡ CS와 UCS 사이의 시간적 관계가 중요하다. CS가 UCS에 선행하는 선행절차, 동시절차 및 CS가 UCS에 후행하는 후행절차 등이 가능하다.
  ㉢ CS와 UCS 사이에는 근접성이 있어야 한다. 즉, CS가 제시되고 짧은 시간 내에 UCS가 주어져야 대개 학습이 가능하다.
  ㉣ UCS가 얼마나 일관성 있게 CS에 뒤따르는가, 즉 CS-UCS 수반성(또는 유관성)도 CR의 습득을 좌우한다. 무강화 시행에 대한 강화 시행의 비율이 높을수록, 즉 UCS가 CS를 일관성 있게 뒤따를수록 학습이 더 빨리 진행된다.
  ㉤ 학습의 속도는 어떠한 CS와 UCS가 사용되는지에 따라 달라진다.
② 소거와 자발적 회복
  ㉠ **소거**(extinction)
    ⓐ 무조건 자극 없이 조건 자극만을 계속적으로 제시하면 이미 습득되었던 조건 반응의 강도가 점차 약화되고 결국에는 완전히 사라지게 되는 것이다.

괄호넣기

고전적 조건형성에서 (   )는(은) 일반적으로 조건자극과 무조건자극 간의 간격을 말한다.

[정답] 근접성

ⓑ 조건 자극과 무조건 자극 간의 연합을 제거하면 과거에 습득되었던 조건 반응이 약화되는 소거도 일종의 학습과정이다.
ⓒ 소거 시행 기간 동안 동물은 습득에서와는 달리 조건 자극에 뒤이어 아무런 결과도 수반되지 않는다는 것을 학습한다.
ⓓ 조건형성이 이루어진 개에게 무강화 시행, 즉 음식물 없이 종소리만 들려주는 시행을 반복하면 더 이상 타액을 분비하는 반응을 보이지 않는 것이다.

ⓛ **자발적 회복**(spontaneous recovery)
  ⓐ 조건 자극이 소거 과정을 통하여 일단 능력을 상실한 것처럼 보이더라도, 어느 정도 시간이 지난 후 조건 자극을 제시하면 다시 조건 반응을 일으키게 되는 현상을 말한다.
  ⓑ 추가 훈련 없이 어느 정도의 휴식 후에 소거되었던 반응이 다시 나타나는 현상이다.
  예 파블로프의 실험에서 소거된 반응이라도 며칠 뒤에 종소리를 들려주면 다시 타액 분비 반응을 보이는 것

> **바로 Check**
>
> 고전적 조건형성의 자발적 회복에 관한 설명으로 옳은 것은?
> ① 소거 후 추가적 훈련이 필요한 절차이다.
> ② 과거에 강화를 받았던 행동이 재출현하는 현상이다.
> ③ 조건 자극 없이 무조건 자극만 추가로 제시하는 절차이다.
> ④ 소거 후 일정 시간이 지난 다음 진행되는 절차이다.
> ⑤ 학습이 소거 절차에서 완전히 사라졌다는 것을 보여주는 증거이다.
>
> 해설 고전적 조건형성에서 자발적 회복은 소거 후 일정한 시간이 지난 다음 진행된다.
>
> ☑ 정답 ④

③ **자극 일반화**(stimulus generalization)
  ㉠ 유사한 자극에 반응이 전이되는 현상을 말한다.
  ㉡ 어떤 자극이 조건 자극으로 형성되고 나면, 무조건 자극과 연합된 적은 없지만 이 자극과 유사한 다른 자극들도 조건 반응을 유발하는 것이다.
  ㉢ 자극 일반화는 자극 일반화를 일으키는 자극과 본래 조건 자극 간의 유사성에 따라 그 정도가 달라진다. 일반적으로 자극이 조건 자극과 유사할수록 일반화는 더 쉽게 일어난다.
  예 벌에 쏘인 경험이 있는 아이가 벌과 비슷한 특징을 지닌 벌레를 보더라도 벌을 보았을 때와 비슷한 반응을 보이는 현상

> **Plus Study** 왓슨(Watson)의 자극 일반화 실험
>
> 행동주의 창시자인 왓슨(Watson)은 일반화에 대한 아주 인상 깊은 연구를 하였다. 그 실험에는 11개월 된 앨버트(Albert)라는 유아가 피험자였는데, 아마도 심리학 역사상 가장 어리고 유명한 피험자일 것이다.
> 앨버트도 다른 아이들과 마찬가지로 처음에는 흰쥐를 무서워하지 않았다. 실험자들(1920)은 흰쥐를 놀라움을 일으키는 큰 소리와 짝지어 앨버트에게 제시하였다. 그러자 앨버트는 큰 소리에 대해서 공포반응을 보였고, 여러 번의 짝짓기를 한 후에 흰쥐는 공포반응을 이끌어내는 조건 자극이 되었다.
> 5일 후에 왓슨 등은 앨버트가 흰쥐와 비슷한 흰 털을 가지고 있는 토끼, 개, 털 코트, 산타클로스 마스크, 그리고 왓슨의 흰머리 털과 같은 자극에 대해서도 공포 반응을 나타낸다는 사실을 발견하였다. 앨버트의 이런 반응 성향은 '자라 보고 놀란 가슴 솥뚜껑 보고 놀란다.'는 우리 속담의 맥락과 동일하다고 볼 수 있을 것이다.
>
> 출처 : 김현택 외(2010)

④ **자극 변별**(stimulus discrimination)
  ㉠ 자극 일반화와 정반대되는 현상으로서, 두 개 이상의 자극을 구별하는 것이다.
  ㉡ 유기체가 무조건 자극과 짝지어지는 자극과 짝지어지지 않는 자극을 구분하도록 학습하는 것이다.
  [예] 벌에 쏘여 고통을 당해본 경우 벌에 대해서는 고통과 관련된 다양한 생리적 반응을 보이지만, 다른 벌레에 대해서는 그러한 반응을 보이지 않는 현상

⑤ **고차조건형성**(higher order conditioning)
  ㉠ 고전적 조건형성이 반드시 자연적인 무조건 자극이 존재할 때만 형성되는 것이 아님을 보여주는 것이다. 새로운 조건 반응이 이미 확립된 조건 반응을 기초로 형성되는 것이고, 이로 인해 고전적 조건형성을 통해 습득되는 행동의 범위가 크게 확장될 수 있다.
  ㉡ 이 현상은 무조건 자극과 짝지어졌던 적이 없는 자극들이 어떻게 특정 반응을 유발할 수 있는지를 설명하는 데 중요하다.
  [예] 종소리에 조건형성된 개에게 음식물이 아닌 종소리만 사용하여 또다른 자극을 학습시킬 수 있다.

⑥ **체계적 둔감화**(systematic desensitization) 〔빈출〕
  ㉠ 개인에게 공포나 불안을 일으키는 자극을 상상하게 하거나 그것을 시각적으로 제기한 다음, 즉시 불안을 극복하도록 하기 위해 깊은 이완을 사용하는 고전적 조건형성에 토대를 둔 절차이다.
  ㉡ 공포나 불안을 이완으로 대체·상쇄시키기 때문에 역조건화의 형태로 고려된다.
  ㉢ 본질적으로 체계적 둔감화는 불안을 일으키는 사고나 이미지를 이완감과 짝지음으로써 불안 자극을 극복시키는 절차라고 할 수 있다.

ⓔ 체계적 둔감화는 조건화된 구토증, 피, 주사기, 뱀, 대중 앞에서 연설하는 것과 관련된 공포증을 포함하여 광범위한 공포와 불안 행동을 치료하는 데 매우 효과적인 것으로 밝혀졌다.

　　ⓜ 절차

　　　ⓐ 1단계(이완 학습) : 엄지발가락의 근육에서부터 시작하여 차례로 종아리, 허벅지, 팔, 어깨, 목, 마지막으로 얼굴과 이마까지 근육을 긴장시키고 이완시킴으로써 이완하는 법을 배운다. 매일 15~20분씩 몇 주간에 걸쳐 의도적인 이완을 실행한다. 이완법을 학습한 후 2단계를 진행한다.

　　　ⓑ 2단계(불안 위계 작성) : 불안을 일으키는 7~12개의 스트레스 상황을 작성한다. 그 상황들을 가장 작은 스트레스를 일으키는 것부터 가장 큰 스트레스를 일으키는 것까지의 순서로 배열한다. 2단계가 완료되면 3단계를 진행한다.

　　　ⓒ 3단계(상상과 이완)

　　　　• 가장 적은 스트레스를 일으키는 상황을 상상한다. 만약 불안하거나 스트레스를 느낀다면 그 상황에 대한 상상을 멈추고 다시 이완 상태로 들어간다. 충분히 이완되면 다시 가장 적은 스트레스를 일으키는 상황을 상상한다. 만일 이완 상태를 유지하는 동안 가장 적은 스트레스를 일으키는 상황을 상상할 수 있다면 그 다음 목록의 스트레스 상황을 진행한다.

　　　　• 이완 상태를 유지한 채 불안 위계에서 가장 큰 불안을 일으키는 상황까지 점차적으로 상상을 진행해 간다. 그 과정에서 불안을 느끼는 상황이 있다면 멈추고 다시 이완 상태에 돌입한다. 다시 이완 상태로 돌아오면 불안 위계에서 가장 큰 스트레스를 일으키는 상황에 도달할 때까지 계속 진행한다.

　　　　• 이완을 각 스트레스 유발 상황과 연합시킴에 따라 위계의 각 자극을 극복하거나 역조건화시킬 수 있다. 체계적 둔감화는 조건 자극을 다시 중성 자극으로 돌려주는 방법으로 고려될 수 있다.

(5) 생활 속의 고전적 조건학습이론

① 공포와 불안

　ⓐ 수많은 공포는 고전적 조건형성의 결과로 형성된 것으로서, 객관적으로 위험하지 않은 대상이나 상황에 대해서 강한 공포를 느끼는 것을 공포증(phobia)이라고 한다.

ⓒ 실험적 신경증(experimental neurosis)은 동물이 갈등상황에 처할 때 나타나는 결과로서, 신경증 환자가 보여주는 행동유형을 보여주는 것이다.

② **생리적 반응** : 고전적 조건형성은 정서 반응과 같은 행동뿐만 아니라 생리적 과정에도 영향을 미친다. 한 연구에서는 고전적 조건형성 절차가 항체의 생성을 감소시키는 면역억압(immunosuppression)을 일으킨다는 것이 밝혀졌다.

> **Plus Study 미각혐오학습(taste aversion learning)**
>
> 미각혐오학습은 1950년대에 가르시아와 그의 동료들(1956)이 처음 발견하였다. 이들은 쥐에게 사카린 맛이 나는 물을 마시게 한 후 구역질을 일으키는 감마선에 노출시켰다. 감마선에 노출되기 전에는 쥐들이 일반 물보다 사카린 물을 더 선호하였으나, 사카린 물을 마시고 나서 감마선에 노출된 이후에는 사카린 물보다 일반 물을 더 선호하였다. 즉, 사카린 물이 구역질을 일으키는 감마선과 단 한 번 연합됨으로써, 쥐들은 사카린 물을 회피하는 현상을 보였다.
>
> 출처 : 오세진 외(2011)

> **바로 Check**
>
> **고전적 조건형성의 적용 사례로 옳지 않은 것은?**
> ① 쥐가 설탕물을 마실 때 소음에 노출되면 설탕물에 대한 맛혐오가 학습된다.
> ② 인기있는 모델이 A제품을 광고하면 A제품에 대한 긍정적 이미지가 학습된다.
> ③ 무의미철자를 보는 중 무서운 장면이 나타나면 무의미철자에 대한 공포가 학습된다.
> ④ 아침에 머리를 감은 날 시험을 망치면 시험 보는 날은 머리를 감지 않는 행동이 학습된다.
> ⑤ 범죄 뉴스에서 특정 국가의 사람을 보면 그 국가 국민에 대한 편견이 학습된다.
>
> **해설** ④는 조작적 조건형성의 자기통제 및 강화와 관련된 내용이다.
>
> ☑ 정답 ④

2 조작적 조건학습이론(Instrumental Conditioning Theory)

(1) 개요 : 조작적 조건형성은 스키너(Skinner)에 의해 체계적으로 연구되었다. 손다이크(Thorndike)는 행동과 그 결과의 관계성에 대해 연구하여 이른바 문제상자(puzzle box)라는 것을 만들었다.

> **Plus Study** 손다이크
>
> 손다이크(Edward Lee Thorndike, 1874~1949)는 진정한 의미에 있어서 교육통계학의 창시자이며, 양적 연구방법을 교육문제에 처음으로 적용한 학자였다. "무엇이나 존재하는 것은 반드시 양적으로 존재한다. 양적으로 존재하는 것은 이를 측정할 수 있다."는 것이 그의 교육측정에 있어서의 신조였다. 따라서 과학적 교육측정은 손다이크에 의하여 처음으로 시도되었다고 하겠다.
> 손다이크는 1902년 컬럼비아 대학교에서 교육측정에 관한 강의를 하였다. 1904년에는 획기적인 저서 '정신측정과 사회측정(Mental and Social Measurement, 1904)'을 발간하였다. 서문에서 '이 책은 학생에게 성능측정에 관한 학설을 소개하고 양적 설명과 양적 토의를 비판적으로 취급할 수 있는 이론과 실제의 지식을 제공하고 그들이 자기의 연구를 정확하게 이론적으로 알 수 있게 하는 것이 목적이다.'라고 하였다. 그는 교육의 성과를 측정하기 위한 기준 단위를 고안하였다.
> 하버드 대학에서는 프래그머티즘의 창시자인 제임스(W. James) 밑에서 동물실험에 종사하였고, 1899년에 〈동물의 지능〉을 발표하여 학계의 주목을 받았다. 또 고양이를 사용한 '문제상자'의 실험으로 시행착오법이라는 학습이론을 주장하였으며, 그의 심리학은 영국의 연합심리학 계통을 잇고 있어 연합주의 또는 결합주의로 불린다.
> 20세기 초에 이르러 교육의 과학적 연구와 과학적 실험의 정신을 모든 교육자의 머릿속에 침투시켜 교육의 과학화에 일대 계기를 마련하게 되었다. 1910년경에 이르러서는 지금까지의 경험적, 관념적 사고에 대해 엄격한 과학적 방법을 기초로 하는 연구가 진행되었다. 특히 미국의 시카고, 스탠포드 등 여러 대학들은 교육문제를 과학적으로 연구하는 중심지가 되었다.
> 그는 올바른 인간으로서 욕구충족을 위해 자연과 자기의 힘을 보다 잘 통제하는 것이 교육의 목적이라고 하였다. 그러므로 학교의 이상은 인간욕구를 최대한으로 만족시켜 주어야 한다고 하였으며, 학교가 아동에게 제공하여야 할 분야는 지식, 행위, 감상, 인격의 함양이라고 하였다. 학생들은 과학적 연구방법을 터득하여야 하며 협동, 선한 마음, 실생활의 유용성, 봉사 등이 교육의 궁극적인 목적이라고 강조하였다.
>
> 출처 : 김경식(1996)

(2) 손다이크와 효과의 법칙

① 문제상자(Puzzle Box) 속의 고양이
  ㉠ 문제상자 속에 굶주린 고양이를 넣고, 고양이가 페달을 밟아 문을 여는지를 관찰하였다.
  ㉡ 문제상자 속에 들어간 고양이는 처음 몇 분 동안 격렬하게 날뛰고, 할퀴거나 물어뜯거나 야옹거리며 울부짖다가 우연히 정확한 반응(페달 밟아 줄을 잡아당기기)을 하였다.
  ㉢ 다시 상자 속에 집어넣은 고양이는 줄을 잡아당기는 데 걸리는 시간이 점차 줄어들었고, 이를 40회 이상 반복했을 때 즉시 줄을 잡아당기고 상자에서 빠져 나왔다.
  ㉣ 고양이는 확실하게 학습을 한 것이다. 여기에서 수십 번을 반복한 다음 이루어진 이러한 학습을 '시행착오 학습(trial-and-error learning)'이라고 부른다.

> **Plus Study** 손다이크의 Puzzle Box(수수께끼 상자)
>
> 손다이크는 굶주린 고양이를 '수수께끼 상자'에 넣고 손발이 닿지 않는 곳에 먹이를 놓아두고 고양이의 행동을 관찰하였다. 사실 이 상자는 사람이면 간단한 조작으로 열리는 상자였다. 고양이는 상자를 열어 먹이를 먹기 위해 상자를 비집고 나가려고 하고, 아무거나 할퀴는 등 갖가지 행동을 하였다. 그러다 결국 고양이는 우연히 고리를 당기거나 페달을 밟아 문을 열어 먹이를 먹었다.
> 고양이에게 이러한 실험을 반복적으로 시행하는 동안 의미 없는 행동은 점점 줄어들었고 일정 반복 시행 시점에서는 즉시 간단한 조작만으로도 상자를 벗어날 수 있었다.
> 손다이크는 이러한 실험을 할 때마다 상자를 탈출하는 데 걸리는 시간을 기록하여 그래프로 작성하였는데 이것이 최초의 학습곡선이라 할 수 있다. 그는 이 실험을 통하여 '효과의 법칙'을 주장하였는데 이는 '행동의 강도는 행동이 초래한 결과에 좌우된다'는 것이다.

② 효과의 법칙(Law of Effect)
  ㉠ 손다이크는 고양이가 학습한 것은 정확한 반응 강도의 증가라고 보는 것이 타당하다고 주장하였다.
  ㉡ 처음에는 과거의 학습과 선천적 성향 때문에 여러 가지 반응을 수행하는 경향이 있는데, 이는 모두 실패하게 된다. 시행이 거듭됨에 따라 부정확한 반응의 강도는 점차 약화되고, 대조적으로 정확한 반응은 처음에는 약하지만 점차 강해진다. 마침내 정확한, 유일한 반응만 남게 되고 다른 것은 모두 제거된다.
  ㉢ 어떤 반응의 결과가 그 반응의 수행경향을 강화 또는 약화시킬지를 결정하게 된다. 반응에 이어 보상이 뒤따르게 되면 그 반응은 강해질 것이고, 보상이 없거나 처벌이 뒤따르게 되면 그 반응은 약해질 것이다.
  ㉣ 효과의 법칙은 적자생존 또는 자연도태설과 유사어이고, 적절한 반응은 유지되고 부적절한 반응은 제거된다는 의미이다.

(3) 스키너와 조작반응

> **Plus Study** 스키너
>
> 버러스 프레더릭 스키너(Burrhus Frederic Skinner, 1904~1990)는 미국의 심리학자이다. 행동주의 심리학자로 교육과 심리학에 많은 영향을 끼쳤으며, 하버드 대학교에서 1958년부터 1974년 은퇴할 때까지 심리학과 교수였다. '스키너 상자'로 불리는 조작적 조건화 상자를 만들었으며, 이를 바탕으로 급진적 행동주의라고 부르는 과학철학을 만들어 냈다. 행동의 실험적 분석을 목적으로 하는 실험연구 학과를 창시했으며, 심리학에 있어 연관된 변수에 의한 반응률에 대한 연구를 발전시켰다. 주창한 강화이론에 대한 이론을 만들기 위해 행동의 반응률을 측정하는 누적합산기도 만들었다. 그의 연구는 20세기 가장 영향력 있는 심리학적 연구로 인정받고 있다.

① 스키너는 자유롭게 방출되는 도구적 반응을 조작반응이라고 불렀으며, 이 반응이 환경에 작용하여 환경변화를 유발하고 보상을 받을 수 있게 해 준다고 보았다.
② 특정 자극에 의해 유발되는 응답반응과 자발적으로 방출되는 조작반응을 명확하게 구분하였다. 고전적 조건형성은 응답반응의 조건형성이고, 자신의 것은 조작반응의 조건형성 즉, 'operant conditioning'이라고 불렀다.
③ 반응률을 측정하는 장치인 스키너 상자(skinner box)라는 실험방법을 고안하였다.

> **Plus Study 스키너 상자**
>
> 조작적 조건형성은 스키너 상자(Skinner Box)를 통해 실험되고 증명되었다. 스키너 상자는 빈 상자 안에 지렛대가 하나 들어 있으며, 이 지렛대는 먹이통과 연결되어 있어 지렛대를 누르면 먹이가 나오도록 되어 있다. 이 상자를 가지고 조작적 조건형성을 실험했는데, 그 과정은 다음과 같다.
> ① 배고픈 상태의 흰쥐를 스키너 상자에 넣는다. 이렇게 배고픈 상태로 만드는 것을 박탈이라고 한다.
> ② 흰쥐는 스키너 상자 안에서 돌아다니다가 우연히 지렛대를 누르게 된다.
> ③ 지렛대를 누르자 먹이가 나온다.
> ④ 지렛대와 먹이 간의 상관관계를 알지 못하는 쥐는 다시 상자 안을 돌아다닌다.
> ⑤ 다시 우연히 지렛대를 누른 흰쥐는 또 먹이가 나오는 것을 보고 지렛대를 누르는 행동을 자주 하게 된다.
> ⑥ 이러한 과정이 반복되면서 흰쥐는 지렛대를 누르면 먹이가 나온다는 사실을 학습하게 된다.
>
> 위의 실험에서 흰쥐가 지렛대를 누르는 행동은 먹이에 의해 강화된 것이다. 만약 지렛대를 눌렀을 때 먹이가 나오지 않았다면 지렛대를 누르는 행동을 학습하지 못했을 것이다. 이렇게 어떤 행동을 한 뒤에 유기체가 원하는 것을 제공하는 것을 강화(Reinforcement)라고 한다. 고전적 조건형성에서는 강화를 조건화의 과정에서 무조건 자극(UnConditioned Stimulus)을 부여하는 것으로 명명했지만 조작적 조건형성에서는 조건화의 과정에서 부여하는 보상을 의미하는 것이다. 조작적 조건형성이 이루어지기 위해서는 강화가 중요한 역할을 한다.

(4) 조작적 조건학습이론의 주요 현상들

① 강화와 처벌 ◐빈출

㉠ **강화**(reinforcement) : 어떤 반응이나 행동이 일어난 후 보상을 제공하거나 혐오자극을 제거함으로써 그 반응이나 행동을 할 확률을 증가시키는 일련의 사상

정적 강화 (positive reinforcement)	반응의 빈도를 증가시키기 위해 학습자가 선호하는 자극을 제시하는 것 예 칭찬, 상 등
부적 강화 (negative reinforcement)	반응의 빈도를 증가시키기 위해 학습자가 혐오하는 자극을 제거하는 것 예 훈련 면제, 화장실 청소 면제 등

OX 퀴즈
부적 강화는 반응의 빈도가 감소하는 것이다. [ ]
[정답] ×
[해설] 부적 강화는 혐오하는 자극을 제거함으로써 반응의 빈도를 증가시킨다.

ⓒ **처벌**(punishment) : 어떤 반응이나 행동이 일어난 후 혐오자극을 제시하거나 선호자극을 제거함으로써 그 반응이나 행동을 할 확률을 감소시키는 일련의 사상

정적 처벌 (positive punishment)	반응의 빈도를 감소시키기 위해 학습자가 혐오하는 자극을 제시하는 것 예 벌점, 화장실 청소, 체벌, 욕설 등
부적 처벌 (negative punishment)	반응의 빈도를 감소시키기 위해 학습자가 선호하는 자극을 제거하는 것 예 좋아하는 프로그램 시청 금지, 게임 금지, 외출 금지 등

출제포인트 　　　　　　　　　　　　　　　　　**강화와 처벌**

구 분	선호자극	혐오자극
제시	정적 강화(+)	정적 처벌(-)
제거	부적 처벌(-)	부적 강화(+)

※ +는 반응의 빈도를 증가, -는 반응의 빈도를 감소시킨다는 의미

바로 Check

처벌에 관한 설명으로 옳지 않은 것은?
① 반응대가는 처벌의 한 형태이다.
② 처벌받은 행동은 억제될 뿐이다.
③ 처벌의 결과는 유기체에게 혐오적이어야 한다.
④ 사회적 고립은 일차적 처벌 중 하나이다.
⑤ 처벌 전에는 사전 경고를 하는 것이 바람직하다.

해설 사회적 처벌은 이차적 처벌에 해당된다.

✓ 정답 ④

ⓒ **일차 강화물과 이차 강화물** 빈출
　ⓐ **일차 강화물**(primary reinforcer) : 음식이나 성적 자극과 같이 다른 조건이나 사전 학습 없이 그 자체만으로 강화하는 속성이 있는 선천적 강화물이다. 그 효과는 강력하지만 가짓수가 적고 학습에서 제한된 역할을 한다.
　　예 생물학적 욕구(음식물, 물 등)를 충족시키는 것
　ⓑ **이차 강화물**(secondary reinforcer) : 일차 강화물과 연합되었을 때 비로소 강화력을 갖기 때문에 조건강화물이라고도 한다. 이차 강화물의 효과는 직・간접적으로 일차 강화물에 의존한다.
　　예 칭찬, 인정, 미소, 긍정적 피드백, 돈 등

나의 필기노트

OX 퀴즈
일차 강화물은 이차 강화물에 비해 강화력이 감소하는 속도가 느리다. [ ]
[정답] ×
[해설] 이차 강화물은 일차 강화물에 비해 강화력이 감소하는 속도가 훨씬 더 느리다.

ⓒ 일차 강화물과 이차 강화물의 비교
- 일차 강화물은 강화가를 빨리 상실하는 데 반해, 이차 강화물은 강화력이 감소하는 속도가 그보다 훨씬 더 느리다.
- 이차 강화물은 일차 강화물보다 행동을 즉각적으로 강화하기 쉽다.
- 이차 강화물은 일차 강화물보다 훈련이나 실험을 하는 과정에 방해가 덜 된다. 예들 들어, 음식 먹기나 마시기는 시간이 걸리기 때문에 훈련을 중단해야 하지만 칭찬이나 피드백 등은 행동을 중단시키지 않고서도 손쉽게 강화할 수 있다.
- 이차 강화물은 일차 강화물보다 훨씬 더 다양한 상황에서 사용될 수 있다. 예를 들어, 일차 강화물인 음식은 배고플 때만 효과적이지만 그것과 연합된 이차 강화물(예 칭찬이나 피드백)은 배고플 때도, 목마를 때도, 결핍되지 않을 때에도 효과적이다.

② 강화계획(reinforcement schedule) 빈출
  ㉠ 강화를 주는 방식을 기술한 것으로서 특정한 행동을 언제, 어떤 비율로 강화할지를 결정하는 규칙이다.
  ㉡ **연속 강화와 부분 강화**
    ⓐ 연속 강화(continuous reinforcement) : 바라는 반응이 나타날 때마다 강화하는 것
    ⓑ 부분 강화(partial reinforcement) : 어떤 반응에 대해서는 강화물이 주어지고 다른 반응에 대해서는 강화물이 주어지지 않는 것
  ㉢ **강화계획**
    ⓐ 고정비율계획(FR; fixed-ratio schedule)
      - 일정한 수의 반응이 나타난 후에 강화하는 절차이다.
      - 고정비율계획에서의 반응은 빠르고 안정적으로 나타난다. 한 번의 강화물을 얻기 위해 많은 수의 반응을 해야 하는 경우, 강화물을 받은 직후에 반응을 멈추는 기간이 관찰된다.
      예 자신들이 일한 실적에 따라 임금을 받는 영업사원
    ⓑ **고정간격계획**(FI; fixed-interval schedule)
      - 반응 수에 관계없이 일정기간이 경과한 후 처음 나타나는 반응을 강화하는 절차이다.
      - 학습자는 강화물을 받은 후에 휴식을 취하고 정해진 시간간격이 끝날 무렵에 빈번히 반응하는 특징을 보여준다.

- 고정간격계획하에서 한 번의 강화물을 받은 직후에는 거의 반응이 나타나지 않다가 정해진 간격이 종료될 무렵에 반응률이 갑자기 증가되는 특성을 반응곡선으로 나타내면 곡선의 모양이 부채꼴을 닮았기 때문에 부채꼴 현상이라고 한다.
  예 월급이 나올 때쯤 더 열심히 일하는 것

ⓒ **변동비율계획**(VR; variable-ratio schedule) : 강화물을 받기 위해 요구되는 반응 수가 시행에 따라 변화된다는 것을 제외하면 고정비율계획과 동일하다. 반응률이 안정적이고 휴식기간이 없어진다. 예 도박

ⓓ **변동간격계획**(VI; variable-interval schedule) : 한 번의 강화와 그 다음 강화 간의 시간간격이 시행에 따라 변화된다. 시간이 얼마나 지난 후에 수행하는 반응이 강화될지 전혀 알 수 없으므로, 안정적인 반응을 하지만 반응속도는 느리게 나타난다.
  예 불규칙적으로 회사를 방문하는 사장이 회사를 순회하는 그 순간에 일하고 있는 사람에게 거액의 보너스를 준다면, 사원들은 장기간에 걸쳐 꾸준히 일할 것

출제포인트 — 강화계획

종류	특성	학습자의 특징	실생활의 예
고정비율계획(FR)	반응이 정해진 수만큼 일어난 뒤에 강화한다.	• 부지런히 많이 반응 • 강화 후 휴지(강화를 받은 후 반응하지 않고 잠시 휴식하는 것)	• 게임 • 성과급 급여제 • 삯일
변동비율계획(VR)	강화하는 데 필요한 반응의 수가 어떤 평균을 중심으로 변화된다.	• 꾸준한 반응 • 강화 후 휴지가 FR보다 덜 나타나고 휴지 시간도 더 짧다.	• 호랑이가 사냥감 잡는 것 • 카지노 도박
고정간격계획(FI)	일정한 간격이 지난 후에 강화한다.	강화 후 휴지	• 중간시험과 기말시험 • 10분 간격으로 오는 버스가 막 떠나고 나면 딴짓하다가 정시가 되면 주목하는 것
변동간격계획(VI)	강화하는 데 필요한 시간 간격이 평균점을 기준으로 변화된다.	꾸준한 반응	• 거미줄을 쳐 놓고 먹잇감을 기다리는 거미 • 사냥감을 노리고 매복한 사냥꾼 • 낚시꾼 • 야생동물 전문 사진가

출처 : 정미경 외(2010)

나의 필기노트

> **바로 Check**
>
> 다음 사례에 해당하는 강화계획으로 옳은 것은?
>
> > A씨는 그동안의 경험을 통해 15분 간 빵을 구우면 가장 맛있다는 것을 알게 되었다. 그래서 요즘은 반죽을 오븐에 넣고 15분이 가까워지면 오븐 안을 더 자주 들여다 본다.
>
> ① 변동비율강화 ② 고정비율강화 ③ 변동간격강화
> ④ 고정간격강화 ⑤ 연속강화
>
> **해설** 고정간격강화는 반응 수에 관계없이 일정기간이 경과한 후 처음 나타나는 반응을 강화하는 절차이다.
>
> ☑ **정답** ④

③ 소거와 자발적 회복
  ㉠ **소거**(extinction)
    ⓐ 강화를 받아 발생빈도가 증가된 행동이 강화의 중단으로 발생빈도가 감소하다가 더 이상 나타나지 않게 되는 현상이다.
    ⓑ 강화를 중단했을 때 즉각적인 효과는 소거 격발(extinction burst)로서, 자신이 반응을 약하게 해서 강화를 주지 않나 하여 보다 격렬하게 반응하는 것이다. 이렇게 강하게 반응해도 강화를 받지 못하면 조건화된 행동은 안정적이면서도 빠른 속도로 감소된다. 강화를 받기 위해 여러 가지 행동을 시도해 보거나 과거에 강화 받았던 행동을 다시 해보기도 한다.
    ⓒ 한 번의 소거로는 행동을 없애는 데 충분치 않을 때도 있다. 예를 들어, 고장 난 자판기에서 음료수를 사려다가 실패한 사람은 그 다음날 이를 다시 시도할 수 있을 것이다.
  ㉡ **자발적 회복**(spontaneous recovery) : 일정한 시간이 지난 후에 다시 조건 자극을 제시하면 소거되었던 조건 반응을 다시 보이는 현상
④ **조형**(shaping)
  ㉠ 연속적 접근 방법을 사용하여 연구자가 원하는 반응을 만들어 내는 절차를 의미한다.
  ㉡ **조형을 이용한 쥐의 지렛대 누르기 훈련**
    ⓐ 실험자는 지렛대가 있는 절반 안쪽에 쥐가 있을 때 보상을 줌으로써, 쥐는 지렛대가 있는 공간에 머무는 경향이 있을 것이다.
    ⓑ 지렛대 더 가까이 있을 때만 보상을 주고, 그 다음 지렛대에 접촉했을 때 보상을 주고, 마지막으로 지렛대를 눌렀을 때 보상을 준다.
    ⓒ 차별적 강화를 실시하여 목표행동에 가까이 갈수록 점진적으로 강화하면 마침내 목표행동을 학습할 수 있게 된다.

⑤ **미신행동** : 자신의 반응이 실제로 특정 결과를 초래한 원인이 아님에도 불구하고 마치 그런 것처럼 그 반응을 계속하는 것을 말한다.

예 도박꾼이 이전에 주사위를 던지기 전에 주사위에 입으로 바람을 훅 불어넣는 행동을 하고 나서 던졌더니 우연히 큰돈을 땄다면, 그는 다음번에도 같은 상황에서 돈을 따기 위해 주사위를 던지기 전에 이러한 바람을 불어넣는 행동을 할 수 있을 것이다.

> **Plus Study 동물의 미신행동**
>
> 스키너는 매 15초마다 비둘기에게 먹이를 제공한 후 비둘기의 행동을 관찰하였다. 먹이가 주어지기 직전에 어떤 비둘기는 바닥을 긁고, 어떤 비둘기는 날개를 퍼덕이고, 어떤 비둘기는 원을 그리며 돌고 있는 등 각자 다소 기이한 행동을 하고 있었다. 이러한 반응은 강화와 아무런 인과관계가 없었다. 반응과 강화물 사이에 마치 인과관계가 있는 것처럼 잘못된 연합을 학습한 것이다. 즉, 비둘기는 자신이 한 어떤 행동으로 인해 먹이가 주어졌다고 믿게 되어, 다음 먹이를 위해 이러한 행동을 반복하게 되었던 것이다. 스키너는 이것을 미신행동이라고 불렀다.
>
> 출처 : 홍기원 외(2010)

(5) 생활 속의 조작적 조건학습이론

① **동물 훈련**
  ㉠ 동물들의 훈련 및 사육(묘기) 등에 조작적 조건형성의 절차가 사용된다. 주로 조형과 연쇄화 기법을 이용하며, 처벌보다는 정적 강화를 주로 사용한다.
  ㉡ 절차
    ⓐ 코끼리가 벽에 가까이 가면 딸깍 소리와 함께 당근 조각을 제시한다.
    ⓑ 왼쪽 앞발을 땅에서 떼는 것을 강화한다.
    ⓒ 발을 몇 인치 드는 것을 강화한다.
    ⓓ 벽에 난 구멍 쪽으로 움직이도록 강화한다.
    ⓔ 벽에 난 구멍에 발을 넣도록 강화한다.

② **자기통제(self-control)**
  ㉠ 자신의 이익을 최대한으로 만드는 방향으로 행동하는 경향을 의미한다.
  ㉡ 자기통제를 잘하기 위해서는 물리적 억제, 거리 두기, 주의 분산, 박탈과 포만, 목표를 타인에게 알리기, 행동 관찰과 같은 자기통제 기법을 적절하게 사용해야 한다.
    ✎ 물리적 억제 : 나에게 이롭지 않은 상황을 아예 차단하는 것으로서, 날씬한 몸매를 갖고 싶은 사람이 회식자리에 참석하지 않거나 야참이 그리울 때 운동을 하여 주의를 분산시키는 것

③ **망상과 환각** : 기질적 장애가 있는 환자의 경우에도 망상, 환각 및 기괴한 행동이 발생하는 빈도는 강화와 함수관계에 있다. 즉, 환자가 병적 행동을 보일 때 주변 사람들이 자주 관심을 갖는 것과 같은 강화행동을 보이면 발생빈도가 높아지고, 주변에서 냉담한 반응을 보이면 발생빈도가 낮아질 수 있다.

④ **자해행동**(self-injurious behavior)
  ㉠ 학생들은 교사가 무엇인가를 요구하면 자해행동을 함으로써, 자신이 싫어하는 상황으로부터 벗어날 수 있음을 학습하게 된다(Lovaas, 1960).
  ㉡ '비혐오적 치료법'에서는 몸을 심하게 긁는 소년에게 긁는 행동을 할 때 타임아웃(time out)을 하는 한편 긁지 않는 행동에 대해서는 스케이트장에 데려가겠다는 식의 긍정적 강화를 줌으로써, 몸을 더 이상 긁지 않도록 분위기를 조성한다(Carr, 1980).

  타임아웃(time out)

배제된 타임아웃	잠깐 동안 강화가 있는 상황에서 제외시키는 것 예 생각하는 의자
배제되지 않은 타임아웃	상황 내에서 강화가 덜한 자극을 제시하는 것 예 리본 모델의 사용 : 교실 내 모든 학생들이 리본 등의 장식을 착용하는 경우, 말썽을 일으키는 학생의 장식을 제거하고, 이를 착용하지 않을 때에는 학급 내 활동도 못하고, 교사의 관심도 받지 못하게 하는 방법

  Plus Study — Time out

  타임아웃은 아동이 현재 즐기고 있는 상황으로부터 다른 곳으로 격리시키는 방법을 말하는데, 구석에 세워두는 것, 다른 방으로 내보내는 것이 그 예이다. 구석에서 벌서는 상태에서도 장난을 하는 아동에게는 아동의 몸을 구석에 대고 밀거나 구석에 놓인 의자에 앉힌 상태에서 양어깨를 눌러 동작을 통제하는 방법이 있는데, 이를 동작 억압 타임아웃(movement suppression time out)이라고 한다. 타임아웃은 보통 10분 이내에 끝내는 것이 바람직한데, 동작 억압 타임아웃의 경우에는 1회의 타임아웃 기간을 15초 내외로 제한한다. 아동에게 간단한 지시 따르기나 장난감놀이를 시키면서 강화를 주고, 물건을 집어던질 때마다 즉시 구석으로 데려가 15초 동안 동작 억압 타임아웃을 시키는 과정을 말한다.

  출처 : 김승국 외(2003)

⑤ **창의성**(creativity) : 조작적 조건형성 이론가들은 창의성이 선택받은 소수의 전유물이 아니라 학습된 행동이라고 본다. 즉, 학습자로 하여금 새로운 행동이나 반응을 할 때 강화하면 학습자는 특이한 행동을 점점 더 많이 하게 될 것이다.

Section 03 인지주의 학습이론

학습포인트 인지주의 학습이론 중 사회인지이론과 정보처리이론에 대해 이해한다. 특히 사회인지이론에 포함되는 사회학습과 인지학습에 대해 파악한다.

1 사회인지이론

(1) 사회학습(Social Learning)

① 개요
  ㉠ 반두라(Bandura)는 사회학습과 모방을 구분하였다.
  ㉡ 사회학습에는 모방이 포함될 수도 있고 그렇지 않을 수도 있다. 모방은 단순히 자신이 본 것을 따라하는 것인데 비해, 사회학습은 보고 배운 것을 인지적으로 처리하고 자신에게 유리한 행동을 하는 데 지침이 되는 정보를 학습하는 것이다. 사회학습을 통해 이렇게 하면 된다는 것을 배울 뿐만 아니라 저렇게 하면 안 된다는 것도 배운다.
  ㉢ 관찰학습(observational learning) 또는 대리학습(vicarious learning)이라고도 한다.

② 주요 개념
  ㉠ **모델링과 모방**
    ⓐ 새로운 상황을 접하게 될 때 관찰대상이 되는 사람은 모델 역할을 하고, 우리는 그의 행동을 모델링 또는 모방하게 된다.
    ⓑ 우리는 선택적으로 모방할 대상을 선정하는데, 그 대상은 우리가 성공했다고 여기는 사람이나 동일시하려고 하는 사람이다.
    ⓑ 모델과 동일시하려는 성향은 아동이나 청소년들 사이에서 특히 강력하게 나타나기 때문에, 아이들에게 협조적이고 이타적인 태도를 갖게 하고 싶으면 그렇게 되라고 말하기보다는 협조적이고 이타적인 본보기를 설정해 주는 것이 더 효율적이다.

 OX 퀴즈

사회인지학습이론에서는 모델링을 통해 억제와 탈억제가 가능하다고 본다. [ ]

[정답] ○

> **Plus Study** 모방연구
>
> 반두라와 그의 동료들(1963)은 모방이 공격행동의 학습에 미치는 영향을 연구하였다. 그들은 두 집단 중 한 집단의 어린이들에게는 성인 또는 만화 주인공이 인형을 격렬하게 공격하는 영상을 보여주었고, 다른 한 집단의 어린이들에게는 인형을 공격하지 않는 영상을 보여주었다. 그 후 인형이 있는 방에서 어린이들을 놀게 하고 행동을 관찰한 결과, 공격적인 영상을 본 아이들만이 인형을 격렬하게 공격하였고 많은 공격행동 유형은 영상에서 관찰했던 것과 동일하다는 사실을 발견하였다.
>
> 출처 : 김현택 외(2010)

　　ⓒ **대리강화와 대리처벌** : 자신의 경험 대신에 다른 사람의 경험을 통해 학습하는 것을 대리강화(vicarious reinforcement) 또는 대리처벌(vicarious punishment)을 통한 학습이라고 한다.
　③ **사회학습(관찰학습)의 과정**
　　㉠ **주의집중**(attention)
　　　ⓐ 가장 기본적인 과정으로서, 만일 모델의 행동에 주목을 하지 않거나 부적절한 측면에 주목한다면 사회학습은 일어나지 않는다.
　　　ⓑ 주요 조건
　　　　• 모델의 자극 특성과 관찰자의 특성 : 관찰자의 주의를 집중시키기 위해서는 모델 자신이나 행동이 관찰자의 주의를 끄는 힘이 있어야 한다.
　　　　• 관찰자의 과거 학습 경험이 사회학습에 영향을 미친다.
　　㉡ **파지**(retention)
　　　ⓐ 파지과정은 관찰한 행동을 기억하는 것이다.
　　　ⓑ 관찰한 행동들은 보통 언어로 표상하여 기억하는데, 언어로 표현하기 힘든 것은 이미지로 기억하게 된다.
　　　ⓒ 인지적 시연은 언어나 이미지의 형태로 기억한 것을 마음속으로 그려 보는 것이다.
　　㉢ **운동재생**(motor reproduction, 행동산출)
　　　ⓐ 운동재생과정은 기억하고 있는 모델의 행동을 자신의 몸과 행동으로 다시 해보는 과정을 말한다.
　　　ⓑ 행동을 모방하여 정확하게 재생하기 위해서는 운동기술을 갖추어야 한다. 운동기술은 관찰만 해서는 완벽하게 습득되지 않으며, 신체 성장과 성숙, 연습을 필요로 한다.
　　㉣ **동기**(motivation)
　　　ⓐ 기억 속에 있는 특정한 행동을 꺼내어 수행하도록 하는 데는 강화라는 동기적 요소가 필요하다.

ⓑ 관찰자가 모델의 행동을 정확하게 기억하고 있고 운동능력이 있다고 해도 직접 수행해 보려는 동기가 없으면 실제 행동으로 나타나지 않게 된다.

바로 Check

다음 사례에서 반두라(A. Bandura)의 관찰학습에 영향을 주는 하위과정을 바르게 연결한 것은?

> 경수는 기차역 대합실 TV에서 프로 테니스 선수가 백핸드를 완벽하게 구사하는 것을 보고(A), '아! 저렇게 팔목을 구부리지 않아야 하는구나.'라고 혼잣말을 하며 마음속으로 그 동작을 모방하였다(B).

① A : 주의과정, B : 파지과정
② A : 동기과정, B : 파지과정
③ A : 운동재현과정, B : 주의과정
④ A : 동기과정, B : 운동재현과정
⑤ A : 운동재현과정, B : 파지과정

해설 주의집중과정은 유기체가 관찰학습의 모델이 되는 행동과 그 결과에 주의를 기울이는 것이며, 파지과정은 관찰학습의 모델이 되는 행동을 돌이켜보기 위해 관찰자가 하는 인지적 행위이다.

정답 ①

④ **사회학습의 실제와 활용**
  ㉠ **대중매체, 텔레비전과 사회적 학습** : 대중매체와 TV는 일상생활에서 우리가 흔하게 접할 수 있는 사회학습의 장이다. 대체로 폭력 프로그램에 많이 노출될수록 공격성이 높아지는 경향이 있다.

Plus Study 모방범죄는 누구 탓?... '다크 나이트 라이즈' 총기난사사건

2012년 7월, 미국의 콜로라도 주 덴버의 동쪽에 있는 오로라 지역의 한 극장에서 영화 '다크 나이트 라이즈(The Dark Knights Rises)'를 보러온 관객들에게 한 20대 남성이 총기를 난사하여 12명이 사망하는 사건이 발생했다. 곧 출동한 경찰이 범인 제임스 홈즈(24)를 체포하였으나 범행 동기는 불확실하다고 밝혔다. 이번 사건에 대해서 "배트맨 영화 시리즈에 나오는 악당 조커를 따라한 모방범죄이다.", "사건 현장에서 '나는 조커다'라고 외쳤다는 증언이 있다."는 등 제임스 홈즈가 영화 속 캐릭터를 따라했을 것이라는 추측이 나오고 있다. 그가 머리를 오렌지색으로 물들인 것을 보면 악당 조커의 머리스타일과 흡사하고, 일부는 그가 배우 히스레저가 사망하기 전에 복용하였던 약물과 동일한 것을 복용하였다는 소식을 전하기도 했다. 경찰은 홈즈의 집에서 다량의 폭발물들을 발견하여 주민들을 대피시키고 이를 해체하였으며 그가 왜 영화관에서 어떤 이유로 범행을 저질렀는지에 대해서 조사 중이라고 밝히고 있다.

출처 : 이이나(2012)

ⓒ **공포증의 치료** : 반두라는 모델이 목표행동을 하는 것을 보여준 후 동일한 행동을 하도록 이끄는 모델링과 역조건형성을 결합한 참가자 모델링 기법을 통해 뱀에 대한 공포를 극복하는 극적인 예를 보여 주었다.

✎ 참가자 모델링 기법 : 모델이 어떤 행동을 시범으로 보여 준 후 모델이 직접 관찰자를 인도하여 관찰자가 그 행동을 할 수 있도록 도와주는 것

(2) 인지학습(Cognitive Learning)

① 개요
  ㉠ 인지학습은 학습을 단순한 외현적 반응의 변화가 아니라 내현적 변화로 보며, 이해 통찰력 목적과 같은 정신적 과정에 초점을 맞춘다.
  ㉡ 인지학습의 대표적 이론으로는 쾰러(Kohler)의 통찰설, 레빈(Lewin)의 장 이론, 톨만(Tolman)의 인지도 학습 등이 있다.

② **통찰학습(insight learning)**
  ㉠ 문제 사태를 전체적으로 이해하고 그것을 분석하여 인지함으로써 목표달성을 위한 행동과 결부시켜 재구성하는 것이다.
  ㉡ 통찰이란 상황을 구성하는 요소 간의 관계를 파악하는 것이며 어떤 문제에 대한 인지적 해결책의 발견이나 심리치료에서 얻을 수 있는 자기 이해와 관련이 있다.
  ㉢ **통찰학습의 과정**
    ⓐ 학습자가 직면한 문제 장면은 학습자에게 일종의 인지 불균형(cognitive disequilibrium)을 일으켜서 학습을 촉발하는 동기를 준다.
    ⓑ 문제 장면을 탐색한다. 탐색은 시행착오적인 것이 아니라 목적과 수단, 한 요소와 다른 요소 간의 관계, 부분과 전체 장면 간의 관계를 파악하는 것이다.
    ⓒ 이러한 관계의 이해 또는 파악의 형성, 통찰을 바탕으로 학습이 일어난다.
  ㉣ **통찰학습의 특징**
    ⓐ 문제해결은 갑자기 일어나며 완전하다.
    ⓑ 통찰에 따른 문제해결의 수행에는 거의 오차가 없고 원활히 이루어진다.
    ⓒ 통찰에 의한 문제해결의 방법은 상당기간 동안 잘 기억되고 유지된다.

ⓓ 통찰에 의해서 터득한 원리는 쉽게 다른 상황에까지 적용된다. 한 장면에서 찾은 문제해결법을 다른 장면에도 일반화하여 적용시키는 것을 전위(transposition)라고 한다.

ⓜ **인지학습 이론에의 적용**

　ⓐ 학습의 중요한 조건은 문제 장면에 대한 학습자의 지각적 특성이다. 따라서 학습자가 본질적 특징을 탐색할 수 있도록 학습문제를 구성하고 제시해야 한다.

　ⓑ 발견학습이 가능하도록 지식을 구조화하고 학습자의 수준과 이해도에 맞는 표현양식으로 제시하여야 한다.

　ⓒ 기계적 학습보다는 더 영속성이 있고 전이도 잘 되는 이해력을 높이는 학습에 중점을 두어야 한다.

　ⓓ 교사는 학습자로 하여금 그 목표가 학습자에게 왜 중요한지를 일깨워 주고, 스스로 학습목표를 명확하게 설정할 수 있도록 이끌어 주어야 한다.

　ⓔ 정답을 알아내는 수렴적 사고와 함께 창의력으로 이끄는 확산적 사고 및 통찰력을 길러 준다.

> **Plus Study　쾰러(Kohler)의 통찰학습**
>
> 쾰러의 실험에서 침팬지는 담으로 둘러싸인 우리에 놓여 있다. 침팬지의 팔이 닿지 않는 높은 위치에 바나나를 매달아 두었다. 그러자 침팬지는 다양한 도구를 활용하여 바나나를 따 먹었다. 상자 위에 올라가 막대기로 쳐서 떨어뜨리기도 하고, 바나나를 더 높이 매달자 상자를 겹쳐서 엉성한 4층 건물을 세운 다음 올라가기도 하였다. 때때로 똑똑한 침팬지 '술탄'은 도구 제작자가 되기도 했다. 막대기가 필요한 경우 근처 나뭇가지를 부러뜨려 사용하였으며, 더욱 인상적인 것은 이중 막대기 제작이었다. 우리 안에 속이 빈 막대기가 두 개 있었는데, 하나는 약간 더 가늘었으나 둘 다 너무 짧아 바나나에 닿지 않았다. 술탄은 한 시간 가량 시도하다가 실패하고 포기하는 듯했다. 그러나 곧 두 막대기를 집어들고 다시 상자 위에 앉아서 그것을 신중히 살펴보았다. 막대기를 양손에 각각 들고 일직선이 되도록 매어 보았다. 그는 가는 막대기를 더 두꺼운 막대기의 구멍에 집어넣고 벌떡 일어나 철망 쪽으로 다가가 그곳에 등을 대고 바나나를 끌어당기기 시작하였다. 결국 술탄은 두 막대기를 연결시켜 바나나를 먹을 수 있었다.
>
> 쾰러는 동물들의 성취가 특정 반응 경향성이 기계적으로 강화되거나 약화된 결과가 아니라 문제에 대한 통찰을 얻었기 때문이라고 생각했다.
>
> 출처 : 홍기원 외(2010)

③ 잠재학습과 인지도

> **Plus Study 톨만(Tolman)의 실험**
>
> 톨만(1930)은 세 집단의 쥐를 매일 한 번씩 12일간 연속해서 미로에 넣어놓았다. 집단A의 쥐들에게는 시행마다 목표 상자에 먹이를 넣어주었다. 이 쥐들은 점진적으로 학습하여 실험이 종료될 무렵에는 1~2개 정도의 오류만을 범하고 목표 상자로 들어갔다. 집단B의 경우에는 매일 미로를 달렸지만 목표 상자에서 먹이는 한 번도 제공받지 못했다. 이 동물들은 실험이 끝날 때까지 계속해서 많은 오류를 보여주었다. 이 두 가지 실험 결과는 너무 당연한 것이고 강화를 통해 학습이 이루어진다는 견해와 일치된다. 그러나 집단C에서 나온 결과가 중요한 것이다. 이 동물들은 처음 10일간 강화 없이 미로를 돌아다녔고 많은 오류를 범하였다. 11일째에 처음으로 목표 상자에 먹이를 넣어주었고 놀라운 사건이 발생하였다. 그 다음날인 12일째에 이 동물들은 거의 실수를 하지 않았다. 실제로 이 동물들의 수행은 매일 강화를 받았던 동물들과 비슷한 수준이었다. 다시 말해서, 11일째에 제시한 단 한 번의 강화가 그 다음날의 수행을 극적으로 변화시켰다.
>
> 출처 : 김현택 외(2010)

㉠ **잠재학습**(latent learning) : 집단C의 수행은 강화를 한 번 받은 후에 크게 향상되었는데, 이것은 11일째에 제시한 한 번의 강화가 쥐의 미로학습 자체에 영향을 미친 것이 아니라 단지 그 후의 수행을 변화시킨 것이다. 톨만은 이를 잠재학습이라고 하였다.

㉡ **인지도**(cognitive map) : 쥐의 수행은 첫 번째 강화시행 직후에 변화되었는데, 이는 쥐가 이미 미로의 공간배열에 대한 정신적 표상, 즉 인지도를 발달시켰기 때문이라고 설명한다. 톨만은 어떤 강화나 반응 없이도 인지도는 자연적으로 발달된다고 결론을 내렸다.

> **Plus Study 메타인지(Meta Cognition)**
>
> 1. 정의
>   ① 메타인지란 자신의 획득체계 그리고 그 획득체계에 들어오는 정보에 어떻게 작용할지에 대해 내리는 결정에 관하여 획득자가 갖고 있는 의식을 말한다.
>   ② 메타인지적 지식은 '인지적 창조물로서의 사람들과 관계가 있으며 그들의 잡다한 인지적 과제, 목표, 행위 및 경험과 관계있는 자신의 저장된 세상사 지식의 부분'으로 정의된다(Flavell, 1979).
> 2. 메타인지의 유형(Brown, 1981)
>   ① 인지에 관한 지식(knowledge about cognition)
>   ㉠ 자기 자신의 인지자원에 관한 지식
>   ㉡ 획득 장면의 요구가 어떻게 자기 자신의 자원과 양립 가능한지에 관한 지식
>   ② 인지의 조정(regulation of cognition)
>   ㉠ 문제를 해결하려고 시도하는 동안에 능동적인 획득자에 의하여 사용되는 자기조정 기제로 구성된다.
>   ㉡ 비교적 불안정하고 거의 말할 수 없으며, 비교적 획득자의 연령과 관계없는 것으로 생각된다.

OX 퀴즈

톨만의 학습이론은 반응학습, 장소학습, 잠재학습, 인지도, 방사형 미로학습 등과 관련이 있다. [　]

[정답] ✗

[해설] 반응학습과는 관련이 없다. 톨만의 잠재학습에서는 미로를 사용한 쥐 실험으로 학습의 인지적 요인을 강조하였고, 동물이 방사형 미로에 대한 일종의 정신적인 지도인 인지도를 학습한다고 주장하였다. 또한 톨만은 동물이 장소학습자인가 반응학습자인가를 밝히기 위한 실험에서 장소학습이 반응학습보다 문제해결이 빨리 이루어진다는 것을 입증하였다.

3. 메타인지의 획득
메타인지는 획득자들이 자신의 인지기능에 대한 새로운, 다양한 요구를 경험함에 따라 발달하여 점진적으로 획득된다고 일반적으로 가정된다.

출처 : 이용남(2009)

> **바로 Check**
>
> 톨만(E. Tolman)의 학습이론에 관한 설명으로 옳지 않은 것은?
> ① 유기체의 행동은 목표지향적이다.
> ② 학습은 강화와 독립적으로 일어난다.
> ③ 유기체는 강화 기대를 학습한다.
> ④ 유전의 역할을 고려하지 않았다.
> ⑤ 유기체는 잠재적 학습을 한다.
>
> [해설] 톨만의 잠재학습에서는 학습에 있어서 유전적 요인, 연령, 훈련, 내분비선의 개인차가 행동의 예측과 이해에 주요한 요인이라고 보았다.
>
> ✅ 정답 ④

2 정보처리이론

(1) 정보처리이론은 인간의 인지를 정보처리(information-processing) 과정으로 보고, 이를 특히 컴퓨터에 비유하여 객관적·과학적으로 연구한다. 인간의 기억, 지각, 상상, 문제해결, 사고 등 인지의 가설적 과정을 선정하고 연구하는데, 특히 지식의 획득 과정에 관심이 많다. Miller, Newell, Neisser, 그리고 최근에는 Anderson 등을 들 수 있다.

(2) 절차적 지식과 명제적 지식

절차적 지식 (procedural knowledge, 수단적 지식, 방법적 지식)	• 다른 지식이나 행동을 획득하는 수단이 됨 • '~할 줄 안다(know how)'와 같이 표현됨 • '운전할 줄 안다', '떠드는 학생을 조용하게 만들 줄 안다'와 같은 행동과 다른 지식을 획득하는 기본적 수단이 되는 사물에 대한 지각, 개념, 원리와 같은 것도 절차적 지식에 포함
명제적 지식 (propositional knowledge, 선언적 지식)	• '~라는 사실을 안다(know-that)'와 같이 표현됨 • 명제적 지식이 뛰어난 사람은 그렇지 못한 사람에 비해 정교화, 조직화가 잘 되어 있음 • 정교화란 해당 지식과 관련된 예나 세부 사항 등을 풍부하게 가지고 있는 것을 말하고, 조직화는 지식의 상하좌우의 연결 관계가 잘 되어 있는 것을 말함

나의 필기노트

바로 Check

다음 사례에 관한 설명으로 옳지 않은 것은?

A학생은 '코로나바이러스감염증-19' 확산 방지를 위한 방역조치로 인하여 음식점에 들어갈 때마다 '온도 체크 → 방문자 명부 작성 → 한 자리 건너 앉기 → 식사 시작 시 마스크 벗기' 등을 반복하다보니 이 과정이 습관화되어 어느 곳을 가더라도 자연스럽게 이를 따른다.

① 절차적 지식을 습득하는 사례이다.
② 습관화 과정에서 시연의 역할이 중요하다.
③ 인출속도가 비교적 빠른 지식에 관한 것이다.
④ 저장 용량이 제한된 기억에 관한 것이다.
⑤ 부호화와 관련이 있다.

해설 절차적 지식은 "~하는 방법을 알고 있다"와 관련된 지식으로, 잘 숙달된 기술 및 습성과 같은 개별적인 지식을 나타낸다. 이는 선언적 지식보다 더 암묵적이고 더 느리게 망각하는 특성을 가지고 있으며, 행동의 수가 제한되어 있을 때 더 유용하고, 급히 새로운 지식을 활용하고자 하는 경우에는 선언적 지식이 더 유용하다.

☑ 정답 ④

(3) 기억의 정보처리적 관점

1단계 습득 단계	• 입력 또는 부호화 단계 • 자극 정보를 선택하여 기억에 저장할 수 있는 형태로 변환함 • 자극이나 정보에 주의를 기울여 그것을 기억 속에 집어넣는 과정
2단계 보유 단계	• 저장 또는 응고화 단계 • 감각시스템을 통해 들어온 정보를 단기기억으로 저장함 • 정보가 저장되는 단계로, 정보를 일정 기간 동안 기억 속에 유지하는 과정
3단계 인출 단계	• 응고된 장기기억이 다시 단기기억으로 옮겨져 과제 수행에 사용됨 • 정보를 사용하기 위해 저장된 것을 머릿속에서 꺼내어 쓰는 과정

바로 Check

각 이론의 주요 입장에 관한 설명으로 옳은 것을 모두 고른 것은?

ㄱ. 행동주의 : 내적 사고과정에 관심을 둔다.
ㄴ. 인지주의 : 태도, 가치 등에 관심을 둔다.
ㄷ. 행동주의 : 정서반응에 대한 조건형성이 가능하다.
ㄹ. 인지주의 : 학습환경은 고려사항이 아니다.

① ㄱ, ㄴ   ② ㄱ, ㄹ   ③ ㄴ, ㄷ
④ ㄱ, ㄴ, ㄷ   ⑤ ㄴ, ㄷ, ㄹ

해설 행동주의는 외현적 행동에 관심을 둔다. 인지주의는 학습환경도 고려한다.

☑ 정답 ③

Section 04 신경생리학적 학습이론

학습포인트 신경생리학적 학습이론의 개요에 대해 파악하고, 헵의 신경생리학적 이론에 대해 이해한다.

✳ 신경생리학적 이론

(1) 개 요
① 생물학적 관점을 가진 과학자들은 학습이 환경적 사건에 대한 노출의 결과이며, 뇌에서의 비교적 영구적인 변화를 일으킨다고 믿어 왔다.
② 도널드 헵(Donald Hebb)은 한 뉴런의 흥분은 다른 뉴런 흥분의 원인이 된다고 주장하였으며, 이후 학자들은 '같이 발화하는 세포들은 하나로 연결'됨을 증명하였다.

(2) 학습의 단순한 모형인 습관화와 민감화
① 습관화
  ㉠ 위협적이지 않은 자극에 대한 반복 노출에 따른 행동반응의 감소를 의미한다.
  ㉡ 어떤 반응이 얼마나 빨리 습관화되고 이 반응의 감소가 얼마나 오랫동안 지속되는가는 몇 가지의 요인들, 즉 놀람을 유발하는 자극의 강도, 이 자극이 경험되는 횟수와 반복 노출들 간의 시간의 길이에 의해 영향을 받는다.
  ㉢ 일정 기간 동안 자극을 제시하지 않은 후에 습관화에 의해서 약화되었던 반응의 강도가 증가하거나 다시 나타나는데, 이를 자발적 회복(spontaneous recovery)이라고 한다.
② 민감화
  ㉠ 위협적인 자극에 노출됨에 따라 행동반응이 증가함을 의미한다.
  ㉡ 민감화 자극은 습관화의 효과를 상쇄하는데, 즉 소리자극에 습관화가 된 동물도 강한 통증자극을 주면 되살아난다.

(3) 헵(Hebb)의 신경생리학적 이론

① 주요 개념
  ㉠ **세포집합체**(cell assembly) : 환경적 대상과 결합되어 있는 신경 묶음으로서, 관념이나 사고의 기초가 된다.
  ㉡ **국면진행**(phase sequence) : 상호 관련되어 있는 일련의 세포집합체로서, 만약 일련의 사상이 전형적으로 환경 내에서 같이 일어나면 이들이 신경수준에서는 국면진행으로 표현된다.
  ㉢ **감각박탈과 보충적 환경** : 유기체에서 초기 감각경험을 박탈하면 인지활동의 기초가 되는 세포집합체와 국면진행의 발달 능력이 제한되어 지각, 지능, 정서 등의 발달이 지체된다.

② 각성이론(Arousal Theory)
  ㉠ 자극화의 수준과 인지기능의 관계를 탐색하면서 자극의 단서 기능이 완전한 효과를 가지려면 최적의 각성수준이 있어야 된다고 보았다.
  ㉡ 각성수준이 너무 낮으면 뇌에 전달된 감각정보를 이용할 수 없으며 너무 높으면 피질부가 분석하는 정보의 양이 많아져서 부적절한 행동이 초래되기 쉽기 때문에 너무 높지도 낮지도 않은 최적의 각성수준이 필요함을 강조하였다.

> **바로 Check**
>
> 각성에 관한 설명으로 옳은 것을 모두 고른 것은?
>
> ㄱ. 유기체가 현재 경험하는 내적 에너지 수준을 말한다.
> ㄴ. 각성수준이 지나치게 높으면 공황상태를 경험할 수 있다.
> ㄷ. 각성수준과 수행수준 간의 관계는 U형 함수관계로 나타낼 수 있다.
> ㄹ. 망상활성계(reticular activation system)와 관련이 있다.
>
> ① ㄱ, ㄷ ② ㄴ, ㄹ ③ ㄷ, ㄹ
> ④ ㄱ, ㄴ, ㄷ ⑤ ㄱ, ㄴ, ㄹ
>
> [해설] 적절한 각성의 수준에서 수행이 제일 좋고, 너무 높거나 낮을 때에는 수행이 저하된다. 이를 '역전된 U형 함수' 혹은 'Yerkes-Dodson 법칙'이라고 한다.
>
> ☑ 정답 ⑤

③ **단기기억과 장기기억 간의 통합** : 기억의 체제는 단기기억과 장기기억으로 나뉜다. 단기기억은 장기기억으로 전환된다는 통합이론을 주장한다. 단기기억은 1분 이상 지속되지 않으며, 신경활동과 결합되어 있는데, 만일 경험이 자주 반복되면 장기기억에 저장된다.

Section 05 동기와 학습

> **학습포인트** 동기와 정서에서는 동기의 정의와 기능, 동기이론, 정서 등에 대해 주로 이해한다. 또한 동기와 인지에 대해서 파악한다.

1 동기와 정서

(1) 동 기

① 동기(Motivation)의 정의와 기능
  ㉠ **정의** : 어떤 목표를 지향하는 행동을 일으키고, 그 행동의 방향을 잡아주고, 유지하는 힘의 종합이다.
  ㉡ **기능**
    ⓐ 동기는 인간을 비롯한 유기체와 유기체의 행동 간의 관계를 이해할 수 있게 해 준다.
    ⓑ 개인 내 혹은 개인 간 행동의 차이를 이해하기 위해서 동기라는 개념을 사용한다.
    ⓒ 동기개념을 자신이나 타인의 행동에 대한 의도나 의미를 추론하기 위해서도 사용한다.
    ⓓ 어떤 행동에 대한 책임을 부과하기 위해 동기의 개념을 사용한다.
    ⓔ 어려운 난관을 극복하거나 꾸준히 노력하는 행동을 설명하기 위해 동기라는 개념을 사용한다.

② 동기 이론
  ㉠ **본능이론**
    ⓐ 대표적인 학자는 McDougall(1908)이다.
    ⓑ 인간의 행동을 설명하는 본능 유형을 부모의 자녀 돌보기, 동정심, 투쟁, 자기주장, 호기심, 굴복, 음식 찾기, 짝짓기, 혐오, 건설성, 도피, 간청, 사교성 등으로 구분했으며, 이를 통해 인간의 행동을 설명하였다.

ⓒ 본능이론의 한계점 : 본능이론가들 간에 본능의 유형 및 개수에 있어 합의된 견해가 없으며, 이른바 본능이라고 알려졌던 것들이 추후 연구를 통해 단지 후천적으로 학습된 것에 불과한 행동임이 밝혀졌다.

ⓒ **추동감소이론**

ⓐ Hull(1943)에 의해 본능이론보다 더욱 생물학적 체계를 갖춘 이론으로 제안되었다.

ⓑ 인간의 행동을 몇 개의 기본적 추동들(예 배고픔, 갈증, 성욕, 고통 회피)로 설명할 수 있으며, 인간의 모든 행동은 추동(drive)에 의해 발생된 긴장을 감소시켜 생물학적 항상성을 회복시키는 방향으로 일어난다고 보았다.

ⓒ 추동감소이론의 한계점 : 인간의 생물학적 추동과 관련된 행동의 원인에 대해 적절한 설명을 제공하기는 하였으나, 본능이론과 마찬가지로 복잡하고 다양한 인간의 사회적 행동을 설명하는 데는 여전히 큰 어려움이 있다.

ⓒ **Maslow의 욕구위계이론** : 동기의 위계

ⓐ Maslow(1971)는 인본주의적 관점에서 인간의 자유의지를 중시했고, 겉으로 드러나는 행동 자체보다는 내적 정신과정을 중시하며, 인간을 스스로 자신을 통제할 능력을 가지고 있는 자유로운 행위자로 보았다.

ⓑ Maslow의 욕구위계 피라미드

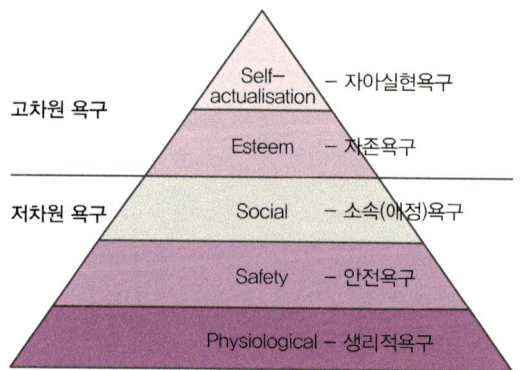

• 인간은 생리적 욕구, 안전 욕구, 소속·애정 욕구, 자기존중 욕구, 자아실현 욕구 등 5가지 위계의 욕구를 가지고 있는데, 이들 욕구 간에는 위계가 존재하며 각 위계에 따른 욕구에 의해 행동이 동기화된다.

- 이 중에서 생리적 욕구와 안전에 대한 욕구는 개체의 생물학적 생존을 위한 기본 동기(basic motivation)로, 소속·애정 욕구와 자기존중 욕구는 사회적 환경 속에서의 적응과 생존을 위한 사회적 동기로서 심리적 동기(psychological motivation)로 구분한다.
- ⓒ Maslow의 욕구위계이론의 특징
  - 상위단계의 욕구로 올라가기 위해 하위단계의 욕구가 완전히 충족될 필요는 없다.
  - 상위단계의 욕구로 가기 위해 모든 하위단계들을 반드시 거쳐야 하는 것은 아니다.
  - 욕구단계에 있어 일시적인 퇴행이 가능하다.

(2) 정 서

① 정서의 기능
  ㉠ **대처 기능** : 위협적인 자극으로부터 달아나는 행동을 하게 함으로써 방어와 보호를 가능하게 해 주는 정서는 '공포'이며, 위협적인 자극을 공격하도록 신체를 준비시키는 정서는 '분노'이다.
  ㉡ **사회적 의사소통 기능** : 대부분의 정서가 사회적 상호작용을 하는 동안 발생하기 때문에 정서는 대인관계의 본질이 되기도 한다.
② 동기와 정서의 관계 : 동기와 정서는 서로 밀접하게 연결된 과정이다. 정서는 특정한 조건에서 발생하는 과정이고, 동기는 동일한 각성이 다시 생기리라고 기대하는 것이기 때문에 동기와 정서는 서로 분리할 수 없는 상호 연결된 개념이다.

2 동기와 인지

(1) 동기와 인지는 상호 형성에 영향을 미친다. 특정한 동기가 특정한 인지의 형성에 영향을 주기도 하고, 특정한 인지가 특정한 동기의 생성에 영향을 미치기도 한다.

(2) 인지는 동기의 상태를 결정하는 데 관여한다. 반쯤 남은 술잔을 보고 '벌써 반이나 없어졌다'고 판단하는 경우에는 동기 좌절이지만, '아직도 반이나 남아 있다'고 판단하는 경우에는 동기 충족이다.

OX 퀴즈

낮은 단계일수록 욕구 강도가 강하다. [ ]

[정답] ○

Section 06 기타(기타 학습이론에 관한 사항)

학습포인트 기타 학습이론에서 중요하게 다루어지는 학습장애의 정의 및 학습장애에 효과적인 방법을 이해한다. 또한 기억과 망각에서는 기억의 정의와 종류 및 기억향상법 등에 대해 이해하고, 망각의 의미와 원인 및 망각을 방지하는 방법에 대해 파악한다.

1 학습장애(Learning Disability)

(1) 정 의
① 학습장애는 한 분야 이상에서 듣기, 말하기, 쓰기, 읽기 및 산수 능력을 습득하거나 활용할 때 심한 어려움을 보이는 장애이다.
② 학습장애는 정신지체, 정서장애, 환경 및 문화적 결핍과는 관계없이 개인에 내재하는 지각장애, 지각-운동장애, 신경체계의 역기능 및 뇌손상과 같은 기본적인 정보처리 과정에서의 장애로 인하여 나타난다.
③ 일반적으로 학습장애는 개인 내 차이, 즉 개인의 능력 발달에서 분야별 불균형이 나타난다.

(2) 관련 연구
학습장애 학생들은 정상 성취 학생들에 비하여 성공을 자신의 능력으로 귀인하는 경향성이 낮고 오히려 운이 좋아서, 쉬운 과제가 주어져서 등으로 귀인하는 경향성이 강하다. 반면에 실패는 자신의 능력 부족으로 돌리며, 이러한 경향성은 수행해야 할 과제가 어려울수록 심하다.

(3) 학습장애에 효과적인 방법
① **교사의 시범** : 학생이 성공 또는 실패를 할 때마다 교사가 적응적 귀인을 소리 내어 말해 준다.
② **학생 연습** : 학생이 성공 또는 실패를 할 때마다 교사가 적응적 귀인을 말해 주는 목소리를 점차 낮추고, 대신 학생이 스스로 목소리를 내어 말하도록 연습시킨다.
③ **교사의 강화** : 학생이 적응적 귀인을 말할 때마다 강화를 해준다.
④ **귀인신념의 내면화** : 학생이 성공 또는 실패를 할 때마다 적응적 귀인을 말하는 목소리를 점차 낮추어, 최종적으로는 목소리를 내지 않고 내면화하도록 한다.

2 기억과 망각

(1) 기억(memory)

① **기억의 정의** : 학습경험의 사실 및 내용을 머릿속에 잘 간직했다가 다음의 활동에서 변용하지 않은 채 그대로 재생할 때까지의 심리적 과정을 의미한다.
  ㉠ **광의의 기억** : 모든 인지적 활동의 기본적인 근거
  ㉡ **협의의 기억** : 필요한 정보를 머릿속에 저장해 두는 것

② **기억의 과정**
  ㉠ **기명** : 사물의 인상을 마음속에 간직한다.
  ㉡ **파지** : 간직된 인상을 보존한다.
  ㉢ **재생** : 보존된 인상이 의식의 수준에 이른다.
  ㉣ **재인** : 과거에 경험했던 것과 비슷한 상황에 이르렀을 때 인상이 떠오른다.
  ㉤ **기억** : 과거의 경험이 미래의 행동에 영향을 미친다.

③ **기억의 종류**
  ㉠ **감각기억**(Sensory memory) : 시각, 청각, 후각 등 감각시스템으로부터 들어온 정보를 순간적으로 저장하는 기억이다. 감각기관에 들어온 정보는 0.5초 미만(시각 저장소)에서부터 몇 초(청각 저장소)에 이르는 시간 동안에 소멸된다. 감각기관에 들어온 정보 중에서 주의를 기울인 작은 부분은 단기기억 속으로 전이된다.
  ㉡ **단기기억**(Short-term memory, 작동기억) : 능동적으로 정보를 처리하는 활동 중인 기억으로서, 감각기억으로부터 들어온 정보를 처리하는 동안 이를 유지한다. 현재 의식하고 있는 정보이다.

단기기억의 용량	• 기억폭(숫자폭) : 제한된 단기기억의 용량 • 청크(chunk) : 단기기억의 저장단위, 최대 유의미한 단위 • 재부호화를 통해 많은 정보들을 단기기억에서 효율적으로 처리
단기기억의 지속시간과 망각	• 단기기억에 저장된 정보가 단순히 시간 경과에 의해 망각될 수 있으며, 망각은 쇠잔에 의해 일어남 • 순행간섭(PI; Proactive Interference) : 이전에 학습한 자료가 시간상 순행적인 방향으로 현재의 자극 재생을 간섭하는 것 • 역행간섭(RI; Retroactive Interference) : 새로운 자료가 시간상 역행적인 방향으로 과거의 자극 재생을 간섭하는 것

단기기억에서 망각이 일어나는 이유	• 대치(displacement) : 현재에 초점을 맞추고 있는 정보에서 새로운 정보로 주의를 기울여 시연(정보가 제시된 이후에 계속 반복하는 것)하는 것 • 쇠퇴(decay) : 시간이 지남에 따라 단기기억의 흔적이 약해지는 것

ⓒ 장기기억(long-term memory)
  ⓐ 장기기억은 무한한 정보를 영구적으로 저장할 수 있는 곳으로 감각기억과 단기기억의 과정을 거쳐 들어온 정보를 무제한적·영구적으로 저장하는 기억이다. 단기기억에 있던 정보는 시연이나 부호화에 의해 장기기억으로 전송되며, 장기기억으로 전송되지 못한 정보는 소멸되어 망각한다. 장기기억은 몇 분에서 길게는 평생 동안 저장되기도 한다.
  ⓑ 장기기억의 종류

일상기억	주로 개인의 경험을 보유하는 장소
의미기억	문제해결전략과 사고기술, 사실, 개념, 일반화, 규칙 등이 저장됨

④ 기억 향상법
  ㉠ **충분한 시연** : 시연이 많을수록 파지도 증가한다. 즉, 자료를 과잉학습하는 것이 중요하다.
  ㉡ **분산학습**(distributed practice) : 연습기간이 상당히 길 경우에는 집중학습보다 분산학습이 더욱 효과적이다. 분산학습이 효과적이라는 사실은 주입식 학습법이 비효과적이라는 사실을 입증한다.
  ㉢ **간섭의 최소화** : 간섭은 망각의 중요한 원인이기 때문에 간섭을 최소화시키는 방법이 기억에 도움이 된다. 유사한 자료라도 날짜를 달리 해서 학습하면 간섭이 덜 일어난다는 연구결과도 있다.
  ㉣ **깊은 처리** : 처리 수준적 접근에 따르면 단순히 자료를 반복하는 것보다는 깊게 처리하는 것이 기억에 도움이 된다. 즉, 기억을 향상시키기 위해서는 기계적 반복에 시간을 낭비하지 말고, 자료의 의미에 관심을 두고 분석하는 데에 더 많은 시간을 할애해야 한다.
  ㉤ **전이적합형 처리** : 학생들이 문제를 해결해야 할 때는 사실 지향적 처리보다 문제 지향적 처리가 효과적이다. 즉, 사실에 대한 설명보다는 관련 문제를 풀어가며 익히는 것이 도움된다. 따라서 자신에게 주어질 검사유형에 따라 학습방법을 달리하는 것이 중요하다.

ⓗ **언어적 약호화** : 주어진 정보에 개인적인 의미를 부여하는 것이 기억에 도움된다. 그러나 항상 의미를 부여할 수 있는 것은 아니기 때문에 때로는 추상적인 자료를 보다 의미 있는 자료로 전환하는 기억술이 필요하다.

ⓢ **시각적 심상 형성**
 ⓐ 연결법(link method) : 기억해야 할 항목들이 서로 연결될 수 있도록 심상을 형성하는 방법
 ⓑ 장소법(method of loci) : 낯익은 공간이나 장소를 이용하여 많은 항목을 기억하는 데 도움을 받는 방법
 ⓒ 핵심 단어법(key-word method) : 구체적인 단어와 추상적인 단어를 연결하고, 그 구체적인 단어에 대해서 심상을 형성하는 방법

> **바로 Check**
>
> 기억에 관한 설명으로 옳은 것을 모두 고른 것은?
>
> ㄱ. 과잉학습(overlearning)의 양이 많을수록 기억하기 쉽다.
> ㄴ. 학습한 맥락과 상이한 맥락에서 회상할 때 기억하기 쉽다.
> ㄷ. 최신효과는 기억 목록 첫 부분의 항목이 많이 회상되는 것이다.
>
> ① ㄱ   ② ㄴ   ③ ㄷ
> ④ ㄱ, ㄴ   ⑤ ㄴ, ㄷ
>
> [해설] 학습한 맥락과 유사한 맥락에서 회상할 때 기억하기 쉬우며, 최신효과는 최근, 즉 마지막에 들어온 정보가 더 큰 영향을 미치는 현상을 의미한다.
>
> ✅ 정답 ①

(2) 망 각

① **망각의 의미** : 일단 기억한 학습이 시간이 경과되거나 사용하지 않음으로써 약화되고 소멸되어 다시 재생되지 않는 현상

② **망각의 원인**
 ㉠ **비효율적인 약호화** : 정보를 약호화하지 못했기 때문에 나타나는 의사망각(pseudo-forgetting)은 주의결함으로 인해 발생하며, 새로운 정보에 대한 기억부호를 형성하였는데도 불구하고 망각이 일어나는 것은 비효율적인 약호화 때문이다.
 ㉡ **소멸**(decay) : 기억이 비영구적이기 때문에 망각이 일어난다는 주장
 ㉢ **간섭**(interference) : 정보가 서로 경합을 벌이기 때문에 망각이 일어난다는 입장
 ㉣ **인출실패** : 인출 과정의 와해로 인해 망각이 일어난다는 주장으로, 인출단서와 약호화가 일치하지 않을 때 인출실패 가능성이 높다.

OX 퀴즈

기억 향상법 중 연결법은 낯익은 공간이나 장소를 이용하여 가능한 많은 항목을 기억하는 방법이다. [ ]

[정답] ✕

[해설] 연결법은 기억해야 할 항목들을 서로 연결하여 심상을 형성하는 방법이다.

OX 퀴즈

일반적으로 망각의 원인으로는 충분한 시연과 깊은 처리가 있다. [ ]

[정답] ✕

[해설] 망각의 원인으로는 비효율적인 약호화, 소멸, 간섭, 인출실패 등이 있다.

ⓜ **동기화된 망각** : 생각하고 싶지도 않은 사상과 관련된 기억을 망각하려는 경향을 동기화된 망각이라고 한다. 이는 의도적으로 기억을 억압한 결과라는 주장(프로이트)이다.

  ③ 망각을 방지하는 방법
   ㉠ 학습내용을 의미 있게, 논리적인 지식체계로 유도하여 학습한다.
   ㉡ 동기화된 학습 자료를 활용한다.
   ㉢ 처음부터 완전히 습득한 후에 다음 학습으로 이행한다.
   ㉣ 복습의 시기는 최초 학습 시기에 가까울수록 기명과 파지에 효과적이다.
   ㉤ 분산학습이 집중학습보다 파지에 효과적이다.
   ㉥ 기억된 자료 간의 간섭은 파지를 저해한다.
   ㉦ 초과학습은 망각을 방지한다.

> **바로 Check**
>
> **망각에 관한 설명으로 옳은 것은?**
> ① 망각은 소거와 동일한 의미를 지닌다.
> ② 순행간섭에 의한 망각은 선행 학습량이 많을수록 증가한다.
> ③ 기억의 왜곡이론은 억압을 망각의 주된 원인으로 본다.
> ④ 역행간섭은 망각을 지연시키는 기능을 수행한다.
> ⑤ 단서의존망각은 소멸에 의한 망각을 설명하는 개념이다.
>
> **해설** 순행간섭은 이전에 학습한 자료가 시간상 순행적인 방향으로 현재의 자극 재생을 간섭하는 것으로써, 선행 학습량이 많을수록 이에 의한 망각은 증가한다.
>
> ✅ 정답 ②

적중예상문제

기출 ★

01 학습에 관한 설명으로 옳은 것을 모두 고른 것은?

> ㄱ. 학습은 경험과 연습의 결과이다.
> ㄴ. 학습에는 가치, 태도, 정서반응의 습득도 포함된다.
> ㄷ. 학습은 변화된 행동이 비교적 지속되어야 함을 전제로 한다.
> ㄹ. 학습에 의한 변화가 반드시 즉각적인 행동으로 나타나는 것은 아니다.

① ㄱ, ㄴ, ㄷ   ② ㄱ, ㄴ, ㄹ   ③ ㄱ, ㄷ, ㄹ
④ ㄴ, ㄷ, ㄹ   ⑤ ㄱ, ㄴ, ㄷ, ㄹ

02 시험을 보고 결과가 좋지 않음을 난이도가 어려웠음에 귀인하였다. 이를 귀인의 세 가지 차원으로 바르게 분류한 것은?

> • 외적 − 내적
> • 통제 가능 − 통제 불가능
> • 안정 − 불안정

① 외적, 안정, 통제 불가능   ② 외적, 불안정, 통제 불가능
③ 외적, 불안정, 통제 가능   ④ 내적, 안정, 통제 가능
⑤ 내적, 불안정, 통제 불가능

기출 ★

03 레퍼와 호델(Lepper & Hodell)의 관점에서, 최교사가 학생들에게 유발하고자 한 내재적 동기 요소는?

> 최교사는 역사수업에서 역대 대통령의 복장과 목소리를 흉내 낸다. 그는 자신이 묘사하고자 하는 사람을 현실감 있게 표현하면 학생들이 그 인물에 관심을 가지고 학습할 수 있다고 생각한다.

① 도전   ② 자율성   ③ 통제
④ 상상   ⑤ 숙달

정답 & 해설

01. ⑤   02. ①   03. ④

01 학습은 훈련 또는 경험을 통해 얻는 행동과 지식에서의 비교적 영속적인 변화 또는 그 변화의 잠재력을 지칭한다. 생득적으로 계획된 행동인 연어의 회귀본능이나 생물학적 반사는 과거의 경험에 기반을 두지 않기 때문에 학습이라 하지 않는다. 성숙의 경우 유전적 또는 생물학적 프로그램에 따른 것이므로 학습이 아니다.
03 상상은 학습자에게 시뮬레이션이나 게임을 통해 가상세계에 참여하게 함으로써, 내재적 동기를 활성화시킬 수 있다고 보는 것이다.

04 학습이 이루어졌다고 볼 수 없는 경우를 모두 고르면?

> ㄱ. 체육시간에 선생님께 축구 기술에 대해 배웠다.
> ㄴ. 친구가 눈을 때리려고 하면 저절로 손으로 눈을 가리게 된다.
> ㄷ. 유아가 나이가 들면서 자연적으로 걷게 되었다.
> ㄹ. 전기에 감전된 적이 있는 사람이 정전기에 깜짝 놀라 피하였다.
> ㅁ. 횡단보도의 신호등이 빨간불로 바뀌는 것을 보고 멈추었다.

① ㄱ, ㄴ ② ㄱ, ㅁ ③ ㄴ, ㄷ
④ ㄴ, ㄹ ⑤ ㄷ, ㅁ

기출

05 라이언과 데시(Ryan & Deci)가 설명한 자기결정성 정도에 따른 자기조절 유형 수준을 낮은 것에서 높은 순으로 바르게 나열한 것은?

> ㄱ. 내사된 조절(introjected regulation)   ㄴ. 통합된 조절(integrated regulation)
> ㄷ. 내재적 조절(intrinsic regulation)   ㄹ. 확인된 조절(identified regulation)
> ㅁ. 외적 조절 (external regulation)

① ㄷ - ㄴ - ㄹ - ㄱ - ㅁ   ② ㄷ - ㄹ - ㄱ - ㄴ - ㅁ
③ ㅁ - ㄱ - ㄹ - ㄴ - ㄷ   ④ ㅁ - ㄷ - ㄹ - ㄴ - ㄱ
⑤ ㅁ - ㄹ - ㄱ - ㄴ - ㄷ

06 다음 중 광범위의 학습에 대한 설명으로 잘못된 것은?
① 학습의 주체는 학습자이다.
② 행동의 변화는 바람직한 행동으로의 변화이다.
③ 변화는 의도적이고 좋은 변화만을 포함한다.
④ 학습의 상황은 의도한 것에 국한된다.
⑤ 학습전략이란 공부하는 방법이나 기술을 의미한다.

정답 & 해설

04. ③ 05. ③ 06. ③

04 생물학적인 반사(ㄴ)나 유전적 또는 생물학적 프로그램에 따른 성숙(ㄷ)은 학습에 포함되지 않는다.
05 자기조절 유형 수준은 무동기, 외적 조절, 부과된(내사된) 조절, 확인된 조절, 통합된 조절, 내재적 조절 등으로 세분화된다. 무동기가 가장 행동의 의지가 결핍된 상태이며, 뒤로 갈수록 자율성이 높아진다.
06 학습의 변화는 의도적일 수도 있고 비의도적일 수도 있으며, 좋은 것일 수도 있고 나쁜 것일 수도 있다.

07 다음은 무엇에 대한 설명인가?

> 자기 자신에 대한 포괄적인 평가인 동시에 자신에 대한 전체적인 느낌이다.

① 흥미 ② 자아개념 ③ 동기
④ 불안 ⑤ 경험

08 다음 중 귀인의 세 가지 차원에 대한 설명이 바르게 짝지어진 것은?
① 원인의 소재 – 결과에 대한 책임을 내적요인이나 외적요인에 둔다.
② 안정성 – 노력과 능력은 둘 다 안정적인 요인이다.
③ 통제가능성 – 원인이 타인에 의해 통제되어질 수 있는가에 따라 통제가능과 불가능으로 분류된다.
④ 원인의 소재 – 결과에 대한 책임을 운으로 돌리는 것은 내적 요인이다.
⑤ 통제가능성 – 능력은 통제가 가능한 내적요인이다.

09 다음 중 동기에 대한 설명으로 알맞지 않은 것은?
① 동기란 어떤 행동의 발생, 유지 및 방향을 정해주는 요인이다.
② 과제가 주어졌을 때 내적 동기가 높은 사람은 그것이 가져다주는 성취감을 즐긴다.
③ 외재적 동기가 높은 사람은 보상이나 처벌로부터 영향을 받는다.
④ 동기는 의지와 동의어이다.
⑤ 학습동기란 학습자로 하여금 특정 학습의 준비나 일련의 학습을 지속시키도록 하는 조건이다.

정답 & 해설   07. ② 08. ① 09. ④

07 자아개념은 개개인이 자신에 대해 가지고 있는 것으로서, 자신의 행동에도 영향을 미친다.
08 ② 노력은 상황에 따라 다르기 때문에 불안정적이고, 능력은 비교적 안정적인 요인이다.
③ 원인이 자신(학생)의 의지에 의해 통제되어질 수 있는가에 따라 분류되는 것이 통제가능성이다.
④ 결과에 대한 책임을 운으로 돌리는 것은 외적 요인이다.
⑤ 능력은 통제가 불가능한 내적요인이다.
09 동기는 의지를 포괄하거나 의지와 구별된다.

10 동기와 관련된 이론에 대한 설명으로 올바르지 못한 것은?
① 파블로프는 행동주의적 관점에서 인간의 동기를 설명하였다.
② 프로이트는 정신분석적 관점에서 동기를 심리적 에너지로 보았다.
③ 페스팅거는 인간이 신념, 태도 등에 존재하는 불일치를 줄이고자 동기를 불러일으킨다고 보았다.
④ 로저스는 인지적 관점에서 인간의 자기결정성이 동기에 영향을 미친다고 보았다.
⑤ 스키너는 조작적 조건형성 이론에서 특정한 행동을 우연히 했는데 그에 대한 보상을 받게 되면 그 행동이 계속 유지된다고 주장하였다.

기출 ★

11 순행간섭(proactive interference)으로 설명할 수 있는 것은?
① 관심이 없는 정보일수록 기억하기가 어렵다.
② 중요한 정보일수록 기억하기가 어렵다.
③ 너무 오랜만에 만난 친구의 이름을 기억하기 어렵다.
④ 이미 암기한 단어 때문에 새로운 단어의 암기가 어렵다.
⑤ 스페인어를 배우고 난 뒤, 전에 공부했던 영어가 혼동된다.

12 다음은 무엇에 대한 설명인가?

> 실험자는 전기충격을 가할 수 있는 장치를 마련하고 그곳에 개를 집어넣는다. 1시간마다 10분 동안의 전기충격이 주어지면 개는 고스란히 그 충격을 견뎌내야 한다.
> 그리고 나서 실험자는 이제 개가 막대를 누르면 전기충격이 주어지는 상황에서 벗어날 수 있도록 환경을 바꾼다. 그러나 이미 피할 수 없는 상황에서 전기충격에 익숙해진 개는 그 상황을 피하려는 아무런 시도도 하지 않은 채 그 고통을 묵묵히 견뎌내고 있다.

① 귀인이론　　② 학습된 무기력　　③ 프리맥의 원리
④ 효과의 법칙　　⑤ 자극 일반화

정답 & 해설　　　　　　　　　　　　　　　　10. ④　11. ④　12. ②

10 로저스는 인본주의적 관점에서 인간에게는 자아실현 경향성이 있어 이를 위해 살아간다고 보았다.
11 새 정보의 학습이 이전에 학습한 정보 때문에 방해받으면 그것은 순행간섭이라고 부른다. 반대로, 새로운 정보가 이전에 학습한 정보를 방해하면 그것은 역행간섭이라고 한다.
12 학습된 무기력은 거듭된 실패경험으로 인해 자신의 반응이 혐오자극에 어떠한 영향도 미칠 수 없다는 것을 사전에 학습한 결과에서 기인한다.

기출 ✪

13 톨만(E. Tolman)의 잠재적 학습(latent learning)과 관련된 설명으로 옳지 않은 것은?

① 학습은 보상이나 추동 감소 없이 발생할 수 있다.
② 보상은 수행과정보다 학습과정에 영향을 미친다.
③ 목표를 달성하기 위해 필요한 행동에 대한 기대를 포함하는 인지지도(cognitive map)를 형성한다.
④ 자극-반응 연합의 한계를 극복하고자 하였다.
⑤ 목표를 강조하는 목적적 행동주의(purposive behaviorism)에 적합한 예이다.

14 사회인지이론에서 제시한 모델링의 기능으로 볼 수 없는 것은?

① 반응촉진 ② 관찰학습 ③ 자발적 회복
④ 억제 ⑤ 탈억제

기출 ✪

15 강화계획과 관련된 설명으로 옳지 않은 것은?

① 간격계획은 강화시간간격에 기초하고, 비율계획은 반응비율에 기초한다.
② 카지노의 슬롯머신은 변동비율 강화의 예이다.
③ 고정간격계획은 강화 직후 반응이 감소했다가 다음 강화시점이 가까울수록 반응이 증가하는 패턴을 보인다.
④ 비율계획보다 간격계획에서 더 높은 비율의 반응이 나타난다.
⑤ 간헐적 강화는 연속적 강화에 비해 소거에 대한 저항이 크다.

16 학습자의 학습동기를 증진시키기에 적절하지 않은 방법은?

① 도전적인 학습목표를 추상적으로 설정한다.
② 학습자의 흥미와 적성에 맞는 학습 과제를 제시한다.
③ 학습자의 지적 호기심을 유발한다.
④ 학습자에게 긍정적인 기대를 갖는다.
⑤ 학습 수행 과정과 결과에 대해 피드백을 해준다.

정답 & 해설 13. ② 14. ③ 15. ④ 16. ①

13 톨만은 잠재학습 실험을 통해 보상이 학습과정보다 수행과정에 영향을 미친다고 결론지었다.
14 자발적 회복은 조건형성의 주요 개념이다.
15 강화물 제시비율이 비슷하다면 간격계획보다는 비율계획의 반응률이 높다.
16 도전적인 학습목표를 구체적으로 설정해야 한다.

17 매슬로우의 욕구이론 중에서 결핍의 동기가 아닌 것은 무엇인가?
① 생리적 욕구　　　　　　　② 자아실현 욕구
③ 애정·소속의 욕구　　　　　④ 존경의 욕구
⑤ 안전의 욕구

기출 ★

18 헵(D. Hebb)의 이론에 관한 설명으로 옳은 것은?
① 아동기의 경험보다는 성인기의 경험을 중요시했다.
② 세포 집합체는 역동적 뉴런체계로서, 유전적 영향보다는 경험적 영향을 더 많이 받는다.
③ 자극 패턴은 반응과 처음 결합되는 순간 완전한 연합 강도를 획득한다.
④ 너무 높지도 너무 낮지도 않은 각성수준은 모든 과제수행을 방해한다.
⑤ 감각박탈은 적절한 신경생리학적 발달을 촉진한다.

19 다음 중 브루너(Brunner)의 교수이론에 대한 설명으로 올바르지 못한 것은?
① 사전 성향은 학생들의 학습의욕이나 동기와 관련된 문제이다.
② 교수이론이란 교수 활동에 관한 규범적이고 처방적인 일반 이론이다.
③ 계열성은 학습내용을 이해하는 데 도움이 되도록 학습과제를 조직 및 제시하는 순서의 원리이다.
④ 강화는 보상이나 벌의 문제와 관련이 있다.
⑤ 학습의 성과로서 지적 기능, 운동 기능, 태도 등을 강조한다.

20 다음 중 가네의 교수이론에서 다루는 내용이 아닌 것은?
① 지적 기능　　　　② 태도　　　　③ 운동 기능
④ 지식의 구조　　　⑤ 인지 전략

정답 & 해설　　　　　　　　　　　　　　　17. ② 18. ② 19. ⑤ 20. ④

17 생리적 욕구, 안전의 욕구, 애정·소속의 욕구, 존경의 욕구는 '결핍' 혹은 '박탈됨'으로 동기화되는 반면 자아실현 욕구는 인간의 잠재능력을 실현하고자 하는 '성장'으로 동기화된다.
18 헵은 세포 집합체야말로 신경계의 진정한 기능적 단위이며, 유전보다 경험적 영향을 더 많이 받는다고 강조하였다.
19 학습의 성과로서 지적 기능, 인지 전략, 언어 정보, 운동 기능, 태도 등을 강조하는 것은 가네의 교수이론이다.
20 지식의 구조는 브루너의 교수이론에서 다루는 주요 개념이다.

기출 ★
21 다음 각 사례들에 해당하는 정보처리이론을 〈보기〉에서 바르게 골라 짝지은 것은?

> ㄱ. 엊그제 남자친구와 수목원을 다녀왔는데, 사랑나무만 기억에 남는다.
> ㄴ. 책을 눈으로만 읽었을 때보다 소리 내어 읽었을 때 기억에 잘 남았다.
> ㄷ. 모자와 마스크를 쓴 친구를 알아볼 수 있다.

> |보기|
> a. 이중부호이론(dual code theory)
> b. 처리수준이론(level of processing theory)
> c. 병렬분산처리모형(parallel distributed processing model)

① ㄱ - a, ㄴ - b, ㄷ - c
② ㄱ - a, ㄴ - c, ㄷ - b
③ ㄱ - b, ㄴ - a, ㄷ - c
④ ㄱ - b, ㄴ - c, ㄷ - a
⑤ ㄱ - c, ㄴ - b, ㄷ - a

기출 ★
22 사회인지이론에서 제시한 자기효능감(self-efficacy)에 관한 설명으로 옳지 않은 것은?

① 자기효능감은 노력의 정도에 영향을 줄 수 있다.
② 자기효능감이 높으면 새로운 과제에 보다 적극적으로 도전하는 경향이 있다.
③ 자기효능감이 높아도 결과 기대(outcome expectation)는 낮을 수 있다.
④ 자기효능감은 특정 과제를 수행할 수 있는 자신의 능력에 대한 믿음이다.
⑤ 자기효능감은 자신의 가치, 속성, 태도 등에 대한 전반적인 자기 지각이다.

23 다음 중 기억을 향상시키는 방법으로 옳은 것은?

① 기억을 향상시키기 위해 기계적으로 자료를 반복하여 암기한다.
② 분산학습보다는 집중학습이 더욱 효과적이다.
③ 문제 지향적 처리보다는 사실 지향적 처리가 더 효과적이다.
④ 낯익은 공간이나 장소를 이용하여 많은 항목을 기억하는 데 도움을 받는다.
⑤ 자료를 과잉학습하면 기억 간의 간섭이 더 잘 일어나게 된다.

정답 & 해설
21. ③ 22. ⑤ 23. ④

21 이중부호이론은 사람들이 정보를 그림부호, 언어부호로 마음에 표상한다고 주장한다. 처리수준이론은 성공적인 파지를 위해 중요한 것은 단순한 시연의 양이 아니라 항목을 부호화할 때 수행된 조작의 종류라고 하였다. 병렬분산처리모형은 마디들의 연결로 이루어진 네트워크를 통해서 기억을 설명한다.
22 자기개념(self concept)은 자기 자신에 대해서 어떻게 느끼고 인지하고 있는가라는 개념적인 자기 인지의 총체를 의미한다.
23 기억을 향상시키는 방법 중 시각적 심상 형성의 장소법에 해당한다.

24. 실험실의 쥐에게 일정 소리를 들려준 후 옆 실험실로 이동할 때까지 전기 자극을 주었다. 이러한 과정을 반복한 결과 쥐는 일정 소리만 들려줘도 전기 자극이 없음에도 불구하고 옆 실험실로 이동하였다. 이 실험은 무엇을 설명하는 실험인가?
   ① 고전적 조건형성
   ② 조작적 조건형성
   ③ 정적 강화
   ④ 부적 강화
   ⑤ 자극 일반화

25. 다음은 어떤 정보처리 장소에 대한 설명인가?

   > 정보를 보유할 수 있는 양이 제한적이고, 쉽게 잊어버리므로 청킹(Chungking)으로 기억하는 것이 좋다.

   ① 감각기억
   ② 단기기억
   ③ 장기기억
   ④ 절차기억
   ⑤ 정서기억

기출

26. 〈보기〉와 같이 선형이 연결되지 않은 불완전한 도형을 완성된 형태로 지각하는 원리는?

   ① 유사성(similarity)
   ② 폐쇄성(closure)
   ③ 대칭성(symmetry)
   ④ 연속성(continuation)
   ⑤ 근접성(proximity)

정답 & 해설

24. ① 25. ② 26. ②

24 이 실험에서 소리는 조건 자극이고, 전기충격은 무조건 유발 자극에 해당한다.
25 청킹(Chunking)은 기억의 대상이 되는 자극이나 정보를 서로 의미 있게 연결시키는 인지 과정을 말한다. 이러한 인지 과정은 단기기억의 용량을 확대시키는 효과가 있다.
26 폐쇄성의 원리는 일군의 개별 요소를 보았을 때 개별 요소가 여러 개 있다고 생각하지 않고 가급적이면 쉽게 알아볼 수 있는 단일 패턴으로 지각하려는 경향이다. 이처럼 단일 패턴으로 지각하려는 경향이 너무 강한 나머지, 필요하다면 간격을 줄이고 빠진 정보를 채워서라도 패턴을 완성하려고 한다.

기출 ✪

27 장기기억의 인출 사례로 옳지 않은 것은?

① 작년 여름에 갔던 한라산 백록담을 보았을 때의 모습을 마음에 그려본다.
② 어제 봤던 사건 뉴스의 내용을 떠올린다.
③ 어린 시절에 즐겨 들었던 노래를 마음속으로 되풀이 한다.
④ 지난주에 읽었던 수필의 전반적 줄거리를 회상한다.
⑤ 처음 듣는 영어단어의 발음을 들은 직후 마음속으로 그 소리를 시연한다.

28 다음은 무엇에 대한 예시인가?

- 런던은 영국의 수도이다.
- 공은 둥글다.
- 물건은 아래로 떨어진다.
- 돌고래는 포유류에 속한다.
- 코끼리는 쥐보다 크다.

① 일상기억　② 의미기억　③ 단기기억
④ 감각기억　⑤ 일화기억

기출 ✪

29 다음 사례에 해당하는 장기기억의 유형은?

지난주 토요일 오전, 동네 카페에 커피를 마시러 갔고 점원과 그날 날씨에 대해 이야기 나눈 것을 기억한다.

① 절차기억　② 재인기억　③ 의미기억
④ 일화기억　⑤ 미래기억

정답 & 해설　　27. ⑤　28. ②　29. ④

27　장기기억은 현재 사용되고 있지는 않으나 기억 속에 저장되어 있는 인출 가능한 모든 것을 의미한다.
28　의미기억은 일상생활에서 접하는 일반적인 사실, 법칙, 원리를 말한다.
29　일화 기억(episodic memory)은 명시적 기억(declarative memory)의 한 종류로서, 자전적 사건들(시간, 장소, 감정, 지식)에 관한 기억이다. 이것은 어느 특정 시간과 장소에서 일어났던 과거의 개인적인 경험의 모음이라고 할 수 있다.

30 다음 중 정보처리이론에 대한 설명으로 틀린 것은?

① 정보처리이론은 사람의 사고과정을 컴퓨터에 비유한다.
② 장기기억의 용량은 무제한이다.
③ 기억의 정보처리 과정은 '습득단계 → 보유단계 → 인출단계'를 거친다.
④ 절차적 지식이 뛰어난 사람은 그렇지 못한 사람에 비해 정교화가 잘 되어 있다.
⑤ 정보처리이론은 인간의 기억, 지각, 상상, 사고 등 인지의 가설적 과정을 설정하고 연구한다.

기출 ★

31 고전적 조건형성과 관련 없는 것은?

① 자극일반화(stimulus generalization)   ② 체계적 둔감화(systematic desensitization)
③ 자발적 회복(spontaneous recovery)   ④ 조형(shaping)
⑤ 소거(extinction)

32 신호등에 빨간색 불이 들어온 것을 본 후 교통사고를 당한 사람이 그 후 빨간색만 보면 무서워하는 현상을 무엇이라 하는가?

① 자극 일반화   ② 자극 변별   ③ 무조건 자극
④ 고차조건형성   ⑤ 실험적 신경증

기출 ★

33 강화와 벌의 유형별 사례가 잘못 연결된 것은?

① 1차적 강화 – 학급 평균 성적이 좋을 경우 학생 전원에게 피자를 사준다.
② 2차적 강화 – 응답을 잘 한 학생에게 미소를 지어준다.
③ 부적 강화 – 숙제를 잘 한 학생은 기합에서 제외시켜 준다.
④ 1차적 벌 – 성적이 낮은 학생에게 추가 숙제를 내준다.
⑤ 2차적 벌 – 지각을 한 학생에게 교실 청소를 시킨다.

정답 & 해설

30. ④ 31. ④ 32. ① 33. ⑤

30 명제적 지식이 뛰어난 사람은 그렇지 못한 사람에 비해 정교화, 조직화가 잘 되어 있다.
31 조형은 조작적 조건형성과 관련되어 있다.
32 자극 일반화란 조건 자극과 유사한 자극에 반응이 전이되는 현상을 말한다.
33 • 정적 강화 : 유쾌 자극을 부여하여 바람직한 반응의 확률을 높인다.
    • 부적 강화 : 불쾌 자극을 제거하여 바람직한 반응의 확률을 높인다.
    • 정적 처벌 : 불쾌 자극을 부여하여 바람직하지 못한 반응의 확률을 감소시킨다.
    • 부적 처벌 : 유쾌 자극을 제거하여 바람직하지 못한 반응의 확률을 감소시킨다.

34 다음은 무엇에 대한 설명인가?

- 미희는 주사기에 대해 심한 공포와 불안을 가지고 있다.
- 상담자는 미희에게 근육 긴장이완훈련을 하도록 가르친다.
- 병원에서 주사를 맞는 자극을 분석하여 불안의 정도에 따라 불안위계목록을 만든다.
- 미희는 눈을 감고 불안위계목록 중 가장 적게 불안을 일으키는 장면부터 상상한다.
- 다시 불안해지면 이완훈련을 실시한다.
- 점차 자극 강도를 높인다.
- 가장 심한 자극에 미희가 공포를 느끼지 않게 되면 종결한다.

① 자극 일반화 ② 자극 변별 ③ 소거
④ 체계적 둔감화 ⑤ 고차조건형성

35 물을 무서워하는 사람을 수영장에 강제로 있게 하여 두려움을 단번에 직접적으로 노출시켜 이를 극복하도록 만드는 치료 방법은?

① 역조건화 ② 홍수법 ③ 토큰경제
④ 체계적 둔감법 ⑤ 타임아웃

36 다음 중 손다이크와 관련이 없는 것은?

① 시행착오설 ② 형식도야설 ③ 효과의 법칙
④ 연습의 법칙 ⑤ 문제상자

정답 & 해설   34. ④ 35. ② 36. ②

34 체계적 둔감화는 내담자로부터 불안을 없애기 위해 불안반응을 체계적으로 증대시키면서 동시에 불안과 대립되는 이완반응을 일으키는 방법이다.
35 체계적 둔감법 역시 두려운 상황에 노출시켜 치료하지만 홍수법과는 다르게 단계적, 체계적으로 두려움에 노출시키는 방법이다.
36 형식도야설은 19세기 말까지 오랫동안 학습의 전이를 설명하는 이론이었다. 손다이크는 형식도야설 대신에 전이의 동일요소설을 주장하였다.

37 다음 빈칸에 들어갈 말로 바르게 짝지어진 것은?

> 조작적 조건형성 중에 강화를 멈추자 (   )가 일어났고, 어느 정도 시간이 흐른 뒤 다시 강화를 제시하자 조건 반응을 보이는 (   )이 있었다.

① 소거 – 소거 격발 ② 소거 – 자발적 회복
③ 파지 – 자극일반화 ④ 강화 후 휴지 – 꾸준한 반응
⑤ 자극변별 – 무조건반응

기출

38 망각 중 순행간섭의 사례로 옳은 것은?
① 집 주소가 바뀌면 예전 집 주소가 생각이 안 난다.
② 친구가 이름을 개명했는데 예전 이름으로 부를 때가 있다.
③ 소꿉친구를 20년 만에 만났더니 이름이 생각나지 않았다.
④ 교통사고로 인해 3년 전 기억이 사라졌다.
⑤ 통장의 비밀번호를 오랫동안 사용하지 않아서 잊어버렸다.

39 다음 빈칸에 들어갈 말을 순서대로 바르게 짝지은 것은?

> 손다이크가 학습실험에서 결과를 측정하기 위해 사용한 종속변인은 (   )인 반면에 스키너는 종속변인으로 (   )을/를 사용하였다.

① 반응시간, 반응비율 ② 반응강도, 반응횟수 ③ 반응횟수, 반응비율
④ 반응강도, 반응시간 ⑤ 반응비율, 반응강도

정답 & 해설 37. ② 38. ② 39. ①

38 순행간섭은 과거에 학습 또는 입력과정을 거쳐 이미 저장되어 있던 학습정도나 기억정보가 새로운 정보를 학습하는 인지활동을 간섭하는 현상이다.

40 다음 중 효과의 법칙과 관련 없는 내용은 무엇인가?

① 효과의 법칙과 유사한 것은 자연도태설이다.
② 손다이크가 문제상자를 사용하여 유기체 반응을 공식화한 것이다.
③ 시행착오 학습을 여러 번 하다가 어느 하나가 문제를 해결하게 되면 그 반응이 학습되는 것이다.
④ 반응 후에 보상이 뒤따르게 되면 그 반응은 강해지고, 보상이 없으면 그 반응은 약해진다고 본다.
⑤ 스키너 박스 안의 유기체의 반응을 공식화한 것이다.

기출 ✪
41 뇌의 편재화(lateralization)에 관한 설명으로 옳지 않은 것은?

① 편재화 정도에 대한 신경과학자들의 의견은 일치하지 않는다.
② 스페리(R. Sperry)는 양쪽 반구가 독립된 뇌인 것처럼 활동한다고 주장하였다.
③ 레비(J. Levy)는 우반구가 정보를 분석적, 순차적으로 처리하는데 비해 좌반구는 전체적으로 처리함을 발견하였다.
④ 우반구의 손상은 신체 왼쪽의 움직임에 영향을 주는 반면에 좌반구의 손상은 오른쪽에 영향을 주게 된다.
⑤ 병렬적 분산처리 관점에 의하면 지식은 특정한 위치에 부호화되는 것이 아니라 여러 기억 네트워크에 걸쳐 부호화된다.

기출 ✪
42 파블로프(Pavlov)의 고전적 조건형성이론이 적용된 사례가 아닌 것은?

① 유명배우를 모델로 한 제품의 광고
② 조건정서반응을 통한 공포의 치료
③ 조건정서반응을 통한 편견의 고착
④ 혐오와의 연계를 통한 성도착증의 치료
⑤ 면역훈련을 통한 학습된 무력감의 해소

정답 & 해설
40. ⑤ 41. ③ 42. ⑤

40 스키너 박스 안의 유기체 반응을 공식화한 것은 조작 반응이다.
41 좌반구는 과제를 작은 덩어리로 나누어 차례로 처리하며(분석적-순차적 처리방식), 우반구는 세부를 무시하고 전체 형태에 주목한다(전체적-병렬적 처리 방식).
42 ⑤는 조작적 조건형성이론이 적용된 예이다.

43 다음 중 일차 강화물에 해당되는 것은 무엇인가?

① 미소 ② 돈 ③ 칭찬
④ 인정 ⑤ 음식

44 다음은 무엇에 대한 설명인가?

> • 한 번의 강화와 그 다음 강화 간의 시간 간격이 시행에 따라 변화된다.
> • 회사의 사장님이 불규칙적으로 특정한 날에 회사에 제일 일찍 출근하는 직원에게 100만 원을 지급하는 것이다.

① 고정비율계획 ② 고정간격계획 ③ 변동비율계획
④ 변동간격계획 ⑤ 변동연속계획

45 다음 중 강화와 처벌에 대한 설명으로 올바르지 못한 것은?

① 강화는 반응의 빈도를 증가시킨다.
② 처벌은 반응의 빈도를 감소시킨다.
③ 정적인 것은 자극을 제시하는 것이다.
④ 부적인 것은 자극을 제거하는 것이다.
⑤ 정적 처벌은 선호자극을 제거하여 반응의 빈도를 감소시킨다.

46 바람직한 최종 행동으로의 점진적인 접근의 기법은 다음 중 무엇과 관련이 있는가?

① 고전적 조건형성 ② 변별 ③ 소거
④ 행동조형 ⑤ 자발적 회복

정답 & 해설

43. ⑤ 44. ④ 45. ⑤ 46. ④

43 일차 강화물은 음식이나 성적 자극과 같이 다른 조건 없이 그 자체만으로 강화하는 속성이 있는 선천적 강화물이다. ①, ②, ③, ④는 이차 강화물이다.
44 변동간격계획은 한 번의 강화와 그 다음 강화 간의 시간 간격이 시행에 따라 변화되는 것이다.
45 정적 처벌은 혐오자극을 제시하여 반응의 빈도를 감소시키는 것이다.
46 행동조형은 바람직한 행동으로 점진적으로 접근하는 것을 목표로 한다.

47 다음 중 부적 강화의 예로 알맞은 것은?
① 잘못을 한 아이를 생각하는 의자에 앉혔다.
② 골목길에서 강도를 만난 이후부터는 골목길에 가지 않았다.
③ 게임을 너무 좋아하는 아이에게 숙제를 한 뒤 게임을 하게 해주었다.
④ 머리가 아파 약을 먹고 나은 후 머리가 아플 때마다 약을 먹는 행동이 증가하였다.
⑤ 아이가 하기 싫어하는 수학공부를 했을 때 좋아하는 아이스크림을 주었다.

48 조작적 조건형성 이론으로 볼 때, 이미 학습된 행동의 유지에 가장 효과적인 방법은 무엇인가?
① 연속 강화 ② 부분 강화 ③ 정적 강화
④ 부적 강화 ⑤ 자극 통제

기출

49 조작적 조건형성과 관련된 설명으로 옳지 않은 것을 모두 고른 것은?

> ㄱ. 연쇄화(chaining)는 먼저 한 반응만 강화하고, 그 다음 연속으로 이루어지는 두 반응에 대해 강화하는 식으로 반응의 연쇄를 학습시키는 과정이다.
> ㄴ. 특정한 반응비율이 요구될 경우 차별강화계획은 부적절하다.
> ㄷ. 수동적 회피학습(passive avoidance learning)에서 유기체는 혐오사태를 회피하기 위해 특정 반응을 하지 않는 것을 학습한다.
> ㄹ. 유기체가 특정 자극에 대해 반응을 더 잘하는 현상을 자극 분극화(stimulus polarization)라고 한다.
> ㅁ. 무작위로 강화를 주면 바로 직전 반응은 무엇이든지 강화되는 경향이 있어 미신적 행동이 나타난다.

① ㄱ, ㄴ   ② ㄱ, ㄷ   ③ ㄴ, ㄹ
④ ㄷ, ㅁ   ⑤ ㄹ, ㅁ

50 다음 중 소거에 대한 저항이 가장 큰 것은?
① 고정비율계획 ② 변동비율계획 ③ 고정간격계획
④ 변동간격계획 ⑤ 모두 똑같다

정답 & 해설   47. ④ 48. ② 49. ③ 50. ②

48 새로운 행동을 습득해가는 과정에서는 연속 강화를, 이미 습득한 행동을 유지하기 위해서는 부분 강화를 하는 것이 바람직하다.
49 차별강화란 바람직한 행동을 강화해 바람직하지 않은 행동을 감소시키는 것으로서 저비율 행동 차별강화, 다른 행동 차별강화, 대체 행동 차별강화, 상반행동 차별강화 등이 있다. 자극 분극상태는 아직 자극을 받지 않은 상태이다.
50 고정비율계획이나 고정간격계획으로 학습된 반응은 쉽게 소거되는 반면, 변동비율계획이나 변동간격계획으로 학습된 반응은 잘 소거되지 않는다. 특히 변동비율계획은 반응의 지속성이 가장 크다.

51 다음 중 타임아웃은 어디에 속하는가?
   ① 정적 강화   ② 부적 처벌   ③ 자발성 회복
   ④ 정적 처벌   ⑤ 수여성 처벌

기출 ⭐

52 성취목표지향성 유형 중 수행목표(performance goal)를 가진 학습자의 특징으로 옳은 것은?
   ① 타인의 인정보다는 자신의 성장을 위해 동기화된다.
   ② 타인과의 상대적 비교를 기준으로 성공여부를 판단한다.
   ③ 실패할 가능성에도 불구하고 새로운 내용이나 과제에 도전하는 것을 목표로 한다.
   ④ 타인의 수행에 관심을 두기보다는 스스로 얼마나 많은 것을 배울 수 있는가에 관심이 있다.
   ⑤ 학습에서의 실수나 실패도 배움의 과정으로 받아들이는 개방적인 태도를 가진다.

53 고전적 조건형성과 조작적 조건형성을 비교한 것으로 옳지 않은 것은?
   ① 고전적 조건형성은 특수한 반응을 일으키는 특수한 자극이 있지만, 조작적 조건형성은 특수한 반응을 일으키는 특수한 자극이 없다.
   ② 고전적 조건형성은 한 자극이 다른 자극을 대치하고, 조작적 조건형성은 자극의 대치가 일어나지 않는다.
   ③ 고전적 조건형성은 자극보다는 유발된 행동의 결과에 중점을 두는 반면, 조작적 조건형성은 행동을 유발하기 위한 자극에 중점을 둔다.
   ④ 고전적 조건형성은 자극에 의해 반응이 추출되지만 조작적 조건형성은 자극에 의해 반응이 방출된다.
   ⑤ 고전적 조건형성, 조작적 조건형성 모두 소거와 자발적 회복 현상이 나타날 수 있다.

정답 & 해설

51. ②　52. ②　53. ③

51 제거성 처벌(=부적 처벌)은 잘못된 행동에 대한 벌로 좋아하는 것을 빼앗는 것이고, 수여성 처벌(=정적 처벌)은 벌로 싫어하는 것을 주는 것을 말한다.

52 성취목표지향성 유형은 수행목표와 숙달목표로 구분된다.
   • 수행목표는 변화하기 어려우며 성공을 높은 성적, 타인보다 우수한 수행으로 정의하며 실패를 회피하고 자신의 능력부족으로 귀인한다. 피상적이고 기계적인 학습전략을 사용하며 쉬운 과제를 선호하며 타인의 도움을 요청하지 않는다.
   • 숙달목표는 변화될 수 있다. 실패를 노력으로 귀인하여 학습에 대한 긍정적인 태도를 가지며 내재적 동기가 높다. 심층적인 정보 처리를 활용하여 자기조절전략을 사용한다. 도전적인 과제, 위험부담 경향이 높은 새로운 과제를 선호하고 타인의 도움을 적극적으로 구한다.

53 고전적 조건형성은 행동을 유발하기 위한 자극에 관심을 두는 반면, 조작적 조건형성은 유발된 행동의 결과에 관심을 둔다.

54 다음 〈보기〉에 알맞은 개념은?

| 보기 |
처음에 엄마는 아기를 안아주지 않았는데 아기가 울자 안아주게 되었다. 아기를 다시 내려놓자 전보다 더욱 울었고 엄마는 더 아기를 안아주게 되었다.

① 엄마는 부적 강화가 되었다.
② 엄마는 정적 강화가 되었다.
③ 아기는 부적 처벌이 되었다.
④ 아기는 정적 처벌이 되었다.
⑤ 엄마는 아기를 안아주는 행동이 일반화되었다.

55 다음 중 행동수정기법에 속하는 것을 모두 고르면?

ㄱ. 체계적 둔감법 ㄴ. 프리맥 원리 ㄷ. 조형 ㄹ. 통찰학습
ㅁ. 혐오치료 ㅂ. 미신행위 ㅅ. 인지도 ㅇ. 자발적 회복

① ㄱ, ㄴ, ㄷ
② ㄱ, ㄷ, ㄹ, ㅂ
③ ㄱ, ㄴ, ㄷ, ㅁ
④ ㄱ, ㄴ, ㄷ, ㄹ, ㅁ
⑤ ㄱ, ㄷ, ㅂ, ㅅ, ㅇ

기출 ★

56 밀러와 달라드(N. Miller & J. Dollard)의 관찰학습에 관한 내용으로 옳지 않은 것은?

① 지연 모델링(delayed modeling)
② 일반화된 모방(generalized imitation)
③ 맞춤 의존적 행동(matched-dependent behavior)
④ 동일 행동(same behavior)
⑤ 모사 행동(copying behavior)

정답 & 해설

54. ① 55. ③ 56. ①

54 아기는 엄마가 싫어하는 우는 행동을 하고 엄마가 안아주자 우는 것을 멈춘다. 즉, 안아줌으로써 우는 행동을 멈추어 엄마로 하여금 계속 자신을 안아주게끔 만드는 것이다. 이는 반응의 빈도를 증가시키기 위해 학습자가 싫어하는 자극을 제거하는 부적 강화에 해당한다.

56 Miller와 Dollard는 모방 혹은 대응-의존 행동에 관한 정교한 이론을 제시했다. 이 이론은 강화를 이끌어내기 위해 도구적으로 학습된 행동이 바로 모방이라고 주장했다. 대응-의존 행동은 모델의 행동과 일치하며, 모델의 행동에 의존한다. Miller와 Dollard는 모방자가 처음에는 시행착오의 방식을 통해 행동적 단서에 반응하지만, 결국에는 정확한 반응을 수행하고 강화 받게 된다고 보았다. 모방자에 의해 수행된 반응은 사전에 학습된 것이다.

57 공부하기 싫어하는 아이에게 공부를 1시간 하면 컴퓨터 게임을 할 수 있게 해주는 것은 다음 중 어떤 이론에 해당하는가?

① Premack's principle
② Law of Effect
③ Negative punishment
④ Self-control
⑤ Vicarious reinforcement

58 매일 5시간씩 아르바이트를 하고 일과가 끝날 때마다 시간급여를 받았다. 이와 관련된 것으로 알맞은 것은?

① 고정비율강화
② 고정간격강화
③ 부분 강화
④ 변동비율강화
⑤ 변동간격강화

기출 ★

59 다음의 각 사례에서 사용된 강화계획을 바르게 연결한 것은?

> ㄱ. K 교사는 3시간의 자율학습을 하는 동안 50분 간격으로 10분간 휴식시간을 준다.
> ㄴ. L 교사는 3시간의 자율학습을 하는 동안 임의로 3회의 10분간 휴식시간을 준다.

① ㄱ : 고정간격 강화계획   ㄴ : 변동간격 강화계획
② ㄱ : 고정비율 강화계획   ㄴ : 고정간격 강화계획
③ ㄱ : 고정간격 강화계획   ㄴ : 고정비율 강화계획
④ ㄱ : 고정비율 강화계획   ㄴ : 변동비율 강화계획
⑤ ㄱ : 변동간격 강화계획   ㄴ : 변동비율 강화계획

정답 & 해설   57. ① 58. ② 59. ①

57 프리맥의 원리란 선호하는 반응을 제시함으로써 덜 선호하는 반응을 강화하여 행동의 발생 빈도를 증가시킬 수 있다는 원리이다.
58 고정간격강화(고정간격계획)는 반응 수에 관계없이 일정기간이 경과한 후 처음 나타나는 반응을 강화시키는 절차이다.
59 고정간격 강화계획은 반응 수에 관계없이 일정기간이 경과한 후 처음 나타나는 반응을 강화시키는 것이며, 변동간격 강화계획은 한 번의 강화와 그 다음 강화 간의 시간간격이 시행에 따라 변화되는 것이다.

기출 ★

60 반두라(A. Bandura)의 관찰학습에 관한 설명으로 옳은 것을 모두 고른 것은?

> ㄱ. 모방은 관찰학습의 필요조건이다.
> ㄴ. 정보를 전달하는 것이면 어떠한 것이라도 모델이 될 수 있다.
> ㄷ. 관찰학습은 학습능력을 요구한다.
> ㄹ. 관찰학습은 조작적 조건화와 동일하다.

① ㄱ, ㄴ　　② ㄴ, ㄷ　　③ ㄷ, ㄹ
④ ㄱ, ㄷ, ㄹ　　⑤ ㄴ, ㄷ, ㄹ

61 폭력이 정당화되는 가정 혹은 학교 환경에서 성장한 아이들이 폭력적인 행동을 할 가능성이 더 높다는 사실을 설명할 때, 다음 중 가장 알맞은 학습이론은?

① 고전적 조건형성　　② 사회학습이론　　③ 조작적 조건형성
④ 통찰학습이론　　⑤ 효과의 법칙

62 다음은 무엇에 대한 설명인가?

> 태희는 새로운 자동차를 구입하려고 한다. 차를 구입하기 전에 주변 사람들에게 해당 차에 대한 정보를 수집하기 시작한다. 그녀의 주변 사람들은 그 차가 어느 면에서는 좋고 어느 면에서는 나쁘다는 식의 조언을 해주었는데, 이로 인해 태희는 그 차를 살 것인지 말 것인지를 결정하게 될 것이다.

① 모방 학습　　② 대리 학습　　③ 주의 집중
④ 동기 형성　　⑤ 파지과정

정답 & 해설　　60. ②　61. ②　62. ②

60 반두라는 인간을 사회적인 동물로 보고, 직접적인 보상이나 벌의 결과를 통해서만 바람직한 행동을 형성하는 것이 아니라 다른 사람의 행동과 그 결과를 관찰하는 것으로도 학습이 이루어진다고 보았다(Bandura, 1971). 이것을 관찰학습이라고 하는데 관찰학습에는 관찰을 통한 고전적 조건화와 관찰을 통한 조작적 조건화의 두 가지 유형이 있다.

61 아동이나 청소년은 관찰의 대상과 동일시하려는 성향이 강력하게 나타나기 때문에 대체로 폭력적인 상황에 많이 노출될수록 공격성이 높아지는 경향이 있다.

62 대리 학습은 자신의 경험 대신에 다른 사람의 경험을 통해 학습하는 것을 의미한다.

63 다음은 무엇에 대한 설명인가?

> 호연이는 학교에 메고 다닐 실용적인 가방을 사기 위해 친구들의 의견을 모으고 있다. 호연이는 지금 G사의 백팩에 관심을 가지고 3명의 친구들로부터 의견을 듣는 중인데, 모두 이 가방에 대해 부정적인 반응을 보여준다. 그 가방이 실용도는 낮고 가격은 비싸다는 이유에서이다. 호연이는 결국 그 가방을 사지 않기로 한다.

① 대리 강화 ② 대리 처벌 ③ 모델링
④ 미신행동 ⑤ 조형

기출 ★

64 다음 사례들이 공통적으로 설명하고 있는 사회인지이론의 자기조절(self-regulation) 전략은?

> • 게임을 과도하게 하는 학생에게 일주일 동안 게임하는 시간을 기록하게 하였다.
> • 산만한 학생에게 알람이 울릴 때마다 '나는 집중하고 있나?'를 확인하게 하였다.

① 자기 지시 ② 자기 점검 ③ 자기 강화
④ 재구조화 ⑤ 자기부여 자극통제

65 다음 중 통찰학습에 대한 설명으로 올바르지 못한 것은?
① 문제해결은 서서히 점진적으로 일어난다.
② 통찰에 의한 문제해결의 방법은 상당기간 동안 잘 기억된다.
③ 쾰러는 통찰학습의 대표적인 학자이다.
④ 통찰에 따른 문제해결의 수행에는 거의 오차가 없다.
⑤ 문제 장면의 목적과 수단, 요소 간의 관계, 부분과 전체의 관계를 파악한다.

정답 & 해설

63. ② 64. ② 65. ①

63 대리 처벌은 타인의 경험을 통해 처벌을 결정하는 것이다.
64 자기 점검은 스스로의 행동에 대해 점검하는 것이다.
65 통찰학습에 의하면 문제해결은 갑자기 일어나며 완전하다.

66 학습에서 유일한 강화는 내재적인 것인데, 이러한 내적강화는 문제해결 장면에서 통찰을 얻을 때 생긴다고 주장한 학자는?

① 스키너 ② 왓슨 ③ 쾰러
④ 톨만 ⑤ 반두라

기출 ✪

67 다음 A양의 심리상태를 설명한 개념으로 옳은 것은?

> 전학을 간 초등학교 5학년 A양은 낯선 환경 탓에 제대로 적응하지 못할 것 같아 고민이 많았다. 하지만, 옆자리 학생이 이전 학교의 단짝 친구와 닮아서 마음이 훨씬 편해졌다.

① 증진적 조건화(incremental conditioning)
② 조작적 조건화(operant conditioning)
③ 자연적 조건화(natural conditioning)
④ 도구적 조건화(instrumental conditioning)
⑤ 반응적 조건화(respondent conditioning)

68 다음 〈보기〉가 설명하는 개념은 무엇인가?

| 보기 |

> 소영이는 이사를 와서 처음에는 옆집이 시끄러워 도통 잠을 잘 수가 없었다. 그런데 며칠이 지난 후 소영이는 시끄러운 옆집과는 상관없이 잠을 잘 잘 수 있었다.

① 망각 ② 소거 ③ 자극변별
④ 습관화 ⑤ 자극일반화

정답 & 해설 66. ③ 67. ⑤ 68. ④

66 쾰러는 통찰학습의 대표적인 학자이다.
67 자극은 발생순서상 반응에 선행하며 반응적 행동으로는 눈 깜빡임, 타액 분비 반응, 공포반응 등이 있다. 이러한 일련의 과정을 반응적 조건화 또는 고전적 조건화라고 한다.
68 습관화는 동일한 자극을 반복적으로 경험함으로써 그에 대한 반응이 감소되는 것을 말한다.

기출 ⭐

69 학습심리에 대한 학자별 이론적 주장의 연결이 옳지 않은 것은?

① 헵(D. Hebb) - 인간에게는 최적 각성 수준이 존재한다.
② 쏜다이크(E. Thorndike) - 학습은 점진적으로 이루어진다.
③ 헐(C. Hull) - 문제해결과정에는 대리적 시행착오가 존재한다.
④ 반두라(A. Bandura) - 인간은 행동을 할 때 자기조절적 특성을 지니고 있다.
⑤ 거스리(E. Guthrie) - 행동 동반 자극들의 연합이 반복되면 그 행동은 추후 유사 상황에서 이어지는 경향이 있다.

기출 ⭐

70 학습에 관한 설명으로 옳은 것은?

① 학습과 수행은 구분되어야 한다.
② 학습은 과정이 아니라 결과이다.
③ 성숙에 의한 변화도 학습에 포함된다.
④ 정서적 변화는 학습의 범주에 포함되지 않는다.
⑤ 일시적 행동의 변화는 학습의 범주에 포함된다.

기출 ⭐

71 다음 A군의 심리를 설명하는 개념으로 옳은 것은?

> 시험불안이 높은 A군은 시험 전 선생님이 시험지가 담긴 황색 봉투를 교탁 위에 '툭' 내려놓는 소리에 소스라치게 놀랐다. 이것이 반복되면서 A군에게 있어서 시험 전 황색 봉투와 이것이 내는 소리는 두려움의 대상이다. 이후 A군은 시험시간이 아님에도 불구하고 선생님이 출석부를 교탁 위에 '툭' 내려놓는 소리에 깜짝 놀란다.

① 의미 조건형성(semantic conditioning)
② 차별적 강화(differential reinforcement)
③ 감각 전조건형성(sensory preconditioning)
④ 내수용기 조건형성(interoceptive conditioning)
⑤ 조작적 조건형성(operant conditioning)

정답 & 해설

69. ③ 70. ① 71. ③

69 대리적 시행착오는 톨만의 주요 개념이다.
70 학습은 경험을 통하여 얻어지는 행동과 지식에서의 비교적 영속적인 변화로서, 학습과 수행은 구분되어야 한다.
71 감각 (사)전조건형성은 사전에 서로 조건화가 되어 있던 두 자극 중 조건자극1을 다른 자극과 짝지었을 때 나머지 조건자극2도 그 다른 자극과 조건화가 이루어진다는 것이다.

기출 ★

72 인간 뇌 기능에 관한 설명 중 옳은 것을 모두 고른 것은?

> ㄱ. 전두엽은 추론, 계획세우기 등의 고차원적 사고 과정을 조절한다.
> ㄴ. 브로카 영역은 언어 이해에 중요한 기능을 담당하며, 뇌의 좌측 측두엽에 위치한다.
> ㄷ. 두정엽은 온도와 통증 등 체감각을 처리한다.
> ㄹ. 편도체는 시각정보의 해석과 기억을 주로 담당한다.
> ㅁ. 후두엽은 정서와 관련된 기억에 관여한다.

① ㄱ, ㄴ
② ㄱ, ㄷ
③ ㄱ, ㄹ, ㅁ
④ ㄴ, ㄷ, ㄹ
⑤ ㄴ, ㄷ, ㅁ

정답 & 해설

72. ②

72 브로카 영역은 뇌의 좌반구 전두엽에 위치하며, 말을 하는 기능을 담당한다. 편도체는 대뇌변연계에 존재하며, 감정을 조절하고 공포에 대한 학습 및 기억에 중요한 역할을 한다. 후두엽은 시각정보의 처리를 담당한다.

나만의 정리노트

선택과목

6과목
청소년이해론

- Section 01 청소년 심리
- Section 02 청소년 문화
- Section 03 청소년 복지와 보호
- Section 04 기타

Section 01 청소년 심리

학습포인트 청소년 심리를 청소년기의 개념, 특징, 발달과업, 발달 연구의 접근법 등의 측면에서 파악한다. 청소년의 심리적 발달은 생물학적, 인지, 도덕성, 성, 자아개념, 자아정체감과 관련이 있음을 알고, 청소년기의 사회적 맥락에서 성, 성역할, 학업과 진로, 친구관계, 여가 발달 등에 대해 이해한다.

1 청소년 심리의 이해

(1) 청소년기의 개념

① 청소년기란 용어는 '성장하다' 또는 '성숙해 가다'라는 의미를 가지고 있다.
　　 adolesence : 성숙하다는 의미의 라틴어에서 유래한 것으로서, 청소년기를 의미
② 아동기와 성인기 사이에 놓여 있는 성장의 시기이자 전환기이다.
③ 불안정과 혼란의 시기인 동시에, 신체적인 측면을 비롯하여 인지적·심리적·사회적 측면에서 매우 중요한 변화가 일어나는 시기이다.
④ 청소년기와 구분되는 '청년기(youth)'는 사회적 변화에 의해 주목을 받게 된 용어로서, 18~22세 사이, 즉 청소년기와 성인기 사이의 시기이다.

(2) 청소년기의 특징

① 청소년기는 생식기관의 발달과 2차 성징이 나타나는 '사춘기(puberty)'와 함께 시작되며, 자신들이 속한 사회의 기대와 기준에 따라 심리적·사회적·경제적 독립을 이루어 성인의 책임을 이루어 나갈 때 비로소 종결된다.
② 아동기에서 성인기로 옮겨가는 전환기이자 과도기이다.
③ 양적 및 질적으로 변화하는 과정이다.
　㉠ **양적인 변화** : 키, 체중 등에서 보이는 변화
　㉡ **질적인 변화** : 인지과정이나 정신적 조작의 변화
　㉢ 인간의 발달은 성장, 성숙 및 학습의 3과정을 포괄하며, 3과정이 원만하게 이루어짐으로써 일생을 통해 변화한다.

성장 (growth)	• 신체의 크기나 능력이 증가하는 것 • 주로 양적인 변화와 관련됨

괄호넣기
청소년기의 특징 중 (　　)은(는) 신체의 크기나 능력이 증가하는 것으로서 주로 양적인 변화와 관련된다.
[정답] 성장

나의 필기노트

성숙 (maturation)	• 유전적 요인에 의해 발달적 변화들이 통제되는 생물학적 과정을 의미 • 사춘기의 빠른 성장이나 2차 성징과 같은 변화는 성숙과 관련됨
학습 (learning)	직·간접 경험의 산물로서 훈련이나 연습에 기인하는 발달적 변화를 의미

④ 생물학적, 인지적, 사회정서적 전환의 시기이다.

Plus Study 청소년기의 시작 시점과 종결 시점

기 준	청소년기의 시작	청소년기의 종결
생물학적	사춘기의 시작	성적 성숙과 생식능력의 획득
정서적	부모로부터 독립하기 시작	자아정체감 형성
인지적	논리적 추론능력 출현	논리적 추론능력 확립
대인관계적	부모 지향에서 동년배 지향으로	동년배와 친밀감 형성능력 발달
사회적	성인으로서의 역할 훈련 시작	성인의 지위 획득
교육적	중학교 입학	공식적 학교교육의 종결
법적	청소년 지위의 획득	성인 지위의 획득
연령적	청소년기 연령 도달(9, 10세)	성인기 연령 도달(25, 26세)
문화적	의식적 통과의례를 위한 훈련기간 진입	의식적 통과의례의 완성

출처 : 허혜경 & 김혜수(2010)

(3) 청소년기의 발달과업

① 자신의 체격을 인정하고 자신의 신체를 효과적으로 사용하는 것을 인식한다.
② 같은 연령의 남녀 간에 좀 더 새롭고 성숙한 관계를 확립하는 것을 배운다.
③ 신체의 변화와 남성 또는 여성으로서의 사회적 역할이 무엇인지 학습한다.
④ 부모 및 다른 성인들로부터 정서적으로 독립한다.
⑤ 직업을 선택하며 이를 준비한다.
⑥ 유능한 시민으로서 갖추어야 할 지적 기능과 개념을 획득한다.
⑦ 사회적으로 책임 있는 행동이 요구되며 이를 실천한다.
⑧ 행동의 지침이 될 수 있는 가치관과 윤리체계를 학습한다.

Plus Study 해비거스트의 발달과업(developmental tasks)

해비거스트(Havighurst)는 최초로 발달과업이라는 용어를 사용하였으며, 인간의 각 발달 단계마다 그 단계에 습득해야 할 발달과업이 있다고 주장하였다. 발달과업이란 개인이 각 발달 단계마다 환경에 적응하기 위해 요구되는 능력이나 수행해야 할 과제이다. 해비거스트는 인간의 전 생애를 6단계로 구분하였으며, 각 발달 단계별로 획득해야 할 발달과업을 제안하였다. 각 발달과업은 개념상으로는 타당하지만 구체적인 내용은 시대나 사회문화적 특성에 따라 달라질 수 있다.

출처 : 허혜경 & 김혜수(2010)

(4) 청소년 발달 연구의 접근법

횡단적 접근법 (cross-sectional approach)	• 각기 다른 연령대의 사람을 동시에 비교·연구하는 방법 • 장점 : 자료수집이 비교적 짧은 시간 내에 이루어짐 • 단점 : 개인의 성장곡선의 형태를 밝힐 수 없음
종단적 접근법 (longitudinal approach)	• 같은 피험자를 오랜 기간에 걸쳐 연구하는 방법 • 장점 : 동시대 출생 집단 효과를 배제하고 연령변화에 따른 정보를 제공해 줌 • 단점 : 오랜 시간 추적해서 연구해야 하기 때문에 비용이 많이 들고, 시간이 많이 소모됨
순차적 접근법 (sequential approach, 단기종단적 접근법)	• 횡단적 접근법과 종단적 접근법을 절충·보완한 접근법으로서, 연령 효과와 동시대 출생집단 효과, 측정시기 효과를 분리해 낼 수 있는 방법 • 몇 개의 동시대 출생집단을 몇 차례에 걸쳐 측정하는 연구방법

> **OX 퀴즈**
>
> 횡단적 접근법은 동일한 피험자를 오랜 시간에 걸쳐 연구하여 개인의 성장곡선의 형태를 밝힐 수 있다. [ ]
>
> [정답] ×
>
> [해설] 횡단적 접근법은 각기 다른 연령대의 사람을 동시에 비교·연구하는 방법이다.

(5) 청소년기의 연장

① 1970년대 이후 성인기로의 완전한 입문이 점차 늦어지고 있다. 교육을 마치고, 직업을 정하고, 부모로부터 독립하고, 결혼하고, 아이 낳는 데 점점 더 시간이 오래 걸리기 때문이다. 20대까지는 부분적으로 부모에게 경제적으로 의존하고 30대가 되어서야 결혼한다는 것이 일반적인 추세라고 할 수 있다. 이러한 연장으로 인해 중요한 인생사건들이 뒤로 미루어질 뿐만 아니라 전통적으로 일어났던 인생사건의 순서도 와해되고 있다.

② 청소년기의 연장은 좋은 직업을 얻기 위해 더 많은 기술이 필요하고, 혼전 성행동에 대한 사회적 허용이 높아지고, 효과적인 피임법을 쉽게 사용할 수 있는 등 여러 가지 요인 때문이다. 청소년 기간이 연장된다는 사실은 청소년들이 체험하는 경험에서도 변화가 초래될 수밖에 없다는 것을 의미한다.

2 청소년의 심리적 발달

(1) 생물학적 발달

① 신체발달

㉠ **성장 급등**(growth spurt)
ⓐ 신장 및 체중의 증가와 함께 3~4년간에 걸쳐 성장 급등이 일어난다.
ⓑ 학령기의 신장 증가는 주로 사지가 길어짐에 따라 일어나지만, 청소년기에는 주로 몸통이 길어진다. 청소년기의 신장 증가에서는 성차가 발견되어 여아는 11세경, 남아는 13세경에 신장이 증가하기 시작하여 여아와 남아는 각각 12세경과 14세경에 최고 증가율을 보인다.
ⓒ 체중의 증가는 골격의 성장 외에도 근육, 지방 그 외 여러 가지 신체기관의 크기 증가를 반영한다. 청소년기 이전까지 남아와 여아는 외관상 큰 차이가 없으나 성장 급등과 더불어 골격과 근육이 발달하면서 외모에서의 성차가 발견된다. 즉, 남아는 어깨가 넓어지고 근육이 발달하면서 남성다운 체형으로, 여아는 골반이 넓어지고 피하지방이 축적되면서 여성다운 체형으로 변화한다.

㉡ **사춘기**
ⓐ 사춘기는 청소년기를 알리는 지표이며, 생물학적인 생식능력을 갖게 됨으로써 성인기의 시작을 의미한다.
ⓑ 사춘기는 청소년기의 일부분에 포함되며, 사춘기가 끝나더라도 청소년기는 계속된다. 청소년기는 사춘기가 시작되는 11~12세 경부터 시작하여 성인의 법적 연령인 20세까지로 아직 사회적 성인으로서의 책임과 의무가 부과되지 않은 시기라고 할 수 있다.
ⓒ 사춘기는 청소년 초기에 호르몬 변화로 인해 신체적, 성적 성숙이 급격히 이루어지는 기간을 말하며, 구조적 성장, 신체비율의 변화, 성적 구조의 성숙 등과 같은 현상을 일컫는다.
ⓓ 청소년기 이전에는 거의 비슷한 양의 남성호르몬과 여성호르몬을 분비하나, 사춘기가 되면 남성은 보다 많은 양의 안드로겐을, 여성은 에스트로겐과 프로게스테론을 분비한다.
ⓔ 사춘기의 대표적 특징으로는 1차 성징과 2차 성징이 있다.

1차 성징	• 출생 시의 생식기에 의한 신체 형태상의 성차 특징 • 생식과 직접적으로 관련되는 구조의 발달
2차 성징	청소년기에 들어서면서 성호르몬의 분비에 의해 나타나는 신체상의 형태적·기능적 성차 특징

OX 퀴즈

여자 청소년보다 남자 청소년에게 성장급등이 더 일찍 일어난다. [ ]

[정답] ✕

[해설] 성장급등은 여자 청소년이 남자 청소년보다 더 일찍 경험한다.

ⓒ **운동 발달** : 청소년기에는 운동능력이 급속히 발달하며 대근육 및 소근육 기술은 남아와 여아 모두에게서 향상되나 몇몇 기술수행능력에서는 성차가 발견된다.

남아	달리기, 민첩성, 뛰어오르기, 악력 등에서 현저한 능력을 보이며 균형 잡기나 대근육을 이용한 눈-운동근육 협응능력이 필요한 운동에서도 좀 더 발달된다.
여아	소근육을 이용한 눈-운동근육 협응능력이나 유연성 영역에서 좀 더 발달된다.

ⓔ **성**(sexuality)
  ⓐ 청소년의 성에 대한 태도는 문화에 따라 다르다.
  ⓑ 청소년의 성적 행동은 사춘기의 생물학적 변화를 비롯하여 사회, 경제적 지위, 종교, 인종 등 다양한 사회인구학적 특성에 의해 영향을 받는다.

② **생물학적 이론** : 스탠리 홀(G. Stanley Hall)
  ⊙ 최초로 질문지를 설계하여 과학적이고 경험적인 방법으로 청소년기를 연구하였다.
  ⊙ 다윈(Darwin)의 생물학적 진화론을 인간발달에 수용하여 발달에 있어서 유전적 요인을 강조하였다.
  ⊙ 홀은 청소년기를 '질풍노도의 시기(period of storm and stress)'라고 비유하였다. 청소년기의 특징적 행동을 사춘기로 인한 생물학적 변화, 심리적 혼돈, 정서적 불안, 사회적 기대 등과 같은 갈등을 경험하는 질풍과 노도의 개념으로 설명하고 있다. 청소년기에는 어느 한 순간은 기분이 좋았다가 그 다음에는 울적해지고, 오늘은 아무런 관심이 없었다가 내일은 엄청나게 감동을 받는 등 정서적으로 불안정한 상태에 있다고 생각하였다. 홀은 이러한 질풍과 노도를 정상적이고 자연스러운 발달 특성으로 보았다. 극단적인 정서를 오락가락 하는 것은 20대 초기에 가서야 끝나며, 이러한 특성이 유전에 근거한 것이기 때문에 막을 길이 거의 없다고 본다.
  ⊙ 인간발달에 환경보다는 유전이, 양육보다는 천성이 더 결정적인 영향을 미친다고 보았다.

 괄호넣기
스탠리 홀은 청소년기를 (   )(이)라고 비유하였다.
[정답] 질풍노도의 시기

> **Plus Study** 홀(Hall)의 재현이론

홀은 인간 발달이 생물학적 요인에 의해 결정되며 이러한 발달 패턴은 인류의 발달 역사를 재현한다고 보았다.

발달 단계	나 이	발달적 특징
유아기	0~4세	유아가 동물적이고 원시적인 발달을 재현하는 시기
아동기	5~7세	아동의 상징놀이는 과거 인류의 동굴생활, 수렵, 사냥활동을 재현한 것
청소년 전기	8~14세	인류가 인간으로서의 특성과 야만인으로서의 특성을 동시에 가지며, 이 시기에 연습과 훈련으로 여러 기술을 획득
청소년 후기	14~25세	인류가 야만적인 생활에서 문명시대로 접어드는 시기이며, 제2의 탄생기라 할 만큼 급진적 변화를 겪고 안정적이지 못함
성인기	25세 이후	인류의 문명적 생활

> **바로 Check**
>
> 청소년기의 생물학적 발달에 관한 설명으로 옳지 않은 것은?
> ① 성장급등 현상이 일어난다.
> ② 에스트로겐은 유방의 발달이나 음모의 성장 등을 자극한다.
> ③ 프로게스테론은 자궁이 임신을 준비하게 하고, 임신을 유지하게 해준다.
> ④ 에스트라디올은 남자청소년의 성적 발달을 주도한다.
> ⑤ 뇌하수체는 시상하부에 의해 통제된다.
>
> 해설 에스트라디올은 난소의 여포에서 주로 생산되고 여성의 생식기관과 성기능에 중요한 역할을 한다.
>
> ☑ 정답 ④

(2) 인지발달

① 피아세의 형식적 조작기 ◎빈출

㉠ **가설적, 과학적, 연역적 추론**

ⓐ 추상적 개념을 고려할 수 있게 되면서 청소년은 가설을 만들어 내고 검증할 수 있게 된다. 가설적 추론을 사용함으로써 잘 알지 못하는 것들에 대해서도 이리저리 생각해 낼 수 있게 되며, 과학적 추론을 통해 다양한 가설들을 평가할 수 있게 된다.

ⓑ 청소년은 체계적·조합적 사고가 가능하여 문제해결을 위해 사전에 계획을 세우고, 해결책을 체계적으로 시험하기도 한다.

㉡ **청소년기의 자아중심성** : 청소년기의 급격한 신체적·정서적 변화와 더불어 형식적 조작기에 달한 청소년은 점차 자신의 생각을 체계적으로 숙고할 수 있는 능력을 갖는다. 이 과정에서 자기 내부의 변화가 급격하게 진행되기 때문에 청소년은 자신의 외모와 행동에 몰두

하게 되고, 자신의 관심사와 타인의 관심사를 구분하지 못한 채 다른 사람들도 자기만큼 자신에게 관심 있다고 생각하게 된다. 이를 청소년기의 '자아중심성'이라고 한다. 자아중심성을 나타내는 대표적인 개념으로는 상상적 관중, 개인적 우화 및 이상주의 등이 있다.

ⓐ 상상적 관중(imaginary audience, 상상속 청중)
- 청소년이 자신은 무대 위의 주인공으로 만인의 관심과 초점의 대상이라고 인식하고, 다른 사람들은 구경꾼으로 생각하는 것을 의미한다. 구경꾼은 청소년의 설정에 의한 상상에서 나온 것이기 때문에 상상적 관중이라고 한다.
- 상상적 관중은 다른 사람들의 눈에 띄고 싶어 하는 청소년의 욕망에서 비롯되며 청소년들로 하여금 자기 비판적이면서 동시에 자기도취적 성향을 갖게 한다.
- 실제 상황에서 청소년은 타인의 평가에 매우 예민하여 상대방을 관찰하기 보다는 자신이 어떻게 관찰되어지는지에 보다 더 관심을 갖는다.

ⓑ 개인적 우화(personal fable) : 청소년들이 자신의 감정과 사고는 너무 독특하고 특별한 것이어서 다른 사람들이 이해할 수 없을 것이라고 믿는 것이다. 청소년들은 자신이 매우 특별하고 전지전능하다고 생각하며, 특정상황에서 다른 사람은 다 죽어도 자신은 영원히 죽지 않으리라는 불멸의 신념을 갖고 있다. 이러한 신념에는 현실성이 결여되어 있으며, 때로는 청소년들로 하여금 위험한 행동에 무모하게 가담하게 하여 이들의 생명과 건강을 위협하는 요인이 되기도 한다.

ⓒ 이상주의(idealism) : 청소년기의 이상주의는 부정부패, 빈부격차, 저속한 행위 등이 존재하지 않는 보다 완전한 세계에 대한 시각을 갖게 해준다. 반면에 현실세계에서 성인들은 매우 실제적인 사고를 하기 때문에 현실세계의 잘못에 대해 강력한 비판을 하게 된다. 성인과 청소년 간 세상을 바라보는 시각의 불일치, 즉 세대차로 인해 성인과 청소년 모두 긴장과 스트레스를 경험한다.

OX 퀴즈

이상주의는 특정 상황에서 다른 사람은 모두 죽어도 자기만은 영원히 죽지 않을 것이라고 믿는 신념이다. [　]

[정답] ✕
[해설] 청소년기의 이상주의는 완전한 세계에 대한 시각을 갖게 해준다.

> **바로 Check**
>
> 피아제(J. Piaget)의 형식적 조작기에 나타나는 특성을 모두 고른 것은?
>
> ㄱ. 추상적 사고　　　　ㄴ. 물활론적 사고
> ㄷ. 가설 연역적 사고　　ㄹ. 가능성에 대한 사고
>
> ① ㄱ, ㄴ　② ㄷ, ㄹ　③ ㄱ, ㄴ, ㄷ　④ ㄱ, ㄷ, ㄹ　⑤ ㄱ, ㄴ, ㄷ, ㄹ
>
> **해설** 형식적 조작기는 가설 연역적, 추상적, 가능성에 대한 사고가 모두 가능하다.
>
> ☑ 정답 ④

② 청소년기의 학습
　㉠ **중·고등학교** : 질 높은 학습을 위해서는 교과과정 구조와 학교환경이 매우 중요하다. 질 높은 학습 프로그램은 질 높은 교과과정, 학생들이 어떤 과업을 숙달해 낼 수 있도록 격려하기, 건전한 학습 분위기 등과 같은 요인을 필요로 한다.
　㉡ **학습에 영향을 미치는 요인**
　　ⓐ 청소년의 학업성취도는 부모의 적극적인 관심과 밀접한 관련이 있다. 부모의 양육행동 유형에 있어서 특히 민주적 양육은 허용적 양육이나 권위주의적 양육에 비해 청소년 자녀의 학업성취도에 보다 더 긍정적인 영향을 미친다. 부모의 성취압력은 부모의 애정 및 지원과 밀접한 관련이 있다. 부모의 성취압력이 높고 애정적일 때 청소년은 높은 학업성취 및 자기조절학습 효능감을 나타내는 경향이 있다.
　　ⓑ 가정의 사회, 경제적 지위와 어머니의 취업 여부를 포함한 사회인구학적 특성과 사회적 지지 등 다양한 요인들이 청소년의 학업성취도에 커다란 영향을 미친다.
　㉢ **도덕성 및 가치 발달**
　　ⓐ 청소년 후기에 들어서면서 청소년은 내면화된 도덕성 단계에 도달하게 된다. 자녀의 도덕적 추론능력은 부모가 논리적 설명과 같은 훈육방식을 사용하는 경우에 가장 높은 것으로 나타났는데, 이러한 부모는 자녀를 훈육하는 과정에서 다른 사람의 시각과 자신이 행한 행동의 결과를 강조하였다. 가족원 간에 온정적, 지원적이며 많은 관심을 보일 때 청소년은 높은 수준의 도덕적 추론능력을 보였다.
　　ⓑ 청소년의 높은 교육수준은 개인의 추론능력을 촉진하여 높은 수준의 도덕적 추론은 부모의 도덕적 추론능력수준보다 청소년의 교육수준과 훨씬 더 밀접한 관련이 있다.

(3) 도덕성 발달

① 도덕성 발달

　㉠ 도덕성(morality)은 옳고 그름에 대한 인간의 지각이다.

　㉡ 도덕성은 행동상 옳고 그름의 규준에 따라 개개인이 지각하는 인간의 본질이다.

　㉢ 도덕성은 가치관을 구성하는 중요요소로서 인간 상호 간의 행복과 이익을 위해 인간 행동의 결과를 판단하는 기준이다.

　㉣ **도덕성의 개념**

도덕적 판단	행동의 옳고 그름의 평가와 무엇을 행하여야 하는가를 결정하는 것
도덕적 행동	실제로 어떻게 행동하느냐의 문제로, 도덕적 또는 비도덕적인 행동
도덕적 성격	그 문제의 인식을 포함하여 어떠한 사고나 행동에 대한 정서적인 반응인 양심

② 도덕성 발달 이론

　㉠ **피아제의 도덕성 발달 이론**

　　ⓐ 피아제가 제시한 도덕적 갈등 사례

> 다음의 사례 중 누가 더 나쁘며, 왜 그렇게 생각하십니까?
> **사례1** : 시영이는 어머니가 설거지하시는 것을 도와드리다가 그만 실수로 유리컵 10개를 깨뜨리고 말았다.
> **사례2** : 현영이는 어머니 몰래 부엌 찬장 속에 있는 사탕을 꺼내 먹다가 유리컵 1개를 깨뜨리고 말았다.
> ✓ 나이가 어릴수록 행동의 결과에 초점을 두어 10개의 유리컵을 깨뜨린 시영이가 더 나쁘다고 말한다. 그러나 나이가 들수록 행동의 의도에 초점을 두어 현영이가 더 나쁘다고 말한다.

　　ⓑ 청소년기는 피아제의 도덕성 발달 이론 중 4단계에 해당된다. 이 시기에 규칙에 대한 완전한 이해가 이루어진다.

　　ⓒ 자율적 도덕성은 11세경 이후 도달하게 되는 도덕적 단계로서, 사춘기를 전후로 한 청소년 초기 이후의 도덕발달 단계이다. 청소년들은 규칙은 인간이 살아가기 위해 존재하는 상대적인 것이며, 상황이나 상호 합의에 의해 변경될 수도 있다고 생각한다.

　　ⓓ 어떤 행동의 옳고 그름을 판단할 때 그 행위의 동기나 의도를 고려하게 되는 도덕적 상대주의(moral relativism)가 나타난다.

ⓛ 콜버그(Kohlberg)의 도덕성 발달 이론
　ⓐ 콜버그가 제시한 도덕적 갈등 사례(도덕적 딜레마)

> **Plus Study** 하인즈(Heinz)의 예화
>
> 유럽에서 한 부인이 희귀 암으로 죽어 가고 있었다. 의사가 말하기를, 어쩌면 그 부인을 살릴 수 있는 한 가지 길은 라듐 종류의 약을 쓰는 것인데, 그 약은 같은 마을에 사는 한 약사가 개발한 것이다. 그 약은 재료비도 비쌌지만, 약사가 원가보다 10배나 더 비싸게 가격을 책정하였다. 그래서 아주 적은 양인 원가 200달러의 약을 2,000달러에 팔았다. 그 부인의 남편인 하인즈는 그 약을 사려고 여기 저기 돈을 꾸러 다녔지만 약값의 절반인 1,000달러밖에 구할 수가 없었다. 따라서 그는 약사를 찾아가 자기 부인이 죽기 직전의 힘든 상황에 있음을 설명하고 그 약을 싸게 팔거나 아니면 모자라는 약값을 나중에 꼭 갚겠으니 약을 구입하게 해 달라고 부탁하였다. 그러나 약사는 그 약은 자신이 개발한 것이고, 자신은 그 약으로 돈을 벌 생각이니 안 된다며 하인즈의 청을 거절하였다. 절망에 빠진 하인즈는 약국을 부수고 들어가 자기 부인을 위해 그 약을 훔친다. 하인즈가 한 일은 정당한가? 아니면 부당한가? 만약 정당하다면 왜 그러하며, 부당하다면 그 이유는 무엇인가?
>
> 출처 : 허혜경 & 김혜수(2010)

　ⓑ 콜버그의 도덕성 발달 이론 빈출

수준	단계	도덕성 발달 내용
[전인습적 도덕 추론] • 자아중심적이며 사회규칙이나 기대를 잘 이해하지 못하는 구체적 조작 수준의 도덕적 판단 • 대상 : 9세 이하 아동 및 일부 청소년, 범죄자	1단계 처벌과 복종 지향	결과 위주의 판단을 하며 보상과 처벌 여부를 기준으로 행동
	2단계 도구적 쾌락주의 지향	자신이 좋아하는 사람을 만족시켜 주며 자신의 흥미와 욕구 충족을 위해 규칙 준수
[인습적 도덕 추론] • 타인의 입장을 고려하며 사회규칙, 관습, 권위에 기초한 도덕적 추론 • 대상 : 대부분의 청년 및 다수 성인	3단계 착한 소년, 소녀 지향	동기나 의도를 중요시 여기며 권위적 인물이나 자신이 좋아하는 사람의 승인 여부에 따라 행동을 결정
	4단계 법과 질서 지향	자신이 속한 사회의 법과 규범에 따라 행동을 판단
[후인습적 도덕 추론] • 법과 사회규칙을 이해하지만 개인이 지닌 이데올로기의 일부로 간주되는 도덕원리를 수용 • 대상 : 소수 청년 및 성인	5단계 사회계약 지향	모든 사람의 복지와 권리를 보호하는 법과 사회계약을 준수
	6단계 보편적 원리 지향	시간과 공간, 문화와 사회의 제약 없이 적용되는 보편적 윤리를 기준으로 행동

OX 퀴즈

콜버그의 도덕성 발달 이론 중 인습적 도덕추론 단계에서는 사회계약과 보편적 원리를 지향한다. [ ]

[정답] X

[해설] 인습적 도덕추론 단계는 착한 소년 소녀 지향 단계와 법과 질서 지향 단계를 포함한다.

ⓒ 청소년기의 도덕성 발달
- 청소년기가 시작되면 인습적 도덕 추론인 3단계 '착한 소년, 소녀 지향'과 4단계 '법과 질서 지향'이 지배적이다.
- 청소년 후기가 되면 인습적 수준인 3단계와 4단계가 우세하고, 2단계에 머무르고 있는 청소년 비율이 15% 전후, 후인습적 수준인 5단계 '사회계약 지향'의 비율이 5% 전후에 해당한다.
- 청소년기 및 성인기에서도 6단계인 '보편적 원리 지향'에 해당하는 사람은 극소수이다.

바로 Check

다음에 제시된 민수의 반응에 해당하는 콜버그(L. Kohlberg)의 도덕성 발달 단계는?

> 민수는 콜버그(L. Kohlberg)의 하인츠 딜레마 이야기를 듣고 "하인츠가 잘못했다고 말하기 전에 여러 가지 상황을 고려해야 하지 않을까? 약국을 무단침입해서 약을 훔치는 것이 옳은 일은 아니지만 그런 상황에서는 약을 훔칠 수도 있을 것 같아"라고 말했다.

① 처벌과 복종(punishment and obedience)의 단계
② 착한 소녀·소년(good girl-boy)의 단계
③ 법과 질서(law and order)의 단계
④ 사회적 계약(social contract)의 단계
⑤ 도구적 쾌락주의(instrumental hedonism)의 단계

해설 사회적 계약의 단계에서는 법의 사회적 유용성에 대한 합리적인 고려에 따라 법이 바뀔 수도 있다는 것을 중요시한다. 사회규칙이나 법이 다를 수 있으며 옳은 것에 대한 생각이 집단 간에 다를 수 있다는 인식이 증가함에 따라 법이나 규칙에 내재된 더욱 보편적 원리가 있을 수 있다는 생각이 발달한다.

정답 ④

ⓒ **길리건(Gilligan)의 도덕성 발달 이론** : 도덕성의 개념에는 정의(justice)와 배려(care)의 의미가 모두 포함된다고 보았다. 길리건은 콜버그가 정의만을 고려하였고 여성의 도덕적 판단의 특징인 배려를 과소평가함으로써 도덕성 연구에 있어서 성적 편견(sex bias)의 오류에 빠져 있다고 주장하였다.

여성의 도덕적 발달 수준	도덕성 발달
제1단계 개인적 생존 지향 (orientation to individual survival)	• 자기중심적인 시각으로 도덕적인 문제를 해결하며 자신을 돌보고 자신에게 가장 좋은 것에 관심을 둔다. • 과도기 : 이기심에서 책임감으로(from selfishness to responsibility) – 자기 자신뿐 아니라 다른 사람과의 관계를 인식하며, 자기 자신 및 타인에게도 책임 있는 선택을 내렸는지에 대해 고려하기 시작한다.
제2단계 자기희생으로서의 선 지향 (goodness as self-sacrifice)	• 선과 타인에 대한 책임감의 동일시, 타인을 위해 희생(관습적 여성의 미덕)하고 보호하며 돌보려 한다. • 과도기 : 선에서 진실로(from goodness to truth) – 자신과 타인의 욕구를 모두 고려하여 타인에 대해 책임을 짐으로써 '선'을 추구하고, 자기 자신에게 책임을 짐으로써 '진실'되고자 한다.
제3단계 비폭력의 도덕성 지향 (morality of nonviolence)	• 자아와 타인 사이의 역동성에 중점을 둔다. • 자신과 타인 간에 '도덕적 평등'을 설정하고, 서로 상처를 주지 않고 최선이 되도록 선택하며, 그 선택의 책임을 중요하게 여긴다.

출처 : 허혜경 & 김혜수(2010)

③ 청소년기 도덕성 발달의 영향 요인

　㉠ 가족 요인

　　ⓐ 부모의 양육태도 : 애정적·허용적이며 도덕적 기준을 명확히 제공하여 적절히 통제하는 민주적인 양육태도는 자녀의 도덕성 발달에 긍정적인 영향을 준다.

　　　• 민주주의형 : 권위주의형과 허용형의 중간, 일정한 범위 안에서 자유가 주어지는 양육방법

부모의 행동특성	• 되는 행동과 안 되는 행동을 분명히 하고, 자녀가 일으키는 문제를 정상적인 삶의 한 부분으로 생각한다. • 자녀에게 적절하게 좌절을 경험하게 하여 자기 훈련의 기회를 제공하고, 자녀를 장점과 단점을 아울러 지닌 한 인간으로 간주한다.
자녀의 행동특성	• 자신감 있고 성취동기가 높다. • 자율적, 진취적이며 긍정적이고 적극적이다. • 새로운 상황에 관심과 호기심을 보이고, 사리분별력이 있으며, 원만한 인간관계를 유지한다. • 자기 통제적으로, 스트레스에 잘 대응하며 책임감 있고 신뢰를 받는다. • 열성적이며 다정하고 따뜻하며 온순하다.

나의 필기노트

- 권위주의형 : 부모가 독재자처럼 전체적으로 자녀들을 지도하는 유형, 한계만 주어지는 지도방법

부모의 행동특성	• 규칙을 엄격하게 강요하고 자녀들이 무엇을, 어떻게, 언제 해야 할지에 대해 명령한다. • 자녀의 욕구와 의견을 무시하고 부모의 의도만을 강요한다. • 부모의 권위에 의문을 제기하는 것을 허락하지 않고, 칭찬을 하지 않으며, 문화적 행사나 자녀와의 활동을 계획하지 않는다.
자녀의 행동특성	• 걱정이 많으며 항상 긴장하고 불안해한다. • 진취적, 자율적이지 못하며 기가 죽어 있고, 매사 자신감이 부족하다. • 항상 잘못만 지적받기 때문에 죄책감, 열등감을 느낀다. • 부정적 자아 이미지, 자기 비하가 많다.
부모가 보완해야 할 사항	칭찬과 격려를 많이 하고, 아이 전체를 비난하지 말고 그의 행동에 대한 잘못을 지적하며, 자주 사랑을 표현한다.

- 허용형 : 부모가 자녀의 요구를 다 들어주기 때문에 질서의식과 규율이 거의 없음

부모의 행동특성	• 자녀들에게 규칙이 강요되지 않으며 무제한의 자유가 허용되고, 자녀의 모든 요구를 다 들어준다. • 성숙된 독립적 행동에 대한 요구나 기대가 거의 없고, 잘못된 행동을 간과하거나 허용하며 벌을 주는 것 자체를 잘못이라고 생각한다. • 자녀가 좌절을 경험하면 안 된다고 생각하며, 때로는 극단적으로 벌을 주거나 분노를 폭발하여 스스로 죄책감을 느낀다.
자녀의 행동특성	• 자녀 스스로 일정한 원칙이 없고, 과제를 수행할 때 끈기가 없다. 쉽게 좌절하며 그 좌절을 극복하지 못한다. • 자신감이 부족하고 버릇이 없다. 의존적이며 유아적인 특성을 보인다. • 책임을 회피하고 충동적·공격적·지배적이며, 목적이 없고 낮은 활동이나 낮은 성취를 지향한다.
부모가 보완해야 할 사항	• 부모 스스로가 권위를 세울 필요가 있으며, 자녀에게 침착하게 적절한 벌을 가하여 되는 것과 안 되는 것을 분명히 하고 말과 행동이 일치해야 한다. • 부모가 주는 벌에 대한 항의에 단호하게 대처하고, 협동하여 이루는 기회를 경험하게 한다.

• 방임형 : 부모가 자녀를 양육하면서 최소한의 역할만 수행하는 무관심한 경우와 자녀 양육에 대한 철학이 없어 무기력하게 양육하는 태도

 나의 필기노트

부모의 행동특성	• 자녀에게 무관심하고 무기력하며, 칭찬도 벌도 주지 않고 비난만 한다. • 자녀를 믿지 못해 자녀가 고의적으로 나쁜 행동을 한 것으로 생각하고, 자녀를 거부하거나 등한시하며 자신의 기분에 따라 자녀를 대해 일관성이 없다.
자녀의 행동특성	• 자녀가 부모와 감정적으로 애착관계를 형성하지 못해 무질서하고 적대감이 많으며, 혼란스러워하고 좌절감을 많이 느낀다. • 세상 및 타인에 대하여 불신감이 짙고, 약속을 아무렇지도 않게 여기며 사회적 기술이 부족하다.
부모가 보완해야 할 사항	• 자녀를 있는 그대로 받아들여야 하며, 바람직하지 않은 행동은 꾸중하고 벌을 주되, 바람직한 행동은 칭찬해 준다. • 작은 일이라도 좋은 점, 향상된 점을 찾아서 격려하고, 자녀의 욕구와 상태에 대하여 주의를 기울인다.

 Plus Study 부모의 양육태도 유형

1. **바움린드(Baumrind)의 부모의 양육태도 유형**
   ① 권위 있는 양육태도(authoritative parenting) : 부모는 아이들을 애정과 수용으로 대하며 많은 정보를 제공하고 합리적인 이유를 대면서 자녀의 행동을 통제한다. 유아들은 독립적이고 현실적이며 자신을 통제할 줄 안다.
   ② 독재적인 양육태도(authoritarian parenting) : 부모는 자녀에 대한 애정과 동정심이 적고, 양육에 있어서 융통성이 없으며 자녀들과 원활한 의사소통을 하지 못한다. 권위적인 행동을 하며 부모가 내린 결정이나 규칙을 절대적으로 준수하도록 강요하고 매우 성숙된 행동을 요구한다. 유아들은 자기통제능력이 보통 정도이고 쉽게 불안정해지며 퇴행적이고 신뢰심이 적다. 또래집단에 흥미가 없다.
   ③ 허용적인 양육태도(permissive parenting) : 부모는 자기신뢰감과 탐구심이 없고 자기통제력도 없으며 온정적이기는 하지만 자녀들을 통제하지 못하고 성숙된 행동을 요구하지도 않는다. 가사도 조직적으로 운영하지 못하고 자녀의 성숙된 행동을 기대하지도 않는다. 유아들은 미숙하고 의존심이 많으며 자아통제를 하지 못하고 퇴행성이 심하다. 새로운 경험이나 긴장이 되는 경험을 회피한다.

2. **세퍼(Schaefer)의 부모의 양육태도 유형**
   ① 애정적-자율적 양육태도 : 자녀를 지도하는 데 있어서 가장 이상적이며 부모가 자녀에게 애정을 갖고, 인격적으로 존중하는 태도로서, 자녀의 행동에 독립심과 자율성을 최대한 인정한다. 이러한 환경에서 자란 자녀들은 부모를 신뢰하고 자신의 감정을 자유롭고 쉽게 표현하며 남을 사랑하고 관용적으로 대한다.

② 애정적 - 통제적 양육태도 : 부모가 자녀에게 애정을 갖고 있으면서 자녀의 행동에 간섭과 통제로 과보호 또는 소유하려는 태도를 보인다. 이러한 환경에서 자란 자녀들은 의존적이며 사회성, 창의성이 부족하고 불안정한 정서를 지닌 내성적인 성격을 나타낸다.

③ 거부적 - 자율적 양육태도 : 부모가 자녀를 사랑하지도 않고, 돌보지도 않으며 무관심, 방임, 태만, 냉담인 태도로 대한다. 이러한 환경에서 자란 자녀들은 정서적으로 불안하며 소극적이고 사회적·정서적으로 미성숙한 행동을 보인다.

④ 거부적 - 통제적 양육태도 : 부모가 자녀에게 애정을 주지도 않고, 관대하지도 않으며 신체적·언어적·심리적 체벌을 가하는 권위적이고 독재적인 거부반응으로 상호작용한다. 이러한 환경에서 자란 자녀들은 자아형성에 대한 문제가 많을 뿐만 아니라 사회성이 부족하며 퇴행된 행동을 보인다.

바로 Check

바움린드(D. Baumrind)가 제시한 부모 유형과 청소년 자녀의 특성이 바르게 연결된 것은?

① 허용적(permissive) 부모 - 복종적 자녀
② 무관심한(uninvolved) 부모 - 자율적 자녀
③ 권위적(authoritative) 부모 - 독립적 자녀
④ 통합적(integrative) 부모 - 효율적 자녀
⑤ 권위주의적(authoritarian) 부모 - 적응적 자녀

[해설] 권위적(민주적) 부모는 자녀에게 온정적이며 자녀의 요구에 대한 수용도가 높고 민감하게 반응한다. 자녀에 대해 허용적이면서 적절한 자율성을 인정하여 자녀가 스스로 선택할 수 있는 범위 안에서 스스로 결정할 수 있도록 돕는다. 따라서 아이들은 행복감을 느끼면서 높은 자존감을 형성하는 것이 특징이다.

✅ 정답 ③

ⓑ 부모의 훈육기법 : 신체적 처벌이나 언어적 폭력, 재원의 박탈과 같은 물리적 방법에 의한 훈육은 자녀들에게 잘못된 행동에 대해 죄책감을 느끼게 하고, 내면화된 도덕적 판단능력이 함양되기보다는 외적인 기준에 따라 처벌받을지 혹은 들키지 않을지 등에 더 중점을 두는 경향이 있다.

ⓒ 양육 행동의 일관성 : 일관성 없는 부모의 양육태도는 자녀가 동일한 종류의 잘못이나 비행을 저질렀을 때 때로는 처벌하기도 하고 묵인하기도 하므로, 결과적으로 자녀들이 규칙을 위반하거나 바람직하지 못한 행동을 할 경우 행동기준에 대해 혼란과 불안, 불복종, 적대감 등을 경험하게 되어 도덕성 발달에 부정적인 영향을 주는 것으로 나타났다.

ⓓ 도덕적 역할 모델 : 자녀는 바람직한 부모의 행동뿐만 아니라 나쁜 행동도 관찰하고 자연스럽게 모방하게 되므로 부모 자신이 먼저 도덕적이어야 한다.

ⓛ 또래 요인
　ⓐ 청소년기에 접어들면 부모로부터 독립하고 싶은 마음과 또래의 영향력이 강해지기 시작한다. 청소년들은 친구들과 비슷하게 생각하고 판단하고 행동하는 경향이 짙어진다.
　ⓑ 또래의 가치관이 부모의 가치관과 동일할 경우에는 도덕적 가치를 내면화시키고 강화하는 데 도움이 된다.
　ⓒ 또래집단은 비행이나 탈선뿐만 아니라 긍정적이고 친사회적인 행동을 촉진함으로써 청소년들의 도덕적 행동에 긍정적 또는 부정적인 영향을 준다.
ⓒ **대중매체 요인** : 청소년들의 도덕적 행동과 가치판단에 영향을 주는 요인으로 TV, 영화 등을 통해 시청하는 영상물을 들 수 있다. 청소년들은 TV나 영화 등의 영상물에 나오는 역할 모델을 관찰함으로써 직접 또는 간접적으로 태도, 가치, 정서적 반응, 행동 등을 학습한다.
ⓔ **학교 요인** : 학교는 청소년들이 도덕성을 함양할 수 있는 중요한 사회적 맥락 중의 하나이다. 학교에서 실시하는 봉사활동도 청소년들이 지역사회에서 봉사를 통해 사회적 책임감을 증진시키고 이타심과 친사회적 행동 등과 같은 도덕성을 함양하는 데 기여한다.

(4) 성격 발달

① 정신분석 이론
　㉠ **지그문트 프로이트**(Sigmund Freud)
　　ⓐ 프로이트는 청소년기를 성적 흥분, 불안, 때때로 성격 혼란이 있는 시기로 묘사하고 있다.
　　ⓑ 사춘기는 유아 성욕이 사라지고 성상적인 성욕이 생기도록 하는 일련의 변화들이 나타나는 시기이다.
　　ⓒ 프로이트는 아동기가 끝날 무렵까지 동성 부모를 동일시하여 동성 부모에게 정서적으로 무척 의존하게 된다고 보았다. 청소년기의 핵심과제는 독립된 성인이 되기 위해서 정서적 연대를 끊는 개인화(individuation) 과정을 거치는 것이다. 개인화 과정은 개인의 행동, 감정, 판단 및 사고를 부모로부터 분리시키는 것이 포함된다.
　　ⓓ 프로이트의 추동이론 : 추동(drive)이란 인간으로 하여금 어떤 행위를 하게 만드는 정신적인 힘이다. 물리적 세계에 존재하는 에너지와 비슷한 개념으로, 우리의 마음이 어떤 정신작용을 하게 되는 데는 이러한 정신적 힘이 존재한다. 인간의 모든 정신적 행위에는 기본적인 두 가지의 추동이 연관되어 있다.
　　　• 리비도(libido) : 성적 추동
　　　• 타나토스(thanatos) : 공격적 또는 파괴적 추동

> **Plus Study** 성적 욕구의 오해와 진실
>
> 성적 본능과 관련된 부분은 프로이트의 이론 중 가장 논란이 되고, 가장 많은 오해를 받은 부분이기도 하다. 프로이트가 1905년 유아 성욕에 관한 논문을 처음 발표했을 때 관련 분야의 학자들이나 일반 대중은 전혀 이해할 수 없었다. 당시 학계에서는 프로이트를 악마, 사악한 인간, 음탕한 사람 등의 원색적 용어를 사용하여 비난하고 조롱하였으며, 많은 대학과 기관들이 그의 예정된 강연을 일방적으로 취소해 버리기도 하였다. 그러나 '사람은 성적 욕구의 충족을 추구한다.'는 프로이트의 생각에서 난잡한 성적 장면만 떠올린다면, 이는 프로이트의 이론을 전적으로 잘못 이해하는 것이다. 프로이트가 말하는 성이란 단순히 섹스만을 의미하지는 않는다. 성의 진정한 의미는 '사랑'을 지향한다는 데 있다. 사랑으로 대변되는 사람들 사이의 진정한 이해, 관심, 배려, 수용 등은 사람을 심리적으로 살아 있게 만드는 정신적 생명의 젖줄과도 같다. 따라서 성은 궁극적으로 죽음으로부터 삶을 지키는 '존재의 파수꾼'인 셈이다.
>
> 출처 : 이장호 외(2008)

ⓒ **안나 프로이트(Anna Freud)와 정신적 갈등**

ⓐ 청소년기를 정서적 갈등, 혼란, 방황 등의 개념으로 설명하고 있다. 청소년들의 혼란과 갈등은 정상적인 발달과정이며, 청소년기를 조용하게 보내는 청소년들이 오히려 문제가 있다고 주장하였다.

ⓑ 청소년기에는 잠재기에 억압되었던 오이디푸스 콤플렉스가 재등장하며, 외부적 요인뿐 아니라 내적으로는 성적 충동(sexual drive)이 증가하면서 원초아와 자아, 초자아 간의 갈등으로 인해 불안정한 시기를 보내게 된다고 하였다. 원초아(id) – 자아(ego) – 초자아(superego)의 갈등이 청소년기에 해결되지 않으면 개인은 정서적으로 황폐해지게 된다.

ⓒ 안나 프로이트는 1936년에 저술한 〈자아와 방어기제〉를 통해 사춘기의 시작으로 야기되는 불안을 해소하기 위해 청소년들이 방어기제를 어떻게 사용하고 있는지 설명하고 있다. 청소년기에 나타나는 두드러진 방어기제로는 금욕주의와 지성화가 있다.

금욕주의 (asceticism)	• 청소년기에 증가하는 여러 가지 욕구와 유혹에 대한 두려움과 불안을 통제하려는 방어기제 • 사춘기에 급격하게 증가하는 성적 충동을 자기를 부인하거나 신체와 관련된 모든 것을 거부하는 것 또는 혐오하거나 분노하는 행위로 약화하려는 방어기제
지성화 (intellectualization)	청소년기에 인지적 발달을 이루어 획득한 추상적 사고로 지적 활동에 몰입하거나 원인을 탐색하며 도덕적이거나 윤리적인 이슈에 대해 비교적 개인 감정을 드러내지 않는 태도로 토론을 하는 등의 지적활동으로 욕구에서 벗어나고자 하는 방어기제

단답형 문제

다음은 어떤 방어기제에 대한 설명인가?

> 청소년기에 급격히 증가하는 성적 충동을 자신을 부인하거나 신체와 관련된 모든 것을 거부하는 등의 행위로 약화하는 것

[정답] 금욕주의

② **심리사회 이론** : 에릭 에릭슨(Erik Erickson)과 자아정체감
  ㉠ 에릭슨은 청소년기를 자아정체감이 형성되는 결정적인 시기로 보았다. 그의 발달 이론에서 청소년기는 '자아정체감(self-identity) 대 역할 혼란(role confusion)'으로 설명된다.
  ㉡ 에릭슨은 발달 단계상 청소년기가 중요한 시기이며, 청소년기에 획득해야 할 발달과업은 자아정체감의 확립이라고 보았다.
  ㉢ 에릭슨은 자아정체감이 반드시 질풍노도의 시기를 통해 확립되는 것은 아니라고 보았다. 그 대신 청소년기를 자아정체감 확립을 위해 자신의 미래에 대한 결정을 잠시 보류하고 진정한 자아를 찾기 위해 탐색하거나 역할실험을 해보는 심리적 유예상태(psychological moratorium)로 삼는 것이 바람직하다고 주장하였다.
  ㉣ 청소년기는 특정 역할에 대해 책임을 지지 않고 다양한 역할을 분석하고 시도해 보는 시기이다.
  ㉤ 에릭슨의 유예 기간과 강도는 사회에 따라 다르지만 청소년기가 끝날 무렵까지 정체감을 형성하지 못하면 청소년에게 큰 고통이 생긴다고 보았다.

(5) 자아개념과 자아정체감 발달
① **자아개념**(self-concept, 자기개념)
  ㉠ **자아개념의 정의**
    ⓐ 자아개념은 자신에 대한 지각과 평가를 의미한다. 자기에 대한 여러 가지 인지적인 신념의 집합체이며 구체적으로 자신의 신체적 특징, 개인적 능력, 특성, 가치관, 역할, 흥미, 사회적 지위 등을 포함한 '나'는 누구인가에 대한 지각과 판단을 의미한다.
    ⓑ 루스 스트랭(Ruth Strang)의 자아개념
      • 자신의 능력, 신분, 역할에 대한 기본적이고 전반적인 인식인 전체적 자아개념
      • 순간적인 느낌이나 최근의 경험에 의해 영향을 받는 일시적 자아개념
      • 타인이 자신을 어떻게 평가하느냐에 따른 사회적 자아개념
      • 자신이 그렇게 되었으면 하는 이상적 자아개념
  ㉡ **자아개념의 속성**
    ⓐ 자아개념은 다면적이며 위계적이다.
    ⓑ 자아개념은 비교적 안정적이다.
    ⓒ 자아개념은 발달적 측면에서 보면 분화적이다.

ⓓ 자아개념은 기술적이고 평가적이다.
ⓔ 한 영역의 자아개념은 다른 영역의 자아개념과 독립적이다.
ⓒ 청소년기의 자아개념
ⓐ 청소년은 아동보다 더 다양한 영역에 걸쳐 자신을 지각할 수 있다. 아동 및 청소년 초기에는 자아개념이 다양하게 분화되어 있어 하위 영역 간에 서로 모순과 불일치를 보이기도 한다.
ⓑ 청소년들은 자아의 모순되고 불일치한 특성을 통합하는 과정에서 선입관을 갖기 쉽다.
ⓒ 대부분의 청소년들은 자신의 실재적 존재에 대한 자아인 현실적 자아개념과 미래에 자신이 되기를 원하는 자아에 대한 열망 또는 그렇게 되어야만 한다는 신념인 이상적 자아개념을 갖고 있다.
ⓓ 자아개념에 영향을 미치는 요인
ⓐ 청소년기의 자아개념은 인지 발달의 영향을 받는다.
ⓑ 자아개념은 청소년의 '의미 있는 타인(significant others)'의 영향을 결정적으로 받는다.
ⓒ 배경요인도 자아개념 형성에 영향을 주는데, 부모의 사회경제적 지위(SES; socioeconomic status)가 결정적인 역할을 한다.
ⓓ 청소년기에 접어들면 자아개념을 형성함에 있어 또래집단이 상당한 영향력을 행사하는 것으로 나타났다.

② **자아정체감(self-identity)**
㉠ 자아정체감의 의미
ⓐ 에릭슨(Erikson)에 의하면 자아정체감은 인간이 반드시 획득해야만 할 과업으로서 생애 교육의 내용이라고 할 수 있다. 이러한 발달과업을 습득하는 데 결정적인 시기(critical period)가 있는데 바로 청소년기이다.
ⓑ 자아정체감은 '~로서의 나' 간의 통합감을 의미한다.
ⓒ 자아정체감은 과거의 나와 현재의 나, 그리고 미래의 나 간의 연속감 또는 일관성을 의미한다.
ⓓ 자아정체감은 주체적 자아(내가 나 자신을 볼 때의 나)와 객체적 자아(내가 남에게 보여지는 모습을 자각할 때의 나) 간의 조화를 의미한다.
ⓔ 자아정체감은 '나는 나다.'라는 실존의식을 의미한다.

ⓒ **정체감의 구체적 양태**
  ⓐ 이름으로 나타나는 정체감 : '나는 아무개이다.'라는 자기표현은 정체감의 근본이며, 이름에 대한 사랑과 미움은 현재 나에 대한 사랑과 미움의 반영이라고 할 수 있다.
  ⓑ 발달적 정체감 : 인간은 성장, 발달하면서 각 단계 또는 시기마다 그 나름대로 자부심이나 사명감을 갖게 된다.
  ⓒ 부정적 정체감 : 부정적 정체감은 병적으로 야심적인 부모에 의해 유발되거나 유능한 사람들이 실현한 높은 이상들에 비추어 자신의 초라함과 열등감을 발견하고 자신을 방어할 필요가 있을 때 나타난다.
  ⓓ 성 역할 정체감 : 자신을 남자나 여자로 인지하는 것이고, 남녀의 구별에 기초하여 남자다움 또는 여자다움을 몸에 익혀서 남성적 역할이나 여성적 역할을 하는 것이며, 성애의 대상으로서 이성을 선택하는 것이다.
  ⓔ 집단정체감 : 개인이 자기 민족의 역사가 이룩한 독특한 가치 및 이상들과 내적 결속성을 갖는 것을 말한다.

ⓒ **자아정체감 이론의 특징**
  ⓐ 심리-사회적 발달 이론
   • 에릭슨은 프로이트와 달리 인간행동과 기능의 기초로서 원초아보다 자아를 더 강조하였다. 에릭슨은 한 개인과 그 부모와의 관계, 그 가족이 위치한 역사적 상황에 관해 새로운 해석을 제공하였다. 에릭슨의 자아 발달에 관한 이론은 인간의 전 생애를 총망라하고 있다.
   • 프로이트는 무의식의 작용과 존재를 해명하고 초기 외상이 성인기의 정신병리에 어떤 작용을 하는지를 설명하려고 하였지만, 에릭슨은 생활에서 오는 정신·사회적 위험을 이겨 낼 수 있는 인간능력에 관심을 가졌다.
  ⓑ 점성론 : 에릭슨의 점성원리에 의한 발달은 8개의 각 발달 단계에서 위기를 어떻게 극복하느냐에 따라 두 가지의 상반되는 결과가 야기된다. 만일 갈등이 성공적이고 건설적으로 해결되었을 때는 적극적인 형질이 인격 속에 구성된다. 위기가 계속되거나 불만족스럽게 종료될 때에는 부정적인 형질이 생겨서 다음의 발달 단계에 장애요인이 될 뿐만 아니라 정신병리적 현상을 초래할 수도 있다.

단답형 문제

이것은 개인의 자아 속에 남성적 역할이나 여성적 역할과 연합된 특성, 즉 성 역할 고정관념을 수용하는 정도를 의미한다. 이것은 무엇인가?

[정답] 성 역할 정체감

> **바로 Check**
>
> 에릭슨(E. Erikson)의 심리사회적 발달단계 중 청소년기 정체감 발달에 관한 설명으로 옳지 않은 것은?
> ① 친밀하고 의미있는 관계 형성의 기초가 된다.
> ② 심리사회적 유예 상태가 요구된다.
> ③ 영유아기에 형성된 신뢰를 바탕으로 발달한다.
> ④ 근면성 성취에 필요한 전제 조건이다.
> ⑤ 성취하지 못할 경우 자기회의에 빠지게 된다.
>
> **해설** 에릭슨의 정체감 형성 대 정체감 혼미 단계에서는 자기 존재에 대한 새로운 경험과 탐색이 시작되며, 이 시기의 중심 과제는 자아 정체감의 확립이다.
>
> ✅ 정답 ④

③ 청소년기의 정체감 위기와 형성과정

　㉠ **청소년기의 정체감 위기**(identity crisis)

　　ⓐ 정체감 위기는 전 생애 가운데 어떤 단계에서도 나타날 수 있지만, 특히 청소년기에 가장 많이, 가장 심각한 수준으로 나타난다.

　　ⓑ 정체감 위기의 원인
- 청소년기에 접어들면서 내적 충동의 질적, 양적 변화가 일어나기 때문이다.
- 청소년이 경험하는 상충적인 사회적 요구 때문이다.
- 청소년기가 되면서 선택을 강요받게 된다는 점이다.
- 청소년기에 증대되는 인지능력이 그 원인이 될 수 있다.
- 동일시 대상의 변화를 들 수 있다.

　㉡ **청소년기의 자아정체감 형성과정**(Marcia, 1966) 🔖빈출

　　ⓐ 정체감 혼미(identity diffusion)
- 사춘기를 전후하여 나타나며 발달과업의 성취를 위한 위기의식이나 대안이 없으며 개인의 관여도 이루어지지 않는다.
- 정체감 위기상태를 경험하지 않았을 뿐 아니라 직업이나 자신의 신념에 대한 의사결정도 하지 않거나 아예 관심이나 필요성도 못 느끼는 경우를 말한다.

　　ⓑ 정체감 유실(identity foreclosure)
- 자신의 가치관이나 진로에 대해 의문을 제기하거나 가능한 대안을 탐색하는 등의 위기를 경험하지는 않았지만, 부모와 같은 의미 있는 타인의 기대나 가치를 수용하여 진로, 직업 또는 이념에 헌신한 상태이다.

나의 필기노트

- 위기는 경험하지 않았지만 의사결정은 내린 상태이기 때문에 '자아정체감 조기 완료'라고 표현된다.
ⓒ 정체감 유예(identity moratorium)
- 현재 위기를 경험하면서 여러 가지 대안들 중에서 선택적으로 참여하며 탐색하는 시기이다.
- 유예기에 있는 청소년들은 종종 스스로의 선택과 타인의 견해 사이에서 동요를 보이며 불확실 상태에 빠지곤 한다.
ⓓ 정체감 성취(identity achievement)
- 위기와 관여를 모두 경험한 경우로, 청소년 자신이 직접 위기를 성공적으로 극복하여 정치적·개인적 이념체계, 직업 등에 대해 스스로 의사결정을 내려 자신의 역할을 수행하고 있는 단계이다.
- 자아정체감을 성취한 사람은 인성 발달의 모든 분야에서 성숙한 면모를 보였으며, 자기주도적이고 확신감이 강한 경향을 보인다.

> **바로 Check**
>
> 마르샤(J. Marcia)의 자아정체감 이론에서 위기에 처해 있으면서 대안을 탐색하지만 아직 의사결정을 내리지 못한 상태는?
> ① 정체감 유예 ② 정체감 유실 ③ 정체감 성취
> ④ 정체감 혼미 ⑤ 정체감 분리
>
> 해설 정체감 유예는 현재 위기를 경험하면서 여러 가지 대안들 중에서 선택적으로 참여하며 탐색하는 시기이다.
>
> 정답 ①

ⓒ 청소년기에 자아정체감 형성이 중요한 이유
ⓐ 청소년기는 신체적, 심리적, 성적인 면에서 급격한 변화가 일어나는 시기이다. 성적인 충동으로 인해 원초아의 활동이 강해지고, 내적인 욕구를 현실에 맞게 중재하는 자아의 통합능력이 요구되므로 자아정체감 형성에 대한 관심이 높아진다.
ⓑ 청소년기의 인지능력은 자아정체감을 확립하는 데 결정적인 역할을 하게 된다.
ⓒ 청소년들은 아동도 어른도 아닌 애매한 입장에 놓여 있다. 환경적으로 청소년들이 받는 자극은 상충적이어서 성인다운 책임과 역할을 수행할 것을 요구하지만, 독립하여 자신의 삶을 살기에는 많은 한계에 부딪히므로 자아의 모호성을 탈피하고자 노력하게 된다.

OX 퀴즈

청소년기의 정체감 유예는 부적응적인 것이다. [　]

[정답] X

해설 정체감 성취나 유예는 심리적으로 건강한 상태라고 할 수 있으나, 정체감 유실이나 혼란은 부적응 상태라고 할 수 있다.

ⓓ 청소년기는 인생의 중요한 결정을 내려야 하는 시기이다. 청소년들은 혼자만의 능력이나 판단으로는 중요한 결정을 내리기 어렵다는 것을 경험하고, 부모나 다른 사람에게 도움을 받더라도 자신의 삶이기 때문에 자기가 책임져야 한다는 것을 자각하게 된다.

ⓔ 자아정체감의 형성은 자신과 다른 사람의 행동과 가치를 내면화하는 메커니즘인 동일시(identification)에 그 근원을 둔다. 청소년기의 자아정체감 형성을 위해서는 과거 개인의 참조체계를 선택하고, 현재 새롭게 내면화한 동일시 내용 및 미래 계획과 포부를 역동적으로 통합하고 재조직화하는 것이 필수적이다.

(6) 정서 발달 – 청소년기의 정서

① **정서의 개념** : 정서(emotion)란 희로애락과 같은 감정상의 흥분상태를 의미한다. 어떤 외적인 자극이나 개체의 내적 자극에 의해서 일어나는 변화를 계기로 동요되고 흥분될 때에 경험하는 심리적 상태를 말한다. 정서의 어원은 '뒤흔든다'라는 뜻을 가진 라틴어 'emovere'에서 유래하였다.

② **청소년기 정서 발달의 특징**(Bridges, 1932)
  ㉠ 정서가 강렬하며 통제가 어렵다.
  ㉡ 직접적인 표현보다는 간접적인 표현을 한다.
  ㉢ 시간적으로 길고 격동적 기분을 형성하기 쉽다.
  ㉣ 극단에서 극단으로 동요하며 불안정하다.
  ㉤ 조화성이 없다.
  ㉥ 가치감정과 지적 감정을 형성한다.
  ㉦ 비판적·회의적이고 욕구불만과 반항의식이 팽창하며, 자아의식의 고양 등으로 갈등, 혼란, 불안정한 상태에 놓이게 된다.

3 청소년기의 사회적 맥락

(1) 성·성역할 발달

① 성
  ㉠ 신체적 성장과 성적 성숙으로 인해 청소년들은 신체적 매력과 신체 이미지에 관심을 갖게 되고 신체적 매력의 기준, 자신의 신체에 대한 만족과 신체 이미지에 변화가 일어난다.

㉡ 청소년들의 이상적인 신체상(body image), 신체에 대한 만족도, 조숙과 만숙에 대한 만족 또는 불안은 사회 문화적 기준이나 편견에 의해 영향 받는다. 청소년들의 신체적 매력에 대한 기준은 가족, 또래친구, 대중매체의 기준과 기대를 반영한다. 조숙과 만숙에 대한 청소년들의 지각도 사회문화적 기대나 편견에 의해 영향을 받는다.
㉢ 사춘기의 신체적 변화에 따라 고립의 욕구 증대, 정서성 증대, 지나치게 수줍어 함, 불안감 증대 등과 같은 심리적 반응이 일어난다.

② **성역할 발달의 주요 개념**
㉠ **생물학적 성과 사회적 성** : 성은 크게 사회적 성(gender)과 생물학적 의미를 지니는 성별(sex)로 구분된다. 청소년기에 성에 대한 인식은 단순히 생물학적 성별 차이에 대한 인식이 아니라 사회적 의미의 성 역할에 대한 인식과 관념의 기초가 된다.
ⓐ 성별 : 남성 또는 여성의 생물학적 영역
ⓑ 성 : 남성 또는 여성의 사회문화적 영역
㉡ **성 유형화**(sex typing)
ⓐ 성 정체성뿐만 아니라 자신이 속한 문화에서 남성 또는 여성에게 적절하다고 여겨지는 동기, 가치, 행동들을 습득하는 과정을 의미한다.
ⓑ 성 유형화에는 자신이 남자 또는 여자이며 성은 변하지 않는 속성인 성 정체감, 남성 또는 여성에게 적합한 역할의 차이가 있다고 믿는 성 역할 고정관념, 다른 성에 연합된 행동에 비해 동성의 활동을 선호하는 경향성을 의미하는 성 유형화된 행동이 포함된다.
㉢ **성역할**(sex role)
ⓐ 한 개인이 속해 있는 문화권에서 여성 또는 남성에 적합한 것으로 규정하는 행동양식, 태도, 가치, 성격 등을 포함하는 일련의 행동기준을 의미한다.
ⓑ 성 역할은 어떠한 태도와 행위가 남성 또는 여성에게 적절한가를 말해 주는 문화적 기대치를 의미한다. 이러한 성 역할을 내면화하는 과정이 성 역할 사회화이다.
ⓒ 성 역할은 사회나 문화에 따라 다르며, 동일한 문화권이라도 시대에 따라 다르다.
㉣ **성역할 집중화 현상**
ⓐ 성역할 집중화 현상은 청소년기 성 역할 고정관념의 증가 현상을 의미한다. 청소년기에 성 역할 집중화 현상이 나타나는 이유는 생물학적·사회적·인지적 발달 때문이다.

ⓑ 청소년 초기에 나타나는 성 역할 집중화 현상은 타인, 즉 부모, 또래, 교사에게 동조하려는 사회화의 징표라고 볼 수 있다. 청소년이 성인기로 전환하고 있음을 나타낸다.
ⓒ 성역할 집중화 현상은 남녀 청소년 모두에게 나타나지만 여성들에게 더 보편적이다.
㉢ **성역할 고정관념**(sex role stereotype) : 남녀에 따라 이상적인 성 역할을 다르게 규정하고 명확히 구분지어 지니는 것을 의미한다. 대부분의 문화권에서는 전통적으로 남녀에게 각각 남성적 특성과 여성적 특성을 확고히 구분지어 규정하고, 성에 적합한 성 역할을 지니는 것이 바람직하다고 생각해 왔다.

③ 성차
 ㉠ **성격의 성차**
  ⓐ 공격성이란 타인에게 의도적으로 신체적 및 언어적 해를 입히는 행위를 의미한다. 이는 성격의 성차가 가장 뚜렷한 영역으로서, 남성이 여성보다 더욱 공격성이 높다.
  ⓑ 의존성은 상대방에게 도움을 청하거나 인정을 받고 의지하려는 성향을 의미하는데, 암시성이나 동조성과도 깊은 관계가 있다. 여성들은 양육과정에서 성 역할 기대에 일치하도록 양육되었기 때문에 비교적 의존적이다.
  ⓒ 사회지향성은 타인과 가까워지고자 하는 욕망과 관심, 협동, 원조, 사회적 감수성, 모성, 감정이입 등을 의미한다. 일반적으로 여성들이 남성들에 비해 사회적 관계 지향성이 높은 것으로 나타났다.
  ⓓ 사회적 영향력은 사회관계나 활동 시 어떤 일을 하도록 영향력을 행사하는 성향을 의미한다. 남성은 다른 사람에게 어떤 일을 하도록 영향력을 발휘하거나 갈등을 풀기 위해 신체적 힘이나 폭력을 사용하려는 경향이 강하다. 여성은 언어적으로 설득하거나 갈등 상황의 회피, 타협과 합리성 또는 자신이 포기해 버리는 경향을 보인다.
  ⓔ 정서성에 있어서 민감성과 타인의 감정을 읽고 이해하는 능력은 여성이 남성보다 높은 것으로 나타나지만, 공포와 욕구불만에 관한 연구에서는 뚜렷한 성차를 보이지 않는 것으로 나타났다.
  ⓕ 자아개념에 관하여 성취 가능성이나 성공 가능성과 관련된 영역을 제외하고는 여성과 남성은 유사하게 긍정적인 자아개념을 형성하고 있었다.

ⓒ 인지능력의 성차
　ⓐ 언어영역은 뚜렷한 성차를 보이는 인지 영역이다. 여성은 어려서부터 언어에 대한 민감성을 보이며, 언어 획득과 문법 사용 면에서 우수성이 청년기까지 유지되는 것으로 나타났다. 수학능력의 경우 수리문제 해결 영역에서는 중학교 이후부터 남학생이 우수해지기 시작하여 성차가 점점 더 커지는 것으로 보고되고 있다.
　ⓑ 인지능력 중 남녀 간 성차가 가장 뚜렷하고 일관성 있게 나타나는 영역은 공간능력이다. 공간능력이란 공간 속 사물을 내적 표상으로 기호화하거나 기억하여 이를 다른 사물이나 공간 위치에 관련시키는 능력을 의미한다. 특히 공간지각능력의 경우, 아동기에는 비교적 성차를 보이지 않다가 18세 이상이 되면 남성이 우수해지는 것으로 나타났다.

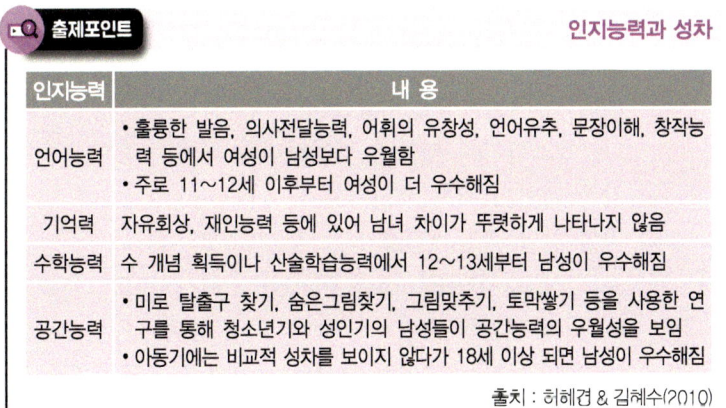

인지능력과 성차

인지능력	내 용
언어능력	• 훌륭한 발음, 의사전달능력, 어휘의 유창성, 언어유추, 문장이해, 창작능력 등에서 여성이 남성보다 우월함 • 주로 11~12세 이후부터 여성이 더 우수해짐
기억력	자유회상, 재인능력 등에 있어 남녀 차이가 뚜렷하게 나타나지 않음
수학능력	수 개념 획득이나 산술학습능력에서 12~13세부터 남성이 우수해짐
공간능력	• 미로 탈출구 찾기, 숨은그림찾기, 그림맞추기, 토막쌓기 등을 사용한 연구를 통해 청소년기와 성인기의 남성들이 공간능력의 우월성을 보임 • 아동기에는 비교적 성차를 보이지 않다가 18세 이상 되면 남성이 우수해짐

출처 : 허혜경 & 김혜수(2010)

④ 성역할 정체감(sex-role identity)
　㉠ 개인의 자아 속에 남성적 역할이나 여성적 역할과 연합된 특성, 즉 성 역할 고정관념을 수용하는 정도를 의미한다.
　㉡ 개인적 정체감의 독특한 측면으로서 그 사회가 남성 또는 여성에게 적절하다고 인정하는 특성, 태도 또는 흥미 등과 동일시하는 것을 의미한다.
　㉢ **성역할 동일시**(sex-role identification) : 사회적 성 역할 기대를 내면화하는 과정이다.

ⓔ **성역할 정체감의 유형**

남성성	우리 사회에서 바람직한 남성적 특성으로 인정되는 독립성, 활동성, 적극성, 공격성 등은 높고, 여성적 특성은 낮은 유형
여성성	여성과 연합된 사회적 규범인 부드러움, 민감성, 다정함, 온화함, 양육성 등은 높고, 남성적 특성은 낮은 유형
양성성	우리 사회에서 바람직하게 여겨지는 남성적 특성과 여성적 특성이 한 사람 안에 공존하는 유형
미분화	남성적 특성이나 여성적 특성 중 어느 하나도 제대로 표현되지 않는 유형

(2) 학업과 진로 발달

① **긴즈버그(Ginzberg)의 절충이론**

㉠ **개요** : 직업선택은 대략 10세~21세에 걸쳐 일어나는 하나의 과정이며, 이 과정은 역행할 수 없고 욕구와 현실 사이의 절충으로 정점에 이른다. 이때 욕구와 현실을 중재하는 것은 자아이며, 자아기능에 의해 일어나는 직업 발달 과정은 단계와 시기에 따라 다르게 나타난다. 청소년기에 있어서 직업선택의 근거는 흥미, 능력, 가치 등과 같은 개인의 내적 요인이다.

㉡ **직업 발달 과정**

ⓐ **환상적 시기(Fantasy Period)** : 11세 정도의 시기로서, 직업선택의 근거를 개인적 소망에 두며, 능력, 훈련, 직업기회 등 현실적인 문제는 고려하지 않는다. 아동은 스튜어디스 복장, 소방차, 발레화 등과 같이 어떤 직업의 눈에 보이는 측면만을 생각한다.

ⓑ **잠정적 시기(Tentative Period)**

- 11세~18세까지의 시기로서, 자신의 소망과 현실적인 문제를 함께 고려한다. 직업에 대한 흥미, 능력, 교육, 개인의 가치관, 인생목표 등을 고려하며, 고교 졸업 후에 취업을 할 것인가 아니면 진학을 할 것인가를 결정해야 한다.

- 처음에는 직업에 대한 자신의 흥미에만 관심이 집중되지만 시간이 지나면서 자신의 관심사가 변하며, 흥미나 관심만으로는 직업을 선택할 수 없다는 것을 깨닫는다. 따라서 자신이 하는 일이 사회에 얼마나 기여할 것인지, 돈을 많이 버는 것인지, 자유시간을 갖는 것인지, 누구에게 간섭받지 않고 일할 수 있는 것인지, 자신에게 얼마나 중요한 일인지 등을 생각하게 되고, 자신의 가치관과 능력에 알맞은 직업 쪽으로 기울게 된다.

OX 퀴즈

긴즈버그의 직업선택 발달이론 중 현실기는 시험기(tentative period) 다음에 경험한다. [ ]

[정답] ○

[해설] 긴즈버그의 이론은 환상기, 잠정기(시험기), 현실기로 구성된다.

ⓒ 현실적 시기(Realistic Period) : 18세 이후가 되는 시기로서, 특정 직업에 대한 훈련, 자신의 흥미나 재능, 직업기회 등을 현실적으로 고려하여 직업을 선택한다. 여성의 경우는 취업이냐, 결혼이냐, 아니면 둘 모두를 병행할 것이냐에 대한 결정도 해야 한다.

② 슈퍼(Super)의 자아개념 이론
  ㉠ 개요 : 직업선택은 자아개념의 발달과 밀접한 관계가 있고 자아개념은 연령과 더불어 변한다. 그래서 직업선택의 발달 이론이라고도 한다. 청소년기의 직업발달은 욕구와 현실과의 절충이라기보다는 통합이라고 보았다. 즉, 자신의 흥미, 욕구, 능력 등을 포함하는 자아상과 정체감에 일치하는 직업을 선택하게 된다고 한다.
  ㉡ 직업선택의 발달과정
    ⓐ 결정화(Crystallization) 단계 : 청년 초기에 해당되며, 직업에 관해 막연하고 일반적인 생각만을 가지게 된다. 점차로 확고한 정체감을 확립함에 따라 직업정체감도 발달하게 된다.
    ⓑ 구체화(Specification) 단계 : 청년 후기에 해당되며, 다양한 직업과 직업세계에 관해 더 많은 것을 알게 된다. 직업에 대한 생각이 보다 구체화되고 하나의 직업을 선택한다는 것은 또 다른 가능성을 배제한다는 것을 인식하게 된다.
    ⓒ 실행(Implementation) 단계 : 20대 초반에 시작되며, 한두 개의 초보적인 직업을 시험해 보거나 전문 직종에 첫발을 들여놓는다. 실제로 직업세계와 직면하면서 최종적으로 어떤 직업을 선택하기 전에 마음을 바꾸는 경우도 있다.
    ⓓ 확립(Establishment) 단계 : 20대 후반에 해당되며, 자신이 선택한 직업분야에서 발전이 이루어지고, 자신의 직업을 자아개념의 일부로 간주하기 시작한다.
    ⓔ 강화(Consolidation) 단계 : 확립 단계에서 이루어진 전문지식이나 기술에 기초하여 30대 중반에는 강화기로 옮겨간다. 자신의 분야에서 가능하면 더 빨리, 더 높은 지위에 오르기 위해 노력한다.
    ⓕ 유지(Maintenance) 단계 : 40대 중반에 시작되는 유지단계에서는 자신의 직업분야에서 높은 지위를 획득하게 되고, 전문가가 되고 고참이 된다.
    ⓖ 쇠퇴(Deceleration) 단계 : 50대 후반 쇠퇴기에 접어들면서 중년들은 은퇴 시기가 얼마 남지 않았다는 사실을 깨닫기 시작한다. 일의 양을 줄이고, 신체적·정서적으로 직업으로부터 자신을 분리하기 시작한다. 직업에 지나치게 몰두해 있는 경우에는 이 단계에서 곤란을 겪는다.

OX 퀴즈

결정화 단계에서는 특정 직업을 선택하고, 직업을 자아개념의 일부로 간주하기 시작한다. [ ]

[정답] ✕
[해설] 결정화 단계는 자신이 원하는 하나의 진로 계획을 정하고, 어떻게 수행할 것인지 고려하는 단계이다.

괄호넣기

홀랜드의 이론에서 청소년상담사, 청소년지도사, 유치원교사는 ( ) 유형에 속한다.

[정답] 사회적

ⓗ 은퇴(Retirement) 단계 : 직장에서 은퇴하고, 직업 외에 자신이 만족할 수 있는 새로운 역할을 찾는다.

③ 홀랜드(Holland)의 성격유형 이론
  ㉠ 개요 : 자신의 성격에 적합한 직업을 선택하는 것이 바람직하다고 주장한다. 성격에 맞는 직업을 선택하면 직업에 보다 쉽게 적응하고, 즐거움을 느끼며, 성공하기 쉽다.
  ㉡ 성격유형 모델
    ⓐ 현실적 유형(Realistic Type, 실재적 유형) : 기술자, 비행기 조종사 등
    ⓑ 탐구적 유형(Intellectual Type, 지적 유형) : 과학자, 의사 등
    ⓒ 사회적 유형(Social Type) : 교사, 상담자 등
    ⓓ 관습적 유형(Conventional Type) : 비서, 은행원 등
    ⓔ 기업가적 유형(Enterprising Type) : 영업사원, 정치가 등
    ⓕ 예술가적 유형(Artistic Type) : 연예인, 시인 등

(3) 친구관계 발달 - 청소년기 우정 발달 이론

① 설리번(Sullivan)의 대인관계 이론
  ㉠ 청소년발달에 있어서 친구관계의 중요성을 강조하였다. 성격은 개인의 의미 있는 대인관계의 경험, 특히 친밀한 사람들과의 관계에 의해 일생 동안 형성된다고 보았다.
  ㉡ 청소년기의 특징
    ⓐ 친밀감이 급격히 증가하며 특히 동성의 단짝 친구와 친밀감을 공유하고자 하는 욕구가 매우 강한 시기이다.
    ⓑ 주로 동성의 몇몇 친한 친구와 형성하는 친밀한 관계를 단짝관계라고 지칭하였다. 청소년들은 단짝관계를 통해 친밀감 욕구를 충족시킬 뿐만 아니라 친구나 가족 간의 갈등과 고민을 해결하여 정서적 안정감을 얻기도 한다. 청소년기의 친밀한 우정관계는 청년기와 성인기 전반에 걸쳐 타인과 친밀한 관계를 형성하는 밑거름이 된다.
      ✎ 단짝관계 : 소수의 특별한 친구와 서로 비밀 이야기를 나누고 관심사를 공유하는 관계로, 의리, 정직, 믿음 등에 기반한 가깝고 상호적인 우정관계

Plus Study — 설리번의 대인관계 발달 단계

단 계	연 령	대인관계 경험 특징
유아기	0~18개월	• 사람들과의 접촉 요구 • 양육자(주로 부모)로부터 사랑받고 싶은 욕구 • 부모의 돌봄에 완전히 의존적임
아동기	18개월~ 6세경	• 성인과 또래에 대한 대인관계 욕구가 함께 나타나 아동의 놀이에 성인이 참여해 주기를 원하는 욕구 • 극화 : 성인역할놀이 • 의존적
소년기	7~10세경	• 또래의 놀이친구를 얻고자 하는 욕구 • 사회화 : 협동과 경쟁적 활동에 참여 • 의존적
청년전기	11~13세	• 친밀감이 급증함 • 동성의 단짝관계에서 교감을 확인하고자 하는 욕구 • 순수한 인간관계 시작 • 독립심이 나타나지만 다소 혼란스러움
청년중기	13~17세	• 성적 접촉 욕구 : 강한 성욕 • 이중 사회성 욕구 : 이성친구에 대한 친밀감 욕구와 또래에 대한 친근감 • 매우 독립적임
청년후기	17세~ 20대 초반	• 친밀감과 애정 욕구가 통합으로 한 사람의 이성에게 초점이 맞춰짐 • 불안에 대한 강한 안전 욕구 • 완전히 독립적임
성인기	20대 초반~ 30세	• 결혼을 통해 부모의 역할을 하며 성인사회에의 통합 욕구 • 사회화가 완전히 이루어짐 • 부모의 통제로부터 완전히 독립함

출처 : 허혜경 & 김혜수(2010)

바로 Check

설리반(H. Sullivan)의 대인관계 발달단계별 특성으로 옳지 않은 것은?

① 아동기 : 부모의 관심을 얻으려는 욕구가 강함
② 소년・소녀기 : 또래 놀이친구를 얻고자 하는 욕구가 커짐
③ 전청소년기 : 성적 접촉의 욕구가 강함
④ 청소년초기 : 이성관계를 형성하려는 욕구가 강함
⑤ 청소년후기 : 성인사회에 통합하려는 욕구가 커짐

해설 전청소년기는 동성친구와 1 : 1의 관계를 갖고자 하는 욕구가 생기는 시기이며, 1 : 1의 친밀한 관계를 통해 생각이나 느낌을 공유하게 된다.

정답 ③

② 셀만(Selman)의 조망수용 이론 : 아동 및 청소년의 대인관계 발달에 있어서 '조망수용(perspective taking)능력'이 반영되어 있으며, 조망수용 능력은 청소년들의 우정을 형성하는 데 중요한 역할을 한다고 보았다.

◈ 조망수용 : 다른 사람의 입장이 되어 그 사람의 감정이나 사고를 생각하고 이해할 수 있는 능력

> **Plus Study** 우정발달의 4단계 이론
>
> 1. **제1단계 일방적 조력 단계**(one-way assistance, 4~9세) : 자기중심적 조망수용을 하기 때문에 친구는 자신이 원할 때 도와주는 사람이라고 생각한다. 자신이 원할 때 거절하거나 자기편을 들어 주지 않는 친구는 더 이상 친구가 아니라고 생각한다.
> 2. **제2단계 협조 단계**(two-way weather cooperation, 5~9세)
>   ① 점차 상호적인 조망수용이 가능하기 때문에, 친구 간에 좋아하는 것과 싫어하는 것을 조절하기 시작한다. 아직 상호 간의 흥미보다는 자기중심적인 생각이 앞서므로 이기주의적 만족을 우정의 기본 목적으로 추구한다.
>   ② 친구관계에서 상대방의 기분이나 느낌을 이해하고 서로 노력해야 한다는 것을 인식하고 있으며 친구관계에서 생기는 신의, 질투, 거부 등의 감정이나 의도에 대해서도 파악해 나간다. 자신의 기분이나 감정에 많이 좌우되므로 이러한 특성을 살려 '상태가 좋을 때만 친구'라고 표현하였으며, 한 번 싸우면 친구관계가 훼손되기 쉬우므로 우정이 오래 지속되지 않는 경향이 강하다.
> 3. **제3단계 상호 공유 관계 단계**(mutually shared relationship, 9~15세)
>   ① 자신과 상대방의 관점, 제3자의 관점까지도 이해할 수 있다. 제3자의 입장에서 자신의 친구관계를 객관적으로 바라볼 수 있게 된다. 청소년들은 각자의 이기주의를 만족시키기 보다는 공통적인 흥미와 관심사를 위해 협력하는 데 우정의 기본 목적을 둔다.
>   ② 친구는 서로의 비밀과 감정을 공유하고, 강한 유대관계가 있으며, 개인적인 문제를 해결하기 위해서는 서로 도울 수 있어야 한다고 믿는다. 다른 집단에 대해 상당히 배타적이고, 유대가 돈독하며, 신의와 질투가 강한 배타적 유대관계를 형성한다.
> 4. **제4단계 자율적, 상호 의존적 우정 단계**(autonomous, interdependent friendship, 15세 이후)
>   ① 심층적·상징적 조망수용을 하게 된다. 상호 간의 이해를 돕기 위해 자신, 상대방, 주변 사람들뿐만 아니라 사회제도, 관습 등의 관점도 고려해야만 하는 보다 심층적인 조망수용을 하게 된다.
>   ② 강한 배타성으로 규정짓던 편협함에서 벗어나 상호 친밀감과 정서적 지원을 강하게 교류하되 서로의 자율성과 독립심은 존중하는, 한층 성숙한 친구관계를 형성하게 된다. 서로 속박하고 배타적인 친구가 아니라 친밀하고 끈끈하지만 서로를 독립된 개체로 존중하는 자율적이고 상호 의존적인 우정을 나눈다.

(4) 여가 발달 – 청소년 여가의 형태

① **활동형** : 운동, 낚시, 등산, 여행, 견학, 답사, 봉사활동, 종교 활동, 동아리활동, 단체 활동, 예능활동 등
② **소극형** : 독서, 음악 감상, 사색, 공상, 라디오 청취, 텔레비전 시청, 바둑, 장기, 영화나 연극 관람, 스포츠 관람, 잡담 등
③ **중간형** : 집안일 돕기, 산책, 쇼핑, 데이트, 취미활동, 공작활동, 수예, 뜨개질 등
④ **부정형** : 전자오락, 낮잠, 당구장, 음주, 화투, 카드놀이 등

Section 02 청소년 문화

학습포인트 청소년 문화의 의미와 성격, 문화 관련 이론에 대해 이해한다. 청소년 문화의 실제를 대중문화, 여가문화, 소비문화, 사이버문화를 통해 파악한다. 이 외에도 청소년을 둘러싼 가족, 지역사회와 또래집단, 학교에 대해 이해한다.

1 청소년 문화 관련 이론

(1) 청소년 문화의 의미와 성격

① 문화의 개념
  ㉠ 사회구성원이 공유하고 있는 것이다.
  ㉡ 역사적으로 전승되어 학습된 것이다.
  ㉢ 사회구성원의 행동지침이나 통합된 체제 또는 형태를 의미한다.
  ㉣ 사회구성원의 경험 조직의 표준이 된다.

② 문화의 특징
  ㉠ 문화는 정지해 있지 않고 움직이며, 변화된다.
  ㉡ 문화는 단순히 다음 세대로 전승될 뿐만 아니라 변화된다.
  ㉢ 문화변화는 크게 내부요인과 외부요인에 의해 이루어진다.
    ⓐ 문화변화에 대한 내부요인설은 사회 성원이 새로운 문화를 발명하거나 개발 또는 발견함으로써 이루어지는 변화를 의미하며, 건전하고 가치 있는 것이다.
    ⓑ 문화변화에 대한 외부요인설은 다른 문화와의 접촉을 통해 이루어지는 변화를 의미한다. '문화접변(acculturation)'이라고 한다.
  ㉣ 문화에는 물질문화와 비물질문화가 있다. 물질문화의 변화속도에 비추어 비물질문화의 전파와 변동속도가 느림으로써 그 간격이 점차 커지는 현상을 '문화지체(cultural lag)'라고 한다.
  ㉤ '문화 실조(cultural deprivation)'는 개인의 발달에 필요한 문화적 요소의 결핍 현상을 의미하는 것으로서, 대개 사회·경제적 지위가 낮은 계층의 아동들에게 많이 발생한다.

 OX 퀴즈

문화접변은 개인의 발달에 필요한 문화적 요소의 결핍 현상을 의미한다. [ ]

[정답] ×

해설 문화접변은 다른 문화와의 접촉을 통해 이루어지는 변화를 의미한다.

바로 Check

비물질문화가 물질문화의 속도를 따라가지 못하는 현상은?
① 문화지체(cultural lag)
② 문화전계(cultural transmission)
③ 문화변용(cultural acculturation)
④ 문화결핍(cultural deprivation)
⑤ 문화이식(cultural transplantation)

☑ 정답 ①

③ 청소년 문화의 성격
  ㉠ **어른의 시각으로 청소년 문화를 보고자 하는 입장** : 청소년 문화를 미숙한 문화로 보는 것이다. 청소년 문화를 미숙한 문화로 인식하는 성인들의 시각은 청소년들과의 갈등과 세대차를 증폭시키는 원인이 되며, 성인들의 권위주의와 기득권 유지에 강한 도전감과 반발심을 자극하는 요인이 되고 있다.
  ㉡ **비행문화로 보는 입장** : 청소년들이란 공부나 일보다는 놀기를 좋아하고 어른의 눈을 속여 나쁜 짓 하는 것을 대범한 행동으로 인식하고 있다고 본다. 이는 청소년들의 독창적인 문화활동을 말살시키고, 성인사회의 관습화된 문화를 주입시킴으로써 성인의 눈에 '착한 아이'를 만들어 가는 것이다.
  ㉢ **하위문화로 보는 입장** : 하위문화라고 하여 전체 문화의 종속적 문화라든지, 미숙한 문화라는 뜻으로 해석할 수는 없으며, 각 연령집단마다 그 연령집단에 적합한 문화요소를 내포하고 있듯이 청소년들에게도 그들만의 문화가 존재하는 것이 당연하다고 받아들여야 한다.
  ㉣ **대항문화(counter-culture) 또는 반문화로 보는 입장** : 청소년 세대와 성인 세대 간의 갈등을 증폭시키며, 대립과 반목을 가중시키고 있다.
  ㉤ **새로운 문화로 보는 입장** : 기성세대는 청소년들에게 자연스럽고 정상적인 행동이 그들 삶의 일부분이며, 그들 세대의 문화임을 인정해야 한다.

④ 청소년 문화의 문제점
  ㉠ 청소년 문화 공간이 없다.
  ㉡ 성인 세대의 상업주의가 청소년의 불건전한 퇴폐문화를 조장하고 있다.

 OX 퀴즈

콜만(J. Coleman)은 청소년문화의 특징을 주류문화의 개념으로 설명하였다. [ ]

[정답] ✕

해설 콜만은 청소년문화를 성인사회로부터 구분되는 하위문화의 개념으로 파악한다.

ⓒ 교육제도와 노동조건에 문제가 있다.
ⓓ 청소년 간의 문화 불평등이 문제가 되고 있다.

(2) 문화 관련 이론

① **사회학습 이론** : 앨버트 반두라(Albert Bandura)의 사회학습 이론
　㉠ 청소년기에 일어나는 여러 변화들은 청소년기 자체가 지닌 필연적인 발달 현상의 특성이 아니라 문화적 조건과 사회적 현상에 의한 것이다.
　　ⓐ 대리 강화에 의한 학습　　ⓑ 상징적 활동
　　ⓒ 자기효능감　　ⓓ 자기강화
　　ⓔ 자기 반영 능력
　　ⓕ 선행사고 활동 – 결과에 대한 인지적 예상
　　ⓖ 자기 규제 능력 – 사회화 과정의 내적 통제화
　㉡ 청소년기의 발달은 환경에 달려 있기 때문에 청소년기가 반드시 질풍노도의 시기이거나 이유 없는 반항을 하는 시기가 아니다.
　㉢ 대부분 청소년들의 행동은 자기 주변 사람의 행동에 대한 관찰학습의 결과에서 비롯된다.
　㉣ 청소년들은 정보처리과정을 통해 자신의 행동을 통제한다.
　㉤ 청소년 발달은 내적·외적 영향의 상호작용으로 이해해야 한다.
　㉥ 청소년은 환경에 대응하는 방식에 의해 부분적으로 환경을 조절한다.
　　ⓐ 유순하고 명랑하고 순한 청소년은 부모에게 아주 정적인 영향을 미쳐 부모로 하여금 우호적이고, 따뜻하고, 애정 어린 방식으로 반응하게 만들 것이다.
　　ⓑ 지나치게 활동적이고 쉽게 불안해하는 기질적으로 까다로운 청소년은 부모들을 적대적이고 인내력이 부족하고 거부적으로 행동하게 만들 수 있다.

② **생태학적 이론**
　㉠ 브론펜브레너(Urie Bronfenbrenner)는 청소년 개인에게 부과된 여러 가지 기대, 압력, 요구, 경험 등이 고려되어야 하며, 그에게 영향을 주는 다양한 친구집단, 학교, 지역사회 등의 환경맥락 안에서 살펴보아야 한다고 주장하였다.
　㉡ 브론펜브레너의 생태학적 체계
　　ⓐ 미시체계(microsystem) : 청소년을 직접적으로 둘러싸고 있는 환경　[예] 가정, 학교, 또래, 이웃 등
　　ⓑ 중간체계(mesosystem) : 미시체계들 사이의 연결망, 즉 환경들 간의 상호관계　[예] 가정과 학교의 관계, 가정과 또래집단의 관계 등

OX 퀴즈
브론펜브레너의 생태학적 이론에서 부모와 아동의 상호작용은 중간체계에 해당한다. [ ]

[정답] ×
[해설] 부모와 아동의 상호작용은 미시체계에 해당한다.

ⓒ 외부체계(exosystem) : 개인을 직접 포함하지 않으나 청소년이 살고 있는 좀 더 큰 지역사회, 청소년 발달에 직접적인 영향을 미치지 않는 생태적 환경 예 부모님의 직업환경, 대중매체 등

ⓓ 거시체계(macrosystem) : 개인이 생활하는 문화로서 청소년 개인의 삶에 직접적으로 개입하지는 않으나 미시체계, 중간체계, 외부체계에 포함된 모든 요소에다 개인이 살고 있는 문화적 환경까지 포함하는 포괄적인 것 예 넓은 의미의 사회

ⓔ 시간체계(chronosystem) : 전 생애에 걸쳐 일어나는 변화와 사회역사적 환경을 모두 포함하는 체계

> **바로 Check**
>
> 브론펜브레너(U. Bronfenbrenner)의 생태학적 모델에서 청소년 환경체계의 예가 옳은 것은?
> ① 미시체계 – 대중매체
> ② 중간체계 – 부모의 직장
> ③ 외체계 – 성평등가족부
> ④ 거시체계 – 확대가족
> ⑤ 시간체계 – 종교단체
>
> 해설 외(부)체계는 어떤 사회적 상황에서의 개인적 경험이 다른 상황에서의 경험에 영향을 미치는 것을 의미한다. 즉 지역사회 수준에서 기능하고 있는 사회의 주요기관으로 직업세계, 대중매체, 정부기관, 교통시설, 통신시설 등이 포함된다.
>
> ✅ 정답 ③

2 청소년 문화 실제

(1) 대중문화

① 대중매체(mass media)의 특징과 문제점

㉠ 특징

ⓐ 다양한 많은 사람들에게 신속하고 효과적으로 메시지를 전달하는 조직화된 수단이다.

ⓑ 대중매체의 신속성과 동시성, 대중성, 효과성 등은 매체환경의 급격한 변화와 발전을 초래하였으며, 이는 많은 사람들에게 문화 전파의 기능과 알 권리를 신장시켰다.

ⓒ 대중매체는 매체환경의 상업성과 선정성을 촉진시키는 구실을 해 왔다.

㉡ 문제점

ⓐ 정보의 홍수문제 : 다양하고 복잡한 정보를 자기 것으로 수용하여 이를 소화하고 이용할 수 있는 개인의 능력에 한계가 있다.

ⓑ 언어의 편향적 섭취 문제 : 인간성 상실, 대화단절 등의 원인이 바로 대중매체의 편향적 언어 때문이라고 해도 과언이 아니다.
ⓒ 공간개념의 확장에 따른 문제 : 정보화 시대가 정보가 쏟아져 나오는 시대를 의미할 뿐만 아니라 시간과 공간을 초월한 동시간, 동공간을 형성하는 시대를 말하기 때문이다.
ⓓ 수용자의 자세를 획일화하고 있는 문제 : 대중매체는 문화적 구속력을 강화하는 역할을 하며, 모든 사람들의 사고와 행동을 획일화시켜 평균인으로 만드는 강력한 수단이 되고 있다.
ⓔ 대중매체의 허구성 문제 : TV를 '미지의 세계를 향한 창문'이라고 말하는데, 그 창문은 대중들에게 크게 3가지 측면의 허구성을 부여한다. 첫 번째, TV가 제시하는 창문 크기에 따라 볼 수 있는 넓은 외부세계가 제한된다는 것이다. 두 번째, 창문의 단절 효과와 관련된 것이다. 세 번째, 창문 색깔과 관련된 것으로, 창문의 색깔로 인해 세상의 색깔을 보고 있는 것이다.
ⓕ 대중매체의 중독성 문제 : 각종 대중매체는 인간의 이성을 마비시킬 수 있는 환상의 세계를 창출하고 있다.
ⓖ 가치관 전도와 물질만능 현상을 조장하는 문제 : 대중매체로 인한 가치관의 전도는 비인간화 현상을 더욱 확대시킬 수 있으며, 그 결과 흉악해진 청소년 범죄와 비윤리적 패륜 행위, 한탕주의와 찰나주의를 만연시킬 수 있다.

② 청소년 문제에 대한 대중매체의 영향
㉠ 현대사회 청소년 비행의 특징, 원인, 정도에 관한 정보가 대중매체를 통하여 유포될 뿐만 아니라 비행의 많은 부분이 뉴스시간에 확대 보도됨으로써 비행에 대한 수용자의 주의력, 공포감, 참여감 혹은 기대감을 조장하고 있다.
㉡ 대중매체의 청소년 비행에 대한 잘못된 보도와 정보 제시는 비행에 대한 가치기준을 저하하고, 비행행위 현실을 왜곡할 뿐만 아니라 비행행위의 합법성을 제시하고 폭력이나 악에 대한 자의적 수용태도를 증대시킨다. TV 매체는 모든 연령층에 쉽게 수용될 수 있다는 사실과 프로그램 내용의 많은 부분이 비행과 관련된 폭력이나 그와 유사한 내용을 포함하고 있다는 사실에서 그 이유를 찾을 수 있다.

③ 대중가요와 청소년
㉠ 청소년들은 대중가요를 통해 자신들의 문화를 수용하고 있으며, 외적으로 강요되는 지배적인 가치에 대응하는 대응전략으로 삼고 있다.

ⓒ 청소년들이 대중가요 시장을 독점하는 이유
  ⓐ 청소년들은 육체적 참여를 통해 그들만의 욕구를 해소하고 있다.
  ⓑ 나만의 상상적 공간으로 도피하고 있다.
  ⓒ 특정 가수의 스타일을 동일시하면서 대리만족을 추구한다.
  ⓓ 또래집단에의 소속감을 강화하며 이를 통해 집단정체성을 발달시킨다.
  ⓔ '새로움'과 '남다름'을 추구하도록 한다.
  ⓕ 가수를 성적 대상으로서 선호하는 경향이 있다.
④ 대중매체 환경의 개선방안
  ㉠ 대중매체는 청소년들이 자신의 가치관을 명료화하고 확립할 수 있도록 도와주어야 한다.
  ㉡ 대중매체는 청소년들의 독특한 정서와 사고, 생활양식과 태도 등을 인정하고 그들의 세상을 존중하는 태도를 취해야 한다.
  ㉢ 대중매체의 성격과 역할, 기능 등에 대한 지속적인 교육을 실시할 필요가 있으며, 올바른 시청방법이나 매체의 사용방법에 대해서도 체계적인 교육이 이루어져야 한다.

바로 Check

'열광적으로 추종한다'는 의미로 청소년들이 스타와 같은 특정 대상에 몰두하여 자신이 좋아하는 대상을 공유하는 사람들끼리 스타일을 함께함으로써 자신의 정체성을 드러내고 싶어 하는 현상은?

① 히끼꼬모리 문화
② 리셋 신드롬(reset syndrome)
③ 보보스(BOBOS) 문화
④ 팬덤(fandom) 문화
⑤ 차브(chav) 문화

해설 광신자라는 뜻을 가진 패내틱(fanatic) 혹은 팬(fan)이라는 영어단어에 영토를 뜻하는 돔(dom)이 합쳐져서, 아이돌 스타 같은 인물을 열성적으로 좋아하는 집단을 팬덤, 그러한 흐름을 팬덤 현상 혹은 팬덤 문화라고 한다.

정답 ④

(2) 여가문화

① 여가(leisure)의 개념과 특징
  ㉠ 개념
    ⓐ 어떤 의무로부터 해방되어 아무런 구속도 없게 되는 상태를 의미한다.
    ⓑ 인간의 생활시간을 크게 생활 필수시간과 노동시간, 자유 시간으로 구분할 때 여가는 보통 생활 필수시간과 노동시간을 제외한 자유시간이라고 할 수 있다.

ⓒ 여가는 노동, 가족, 사회의 의무로부터 벗어나 휴식, 기분전환, 지식의 확대, 자발적 사회참여, 창의성의 자유로운 발휘를 위하여 이용되는 임의적인 활동의 총체이다. 여가는 인간 존재의 상태이며, 삶의 목적으로서 여가 그 자체를 영위해야 한다.
ⓛ 특징
　ⓐ 선택의 자유와 내적 동기를 포함한다.
　ⓑ 가치를 내포하는 개념이다.
　ⓒ 일과 여가는 이분될 수 없으며, 일로부터 탈피하고자 하는 사람은 여가를 회피하고자 하는 사람과 같다.
　ⓓ 정신과 육체의 공존이 진정한 여가이다.
ⓒ 기능
　ⓐ 단조롭고 지루하며 틀에 박힌 생활에서 탈피하고 싶어 하는 해방감을 충족시켜 준다.
　ⓑ 자기존중감, 자유, 도전, 성취 등과 같은 측면에서 자기실현을 하기 위한 가치 추구 또는 가치 지향적인 행동을 촉진한다.
　ⓒ 순수한 즐거움과 유쾌함을 위한 창조적인 바탕을 제공한다.
　ⓓ 노동이나 작업과 관련해서 보상적, 조정적, 회복적인 준비태세를 갖도록 해 준다.
　ⓔ 개인의 욕구와 능력에 적합한 자기표현의 수단적인 역할을 제공한다.

② 청소년 여가문화의 의미
㉠ 청소년 여가문화는 청소년들이 여가의 의미를 올바르게 이해하는 것에서부터 시작되어야 한다. 여가는 자유로움과 평화로움, 한가함의 상태이며 청소년들이 이러한 의미를 올바르게 인식하고 생활화해야 여가의 순기능이 최대화될 것이다.
㉡ 청소년들에게 진정한 의미의 여가시간과 여가공간, 여가활동 등을 보다 많이 제공할 때 청소년들의 학교성적을 향상시킬 수 있다. 적극적인 활동을 조장하고 집단 내 협동심과 공동체감을 증대시키며 심리적 안정감과 인간관계를 개선시키는 효과가 있다. 청소년들이 인식하는 여가활동은 그들만의 고유하고 가치 있는 문화를 창조하고 개발하는 데 중요한 역할을 한다.
㉢ 건전한 여가와 레크리에이션은 청소년들에게 신체적, 심리적, 지적 발달뿐만 아니라 능동적인 인간이 되게 하며, 규칙을 지키고 공정성을 존중하는 습관을 기르게 한다.

(3) 소비문화

① **청소년의 소비** : 청소년은 소비자 사회화가 가장 활발하게 이루어지는 시기이다. 이 시기에 형성된 소비자로서의 태도는 성인기의 소비생활까지 연장된다. 이 시기에 소비에 대한 올바른 가치관과 바른 소비자로서의 태도를 교육하는 것이 필요하다.

② **청소년 소비자**
  ㉠ 연령이나 생활주기에 따라 분류한 소비자 집단유형의 하나이다.
  ㉡ 소비자 발달 단계에서 아동 소비자와 성인 소비자 중간에 위치한 과도기적 소비자로서, 개성이 뚜렷한 생활양식과 소비 특성을 갖추고 있다.

③ **청소년 소비자의 소비생활 특성**
  ㉠ **동조 소비** : 준거집단에서 소외되지 않으려는 소속욕구에 의한 소비행동이다. 자신에게 꼭 필요하고 어울리는 것보다는 남들이 많이 구매하고 사용하는 유행 브랜드라는 이유만으로 소비하는 형태이다.
  ㉡ **충동 소비** : 소비를 당연시하고 소비 그 자체를 즐거움으로 여긴다. 자기만의 개성을 추구하면서도 다른 사람을 모방하고 유행을 추종하는 이중적인 모습과 함께 신상품에 대한 관심과 보는 즉시 구매하는 등 충동구매 성향이 나타나는 형태이다.
  ㉢ **과시 소비** : 청소년들은 차별화를 추구하는 과정에서 개성을 추구하면서도 끊임없이 타인을 의식하는 소비행태를 나타내게 된다.

④ **청소년 소비문화의 문제점**
  ㉠ 과시 모방 심리에 의해 유명 메이커 등 고급 제품을 신호한다.
  ㉡ 근검절약의 정신 등이 부족하다.
  ㉢ 용돈관리의 소홀함과 무계획성을 갖고 있다.

⑤ **청소년 소비문화 개선을 위한 해결방안**
  ㉠ 건전한 소비문화 정착을 위한 노력이 필요하다.
  ㉡ 청소년들이 노동을 이해하기 위해 사회적인 지원을 받아야 한다.
  ㉢ 청소년의 소비에 대한 사회적 지원을 확대해야 한다.
  ㉣ 청소년 대상 소비자 교육(경제교육)이 필요하다.
  ㉤ 청소년의 녹색소비운동을 전개해야 한다.

OX 퀴즈

베블렌의 과시소비이론은 소비가 다른 사람들에게 보여주기 위한 과시적 욕구에 의해 결정된다고 본다. [ ]

[정답] ○

[해설] 가격이 비쌀수록 오히려 수요가 늘어나는 비합리적 소비형태를 '베블렌 효과'라고 한다.

부르디외(P. Bourdieu)의 소비문화이론 내용으로 옳은 것은?
① '취향'에 따른 일상생활의 소비를 통해 계급 정체성이 유지되고 인지된다.
② 소비는 즐거움에 대한 열망과 체험의 순환경험을 제공한다.
③ 소비욕구는 광고나 판매전략에 의해 인위적으로 창출, 조작되는 것이다.
④ 소비는 '물건에 부여된 기호'를 소비하는 것이다.
⑤ 소비문화는 '생산영역의 매커니즘'에 의해 형성된다.

해설 프랑스의 사회학자 피에르 부르디외는 취향의 차이가 사회적 신분을 구별 짓는다고 주장한다. 다시 말하면 사회적 신분이 개인의 취향을 폭력적으로 통제하고 있지만 너무도 교묘하게 행해지고 있기 때문에 사람들은 당연하게 받아들인다는 것이다.

정답 ①

(4) 사이버 문화

① 가상환경(Virtual Environment)

㉠ 가상환경의 의의
ⓐ 가상환경은 실재의 환경인 자연환경과 사회환경에 대응하는 개념으로서, 컴퓨터류의 작동을 통해 생성되는 세계이다.
ⓑ 유사한 용어로는 사이버 공간이 있으며, 컴퓨터 기기의 네트워킹으로 확산되어 가는 물질적인 실체와는 떨어진 가상적 공간을 의미한다.
ⓒ 가상환경의 영향력은 청소년 시기를 비롯한 인간외부 환경으로서 커져가고 있으며, 이로 인해 성찰적 정체성 정립이 요구된다.

㉡ 가상환경의 특징
ⓐ 인간의 의사소통 구조가 대면(face to face) 방식이 아니라 컴퓨터나 통신매체라는 도구를 통해 이루어지는 시스템이므로 상당한 익명성을 확보할 수 있다.
ⓑ 사이버환경은 컴퓨터를 매개로 의사소통이 이루어지는 흐름의 공간이기 때문에 인간관계에도 변화가 일어나며 인간의 정체성에서도 변동이 생기게 된다.
ⓒ 가상환경의 풍부하고 다양한 정보 속에서 자신에게 유용한 지식과 경험을 선택해야 한다.

㉢ 가상환경의 관점과 문제점
ⓐ 청소년 세대라고 할 수 있는 N세대(Net generation)들은 기존 세대에 비해서 인지능력이 생길 때부터 컴퓨터와 친숙하게 생활을 한다. 상당수의 청소년 세대가 학습을 위한 긍정적 도구로 컴

퓨터를 활용하고 있지만, 자본주의 문화와 인간의 쾌락이 혼재된 사이버상의 인터넷 중독이나 게임중독 문제 등과 같은 부정적 관점의 영향을 받기도 한다.
ⓑ 컴퓨터 매체로 인한 사이버 환경의 일반적인 문제점
- 컴퓨터 환경의 커뮤니케이션이 갖는 속성인 익명성, 통합성, 시공간 초월성 등으로 인해 많은 양의 정보를 손쉽게 접할 수 있지만, '정보의 홍수' 속에서 혼란을 겪게 되며, 심리적으로도 무기력함과 인간소외감을 심화시킨다.
- 컴퓨터상에 구축된 각종 데이터베이스는 개인의 인적사항을 비롯한 사적인 자료가 노출될 우려가 많아 사생활의 보장이 극심하게 침해받을 수 있다.
- 정보화기술이 뛰어난 청소년계층과 비교적 정보화기술 습득에 둔감한 후기 성인세대 간의 정보격차가 발생할 수 있다.
- 컴퓨터시스템을 무단침입하는 해킹행위나 온라인을 이용한 금융사기, 불법프로그램 복제행위 등의 새로운 사이버범죄를 유발하여 사회질서를 파괴하는 요인으로 작용할 수 있다.

㉣ **가상환경에서의 윤리**
ⓐ 비실재감과 함께 다수에게 노출되는 가상환경에서는 대면적 사회에서보다 더욱 강화된 사회규범적 요소가 적용될 필요가 있다.
ⓑ 사이버공간을 접할 때 가장 많이 사용하는 영역 중 하나인 전자메일이나 게시판, 대화방 등에서는 자신에 대한 책임성에 기초하여 상대방을 존중하는 자세로 사회적인 해악이나 비복지적인 행위를 금해야 한다.
ⓒ 네티켓(Netiquette; network etiquette)은 인터넷 연결망상에서 상대방을 존중하고 남의 복지에 위협을 주지 않도록 하는 규범이나 규칙을 의미한다.

② **청소년의 인터넷 문화**
㉠ **인터넷 환경과 청소년 문제행동**
ⓐ 인터넷을 사용함으로써 관계욕구, 독립욕구, 자기 이해욕구, 학습욕구, 친밀감욕구 등 다양한 욕구를 충족시킬 수 있다. 컴퓨터와 인터넷으로 대변되는 정보사회로의 변화는 청소년들에게 다양한 형태의 인터넷 관련 문제행동을 일으키고 있다.
ⓑ 청소년의 삶과 행동에 대한 인터넷의 긍정적인 영향으로는 의사소통의 증진과 학습속도의 증진, 가치 있는 정보의 공유, 경험의 확대 등으로 집약될 수 있다.

ⓒ 인터넷 관련 문제행동 가운데 청소년들에게 가장 광범위하고 지속적인 영향을 주는 것으로 '인터넷 중독'이 있다.

ⓛ **청소년의 인터넷 이용현황**

ⓐ 인터넷 채팅
- 청소년들은 채팅을 통해 이성을 쉽게 만날 수 있고 심리적 위안을 받을 수 있으며, 성적 욕망을 충족시킬 수 있다.
- 청소년들의 채팅은 그들만의 독특한 언어를 통해 이루어지며, 또 다른 문화와 의사소통 구조를 만들어 주고 있다.
- 채팅을 통해 그들만의 언어(은어, 속어, 비어)를 만들어 가고 이에 익숙해지는 것 또한 채팅의 부수적인 목적이라고 할 수 있다.

ⓑ 유해사이트 접속
- 청소년들이 자주 접속하는 유해사이트는 음란사이트, 폭력사이트, 자살사이트, 엽기사이트 등이다.
- 음란물에 노출된 시기가 빠른 경우 대인관계에서 정상적인 인간관계보다는 이성을 성적 대상으로 보게 되며, 여성을 비인격적으로 비하시키는 태도를 형성한다.
- 청소년들의 음란사이트 접속경험률은 매년 급속도로 증가 추세를 보인다. 중학생보다는 고등학생의 경험이 더 높고 학년별 편차가 크고, 여학생보다는 남학생의 경험이 더 높다.

바로 Check

탭스콧(D. Tapscott)이 제시한 용어로 디지털혁명이 가속화되는 가운데 인터넷을 일상생활의 동반자처럼 활용하는 세대를 지칭하는 용어는?

① N세대   ② X세대   ③ Y세대
④ C세대   ⑤ P세대

해설 N세대는 1977년부터 1997년 사이에 태어난 세대로 디지털 기술과 함께 성장해서 디지털 기기를 능숙하게 다룰 줄 아는 디지털 문명세대를 말한다.

✅ 정답 ①

3 가족·지역사회

(1) 사회환경의 체계와 구성

① 가족환경 체계
- ㉠ 가족은 인간이 태어나서 처음으로 대하는 타인이기 때문에 자기 자신이 아닌 중요한 타인으로서 인간관계를 형성하게 되는 것이다. 따라서 가족체계는 사회체계론적 관점에 따르면 인간행동과 성격 형성에 지대한 영향을 미친다.
- ㉡ 청소년을 가족체제적인 측면에서 이해하고자 할 때 부부관계, 청소년 자녀의 행동과 발달, 부모의 양육방식 등을 중요하게 생각해야 한다.
- ㉢ 미누친(Minuchin)은 가족 구성원들이 선택한 관계 형성 방식에서 강화되는 부분이 가족 구성원 간의 행동패턴을 결정하게 된다는 사회체계론적 관점을 보인다. 특히 부모-자녀 간의 하위체계에서 아버지와 자녀 또는 어머니와 자녀는 가족구조의 속성인 경계선 내에서 기능적 단위로 상호작용을 하면서 독특한 항상성을 가지고 있기 때문에 다른 체계나 하위체계에 순기능을 하거나 역기능을 할 수 있다.

② 집단과 조직환경 체계
- ㉠ **집단 환경**
  - ⓐ 인간은 가족체계를 벗어나면 사회적 동물로서 여러 가지 이익과 편리성을 위해 또래나 상하관계가 유지되는 집단생활을 영위하게 된다.
  - ⓑ 개개인들은 그 집단이 가지고 있는 가치와 규범에 따라 어려운 문제를 해결하려는 과정에서 상호작용하게 된다. 문제를 해결해 가는 과정은 목표를 달성하기 위한 과업활동과 대인관계와 관련 있는 사회정서적 활동으로 구분될 수 있다. 집단이 유지되기 위해서는 이 두 가지 활동 간의 역동적인 평형이 유지되어야 한다.
- ㉡ **조직 환경**
  - ⓐ 조직이란 특정한 목표를 추구하기 위해 신중하게 구축된 사회적 단위 또는 인간집단으로서 학교, 병원, 교회, 교도소 등이 포함된다.
  - ⓑ 조직은 인간에 의해 만들어진 집단구조로 공동의 목표와 체계화된 구조를 가지고 있으며, 일정한 경계를 갖고 환경과 지속적이고 역동적인 교류를 하는 존재로 정의할 수 있다.

ⓒ 조직체계에서 활동하는 조직 구성원들은 긍정적이고 부정적인 심리양태나 행동을 보일 수 있는데, 자아실현, 조직몰입 등은 조직의 긍정적 활동에서 이루어지며, 소외감, 역할갈등, 역할 모호성 등은 부정적 측면에서 일어날 수 있는 환경문제이다.

③ 지역사회환경 체계
  ㉠ 지역사회의 개념
    ⓐ 타 지역과는 구분되는 특수성(uniqueness)
    ⓑ 물리적 지리성 및 지역적인 경계를 가지는 분리성(separateness)
    ⓒ 사회문화적인 동질성(homogeneity)
    ⓓ 합의성(consensus)
    ⓔ 자조성(self-help)
    ⓕ 다른 형태의 집단행위와의 상호작용성(interaction)
  ㉡ 지역사회가 공통적으로 수행하는 핵심 기능
    ⓐ 생산, 분배, 소비
    ⓑ 사회화(socialization)
    ⓒ 사회통제(social control)
    ⓓ 사회통합(social integration)
    ⓔ 상부상조(mutual support)
  ㉢ 지역사회 구성원들은 사회연대와 지지를 통해 공동체를 달성할 수도 있고, 지역사회의 하위체계들 간에 상호작용이 갈등적 국면을 일으키기도 한다.

(2) 사회문제의 사회적 보호

① 사회문제는 산업화가 이루어지고 자본주의적 대량생산이 본격화되면서 전통사회에서는 문제로 예상되지 않았던 부분들이 새롭게 문제점으로 대두되거나 현대사회의 구조적 모순에서 새로운 형태의 사회문제들이 발생하는 것을 말한다.
② 사회문제에는 불평등의 문제, 교육문제, 노동과 직업문제, 빈곤문제, 범죄문제, 인구문제, 여성문제, 보건의료문제, 여가와 삶의 질 문제, 정보격차문제, 환경문제 등 다양한 영역이 있다.
③ 청소년을 비롯한 사회적 약자들을 위한 사회적 보호의 이념은 복지 국가의 성숙과 함께 지역사회보호라는 공식적인 서비스의 형태로 자리 잡고 있다.

> **Plus Study** 하트(Hart)의 청소년 참여 사다리 모델
>
> - **1단계**(성인들이 이용하는 단계) : 참여의 가장 낮은 단계로서, 어른들이 의도적으로 청소년의 목소리를 이용하는 단계
> - **2단계**(장식처럼 동원되는 단계) : 성인들이 주도하고 청소년과 함께 운영하지만 청소년들은 그 사안에 대한 이해가 적고, 조직화 과정에서 참여도 없음
> - **3단계**(명목상으로 참여하는 단계) : 성인들이 주도하고 청소년들이 자신의 목소리를 가진 것처럼 보이지만 주제에 대한 선택권이 없고 자신의 의견을 형성할 기회가 없음
> - **4단계**(성인들이 지시하고 정보를 제공하는 단계) : 성인 주도로 운영하지만 청소년들이 그 의도를 이해하고, 누가 그리고 왜 의사결정을 내리는지를 이해하며, 이후에 의미 있는 역할을 담당하거나 자원봉사를 할 수도 있는 단계
> - **5단계**(성인들이 정보를 제공하고 협의하는 단계) : 성인들에 의하여 계획되고 운영되지만 청소년들이 그 과정을 이해하고, 자신들의 의견이 신중하게 고려된다는 것을 인식하는 단계
> - **6단계**(성인 주도로 청소년과 의사결정을 공유하는 단계) : 진정한 참여가 시작되는 단계
> - **7단계**(청소년이 주도하고 감독하는 단계) : 청소년들이 성인들의 참여 없이 자신들의 프로젝트를 시작하고 운영하는 단계
> - **8단계**(청소년 주도로 성인과 의사결정을 공유하는 단계) : 청소년 주도로 성인과 의사결정을 공유하는 단계, 실제로는 매우 드문 경우

바로 Check

하트(R. Hart)의 참여 사다리모델에서 실질적 참여로 볼 수 없는 단계는?

① 장식 단계(Decoration)
② 청소년이 시작하고 청소년이 감독하는 단계(Child-initiated and directed)
③ 성인들이 협의하고 정보를 제공하는 단계(Consulted and informed)
④ 성인들이 시작하고 청소년과 의사 결정을 공유하는 단계(Adult-initiated, shared decision with children)
⑤ 성인들이 정하지만 정보는 제공되는 단계(Assigned but informed)

☑ 정답 ①

4 또래집단 · 학교

(1) 또래집단

① 또래집단의 기능
　㉠ 또래집단은 사회적 지원과 안정감을 제공해준다.
　㉡ 또래집단은 준거집단으로서의 역할을 한다.
　㉢ 또래집단은 보다 성숙한 인간관계를 형성할 기회를 제공한다.
　㉣ 자신의 정체감을 추구하는 과정에서 또래집단은 중요한 역할을 한다.

② 또래집단과 인기도
  ㉠ 또래집단에서의 인기도
    ⓐ 인기형(popular) : 가장 인기 있는 청년은 일반적으로 신체적 매력이 있고, 머리가 좋고, 사교적이고, 행동적이며, 지도력이 있다.
    ⓑ 보통형(acceptable) : 청소년의 절반 정도가 이 유형에 속하는데, 친구들이 특별히 좋아하지도 않고 특별히 인기 있는 것도 아니지만 그렇다고 친구들이 싫어하는 유형도 아니다.
    ⓒ 고립형(isolated or neglected) : 고립되거나 무시당하는 청소년은 친구들의 관심밖에 있기 때문에 친한 친구로 지명되지도 않거니와 싫어하는 친구로 지명되지도 않는다.
    ⓓ 거부형(rejected) : 친구들이 가장 싫어하는 유형으로 신체적, 언어적 공격을 많이 하고, 교실에서 수업분위기를 망치고, 학업성적도 좋지 못하다.
    ⓔ 혼합형(controversial) : 친한 친구로 뽑히기도 하고 싫은 친구로 뽑히기도 하는 혼합형은 공격적이고 파괴적인 면이 있는가 하면, 자기주장이 강하고 지도력이 있다.
  ㉡ 친구 사귀기의 효율적인 전략
    ⓐ 상호작용 시작 : 친구에 대해 알고 자신을 소개하고 대화를 시작한다. 무슨 일을 함께 하자고 제안한다.
    ⓑ 친절 : 친절하고 상냥하고 사려 깊게 행동한다.
    ⓒ 친사회적 행동 : 다른 사람에 대한 존경과 좋은 매너 및 공손하고 정중한 태도를 보이고, 다른 사람의 말을 경청한다.
    ⓓ 사회적지지 제공 : 친구에게 조언을 해주거나 도움을 주고, 관심을 보이며, 공부나 놀이 등의 활동에 함께 참여한다.
  ㉢ 집단따돌림
    ⓐ '집단따돌림'은 '왕따'라고도 하는데, 두 명 이상이 집단을 이루어 특정인(또는 특정 집단)을 그가 속해 있는 집단에서 소외시켜 구성원으로서의 역할 수행에 제약을 가하거나 인격적으로 무시 혹은 음해하는 언어적 및 신체적 일체의 행위를 말한다. 따돌림 또는 괴롭힘은 "특정인에게 반복적이고 지속적으로 심리적 또는 신체적 고통을 가하는 행위"이다(교육인적자원부, 2005). 따라서 집단따돌림은 다수로 구성된 집단이 소수 혹은 개인을 집단적으로 소외시키는 현상이라고 할 수 있다.
      • 특징 : 특정인과 대화를 거부하기, 약점을 들추어내기, 은근히 또는 공개적으로 비난하기, 하는 일마다 시비 걸기, 따돌림의

대상을 고립시킬 목적으로 그와 가깝게 지내려는 다른 집단구성원을 위해하기, 바보 만들기 등의 행위를 통해 나타나며, 장난을 빙자하여 괴롭히기 등의 직접적인 신체적 접촉으로 나타난다.

- 집단따돌림을 당하는 청소년의 행동 특성

학교	안색이 좋지 않고 기운 없음, 혼자 멍하니 있거나 두려운 기색 보임, 친구의 심부름을 참고 해 줌, 아부성 웃음, 혼자 청소하기, 견학이나 여행 기피, 수업 중 발표 시 비웃음, 결석, 가끔 눈물을 글썽이는 모습 보임
집	자주 피곤해 함, 손발에 작은 상처 있음, 등교 거부, 두통 및 복통 호소
기타	소지품 분실이 잦거나 몰래 돈을 가져감, 초조해 하며 지각을 자주 하는 양상을 보임

- 원인
    - 동년배 집단과의 유사성·동질성이 동년배 관계에서 중요한 요인이 되는데, 유사성에서 벗어난 개인에 대한 집단의 거부 반응이 집단따돌림의 형태로 나타날 수 있다.
    - 집단에의 동조가 청소년기의 행동 및 정신사회적 발달에 지대한 영향을 미치게 되는데, 이러한 집단의 동조 압력에 적응하지 못하는 청소년의 경우 집단따돌림의 대상이 될 수 있다.
    - 자신과 타인의 차이를 인정하지 않으려 하는 집단이기주의가 집단 따돌림 현상을 일으킬 수 있다. 불안심리를 타인을 공격함으로써 완화시키려는 무의식적인 자기방어가 한 개인을 속죄양으로 만드는 집단따돌림의 원인이 될 수도 있다.
    - 가정에서 발생한 갈등을 자연스럽게 해소하기 위해 동년배 집단의 집단따돌림 현상으로 표출할 수 있다.

ⓑ 집단따돌림은 단지 학교 내의 또래 간 문제만이 아니라, 나아가 가정과 사회의 문제로 확대되며, 문제의 심각성이 두드러짐에 따라 이에 대한 자각과 함께 여러 기관에서 다양한 방법으로 해결책을 모색하고 있는 중이다.

③ 또래집단의 압력과 동조행동
  ㉠ 동조행동은 다른 사람의 압력 때문에 그들의 태도나 행동을 채택하는 것을 의미한다.
  ㉡ 어떤 연령에서도 동조행동은 있기 마련이지만, 특히 이러한 동조행동에 대한 또래의 압력은 청소년기에 가장 강력하다.

ⓒ 또래압력에 대한 동조행동이 특히 문제가 되는 것은 또래집단이 반사회적 행위를 강요함으로써 비행 청소년이 될 가능성이 많다는 점이다.

> **바로 Check**
>
> 또래집단의 역할 또는 기능에 해당하는 것을 모두 고른 것은?
>
> ㄱ. 자아정체성 형성의 기회 제공 ㄴ. 준거집단으로서의 역할 제공
> ㄷ. 심리적 지원과 안정감 제공   ㄹ. 문화학습 및 전승의 기능
>
> ① ㄱ, ㄷ   ② ㄴ, ㄹ   ③ ㄱ, ㄴ, ㄷ
> ④ ㄴ, ㄷ, ㄹ   ⑤ ㄱ, ㄴ, ㄷ, ㄹ
>
> 해설 또래집단은 청소년기 발달에 중요한 과업들을 성취하는 데 도움을 준다.
>
> ☑ 정답 ⑤

(2) 학 교

① 학교환경

ㄱ. **학교와 학급의 크기** : 학생수가 적은 학교에서는 학생들이 학교에 대한 소속감을 갖게 되어 긍정적인 상호작용과 친사회적 행동을 많이 하는 반면, 학생수가 많은 학교에서는 학교에 대한 소속감을 덜 느끼고 자신의 행동에 대한 책임감이 적어 무단결석이나 반사회적 행동 등 행동문제가 많은 경향이 있다.

ㄴ. **교사의 영향** : 훌륭한 교사는 위엄이 있고, 열의가 있으며, 공정하고, 적응력이 있으며, 따뜻하고, 융통성이 있으며, 학생들의 개인차를 잘 이해한다.

ㄷ. **학부모의 참여** : 청소년의 학교교육에 학부모의 참여를 높이기 위한 방안

ⓐ 부모는 청소년의 건강과 안전에 대한 책임이 있으므로 학교-부모 간 연계 프로그램을 개발하여 청소년발달의 정성적 과정에 대해 부모교육을 시킨다.

ⓑ 학교는 교과과정을 비롯한 학교 프로그램 및 청소년의 개별적 발달에 대해 부모에게 알릴 의무가 있다.

ⓒ 일일교사와 보조교사 등의 방법을 통한 부모의 적극적인 참여가 필요하다.

ⓓ 부모 재교육 프로그램 등을 통해 가정에서 청소년의 학습을 도울 수 있게 격려한다.

ⓔ 학부모–교사 협의회 등을 통해 학부모가 학교의 의사결정에 참여하도록 유도한다.
ⓕ 청소년의 교육 경험을 폭넓게 하기 위해 지역사회의 여러 기관들과 자매결연을 맺고, 특별 강연 등의 기회를 통해 앞으로 청소년의 직업세계에 대한 통찰력을 길러준다.

② 교우관계
  ㉠ 정상적인 사회성발달을 위해 청소년들에게는 좋은 교우관계가 필수적이다.
  ㉡ 사회적 고립은 청소년 비행에서 음주문제, 우울증에 이르기까지 여러 가지 문제행동 및 부적응과 연관되어 있다.
  ㉢ **동성친구(우정) 관계**
    ⓐ 청소년기는 동성 친구 간의 대인관계가 급격하게 확대되는 시기이며, 교우관계에서 여러 가지 갈등과 어려움을 경험하게 되는 시기이다.
    ⓑ 동성친구와의 교우관계에서 발생하는 문제 : 교우관계 형성 자체에 어려움을 겪는 경우, 교우관계를 심화시키지 못하는 경우, 교우관계에서 빈번한 다툼과 갈등을 겪는 경우, 교우관계에 지나치게 몰두하여 학업 지장을 초래하거나 비행으로 연결되는 경우
  ㉣ **이성친구 관계**
    ⓐ 청소년기는 성에 대한 호기심과 이성 친구에 대한 관심이 증대되는 시기이며, 이는 매우 자연스러운 현상이다.
    ⓑ 이성관계에서 경험하는 문제 : 이성친구에 대한 지나친 관심과 몰두, 이성친구와 교제에서 경험하는 여러 가지 심리적 갈등, 이성친구에 대한 지나친 수줍음과 불안, 이성친구에 대한 지나친 거부감과 혐오감, 이성교제로 인한 부모와의 갈등

Section 03 청소년 복지와 보호

학습포인트 생물학적, 심리학적, 사회학적 관점에서 본 청소년비행 이론에 대해 이해한다. 청소년 문제 중 학교부적응, 학업중단, 폭력, 자살, 가출, 중독 등에 대해 이해한다. 청소년 보호와 복지 및 자립지원, 사례통합관리 등에 대해서도 파악한다.

1 청소년비행 이론

(1) 생물학적 이론
① 초기 생물학적 이론에서는 사람의 성격과 행동이 신체모양 및 구조와 밀접히 관련된다고 보았다.
② 최근의 생물사회학적 이론에서는 개인적 소질과 환경의 상호작용이 개인의 행동에 영향을 미친다고 주장하였다. 즉, 개인의 신체적·정신적 비정상이 환경과 상호작용하면서 부조화와 여러 가지 문제들을 만들어 내게 되고 이것이 바로 비행행동으로 연결된다는 것이다.

(2) 심리학적 이론
① 정신분석이론
  ㉠ 비행행동은 원초아(id)의 힘이 자아(ego)나 초자아(superego)의 통제범위를 넘어섰을 때 생기는 것으로 간주한다.
  ㉡ 따라서 비행을 예방하기 위해서는 자아가 본능과 충동의 근원인 원초아의 동기를 억제할 수 있도록 초자아가 발달되어야 한다.
② 학습이론
  ㉠ Skinner에 의하면 자극과 반응이 연결되는 한 가지 방법은 조작적 조건형성을 통해서 이루어지는 것이다. 즉, 행동은 조작적 조건행동의 결과에 의해서 결정된다. 예 비행 청소년의 경우 그가 훔친 물건으로 보상을 받거나, 또래들로부터 주목을 받음으로써 강화를 받게 되므로 결과적으로 비행행동을 되풀이하게 된다.
  ㉡ Bandura에 의하면 다른 사람을 관찰함으로써 학습이 이루어진다고 한다. 예 청년이 TV에서 방영되는 공격적인 프로그램의 주인공 모습을 반복해서 관찰한 경우, 자신의 친구나 동생에게 TV에서 보았던 공격성을 그대로 보일 수도 있다.

③ 인지발달이론
　㉠ 인지발달이론은 도덕적 판단력이 인간의 인지발달에 따라 내면화하는 과정을 통해서 비행의 원인을 밝히고자 한다.
　㉡ 어떤 사람은 사회적 기대를 쉽게 내면화하는 반면 어떤 사람은 그렇지 못한데, 비행 청소년의 경우는 후자의 경우로서 사회의 규제를 내면화하는 데 어려움을 호소하는 경향이 있다.

(3) 사회학적 이론

① 사회해체론(Social Disorganization Theory)
　㉠ Shaw와 Mckay에 의해 주장된 이론이다.
　㉡ 급격한 사회화, 도시화와 이민의 증가로 인해 효율적인 사회통제력이 감소되면서 비행지역이 발생하게 되고, 비행지역에서는 높은 비행률이나 범죄나 비행의 가치를 자연스럽게 받아들이는 현상이 생겨나게 된다고 본다.
　㉢ 사회해체론에 의하면 청소년 비행은 일반적으로 저소득층, 결손가정 및 소수민족, 학교 중퇴자, 황폐화되고 과밀한 주택사정으로 특징지어지는 지역, 즉 해체지역에서 높게 나타난다.

② 아노미이론(Anomie Theory)
　㉠ Merton에 의해 체계화된 이론이다.
　㉡ 아노미란 사회적 조건과 사회 내에서의 개인의 성장, 성취, 그리고 재생산에 대한 기회들 사이의 불일치로 인해 발생한다. 즉, 아노미 상태란 사회 내에서 개인이 좌절감이나 불화 등을 경험하게 될 때를 말하며 이는 비행과 범죄를 일으키는 데 주요 원인이 된다고 본다.

바로 Check

머튼(R. Merton)의 아노미 이론 중, 기존의 문화적 목표는 추구하지만 합법적인 수단이 없어 부당하게 목표를 추구하는 유형은?

① 반항형　　② 도피형　　③ 의례형
④ 혁신형　　⑤ 동조형

해설 아노미 이론의 혁신형은 범죄형으로 개인은 문화적 목표를 수용하지만 정당한 수단들을 가용하지 못하여 결과적으로 성공을 목표로 새로운 수단인 비합법적인 방법을 사용하게 된다.

정답 ④

OX 퀴즈

친밀한 그룹끼리 차별적으로 접촉하여 범죄행위와 전통적인 행위를 학습하는 것처럼 특정한 사회계층이 범죄가치에 대해 차별적으로 접촉한다는 주장은 하위문화이론에 해당된다. [ ]

[정답] ×

[해설] 서덜랜드(Sutherland)의 차별접촉(문화접촉)이론에 대한 설명이다.

③ 하위문화이론(Lower-Class-Based Theory)
  ㉠ Cohen의 비행하위문화이론과 Cloward와 Ohlin의 차별기회이론, Miller의 하류계층문화이론이 있다.
  ㉡ Cohen의 비행하위문화이론(middle-class measuring rod theory)은 집단비행의 하층 계급적인 측면에 초점을 두고 비행집단과 그 집단이 가지고 있는 특이한 하위문화를 계급적 긴장과 갈등이라는 사회구조적 기반과 관련하여 설명한다.
  ㉢ Cloward와 Ohlin의 차별기회이론(theory of differential opportunity structure)은 세 가지 차원 즉, 범죄하위문화, 갈등하위문화, 그리고 은둔하위문화에 따라 비행이 일어난다고 설명한다.
  ㉣ Miller의 하류계층문화이론(theory of lower-class culture and delinquency)은 하류계층이 본래부터 존재하는 비행 가치와 문화로 인해 이 계층에 속하는 청소년들은 비행행동을 보다 많이 하게 된다고 설명한다.

④ 통제이론(Control Theory)
  ㉠ 통제이론에서는 인간의 본성을 본질적으로 반사회적인 것으로 가정한다.
  ㉡ 따라서 인간이 비행을 행하는 것은 비행행동을 하게 하는 어떤 특정한 요인 때문이 아니라 비행을 억제할 수 있는 통제력이 부족하기 때문이라고 본다.

⑤ 낙인이론(Labeling Theory)
  ㉠ Lemert와 Becker에 의해 연구되었다.
  ㉡ 어떤 비행행위가 어떤 과정을 통해 낙인이 찍히게 되고, 그것이 개인에게 주는 효과를 분석하는 것이 사회학적 연구에서 가장 중요시되어야 한다는 점을 강조하는 이론이다.
  ㉢ 낙인이론가들은 비행행위 자체에 관심을 두기보다는 비행을 지속적으로 행하는 경력 비행자에 관심을 두며, 비행의 원인이 오히려 사법기관의 낙인, 즉 가만히 두면 아무 심각한 일도 없었을 것을 낙인을 찍음으로 인해 심각한 비행자가 될 수도 있음을 강조한다.

2 학교부적응 · 학업중단

(1) 학교 부적응
① 학교 부적응은 학생과 학교와의 관계가 부조화를 이루는 상태로서, 학생의 욕구, 감정, 사상 등이 학교규범에 수용되지 못하는 상태라고 볼 수 있다. 학교 부적응 행동은 대체로 학습부진, 무단결석, 학교중퇴 등 학업과 관련된 유형과 폭력, 절도, 약물 등 문제행동과 관련된 유형으로 나누어 볼 수 있다.
ⓒ 학교 부적응은 낮은 자존감을 형성하며, 외부로부터 지지와 지원이 결여된 상태에서 심리적 위축과 그로 인한 여러 가지 정신적, 신체적 증상이나 행동을 나타낼 수 있다.

(2) 학업중단
① 학업중단 청소년은 학생집단에 비해 친한 친구수가 더 많았으며 일반학생에 비해 흡연, 음주 등의 지위비행이 더 많았다.
② 학업중단 위기 청소년을 빨리 발견하는 것은 예방을 위해 매우 중요한 과제인데 학습부적응은 매우 중요한 요인이 되고 있으며 외부적으로 표출되는 것은 무단결석, 무단결과 등으로 나타나고 있다.

3 폭력, 자살, 가출

(1) 학교폭력(school violence)
① 학교폭력이란 학교 안이나 밖에서 학생 사이에 발생한 상해, 폭행, 감금, 협박, 약취(略取), 유인, 명예훼손, 모욕, 공갈, 강요 및 성폭력, 집단 따돌림, 정보통신망을 이용한 음란, 폭력 정보 등에 의하여 신체·정신 또는 재산의 피해를 수반하는 행위를 말한다(「학교폭력예방 및 대책에 관한 법률」 제2조제1호).
② 학교폭력은 학생 간에 발생하는 폭력의 원인과 형태가 다양하고, 발생 장소도 학교 내외가 될 수 있다.
③ 부모로부터 신체적·언어적 학대나 유기를 많이 경험할수록 그리고 부모 간의 폭력행사를 많이 목격할수록 학교폭력을 많이 행사하는 것으로 나타났다(김정옥, 박경규, 2002).

OX 퀴즈

청소년의 상해, 절도, 폭행은 지위비행이다. [ ]

[정답] ×

[해설] 청소년 비행은 가출, 무단결석, 음주, 흡연 등과 같은 '지위비행'과 폭행, 절도, 강간 및 강간 등과 같은 '범죄적 행동'을 포함한다.

④ 학교폭력의 경우 다른 비행이나 일탈행위에 비해 사건 발생 시 피해자에게 심각한 피해를 입힐 뿐 아니라 피해자 측에서 학교나 교사에게 책임을 묻는 경우도 있다.
⑤ 최근 학교폭력의 발생 건수는 감소하고 있으나 학교폭력이 점차 흉포화, 지능화, 저연령화, 집단화되고 있는 추세이다.
⑥ 대응 방법
  ㉠ **신체폭행**: 신체적 폭행이 일어난 경우, 부모는 자녀의 힘든 마음을 들어주고, 상담교사에게 이야기하고 도움을 구할 수 있도록 지지해 주어야 한다.
  ㉡ **금품갈취**: 금품갈취가 발생한 경우, 정확한 피해 사실(언제, 어디서, 어떤 물건을, 누가 등)을 확인해야 하며, 다른 신체적인 폭행 등의 피해가 없었는지를 확인해야 한다.
  ㉢ **집단따돌림, 괴롭힘**: 우선 부모의 자녀에 대한 공감과 지지가 무엇보다 중요하며, 그 다음으로 따돌림의 정황 및 이유, 피해 기간, 피해자 개인적인 특성, 경험 등에 대해 구체적으로 파악해보고 만일 피해자의 정신적 피해가 심각하다면 전문 상담자의 도움을 받는 것이 좋다.
  ㉣ **사이버 폭력**: 우선 피해자 스스로 대처할 수 있도록 돕는다. 사이버 공간에서 피해자 스스로 거절하거나 ID 및 비밀번호를 변경하는 등의 방법과 함께, 가해자에게 경고, 공간폐쇄 등 적극적인 일차적 시도를 할 수 있다.
⑦ 예방
  ㉠ 교육과학기술부는 학교폭력 가해학생, 피해학생 및 비행학생 등에게 맞춤형 교육 및 상담 서비스를 제공하는 학생안전통합시스템 구축 사업을 실시하고 있다.
  ㉡ 2005년부터 학교폭력 자진신고 및 피해신고 기간을 운영하고 있다.
  ㉢ 교육과학기술부는 학교폭력을 사전에 차단하기 위해 주변 환경이 열악하고, 유해환경에 노출된 학교에 배움터 지킴이를 배치하고 있다.
  ㉣ 2008년도부터는 학교폭력, 성폭력, 유괴, 실종 등으로부터 안전한 학교교육환경을 조성하기 위해 학교 내 CCTV 설치사업이 본격적으로 추진되고 있다.
  ㉤ 교육과학기술부는 학교폭력 피해학생들을 치유하고 학교 적응력을 향상시키며 건전한 사회구성원으로 성장할 수 있도록 학교폭력 피해자 치유 프로그램을 개발·보급하였다.

(2) 자살(suicide)

① 청소년들은 대부분 불안이나 좌절에서 벗어나기 위한 수단으로 극단적인 자살행위를 선택할 수 있다.
② 자살을 선택하는 청소년들은 대부분 외로움, 소외, 따돌림을 당하고 있고 부모와 가족으로부터 사랑받지 못하고 있다고 생각한다. 따라서 이들의 자살행위는 자신의 고통을 극단적으로 표현하는 것이며 관심을 얻으려는 수단이 되기도 한다.
③ 베르테르 효과 : 청소년기의 자살은 유명인의 자살을 뒤따르는 모방자살의 경향, 이른바 베르테르 효과가 뚜렷하다. 베르테르 효과란 19세기 독일 문호 괴테의 소설〈젊은 베르테르의 슬픔〉에서 주인공 베르테르가 권총으로 자살한 내용을 읽은 유럽의 젊은이들이 유행처럼 자살하게 된 데서 비롯된 용어이다.

> **Plus Study** 자살의 신호와 대처방안
>
> 1. 자살의 신호
>   ① 가족이나 친구들로부터 멀어지고 혼자 고립되어 간다.
>   ② "죽고 싶어.", "죽었으면 좋겠어."와 같은 말을 많이 한다.
>   ③ 아끼던 물건을 남들에게 나누어 준다.
>   ④ 학업성적이 떨어진다.
>   ⑤ 몸에 이상이 없는데도 신체적 이상을 호소한다.
>   ⑥ 무력감, 좌절감, 불안감, 우울증에 시달린다.
>   ⑦ 평상시보다 훨씬 적게 또는 훨씬 많이 먹거나 잔다.
>   ⑧ 지나치게 외모에 무관심하다.
> 2. 자살신호에 대한 대처방안
>   ① 자살신호를 무시하지 않는다.
>   ② 만약 자살이라는 주제에 관해 이야기하기를 원한다면 피하지 말고 조용히 들어준다.
>   ③ 기겁을 한다든지, 비난을 한다든지, 혐오스러운 반응을 보이지 않는다.
>   ④ "모든 일이 다 잘 될 거야."와 같이 거짓 확신을 준다거나 "매사에 감사할 줄 알아야지."라는 진부한 소리를 늘어놓지 않는다.
>   ⑤ 전문적인 도움을 청하도록 설득한다.

> **바로 Check**
>
> 뒤르껭(E. Durkheim)이 제시한 자살의 종류에 해당되지 않는 것은?
> ① 모방적 자살   ② 이타적 자살   ③ 아노미적 자살
> ④ 이기적 자살   ⑤ 숙명론적 자살
>
> 해설 뒤르껭이 제시한 자살의 종류로는 이기적 자살, 이타적 자살, 숙명적 자살, 아노미적 자살이 있다.
>
> ✓ 정답 ①

○× 퀴즈

가족구성원들이 자신에게 관심을 갖기 원하는 목적으로 가출하는 경우는 도피성 가출에 해당한다. [ ]

[정답] ×

[해설] 시위성 가출에 해당한다. 도피성 가출이란 불편스러운 가정환경으로부터 탈출하기 위해 집을 떠나는 것이다.

(3) 가 출

① 가출 청소년이란 18세 이하의 어린이나 청소년으로서 부모나 보호자의 동의 없이 집을 나와 최소한 하룻밤을 지낸 청소년을 말한다.

② 가출청소년의 문제점
  ㉠ **의식주 해결의 문제** : 경찰이나 공권력을 피해 다녀야 하기 때문에 가출 청소년들은 노동착취나 성적인 착취의 대상이 되기 쉬우며, 의식주 해결을 위해 비행을 저지르기도 쉽다.
  ㉡ **교육 문제** : 무단가출로 인해 자퇴 처리되어 자의, 타의에 의해 학교를 다니지 못하게 되었거나 학교에 다니고 싶어도 교과과정 이수에 어려움을 갖고 있고, 고연령의 문제와 자퇴한지 오래되어 일반 학교에 복귀가 어려워지는 문제를 갖고 있다.
  ㉢ **정서 문제** : 언어적, 신체적, 성적 학대의 경험은 가출 청소년에게서 흔히 발견되는 일이다.
  ㉣ **사법 문제** : 법적인 처벌이나 보호를 받기도 하며, 법적 의무를 잘 이행하지 못한다.

③ 가출청소년 문제에 대한 해결방안
  ㉠ **정책 및 제도적 측면** : 청소년 가치관 등을 충분히 고려하여 현실에 맞고 최대한 실현 가능한 각종 법규와 법령의 개선, 보완 및 신규 제정의 검토가 요구된다.
  ㉡ **서비스 체계의 확립** : 청소년 쉼터의 활성화, 가출청소년을 위한 거리활동봉사자의 활용, 사후지도 등이 필요하다.
  ㉢ **개인적 측면** : 지지적인 상담의 제공, 대처기술의 훈련, 독립된 생활의 준비 등이 필요하다.
  ㉣ **가족적 측면** : 가족치료, 부모교육, 학대 가정의 예방 등이 필요하다.
  ㉤ **교육적 측면** : 가출 발생의 사전 예방, 가출학생의 조치, 문제 청소년의 처우개선 등이 필요하다.
  ㉥ **사회적 측면** : 청소년 전용 이용시설의 확대와 지역사회자원 활용 방안 마련 등이 필요하다.

4 중독(약물, 인터넷, 게임 등)

(1) 약물 중독 : 술, 본드, 담배, 환각제, 각성제 등 여러 가지 중독성 물질을 상습적으로 남용하는 청소년들이 늘어나고 있다.

약물남용의 종류	특 징
음주	• 청소년들은 술을 마시는 행위를 어른스럽게 여길 뿐만 아니라, 우리 사회에서는 술을 적당히 마실 줄 알아야 사회생활을 잘 할 수 있다는 왜곡되고 관대한 음주문화가 팽배해 있기 때문에 중학교 이전에 술을 쉽게 접하는 경향이 있다. • 음주 원인은 스트레스나 불안에서 벗어나고 싶은 마음과 즐거움, 술맛 또는 분위기에 의해 마시는 경우도 많지만, 또래집단의 권유나 동조 압력에 거절하지 못하거나 이로 인한 따돌림이 두려워서 또는 호기심에 마시는 경우도 많다. • 청소년 알코올 남용은 뇌 기능을 둔화시키는 중추신경억제로서 수면 및 마취 작용이 있으며, 알코올을 흡수하는 위나 장에 해로울 뿐만 아니라 이를 분해하는 간이나 배출하는 신장을 해치게 된다.
흡연	• 담배는 알코올 다음으로 청소년들 사이에 흔히 사용되고 있는 약물이다. • 청소년 흡연 원인으로는 성인행동의 모방과 또래집단의 압력을 들 수 있다. 기성세대에 대한 반항이나 도전 심리, 학업이나 입시 스트레스, 부모의 흡연 및 부모와의 소원한 관계 등도 흡연에 영향을 미친다. • 담배의 주성분인 니코틴은 흥분제이면서 진정제의 효과가 있지만 폐암, 심장병, 호흡기계 질환의 직접적인 원인으로 건강을 해치며, 두뇌활동에도 영향을 미쳐 사고능력 저하 및 의욕 감퇴를 일으킨다. 특히 청소년기에 흡연을 시작하면 아직 발달이 진행 중인 상태에서 성인보다 건강에 더 큰 폐해가 있으며, 성인기에 담배를 피기 시작한 것보다 더 니코틴 중독에 빠져 금연이 어려워진다.
마약	• 청소년이 마약을 사용하게 될 경우 성인에 비해 약물중독에 빠질 가능성이 높으며, 신체적·정신적인 발달상 손상이 우려되고, 그 결과 학업능력 저하, 심리적 부적응, 청소년 비행과 같이 정상적인 사회생활에 상당한 어려움이 수반된다. • 마약 사용은 법에 위배되는 청소년 범죄일 뿐만 아니라 마약이 음성적으로 거래되기 때문에 중독된 경우에는 마약을 구하기 위한 또 다른 범행도 불사하게 된다.

OX 퀴즈

담배와 카페인은 중추신경 억제제이다. [ ]

[정답] ×

[해설] 중추신경 억제제는 중추신경계에 작용하여 호흡, 혈압, 심장박동과 세포의 산소대사와 같은 활동을 억제하는 물질로 아편계 마약이면 모르핀, 헤로인), 진정제(바르비탈류), 신경안정제(벤조다이아제핀계), 수면제, 알코올(술) 등이 있다.

(2) 인터넷 중독(Internet Addiction)

① 인터넷 관련 문제행동 가운데 청소년들에게 가장 광범위하고 지속적인 영향을 주는 것을 의미한다.

> **Plus Study** 인터넷 중독 진단 기준(Ivan Goldberg)
>
> 1. 내성
>   ① 인터넷을 사용하면 할수록 만족을 얻게 되는 시간이 점차 늘어나는 경우
>   ② 인터넷을 이전과 동일한 시간만큼 하는데도 효과가 저하되는 경우
> 2. 금단
>   ① 특징적 금단 징후를 보이는 경우
>   ② 장기간의 인터넷 사용을 중지 혹은 감소시킨 경우
>   ③ ①과 ②의 발생 후 수일에서 한 달 사이에 다음 두 항목 이상이 발생할 때
>   ㉠ 정신운동성 초조
>   ㉡ 불안
>   ㉢ (인터넷 사용에 대한 생각과 관련된) 강박적 사고
>   ㉣ (인터넷 사용과 관련된) 환상 혹은 꿈
>   ㉤ 수의적 또는 불수의적으로 자판기를 두드리는 행위와 유사한 행위
>   ④ ②의 일 때문에 사회적 혹은 직업적, 그 밖에 중요한 부분에서 고통이나 지장을 유발할 때
>   ⑤ 금단 증상을 완화, 회피하기 위해 인터넷 혹은 유사한 통신망을 사용하는 행동을 할 경우
> 3. 생각했던 것보다 더 자주, 길게 인터넷을 사용하는 경우
> 4. 인터넷 사용을 줄이거나 조절하려는 욕구가 지속적으로 있었거나 그 시도가 성공하지 못하는 경우
> 5. 상당량의 시간을 인터넷 사용과 관련된 행동에 소비하는 경우
> 6. 중요한 사회, 직업, 혹은 여가 활동이 인터넷 사용을 위해 포기되거나 감소되는 경우
> 7. 인터넷 사용에 의해 유발되거나 악화되며 지속적이거나 반복적인 신체적, 사회적, 직업적, 심리적 문제를 갖고 있는데도 인터넷 사용을 계속하는 경우
>
> 출처 : 김춘경 외(2007)

② 인터넷 중독은 인터넷 증후군(Internet Syndrom), 웨바홀리즘(Webaholism), 가상중독(Virtual Addiction), 병적인 인터넷 사용(Pathological Internet Use), 인터넷 중독장애(IAD; Internet Addiction Disorder) 등 다양한 용어로도 지칭되고 있다.

③ 인터넷 중독은 병리적이고 강박적인 인터넷 사용을 의미하는 것으로서, 사이버 섹스 중독, 사이버 관계 중독, 충동적 인터넷 사용, 정보 과부하, 컴퓨터 중독 등을 포함하는 복합적인 개념이다.
   ㉠ **사이버 섹스 중독**(cyber sex addiction) : 사이버 포르노를 보고 성인 채팅방을 통해 사이버 섹스를 하는 것에 몰입하는 것
   ㉡ **사이버 관계 중독**(cyber-relationship addiction) : 실제 생활의 친구와 가족을 대체할 수 있는 채팅방이나 뉴스그룹에서 온라인상의 친구관계에 중독되는 경우로, 인터넷 중독의 대다수를 차지함

ⓒ **충동적 인터넷 사용**(Net compulsion) : 충동적 온라인 도박, 온라인 경매 중독, 강박적인 온라인 거래 등을 포함
ⓔ **정보 과부하**(information overload) : 자신에게 필요하지 않는데도 정보수집 자체에 집착해 강박적으로 웹 사이트나 자료를 검색하는 것
ⓜ **컴퓨터 중독**(computer addiction) : 강박적인 컴퓨터 게임이나 컴퓨터 분야 프로그래밍 분야를 통틀어서 중독의 한 영역으로 봄

④ 인터넷 중독의 원인
 ㉠ **인터넷 자체의 속성** : 익명성, 시공간 초월성 등
 ㉡ **사회환경적 요인** : 낮은 가족 및 학교생활 만족도
 ㉢ **개인성격적 요인**(취약한 성격) : 고독, 사회불안, 수줍음, 공상 경향성 등

⑤ 인터넷 중독의 증후
 ㉠ **신체적 반응** : 안구건조증, 손목 관절의 이상, 두통, 요통, 위장장애, 영양 결핍, 불면증 등
 ㉡ **심리정서적 반응** : 일상생활에의 흥미나 성적 저하, 미래에 대한 관심이나 의욕 저하, 대인기피증, 대인공포증 등
 ㉢ **사회적 반응** : 고립감, 부모-자녀 관계의 악화와 파괴, 가족이나 주변 사람과의 갈등, 관계 단절, 부적응, 낙오 등

> **Plus Study** 인터넷 중독 진단 기준 설문 문항(Ivan Goldberg)
> 1. 항상 인터넷에 대해 생각하십니까?
> 2. 처음 생각했던 것보다 더 많은 시간을 접속해야 합니까?
> 3. 인터넷·통신사용을 조절하거나 끊거나 줄이기 위해 반복적으로 노력하시만 항상 실패합니까?
> 4. 인터넷·통신사용을 중지하거나 중단하려면 불안하고 우울하고 짜증나는 느낌을 받습니까?
> 5. 인터넷·통신을 사용하는 시간을 늘려야 만족스럽고 계획했던 일을 완수할 수 있습니까?
> 6. 중요한 인간관계나 직업, 교육, 경력상의 기회가 인터넷·통신 때문에 위협을 받거나 위험에 처한 적이 있습니까?
> 7. 자신이 인터넷·통신에 빠져 있다는 것을 주변 사람에게 감추거나 거짓말을 한 적이 있습니까?
> 8. 문제에서 도피하거나 불쾌한 기분에서 벗어나기 위해 인터넷·통신을 사용한 적이 있습니까?
>
> 출처 : 김춘경 외(2007)

(3) 게임 중독

① 게임 중독은 스스로 게임 행위를 통제할 수 없는 상태를 말하며 게임 탐닉, 게임 과몰입, 게임 남용, 게임 과잉의존 등으로도 불린다.

② 이의 원인으로는 게임의 진화, 파괴본능의 만족, 가상공간의 캐릭터를 통해 무한 파워를 즐김, 현실을 도피할 수 있는 공간의 마련 등이 제기되고 있다.
③ 예방법으로는 가족들이 함께 사용하는 공용 공간에 컴퓨터 놓기, 활동적인 취미를 갖기, 적절한 시간 분배하기, 심리상담 받기 등이 있다.

> **바로 Check**
>
> 다음과 같은 현상을 나타내는 개념은?
>
> - 게임을 하다가 불리한 상황이 되면 중단하고 처음부터 다시 시작한다.
> - SNS를 하다가 언제 어디서나 관계를 끊고 사라졌다가 새로 시작한다.
>
> ① 루키즘(lookism) ② 오타쿠문화
> ③ 팬덤(fandom) 문화 ④ 리셋신드롬(reset syndrome)
> ⑤ 디지털원주민(digital native)
>
> 해설 '리셋신드롬'은 컴퓨터가 원활히 돌아가지 않거나 제대로 작동하지 않을 때 리셋 버튼만 누르면 처음부터 다시 시작할 수 있는 것처럼 현실세계에서도 리셋이 가능할 것으로 착각하는 현상을 일컫는다.
>
> ☑ 정답 ④

5 청소년 보호

(1) 가출청소년 보호지원

① 가출청소년에게 체계적이고 종합적인 정보서비스를 제공하여 가출의 장기화, 탈선 예방 및 조기 가정(학교) 복귀를 촉진하고, 상담 및 정서순화 프로그램 운영 및 실시로 청소년 비행을 예방한다.
② 보호·지원 대상 : 9~24세 가출청소년
  ㉠ **쉼터 보호기간** : 최소 24시간 이내~최대 2년
  ㉡ 일시보호(24시간 이내~7일 이내), 단기보호(9개월 이내), 중장기보호(2년 내외)

(2) 청소년 유해환경 정화활동

① 청소년 통행금지, 제한구역 및 유해환경 밀집지역 감시 활동, 홍보 캠페인 등을 실시한다.
② 청소년 유해환경 감시, 고발 및 폭력예방 등 청소년 보호, 선도 활동 등을 진행한다.
③ 청소년 유해환경감시단 협의회를 구성 및 운영한다.

6 청소년 복지 기초

(1) 청소년 복지는 가정이나 사회로부터 버려지거나 적응하지 못하는 청소년뿐만 아니라 모든 청소년의 안녕에 관심을 가진다.

(2) 청소년 복지활동은 청소년의 기본적인 욕구를 충족하게 하고, 정신적·정서적·신체적으로 최상의 발달을 기하기 위해서 청소년 자신들에게 직접적으로 또는 가정·사회를 통해 간접적으로 제공되는 모든 사회제도적·전문적 활동을 말한다(한국청소년개발원, 1994).

7 청소년 복지 실제

(1) **생활 보호** : 청소년기는 부모의 보호를 받으면서 살아가는 시기이기 때문에 부모가 없거나 한쪽 부모밖에 없다는 것은 그 자체가 결손이다.

(2) **교육 보호** : 정부는 빈곤가족의 자녀교육비를 보충하기 위하여 생활보호대상자에게는 1979년부터 중학교 입학금과 수업료를 지원하기 시작하여 현재는 고등학교까지 확대하고 있다.

(3) **시설 보호** : 부모 또는 보호자가 청소년을 보호할 수 없을 때 그 청소년은 사회복지시설 등에서 보호받게 된다.

8 청소년 자립지원

(1) **취약청소년의 자립 특성**
  ① 심리·정서적 어려움
  ② 자립에 대한 동기와 목표의식 결여
  ③ 불안정한 주거
  ④ 저학력이나 학력단절
  ⑤ 직업진로 정보 부족
  ⑥ 사회성 결여
  ⑦ 일상생활기술 부족
  ⑧ 경제관념 희박

(2) 취약청소년 학업지원

① **학업 관련 특성** : 학업중단청소년의 경우 학업과 관련하여 자아개념과 지적수준이 낮고, 대인관계기술이 부족하고 미래에 대한 기대수준이 낮아 학업성취수준이 낮다.

② **정책적 지원** (25. 10.1 여성가족부가 성평등가족부로 명칭변경)

꿈드림(두드림, 해밀) (성평등가족부)	• 학업중단 청소년 발굴 • 개인상담, 집단상담 • 체험활동(대학탐방 등)	• 검정고시 준비 • 학습지원 • 대안캠프
특별지원청소년 지원 (성평등가족부)	• 입학금 및 수업료(대안학교 포함) • 교과서 구입비 • 검정고시 학원비	
교육예산 지원(교육부)	학업중단 청소년 대상 미인가 교육시설 예산 지원	
학교 밖 청소년 보호 및 지원 (지방자치단체)	• 학교 밖 청소년(대안교육)지원센터 : 서울, 광주 • 학업중단청소년지원위원회 설치 • 학업중단청소년지원운영위원회 운영 • 학업중단청소년 지원계획 수립 • 대안교육지원	

🖱 바로 Check

학교 밖 청소년 지원에 관한 법률상 학교 밖 청소년에 대한 국가 및 지방자치단체의 지원 내용에 해당하는 것을 모두 고른 것은?

ㄱ. 상담지원 ㄴ. 자립지원
ㄷ. 교육지원 ㄹ. 직업체험 및 취업지원

① ㄱ, ㄴ ② ㄱ, ㄷ ③ ㄴ, ㄷ
④ ㄱ, ㄴ, ㄷ ⑤ ㄱ, ㄴ, ㄷ, ㄹ

[해설] 국가와 지방자치단체는 학교 밖 청소년의 개인적 특성과 수요를 고려한 상담지원, 교육지원, 취업 및 진로·직업체험 지원, 자립지원 등 학교 밖 청소년 지원 프로그램을 마련·제공하도록 한다.

☑ 정답 ⑤

9 청소년 사례 통합관리

(1) 개념 : 청소년 사례에 대한 체계적인 관리 및 지원체계를 토대로 복합적이고 다양한 욕구를 가진 대상자에게 필요한 서비스를 통합적으로 연계·제공하고 지속적으로 상담 모니터링 해 나가는 사업이다.

핵심체크(청소년자립지원관)

	이용형 (비숙박형)	혼합형 (숙박형)
주거 형태	• 생활관 운영 없음 • 독립 주거만 가능	• 생활관 운영과 독립 주거 병행 가능
지원 내용	• 독립된 주거에서 생활하면서 자립지원 서비스(사례관리) 이용	• 독립된 주거에서 생활하면서 자립지원 서비스(사례관리) 이용 • 필요시 일정 기간(3개월, 최장 6개월) 입소
이용 대상	• 청소년쉼터 및 청소년회복지원시설 퇴소(예정) 청소년 중 자립지원이 필요한 청소년(19~24세 우선 지원) • 가정의 지원이 없어 자립지원이 필요한 청소년으로서 사례심의위원회에서 지원이 필요하다고 인정한 가정 밖 청소년	
지원 기간	• 사례관리 : 1년 이내(최장 2년) (종사자 1인당 8사례 관리) • 사후관리 : 6개월(최장 1년 6개월)로 자립생활 점검, 기관연계, 정보 제공 등	

(2) **목표** : 청소년의 다양한 욕구에 맞춤형 서비스를 연계·제공함으로써 청소년의 삶을 안정적으로 지원·지지하고, 상담의 효과성과 효율성을 향상시킨다.

(3) **절차** : 대상자 접수 → 욕구 조사 → 사례회의 개최 → 대상자 구분 및 선정 → 서비스 제공계획 수립 → 종결 → 사후관리

10 지역사회안전망(Community Youth Safety Net, CYS-Net) 운영

(1) **개요** : 지역 사회 내 청소년 관련 자원을 연계하여 학업중단, 가출, 인터넷 중독 등 위기청소년에 대한 상담, 보호, 교육, 자립 등 맞춤형 서비스 제공을 통해 가정, 사회로의 복귀를 지원한다.

(2) **사업내용**
① 위기청소년 발견, 보호 및 지원을 위한 활동 지원
② 상담전화 등의 설치 및 운영
③ 청소년에 대한 상담, 긴급구조, 보호, 의료지원, 학업지원, 자활지원 등의 서비스 제공
④ 위기(가능) 청소년 조기발견을 통한 개입, 지원을 위하여 아웃리치를 통한 사례 발굴

11 청소년 인권과 참여

(1) **청소년 인권의 의미**
① 청소년들이 갖는 인간으로서의 권리이다.
② 일반 성인들과 같은 국민으로서 누려야 할 기본적인 권리이다.
③ 청소년으로서의 특수한 위치에서 자신의 인생계획을 실현하는 데 여건 마련을 위해 방해받지 않을 권리이다.
④ 미숙하기 때문에 국가의 정책에 참여하지 못하고 규제받지 않을 권리이다.

(2) 청소년 인권의 기본 전제

① 청소년과 청소년 문화에 대한 충분한 이해가 있어야 한다.
② 청소년의 교육적 욕구에 대한 이해와 청취가 우선되어야 한다.
③ 청소년과 청소년지도자와의 충분한 교감이 있어야 한다.
④ 청소년지도자는 전문성이 있어야 한다.
⑤ 청소년 교육에 필요한 다양한 매체를 활용하여야 한다.
⑥ 조직적이고 체계적이면서 융통성을 발휘하여야 한다.

(3) 청소년 인권의 특성

① 청소년도 인간이기 때문에 인간으로서 기본적 권리를 갖는다.
② 청소년은 아직 성인이 아니고 곧 성인이 될 사람이다.
③ 특수 권리와 일반 권리가 존재한다.
④ 성인이 아니기 때문에 사회적 합목적성을 근거로 그들의 권리를 제한할 수 있다.
⑤ 기본적인 인권은 제한할 수 없다.

> **Plus Study** 청소년 인권 제한의 원칙
> - 최선의 이익 원칙(유해 환경)
> - 생존 발달의 원칙(최소 생존 복지)
> - 의견 존중의 원칙(참여)
> - 차별 금지의 원칙(평등교육)

바로 Check

프랭클린과 프리먼(B. Franklin & M. Freeman)이 분류한 가정에서의 아동과 청소년 권리 유형에 해당되지 않는 것은?

① 복지권(welfare rights)
② 보호권(protective rights)
③ 성인권(adult rights)
④ 부모에 대응하는 권리(rights against parents)
⑤ 천부권(entitlements rights)

해설 프랭클린과 프리먼의 가정에서의 아동과 청소년 권리 유형으로는 복지권, 보호권, 성인권, 부모에 대응하는 권리 등이 있다. 천부권은 Coles의 분류유형에 해당된다.

정답 ⑤

Section 04 기타(기타 청소년이해론에 관한 사항)

학습포인트 기타 청소년 문제행동의 정의를 이해하고, 청소년 문제의 유형을 학업 및 진로문제, 대인관계 문제, 비행 및 일탈, 자아정체감 및 가치관 문제, 심리적 부적응 행동, 주의력결핍 과잉행동장애, 다문화가정 자녀의 사회적응 문제 등으로 나누어 파악한다.

1 청소년 문제

(1) 문제행동의 정의
① 문제행동이란 인간이 생존하기 위해 행동한 것이 사회적으로 문제가 되는 것으로 법과 규범에 위반되는 일탈행동과 범죄, 가치기준에서 탈락한 이상행동, 환경에 적응하지 못하는 부적응행동 등을 의미한다.
② 문제행동은 각 사회가 바람직하지 않다고 규정한 행동을 의미하며, 사회 구성원들의 집합의식에 의해 가치가 없다고 인식되었을 때 문제행동이 된다.

(2) 청소년의 문제행동
① 청소년의 문제행동은 적극적 문제행위로서의 청소년비행이나 범죄 등의 반사회적 행동뿐만 아니라 청소년이 자신의 인간발달 단계에서 해야 할 사회적 행위를 다하지 않음으로써 발생하는 퇴행과 고립, 불안, 결핍 등의 소극적 문제행위를 포괄하는 복잡하고 다양한 개념이다.
② 심리적이고 개인적인 문제를 가진 청소년, 즉 문제 청소년이 그 행동의 주체가 되고 그가 사회 환경의 영향하에 일으키는 행동은 타인의 신체나 심리적 상태에 피해를 입히거나 재물, 재산상의 손해를 가져오는 반사회적이고 공격적인 행동이며, 결과적으로 그 자신에게도 그와 유사한 문제를 발생시킬 수 있는 복합적인 행동이다.
③ 청소년의 문제행동은 그들이 소속되어 활동하는 가정, 학교, 지역사회의 구성원들에게 어떤 불편과 긴장을 초래하게 되면 사회규범인 법이나 규칙에 의해 처벌을 받거나, 경우에 따라서는 처벌되지 않고 방치되어 청년이나 장년시기에 이르러서도 사회적 물의를 일으키거나 범죄행동으로 연결되는 경로를 겪게 된다.
④ 문제 청소년을 둘러싼 사회 환경인 가정, 학교, 지역사회는 시대와 시간을 초월하여 인간발달주기인 청소년기에 예견될 수 있는 청소년 문제행동에 적극적인 관심을 가지고 대처해야 한다.

(3) 청소년 문제의 유형

① 학업 및 진로문제

㉠ 학업문제

ⓐ 학업문제의 의미 : 청소년들이 갖고 있는 학업문제의 핵심은 학업성적이다. 때로는 학업성취 수준이 상위권인 청소년들이 중·하위권의 청소년들보다 학업성적에 대해 더 많은 스트레스를 받기도 한다.

ⓑ 학업문제의 유형
- 성적저하에 의한 정서적 불안
- 시험불안
- 학업능률 저하
  ✎ 학업능률이 떨어지는 이유 : 주의 집중력의 부족, 부적절하고 잘못된 학습 습관과 비효율적인 학습방법, 인지적 요인(지능·기초학습능력·선행학습 수준)의 부족 등
- 공부에 대한 회의와 동기저하
- 학습지진(slow learn) : 지능으로 대표되는 지적 능력의 저하로 인하여 학업성취가 뒤떨어지는 상태
- 학업지체(academic retardation) : 국가적으로 또는 지역적으로 규정된 학년, 학기의 학습목표를 달성하지 못하여 뒤처지는 상태
- 학습부진(school underachievement) : 학업 영역에서 나타나는 학업성취 수준이 학생이 지닌 잠재적인 능력(지적 능력 수준)에 미치지 못하고 현격하게 뒤떨어지는 상태

㉡ 진로문제

ⓐ 진로의 개념
- 진로는 한 개인이 전 생애 동안 일과 관련해서 경험하고 체험하는 모든 것을 의미한다. 진로는 평생의 과정을 의미하지만, 특히 청소년들은 신체적, 심리사회적, 인지적 발달 특징상 새로운 선택이 요구되는 시기이기 때문에 중요하다.
- 진로교육(career education)은 각 개인이 자기 자신과 직업의 세계를 잘 인식하고 탐색함으로써 자신에게 적합한 일을 선택하고 선택한 일을 잘 수행할 수 있도록 가정, 학교, 사회에서 평생 동안 조력하는 활동으로 진로선택과 적응, 발달에 초점을 둔다.

OX 퀴즈

피그말리온 효과란 교사의 긍정적 기대가 학생의 긍정적인 자기충족적 예언을 실현하는 데 도움을 준다는 것이다.
[ ]

[정답] ○

[해설] 피그말리온 효과란 교사가 학생을 가르치고 믿어주면 그 기대와 믿음의 결과가 학생에게 나타나는 것으로 교사기대 효과, 로젠탈 효과, 실험자 효과라고도 한다. 그 반대로 교사가 기대하지 않은 학습자의 성적이 떨어지는 현상은 골렘 효과이다.

ⓑ 진로문제의 유형
- 현실과 이상 간의 괴리로 인해 겪게 되는 진로선택에 대한 고민
- 진로에 대한 막연한 압박감과 두려움
- 진로선택에서 겪는 갈등으로, 특히 대학전공을 선택할 때 청소년이 경험하는 문제

② 대인관계 문제
㉠ 대인관계 문제의 정의 : 상호만족을 추구하는 대인적 관계를 형성하지 못하거나 관계를 유지·발전시키는 데 필요한 지식과 기술이 부족하고 결함이 있는 왜곡된 상태를 의미한다. 부정적·파괴적 대인관계 상황에서 자신을 보호하거나 대처하지 못하는 상태를 의미하기도 한다.
㉡ 대인관계 문제의 유형
ⓐ 또래관계 형성에 필요한 기본적인 태도와 기술이 부족해서 나타나는 문제로 친밀한 동료관계를 형성하지 못하는 경우이다.
ⓑ 대인관계 갈등을 해결하고 대처하는 방법이 미숙해서 발생하는 경우로, 지나치게 공격적인 행동이나 이와 반대로 비주장적 행동은 대인관계에 문제를 유발한다.
ⓒ 청소년들의 대인관계기술이 부족해서 겪는 문제들이다.
ⓓ 부정적이고 파괴적인 대인관계에서 자신을 보호하지 못하는 것으로 부모의 폭력과 학대, 학교에서의 폭력, 따돌림, 놀림 등이 있다.

③ 비행 및 일탈
㉠ 청소년 비행
ⓐ 청소년 비행은 절도, 강간, 향정신성 약물 복용과 같은 심각한 소년 범죄뿐만 아니라 가출, 무단결석, 음주, 흡연, 지나친 성인 모방 행동 등과 같은 일탈행동을 모두 포함한다.
ⓑ 청소년 범죄와 비행은 해마다 증가하고 있다. 비행 연령이 낮아지고 있고 타인에게 심각한 피해를 입히는 강력 범죄도 늘어나고 있다.
ⓒ 청소년 범죄와 일탈의 원인을 이해하기 위해서는 개인의 환경적 문제뿐만 아니라 청소년 시기의 심리적 발달 특성에 더 많은 주의를 기울여야 한다.
㉡ 청소년 비행의 유형
ⓐ 폭력적인 행동 : 학교에서 자주 싸우고 친구나 후배에게 폭력을 휘두르며 상습적으로 금품을 갈취하는 청소년 비행이다.

- ⓑ 성범죄 및 성 비행 : 청소년의 성 비행은 성과 관련된 가벼운 언어적인 행위부터 강력 범죄에 해당하는 성폭력, 강간에까지 이르고 있다.
- ⓒ 비공격적인 일탈 행동 : 가출, 늦은 귀가, 거짓말, 도벽, 도박 등을 포함한다. 청소년들의 비행은 타인에게 계획적으로 해를 끼치는 나쁜 의도보다는 대부분 호기심과 충동성에서 시작된다.

④ **자아정체감**(자기 정체감) **및 가치관 문제**

㉠ **자아정체감의 개념**
- ⓐ 자아정체감은 자기 자신에 대한 확신과 신념이다. 일시적인 자신에 대한 느낌이나 주장이 아니라 자기 내면에 대한 깊은 통찰을 통해 일관성 있게 지속되는 자신에 대한 확신을 의미한다.
- ⓑ 자아정체감의 특징
  - 자아정체감을 획득한 사람은 자신의 가치와 신념이 다른 사람들과 공유되는 것도 있지만 자신이 남과 다르며 특별하다는 개별성을 인식한다.
  - 자아정체감을 획득한 사람은 자신의 사고, 행동, 동기, 가치관 등이 일관성을 이루는 통합된 모습을 보이는 경향이 있다.
  - 아동기, 청소년, 성인기에 이르기까지 심리 발달적 변화를 이루면서도 자신이 동일한 존재임을 인식하는 계속성을 경험한다.

㉡ **정체감의 문제 유형**
- ⓐ 자아개념(자기개념)과 관련된 문제로서, 사춘기 청소년들은 급격한 신체적, 성적 성숙의 결과인 신체적, 심리적 특성을 수용하는 데 여러 가지 어려움을 겪는다.
- ⓑ 자신과 가족의 사회경제적 지위나 신분에 대한 불만과 열등감으로서, 많은 청소년들이 부모의 학력, 직업, 가족관계 등에 대해 불만을 느끼고 친구들과 비교하면서 열등감을 경험한다.
- ⓒ 실존적 또는 종교적 문제로서, 청소년들은 지적으로 발달하면서 삶에 대해 장기적 안목을 갖게 되고 인생의 의미, 죽음에 대한 염려와 불안을 경험하게 된다.
- ⓓ 진학 및 진로선택의 문제로서, 청소년 자신의 적성, 지능, 성격, 흥미와 같은 자기이해와 삶의 가치, 목표를 선택하는 가치관이나 인생관과 관련된다.

⑤ **심리적 부적응 행동**

㉠ **심리적 부적응의 의미** : 청소년기는 급격한 변화와 함께 새로운 상황에 대처하며 적응해야 하는 어려운 시기이다. 청소년기의 심리적 부적응은 섭식장애, 불안장애, 우울증, 자살, 성격장애, 정신분열 등이 있다.

ⓛ 심리적 부적응의 기준
  ⓐ 심리적 고통을 느끼면서 불편함을 경험하고 있지만 스스로 이를 통제하거나 해결할 수 없는 상태이다.
  ⓑ 심리적 부적응 상태에서는 행동 조절이 어렵기 때문에 약물남용, 가출, 성문제 등 사회적으로 용납하기 어려운 문제행동을 빈번하게 반복할 수 있다.
  ⓒ 심리적 부적응이 반드시 청소년에게 심리적 고통을 유발하는 것은 아니며, 때로는 불편함을 전혀 느끼지 못하거나 자신의 문제를 전혀 인식하지 못할 수도 있다.
  ⓓ 청소년들의 심리적 부적응은 통계적으로 정상 행동의 범주에서 일탈되었을 경우를 말한다.

ⓒ 청소년기의 심리적 부적응
  ⓐ 불안장애(anxiety disorder)
    • 불안의 대상이 뚜렷하지 않은 채 막연한 상태로 두려움과 초조함을 경험하기도 하고, 경우에 따라서는 특정한 상황, 사물, 사람에 대해 강한 공포감을 느낀다.
    • 청소년들은 어떤 생각이나 두려운 느낌, 그리고 특정 행동을 반복하는 강박증과 같은 불안장애를 주로 경험한다.
    • 특정 상황이나 대상에 대해 두려움을 갖는 대인공포증, 학교공포증, 시험 공포증도 이 시기에 나타나며 이러한 공포증은 대부분 청소년기에 시작된다.
  ⓑ 우울증(depression)
    • 청소년기에 비교적 흔히 나타나는 증상으로서 기분이 서조힌 상태로 대인관계 위축, 권태와 무기력, 수면장애, 섭식장애를 수반하기도 한다.
    • 우울은 기본적으로 상실이나 손실에 대한 정서적 반응이기 때문에 청소년들은 기대에 못 미친 시험성적이나 친구관계에서의 갈등 등에 대해 우울한 정서를 경험한다.
  ⓒ 섭식장애(Eating Disorder)
    • 거식증(anorexia nervosa) : 부적절한 신체상(body image)을 가지고 있어서 건강유지에 필요한 최소한의 음식마저 섭취하기를 거부하여 급격하게 체중이 감소하는 상태
    • 폭식증(bulimia) : 체중조절을 위해 절식함과 동시에 충동적으로 많은 양의 음식을 한꺼번에 섭취하고, 폭식 뒤에 따르는 신체적 불쾌감, 죄책감, 수치심 때문에 속을 비우기 위해 의도적으로 토하거나 하제 등을 복용하여 체중을 감소시키려는 노력을 반복함

② 정신분열증(schizophrenia)
  ⓐ 10대 중후반부터 발생률이 급증하는 심리적 부적응으로서, 사고가 비논리적이고 주변 현실을 지각하고 이해하는 능력이 현저하게 저하되어 환각 및 망상 등이 보인다.
  ⓑ 정신분열증을 보이는 청소년들은 혼란스런 사고와 언어, 행동, 변덕스런 감정을 보이고 대인관계가 극히 위축되며 자신의 세계에 몰두하는 자폐적 성향을 보인다.
◎ 성격장애(personality disorder)
  ⓐ 일반적으로 자기도취적인 성격장애와 반사회적 성격장애가 나타나는 것으로서, 주위 사람들에게 더 큰 피해를 준다.
  ⓑ 자기도취적 성격장애는 지나치게 자신감이 넘치지만 동시에 열등감을 수반한다. 반사회적 성격장애는 상습적으로 반사회적 행동을 하는데, 타인의 권리를 무시하고 죄의식 없이 충동적이고 무분별하게 범법행위를 한다.

⑥ 주의력결핍 과잉행동장애(ADHD; Attention Deficit Hyperactivity Disorder)
  ㉠ 학령전기 및 학령기 아동에게 가장 일반적으로 나타나는 정신과적 장애로 주의력결핍, 과잉행동, 충동성을 보이기 때문에 학교생활과 가정생활에서 부적응적인 행동을 보인다.
  ㉡ 아동기에 치료되지 않으면 청소년기의 비행이나 성인기의 사회 부적응 행동으로 발전할 가능성이 크다.
  ㉢ ADHD 아동의 행동 특성
    ⓐ ADHD 아동은 수업에 관련된 적절한 자극에 대해 선택적으로 주의 집중하기 어렵다.
    ⓑ ADHD 아동은 끊임없이 움직이며 부동자세로 있어야 하는 상황에서 잠깐이라도 조용하게 정지된 상태를 유지할 수 없다.
    ⓒ 충동성은 반응을 억제하지 못하고 즉각적이며 반사적인 행동을 의미하는데, ADHD 아동은 자기억제 능력이 부족하기 때문에 상황에 적절한 행동이 무엇인지를 생각하기 전에 충동적으로 행동하는 경향이 있다.

ⓓ ADHD 아동은 충동적이기 때문에 대인관계에서 쉽게 공격성을 보인다. 따라서 정상적인 또래관계를 형성하지 못하고 사회성 발달장애를 겪는다.

ⓔ ADHD 청소년의 행동 특성

ⓐ 아동기보다 과잉행동이 감소하는 경향을 보이지만 집중력 장애, 충동성, 감정 기복 등이 학습능력 저하, 반사회적 행동, 도벽, 폭행 등의 비행으로 이어져 사회적응에 심각한 문제가 될 수 있다.

ⓑ ADHD 청소년은 주의력 장애와 충동성으로 인해 계획적인 학습활동을 지속할 수 없으며 학교의 규율이나 규칙을 위반하고 절도, 폭행 등 비행이나 반사회적 행동을 할 가능성이 더 커진다. 자극적인 컴퓨터 게임이나 위험한 놀이 및 오락에 쉽게 빠져들어 사고의 위험이 높다.

ⓒ ADHD 청소년은 지각과 결석을 반복하며, 과제 수행을 회피하고 낮은 학업성취를 보이며, 정상적인 교우관계를 형성하지 못하는 등의 부적응적인 학교생활을 한다.

ⓓ 치료방법
- 약물치료가 우선되며 이와 함께 인지행동 치료, 행동수정, 가족상담, 개인상담, 그리고 환경적 단서들을 정리하는 방법 등을 병행하기도 한다.
- ADHD 청소년들의 학습능력은 지적능력에 비해 현저하게 떨어지기 때문에 학습활동에 흥미를 갖고 주의 집중을 유지할 수 있는 학습 환경을 조성해야 한다.

⑦ 다문화가정 자녀의 사회적응 문제

㉠ **다문화가정의 의미** : 한국인과 외국인이 결혼하는 결혼이민자와 외국인노동자, 유학생, 새터민 등 이주민가정을 포함하며 한 가족 내에 다양한 문화가 공존하는 가정을 말한다. 현재 우리나라에서 다문화가정의 수는 증가하고 있으며, 사회적 문제들도 증가하고 있다.

㉡ **다문화가정 자녀의 사회 심리적 문제** : 다문화가정의 자녀들은 놀림과 차별적 대우로 인해 학교를 그만두고 싶은 충동을 가지고 있으며, 집단 내에서 따돌림의 표적이 될 가능성이 높다. 가족 간의 의사소통 부족, 문화 격차에 따른 개인의 부적응, 부부 및 시부모와의 갈등과 같은 가족 내 적응 문제, 이들에 대한 사회적 수용과 인식부족 등이 있다.

㉢ **다문화가정 자녀의 상담** : 다문화가정의 청소년을 대상으로 하는 상담은 부모의 사회적응 능력을 살펴보고 적절한 부모교육을 병행해야 한다. 다문화가정이 사회적응을 잘할 수 있으려면 우리 사회의 외국인에 대한 고정관념이 변화해야 한다.

적중예상문제

기출 ★

01 청소년기 자기중심성에 관한 설명으로 옳지 않은 것은?
① 청소년기의 보편적 현상이다.
② 엘킨드(Elkind)는 초보적인 형식적·조작적 사고의 결과로 보았다.
③ 사회적 상호작용을 통해 타인의 관심사와 경험을 이해하게 되면서 사라진다.
④ 자기도취적이고 요란한 옷차림을 하며 눈에 띄고 싶은 것은 '개인적 우화' 현상이다.
⑤ 타인들이 자신을 열광적으로 바라보고 있다고 생각하는 것은 '상상의 청중' 현상이다.

기출 ★

02 유해매체물, 유해약물, 유해업소 등의 유해환경을 규제하여 청소년이 건전한 인격체로 성장하게 함이 목적인 법령은?
① 청소년 기본법
② 청소년복지 지원법
③ 아동·청소년의 성보호에 관한 법률
④ 청소년활동 진흥법
⑤ 청소년 보호법

03 스탠리 홀에 대한 내용으로 알맞은 것을 모두 고르면?

> ㄱ. 정신분석이론의 대표적인 학자이다.
> ㄴ. 청소년기를 '주변인'이라고 비유하였다.
> ㄷ. 최초로 질문지를 설계하여 과학적이고 경험적인 방법으로 청소년기를 연구하였다.
> ㄹ. 반드시 질풍노도의 시기를 통해 자아정체감이 확립되는 것은 아니라고 보았다.
> ㅁ. 다윈의 생물학적 진화론을 인간발달에 수용하여 발달에 있어서 유전적 요인을 강조하였다.

① ㄱ, ㄹ
② ㄴ, ㄷ
③ ㄷ, ㅁ
④ ㄹ, ㅁ
⑤ ㄴ, ㅁ

정답 & 해설

01. ④ 02. ⑤ 03. ③

01 ④는 상상 속 청중에 대한 설명이다.
02 청소년 보호법은 청소년에게 유해한 매체물과 약물 등이 청소년에게 유통되는 것과 청소년이 유해한 업소에 출입하는 것 등을 규제하고 청소년을 유해한 환경으로부터 보호·구제함으로써 청소년이 건전한 인격체로 성장할 수 있도록 함을 목적으로 한다.
03 ㄱ. 스탠리 홀은 생물학적 이론의 대표적인 학자이다.
ㄴ. 스탠리 홀은 청소년기를 '질풍노도의 시기'라고 비유하였다.
ㄹ. 심리사회이론의 대표적 학자인 에릭슨에 대한 설명이다.

6과목 청소년이해론

04 다음 중 청소년 발달 이론에서 생물학적 요인을 중요시한 학자는?
① Stanley Hall
② Sigmund Freud
③ Erik Erickson
④ Jean Piaget
⑤ Albert Bandura

기출

05 청소년기 정서적 특징으로 옳지 않은 것은?
① 격렬하고 쉽게 동요한다.
② 자의식 증가와 관련이 깊다.
③ 보존개념 획득과 관련이 깊다.
④ 아동기에 비해 정조(sentiment)가 발달한다.
⑤ 부모와 심리적 이유(psychological weaning)를 원한다.

기출

06 청소년기 방어기제 중 성적 충동과 같은 본능적 욕구와 연결된 활동에 참여하는 것을 거절하는 자기부정행위는?
① 주지화(intellectualization)
② 금욕주의(asceticism)
③ 철회(withdrawal)
④ 부정(denial)
⑤ 억압(repression)

07 다음은 브론펜브레너의 생태학적 관점 중 무엇에 대한 설명인가?

> 개인을 직접 포함하지 않으나 청소년이 살고 있는 좀 더 큰 지역사회를 의미하며, 청소년 발달에 직접적인 영향을 미치지 않는 생태적 환경을 의미한다. 부모님의 직업 환경 등이 이에 속한다.

① 미시체계
② 중간체계
③ 외(부)체계
④ 거시체계
⑤ 시간체계

정답 & 해설
04. ① 05. ③ 06. ② 07. ③

04 스탠리 홀(Stanley Hall)은 다윈의 생물학적 진화론을 인간 발달에 수용하여 발달에 있어서 유전적 요인을 강조하였다. 그는 인간발달에 환경보다는 유전이, 양육보다는 천성이 더 결정적인 영향을 미친다고 보았다.
05 보존개념의 획득과 관련있는 발달단계는 전조작기로서 2~7세의 아동을 포함한다.
06 청소년기에는 자신이 애착하는 대상이 누구든지 상관없이 감정이나 충동으로부터 자신을 방어하려는 금욕주의적 행동을 보이기도 한다.
07 외부체계에 대한 설명이다.

08 다음 중 에릭슨의 심리사회이론에 대한 설명으로 바르지 못한 것은?
① 청소년기에는 정체감을 형성해야 하며, 그렇지 못하면 역할 혼란이 일어난다고 보았다.
② 에릭슨은 발달 단계상 청소년기를 중요하게 여겼다.
③ 정체감을 형성할 때 반드시 질풍노도의 시기를 통해 확립된다고 설명한다.
④ 미래에 대한 결정을 잠시 보류하고 진정한 자아를 찾기 위해 탐색하는 심리적 유예 상태를 가지기도 한다.
⑤ 유예 기간과 강도는 사회에 따라 다르다.

09 다음은 누구의 어떤 이론에 대한 설명인가?

- 대리강화에 의한 학습
- 자기강화
- 자기반영 능력
- 상징적 활동

① Bronfenbrenner의 생태학적 관점
② Bandura의 사회학습이론
③ Lerner의 환경맥락주의
④ Ginsberg의 절충이론
⑤ Super의 자아개념이론

10 청소년기 동조성(conformity)의 특징과 거리가 먼 것은?
① 아동기보다 동년배 압력에 더 민감하게 반응한다.
② 자율성이 증가하면 동조성이 증가한다.
③ 동년배와의 우정이 주요 의사결정요인이 된다.
④ 부모와의 정서적 독립이 영향을 준다.
⑤ 동년배 집단에 대한 동조성은 일반적으로 청소년 초기에 비해 후기에 약화된다.

정답 & 해설

08. ③ 09. ② 10. ②

08 에릭슨은 자아정체감이 반드시 질풍노도의 시기를 통해 확립되는 것은 아니라고 보았다.
09 반두라의 사회학습이론은 청소년기에 일어나는 여러 변화들은 청소년기 자체가 지닌 필연적인 발달 현상의 특성이 아닌 문화적 조건과 사회적 맥락에 의해 일어난다고 본다.
10 자율성이 증가하면 동조성은 감소한다.

11 다음 중 청소년의 성장과 발달에 대한 설명으로 올바르지 못한 것은?

① 신장 및 체중의 증가와 더불어 성장 급등이 일어난다.
② 사춘기는 청소년기와 함께 시작하여 함께 끝난다.
③ 청소년기에는 운동능력이 급속하게 발달된다.
④ 청소년기에는 성호르몬의 분비에 의해 2차 성징이 나타난다.
⑤ 청소년기에는 주로 몸통이 길어지는 신체적 변화가 일어난다.

12 다음 〈보기〉를 주장한 학자는?

| 보기 |
최초로 발달과업이라는 용어를 사용하였으며, 인간의 각 발달 단계마다 그 단계에 습득해야 할 발달과업이 있다고 주장하였다. 발달과업이란 개인이 각 발달 단계마다 환경에 적응하기 위해 요구되는 능력이나 수행해야 할 과제이다. 그는 인간의 전 생애를 6단계로 구분하였으며, 각 발달 단계별로 획득해야 할 발달과업을 제안하였다.

① 해비거스트　　② 지그문트 프로이트　　③ 에릭 에릭슨
④ 로버트 셀만　　⑤ 브론펜브레너

기출 ★

13 청소년문화의 특성으로 옳은 것을 모두 고른 것은?

| 보기 |
ㄱ. 다양한 하위문화가 존재한다.
ㄴ. 대중문화에 대한 의존성이 강하다.
ㄷ. 기본적으로 학교문화와 밀접하게 관련되어 있다.
ㄹ. 청소년은 단순한 문화소비자가 아닌 문화생산자로 문화현장에 참여한다.

① ㄱ, ㄴ　　　　　② ㄱ, ㄷ　　　　　③ ㄴ, ㄹ
④ ㄴ, ㄷ, ㄹ　　　⑤ ㄱ, ㄴ, ㄷ, ㄹ

정답 & 해설　　　　　　　　　　　　　　　11. ②　12. ①　13. ⑤

11　사춘기는 청소년기의 일부분에 포함되며 사춘기가 끝나더라도 청소년기는 계속된다.
12　해비거스트는 인간의 삶을 유아기와 아동기, 청소년기, 성인기, 중년기, 노년기로 나누어 각 단계별로 획득해야 할 발달과업을 제안하였다.

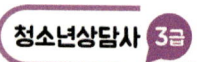

기출 ⭐

14 엘킨드(D. Elkind)가 제시한 청소년의 자아중심적 특성이 반영된 생각의 예로 옳은 것은?

① "1+1의 답이 2만은 아닐 거야."
② "나의 독특성을 어른들은 이해하지 못해."
③ "도대체 내가 누구인지 모르겠어."
④ "남들이 겪는 일이라면 나에게도 일어나겠지."
⑤ "인류 역사를 관통하는 보편적 진리가 있을까?"

15 다음 중 사춘기의 신체적 변화에 따른 심리적 반응에 대한 설명으로 바르지 못한 것은?

① 고립의 욕구가 증대된다.
② 자아존중감이나 자신감이 증대된다.
③ 정서성이 증대된다.
④ 불안감이 증대된다.
⑤ 지나치게 수줍어한다.

16 청소년기의 2차 성징과 관련된 내용으로 알맞은 것은?

① 2차 성징이란 태어나면서부터 남자와 여자를 구분할 수 있는 외부 생식기의 차이를 말한다.
② 남성의 경우 유방이 발달하고 턱수염이 생긴다.
③ 여성의 경우 초경을 시작하며 변성기가 온다.
④ 유전적인 요인이나 영양상태, 사회 경제적 수준 등에 따라 개인차가 있다.
⑤ 14살 이전에 2차 성징이 나타나는 것을 성조숙증이라 한다.

정답 & 해설

14. ② 15. ② 16. ④

14 Elkind(1967)는 Piaget가 제시한 이론을 확장하여 청소년기에서만 나타날 수 있는 인지, 행동 양상인 청소년기의 자아중심성 개념을 처음으로 제기하였으며, 이 개념은 청소년기에 관한 인지발달 가설의 가장 좋은 예로 인정되었다(Lerner, Peterson & Brooks-Gunn, 1991). 청소년기 자아중심성은 특히 상상의 청중과 개인적 우화라는 두 가지 특성으로 구분해 볼 수 있다.

15 사춘기는 급격한 신체 발달로 인해 고립의 욕구, 정서성 및 불안감이 증대되며 지나치게 수줍어하는 경향을 보인다.

16 ① 1차 성징에 대한 설명이다.
② 유방이 발달하는 것은 여성의 2차 성징에 속한다.
③ 변성기는 남성의 2차 성징에 속한다.
⑤ 여아의 경우 만 8세 미만, 남아의 경우 만 9세 미만에 2차 성징이 나타나는 것을 성조숙증이라 한다.

기출 ★

17 청소년기 진로선택 및 진로발달을 설명한 학자와 그 내용이 바르게 연결된 것을 모두 고른 것은?

> ㄱ. 긴즈버그(E. Ginzberg) – 현실에서 실제 직업선택을 하기 전에 가치, 능력, 흥미 순으로 시험적인 직업선택 과정 진행
> ㄴ. 로우(A. Roe) – 생애 초기 부모와의 관계에서 형성된 직업욕구에 따라 직업선택
> ㄷ. 수퍼(D. Super) – 진로 자기개념의 발달과 진로의식 성숙이 전 생애를 통해 진행
> ㄹ. 홀랜드(J. Holland) – 생애역할에 따른 6개의 흥미유형을 기초로 자신의 흥미 파악

① ㄱ, ㄴ ② ㄴ, ㄷ ③ ㄷ, ㄹ
④ ㄱ, ㄴ, ㄹ ⑤ ㄴ, ㄷ, ㄹ

18 청소년기 호르몬에 대한 설명으로 잘못된 것은?
① 청소년기에 이르면 뇌하수체에서 난소와 정소를 자극하는 생식샘 자극 호르몬이 분비된다.
② 청소년기에도 남녀 모두 거의 비슷한 양의 남성호르몬과 여성호르몬을 분비한다.
③ 호르몬의 변화로 인해 신체적, 성적 성숙이 급격히 이루어진다.
④ 대표적인 남성 호르몬으로 안드로겐 등이 있다.
⑤ 대표적인 여성 호르몬에는 에스트로겐, 프로게스테론 등이 있다.

19 다음 중 청소년기의 인지 발달에 대한 설명으로 옳은 것은?
① 청소년들은 논리적이고 추상적인 사고보다는 구체적이고 실질적인 경험을 바탕으로 한 사고를 시작한다.
② 청소년기의 인지 발달은 선조작기로 규정할 수 있다.
③ 눈에 보이는 구체적인 사실만을 사고할 수 있다.
④ 자신이 누구인지에 대한 의문을 갖기도 하고 부모와 자신을 동일시하여 생각하기도 한다.
⑤ 피아제는 청소년기에 가장 성숙한 인지적 조작이 가능하다고 보았다.

정답 & 해설 17. ② 18. ② 19. ⑤

17 긴즈버그는 직업선택이란 장기간에 걸쳐 이루어지는 일련의 결정으로 보았으며, 직업선택과정은 비가역적이고 진로발달은 전 생애를 통해 이루어지는 과정이라고 주장하였다. 홀랜드는 개인의 행동이 성격과 환경의 상호작용에 의해 결정된다고 보며, 사람들의 흥미유형과 직업유형을 6가지로 분류하였다.

18 청소년기에는 남성은 보다 많은 양의 안드로겐을, 여성은 보다 많은 양의 에스트로겐, 프로게스테론을 분비한다.

19 ① 청소년들은 구체적이고 실질적인 경험에서 벗어나 논리적이고 추상적으로 사고하기 시작한다.
② 청소년기의 인지 발달은 형식적 조작기로 규정할 수 있다.
③ 눈에 보이는 구체적 사실이 아니라도 이해할 수 있는 추상적 사고가 가능하며, 가능성과 이상적 상황에 대해서도 사고할 수 있다.
④ 부모와 자신을 분리해서 생각하기도 한다.

기출 ★

20 청소년 보호법상 ( )에 들어갈 내용이 순서대로 바르게 나열된 것은?

> 인터넷게임 제공자는 ( ) 미만의 청소년에게 ( )부터 ( )까지 인터넷게임을 제공하여서는 아니 된다.

① 15세, 오후 11시, 다음날 오전 6시
② 15세, 오전 0시, 오전 7시
③ 16세, 오전 0시, 오전 6시
④ 16세, 오후 11시, 다음날 오전 7시
⑤ 17세, 오전 0시, 오전 6시

21 다음 중 자아중심성에 대한 설명으로 알맞지 않은 것은?
① 청소년기의 급격한 신체적, 정서적 변화와 더불어 형식적 조작기에 달한 청소년은 자신의 생각을 체계적으로 숙고할 수 있는 능력이 생긴 것이다.
② 상상적 관중은 청소년이 자신의 무대 위의 주인공으로 만인의 관심의 대상이라 인식하는 것이다.
③ 청소년들이 자신의 감정과 사고는 너무 독특하고 특별한 것이어서 다른 사람들이 이해할 수 없을 것이라고 믿는 것이 개인적 우화이다.
④ 상상적 관중은 청소년들로 하여금 자기 비판적이면서도 자기도취적 성향을 갖게 한다.
⑤ 이상주의는 현실성이 결여되어 있어 때로는 청소년들에게 위험한 행동에 가담하게 하여 그들의 생명과 건강을 위협하는 요인이 되기도 한다.

22 다음 중 청소년의 발달 단계에 대한 설명으로 바르지 못한 것은?
① 에릭슨의 정체감 대 역할혼미에 해당되는 시기이다.
② 피아제의 전조작기에 해당된다.
③ 피아제의 도덕성 발달 이론 중 4단계에 해당된다.
④ 콜버그의 도덕 발달 이론 중 착한소녀, 소년 지향 단계와 법과 질서 지향 단계에 해당된다.
⑤ 청소년기의 자아중심성은 상상적 관중과 개인적 우화 현상에서 잘 나타난다.

정답 & 해설

20. ③ 21. ⑤ 22. ②

20 인터넷게임의 제공자는 16세 미만의 청소년에게 오전 0시부터 오전 6시까지 인터넷게임을 제공하여서는 아니 된다(규제「청소년 보호법」제26조제1항).
21 개인적 우화에 대한 설명이다.
22 피아제의 형식적 조작기에 해당된다.

23 마르시아의 청소년기의 자아정체감 형성과정으로 옳지 않은 것은?

① 정체감 혼미 상태 – 어떻게 살아야 하는지에 대한 관심이 없는 상태
② 정체감 유실 상태 – 부모 혹은 부모와 같은 의미 있는 타인의 기대나 가치를 수용하여 진로 및 직업, 이념에 헌신한 상태
③ 정체감 유예 상태 – 위기는 경험하지 않았지만 의사결정은 내린 상태이기 때문에 '자아정체감 조기 완료'라고 표현되는 상태
④ 정체감 성취 상태 – 위기와 관여를 모두 경험한 경우로, 청소년 자신이 직접 의사결정을 내려 자신의 역할을 수행하고 있는 상태
⑤ 위의 네 가지의 단계가 반드시 거쳐야 할 발달 단계는 아니나, 유예상태만은 정체감을 확립하는 데에 있어 반드시 필요한 조건이다.

기출

24 에릭슨(E. Erikson)의 청소년기 자아정체감에 관한 설명으로 옳지 않은 것은?

① 자기정의(self-definition)와 관련된다.
② 청소년기의 가장 중요한 발달과업이다.
③ 위기(crisis)와 보호(protection) 두 개의 요소로 구성된다.
④ 정체감 혼미에 빠지면 건강한 성인으로 성장하기 어렵다.
⑤ 심리적 유예기(moratorium) 동안 다양한 역할을 실험한다.

25 다음 중 부모의 이혼을 겪은 청소년에 대한 설명으로 틀린 것은?

① 부모의 이혼을 두고 자기 자신을 책망하는 경향이 있다.
② 슬픔, 상실감, 부모에 대한 분노, 의기소침함 등의 반응을 나타낸다.
③ 보통 여아보다 남아가 부모가 이혼한 현실에 적응을 더 잘 한다.
④ 보통 여아는 우울증적인 증상을 보이고, 남아는 불량 및 비행행위를 하는 경향이 있다.
⑤ 거절에 대한 불안으로 인해 대인관계에서 친밀감을 형성하는 데 문제를 일으킬 수 있다.

정답 & 해설 23. ③ 24. ③ 25. ③

23 ③은 정체감 유실 상태를 설명하고 있다.
24 에릭슨은 청소년기 자아정체감은 정체감 확립 대 정체감 혼미의 시기를 경험한다고 설명한다.

26. 가연이는 말을 잘 듣고 효심도 많아 부모님의 말씀에는 무조건 따르고 순종하는 아이이다. 가연이 부모의 양육형태로 알맞은 것은?
① 권위 있는 부모　　② 허용적인 부모　　③ 권위주의적인 부모
④ 방치하는 부모　　⑤ 민주주의적 부모

27. 다음 중 도덕성 발달 이론에 대한 설명으로 옳지 않은 것은?
① 길리건의 도덕성 발달 이론에는 정의와 배려의 의미가 모두 포함된다.
② 콜버그는 청소년기가 대부분 후인습적 도덕 추론 단계에 해당한다고 보았다.
③ 청소년기는 피아제의 도덕성 발달 이론 중 4단계에 해당되며, 이 시기에 규칙에 대한 완전한 이해가 이루어진다.
④ 콜버그는 도덕성 발단 단계는 6단계로 나누었으며, 문화적 배경과 관계없이 연령에 따른 도덕적 발달 단계 순서는 공통적이라고 주장하였다.
⑤ 길리건은 콜버그가 도덕성의 개념 중 정의만을 고려하였고 여성의 도덕적 판단의 특징인 배려를 과소평가함으로써 도덕성 연구에 있어 성적편견의 오류에 빠지게 되었다고 비판하였다.

기출 ★

28. 길리건(C. Gilligan)의 도덕성 발달이론에 관한 설명으로 옳은 것은?
① 행동주의적 발달 모델을 제시하였다.
② 남성과 여성은 도덕적 판단 기준에서 차이가 없다고 보았다.
③ 도덕성발달을 4수준으로 구분하였다.
④ 전인습적 수준을 도덕성 발달의 최종 단계로 제시하였다.
⑤ 관심, 배려, 상호의존성을 중심으로 도덕성발달을 연구하였다.

정답 & 해설

26. ③　27. ②　28. ⑤

26. 권위 있는 부모는 자녀에게 애정적이며, 자녀의 의견을 잘 들어주고 상황에 따라 적절하게 자녀를 통제하는 부모 유형이다. 반면, 권위주의적인 부모는 독재적인 유형으로 자녀가 무조건적으로 부모의 말을 따르도록 요구하며 자녀가 부모와 다른 생각을 갖는 것을 허용하지 않는다.
27. 청소년기가 시작되면 인습적 도덕 추론 단계인 '착한 소년, 소녀 지향'과 '법과 질서 지향'이 대부분이다. 청소년 후기가 되면 인습적 수준이 우세하고, 후인습적 수준에 해당하는 5단계 '사회계약 지향'의 비율은 5% 전후가 된다.
28. 길리건(Gilligan,1982)은 남성의 도덕성이 정의 지향적이라면, 여성의 도덕성은 대인 지향적이라고 주장하였다. 그녀는 도덕성이 정의와 배려라는 두 개의 상호 의존적인 요소로 이루어져 있으며, 이 요소들은 도덕적 문제를 파악하는 특수한 방식을 나타냄과 동시에 각각의 요소들은 서로 다른 발달 유형을 보여준다고 주장하였다. 길리건은 성적 갈등, 낙태 등의 문제와 관련되는 상황에서 청소년들의 도덕적 판단을 분석한 결과를 가지고 배려의 윤리라는 3수준의 여성 도덕성 발달 단계를 제안하였다.

기출 ✯

29 특정 지역이나 집단의 지배문화가 다른 지역 혹은 집단에게 급속하게 전파되는 현상은?

① 문화지체(cultural lag)
② 문화변용(cultural acculturation)
③ 문화전계(cultural transmission)
④ 문화결핍(cultural deprivation)
⑤ 문화이식(cultural transplantation)

30 다음 중 긴즈버그의 직업발달 과정에 대한 설명으로 올바르지 못한 것은?

① 환상적 시기에는 현실적인 문제보다는 개인적 소망에 중점을 둔다.
② 잠정적 시기에는 여성의 경우, 취업이냐 결혼이냐에 대한 결정도 함께 한다.
③ 현실적 시기에는 자신의 현실적인 재능이나 흥미를 고려하여 직업을 선택한다.
④ 잠정적 시기에는 자신의 소망과 현실적인 문제를 함께 고려한다.
⑤ 환상적 시기에는 주로 그 직업의 눈에 띄는 특성만을 생각하는 경향이 있다.

31 다음 중 성 역할과 관련된 이론으로 알맞지 않은 것은?

① 성 유형화란 성 정체성뿐만 아니라 자신이 속한 문화에서 남성 또는 여성에게 적절하다고 여겨지는 동기, 가치, 행동들을 습득하는 과정을 의미한다.
② 성 역할이란 한 개인이 속해 있는 문화권에서 여성 또는 남성에 적합한 것으로 규정하는 행동양식, 태도, 가치, 성격 등을 포함하는 일련의 행동기준을 의미한다.
③ 남녀에 따라 이상적인 성 역할을 다르게 규정하고 이를 명확히 구분지어 지니는 것을 성차라고 한다.
④ 성 역할 집중화 현상은 청소년기의 남녀 모두에게 나타나지만 여성들에게 더욱 보편적이다.
⑤ 성 역할 정체감이란 개인적 정체감의 독특한 측면으로서, 그 사회가 남성 또는 여성에 적절하다고 인정하는 특성, 태도 또는 흥미 등과 동일시하는 것을 의미한다.

정답 & 해설

29. ⑤ 30. ② 31. ③

29 문화이식 현상은 한 지역의 문화가 멀리 떨어진 다른 지역에 전파되어 현지화되는 것이다.
30 여성의 경우 취업이냐 결혼이냐, 아니면 둘 다 병행하느냐에 대한 결정을 하는 것은 현실적 시기이다.
31 ③은 성 역할 고정관념에 대한 설명이다.

32 다음 중 허용적인 양육태도를 지닌 부모와 자녀에 대한 설명으로 바르지 못한 것은?
① 아이들은 미숙하고 의존심이 높은 경향을 가지고 있다.
② 부모는 질서의식과 규율 없이 자녀를 대한다.
③ 부모는 자녀에게 벌주는 것 자체를 잘못이라고 생각한다.
④ 이 유형의 부모는 스스로 권위를 세울 필요가 있다.
⑤ 자녀는 지나친 죄책감과 긴장을 가지고 생활하게 된다.

33 다음 중 슈퍼의 직업선택 이론에 대한 설명으로 올바르지 못한 것은?
① 은퇴 단계는 직장에서 은퇴하고 직업 이외에 만족할 수 있는 새로운 역할을 찾게 되는 시기이다.
② 유지 단계는 자신의 직업분야에서 높은 지위를 얻고, 고참이 되는 시기이다.
③ 결정화 – 구체화 – 실행 – 확립 – 강화 – 유지 – 쇠퇴 – 은퇴의 단계를 거친다.
④ 청소년기의 직업 발달은 욕구와 현실과의 절충이다.
⑤ 실행 단계는 한 두 개의 초보적인 직업을 시험해 보거나 전문 직종에 첫발을 들여놓게 되는 시기이다.

34 홀랜드의 진로유형과 대표 직업으로 잘못 짝지어진 것은?
① 탐구형 – 과학자   ② 예술형 – 미술가   ③ 관습형 – 은행원
④ 사회형 – 교사   ⑤ 현실형 – 영업사원

35 Super의 자아개념이론 순서가 올바르게 된 것은?
① 성장기 → 탐구기 → 유지기 → 확립기 → 쇠퇴기
② 탐구기 → 성장기 → 유지기 → 확립기 → 쇠퇴기
③ 성장기 → 탐구기 → 확립기 → 유지기 → 쇠퇴기
④ 탐구기 → 성장기 → 확립기 → 유지기 → 쇠퇴기
⑤ 성장기 → 쇠퇴기 → 탐구기 → 유지기 → 확립기

정답 & 해설

32. ⑤   33. ④   34. ⑤   35. ③

32 자녀가 지나친 죄책감과 긴장을 경험하는 경우는 부모로부터 잘못에 대한 지적을 많이 받았을 때이다. 허용적인 양육태도의 부모는 자녀를 지나치게 감싸고 모든 요구를 들어주는 경향이 있기 때문에 자녀가 의존적인 태도를 지니도록 한다.
33 청소년기의 직업 발달은 욕구와 현실과의 절충이라기보다는 통합이다.
34 홀랜드의 진로유형은 현실형(실재형), 탐구형, 예술형, 사회형, 기업가형, 관습형으로 나누어진다. 영업사원은 기업형의 대표적인 직업이고, 현실형의 대표적인 직업으로는 기술자, 농부, 운동선수 등이 있다.

36 긴즈버그의 직업 발달 단계로 알맞은 것은?

① 환상기 → 현실기 → 잠정기
② 현실기 → 잠정기 → 환상기
③ 잠정기 → 환상기 → 현실기
④ 환상기 → 잠정기 → 현실기
⑤ 잠정기 → 현실기 → 환상기

기출

37 대중매체(mass media)의 특징으로 옳은 것을 모두 고른 것은?

> ㄱ. 대규모 자본을 필요로 한다.
> ㄴ. 대량 복제기술을 전제로 한다.
> ㄷ. 생산되는 산물들은 시장을 통해 유통된다.

① ㄱ
② ㄱ, ㄴ
③ ㄱ, ㄷ
④ ㄴ, ㄷ
⑤ ㄱ, ㄴ, ㄷ

38 다음 중 청소년이 인터넷을 사용함으로써 충족되는 욕구에 해당되지 않는 것은?

① 관계 욕구
② 자기 이해 욕구
③ 학습 욕구
④ 친밀감 욕구
⑤ 고독감 해소의 욕구

기출

39 청소년 기본법상 청소년특별회의는 몇 년마다 개최되는가?

① 1년
② 2년
③ 3년
④ 4년
⑤ 5년

정답 & 해설   36. ④ 37. ⑤ 38. ⑤ 39. ①

37 대중매체는 조직화되지 않은 일반 대중을 상대로 대량의 정보를 전달하는 매체 또는 수단을 의미한다.
38 일반적으로 인터넷을 사용하게 되면서 고독감이나 소외감을 훨씬 더 많이 느끼게 된다.
39 청소년특별회의는 청소년기본법 제12조에 의거 범정부적 차원의 청소년정책과제의 설정, 추진 및 점검을 위해 청소년과 전문가가 참여하여 매년 개최된다.

40 다음 중 청소년의 문제행동에 대한 설명으로 올바르지 못한 것은?

① 청소년 비행과 같은 문제행위를 포함한다.
② 범죄와 같은 반사회적 행동을 포함한다.
③ 고립, 불안 등의 소극적 문제행위를 포함한다.
④ 청소년 자신에게 불편이나 긴장을 초래하는 행위만을 포함한다.
⑤ 청소년이 그가 속한 사회에서 바람직하지 않다고 규정한 행동을 행하는 것이다.

41 청소년기에 따돌림 현상이 자주 발생하는 원인으로 알맞지 않은 것은?

① 입시 위주의 교육 안에서 경쟁심 및 그로 인한 적대감을 가지기 때문이다.
② 나와 다른 사람의 차이를 인정하지 않는 집단 이기주의 현상 때문이다.
③ 유사성에서 벗어난 친구에 대해 거부반응을 가지고 있기 때문이다.
④ 민주적인 부모-자녀의 관계에서 성장하기 때문이다.
⑤ 약자를 공격함으로써 자신을 보호하려는 자기불안 위장심리 때문이다.

42 다음 중 섭식장애에 대한 설명으로 알맞은 것은?

① 10대 중후반부터 발생률이 급증하는 심리적 부적응으로, 환각 및 망상 등이 보인다.
② 주의력결핍, 과잉행동, 충동성을 보이기 때문에 학교나 가정생활에서 부적응적인 행동을 보인다.
③ 체중조절을 위해 절식함과 동시에 충동적으로 많은 양의 음식을 한꺼번에 섭취하는 것을 거식증이라 한다.
④ 폭식증은 건강유지에 필요한 최소한의 음식마저 섭취하기를 거부하여 급격히 체중이 감소하는 것을 말한다.
⑤ 폭식증은 음식을 많이 먹고 난 뒤 신체적 불쾌감, 죄책감, 수치심 때문에 의도적으로 토하거나 설사약을 복용하는 등의 과정을 반복한다.

정답 & 해설

40. ④　41. ④　42. ⑤

40 청소년의 문제행동은 그들이 소속되어 활동하는 가정, 학교, 지역사회의 구성원들에게 불편과 긴장을 유발하는 행동도 포함한다.

41 청소년기에 따돌림 현상이 발생하는 원인으로는 유사성에서 벗어난 친구에 대한 거부반응, 집단에 적응하지 못하는 학생의 경우, 나와 남의 차이를 인정하지 않는 집단 이기주의 현상, 약자를 공격함으로써 자신을 보호하려는 자기불안 위장, 입시위주의 교육 안에서의 경쟁심 및 그로 인한 적대감 등을 들 수 있다.

42 ① 정신분열증에 대한 설명이다.　② ADHD에 대한 설명이다.
　 ③ 폭식증에 대한 설명이다.　　　　④ 거식증에 대한 설명이다.

기출 ★
43 청소년 기본법상 청소년정책위원회의 주요 기능으로 옳은 것을 모두 고른 것은?

> ㄱ. 청소년육성에 관한 기본계획의 수립에 관한 사항을 심의·조정한다.
> ㄴ. 청소년정책의 분야별 주요시책에 관한 사항을 심의·조정한다.
> ㄷ. 청소년정책의 제도개선에 관한 사항을 심의·조정한다.
> ㄹ. 둘 이상의 행정기관에 관련된 청소년정책의 조정에 관한 사항을 심의·조정한다.

① ㄱ, ㄴ ② ㄱ, ㄷ ③ ㄱ, ㄴ, ㄷ
④ ㄴ, ㄷ, ㄹ ⑤ ㄱ, ㄴ, ㄷ, ㄹ

44 다음은 셀만의 우정 발달 단계 중 어느 단계에 해당하는가?

> • 자기중심적 조망수용을 한다.
> • 자신이 원할 때 도움을 주는 사람이야 말로 친구라고 믿는다.

① 일방적 조력 단계 ② 협조 단계 ③ 상호 공유 관계 단계
④ 자율적 우정 단계 ⑤ 상호의존적 우정 단계

45 다음 중 설리번의 청소년기 대인관계이론에 대한 설명으로 바르지 못한 것은?
① 고민이 생기면 부모에게 가장 먼저 의논을 한다.
② 동성의 친구와 친밀감을 공유하고자 하는 욕구가 강한 시기이다.
③ 성격은 친밀한 사람들과의 관계에서 형성된다.
④ 동성친구와의 친밀한 관계를 단짝관계라고 한다.
⑤ 청소년기의 우정관계는 이후 타인과 밀접한 관계를 형성하는 바탕이 된다.

정답 & 해설
43. ⑤ 44. ① 45. ①

43 청소년정책위원회는 다음 각 호의 사항을 심의·조정한다.(「청소년 기본법」 제10조)
 1. 제13조제1항에 따른 청소년육성에 관한 기본계획의 수립에 관한 사항
 2. 청소년정책의 분야별 주요 시책에 관한 사항
 3. 청소년정책의 제도개선에 관한 사항
 4. 청소년정책의 분석·평가에 관한 사항
 5. 둘 이상의 행정기관에 관련되는 청소년정책의 조정에 관한 사항
 6. 그 밖에 청소년정책의 수립·시행에 필요한 사항으로서 대통령령으로 정하는 사항
44 일방적 조력 단계에서는 자신이 원하는 대로 응해 주는 사람을 친구로 여기기 때문에, 자신이 원할 때 거절하거나 자기편을 들어 주지 않는 친구는 원망하게 된다.
45 청소년기에는 고민이 생기면 단짝친구에게 토로하며 안정감을 얻는 시기이다.

기출 ★
46 청소년 기본법상 다음 ( )에 들어갈 용어는?

> 청소년의 기본적 인권은 청소년활동·청소년복지·청소년( ) 등 청소년육성의 모든 영역에서 존중되어야 한다.

① 보호 ② 참여 ③ 자율
④ 문화 ⑤ 상담

기출 ★
47 청소년자살의 특징으로 옳지 않은 것은?

① 모방자살이 많다.
② 학교생활과 관련된 자살이 많다.
③ 친구와의 동일시로 인한 집단자살이 많다.
④ 충동적 자살보다 오랫동안 계획한 자살이 많다.
⑤ 가정불화를 자신 탓으로 생각하는 죄책감으로 인한 자살이 많다.

기출 ★
48 청소년법에 따라 감호 위탁 처분을 받은 청소년을 보호자 대신 보호할 수 있는 자가 상담·주거·학업·자립 등의 서비스를 제공하는 청소년복지 지원법상의 시설은?

① 꿈드림센터 ② 꿈키움센터 ③ 청소년희망센터
④ 청소년특화시설 ⑤ 청소년회복지원시설

정답 & 해설
46. ①   47. ④   48. ⑤

46 청소년의 기본적 인권은 청소년활동·청소년복지·청소년보호 등 청소년육성의 모든 영역에서 존중되어야 한다(「청소년 기본법」 제5조).
47 청소년기에는 충동적인 자살이 더 많다.
48 청소년회복지원시설은 「소년법」 제32조제1항제1호에 따른 감호 위탁 처분을 받은 청소년에 대하여 보호자를 대신하여 그 청소년을 보호할 수 있는 자가 상담·주거·학업·자립 등 서비스를 제공하는 시설을 의미한다.

49 학교 폭력 가해자에 대한 조치로 올바른 것을 모두 고르면?

> ㄱ. 전학
> ㄴ. 일시보호
> ㄷ. 피해학생에 대한 서면사과
> ㄹ. 학내외 전문가에 의한 특별 교육 이수 또는 심리치료
> ㅁ. 출석정지
> ㅂ. 사회봉사

① ㄱ, ㄴ, ㄷ
② ㄴ, ㄹ, ㅁ
③ ㄴ, ㄷ, ㄹ, ㅁ
④ ㄱ, ㄷ, ㄹ, ㅂ
⑤ ㄱ, ㄷ, ㄹ, ㅁ, ㅂ

50 다음 중 집단따돌림에 대한 설명으로 올바르지 못한 것은?
① 집단 동조 압력에 적응하지 못하는 청소년의 경우, 집단따돌림의 대상이 될 수 있다.
② 집단따돌림은 신체적인 고통을 가하는 행위로 국한된다.
③ 두 명 이상이 집단을 이루어 특정인을 소외시키거나 인격적으로 무시하는 것이다.
④ 동년배 집단에서의 유사성에 대한 거부반응이 집단따돌림의 형태로 나타날 수 있다.
⑤ 집단따돌림의 대상인 청소년은 자주 피곤해하고 등교거부 등을 호소하는 경향이 있다.

51 자살을 체계적으로 연구한 학자인 뒤르껭(Durkheim)은 사회적 통합수준과 사회적 규제수준에 따라 자살의 유형을 설명하였다. 그에 대한 설명으로 옳지 않은 것은?
① 이타적 자살은 집단주의적 성향이 강한 사회에서 나타난다.
② 이기적 자살은 개인이 현실에 타협하거나 적응하지 못하는 경우에 발생한다.
③ 숙명적 자살은 개인이 억압적 환경에서 삶의 희망을 상실하는 경우에 발생한다.
④ 아노미적 자살은 개인이 급작스러운 혼돈상태에 빠지는 경우 발생한다.
⑤ 모방적 자살은 유명인의 자살을 흉내나 모방하는 경우 발생한다.

정답 & 해설 49. ⑤ 50. ② 51. ⑤

49 가해학생에 대한 조치로는 피해학생에 대한 서면사과, 피해학생 및 신고·고발 학생에 대한 접촉·협박 및 보복행위의 금지, 학교에서의 봉사, 사회봉사, 학내외 전문가에 의한 특별 교육이수 또는 심리치료, 출석정지, 학급교체, 전학, 퇴학처분이 있다 (「학교폭력예방 및 대책에 관한 법률」 제17조).
50 집단따돌림은 특정인에게 반복적이고 지속적으로 심리적 혹은 신체적 고통을 가하는 행위이다.
51 뒤르껭은 자살의 유형으로 이타적 자살, 이기적 자살, 숙명적 자살, 아노미적 자살을 설명하였다.

기출 ★

52 청소년비행에 관한 낙인이론(labeling theory)의 관점에 해당하는 것을 모두 고른 것은?

> ㄱ. 어떤 행위에 대한 선악의 평가는 사회적으로 이루어진다.
> ㄴ. 일탈의 원인보다는 일탈행동을 규정하는 규범과 처벌하는 과정에 더 관심을 가진다.
> ㄷ. 비행은 사회통제가 개인에게 영향력을 행사하지 못하는 경우에 발생한다.
> ㄹ. 일탈자로 규정된 사람은 그 낙인을 벗어나기 힘들기 때문에 계속 다른 일탈행위를 하게 된다.

① ㄱ, ㄴ, ㄷ
② ㄱ, ㄴ, ㄹ
③ ㄱ, ㄷ, ㄹ
④ ㄴ, ㄷ, ㄹ
⑤ ㄱ, ㄴ, ㄷ, ㄹ

53 청소년기의 집단따돌림을 당하고 있는 아이가 매슬로우 욕구 이론에 따라 결핍된 욕구는 무엇인가?

① 안전의 욕구
② 애정·소속의 욕구
③ 존경의 욕구
④ 생리적 욕구
⑤ 자아실현의 욕구

54 가출했던 자녀가 집으로 돌아왔을 때 부모의 태도로 옳은 것을 모두 고르면?

> ㄱ. 신체적으로 체벌을 해서라도 버릇을 잡아야 한다.
> ㄴ. 무조건 아이의 비위를 맞춰야 한다.
> ㄷ. 지나치게 울거나 자책하지 말고 안아주거나 손을 잡아준다.
> ㄹ. 애정 어린 말로 부모의 마음을 솔직하게 표현한다.
> ㅁ. 가출한 동안 있었던 일과 이유에 대해 자세히 묻는다.

① ㄱ, ㄴ
② ㄴ, ㄷ
③ ㄷ, ㄹ
④ ㄹ, ㅁ
⑤ ㄴ, ㄹ, ㅁ

정답 & 해설

52. ② 53. ② 54. ③

52 낙인이론은 일탈 행동에 관한 이론이다. 1960년대에 시카고학파에 속한 하워드 S. 베커(Howard S. Becker)에 의해 제창된 것으로, 지금까지의 일탈 행동을 단순한 사회 병리 현상으로 다뤄 온 방식과는 분명히 구별하여 일탈이라는 것은 행위자의 내적 특성이 아니라 주위로부터의 낙인에 의해 만들어지는 것이라는 이론이다.

기출 ★
55 다음이 공통적으로 설명하는 성평등가족부의 청소년정책 사업은?

- 자격과 경험을 갖춘 청소년상담전문가가 위기청소년의 삶의 현장을 직접 찾아가 심리적·정서적 지지와 함께 지역사회 자원 연계서비스를 제공함
- 중·고위험군 청소년에 대한 1 : 1 찾아가는 상담지원 서비스를 통해 문제해결에 도움을 제공하고 위기요인을 개선시킴
- 위기청소년을 위해 지역사회의 청소년 협력자원을 발굴·연계하며, 그들과 지속적인 관계를 형성하여 지원함

① 청소년동반자 ② 청소년방과후아카데미 ③ 청소년우대사업
④ 드림스타트 ⑤ 청소년 특별지원 사업

56 다음은 청소년기의 심리적 부적응 중 무엇에 대한 설명인가?

- 대상이 뚜렷하지 않은 채 막연한 두려움과 초조함을 경험한다.
- 경우에 따라서는 특정한 상황, 사물, 사람에 대해 공포감을 경험한다.

① 불안장애 ② 우울증 ③ 성격장애
④ 섭식장애 ⑤ 정신분열증

57 다음은 청소년기의 심리적 부적응 중 무엇에 대한 설명인가?

- 청소년기에는 자기도취적인 것과 반사회적인 것이 주로 나타난다.
- 자신보다는 주위사람들에게 더 큰 피해를 준다.

① ADHD ② 자살 ③ 성격장애
④ 섭식장애 ⑤ 정신분열증

정답 & 해설
55. ① 56. ① 57. ③

55 청소년동반자 사업은 청소년 상담 전문가인 청소년동반자가 위기청소년에게 직접 찾아가 맞춤형 상담을 통해 청소년이 건강하게 성장할 수 있도록 지원하는 것이다.
56 불안장애는 어떤 생각이나 두려운 느낌, 그리고 특정 행동을 반복하는 강박증 등을 주로 경험한다.
57 성격장애는 일반적으로 자기도취적 성격장애와 반사회적 성격장애가 나타나는 것으로서, 주위 사람들에게 더 큰 피해를 준다.

58 다음 중 청소년들의 약물남용에 대한 설명으로 올바르지 못한 것은?

① 청소년들 사이에 가장 많이 사용되는 약물은 담배이다.
② 청소년 음주의 원인은 입시 스트레스나 불안으로부터 벗어나기 위한 시도이다.
③ 청소년 흡연의 원인은 성인행동에 대한 모방이다.
④ 청소년의 알코올 남용은 뇌의 기능을 둔화시킨다.
⑤ 청소년의 마약 사용은 성인에 비해 중독에 이를 가능성이 높다.

기출 ★

59 청소년의 약물남용에 관한 설명으로 옳지 않은 것은?

① 일단 약물을 남용하게 되면 성인보다 느린 속도로 약물중독에 이르게 된다.
② 장기적으로 볼 때 정신질환 등 각종 질환을 일으킬 수 있다.
③ 내성이 생김에 따라 사용하는 약물의 용량이 증가한다.
④ 낮은 자존감, 심리적 스트레스와 관련성이 높다.
⑤ 한 가지 약물에서 시작하여 여러 가지 약물을 복합적으로 남용하게 된다.

기출 ★

60 청소년 자살에 관한 설명으로 옳은 것을 모두 고른 것은?

> ㄱ. 현실도피적인 수단으로 자살이라는 극단적 행동을 보이기도 한다.
> ㄴ. 판타지 소설류나 인터넷게임 등의 영향으로 죽음에 대한 환상을 갖는 경우가 있다.
> ㄷ. 청소년의 자살 동기는 성인과 동일하게 나타난다.
> ㄹ. 청소년의 자살 시도는 충동적으로 일어나는 경우가 많다.

① ㄱ, ㄴ
② ㄴ, ㄹ
③ ㄱ, ㄴ, ㄹ
④ ㄱ, ㄷ, ㄹ
⑤ ㄱ, ㄴ, ㄷ, ㄹ

정답 & 해설

58. ①　59. ①　60. ③

58 청소년들이 가장 많이 사용하는 약물로는 알코올, 그 다음으로 담배가 있다.
59 청소년기에는 일단 약물을 남용하게 되면 성인보다 빠른 속도로 약물중독에 이르게 된다.
60 성인의 경우, 우울 상태가 자살을 결정짓는 가장 큰 요인인데 반해, 청소년의 경우는 충동성이 매우 큰 결정인자이다. 따라서 청소년 자살의 경우는 예측이 어렵다.

61 각종 유해 환경으로부터 청소년들을 보호하기 위한 법으로 알맞은 것은?
① 청소년 기본법　　② 청소년 보호법　　③ 청소년 복지 지원법
④ 청소년 활동 진흥법　　⑤ 고등교육법

62 청소년의 고용에 대해 바르게 설명하고 있는 것은?
① 만 15세 이상의 청소년은 취직인허증 없이 고용할 수 있다.
② 일주일에 50시간 이상 일을 시킬 수 없다.
③ 예고 없이 해고할 수 있다.
④ 노래방, 패스트푸드점, 편의점 등에서 일할 수 있다.
⑤ 최저임금의 10% 감액한 청소년용 최저임금을 적용받는다.

정답 & 해설　　　　　　　　　　　　　　　　　　　　　　　61. ②　62. ①

62 ② 하루에 7시간, 일주일에 40시간 이상 일을 시킬 수 없다.
　　 ③ 해고할 때는 적어도 30일 전에 예고해야 한다.
　　 ④ 노래방은 청소년을 고용할 수 없는 청소년고용금지장소이다.
　　 ⑤ 성인의 최저임금과 동일한 최저임금을 적용받는다.

나만의 정리노트

선택과목

7과목
청소년 수련활동론

- Section 01 청소년활동이해
- Section 02 청소년활동 프로그램이론
- Section 03 청소년활동 지도
- Section 04 청소년활동기관 설치 및 운영
- Section 05 청소년활동 실제
- Section 06 청소년활동 제도 및 지원
- Section 07 청소년활동 여건과 환경
- Section 08 기타

Section 01 청소년활동 이해

학습포인트 청소년활동의 기본개념과 교육적 의의에 대해 이해한다. 또한 청소년활동 관련 이론에 대해 파악한다.

1 기본 개념

(1) 정 의

① 청소년 기본법 제3조제3호에 의하면, "청소년활동"이라 함은 청소년의 균형 있는 성장을 위하여 필요한 활동과 이러한 활동을 소재로 하는 수련활동, 교류활동, 문화활동 등 다양한 형태의 활동을 말한다.

  ✐ 수련 : 청소년들이 여가활동에 자발적으로 참여하여 심신단련, 취미개발, 사회봉사, 자아실현 등의 인간 품성을 도야하는 배움의 실천 활동을 통칭한다.

② 청소년수련활동이란 청소년이 청소년활동에 자발적으로 참여하여 청소년 시기에 필요한 기량과 품성을 함양하는 교육적 활동으로서 청소년지도자와 함께 청소년수련거리에 참여하여 배움을 실천하는 체험활동을 말한다.

③ 청소년수련활동이란 모든 청소년들이 청소년 기본법에 명시된 자기발전을 추구하는 권리를 표현하는 수단의 하나이며 환경이다.

(2) 개 념

① 청소년수련활동은 청소년기의 급격한 신체적 변화와 발달로 인한 심리적 혼란과 정신적 불안정감을 극복하고 자아정체감을 발견하는 계기가 될 수 있는 활동으로 청소년들이 새로운 가치관을 정립하고 심리적 안정감을 발현하는 중요한 활동이다.

② 심신을 단련하고 협동정신과 봉사정신을 북돋우며 평소에 배운 지식을 서로 교환하기도 하고 견주어도 보며, 건전한 민주주의적 생활방법을 몸에 익혀 유능한 사회인이 되기 위한 활동이라고 할 수 있다.

③ 자연자원의 관리 측면에서의 수련활동은 자연자원의 효율적 이용을 위한 교육으로 규정되고, 레크리에이션 활동의 측면에서는 주로 대자연

OX 퀴즈

청소년수련활동은 청소년의 학습목표를 달성하기 위해 야외교육을 확대시키는 직접적이고 총체적인 학습방법이다. [ ]

[정답] ○

속에서 레크리에이션을 통해 즐거움을 얻는 수단으로 인식하고 있으며, 또한 환경보호 관점에서는 한정되고 부서지기 쉬운 환경을 보호하기 위해 청소년들에게 환경에 대한 개개인의 책임을 부과하는 과정이다.
④ 청소년수련활동은 야외실험실을 이용한 교실영역의 확대, 환경과 생활의 인지를 증대시키기 위한 생활 상황이나 자연자원을 포함한 교과 과정의 모든 측면에 대한 직접적인 경험, 적절한 교수-학습 분위기 조성을 위한 계획과 적용에 학생, 교사, 수련활동 자원인사를 포함시키는 프로그램 등을 종합적으로 지칭하며 교과 과정의 목표를 달성하기 위한 접근이라고 할 수 있다.
⑤ 청소년수련활동은 학습목표의 달성을 위해 야외교육을 확대시키는 직접적·총체적 학습방법이다.

> **Plus Study** 청소년 기본법과 청소년활동 진흥법의 용어 빈출
>
> 1. 청소년 기본법에서 사용하는 용어(제3조)
>   ① 청소년 : 9세 이상 24세 이하인 사람을 말한다. 다만, 다른 법률에서 청소년에 대한 적용을 다르게 할 필요가 있는 경우에는 따로 정할 수 있다.
>   ② 청소년육성 : 청소년활동을 지원하고 청소년의 복지를 증진하며 근로 청소년을 보호하는 한편, 사회 여건과 환경을 청소년에게 유익하도록 개선하고 청소년을 보호하여 청소년에 대한 교육을 보완함으로써 청소년의 균형 있는 성장을 돕는 것을 말한다.
>   ③ 청소년활동 : 청소년의 균형 있는 성장을 위하여 필요한 활동과 이러한 활동을 소재로 하는 수련활동·교류활동·문화활동 등 다양한 형태의 활동을 말한다.
>   ④ 청소년복지 : 청소년이 정상적인 삶을 누릴 수 있는 기본적인 여건을 조성하고 조화롭게 성장·발달할 수 있도록 제공되는 사회적·경제적 지원을 말한다.
>   ⑤ 청소년보호 : 청소년의 건전한 성장에 유해한 물질·물건·장소·행위 등 각종 청소년 유해 환경을 규제하거나 청소년의 접촉 또는 접근을 제한하는 것을 말한다.
>   ⑥ 청소년시설 : 청소년활동·청소년복지 및 청소년보호에 제공되는 시설을 말한다.
>   ⑦ 청소년지도자 : 제21조의 규정에 따른 청소년지도사 및 제22조의 규정에 따른 청소년상담사와 청소년시설·청소년단체·청소년관련기관에서 청소년육성에 필요한 업무에 종사하는 사람을 말한다.
>   ⑧ 청소년단체 : 청소년육성을 주된 목적으로 설립된 법인이나 대통령령으로 정하는 단체를 말한다.
> 2. 청소년활동 진흥법에서 사용하는 용어(제2조)
>   ① 청소년활동 : 「청소년 기본법」 제3조제3호에 따른 청소년활동을 말한다.
>   ② 청소년활동시설 : 청소년수련활동, 청소년교류활동, 청소년문화활동 등 청소년활동에 제공되는 시설로서 제10조에 따른 시설을 말한다.
>   ③ 청소년수련활동 : 청소년이 청소년활동에 자발적으로 참여하여 청소년 시기에 필요한 기량과 품성을 함양하는 교육적 활동으로서 「청소년기본법」 제3조제7호에 따른 청소년지도자(이하 "청소년지도자"라 한다)와 함께 청소년수련거리에 참여하여 배움을 실천하는 체험활동을 말한다.
>   ④ 청소년교류활동 : 청소년이 지역 간, 남북 간, 국가 간의 다양한 교류를 통하여 공동체의식 등을 함양하는 체험활동을 말한다.
>   ⑤ 청소년문화활동 : 청소년이 예술활동, 스포츠활동, 동아리활동, 봉사활동 등을 통하여 문화적 감성과 더불어 살아가는 능력을 함양하는 체험활동을 말한다.
>   ⑥ 청소년수련거리 : 청소년수련활동에 필요한 프로그램과 이와 관련되는 사업을 말한다.

⑦ 숙박형 청소년수련활동 : 19세 미만의 청소년(19세가 되는 해의 1월 1일을 맞이한 사람은 제외한다. 이하 같다)을 대상으로 청소년이 자신의 주거지에서 떠나 제10조제1호의 청소년수련시설 또는 그 외의 다른 장소에서 숙박·야영하거나 제10조제1호의 청소년수련시설 또는 그 외의 다른 장소로 이동하면서 숙박·야영하는 청소년수련활동을 말한다.

⑧ 비숙박형 청소년수련활동 : 19세 미만의 청소년을 대상으로 제10조제1호의 청소년수련시설 또는 그 외의 다른 장소에서 실시하는 청소년수련활동으로서 실시하는 날에 끝나거나 숙박 없이 2회 이상 정기적으로 실시하는 청소년수련활동을 말한다.

바로 Check

청소년활동 진흥법상 청소년문화활동의 정의이다. ( )에 들어갈 각 활동으로 옳은 것은?

> 청소년이 예술활동, ( ), ( ), ( ) 등을 통하여 문화적 감성과 더불어 살아가는 능력을 함양하는 체험활동을 말한다.

① 동아리활동, 봉사활동, 수련활동
② 동아리활동, 봉사활동, 교류활동
③ 스포츠활동, 봉사활동, 교류활동
④ 스포츠활동, 동아리활동, 봉사활동
⑤ 스포츠활동, 동아리활동, 교류활동

해설 청소년문화활동이란 청소년이 예술활동, 스포츠활동, 동아리활동, 봉사활동 등을 통하여 문화적 감성과 더불어 살아가는 능력을 함양하는 체험활동을 말한다(법 제2조제5호).

정답 ④

2 교육적 의의

(1) 청소년수련활동의 목적

① 이상적인 사회생활방식을 몸에 익힌다.
② 품위를 높이고 인성 계발을 도모한다.
③ 지도력을 배양시킨다.
④ 청소년들의 결속력을 강화시킨다.
⑤ 책임감을 향상시키고 자립정신을 키워 준다.
⑥ 자연을 배워 일상생활에 활용할 수 있도록 한다.
⑦ 정신적 수양과 협동정신을 길러 준다.
⑧ 강인한 체력의 향상과 투지력을 길러 준다.
⑨ 인내심과 관용을 체득하게 한다.
⑩ 인생의 존엄성을 강조한다.

(2) 청소년수련활동의 특성

① 목적적 활동
  ㉠ 청소년수련활동은 일회적인 단일한 행사활동이 아닌 청소년의 균형적인 성장을 위한 것이다.
  ㉡ 심신단련, 자질배양, 정서함양, 사회봉사 등의 체험을 통해 덕과 체를 함양하기 위한 구체적인 목적이 내재된 활동이다.

② 자율적 활동
  ㉠ 청소년수련활동은 청소년이 학업활동과 같이 의무적으로 해야 하는 것이 아니라 자율적인 선택에 의한 활동이다.
  ㉡ 자율성은 수련활동의 당사자인 청소년의 참여적 측면에서의 자율성과 프로그램 선택의 자율성 등 복합적인 의미로 받아들여질 수 있어 개념 정의로 볼 때 수련활동의 자율성 영역은 상당히 불명확한 의미를 내포할 수 있다.

③ 조직적 활동
  ㉠ 청소년수련활동은 개인이 혼자서 하는 활동이 아니라 다른 사람과의 유대관계를 통해서 다양한 수련거리를 경험하고 새로운 것을 배우는 조직적인 활동이다.
  ㉡ 수련활동을 통하여 청소년들은 그 안에 내포되어 있는 교육적인 이념을 배울 수 있다.

④ 체험적 활동
  ㉠ 청소년수련활동은 청소년들이 경험해 보지 못한 새로운 일들을 직접 실천해 보는 활동이다.
  ㉡ 청소년이 스스로 경험을 함으로써 수련활동이 목적하는 바의 필요성을 체득하는 활동이다.
  ㉢ 체험적 활동이란 지성, 언어, 습관 등의 구성요소가 섞여 있지 않은 근본적인 것을 의미하는데, 여기에서는 주관 속에 볼 수 있는 생생한 의식과정이나 내용을 직접 경험한 심적 과정이라 할 수 있다.
  ㉣ 체험적 활동은 수련활동에 참여한 청소년 자신이 실제로 보거나, 듣거나, 느끼거나, 만지거나, 활동하여 지금까지 경험해 보지 않은 일을 새롭게 실행해 보는 과정이다.
  ㉤ 수련활동은 지식의 이해 및 습득과 같은 교육활동과는 다른 영역으로서 체험을 통한 역동적인 활동이 강조된다.

⑤ 모험적 활동
  ㉠ 청소년수련활동은 청소년들에게 이전에 경험해 보지 못한 모험적이고 도전적인 활동을 가르친다.

 괄호넣기

( )은(는) 청소년수련활동에 필요한 프로그램과 이에 관련되는 활동을 말한다.
[정답] 수련거리

ⓒ 모험활동은 청소년들이 진취적인 사고를 배양할 수 있고 어려운 문제에 직면했을 때 그 문제를 회피하기보다는 직접 부딪쳐서 해결할 수 있도록 강한 자신감을 불어넣을 수 있는 활동이다.

⑥ 창의적 활동
ⓒ 청소년수련활동이 갖는 공동의 목적은 청소년에게 창의성을 심어 주는 일이다.
ⓒ 창의성은 자신의 삶을 스스로 통제할 수 있는 능력을 길러 주는 것이며, 끊임없이 자기혁신의 과정을 다져나가는 일이다.

⑦ 집단적 활동
ⓒ 오늘날 과보호 속에서 살고 있는 청소년들로 하여금 집단 활동의 경험을 통해 좌절감이나 달성감을 느끼고, 시행착오를 겪게 하면서 인간적인 성장을 유도한다.
ⓒ 청소년들은 집단 활동의 상호작용을 통해 의상, 언어, 행동양식, 태도, 의식 등에 지대한 영향을 주고받을 뿐만 아니라, 사회적 상황에 대한 대처 방안과 방향 제시 역할을 수행한다.

⑧ 학습자 중심 활동
ⓒ 수련활동에 참여하는 모든 학생들의 개인적 특성과 상황적 요소를 충분히 고려하여 참여자들에게 새로운 전망과 의미 있는 경험을 제공하여 준다.
ⓒ 수련활동은 교사활동 중심에서 학습자 중심으로, 지식과 기능 중심에서 인간관계 중심으로, 과제수행 중심에서 문제해결 중심으로, 전문적 활동 중심에서 기초적이고 보완적인 활동 중심으로, 획일성·타율성·수동성·모방성 중심에서 융통성·자율성·능동성·창의성 중심으로 모든 내용을 계획 수행한다.

○× 퀴즈

칙센트미하이(M. Csikszent-mihalyi)의 몰입경험 이론에서 자신의 수행능력 수준에 미치지 못하는 활동과제를 수행할 때 경험하는 것은 '지루함'이다. [　]

[정답] ○

바로 Check

문제해결 학습과정을 순서대로 옳게 나열한 것은?

ㄱ. 문제 인식 ㄴ. 자료수집 ㄷ. 결과의 검토
ㄹ. 해결방법의 계획 ㅁ. 활동의 전개

① ㄱ-ㄴ-ㄷ-ㄹ-ㅁ
② ㄱ-ㄹ-ㄴ-ㅁ-ㄷ
③ ㄱ-ㄹ-ㄷ-ㄴ-ㅁ
④ ㄱ-ㄹ-ㅁ-ㄴ-ㄷ
⑤ ㄱ-ㅁ-ㄹ-ㄴ-ㄷ

해설 문제해결 학습과정은 문제 인식 → 정보 수집을 위한 문제 해결 방안의 마련과 선택의 준비 → 문제해결 방안 설정 → 문제해결 방안 적용 → 결과에 대한 평가 등의 순서를 거친다.

정답 ②

(3) 조 건
① 참가동기의 자발성
② 청소년들에 의한 주체적 참여와 자치적 운영
③ 자율적 행동규범의 수립과 실행
④ 청소년들의 문화적 욕구의 반영
⑤ 참가자격의 평등성

3 활동관련 이론

(1) 수련활동 관련 이론 빈출
① 경험학습 이론
  ㉠ 경험을 통한 학습, 즉 직접적으로 행동하고, 체험하고, 활동함으로써 배운다는 점을 강조한다. 경험은 대상과의 직접적이고 전체적인 접촉을 의미한다.
  ㉡ 경험학습은 학교의 교사처럼 누군가의 지시나 명령에 의해 이루어지는 학습이 아니라 학습자가 학교 안팎에서 스스로 알고 싶었던 분야나 관심 영역을 찾아가는 것이며, 학습자가 가진 모든 물리적 혹은 심리적 에너지를 학습대상에 집중하여 경험을 통해서 배우는 것을 의미한다.
  ㉢ **경험학습의 진행과정**
    ⓐ 구체적인 경험 : 특정한 경험들, 사람들과의 직간접석인 활동 및 느낌이나 사람들에 대한 민감성으로부터 학습한다.
    ⓑ 반성적 고찰 : 판단 이전에 주의 깊은 관찰, 다른 관점에서 사물을 보는 시각, 어떤 사물로부터 의미를 찾는 행위를 포함한다.
    ⓒ 추상적 개념화 : 아이디어에 대한 논리적 분석, 체계적인 계획, 어떤 상황을 이해하기 위한 지적활동을 포함한다.
    ⓓ 적극적인 실험 : 새롭게 설정된 가설을 검증하기 위한 실험으로서 어떤 일을 직접 완성할 수 있는 능력, 위험감수, 활동을 통해 사람들이나 사건·대상들에 영향력을 발휘한다.
② 몰입경험 이론
  ㉠ 활동몰입이란 자신의 활동행위에 완전히 몰두하여 최적의 학습을 수행할 때 발생되는 심리적 상태이다.

ⓒ **몰입경험의 특징** : 도전과 능력의 균형감, 분명한 목적, 명확한 피드백, 수행 중인 과제에 대한 집중, 통제감, 행위와 인식의 일체감, 자의식의 상실, 양적 시간개념의 상실, 자기목적성

바로 Check

콜브(D. Kolb)의 경험학습 4단계 중 다음에 해당되는 것은?

> 청소년들이 현장견학에서 체험한 내용을 토대로 논리적 분석과 이해과정을 통해 가설적 지식을 도출하는 단계

① 적극적 실험(active experimentation)
② 반성적 관찰(reflective observation)
③ 추상적 개념화(abstract conceptualization)
④ 구체적 경험(concrete experience)
⑤ 비판적 사고(critical thinking)

[해설] 콜브의 추상적 개념화 단계는 논리적이며 체계적인 평가를 하고 분석과 논리를 기준으로 판단하는 단계이다.

✅ 정답 ③

Section 02 청소년활동 프로그램이론

학습포인트 청소년활동 프로그램 개발, 실행 및 평가의 전반적인 사항에 대해 이해한다.

1 프로그램 개발

(1) 분석(analysis)
① 청소년들의 요구와 특성을 분석하는 것에서 시작하여 기관 및 시설의 요구, 사회의 요구, 부모의 요구 등을 종합적으로 분석하고 이를 반영하는 것이다.
② 청소년들의 요구를 적극적으로 반영하며, 이를 통해 그들의 인권과 삶의 질을 존중하고 발전시켜야 한다.
③ 청소년의 요구뿐만 아니라 기관의 요구와 성인 사회의 요구도 반영해야 하며, 이를 위해 다양하고 지속적인 조사연구를 수행해야 한다.
④ 요구분석과 더불어 과제분석과 내용분석 등의 과업도 뒤따라야 한다.

(2) 설계(design)
① 청소년 지도의 방법 및 전략을 이해하고 개선하며 적용하는 것이다.
② 지도 효과를 최대화하기 위하여 청소년의 특성과 학습내용에 적합한 지도방법을 고안하는 일련의 활동을 말하며 이와 관련된 원리, 이론, 모형 등을 의미하기도 한다.
③ 특정 청소년 집단에게 특정한 경험을 제공하기 위해 가장 적절한 지도방법, 즉 처방전을 산출해 내야 하며, 이와 더불어 처방적인 지도전략을 산출해 내는 과정은 원리나 이론 또는 모형으로 체계화한다.

(3) 개발(development)
① 전문적 활동으로서의 수련활동 설계가 건축설계자의 설계도에 비유될 수 있다면, 수련거리 개발은 이 설계도에 바탕을 두고 실제로 건물을 짓는 것에 비유될 수 있다.

OX 퀴즈
수련거리는 국가의 청소년 기본 정책을 반영하고, 민주시민으로서의 소양을 기르기 위한 청소년 육성의 목표와 이념을 수련거리 계획, 실행, 평가 전반에 내포해야 한다. [ ]
[정답] ○

② 개발은 새로운 지도상황을 창안하기 위한 적절한 절차들을 처방하고 활용하여 실제 지도에 사용될 자료, 강의안, 지도계획서 등을 산출해 내는 것을 말한다.

(4) 실행(implementation)
① 특정한 지도상황에서 특정한 자료나 수련활동을 사용함으로써 최적의 결과를 얻기 위한 것이다.
② 수련거리의 전개 과정은 지도내용 및 활동의 특성과 지도자의 특성에 따라 수련거리의 각 부분을 활용해 나가는 과정이다.
③ 지도상황은 최적의 결과를 얻기 위한 형태로 수정될 수 있다.

(5) 평가(evaluation)
① 위에서 언급한 모든 요소들의 효과성, 효율성 및 매력성을 평가하기 위한 방법들을 포함한다.
② 수련거리가 어느 정도 잘 설계되고 개발되었는지, 그리고 그것이 실제로 얼마나 잘 전개되었으며 또한 적절히 관리되었는지를 전체적으로 평가하는 것이다.
③ 평가의 목적은 수련거리의 질적인 개선을 위한 것이다.

2 프로그램 실행

(1) 운영의 필요성
① 프로그램 운영을 기획함으로써 그 프로그램에 관한 정책수행과 운영에 안전을 기할 수 있다.
② 프로그램 운영 기획은 설정된 목표를 가장 효율적으로 달성할 수 있는 대안을 선택함으로써 그 프로그램의 효율성을 증대시킨다.
③ 기획은 하나의 평가기준으로서 필요하다.
④ 기획 수립 시에 프로그램에 관련된 지도자, 지도 대상인 청소년, 지역사회 관계 인사들이 참여하게 될 경우, 이들이 활동에 적극적인 관심을 가지게 되고 활동 자체가 청소년의 요구에 맞게 개발·적용될 수 있다.

(2) 프로그램 운영의 단계
① **기획단계** : 청소년수련시설, 단체 등에서 학교 또는 집단 수련활동을 목적으로 진행 사항을 미리 작성하여 실행할 수 있도록 상세한 계획을 작성하는 단계이다.

OX 퀴즈
수련거리는 현실 지향적이라기보다는 미래 지향적인 성격을 지니고 있다. [ ]
[정답] ×
[해설] 수련거리는 현실 지향적인 성격과 미래 지향적인 성격을 동시에 포함하고 있다.

> **Plus Study** 수련활동의 기획단계에 포함되는 내용
>
> - 대상 학년
> - 기간
> - 지도방법
> - 시기
> - 활동 내용
> - 기타 : 식사, 회비, 준비물 등 운영전반에 관련된 부대 내용

② 준비단계 : 기획단계에서 설정된 단위 수련활동 하나하나에 대해 구체적인 대상(참가 청소년)을 중심으로 행동으로 옮길 수 있도록 세부 계획을 세워 추진하는 단계이다.

> **Plus Study** 수련활동의 준비단계에 포함되는 내용
>
> - 기준 일정표 작성
> - 프로그램 계획
> - 비상 계획 수립
> - 지도자의 역할 분담
> - 프로그램 실시 전 점검 사항

③ 실시단계 : 준비단계에서 작성된 내용을 실천하는 단계로서, 청소년이 수련활동 목적으로 달성하기 위하여 계획대로 프로그램을 실현하는 가장 중요한 단계이다.

[실시단계의 하위 단계]

단계	내용
도입 단계	• 오리엔테이션의 실시를 위한 만반의 준비를 마련해 두고 청소년들이 참석하게 되면 곧바로 오리엔테이션을 실시할 수 있어야 한다. • 지도자가 자기의 소개는 물론 수련거리의 운영을 담당하고 있는 다른 지도자까지도 소개할 수 있도록 함으로써 전체적인 활동 분위기를 형성하도록 할 필요가 있다. • 청소년들이 자기소개를 할 수 있는 기회를 만드는 것이 좋다. • 수련활동의 전체 과정을 간단하게 소개함으로써 수련활동 전반에 대한 청소년의 이해를 증진시키도록 함과 동시에 활동의욕을 고취시키는 것이 중요하다. • 형식 위주의 공식적인 활동보다는 편안히 즐길 수 있는 활동을 준비하여 청소년들이 수련활동에 대한 부담감이나 불안감을 제거하도록 하는 것이 좋다.
실행 및 심화의 단계	• 도입단계에서 활동 동기가 유발되어 목표가 명확하게 인식되고 기존의 계획에 의해 수련활동을 진행시켜 가는 실제 활동 중심의 단계이다. • 대부분의 지도 활동은 거의 여기에서 이루어진다.
종결 단계	• 전 단계에서 지도하고 활동한 내용을 총괄하고, 조직하고, 결론짓는 총결산의 단계이다. • 종결단계의 주요 목적은 청소년들이 개인적으로 또는 공동으로 연구하고 활동한 결과로 심리적으로는 자신감과 만족감의 정서를 갖게 하고, 사회적으로는 이러한 개인적인 경험을 서로 교환하고 통합하는 기회를 갖게 하여 수련활동 전체를 이해하는 데 있다.

3 프로그램 평가

(1) 계획된 수련활동이 끝나면 어떠한 형태로든지 수련활동 전반에 대하여 반성하고 평가해 보는 것이 바람직하다.

(2) **평가 내용** : 계획의 적절성, 참가자의 성취도, 역할 분담과 성과, 문제점의 제기 등

> **바로 Check**
>
> **청소년활동 프로그램의 최종 종결단계에서 이루어지는 일반적인 지도전략으로 옳지 않은 것은?**
> ① 활동의 성과를 평가하고, 그 결과에 대하여 포상한다.
> ② 참여결과가 일상생활에 적용될 수 있도록 지도한다.
> ③ 활동목표 달성을 위한 세부 단위활동을 안내한다.
> ④ 활동의 성과를 다른 참가자와 교환하고 통합하는 기회를 갖도록 지도한다.
> ⑤ 활동의 결과로 청소년 자신에게 나타난 변화를 인식하도록 도와준다.
>
> **해설** 활동목표 달성을 위한 세부 단위활동 안내는 도입단계에서 이루어진다.
>
> ✅ **정답** ③

Section 03 청소년활동 지도

학습포인트 청소년활동 지도의 원리와 지도방법에 대해 이해한다. 또한 청소년지도자의 개념, 전문성, 역할, 자질, 과제 및 배치에 대해 파악한다.

1 지도 원리

(1) 청소년지도의 특징
① 청소년 개개인의 다양한 욕구와 사회적 요구를 동시에 반영한다.
② 지도목표를 갖는 의도적 활동이다.
③ 프로그램 중심의 경험학습이다.
④ 청소년의 자발적인 참여를 전제로 한다.
⑤ 청소년전문지도자에 의한 활동이다.
⑥ 지속적인 활동이다.
⑦ 청소년들의 다양한 활동을 조력하는 과정이다.

(2) 청소년지도의 원리
① 기본 전제
  ㉠ **청소년에 대한 정확한 이해가 전제되어야 한다.**
    ⓐ 청소년수련활동 지도의 효과성과 매력성은 지도 대상인 청소년 집단의 특성과 삶의 세계, 그들의 교육적 요구를 객관적으로 이해함으로써 성취될 수 있다.
    ⓑ 청소년의 일반적인 특성과 지도 대상 집단의 특성, 개인차에 대하여 정확한 지식과 이해가 필요하며, 이는 청소년들의 특성에 적합한 지도방법이 가능하도록 할 것이다.
  ㉡ **청소년문화에 대한 깊은 이해와 통찰이 전제되어야 한다.**
    ⓐ 청소년들에게는 나름대로의 고유한 문화가 존재하는데, 이는 결코 성인문화에 대한 모방적 아류문화가 아니며 그들 나름대로의 독창적인 문화인 것이다.

ⓑ 청소년의 문화는 과거와 현재가 다르고, 도시와 농촌이 다르며, 남자와 여자가 다르다. 그리고 학생청소년, 근로청소년, 무직청소년, 요보호 청소년 집단의 문화 또한 커다란 차이가 있다.
ⓒ 청소년지도자는 청소년 집단의 다양한 문화적 차이에 대하여 객관적인 안목과 정확한 분석능력을 갖추어야 하며, 이를 기초로 청소년수련활동 지도의 효율성과 매력성을 높일 수 있어야 한다.

ⓒ **청소년의 교육적 요구를 정확하게 분석할 수 있어야 한다.**
청소년들이 가지고 있는 다양한 요구들을 정확하게 분석함으로써 이를 기초로 청소년수련활동 지도의 목표를 설정하고 프로그램을 설계할 뿐만 아니라 지도방법을 고안하고 이를 적용해 나가야 한다.

ⓔ **청소년지도자와 청소년 간의 충분한 공감대 형성이 전제되어야 한다.**
ⓐ 청소년수련활동 지도에 있어서 공감대 또는 친밀감 형성은 지도의 사전단계부터 지도가 종결단계에 이르기까지 계속 지속되어야 한다.
ⓑ 청소년들에게 지도의 목표를 효과적으로 달성하도록 도와줄 뿐만 아니라 활동 참여에 대한 동기를 높여 주고 지도에 대한 흥미와 관심을 증대시켜 주어야 한다.
ⓒ 본격적인 지도활동 이전에 청소년에 대한 정보획득과 충분한 대화를 통해 그들의 욕구를 정확하게 이해하고 수용해 줄 필요가 있으며, 각종 레크리에이션이나 게임 등을 통하여 친밀감과 지도 활동에 대한 동기를 유발시킬 필요가 있다.

② 원리 빈출
㉠ **개별성의 원리**
ⓐ 각 개인의 고유한 상이성을 인정해 주어야 한다.
ⓑ 청소년들은 그들의 특성, 발달, 성장환경 등에 있어서 다양한 개인차가 있으며, 이에 따라 그들의 욕구 또한 매우 다양하다.
ⓒ 각 개인의 고유한 특성과 욕구를 인정하고 수용할 수 있도록 다양한 프로그램과 지도방법이 마련되어야 할 것이다.

㉡ **자율성과 창의성의 원리**
ⓐ 청소년들은 누구로부터의 간섭이나 통제를 거부하고 기성세대나 고정된 사회관습에 반항하고자 하는 발달적 특성을 지니고 있다.
ⓑ 그들의 잘못된 생각과 행동을 지시적이고 훈시적인 방법으로 변화시키려고 접근한다면 지도자의 행동은 청소년들보다 더 부적합한 것이 되고 말 것이다.

단답형 문제
청소년수련활동 지도의 원리 중 각 개인의 고유한 특성과 욕구를 인정하고 수용할 수 있도록 다양한 프로그램과 지도방법을 마련해야 하는 것을 무엇이라 하는가?
[정답] 개별성의 원리

ⓒ 청소년 스스로 또는 청소년과 지도자가 함께 지도활동을 계획하고 운영해 나감으로써 청소년들이 자신의 행동에 대해 책임감을 느끼고 더 큰 만족감을 가질 수 있도록 해야 할 것이다.

ⓒ **전인성의 원리**
ⓐ 청소년수련활동 지도는 청소년들의 전인적 성장을 지원하고 조력하는 방향으로 이루어져야 한다.
ⓑ 전인성이란 인지적, 정의적, 신체 기능적 특성의 조화로운 발달을 의미한다.
ⓒ 청소년수련활동 지도에서 전인성의 원리는 청소년을 한 사람의 완전한 인격체로, 그리고 전체론적인 존재로 인정함으로써 실현 가능하다. 즉, 전인적 지도가 이루어질 때 청소년 개개인이 갖는 욕구결함이나 지도의 불평형성을 보완해 줄 것이다.
ⓓ 전인성의 원리는 어떠한 성격의 청소년일지라도, 그리고 어떠한 문제와 부적응을 내포하고 있는 청소년일지라도 그들 모두에게 적용되어야 한다.

ⓔ **체험성의 원리**
ⓐ 청소년은 근본적으로 활동적이다. 따라서 청소년수련활동 지도 또한 이론적인 방법이 아니라 활동적이고 체험적인 방법으로 이루어져야 한다.
ⓑ 청소년수련활동 지도는 청소년 스스로 공동체의 삶과 문화적 양식 및 규범, 생활기능 등을 직접 체험할 수 있도록 계획해 나가야 한다.
ⓒ 체험 중심의 지도는 청소년들에게 그들의 존재가치를 인식시켜 주고, 현실적인 감각과 실생활에 대한 적응능력을 발달시킬 뿐만 아니라 그들의 참여동기를 유발하고 지속시켜 나가는 데 크게 기여할 것이다.

ⓜ **동기유발의 원리**
ⓐ 청소년수련활동 지도는 청소년들의 자발적인 참여가 이루어지지 않으면 아무런 의미가 없다.
ⓑ 자발적 참여는 일차적으로 청소년수련활동 지도 기관과 관련 단체의 적극적인 홍보와 유인정책, 제도적 지원이 이루어져야 하겠지만, 청소년수련활동 지도 프로그램에 참여한 청소년들이 지도활동 경험을 통해 만족감과 유의미감을 가질 때 가장 효과적으로 이루어질 것이다.

 나의 필기노트

ⓒ 동기유발을 위해서는 청소년지도활동 또는 프로그램의 내용이 청소년들에게 주의를 끌 수 있고 흥미를 유발할 수 있으며, 가치와 유의미감을 주고 만족감을 줄 수 있어야 한다.

> **바로 Check**
>
> **청소년활동의 지도원리로 옳지 않은 것은?**
> ① 청소년중심의 원리
> ② 획일적 지도의 원리
> ③ 상호학습의 원리
> ④ 동기유발 및 유지의 원리
> ⑤ 전인성의 원리
>
> 해설 청소년활동의 지도원리로는 개별성의 원리, 자율성과 창의성의 원리, 전인성의 원리, 체험성의 원리, 동기유발의 원리 등이 있다.
>
> ☑ 정답 ②

2 지도방법

(1) 개 념

① 청소년 교사가 전문적으로 수행하는 행위뿐 아니라 청소년의 참여특성, 활동양식, 학습행위를 효과적으로 지원하는 다양한 조치와 개입 등을 포함한다.
② 청소년지도자가 청소년의 활동과 학습을 촉진시키고 프로그램의 목적을 효과적으로 성취하기 위해 전개하는 일체의 행동과 수단을 의미한다.

(2) 청소년 지도방법의 전개 유형

① 사전 단계
  ㉠ **숨겨진 자아의 표출** : 보다 효율적인 커뮤니케이션을 위해서 자기 자신만 알고 남에게 숨기고 있는 자신에 대한 정보를 표출함으로써 열려진 자아로 나아가야 한다.
  ㉡ **효과적 청취를 위한 훈련**
    ⓐ 능동적이고 활동적으로 청취해야 한다.
    ⓑ 전체의 의미를 파악해야 한다.
    ⓒ 감정이입을 가지고 청취해야 한다.
    ⓓ 개방된 마음을 가지고 청취해야 한다.
    ⓔ 비판의식을 가지고 청취해야 한다.

② 개인 중심의 지도방법
  ㉠ **도제제도** : 경험 있는 숙련자로부터 오랜 기간 같이 지내면서 개별적 습득을 하는 형태이다.
  ㉡ **컴퓨터 보조 지도**(CAI; computer assisted instruction) : 자기주도형 학습의 대표적인 형태로서, 사전에 프로그램된 소프트웨어를 가지고 컴퓨터를 통해 상호작용하는 방법이다.
  ㉢ **원격교육**(distance education) : 가르치는 사람과 학습자 사이에 상당한 거리가 존재할 때, 이를 방송이나 통신수단 또는 기타의 방법을 이용하여 개별적으로 학습할 수 있도록 하는 방법이다.
  ㉣ **상담**(counseling) : 훈련받은 상담자의 도움을 받아 스스로의 문제를 해결하는 방식이다.
  ㉤ **직접 개별수련** : 일정한 교사에 의존하여 수시로 직접 만나 쌍방 커뮤니케이션을 통하는 방식으로 개인지도의 체육활동 코치 등이 이에 해당된다.
  ㉥ **현장 경험** : 현장에서의 실제 경험을 통한 학습이다.
  ㉦ **개인 체험 프로젝트** : 가장 전통적이고 보편적인 방식으로서 특정 영역의 체험을 하기 위한 교육자원활용 등을 포함한 체험이다. 완전체험, 프로그램 학습 등이 이에 해당된다.
  ㉧ **인턴십**(internship) : 도제제도와 현장 경험을 조합한 방식이다.
  ㉨ **다중 미디어 익힘**(multi-media learning package) : 사용 가능한 모든 매체를 활용하여 개별학습을 돕는 방식이다.
  ㉩ **계약 익힘**(contract learning) : 특정 영역에 필요한 학습내용만을 계약에 의해 개인 중심으로 학습하도록 하는 방식이다.

바로 Check

개인중심 청소년지도방법에 해당하는 것을 모두 고른 것은?

ㄱ. 멘토링(mentoring)　　ㄴ. 도제제도(apprenticeship)
ㄷ. 브레인스토밍(brainstorming)

① ㄴ　　② ㄱ, ㄴ　　③ ㄱ, ㄷ
④ ㄴ, ㄷ　　⑤ ㄱ, ㄴ, ㄷ

해설 브레인스토밍은 창의적인 아이디어를 생산하기 위한 학습 도구이자 회의 기법이다.

정답 ②

③ 소집단에서의 지도방법 ◆빈출
  ㉠ **강의 기법** : 가장 전통적인 방식으로서 지금까지 학교교육에서 주로 사용되어 왔다.
  ㉡ **토론 기법** : 토론을 통하여 견해를 밝힐 수 있고 타인의 의견을 들을 수 있으며, 이를 통해 보다 활성화된 학습을 행할 수 있다.
  ㉢ **브레인스토밍**(brainstorming) : 여러 사람의 지혜를 모아 해결책을 마련하는 토의 기법으로서 이를 위해서는 부정적 비판을 하지 않으며, 많은 아이디어가 나올수록 좋으며, 조합과 확대가 요구되며, 얽매이지 않고 자유스럽게 진행하는 것이 요구된다.
  ㉣ **역할연기** : 어떤 상황이나 문제를 극화한 것이다.
  ㉤ **감수성 훈련** : 심리적인 문제나 사회적인 문제를 다루기 위해 형성되며 자신의 행동과 타인의 행동에 대하여 통찰력을 제공해 준다.
  ㉥ **문제해결 기법** : 어떤 문제를 해결하기 위하여 혹은 문제해결 자체의 실마리가 될 수 있는 결정에 도달하기 위해 소집단 모임을 갖는 방식이다.
  ㉦ **프로젝트 기법** : 실제 생활로부터 생긴 확실한 목적을 가진 문제를 학습자가 자발적으로 계획하고 실천하여 해결하는 일련의 활동을 의미한다.
  ㉧ **현장 견학** : 한 집단이 특별한 목적으로 일정한 장소를 방문하여 일이 진행되고 있는 현장을 직접 목격하고 배우고 확인하는 행동을 말한다.
  ㉨ **시청각 교육 기법** : 구체적인 시청각 교재나 교구를 가지고 사람의 감각기관에 호소함으로써 학습의 성과를 더욱 능률적으로 올리려는 방법이다.
  ㉩ **레크리에이션** : 개인이나 집단이 여가로서 갖는 활동이며, 계획하고 실천하며 그 과정 및 결과를 평가하는 등의 전 과정에 실제로 참여하는 방식이다.
  ㉪ **참여훈련 기법** : 청소년들로 하여금 자신들이 해야 할 활동을 처음부터 계획하고, 그것을 실천하며, 그 과정 및 결과를 평가하는 등의 전 과정에 실제로 참여하게 하는 방식이다.
④ 대집단에서의 지도방법 : 대집단에서는 회의지도 기법, 강연, 매체 이용, 매스컴의 활용 등이 있으며 짧은 시간에 많은 정보를 다수에게 전달하는 정보 전달의 기능이 강하기 때문에 청소년 지도에 있어서 한 가지 유익한 지도기법으로 볼 수 있다.

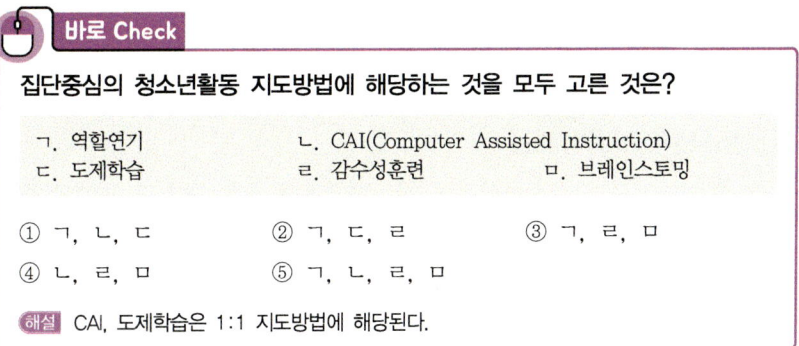

바로 Check

집단중심의 청소년활동 지도방법에 해당하는 것을 모두 고른 것은?

ㄱ. 역할연기   ㄴ. CAI(Computer Assisted Instruction)
ㄷ. 도제학습   ㄹ. 감수성훈련   ㅁ. 브레인스토밍

① ㄱ, ㄴ, ㄷ   ② ㄱ, ㄷ, ㄹ   ③ ㄱ, ㄹ, ㅁ
④ ㄴ, ㄹ, ㅁ   ⑤ ㄱ, ㄴ, ㄹ, ㅁ

[해설] CAI, 도제학습은 1:1 지도방법에 해당된다.

정답 ③

(3) 청소년 지도방법의 현장 전개 원리

① **안정감의 원리** : 심리적, 정서적으로 안정감을 느끼게 되면 더욱 적극적으로 참여하고 학습에 동참하게 된다.

② **소속감의 원리** : 소속감을 통해 동기유발을 하고 집단 활동에 참여하게 된다.

③ **수용 증대의 원리** : 청소년 지도의 효율성을 높이기 위해서는 청소년들의 감정이입을 통한 반응과 수용의 기회를 증대시켜야 한다.

④ **긍정적 자아발견의 원리** : 타인을 잘 이해하고 더불어 그들 자신을 가치 있는 존재로 여김으로써 타인과의 관계가 원만해지게 된다.

⑤ **가정과 사회협력의 원리** : 성인과 청소년이 서로 존중감을 갖고 협력하여 학습을 하는 분위기를 조성하면 원만한 대인관계를 유지하게 된다.

⑥ **토의 및 토론의 원리** : 청소년들이 성인들과 토의 및 토론을 통하여 그들의 문제를 해결하도록 도와주는 것이 필요하다.

⑦ **미래 기대의 원리** : 자신이 기대하고 경험하는 학습단계의 유형에 따라 학업성취도, 사회적응력 등이 달라질 수 있기 때문에 건강한 사회적 기대감을 갖도록 부모와 교사가 도와주어야 한다.

⑧ **합리성, 비폭력성의 원리** : 성공적인 인생, 자아정체감의 확립을 통한 사회의 구성원이 되게 하기 위하여 긍정적이고 적극적인 인성계발의 합리적 목표를 제공해 주어야 한다.

3 청소년지도자(배치 등)

단답형 문제
수련활동을 통해 청소년들의 성장과 적응 및 공동체 의식을 지원하고 조력하는 전문가를 무엇이라고 하는가?
[정답] 청소년지도자(청소년지도사)

(1) 청소년지도자의 개념

① 청소년지도자는 수련활동이라는 매개체를 통해 청소년 분야의 주체자인 청소년들의 성장과 적응 및 공동체 의식을 지원하고 조력하는 객체로서의 의미를 갖는다.
② 우리나라에서는 아직 청소년지도자에 관한 명확한 개념이 정립되지 않았을 뿐만 아니라 어떤 사람을 청소년지도자로 지칭할 수 있는지에 관해서도 견해가 일치되어 있지 못한 상태이다.
③ 일반적으로 청소년지도자란 청소년들 속에서 청소년들과 더불어 청소년들을 위해 청소년 활동을 전개하는 지도자를 말한다.
  ㉠ **광의의 정의** : 학부모, 교사, 이웃 어른 등 청소년의 교육에 관심을 갖고 지도하는 대부분의 성인들이 이에 포함된다.
  ㉡ **협의의 정의** : 청소년을 주된 대상으로 삼아 그들을 만나고 청소년 관계의 전문지식을 습득한 전문직업인 또는 자원봉사자로서 청소년 활동 분야에 종사하는 사람이라고 할 수 있다.

Plus Study 청소년지도자의 유형별 분류

대상청소년	담당업무	수준과 기능	참여 정도
• 학생청소년지도자 • 근로청소년지도자 • 농어촌청소년지도자 • 장애청소년지도자 • 비행청소년지도자 • 복무청소년지도자 • 무직, 미진학청소년지도자	• 수련활동지도자 • 각 고유 영역별 고유 업무 담당지도자 • 상담지도자 • 교정담당지도자 • 청소년행정담당 공무원	• 관리조정자 • 활동지도자 • 보조지도자	• 상근지도자 • 비상근지도자

출처 : 한상철(2008)

(2) 청소년지도자의 전문성

① 현대와 같이 사회변화가 급격하고 청소년들의 욕구가 다양하며 청소년들의 성장환경이 복잡한 시대에서는 그들의 교육과 지도를 설계하고 실행하는 데 있어서 전문화와 과학화가 필수적이다.
② 청소년학이 갖는 독자적인 과업과 관련해서도 지도자의 전문적인 지식과 기술이 요구된다.

③ 청소년지도자가 갖는 특수성
  ㉠ 청소년지도자는 일반 성인들과는 다른 독특한 전문 분야의 과업을 가지고 있다. 즉, 청소년지도자는 다양한 부류와 특성의 청소년들을 대상으로 생활지도 및 상담, 수련활동 및 삶의 체험활동, 봉사활동 등을 수행하는 실행자이고, 청소년들의 요구와 발달 과정, 성격 등을 진단하고 분석하는 연구자이다.
  ㉡ 청소년 지도의 교육 효과는 쉽게 눈에 보이지 않으며, 장기적인 안목에서 평가해야 하는 특징이 있다. 청소년 지도의 대부분은 지적 영역보다 정의적인 영역이나 기능적인 영역이 더 많다.
  ㉢ 청소년 지도 집단의 독특성이다. 청소년 지도는 신체적, 정서적, 사회적인 면에서 발달이 급격하게 진행되고 있는 청소년을 대상으로 하고 있다.

(3) 청소년지도자의 역할

① **전문가(professional)로서의 역할** : 청소년지도자는 자신이 맡은 지도활동에 대한 전문적인 지식과 기술을 습득한 전문가이어야 한다.
② **수련활동 설계자 또는 개발자(designer)로서의 역할** : 청소년지도자는 청소년들의 특성과 요구를 분석하고 이에 기초하여 지도목표를 설정하고 학습경험을 선정 및 조직하며, 평가하는 등의 전체 지도 과정을 보다 체계적으로 설계하고 실제 수련활동을 개발할 수 있는 전문가이어야 한다.
③ **촉진자(facilitator)로서의 역할** : 청소년지도자는 청소년들의 개별성, 자율성, 다양성을 존중함으로써 그들의 잠재 가능성을 최대한 활성화시키는 사람이어야 한다.
④ **지역사회 지도자(community leader)로서의 역할** : 청소년지도자는 사회의 갖가지 문제에 대해 비판적 안목을 가져야 하며, 지역사회를 선도하고 교육하는 데 앞장서야 한다.
⑤ **과학자(scientist) 및 예술가(artist)로서의 역할** : 청소년지도자는 과학자와 예술가의 특성을 통합하고 조화할 수 있는 사람이어야 한다.
⑥ **상담자(counselor)로서의 역할** : 청소년지도자는 청소년의 고민을 함께 나누고 더불어 해결해 가는 데 도움이 되어야 한다.

(4) 청소년지도자의 자질

① 청소년지도자는 개인적 성장을 이루어야 한다.
  ㉠ 청소년지도자의 자기 성장은 일차적으로 청소년들의 모델링이 되고, 그들과의 인간적인 관계를 촉진시키며, 삶의 의미를 크게 신장시킬 수 있다.

나의 필기노트

  © 청소년지도자 스스로에게 그들의 삶을 더욱 만족스럽게 하고, 청소년 지도에 더 깊은 사명감과 봉사정신을 가질 수 있게 하며, 사회에 대한 건전한 안목과 합리적인 태도를 형성할 수 있게 도와준다.

② **청소년지도자는 전문적 지식을 가지고 있어야 한다.**
  ⓘ 청소년지도자들이 습득해야 할 전문지식은 크게 청소년과 그들의 환경을 이해하는 데 필요한 지식과 청소년 지도를 설계하고 실행하는 데 필요한 지식이 있다.
  © 청소년의 심리적 특성과 발달, 욕구, 환경, 사회적 요구 등을 분석하고 이해하기 위해 필요한 교과 및 이론들로는 청소년 심리학, 발달심리, 성격심리, 청소년평가론, 청소년사회문화론, 청소년행정학 등이 있다.
  ⓘ 청소년 지도를 설계하고 실행하는 데 필요한 교과 및 이론들로는 청소년지도론, 프로그램 설계 및 개발론, 지도방법 및 평가론, 지도사례연구 등이 있다.

③ **청소년지도자는 기술을 습득해야 한다.**
청소년지도자들이 습득해야 할 기술은 크게 조정 및 통합의 기술, 인간관계 기술, 실무적 기술의 3가지로 구분된다.
 ⓘ **조정 및 통합의 기술**
   ⓐ 청소년 지도 업무를 관리하고 조정하는 지위에 있는 상급지도자나 관리자 수준에서 특히 크게 요구되는 기술이다.
   ⓑ 청소년 집단 간의 요구를 조정하고 통합하는 기술, 지역 내 청소년 기관 간의 업무를 조정하고 통합하는 기술, 지도자와 청소년 간의 관계를 조정하는 기술, 성인과 청소년의 요구를 조정하고 통합하는 기술 등을 포함한다.
 © **인간관계 기술** : 모든 수준의 청소년지도자들에게 동등하게 중요시되는 기술이지만, 특히 중간관리자 수준에게 핵심적인 기술이다.
 ⓘ **실무적 기술**
   ⓐ 청소년 지도를 직접 담당하는 활동지도자에게 특별히 크게 요구되는 기술이다.
   ⓑ 레크리에이션 지도기술, 야외활동 지도기술, 전통문화활동 지도기술 등이 이에 해당된다.

(5) 청소년지도자의 과제

① 청소년지도자의 개별 과제
  ㉠ 청소년지도자의 개인의 자질을 향상시켜야 한다.
  ㉡ 청소년지도자는 올바른 인간관, 지도관, 가치관을 가지고 있어야 한다.
  ㉢ 청소년지도자는 청소년과 청소년 지도방법에 대해 항상 연구하는 자세를 지녀야 한다.
  ㉣ 청소년 분야의 발전을 위해 적극적으로 관여하는 자세를 지녀야 한다.

② 청소년 관련 기관의 과제
  ㉠ 청소년지도자에게 연수 등 자기계발 기회를 제공하여 청소년지도자의 자질 향상을 도모해야 한다.
  ㉡ 국가는 청소년지도자라는 직업이 매력적으로 인식될 수 있도록 임용, 보수, 신분보장 등의 제도적인 개선을 뒷받침해 주어야 한다.
  ㉢ 일반인들은 청소년지도자가 전문직업인이라는 인식을 가져야 한다.

(6) 청소년지도자의 배치

① 국가정책 차원의 청소년활동
② 교육 차원의 청소년활동
③ 민간 차원의 청소년활동

Section 04 청소년활동기관 설치 및 운영

학습포인트 청소년수련시설 및 기관의 운영에 대해 이해하고, 청소년단체에 대해 파악한다.

괄호넣기

( )은(는) 수련활동에 필요한 여러 시설, 설비, 프로그램 등을 갖추고 청소년지도자의 지도하에 체계적이고 조직적인 수련활동을 실시하는 시설을 말한다.

[정답] 수련시설(수련터전)

1 수련시설·기관 운영

(1) 청소년수련관
① 다양한 수련거리를 실시하는 종합수련시설
② **청소년활동** : 캠프, 주말체험, 성취포상제, 자원봉사활동, 해외문화체험·자원봉사 등 국제교류활동, 동아리 활동
③ **교육문화** : 외국어·과학 창의력·수학·미술·음악·취미 독서·논술 등 평생교육프로그램
④ **생활체육** : 수영, 헬스, 농구, 배드민턴 등 체육강좌
⑤ **진로교육** : 파티쉐·바리스타·디자이너·요리사 등 진로체험, 진로·직업 적합도 검사, 진로상담, 관련학과 대학생 실습 등

(2) 청소년문화의 집
① 간단한 수련거리를 실시하는 정보, 문화, 예술 중심의 수련시설
② 캠프·동아리활동 등 청소년활동, 수학·어학 강좌 등 교육문화 강좌, 진로체험 및 진로지도 등 특색 있는 프로그램 운영
③ 체육관, 대규모 강당 등을 보유하지 않은 소규모 시설로 수련관의 체육활동 이외 대부분의 프로그램 운영

(3) 청소년특화시설
① 특정 목적의 청소년활동을 전문적으로 실시할 수 있는 수련시설
② 영상미디어, 진로 및 대안교육, 성문화, 국제교류, 자원봉사 등 특정 분야 전문 교육 프로그램 운영

(4) 청소년수련원
① 숙박기능을 갖춘 종합수련시설

② 초·중·고교 연계 학교단체 수련활동, 임원수련회, 숙박형 현장체험학습, 일일현장체험활동, 특성화 캠프 운영

(5) 유스호스텔
① 청소년에 적합한 숙박 편의 제공, 여행청소년의 활동지원을 위한 수련시설
② 유스호스텔은 허가 받은 시설·설비 범위 내에서 수련원과 유사한 학교단체수련활동 등 운영

(6) 청소년야영장
① 야영시설을 갖추고 수련거리 및 야영편의를 제공하는 수련시설
② 야영을 매개로 수련원과 유사한 학교단체수련활동 등 운영

> **바로 Check**
>
> **청소년활동 진흥법령상 청소년수련시설에 해당하는 것은?**
> ① 어린이회관   ② 청소년특화시설   ③ 청소년쉼터
> ④ 청소년치료재활센터   ⑤ 청소년자립지원관
>
> ☑ 정답 ②

2 청소년단체 등

(1) 청소년단체는 청소년 육성을 주된 목적으로 설립된 법인 또는 대통령령이 정하는 단체를 의미한다.

(2) 청소년기본법 시행령

> 1. 제2조(정의) 법 제3조제8호에서 "대통령령이 정하는 단체"라 함은 청소년활동, 청소년복지, 청소년보호를 주요사업으로 하는 단체로서 성평등가족부장관이 인정하는 단체를 말한다.
> 2. 아래 각항중 하나에 해당되는 경우는 청소년기본법 시행령 제2조에 따라 "성평등가족부장관이 인정하는 청소년단체"로 본다.
>   ① 정관의 설립목적 또는 목적사업에 청소년활동, 청소년복지, 청소년보호를 주요사업으로 하고 청소년관련 활동실적이 있는 비영리 법인
>   ② 청소년활동, 청소년복지, 청소년보호를 주요사업으로 하는 단체로서 비영리민간단체지원법에 따라 등록된 단체
>   ③ 청소년학과·교육학과 등 청소년 관련학과가 개설되어 있고 청소년활동 실적이 있는 대학(학교법인을 포함한다.)

Section 05 청소년활동 실제

학습포인트 청소년 수련활동의 중요성과 구성요소 및 유형에 대해 이해한다. 이 외에도 교류활동, 문화활동, 동아리활동, 참여활동 및 기타활동에 대해 파악한다.

1 수련활동

(1) 중요성

① 즐거움
  ㉠ 많은 청소년들은 일상적인 권태로움과 단조로움 및 불만족에서 벗어나 새롭고 즐거운 일을 찾고자 수련활동에 참가한다.
  ㉡ 즐거움을 청소년들에게 제공하기 위해서는 보다 형식에서 벗어난 창의적인 활동들로 구성되어야 한다.

② 야외교육
  ㉠ 야외의 자연자원을 이용하는 교육활동에서 자연을 애호 보존하는 것을 배운다.
  ㉡ 지적, 정서적, 레크리에이션적인 모든 야외활동에 의해서 창조성과 사회성을 기르고 건강한 심신의 육성을 통해 교육 효과를 얻는다.

③ 전인교육
  ㉠ 수련활동의 내용은 학교에서의 교육과정과는 달리 전반적인 지식체계나 그것의 구성 원리보다는 활동영역별로 청소년의 요구를 충분히 수용하면서도 단순한 욕구의 발산에 그치지 않고 평생에 걸쳐 자기발전의 전 부분에 도움이 될 수 있도록 하는 전인교육적인 차원에서 구성되어야 한다.
  ㉡ 수련활동을 통한 인간성 회복의 측면이 강조되어야 한다.

④ 사회교육
  ㉠ 사회교육의 주요 특성인 민주성, 다양성, 자율성, 융통성 등을 제고하고 실시하는 활동이다.
  ㉡ 인간성 향상을 위한 보다 많은 참여를 통해서 풍부하고 의미 있는 생을 성취시키는 인간의 노력이다.

ⓒ 인격의 조화적 발달과 사회에 있어서의 개인의 역할수행에 따른 지식과 기능의 전 영역을 포괄하고 있는 교육활동이다.
⑤ 여가적 의미
ⓐ 수련활동을 통해 청소년들의 청소년기를 인정해 주고, 생활의 폭을 넓혀 주며 활동 경험의 기회를 다양하게 제공해 준다.
ⓑ 수련 과정을 통해 청소년들로 하여금 여가를 바르게 이해하고 계획적인 여가활동을 실천할 수 있도록 여가의식을 바로 잡으며, 여가에 대한 조기교육 및 기존 교육의 내실화를 기하여 올바른 여가관의 정립과 합리적인 여가생활의 능력을 기를 수 있도록 한다.
⑥ 놀이성
ⓐ 건전한 놀이는 청소년의 성장과 발달에 매우 긍정적으로 작용할 뿐만 아니라, 문제해결을 위한 상상의 세계를 제공하여 인간관계를 형성시키는 원동력의 구실을 한다.
ⓑ 오늘날 우리 청소년들이 처한 사회문화적 상황을 충분히 고려하여 보다 청소년들의 욕구를 마음껏 발산할 수 있는 놀이형 수련활동 개발에 힘써야 한다.

(2) 구성요소
① 수련거리
② 수련시설
③ 청소년단체
④ 청소년지도자(청소년지도사)

(3) 유 형
① 개발 주체에 따른 분류
ⓐ **국가 및 사회적 수준의 수련활동**
ⓐ 국가가 청소년수련활동의 활성화를 위해 정책적으로 개발 및 보급하는 수련활동을 말한다.
ⓑ 대체로 중앙집권적이고 획일적이며 보편적인 성격을 지닌다.
ⓒ 국가 및 사회적 수준의 수련활동은 각각의 활동들을 독립적인 활동으로 볼 수 있고, 이 경우 전체는 청소년 교육과정으로 명명될 수 있다.
ⓓ 각 지역의 청소년수련기관에서 활용될 경우 현장성이 떨어지는 문제점을 안고 있다.
ⓔ 대표적인 수련활동
• 소년활동 프로그램 : 1992년 한국청소년개발원(현, 한국청소년정책연구원)이 개발하여 보급하고 있는 수련활동으로서 역사 연극 활동, 도시 농촌 교환봉사, 호연 훈련 활동, 명절 쇠기 활동, 국토 탐사 활동 등이 포함되어 있다.

- 각종 체험활동 프로그램 : 2001년 문화관광부와 한국청소년개발원(현, 한국청소년정책연구원)에서 개발 보급한 것으로 자연생태지도, 자동차 이해 및 체험, 만화영화 제작활동, 인터넷신문 제작활동 등이 포함되어 있다.
- 국립중앙청소년수련원의 프로그램 : 2002년 국립중앙청소년수련원에서 개발 및 보급한 수련활동으로서 챌린지 어드벤처, 댄스 스포츠 등이 포함되어 있다.

ⓒ 기관 수준의 수련활동
  ⓐ 청소년단체나 시설 등에서 독자적으로 개발하는 사업적인 성격을 가진 수련활동을 말한다.
  ⓑ 기관의 목적 및 목표를 달성하기 위한 기본 수단으로 활용된다.
  ⓒ 각 기관의 기본 이념을 보다 잘 반영하기 위하여 독창적으로 개발되고 운영된다.
  ⓓ 기관 수련활동은 성격이 뚜렷하며 활동의 내용을 비롯하여 방법, 시기, 장소, 효과, 평가 등이 보다 명확하게 제시되어 있다.
  ⓔ 특징성과 구체성을 띠며, 평가는 수련활동의 의도가 청소년들에게 얼마나 효과적이고 효율적으로 전달되었는가에 기초한다.
  ⓕ 대표적인 수련활동
   - 청소년 적십자의 각종 공중위생 활동 프로그램
   - 해양 청소년단의 해양 스포츠 활동 프로그램
   - 걸스카우트의 가정생활 교육 프로그램
   - 라보의 다언어 가족활동 프로그램
   - 한국우주소년단의 실물모형 제작활동 프로그램
   - 청소년 마을의 청소년가족 수련활동 프로그램

ⓒ 교사 및 지도자 수준의 수련활동
  ⓐ 청소년 지도 현장에서 청소년지도자가 기관의 독자적인 수련활동에 기초하여 한 단위의 활동을 전개하는 데 필요한 구체적인 활동계획을 수립하는 것을 말한다.
  ⓑ 수련활동에 필요한 내용, 시간, 장소, 대상, 매체, 인적 자원 등 구체적인 모든 요소가 포함되며, 연극에서 각본을 만들듯이 지도자의 지도에 필요한 실제사항들을 명시한다.
  ⓒ 대부분 일정한 단위 시간 동안 청소년지도자의 지도과업과 청소년들의 구체적인 경험이 단계별로 제시되어 청소년지도자의 입장에서 반드시 필요한 활동계획안이라고 할 수 있다.

ⓓ 대표적인 수련활동
- 레크리에이션 프로그램
- 친밀감 형성 프로그램
- 자동차 모형제작활동 프로그램

② 수련활동의 구조화 정도에 따른 분류
  ㉠ **구조화된 수련활동**
   ⓐ 수련활동의 목적 및 목표가 분명하고 이를 달성하기 위한 내용 및 경험이 적절하게 선정 및 조직되어 있으며, 지도방법과 절차, 매체 등이 합리적으로 계획되고 있고, 평가전략과 피드백 과정까지도 명확하게 제시되어 있다.
   ⓑ 전문적이고 체계적인 프로그램으로서, 대부분 그 분야의 내용 전문가에 의해 개발되고 있으며 연속적인 활동으로 구성되어 있다.
   ⓒ 내용 전문가에 의해 그 분야의 이론적 내용에 기초하여 구성한 것이며, 대부분 10회 정도의 분산적 또는 집중적 활동으로 이루어져 있다.
   ⓓ 대표적인 수련활동
   - 각종 체험활동 프로그램
   - 놀이활동 프로그램
   - 여가활동 프로그램
   - 레크리에이션 프로그램
   - 자기 성장 프로그램
   - 인간관계 훈련 프로그램
   - 가치명료화 프로그램
   - 취업면접 프로그램
   - 불안감소 프로그램
   - 우울감소 프로그램
   - 부모교육 프로그램

  ㉡ **비구조화된 수련활동**
   ⓐ 단순한 행사 진행표나 일정표 등과 같은 것을 의미한다.
   ⓑ 대부분은 수련활동이 갖추어야 할 기본적인 요소가 부분적으로 또는 전체적으로 생략되어 있고, 기관 또는 실행자의 주관적 경험에 크게 의존하고 있다.
   ⓒ 일반적으로 청소년의 요구를 분석하고 지도활동의 문제점과 개선점을 파악하려는 의도가 내포되어 있지 않다.
   ⓓ 언제, 어디서, 무엇을 하겠다는 총체적인 일정만 소개되어 있고 누가, 무엇을, 어떻게 지도하고 또한 청소년들은 이를 어떻게 경험할 것인지가 구체적으로 포함되어 있지 않다.
   ⓔ 청소년지도자가 바뀌게 되면 행사의 성격도 크게 달라질 수밖에 없게 되어 청소년 지도의 지속성을 보장할 수 없다.
   ⓕ 대표적인 수련활동 : 문화 탐방 프로그램 안내장

③ 수련활동의 구성범위에 따른 분류
   ㉠ **단위 수련활동**(lesson program)
      ⓐ 어떤 하나의 내용을 한 번에 지도하기 위한 일회성 수련활동이다.
         예 학교학습에서 교사의 차시(단시) 학습지도안
      ⓑ 비교적 짧은 시간에 달성해야 할 특정한 활동을 중심으로 구성되어 있다.
      ⓒ 대표적인 수련활동
         • 실물모형 제작 프로그램 : 자동차, 비행기, 배 등
         • 단편적인 지역사회 봉사 프로그램 : 청소하기, 위문활동, 한글 간판 바로잡기 등
         • 견학 및 탐사활동 프로그램 : 고적답사, 박물관 견학, 무인도 탐사 등
         • 각종 레크리에이션 프로그램
   ㉡ **연속**(단계적) **수련활동**(serial program)
      ⓐ 한 주제를 여러 개의 내용으로 나누어서 이를 일정한 순서에 따라서 연결한 수련활동이다.
      ⓑ 동일한 계열에 속하는 여러 개의 수련활동들이 단일 목표를 달성하기 위하여 한데 모여서 이루어진 복합 수련활동이다.
      ⓒ 어느 한 수련활동의 활동결과는 반드시 다음 수련활동의 시작이 되도록 설계되며, 선후 활동내용 간에 종적인 체계를 이루면서 활동의 깊이와 넓이를 더하고 있다.
      ⓓ 기본 원리는 '초보적인 활동에서 복잡하고 어려운 활동으로', '구체적이고 세부적인 활동에서 추상적이고 일반적인 활동으로', '부분 활동에서 전체 활동으로'와 같이 단계적으로 연결하는 것이다.
      ⓔ 주로 기능연마나 기술습득을 목적으로 하는 청소년 지도 영역에서 많이 개발된다.
      ⓕ 대표적인 수련활동
         • 수영이나 태권도 지도
         • 그림 지도
         • 바둑 지도
         • 도예 지도
         • 컴퓨터 지도
         • 악기 연주 지도
         • 탈춤이나 연극 지도
   ㉢ **통합 수련활동**(integrated program)
      ⓐ 한 주제에서 세분화된 여러 활동이나 비슷한 성격의 활동들을 모아 한 체계 속에 적절하게 연결하여 하나의 활동으로 묶어서 구성하는 것이다.

ⓑ 통합 수련활동의 구성요소들은 서로 독립되는 개별 내용으로서 서로 모순되지 않고 하나의 목표를 향해 효과적으로 결합되어 있는 것이 특징이다.
ⓒ 통합 수련활동의 구성요소들은 종적인 체계를 이루는 연속 수련활동과는 달리, 수평적인 관계에서 서로가 서로를 보강하고 강화할 수 있도록 조직되어 있다.
ⓓ 청소년들의 가치관 또는 태도 형성이나 각종 사회문제 해결을 목적으로 하는 청소년 지도 영역에서 많이 나타난다.
ⓔ 대표적인 통합 수련활동인 환경보호 프로그램 : 환경답사 또는 조사활동 프로그램, 자연탐구활동 프로그램, 환경보호사례 프로그램, 환경보호실천 프로그램 등으로 구성

ⓛ **종합 수련활동**(synthesised program)
ⓐ 부분별 수련활동이 각각 고유한 목표와 성격을 유지하면서 어떤 연결 원칙이나 공통적인 문제 또는 상호 관심 영역하에서 그 연계성을 합리적으로 조합한 총괄성을 가진 수련활동이다.
ⓑ 국가 수준의 수련활동을 개발할 때 많이 적용되며, 관공서에서 대단위 규모의 행사나 이벤트를 기획할 때도 적용하는 경우가 많다.
ⓒ 비교적 편성규모가 큰 광역 수련활동으로서 주로 특정한 기간 동안 이루어지는 일정한 제목 중심의 행사형 수련활동들이 대부분이다.
ⓓ 대표적인 수련활동
- 청소년 수련 굉장 : 한국청소년개발원(현, 한국청소년정책연구원)에서 개발한 것으로, '함께하는 삶'이라는 제목하에 시민활동 프로그램, 정신건강활동 프로그램, 전통문화활동 프로그램, 도예실습 프로그램, 지역환경 실태조사 프로그램, 지역사회 봉사활동 프로그램, 가치탐색활동 프로그램, 패러글라이딩 실습 프로그램 등 다양한 영역의 프로그램을 일주일 동안 실시한다.
- 한국의 밤
- 춤과 놀이마당
- 청소년 우정캠프
- 청소년 한강축제

④ **청소년 지도 내용에 따른 분류**
㉠ **자연체험활동 수련활동**
ⓐ 청소년들로 하여금 자연을 이해하고 사랑하는 마음을 갖도록 하는 데 주목적이 있다.
ⓑ 대표적인 수련활동
- 자연탐사활동 프로그램 : 무인도 탐험, 국토탐사, 강 탐사활동 등
- 자연을 가꾸고 보존하는 활동 프로그램 : 식목행사, 자연농장, 환경보전 등

- 레크리에이션을 겸한 자연탐구 프로그램 : 자연관찰 하이킹, 청소년이동캠프, 고정야영활동 등

ⓒ **체육활동 수련활동**
  ⓐ 청소년들의 신체적, 정신적 건강을 증진하는 데 목적이 있다.
  ⓑ 대표적인 수련활동
    - 각종 스포츠 활동 프로그램 : 수영, 축구, 태권도, 등산, 피구, 야구, 발야구 등
    - 안전훈련 프로그램 : 응급처치, 안전사고 대비훈련 등
    - 영양 및 보건 프로그램 : 식단 짜기, 건강교양 등
    - 스포츠 행사 프로그램 : 체육대회, 전국해양체전 등

ⓒ **예능활동 수련활동**
  ⓐ 청소년들로 하여금 예술 활동에 대한 기본적인 소양과 안목을 갖추도록 할 뿐만 아니라 정서 발달과 창조능력을 증진시키는 데 목적이 있다.
  ⓑ 대표적인 수련활동
    - 종합예술 프로그램 : 청소년 예능교실, 종합예술제, 문화광장 등
    - 음악활동 프로그램 : 즉석 가요제, 음악 감상회, 영상 음악과의 만남 등
    - 미술활동 프로그램 : 유명 미술 전시회 관람, 서예교실, 미술대회, 공예강습 등
    - 문학활동 프로그램 : 미완성문장 완성하기, 저자와의 만남, 창작발표 등
    - 기타 활동 : 춤강연, 영화감상, 청소년 디스코장, 앨범제작 교환 등

ⓔ **과학활동 수련활동**
  ⓐ 청소년들에게 직접적인 관찰과 실험을 통하여 과학의 기초적인 지식과 원리를 습득하도록 하고, 여러 가지 과학적 현상에 대한 탐구능력을 키우도록 하는 데 목적이 있다.
  ⓑ 대표적인 수련활동
    - 실험 및 실습활동 프로그램 : 컴퓨터 교실, 재미있는 곤충 기르기, 유료작물 조사활동 등
    - 관찰 및 탐사활동 프로그램 : 천체 관찰, 해양탐구활동, 내 고장 수질검사 등
    - 견학 프로그램 : 기상대, 자연학습장, 발명품 전시회 견학 등
    - 과학공작 프로그램 : 모형자동차 만들기, 곤충표본 만들기, 나무 헬리콥터 제작 등

ⓜ **봉사활동 수련활동**
  ⓐ 청소년들에게 이웃, 지역사회와의 만남을 통하여 향토애와 시민정신을 함양할 뿐만 아니라 나아가 일상생활에서 삶의 의미를 깨닫고 실천하도록 하는 데 목적이 있다.
  ⓑ 대표적인 수련활동
  - 시설봉사 프로그램 : 불우이웃돕기 바자회, 고아원이나 양로원 위문, 장애청소년 위안행사, 각종 시설방문, 육체적 봉사활동 등
  - 지역사회 봉사활동 프로그램 : 꽃길 가꾸기, 지역사회 청소활동, 교통지도 등

ⓑ **예절수양활동 수련활동**
  ⓐ 청소년들이 사회성원으로서 갖추어야 할 공동생활규범을 습득하도록 하는 데 주목적이 있다.
  ⓑ 대표적인 수련활동
  - 전통예절 프로그램 : 혼례·제례·상례 배우기, 전통 다도 배우기, 명절 쇠기 활동 등
  - 가정생활예절 프로그램 : 존칭 및 호칭 익히기, 가정생활윤리, 청소년 가정상호방문 활동 등

ⓢ **전통문화활동 수련활동**
  ⓐ 청소년들에게 올바른 문화적 정체성을 형성시켜 주고 문화의 전달과 유시, 창조의 과정을 익히도록 하는 데 목적이 있다.
  ⓑ 대표적인 수련활동
  - 민속놀이 프로그램 : 풍물놀이, 차전놀이, 백중놀이, 강강술래 등
  - 향토민속 프로그램 : 고장의 인간문화재 조사, 역사의 증인과 좌담회, 전통 민속생활용품 조사 등
  - 문화유적 탐사 프로그램 : 내 고장 사적지 탐사, 유명사찰순례, 성곽 탐사 등
  - 민족예술 프로그램 : 전통음악강습, 민요강습, 탈 만들기 등
  - 전통문화행사 프로그램 : 청소년 단오제, 청소년 민속예술 캠프, 한국의 밤 등

ⓞ **자아계발활동 수련활동**
  ⓐ 청소년기의 발달과업인 자아정체감 형성을 돕고, 자아에 대한 이해와 수용을 바탕으로 타인과의 참 만남 관계를 형성하도록 도우며, 자신의 건전한 성격 개발과 인간관계 및 사회 적응을 조력하는 데 목적이 있다.

OX 퀴즈

조하리의 창문에서 나는 모르지만 다른 사람은 알고 있는 나의 정보는 '맹인 영역'에 해당한다. [ ]

[정답] ○
[해설] 조하리의 창에서 공개(개방) 영역은 나에 대하여 나도 알고 타인도 아는 영역이고, 은폐 영역은 나는 잘 알고 있지만 타인은 잘 모르는 비공개된 영역이며 마지 영역은 나도 모르고 타인도 모르는 마지 영역이다.

ⓑ 대표적인 수련활동
- 자기 성장 프로그램 : 친밀감 형성, 자기 이해, 자기 수용, 자기 개발 등
- 심성계발 프로그램 : 나의 소개, 효과적인 사고훈련, 위기훈련 등
- 인간관계 개선 프로그램 : 자기주장 훈련, 경청하기, 장님탐험, 어깨동무 학습, 거울이 되어 움직이기 등
- 가치관 명료화 프로그램 : 가치관 투표, 가치관 경매활동, 두 개의 나, 청소년 법정 등
- 진로 탐색 프로그램 : 우리의 진로, 전문직업인 초청 간담회, 직업의 세계, 진로개발, 면접훈련 등

바로 Check

청소년지도방법의 심성계발 원리에 해당하는 것을 모두 고른 것은?

ㄱ. 집단역동과 같은 집단활동 이론을 심리치료 목적에 응용하면서 시작되었다.
ㄴ. 지적 학습보다는 정의적 학습에 비중을 둔다.
ㄷ. 인간성장, 자기노출, 의사소통을 중요시한다.
ㄹ. 문제해결능력 향상을 주목표로 한다.

① ㄱ
② ㄴ, ㄹ
③ ㄱ, ㄴ, ㄷ
④ ㄴ, ㄷ, ㄹ
⑤ ㄱ, ㄴ, ㄷ, ㄹ

[해설] 심성계발의 목표는 사람다운 사람이 되는 것이다.

정답 ③

2 교류활동

(1) 청소년의 자기관리 능력을 향상시키고 대인관계 기술을 습득시켜 사회생활의 능력을 신장시키는 것이다.

(2) 짧은 기간에 자기 자신에 대하여 잘 이해할 수 있는 기회를 제공한다.

(3) 청소년 국제교류는 미래세대인 청소년들이 국제감각, 세계시민의식, 그리고 더 나아가 글로벌 리더십을 함양할 수 있도록 여러 나라의 청소년 및 청소년지도자들과 교류할 수 있는 기회를 제공하는 사업이다.

3 문화활동

(1) 문화활동은 개인적 정서 활동으로 그 세계는 항상 청소년들의 정서형태나 상상력에 따라서 다양한 형태로 만들어진다.

(2) 외래문화의 과도한 도입으로부터 청소년의 주체적 문화가치관을 보호하기 위한 문화정체성의 확립과 청소년의 이상을 실현하고 창의력 개발을 위한 다원적 문화의 모색, 청소년의 문화예술에 대한 잠재적 능력 발현을 가능하도록 하는 문화적 감수성과 창조역량의 개발이 요구된다.

4 동아리활동

(1) 동아리는 공통의 목적과 관심사에 의해 형성·운영되는 작은 모둠(모임)으로, 동아리 활동이란 취미, 소질, 가치관, 문제의식 등을 공유하는 청소년들에 의해 자치적이며 지속적으로 운영되는 청소년 활동이다.

(2) 동아리 1개당 125만 원 내외로 지원하며 동아리별로 담당지도자를 반드시 포함해야 한다.

(3) 청소년 10명 이상으로 구성된 동아리로 연중 12회 이상 활동할 수 있는 동아리여야 하며, 동아리 구성 이후 6개월 이상 활동 경력이 있는 동아리를 우선 선발한다.

> **바로 Check**
>
> **유사한 관심사를 가진 청소년들이 자기개발, 진로탐색 등을 위해 자율적으로 참여하여 조직하고 운영하는 형태의 청소년활동은?**
> ① 청소년멘토링　② 청소년교류활동　③ 오리엔티어링
> ④ 청소년동아리활동　⑤ 방과후학교활동
>
> 해설 동아리 활동이란 취미, 소질, 가치관, 문제의식 등을 공유하는 청소년들에 의해 자치적이며 지속적으로 운영되는 청소년 활동이다.
>
> ✓ 정답 ④

5 참여활동

(1) 청소년의 시각에서 정책 및 사업에 대한 의견제시와 자문, 평가, 그리고 다양한 청소년 관련 프로그램, 캠페인, 토론회 등 행사를 직접 기획 및 진행하는 활동이다.

(2) 청소년 참여기구(청소년특별회의, 청소년참여위원회, 청소년운영위원회)를 통한 참여활동을 지원한다.

> **Plus Study** 청소년참여활동 빈출
>
> 1. **청소년특별회의** : 청소년 및 관련 전문가들이 토론과 활동을 통해 범정부적 청소년정책 과제를 정부에 제안하는 전국단위의 청소년참여 기구
>   ① 위원구성 : 시·도 청소년참여위원회 위원(만9세~24세)을 청소년특별회의 위원으로 위촉
>   ② 활동기간 : 당해연도 12월말까지
>   ③ 활동내용
>   ㉠ 전국단위 회의(5월 출범식, 11월 본회의 등)와 지역단위 정기회의(청소년 제안 정책 논의, 현장방문 등)
>   ㉡ 지역별로 필요 시 캠페인, 토론회, 워크샵 등 행사 참여
>   ④ 활동혜택 : 성평등가족부장관 명의 "위촉장" 및 "활동확인서"를 발급, 참여활동 우수자 포상 등
>   ⑤ 정책과제 : 아동·청소년 성범죄자 신상공개제도 열람 간소화, 청소년의 의견이 반영된 다양한 공모전 실시, 국립중앙청소년안전기구 설치·운영 등 15년간 520개의 정책과제를 제안, 이 중 461개 과제가 수용되어 정부정책으로 추진되고 있음
> 2. **청소년참여위원회** : 성평등가족부 및 지방자치단체 청소년정책 수립 및 시행과정에 청소년이 참여하고 의견을 제안하는 청소년참여기구
>   ① 운영주체 : 성평등가족부, 지방자치단체(시·도, 시·군·구)
>   ② 구성절차 : 매년 2~3월경에 각 운영주체별로 공개모집, 기관추천(학교·청소년시설 등), 청소년 선거 등 과정을 거쳐 구성(지역별 여건에 따라 대표성 제고를 위한 방안을 선택하여 시행)
>   ③ 신청대상 : 만 9세에서 24세까지의 청소년
>   ④ 활동기간 : 당해연도 12월말까지가 원칙이나 지역별로 달라질 수 있음
>   ⑤ 활동내용 : 청소년 관련 정책 및 사업에 대한 논의·제안, 청소년 권리·인권 모니터링 및 개선 제안, 지역별 캠페인·토론회·워크샵 등 개최 및 참여
>   ⑥ 활동혜택 : 성평등가족부장관 또는 지방자치단체장 명의 "위촉장" 및 "활동확인서"를 발급, 참여활동 우수자 포상 추천 등
> 3. **청소년운영위원회** : 청소년수련시설(청소년수련관, 문화의 집 등) 사업·프로그램 등 운영에 청소년이 참여하여 의견제시와 자문, 평가 등의 활동을 하는 청소년참여기구
>   ① 위원구성 : 매년 1~2월경에 청소년수련시설별 공개모집 및 추천을 통해 구성
>   ② 신청대상 : 만 9세에서 24세까지의 청소년
>   ③ 활동기간 : 원칙적으로 1년이나 사정에 따라 달라질 수 있음
>   ④ 활동내용 : 월별 정기회의(청소년 제안 정책 토의 등) 참석, 지역별 캠페인, 토론회, 워크샵 등 개최 및 참여
>   ⑤ 활동혜택 : 청소년수련시설장 명의 "위촉장" 및 "활동확인서" 발급, 우수 청소년운영위원회 장관상 수여 등
>
> 출처 : 성평등가족부

나의 필기노트

6 기타 활동

(1) 봉사활동
① 청소년활동으로서의 봉사활동은 청소년들에게 공동체 의식, 사회참여의 기회, 개인의 능력 발휘, 목표 성취에 따른 긍지와 보람 등 많은 것을 갖게 해 주는 매우 가치 있는 활동이다.
② 청소년의 봉사활동이 소기의 성과를 거두기 위해서는 사전에 봉사활동 대상의 욕구와 문제를 정확하게 파악하는 것이 요구된다.

(2) 예절활동
① 청소년들을 대상으로 쉽게 적용할 수 있는 청소년 예절활동 프로그램의 개발이 중요하다.
② 새로운 세대들에 의해 만들어진 생활규범들을 정리 검토하고, 전통적인 예절규범들을 변화된 시대상황에 맞게 재해석하여 공동생활의 원칙으로 정착시킨다.

(3) 전통문화활동
전통문화활동은 청소년들에게 조상의 얼을 기리고 조국과 민족에 대한 자긍심을 함양시켜 주체성의 확립과 올바른 역사의식을 정립시켜 줄 뿐 아니라, 각양각색의 외국문화를 주체적이고 창조적으로 수용할 수 있는 문화적 정체감을 형성시켜 준다.

(4) 자아계발활동
① 청소년들이 신체적으로 성숙하게 됨에 따라 보호받아야 할 어린이가 아닌 한 사람의 성인으로 대접받고자 하지만, 실제로는 성인으로 독립하기 위해 필요한 사회적 역할을 부여 받지 못하고 있다.
② 자아계발활동을 통해 청소년들이 자신에게 알맞은 사회적 역할을 찾기 위한 노력을 할 수 있는 기회를 제공해야 한다.

(5) 과학활동
① 활동내용이 추상적인 것보다는 청소년들의 흥미를 자극시킬 수 있는 실생활과 관련된 것이 효과적이다.
② 청소년들의 다양한 요구가 반영된 청소년 중심의 활동이어야 한다.
③ 실내에서의 이론을 중심으로 한 강의전달식 프로그램보다는 청소년들의 직접 참여가 중심이 된 활동 위주의 프로그램이어야 한다.

(6) 캠프활동

① 다양한 체험의 기회 및 자연과의 만남을 통해 자연을 이해하고 소중히 여기는 마음을 배울 뿐 아니라, 순수한 인간성 회복에도 큰 도움을 받을 수 있다.
② 많은 친구들을 사귀는 기회를 가질 수 있으며, 이를 통해 협동심, 우애심, 인간관계 개선 등을 증진시킬 수 있다.
③ 개인의 건강관리와 유지에 필요한 기본 지식을 습득할 수 있으며, 안전에 대한 새로운 인식을 가질 수 있다.

Section 06 청소년활동 제도 및 지원

학습포인트 청소년활동 제도 및 지원에 있어 활동관련 정책사업을 이해하고, 안전 및 시설 관리에 대해 파악한다.

1 활동관련 정책사업

> **Plus Study** 청소년활동관련 정책사업
>
> 1. 청소년활동개념의 특수성
>   ① 다른 분야의 정책에서 보편적으로 사용하지 않는 특수개념이다.
>   ② 학문적인 배경보다는 정책적인 필요에 의해 만들어지고 이해된다.
> 2. 청소년활동정책의 체계적 추진방안
>   ① 지역사회 연계 활성화를 위한 시스템을 재정비해야 한다.
>   ② 청소년활동정책 장기비전 및 목표를 설정해야 한다.
>   ③ 청소년활동정책 전달체계를 재정비해야 한다.
>   ④ 청소년지도인력양성 시스템을 개선해야 한다.
>   ⑤ 청소년활동정책 관련 통계체계를 수립해야 한다.
>   ⑥ 청소년참여를 핵으로 하는 청소년활동 프로그램으로 개선해야 한다.

(1) 청소년수련활동 인증제

① 청소년수련활동 인증제는 청소년활동진흥법 제35조에 의거하여 시행되는 제도로, 다양한 청소년활동에 '일정기준 이상의 형식적 요건과 질적 특성을 갖춘 청소년활동이 정당한 절차로 성립되었음을 국가에서 증명하는 제도'이다.

② 목적
  ㉠ 청소년의 자발적 선택과 참여가 가능한 창의적인 양질의 활동기회를 제공하기 위한 것이다.
  ㉡ 인증 받은 청소년활동정보를 제공하여 청소년활동에 대한 참여를 활성화하기 위한 것이다.
  ㉢ 청소년 자신이 참여한 활동의 내용을 기록·유지·관리하여 자기계발과 진로모색에 활용하도록 신뢰할 수 있는 자료를 제공한다.
  ㉣ 건전한 청소년활동 선택의 장이 조성되고 청소년활동 전방에 대한 국민적 신뢰가 확보될 수 있도록 한다.

(2) 청소년수련활동 신고제

① 청소년수련활동 신고제는 19세 미만의 청소년을 대상으로 하는 청소년수련활동의 실시 계획을 신고하도록 하고, 신고 수리된 내용을 인터넷에 공개하여 국민이 정보를 활용할 수 있도록 하는 제도이다.
② 신고 대상 청소년수련활동
　㉠ **숙박형 청소년수련활동** : 숙박·야영하는 청소년수련활동
　㉡ **비숙박형 청소년수련활동** : 실시하는 날 끝나거나 정기적으로 실시하는 청소년수련활동으로 참가 인원이 일정 규모(150명) 이상이거나 위험도가 높은 청소년수련활동

바로 Check

청소년활동 진흥법령상 위험도가 높은 청소년수련활동에 해당하는 것을 모두 고른 것은?

ㄱ. 행글라이딩　　　　　ㄴ. 하강레포츠
ㄷ. 2시간의 야간등산　　ㄹ. 8km의 도보이동

① ㄱ, ㄴ　　② ㄱ, ㄷ　　③ ㄱ, ㄴ, ㄹ
④ ㄴ, ㄷ, ㄹ　　⑤ ㄱ, ㄴ, ㄷ, ㄹ

해설 위험도가 높은 청소년수련활동

활동유형	프로그램명
수상활동	래프팅, 모터보트, 동력요트, 수상오토바이, 고무보트, 수중스쿠터, 호버크래프트, 수상스키, 조정, 카약, 카누, 수상자전거, 서프보트, 스킨스쿠버
항공활동	패러글라이딩, 행글라이딩
산악활동	클라이밍(자연암벽, 빙벽), 산악스키, 야간등산(4시간 이상의 경우만 해당)
장거리 걷기활동	10km 이상 도보이동
그밖의 활동	유해성 물질(발화성, 부식성, 독성 또는 환경유해성 등), 집라인(Zip-line), ATV 탑승 등 사고위험이 높은 물질/기구/장비 등을 활용하여 이루어지는 청소년수련활동

정답 ①

(3) 청소년자원봉사

① 청소년자원봉사 DOVOL
  ㉠ 청소년활동정보서비스 "e-청소년"은 청소년 활동/문화/복지/보호/참여/생활 등 청소년과 관련된 행사/소식/프로그램의 다양한 정보를 취합하여 종합적으로 제공하는 온라인 포탈서비스이다.
  ㉡ DOVOL이란, 'Do Volunteer'(자원봉사하다)의 약자로 국내 유일 청소년을 위한 자원봉사시스템으로서, 봉사활동의 정보검색, 신청, 확인서 출력 등이 가능하다.

② 터전
  ㉠ "터전"은 사전적으로 '살림의 근거지가 되는 곳'이라는 의미이다.
  ㉡ 즉, 청소년의 성장에 기반이 되는 곳으로서 "청소년자원봉사 DOVOL"에서는 청소년자원봉사 운영 기관, 시설, 단체를 "터전"이라고 부른다.

(4) 국제 및 국내 청소년성취포상제

① 국제 및 국내 청소년성취포상제
  ㉠ 전 세계 청소년들이 참가하는 자기성장 프로그램이다.
  ㉡ 만 14~24세의 청소년들이 봉사활동, 자기개발, 신체단련, 탐험활동을 통해 잠재력을 개발하고, 지역과 사회를 변화시킬 수 있는 역량을 쌓고 있다.

② 국제청소년포상제
  ㉠ 만 14~24세 사이의 모든 청소년들이 신체단련, 자기개발, 봉사 및 탐험 활동을 통해 그들의 잠재력을 최대한 개발하고, 청소년 자신 및 지역사회와 국가를 변화 시킬 수 있는 삶의 기술을 갖도록 하는 국제적 자기 성장 프로그램이다.
  ㉡ **포상제 철학**
    ⓐ 비경쟁성(Non-competitive) : 포상제는 다른 사람과의 경쟁이 아니며, 개인적인 도전이다. 포상활동은 개인적인 선택을 기본으로 하고 있으며, 참여 청소년 개인의 능력과 흥미를 반영한다.
    ⓑ 평등성(Available to All) : 참여자들은 만 14에서 만 25세 생일 전까지 성별, 인종, 종교, 정치적 소속에 근거한 어떤 차별도 받지 않는다.
    ⓒ 자발성(Voluntary) : 청소년들은 자기 스스로가 포상제 참여를 결정해야 하며 각 영역의 해당 활동을 하도록 강요받아서는 안 된다.
    ⓓ 유연성(Flexibility) : 포상제는 자신이 흥미있어 하는 것, 자신이 원하는 것, 능력을 발휘할 수 있는 모든 활동을 자유롭게 참여할 수 있고 선택할 수 있다.

ⓔ 균형성(Balanced Program) : 포상제는 봉사, 신체단련, 자기개발, 탐험 등 4가지 활동영역과 금장 참여자를 위한 집단합숙활동이 있다. 참여 청소년은 4가지 활동영역을 통해 기존의 능력을 확대하고 스스로의 도전을 통해 새로운 능력을 갖추게 될 것이다.

ⓕ 단계성(Progression) : 참여 청소년들은 포상 단계에 따라 더 많은 시간과 도전을 포상활동에 할애하여야 하며, 동장단계에서는 포상담당관의 엄격한 지도를 받아야 하지만, 은장 및 금장 단계에서는 개인 스스로가 프로그램을 조직하고 활동하는 책임을 갖게 된다.

ⓖ 성취 지향성(Record of Achievement) : 활동기록부는 결과를 기록하는 것이 아니라, 포상활동으로 얻은 생각, 느낌, 성장과 같은 긍정적인 성취과정을 기록하는 것이다.

ⓗ 과정 중시성(Value of Process) : 개인의 사회적 발달을 격려하는 프로그램으로 체험을 통해 잠재적 능력과 재능을 발견하게 되며, 체험과 참여도에 따라 포상의 가치가 정해진다.

ⓘ 지속성(Marathon, not a Sprint) : 꾸준한 참여와 인내력을 필요로 하는 포상활동은 일시적인 열정으로는 완성될 수 없다. 참여 청소년은 25세 이전까지 적절한 시간에 자신의 능력에 맞춰 활동할 수 있다.

ⓙ 재미(Enjoyment) : 포상활동은 무엇보다도 참여 청소년 및 성인 봉사자들에게 재미와 만족감을 제공하며, 미래에 도움이 되는 삶의 기술을 갖출 수 있도록 한다.

바로 Check

국제청소년성취포상제에 관한 설명으로 옳지 않은 것은?
① 영국의 에딘버러(Edinburgh) 공작에 의해 시작되었다.
② 은장 단계에서는 4박 5일의 합숙 활동을 해야 한다.
③ 기본이념에는 비경쟁성이 포함된다.
④ 동장 단계에서는 봉사, 자기개발, 신체단련, 탐험을 해야 한다.
⑤ 한국청소년활동진흥원이 국제청소년성취포상제의 한국사무국이다.

> 해설 국제청소년성취포상제(만14~24세)는 1956년 영국 에딘버러 공작에 의해 설립되었다. 청소년이 다양한 활동영역에서 자기 주도적으로 활동하여 스스로의 잠재력을 최대한 개발하고 삶의 기술을 갖도록 하는, 전 세계 1300여 개국에서 운영되는 국제적으로 공인된 자기 성장 프로그램이다. 이의 은장 단계에서는 2박 3일의 탐험활동을 해야 하며 합숙 활동은 금장 단계에 한한다.

☑ 정답 ②

2 안전 및 시설 관리

(1) 청소년활동안전관리의 목적
① 「청소년활동진흥법」 제7조에 따른 지역사회 청소년수련활동 안전관리 지원
② 청소년수련활동인증제 및 신고제를 통한 청소년수련활동 안전관리 강화
③ 중앙과 지역의 연계·협력을 통한 전국적 청소년활동 안전지원 체계 구축

(2) 청소년활동안전관리의 주요기능
① 청소년수련시설의 안전점검 실시
② 청소년수련시설 종사자 안전교육 운영
③ 청소년활동 안전문화 확산을 위한 다양한 사업
④ 청소년활동 안전관리 조사·연구
⑤ 청소년수련활동 인증제도의 운영
⑥ 청소년수련활동 신고제 운영 지원

> **Plus Study 청소년수련활동 안전 지원 사업 내용**
>
> 1. **개요**: 청소년수련시설 종합안전점검 및 평가, 수련활동 신고·인증 운영을 통한 안전한 청소년활동 인프라 구축
> 2. **지원대상**: 해당 지역 청소년, 청소년수련시설
> 3. **지원내용**
>
> | 구분 | | 내용 |
> |---|---|---|
> | 활동
안전 | 신고제 | • 19세 미만 청소년 대상 수련활동 주최 시 일정 요건을 갖추어 사전에 시·군·구에 신고하도록 하고, 신고 내용을 공개하는 제도
• 신고대상: 숙박형, 비숙박형 중 대규모이거나 위험도 높은 활동
• 신고주체: 청소년수련시설, 영리법인·단체 |
> | | 인증제 | • 일정 기준을 갖춘 수련활동을 인증하여 수련활동의 수준을 높이는 제도
• 대규모이거나 위험성이 높은 활동은 의무 인증 대상 |
> | 시설
안전 | | • 종합안전점검: 안전 관련 전문기관과 연계하여 건축, 토목, 기계, 소방, 전기, 가스 분야에 대한 현장 안전 점검 시행
• 종합평가: 수련시설 운영 및 관리체계, 프로그램 운영상황, 인사 및 조직 등 운영 관련 제반 사항을 평가 |
>
> 출처: 성평등가족부

괄호넣기

국가는 수련활동이 청소년의 균형 있는 성장에 기여할 수 있도록 그 내용과 수준을 향상시키기 위하여 ( )를 운영하여야 한다.

[정답] 청소년수련활동인증제도

Section 07 청소년활동 여건과 환경

학습포인트 청소년활동 교육제도 및 지역사회 연계에 대해 이해한다.

1 교육제도 및 연계

(1) 학교교육 등과의 연계

① 국가 및 지방자치단체는 청소년활동과 학교교육·평생교육을 연계하여 교육적 효과를 높일 수 있도록 하는 시책을 수립·시행하여야 한다.
② 성평등가족부장관이 제1항에 따른 시책을 수립할 때에는 미리 관계 기관과 협의하여야 하며, 전문가의 의견을 들어야 한다.
③ 제2항에 따른 협의를 요청받은 관계 기관은 특별한 사유가 없으면 이에 따라야 한다.

(2) 청소년 방과 후 활동의 지원

① 국가 및 지방자치단체는 학교의 정규교육으로 보호할 수 없는 시간 동안 청소년의 (전인적) 성장·발달을 지원하기 위하여 다양한 교육 및 활동 프로그램 등을 제공하는 종합적인 지원 방안을 마련하여야 한다.
② 제1항의 종합적인 지원 방안 마련에 필요한 사항은 대통령령으로 정한다.

2 지역사회 연계

(1) 기업 : 교육기부 프로그램을 다양화하고, 농산어촌 학교에 대한 시설 지원을 활성화한다.

(2) 대학 : 지역사회 내 교육청·학교·대학 간 교육활동 협력체계를 구축하여, 초·중등학교 학생 대상 특강, 상담, 멘토링 실시, 대학시설 개방을 추진한다.

(3) **지자체와 지역사회** : 지역사회 소유 교육자원 활용을 활성화한다.

(4) **정부부처 및 공공연구기관** : 성평등가족부(청소년수련시설), 문화체육관광부(박물관, 미술관, 도서관 등 시설), 환경부(국립공원 등 환경시설 및 인력) 등과 협력하여 프로그램 개발 및 보급을 추진한다.

> **Plus Study 청소년활동제도의 활동기록 및 정보제공**
>
> 1. **활동기록 대상** : 인증프로그램에 참가하는 모든 청소년(만 9~24세)
> 2. **수집한 개인정보의 활용안내**
>   ① 개인정보를 제공받는 자 : 인증프로그램 운영기관
>   ② 개인정보 활용처 : 성평등가족부
>   ③ 개인정보를 제공받는 자의 개인정보 이용 목적 : 청소년수련활동 인증정보시스템 활동기록 등재
>   ④ 제공하는 개인정보 항목 : 이름, 주민등록번호, 연락처, 소속 지역
>   ⑤ 개인정보를 제공받는 자의 개인정보 보유 및 이용기간 : 활동기록 등재 시까지

Section 08 기타(청소년수련활동론에 관한 사항)

학습포인트 청소년수련활동의 과제에 대해 이해한다.

1 청소년수련활동의 과제

(1) 수련활동은 청소년정책을 통해 이루어지는 정책 사업으로서 청소년들에게 필요한 최소한의 자기계발의 기회를 모든 청소년이 가질 수 있도록 하기 위한 것이다.

📝 청소년정책 : 청소년육성은 성평등가족부장관이 관계 행정기관의 장과 협의하여 총괄·조정한다(청소년 기본법 제9조).

(2) 청소년정책이 수련활동 이외의 분야에서도 실질적인 정책구현의 근거와 수단을 확보하여 청소년의 전반적인 삶의 개선과 자기계발을 지원할 수 있을 때 수련활동의 의미가 보다 분명해질 것이다.

(3) 정책 사업으로서 수련활동의 의미가 올바르게 드러나기 위해서는 청소년들이 누구나 차별 없이 자기계발의 기회를 가질 수 있도록 하기 위한 폭넓은 청소년활동을 지원할 필요가 있다.

(4) 청소년정책을 통한 청소년활동 지원은 청소년들이 선호하는 동아리활동, 여가활동, 문화활동 등에 필요한 다양한 인프라의 구축, 확보 및 활동 지원을 분명히 포함하며 이에 대한 실질적인 지원이 수행될 수 있어야 한다.

(5) 학교에서의 체험학습 확대를 수용할 수 있는 수련활동이수제를 제도화해야 한다.

(6) 수련활동이수시간제는 다양하고 탄력적인 선택의 기회를 보장하는 것이어야 한다.

(7) 청소년시설이나 청소년단체 등 수련활동수행단위 간 협력을 촉진하여야 한다.

(8) 법적·제도적 측면에서 정책 수립, 집행 및 전달체계가 개선되어야 한다.

(9) 청소년 정책에 대한 인식의 편협성과 관심의 부족이 개선되어야 한다.

2 청소년수련활동의 발전 방향

(1) 청소년수련활동 운영체제의 개선
① 현행 학교 수련활동 시행제도가 개선되어야 한다.
  ㉠ 수련활동 최소 이수제를 도입해야 한다.
  ㉡ 수련활동인증제의 체계적인 운영이 이루어져야 한다.
  ㉢ 청소년수련활동 안전공제회를 도입하고 운영해야 한다.
② 청소년시설의 유형을 개편하고 운영체제 정비가 이루어져야 한다.
  청소년 이용 관련 시설을 단일화하여 청소년수련시설의 유형과 종류를 청소년활동 요구와 일상의 필요에 맞게 단순화하고 친밀감 있는 공간으로 전환해야 한다.

(2) 청소년 중심의 전문화, 특성화된 수련시설의 구축 및 운영에 대한 지원
① 청소년수련시설 청소년위원회를 구성 및 운영해야 한다.
② 청소년수련시설 운영의 내실화를 기하고 효율적으로 지원해야 한다.
③ 수련시설 설치, 운영규정 보완 및 운영관리 모형 개발과 운영 자료 보급에 힘써야 한다.
④ 수련활동 활성화를 위한 시범 수련시설을 지정하고 지원해야 한다.
⑤ 지역사회에 이미 존재하는 청소년수련시설을 적극적으로 활용해야 한다.
⑥ 수련시설 활성화를 위한 체계적이고 실질적인 지원방안 및 체제를 구축해야 한다.
⑦ 다양한 청소년 공간과 시설의 확충 및 활용도를 제고해야 한다.

(3) 특성화, 전문화된 청소년수련활동의 운영과 지원

① 특성화된 프로그램의 개발, 운영 및 등록이 이루어져야 한다.
② 청소년수련 프로그램의 다양한 테마별 청소년활동을 권장해야 한다.
③ 청소년 시민교육프로그램을 개발 및 지원해야 한다.
④ 청소년을 위한 국제문화이해교육, 국제교류프로그램을 개발하고 운용 및 지원해야 한다.
⑤ 학생자치활동 활성화를 위한 지원이 이루어져야 한다.
⑥ 청소년프로그램 평가위원회를 운영해야 한다.
⑦ 프로그램 및 도구, 기자재의 개발과 보급이 이루어져야 한다.
⑧ 청소년활동 프로그램 경진대회를 확대하고 이의 활성화를 위한 지원이 이루어져야 한다.

(4) 청소년단체의 구조 및 기능 전환과 연계체계 구축

① 청소년단체의 자주적 운영지원을 위해 통합을 지원해야 한다.
② 청소년단체 활동에 대한 청소년의 효과적인 참여방안을 마련해야 한다.
③ 청소년단체 간 유기적인 연계체제를 구축해야 한다.

(5) 다양화, 전문화된 청소년지도자의 양성 및 처우 개선을 위한 지원

① 청소년지도자의 전문성을 심화하기 위한 청소년지도자 양성제도에 대한 종합적 개선방안을 마련해야 한다.
② 현장에서 요구되는 청소년 지도 인력의 역할과 직무를 반영하기 위해 구체화된 전문성을 확보해야 한다.

OX 퀴즈

청소년 프로그램 마케팅의 4P 모델은 내용(Product), 비용(Price), 장소(Place), 홍보(Promotion) 등을 포함한다. [ ]

[정답] ○

적중예상문제

01 다음 중 청소년수련활동에 대한 설명으로 올바르지 못한 것은?
① 청소년이 새로운 가치관을 정립하고 심리적 안정감을 발현하는 중요한 활동이다.
② 민주주의적 생활방법을 익혀 유능한 사회인이 되기 위한 활동이다.
③ 주로 이론적인 교육이 이루어진다.
④ 야외실험실을 이용하여 교과 과정의 목표를 달성하기 위한 접근이다.
⑤ 자연자원의 효율적인 이용을 위한 교육이다.

02 청소년수련활동의 구성요소가 아닌 것은?
① 수련시설 ② 수련거리 ③ 여가활동
④ 청소년단체 ⑤ 청소년지도자

기출 ★
03 제6차 청소년정책기본계획 정책목표 중 '청소년 주도 활동 활성화'의 중점과제를 모두 고른 것은?

ㄱ. 청소년활동 및 성장지원 체계 혁신   ㄴ. 청소년 체험활동 활성화
ㄷ. 청소년 참여 확대   ㄹ. 청소년 민주시민 성장 지원
ㅁ. 청소년 진로교육 지원 체계 강화

① ㄱ, ㄴ, ㅁ   ② ㄱ, ㄷ, ㄹ   ③ ㄷ, ㄹ, ㅁ
④ ㄴ, ㄷ, ㄹ, ㅁ   ⑤ ㄱ, ㄴ, ㄷ, ㄹ, ㅁ

기출 ★
04 청소년프로그램 기획의 성격이 아닌 것은?
① 미래지향성 ② 연계성 ③ 연속성
④ 목적성   ⑤ 고착성

정답 & 해설　　　　　　　　　　　　　01. ③ 02. ③ 03. ① 04. ⑤

01 청소년수련활동에서는 이론적인 교육에 더해 체험적인 교육이 이루어진다.
02 청소년수련활동의 구성요소 : 수련거리, 수련시설, 청소년단체, 청소년지도자
03 청소년 주도 활동 활성화의 중점과제는 청소년활동 및 성장지원 체계 혁신, 청소년 체험활동 활성화, 청소년 진로교육 지원 체제 강화이다.
04 청소년프로그램 기획은 미래지향적, 연속적, 의사결정의 과정, 목표지향적, 수단과 목적의 연계, 행동지향적 활동, 준비과정 등의 성격을 가진다.

05 다음 중 청소년수련활동의 목적으로 올바르지 못한 것은?

① 인생의 존엄성을 강조한다.
② 지도력을 배양시킨다.
③ 책임감을 향상시킨다.
④ 의무적으로 참석해야 하는 활동이다.
⑤ 청소년들의 결속력을 강화한다.

기출 ★

06 청소년활동 진흥법상 수련시설의 설치·운영에 관한 설명으로 옳은 것은?

① 청소년수련관은 읍·면·동에 1개소 이상 설치·운영하여야 한다.
② 청소년문화의 집은 시·군·구에 1개소 이상 설치·운영하여야 한다.
③ 청소년수련시설의 설치 허가권자는 성평등가족부장관이다.
④ 시·도지사 및 시장·군수·구청장은 청소년특화시설을 설치·운영할 수 있다.
⑤ 국가는 수련시설의 설치·운영에 필요한 경비를 보조해야 한다.

07 다음은 청소년수련활동의 어떠한 특징에 대한 설명인가?

- 다른 청소년들과의 상호작용을 통해 사회적 상황에 대한 대처 방안을 익힌다.
- 다른 사람들과의 경험을 통해 좌절감이나 달성감을 느끼도록 한다.

① 자율적 활동
② 체험적 활동
③ 모험적 활동
④ 집단적 활동
⑤ 학습자 중심 활동

08 다음 중 청소년수련활동의 특성에 해당되지 않는 것은?

① 조직적 활동
② 자율적 활동
③ 생득적 활동
④ 체험적 활동
⑤ 창의적 활동

정답 & 해설

05. ④ 06. ④ 07. ④ 08. ③

05 청소년수련활동은 의무적으로 해야 하는 것이 아닌 자율적인 선택에 의한 활동이다.
06 ① 특별시장·광역시장·특별자치시장·도지사·특별자치도지사 및 시장·군수·구청장은 청소년수련관을 1개소 이상 설치·운영하여야 한다.
② 시·도지사 및 시장·군수·구청장은 읍·면·동에 청소년문화의 집을 1개소 이상 설치·운영하여야 한다.
③ 국가 및 지방자치단체는 수련시설을 설치·운영하여야 한다.
⑤ 국가는 수련시설의 설치·운영 경비의 전부 또는 일부를 예산의 범위에서 보조할 수 있다. 또한 국가 또는 지방자치단체는 수련시설을 설치·운영하는 자에게 예산의 범위에서 그 설치 및 운영에 필요한 경비의 일부를 보조할 수 있다.
07 집단적 활동은 오늘날 과보호 속에 살고 있는 청소년들로 하여금 집단 활동의 경험을 통해 인간적인 성장을 유도하는 것이다.
08 청소년수련활동의 특성 : 목적적, 자율적, 조직적, 체험적, 모험적, 창의적 및 집단적 활동, 학습자 중심 활동

기출 ★

09 다음이 설명하는 청소년지도방법 이론은?

- 청소년지도사와 청소년 상호간 의사소통을 중요시한다.
- 발신자, 메시지, 매체, 수신자 등이 주요한 구성요소이다.
- 언어적, 비언어적 방법이 있다.

① 경험학습이론 ② 구성주의이론 ③ 프로그램이론
④ 동기이론 ⑤ 커뮤니케이션이론

10 다음 중 청소년수련활동의 유형에 대한 설명으로 올바르지 못한 것은?
① 개발 주체에 따라 국가, 사회, 기관, 교사, 지도자의 수련활동이 있다.
② 기관 수준의 수련활동은 청소년단체나 시설 등에서 독자적으로 개발한 것이다.
③ 구조화된 수련활동은 수련활동의 목적 및 목표가 분명하다.
④ 비구조화된 수련활동은 기관 또는 실행자의 주관적 경험에 크게 의존한다.
⑤ 통합 수련활동과 종합 수련활동은 동의어이다.

11 다음 중 기관 수준의 수련활동에 해당되지 않는 것은?
① 리보의 다언어 가족활동 프로그램
② 한국우주소년단의 실물모형 제작 활동 프로그램
③ 해양 청소년단의 해양 스포츠 활동 프로그램
④ 청소년적십자의 각종 공중위생 활동 프로그램
⑤ 한국청소년개발원(현, 한국청소년정책연구원)의 소년활동 프로그램

정답 & 해설

09. ⑤ 10. ⑤ 11. ⑤

09 커뮤니케이션이론은 청소년지도사와 청소년 상호 간의 의사소통 전달과정을 중시한다. 커뮤니케이션과정은 유기체(사람, 동물 등)들이 기호를 통해 서로 정보나 메시지를 전달하고 수용해서 공통된 의미를 수립하고 나아가서는 서로의 행동에 영향을 미치는 과정 및 행동으로 정의할 수 있다.

10 • 통합 수련활동 : 한 주제에서 세분화된 여러 활동이나 비슷한 성격의 활동들을 모아 한 체계 속에 적절하게 연결하여 하나의 활동으로 묶어서 구성하는 것
• 종합 수련활동 : 부분별 수련활동이 각각 고유한 목표와 성격을 유지하면서 어떤 연결 원칙이나 공통적인 문제 또는 상호 관심 영역하에서 그 연계성을 합리적으로 조합한 총괄성을 가진 것

11 한국청소년개발원(현, 한국청소년정책연구원)의 소년활동 프로그램은 국가 및 사회적 수준의 수련활동이다.

기출 ★

12 청소년 기본법령상 청소년지도자 자격검정 응시기준에 관한 설명으로 옳은 것은?

① 1급 청소년지도사는 2급 청소년지도사 자격 취득 후 청소년활동 등 청소년육성업무 종사 경력이 2년 이상이면 응시할 수 있다.
② 1급 청소년상담사는 석사학위 학위를 취득한 후 상담 실무경력이 3년 이상이면 응시할 수 있다.
③ 2급 청소년상담사는 3급 청소년상담사로서 상담 실무경력이 1년 이상이면 응시할 수 있다.
④ 3급 청소년상담사는 고등학교 졸업 후 상담 실무경력이 5년 이상이면 응시할 수 있다.
⑤ 2급 청소년지도사는 3급 청소년지도사 자격 취득 후 청소년활동 등 청소년육성업무 종사 경력이 1년 이상이면 응시할 수 있다.

13 다음에서 설명하고 있는 수련활동의 유형은?

- 비교적 짧은 시간에 달성해야 할 특정한 활동을 중심으로 구성되어 있다.
- 어떤 하나의 내용을 한 번에 지도하기 위한 일회성의 수련활동이다.

① 통합 수련활동 ② 단위 수련활동 ③ 연속 수련활동
④ 종합 수련활동 ⑤ 전통 수련활동

정답 & 해설

12. ④ 13. ②

12 3급 청소년상담사의 응시자격은 다음과 같다.
1. 대학 및 「평생교육법」에 따른 학력이 인정되는 평생교육시설의 청소년(지도)학·교육학·심리학·사회사업(복지)학·정신의학·아동(복지)학·상담학 분야 또는 그 밖에 성평등가족부령으로 정하는 상담 관련 분야(이하 "상담관련분야"라 한다)의 학사학위를 취득한 자
2. 전문대학 또는 다른 법령에 따라 이와 동등한 학력을 인정받는 기관에서 상담관련 분야 전문학사를 취득한 사람으로서 상담 실무경력이 2년 이상인 사람
3. 대학 또는 다른 법령에 따라 이와 동등한 학력을 인정받는 기관에서 학사학위를 취득한 후 상담 실무경력이 2년 이상인 사람
4. 전문대학 또는 다른 법령에 따라 이와 동등한 학력을 인정받는 기관에서 전문 학사학위를 취득한 후 상담 실무경력이 4년 이상인 사람
5. 고등학교를 졸업하고 상담 실무경력이 5년 이상인 사람
6. 제1호부터 제4호까지에 규정된 사람과 같은 수준 이상의 자격이 있다고 성평등가족부령으로 정하는 사람

기출 ★

14 청소년자원봉사활동의 특성으로 적합하지 않은 것은?

① 자발성　　　　② 공익성　　　　③ 무보상성
④ 의존성　　　　⑤ 계속성

기출 ★

15 청소년지도방법의 문제해결원리 중 과학적 체계 7단계의 순서로 옳은 것은?

> ㄱ. 대안 평가　　ㄴ. 문제 인식　　ㄷ. 대안 탐색　　ㄹ. 해결책 선택
> ㅁ. 정보 수집　　ㅂ. 선택 실행　　ㅅ. 결과 평가

① ㄴ → ㄷ → ㅁ → ㄱ → ㄹ → ㅂ → ㅅ　　② ㄴ → ㅁ → ㄷ → ㄹ → ㄱ → ㅂ → ㅅ
③ ㄴ → ㅁ → ㄹ → ㄷ → ㄱ → ㅅ → ㅂ　　④ ㅁ → ㄴ → ㄷ → ㄱ → ㄹ → ㅂ → ㅅ
⑤ ㅁ → ㄷ → ㄴ → ㄹ → ㄱ → ㅅ → ㅂ

16 다음은 수련거리의 개발 과정 중 어느 단계에 대한 설명인가?

> • 새로운 지도상황을 창안하기 위하여 적절한 절차들을 활용한다.
> • 실제 지도에 사용될 자료, 강의안, 지도계획서 등을 산출한다.

① 평가　　　　② 실행　　　　③ 분석
④ 설계　　　　⑤ 개발

기출 ★

17 청소년활동 진흥법령상 위험도가 높은 청소년수련활동이 아닌 것은?

① 래프팅　　　　② 패러글라이딩　　　　③ 10km 도보이동
④ 암벽 클라이밍　⑤ 2시간 이내의 야간등산

정답 & 해설　　　　14. ④　15. ①　16. ⑤　17. ⑤

14 자원봉사활동을 하는 청소년은 주도권을 가지고 일을 추진하며 책임을 지도록 기대되는 상황에 놓일 수 있다.
15 문제해결의 과학적 체계 7단계는 문제인식 단계, 대안탐색(결정) 단계, 정보수집 단계, 대안평가 단계, 실행가능한 해결책 선택 단계, 선택실행 단계, 결과평가 단계 순으로 진행된다.
16 개발단계는 건축에 비유하면, 실제로 건물을 짓는 단계이다.
17 위험도가 높은 청소년수련활동은 수상활동, 항공활동, 산악활동, 장거리 걷기활동 등이다.

18 다음에서 설명하고 있는 수련거리의 유형은?

- 청소년들의 심리·생리적 스트레스 해소와 관련된 정신건강 문제에 도움이 된다.
- 창의력 개발에도 도움을 준다.

① 자아계발활동　　② 과학활동　　③ 예절활동
④ 문화활동　　⑤ 자연체험활동

19 청소년의 달을 맞이하여 개최되는 국내 최대 규모의 범 청소년 축제는?

① 청소년문화존　　② 대한민국청소년박람회　　③ 청소년푸른성장대상
④ 미래교육박람회　　⑤ 너나들이축제

20 다음 중 수련거리의 준비단계에 포함되는 내용이 아닌 것은?

① 지도자의 역할 분담　　② 활동 내용 총괄　　③ 기준 일정표 작성
④ 프로그램 계획　　⑤ 프로그램 실시 전 점검 사항

21 청소년활동 진흥법상 청소년 수련시설 설치·운영자에게 금지된 행위를 모두 고른 것은?

ㄱ. 정당한 사유 없이 청소년의 수련시설 이용 제한
ㄴ. 수련시설에 대한 정기 안전점검 및 수시 안전점검 실시
ㄷ. 청소년단체가 아닌 자에게 수련시설을 위탁하여 운영하게 하는 행위

① ㄱ　　② ㄱ, ㄴ　　③ ㄱ, ㄷ
④ ㄴ, ㄷ　　⑤ ㄱ, ㄴ, ㄷ

정답 & 해설

18. ⑤　19. ②　20. ②　21. ③

18 자연체험활동은 자연 속에서 생활하면서 청소년들이 자연의 일부라는 것을 느끼며, 자연을 경험적으로 이해하는 활동이다.
19 대한민국청소년박람회는 2005년부터 매년 청소년의 달을 맞이하여 청소년들을 위해 개최되며, 청소년의 다양한 활동과 문화에 대한 정보를 나누고 청소년들이 직접 참여해 숨은 재능을 마음껏 표현할 수 있는 기회를 제공한다. 매년 성평등가족부가 주최하고 한국청소년활동진흥원과 각 시/도 청소년활동진흥센터가 주관한다.
20 활동 내용 총괄은 실시단계에서 이루어진다.
21 제21조(금지행위) 수련시설 설치·운영자 또는 위탁운영단체는 다음 각 호의 행위를 하여서는 아니 된다.
1. 정당한 사유 없이 청소년의 수련시설 이용을 제한하는 행위
2. 청소년활동이 아닌 용도로 수련시설을 이용하는 행위. 다만, 대통령령으로 정하는 용도로 이용하는 경우는 제외한다.
3. 청소년단체가 아닌 자에게 수련시설을 위탁하여 운영하게 하는 행위

22 다음 중 청소년지도자에 대한 설명으로 올바르지 못한 것은?

① 청소년 교육에 관심을 가지고 있다면 학부모, 교사, 이웃 어른 등이 모두 청소년지도자가 될 수 있다.
② 청소년지도자의 삶 자체는 청소년들에게 모델링이 될 수 있다.
③ 청소년들의 심리적 특성과 발달에 대해 잘 이해하고 있어야 한다.
④ 인간관계 기술은 중간관리자보다는 실무자 수준에서 크게 요구되는 기술이다.
⑤ 청소년 분야의 발전을 위해 적극적으로 관여하는 자세를 지녀야 한다.

23 청소년 지도방법 중 개인 중심의 지도방법에 해당하지 않는 것은?

① 컴퓨터 보조 지도
② 원격교육
③ 상담
④ 도제제도
⑤ 토론 기법

24 다음은 청소년 지도방법의 원리 중 무엇에 대한 설명인가?

> 성인과 청소년이 서로 협력하여 원만한 대인관계를 유지하도록 한다.

① 긍정적 자아발견의 원리
② 안정감의 원리
③ 토의 및 토론의 원리
④ 가정과 사회협력의 원리
⑤ 미래 기대의 원리

25 청소년 지도방법 중 소집단 지도방법에 해당하는 것은?

① 역할연기
② 계약 익힘
③ 인턴십
④ 개인 체험 프로젝트
⑤ 원격교육

정답 & 해설

22. ④ 23. ⑤ 24. ④ 25. ①

22 인간관계 기술은 특히 중간관리자 수준에게 핵심적인 기술이다.
23 개인 중심의 지도방법에는 도제제도, 컴퓨터 보조 지도(CAI), 원격교육, 상담, 직접 개별수련, 현장 경험, 개인 체험 프로젝트, 인턴십, 다중 미디어 익힘, 계약 익힘 등이 있다.
24 가정과 사회협력의 원리는 성인과 청소년이 서로 존중감을 갖고 협력하여 학습을 하는 분위기를 조성하는 것이다.
25 ②, ③, ④, ⑤는 개인 중심의 지도방법에 해당한다.

26 다음 중 청소년수련시설이 아닌 것은?
① 청소년수련관 ② 청소년특화시설 ③ 유스호스텔
④ 자연휴양림시설 ⑤ 청소년야영장

기출

27 청소년활동 진흥법상 수련시설의 허가 또는 등록을 취소할 수 있는 자는?
① 성평등가족부장관
② 보건복지부장관
③ 한국청소년수련시설협회장
④ 한국청소년활동진흥원 이사장
⑤ 특별자치시장·특별자치도지사·시장·군수

28 다음은 무엇에 대한 설명인가?

> 청소년수련활동을 인증하고 이에 참여한 청소년의 활동기록을 유지, 관리, 제공하는 제도이다.

① 청소년수련시설제도 ② 청소년수련활동인증제
③ 청소년수련거리제도 ④ 청소년활동제도
⑤ 청소년 기본법

정답 & 해설　　　　　　　　　　　　　　　　26. ④　27. ⑤　28. ②

26 청소년수련시설로는 청소년수련관, 청소년수련원, 청소년문화의 집, 청소년특화시설, 청소년야영장, 유스호스텔이 있다(청소년활동 진흥법 제10조).

27 특별자치시장·특별자치도지사·시장·군수·구청장은 수련시설 설치·운영자가 다음 각 호의 어느 하나에 해당하는 경우에는 그 수련시설의 허가 또는 등록을 취소할 수 있다. (청소년활동 진흥법 제22조).
1. 거짓이나 그 밖의 부정한 방법으로 허가를 받거나 등록을 한 경우
2. 최근 2년 이내에 제72조제2항제8호에 따른 과태료처분을 2회 이상 받고 다시 같은 호에 따른 위반행위를 한 경우
3. 정당한 사유 없이 수련시설의 허가를 받거나 등록을 한 후 1년 이내에 그 수련시설의 설치 착수 또는 운영을 시작하지 아니하거나 특별자치시장·특별자치도지사·시장·군수·구청장이 정하는 기간에 수련시설의 등록을 하지 아니한 경우
4. 고의 또는 중대한 과실로 제20조의2제1항 각 호의 사유가 발생한 경우
5. 제19조의2에 따른 종합평가에서 가장 낮은 등급을 연속하여 3회 이상 받은 경우

29 다음 중 청소년수련활동인증제에 대한 설명으로 올바르지 못한 것은?

① 다양한 청소년활동의 정보를 제공한다.
② 청소년활동 참여를 활성화한다.
③ 주로 국가의 수련활동을 관리한다.
④ 프로그램 운영의 질적인 관리를 위해서 필요하다.
⑤ 청소년의 진학 및 취업 등에 활용할 수 있는 자료를 제공한다.

30 다음 중 수련시설을 개발할 때 주의할 사항에 해당되지 않는 것은?

① 청소년들이 일반적으로 활동하는 생활공간과 비슷한 공간이 조성되어야 한다.
② 기존의 청소년활동지역과 시설을 우선적으로 활용한다.
③ 지역사회의 자원을 충분하게 활용할 수 있도록 연계해야 한다.
④ 기본적으로 청소년의 욕구와 발달 특성에 적합해야 한다.
⑤ 미래의 잠재적인 수요를 예측하여 탄력적으로 활용할 수 있는 설비와 시설을 갖추어야 한다.

기출

31 다음에서 설명하는 매듭법은?

- 로프 두 개의 끝을 서로 잇는 매듭법이다.
- 맺기 쉽고 풀기 쉬워 구급법에 가장 많이 쓰인다.
- 본매듭 또는 바른매듭이라고도 불린다.

① 고매듭 ② 맞매듭 ③ 당김매듭
④ 접친매듭 ⑤ 장구매듭

정답 & 해설

29. ③ 30. ① 31. ②

29 청소년수련활동인증제는 국가 및 지방자치단체 또는 개인, 법인, 단체 등이 실시하고자 하는 청소년수련활동을 인증하고 인증 수련활동에 참여한 청소년의 활동기록을 유지·관리·제공하는 국가인증제도이다.
30 수련시설은 청소년들이 일반적으로 활동하는 생활공간, 상업적 시설 및 지역과는 차별화된 시설과 공간이 조성되어야 한다.
31 맞매듭은 로프의 두 끝을 서로 잇는 매듭으로, 매듭이 단단하면서도 풀기 쉬워 구급법에 많이 활용된다.

32 다음은 무엇에 대한 설명인가?

- 청소년 개개인의 다양한 욕구와 사회적 요구를 반영한다.
- 지속적인 활동이다.
- 청소년들의 다양한 활동을 조력하는 과정이다.

① 청소년수련활동 지도
② 청소년수련활동 상담
③ 생활지도
④ 평생교육
⑤ 청소년 육성

33 청소년수련활동 인증위원회의 인증위원 구성에서 ( )에 들어갈 알맞은 숫자는?

인증위원회는 위원장과 부위원장 각 1명을 포함한 ( )명 이내의 위원으로 구성한다.

① 15
② 20
③ 25
④ 30
⑤ 35

34 다음은 청소년 기본법상 청소년단체에 대한 정의이다. ( )에 들어갈 용어로 옳은 것은?

청소년단체란 (ㄱ)을(를) 주된 목적으로 설립된 법인이나 (ㄴ)으로 정하는 단체를 말한다.

① ㄱ : 청소년육성, ㄴ : 성평등가족부령
② ㄱ : 청소년육성, ㄴ : 대통령령
③ ㄱ : 청소년참여, ㄴ : 성평등가족부령
④ ㄱ : 청소년참여, ㄴ : 대통령령
⑤ ㄱ : 청소년보호, ㄴ : 성평등가족부령

정답 & 해설

32. ① 33. ① 34. ②

32 청소년수련활동 지도는 학교 내외에서 청소년을 대상으로 실시되는 것으로서, 청소년들로 하여금 자기 주도적 능력을 갖도록 환경을 조성하고 안내하고 지원하는 일련의 조력활동이다.
33 청소년수련활동 인증위원회는 위원장과 부위원장 각 1명을 포함한 15명 이내의 위원으로 구성한다(「청소년활동 진흥법」 제35조).
34 청소년단체란 청소년 육성을 주된 목적으로 설립된 법인이나 대통령령으로 정하는 단체를 말한다(「청소년기본법」 제3조).

35 다음은 청소년수련활동 지도의 원리 중 무엇에 대한 설명인가?

- 각 개인의 고유한 상이성을 인정해 준다.
- 각 개인의 특성과 욕구를 인정하고 수용할 수 있는 다양한 프로그램과 지도방법이 마련되어야 한다.

① 개별성의 원리 ② 자율성의 원리 ③ 동기유발의 원리
④ 전인성의 원리 ⑤ 체험성의 원리

36 다음 중 청소년수련활동의 과제에 대한 설명으로 올바르지 못한 것은?
① 청소년 정책에 대한 인식이나 관심 부족이 개선되어야 한다.
② 학교에서의 체험학습 확대를 수용할 수 있는 수련활동이수제를 제도화해야 한다.
③ 보다 많은 청소년의 참여를 위해 폭넓은 청소년활동을 지원해야 한다.
④ 청소년 이용 관련 시설을 다양화해야 한다.
⑤ 청소년시설이나 단체의 협력을 촉진해야 한다.

기출

37 청소년활동 진흥법상 명시된 한국청소년활동진흥원의 사업에 해당되지 않는 것은?
① 청소년육성에 필요한 정보 등의 종합적 관리 및 제공
② 청소년의 자립능력 향상을 위한 자활 및 재활 지원
③ 청소년수련활동 인증위원회 등 청소년수련활동 인증제도의 운영
④ 국가 및 지방자치단체가 개발한 주요 청소년수련거리의 시범운영
⑤ 숙박형 등 청소년수련활동 계획의 신고 지원에 대한 컨설팅 및 교육

정답 & 해설

35. ① 36. ④ 37. ②

35 개별성의 원리는 각 개인의 고유한 상이성을 인정해 주는 것이다.
36 청소년 이용 관련 시설을 단일화하여 청소년수련시설의 유형과 종류를 청소년활동 요구와 일상의 필요에 맞게 단순화하고 친밀감 있는 공간으로 전환해야 한다.
37 청소년의 자립능력 향상을 위한 자활 및 재활 지원은 '청소년상담복지센터'의 사업에 해당된다.

38 다음 중 청소년수련활동의 발전 방향에 대한 설명으로 올바르지 못한 것은?

① 청소년단체의 구조 및 기능 전환과 연계체계 구축
② 단일화된 청소년지도자의 양성
③ 전문화된 청소년지도자의 양성
④ 청소년 중심의 특성화된 수련시설의 구축
⑤ 전문화된 청소년수련활동 운영과 지원

39 다음은 청소년수련활동 지도의 원리 중 무엇에 대한 설명인가?

> • 청소년은 근본적으로 활동적이다.
> • 청소년수련활동 지도 또한 이론적인 것이 아닌 활동적인 방법으로 이루어져야 한다.

① 개별성의 원리　② 자율성의 원리　③ 동기유발의 원리
④ 전인성의 원리　⑤ 체험성의 원리

기출 ★

40 청소년활동 진흥법령상 청소년수련시설 종합평가를 실시하여야 하는 자는?

① 성평등가족부장관
② 보건복지부장관
③ 한국청소년수련시설협회장
④ 한국청소년상담복지개발원장
⑤ 한국청소년활동진흥원 이사장

41 다음 중 청소년수련활동 지도의 접근방법으로 올바르지 않은 것은?

① 생활체험 중심　② 청소년 중심　③ 이론학습 중심
④ 협동학습 중심　⑤ 현장학습 중심

정답 & 해설　　38. ② 39. ⑤ 40. ① 41. ③

38 다양화, 전문화된 청소년지도자의 양성 및 처우 개선을 위한 지원이 필요하다.
39 청소년수련활동 지도는 청소년 스스로 공동체의 삶과 문화적 양식 및 규범, 생활기능 등을 직접 체험할 수 있도록 계획해 나가야 한다.
40 성평등가족부장관은 수련시설의 전문성 강화와 운영의 개선 등을 위하여 시설 운영 및 관리 체계, 활동프로그램 운영 등 수련시설 전반에 대한 종합평가를 정기적으로 실시하고 그 결과를 공개하여야 한다(「청소년활동 진흥법」 제19조의2).
41 청소년수련활동에서는 이론적인 교육뿐 아니라 체험적인 교육이 이루어진다.

기출 ★

42 청소년활동 학습몰입에 관한 설명으로 옳지 않은 것은?

① 자신이 학습하고자 하는 목적의식을 갖고 있다.
② 학습과정의 결과에 대한 피드백을 얻게 된다.
③ 자신이 참여하는 활동과제에 관심이 집중되어 있다.
④ 행위와 인식의 일체감을 경험하게 된다.
⑤ 양적 시간개념을 명확하게 인식하고 있다.

기출 ★

43 프로그램 개발 과정에서 적용되는 다음의 요구분석 기법은?

- 교육과정 개발에 활용되어 온 직무분석의 기법
- 교육이나 훈련을 목적으로 교육목표와 교육내용을 비교적 단시간 내에 추출하는 데 효과적인 방법
- 분석협조자(panel member)로 구성된 위원회를 중심으로 집중적인 워크숍 개최

① 데이컴법   ② 관찰법   ③ 개별이력분석법
④ 델파이법   ⑤ 능력분석법

기출 ★

44 청소년활동 진흥법령상 청소년수련시설의 종사자를 대상으로 실시하여야 하는 안전교육 내용이 아닌 것은?

① 청소년수련활동 및 수련시설의 안전 관련 법령
② 청소년수련활동 안전사고 예방 및 관리
③ 수련시설의 안전점검 및 위생관리
④ 수련시설 종사자의 안전관리 역량 강화
⑤ 안전 관련 보험의 가입 여부 및 보험의 종류와 약관

정답 & 해설

42. ⑤   43. ①   44. ⑤

42 몰입(flow)은 '무언가에 흠뻑 빠져 있는 심리적 상태'를 의미한다. 몰입을 하면 몇 시간이 한 순간처럼 짧게 느껴지는 시간 개념의 왜곡 현상이 일어나고, 자신이 몰입하는 대상이 더 자세하고 뚜렷하게 보인다. 몰입 대상과 하나가 된 듯 일체감을 가지며, 자아에 대한 의식이 사라진다. 몰입 현상은 학습과 노력을 통해 도달할 수 있다. 자신이 몰입하고 있는 대상에 대해서는 단시간에 혹은 빠르게 흡수할 수 있지만, 관심이 없거나 집중도가 떨어지는 대상에 대해서는 기억조차 못할 수도 있는 것이 몰입의 장점이자 단점이 될 수 있다.

43 데이컴(DACUM)은 교육과정개발(Developing a Curriculum Method)로서, 직업훈련을 위한 교과과정 개발과 교육훈련을 목적으로 고안된 직무분석기법이다.

44 성평등가족부장관은 수련시설의 운영대표자 및 종사자의 안전관리 역량을 강화하고 수련시설에서의 안전사고를 예방하기 위하여 수련시설의 운영대표자와 그 종사자를 대상으로 안전교육을 실시할 수 있다.

기출

45 청소년수련활동인증제도에 관한 설명으로 옳지 않은 것은?

① 청소년수련활동인증위원회는 청소년활동 전문가 중에서 인증심사원을 선발하여 활용할 수 있다.
② 청소년수련활동인증위원회가 인증을 요청받은 때에는 인증기준에 따라 심사하고, 그 결과를 통지하여야 한다.
③ 국가는 청소년수련활동인증제도를 운영하기 위하여 청소년수련활동인증위원회를 한국청소년활동진흥원에 설치·운영하여야 한다.
④ 청소년수련활동인증위원회의 구성·운영, 기록유지 및 관리 등에 관해 필요한 사항은 대통령령으로 정한다.
⑤ 인증수련활동을 실시한 시설 및 개인, 법인·단체는 그 결과를 인증수련활동이 끝난 후 10일 이내에 인증위원회에 통보하여야 한다.

46 소집단을 대상으로 하는 지도방법을 모두 고른 것은?

| ㄱ. 도제교육 | ㄴ. 역할연기 | ㄷ. CAI |
| ㄹ. 감수성 훈련 | ㅁ. 프로젝트 기법 | |

① ㄱ, ㄴ, ㄷ ② ㄱ, ㄷ, ㄹ ③ ㄴ, ㄷ, ㄹ
④ ㄴ, ㄹ, ㅁ ⑤ ㄷ, ㄹ, ㅁ

47 다음 중 청소년지도자에 대한 설명으로 올바르지 못한 것은?

① 개인적 성장을 통해 청소년들에게 모델링이 되어야 한다.
② 청소년과 관련하여 전문적 지식을 가지고 있어야 한다.
③ 레크리에이션이나 야외활동 지도기술과 같은 조정기술을 습득해야 한다.
④ 인간관계 기술 및 실무적 기술을 갖추고 있어야 한다.
⑤ 올바른 인간관, 지도관, 가치관을 가지고 있어야 한다.

정답 & 해설

45. ⑤ 46. ④ 47. ③

45 인증수련활동을 실시한 활동시설 및 개인, 법인·단체는 개별 청소년의 활동기록 및 인증수련활동 결과를 해당 인증수련활동이 끝난 후 15일 이내에 인증위원회에 통보하여야 한다(「청소년활동 진흥법」 시행령 제23조).
46 소집단을 대상으로 하는 지도방법으로는 강의 기법, 토론 기법, 브레인스토밍, 역할연기, 감수성 훈련, 문제해결 기법, 프로젝트 기법, 현장 견학, 시청각 교육 기법, 레크리에이션, 참여훈련 기법 등이 있다.
47 레크리에이션 지도기술, 야외활동 지도기술, 전통문화활동 지도기술 등은 실무적 기술에 해당한다.

기출 ★
48 청소년활동 진흥법상 청소년수련시설 운영 중지 명령의 사유에 해당하는 것은?

① 청소년활동이 아닌 용도로 수련시설을 이용하는 경우
② 정당한 사유 없이 청소년의 수련시설 이용을 제한하는 경우
③ 수련시설 종합평가에서 가장 낮은 등급을 연속하여 3회 이상 받은 경우
④ 시설이 붕괴되거나 붕괴할 우려가 있는 등 안전 확보가 현저히 미흡한 경우
⑤ 청소년단체가 아닌 자에게 수련시설을 위탁하여 운영하게 하는 경우

49 다음 중 수련거리의 계획단계에 포함되는 내용이 아닌 것은?

① 자기소개 ② 활동 내용 ③ 지도 방법
④ 대상 학년 ⑤ 시기

기출 ★
50 다음에서 설명하는 수련활동은?

- 지도상에 표시된 몇 개의 지점을 통과하여 가능한 빨리 결승점에 도달하는 활동
- 지도와 나침반으로 자기의 길을 찾아야 하므로 추리력, 판단력, 기억력, 협동심을 요구함

① 하이킹 ② 서바이벌게임 ③ 천체탐사활동
④ 오리엔티어링 ⑤ 노의올림픽게임

정답 & 해설

48. ④ 49. ① 50. ④

48 특별자치시장·특별자치도지사·시장·군수·구청장은 수련시설의 운영 또는 청소년활동 중에 다음 각 호의 어느 하나에 해당하는 사유가 발생한 경우에는 수련시설 설치·운영자 또는 위탁운영단체, 숙박형등 청소년수련활동 주최자에게 3개월 이내의 기간을 정하여 시설 운영 또는 활동의 중지를 명할 수 있다.
1. 시설이 붕괴되거나 붕괴할 우려가 있는 등 안전 확보가 현저히 미흡한 경우
2. 숙박형등 청소년수련활동의 실시 중 참가자 또는 이용자의 생명 또는 신체에 심각한 피해를 입히는 사고가 발생한 경우
3. 「성폭력범죄의 처벌 등에 관한 특례법」 제2조의 성폭력범죄 또는 「아동·청소년의 성보호에 관한 법률」 제2조제2호 및 제3호의 아동·청소년대상 성범죄 및 아동·청소년대상 성폭력범죄가 발생한 경우

49 자기소개는 실시단계에서 행해진다.

50 오리엔티어링(Orienteering)은 지도와 나침반을 이용하여 험한 지형을 빠르게 이동하는 것을 겨루는 야외 스포츠이다. 참가자는 지형도를 가지고, 정해진 여러 지점을 찾아가야 한다. 원래는 군대에서 장교들의 훈련을 위해 만들어졌다.

나만의 정리노트

부록

청소년 관련 법령

Section 01 청소년기본법
Section 02 청소년활동진흥법

Section 01 청소년기본법 (시행 2025. 10. 1. 법률 제20420호)

제1장 총칙

제1조(목적) 이 법은 청소년의 권리 및 책임과 가정·사회·국가·지방자치단체의 청소년에 대한 책임을 정하고 청소년정책에 관한 기본적인 사항을 규정함을 목적으로 한다.

제2조(기본이념)
① 이 법은 청소년이 사회구성원으로서 정당한 대우와 권익을 보장받음과 아울러 스스로 생각하고 자유롭게 활동할 수 있도록 하며 보다 나은 삶을 누리고 유해한 환경으로부터 보호될 수 있도록 함으로써 국가와 사회가 필요로 하는 건전한 민주시민으로 자랄 수 있도록 하는 것을 기본이념으로 한다.
② 제1항의 기본이념을 구현하기 위한 장기적·종합적 청소년정책을 추진할 때에는 다음 각 호의 사항을 그 추진 방향으로 한다.
 1. 청소년의 참여 보장
 2. 창의성과 자율성을 바탕으로 한 청소년의 능동적 삶의 실현
 3. 청소년의 성장 여건과 사회 환경의 개선
 4. 민주·복지·통일조국에 대비하는 청소년의 자질 향상

제3조(정의) 이 법에서 사용하는 용어의 뜻은 다음과 같다.
1. "청소년"이란 9세 이상 24세 이하인 사람을 말한다. 다만, 다른 법률에서 청소년에 대한 적용을 다르게 할 필요가 있는 경우에는 따로 정할 수 있다.
2. "청소년육성"이란 청소년활동을 지원하고 청소년의 복지를 증진하며 근로 청소년을 보호하는 한편, 사회 여건과 환경을 청소년에게 유익하도록 개선하고 청소년을 보호하여 청소년에 대한 교육을 보완함으로써 청소년의 균형 있는 성장을 돕는 것을 말한다.
3. "청소년활동"이란 청소년의 균형 있는 성장을 위하여 필요한 활동과 이러한 활동을 소재로 하는 수련활동·교류활동·문화활동 등 다양한 형태의 활동을 말한다.
4. "청소년복지"란 청소년이 정상적인 삶을 누릴 수 있는 기본적인 여건을 조성하고 조화롭게 성장·발달할 수 있도록 제공되는 사회적·경제적 지원을 말한다.
5. "청소년보호"란 청소년의 건전한 성장에 유해한 물질·물건·장소·행위 등 각종 청소년 유해 환경을 규제하거나 청소년의 접촉 또는 접근을 제한하는 것을 말한다.
6. "청소년시설"이란 청소년활동·청소년복지 및 청소년보호에 제공되는 시설을 말한다.
7. "청소년지도자"란 다음 각 목의 사람을 말한다.
 가. 제21조에 따른 청소년지도사
 나. 제22조에 따른 청소년상담사
 다. 청소년시설, 청소년단체 및 청소년 관련 기관에서 청소년육성에 필요한 업무에 종사하는 사람
8. "청소년단체"란 청소년육성을 주된 목적으로 설립된 법인이나 대통령령으로 정하는 단체를 말한다.

> **시행령 제2조(청소년단체의 범위)** 「청소년 기본법」(이하 "법"이라 한다) 제3조제8호에서 "대통령령으로 정하는 단체"란 법 제3조제3호부터 제5호까지의 규정에 따른 청소년활동, 청소년복지 또는 청소년보호를 주요 사업으로 하는 단체로서 성평등가족부장관이 인정하는 단체를 말한다.

제4조(다른 법률과의 관계)
① 이 법은 청소년육성에 관하여 다른 법률보다 우선하여 적용한다.
② 청소년육성에 관한 법률을 제정하거나 개정할 때에는 이 법의 취지에 맞도록 하여야 한다.

제5조(청소년의 권리와 책임)
① 청소년의 기본적 인권은 청소년활동·청소년복지·청소년보호 등 청소년육성의 모든 영역에서 존중되어야 한다.
② 청소년은 인종·종교·성별·나이·학력·신체조건 등에 따른 어떠한 종류의 차별도 받지 아니한다.
③ 청소년은 외부적 영향에 구애받지 아니하면서 자기 의사를 자유롭게 밝히고 스스로 결정할 권리를 가진다.
④ 청소년은 안전하고 쾌적한 환경에서 자기발전을 추구하고 정신적·신체적 건강을 해치거나 해칠 우려가 있는 모든 형태의 환경으로부터 보호받을 권리를 가진다.
⑤ 청소년은 자신의 능력을 개발하고 건전한 가치관을 확립하며 가정·사회 및 국가의 구성원으로서의 책임을 다하도록 노력하여야 한다.

제5조의2(청소년의 자치권 확대)
① 청소년은 사회의 정당한 구성원으로서 본인과 관련된 의사결정에 참여할 권리를 가진다.
② 국가 및 지방자치단체는 청소년이 원활하게 관련 정보에 접근하고 그 의사를 밝힐 수 있도록 청소년 관련 정책에 대한 자문·심의 등의 절차에 청소년을 참여시키거나 그 의견을 수렴하여야 하며, 청소년 관련 정책의 심의·협의·조정 등을 위한 위원회·협의회 등에 청소년을 포함하여 구성·운영할 수 있다.
③ 국가 및 지방자치단체는 청소년과 관련된 정책 수립 절차에 청소년의 참여 또는 의견 수렴을 보장하는 조치를 하여야 한다.

④ 국가 및 지방자치단체는 청소년 관련 정책의 수립과 시행과정에 청소년의 의견을 수렴하고 참여를 촉진하기 위하여 청소년으로 구성되는 청소년참여위원회를 운영하여야 한다.
⑤ 국가 및 지방자치단체는 제4항에 따른 청소년참여위원회에서 제안된 내용이 청소년 관련 정책의 수립 및 시행과정에 반영될 수 있도록 적극 노력하여야 한다.
⑥ 제4항에 따른 청소년참여위원회의 구성과 운영에 필요한 사항은 대통령령으로 정한다.

제6조(가정의 책임)
① 가정은 청소년육성에 관하여 1차적 책임이 있음을 인식하여야 하며, 따뜻한 사랑과 관심을 통하여 청소년이 개성과 자질을 바탕으로 자기발전을 실현하고 국가와 사회의 구성원으로서의 책임을 다하는 다음 세대로 성장할 수 있도록 노력하여야 한다.
② 가정은 학교 및 청소년 관련 기관 등에서 실시하는 교육프로그램에 청소년과 함께 참여하는 등 청소년을 바르게 육성하기 위하여 적극적으로 노력하여야 한다.
③ 가정은 정보통신망을 이용한 유해매체물 접촉을 차단하는 등 청소년 유해환경으로부터 청소년을 보호하기 위하여 필요한 노력을 하여야 한다.
④ 가정의 무관심·방치·억압 또는 폭력 등이 원인이 되어 청소년이 가출하거나 비행을 저지르는 경우 친권자 또는 친권자를 대신하여 청소년을 보호하는 자는 보호의무의 책임을 진다.

제7조(사회의 책임)
① 모든 국민은 청소년이 일상생활에서 즐겁게 활동하고 더불어 사는 기쁨을 누리도록 도와주어야 한다.
② 모든 국민은 청소년의 사고와 행동양식의 특성을 인식하고 사랑과 대화를 통하여 청소년을 이해하고 지도하여야 하며, 청소년의 비행을 바로잡는 등 그 선도에 최선을 다하여야 한다.
③ 모든 국민은 청소년을 대상으로 하거나 청소년이 쉽게 접할 수 있는 장소에서 청소년의 정신적·신체적 건강에 해를 끼치는 행위를 하여서는 아니 되며, 청소년에게 유해한 환경을 정화하고 유익한 환경이 조성되도록 노력하여야 한다.
④ 모든 국민은 경제적·사회적·문화적·정신적으로 어려운 상태에 있는 청소년들에게 특별한 관심을 가지고 이들이 보다 나은 삶을 누릴 수 있도록 노력하여야 한다.

제8조(국가 및 지방자치단체의 책임)
① 국가 및 지방자치단체는 청소년육성에 필요한 법적·제도적 장치를 마련하여 시행하여야 한다.
② 국가 및 지방자치단체는 근로 청소년을 특별히 보호하고 근로가 청소년의 균형 있는 성장과 발전에 도움이 되도록 필요한 시책을 마련하여야 한다.
③ 국가 및 지방자치단체는 청소년에 대한 가정과 사회의 책임 수행에 필요한 여건을 조성하여야 한다.
④ 국가 및 지방자치단체는 이 법에 따른 업무 수행에 필요한 재원을 안정적으로 확보하기 위한 시책을 수립·실시하여야 한다.

제8조의2(교육 및 홍보)
① 국가 및 지방자치단체는 이 법 및 「아동의 권리에 관한 협약」에서 규정한 청소년의 권리와 관련된 내용을 널리 홍보하고 교육하여야 한다.
② 국가 및 지방자치단체는 근로 청소년의 권익보호를 위하여 「근로기준법」 등에서 정하는 근로 청소년의 권리 등에 필요한 교육 및 상담을 청소년에게 실시하여야 하며, 청소년 근로권익 보호정책을 적극적으로 홍보하여야 한다.
③ 청소년 관련 기관과 청소년단체는 청소년을 대상으로 청소년의 권리에 관한 교육적 조치를 시행하여야 한다.

제2장 청소년정책의 총괄·조정

제9조(청소년정책의 총괄·조정) 청소년정책은 성평등가족부장관이 관계 행정기관의 장과 협의하여 총괄·조정한다.

제10조(청소년정책위원회)
① 청소년정책에 관한 주요 사항을 심의·조정하기 위하여 성평등가족부에 청소년정책위원회를 둔다.

> **시행령 제3조(청소년정책위원회의 운영)**
> ① 법 제10조제1항에 따른 청소년정책위원회(이하 "위원회"라 한다)의 위원장(이하 이 조에서 "위원장"이라 한다)은 위원회를 대표하고 업무를 총괄한다.
> ② 위원회의 회의는 위원장이 소집하며, 재적위원 과반수의 출석으로 개의하고 출석위원 과반수의 찬성으로 의결한다.
> ③ 청소년정책에 관한 전문적인 사항을 조사·연구하기 위하여 위원회에 5명 이내의 전문위원을 둘 수 있다.
> ④ 위원회의 사무를 처리하기 위하여 위원회에 간사 1명을 두며, 간사는 성평등가족부 소속 공무원 중에서 위원장이 지명한다.
> ⑤ 위원회는 그 업무 수행에 필요하다고 인정되면 관계 기관 등에 필요한 자료를 요청하거나 관계 기관 등의 직원 또는 전문가로부터 의견을 들을 수 있다.
> ⑥ 위원회에 출석한 위원과 관련 전문가 등에게는 예산의 범위에서 수당을 지급할 수 있다. 다만, 공무원이 그 소관 업무와 직접 관련하여 출석하는 경우에는 수당을 지급하지 아니한다.
> ⑦ 제1항부터 제6항까지에서 규정한 사항 외에 위원회의 운영에 필요한 사항은 위원회의 의결을 거쳐 위원장이 정한다.

② 청소년정책위원회는 다음 각 호의 사항을 심의·조정한다.
1. 제13조제1항에 따른 청소년육성에 관한 기본계획의 수립에 관한 사항
2. 청소년정책의 분야별 주요 시책에 관한 사항
3. 청소년정책의 제도개선에 관한 사항
4. 청소년정책의 분석·평가에 관한 사항
5. 둘 이상의 행정기관에 관련되는 청소년정책의 조정에 관한 사항

6. 그 밖에 청소년정책의 수립·시행에 필요한 사항으로서 대통령령으로 정하는 사항
③ 청소년정책위원회는 위원장 1명을 포함하여 30명 이내의 위원으로 구성한다. 이 경우 제4항제15호 및 제16호에 따라 위촉되는 위원이 각각 전체 위원의 5분의 1 이상이어야 한다.
④ 위원장은 성평등가족부장관이 되고, 위원은 다음 각 호의 사람이 된다. 이 경우 복수 차관이 있는 기관은 해당 기관의 장이 지명하는 차관으로 한다. 〈개정 2025. 10. 1.〉
  1. 재정경제부차관
  2. 과학기술정보통신차관
  3. 교육부차관
  4. 통일부차관
  5. 법무부차관
  6. 행정안전부차관
  7. 문화체육관광부차관
  8. 산업통상부차관
  9. 보건복지부차관
  10. 고용노동부차관
  11. 중소벤처기업부차관
  11의2. 기획예산처차관
  12. 방송미디어통신위원회 부위원장
  13. 경찰청장
  14. 그 밖에 대통령령으로 정하는 관계 중앙행정기관의 차관 또는 차관급 공무원
  15. 청소년정책에 관하여 학식과 경험이 풍부한 사람 중에서 성평등가족부장관이 위촉하는 사람
  16. 청소년정책과 관련된 활동실적 등이 풍부한 청소년 중에서 성평등가족부장관이 위촉하는 청소년
⑤ 제4항제15호 및 제16호에 따른 위원의 임기는 2년으로 한다.
⑥ 청소년정책위원회에서 심의·조정할 사항을 미리 검토하거나 위임된 사항을 처리하는 등 청소년정책위원회의 운영을 지원하기 위하여 청소년정책위원회에 청소년정책실무위원회를 둔다.

> **시행령 제4조(청소년정책실무위원회의 구성 및 운영)**
> ① 법 제10조제6항에 따른 청소년정책실무위원회(이하 "실무위원회"라 한다)의 위원장은 성평등가족부차관이 되며, 위원은 법 제10조제4항제1호부터 제14호까지의 규정에 따른 위원회 위원이 소속된 중앙행정기관의 고위공무원단에 속하는 일반직공무원 중에서 해당 중앙행정기관의 장이 지명하는 사람이 된다.
> ② 실무위원회의 운영에 관하여는 제3조제5항 및 제6항을 준용한다. 이 경우 "위원회"는 "실무위원회"로 본다.
> ③ 제1항 및 제2항에서 규정한 사항 외에 실무위원회의 운영에 필요한 사항은 실무위원회의 의결을 거쳐 실무위원회의 위원장이 정한다.

⑦ 제1항부터 제6항까지에서 규정한 사항 외에 청소년정책위원회 및 청소년정책실무위원회의 구성, 운영 및 위촉기준 등에 필요한 사항은 대통령령으로 정한다.

제11조(지방청소년육성위원회의 설치)
① 청소년육성에 관한 지방자치단체의 주요 시책을 심의하기 위하여 특별시장·광역시장·특별자치시장·도지사·특별자치도지사(이하 "시·도지사"라 한다) 및 시장·군수·구청장(자치구의 구청장을 말한다)의 소속으로 지방청소년육성위원회를 둔다.
② 지방청소년육성위원회의 구성·조직 및 운영 등에 필요한 사항은 조례로 정한다.

제12조(청소년특별회의의 개최)
① 국가는 범정부적 차원의 청소년정책과제의 설정·추진 및 점검을 위하여 청소년 분야의 전문가와 청소년이 참여하는 청소년특별회의를 해마다 개최하여야 한다.
② 청소년특별회의의 참석대상·운영방법 등 세부적인 사항은 대통령령으로 정한다.

> **시행령 제12조(청소년특별회의의 참석 대상)**
> ① 법 제12조에 따른 청소년특별회의(이하 "특별회의"라 한다)에 참석하는 사람은 다음 각 호와 같다.
>   1. 제13조에 따른 지역회의에서 추천하는 청소년
>   2. 청소년 관련 기관·단체에서 추천하는 청소년
>   3. 청소년 관련 단체·시설·학계의 관계자
>   4. 성평등가족부장관이 공개모집을 통하여 선정한 청소년
>   5. 그 밖에 성평등가족부장관이 필요하다고 인정하는 사람
> ② 성평등가족부장관은 제1항에 따른 참석 대상을 정할 때에는 성별·연령별·지역별로 각각 전체 청소년을 대표할 수 있도록 노력하여야 한다.
>
> **시행령 제13조(운영방법 등)** 특별회의는 매년 특별시·광역시·특별자치시·도·특별자치도(이하 "시·도"라 한다) 단위의 지역회의를 개최한 후에 전국 단위의 회의를 개최하며, 청소년 관련 토론회 및 문화예술행사 등과 병행할 수 있다.

제13조(청소년육성에 관한 기본계획의 수립)
① 성평등가족부장관은 관계 중앙행정기관의 장과 협의한 후 제10조에 따른 청소년정책위원회의 심의를 거쳐 청소년육성에 관한 기본계획(이하 "기본계획"이라 한다)을 5년마다 수립하여야 한다.
② 기본계획에는 다음 각 호의 사항이 포함되어야 한다.
  1. 이전의 기본계획에 관한 분석·평가
  2. 청소년육성에 관한 기본방향
  3. 청소년육성에 관한 추진목표
  4. 청소년육성에 관한 기능의 조정
  5. 청소년육성의 분야별 주요 시책
  6. 청소년육성에 필요한 재원의 조달방법
  7. 그 밖에 청소년육성을 위하여 특히 필요하다고 인정되는 사항
③ 성평등가족부장관은 기본계획을 수립한 때에는 지체 없이 이를 국회 소관 상임위원회에 보고하여야 한다.

제14조(연도별 시행계획의 수립 등)
① 성평등가족부장관 및 관계 중앙행정기관의 장과 지방자치단체의 장은 기본계획에 따라 연도별 시행계획(이하 "시행계획"이라 한다)을 수립·시행하여야 한다.

> **시행령 제16조(연도별 시행계획의 수립)**
> ① 성평등가족부장관은 법 제14조제1항에 따른 연도별 시행계획(이하 "시행계획"이라 한다)의 효율적인 수립·시행을 위하여 다음 연도의 시행계획을 수립하기 위한 지침(이하 "시행계획 수립지침"이라 한다)을 마련하고, 이를 관계 중앙행정기관의 장 및 지방자치단체의 장에게 매년 12월 31일까지 통보하여야 한다.
> ② 관계 중앙행정기관의 장 및 지방자치단체의 장은 법 제14조제2항에 따라 전년도 시행계획에 따른 추진실적과 시행계획 수립지

침에 따라 작성한 해당 연도의 시행계획을 매년 2월 말일까지 성평등가족부장관에게 제출하여야 한다.
③ 성평등가족부장관은 제2항에 따라 제출받은 전년도 시행계획 추진실적과 성평등가족부 소관 전년도 시행계획 추진실적을 분석·평가하고, 그 결과를 위원회의 심의를 거쳐 확정한 후 관계 중앙행정기관의 장 및 지방자치단체의 장에게 통보하여야 한다.
④ 성평등가족부장관은 제2항에 따라 제출받은 해당 연도 시행계획과 성평등가족부 소관 해당 연도 시행계획을 종합하여 관계 중앙행정기관의 장 및 지방자치단체의 장에게 통보하여야 한다.

② 관계 중앙행정기관의 장과 지방자치단체의 장은 다음 연도 시행계획 및 전년도 시행계획에 따른 추진실적을 대통령령으로 정하는 바에 따라 매년 성평등가족부장관에게 제출하여야 한다.
③ 성평등가족부장관은 전년도 시행계획에 따른 추진실적을 분석·평가하고, 그 결과를 관계 중앙행정기관의 장과 지방자치단체의 장에게 통보한다.
④ 성평등가족부장관 및 관계 중앙행정기관의 장과 지방자치단체의 장은 제3항에 따른 분석·평가 결과를 다음 연도 시행계획에 반영하여야 한다.
⑤ 성평등가족부장관은 제3항에 따른 추진실적의 분석·평가를 위하여 필요한 경우에는 국공립 연구기관 또는 「정부출연연구기관 등의 설립·운영 및 육성에 관한 법률」에 따른 정부출연연구기관을 청소년정책 분석·평가에 관한 전문지원기관으로 지정하여 분석·평가 업무를 지원하게 할 수 있다.

제15조(계획 수립의 협조)
① 성평등가족부장관 및 관계 중앙행정기관의 장과 지방자치단체의 장은 기본계획 및 시행계획을 수립·시행하기 위하여 필요한 때에는 관련 기관·법인 및 단체의 장에게 협조를 요청할 수 있다.
② 제1항에 따른 협조 요청을 받은 자는 특별한 사정이 없으면 협조하여야 한다.

제15조의2 (실태조사)
① 성평등가족부장관은 기본계획 등 효율적인 청소년정책을 수립하기 위하여 3년마다 청소년의 의식·태도·생활 등에 관한 실태조사를 실시하고 그 결과를 공표하여야 한다.
② 성평등가족부장관은 제1항에 따른 실태조사에 필요한 경우에는 관계 중앙행정기관의 장, 지방자치단체의 장 또는 「공공기관의 운영에 관한 법률」에 따른 공공기관의 장, 그 밖의 관련 법인·단체의 장에게 필요한 자료 제출 또는 의견 진술을 요청할 수 있다. 이 경우 요청을 받은 자는 정당한 사유가 없으면 이에 협조하여야 한다.
③ 제1항에 따른 실태조사의 대상, 방법, 절차 및 결과공표 등에 필요한 사항은 성평등가족부령으로 정한다.

제16조(청소년의 달) 청소년의 능동적이고 자주적인 주인의식을 드높이고 모든 국민이 청소년육성에 참여하는 분위기를 조성하기 위하여 매년 5월을 청소년의 달로 한다.

시행령 제17조(청소년의 달 행사) 성평등가족부장관은 법 제16조에 따른 청소년의 달을 기념하기 위하여 국가, 지방자치단체, 공공단체, 청소년단체 등이 다음 각 호의 행사를 개최할 수 있도록 노력하여야 한다.
1. 청소년의 문화·예술·수련·체육에 관한 행사
2. 청소년의 인권증진 및 육성 등에 관한 연구 발표 행사
3. 모범청소년, 청소년지도자 및 우수청소년단체 등에 대한 포상
4. 대중매체 등을 이용한 홍보 행사
5. 그 밖에 청소년육성에 관하여 범국민적인 관심을 높이기 위하여 필요한 행사

제4장 청소년시설

제17조(청소년시설의 종류) 청소년활동에 제공되는 시설, 청소년복지에 제공되는 시설, 청소년보호에 제공되는 시설에 관한 사항은 따로 법률로 정한다.

제18조(청소년시설의 설치·운영)
① 국가 및 지방자치단체는 청소년시설을 설치·운영하여야 한다.
② 국가 및 지방자치단체 외의 자는 따로 법률에서 정하는 바에 따라 청소년시설을 설치·운영할 수 있다.
③ 국가 및 지방자치단체는 제1항에 따라 설치한 청소년시설을 청소년단체에 위탁하여 운영할 수 있다.

제19조(청소년시설의 지도·감독) 국가 및 지방자치단체는 청소년시설의 적합성·공공성·안전성에 대한 국민의 신뢰를 확보하고, 그 설치와 운영을 지원하기 위하여 필요한 지도·감독을 할 수 있다.

제5장 청소년지도자

제20조(청소년지도자의 양성)
① 국가 및 지방자치단체는 청소년지도자의 양성과 자질 향상을 위하여 필요한 시책을 마련하여야 한다.
② 제1항에 따른 청소년지도자의 양성과 자질향상을 위한 연수 등에 관한 기본방향과 내용은 대통령령으로 정한다.

시행령 제18조(청소년지도자의 자질향상 등)
① 국가와 지방자치단체는 청소년업무를 담당하는 소속 공무원이 청소년업무에 관한 자질을 갖추도록 하여야 한다.
② 성평등가족부장관은 법 제20조에 따라 청소년지도자의 자질과 전문성을 향상시키기 위하여 청소년 관련 단체·기관 및 대학 등에서 운영하는 청소년지도자 연수과정의 경비 일부를 지원할 수 있다.
③ 제2항에 따른 경비의 지원은 연수시간이 40시간 이상인 연수과정을 대상으로 한다.
④ 제3항에서 규정한 사항 외에 제2항에 따른 경비의 지원에 필요한 사항은 성평등가족부령으로 정한다.

제21조(청소년지도사)

① 성평등가족부장관은 청소년지도사 자격검정에 합격하고 청소년지도사 연수기관에서 실시하는 연수과정을 마친 사람에게 청소년지도사의 자격을 부여한다.

> **시행령 제19조(청소년지도사의 등급)** 법 제21조에 따른 청소년지도사(이하 "청소년지도사"라 한다)의 등급은 1급, 2급, 3급으로 구분한다.

② 누구든지 제1항에 따라 발급받은 자격증을 다른 사람에게 빌려주거나 빌려서는 아니 되며, 이를 알선하여서도 아니 된다.
③ 성평등가족부장관은 청소년지도사 자격검정에 합격한 사람의 연수를 위하여 필요한 경우에는 대통령령으로 정하는 바에 따라 청소년지도사 연수기관을 지정할 수 있다.
④ 다음 각 호의 어느 하나에 해당하는 사람은 청소년지도사가 될 수 없다.
 1. 미성년자, 피성년후견인 또는 피한정후견인
 2. 삭제 〈2025. 4. 29.〉
 3. 금고 이상의 형을 선고받고 그 집행이 끝나거나 집행을 받지 아니하기로 확정된 후 3년이 지나지 아니한 사람
 4. 금고 이상의 형을 선고받고 그 집행유예의 기간이 끝나지 아니한 사람
 4의2. 제3호 및 제4호에도 불구하고 다음 각 목의 어느 하나에 해당하는 죄를 저지른 사람으로서 형 또는 치료감호를 선고받고 확정된 후 그 형 또는 치료감호의 전부 또는 일부의 집행이 끝나거나(집행이 끝난 것으로 보는 경우를 포함한다) 집행이 유예·면제된 날부터 10년이 지나지 아니한 사람
  가. 「아동복지법」 제71조제1항의 죄
  나. 「성폭력범죄의 처벌 등에 관한 특례법」 제2조의 성폭력범죄
  다. 「아동·청소년의 성보호에 관한 법률」 제2조제2호의 아동·청소년대상 성범죄
 5. 법원의 판결 또는 법률에 따라 자격이 상실되거나 정지된 사람
⑤ 청소년지도사 자격검정의 최종 합격 발표일을 기준으로 제4항 각 호의 어느 하나에 해당하는 사람은 청소년지도사 자격검정에 응시할 수 없다.
⑥ 성평등가족부장관은 제1항에 따른 자격검정을 대통령령으로 정하는 바에 따라 청소년단체 또는 「한국산업인력공단법」에 따른 한국산업인력공단에 위탁할 수 있다.
⑦ 제1항에 따른 청소년지도사의 등급, 자격검정, 연수 및 자격증 발급 절차 등에 필요한 사항은 대통령령으로 정한다.

> **시행령 제20조(청소년지도사의 자격검정)**
> ① 성평등가족부장관은 법 제21조제4항에 따라 청소년지도사 자격검정 업무를 다음 각 호의 기관에 위탁할 수 있다.
> 1. 「청소년활동 진흥법」 제6조에 따른 한국청소년활동진흥원
> 2. 「한국산업인력공단법」에 따른 한국산업인력공단
> ② 성평등가족부장관은 제1항에 따라 청소년지도사 자격검정 업무를 위탁하는 경우에는 위탁업무의 내용과 수탁기관을 고시하여야 한다.
> ③ 청소년지도사 자격검정의 등급별 응시자격 기준과 자격검정의 과목 및 방법은 각각 별표 1 및 별표 2와 같다.
> ④ 별표 1의 청소년지도사 자격검정 응시자격 기준에서 2급 청소년지도사의 응시자격 기준 제1호 및 제3호와 3급 청소년지도사의 응시자격 기준 제1호에 해당하는 사람에 대해서는 해당 등급의 청소년지도사 자격검정 필기시험을 면제한다.
> ⑤ 제1항부터 제4항까지에서 규정한 사항 외에 청소년지도사의 등급별 자격검정에 필요한 사항은 성평등가족부령으로 정한다.

> **시행령 제21조(청소년지도사 연수 및 자격증 발급)**
> ① 제20조에 따른 청소년지도사의 자격검정에 합격한 사람에 대한 연수는 청소년지도사의 등급별 또는 대상 특성별로 나누어 실시한다. 다만, 등급별 또는 대상 특성별 인원과 연수 내용 등을 고려하여 통합하여 실시하는 것이 효율적이라고 인정되는 경우에는 통합하여 실시할 수 있다.
> ② 제1항에 따른 연수는 30시간 이상으로 하며, 청소년지도사로서의 자질과 전문성을 함양할 수 있는 내용으로 실시한다.
> ③ 청소년지도사 연수 실시기관의 장은 연수의 기간·장소·내용·방법과 그 밖에 연수에 필요한 사항을 연수 실시 40일 이전에 공고하여야 한다.
> ④ 성평등가족부장관은 제1항에 따른 연수를 마친 사람에게 등급별로 청소년지도사 자격증을 발급한다.
> ⑤ 법 제21조제2항에 따른 청소년지도사 연수기관은 「청소년활동진흥법」 제6조에 따른 한국청소년활동진흥원으로 한다.
> ⑥ 성평등가족부장관은 예산의 범위에서 제5항에 따른 한국청소년활동진흥원에 연수에 필요한 경비의 일부를 지원할 수 있다.

제21조의2(청소년지도사 자격의 취소)

① 성평등가족부장관은 청소년지도사가 다음 각 호의 어느 하나에 해당하는 경우에는 그 자격을 취소하여야 한다.
 1. 제21조제4항의 결격사유에 해당하게 된 경우
 2. 거짓이나 그 밖의 부정한 방법으로 자격을 취득한 경우
 3. 자격증을 다른 사람에게 빌려주거나 양도한 경우
② 성평등가족부장관은 제1항에 따라 자격을 취소하려면 청문을 하여야 한다.

제21조의3(부정행위자에 대한 제재)
성평등가족부장관은 청소년지도사 자격검정에서 부정행위를 한 사람에 대하여는 그 자격검정을 정지시키거나 무효로 하고, 그 처분을 받은 날부터 3년간 자격검정 응시자격을 정지한다.

제22조(청소년상담사)

① 성평등가족부장관은 청소년상담사 자격검정에 합격하고 청소년상담사 연수기관에서 실시하는 연수과정을 마친 사람에게 청소년상담사의 자격을 부여한다.
② 제1항에 따른 청소년상담사의 자격검정, 연수 및 결격사유 등에 관하여는 제21조제2항부터 제7항까지, 제21조의2 및 제21조의3을 준용한다.

시행령 제22조(청소년상담사의 등급) 법 제22조에 따른 청소년상담사(이하 "청소년상담사"라 한다)의 등급은 1급, 2급, 3급으로 구분한다.

시행령 제23조(청소년상담사의 자격검정)
① 성평등가족부장관은 법 제22조제2항에 따라 준용되는 법 제21조제4항에 따라 청소년상담사 자격검정 업무를 다음 각 호의 기관에 위탁할 수 있다.
  1. 「청소년복지 지원법」 제22조에 따른 한국청소년상담복지개발원
  2. 「한국산업인력공단법」에 따른 한국산업인력공단
② 성평등가족부장관은 제1항에 따라 청소년상담사 자격검정 업무를 위탁하는 경우에는 위탁업무의 내용과 수탁기관을 고시하여야 한다.
③ 청소년상담사 자격검정의 등급별 응시자격 기준과 자격검정의 과목 및 방법은 각각 별표 3 및 별표 4와 같다.
④ 제1항부터 제3항까지에서 규정한 사항 외에 청소년상담사의 등급별 자격검정에 필요한 사항은 성평등가족부령으로 정한다.

시행령 제24조(청소년상담사 연수 및 자격증 발급)
① 제23조에 따른 청소년상담사 자격검정에 합격한 사람에 대한 연수는 성평등가족부령으로 정하는 바에 따라 실시한다.
② 제1항에 따른 연수는 청소년상담사의 등급별로 나누어 실시한다. 다만, 등급별 대상 인원과 연수 내용 등을 고려하여 통합하여 실시하는 것이 효율적이라고 인정되는 경우에는 통합하여 실시할 수 있다.
③ 제1항에 따른 연수는 100시간 이상으로 하며, 연수 내용은 이론 강의와 실습 등으로 한다.
④ 청소년상담사 연수 실시기관의 장은 연수의 기간·장소·내용·방법·평가기준과 그 밖에 연수에 필요한 사항을 연수 실시 30일 이전에 공고하여야 한다.
⑤ 성평등가족부장관은 제1항에 따른 연수를 마친 사람에게 등급별로 청소년상담사 자격증을 발급한다.
⑥ 성평등가족부장관은 제1항에 따른 연수에 관한 업무를 「청소년복지 지원법」 제22조에 따른 한국청소년상담복지개발원에 위탁하여 실시한다.
⑦ 성평등가족부장관은 예산의 범위에서 제6항에 따른 한국청소년상담복지개발원에 연수에 필요한 경비의 일부를 지원할 수 있다.

제23조(청소년지도사·청소년상담사의 배치 등)
① 청소년시설과 청소년단체는 대통령령으로 정하는 바에 따라 청소년육성을 담당하는 청소년지도사나 청소년상담사를 배치하여야 한다.
② 국가 및 지방자치단체는 제1항에 따라 청소년단체나 청소년시설에 배치된 청소년지도사와 청소년상담사에게 예산의 범위에서 그 활동비의 전부 또는 일부를 보조할 수 있다.
③ 국가와 지방자치단체는 제1항에 따른 청소년지도사 및 청소년상담사의 보수가 제25조에 따른 청소년육성 전담공무원의 보수 수준에 도달하도록 노력하여야 한다.

제24조(청소년지도사·청소년상담사의 채용 등)
① 「교육기본법」 제9조에 따른 학교(이하 "학교"라 한다)는 청소년육성에 관련되는 업무를 수행할 때에 필요하면 청소년지도사나 청소년상담사를 채용할 수 있다.
② 국가 및 지방자치단체는 제1항에 따라 채용된 청소년지도사나 청소년상담사의 보수 등 채용에 필요한 경비의 전부 또는 일부를 보조할 수 있다.

제24조의2(청소년지도사·청소년상담사의 보수교육)
① 청소년시설, 청소년단체 및 학교 등에서 각각 그 업무에 종사하는 청소년지도사와 청소년상담사는 자질 향상을 위하여 정기적으로 보수교육을 받아야 한다.
② 청소년시설, 청소년단체 및 학교 등을 운영하는 자는 해당 시설, 단체 및 학교 등에 종사하는 청소년지도사와 청소년상담사에 대하여 제1항에 따른 보수교육을 이유로 불리한 처우를 하여서는 아니 된다.
③ 성평등가족부장관은 제1항에 따른 보수교육을 성평등가족부령으로 정하는 바에 따라 관계 기관 또는 단체에 위탁할 수 있다.
④ 제1항에 따른 보수교육의 대상·기간·내용·방법 및 절차와 제3항에 따른 위탁 등에 필요한 사항은 성평등가족부령으로 정한다.

제25조(청소년육성 전담공무원)
① 특별시·광역시·특별자치시·도·특별자치도(이하 "시·도"라 한다), 시·군·구(자치구를 말한다. 이하 같다) 및 읍·면·동 또는 제26조에 따른 청소년육성 전담기구에 청소년육성 전담공무원을 둘 수 있다.
② 제1항의 청소년육성 전담공무원은 청소년지도사 또는 청소년상담사의 자격을 가진 사람으로 한다.
③ 청소년육성 전담공무원은 관할구역의 청소년과 청소년지도자 등에 대하여 그 실태를 파악하고 필요한 지도를 하여야 한다.
④ 관계 행정기관, 청소년단체 및 청소년시설의 설치·운영자는 청소년육성 전담공무원의 업무 수행에 협조하여야 한다.
⑤ 제1항에 따른 청소년육성 전담공무원의 임용 등에 필요한 사항은 조례로 정한다.

제26조(청소년육성 전담기구의 설치)
① 청소년육성에 관한 업무를 효율적으로 운영하기 위하여 시·도 및 시·군·구에 청소년육성에 관한 업무를 전담하는 기구를 따로 설치할 수 있다.
② 제1항에 따른 청소년육성 전담기구의 사무 범위, 조직 등에 필요한 사항은 조례로 정한다.

제27조(청소년지도위원)
① 특별자치시장·특별자치도지사·시장·군수·구청장은 청소년육성을 담당하게 하기 위하여 청소년지도위원을 위촉하여야 한다.

시행령 제26조(청소년지도위원에 대한 지원) 시장·군수·구청장(자치구의 구청장을 말한다. 이하 같다)은 법 제27조제1항에 따른 청소년지도위원에게 청소년지도위원임을 표시하는 증표를 발급할 수 있으며, 청소년지도위원이 그 임무를 원활하게 수행할 수 있도록 수당, 여비 및 연수 기회 제공 등 필요한 지원을 할 수 있다.

② 제21조제4항 각 호의 어느 하나에 해당하는 사람은 청소년지도위원이 될 수 없다.
③ 청소년지도위원이 제21조제4항 각 호의 어느 하나에 해당하게 되는 경우 위원 자격을 상실한다.
④ 제1항에 따른 청소년지도위원의 자격·위촉절차 등에 필요한 사항은 조례로 정한다.

제6장 청소년단체

제28조(청소년단체의 역할)
① 청소년단체는 다음 각 호의 역할을 수행하기 위하여 최선의 노력을 하여야 한다.
　1. 학교교육과 서로 보완할 수 있는 청소년활동을 통한 청소년의 기량과 품성 함양
　2. 청소년복지 증진을 통한 청소년의 삶의 질 향상
　3. 유해환경으로부터 청소년을 보호하기 위한 청소년보호 업무 수행
② 청소년단체는 제1항에 따른 역할을 수행할 때에 청소년의 의견을 적극 반영하여야 한다.

제28조의2(청소년단체 임원의 결격사유)
① 청소년단체의 임원은 성평등가족부장관으로부터 설립허가를 받은 법인의 임원과 「비영리민간단체지원법」에 따라 등록된 비영리민간단체의 대표자, 관리인 또는 그 밖에 회칙으로 정한 임원으로 한다.
② 다음 각 호의 어느 하나에 해당하는 사람은 청소년단체의 임원이 될 수 없다.
　1. 제21조제4항 각 호(제4호의2는 제외한다)의 어느 하나에 해당하는 사람
　2. 제1호에도 불구하고 「아동복지법」 제71조, 「보조금 관리에 관한 법률」 제40조부터 제42조까지 또는 「형법」 제28장·제40장(제360조는 제외한다)의 죄를 범하거나 이 법을 위반하여 다음 각 목의 어느 하나에 해당하는 사람
　　가. 징역형을 선고받고 그 집행이 끝나거나(집행이 끝난 것으로 보는 경우를 포함한다) 집행이 면제된 날부터 7년이 지나지 아니한 사람
　　나. 금고 이상의 형의 집행유예를 선고받고 그 형이 확정된 후 7년이 지나지 아니한 사람
　　다. 100만원 이상의 벌금형(집행유예를 포함한다)을 선고받고 그 형이 확정된 후 5년이 지나지 아니한 사람
　3. 제1호 및 제2호까지의 규정에도 불구하고 「성폭력범죄의 처벌 등에 관한 특례법」 제2조(제1항제1호는 제외한다)의 성폭력범죄 또는 「아동·청소년의 성보호에 관한 법률」 제2조제2호의 아동·청소년대상 성범죄를 저지른 사람으로서 형 또는 치료감호를 선고받고 확정된 후 그 형 또는 치료감호의 전부 또는 일부의 집행이 끝나거나(집행이 끝난 것으로 보는 경우를 포함한다) 집행이 유예·면제된 날부터 10년이 지나지 아니한 사람
③ 임원이 제2항 각 호의 어느 하나에 해당하게 되었을 때에는 그 자격을 상실한다.

제28조의3(벌금형의 분리 선고)
「형법」 제38조에도 불구하고 청소년단체의 임원에게 제28조의2제2항제3호에서 정한 죄와 다른 죄의 경합범(競合犯)에 대하여 벌금형을 선고하는 경우에는 이를 분리하여 선고하여야 한다.

제29조(청소년단체에 대한 지원 등)
① 국가 및 지방자치단체는 청소년단체의 조직과 활동에 필요한 행정적인 지원을 할 수 있으며, 예산의 범위에서 그 운영·활동 등에 필요한 경비의 일부를 보조할 수 있다.
② 학교 및 「평생교육법」 제2조제2호의 평생교육기관은 청소년단체의 청소년활동에 필요한 지원과 협력을 할 수 있다.
③ 개인·법인 또는 단체는 청소년단체의 시설과 운영을 지원하기 위하여 금전이나 그 밖의 재산을 출연할 수 있다.
④ 제1항에 따른 지원 및 보조의 범위 등에 필요한 사항은 대통령령으로 정한다.

시행령 제27조(청소년단체에 대한 지원 및 보조의 범위) 국가나 지방자치단체가 법 제29조에 따라 청소년단체에 지원하거나 보조할 수 있는 활동의 범위는 다음 각 호와 같다.
1. 청소년활동, 청소년복지 및 청소년보호에 관한 사업
2. 국내외 주요 청소년 관련 국제행사
3. 「청소년활동진흥법」 제2조제6호에 따른 청소년수련거리의 개발 및 보급
4. 청소년지도자의 연수 및 국제교류
5. 그 밖에 중앙행정기관의 장이나 지방자치단체의 장이 청소년단체의 육성 또는 활성화를 위하여 필요하다고 인정하는 사업

제30조(수익사업)
① 청소년단체는 정관에서 정하는 바에 따라 청소년육성과 관련한 수익사업을 할 수 있다.
② 제1항에 따른 수익사업의 범위, 수익금의 사용 등에 필요한 사항은 대통령령으로 정한다.

시행령 제28조(수익사업의 범위 등)
① 청소년단체는 설립·운영 목적에 어긋나지 아니하는 범위에서 수익사업을 할 수 있다.
② 제1항에 따른 수익사업의 수익금은 목적사업의 수행을 위하여 사용하여야 한다.
③ 제1항에 따른 수익사업은 일반회계와 구분하여 회계처리하여야 한다.

제40조(한국청소년단체협의회)

① 청소년단체는 청소년육성을 위한 다음 각 호의 활동을 하기 위하여 성평등가족부장관의 인가를 받아 한국청소년단체협의회를 설립할 수 있다.
  1. 회원단체의 사업과 활동에 대한 협조·지원
  2. 청소년지도자의 연수와 권익 증진
  3. 청소년 관련 분야의 국제기구활동
  4. 외국 청소년단체와의 교류 및 지원
  5. 남·북청소년 및 해외교포청소년과의 교류·지원
  6. 청소년활동에 관한 조사·연구·지원
  7. 청소년 관련 도서 출판 및 정보 지원
  8. 청소년육성을 위한 홍보 및 실천 운동
  9. 제41조에 따른 지방청소년단체협의회에 대한 협조 및 지원
  10. 그 밖에 청소년육성을 위하여 필요한 사업
② 한국청소년단체협의회는 법인으로 한다.
③ 한국청소년단체협의회는 주된 사무소의 소재지에서 설립등기를 함으로써 성립한다.
④ 한국청소년단체협의회에 관하여 이 법에 규정된 것을 제외하고는 「민법」 중 사단법인에 관한 규정을 준용한다.
⑤ 국가는 한국청소년단체협의회의 운영과 활동에 필요한 경비를 지원할 수 있다.
⑥ 한국청소년단체협의회는 설립 목적에 지장이 없는 범위에서 수익사업을 할 수 있으며, 발생한 수익은 한국청소년단체협의회의 운영 또는 한국청소년단체협의회의 시설 운영 외의 목적에 사용할 수 없다.
⑦ 개인·법인 또는 단체는 한국청소년단체협의회의 운영과 사업 등을 지원하기 위하여 금전이나 그 밖의 재산을 출연하거나 기부할 수 있다.
⑧ 한국청소년단체협의회는 제1항에 따른 활동의 일부를 정관에서 정하는 바에 따라 회원단체에 위탁할 수 있다.

제41조(지방청소년단체협의회)

① 특정지역을 활동 범위로 하는 청소년단체는 청소년육성을 위하여 그 지역을 관할하는 시·도의 조례로 정하는 바에 따라 시·도지사의 인가를 받아 지방청소년단체협의회를 설립할 수 있다.
② 지방자치단체는 예산의 범위에서 해당 지방청소년단체협의회의 운영경비의 전부 또는 일부를 지원할 수 있다.

제7장 청소년활동 및 청소년복지 등

제47조(청소년활동의 지원)

① 국가 및 지방자치단체는 청소년활동을 지원하여야 한다.
② 제1항에 따른 청소년활동의 지원에 관한 사항은 따로 법률로 정한다.

제48조(학교교육 등과의 연계)

① 국가 및 지방자치단체는 청소년활동과 학교교육·평생교육을 연계하여 교육적 효과를 높일 수 있도록 하는 시책을 수립·시행하여야 한다.
② 성평등가족부장관이 제1항에 따른 시책을 수립할 때에는 미리 관계 기관과 협의하여야 하며, 전문가의 의견을 들어야 한다.
③ 제2항에 따른 협의를 요청받은 관계 기관은 특별한 사유가 없으면 이에 따라야 한다.

제48조의2(청소년 방과 후 활동의 지원)

① 국가 및 지방자치단체는 학교의 정규교육으로 보호할 수 없는 시간 동안 청소년의 전인적 성장·발달을 지원하기 위하여 다양한 교육 및 활동 프로그램 등을 제공하는 종합적인 지원 방안을 마련하여야 한다.
② 제1항의 종합적인 지원 방안 마련에 필요한 사항은 대통령령으로 정한다.

> **시행령 제33조의3(청소년 방과 후 활동 종합지원계획의 수립)**
> ① 법 제48조의2에 따라 성평등가족부장관과 특별시장·광역시장·특별자치시장·도지사·특별자치도지사(이하 "시·도지사"라 한다)는 매년 청소년 방과 후 활동 종합지원계획(이하 이 장에서 "방과후종합지원계획"이라 한다)을 수립·시행하여야 한다.
> ② 방과후종합지원계획에는 다음 각 호의 사항이 포함되어야 한다.
>   1. 방과 후 활동의 수요 및 현황 조사
>   2. 방과 후 교육 및 활동 프로그램의 개발 및 보급
>   3. 방과 후 활동에 필요한 시설의 확보, 전문인력의 선발 및 배치
>   4. 제33조의4에 따른 방과 후 활동 종합지원사업의 운영 및 평가
>   5. 그 밖에 관할 구역의 학교와 청소년의 방과 후 활동을 지원하는 기관 및 단체 등과의 연계 등에 관한 사항
>
> **시행령 제33조의4(방과 후 활동 종합지원사업 실시)**
> ① 성평등가족부장관과 시·도지사 및 시장·군수·구청장은 청소년의 방과 후 활동을 지원하는 청소년 방과 후 활동 종합지원사업(이하 이 장에서 "방과후사업"이라 한다)을 실시할 수 있다. 이 경우 방과후사업은 장애청소년과 다문화소년 등 특별한 교육 및 활동이 필요한 청소년을 대상으로 할 수 있다.
> ② 방과후사업은 다음 각 호의 활동을 포함한다.
>   1. 청소년의 역량 개발 지원
>   2. 청소년의 기본학습 및 보충학습 지원
>   3. 청소년의 안전하고 건강한 방과 후 활동을 위한 급식, 시설 지원 및 상담
>   4. 청소년의 안전하고 건강한 방과 후 활동을 위한 학부모 교육, 청소년의 방과 후 활동을 지원하는 기관 및 단체 등의 개발 및 연계
>   5. 그 밖에 청소년의 방과 후 활동을 지원하기 위해 필요한 활동
>
> **시행령 제33조의5(청소년 방과 후 활동 지원센터의 설치·운영)**
> ① 성평등가족부장관과 시·도지사는 청소년의 방과 후 활동을 종합적으로 지원하기 위하여 청소년 방과 후 활동 지원센터(이하 이 조에서 "지원센터"라 한다)를 설치·운영할 수 있다.
> ② 성평등가족부장관과 시·도지사는 지원센터를 방과 후 사업운영에 관한 전문성이 있는 법인 또는 단체에 위탁하여 운영할 수 있다.

③ 지원센터는 다음 각 호의 사업을 수행한다.
1. 방과후종합지원계획의 수립·시행
2. 방과후사업의 운영 관리, 컨설팅 및 평가
3. 청소년의 방과 후 활동 지원을 위한 국내외 자료조사
4. 방과후사업의 업무 종사자를 위한 교육·연수(성평등가족부장관이 설치하는 지원센터만 해당한다)
5. 방과후사업의 운영모형 개발(성평등가족부장관이 설치하는 지원센터만 해당한다)
6. 그 밖에 청소년의 방과 후 활동을 종합적으로 지원하기 위하여 필요한 사업

제49조(청소년복지의 향상)
① 국가는 청소년들의 의식·태도·생활 등에 관한 사항을 정기적으로 조사하고, 이를 개선하기 위하여 청소년의 복지향상 정책을 수립·시행하여야 한다.
② 국가 및 지방자치단체는 기초생활 보장, 직업재활훈련, 청소활동 지원 등의 시책을 추진할 때에는 정신적·신체적·경제적·사회적으로 특별한 지원이 필요한 청소년을 우선적으로 배려하여야 한다.
③ 국가 및 지방자치단체는 청소년의 삶의 질을 향상하기 위하여 구체적인 시책을 마련하여야 한다.
④ 제1항부터 제3항까지의 규정에 관하여는 따로 법률로 정한다.

제51조(청소년 유익환경의 조성)
① 국가 및 지방자치단체는 청소년이 정보화 능력을 키울 수 있는 환경을 조성하기 위하여 노력하여야 한다.
② 국가 및 지방자치단체는 청소년에게 유익한 매체물의 제작·보급 등을 장려하여야 하며 매체물의 제작·보급 등을 하는 자에게 그 제작·보급 등에 관한 경비 등을 지원할 수 있다.
③ 국가 및 지방자치단체는 주택단지의 청소년시설 배치 등 청소년을 위한 사회환경과 자연환경을 조성하기 위하여 노력하여야 한다.

제52조(청소년 유해환경의 규제)
① 국가 및 지방자치단체는 청소년에게 유해한 매체물과 약물 등이 유통되지 아니하도록 하여야 한다.
② 국가 및 지방자치단체는 청소년이 유해한 업소에 출입하거나 고용되지 아니하도록 하여야 한다.
③ 국가 및 지방자치단체는 폭력·학대·성매매 등 유해한 행위로부터 청소년을 보호·구제하여야 한다.
④ 제1항부터 제3항까지의 규정에 따른 청소년에게 유해한 매체물·약물·업소·행위 등의 규제에 관하여는 따로 법률로 정한다.

제52조의3(청소년 근로권익 보호 지원)
국가나 지방자치단체는 근로청소년의 부당처우에 대한 해결을 돕는 등 청소년의 근로권익 보호를 위한 사업을 실시하거나 지원할 수 있다.

제8장 청소년육성기금

제53조(기금의 설치 등)
① 청소년육성에 필요한 재원을 확보하기 위하여 청소년육성기금(이하 "기금"이라 한다)을 설치한다.
② 기금은 성평등가족부장관이 관리·운용한다.
③ 성평등가족부장관은 기금의 관리·운용에 관한 사무의 전부 또는 일부를 다음 각 호의 기관 중에서 선정하여 위탁할 수 있다.
1. 제40조에 따른 한국청소년단체협의회
2. 「청소년활동 진흥법」제6조에 따른 한국청소년활동진흥원
3. 「정부출연연구기관 등의 설립·운영 및 육성에 관한 법률」에 따라 설립된 한국청소년정책연구원
4. 「국민체육진흥법」제36조에 따른 서울올림픽기념국민체육진흥공단
④ 기금의 관리·운용에 필요한 사항은 대통령령으로 정한다.

시행령 제34조(기금의 관리·운용)
① 법 제53조에 따른 청소년육성기금(이하 "기금"이라 한다)은 다음 각 호의 방법으로 관리·운용한다.
1. 금융회사 등에의 예치
2. 「자본시장과 금융투자업에 관한 법률」제4조에 따른 증권의 매입
3. 청소년육성 등을 위한 사업에 대한 투자 및 융자
4. 그 밖에 기금 조성을 위하여 성평등가족부장관이 필요하다고 인정하는 사업에 대한 투자
② 기금은 기업회계의 원칙에 따라 회계처리한다.
③ 기금의 회계연도는 정부의 회계연도에 따른다.
④ 기금을 관리·운용하는 자는 기금의 수입과 지출을 명확히 하기 위하여 한국은행에 청소년육성기금계정을 설치하여야 한다.

시행령 제35조(기금의 회계기관)
① 성평등가족부장관은 기금의 수입과 지출에 관한 사무를 수행하게 하기 위하여 소속 공무원 중에서 기금수입징수관, 기금재무관, 기금지출관 및 기금출납공무원을 각각 임명하여야 한다.
② 성평등가족부장관은 법 제53조제3항에 따라 기금의 관리·운용에 관한 사무를 위탁하는 경우에는 그 위탁받은 기관의 임직원 중에서 기금수입 담당 책임자와 기금지출원인행위 담당 책임자를, 그 직원 중에서 기금지출직원과 기금출납직원을 각각 임명하여야 한다. 이 경우 기금수입 담당 책임자는 기금수입징수관의 직무를, 기금지출원인행위 담당 책임자는 기금재무관의 직무를, 기금지출직원은 기금지출관의 직무를, 기금출납직원은 기금출납공무원의 직무를 각각 수행한다.

제54조(기금의 조성)
① 기금은 다음 각 호의 재원으로 조성한다.
1. 정부의 출연금
2. 「국민체육진흥법」제22조제4항제1호 및 「경륜·경정법」제18조제1항제1호에 따른 출연금
3. 개인·법인 또는 단체가 출연하는 금전·물품이나 그 밖의 재산

4. 기금의 운용으로 생기는 수익금
5. 그 밖에 대통령령으로 정하는 수입금(다른 기금으로부터의 전입금, 성평등가족부장관이 인정하는 수입금)
② 제1항제3호에 따라 출연하는 자는 용도를 지정하여 출연할 수 있다. 다만, 특정단체 또는 개인에 대한 지원을 용도로 지정할 수 없다.

제55조(기금의 사용 등)
① 기금은 다음 각 호의 사업에 사용한다.
1. 청소년활동의 지원
2. 청소년시설의 설치와 운영을 위한 지원
3. 청소년지도자의 양성을 위한 지원
4. 청소년단체의 운영과 활동을 위한 지원
5. 청소년복지 증진을 위한 지원
6. 청소년보호를 위한 지원
7. 청소년정책의 수행 과정에 관한 과학적 연구의 지원
8. 기금 조성 사업을 위한 지원
9. 그 밖에 청소년육성을 위하여 대통령령으로 정하는 사업

> **시행령 제37조(기금의 용도)** 법 제55조제1항제9호에서 "대통령령이 정하는 사업"이란 다음 각 호의 사업을 말한다.
> 1. 청소년육성에 관한 홍보
> 2. 청소년의 포상 및 격려
> 3. 기금의 운용 및 관리
> 4. 그 밖에 성평등가족부장관이 청소년육성 등을 위하여 필요하다고 인정하는 사업

② 국가나 지방자치단체는 제53조제2항 및 제3항에 따른 기금의 관리기관(이하 "기금관리기관"이라 한다)의 기금 조성을 지원하기 위하여 기금관리기관에 국유 또는 공유의 시설·물품이나 그 밖의 재산을 그 용도나 목적에 지장을 주지 아니하는 범위에서 무상으로 사용·수익하게 하거나 대부할 수 있다.
③ 기금관리기관은 청소년육성 또는 기금의 조성을 위하여 기금의 일부 또는 기금관리기관의 시설·물품 등 재산의 일부를 청소년단체의 기본재산에 출연하거나 출자할 수 있다.
④ 기금관리기관은 기금 조성의 전망을 고려하여 기금 사용을 조절함으로써 궁극적으로 청소년육성을 위한 재원 확보에 기여할 수 있는 장기계획을 수립하여 시행하여야 한다.

제56조(지방청소년육성기금의 조성)
① 시·도지사는 관할구역의 청소년활동 지원 등 청소년육성을 위한 사업 지원에 필요한 재원을 확보하기 위하여 지방청소년육성기금을 설치할 수 있다.
② 제1항에 따른 지방청소년육성기금의 조성·용도 등에 필요한 사항은 조례로 정한다.

제9장 보칙

제57조(국유·공유 재산의 대부 등)
① 국가나 지방자치단체는 청소년시설의 설치, 청소년단체의 육성을 위하여 필요한 경우에는 「국유재산법」 또는 「공유재산 및 물품 관리법」에도 불구하고 그 용도에 지장을 주지 아니하는 범위에서 청소년시설이나 청소년단체에 국유·공유 재산을 무상으로 대부하거나 사용·수익하게 할 수 있다.
② 제1항에 따른 국유·공유 재산의 대부·사용·수익의 내용 및 조건에 관하여는 해당 재산을 사용·수익하려는 자와 해당 재산의 관리청 또는 지방자치단체의 장 사이의 계약에 따른다.

제58조(조세 감면 등)
① 국가는 다음 각 호의 기관과 그 기관에서 운영하는 청소년시설에 대하여 「조세특례제한법」에서 정하는 바에 따라 조세를 감면할 수 있고, 「부가가치세법」에서 정하는 바에 따라 부가가치세를 감면할 수 있다.
1. 제40조에 따른 한국청소년단체협의회
2. 제41조에 따른 지방청소년단체협의회
3. 「청소년복지 지원법」 제22조에 따른 한국청소년상담복지개발원
4. 「청소년복지 지원법」 제29조에 따른 청소년상담복지센터
5. 「청소년복지 지원법」 제30조에 따른 이주배경청소년지원센터
6. 「정부출연연구기관 등의 설립·운영 및 육성에 관한 법률」에 따라 설립된 한국청소년정책연구원
7. 그 밖의 청소년단체
② 국가는 다음 각 호의 재산 등에 대해서는 「조세특례제한법」에서 정하는 바에 따라 소득계산의 특례를 적용할 수 있다.
1. 제1항 각 호의 기관과 그 기관에서 운영하는 청소년시설에 출연되거나 기부된 재산
2. 제54조에 따라 기금에 출연된 금전이나 그 밖의 재산
③ 국가는 제1항 각 호의 기관과 그 기관에서 운영하는 청소년시설에서 청소년활동에 사용하기 위하여 수입하는 다음 각 호의 어느 하나에 해당하는 용품 등에 대해서는 「관세법」에서 정하는 바에 따라 관세를 감면할 수 있다.
1. 실험·실습·시청각 기자재와 그 밖에 필요한 용품
2. 고도의 정밀성 등으로 수입이 불가피한 청소년 시설·설비

제59조(감독 등)
① 국가 및 지방자치단체는 청소년육성을 위하여 필요하면 다음 각 호의 기관에 대하여 업무·회계 및 재산에 관한 사항을 보고하게 하거나 소속 공무원으로 하여금 그 장부·서류나 그 밖의 물건을 검사하게 할 수 있다.
1. 청소년시설
2. 제40조에 따른 한국청소년단체협의회
3. 제41조에 따른 지방청소년단체협의회
4. 그 밖의 청소년단체

② 제1항에 따라 검사를 하는 공무원은 그 권한을 표시하는 증표를 지니고 이를 관계인에게 보여주어야 한다.

제60조(포상) 정부는 청소년육성에 관하여 현저한 공로가 있거나 다른 청소년에게 모범이 되는 자에게 포상을 할 수 있다.

제61조(유사명칭의 사용금지) 이 법에 따른 한국청소년단체협의회가 아닌 자는 한국청소년단체협의회 또는 이와 유사한 명칭을 사용하지 못한다.

제62조(수수료 등)
① 다음 각 호의 어느 하나에 해당하는 사람은 성평등가족부령으로 정하는 바에 따라 수수료를 내야 한다.
  1. 청소년지도사 자격검정에 응시하거나 연수과정을 이수하는 사람
  2. 청소년상담사 자격검정에 응시하거나 연수과정을 이수하는 사람
② 청소년시설을 설치·운영하는 자 및 위탁운영을 하는 단체는 청소년시설을 이용하는 자로부터 이용료를 받을 수 있다.

제63조(권한의 위임·위탁) 성평등가족부장관은 이 법에 따른 권한의 일부를 대통령령으로 정하는 바에 따라 시·도지사에게 위임하거나 청소년단체에 위탁할 수 있다.

제63조의2(벌칙 적용에서 공무원 의제) 제21조제6항(제22조제2항에서 준용하는 경우를 포함한다)에 따라 위탁받은 자격검정 업무에 종사하는 사람은 「형법」제129조부터 제132조까지의 규정을 적용할 때에는 공무원으로 본다.

> **시행령 제37조의2(고유식별정보의 처리)** 성평등가족부장관(제20조제1항 및 제23조제1항에 따라 성평등가족부장관의 권한을 위탁받은 자를 포함한다), 지방자치단체의 장(해당 권한이 위임·위탁된 경우에는 그 권한을 위임·위탁받은 자를 포함한다), 「청소년활동 진흥법」제6조에 따른 한국청소년활동진흥원 또는 「청소년복지 지원법」제22조에 따른 한국청소년상담복지개발원은 다음 각 호의 사무를 수행하기 위하여 불가피한 경우 「개인정보 보호법 시행령」제19조제1호에 따른 주민등록번호가 포함된 자료를 처리할 수 있다.
> 1. 법 제5조의2제2항 및 제3항에 따른 청소년의 참여 및 의견 수렴에 관한 사무
> 2. 법 제12조에 따른 청소년특별회의 개최에 관한 사무
> 3. 법 제20조에 따른 청소년지도자의 양성과 자질향상에 관한 사무
> 4. 법 제21조에 따른 청소년지도사의 자격검정, 연수 및 자격증 교부 등에 관한 사무
> 5. 법 제22조에 따른 청소년상담사의 자격검정, 연수 및 자격증 교부 등에 관한 사무
> 6. 법 제28조의2제2항에 따른 청소년단체 임원의 결격사유 확인에 관한 사무
> 7. 법 제48조의2에 따른 청소년 방과 후 활동 지원에 관한 사무
>
> **시행령 제37조의3(규제의 재검토)**
> ① 성평등가족부장관은 다음 각 호의 사항에 대하여 다음 각 호의 기준일을 기준으로 3년마다(매 3년이 되는 해의 기준일과 같은 날 전까지를 말한다) 그 타당성을 검토하여 개선 등의 조치를 하여야 한다.
> 1. 제25조제2항 및 별표 5에 따른 청소년지도사·청소년상담사의 배치대상 및 배치기준 : 2014년 1월 1일
> 2. 제38조 및 별표 6 제2호가목·나목에 따른 과태료의 부과기준 : 2014년 7월 1일
> ② 성평등가족부장관은 다음 각 호의 사항에 대하여 다음 각 호의 기준일을 기준으로 3년마다(매 3년이 되는 해의 기준일과 같은 날 전까지를 말한다) 그 타당성을 검토하여 개선 등의 조치를 하여야 한다.
> 1. 제20조에 따른 청소년지도사의 자격검정 : 2017년 1월 1일
> 2. 제21조에 따른 청소년지도사 연수 및 자격증 발급 : 2017년 1월 1일
> 3. 제23조에 따른 청소년상담사의 자격검정 : 2017년 1월 1일
> 4. 제24조에 따른 청소년상담사 연수 및 자격증 발급 : 2017년 1월 1일

제10장 벌칙

제64조(벌칙) 제30조에 따라 정관에서 정하는 사업 외의 수익사업을 한 자는 2년 이하의 징역 또는 2천만원 이하의 벌금에 처한다.

제64조의2(벌칙) 다음 각 호의 어느 하나에 해당하는 자는 1년 이하의 징역 또는 1천만원 이하의 벌금에 처한다.
1. 제21조제2항(제22조제2항에서 준용하는 경우를 포함한다)을 위반하여 자격증을 빌려주거나 빌린 사람 또는 이를 알선한 사람
2. 제52조의2제3항을 위반하여 신고인의 인적 사항 또는 신고인임을 미루어 알 수 있는 사실을 다른 사람에게 알려주거나 공개 또는 보도한 자

제65조(양벌규정) 법인의 대표자나 법인 또는 개인의 대리인, 사용인, 그 밖의 종업원이 그 법인 또는 개인의 업무에 관하여 제64조의 위반행위를 하면 그 행위자를 벌하는 외에 그 법인 또는 개인에게도 해당 조문의 벌금형을 과한다. 다만, 법인 또는 개인이 그 위반행위를 방지하기 위하여 해당 업무에 관하여 상당한 주의와 감독을 게을리하지 아니한 경우에는 그러하지 아니하다.

제66조(과태료)
① 다음 각 호의 어느 하나에 해당하는 자에게는 500만원 이하의 과태료를 부과한다.
  1. 제59조제1항에 따른 보고를 하지 아니하거나 검사를 거부·방해 또는 기피한 자
  2. 제61조를 위반한 자
② 제24조의2제1항 및 제2항을 위반한 자에게는 100만원 이하의 과태료를 부과한다.
③ 제1항과 제2항에 따른 과태료는 대통령령으로 정하는 바에 따라 성평등가족부장관 또는 지방자치단체의 장이 부과·징수한다.

Section 02 청소년활동진흥법 [시행 2026. 1. 21. 법률 제21065호]

제1장 총칙

제1조(목적) 이 법은 「청소년기본법」 제47조제2항에 따라 다양한 청소년활동을 적극적으로 진흥하기 위하여 필요한 사항을 정함을 목적으로 한다.

제2조(정의) 이 법에서 사용하는 용어의 뜻은 다음과 같다.
1. "청소년활동"이란 「청소년기본법」 제3조제3호에 따른 청소년활동을 말한다.
2. "청소년활동시설"이란 청소년수련활동, 청소년교류활동, 청소년문화활동 등 청소년활동에 제공되는 시설로서 제10조에 따른 시설을 말한다.
3. "청소년수련활동"이란 청소년이 청소년활동에 자발적으로 참여하여 청소년 시기에 필요한 기량과 품성을 함양하는 교육적 활동으로서 「청소년기본법」 제3조제7호에 따른 청소년지도자(이하 "청소년지도자"라 한다)와 함께 청소년수련거리에 참여하여 배움을 실천하는 체험활동을 말한다.
4. "청소년교류활동"이란 청소년이 지역 간, 남북 간, 국가 간의 다양한 교류를 통하여 공동체의식 등을 함양하는 체험활동을 말한다.
5. "청소년문화활동"이란 청소년이 예술활동, 스포츠활동, 동아리활동, 봉사활동 등을 통하여 문화적 감성과 더불어 살아가는 능력을 함양하는 체험활동을 말한다.
6. "청소년수련거리"란 청소년수련활동에 필요한 프로그램과 이와 관련되는 사업을 말한다.
7. "숙박형 청소년수련활동"이란 19세 미만의 청소년(19세가 되는 해의 1월 1일을 맞이한 사람은 제외한다. 이하 같다)을 대상으로 청소년이 자신의 주거지에서 떠나 제10조제1호의 청소년수련시설 또는 그 외의 다른 장소에서 숙박·야영하거나 제10조제1호의 청소년수련시설 또는 그 외의 다른 장소로 이동하면서 숙박·야영하는 청소년수련활동을 말한다.
8. "비숙박형 청소년수련활동"이란 19세 미만의 청소년을 대상으로 제10조제1호의 청소년수련시설 또는 그 외의 다른 장소에서 실시하는 청소년수련활동으로서 실시하는 날에 끝나거나 숙박 없이 2회 이상 정기적으로 실시하는 청소년수련활동을 말한다.

제3조(관계 기관의 협조)
① 성평등가족부장관 및 지방자치단체의 장은 학생인 청소년의 청소년활동 진흥을 위하여 필요하면 「청소년기본법」 제48조에 따라 교육부, 특별시·광역시·특별자치시·도·특별자치도 교육청 및 지역교육청(이하 "교육청"이라 한다)과 협의를 할 수 있다.

> **시행령 제2조(지방청소년활동진흥협의회)**
> ① 「청소년활동 진흥법」(이하 "법"이라 한다) 제3조제1항에 따른 협의를 원활하게 수행하기 위하여 지방자치단체의 장은 특별시·광역시·특별자치시·도·특별자치도 교육청 및 교육지원청의 관계 공무원 등이 참석하는 지방청소년활동진흥협의회(이하 "지방협의회"라 한다)를 구성하여 운영할 수 있다.
> ② 지방협의회의 구성 및 운영에 관한 구체적인 사항은 조례로 정한다.

② 제1항에 따른 협의를 요청받은 관계 기관은 특별한 사유가 없으면 그 요청에 따라야 한다.

제4조(청소년운영위원회)
① 제10조제1호의 청소년수련시설(이하 "수련시설"이라 한다)을 설치·운영하는 개인·법인·단체 및 제16조제3항에 따른 위탁운영단체(이하 "수련시설운영단체"라 한다)는 청소년활동을 활성화하고 청소년의 참여를 보장하기 위하여 청소년으로 구성되는 청소년운영위원회를 운영하여야 한다.
② 수련시설운영단체의 대표자는 청소년운영위원회의 의견을 수련시설 운영에 반영하여야 한다.
③ 제1항에 따른 청소년운영위원회의 구성·운영 등에 필요한 사항은 대통령령으로 정한다.

> **시행령 제3조(청소년운영위원회의 구성·운영)**
> ① 법 제4조제1항에 따른 청소년운영위원회(이하 "운영위원회"라 한다)는 10명 이상 20명 이하의 청소년으로 구성하여야 한다.
> ② 위원의 임기는 1년으로 한다.
> ③ 위원장은 위원 중에서 호선한다.
> ④ 위원장은 운영위원회를 대표하고, 운영위원회의 직무를 총괄한다.
> ⑤ 위원장이 부득이한 사유로 직무를 수행할 수 없는 경우에는 위원장이 미리 지명한 위원이 그 직무를 대행한다.
> ⑥ 위원장은 필요시 회의를 소집하며, 그 의장이 된다.
> ⑦ 이 영에 규정된 것 외에 운영위원회의 운영에 필요한 사항은 위원회의 의결을 거쳐 위원장이 정한다.
> ⑧ 국가 및 지방자치단체는 예산의 범위에서 운영위원회의 운영에 필요한 경비를 지원할 수 있다.

제2장 청소년활동의 보장

제5조(청소년활동의 지원)
① 청소년은 다양한 청소년활동에 주체적이고 자발적으로 참여하여 자신의 꿈과 희망을 실현할 충분한 기회와 지원을 받아야 한다.
② 국가 및 지방자치단체는 청소년활동을 활성화하는 데 필요한 청소년활동시설, 청소년활동 프로그램, 청소년지도자 등을 위한 시책을 수립·시행하여야 한다.

③ 국가 및 지방자치단체는 개인·법인 또는 단체가 청소년활동을 지원하려는 경우에는 그에 필요한 행정적·재정적 지원을 할 수 있다.

제6조(한국청소년활동진흥원의 설치)
① 「청소년기본법」 제3조제2호에 따른 청소년육성(이하 "청소년육성"이라 한다)을 위한 다음 각 호의 사업을 하기 위하여 한국청소년활동진흥원(이하 "활동진흥원"이라 한다)을 설치한다.
  1. 청소년활동, 「청소년기본법」 제3조제4호에 따른 청소년복지, 같은 법 제3조제5호에 따른 청소년보호에 관한 종합적 안내 및 서비스 제공
  2. 청소년육성에 필요한 정보 등의 종합적 관리 및 제공
  3. 청소년수련활동 인증위원회 등 청소년수련활동 인증제도의 운영
  4. 청소년 자원봉사활동의 활성화
  5. 청소년활동 프로그램의 개발과 보급
  6. 국가가 설치하는 수련시설의 유지·관리 및 운영업무의 수탁
  7. 국가 및 지방자치단체가 개발한 주요 청소년수련거리의 시범운영
  8. 청소년활동시설이 실시하는 국제교류 및 협력사업에 대한 지원
  9. 청소년지도자의 연수
  9의2. 제9조의2에 따른 숙박형 등 청소년수련활동 계획의 신고 지원에 대한 컨설팅 및 교육
  10. 제18조의3에 따른 수련시설 종합 안전·위생점검에 대한 지원
  11. 수련시설의 안전에 관한 컨설팅 및 홍보
  11의2. 제18조의2에 따른 안전교육의 지원
  12. 그 밖에 성평등가족부장관이 지정하거나 활동진흥원의 목적을 수행하기 위하여 필요한 사업
② 활동진흥원은 법인으로 한다.
③ 활동진흥원은 그 주된 사무소의 소재지에서 설립등기를 함으로써 성립한다.

제6조의2(정관) 활동진흥원의 정관에는 다음 각 호의 사항이 포함되어야 한다.
  1. 목적   2. 명칭
  3. 주된 사무소의 소재지   4. 사업에 관한 사항
  5. 임원 및 직원에 관한 사항 6. 이사회에 관한 사항
  7. 재산 및 회계에 관한 사항 8. 정관의 변경에 관한 사항

제6조의3(임원)
① 활동진흥원에 이사장을 포함한 15명 이내의 이사와 감사 1명을 둔다.
② 이사장은 「공공기관의 운영에 관한 법률」 제29조에 따른 임원추천위원회(이하 "임원추천위원회"라 한다)가 복수로 추천한 사람 중에서 성평등가족부장관이 임명한다.
③ 상임이사는 활동진흥원 이사장이 임명한다.
④ 비상임이사(활동진흥원의 정관에 따라 당연히 비상임이사로 선임되는 사람은 제외한다)는 성평등가족부장관이 임명한다.
⑤ 감사는 임원추천위원회가 복수로 추천하여 「공공기관의 운영에 관한 법률」 제8조에 따른 공공기관운영위원회의 심의·의결을 거친 사람 중에서 재정경제부장관이 임명한다.
⑥ 이사장의 임기는 3년, 이사와 감사의 임기는 각각 2년으로 하되, 1년을 단위로 연임할 수 있다.

제6조의4(사업계획서 등의 제출)
① 활동진흥원은 대통령령으로 정하는 바에 따라 사업계획서 및 예산서를 작성하여 매 사업연도 시작 전까지 성평등가족부장관에게 제출하여야 한다.

> **시행령 제4조**(사업계획서) 법 제6조제1항에 따른 한국청소년활동진흥원(이하 "활동진흥원"이라 한다)이 법 제6조의4제1항에 따라 성평등가족부장관에게 제출하는 사업계획서에는 다음 각 호의 사항이 포함되어야 한다.
> 1. 목표·방침·주요사업·소요예산 및 재원구성 등이 포함된 사업의 개요
> 2. 교부받으려는 보조금액 및 그 사용 계획
> 3. 사업의 효과 및 그 밖의 참고사항

② 활동진흥원은 회계연도가 종료된 때에는 지체 없이 그 회계연도의 결산서를 작성하고 감사원규칙에서 정하는 바에 따라 공인회계사나 회계법인을 선정하여 회계감사를 받아 매 회계연도 종료 후 2개월 이내에 성평등가족부장관에게 제출하여야 한다.

> **시행령 제4조의2**(세입·세출결산서) 활동진흥원이 법 제6조의4제2항에 따라 매 회계연도의 세입·세출결산서를 성평등가족부장관에게 제출하는 경우에는 다음 각 호의 서류를 첨부하여야 한다.
> 1. 해당 연도의 사업계획과 집행실적 대비표
> 2. 활동진흥원 감사의 감사의견서 및 공인회계사나 회계법인의 감사의견서
> 3. 그 밖에 결산의 내용을 확인할 수 있는 참고자료

제6조의5(자료의 요청 등)
① 활동진흥원은 제6조제1항제2호의 사업을 수행하기 위하여 필요할 때에는 공공기관 등에 대하여 간행물이나 자료의 제공을 요청할 수 있다. 이 경우 상당한 대가를 지급하여야 한다.
② 활동진흥원은 제1항에 따라 제공된 간행물이나 자료를 제공받은 목적 외의 용도로 사용하여서는 아니 된다.
③ 제6조제1항제2호의 사업에 종사하는 임직원 및 임직원이었던 사람은 직무상 알게 된 비밀을 누설하여서는 아니 된다.

제6조의6(보조금 등)
① 정부는 예산의 범위에서 활동진흥원의 사업 및 운영에 드는 경비의 전부 또는 일부를 출연(出捐)하거나 보조할 수 있다.
② 개인·법인 또는 단체는 활동진흥원의 사업 또는 운영을 지원하기 위하여 금전이나 그 밖의 재산을 출연 또는 기부할 수 있다.

제6조의7(「민법」의 준용) 활동진흥원에 관하여 이 법과 「공공기관의 운영에 관한 법률」에서 정한 사항 외에는 「민법」 중 재단법인에 관한 규정을 준용한다.

제6조의8(유사명칭의 사용금지) 이 법에 따른 활동진흥원이 아닌 자는 한국청소년활동진흥원 또는 이와 유사한 명칭을 사용하지 못한다.

제6조의9(벌칙 적용 시의 공무원 의제) 제6조제1항제2호의 사업에 종사하는 사람은 「형법」 제129조부터 제132조까지의 규정에 따른 벌칙을 적용할 때에는 공무원으로 본다.

제7조(지방청소년활동진흥센터의 설치 등)
① 특별시·광역시·특별자치시·도·특별자치도(이하 "시·도"라 한다) 및 시·군·구(자치구를 말한다. 이하 같다)는 해당 지역의 청소년활동을 진흥하기 위하여 지방청소년활동진흥센터를 설치·운영할 수 있다.
② 제1항에 따른 지방청소년활동진흥센터(이하 "지방청소년활동진흥센터"라 한다)는 다음 각 호의 사업을 수행한다.
  1. 지역 청소년활동의 요구에 관한 조사
  2. 지역 청소년 자원봉사활동의 활성화
  3. 청소년수련활동 인증제도의 지원
  4. 인증받은 청소년수련활동의 홍보와 지원
  5. 청소년활동 프로그램의 개발과 보급
  6. 청소년활동에 대한 교육과 홍보
  7. 제9조의2에 따른 숙박형등 청소년수련활동 계획의 신고에 대한 지원
  8. 제9조의4에 따른 정보공개에 대한 지원
  9. 그 밖에 청소년활동을 위하여 필요한 사업
③ 지방청소년활동진흥센터는 제2항에 따른 사업을 수행하는 경우 활동진흥원과 연계·협력한다.
④ 국가 및 지방자치단체는 예산의 범위에서 지방청소년활동진흥센터의 운영에 필요한 경비의 전부 또는 일부를 지원할 수 있다.

제8조(청소년활동 정보의 제공 등)
① 활동진흥원과 지방청소년활동진흥센터는 청소년의 요구를 수용하여 청소년의 발달단계와 여건에 맞는 프로그램과 정보를 상시 안내하고 제공하여야 한다.
② 활동진흥원과 지방청소년활동진흥센터는 제1항에 따른 사업을 시행하기 위하여 해당 지역 청소년의 활동 요구를 정기적으로 조사하고, 그 결과를 그 지역의 청소년활동시설과 「청소년기본법」 제3조제8호에 따른 청소년단체(이하 "청소년단체"라 한다)에 제공하여야 한다.

제9조(학교와의 협력 등)
① 활동진흥원과 지방청소년활동진흥센터는 「청소년기본법」 제48조에 따라 학교 및 평생교육시설과의 협력체제를 구축하여야 한다.
② 활동진흥원과 지방청소년활동진흥센터는 해당 지역 각급학교 및 평생교육시설에서 필요로 하는 청소년활동 관련 사항을 지원할 수 있다.
③ 활동진흥원과 지방청소년활동진흥센터는 제2항에 따라 매년 1회 이상 상호 협의하여 청소년수련거리를 개발하고, 해당 지역의 수련시설에 이를 보급하여야 한다.
④ 활동진흥원과 지방청소년활동진흥센터는 학생인 청소년을 위한 청소년수련거리를 개발할 때 필요하면 교육청 및 각급학교에 관련 자료를 요청할 수 있다. 이 경우 관계 기관은 특별한 사유가 없으면 그 요청에 적극 협조하여야 한다.

제9조의2(숙박형등 청소년수련활동 계획의 신고)
① 숙박형 청소년수련활동 및 비숙박형 청소년수련활동(이하 "숙박형등 청소년수련활동"이라 한다)을 주최하려는 자는 성평등가족부령으로 정하는 절차와 방법에 따라 특별자치시장·특별자치도지사·시장·군수·구청장(자치구의 구청장을 말한다. 이하 같다)에게 그 계획을 신고하여야 한다. 다만, 다음 각 호의 경우는 제외한다.
  1. 다른 법률에서 지도·감독 등을 받는 비영리 법인 또는 비영리 단체가 운영하는 경우
  2. 청소년이 부모 등 보호자와 함께 참여하는 경우
  3. 종교단체가 운영하는 경우
  4. 비숙박형 청소년수련활동 중 제36조제2항에 따라 인증을 받아야하는 활동이 아닌 경우
② 특별자치시장·특별자치도지사·시장·군수·구청장은 제1항에 따른 신고를 받은 날부터 14일 이내에 신고수리 여부를 신고인에게 통지하여야 한다.
③ 특별자치시장·특별자치도지사·시장·군수·구청장이 제2항에서 정한 기간 내에 신고수리 여부 또는 민원 처리 관련 법령에 따른 처리기간의 연장을 신고인에게 통지하지 아니하면 그 기간(민원 처리 관련 법령에 따라 처리기간이 연장 또는 재연장된 경우에는 해당 처리기간을 말한다)이 끝난 날의 다음 날에 신고를 수리한 것으로 본다.
④ 숙박형등 청소년수련활동을 주최하려는 자는 제1항에 따른 신고가 수리되기 전에는 모집활동을 하여서는 아니 된다.
⑤ 특별자치시장·특별자치도지사·시장·군수·구청장은 다음 각 호의 어느 하나에 해당하는 사람이 숙박형등 청소년수련활동을 운영 또는 보조하려는 경우에는 신고를 수리하여서는 아니 된다.
  1. 「아동복지법」 제17조 위반에 따른 같은 법 제71조제1항의 죄, 「성폭력범죄의 처벌 등에 관한 특례법」 제2조에 따른 성폭력범죄 또는 「아동·청소년의 성보호에 관한 법률」 제2조제2호에 따른 아동·청소년대상 성범죄를 범하여 형 또는 치료감호를 선고받고 그 형 또는 치료감호의 전부 또는 일부의 집행이 끝나거나 집행이 유예·면제된 날부터 10년이 지나지 아니한 사람
  2. 「청소년기본법」 제21조제3항에 따라 청소년지도사가 될 수 없는 사람

⑥ 특별자치시장·특별자치도지사·시장·군수·구청장은 관계 기관의 장에게 제5항에 따른 범죄경력 등을 확인하기 위한 자료의 제공을 요청할 수 있다. 이 경우 관계 기관의 장은 정당한 사유가 없으면 그 요청에 따라야 한다.
⑦ 특별자치시장·특별자치도지사·시장·군수·구청장은 숙박형등 청소년수련활동 계획의 신고를 수리한 때에는 그 계획을 성평등가족부장관에게 통보하여야 한다.
⑧ 성평등가족부장관은 제7항에 따라 통보받은 숙박형등 청소년수련활동 계획에 보완이 필요하다고 인정될 때에는 그 계획을 통보한 특별자치시장·특별자치도지사·시장·군수·구청장에게 보완사항을 통보하여야 한다.
⑨ 제8항에 따라 보완사항을 통보받은 특별자치시장·특별자치도지사·시장·군수·구청장은 그 내용을 숙박형등 청소년수련활동 주최자에게 통보하여야 한다.

제9조의3(건강상태 확인 및 의료조치 의무 등)
① 제9조의2에 따라 신고를 한 자(이하 "신고자"라 한다)는 성평등가족부령으로 정하는 방법에 따라 해당 청소년활동에 참가하려는 청소년의 건강상태를 확인하여야 한다. 이 경우 해당 청소년활동에 참가하려는 청소년 및 보호자(친권자, 법정대리인 또는 사실상 청소년을 양육하는 사람을 말한다. 이하 같다)가 해당 청소년의 건강상태를 서면으로 보증한 때에는 신고자가 건강상태를 확인한 것으로 본다.
② 신고자는 해당 청소년활동에 참가하는 청소년에게 질병·사고 또는 재해 등으로 인하여 의료조치가 필요하거나 참가자가 요청할 경우 다음 각 호의 시설에서 신속하고 적정한 치료를 받도록 하여야 한다.
  1. 「응급의료에 관한 법률」 제2조제5호에 따른 응급의료기관
  2. 「의료법」 제3조에 따른 의료기관
  3. 「약사법」 제2조제3호에 따른 약국

제9조의4(숙박형등 청소년수련활동 관련 정보의 공개)
① 특별자치시장·특별자치도지사·시장·군수·구청장은 제9조의2에 따라 숙박형등 청소년수련활동 계획의 신고를 수리한 경우에는 성평등가족부령으로 정하는 절차와 방법에 따라 해당 내용을 인터넷 홈페이지 등을 이용하여 공개하여야 한다.
② 성평등가족부장관은 제1항에 따른 공개를 위하여 온라인 종합정보제공시스템을 구축·운영하여야 한다.
③ 성평등가족부장관은 제2항에 따른 종합정보제공시스템의 운영을 활동진흥원에 위탁할 수 있다.

제9조의5(숙박형등 청소년수련활동 관련 정보의 표시·고지)
제9조의2에 따라 숙박형등 청소년수련활동 계획의 신고가 수리된 자는 모집활동 및 계약을 할 경우 성평등가족부령으로 정하는 바에 따라 다음 각 호의 사항을 표시하고 고지하여야 한다.
  1. 제36조에 따라 인증을 받은 청소년수련활동인지 여부
  2. 이 법 또는 다른 법률에 따른 안전관리 기준의 충족 여부
  3. 제25조에 따른 보험 등 관련 보험의 가입 여부 및 보험의 종류와 약관

제9조의6(숙박형등 청소년수련활동의 제한) 이 법 또는 다른 법률에 따라 신고·등록·인가·허가를 받지 아니한 단체 및 개인은 숙박형 청소년수련활동, 비숙박형 청소년수련활동 중 제36조제2항에 따라 참가 인원이 일정 규모 이상이거나 위험도가 높은 청소년수련활동을 하여서는 아니 된다. 다만, 청소년이 부모 등 보호자와 함께 참여하는 경우 또는 종교단체가 운영하는 경우에는 그러하지 아니하다.

제9조의7(관계 기관과의 협력)
① 특별자치시장·특별자치도지사·시장·군수·구청장은 제9조의2에 따라 숙박형등 청소년수련활동 계획의 신고를 수리한 후 필요할 경우에는 그 사실을 관계 기관에 알려 필요한 조치를 요청하여야 한다.
② 제1항에 따라 요청을 받은 관계 기관은 특별한 사정이 없으면 다음 각 호의 조치를 위한 준비를 하여야 한다.
  1. 내수면, 해수면 등에서 이루어지는 청소년수련활동인 경우 「수상레저안전법」 제43조에 따른 안전점검
  2. 제36조제2항 본문에 따른 청소년수련활동인 경우 「119구조·구급에 관한 법률」 제3조에 따른 구조·구급활동
  3. 제9조의2에 따라 신고 수리된 숙박형등 청소년수련활동인 경우 「경찰관 직무집행법」 제4조 및 제5조에 따른 보호조치 등과 위험발생의 방지
  4. 그 밖에 다른 법률에서 정하는 안전에 관련한 조치

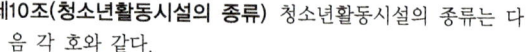

제3장 청소년활동시설

제10조(청소년활동시설의 종류) 청소년활동시설의 종류는 다음 각 호와 같다.
  1. 청소년수련시설
    가. 청소년수련관 : 다양한 청소년수련거리를 실시할 수 있는 각종 시설 및 설비를 갖춘 종합수련시설
    나. 청소년수련원 : 숙박기능을 갖춘 생활관과 다양한 청소년수련거리를 실시할 수 있는 각종 시설과 설비를 갖춘 종합수련시설
    다. 청소년문화의 집 : 간단한 청소년수련활동을 실시할 수 있는 시설 및 설비를 갖춘 정보·문화·예술 중심의 수련시설
    라. 청소년특화시설 : 청소년의 직업체험, 문화예술, 과학정보, 환경 등 특정 목적의 청소년활동을 전문적으로 실시할 수 있는 시설과 설비를 갖춘 수련시설
    마. 청소년야영장 : 야영에 적합한 시설 및 설비를 갖추고, 청소년수련거리 또는 야영편의를 제공하는 수련시설

바. 유스호스텔 : 청소년의 숙박 및 체류에 적합한 시설·설비와 부대·편익시설을 갖추고, 숙식편의 제공, 여행청소년의 활동지원(청소년수련활동 지원은 제11조에 따라 허가된 시설·설비의 범위에 한정한다)을 기능으로 하는 시설
2. 청소년이용시설 : 수련시설이 아닌 시설로서 그 설치 목적의 범위에서 청소년활동의 실시와 청소년의 건전한 이용 등에 제공할 수 있는 시설

제11조(수련시설의 설치·운영 등)
① 국가 및 지방자치단체는 「청소년기본법」 제18조제1항에 따라 다음 각 호와 같은 수련시설을 설치·운영하여야 한다.
  1. 국가는 둘 이상의 시·도 또는 전국의 청소년이 이용할 수 있는 국립청소년수련시설을 설치·운영하여야 한다.
  2. 특별시장·광역시장·특별자치시장·도지사·특별자치도지사(이하 "시·도지사"라 한다) 및 시장·군수·구청장은 각각 제10조제1호가목에 따른 청소년수련관을 1개소 이상 설치·운영하여야 한다.
  3. 시·도지사 및 시장·군수·구청장은 읍·면·동에 제10조제1호다목에 따른 청소년문화의 집을 1개소 이상 설치·운영하여야 한다.
  4. 시·도지사 및 시장·군수·구청장은 제10조제1호라목부터 바목까지의 규정에 따른 청소년특화시설·청소년야영장 및 유스호스텔을 설치·운영할 수 있다.
② 국가는 제1항제2호부터 제4호까지의 규정에 따른 수련시설의 설치·운영 경비의 전부 또는 일부를 예산의 범위에서 보조할 수 있다.
③ 수련시설을 설치·운영하려는 개인, 법인 또는 단체는 특별자치시장·특별자치도지사·시장·군수·구청장의 허가를 받아야 한다. 허가받은 사항 중 대규모의 부지 변경, 건축 연면적의 증감 등 대통령령으로 정하는 중요 사항을 변경하려는 경우에도 또한 같다.

> **시행령 제6조**(수련시설의 중요 사항 변경) 법 제11조제3항 후단에서 "대규모의 부지 변경, 건축 연면적의 증감 등 대통령령으로 정하는 중요 사항"이란 다음 각 호의 사항을 말한다.
> 1. 부지면적의 100분의 20을 초과하는 면적의 증감
> 2. 건축연면적의 100분의 20을 초과하는 면적의 증감
> 3. 법 제33조제1항에 따라 허가·인가·해제·지정 또는 신고를 받은 것으로 보는 내용의 변경
> 4. 수련시설 안에 다른 법률에 따라 허가 등을 받거나, 신고를 하여 운영하는 영업의 신설 또는 폐지
> 5. 그 밖에 수련시설의 시설기준 중 성평등가족부령으로 정하는 중요 사항의 변경

④ 국가 또는 지방자치단체는 제3항에 따른 허가를 받아 수련시설을 설치·운영하는 자(이하 "수련시설 설치·운영자"라 한다)에게 예산의 범위에서 그 설치 및 운영에 필요한 경비의 일부를 보조할 수 있다.

제12조(수련시설의 허가 요건)
① 제11조제3항에 따라 수련시설의 허가를 받으려는 자는 다음 각 호의 요건을 모두 갖추어야 한다.
  1. 제17조·제18조 및 제19조에 따른 시설기준·안전기준 및 운영기준에 적합할 것
  2. 해당 시설의 설치·운영에 필요한 자금을 조달할 능력이 있을 것
  3. 해당 시설의 설치에 필요한 부동산을 소유하거나 사용할 수 있는 권한이 있을 것
  4. 그 밖에 성평등가족부령으로 정하는 기준에 적합할 것
② 특별자치시장·특별자치도지사·시장·군수·구청장은 제11조제3항에 따라 수련시설을 허가할 때 그 시설이 제1항에 따른 허가 요건 중 성평등가족부령으로 정하는 경미한 사항을 충족하지 못한 경우에는 일정한 기간을 정하여 이를 보완할 것을 조건으로 허가할 수 있다.

제13조(수련시설의 등록)
① 수련시설을 운영하려는 자는 이를 운영하기 전에 그 시설의 소재지를 관할하는 특별자치시장·특별자치도지사·시장·군수·구청장에게 등록하여야 한다. 등록한 사항 중 성평등가족부령으로 정하는 중요 사항을 변경하려는 경우에도 또한 같다.
② 제1항에 따른 등록 등에 필요한 사항은 대통령령으로 정한다.

> **시행령 제7조**(수련시설의 등록)
> ① 법 제13조에 따라 수련시설을 등록(변경등록을 포함한다. 이하 같다)하려는 자는 등록신청서에 성평등가족부령으로 정하는 서류를 첨부하여 관할 시장·군수·구청장에게 제출하여야 한다.
> ② 제1항의 등록신청서를 받은 시장·군수·구청장은 허가된 내용과의 일치 여부를 확인하여 그 내용을 등록대장에 기록한 후 등록증을 신청인에게 교부하여야 하며, 교부한 날부터 15일 이내에 특별시·광역시·특별자치시·도 또는 특별자치도의 교육감에게 등록 사실을 통지하여야 한다.
> ③ 법 제11조제1항에 따라 수련시설을 설치한 국가 및 지방자치단체는 수련시설이 위치한 지역을 관할하는 시장·군수·구청장에게 소관 수련시설의 관련 사항을 등록대장에 기록하여 줄 것을 요청하여야 한다. 이 경우 요청을 받은 시장·군수·구청장은 그 요청에 따라 기록하여야 한다.

제14조(수련시설의 운영대표자)
① 수련시설 설치·운영자 또는 제16조에 따른 위탁운영단체는 대통령령으로 정하는 자격을 갖춘 사람을 그 수련시설의 운영대표자로 선임하여야 한다. 다만, 대통령령으로 정하는 수련시설에 대해서는 운영대표자를 선임하지 아니할 수 있다.

> **시행령 제8조**(수련시설의 운영대표자의 자격) 법 제14조제1항 본문에서 "대통령령으로 정하는 자격을 갖춘 사람"이란 다음 각 호의 어느 하나에 해당하는 사람을 말한다.
> 1. 1급 청소년지도사 자격증 소지자
> 2. 2급 청소년지도사 자격증 취득 후 청소년육성업무에 3년 이상 종사한 사람

3. 3급 청소년지도사 자격증 취득 후 청소년육성업무에 5년 이상 종사한 사람
4. 「초·중등교육법」 제21조에 따른 정교사 자격증 소지자 중 청소년육성업무에 5년 이상 종사한 사람
5. 청소년육성업무에 8년 이상 종사한 사람
6. 7급 이상의 일반직공무원 또는 이에 상당하는 별정직공무원(고위공무원단에 속하는 일반직공무원 또는 별정직공무원을 포함한다)으로서 청소년육성업무에 3년 이상 종사한 사람
7. 제6호 외의 공무원 중 청소년육성업무에 5년 이상 종사한 사람

② 제1항에도 불구하고 수련시설을 설치·운영하는 개인·법인 또는 단체의 대표자(이하 "수련시설의 대표자"라 한다) 또는 제16조에 따른 위탁운영단체의 대표자가 제1항에 따른 운영대표자의 자격을 갖춘 경우에는 운영대표자가 될 수 있다.
③ 국가 및 지방자치단체는 제1항 및 제2항에 따른 운영대표자에 대하여 대통령령으로 정하는 바에 따라 연수를 실시할 수 있다.

제15조(결격사유) 다음 각 호의 어느 하나에 해당하는 사람은 수련시설의 대표자(법인의 경우에는 임원을 포함한다) 또는 운영대표자가 될 수 없다.
1. 미성년자·피성년후견인 또는 피한정후견인
2. 파산선고를 받고 복권되지 아니한 사람
3. 금고 이상의 형을 선고받고 그 집행이 끝나거나 집행을 받지 아니하기로 확정된 후 2년이 지나지 아니한 사람
4. 금고 이상의 형의 집행유예를 선고받고 그 유예기간 중에 있는 사람
5. 법원의 판결 또는 법률에 따라 자격이 상실되거나 정지된 사람
6. 제22조에 따라 허가 또는 등록이 취소된 수련시설의 대표자로서 허가 또는 등록이 취소된 날부터 2년이 지나지 아니한 사람

제16조(수련시설 운영의 위탁)
① 국가 또는 지방자치단체, 제11조제3항에 따라 허가를 받은 수련시설 설치·운영자는 수련시설의 효율적 운영을 위하여 청소년단체에 그 운영을 위탁할 수 있다.
② 제1항에 따라 수련시설의 운영을 위탁할 때에는 위탁 업무의 내용, 위탁 계약의 기간·조건·해지 등에 관한 사항이 포함된 위탁계약서를 작성하여야 한다.
③ 국가 또는 지방자치단체는 제1항에 따라 수련시설의 운영을 위탁받은 청소년단체(이하 "위탁운영단체"라 한다)에 예산의 범위에서 그 위탁된 수련시설의 운영에 필요한 경비를 지원할 수 있다.
④ 위탁운영단체 및 그 대표자와 임원에 관하여는 제14조 및 제15조를 준용한다.

제17조(수련시설의 시설기준)
① 수련시설은 청소년이 다양한 활동을 통하여 기량과 품성을 함양하는데 적합한 시설·설비를 갖추어야 한다.
② 수련시설의 종류별 시설기준에 관하여 필요한 사항은 성평등가족부령으로 정한다.

제18조(수련시설의 안전점검 등)
① 수련시설의 운영대표자는 시설에 대하여 정기 안전점검 및 수시 안전점검을 실시하여야 한다.
② 수련시설의 운영대표자는 제1항에 따라 정기 안전점검 및 수시 안전점검을 실시한 후 그 결과를 특별자치시장·특별자치도지사·시장·군수·구청장에게 제출하여야 한다.
③ 제2항에 따른 결과를 받은 특별자치시장·특별자치도지사·시장·군수·구청장은 필요한 경우 수련시설의 운영대표자에게 시설의 보완 또는 개수·보수를 요구할 수 있다. 이 경우 수련시설의 운영대표자는 그 요구에 따라야 한다.
④ 국가 또는 지방자치단체는 예산의 범위에서 제1항부터 제3항까지의 규정에 따른 안전점검이나 시설의 보완 및 개수·보수에 드는 비용의 전부 또는 일부를 보조할 수 있다.
⑤ 제1항 및 제2항에 따른 정기 안전점검 및 수시 안전점검을 받아야 하는 시설의 범위·시기, 안전점검기관, 안전점검절차 및 안전기준은 대통령령으로 정한다.

> **시행령 제10조(수련시설 안전점검)** 법 제18조제5항에 따른 정기·수시 안전점검을 받아야 하는 수련시설의 범위는 법 제10조제1호에 따른 수련시설로 한다.

제18조의2(안전교육) 수련시설 설치·운영자 또는 위탁운영단체는 수련시설의 이용자에게 성평등가족부령으로 정하는 바에 따라 해당 수련시설의 이용 및 청소년수련활동에 관한 안전교육을 실시하여야 한다.

제18조의3(감독기관의 종합 안전점검)
① 성평등가족부장관 또는 특별자치시장·특별자치도지사·시장·군수·구청장은 수련시설의 안전과 위생관리를 위하여 정기적으로 수련시설에 대한 종합 안전·위생점검을 실시하고 그 결과를 공개하여야 한다.
② 성평등가족부장관 또는 특별자치시장·특별자치도지사·시장·군수·구청장은 제1항에 따른 종합 안전·위생점검을 실시하려면 미리 수련시설의 운영대표자에게 그 종합 안전·위생점검의 절차, 방법 및 기간을 통보하여야 한다.
③ 성평등가족부장관 또는 특별자치시장·특별자치도지사·시장·군수·구청장은 제2항에 따른 통보를 할 때 또는 그 통보 후에 수련시설의 운영대표자에게 제1항에 따른 종합 안전·위생점검에 필요한 자료의 제출을 요구할 수 있다. 이 경우 수련시설의 운영대표자는 정당한 사유가 없으면 그 요구에 따라야 한다.
④ 국가 및 지방자치단체는 제1항에 따른 종합 안전·위생점검 결과에 따라 수련시설의 운영대표자에게 시설의 보완 또는 개수·보수, 위생상태의 개선을 요구할 수 있다.

이 경우 운영대표자는 특별한 사정이 없으면 그 요구에 따라야 한다.
⑤ 제1항에 따른 종합 안전·위생점검의 주기, 절차, 방법 및 점검결과의 공개 등에 필요한 사항은 대통령령으로 정한다.

> **시행령 제11조(감독기관의 종합 안전·위생점검 절차 등)**
> ① 여성가족부장관 또는 시장·군수·구청장은 법 제18조의3제1항에 따른 수련시설에 대한 종합 안전·위생점검을 2년마다 1회 이상 실시하여야 한다.
> ② 여성가족부장관은 수련시설의 종합 안전점검을 위하여 필요한 경우 시장·군수·구청장과 합동으로 제1항에 따른 종합 안전·위생점검을 실시할 수 있다.
> ③ 제1항에 따른 종합 안전·위생점검의 분야 및 내용은 별표 1의2와 같다.
> ④ 제1항 및 제2항에 따라 실시한 종합 안전·위생점검의 결과는 다음 각 호의 구분에 따라 공개하여야 한다.
> 1. 제1항에 따라 실시한 종합 안전·위생점검의 결과 : 종합 안전·위생점검을 실시한 해당 기관의 인터넷 홈페이지 및 여성가족부장관이 지정하는 인터넷 홈페이지에 공개
> 2. 제2항에 따라 실시한 종합 안전·위생점검의 결과 : 여성가족부의 인터넷 홈페이지 및 여성가족부장관이 지정하는 인터넷 홈페이지에 공개

제18조의4(수련시설의 종사자 등에 대한 안전교육)
① 여성가족부장관은 수련시설의 운영대표자 및 종사자의 안전관리 역량을 강화하고 수련시설에서의 안전사고를 예방하기 위하여 수련시설의 운영대표자와 그 종사자를 대상으로 안전교육을 실시할 수 있다.
② 제1항에 따른 안전교육의 내용·방법·횟수 등에 필요한 사항은 여성가족부령으로 정한다.

제19조(수련시설의 운영기준)
① 수련시설의 운영대표자는 그 종사자에 대하여 연 1회 이상 수련시설의 운영·안전·위생 등에 관한 교육을 실시하여야 한다.
② 수련시설의 운영대표자는 제1항에 따라 교육을 실시한 후 그 결과를 여성가족부장관 및 특별자치시장·특별자치도지사·시장·군수·구청장에게 제출하여야 한다.
③ 수련시설의 청소년수련거리 운영, 생활지도, 시설의 관리 및 운영, 종사자교육 등 운영기준은 수련시설 종류별로 여성가족부령으로 정한다.

제19조의2(수련시설의 종합평가 등)
① 여성가족부장관은 수련시설의 전문성 강화와 운영의 개선 등을 위하여 시설 운영 및 관리 체계, 활동프로그램 운영 등 수련시설 전반에 대한 종합평가를 정기적으로 실시하고 그 결과를 공개하여야 한다.
② 여성가족부장관은 제1항에 따른 종합평가를 실시하려면 미리 수련시설의 운영대표자에게 그 종합평가의 절차, 방법 및 기간을 통보하여야 한다.
③ 여성가족부장관은 제2항에 따른 통보를 할 때 또는 그 통보 후에 수련시설의 운영대표자에게 제1항에 따른 종합평가에 필요한 자료의 제출을 요구할 수 있다. 이 경우 수련시설의 대표자는 정당한 사유가 없으면 그 요구에 따라야 한다.
④ 국가 및 지방자치단체는 제1항에 따른 종합평가의 결과 우수한 수련시설에 대하여 포상 등을 실시할 수 있다.
⑤ 여성가족부장관은 제1항에 따른 종합평가의 결과에 따라 수련시설의 운영대표자에게 미흡사항에 대한 개선이나 그 밖의 필요한 조치를 하도록 요구할 수 있다.
⑥ 여성가족부장관은 제1항에 따른 종합평가의 결과를 교육부장관 등 관계 기관의 장에게 알려야 한다.
⑦ 제1항에 따른 종합평가의 주기·방법·절차 및 평가결과의 공개 등에 필요한 사항은 여성가족부령으로 정한다.

제20조(시정명령)
특별자치시장·특별자치도지사·시장·군수·구청장은 수련시설 설치·운영자 또는 위탁운영단체가 다음 각 호의 어느 하나에 해당하는 경우 그 시정을 명할 수 있다.
1. 제17조의 시설기준을 위반한 경우
2. 제18조의 안전기준을 위반한 경우
3. 제18조의3제4항에 따른 시설의 보완 또는 개수·보수, 위생상태의 개선 요구에 따르지 아니한 경우
4. 제19조의 운영기준을 위반한 경우
5. 제19조의2제5항에 따른 미흡사항에 대한 개선이나 그 밖의 조치 요구에 따르지 아니한 경우

제20조의2(운영 중지 명령)
① 특별자치시장·특별자치도지사·시장·군수·구청장은 수련시설의 운영 또는 청소년활동 중에 다음 각 호의 어느 하나에 해당하는 사유가 발생한 경우에는 수련시설 설치·운영자 또는 위탁운영단체, 숙박형등 청소년수련활동 주최자에게 3개월 이내의 기간을 정하여 시설 운영 또는 활동의 중지를 명할 수 있다.
1. 시설이 붕괴되거나 붕괴할 우려가 있는 등 안전 확보가 현저히 미흡한 경우
2. 숙박형등 청소년수련활동의 실시 중 참가자 또는 이용자의 생명 또는 신체에 심각한 피해를 입히는 사고가 발생한 경우
3. 「성폭력범죄의 처벌 등에 관한 특례법」 제2조의 성폭력범죄 또는 「아동·청소년의 성보호에 관한 법률」 제2조 제2호 및 제3호의 아동·청소년대상 성범죄 및 아동·청소년대상 성폭력범죄가 발생한 경우
4. 「아동복지법」 제17조의 금지행위가 발생한 경우
② 제1항에 따른 행정처분의 자세한 기준은 그 위반행위의 유형과 정도 등을 고려하여 여성가족부령으로 정한다.

제21조(금지행위)
수련시설 설치·운영자 또는 위탁운영단체는 다음 각 호의 행위를 하여서는 아니 된다.
1. 정당한 사유 없이 청소년의 수련시설 이용을 제한하는 행위
2. 청소년활동이 아닌 용도로 수련시설을 이용하는 행위. 다만, 대통령령으로 정하는 용도로 이용하는 경우는 제외한다.

> **시행령 제12조(수련시설의 이용)** 법 제21조제2호 단서에서 "대통령령으로 정하는 용도로 이용하는 경우"란 수련시설을 청소년활동에 지장이 없는 범위에서 법 제31조제2항 각 호의 용도로 이용하는 경우를 말한다.

　3. 청소년단체가 아닌 자에게 수련시설을 위탁하여 운영하게 하는 행위

제22조(허가 또는 등록의 취소) 특별자치시장·특별자치도지사·시장·군수·구청장은 수련시설 설치·운영자가 다음 각 호의 어느 하나에 해당하는 경우에는 그 수련시설의 허가 또는 등록을 취소할 수 있다. 다만, 제1호 또는 제2호에 해당하는 경우에는 허가 또는 등록을 취소하여야 한다.
1. 거짓이나 그 밖의 부정한 방법으로 허가를 받거나 등록을 한 경우
2. 최근 2년 이내에 제72조제2항제8호에 따른 과태료처분을 2회 이상 받고 다시 같은 호에 따른 위반행위를 한 경우
3. 정당한 사유 없이 수련시설의 허가를 받거나 등록을 한 후 1년 이내에 그 수련시설의 설치 착수 또는 운영을 시작하지 아니하거나 특별자치시장·특별자치도지사·시장·군수·구청장이 정하는 기간에 수련시설의 등록을 하지 아니한 경우
4. 고의 또는 중대한 과실로 제20조의2제1항 각 호의 사유가 발생한 경우
5. 제19조의2에 따른 종합평가에서 가장 낮은 등급을 연속하여 3회 이상 받은 경우

제23조(청문) 특별자치시장·특별자치도지사·시장·군수·구청장은 제22조에 따른 허가 또는 등록을 취소하려면 청문을 하여야 한다.

제24조(이용료 및 수련비용)
① 수련시설 설치·운영자 및 위탁운영단체는 수련시설을 이용하는 자로부터 이용료를 받을 수 있다.
② 제36조제1항부터 제3항까지의 규정에 따라 인증받은 청소년수련활동을 실시하는 자는 그 청소년수련활동에 참여하는 청소년으로부터 수련비용을 받을 수 있다.

제25조(보험 가입)
① 제9조의2에 따라 숙박형등 청소년수련활동 계획을 신고하려는 자, 수련시설 설치·운영자 또는 위탁운영단체는 청소년활동의 운영 또는 수련시설의 설치·운영과 관련하여 청소년활동 참가자 및 수련시설의 이용자에게 발생한 생명·신체 등의 손해를 배상하기 위하여 보험에 가입하여야 한다.
② 제1항에 따른 보험에 가입하여야 할 수련시설의 종류 및 보험금액 등은 대통령령으로 정한다.

제26조(수련시설의 승계)
① 제11조제3항에 따라 허가받은 수련시설이 양도·양수, 상속 또는 증여되거나 수련시설을 설치한 법인이 합병되었을 때에는 그 양수인, 상속인, 증여를 받은 자, 합병 후 존속하는 법인 또는 합병으로 설립되는 법인은 수련시설의 허가 및 등록에 따른 권리·의무를 승계한다.
② 다음 각 호의 어느 하나에 해당하는 절차에 따라 성평등가족부령으로 정하는 수련시설의 주요 부분을 인수한 자는 수련시설의 허가 또는 등록에 따른 권리·의무를 승계한다.
1. 「민사집행법」에 따른 경매
2. 「채무자 회생 및 파산에 관한 법률」에 따른 환가
3. 「국세징수법」·「관세법」 또는 「지방세징수법」에 따른 압류재산의 매각
4. 그 밖에 제1호부터 제3호까지의 어느 하나에 준하는 절차

제27조(수련시설운영의 휴지·폐지 등)
① 수련시설 설치·운영자가 시설의 운영을 휴지(休止), 재개(再開), 폐지(閉止)하려는 경우에는 성평등가족부령으로 정하는 바에 따라 특별자치시장·특별자치도지사·시장·군수·구청장에게 신고하여야 한다.
② 특별자치시장·특별자치도지사·시장·군수·구청장은 국가 또는 지방자치단체의 특별한 지원을 받은 수련시설로서 대통령령으로 정하는 시설에 대해서는 시설운영의 휴지 또는 폐지를 제한할 수 있다.
③ 특별자치시장·특별자치도지사·시장·군수·구청장은 제1항에 따른 휴지 또는 폐지 신고를 받은 날부터 7일 이내에 신고수리 여부를 신고인에게 통지하여야 한다.
④ 특별자치시장·특별자치도지사·시장·군수·구청장이 제3항에서 정한 기간 내에 신고수리 여부 또는 민원 처리 관련 법령에 따른 처리기간의 연장을 신고인에게 통지하지 아니하면 그 기간(민원 처리 관련 법령에 따라 처리기간이 연장 또는 재연장된 경우에는 해당 처리기간을 말한다)이 끝난 날의 다음 날에 신고를 수리한 것으로 본다.

제28조(수련시설 건립 시 타당성의 사전 검토)
① 국가 및 지방자치단체는 제11조제1항에 따라 설치되는 수련시설이 청소년활동에 적합하도록 하기 위하여 입지 조건, 내부 구조, 그 밖의 설계사항 등 건립의 타당성에 관한 사항을 포함한 기본계획을 수립하고, 관련 설계사항을 사전에 심의한 후 시행하여야 한다.
② 제1항에 따른 기본계획 및 관련 설계사항의 심의 과정에는 청소년 관련 전문가 및 청소년이 참여할 수 있다.
③ 제1항 및 제2항의 심의 과정에 관하여 필요한 사항은 대통령령으로 정한다.

시행령 제15조(수련시설 건립심의위원회)
① 국가 및 지방자치단체는 법 제28조제2항에 따라 심의 과정에 청소년 관련 전문가 및 청소년이 참여할 수 있도록 하기 위하여 소관 수련시설 건립 시 수련시설건립심의위원회(이하 "심의위원회"라 한다)를 구성하여 운영하여야 한다.
② 심의위원회의 위원은 5명 이상 10명 이하로 구성하며, 위원 중 청소년 및 청소년 전문가의 참여 비율은 각각 5분의 1 이상으로 한다.
③ 위원장은 위원 중에서 호선한다.
④ 위원장은 심의위원회를 대표하고, 심의위원회의 직무를 총괄한다.
⑤ 위원장이 부득이한 사유로 직무를 수행할 수 없는 경우에는 위원장이 미리 지명한 위원이 그 직무를 대행한다.
⑥ 위원장은 필요시 회의를 소집하며, 그 의장이 된다.
⑦ 회의는 재적위원 과반수의 출석으로 개의하고, 출석위원 과반수의 찬성으로 의결한다.
⑧ 수련시설을 설치하는 국가 및 지방자치단체에서는 수요자 요구조사, 운영계획 및 건축물의 설계계획 등을 포함한 기본계획을 심의위원회에 제출하여 심의하도록 하고, 심의 결과는 수련시설의 설계 및 건축 시 반영하여야 한다.
⑨ 심의위원회는 심의에 필요한 경우 현장 확인을 실시할 수 있다.
⑩ 이 영에 규정된 것 외에 심의위원회의 운영에 필요한 사항은 심의위원회의 의결을 거쳐 위원장이 정한다.

제30조(민간인의 참여 유도)
① 국가 및 지방자치단체는 개인·법인 또는 단체가 수련시설을 쉽게 설치할 수 있도록 토지·금융·세제 또는 그 밖의 행정절차상의 지원을 할 수 있다.
② 개인·법인 또는 단체는 국가 및 지방자치단체가 설치하는 수련시설에 대하여 토지·금전 등을 출연할 수 있다. 이 경우 출연자의 성명 등을 그 수련시설의 명칭으로 할 수 있다.

제31조(수련시설의 이용)
① 수련시설을 운영하는 자는 청소년단체가 청소년활동을 위하여 시설 이용을 요청할 때에는 특별한 사유가 없으면 그 요청에 따라야 한다.
② 수련시설을 운영하는 자는 청소년활동에 지장을 주지 아니하는 범위에서 다음 각 호의 용도로 수련시설을 제공할 수 있다.
 1. 법인·단체 또는 직장 등에서 실시하는 단체연수활동 등에 제공하는 경우
 2. 「평생교육법」에 따른 평생교육의 실시를 위하여 제공하는 경우
 3. 청소년수련원, 유스호스텔 및 청소년야영장에서 개별적인 숙박·야영 편의 등을 제공하는 경우
 4. 해당 수련시설에 설치된 관리실·사무실 등을 청소년단체의 활동공간으로 제공하는 경우
 5. 그 밖에 성평등가족부령으로 정하는 용도로 이용하는 경우
③ 제2항제1호부터 제3호까지에 따른 이용은 성평등가족부령으로 정하는 이용 범위를 초과할 수 없다.

제32조(청소년이용시설)
① 제10조제2호의 청소년이용시설을 설치·운영하는 국가·지방자치단체 또는 그 밖의 공공기관 등은 그가 설치·운영하는 시설을 그 시설의 운영에 지장을 주지 아니하는 범위에서 청소년활동에 제공하여야 한다.
② 국가 또는 지방자치단체는 청소년이용시설을 설치·운영하는 개인·법인 또는 단체에 청소년활동 프로그램을 제공하거나 그 밖에 필요한 지원을 할 수 있다.
③ 국가 또는 지방자치단체는 예산의 범위에서 청소년이용시설의 운영에 필요한 경비의 일부를 보조할 수 있다.
④ 청소년이용시설의 종류 등에 관하여 필요한 사항은 대통령

시행령 제17조(청소년이용시설의 종류 등)
① 법 제32조제4항에 따른 청소년이용시설의 종류는 다음 각 호와 같다.
 1. 「문화예술진흥법」 제2조제1항제3호의 문화시설
 2. 「과학관의 설립·운영 및 육성에 관한 법률」 제2조제1호의 과학관
 3. 「체육시설의 설치·이용에 관한 법률」 제2조제1호의 체육시설
 4. 「평생교육법」 제2조제2호의 평생교육기관
 5. 「산림문화·휴양에 관한 법률」 제13조, 제14조 및 제19조에 따른 자연휴양림
 6. 「수목원·정원의 조성 및 진흥에 관한 법률」 제2조제1호의 수목원
 7. 「사회복지사업법」 제2조제5호의 사회복지관
 8. 시민회관·어린이회관·공원·광장·둔치, 그 밖에 이와 유사한 공공용시설로서 청소년활동 또는 청소년들이 이용하기에 적합한 시설
 9. 그 밖에 다른 법령에 따라 청소년활동과 관련되어 설치된 시설
② 시장·군수·구청장은 제1항에 따른 청소년이용시설 중 상시 또는 정기적으로 청소년의 이용에 제공할 수 있는 시설로서 청소년지도사를 배치한 시설에 대해서는 그 설치·운영자의 신청을 받아 청소년이용권장시설로 지정할 수 있다.
③ 국가 또는 지방자치단체는 제2항에 따라 지정된 청소년이용권장시설에 대해서는 다른 청소년이용시설에 우선하여 법 제32조제3항에 따른 지원을 할 수 있다.
④ 제2항 및 제3항에 따른 청소년이용권장시설의 지정신청·지정절차, 그 밖에 필요한 사항은 성평등가족부령으로 정한다.

제33조(다른 법률에 따른 인·허가 등의 의제)
① 제11조제3항에 따라 수련시설의 허가를 받은 경우 다음 각 호의 허가·인가·해제·지정 또는 신고(이하 이 조에서 "허가·인가등"이라 한다)에 관하여 특별자치시장·특별자치도지사·시장·군수·구청장이 허가·인가등의 관계 행정기관의 장과 미리 협의한 사항에 대해서는 해당 허가·인가등을 받은 것으로 본다. 〈개정 2024. 3. 26.〉
 1. 「국토의 계획 및 이용에 관한 법률」 제56조·제86조 및 제88조에 따른 개발행위의 허가, 도시·군계획시설사업 시행자의 지정 및 실시계획의 인가
 2. 「자연공원법」 제20조 및 제23조에 따른 공원사업 시행의 허가, 공원구역에서의 행위의 허가
 3. 「농지법」 제34조에 따른 농지전용허가

4. 「초지법」 제23조제2항 및 제3항에 따른 초지전용의 허가 및 신고
5. 「산지관리법」 제14조 및 제15조에 따른 산지전용허가 및 산지전용신고, 같은 법 제15조의2에 따른 산지일시사용허가·신고
6. 「산림보호법」 제9조제1항 및 같은 조 제2항제1호에 따른 산림보호구역(산림유전자원보호구역은 제외한다)에서의 행위의 허가
7. 「사방사업법」 제14조 및 제20조에 따른 사방지에서의 입목·죽의 벌채 등의 허가 및 사방지 지정의 해제
8. 「수도법」 제52조에 따른 전용상수도 설치의 인가
9. 「사도법」 제4조에 따른 사도의 개설허가

② 제13조에 따라 수련시설을 등록한 경우에는 그 수련시설에 대한 다음 각 호의 신고 또는 통보(이하 이 조에서 "신고 등"이라 한다)에 관하여 특별자치시장·특별자치도지사·시장·군수·구청장이 신고등의 관계 행정기관의 장과 미리 협의한 사항에 대해서는 해당 신고등을 한 것으로 본다.
  1. 「체육시설의 설치·이용에 관한 법률」 제20조에 따른 체육시설업의 신고
  2. 「공중위생관리법」 제3조에 따른 공중위생영업 중 이용업 및 미용업의 신고
  3. 「식품위생법」 제37조 및 제88조에 따른 식품접객업 중 휴게음식점영업·일반음식점영업의 신고 및 집단급식소의 설치·운영의 신고

③ 특별자치시장·특별자치도지사·시장·군수·구청장은 제11조제3항에 따라 수련시설의 허가를 하거나 제13조에 따라 수련시설의 등록증을 발급할 때 제52조제2항에 따라 관계 행정기관의 장과 미리 협의한 사항에 대해서는 「행정기본법」 제24조제3항에 따른 협의를 거치지 아니할 수 있다.

④ 허가·인가등 또는 신고등의 관계 행정기관의 장은 「행정기본법」 제24조제3항에 따른 협의를 요청받은 날부터 다음 각 호의 기간 이내에 의견을 제출하여야 한다.
  1. 허가·인가등의 협의기간: 20일
  2. 신고등의 협의기간: 10일

⑤ 특별자치시장·특별자치도지사·시장·군수·구청장은 제13조에 따라 수련시설의 등록증을 발급하였을 때에는 등록증을 발급한 날부터 15일 이내에 신고등의 관계 행정기관의 장에게 이를 통보하여야 한다.

⑥ 제1항부터 제5항까지에서 규정한 사항 외에 허가·인가등 및 신고등 의제의 기준·효과 등에 관하여는 「행정기본법」 제24조부터 제26조까지를 따른다.

제33조의2(보고 등)
① 특별자치시장·특별자치도지사·시장·군수·구청장은 다음 각 호의 사항을 성평등가족부령으로 정하는 바에 따라 성평등가족부장관에게 통보하여야 한다.
  1. 제11조제1항에 따라 지방자치단체가 설치·운영하는 수련시설의 현황
  2. 제11조제3항 및 제13조제1항에 따른 허가 및 등록의 현황
  3. 제9조의2에 따른 숙박형등 청소년수련활동 계획의 신고 현황
  4. 제18조에 따른 수련시설의 정기 및 수시 안전점검 결과

② 성평등가족부장관은 수련시설 설치·운영자, 청소년이용시설을 설치·운영하는 자 및 숙박형등 청소년수련활동 운영자에게 청소년 이용률 현황, 운영프로그램 현황, 그 밖에 성평등가족부령으로 정하는 자료의 제출을 요청할 수 있다.

제4장 청소년수련활동의 지원

제34조(청소년수련거리의 개발·보급)
① 국가 및 지방자치단체는 청소년수련활동에 필요한 청소년수련거리를 그 이용대상·나이·이용장소 등을 종합적으로 고려하여 유형별로 균형 있게 개발·보급하여야 한다.
② 국가 및 지방자치단체는 청소년의 발달원리와 선호에 근거하여 청소년수련거리를 전문적으로 개발하여야 한다.

제35조(청소년수련활동 인증제도의 운영)
① 국가는 청소년수련활동이 청소년의 균형 있는 성장에 기여할 수 있도록 그 내용과 수준을 향상시키기 위하여 청소년수련활동 인증제도를 운영하여야 한다.
② 국가는 청소년수련활동 인증제도를 운영하기 위하여 청소년수련활동 인증위원회(이하 "인증위원회"라 한다)를 활동진흥원에 설치·운영하여야 한다.
③ 인증위원회는 위원장과 부위원장 각 1명을 포함한 15명 이내의 위원으로 구성한다.
④ 인증위원회의 위원은 다음 각 호에 해당하는 사람으로 한다. 이 경우 제3호에 해당하는 사람이 1명 이상 포함되어야 한다.
  1. 성평등가족부와 교육부의 고위공무원단에 속하는 일반직공무원 또는 이에 상당하는 특정직공무원 중에서 해당 기관의 장이 각각 지명하는 사람
  2. 활동진흥원의 이사장
  3. 청소년활동의 안전에 관한 전문자격이나 전문지식을 가진 사람 중에서 성평등가족부장관이 위촉하는 사람
  4. 그 밖에 청소년활동에 관한 지식과 경험이 풍부한 사람 중에서 성평등가족부장관이 위촉하는 사람
⑤ 국가는 제36조에 따라 인증을 받은 청소년수련활동(이하 "인증수련활동"이라 한다)을 공개하여야 하며, 인증수련활동에 참여한 청소년의 활동기록을 유지·관리하고, 청소년이 요청하는 경우에는 이를 제공하여야 한다.
⑥ 인증위원회의 구성·운영, 청소년의 활동기록의 유지 및 관리 등에 필요한 사항은 대통령령으로 정한다.

> **시행령 제19조(청소년수련활동 인증위원회의 구성·운영 등)**
> ③ 법 제35조제2항에 따른 청소년수련활동 인증위원회(이하 "인증위원회"라 한다)의 위원 중 같은 조 제4항제3호 및 제4호에 해당하는 위원의 임기는 3년으로 한다.
> ④ 인증위원회의 위원장과 부위원장은 위원 중에서 호선한다.
> ⑤ 위원장은 인증위원회를 대표하고, 인증위원회의 직무를 총괄한다.
> ⑥ 위원장이 부득이한 사유로 직무를 수행할 수 없는 경우에는 부위원장이 그 직무를 대행하며, 위원장 및 부위원장이 모두 부득이한 사유로 직무를 수행할 수 없는 경우에는 위원장이 미리 지명한 위원이 그 직무를 대행한다.
> ⑦ 위원장은 필요시 회의를 소집하고, 그 의장이 된다.

⑧ 인증위원회의 업무를 효율적으로 수행하기 위하여 필요한 경우에는 소위원회를 둘 수 있으며, 소위원회의 설치·운영 등 인증위원회의 운영에 필요한 사항은 인증위원회의 의결을 거쳐 위원장이 정한다.

시행령 제20조(활동기록 유지·관리 등)
① 국가는 법 제35조제5항에 따른 인증수련활동(이하 "인증수련활동"이라 한다)에 참여한 청소년의 활동기록을 확인하는 등의 절차를 거쳐 해당 활동이 끝난 후 20일이 경과한 날부터 그 기록을 제공할 수 있도록 하여야 한다.
② 국가는 법 제35조제5항에 따라 활동참여 청소년의 기록 자료가 효율적으로 유지·관리·제공될 수 있도록 종합관리체계를 구축하여야 하며, 수련활동 참여기록이 청소년 본인의 동의 없이 공개 또는 유출되지 아니하도록 하는 등의 필요한 조치를 하여야 한다.

제36조(청소년수련활동의 인증 절차)
① 국가와 지방자치단체 또는 개인·법인·단체 등은 청소년수련활동에 필요한 프로그램을 개발하여 실시하려는 경우에는 인증위원회에 그 인증을 신청할 수 있다.
② 제1항에도 불구하고 위탁·재위탁을 포함하여 성평등가족부령으로 정하는 바에 따라 참가 인원이 일정 규모 이상이거나 위험도가 높은 청소년수련활동을 주최하려는 자는 그 청소년수련활동에 대하여 미리 인증위원회의 인증을 받아야 한다. 다만, 다음 각 호의 어느 하나에 해당하는 단체가 회원을 대상으로 수련활동을 실시하는 경우에는 그러하지 아니하다.
  1. 「스카우트활동육성에 관한 법률」에 따른 스카우트주관단체
  2. 「스카우트활동 육성에 관한 법률」에 따른 걸스카우트주관단체
  3. 「한국청소년연맹 육성에 관한 법률」에 따라 운영되는 한국청소년연맹
  4. 「한국해양소년단연맹 육성에 관한 법률」에 따라 운영되는 한국해양소년단연맹
  5. 「한국4에이치활동 지원법」에 따라 운영되는 4에이치활동 주관단체
  6. 「대한적십자사 조직법」에 따라 운영되는 청소년적십자
  7. 그 밖에 성평등가족부령으로 정하는 단체
③ 제1항 및 제2항에 따라 인증을 신청하려는 자는 청소년지도자와 다음 각 호의 어느 하나에 해당하는 인력(이하 "전문인력"이라 한다)을 갖추어야 한다. 다만, 청소년지도자가 전문인력에 해당하는 경우에는 전문인력을 갖춘 것으로 본다.
  1. 성평등가족부령으로 정하는 응급처치에 관한 교육을 이수한 사람
  2. 청소년활동의 안전에 필요한 전문자격이나 전문지식을 가진 사람으로서 성평등가족부령으로 정하는 사람
④ 제1항 및 제2항에 따라 인증을 신청하려는 자는 청소년수련활동에 필요한 프로그램을 진행하는 활동의 장소·시기·목적·대상·내용·진행방법·평가·자원조달·청소년지도자 및 전문인력 등에 관한 사항을 작성하여 인증위원회에 제출하여야 한다.
⑤ 인증위원회는 제1항 및 제2항에 따른 인증을 할 때에는 현장방문 등 필요한 방법으로 인증신청의 내용을 확인할 수 있다.
⑥ 인증위원회는 인증신청의 내용을 확인한 결과 제4항에 따른 신청사항이 누락되거나 신청사항을 보완할 필요가 있는 경우에는 대통령령으로 정하는 바에 따라 20일 이내의 기간을 정하여 보완을 요구할 수 있다.
⑦ 제1항부터 제5항까지의 규정에 따른 청소년수련활동 인증의 절차와 방법 등에 관하여 필요한 사항은 대통령령으로 정한다.

시행령 제21조(인증신청·절차 및 방법 등)
① 법 제36조제1항 또는 제2항에 따라 수련활동의 인증을 받으려는 자는 참가자 모집 또는 활동실시 시작 45일 이전에 인증위원회에 인증을 요청하여야 한다.
② 인증위원회는 제1항에 따른 인증을 요청받은 경우에는 인증위원회에서 정하는 인증기준에 따라 심사하고, 인증을 요청한 자에게 그 결과를 통지하여야 한다.
③ 인증위원회는 제2항에 따른 심사를 위하여 필요한 경우에 인증을 요청한 자의 의견을 들을 수 있으며, 보완 또는 개선이 필요하다고 판단되는 경우에는 이를 보완 또는 개선하도록 요구할 수 있다.
④ 제3항의 보완 또는 개선의 요구를 받은 자는 10일 이내에 그 보완 또는 개선사항을 제출하여야 한다.
⑤ 인증위원회는 제3항에 따른 보완 또는 개선을 요구받고도 정당한 사유 없이 이에 응하지 아니하는 경우에는 인증요청서를 반려할 수 있다.

제36조의2(인증의 사후 관리)
① 인증위원회는 제36조에 따라 인증을 하는 경우 인증의 유효기간을 설정할 수 있다.
② 인증위원회는 인증수련활동의 실시에 대하여 인증사항의 이행 여부를 확인할 수 있다.
③ 인증위원회는 제2항에 따른 확인 결과 인증수련활동의 내용과 실제로 실시되는 청소년수련활동의 내용에 차이가 있는 경우에는 이를 시정하도록 요구할 수 있다.
④ 제1항부터 제3항까지의 규정에 따른 인증의 유효기간, 이행 여부 확인 및 시정 요구에 관하여 필요한 사항은 성평등가족부령으로 정한다.

제36조의3(인증의 취소 등)
① 인증위원회는 청소년수련활동을 인증받은 자가 다음 각 호의 어느 하나에 해당하는 경우에는 그 인증을 취소하거나 6개월 이내의 기간을 정하여 그 인증의 정지를 명할 수 있다. 다만, 제1호의 경우에는 그 인증을 취소하여야 한다.
  1. 거짓이나 그 밖의 부정한 방법으로 인증을 받은 경우
  2. 인증을 받은 후 정당한 사유 없이 1년 이상 계속하여 인증수련활동을 실시하지 아니한 경우
  3. 인증수련활동의 내용과 실제로 실시되는 청소년수련활동의 내용에 중요한 차이가 있는 경우로서 그 원인이 인증받은 자의 고의나 중대한 과실로 인한 경우
② 인증위원회는 인증을 받은 자가 제1항에 따른 정지명령을 위반하여 정지기간 중 인증수련활동을 실시하였을 때에는 그 인증을 취소할 수 있다.
③ 제1항에 따른 행정처분의 세부기준은 그 위반행위의 종류와 위반 정도 등을 고려하여 성평등가족부령으로 정한다.

제37조(인증수련활동의 결과 통보 등)
① 인증수련활동을 실시한 자는 인증수련활동이 끝난 후 대통령령으로 정하는 바에 따라 인증위원회에 그 결과를 통보하여야 한다.

> **시행령 제23조**(수련활동 내용 등의 기록 및 통보)
> ① 인증수련활동을 실시한 활동시설 및 개인, 법인·단체는 법 제37조제1항에 따라 청소년이 참여한 수련활동에 관하여 개별 청소년의 인적사항, 활동참여 일자·시간, 장소, 주관기관, 수련활동 내용 등을 기록하여야 한다.
> ② 인증수련활동을 실시한 활동시설 및 개인, 법인·단체는 제1항에 따른 개별 청소년의 활동기록 및 인증수련활동 결과를 해당 인증수련활동이 끝난 후 15일 이내에 인증위원회에 통보하여야 한다.

② 제1항에 따른 통보를 받은 인증위원회는 그 결과를 활동진흥원과 지방청소년활동진흥센터에서 기록으로 유지·관리될 수 있도록 조치하여야 한다.
③ 청소년이용시설을 설치·운영하여 인증수련활동을 실시하는 개인·법인·단체 등은 다음 각 호의 어느 하나에 해당하는 경우에는 5년 이내에 청소년수련활동의 인증을 인증위원회에 신청할 수 없다.
  1. 제1항에 따른 인증수련활동 실시 결과를 거짓으로 통보한 경우
  2. 제36조의3에 따라 인증이 취소된 경우
  3. 인증을 받은 사항이 아닌 다른 청소년수련활동을 실시한 경우

제38조(유사명칭의 사용 금지)
제36조의3에 따라 인증이 취소되거나 인증위원회의 인증을 받지 아니한 경우에는 인증수련활동이나 청소년수련활동의 인증 등 인증을 받았음을 나타내는 표시를 하거나 이와 유사한 표시를 하여서는 아니 된다.

제39조(청소년수련활동의 위탁 제한)
① 청소년수련활동을 실시하는 자(청소년수련활동의 일부를 수탁받은 자도 포함한다)가 청소년수련활동을 위탁하려는 경우에는 이 법 또는 다른 법률에 따라 신고·등록·인가·허가를 받은 법인·단체 및 개인에게만 위탁하여야 한다.
② 제1항에 따라 청소년수련활동을 위탁하는 경우에도 해당 청소년수련활동의 전부 또는 성평등가족부령으로 정하는 중요 프로그램을 위탁하여서는 아니 된다.

제40조(한국청소년수련시설협회)
① 수련시설 설치·운영자 및 위탁운영단체는 수련시설의 운영·발전을 위하여 성평등가족부장관의 인가를 받아 다음 각 호의 사업을 하는 한국청소년수련시설협회(이하 "시설협회"라 한다)를 설립할 수 있다.
  1. 시설협회의 회원인 수련시설 설치·운영자 및 위탁운영단체가 실시하는 사업과 활동에 대한 협력 및 지원
  2. 청소년지도자의 연수·권익증진 및 교류사업
  3. 청소년수련활동의 활성화 및 수련시설의 안전에 관한 홍보 및 실천운동
  4. 청소년수련활동에 대한 조사·연구·지원사업
  5. 제41조에 따른 지방청소년수련시설협회에 대한 지원
  6. 그 밖에 수련시설의 운영·발전을 위하여 필요하다고 성평등가족부장관이 인정하는 사업

② 시설협회는 법인으로 한다.
③ 시설협회는 그 주된 사무소의 소재지에서 설립등기를 함으로써 성립한다.
④ 국가는 예산의 범위에서 시설협회의 운영경비의 전부 또는 일부를 지원할 수 있다.
⑤ 시설협회는 제1항에 따른 사업의 일부를 대통령령으로 정하는 바에 따라 제41조에 따른 지방청소년수련시설협회에 위탁할 수 있다.

> **시행령 제24조**(지방청소년수련시설협회 위탁사업) 법 제40조제5항에 따라 지방청소년수련시설협회(이하 "지방시설협회"라 한다)에 위탁할 수 있는 사업은 다음 각 호와 같다.
> 1. 지방시설협회에 소속된 수련시설이 수행하는 사업과 활동에 대한 협력 및 지원
> 2. 지방시설협회에 소속된 수련시설에서 종사하는 사람의 연수, 권익증진 및 교류사업
> 3. 지방시설협회에 소속된 수련시설의 수련활동의 활성화 및 수련시설의 안전에 관한 홍보 및 실천운동
> 4. 지방시설협회에 소속된 수련시설의 수련활동에 대한 조사·연구·지원사업
> 5. 그 밖에 수련시설의 운영·발전을 위하여 필요하다고 성평등가족부장관이 인정하는 지방시설협회 소관 사업

⑥ 시설협회에 관하여는 이 법에서 규정한 것을 제외하고는 「민법」 중 사단법인에 관한 규정을 준용한다.

제41조(지방청소년수련시설협회)
① 특정 지역을 활동범위로 하는 수련시설은 시설의 효율적인 운영·발전을 위하여 그 지역을 관할하는 시·도의 조례로 정하는 바에 따라 시·도지사의 승인을 받아 지방청소년수련시설협회를 설치할 수 있다.
② 지방자치단체는 예산의 범위에서 해당 지방청소년수련시설협회의 운영경비의 일부를 지원할 수 있다.

제47조(청소년수련지구의 지정 등)
① 특별자치시장·특별자치도지사·시장·군수·구청장은 청소년활동을 지원하기 위하여 필요한 경우 명승고적지, 역사유적지 또는 자연경관이 수려한 지역으로서 청소년활동에 적합하고 이용이 편리한 지역을 청소년수련지구(이하 "수련지구"라 한다)로 지정할 수 있다.

> **시행령 제27조**(청소년수련지구의 지정 절차 등) 시장·군수·구청장이 법 제47조제1항 및 제2항에 따라 청소년수련지구(이하 "수련지구"라 한다)를 지정함에 있어 관계 행정기관의 장과 협의하려는 경우에는 협의요청서에 다음 각 호의 서류를 첨부하여 관계 행정기관의 장에게 송부하여야 한다.

이 경우 협의요청서를 받은 관계 행정기관의 장은 특별한 사유가 없는 한 협의요청서를 받은 날부터 40일 이내에 이에 대한 의견을 회신하여야 한다.
1. 수련지구의 지정사유 설명서
2. 수련지구로 지정할 구역의 지번 및 지적조서
3. 「국토의 계획 및 이용에 관한 법률」, 그 밖의 다른 법률에 따라 지역·지구 등으로 지정된 지역에 수련지구를 지정하는 경우 그 법률에서 해당 행정기관의 장과 협의하도록 규정된 경우에는 그 협의에 필요한 서류
4. 수련지구로 지정하는 지역의 도면(축척 2만5천분의 1 이상)

② 특별자치시장·특별자치도지사·시장·군수·구청장은 제1항에 따라 수련지구를 지정하거나 그 지정 내용을 변경하려면 관계 행정기관의 장과 협의하여야 한다. 다만, 대통령령으로 정하는 경미한 사항을 변경하는 경우에는 그러하지 아니하다.

③ 특별자치시장·특별자치도지사·시장·군수·구청장은 제1항에 따라 수련지구를 지정하였을 때에는 수련지구의 구역, 면적, 지정 연월일, 그 밖에 필요한 사항을 고시하여야 한다.

④ 수련지구의 지정 절차, 수련지구에 설치하여야 하는 시설의 종류·범위 및 면적, 수련지구에 설치할 수 없는 시설 등에 관하여 필요한 사항은 대통령령으로 정한다.

제48조(수련지구조성계획)
① 특별자치시장·특별자치도지사·시장·군수·구청장은 제47조 제1항에 따라 수련지구를 지정한 경우에는 수련지구조성계획(이하 "조성계획"이라 한다)을 수립·시행하여야 한다.

② 법인 또는 단체는 수련지구를 지정한 특별자치시장·특별자치도지사·시장·군수·구청장의 승인을 받아 대통령령으로 정하는 규모 이하의 조성계획을 수립·시행할 수 있다.

> **시행령 제30조(법인·단체의 조성계획 승인신청)**
> ① 법 제48조제2항에 따라 법인 또는 단체가 수립·시행할 수 있는 조성계획은 수련지구의 면적이 3백만 제곱미터 이하인 경우로 한정한다.
> ② 조성계획의 승인신청을 하려는 법인 또는 단체는 성평등가족부령으로 정하는 사항이 포함된 조성계획승인신청서 및 제5조에 따라 수련시설 설치·운영의 허가신청을 하는 경우 첨부하여야 하는 서류를 시장·군수·구청장에게 제출하여야 한다.

③ 제1항 및 제2항에 따른 조성계획은 자연 상태를 최대한 보존할 수 있도록 수립하여야 한다.

④ 특별자치시장·특별자치도지사·시장·군수·구청장은 제1항 및 제2항에 따라 조성계획을 수립하거나 승인하였을 때에는 그 조성계획을 대통령령으로 정하는 바에 따라 고시하여야 한다.

> **시행령 제31조(조성계획의 고시)**
> ① 법 제48조제4항에 따라 시장·군수·구청장이 고시하는 조성계획에는 다음 각 호의 사항이 포함되어야 한다.
> 1. 수련지구의 명칭
> 2. 수련지구의 위치 및 면적
> 3. 수련지구의 조성목적과 그 개요
> 4. 조성계획의 시행자(법인·단체의 경우에는 법인·단체의 명칭·주소 및 대표자의 성명·주소)
> 5. 시행기간(착공 및 준공예정일을 포함한다)
> 6. 조성계획의 시행으로 토지 등의 수용 또는 사용이 필요한 경우, 수용 또는 사용할 토지 등에 대한 소재지·지번·지적·면적·소유권 및 소유권 외의 권리의 명세와 그 소유자 및 권리자의 성명·주소
> 7. 조성계획 및 도면의 비치장소
> ② 제1항에 따른 조성계획은 고시하여야 하며, 법 제48조제1항 또는 제2항에 따라 수립되거나 승인된 조성계획 및 도면을 1개월 이상 갖추어 두고 일반인이 볼 수 있도록 하여야 한다.

⑤ 국가는 제1항 및 제2항에 따른 조성계획의 시행에 필요한 비용의 일부를 보조할 수 있다.

제49조(둘 이상의 시·군·구에 걸치는 수련지구의 지정 등)
특별자치시장·특별자치도지사·시장·군수·구청장은 관할지역이 아닌 인근지역을 포함하여 수련지구로 지정하거나 조성계획을 수립 또는 승인하려는 경우에는 해당 인근지역을 관할하는 특별자치시장·특별자치도지사·시장·군수·구청장과 협의하여야 한다.

제50조(수용 및 사용)
① 제11조제1항에 따라 수련시설을 설치하는 국가와 지방자치단체 또는 조성계획의 시행자는 조성계획 시행에 필요한 토지·건축물 또는 그 밖의 토지 정착물이나 이에 대한 소유권 외의 권리를 수용하거나 사용할 수 있다.

② 제1항에 따른 수용 및 사용에 관하여는 「공익사업을 위한 토지 등의 취득 및 보상에 관한 법률」을 적용한다.

제51조(조성계획에 따른 시설 설치 등)
① 수련지구에 설치하는 수련시설이나 그 밖의 시설은 제48조 제1항 및 제2항에 따라 조성계획을 수립한 자가 설치한다. 다만, 조성계획을 수립한 자 외의 자가 그 조성계획을 수립한 자의 승낙을 받은 경우에는 수련지구에 수련시설이나 그 밖의 시설을 설치할 수 있다.

② 제1항에 따라 수련시설이나 그 밖의 시설을 설치하는 자(특별자치시장·특별자치도지사·시장·군수·구청장은 제외한다)는 제11조제3항에 따른 수련시설의 허가를 받은 것으로 본다.

제52조(다른 법률에 따른 인·허가 등의 의제)
① 제48조제1항 및 제2항에 따라 조성계획을 수립하거나 조성계획의 승인을 받은 경우 다음 각 호의 허가·인가·면허·해제·신고 또는 지정(이하 이 조에서 "허가·면허등"이라 한다)에 관하여 특별자치시장·특별자치도지사·시장·군수·구청장이 허가·면허등의 관계 행정기관의 장과 미리 협의한 사항에 대해서는 해당 허가·면허등을 받은 것으로 본다.
1. 「국토의 계획 및 이용에 관한 법률」 제86조 및 제88조에 따른 도시·군계획시설사업 시행자의 지정 및 실시계획의 인가

2. 「수도법」 제52조에 따른 전용상수도 설치의 인가
3. 「하수도법」 제16조에 따른 공공하수도의 공사시행 또는 유지의 허가
4. 「공유수면 관리 및 매립에 관한 법률」 제8조에 따른 공유수면의 점용·사용허가, 같은 법 제17조에 따른 점용·사용 실시계획의 승인 또는 신고, 같은 법 제28조에 따른 공유수면의 매립면허
5. 「하천법」 제30조에 따른 하천의 공사시행 또는 유지·보수의 허가, 같은 법 제33조에 따른 하천의 점용허가, 같은 법 제50조에 따른 하천수의 사용허가
6. 「도로법」 제36조에 따른 도로의 공사시행 또는 유지의 허가, 같은 법 제61조에 따른 도로의 점용허가
7. 「항만법」 제9조제2항에 따른 항만개발사업 시행의 허가
8. 「사도법」 제4조에 따른 사도의 개설허가
9. 「산지관리법」 제14조 및 제15조에 따른 산지전용허가 및 산지전용신고, 같은 법 제15조의2에 따른 산지일시사용허가·신고
10. 「산림보호법」 제9조제1항 및 같은 조 제2항제1호에 따른 산림보호구역(산림유전자원보호구역은 제외한다)에서의 행위의 허가
11. 「농지법」 제34조에 따른 농지전용허가
12. 「초지법」 제23조제2항 및 제3항에 따른 초지전용의 허가 및 신고
13. 「사방사업법」 제14조 및 제20조에 따른 사방지에서의 입목·죽의 벌채 등의 허가 및 사방지 지정의 해제
14. 「자연공원법」 제20조 및 제23조에 따른 공원사업 시행 및 공원시설 관리의 허가, 공원구역에서의 행위의 허가

② 특별자치시장·특별자치도지사·시장·군수·구청장은 제48조제1항 및 제2항에 따라 조성계획을 수립하거나 승인할 때에는 제1항 각 호에 따른 관계 법령에의 적합 여부에 관하여 미리 소관 행정기관의 장과 협의하여야 한다.

③ 제1항 및 제2항에서 규정한 사항 외에 허가·면허등 의제의 기준 및 효과 등에 관하여는 「행정기본법」 제24조부터 제26조까지를 준용한다.

제5장 청소년교류활동의 지원

제53조(청소년교류활동의 진흥)

① 국가 및 지방자치단체는 청소년교류활동 진흥시책을 개발·시행하여야 한다.

② 국가 및 지방자치단체는 청소년활동시설과 청소년단체 등에 대하여 청소년교류활동을 장려하기 위한 다양한 형태의 청소년교류활동 프로그램을 개발하여 운영하게 할 수 있다.

③ 국가 및 지방자치단체는 예산의 범위에서 제2항에 따른 청소년교류활동 프로그램의 개발·운영에 필요한 경비의 전부 또는 일부를 지원할 수 있다.

제54조(국제청소년교류활동의 지원)

① 국가 및 지방자치단체는 정부·지방자치단체·국제기구 또는 민간 등이 주관하는 국제청소년교류활동을 지원하기 위한 시행계획을 수립하고 이를 추진하여야 한다.

> **시행령 제32조(국제청소년교류활동의 지원)**
> ① 국가 및 지방자치단체는 법 제54조제1항에 따라 국제청소년교류활동의 지원에 관한 시행계획의 수립·추진을 위하여 필요한 경우에는 공공기관, 사회단체, 청소년단체 등의 장에게 사전 협의와 협조를 요청할 수 있다.
> ② 국가 및 지방자치단체는 제1항에 따른 시행계획을 수립한 경우에는 이를 관계 공공기관, 사회단체, 청소년단체 등에 통보하여야 한다.
> ③ 성평등가족부장관은 법 제54조제2항에 따라 외교부장관과 협의하여 청소년교류협정의 체결을 연차적으로 확대하고 다변화하여야 한다.

② 국가는 다른 국가와 청소년교류협정을 체결하여 국제청소년교류활동이 지속적으로 발전할 수 있는 기반을 조성하여야 한다.

③ 국가 및 지방자치단체는 민간기구가 국제청소년교류활동을 시행할 때에는 이를 지원할 수 있다.

제55조(지방자치단체의 자매도시협정 등)

① 지방자치단체는 자매도시협정을 체결할 때에는 청소년교류활동에 관한 사항을 포함하도록 노력하여야 한다.

② 지방자치단체는 청소년 교류를 위하여 청소년단체 등 민간 기구의 활동을 지원할 수 있다.

제56조(교포청소년교류활동의 지원)

① 국가 및 지방자치단체는 교포청소년의 모국방문·문화체험 및 국내 청소년과의 청소년교류활동을 지원하고 장려하여야 한다.

② 국가는 청소년단체 또는 「청소년기본법」 제3조제6호에 따른 청소년시설이 주관하는 교포청소년교류활동의 확대·발전을 위하여 행정적·재정적 지원을 할 수 있다.

제57조(청소년교류활동의 사후 지원)
국가 및 지방자치단체는 청소년교류활동을 통한 성과가 지속되고 발전·향상되기 위한 시책을 마련하여야 한다.

제58조(청소년교류센터의 설치·운영)

① 국가는 제53조부터 제57조까지의 업무를 효율적으로 지원하기 위하여 청소년교류센터를 설치·운영할 수 있다.

② 청소년교류센터의 운영은 대통령령으로 정하는 바에 따라 청소년단체 등에 위탁할 수 있으며, 이 경우 운영에 필요한 경비를 지원할 수 있다.

제59조(남·북청소년교류활동의 제도적 지원)

① 국가는 남·북청소년 교류에 관한 기본계획을 수립하고, 남·북청소년이 교류할 수 있는 제도적 여건을 조성하여야 한다.

② 국가는 남·북청소년 교류를 위한 기반을 조성하기 위하여 필요한 체계적인 통일교육을 실시할 수 있다.

제6장 청소년문화활동의 지원

제60조(청소년문화활동의 진흥)
① 국가 및 지방자치단체는 청소년문화활동 프로그램 개발, 문화시설 확충 등 청소년문화활동에 대한 청소년의 참여 기반을 조성하는 시책을 개발·시행하여야 한다.
② 국가 및 지방자치단체는 제1항에 따른 시책을 수립·시행할 때에는 문화예술 관련 단체, 청소년동아리단체, 봉사활동단체 등이 청소년문화활동 진흥에 적극적이고 자발적으로 참여할 수 있도록 하여야 한다.
③ 국가 및 지방자치단체는 제2항에 따른 자발적 참여에 대해서는 예산의 범위에서 그 경비의 전부 또는 일부를 지원할 수 있다.

제61조(청소년문화활동의 기반 구축)
① 국가 및 지방자치단체는 다양한 영역에서 청소년문화활동이 활성화될 수 있도록 기반을 구축하여야 한다.
② 문화예술 관련 단체 등 각종 지역사회의 문화기관은 청소년문화활동의 기반 구축을 위하여 적극 협력하여야 한다.

제62조(전통문화의 계승) 국가 및 지방자치단체는 전통문화가 청소년문화활동에 구현될 수 있도록 필요한 시책을 수립·시행하여야 한다.

제63조(청소년축제의 발굴지원) 국가 및 지방자치단체는 청소년축제를 장려하는 시책을 수립하여 시행하여야 한다.

제64조(청소년동아리활동의 활성화)
① 국가 및 지방자치단체는 청소년이 자율적으로 참여하여 조직하고 운영하는 다양한 형태의 동아리활동을 적극 지원하여야 한다.
② 청소년활동시설은 제1항에 따른 동아리활동에 필요한 장소 및 장비 등을 제공하고 지원할 수 있다.

제65조(청소년의 자원봉사활동의 활성화) 국가 및 지방자치단체는 청소년의 자원봉사활동을 활성화할 수 있는 기반을 조성하여야 한다.

제7장 보칙

제66조(조세 감면 등)
① 국가는 활동진흥원·지방청소년활동진흥센터·청소년활동시설·시설협회 및 지방청소년수련시설협회 등에 대하여 「조세특례제한법」에서 정하는 바에 따라 조세를 감면할 수 있고, 「부가가치세법」에서 정하는 바에 따라 부가가치세를 감면할 수 있다.
② 국가는 활동진흥원·지방청소년활동진흥센터·청소년활동시설·시설협회 및 지방청소년수련시설협회 등에 출연 또는 기부된 재산에 대해서는 「조세특례제한법」에서 정하는 바에 따라 소득 계산의 특례를 적용할 수 있다.
③ 국가는 활동진흥원·지방청소년활동진흥센터·청소년활동시설·시설협회 및 지방청소년수련시설협회가 수입하는 청소년활동에 직접 사용되는 실험·실습·시청각 기자재 또는 그 밖의 필요한 용품에 대해서는 「관세법」에서 정하는 바에 따라 관세를 감면할 수 있다.

제67조(감독)
① 국가 및 지방자치단체는 청소년활동 진흥을 위하여 필요한 경우 활동진흥원·지방청소년활동진흥센터·청소년활동시설 및 숙박형등 청소년수련활동 운영기관의 업무·회계 및 재산에 관한 사항을 보고하게 하거나 소속 공무원으로 하여금 그 장부·서류 또는 그 밖의 물건을 검사하게 할 수 있다.
② 제1항에 따라 검사를 하는 공무원은 그 권한을 표시하는 증표를 지니고 이를 관계인에게 보여주어야 한다.

제68조(수수료) 다음 각 호의 어느 하나에 해당하는 자는 성평등가족부령으로 정하는 바에 따라 수수료를 내야 한다.
 1. 제11조제3항에 따라 수련시설의 설치·운영 허가를 신청하는 자
 2. 제13조제1항에 따라 수련시설의 등록을 신청하는 자(국가 또는 지방자치단체가 등록하는 경우는 제외한다)
 3. 제48조제2항에 따라 조성계획의 승인을 신청하는 자

제69조(권한의 위임 등) 이 법에 따른 성평등가족부장관의 권한은 그 일부를 대통령령으로 정하는 바에 따라 시·도지사에게 위임하거나 청소년단체에 위탁할 수 있다.

제8장 벌칙

제70조(벌칙)
① 다음 각 호의 어느 하나에 해당하는 자는 2년 이하의 징역 또는 2천만원 이하의 벌금에 처한다.
 1. 제6조의5제3항을 위반하여 직무상 알게 된 비밀을 누설한 자
 2. 제11조제3항에 따른 허가를 받지 아니하고 수련시설을 설치·운영하거나 변경한 자
 3. 제22조에 따라 허가 또는 등록의 취소를 받은 자로서 계속하여 해당 수련시설을 운영한 자
 4. 제48조제2항에 따른 승인을 받지 아니하고 조성계획을 시행한 자
② 다음 각 호의 어느 하나에 해당하는 자는 1년 이하의 징역 또는 1천만원 이하의 벌금에 처한다.
 1. 제9조의6을 위반하여 이 법 또는 다른 법률에 따라 신고·등록·인가·허가를 받지 아니하고 숙박형등 청소년수련활동을 실시한 자
 2. 제20조의2에 따른 시설 운영 중지 또는 활동의 중지 명령을 위반한 자
 3. 제39조를 위반하여 청소년수련활동을 위탁한 자

제71조(양벌규정) 법인의 대표자나 법인 또는 개인의 대리인, 사용인, 그 밖의 종업원이 그 법인 또는 개인의 업무에 관하여 제70조의 위반행위를 하면 그 행위자를 벌하는 외에 그 법인 또는 개인에게도 해당 조문의 벌금형을 과(科)한다. 다만, 법인 또는 개인이 그 위반행위를 방지하기 위하여 해당 업무에 관하여 상당한 주의와 감독을 게을리하지 아니한 경우에는 그러하지 아니하다.

제72조(과태료)
① 다음 각 호의 어느 하나에 해당하는 자에게는 500만원 이하의 과태료를 부과한다.
  1. 제6조의8을 위반하여 한국청소년활동진흥원 또는 이와 유사한 명칭을 사용한 자
  2. 제67조제4항에 따른 보고를 하지 아니하거나 검사를 거부·방해 또는 기피한 자

② 다음 각 호의 어느 하나에 해당하는 자에게는 300만원 이하의 과태료를 부과한다.
  1. 제9조의2제1항을 위반하여 신고를 하지 아니하거나 거짓 또는 그 밖의 부정한 방법으로 신고한 자
  2. 제9조의2제4항을 위반하여 청소년수련활동의 모집을 한 자
  3. 제9조의3제2항을 위반하여 필요한 의료조치를 하지 아니한 자
  4. 제9조의5를 위반하여 표시 또는 고지를 하지 아니한 자
  5. 제13조제1항을 위반하여 등록을 하지 아니하고 수련시설을 운영한 자
  6. 제14조제1항을 위반하여 운영대표자를 선임하지 아니한 자(제16조제4항에 따라 준용되는 경우를 포함한다)
  7. 제18조의2를 위반하여 안전교육을 실시하지 아니한 자
  7의2. 제18조의3제3항 후단을 위반하여 자료 제출의 요구에 따르지 아니한 자
  7의3. 제19조의2제3항 후단을 위반하여 자료 제출의 요구에 따르지 아니한 자
  8. 제20조에 따른 시정명령을 위반한 자
  9. 제21조를 위반하여 같은 조 각 호의 행위를 한 자
  10. 제25조를 위반하여 보험에 가입하지 아니한 자
  11. 제27조제1항에 따른 신고를 하지 아니하고 수련시설을 휴지, 재개 또는 폐지한 자
  12. 제38조를 위반하여 인증을 받지 아니하고 인증수련활동이나 청소년수련활동의 인증 등 인증을 받았음을 나타내는 표시를 하거나 이와 유사한 표시를 한 자

③ 제1항 및 제2항에 따른 과태료는 대통령령으로 정하는 바에 따라 성평등가족부장관 또는 특별자치시장·특별자치도지사·시장·군수·구청장이 부과·징수한다.

부록

2025년 제24회
기출문제
정답 및 해설

2025 제24회 기출문제

필수과목 1과목 발달심리 1교시 : 필수 4과목 100문항 시간 : 100분

01 발테스와 발테스(P. Baltes&M. Baltes)의 '보상을 수반한 선택적 최적화'이론에 관한 설명으로 옳은 것을 모두 고른 것은?

> ㄱ. 선택, 보상, 최적화의 세가지 요인이 성공적 노화와 관련된다.
> ㄴ. 보상은 발달적 상실이나 쇠퇴가 일어날 때 특정 수단의 대치나 외부적 도움을 사용하는 전략이다.
> ㄷ. 최적화는 수행할 목표를 설정하고 위계를 구성하며 전념의 강도를 결정하는 과정이다.
> ㄹ. 성공적 노화는 지금까지 추구한 사회적 활동을 유지하는 것이다.

① ㄱ, ㄴ ② ㄷ, ㄹ ③ ㄱ, ㄴ, ㄷ ④ ㄱ, ㄷ, ㄹ ⑤ ㄴ, ㄷ, ㄹ

02 다음의 내용을 모두 포함하는 개념은?

> ○ 마음에 들지 않는 선물을 받았지만 기분이 좋은 척 하는 것
> ○ 시합에 졌지만 슬프지 않은 척 미소를 짓는 것

① 공감
② 사회적 참조
③ 의도적 선택
④ 개인적 우화
⑤ 정서표출규칙

03 프로이드(S. Freud)의 심리성적 발달단계의 설명이 옳은 것을 모두 고른 것은?

> ㄱ. 항문기(anal stage)에 고착될 경우 강박적 성향이 나타날 수 있다.
> ㄴ. 남근기(phallic stage)에는 부모와 동일시하려는 심리적 기제가 나타난다.
> ㄷ. 생식기(genital stage)에는 여아의 경우 엘렉트라콤플렉스가 나타날 수 있다.
> ㄹ. 구강기(oral stage)에 고착되면 이후 타인에 대한 지나친 비난이나 분노가 나타날 수 있다.

① ㄱ, ㄴ ② ㄷ, ㄹ ③ ㄱ, ㄴ, ㄹ ④ ㄱ, ㄷ, ㄹ ⑤ ㄱ, ㄴ, ㄷ, ㄹ

04 다음의 사례에 해당하는 인지발달의 개념으로 옳은 것은?

> 방을 정리하려는 아동이 무엇부터 정리를 해야 할지 몰라서 이것저것 만지다가 정리를 포기하려고 한다. 이 때 어머니가 방에 들어와 아동 옆에서 "이불을 먼저 정리하고 책을 책장에 꽂은 다음 장난감과 블록을 정리함에 넣어보자"라고 말하며 방을 정리하는 과정을 알려주었다. 그러자 아동이 스스로 방을 정리하기 시작했다.

① 조절　② 모방　③ 탈중심화　④ 마음이론　⑤ 근접발달영역

정답 및 해설

01 ①　02 ⑤　03 ③　04 ⑤

01 발테스와 발테스는 성공적 노화를 위해 선택(Selection), 최적화(Optimization), 보상(Compensation)의 SOC이론을 주장하였다.

선 택	목표를 설정하고, 목표의 위계를 구성하며, 설정한 목표에 어느 정도로 전념할 것인지를 결정하는 과정(ㄷ) 특히 잘하거나 자신에게 특히 중요한 목표들을 선택한다.
최적화	선택된 영역에서 보다 높은 수준의 기능에 도달하기 위해 목표를 획득하는 데 필요한 수단이나 자원을 획득하고 통합하는 과정이다.
보 상	어떤 기능이 상실되거나 약해졌을 때, 목표를 달성하기 위해 새로운 수단을 찾거나 외부의 도움을 활용하는 전략이다 (예 청력이 상실로 인한 보청기 사용) 선택한 과제들을 최적화하고자 노력한다면, 이를 통해 다른 부족한 부분을 최대한 보상할 수 있다

02 정서표출규칙
정서는 보편적이지만 주어진 상황에서 표현되어지는 방식은 문화 특정적인 방식으로 나타나게 되는데, 특정 사회나 문화에서 어떤 상황이나 맥락에서 개인이 자신의 정서를 어떻게 표현해야 하는 지에 대한 비공식적인 규칙을 말한다. 정서표출규칙은 감정을 있는 그대로 표출하는 것을 허용하거나 금지하는 역할을 한다. 이러한 규칙은 영아기때부터 사회화 과정을 통하여 습득하게 되며, 이를 통해 사회구성원으로서 다른 사람들과 원활하게 소통하고 관계를 유지할 수 있게 한다.

03 프로이드(S. Freud)의 심리성적 발달단계

발달단계	내 용
구강기 (출생 ~1세)	리비도(성적 에너지)가 입에 집중되는 시기로 구순전기 고착은 지나친 요구, 타인에 대한 의존성 등의 퇴행적 성격을 보이고, 구순후기고착은 타인에 대한 비난이나 분노로 나타나기도 한다.
항문기 (1세~3세)	성적 에너지의 초점이 구강에서 항문으로 옮겨가는 시기로, 배변훈련이 중요하며 배변훈련이 적절하지 않고 항문기 발달에 머문 사람은 완벽주의적이며 강박증적인 성격을 지니게 된다.
남근기 (3~6세)	자신의 성기에 관심을 갖게 되고, 성적에너지는 성기로 옮겨진다. 아동은 동성부모와 동일시 하면서, 남자 아이들은 오이디푸스 콤플렉스, 여자 아이들은 엘렉트라 콤플렉스가 나타난다.
잠복기 (6세~12,13세)	리비도는 억압 또는 승화되어 지식, 운동 등으로 변화되며 성적본능이 수면상태에 들어가 심리성적 발달단계의 휴식기간으로 간주된다.
생식기 (12, 13세이후)	사춘기이후 성적관심과 충동은 점차 이성을 향하게 된다. 이기적 동기보다는 이타적 동기에 의해 사랑을 하게 되면 자애적인 틀을 벗어나 현실지향적이고 사회 적응적인 인격으로 바뀌게 된다.

04 비고츠키의 근접발달영역(ZPD)
근접발달영역(ZPD)이란 아동의 잠재적 발달영역에서 혼자 독립적으로 해결할 수 있는 부분인 실제적 발달영역을 제외한 부분이라고 할 수 있다. 즉 근접발달영역이란 아동이 혼자서는 해결할 수 없으나 성인이나 뛰어난 동료와 함께 학습하면 성공할 수 있는 영역을 의미한다.

05 **언어 발달에 관한 설명으로 옳지 않은 것은?**
① 어휘발달 초기에는 과잉확장과 과잉축소의 특성이 나타난다.
② 생득주의 접근에서는 인간은 언어습득장치를 가지고 태어난다고 주장한다.
③ 생후 2개월 경 모음 같은 소리가 연결되어 나오는 것을 '옹알이'라고 한다.
④ 베르니케(Wernicke) 실어증은 언어를 이해하는 데 문제가 발생하는 장애이다.
⑤ 화용론(pragmatics)은 사회적 맥락에서 언어를 적절하고 효과적으로 사용하는 규칙에 관한 지식이다.

06 **피아제(J. Piaget) 도덕발달 단계 중 내재적 정의(moral justice)를 믿는 단계의 특성으로 옳은 것은?**
① 사회적으로 정의된 규칙에 대한 인식이 없다.
② 규칙을 어기면 벌을 받는다고 생각한다.
③ 사회적 규칙은 임의의 약속이라는 것을 깨닫는다.
④ 자신이 선택한 양심에 의해 옳은 행동을 결정한다.
⑤ 객관적 결과보다 행위자의 의도에 근거해 행동의 옳고 그름을 판단한다.

07 **태내 발달의 순서가 바르게 나열된 것은?**

> ㄱ. 빨기, 삼키기, 딸꾹질　　ㄴ. 남성 고환에서 테스토스테론 분비
> ㄷ. 심장 형성　　ㄹ. 양막 형성

① ㄴ - ㄷ - ㄹ - ㄱ 　② ㄴ - ㄹ - ㄱ - ㄷ
③ ㄷ - ㄴ - ㄱ - ㄹ 　④ ㄷ - ㄹ - ㄴ - ㄱ
⑤ ㄹ - ㄷ - ㄴ - ㄱ

08 **표현형은 여성이나 사춘기에 2차 성징이 정상적으로 나타나지 않는 유전적 결함의 질환으로 옳은 것은?**
① 터너 증후군　　② 다중X증후군　　③ 클라인펠터 증후군
④ 취약 X증후군　　⑤ XYY 증후군

09 자의식적 또는 사회적 정서에 해당되지 않는 것은?

① 분노
② 죄책감
③ 수치심
④ 당혹감
⑤ 자부심

정답 및 해설

05 ③ 06 ② 07 ⑤ 08 ① 09 ①

05 ③ 영아의 발성 발달

반사적 발성단계(0~1개월)	아기가 주로 울음, 기침, 트림 등 생리적인 반응에 의한 소리를 내는 단계
쿠잉단계(2~3개월)	목구멍 뒤쪽에서 나는 '구', '쿠'와 같은 목울림 소리나 '우', '오'와 같은 모음 같은 소리가 마치 비둘기 울음소리처럼 연결되어 나오는 단계
옹알이단계 (4개월 이후)	쿠잉 단계에서 한 단계 발전하여 자음과 모음이 결합된 소리를 내기 시작하는 단계
반복적 옹알이 (6~8개월)	'바바', '마마'처럼 같은 음절을 반복하는 단계
다양한 옹알이 (8~10개월)	'마바가'처럼 다양한 음절을 섞어서 소리를 내는 단계
대화식 옹알이 (10개월 이후)	실제 말의 억양과 리듬을 흉내 내며 어른과 대화하는 것처럼 소리를 내는 단계

06 ② 피아제(J. Piaget) 도덕발달 단계

전도덕기(5세 이전)	타율적 도덕성단계(5세~10세 이전)	자율적 도덕성단계 (10세 이후)
사회적으로 정의된 규칙에 대한 인식이 없다.	• 내재적 정의 : 규칙이 절대적이며 어떤 상황에서도 침해할 수 없고 불변적이라고 생각하며, 규칙을 어기면 벌을 받는다고 생각한다. • 행위자의 의도보다 객관적 결과에 근거해 행동의 옳고 그름을 판단한다.	• 사회적 규칙은 임의의 약속이라는 것을 깨닫는다. • 객관적 결과보다 행위자의 의도에 근거해 행동의 옳고 그름을 판단한다. • 잘못된 행동이 발견되지 않으면 처벌받지 않을 수 있고, 설령 발견되더라도 항상 처벌받는 것은 아니라는 것을 경험하면서 내재적 정의에 대한 믿음은 사라진다.

07 ⑤ 태내발달 3단계

발아기	'수정된 순간부터 수정 후 2주정도 까지의 기간'
배아기	'수정란이 자궁벽에 착상 한 임신 2주부터 ~ 8주까지'의 기간 양막과 양수는 수정 후 착상하면서 배아의 발달과 함께 형성 - 심장 형성(임신 4-5주)
태아기	'배아기(8주) 이후 출생까지의 시기' 고환이 형성되면서 테스토스테론이 분비(8주) - 빨기, 삼키기, 딸꾹질 (5개월) - 스스로 호흡(7개월)

08 ① 터너 증후군(45, X) : 여성에게 나타나며, 두 개의 X 염색체 중 하나의 부분 또는 전체 결손으로 인해 발생하며, 키가 작고, 목이 짧고 두꺼우며, 특히 사춘기에 2차 성징이 정상적으로 나타나지 않는 유전적 결함의 질환증후군이다.

09 영아의 정서표현의 발달

기본 정서 또는 1차적 정서	자의식적 또는 사회적 정서
• 주로 생존이나 환경적응과 관련된 선천적이고 본능적인 정서 • 보편적이며, 문화에 관계없이 유사한 방식으로 표현 예 기쁨, 공포, 분노, 슬픔	• 생후 2세 이후에 자기에 대한 인식 및 자신에 대한 타인의 반응에 관한 의식과 관련이 있는 정서 • 개인의 경험이나 문화적 배경에 따라 다르게 표현 예 당혹감, 창피함, 자부심, 죄책감, 수치심, 공감

10 바움린드(D. Baumrind)가 제안한 부모의 양육방식에 관한 설명으로 옳지 않은 것은?
① 수용/반응성 및 통제/요구의 두 차원을 중심으로 구분한다.
② 권위적(authoritative) 양육방식은 자녀의 사회적 유능감을 높인다.
③ 허용적(permissive) 양육방식은 자녀의 행동을 수용은 하지만 통제하지 않는다.
④ 권위주의적(authoritarian) 양육방식은 자녀의 행동을 통제하지만 수용적이다.
⑤ 방임적(uninvolved) 양육방식은 자녀에게 관심을 갖지 않고 자녀의 삶에 관여하지 않는다.

11 레빈슨(D. Levinson)이 제안한 발달 이론에 관한 설명으로 옳은 것은?
① 성인초기 전환기는 25세 전후에 나타난다.
② 전연령을 대상으로 발달 단계를 구체화하였다.
③ 남성을 대상으로 연구한 결과를 근거로 하였다.
④ 성인기는 초기, 중기, 후기, 말기의 4단계로 구분하였다.
⑤ 각 단계는 입문(entry), 절정(culminating), 전환(transition)의 순서로 진행된다.

12 다음에서 설명하는 것은?

○ 반두라(A. Bandura)가 제시한 개념
○ 자신의 능력에 대한 개인의 신념
○ 성공적 수행에 대한 기대

① 자기인식   ② 자기존중감   ③ 자기통제감
④ 자기효능감   ⑤ 자아정체감

13 DSM-5의 자폐스펙트럼장애에 관한 설명으로 옳은 것을 모두 고른 것은?

ㄱ. 사회적 의사소통과 사회적-정서적 상호작용의 지속적 결함을 보인다.
ㄴ. 여성이 남성에 비해 더 많이 진단된다.
ㄷ. 초기 발달 시기부터 증상이 나타난다.
ㄹ. 마음이론이 발달하지 못해 다른 사람의 입장을 잘 이해하지 못한다.

① ㄱ, ㄴ, ㄷ   ② ㄱ, ㄴ, ㄹ   ③ ㄱ, ㄷ, ㄹ
④ ㄴ, ㄷ, ㄹ   ⑤ ㄱ, ㄴ, ㄷ, ㄹ

14 DSM-5의 신경발달장애에 해당되지 않는 것은?

① 적대적 반항장애
② 틱장애
③ 의사소통장애
④ 주의력결핍 과잉행동장애
⑤ 운동장애

15 DSM-5의 반응성 애착장애 진단기준에 관한 설명으로 옳지 않은 것은?

① 5세 이전에 발병한다.
② 낯선 성인을 따라가는 데 있어 주저함이 적거나 없다.
③ 외상 및 스트레스 관련 장애에 해당된다.
④ 사회적 방임, 잦은 양육자 교체 등 제대로 양육을 받지 못한 극단적 경험을 했음이 입증되어야 한다.
⑤ 아동의 발달 연령이 최소 9개월 이상이어야 한다.

정답 및 해설

10 ④ 11 ③ 12 ④ 13 ③ 14 ① 15 ②

10 바움린드는 애정(수용)과 통제의 정도를 기준으로 허용적인 부모, 권위적인 부모, 독재적인 부모, 방임적인 부모유형으로 양육 유형을 나누었다

권위적인 부모(가장 긍정적)	권위주의적(독재적) 부모	허용적인 부모	방임적 부모(가장 부정적)
• 높은 통제수준, 높은 수용수준 • 높은 사회적 유능감	• 높은 통제수준, 낮은 수용수준 • 순종적이나 낮은 사회적 유능감, 낮은 행복감 때로 공격적	• 낮은 통제수준, 높은 수용수준 • 자기통제력 부족, 충동적, 권위에 대한 문제 발생	• 낮은 통제수준, 낮은 수용수준 • 학교생활 어렵고, 우울증 경험 및 사회적 관계형성 곤란

11 ① 성인초기 전환기는 17세 전후에 나타난다.
② 성인을 대상으로 발달 단계를 구체화하였다.
④ 성인기는 성인이전, 초기, 중기, 후기 4단계(사계절)로 구분하였다.
⑤ 각 단계는 전환, 초보인생구조 (입문), 절정의 순서로 진행되며, 안정기(초보 및 절정인생구조)와 전환기가 교대로 발달한다고 하였다.

12 ④ 자신의 능력에 대한 개인의 신념은 자기효능감이라고 하며, 특정 과제나 행동을 성공적으로 수행할 수 있다는 믿음을 의미한다. 반두라가 제시한 개념으로, 어떤 상황에서 적절한 행동을 할 수 있다는 개인의 기대와 신념이다.

13 ㄴ. DSM-5의 자폐스펙트럼장애는 성별에 따른 차이점이 존재하며, 남성에게서 더 흔하게 진단된다. (X)
ㄹ. DSM-5의 자폐스펙트럼장애(ASD) 진단에서 '마음이론'은 직접적인 진단 기준은 아니지만, 사회적 의사소통 및 상호작용 결함이라는 핵심 증상과 밀접하게 관련되어 있다. 자폐스펙트럼장애 아동은 다른 사람의 생각, 감정, 의도를 읽는 마음이론의 어려움을 보이는 경향이 있으며, 이는 사회성 발달의 핵심적인 어려움으로 간주된다. (O)

14 DSM-5의 신경발달장애 범주
• 지적장애, • 의사소통장애, • 자폐 스펙트럼 장애 • 주의력결핍 과잉행동장애 (ADHD) • 특정 학습장애
• 운동장애 (투렛장애, 지속성 운동 또는 음성 틱장애, 잠정적 틱장애, 달리 명시된 또는 명시되지 않는 틱장애)

15 ② 증상은 아동이 다른 사람들과의 사회적 교류에서 감정적으로 반응하지 않거나, 극도로 제한적이고 과도하게 경계하는 모습을 보이는 형태로 나타난다.
① 5세 이전에 발병하며, 일반적으로 생후 9개월 이후에 증상이 나타난다.
③ 외상 및 스트레스 관련 장애 : • 반응성 애착장애, • 탈억제성 사회적 유대감 장애, • 외상후 스트레스 장애, • 급성 스트레스장애, • 적응장애

16 발달연구방법에 관한 설명으로 옳지 않은 것은?
① 관찰법은 관찰자가 자신이 원하는 방식으로 관찰 자료를 수집하고 해석하는 관찰자 편향이 나타날 수 있다.
② 실험연구에서는 두 변수 간 원인과 결과의 관계를 알 수 있다.
③ 횡단적 연구법은 동시에 각기 다른 연령의 사람들을 비교하여 연구하는 방법이다.
④ 종단적 연구법의 단점으로는 피험자 탈락, 편파적 표집 및 연습효과 등을 들 수 있다.
⑤ 계열법은 횡단설계와 종단설계를 혼합한 연구방법으로, 경제적이며 결과를 일반화하기에 용이하다.

17 인간발달 연구의 윤리 준수사항에 관한 설명으로 옳지 않은 것은?
① 부모 혹은 법적 보호자가 동의하지 않더라도 아동에게 직접 사전 동의서를 받으면 연구를 진행할 수 있다.
② 사전동의를 받았더라도 연구 과정에서 예기치 못한 위협이 발생할 경우 연구자는 즉시 연구를 중단해야 한다.
③ 연구에 참여하는 모든 참여자는 다른 참여자들이 받는 유익한 처치를 동등하게 받을 권리가 있다.
④ 연구 참여자들은 사생활을 보호받을 권리가 있으며 개인 정보는 철저히 보호되어야 한다.
⑤ 아동은 취약한 피험자이므로 기관생명윤리위원회의 정규심의를 거쳐야 하며 연구윤리 원칙이 엄격하게 지켜져야 한다.

18 발달에 관한 설명으로 옳지 않은 것은?
① 전 생애발달 관점에 의하면 모든 연령에서의 발달은 성장과 감소의 변화가 함께 일어난다.
② 노년기에도 가소성(plasticity)으로 인해 훈련과 연습을 하면 다양한 기술을 향상시킬 수 있다.
③ 발달은 유전과 환경의 상호작용 결과이다.
④ 민감한 시기(sensitive period) 관점에서는 어떤 사건의 출현 또는 결여가 발달에 지대한 영향을 주어 결과가 회복되지 못하고 손상된다고 본다.
⑤ 불연속성 관점에서는 발달을 구별되는 단계로 일어나는 질적 변화의 과정으로 본다.

19 신생아의 반사 행동에 관한 설명으로 옳지 않은 것은?
① 신생아는 출생 직후부터 외부 자극에 무의식적으로 반응하는 반사 행동을 보인다.
② 근원 반사는 입 속에 들어온 것은 무엇이든 빨려고 하는 반사이다.
③ 신생아는 갑자기 위치가 바뀌거나 큰 소리가 들리면 모로 반사를 보인다.
④ 바빈스키 반사는 신생아의 발바닥을 간지럽히면 발가락을 부채처럼 쫙 펴는 반사이다.
⑤ 눈깜박이기 반사나 호흡 반사와 같은 생존 반사는 평생 유지된다.

20 영아기 대근육 운동발달을 순서대로 옳게 나열한 것은?

> ㄱ. 고개를 든다.   ㄴ. 혼자 앉을 수 있다.
> ㄷ. 계단을 오른다.   ㄹ. 의자를 잡고 일어선다.

① ㄱ - ㄴ - ㄷ - ㄹ
② ㄱ - ㄴ - ㄹ - ㄷ
③ ㄴ - ㄷ - ㄹ - ㄱ
④ ㄷ - ㄹ - ㄱ - ㄴ
⑤ ㄹ - ㄴ - ㄷ - ㄱ

21 피아제(J. Piaget)의 인지발달 단계에서 대상영속성이 획득되는 시기는?

① 반사운동기
② 일차순환반응기
③ 이차순환반응의 협응기
④ 정신적 표상기
⑤ 구체적 조작기

정답 및 해설 16 ⑤ 17 ① 18 ④ 19 ② 20 ② 21 ③,④

16 ⑤ 계열법 (순차적 설계, 계열설계)
계열법은 발달 연구에서 횡단적 설계와 종단적 설계의 단점을 보완하고 장점을 결합한 연구 방법이다.

장점	단점
• 횡단적 연구와 종단적 연구를 결합하여 발달 양상과 변화의 기원을 더욱 명확하게 파악할 수 있다. • 연령효과, 코호트효과, 측정시간효과의 분리분석이 가능하다.	• 횡단연구보다는 높은 비용과 시간이 소요되어 비경제적이다. • 종단적 요소로 인한 피험자 이탈 등으로 결과를 일반화하기 어렵고 표본의 대표성이 훼손될 수 있다. • 여러 집단을 오랜기간 추적해야 하므로 연구설계가 복잡하다.

17 아동의 연구 참여에는 부모 동의(또는 후견인·법적보호자 동의)도 필요하다.
18 ④ 민감한 시기(Sensitive Period)의 관점과 결정적 시기(Critical Period)의 관점

민감한 시기의 관점 (Sensitive Period)	• 특정 능력 발달에 최적인 시기가 있지만, 이 시기를 놓쳐도 나중에 학습이 완전히 불가능하지는 않다고 보는 관점
결정적 시기의 관점 (Critical Period)	• 특정 능력 발달이 반드시 일어나야 하는 엄격한 시기로, 이 시기를 놓치면 해당 능력은 회복 불가능한 손상을 입게 된다고 보는 관점

19 ② 입 속에 들어온 것은 무엇이든 빨려고 하는 반사는 빨기반사이다. 출생 시 부터 약 2~3개월 간 지속되다가 자연스럽게 소실된다.
근원반사(젖찾기 반사)는 신생아의 입 주위에 자극을 주면 그 자극을 향해 고개를 돌리고, 입을 벌려 무언가를 빨려고 하는 행동을 하는 반사로, 생후 3~4개월이면 사라진다.
20 ② 영아의 대근육 발달 순서는 머리-목(머리를 가누고, 머리를 듦) → 몸통(앉기) → 팔(손 짚고 일어서기, 기기) → 다리(서기, 걷기, 계단오르기 등) 순으로 진행된다.
• 소근육 발달 순서 : 손빨기, 손뻗기, 쥐기 - 손목 움직이기, 엄지와 검지의 정교한 움직임(물건 집기, 장난감 집기) - 블록쌓기, 상자에 물건을 넣거나 뒤집기
21 ③ 이차순환반응의 협응기 : 대상영속성이 형성되는 시기 (A-not-B 오류)
④ 정서적 표상기 : 대상영속성이 완성되는 시기
③, ④ 복수정답 처리되었다.

22 피아제(J. Piaget) 이론에서 전조작기의 특성으로 옳은 것을 모두 고른 것은?

ㄱ. 소꿉놀이, 병원놀이, 학교놀이 등 가상놀이가 가능하다.
ㄴ. 자신의 왼손과 오른손을 구별할 수 있으나 맞은편에 서 있는 사람의 왼손과 오른손은 구별하지 못한다.
ㄷ. 종이를 가위로 자르면 종이가 아플 것이라고 생각한다.
ㄹ. 하늘이 파란색인 이유는 누군가가 파란색 물감으로 하늘을 칠했기 때문이라고 믿는다.

① ㄱ, ㄴ, ㄷ   ② ㄱ, ㄴ, ㄹ   ③ ㄱ, ㄷ, ㄹ   ④ ㄴ, ㄷ, ㄹ   ⑤ ㄱ, ㄴ, ㄷ, ㄹ

23 기억 발달에 관한 설명으로 옳은 것은?
① 의미기억은 개인이 삶에서 경험한 사건들에 대한 기억이다.
② 재인기억은 회상기억보다 늦게 발달한다.
③ 정교화 전략은 조직화 전략보다 먼저 발달한다.
④ 상위기억은 기억과 기억과정의 모든 측면에 관한 포괄적 지식으로 상위인지의 일부이다.
⑤ 아동은 실제 일어나지 않았던 일도 일어났던 것으로 받아들이는 피암시성이 낮기 때문에 기억에 오류가 없다.

24 청소년기 인지발달의 특성에 관한 설명으로 옳지 않은 것은?
① 명제적 사고와 가설 연역적인 논리적 사고를 할 수 있다.
② 문제해결에 필요한 요인만 골라내어 체계적으로 조합, 구성하는 조합적 추리 능력이 발달한다.
③ 자의식을 지나치게 과장한 나머지 자신의 행동이 모든 사람의 관심 대상이라고 생각한다.
④ 자신과 상대방의 관점을 사회적 가치체계에 의해 판단할 수 있게 된다.
⑤ 중추신경계 기능의 퇴화로 기억력이 감퇴되고 지적 능력이 감소한다.

25 다음의 지능이론을 주장한 학자는?

○ 인간은 개인 간 지능, 자연친화 지능 등 여러 개의 독립적인 지능을 가지고 있다.
○ 각 능력은 뇌의 특정 영역과 관련되어 있어서 각기 다른 발달 경로를 가진다.
○ 지능을 측정할 때 개인의 삶과 문화를 고려해야 한다.

① 카텔(R. Cattell)   ② 스턴버그(R. Sternberg)
③ 길포드(J. P. Guilford)   ④ 가드너(H. Gardner)
⑤ 서스톤(L. L. Thurstone)

필수과목 2과목 집단상담의 기초

26 다음 내용을 모두 만족하는 집단의 유형은?

○ 대인관계 과정과 사고, 감정, 행동의 문제를 해결하는 전략에 초점을 둔다.
○ 예방과 발달 및 치료적 목적을 위해 고안되며 집단의 상호 과정을 강조한다.
○ 상호 피드백과 '지금-여기'에 초점을 둔 기술을 주로 사용한다.
○ 모든 연령층의 일반인을 대상으로 한다.

① 교육집단   ② 상담집단   ③ 과업집단   ④ 자조집단   ⑤ 치료집단

정답 및 해설

22 ⑤　23 ④　24 ⑤　25 ④　26 ②

22 ⑤ 피아제의 인지발달 단계에 따른 특징 비교

감각운동기 (0~2세)	전(前)조작기 (2~7세)	구체적 조작기 (7~12세)	형식적 조작기 (12세~성인기)

· 자극에 대한 반응,
· 직접적인 신체감각과 경험을 통한 환경이해,
· 대상영속성(물체가 눈앞에서 사라지더라도 없어진 것이 아니라는 것을 아는 개념) 발달
· 사회적 애착확립,
· 목적지향적 행동
	· 보존개념을 이해하기 시작
	· 물활론적 사고 (ㄷ)
	· 자기중심적 사고
	· 인공론적 사고 (ㄹ)
	· 타율적 도덕성
	· 중심화(집중성),
	· 비가역적 사고 (ㄴ)
	· 대상영속성 획득,
	· 전환적 추론
	· 상징적 사고(예 가상놀이)
		· 보존개념 획득,
		· 경험에 기초한 사고,
		· 논리적 사고,
		· 분류화, 서열화 가능,
		· 자율적 도덕성,
		· 탈중심화,
		· 가역적 사고,
		· 조합기술
			· 추상적 사고,
			· 가설, 연역적 추론,
			  (가설을 세우고 검증해가는 추리능력)
			· 체계적 조합적 사고
			· 이상주의적 사고
			· 자기중심적 사고
			  (상상적 청중, 개인적 우화)

인공론적 사고는 모든 사물과 자연 현상을 사람의 필요에 의해, 나의 목적에 의해 존재한다는 믿는 것으로 자기중심적 사고의 영향을 받은 것이라고 볼 수 있다.

23 ① 사건에 대한 기억은 일화기억이며, 의미기억은 사실(예 영어단어, 수학공식)에 대한 기억이다.
② 생후 3~7주 경이면 이전에 보았던 자극의 모양, 색깔, 크기 등을 알아보는 재인기억을 할 수 있으며, 정보를 능동적으로 인출해 내야 하는 회상기억은 재인기억보다 더 늦게 발달하는데, 생후 8~12개월 경이 되어야 나타난다.

	재인기억	회상기억
개념	· 특정 대상이나 정보가 과거에 경험하고 저장되어 있는 정보와 일치하는지 판단하는 기억	· 특정 단서 없이 저장된 정보에서 필요한 정보를 인출해 내는 기억
예	· 유아가 익숙한 얼굴, 목소리, 장난감에 반가워하는 것 · 객관식 문제풀기	· 유아가 어제 일어난 일을 말로 설명하는 것 · 주관식 문제풀기

③ 기억 전략의 순서 : 시연전략 → 조직화 → 정교화 → 인출전략
⑤ 아동의 미성숙한 언어 능력, 기억력 한계 등으로 피암시성 (타인의 암시나 유도 질문에 쉽게 영향을 받아 자신이 경험하지 않은 일을 진술하거나, 실제 경험과 다르게 말하는 경향)이 높기 때문에 기억에 오류가 많다.

24 ⑤ 노년기의 특징이다.
25 ④ 가드너의 다중지능이론에 대한 설명이다.
26 예문은 상담집단에 대한 설명이다.

27 집단상담 평가에 관한 설명으로 옳지 않은 것은?
① 평가 계획은 종결 시점에서 고려한다.
② 면접을 통한 평가는 특정 시점보다 전 과정에 걸쳐 이루어진다.
③ 집단원, 집단상담자 및 집단상담 과정을 평가한다.
④ 집단상담이 끝나고 1~2개월 후 추후평가를 실시하여 집단상담의 효과를 평가한다.
⑤ 집단원의 소감이나 경험보고서는 집단과정에 대한 중요한 평가 자료로 활용된다.

28 합리정서행동상담(REBT)에서 집단상담자의 역할에 관한 설명으로 옳지 않은 것은?
① 집단원의 비합리적 신념을 합리적 신념으로 바꾸는 것을 목표로 한다.
② 집단원의 인지적 변화를 위해 다양한 인지적, 정서적 기법을 활용한다.
③ 집단상담자는 교육자로서의 역할이 강조되므로 집단원과의 친밀한 관계형성을 무엇보다 중요하게 여긴다.
④ 집단원의 개인적인 변화를 촉진하기 위해 집단원과의 협의 하에 수행할 과제를 주고 확인한다.
⑤ 합리적-정서적 상상하기, 유머 사용하기 등의 정서적 기법을 활용한다.

29 집단상담의 사전 계획에 관한 설명으로 옳지 않은 것은?
① 대상에게 맞는 집단의 주제와 목적을 설정하고, 이를 달성하기 위한 목표를 구체화한다.
② 집단원의 성숙도, 집단의 유형 등에 따라 집단의 크기를 정한다.
③ 장소는 집단 진행에 방해가 되지 않는 조용한 공간으로 선택한다.
④ 집단의 종류나 목적에 따라 모임의 시간과 주기를 결정한다.
⑤ 집단의 명시적, 암묵적 규범을 명확히 설정한다.

30 정신분석 집단상담에 관한 설명으로 옳지 않은 것은?
① 전이 반응을 탐색할 수 있는 기회를 제공한다.
② 집단원에 대한 역전이가 일어날 수 있다.
③ 모든 것을 남의 탓으로 돌리는 집단원은 부인의 방어기제를 사용하는 것이다.
④ 집단원의 통찰을 나누는 것은 집단의 발전을 촉진한다.
⑤ 방관하거나 불필요한 이야기를 길게 하는 식의 저항이 나타난다.

31. 다음 사례에 근거한 집단상담의 이론적 접근에 해당하는 것은?

> 바다는 어릴 때부터 부모의 결정에 따르기 위해 애써왔다. 이번 집단작업을 통해 자신의 결정에 대한 책임은 스스로 져야 한다는 것을 분명히 알게 되었다. 스스로 결정하는 것은 매우 불안하고 의심스러운 일이었고 아직도 일부는 남아있지만, 이제는 자신이 결정하는 용기를 갖게 되었다.

① 교류분석 집단상담
② 행동주의 집단상담
③ 정신분석 집단상담
④ 실존주의 집단상담
⑤ 인지치료 집단상담

32. 심리극 집단상담에 관한 설명으로 옳은 것을 모두 고른 것은?

> ㄱ. '지금-여기'를 중요시하기 때문에 집단에서는 현실에서 실제로 경험했던 장면만을 연기한다.
> ㄴ. 집단원의 창조성과 자발성을 촉진하기 위해 집단상담자는 본보기 역할을 수행할 수 있어야 한다.
> ㄷ. 나누기 및 토론 단계에서 집단원들은 주인공에게 분석을 제공한다.
> ㄹ. 실연, 이중자아, 거울기법 등을 사용한다.

① ㄱ, ㄷ
② ㄴ, ㄷ
③ ㄴ, ㄹ
④ ㄱ, ㄴ, ㄹ
⑤ ㄱ, ㄷ, ㄹ

정답 및 해설

27 ① 28 ③ 29 ⑤ 30 ③ 31 ④ 32 ③

27 ① 집단상담의 평가 계획은 종결 시점에서만 고려하는 것이 아니라, 집단상담의 시작 단계부터 종결 이후까지 전 과정에 걸쳐 진행된다.

28 ③ 합리정서행동상담(REBT)에서 집단상담자는 내담자의 비합리적인 신념을 교육하고 변화시키는 '교사'의 역할을 수행한다. 상담자는 집단원과의 친밀한 관계형성보다는 적극적이고 지시적인 태도로 집단원들이 비합리적 사고를 인식하고 합리적 신념을 습득하도록 돕는다.

29 ⑤ 집단상담에서 집단의 명시적 규범은 명확히 설정되어야 하지만, 암묵적 규범은 집단상담이 진행되면서 구성원들 사이에 자연스럽게 형성되는 규범이므로 사전 계획에서 명확히 설정하기 어렵다.

30 ③ 모든 것을 남의 탓으로 돌리는 집단원은 투사의 방어기제를 사용하는 것이다.
'부인'은 고통스러운 현실이나 사실을 받아들이지 않고 부정하며, 불안으로부터 도피하려는 방어기제이다.

31 예문에 주어진 결정, 책임, 불안, 용기, 스스로 결정 등의 용어는 실존주의 상담의 주요 개념에 해당한다.
• 실존주의 집단상담에서는 인간이 자신의 삶에 대한 자유를 가지고 있으며, 그 선택에 대한 책임을 져야 함을 강조한다.
• 불안은 존재의 유한성, 무의미성, 그리고 선택에 대한 책임에서 오는 자연스러운 결과로 실존주의의 주요 개념이다.
• 내담자(바다)가 스스로 결정할 용기를 갖게 되었다는 것은, 자신이 삶의 주체로서 자유를 받아들이고 책임을 지려는 실존적 각성을 보여준다. 따라서 위 사례는 실존주의 집단상담의 과정에서 가장 잘 설명된다.

32 ㄱ. 심리극에서 가장 중요한 개념 중 하나인 '지금-여기'는 참여자가 과거의 사건이나 미래에 대한 불안감을 현재의 시점으로 가져와 생생하게 재경험하고 표현하도록 돕는 것이다. 현실에서 실제로 경험했던 장면만이 아니라 경험하지 못한 아직 일어나지 않은 미래의 상황을 미리 연출해 볼 수도 있고, 억압했던 생각이나 감정까지도 연기하고 탐색할 수 있다.
ㄷ. 심리극을 마친 후 나누기 및 토론 단계에서는 집단원들이 주인공의 문제를 분석, 평가, 조언하는 과정이 되어서는 안되며, 자신들이 연극 과정에 참여하며 느꼈던 감정들을 주인공과 공유하도록 도와주어야 한다. 심리극에 참여한 모든 사람들의 감정을 소통시키는 기회를 제공하며 감정 정화가 고루 퍼지고 재경험하고 집단 구성원이 인간 감정의 공통적 유대를 지각하도록 해야 한다.

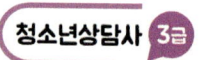

33 아들러(A. Adler) 집단상담에 관한 설명으로 옳지 않은 것은?
① 집단원의 생활양식을 파악하기 위해 가족구도를 탐색한다.
② 집단원의 사회적 상황과 사회적 태도를 파악한다.
③ 새로운 행동을 시도하고 현실을 검증할 기회를 제공한다.
④ 집단원의 역기능적 패턴은 어린 시절 트라우마가 원인이다.
⑤ 자기 파괴적인 행동을 반복할 때 잠시 멈추고 자신을 살펴보도록 한다.

34 다음에 해당하는 우볼딩(R. Wubbolding)의 현실치료 집단상담 단계에 관한 설명으로 옳은 것은?

> ○ "지금 무엇을 하고 있습니까?"
> ○ "지난 한 주 동안 실제로 무엇을 하였습니까?"
> ○ "이 선택이 당신이 원하는 곳에 도달하게 합니까?"

① 집단원이 원하는 것을 확인하여 계획을 실행하게 한다.
② 집단원이 현재 무엇을 하고 있는지에 초점을 맞추도록 한다.
③ 집단원이 행동 변화를 위한 계획을 세우도록 돕는다.
④ 집단원의 욕구, 필요, 인식, 희망을 발견하도록 한다.
⑤ 집단원이 자신의 행동 전체를 평가하도록 돕는다.

35 인간중심 집단상담에 관한 설명으로 옳지 않은 것은?
① 집단상담자는 진실해야 하지만 무분별하게 개방적이어서는 안 된다.
② 집단상담자의 진실성, 수용, 공감은 집단원의 성장을 촉진한다.
③ 집단원 개인의 문제에 대해 목표를 세우고 과제를 부여한다.
④ 다양한 문화적 배경을 가진 집단원들 간의 상호 이해에 적합하다.
⑤ 구체적인 기법보다는 집단상담자의 촉진적인 태도를 강조한다.

36 다음에 해당하는 집단상담 이론은?

> ○ "자, 여기 그 사람이 앉아 있다고 상상해 봅시다. 방금 전 그 상황으로 돌아가면 해주고 싶은 말이 있다고 했는데 마음껏 한 번 해 보세요."
> ○ "좀 전에 '나는 할 수 없다.'고 한 것을 '나는 하지 않겠어.'라고 바꾸어 말해볼까요?"
> ○ "집단에서 당신의 어머니가 되어 줄 한 명을 고르세요. 당신의 어머니에게 가장 해주고 싶었던 말을 이 사람에게 해 보세요."

① 게슈탈트 집단상담　　② 정신분석 집단상담
③ 해결중심 집단상담　　④ 인지행동 집단상담
⑤ 현실치료 집단상담

37 집단상담의 윤리에 관한 설명으로 옳은 것을 모두 고른 것은?

ㄱ. 집단상담의 잠재적 유익과 위험성을 설명하는 것은 사전동의 과정에서 핵심적인 부분이다.
ㄴ. 집단상담자가 자신의 치료와 변화를 위해 집단을 이용할 수 있다.
ㄷ. 사전동의를 통해 비밀 유지와 관련된 온라인상 행동의 한계를 다룬다.
ㄹ. 강제적으로 집단에 참여할 경우에도 집단 활동을 거부할 수 있는 권리에 대해 사전에 알려주어야 한다.

① ㄴ
② ㄱ, ㄷ
③ ㄴ, ㄹ
④ ㄱ, ㄷ, ㄹ
⑤ ㄱ, ㄴ, ㄷ, ㄹ

38 다음 축어록에서 집단상담자가 사용한 집단상담 기법을 순서대로 옳게 나열한 것은?

하늘 : (울먹이며) 요즘 들어 부모님이 자주 다투셔서 정말 걱정이에요.
상담자 : (ㄱ) 부모님의 갈등으로 하늘이가 많이 힘든가 보네요. (ㄴ) 혹시 우리 중에 하늘이처럼 부모님의 갈등으로 인해 힘든 사람이 있나요?
나무 : (눈물을 글썽이며) 저도 얼마 전 부모님이 엄청 크게 싸워서 무서웠어요.
초록 : 너무 걱정하지 말아요. 원래 부부싸움은 칼로 물베기라고 하잖아요. 아무 문제 없을 거예요.
상담자 : (ㄷ) 잠깐만요. 하늘이가 어렵게 힘든 마음을 표현했는데 하늘이의 이야기를 좀 더 들어 보는 것이 어떨까요?

① 반영하기 - 연결하기 - 차단하기
② 재진술 - 연결하기 - 초점 맞추기
③ 재진술 - 폐쇄적 질문 - 차단하기
④ 반영하기 - 폐쇄적 질문 - 제안하기
⑤ 공감하기 - 연결하기 - 직면하기

정답 및 해설 33 ④ 34 ② 35 ③ 36 ① 37 ④ 38 ①

33 ④ 인지행동치료(CBT)에 대한 설명이다. 아들러(A. Adler) 집단상담에서 집단원의 역기능적 패턴은 어린 시절 트라우마가 아니고 잘못된 생활양식이 원인이라고 하였다.

34 ② 우볼딩(Wubbolding)의 현실치료기법은 욕구(Want) - 행동(Doing) - 평가(Evaluation) - 계획(Planning)으로 'WDEP모델'이라고 한다.

35 ③ 목표를 세우고 과제를 부여하는 것은 인간중심 집단상담처럼 비지시적이고 정서적인 면을 강조하는 접근보다는 인지행동치료나 현실치료처럼 구조화되고 행동변화를 강조하는 집단상담에 해당한다.

36 · 첫번째 문장 : 게슈탈트 집단상담의 지금-여기에 촛점맞추기 · 두번째 문장 : 게슈탈트 집단상담의 책임지기
· 세번째 문장 : 게슈탈트 집단상담의 빈의자 기법의 변형

37 ㄴ. 집단상담자는 집단원이 원하는 바를 얻도록 돕는 것을 최우선으로 해야 하며, 자신의 치료와 변화를 위해 집단을 이용할 수 없다.

38 ① (ㄱ) 반영하기 : 내담자(하늘)가 표현한 감정과 내용의 본질을 이해하고, 그 의미를 명료하게 되돌려주는 상담기법
(ㄴ) 연결하기 : 내담자의 주제나 감정을 다른 집단원과 연결하여 공통점을 찾고 집단원간의 상호작용을 촉진하는 상담기법
(ㄷ) 차단하기 : 집단원(초록)의 부적절하거나 비생산적인 반응(하늘이의 감정을 무시하고 위로하려는 시도)을 멈추게 하고 집단이 현재의 중요한 주제 (하늘이의 감정)에 집중하도록 하는 상담기법

39 공동리더십의 한계를 극복하기 위한 방안으로 옳은 것을 모두 고른 것은?

> ㄱ. 집단 사전모임에 함께 참여한다.
> ㄴ. 서로의 개인적 특성을 파악하는 시간을 갖는다.
> ㄷ. 회기 후 집단원의 반응에 대한 의견을 교환한다.
> ㄹ. 집단에서 마주보고 앉되 서로 눈을 마주치지 않는다.

① ㄱ, ㄴ
② ㄱ, ㄷ
③ ㄱ, ㄴ, ㄷ
④ ㄴ, ㄷ, ㄹ
⑤ ㄱ, ㄴ, ㄷ, ㄹ

40 학교 장면에서 이루어지는 청소년 집단상담에 관한 설명으로 옳지 않은 것은?
① 비자발적인 집단상담은 효과가 없으므로 자발적인 참여자를 대상으로만 실시해야 한다.
② 학습, 진로만이 아니라 문제행동 및 예방을 주제로 한다.
③ 학교장의 승인을 받아 실시해야 한다.
④ 교육을 목적으로 실시하는 경우라도 반드시 사전동의서를 받아야 한다.
⑤ 집단원들의 관심을 높일 수 있도록 놀이나 매체를 활용할 수 있다.

41 청소년 집단상담 종결단계의 효과적인 개입전략은?
① 집단행동의 모범보이기
② 성장과 변화에 대한 평가하기
③ 신뢰감 형성 활동하기
④ 문제행동에 대한 직면하기
⑤ 집단의 결과에 대한 책임분배 안내하기

42 집단원의 문제행동에 대한 집단상담자의 개입으로 옳지 않은 것은?
① 침묵하는 집단원에게 집단참여를 격려한다.
② 장황하게 설명하는 집단원에게 요약해서 말해줄 것을 요청한다.
③ 비자발적인 집단원에게 집단참여에 대한 감정을 표현할 수 있도록 돕는다.
④ 집단상담자를 공격하는 집단원에게 차단하기 기법을 통해 제지한다.
⑤ 대화를 독점하는 집단원에게 그러한 행동을 통해 얻고자 하는 바를 탐색한다.

43 집단상담에서 사전 개별면담의 기능으로 옳지 않은 것은?

① 집단상담에 관한 이해를 높인다.
② 집단참여 촉진을 위한 정보를 제공한다.
③ 집단에 참여하기 어려운 집단원을 선별할 수 있다.
④ 집단상담에 대한 현실적인 기대 형성을 돕는다.
⑤ 집단상담의 진행과 성과에는 영향을 미치지 않는다.

44 집단에 대한 신뢰가 낮을 때 나타나는 집단원들의 특징을 모두 고른 것은?

ㄱ. 즉각적인 느낌 표현을 억제한다.
ㄴ. 집단에 대한 기대가 명확하지 않다.
ㄷ. 집단원들 간의 상호작용이 추상적이다.
ㄹ. 다른 집단원들에게 의구심이나 적대감을 갖는다.

① ㄱ, ㄴ
② ㄱ, ㄷ
③ ㄱ, ㄴ, ㄹ
④ ㄴ, ㄷ, ㄹ
⑤ ㄱ, ㄴ, ㄷ, ㄹ

정답 및 해설

39 ③ 40 ① 41 ② 42 ④ 43 ⑤ 44 ⑤

39 눈을 마주치지 않는 것은 효과적인 의사소통과 협력을 방해하는 요소이다.
40 ① 학교 장면에서 이루어지는 집단 상담은 비자발적인 학생들까지도 그 대상으로 포함시킬 수 있다.
41 집단상담의 단계별 개입전략

초기단계	과도기단계	작업단계	종결단계
• 집단행동의 모범보이기 • 신뢰감 형성 활동하기 • 집단의 결과에 대한 책임분배 안내하기 • 집단원간의 상호작용 촉진	• 집단역동의 활성화 – 집단원들의 모험 시도 독려 • 초점의 유지 • 갈등의 중재	• 피드백 활성화 • 의미의 해석 • 문제행동에 대한 직면하기 • 유머: 경직된 분위기를 완화하고 문제를 다른 관점에서 바라볼 수 함	• 성장과 변화에 대한 평가하기 • 피드백 주고받기 • 다짐하기 • 행동변화의 실습 • 미해결과제 다루기 • 이별감정 다루기 • 집단에서 경험 검토하기

42 상담자를 향한 공격적 행동은 전이로 이해될 수 있으며, 상담자는 내담자의 공격적인 행동을 개인적인 비난으로 받아들이지 않고, 내담자의 무의식적 갈등이 표현되는 중요한 치료적 신호로 이해해야 한다. 이는 내담자의 과거 경험과 핵심적인 심리적 이슈를 파악하는 데 결정적인 단서가 될 수 있다. 무조건적인 차단보다는 그 행동 이면에 있는 감정과 이유를 탐색하도록 돕고, 건설적인 방식으로 표현하도록 유도하여야 한다.
43 ⑤ 사전 개별면담은 집단상담의 성공적인 진행과 긍정적인 성과에 매우 중요한 영향을 미친다.
44 ⑤ 집단에 대한 신뢰가 낮을 때 나타나는 집단원들의 특징
   ㄱ. 집단에 대한 신뢰가 낮을 때 즉각적인 감정 표현을 억제하는 것은 관계적 위험으로부터 자신을 보호하기 위한 심리적 방어기제에서 비롯된 것이다.
   ㄴ. 구성원들은 집단이 무엇을 지향하고 어떤 목표를 달성하려는지 명확하게 인식하지 못하게 된다.
   ㄷ. 구성원들은 서로에게 솔직하게 마음을 열지 못하고, 대화는 피상적인 수준에 머물고 상호작용이 추상적으로 변한다.
   ㄹ. 구성원들은 자신이 집단에 속해 있다는 느낌이나 동질감을 덜 느끼게 될 뿐 아니라, 다른 집단원들에게 의구심이나 적대감을 갖게 되며, 이는 집단 전체의 응집력을 떨어뜨리고 목표도달을 어렵게 한다.

45. 코리(G. Corey)의 집단발달단계 중 과도기 단계에서 집단상담자의 반응으로 옳지 않은 것은?

> 집단원 A: 여기 있는 사람들이 저에게 비판적일까봐 두려워요.
> 집단상담자 : _____

① 그런 두려움 때문에 집단에 참여하기가 힘들었군요.
② A의 두려움은 어머니와의 관계에서 오는 두려움과 관련이 깊어요.
③ 여기에서 두려움과 관련하여 가장 의식되는 사람이 있나요?
④ 혹시 그 두려움 때문에 표현하지 못한 것이 있다면 무엇일까요?
⑤ 그 두려움 때문에 집단에서 어떤 제약을 받았나요?

46. 다음에서 집단원이 말하는 치료적 요인을 순서대로 바르게 연결한 것은?

> ㄱ. 그동안 쌓였던 감정을 털어놓으니 정말 속이 시원해졌어요.
> ㄴ. 집단원들의 피드백을 통해 제가 다른 사람들에게 어떤 사람으로 보이는지 알게 됐어요.

① 자기개방 - 대인관계학습
② 감정정화 - 대리학습
③ 감정정화 - 대인관계학습
④ 자기개방 - 자기이해
⑤ 보편성 - 자기이해

47. 빈의자 기법을 활용할 수 있는 상황을 모두 고른 것은?

> ㄱ. 특정 타인에 대해 미해결과제나 감정을 드러낼 때
> ㄴ. 중요한 타인의 죽음에 대해 애도할 때
> ㄷ. 초대할 대상의 반응보다는 집단원 자신의 표현이 더 중요할 때
> ㄹ. 과거 고통스러운 사건(학대, 학교폭력 등)을 호소할 때

① ㄱ, ㄴ
② ㄴ, ㄷ
③ ㄷ, ㄹ
④ ㄱ, ㄴ, ㄹ
⑤ ㄱ, ㄴ, ㄷ, ㄹ

48 구조화 집단상담 초기단계에서 집단상담자의 역할에 관한 설명으로 옳지 않은 것은?
① 집단원들의 염려와 질문을 개방적으로 다룬다.
② 집단에 대한 구조화를 실시하여 집단에 대해 안내한다.
③ 특정 집단원의 깊은 자기개방에 대해 심도 있게 다룬다.
④ 적극적 경청과 공감적 반응으로 집단행동의 모범을 보인다.
⑤ 집단상담자에게 집중되는 것을 피하고 집단원간의 상호작용을 촉진시킨다.

49 집단상담의 기법과 예시가 바르게 연결된 것을 모두 고른 것은?

> ㄱ. 즉시성 : 현수가 현재 겪고 있는 문제는 채영이가 선생님께 인정받고 싶다고 한 말과 유사하네요.
> ㄴ. 해석 : 아픈 어머니를 보살펴야 했던 경험 때문에 다른 사람이 아프면 자꾸 보살피려고 하는 것은 아닐까요?
> ㄷ. 재진술 : 엄마에게 꾸중을 들은 것이 오늘 시험에 영향을 주었단 말이구나.
> ㄹ. 개방적 질문 : 너희 가족은 몇 명이니?

① ㄱ, ㄴ
② ㄴ, ㄷ
③ ㄱ, ㄷ, ㄹ
④ ㄴ, ㄷ, ㄹ
⑤ ㄱ, ㄴ, ㄷ, ㄹ

정답 및 해설 45 ② 46 ③ 47 ⑤ 48 ③ 49 ②

45 ② 과도기 단계에서 집단원 A의 감정을 과거와 연결시켜 단정적으로 해석하는 것은 A의 저항을 불러올 수 있으므로 부적절하다. 과도기 단계에서는 현재-여기에 초점을 맞추고, 불안과 저항을 수용적이고 촉진적으로 다루는 게 바람직하다.

46 ㄱ. 감정을 표출하고 해소하는 과정을 나타내므로 감정정화(Catharsis)에 해당한다
ㄴ. 타인의 시각을 통해 자신을 객관적으로 인식하게 되는 과정이므로 대인관계학습에 해당한다.

47 ㄱ. 빈의자기법의 가장 일반적인 상황에 해당한다.
ㄴ. 상실의 슬픔이나 미처 다하지 못한 말이 있을 때 빈의자에 고인을 두고 대화함으로써, 미해결된 감정을 다루고 애도과정을 도울 수 있다.
ㄷ. 빈의자 기법의 촛점은 상대방의 실제반응을 얻는 게 아니라 상대방과의 관계를 재경험하고 자신의 감정과 욕구를 표현하는 내담자 자신의 체험과 표현에 있기 때문에 사용할 수 있는 상황에 해당한다.
ㄹ. 사건의 가해자가 빈의자에 있다고 생각하고 다시 마주보고 표현함으로써 마음속의 미해결과제를 해결하고 심리적인 변화와 성장을 경험할 수 있다.

48 ③「특정 집단원의 깊은 자기개방에 대해 심도있게 다루기」는 집단이 어느 정도 안정화되고 신뢰가 형성된 중기 작업단계에서 이루어지는 것이 바람직하다. 초기단계에서 특정집단원의 깊은 문제를 다루면 다른 집단원들이 위협을 느끼거나 집단이 불안해 질 수 있다. 초기에는 보통 표면적인 내용이나 현재의 감정을 중심으로 다루며, 모든 집단원이 참여할 수 있도록 촉진하여야 한다.

49 ㄱ. 즉시성이 아닌 연결기법에 해당한다. 연결은 특정 집단원의 행동이나 말을 다른 집단원의 관심사와 연결시키는 데 사용되는 집단상담자의 통찰력 표현의 한 기법이다.
ㄷ. 재진술은 집단원이 말한 내용의 핵심적인 부분을 상담자가 간결하게 다른 말로 되풀이 해주는 기법이므로 옳은 설명이다. "~말이구나"라는 표현은 상대방의 감정을 존중하며 부드럽게 결론을 내리는 방식이다.

50 청소년 집단상담자의 행동으로 옳지 않은 것은?
① 집단상담자는 열정적이고 긍정적인 태도를 갖는다.
② 현실적으로 완벽한 비밀보장이 어렵다는 것을 사전에 알려 준다.
③ 집단상담이 적절하지 않다고 판단되는 경우 개인상담을 권유한다.
④ 집단원의 반응보다 집단상담 프로그램 진행에 더 초점을 둔다.
⑤ 폐쇄집단에서 집단원이 집단을 떠나고 싶어하면 이를 존중해 준다.

| 필수과목 | 3과목 심리측정 및 평가 |

51 다음 지시문에 부합하는 문항반응양식은?

> 각 문항의 내용을 읽고, 자신에게 맞는 문항은 응답지의 '예'에 표시하고 그렇지 않은 문항은 '아니오'에 표시하십시오.

① 개방형   ② 진위형   ③ 중다선택형
④ 리커트 양식   ⑤ 양극형용사 체크양식

52 심리평가에 관한 설명으로 옳은 것은?
① 수검자에 대한 치료전략을 제시한다.
② 심리적 속성에 수를 부여하는 과정이다.
③ 심리검사와 동일한 의미를 갖는다.
④ 심리검사의 구성요소 중 하나이다.
⑤ 표준절차에 따라 행동표본을 측정하는 도구이다.

53 Z 점수에 관한 설명으로 옳지 않은 것은?
① 변환점수이다.
② 표준점수이다.
③ 평균은 0, 표준편차는 1이다.
④ Z 점수를 알면 T 점수를 산출할 수 있다.
⑤ 규준집단 내에서 개인의 절대적 위치를 알게 해준다.

54. 준거참조검사에 관한 설명으로 옳은 것을 모두 고른 것은?

> ㄱ. MMPI는 대표적인 준거참조검사이다.
> ㄴ. 개인은 특정한 범주로 분류된다.
> ㄷ. 합격 또는 불합격 여부를 판단하는 운전면허 시험이 여기에 속한다.
> ㄹ. 응답자가 속한 모집단과 비교하여 개인의 상대적 위치를 평가한다.

① ㄱ, ㄴ   ② ㄱ, ㄷ   ③ ㄱ, ㄹ   ④ ㄴ, ㄷ   ⑤ ㄴ, ㄹ

55. 한국 중학생의 대인관계 부적응과 불안 간의 상관계수가 0.5로 통계적으로 유의하게 나타났다. 이 값은 불안의 전체 분산 가운데 몇 %가 대인관계 부적응의 분산에 의해 설명됨을 의미하는가?

① 2.5%   ② 5%   ③ 10%   ④ 25%   ⑤ 50%

정답 및 해설

50 ④ 51 ② 52 ① 53 ⑤ 54 ④ 55 ④

50 ④ 집단상담의 프로그램 진행보다 집단원의 지금-여기의 상호작용의 반응을 통해 치료적 효과를 얻는 것이 핵심이다.

51 ② 진위형 문항은 피검자에게 진술문을 제시하고, 맞으면 'O' 틀리면 'X' 하도록 하는 형식이다.

52 심리검사, 심리측정, 심리평가

심리검사	· 지능 검사, 성격 검사, 적성 검사 등의 개별적인 검사를 지칭한다. · 표준절차에 따라 행동표본을 측정하는 도구이다.
심리측정	· 심리적 속성에 수를 부여하는 과정이다.
심리평가	· 여러 종류의 심리 검사를 실시하여 얻어진 자료와 임상적인 면담 및 체계적인 행동 관찰을 통해 얻어진 정보를 종합하고 해석하는 전문적인 과정이며, 이를 토대로 수검자에 대한 치료전략을 제시한다.

53 ⑤ Z 점수는 평균을 0으로, 표준편차를 1로 변환한 변환점수이며, 개인의 점수가 규준집단의 평균보다 높으면 양수, 낮으면 음수로 표시되므로 상대적 위치를 직접적으로 파악할 수 있는 표준점수이다.

54 ④ 준거참조검사와 규준참조검사

준거참조검사 (절대비교평가)	규준참조검사 (상대비교평가)
· 정해진 절대적인 기준에 따라 피험자의 성취 수준을 판단하고, 그 기준 도달 여부에 따라 특정한 범주(목표도달 또는 미달로 분류)로 분류하는 평가 방식 예 합격 또는 불합격 여부를 판단하는 운전면허 시험, 자격증 시험 등	· 개인의 점수를 다른 사람들의 점수와 비교해 개인의 상대적 위치를 평가하는 검사 · MMPI는 규준참조검사이며, 개인의 성격, 정서, 적응 수준 등을 평가하는 데 사용된다. 검사 결과는 동일한 검사를 치른 규준집단(평균 50점)과 비교하여 개인의 상대적 위치를 판단한다. 예 대학입시, 심리검사

55 ④ 단순선형회귀분석에서 피어슨(Pearson) 표본적률상관계수의 제곱이 결정계수라는 것이 수리통계학 증명과정을 통하여 도출되므로 한국 중학생의 대인관계 부적응과 불안 간의 상관계수가 0.50이면, 결정계수는 25%(0.25)이고 이 값은 불안의 전체 분산 가운데 25%가 대인관계 부적응에 의해 설명됨을 의미한다.

56 체온과 체중 측정치는 각각 어떤 종류의 척도에 해당하는가?
① 체온: 명명척도, 체중: 서열척도
② 체온: 비율척도, 체중: 등간척도
③ 체온: 등간척도, 체중: 비율척도
④ 체온: 등간척도, 체중: 등간척도
⑤ 체온: 비율척도, 체중: 비율척도

57 통계에 관한 설명으로 옳지 않은 것은?
① T점수 70은 백분위 98에 해당한다.
② 분산(variance)은 표준편차를 제곱한 값이다.
③ 정규분포에서 평균, 중앙값, 최빈값은 일치한다.
④ 부적 편포의 경우, 대부분의 점수가 낮은 점수 쪽에 몰려 있다.
⑤ 정적 편포의 경우, 평균이 중앙값과 최빈값보다 오른쪽에 위치한다.

58 검사–재검사 신뢰도에 관한 설명으로 옳지 않은 것은?
① 검사 간격이 길수록 신뢰도가 낮아질 수 있다.
② 수검자의 동기 상태는 신뢰도에 영향을 미칠 수 있다.
③ 문항들의 난이도는 신뢰도에 영향을 미칠 수 있다.
④ 검사 간격이 짧을수록 연습 효과와 기억 효과가 발생할 가능성이 커진다.
⑤ 안정적 변인보다 가변적 변인을 측정할 때 적합하다.

59 다음에서 설명하는 타당도는?

○ 해당 분야의 전문가들이 검사 문항들의 적절성 수준을 판단한다.
○ 검사 문항들이 특정 영역을 과잉 혹은 과소 대표하는지 검토한다.
○ 각 영역의 문항 수는 영역의 상대적 중요도가 반영되는 것이 바람직하다.

① 공인 타당도
② 구성타당도
③ 내용타당도
④ 안면타당도
⑤ 예언타당도

60 심리학자 A는 새로운 우울증 검사 B를 개발하였다. 이 검사가 기존의 우울증 검사 C와 이론적으로 관련성이 높은지 알아보기 위해 B와 C 간의 상관계수를 산출하였다. 이는 무엇을 분석하기 위한 것인가?
① 내적 합치도
② 반분신뢰도
③ 변별타당도
④ 수렴 타당도
⑤ 동형검사 신뢰도

61 능력검사에 관한 설명으로 옳은 것을 모두 고른 것은?

> ㄱ. 정답이 존재한다.
> ㄴ. 시간제한이 적용되지 않는 검사도 있다.
> ㄷ. 지능검사, 신경심리검사, 적성검사 등이 있다.
> ㄹ. 수검자에게 능력을 최대한 발휘하도록 요구한다.

① ㄱ, ㄴ, ㄷ ② ㄱ, ㄴ, ㄹ ③ ㄱ, ㄷ, ㄹ ④ ㄴ, ㄷ, ㄹ ⑤ ㄱ, ㄴ, ㄷ, ㄹ

정답 및 해설

56 ③ 57 ④ 58 ⑤ 59 ③ 60 ④ 61 ⑤

56 척도의 종류

명명척도	대상을 공통속성(성별, 종교, 지역, 연령등)에 근거하여 둘 이상의 범주로 유목(類目: 목록을 나눔)한 척도 예 천주교 1, 기독교 2, 불교 3, 이슬람교 4
서열척도	조사 대상의 특성을 상대적 서열(순위)로 나타낸 것으로, 절대영점이 존재하지 않음 예 성적 (1등, 2등, 꼴등) 학력(중졸, 고졸, 대졸, 대학원 졸)
등간척도	순서와 함께 동일한 간격을 가지지만 절대적인 영점이 없음 예 체온, IQ 점수
비율척도	등간척도의 모든 특징을 포함하며, 절대영점이 존재하므로, 사칙연산이 가능하다. 예 키, 체중, 수입

57 ④ 부적편포의 경우 대부분의 점수가 높은 쪽에 몰려있다.

58 ⑤ 검사-재검사 신뢰도는 가변적 변인 (예 기분, 동기, 특정한 태도)보다는 시간이 지나도 비교적 변하지 않는 안정적 변인 (예 지능, 성격)을 측정하는데 적합하다.

59 ③ 내용타당도는 평가 도구가 측정하려는 내용이나 개념을 얼마나 충실히 대표하고 있는 가를 나타내는 지표이다. 이는 전문가의 주관적 판단에 의존하며, 문항이 측정하고자 하는 전체 내용을 잘 반영하고 있는지, 그리고 검사의 목적에 부합하는지 확인을 통하여 이루어진다. 또한 내용타당도를 확보하기 위해 상대적 중요도가 높은 영역에 문항 수를 많이 배정하는 것은 일반적인 평가 도구 개발 원칙이다.

60 ④ 수렴타당도는 새로 개발한 검사가 기존의 타당성이 입증된 검사(C)와 얼마나 유사한 결과를 보이는 지를 확인하는 타당도 평가 방법이다. 같은 개념을 측정하는 서로 다른 측정 도구들의 결과가 서로 비슷해야 한다는 원리에 기반한다.

61 ⑤ 능력검사와 인성/성격검사

	능력검사	인성/성격검사
측정대상	최대수행능력(직무수행에 필요한 기초능력, 사고 측정)	평균적 행동 경향 (사회성, 조직적합성, 가치관 등)
정답	정답 존재	정답 없음 (솔직한 자기보고)
종류	지능검사, 신경심리검사, 적성검사 등	TCI, NEO 성인성격검사, MBTI, MMPI 등
시간제한	일부 적성검사 제외하고 원칙적으로 시간제한 있음	시간제한이 없거나 충분한 시간이 주어짐

62 심리검사 시행 시 고려사항으로 옳은 것을 모두 고른 것은?

ㄱ. 검사자가 전문적 용어를 사용하면 라포 형성이 촉진된다.
ㄴ. 수검자가 아동·청소년인 경우, 검사 목적을 잘 이해시켜 동기를 높일 필요가 있다.
ㄷ. 평가 불안이 있는 수검자가 반응에 실패하면 안정을 위해 정답을 알려주는 것이 바람직하다.
ㄹ. 투사적 검사 시 수검자가 자신의 반응을 검열하지 않고 연상되는 그대로 반응하도록 격려한다.

① ㄱ, ㄴ   ② ㄴ, ㄷ   ③ ㄴ, ㄹ   ④ ㄱ, ㄷ, ㄹ   ⑤ ㄴ, ㄷ, ㄹ

63 K-WAIS-Ⅳ의 소검사에 관한 설명으로 옳은 것은?
① 이해 : 광범위한 일반적인 지식에 관한 질문에 대답한다.
② 순서화 : 일련의 그림들을 보고 각각을 순서대로 정렬하여 회상한다.
③ 상식 : 일반적 원칙과 사회적 상황에 대해 자신이 알고 있는 바에 기초해 질문에 대답한다.
④ 지우기 : 제한시간 내에 조직적으로 배열되어 있는 도형들 속에서 표적 자극과 동일한 도형을 찾아 표시한다.
⑤ 공통성 : 언어 문항에서는 청각적으로 제시된 두 단어의 유사점, 그림 문항에서는 시각적으로 제시된 두 그림의 유사점에 대해 설명한다.

64 K-WISC-Ⅴ의 기본지표와 지표에 포함된 소검사의 연결이 옳지 않은 것은?
① 언어이해: 어휘
② 작업기억: 산수
③ 시공간: 토막짜기
④ 유동추론: 무게비교
⑤ 처리속도: 동형찾기

65 중학교 2학년 A는 K-WISC-Ⅴ에서 전체 IQ가 85로 나타났다. 이 결과에 관한 설명으로 옳은 것을 모두 고른 것은?

ㄱ. 전체 IQ 85는 100명 중 84등에 해당한다.
ㄴ. 지적 능력은 경계선 지능의 범위에 속한다.
ㄷ. 전체 IQ 85는 K-WISC-Ⅴ의 소검사 환산점수 7점과 동일한 상대적 위치이다.

① ㄱ   ② ㄴ   ③ ㄱ, ㄷ   ④ ㄴ, ㄷ   ⑤ ㄱ, ㄴ, ㄷ

66 스피어만(C. Spearman)의 2요인 이론과 CHC(Cattell-Horn-Carroll) 이론의 공통점으로 옳은 것은?

① 일반 지능(g요인)의 개념을 가정하였다.
② 유동적 지능(Gf)과 결정적 지능(Gc)이 포함된다.
③ 이론의 구성요소로 내용과 결과 차원을 제안하였다.
④ 2층 위계는 좁은 영역의 인지능력들로 구성된다고 제안하였다.
⑤ 지능은 각각 독립적이고 수평적 형태로 존재한다고 제안하였다.

정답 및 해설

62 ③　63 ④　64 ②　65 ③　66 ①

62 ③ ㄱ. 검사자가 전문가 용어가 아닌 이해하기 쉬운 용어를 사용하면 라포 형성이 촉진된다.
ㄴ. 옳은 설명이다.
ㄷ. 평가 불안이 있는 수검자가 반응에 실패하면 안정을 위해 정답을 알려주기 보다는 근육이완법 등을 통하여 신체적 안정을 찾도록 하거나, 격려와 지지를 보내는 것 등이 바람직하다.
ㄹ. 투사적 검사는 검사자나 질문지에 대한 경계심을 낮추기 위해 애매모호하고 비구조적인 자극을 주어, 수검자가 자신의 반응을 검열하지 않고 연상되는 그대로 자유롭게 반응하도록 유도함으로써, 개인의 내면적인 욕구나 감정 등을 '투사'하도록 하는 검사이다.

63 ① 상식　② 순서화 : 일련의 숫자와 문자를 듣고 각각을 순서대로 정렬하여 회상한다.
③ 이해
⑤ 공통성 : 검사자가 청각적으로 제시된 두 단어의 유사점 예컨대 "사과와 바나나의 공통점은 무엇인가요?"와 같이 쌍으로 짝지어진 단어를 말로 제시하면, 수검자가 답을 말로 하면 검사자가 기록용지에 그대로 기록하는 방식이다.

64 ② K-WISC-V의 기본지표와 지표에 포함된 소검사

기본지표	언어이해	시공간	유동추론	작업기억	처리속도
소검사	공통성, 어휘	토막짜기, 퍼즐	행렬추론, 무게비교	숫자, 그림기억	기호쓰기, 동형찾기

65 ㄱ. 지표점수의 표준(z)점수 = $\dfrac{지표점수 - 평균점수}{표준편차} = \dfrac{85-100}{15} = -1$

표준점수(z) -1의 백분위는 16 이므로 100명중 84등에 속한다. (표준점수 +1은 16등)
ㄴ. 경계선지능은 IQ 71~84에 해당하는 지능이다.
ㄷ. IQ점수의 편차거리 : 평균 100, 표준편차 15, 소검사의 편차거리 : 평균 10, 표준편차 3 이므로
$\dfrac{IQ점수-평균}{표준편차} = \dfrac{소검사의\ 환산점수-평균}{표준편차}$ 이므로, $\dfrac{85-100}{15} = \dfrac{7-10}{3} = -1$
두 점수 모두 평균에서 -1에 동일하게 위치한다.

66 ① 스피어만(C. Spearman)의 2요인 이론, CHC(Cattell-Horn-Carroll) 이론, 가드너(H. Gardner)의 다중지능이론

스피어만(C. Spearman)의 2요인 이론 (일반 지능(g요인)과 특수 지능(s 요인)		CHC(Cattell-Horn-Carroll) 이론 (3계층구조로 설명)		가드너(H. Gardner)의 다중지능이론
일반지능 (g요인)	모든 인지 활동의 단일한 원천이자 가장 중요한 요소로 간주.	제3계층 (최상위층)	모든 인지 활동에 영향을 미치는 단일 요인인 일반지능(g)이 있으며 광범위 능력과 협소 능력의 복잡한 상호작용을 통해 발현	지능이 각각 독립적이고 수평적 형태로 존재한다고 주장
특수지능 (s요인)	특정 영역에 국한된 특수 능력 (예 음악적 재능, 수학적 능력, 언어 능력 등)	제2계층 (광범위 능력)	일반 지능 아래에 있는 10여 가지의 넓은 범주의 인지 능력 (유동지능, 결정지능, 청각 처리, 시각 처리, 단기 기억, 장기 기억, 처리 속도)	
		제1계층 (협소능력)	가장 구체적이고 측정 가능한 인지 기술로, 2층의 광범위한 능력을 구성하는 세부적인 하위 요소계층	

67 MMPI-2 임상척도 4의 소척도가 아닌 것은?
① 비도덕성 ② 가정불화 ③ 권위불화
④ 내적 소외 ⑤ 사회적 소외

68 다음에 해당하는 MMPI-2의 코드 유형은?

○ 일상생활을 유지해 나가기가 어려울 정도로 정서적 동요가 심하고 매우 혼란스럽다.
○ 걱정이 많고 긴장과 불안에 휩싸여 있는 모습이다.
○ 대인관계에서 자신감이 부족하며 자기주장을 잘 하지 못한다.

① 1-3/3-1
② 3-4/4-3
③ 4-9/9-4
④ 6-9/9-6
⑤ 7-8/8-7

69 정보를 인식하는 방식에서의 경향성을 나타내는 MBTI의 하위척도는?
① 외향형 – 내향형
② 감각형 – 직관형
③ 사고형 – 감정형
④ 판단형 – 인식형
⑤ 접근형 – 회피형

70 TCI의 기질척도가 아닌 것은?
① 인내력(P)
② 연대감(C)
③ 자극추구(NS)
④ 위험회피(HA)
⑤ 사회적 민감성(RD)

71 다음의 성격특성에 해당하는 홀랜드(J. Holland)의 직업적 성격유형은?

솔직하고, 성실하며, 검소하고, 지구력이 있고, 신체적으로 건강하며, 소박하고, 말이 적으며, 고집이 있고, 직선적이며, 단순하다.

① 현실적(Realistic) 유형
② 탐구적(Investigative) 유형
③ 예술적(Artistic) 유형
④ 기업적(Enterprising) 유형
⑤ 관습적(Conventional) 유형

정답 및 해설

67 ① 68 ⑤ 69 ② 70 ② 71 ①

67 ① MMPI-2 임상척도 4(반사회성)의 소척도
- 가정불화 · 권위불화 · 사회적 안정성(침착성) · 사회적 소외 · 내적 소외
비도덕성은 임상척도 9(경조증)의 소척도에 해당한다.

68 ⑤ 7-8/8-7 : 7 Pt 강박증, 8 Sc 정신분열증의 특징이 동시에 두드러진다.

척도번호	코드	척도명	특 징
1	Hs	건강염려	신체 기능에 대한 과도한 불안, 걱정, 집착을 측정
3	Hy)	히스테리	신경증적 불안을 신체적 증상으로 표현하는 경향을 측정
4	Pd	반사회성	사회적/도덕적 규범의 무시, 충동성, 대인관계의 갈등 등을 평가
6	Pa	편집	의심증, 집착증, 피해의식, 타인 비난 및 원망, 적대적.
7	Pt	강박	불안, 긴장, 초조, 완벽주의 성향 등 강박적인 측면
8	Sc	조현	정신적 혼란과 불안정 상태, 정신분열성 행동 장애 특징(환각, 환상, 망상 등), 사회적으로 위축, 내성적이며 대인관계기술이 미숙
9	Ma	경조	과다한 활동, 흥분, 과장된 자기 표현, 조증적 특성

69 ② MBTI 선호지표

외향성-내향성(EI)	개인의 주의집중과 에너지의 방향이 외부로 향하는지 내부로 향하는지 반영
감각형-직관형(SN)	개인이 정보를 인식하는 방식의 경향성을 반영
사고형-감정형(TF)	판단을 내릴 때 사고적 판단을 신뢰하는지 감정적 판단을 신뢰하는지 반영
판단형-인식형(JP)	외부문제에 대하여 판단과정을 중요시 하는지 인식과정을 중요시 하는지 반영

70 ② TCI의 기질척도

자극추구 척도(NS)	새로운 자극과 흥분을 추구하는 정도를 평가하는 척도
위험회피 척도(HA)	위험을 회피하거나 행동을 억제하는 정도를 평가하는 척도
사회적 민감성 척도(RD)	사랑, 인정, 칭찬과 같은 사회적 보상 신호에 반응하는 정도를 평가하는 척도
인내력 척도(P)	보상이 주어지지 않더라도 한번 시작한 행동을 지속하려는 경향을 평가하는 척도

71 ① 홀랜드(J. Holland)의 직업적 성격유형

유 형	내 용	대표직업
예술형	상상력과 감수성이 강하며, 자유분방하며, 개방적, 감정이 풍부하고, 독창적이고, 개성이 강하고, 협동적이지 않다.	음악, 미술, 문학, 공연 등의 직업
기업형	지배적이고, 통솔력, 지도력이 있으며, 말을 잘하고, 설득적이며, 경쟁적, 야심적이며, 외향적이고, 낙관적이고, 열성적이다.	경영인, 영업사원, 정치가, 판사
관습형	정확하고, 빈틈 없고, 조심성이 있으며, 세밀하고, 계획성이 있으며, 변화를 좋아하지 않으며, 완고하고, 책임감이 강하다.	회계사, 은행원, 경리원, 프로그래머,
사회형	사람을 좋아하며 봉사적이며, 감정적이고, 이상주의적이다.	사회복지사, 교육자, 간호사, 성직자,
현실형	예문 참조	엔지니어, 군인, 운전사, 운동선수, 농부
탐구형	논리적, 분석적, 합리적이며, 정확하고, 지적 호기심이 많으며, 비판적, 내성적이고, 수줍음을 잘 타며, 신중하다.	학자, 분석가, 의사, 인류학자 등

72 HTP 검사의 실시방법에 관한 설명으로 옳지 않은 것은?
① 그림 단계를 모두 마친 후 질문 단계를 시행한다.
② 나무를 그리도록 할 때 수검자에게 종이를 세로로 제시한다.
③ 수검자의 성별과 동일한 성별의 사람 그림을 먼저 그리게 한다.
④ 그리는 방법에 관해 질문하는 경우 "마음 내키는 대로 그리세요."라고 대답한다.
⑤ 사람 그림에서 처음에 신체 일부만 그리는 경우 "전신 그림을 그리세요."라고 지시한다.

73 삭스(J. Sacks)가 개발한 문장완성검사의 네 가지 대표영역이 아닌 것은?
① 가족 영역
② 성적영역
③ 대인관계 영역
④ 자기개념 영역
⑤ 타인 및 세상영역

74 로샤(Rorschach) 검사의 엑스너(Exner) 종합체계에서 강박성향지표(OBS)에 해당하는 것은?
① S > 3
② $FQ^+ > 1$
③ CF + C > FC
④ P < 3 혹은 P > 8
⑤ M- > 1 혹은 M-% > .40

75 로샤(Rorschach) 검사의 엑스너(Exner) 종합체계에서 발달질 채점 기호로 옳지 않은 것은?
① +　　② -　　③ o　　④ v/+　　⑤ v

필수과목　**4과목 상담이론**

76 상담자의 윤리적 행동으로 옳은 것은?
① 심리검사 결과를 책상에 방치해 다른 내담자가 열람하였다.
② 법원의 정보공개 요청 사실을 내담자에게 알리고 최소한의 정보를 법원에 제공하였다.
③ 내담자를 상담자의 SNS 친구로 추가하고 사적인 연락을 주고받았다.
④ 자살 위험성이 높은 내담자를 혼자 감당하며 전문기관에 연계하지 않았다.
⑤ 상담자의 특정한 필요 때문에 상담 횟수를 늘리도록 내담자에게 권유하였다.

77 상담에 관한 설명으로 옳지 않은 것은?
① 상담은 대면 상담으로만 이루어지는 것은 아니다.
② 상담자와 내담자의 관계는 일방적, 수직적인 관계이다.
③ 상담자는 내담자의 자유로운 감정표현을 허용한다.
④ 상담과정에 내담자의 적극적인 참여를 필요로 한다.
⑤ 상담은 내담자의 의사결정과 문제해결을 돕는 활동이다.

정답 및 해설

72 ③ 73 ⑤ 74 ② 75 ② 76 ② 77 ②

72 ③ 실시방법 : "한 장의 종이에 하나 씩 모두 4장의 그림을 그리십시오." 라고 말한 뒤,
1. 1번의 종이를 가로로 제시하면서 " 이 종이 위에 집을 그리십시오."라고 지시한다.
2. 2번의 종이를 세로로 제시하며 " 나무 한 그 루를 그려보십시오."라고 지시한다.
3. 3번의 종이도 세로로 제시하며 "사람을 한 사람 그려보십시오. 얼굴만이 아니고 전신을 그려보십시오."하고 지시한다. 피검자가 사람을 다 그리고 나면, 남자(성)인지 여자(성)인지 질문하여 3번의 아래에 기입한다.
4. 4번의 종이를 세로로 제시하여 3번의 인물과는 반대되는 성의 인물을 그리도록 지시한다.

73 ⑤ 삭스(Sacks)가 개발한 문장완성검사(SSCT)의 네 가지 대표 영역은 가족, 성, 대인관계, 자기개념이다.

74 ② 로샤(Rorschach) 검사의 엑스너(Exner) 종합체계의 성향지표

자살성향지표(S-CON))	지각적사고지표(PTI)	과잉경계지표(HVI)
· es > EA · X+% < .70	· CF + C > FC · S > 3	· R<17 그리고 WSUM6>12 또는 R≥16 그리고 WSUM6>17 · M−>1 혹은 M−% >.40	· Fl+TF+T = 0 · Zd >+35 · Cg >3	· Zf > 12 · S > 3
대응손상지표(CDI)	우울성향지표(DEPI)	강박성향지표(OBS)
· EA < 6 혹은 AdjD < 0 · Cop < 2 and AG < 2 · Weighted Sum C < 2.5 혹은 Afr < .46	· FV+VF+V >0 또는 FD > 2 · 색채−음영혼합 (Col−Shd Blends) > 0 또는 S > 2 · 3r+(2)/R>.44 그리고 Fr+rF=0 또는 3r+(2)/R < .33	· Dd > 3 · Zf > 12 · Zd >+3.0 · Popular > 7 · FQ$^+$ > 1

75 ② 엑스너 종합채점체계의 채점 항목

반응항목	파악할 내용	채점 기호
발달질	반응한 위치는 어떤 발달 수준을 보이는가?	+, o, v/+, v
형태질	반응한 내용은 자극특징에 적절한가?	+, o, u, −

76 ② 윤리적 행동에 해당한다.
③ 상담자는 특별한 경우를 제외하고는, 내담자와 상담실 밖에서 사적인 관계를 맺지 않는다.
⑤ 내담자의 복지와 권리를 최우선으로 하여 상담의 목표, 내담자의 상태, 그리고 내담자와 상담자의 합의에 따라 상담 횟수와 종결 시기가 결정되어야 한다.

77 ② 상담자와 내담자의 관계는 일방적이고 수직적인 관계가 아니라, 협력적이고 상호적인 관계에 가깝다.

78 다음 ( )에 해당하는 방어기제로 옳은 것은?

> (ㄱ) : A는 부모님의 이혼소식을 듣고 "우리 부모님은 그냥 잠시 떨어져 있는 것뿐이에요. 곧 다시 같이 살 거예요."라고 말한다.
> (ㄴ) : B는 성적이 엉망으로 나온 상황에서 '알고 보니 내가 미처 공부하지 않은 내용에서 문제가 출제된 것이었기에 그럴 만하다.'고 생각한다.

① ㄱ: 부정, ㄴ: 합리화 ② ㄱ: 억압, ㄴ: 합리화
③ ㄱ: 부정, ㄴ: 주지화 ④ ㄱ: 억압, ㄴ: 주지화
⑤ ㄱ: 이상화, ㄴ: 억제

79 다음 설명에 해당하는 정신분석의 개념은?

> ○ 상담을 통해 얻은 통찰을 실생활에서 실천해 가는 것
> ○ 내담자가 인지적, 정서적으로 자신의 갈등을 자각하고 변화하기 위해 노력하는 것

① 훈습 ② 전이 ③ 불안 ④ 저항 ⑤ 실연

80 대상관계이론에 관한 설명으로 옳지 않은 것은?
① 곰인형, 담요 등은 과도적 대상(transitional object)의 역할을 한다.
② 내적 대상은 외적 대상에 대해 갖는 이미지, 감정, 생각, 기억 등을 의미한다.
③ 대상항상성(object constancy)은 양육자에 대한 일관된 상을 유지할 수 있는 능력을 의미한다.
④ 충분히 좋은 엄마(good enough mother)는 아기의 바람과 욕구를 좌절시키지 않는 완벽한 엄마이다.
⑤ 좋아하는 간식을 주지 않는 엄마의 모든 면을 나쁘다고 보는 아이는 분열(splitting)의 예에 해당한다.

81 상담이론과 기법의 연결이 옳지 않은 것은?
① 현실치료 : 직면, 유머
② 분석심리학 : 꿈분석, 해석
③ 교류분석 : 기능분석, 행동시연
④ 이야기치료 : 문제의 외현화, 대안적 이야기
⑤ 변증법적 행동치료 : 마음챙김, 대인관계 기술

82 아들러(A. Adler)의 개인심리학에 관한 설명으로 옳은 것을 모두 고른 것은?

ㄱ. 상담은 관계형성-평가와 분석-통찰과 해석-재정향의 과정을 거친다.
ㄴ. 인간 발달 단계를 아동기, 청년기, 중년기, 노년기로 구분하였다.
ㄷ. 직면, 과제, 역설적 의도, 마치~처럼 행동하기 등의 기법을 활용한다.
ㄹ. 사회적 관심과 활동 수준을 토대로 생활양식을 지배형, 회피형, 저항형, 사회적 유용형으로 나누었다.

① ㄱ, ㄷ   ② ㄱ, ㄹ   ③ ㄴ, ㄷ   ④ ㄴ, ㄷ, ㄹ   ⑤ ㄱ, ㄴ, ㄷ, ㄹ

정답 및 해설

78 ① 79 ① 80 ④ 81 ③ 82 ①

78 ① ㄱ: 부정, ㄴ: 합리화에 해당한다.

부정	타인에게는 분명해 보이는 현실적 측면을 인정하려 하지 않는다.
억압	용납되지 않는 욕구, 생각 또는 경험을 무의식의 영역으로 몰아내는 것이며 무의식적으로 일어난다는 점에서 의식적인 억제와는 구별된다. 예 성폭행당한 사실을 기억하지 못하는 것
합리화	자신의 행동, 감정의 진실한 동기를 숨기고, 자신의 선택을 적절하지 않은 방식으로 유리하게 해석한다.
주지화	불편한 감정을 조절하거나 최소화하기 위해 지나치게 논리적이거나 추상적으로 사고하거나 일반화한다. 예 가까운 사람의 죽음에 대한 충격을 최소화하기 위해 죽음의 의미와 사후세계에 대하여 추상적으로 사고하는 경우

79 ① 정신분석에서 훈습은 의식적 갈등에 더 이상 영향을 받지 않도록 통찰내용을 실제 생활에서 적응적 행동으로 실천하게 돕는 치료기법이다. 훈습과정에서 내담자는 지속적이고 반복적인 학습을 통해 자신이 이해하고 통찰한 바를 충분히 소화하게 된다. 예 과거의 경험때문에 다른 사람의 기준에 맞춰 살았다는 통찰을 얻은 후 "이제 다른 사람이 아닌 내 기준에 맞춰 살겠다"고 결정하고, 실제 생활에서 다른 사람의 기준에 흔들리지 않도록 노력하는 것

80 ④ '대상관계 이론'에서 아이가 엄마(주요 대상)가 없을 때에도 안정감을 느끼고 좋은 기억을 떠올릴 수 있는 능력을 '대상 항상성'이라고 하며, 이러한 능력을 키워주기 위해 아이의 요구에 민감하게 반응하되 완벽하지는 않은 '충분히 좋은 엄마'가 필요하다는 이론이다.

81 ③ 행동적 시연은 실제로 있을 수 있는 대인관계의 장면을 상정하고 상담자가 상대의 역을 맡고 내담자가 자신의 감정과 의견을 주장하게 하는 행동주의 상담기법에 해당한다.

82 ① 아들러는 인간의 발달을 일정한 단계가 아닌 인간이 평생동안 겪는 세가지 주요 생활과업과 4가지 생활양식의 형성과정을 통해 설명한다.
  ㄱ. 아들러의 상담은 관계형성-평가와 분석-통찰과 해석-재정향의 과정을 거친다.

관계형성	상담자와 내담자 간의 평등하고 상호 협력적인 관계를 구축한다.
평가와 분석	내담자의 고유한 생활양식(lifestyle)과 초기기억, 출생순위, 가족구도 등을 평가하고 분석한다.
통찰과 해석	내담자가 자신의 잘못된 신념, 사적인 논리, 자기 패배적 행동 패턴에 대해 자각하고 통찰을 얻도록 돕는다.
재정향	내담자가 새로운 생활양식을 바탕으로, 보다 효과적이고 사회적으로 유용한 방향으로 삶을 재조정하도록 돕는다.

  ㄴ. 인간 발달단계를 아동기, 청년기 및 성인 초기, 중년기, 노년기 4단계로 구분한 사람은 융이다.
  ㄷ. 직면은 내담자의 자기기만적 행동이나 왜곡된 생활양식을 직접적으로 지적하여 현실을 직시하도록 돕는 기법이며, 과제는 상담의 목표를 명확히 설정하고 현실적인 과제를 부여하여 성취를 유도하는 방식이다.
  ㄹ. 사회적 관심과 활동 수준을 토대로 생활양식을 지배형, 회피형, 획득형, 사회적 유용형으로 나누었다.

83. 다음 설명에 해당하는 상담이론은?

> ○ 그린버그(L. Greenberg) 등이 정립한 이론이다.
> ○ 인간중심상담, 게슈탈트 상담, 실존주의 심리학에 뿌리를 두고 있다.

① 초월상담　　② 수용전념치료　　③ 정서중심치료
④ 관계중심치료　　⑤ 변증법적 행동치료

84. 조작적 조건화에 기초한 행동주의 상담기법으로 옳지 않은 것은?

① 행동연쇄　　② 토큰경제　　③ 타임아웃
④ 프리맥의 원리　　⑤ 체계적 둔감화

85. 다음 사례의 상담자가 사례개념화에 적용한 상담이론은?

> ○ 사례: 고등학생 A는 "다른 애들은 다 나보다 잘난 것 같아. 나는 절대 성공할 수 없어. 이번 생은 망했어."라는 말을 자주 하곤 한다.
> ○ 사례개념화: A는 성장 과정에서 부모의 부정적 메시지를 내면화하여 부정적 인생각본을 형성한 것으로 보인다. 'I'm not OK, You're OK' 라는 인생태도를 가지고 있어 자신을 비하하는 생각과 행동을 지속하고 있는 것으로 보인다.

① 교류분석　　② 분석심리학　　③ 개인심리학
④ 게슈탈트상담　　⑤ 실존주의상담

86. 게슈탈트 상담자의 반응으로 옳은 것을 모두 고른 것은?

> ㄱ. 불안한 감정이 몸의 어디에서 느껴지나요?
> ㄴ. (손을 떨고 있는 내담자에게) 손을 더 빨리 더 많이 떨어보세요.
> ㄷ. 목소리가 점점 작아지고 있는데 지금 마음속에서 무엇이 일어나고 있나요?
> ㄹ. 앞에 있는 의자에 아빠가 앉아 있다고 상상하고 아빠에게 하고 싶은 말을 해볼까요.

① ㄱ, ㄴ　　② ㄱ, ㄷ　　③ ㄱ, ㄴ, ㄷ　　④ ㄴ, ㄷ, ㄹ　　⑤ ㄱ, ㄴ, ㄷ, ㄹ

87 합리정서행동상담(REBT)에서 비합리적 사고의 기준으로 옳지 않은 것은?

① 논리성 ② 현실성 ③ 실용성
④ 융통성 ⑤ 경제성

88 다음 사례에서 상담자가 사용한 해결중심 상담의 질문으로 옳은 것은?

> ○ 내담자: 동생은 정말 이기적이에요. 자기 자신만 생각하고 가족을 위한 행동은 하지 않아요.
> ○ 상담자: 동생이 이기적이지 않다고 느꼈던 적이 한 번도 없었나요?

① 예외질문 ② 대처질문 ③ 기적질문
④ 척도질문 ⑤ 악몽질문

정답 및 해설

83 ③ 84 ⑤ 85 ① 86 ⑤ 87 ⑤ 88 ①

83 ③ 그린버그 등이 정립한 정서중심치료(EFT)는 내담자의 정서를 인식하고, 수용하며, 변화시켜서, 궁극적으로 적응적인 새로운 정서를 형성하는 것을 목표로 하며, 인간중심상담, 게슈탈트 상담, 실존주의 심리학에 뿌리를 두고 있다.

84 스키너(Skinner)의 조작적 조건화에 기초한 행동주의 상담기법은 바람직한 행동을 증가시키고 바람직하지 않은 행동을 감소시키기 위해 행동의 결과에 따라 적절한 보상(강화)이나 처벌(소거)을 활용하는 기법이다.
⑤ 체계적 둔감화는 불안이나 공포반응을 제거하기 위해 이완조건과 위계적으로 배열된 불안자극을 짝짓는 역조건형성기법으로 파블로프의 고전적 조건화에 기반한 기법이다.

85 ① 부정적 메시지를 내면화하여 부정적 인생각본을 형성 : 부모의 부정적 메시지를 내면화 했다는 것은, 어린 시절의 경험(스트로크 등)이 타인과의 진실하지 못한 상호방식, 즉 게임을 형성하게 되어 결국 인생각본으로 자리잡게 된다는 교류분석상담이론이 적용되고 있다.
'I'm not OK, You're OK' 라는 인생태도 : 교류분석의 4가지 인생태도중 자기를 비하하고 타인을 우월하게 보는 태도를 의미한다.

86 ⑤ ㄱ. 게슈탈트 치료기법 중 신체자각기법이다.
ㄴ. 과장하기 기법이다.
ㄷ. 게슈탈트 과정자각기법에서 목소리가 작아지는 현상은 '지금-여기'에서 일어나는 중요한 비언어적 표현이다.
ㄹ. 게슈탈트 상담이론의 빈의자 기법

87 ⑤ 합리정서행동상담(REBT)에서 비합리적 사고의 5가지 기준
· 논리성: 생각이 논리적으로 일관성 있는지 여부
· 현실성: 생각이 객관적인 현실에 부합하는지 여부
· 실용성: 생각이 장기적인 목표 달성에 도움이 되는지 여부
· 융통성: 생각이 상황에 따라 유연하게 적용될 수 있는지 여부
· 파급효과: 그 생각이 긍정적인 결과를 가져오는지 여부

88 ① '예외 질문'은 해결중심 치료 기법 중 하나로, 내담자가 문제가 발생하지 않았던 시기나 긍정적이고 바람직했던 경험을 탐색하도록 돕는 질문이다.

89 현실치료의 계획단계에서 고려해야 할 사항으로 옳은 것을 모두 고른 것은?

> ㄱ. 간단한 것(simple)　　　　　ㄴ. 통제 가능한 것(controlled)
> ㄷ. 측정 가능한 것(measurable)　ㄹ. 즉각적인 것(immediate)

① ㄱ, ㄴ　② ㄷ, ㄹ　③ ㄱ, ㄷ, ㄹ　④ ㄴ, ㄷ, ㄹ　⑤ ㄱ, ㄴ, ㄷ, ㄹ

90 현실치료의 기본욕구와 설명이 옳지 않은 것은?
① 소속의 욕구 : 사랑하고 협력하고자 하는 욕구
② 힘의 욕구 : 경쟁하고 성취하고자 하는 욕구
③ 자유의 욕구 : 하고자 하는 대로 표현하고자 하는 욕구
④ 즐거움의 욕구 : 의식주를 해결하고자 하는 욕구
⑤ 생존의 욕구 : 개인의 생존과 안전을 추구하고자 하는 욕구

91 다음 설명에 해당하는 교류분석의 개념은?

> ㄱ. 상대를 심리적으로 위협하기도 하고 속이기도 하면서 어려움에 처할 때마다 경험하게 되는 불쾌한 감정
> ㄴ. 사회적 행동의 동기를 제공하는 요인으로 타인으로부터 얻어지는 인정자극

① ㄱ: 라켓,　ㄴ: 스트로크　　② ㄱ: 스트로크,　ㄴ: 라켓
③ ㄱ: 라켓,　ㄴ: 게임　　　　 ④ ㄱ: 스트로크,　ㄴ: 게임
⑤ ㄱ: 열등감,　ㄴ: 스트로크

92 여성주의 상담의 원리로 옳은 것을 모두 고른 것은?

> ㄱ. 사회 변화를 위한 참여　　　ㄴ. 상담관계의 평등
> ㄷ. 독립성과 상호의존성의 균형　ㄹ. 개인의 문제는 개인의 책임

① ㄱ, ㄴ　② ㄷ, ㄹ　③ ㄱ, ㄴ, ㄷ　④ ㄴ, ㄷ, ㄹ　⑤ ㄱ, ㄴ, ㄷ, ㄹ

93 다문화상담에 관한 설명으로 옳은 것을 모두 고른 것은?

> ㄱ. 필요하다면, 모국어로 된 상담관련 서식을 준비하는 것이 좋다.
> ㄴ. 문화적인 이유로도 보호자 외 다른 사람의 상담 동석은 불가하다.
> ㄷ. 상담자는 문화적 차이에 대한 민감성과 이해가 필요하다.
> ㄹ. 상담자의 가치관이 상담에 영향을 줄 수 있음을 인식하는 것이 필요하다.

① ㄱ, ㄷ　② ㄴ, ㄹ　③ ㄱ, ㄷ, ㄹ　④ ㄴ, ㄷ, ㄹ　⑤ ㄱ, ㄴ, ㄷ, ㄹ

94 통합적 접근에 관한 설명으로 옳은 것을 모두 고른 것은?

ㄱ. 혼합주의(syncretism)는 통합적 상담위계의 중간단계 특징이다.
ㄴ. 기술적 통합은 문제 해결을 위한 최상의 상담기법 선택에 중점을 둔다.
ㄷ. 동화적 통합은 단순한 기법의 혼합을 넘어 개념적 혹은 이론적 창조를 제안한다.
ㄹ. 이론적 통합은 하나의 이론을 중심으로 다른 치료적 접근들을 선택적으로 결합한다.

① ㄱ   ② ㄴ   ③ ㄱ, ㄴ   ④ ㄱ, ㄷ, ㄹ   ⑤ ㄴ, ㄷ, ㄹ

95 벡(A. Beck)의 인지왜곡(cognitive distortion)에 관한 개념과 그 예로 옳은 것을 모두 고른 것은?

ㄱ. 개인화 : A는 자신이 제안한 가족여행에서 사고가 나자 자기 때문이라고 생각했다.
ㄴ. 잘못된 명명 : B는 평소 관심 있는 이성 앞에서 사소한 실수를 하자 "난 역시 안돼, 나는 바보야!"라고 푸념을 하면서 자신을 바보라고 단정 지었다.
ㄷ. 임의적 추론 : C는 남자친구가 자신이 보낸 카톡에 몇 번 답장이 늦어지자, 자신을 더 이상 사랑하지 않는다고 결론을 내리고 먼저 헤어지자고 하였다.
ㄹ. 선택적 추론 : D는 면접시험에서 사소한 실수를 하였는데, 자신은 이 실수로 그 시험에 불합격 할 것이고, 더 이상 살아갈 가치가 없다고 결론 내렸다.

① ㄱ, ㄴ   ② ㄷ, ㄹ   ③ ㄱ, ㄴ, ㄷ   ④ ㄴ, ㄷ, ㄹ   ⑤ ㄱ, ㄴ, ㄷ, ㄹ

정답 및 해설

89 ⑤ 90 ④ 91 ① 92 ③ 93 ③ 94 ② 95 ③

89 ⑤ 현실치료의 계획단계에서 고려해야 할 사항은 제시된 ㄱ, ㄴ, ㄷ, ㄹ을 모두 포함하는 것이 맞다. 이는 효과적인 계획의 특성을 나타내는 S.A.M.I.C. 원칙의 일부이다.

90 ④ 즐거움의 욕구 : 놀고, 웃고, 배우며 재미를 느끼고자 하는 욕구
의식주를 해결하고자 하는 욕구는 생존의 욕구에 해당한다.

91 ① ㄱ. 라켓감정에 대한 설명이다. 예를 들어, 약속에 늦은 남자친구에게 화가 났지만, 어릴 적부터 분노를 표현하는 것이 금기시되어 온 사람은 분노 대신 슬픈 표정으로 상대방의 죄책감을 유도하며 조종할 수 있는데 이 때의 슬픔(불쾌한 감정)이 바로 라켓감정이다.
ㄴ. 스트로크에 대한 설명이며, 사람들은 타인으로부터 인정 자극, 즉 '스트로크(stroke)'를 얻기 위해 사회적 상호작용(자원봉사, 기부행위, 공동체 참여 등)을 한다고 주장한다.

92 ③ ㄹ. 개인적인 것은 정치적인 것이다 : 내담자의 개인적인 문제는 여성의 사회적·문화적 경험과 분리될 수 없다는 원리이다. 개인의 고통이 사회 구조적 성차별, 성 역할 고정관념, 제도적 불평등에서 비롯된다고 본다.
ㄷ. 독립성과 상호의존성의 균형 : 내담자가 외부의 인정없이 스스로 결정하고 자율적(독립적)인 동시에 건강한 관계를 맺고 도움을 주고받는 능력(상호의존성)을 통합적으로 발달시키도록 돕는다.

93 ③ ㄴ. 문화적인 이유로 보호자 외 다른 사람의 상담 동석은 가능해야 한다. 즉 문화적 배경에 따라 내담자의 가족, 친지, 또는 지역사회의 주요한 인물이 상담에 참여하는 것이 허용되거나, 심지어 권장될 수 있다.

94 ② ㄱ. 혼합주의(syncretism)는 통합적 상담위계의 가장 초기적이고 비체계적인 특징이다.
ㄷ. 이론적 통합은 단순한 기법의 혼합을 넘어 개념적 혹은 이론적 창조를 제안한다.
ㄹ. 동화적 통합은 하나의 이론을 중심으로 다른 치료적 접근들을 선택적으로 결합한다.

95 ③ ㄹ. 주어진 사례에서 나타나는 벡의 인지왜곡은 '임의적 추론'과 '파국화'이다.

96 상담과정에 관한 설명으로 옳지 않은 것은?
① 초기단계에서는 내담자와의 상담관계 형성이 중요하다.
② 초기단계에서 상담구조화를 실시한다.
③ 중기단계에서는 주 호소문제 탐색이 핵심이다.
④ 중기단계에서는 대안을 찾아 실천한다.
⑤ 종결단계에서는 종결에 대한 감정을 다룬다.

97 상담에서 종결과 관련된 내용으로 옳지 않은 것은?
① 상담 성과가 있었다면 종결을 고려한다.
② 상담자가 먼저 종결을 제안하는 경우는 없다.
③ 상담 종결 후, 상담이 필요한 다른 사안이 발생하면 다시 상담을 받을 수 있다.
④ 상담 성과가 충분치 않다면, 종결을 논하거나 다른 접근방법이나 절차를 강구한다.
⑤ 상담 종결 후, 추후상담을 활용할 수 있다.

98 다음 사례에서 상담자가 사용한 상담기법은?

> ○ 내담자: 친구들이 나를 미워하는 것 같아서 너무 힘들어요.
> ○ 상담자: 친구들의 어떤 행동을 보고 친구들이 나를 미워한다고 생각했나요?

① 반영　　② 직면　　③ 해석　　④ 요약　　⑤ 명료화

99 상담기법과 예시의 연결이 옳은 것을 모두 고른 것은?

> ㄱ. 재진술 : 오늘 표정이 밝은 걸 보니, 기분이 좋네요.
> ㄴ. 직면 : 괜찮다고 말하고 있지만, 목소리는 떨리고 있네요.
> ㄷ. 해석 : 친구에게 무조건 잘 해 주는 것은 친구가 떠날 것 같은 불안감 때문인 것 같아요.
> ㄹ. 자기개방 : 나도 게임을 하다가 밤 샌 적이 있어서 그 마음을 충분히 이해할 수 있어요.

① ㄱ, ㄴ　　② ㄴ, ㄷ　　③ ㄷ, ㄹ　　④ ㄴ, ㄷ, ㄹ　　⑤ ㄱ, ㄴ, ㄷ, ㄹ

100 청소년상담사 윤리강령 상 '전문가로서의 책임'에 해당하지 않는 것은?
① 자기의 능력 및 기법의 한계를 인식하고, 전문적 기준에 위배되는 활동을 하지 않는다.
② 검증되지 않고 훈련받지 않은 상담기법의 오·남용을 하지 않도록 유의한다.
③ 청소년 기본법에 따라 청소년의 권리와 책임을 다할 수 있게 지원해야 한다.
④ 청소년 및 복지 관련 법령, 정책 등의 적용과 개선을 위해 노력한다.
⑤ 청소년 관련 정책, 규칙, 법규 등에 대해 정통해야 하고 청소년 내담자를 보호하며 내담자가 최선의 발달을 이루도록 노력해야 한다.

필수과목 5과목 학습이론 2교시 : 필수 1과목, 선택 2과목(택1) 50문항 시간 : 50분

01 학습에 관한 설명으로 옳지 않은 것은?
① 외현적 수행이 없어도 학습은 이루어진다.
② 약물에 의한 일시적 행동변화는 학습이 아니다.
③ 행동 잠재력의 변화는 학습으로 볼 수 없다.
④ 학습은 경험을 통하여 이루어진다.
⑤ 태도의 변화는 학습의 영역에 포함된다.

정답 및 해설 96 ③ 97 ② 98 ⑤ 99 ④ 100 ④ 01 ③

96 ③ 상담 초기의 주 호소 문제 탐색은 내담자가 상담을 받게 된 표면적인 이유를 구체적으로 확인하고, 상담 관계의 기반을 마련하는 것이 주된 목적이다.
97 ② 상담자가 먼저 종결을 제안하는 것은 상담 목표 달성 가능성이 높거나, 내담자가 더 이상 상담을 지속하기 어려운 상황(예 해봐야 시간낭비라고 생각되는 경우)에 있을 때, 또는 상담 관계 자체를 더 이상 유지할 필요가 없다고 판단될 때 이루어질 수 있다.
98 ⑤ 명료화는 내담자의 모호하거나 불분명한 진술이나 감정을 구체적인 내용으로 명확히 인식하도록 돕는 상담기법이다. 예문에서 상담자의 질문은 내담자의 주관적인 해석(미워한다)을 구체적인 내용(어떤 행동)으로 명확히 인식하도록 돕고 있다.
99 ④ ㄱ.은 '기분이 좋아보이네요'라 했다면 반영에 해당한다.
100 ④ 청소년윤리강령

청소년상담사로서의 전문적 자세	지역사회 참여 및 제도 개선에 대한 책임
1. 전문가로서의 책임 (①,②,③,⑤) 2. 품위유지 의무 3. 보수교육 및 전문성 함양	1. 지역사회를 돕는 전문가 역할 2. 제도 개선 노력 (④)

01 ③ 학습이란 직·간접적 경험이나 연습을 통해서 획득되는 영속적인 행동이나 행동잠재력의 변화를 말한다. 행동잠재력이란 동기화되면 언제든 수행될 수 있는 행동능력을 말한다.

02 손다이크(E. L. Thorndike)의 연합학습에서 행위의 결과나 행동의 유용성이 연합 강도를 결정한다고 보는 것은?
① 준비성의 법칙(law of readiness)
② 연습의 법칙(law of exercise)
③ 사용의 법칙(law of use)
④ 불사용의 법칙(law of disuse)
⑤ 효과의 법칙(law of effect)

03 제임스(W. James)의 기능주의에 해당하지 않는 것은?
① 다윈(C. Darwin)의 진화론과 미국의 실용주의에 영향을 받았다.
② 의식의 구조와 내용에 초점을 두고 있다.
③ 의식의 흐름도 경험이 변화하면 함께 변화한다.
④ 의식은 변별적인 정보의 조각이 아닌 전체적이고 연속적인 과정이다.
⑤ 행동과 의식은 환경과의 관계에서 생성되고 소멸하는 과정이다.

04 파블로프(I. Pavlov)의 고전적 조건화에서 유기체가 오랜 기간 동안 매우 일반적인 환경에 있었을 때 가지게 되는 피질부(cortical) 모자이크는?
① 역동적 스테레오타입(dynamic stereotype)
② 집중(concentration)
③ 조건화된 제지(conditioned inhibition)
④ 외부 제지(external inhibition)
⑤ 흥분의 발산(irradiation of excitation)

05 학습자가 달성해야 할 최종 목표행동(goal behavior)에 이르는 하위 단위 행동들(target behaviors)을 난이도에 따라 위계화한 다음, 각 단위행동을 순차적으로 조건화시킴으로써 궁극적으로 최종 목표행동을 학습시키는 것은?
① 연쇄(chaining)
② 조성(shaping)
③ 변별(discrimination)
④ 이차 강화(secondary reinforcement)
⑤ 프리맥의 원리(Premack principle)

06 다음 설명에 해당하는 것은?

○ 거스리(E. R. Guthrie)의 습관을 깨는 방법
○ 바람직하지 않은 행동을 유발하는 단서를 바람직하지 않은 반응과 함께 일어날 수 없는 반응을 짝짓는 것

① 피로법(fatigue method)
② 역치법(threshold method)
③ 근사법(method of approximation)
④ 망각법(method of forgetting)
⑤ 모순된 반응법(incompatible response method)

07 바람직하지 않은 행동의 발생 뒤에 토큰 등의 조건 강화물을 잃는 것은?

① 반응대가(response cost)
② 면역훈련(immunization)
③ 타임아웃(time-out)
④ 부분강화(partial reinforcement)
⑤ 과잉교정(overcorrection)

정답 및 해설
02 ⑤ 03 ② 04 ① 05 ② 06 ⑤ 07 ①

02 ⑤ 손다이크(E. L. Thorndike)의 학습의 3대 법칙

효과의 법칙	설문참조 (동물이나 사람이 시행착오를 통해 어떤 행동이 긍정적(만족스럽거나 즐거운) 결과를 낳는다는 것을 알게 되면, 그 행동과 특정 상황(자극)의 연합이 강화됨)
연습의 법칙	자극과 반응의 연합이 반복적으로 사용될수록 강화되고, 사용되지 않으면 약화된다는 법칙
준비성의 법칙	학습자가 어떤 행동을 할 준비기 되어 있을 때 그 행동을 하면 만족스럽고, 준비가 안 되었을 때 강요하면 불쾌하다는 법칙

03 ② 제임스(W. James)의 기능주의와 분트(W. Wundt)의 구조주의

제임스(W. James)의 기능주의	분트(W. Wundt)의 구조주의
· 의식의 흐름과 기능에 초점 · 의식이 고정된 요소들의 조합이 아니라, 개인의 경험에 따라 지속적으로 흘러가는 역동적인 과정이라고 봄	· 의식의 구조와 내용에 초점 · 의식을 고정된 요소들(감각, 감정 등)의 합으로 봄

04 ① 역동적 스테레오타입
 · 자극이 특정 순서와 방식으로 반복해서 제시되면, 자극에 대한 대뇌 피질의 흥분과 억제 패턴은 점차 안정되고 고정된 형태로 되고, 행동의 자동화와 습관 형성을 가능하게 하는 것을 말한다.(예 매일 아침 같은 시간에 같은 순서로 진행되는 기상, 세수, 식사, 출근 등의 일상적인 생활)
 · 이 모자이크는 고정된 것이 아니라, 외부 환경의 변화와 조건 자극에 따라 미세하게 끊임없이 변화하기 때문에 역동적이라는 수식어가 붙는다.

05 ② 조성(조형)에 대한 설명이다. (예 아기에게 말 가르치기, 동물훈련) 2022년도 기출문제이다.

06 ⑤ 모순된 반응법이다. 수학시간만 되면 손톱을 깨무는 학생이 있을 경우, 이 학생의 손톱깨무는 습관을 깨기위해 수학시간이 되면 손을 깍지를 끼고 앉도록 지시하는 방법이다.

07 ① 반응대가에 대한 설명이다. (예 기상 시간을 지키지 못할 경우 주어진 스티커 하나를 회수하는 경우)

08 헐(C. Hull)이 제시한 가정(postulates)에 해당하지 않는 것은?
① 내적 자극은 구심성(감각) 신경 충동을 활성화하고 이로 인해 환경적 자극이 보다 오래 지속된다.
② 유기체는 욕구가 생길 때 유발되는 학습되지 않은 행동을 가지고 태어난다.
③ 유기체가 생리적으로 결핍되면 추동 상태를 초래하고 각 추동은 특정 자극과 연합된다.
④ 반응은 활동을 필요로 하며 활동은 피로를 유발한다.
⑤ 피로는 부적 추동 상태이기 때문에 피로 상태에서는 반응하지 않는 것이 강화적인 속성을 갖는다.

09 영업사원은 물건을 팔 경우 돈을 벌 수 있기에 매번 성공하는 것은 아니지만 계속해서 물건을 팔려고 시도하는 경우에 해당하는 것은?
① 연속강화
② 고정비율강화
③ 변동비율강화
④ 고정간격강화
⑤ 변동간격강화

10 다음 사례에 관한 설명으로 옳지 않은 것은?

> 유명한 배우가 출연하여 다이어트에 효과적인 음식을 먹고 체중이 감량된 모습을 보고 해당 제품을 구매했다.

① 모델에게 주어지는 결과가 관찰자의 행동에 영향을 미친다.
② 대리 강화에 해당한다.
③ 관찰자는 모델과 동일한 효과를 기대함으로써 기능적 가치(functional value)를 획득한다.
④ 조작적 조건형성에 해당한다.
⑤ 관찰학습으로 주의·파지과정을 거쳐 동기화된다.

11 형태심리학의 집단화(grouping)규칙으로 옳지 않은 것은?
① 폐쇄성(closure)
② 대칭성(symmetry)
③ 유사성(similarity)
④ 연속성(continuation)
⑤ 공간성(space)

12 쾰러(W. Köhler)와 손다이크(E. L. Thorndike)의 학습곡선에 관한 설명으로 옳은 것은?

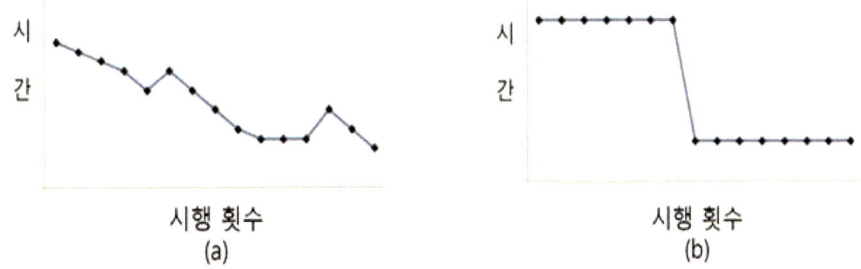

① (a)는 여러 번의 시도로 인해 수행시간이 짧아지는 통찰의 학습곡선이다.
② (a)는 급진적 학습과정에 의해 문제해결 상태로 이행된다.
③ (b)는 형태심리학(gestalt psychology)에 근거한다.
④ (b)는 새로운 문제 상황에서는 적용하기 어렵다.
⑤ (b)는 손다이크의 시행착오를 나타내는 학습곡선이다.

정답 및 해설   08 ① 09 ③ 10 ④ 11 ⑤ 12 ③

08 ① 헐의 자극잔존가설의 내용
환경적 자극(소리, 빛, 접촉 등)이나 내적자극 (배고픔, 갈증)이 유기체에 제시된 후, 감각 수용기에 도달하면, 구심성 (감각) 신경 충동이 발생하여 중추 신경계로 전달되며, 구심성 신경 충동이 실제 자극이 사라진 후에도 중추 신경계 내에 일정 시간 동안 활동을 지속한다고 가정했다. 이 지속되는 신경 활동을 자극 잔존 흔적(s)이라고 불렀으며, 이 충동의 잔존 흔적이 남아 행동(반응)과 연결되어 학습이 일어난다는 이론이다. 환경적 자극이 보다 오래 지속되는 것이 아니다.

09 ③ 평균적인 반응 횟수에 따라 보상을 수지만, 강화가 이루어지는 횟수가 불규칙하고 예측 불가능한 변동비율강화에 해당한다.

10 ④ 조작적 조건형성과는 관계가 없다.

11 ⑤ 주요 집단화 법칙

구 분	내 용
폐쇄(완결)성의 법칙	형상에 어떤 틈이나 간격이 있으면 그것을 완전히 메우거나 닫아서 완성된 형상으로 지각하려는 법칙
대칭성의 법칙	대칭적인 형태를 하나의 응집된 단위로 지각하려는 법칙
유사성의 법칙	모양, 크기, 색상 면에서 유사한 시각요소들끼리 하나의 그룹으로 묶어 지각하려는 법칙
연속성의 법칙	요소들이 부드럽고 연속적인 선이나 곡선을 따라 이어질 때, 이를 하나의 형태로 지각하려는 법칙
근접성의 법칙	서로 가까이 위치한 요소들을 하나의 그룹으로 묶어 지각하려는 법칙
단순성의 법칙	여러 가능한 해석 중에서 가장 단순하고 안정적이며, 좋은 형태로 지각하려는 법칙
공통성의 법칙	대상들이 같은 방향이나 속도로 움직일 때 그것을 하나의 그룹으로 인식하려는 법칙 즉, 배열이나 성질이 같은 것끼리 집단화되어 보이는 성질

12 ③ (b)는 쾰러의 통찰학습을 나타내며, 쾰러는 형태심리학자이다.

13 피아제(J. Piaget)의 인지발달에 관한 설명으로 옳지 않은 것은?
① 연속적인 변화를 겪으면서 일정한 인지구조를 유지하는 과정을 평형화(equilibrium)라고 한다.
② 새로운 환경자극을 자신의 인지 도식에 적용시켜 불일치를 해결하는 것을 동화(assimilation)라고 한다.
③ 물리적 환경에 대한 의존성이 점차 감소하고 인지구조의 활용이 증가하는 것을 내면화(interiorization)라고 한다.
④ 개인의 내적 인지구조를 수정하는 것으로 이전의 사고방식을 재구성하는 것을 재생적 동화(reproductive assimilation)라고 한다.
⑤ 한 형태의 추론에서 다른 형태로의 추론으로 전이하는 핵심요인은 물리적 환경, 성숙, 사회적 영향, 평형이다.

14 다음 설명과 장기기억의 종류가 옳게 연결된 것은?

> ㄱ. 치와와를 보았을 때, 강아지 분류표가 생각났다. 치와와는 애완견이고 개과에 속하면서 포유류에 속한다.
> ㄴ. 컴퓨터를 켜고, 한글파일을 열어 보고서 작업을 한다.
> ㄷ. 지난여름, 친구와 수해복구현장에서 자원봉사 했던 일이 가장 보람있었다.
> ㄹ. 자동차 브레이크를 밟은 상태에서 시동을 켜고, 기어를 바꿔서 운전을 시작했다.

① ㄱ: 절차기억, ㄴ: 의미기억
② ㄱ: 절차기억, ㄷ: 일화기억
③ ㄴ: 절차기억, ㄷ: 일화기억
④ ㄴ: 의미기억, ㄹ: 일화기억
⑤ ㄷ: 의미기억, ㄹ: 절차기억

15 정보처리이론에 관한 설명으로 옳은 것은?
① 정보처리과정은 부호화, 저장, 전이, 인출의 4단계로 이루어진다.
② 경험에 관한 심상을 기억하는 것은 단기기억이다.
③ 청킹(chunking)은 작동기억으로 장기기억에 해당한다.
④ 감각기억은 선택적 지각에 의해 단기기억으로 처리된다.
⑤ 개념, 원리, 규칙 등의 정보는 절차기억의 핵심내용이다.

16 ㄱ의 문자열을 ㄴ의 문자열로 전환하여 기억하는 전략에 해당하는 것은?

> ㄱ. 오초가푸샴비렌지집누
> ㄴ. 비누샴푸오렌지초가집

① 시연　　　　　　② 정교화　　　　　　③ 유의미학습
④ 시각적 심상　　　⑤ 내적조직화

17 가네(R. Gagné)의 학습단계로 옳지 않은 것은?
① 선택적 지각, 의미론적 약호화, 전이 등의 획득과 수행단계
② 주의집중, 기대, 장기기억으로부터의 기능인출 등의 학습준비단계
③ 학습에 대한 자신감 있는 태도 등의 지원적 선행학습단계
④ 동기유발의 기대가 확인되는 피드백 및 강화단계
⑤ 학습된 내용을 다른 장면에도 응용할 수 있는 일반화단계

18 헵(D. O. Hebb)의 이론에서 '시간적으로 통합된 것이며, 현재 일어나고 있는 사고의 흐름'이라고 한 것은?
① 국면 시퀀스(phase sequence)
② 제한적 환경(restricted environment)
③ 풍요로운 환경(enriched environment)
④ 최적 각성수준(optimal level of arousal)
⑤ 반향적 신경활동(reverberating neural activity)

정답 및 해설　　　　　13 ④　14 ③　15 ④　16 ③　17 ①　18 ①

13 ④ 재생적 동화가 아니라 조절에 해당한다.
14 ③ 일화 기억은 개인적인 경험을 회상하는 것이고, 의미 기억은 사실과 개념에 대한 일반적인 지식이며, 절차 기억은 자전거 타기처럼 '~하는 방법'에 대한 암묵적인 기술을 말한다.
　　ㄱ: 의미기억, ㄴ: 절차기억, ㄷ: 일화기억, ㄹ: 절차기억
15 ① 정보처리과정 3단계 : 부호화 → 저장 → 인출　　　정보처리과정 4단계 : 주의 → 부호화 → 저장 → 인출
　　② 경험에 관한 심상을 기억하는 것은 장기기억중 일화기억에 해당한다.
　　③ 청킹(chunking)은 단기기억으로, 제한된 용량을 늘리기 위해 정보를 의미있는 단위로 묶는 전략이다.('01012345678'이 '010-1234-5678'과 같이 세 부분으로 나누어 묶으면 훨씬 기억하기 쉽다)
　　⑤ 서술기억중 의미기억의 핵심내용이다.
16 ③ 유의미 학습에 관한 전략이다. 유의미 학습은 새로운 정보가 학습자의 기존 인지구조와 실질적이고 비자의적으로 연결되는 학습을 의미한다.
17 ① 획득과 수행단계 : 선택적 지각, 의미론적 약호화, 반응, 강화
　　파지 및 전이는 일반화단계에 해당한다.
18 ① 헵(D. O. Hebb) 이론의 핵심 개념 중 하나인 '국면 시퀀스(phase sequence)'는 복잡한 사고 과정을 설명하기 위한 신경생물학적 메커니즘이다.

19 다른 세포의 축색(axons)에서 나오는 전기화학적 정보의 운반을 담당하는 것은?
   ① 세포집합체(cell assemblies)   ② 시냅스(synapse)
   ③ 신경가소성(neuroplasticity)   ④ 수상돌기(dendrites)
   ⑤ 안정전위(resting potential)

20 인간의 뇌구조에서 계획수립, 의식적 의사결정, 문제 해결, 타인과의 교류를 관장하면서 사고와 다른 정신과정을 메타인지의 형태로 인식하게 하는 것은?
   ① 측두엽(temporal lobe)   ② 전두엽(frontal lobe)
   ③ 후두엽(occipital lobe)   ④ 두정엽(parietal lobe)
   ⑤ 뇌량(corpus callosum)

21 조작적 조건형성의 개념과 사례의 연결이 옳지 않은 것은?
   ① 부적강화: 정답을 제출한 학생은 숙제를 면제해준다고 했더니, 정답을 제출한 학생 수가 증가했다.
   ② 부적강화: 핸드폰 요금을 기한 내에 납부하였더니, 연체료를 내지 않는다.
   ③ 정적강화: 강아지에게 간식을 통해 새로운 행동을 가르친다.
   ④ 부적처벌: 떠드는 학생은 생각의자에서 수업을 듣게 하였다.
   ⑤ 부적처벌: 요리수업에 지각하면 수업 종료 후 설거지를 하도록 하였다.

22 다음 사례를 설명하는 학습이론은?

> A는 기말고사를 준비하고 있다. 집에서 공부하려니 졸리고 집중도 안 되어 스터디카페에서 공부하기로 했다. 한 시간 정도 지나니 다시 집중이 되지 않아 친구를 불러내어 같이 공부했다.

   ① 거스리(E. R. Guthrie)의 일회시행 학습(one-trial learning)
   ② 파이비오(A. Paivio)의 이중부호이론(dual-coding theory)
   ③ 헵(D. Hebb)의 최적각성수준(optimal level of arousal)
   ④ 손다이크(E. L. Thorndike)의 효과의 법칙(law of effect)
   ⑤ 에스테스(W. Estes)의 자극표집이론(stimulus sampling theory)

23 다음 사례에 대한 특징으로 옳지 않은 것은?

> 부모님은 나에게 항상 "집안에는 판사가 한명 있어야 한다."고 하셨고, 집안의 장남인 나는 언제나 집안 어른들의 기대를 한 몸에 받고 있어서 매우 부담스러웠다. 결국 나는 로스쿨을 졸업은 했지만 판사는 되지 못했다. 부모님께 죄송하고 나 자신에겐 매우 화가 나서 가끔씩 분노조절이 되지 않는다.

① 외적으로 동기화되어 있어 외적인 강화나 처벌에 민감하다.
② 숙달목표를 가진 사람으로 적극적으로 재도전한다.
③ 시험이나 과제 수행 시 몹시 긴장하는 일이 많다.
④ 오류를 실패와 무능으로 여긴다.
⑤ 수행목표를 가진 사람으로 실패하면 쉽게 좌절한다.

정답 및 해설
19 ④ 20 ② 21 ⑤ 22 ③ 23 ②

19 ④ 축색에서 전기화학적 신호를 보냄 → 시냅스에서 전기적 신호를 화학적신호(신경전달물질)로 바꾸어 수상돌기로 전달 → 수상돌기는 받아들인 신경전달물질과 결합하여 전기적 신호를 발생하여 신경세포체 (세포 본체)로 운반
20 ② 전두엽의 기능이다. 측두엽은 청각 정보 처리 및 언어 이해, 후두엽은 시각 정보 처리, 두정엽은 감각 정보 통합 및 공간 인식, 뇌량은 좌우 뇌 반구의 정보 통합 및 소통을 담당합니다.
21 ⑤ 정적처벌에 해당한다.
22 ③ · A는 기말고사를 준비하고 있다. → 과제수행상황
　　· 집에서 공부하려니 졸리고 집중도 안 되어 → 각성수준이 낮음
　　· 스터디카페에서 공부하기로 했다. 한 시간 정도 지나니 다시 집중이 되지 않아 친구를 불러내어 같이 공부했다. → 환경변화 (스터디카페)와 사회적 자극(친구와 함께 학습) 통해 각성수준을 높여 집중도를 높여 수행능력을 최적화 하려고 하였으므로 헵(D. Hebb)의 최적각성수준에 해당한다고 볼 수 있다.
23 ② 사례자는 판사는 되지 못해 부모님께 죄송하고 본인 자신에겐 매우 화가 나서 가끔씩 분노조절이 되지 않는다. 따라서 사례자는 숙달목표지향형이 아니고 수행목표지향형에 해당한다.

숙달목표지향형	수행목표지향형
· 과제 자체의 숙달과 이해에 초점을 맞춰 학습하며, 노력 부족을 실패의 원인으로 여겨 더 노력하려는 성향을 보임 (내재적 동기) · 노력부족에 귀인 (발전의 기회로 삼고 적극적인 재도전)	· 다른 사람의 평가나 성취에 더 큰 관심을 두며, 좋은 성적을 얻는 것에 집중 (외재적 동기) · 능력부족에 귀인 (쉽게 좌절하고 무능력하게 느낌)

24 귀인(attribution)에 관한 설명으로 옳지 않은 것은?
① 과제 난이도는 외적, 통제 불가능 요인이다.
② 행운이나 우연은 외적, 불안정 요인이다.
③ 실패가 외적인 원인이라고 생각하면 화가 나고 분하다.
④ 실패가 자신의 능력의 부족이라고 생각하면 죄책감이나 수치심을 느낀다.
⑤ 성공과 실패를 안정적 요인으로 생각하면, 미래의 수행은 현재의 수행과 다를 것으로 기대한다.

25 동기(motivation)에 관한 설명으로 옳지 않은 것은?
① 코빙톤(M. Covington)은 자신이나 타인의 관점에서 개인적인 가치를 유지하기 위하여 동기화된다고 주장했다.
② 에킨슨(W. Atkinson)은 행동의 동기화를 성공 가능성에 대한 지각과 성공의 유인적 가치(incentive value)와의 상호작용으로 설명하였다.
③ 정서는 동기의 목적적이고 인지적인 측면에도 영향을 미친다.
④ 로터(J. Rotter)는 강화 자체가 아닌 강화에 대한 인간의 신념을 강조했다.
⑤ 동기는 개인의 학습전략과 인지 과정에 영향을 미치지는 않는다.

선택과목 6과목 청소년이해론

26 청소년 보호법상 청소년이 인터넷게임의 회원으로 가입하려는 경우, 인터넷게임 제공자가 친권자등의 동의를 받아야 하는 청소년 연령 기준은?
① 10세 미만   ② 12세미만   ③ 14세미만
④ 16세미만   ⑤ 18세미만

27 다음이 설명하는 학자는?

○ 자살이 사회통합 및 사회규제와 관련 있음을 발견
○ 자살 유형을 이기적 자살, 이타적 자살, 아노미적 자살, 숙명적 자살로 분류

① 게젤(A. Gesell)   ② 뒤르껭(E. Durkheim)   ③ 왓슨(J. Watson)
④ 머튼(R. Merton)   ⑤ 마짜(D. Matza)

28 제7차 청소년정책 기본계획 중 '청소년이 안전한 온·오프라인 환경 조성' 정책과제로 옳지 않은 것은?

① 근로유형별 청소년 보호 강화
② 디지털 역기능 예방
③ 사이버 및 학교폭력 예방 강화
④ 청소년 유해환경 차단
⑤ 청소년 친화형 생활 환경 구축

29 학교 밖 청소년 지원에 관한 법률상 (   )에 들어갈 숫자로 옳은 것은?

> 성평등가족부장관은 학교 밖 청소년의 현황 및 실태 파악과 학교 밖 청소년 지원 정책수립을 위한 기초자료로 활용하기 위하여 ( )년마다 학교 밖 청소년에 대한 실태조사를 실시하고, 그 결과를 공표하여야 한다.

① 1   ② 2   ③ 3   ④ 4   ⑤ 5

정답 및 해설   24 ⑤ 25 ⑤ 26 ④ 27 ② 28 ① 29 ②

24 ⑤ 와이너의 '귀인이론'에 따르면 성공과 실패를 안정적 요인으로 생각하면 그 원인이 쉽게 변하지 않으므로 현재와 미래의 수행이 비슷할 것이라고 예상하게 된다. (예 성공을 자신의 뛰어난 능력 (안정적 요인)이라고 생각하면, 미래에도 성공을 기대하고, 실패를 과제의 지나친 어려움 (안정적 요인)탓이라고 생각하면 미래에도 실패를 예상한다.)

25 ⑤ 동기가 높은 학습자는 정보를 더 깊이 이해하기 위해 정교화 학습전략을, 동기가 낮은 학습자는 단순히 암기하거나 훑어보는 등의 피상적인 전략에 의존한다. 또한 동기가 높은 학습자는 더 깊이 있는 인지과정을 사용한다.

26 ④ 「게임산업진흥에 관한 법률」에 따른 게임물 중 「정보통신망 이용촉진 및 정보보호 등에 관한 법률」에 따른 정보통신망을 통하여 실시간으로 제공되는 게임물(이하 "인터넷게임"이라 한다)의 제공자(「전기통신사업법」에 따라 부가통신사업자로 신고한 자를 말하며, 같은 조 제1항 후단 및 제4항에 따라 신고한 것으로 보는 경우를 포함한다.)는 회원으로 가입하려는 사람이 16세 미만의 청소년일 경우에는 친권자등의 동의를 받아야 한다. (법 제24호 제1항)

※청소년보호법상 청소년은 19세미만이지만, 청소년의 인터넷게임 중독·과몰입 예방관련해서는 16세 미만이 대상이다.

27 ② 뒤르껭은 그의 저서 자살론에서 자살을 개인적 현상이 아닌 사회적 현상으로 보고 자살률의 차이를 사회적요인으로 설명했다.

28 ① 청소년 유해환경 차단 및 보호 확대

청소년이 안전한 온·오프라인 환경 조성	청소년 범죄 예방 및 회복 지원	청소년 근로보호 강화
· 디지털 역기능 예방 · 사이버 및 학교폭력 예방 강화 · 청소년 유해환경 차단 · 청소년 친화형 생활 환경 구축	· 청소년 대상 성범죄 대응 강화 · 청소년 성범죄 피해 지원 및 예방교육 확대 · 청소년 선도보호 및 회복 지원	· 근로유형별 청소년 보호 강화 · 근로청소년 부당처우 예방 및 보호 · 청소년과 사용자의 근로보호 인식 확산

29 ② 학교 밖 청소년 지원에 관한 법률의 기간 (25.10.1부터 여성가족부장관 → 성평등가족부장관으로 변경)

2년	보기 참조 (법 제6조 제1항)
3년	성평등가족부장관은 3년마다 지원센터의 운영실적을 평가하고, 그 결과를 지원센터의 감독, 지원 등에 반영할 수 있다. (법 제12조의2 제1항)

30. 다음이 설명하는 시설로 옳은 것은?

   ○ 학교폭력 가해 학생 및 보호자 대상의 특별교육, 가족캠프 등의 프로그램 운영
   ○ 지역사회 청소년통합지원체계 구성 시 반드시 포함하여야 하는 필수연계기관
   ○ 대외 명칭을 청소년꿈키움센터로 변경하여 사용

   ① Wee센터
   ② 청소년상담복지센터
   ③ 학교 밖 청소년지원센터
   ④ 청소년비행예방센터
   ⑤ 보호관찰소

31. 제7차 청소년정책 기본계획 중 '장애 및 경계선지능 청소년 지원' 정책으로 옳지 않은 것은?
   ① 범부처 연계 경계선지능 청소년 지원을 위한 정책연구
   ② 청소년 복지시설 이용 청소년의 경계선지능 조기 확인을 위한 사례관리 지원
   ③ 발달장애 청소년 가정 부모상담 서비스 확대
   ④ 대상별 특성을 고려한 맞춤형 지원 추진
   ⑤ 은둔형 청소년 발굴 및 지원

32. 혼합형 청소년자립지원관에 관한 설명으로 옳지 않은 것은?
   ① 생활관 입소는 사례심의위원회에서 결정한다.
   ② 주거 연계, 생활관 운영, 자립 지원 서비스를 지원한다.
   ③ 청소년 1인당 최대 지원 기간은 최장 3년을 원칙으로 한다.
   ④ 생활관은 최초 3개월 이내에 거주할 수 있다.
   ⑤ 필요시 추가 3개월 1회 연장 가능하다.

33. 청소년복지 지원법상 지방자치단체의 장이 통합지원체계의 원활한 운영을 위하여 위기청소년의 복지 및 보호와 관련된 정책 등의 심의를 위해 둘 수 있는 위원회는?
   ① 영상물등급위원회
   ② 청소년보호위원회
   ③ 지방청소년육성위원회
   ④ 청소년정책위원회
   ⑤ 청소년복지심의위원회

34 다음의 ( )에 들어갈 내용으로 옳은 것은?

○ A군은 가정으로 복귀가 불가능하고, 청소년쉼터의 도움도 더 이상 받을 수 없는 상황이다.
○ 상담사는 A군이 자립하여 생활할 수 있는 능력과 여건을 갖추도록 지원하는 (ㄱ)(으)로 연계하였다.
○ 이 시설은 「청소년복지 지원법」제31조에 근거하여 운영되는 시설로 일정 기간 청소년쉼터 또는 (ㄴ)의 지원을 받았는데도 가정·학교·사회로 복귀하여 생활할 수 없는 청소년에게 자립하여 생활할 수 있는 능력과 여건을 갖추도록 지원하는 시설이다.

① ㄱ: 청소년자립지원관, ㄴ: 청소년회복지원시설
② ㄱ: 청소년자립지원관, ㄴ: 청소년치료재활센터
③ ㄱ: 청소년치료재활센터, ㄴ: 청소년회복지원시설
④ ㄱ: 청소년치료재활센터, ㄴ: 청소년자립지원관
⑤ ㄱ: 청소년회복지원시설, ㄴ: 청소년치료재활센터

정답 및 해설

30 ④ 31 ⑤ 32 ③ 33 ⑤ 34 ①

30 ④ 청소년비행예방센터에 대한 설명이다.

31 ⑤ 청소년 유형별 맞춤형 지원

장애 및 경계선지능 청소년 지원	※ 장애청소년 부모 지원 및 경계선지능 청소년 지원방안 마련 ○ 발달장애 청소년 가정 부모상담 서비스를 확대하고, 중증장애아동돌봄서비스 강화를 통해 가족 지원 강화 ○ 경계선지능 학생 조기확인을 위해 학교에서 활용할 수 있는 체크리스트를 개발보급하고, 대상별 특성을 고려한 맞춤형 지원 추진 ○ 범부처 연계 경계선지능(느린학습자) 지원을 위한 정책연구 및 지원방안 마련 ○ 쉼터 등 청소년 복지시설 이용 청소년을 대상으로 경계선 지능 조기확인 위한 진단 및 사례관리 등 지원

32 ③ 청소년자립지원관의 종류 및 지원 사항

	이용형(비숙박형)	혼합형(숙박형)
주거형태	·생활관 운영 없음 ·독립 주거만 가능	·생활관 운영과 독립 주거 병행 가능
지원내용	·독립된 주거에서 생활하면서 자립지원 서비스(사례관리) 이용	·독립된 주거에서 생활하면서 자립지원 서비스(사례관리) 이용 ·필요시 일정 기간(3개월, 최장 6개월) 입소
지원기간	·사례관리 : 1년 이내(최장 2년) (종사자 1인당 8사례 관리) ·사후관리 : 6개월(최장 1년 6개월)로 자립생활 점검, 기관연계, 정보 제공 등	

33 ⑤ 청소년복지심의위원회이다.(법 제10조)

34 ① 청소년복지시설의 종류 청소년복지지원법 제31조)
「청소년기본법」 제17조에 따른 청소년복지시설(이하 "청소년복지시설"이라 한다)의 종류는 다음 각 호와 같다.
1. 청소년쉼터: 가정 밖 청소년에 대하여 가정·학교·사회로 복귀하여 생활할 수 있도록 일정 기간 보호하면서 상담·주거·학업·자립 등을 지원하는 시설
2. 청소년자립지원관: 일정 기간 청소년쉼터 또는 청소년회복지원시설의 지원을 받았는데도 가정·학교·사회로 복귀하여 생활할 수 없는 청소년에게 자립하여 생활할 수 있는 능력과 여건을 갖추도록 지원하는 시설
3. 청소년치료재활센터: 학습·정서·행동상의 장애를 가진 청소년을 대상으로 정상적인 성장과 생활을 할 수 있도록 해당 청소년에게 적합한 치료·교육 및 재활을 종합적으로 지원하는 거주형 시설
4. 청소년회복지원시설: 「소년법」 제32조제1항제1호에 따른 감호 위탁 처분을 받은 청소년에 대하여 보호자를 대신하여 그 청소년을 보호할 수 있는 자가 상담·주거·학업·자립 등 서비스를 제공하는 시설

35 청소년복지 지원법상 위기청소년통합지원정보시스템에 수집할 수 있는 정보로 옳지 않은 것은? (단, 정보주체의 명시적 동의를 받음)
① 「청소년복지 지원법」제12조에 따른 전문가 상담에 관한 정보
② 「청소년복지 지원법」제13조에 따른 위기청소년의 친구에 관한 정보
③ 「가족관계의 등록 등에 관한 법률」에 따른 가족관계등록 자료 또는 정보
④ 「주민등록법」에 따른 주민등록 자료 또는 정보
⑤ 「청소년 보호법」제35조에 따른 청소년 보호·재활센터 관련 정보

36 청소년 기본법령상 다음에 해당하는 위원회는?

> 청소년육성에 관한 기본계획의 수립에 관한 사항 등을 심의·조정하기 위하여 성평등가족부에 설치하는 위원회로 청소년 참여권 보장을 위해 청소년위원을 일정 비율 이상 반드시 포함하도록 하고 있다.

① 청소년보호위원회 ② 청소년참여위원회 ③ 청소년정책위원회
④ 청소년운영위원회 ⑤ 지방청소년육성위원회

37 청소년 기본법상 ( )에 들어갈 내용으로 옳은 것은?

> 청소년의 기본적 인권은 ( )·( )·( ) 등 청소년육성의 모든 영역에서 존중되어야 한다.

① 청소년인권, 청소년복지, 청소년참여
② 청소년인권, 청소년활동, 청소년보호
③ 청소년복지, 청소년참여, 청소년활동
④ 청소년활동, 청소년복지, 청소년보호
⑤ 청소년복지, 청소년참여, 청소년보호

38 청소년활동 진흥법상 ( )에 들어갈 내용으로 옳은 것은?

> ( )이란 청소년이 예술활동, 스포츠활동, 동아리활동, 봉사활동 등을 통하여 문화적 감성과 더불어 살아가는 능력을 함양하는 체험활동을 말한다.

① 청소년문화활동 ② 청소년수련활동 ③ 청소년교류활동
④ 청소년체험활동 ⑤ 청소년진로활동

39 이론과 학자의 연결이 옳은 것을 모두 고른 것은?

> ㄱ. 재현이론 - 홀(S. Hall)
> ㄴ. 심리사회적 발달이론 - 에릭슨(E. Erikson)
> ㄷ. 사회학습이론 - 반두라(A. Bandura)
> ㄹ. 장이론(field theory) - 레빈(K. Lewin)

① ㄱ, ㄴ ② ㄴ, ㄷ ③ ㄱ, ㄷ, ㄹ ④ ㄴ, ㄷ, ㄹ ⑤ ㄱ, ㄴ, ㄷ, ㄹ

정답 및 해설   35 ② 36 ③ 37 ④ 38 ① 39 ⑤

35 ② 성평등가족부장관은 통합정보시스템을 구축·운영하는 데 필요한 정보로서 다음 각 호의 어느 하나에 해당하는 정보를 정보주체의 명시적 동의를 받아 수집·보유·이용·제공·연계할 수 있다. (법 제12조의2 제2항)
1. 지역사회 청소년통합지원체계 운영에 관한 정보
2. 전문가 상담에 관한 정보
3. 위기청소년의 가족 및 보호자에 대한 상담 및 교육에 관한 정보
4. 위기청소년 특별지원에 관한 정보
5. 가정 밖 청소년 지원에 관한 정보
6. 이주배경청소년 지원에 관한 정보
7. 예방적·회복적 보호지원에 관한 정보
8. 청소년상담복지센터에 관한 정보
9. 청소년복지시설에 관한 정보
10. 「학교 밖 청소년 지원에 관한 법률」 제12조에 따른 학교 밖 청소년 지원센터 관련 정보
11. 「청소년 보호법」 제27조에 따른 인터넷게임 중독·과몰입 등의 예방 및 피해 청소년 지원 관련 정보
12. 「청소년 보호법」 제35조에 따른 청소년 보호·재활센터 관련 정보
13. 「사회보장급여의 이용·제공 및 수급권자 발굴에 관한 법률」 제2조제1호의 사회보장급여 중 청소년 관련 정보
14. 「주민등록법」에 따른 주민등록 자료 또는 정보
15. 「가족관계의 등록 등에 관한 법률」에 따른 가족관계등록 자료 또는 정보
16. 그 밖에 대통령령으로 정하는 위기청소년 지원 관련 업무 수행에 필요한 정보

36 ③ 청소년 기본법 제10조

37 ④ 청소년의 기본적 인권은 청소년활동·청소년복지·청소년보호 등 청소년육성의 모든 영역에서 존중되어야 한다.

38 ① 청소년활동 진흥법상의 활동 유형

청소년수련활동	청소년이 청소년활동에 자발적으로 참여하여 청소년 시기에 필요한 기량과 품성을 함양하는 교육적 활동으로서 「청소년기본법」 제3조제7호에 따른 청소년지도자와 함께 청소년수련거리에 참여하여 배움을 실천하는 체험활동을 말한다.
청소년교류활동	청소년이 지역 간, 남북 간, 국가 간의 다양한 교류를 통하여 공동체의식 등을 함양하는 체험활동을 말한다.
청소년문화활동	문제 보기 참조
청소년수련거리	청소년수련활동에 필요한 프로그램과 이와 관련되는 사업을 말한다.
숙박형 청소년 수련활동	19세 미만의 청소년(19세가 되는 해의 1월 1일을 맞이한 사람은 제외한다.)을 대상으로 청소년이 자신의 주거지에서 떠나 제10조제1호의 청소년수련시설 또는 그 외의 다른 장소에서 숙박·야영하거나 제10조제1호의 청소년수련시설 또는 그 외의 다른 장소로 이동하면서 숙박·야영하는 청소년수련활동을 말한다.
비숙박형 청소년수련활동	19세 미만의 청소년을 대상으로 제10조제1호의 청소년수련시설 또는 그 외의 다른 장소에서 실시하는 청소년수련활동으로서 실시하는 날에 끝나거나 숙박 없이 2회 이상 정기적으로 실시하는 청소년수련활동을 말한다.

39 ⑤ 모두 옳게 연결되어 있다.

40 스턴버그(R. Sternberg)가 제시한 사랑의 유형 중 친밀감(intimacy)과 언약(commitment)은 있고, 열정(passion)은 없는 유형은?

① 낭만적 사랑(romantic love)
② 공허한 사랑(empty love)
③ 우애적 사랑(companionate love)
④ 우정(friendship)
⑤ 얼빠진 사랑(fatuous love)

41 다음이 설명하는 학자는?

> ○ 조망수용능력의 발달적 변화에 대해 연구
> ○ 심층적·사회적 조망수용단계에는 자신, 상대방, 제3자의 입장뿐만 아니라 사회적 가치체계의 관점을 고려하게 된다고 주장

① 길리건(C. Gilligan)
② 셀만(R. Selman)
③ 로우(A. Roe)
④ 윌리암슨(E. Williamson)
⑤ 레빙거(J. Loevinger)

42 문화를 구성하는 요소 간 변동의 차이로 인해 시간이 경과함에 따라 문화요소 간의 간격이 점점 더 커지는 현상은?

① 문화접변
② 문화전계
③ 문화결핍
④ 문화이식
⑤ 문화지체

43 마샤 (J. Marcia)의 정체감 지위이론에 근거하여, 청소년 A와 청소년 B의 자아정체감 유형을 옳게 나열한 것은?

> ○ A는 별다른 고민이나 자기 탐색을 위한 정체감 위기를 경험하지 않고 "너는 의사가 되는 게 좋겠다."는 부모님의 권유에 따라 의사가 되기로 결정하였다.
> ○ B는 자신의 적성이나 흥미에 대한 관심과 탐색이 없고, 아직 진로도 결정하지 않은 상태이다.

① A: 정체감 유실, B: 정체감 혼미
② A: 정체감 혼미, B: 정체감 유실
③ A: 정체감 유실, B: 정체감 유예
④ A: 정체감 유예, B: 정체감 유실
⑤ A: 정체감 성취, B: 정체감 혼미

44 피아제(J. Piaget)의 인지발달이론 중 형식적 조작기의 특성에 해당하는 것은?

① 인공론적 사고 ② 물활론적 사고 ③ 직관적 사고
④ 사고과정에 대한 사고 ⑤ 보존개념의 부재

45 브론펜브레너(U. Bronfenbrenner)의 생태학적 이론에 관한 설명으로 옳지 않은 것은?

① 정부기관은 외체계에 해당된다.
② 거시체계는 문화적 환경을 제외한 사회적 환경을 말한다.
③ 중간체계는 미시체계들 간의 관계성을 의미한다.
④ 미시체계는 청소년이 직접 상호작용하는 환경을 포함한다.
⑤ 시간체계는 전 생애에 걸쳐 일어나는 변화와 사회·역사적인 환경을 의미한다.

46 긴즈버그(E. Ginzberg)의 직업선택 발달이론 중 현실기(realistic period)에 해당하는 것은?

① 능력단계(capacity stage) ② 흥미단계(interest stage)
③ 탐색단계(exploration stage) ④ 가치단계(value stage)
⑤ 전환단계(transition stage)

정답 및 해설 40 ③ 41 ② 42 ⑤ 43 ① 44 ④ 45 ② 46 ③

40 ③ 스턴버그(R. Sternberg)가 제시한 사랑의 유형 : 스턴버그는 사랑의 8가지 유형을 제시하며, 이는 친밀감, 열정, 언약(헌신)이라는 세 가지 구성 요소의 조합에 따라 달라진다고 하였다.

좋아함	친밀감만 존재	우애적 사랑	친밀감과 언약만 존재
맹목적 사랑	열정만 존재	얼빠진 사랑	열정과 언약만 존재
공허한 사랑	언약만 존재	어리석은 사랑	친밀감, 열정, 언약이 모두 결여
낭만적 사랑	친밀감과 열정만 존재	성숙한 사랑	친밀감, 열정, 언약이 모두 균형 있게 존재

41 ② 셀만은 사회적 조망수용능력이 있는 사람이 사회적 문제를 잘 해결한다는 사회적 조망수용이론을 주장하였다.

42 ⑤ 문화 지체는 물질 문화가 비물질 문화보다 빠르게 발전하여 생기는 사회적 부조화 현상이다 (예 빠르게 발전한 휴대폰 기술에 비해 이를 올바르게 사용하는 사람들의 의식 수준이나 예절이 뒤처지는 경우가 문화 지체에 해당한다.)

43 ① 마샤(J. Marcia)의 정체감의 4범주중 A: 정체감 유실, B: 정체감 혼미에 해당한다.

44 ①,②,③,⑤는 전조작기에 해당한다.

45 ② 거시체계는 미시체계, 중간체계, 외체계에 포함된 모든 요소와 개인이 살고 있는 문화적 환경을 말한다.

46 ③ 긴즈버그(E. Ginzberg)의 직업선택 발달이론
 ・잠정기(11-18) : 흥미단계 (11-12) → 능력단계(13-14) → 가치단계(14-16) → 전환단계(16-18)
 ・현실기(18~성인초기) : 탐색단계 → 구체화 단계 → 특수화 (정교화) 단계

47 다음에서 청소년 A가 사용하는 방어기제는?

> A는 자신의 공격성을 사회적으로 용인되지 않는 방식으로 표출하는 대신에 검도를 수련하여 전국대회에서 우승하였다.

① 승화(sublimation)　　　　② 억압(repression)
③ 철회(withdrawal)　　　　④ 부정(denial)
⑤ 금욕주의(asceticism)

48 콜버그(L. Kohlberg)의 도덕성 발달단계를 순서대로 옳게 나열한 것은?

> ㄱ. 도구적 쾌락주의 지향 단계　　ㄴ. 사회적 계약 지향 단계
> ㄷ. 보편적인 원리 지향 단계　　ㄹ. 착한 소년·소녀 지향 단계
> ㅁ. 처벌과 복종 지향 단계　　ㅂ. 법과 질서 지향 단계

① ㄱ-ㄹ-ㅂ-ㅁ-ㄴ-ㄷ　　② ㄱ-ㅁ-ㄴ-ㄷ-ㄹ-ㅂ
③ ㄹ-ㅁ-ㄱ-ㅂ-ㄷ-ㄴ　　④ ㅁ-ㄱ-ㄹ-ㅂ-ㄴ-ㄷ
⑤ ㅁ-ㄱ-ㅂ-ㄹ-ㄷ-ㄴ

49 문화의 속성으로 옳은 것을 모두 고른 것은?

> ㄱ. 공유성　ㄴ. 축적성　ㄷ. 학습성　ㄹ. 가변성

① ㄱ, ㄴ　② ㄷ, ㄹ　③ ㄱ, ㄴ, ㄷ　④ ㄴ, ㄷ, ㄹ　⑤ ㄱ, ㄴ, ㄷ, ㄹ

50 엘킨드(D. Elkind)의 상상적 청중(imaginary audience)에 관한 설명으로 옳은 것을 모두 고른 것은?

> ㄱ. 자신을 마치 '무대 위의 주인공'처럼 생각한다.
> ㄴ. 자신은 오토바이 폭주를 해도 교통사고가 일어나지 않을 것이라고 믿는다.
> ㄷ. 자신이 항상 다른 사람들로부터 관심의 대상이 되고 있다고 믿는다.
> ㄹ. 자신의 감정과 사고는 다른 사람과는 근본적으로 달라서 남들이 이해할 수 없을 것이라고 믿는다.

① ㄱ, ㄷ　② ㄱ, ㄹ　③ ㄴ, ㄷ　④ ㄱ, ㄴ, ㄹ　⑤ ㄴ, ㄷ, ㄹ

선택과목 7과목 청소년수련활동론

51 청소년 기본법상 ( )에 들어갈 내용으로 옳은 것은?

> "청소년활동"이란 청소년의 균형 있는 성장을 위하여 필요한 활동과 이러한 활동을 소재로 하는 ( )·( )·( ) 등 다양한 형태의 활동을 말한다.

① 수련활동, 교류활동, 문화활동
② 봉사활동, 교류활동, 문화활동
③ 문화활동, 수련활동, 진로활동
④ 동아리활동, 진로활동, 수련활동
⑤ 교류활동, 문화활동, 동아리활동

52 제7차 청소년정책 기본계획에서 제시한 '플랫폼 기반 청소년활동 활성화' 정책과제를 모두 고른 것은?

> ㄱ. 다양한 체험활동 확대
> ㄴ. 청소년 미래역량 제고
> ㄷ. 청소년 디지털역량 활동 강화
> ㄹ. 학교안팎 청소년 활동 지원 강화

① ㄱ, ㄹ ② ㄴ, ㄷ ③ ㄱ, ㄴ, ㄷ ④ ㄴ, ㄷ, ㄹ ⑤ ㄱ, ㄴ, ㄷ, ㄹ

정답 및 해설

47 ① 48 ④ 49 ⑤ 50 ① 51 ① 52 ⑤

47 ① '방어기제'중 '승화'에 대한 설명이다.
48 ④ 콜버그(L. Kohlberg)의 도덕성 발달단계

전 관습적 수준	관습적 수준	후 관습적 수준
·1단계 : 벌과 복종의 단계 ·2단계 : 도구적 목적과 교환의 단계	·3단계 : 착한 소년, 소녀 지향단계 ·4단계 : 법과 질서 지향 단계	·5단계 : 사회적 계약 지향단계 ·6단계 : 보편윤리적 원리의 단계

49 ⑤ 문화의 속성 : 공유성, 축적성, 학습성, 가변성 (변동성,)전체성
50 ① ㄴ, ㄹ 은 개인적 우상에 해당한다.
51 ① "청소년활동"이란 청소년의 균형 있는 성장을 위하여 필요한 활동과 이러한 활동을 소재로 하는 수련활동·교류활동·문화활동 등 다양한 형태의 활동을 말한다. (법 제3조 제3호)
52 ⑤ 제7차 청소년정책 정책과제

플랫폼 기반 청소년활동 활성화	1-1. 청소년 디지털역량 활동 강화 1-3. 다양한 체험활동 확대	1-2. 청소년 미래역량 제고 1-4. 학교안팎 청소년활동 지원 강화
데이터 활용 청소년 지원망 구축	2-1. 위기청소년 복지지원체계 강화 2-3. 청소년 유형별 맞춤형 지원	2-2. 청소년 자립 지원 강화
청소년 유해환경 차단 및 보호 확대	3-1. 청소년이 안전한 온·오프라인 환경 조성 3-3. 청소년 근로보호 강화	3-2. 청소년 범죄 예방 및 회복 지원
청소년의 참여·권리 보장 강화	4-1. 청소년 참여 활동 강화 4-2. 청소년 권익 증진	
청소년정책 총괄 조정 강화	5-1. 청소년정책 인프라 개선 5-2. 지역 맞춤형 청소년정책 추진체계 구축	

53 청소년 기본법상 （　）에 들어갈 숫자로 옳은 것은?

> 여성가족부장관은 기본계획 등 효율적인 청소년정책을 수립하기 위하여 （　　）년마다 청소년의 의식·태도·생활 등에 관한 실태조사를 실시하고 그 결과를 공표하여야 한다.

① 1　　　② 2　　　③ 3　　　④ 4　　　⑤ 5

54 청소년 관련법의 제정연도를 순서대로 옳게 나열한 것은?

> ㄱ. 청소년육성법　　　　ㄴ. 청소년 기본법
> ㄷ. 청소년 보호법　　　　ㄹ. 청소년활동 진흥법

① ㄱ - ㄴ - ㄷ - ㄹ　　　　② ㄱ - ㄴ - ㄹ - ㄷ
③ ㄴ - ㄱ - ㄷ - ㄹ　　　　④ ㄴ - ㄱ - ㄹ - ㄷ
⑤ ㄹ - ㄴ - ㄱ - ㄷ

55 청소년활동 진흥법상 청소년운영위원회를 운영해야 하는 시설은?
① 청소년쉼터　　② 청소년수련관　　③ 청소년자립지원관
④ 청소년치료재활센터　　⑤ 청소년회복지원시설

56 학교 밖 청소년 지원에 관한 법률상 학교 밖 청소년 지원센터에 관한 내용이다. （　）에 들어갈 내용으로 옳은 것은?

> （　　）(은)는 3년마다 지원센터의 운영실적을 평가하고, 그 결과를 지원센터의 감독, 지원 등에 반영할 수 있다.

① 대통령　　② 국무총리　　③ 교육부장관
④ 성평등가족부장관　　⑤ 특별자치시장·특별자치도지사·시장·군수·구청장

57 청소년활동 진흥법령상 위험도가 높은 청소년 수련활동에 해당하지 않는 것은?
① 카약　　② 래프팅　　③ 패러글라이딩
④ 10km 도보이동　　⑤ 2시간 야간등산

58 청소년활동 진흥법상 청소년문화활동의 지원 내용으로 명시된 것이 아닌 것은?

① 전통문화의 계승
② 청소년축제의 발굴지원
③ 청소년동아리활동의 활성화
④ 이주배경청소년에 대한 지원
⑤ 청소년의 자원봉사활동의 활성화

정답 및 해설

53 ③ 54 ① 55 ② 56 ④ 57 ⑤ 58 ④

53 ③ 청소년기본법의 기간

해마다	청소년특별회의 개최
3년	실태조사
5년	성평등가족부장관은 관계 중앙행정기관의 장과 협의한 후 청소년정책위원회의 심의를 거쳐 청소년육성에 관한 기본계획을 5년마다 수립하여야 한다.

54 ① ㄱ. 청소년육성법(1987.11.28)   ㄴ. 청소년 기본법 (1991.12. 31.)
      ㄷ. 청소년 보호법 (1997.3.7.)   ㄹ. 청소년활동 진흥법 (2004. 2. 9.)

55 ② 청소년수련시설을 설치·운영하는 개인·법인·단체 및 제16조제3항에 따른 위탁운영단체(이하 "수련시설운영단체"라 한다)는 청소년활동을 활성화하고 청소년의 참여를 보장하기 위하여 청소년으로 구성되는 청소년운영위원회를 운영하여야 한다.(법 제4조 제1항)
   ※ 청소년수련시설 : 청소년수련관, 청소년수련원, 청소년문화의 집, 청소년특화시설, 청소년야영장, 유스호스텔

56 ④ 학교 밖 청소년 지원에 관한 법률의 기간 (25.10.1부터 여성가족부장관 → 성평등가족부장관으로 변경)

2년	성평등가족부장관은 학교 밖 청소년의 현황 및 실태 파악과 학교 밖 청소년 지원 정책수립을 위한 기초자료로 활용하기 위하여 2년마다 학교 밖 청소년에 대한 실태조사를 실시하고, 그 결과를 공표하여야 한다.
3년	보기 참조 (법 제12조의2 제1항)

57 ⑤ 위험도가 높은 청소년수련활동(제15조의2제2호 관련)

구 분	프로그램
수상활동	래프팅, 모터보트, 동력요트, 수상오토바이, 고무보트, 수중스쿠터, 레저용 공기부양정, 수상스키, 조정, 카약, 카누, 수상자전거, 서프보드, 스킨스쿠버
항공활동	패러글라이딩, 행글라이딩
산악활동	암벽타기 (자연암벽, 빙벽), 산악스키, 야간등산 (4시간 이상의 경우만 해당한다)
장거리걷기활동	10Km 이상 도보이동
그 밖의 활동	유해성 물질(발화성, 부식성, 독성 또는 환경유해성 등), 하강레포츠, ATV탑승 등 사고위험이 높은 물질·기구·장비 등을 활용하여 이루어지는 청소년수련활동

58 ④ 청소년활동진흥법상의 지원

교류활동의 지원	청소년 문화활동의 지원
제53조 청소년교류활동의 진흥 제54조 국제청소년교류활동의 지원 제55조 지방자치단체의 자매도시 협정 등 제56조 교포청소년교류활동의 지원 제57조 청소년교류활동의 사후 지원 제58조 청소년교류센터의 설치·운영 제59조 남·북청소년교류활동의 제도적 지원	제60조 청소년문화활동의 진흥 제61조 청소년문화활동의 기반 구축 제62조 전통문화의 계승 제63조 청소년축제의 발굴지원 제64조 청소년동아리활동의 활성화 제65조 청소년의 자원봉사활동의 활성화

59 다음에서 설명하는 하트(R. Hart)의 청소년 참여 사다리 1단계는?

> ○ 청소년들이 활동내용에 대해 전혀 이해하지 못한다.
> ○ 청소년지도자의 지시에 일방적으로 따르는 상태를 말한다.
> ○ 청소년지도자는 청소년들을 이용하지만, 그들을 청소년활동의 주체로 인정하지 않는다.

① 명목단계   ② 장식단계   ③ 조작단계
④ 성인주도단계   ⑤ 청소년주도단계

60 청소년활동 진흥법상 (   )에 들어갈 용어로 옳은 것은?

> (   )(이)란 청소년수련활동에 필요한 프로그램과 이와 관련되는 사업을 말한다.

① 청소년수련거리   ② 청소년수련활동   ③ 청소년교류활동
④ 청소년문화활동   ⑤ 청소년동아리활동

61 청소년 기본법령상 청소년특별회의에 관한 내용으로 옳지 않은 것은?
① 청소년특별회의를 2년마다 개최하여야 한다.
② 청소년 관련 단체·시설·학계의 관계자는 참석할 수 있다.
③ 청소년특별회의의 참석대상·운영방법 등 세부적인 사항은 대통령령으로 정한다.
④ 청소년 관련 기관·단체에서 추천하는 청소년은 참석대상이 된다.
⑤ 국가차원의 정책과제를 발굴하여 정부에 제안하는 전국단위의 청소년참여기구이다.

62 국제청소년성취포상제에 관한 설명으로 옳지 않은 것은?
① 기본이념에는 비경쟁성·자발성 등이 포함된다.
② 금장에서는 3박 4일의 합숙활동을 해야 한다.
③ 영국의 에딘버러(Edinburgh) 공작에 의해 시작되었다.
④ 동장에서는 봉사, 자기개발, 신체단련 중 하나를 선택하여 추가로 3개월 수행해야 한다.
⑤ 한국청소년활동진흥원이 국제청소년성취포상제의 한국사무국이다.

63. 청소년활동 진흥법령상 ( )에 들어갈 숫자로 옳은 것은?

> 인증심사원이 되려는 사람은 인증기준, 인증절차 등 인증심사와 관련된 내용을 중심으로 인증위원회가 실시하는 직무연수를 ( )시간 이상 받아야 한다.

① 10 ② 20 ③ 30 ④ 40 ⑤ 50

64. 청소년 기본법령상 청소년단체의 청소년지도사 배치기준이다. ( )에 들어갈 내용으로 옳은 것은?

> 청소년회원 수가 (ㄱ)명 이하인 경우에는 1급 청소년지도사 또는 2급 청소년지도사 1명 이상을 두되, 청소년회원 수가 (ㄱ)명을 초과하는 경우에는 그 초과하는 (ㄱ)명마다 1급 청소년지도사 또는 2급 청소년지도사 1명 이상을 추가로 두며, 청소년회원수가 (ㄴ)명 이상인 경우에는 청소년지도사의 5분의 1 이상은 1급 청소년지도사로 두어야 한다.

① ㄱ: 1천, ㄴ: 5천
② ㄱ: 1천, ㄴ: 1만
③ ㄱ: 2천, ㄴ: 5천
④ ㄱ: 2천, ㄴ: 1만
⑤ ㄱ: 3천, ㄴ: 2만

65. 청소년 기본법령상 청소년지도사를 의무적으로 배치해야 하는 시설이 아닌 곳은?

① 유스호스텔
② 청소년수련관
③ 청소년수련원
④ 청소년특화시설
⑤ 청소년자립지원관

정답 및 해설

59 ③ 60 ① 61 ① 62 ② 63 ④ 64 ④ 65 ⑤

59 ③ 하트(R. Hart)의 청소년 참여 사다리 8단계
조작 → 장식 → 명목 → 제한적 위임과 정보제공 → 상의와 정보제공 → 성인주도 → 청소년주도 → 동등한 파트너십

60 ① 청소년수련거리에 대한 설명이다.

61 ① 국가는 범정부적 차원의 청소년정책과제의 설정·추진 및 점검을 위하여 청소년 분야의 전문가와 청소년이 참여하는 청소년특별회의를 해마다 개최하여야 한다. (법 제12조)

62 ② 금장에서는 4박 5일의 합숙활동을 해야 한다.

63 ④ 인증심사원의 자격 및 선발 등 (시행규칙 제15조)
① 청소년수련활동인증위원회는 다음의 어느 하나에 해당하는 자격요건을 갖춘 사람 중에서 인증심사원을 선발한다.
 1. 1급 또는 2급 청소년지도사 자격 소지자
 2. 청소년활동분야에서 5년 이상의 실무경력이 있는 사람
② 인증심사원이 되려는 사람은 인증위원회에서 실시하는 면접 등 절차를 거쳐 선발한다.
③ 인증심사원이 되려는 사람은 인증기준, 인증절차 등 인증심사와 관련된 내용을 중심으로 인증위원회가 실시하는 직무연수를 40시간 이상 받아야 한다.
④ 인증심사원은 2년마다 20시간 이상의 직무연수를 이수하여야 한다.

64 ④ 청소년지도사·청소년상담사의 배치대상 및 배치기준(제25조제2항 관련)

65 ⑤ 청소년자립지원관은 의무배치시설이 아니다.

66. 청소년활동 진흥법상 한국청소년수련시설협회의 사업으로 명시된 것이 아닌 것은?
① 국립청소년수련시설의 운영
② 지방청소년수련시설협회에 대한 지원
③ 청소년수련활동에 대한 조사·연구·지원사업
④ 청소년지도자의 연수·권익증진 및 교류사업
⑤ 청소년수련활동의 활성화 및 수련시설의 안전에 관한 홍보 및 실천운동

67. 다음에서 설명하는 청소년프로그램 개발 접근 원리는?

> ○ 청소년활동 현장에서 주로 사용되었던 전통적인 기법이다.
> ○ 한 단계가 마무리된 후에 다음 단계의 절차가 연속적으로 진행된다.
> ○ 단계마다의 과업이 명확하고 단순하여 안정감이 있기 때문에 초보자도 쉽게 적용할 수 있다.

① 비판적 접근   ② 선형적 접근   ③ 통합적 접근
④ 비선형적 접근   ⑤ 비통합적 접근

68. 프로그램 기획의 특징이 아닌 것은?
① 목표지향적 활동   ② 행동지향적 활동
③ 과거지향적 활동   ④ 연속적인 과정
⑤ 의사결정의 과정

69. 프로그램개발 통합모형의 프로그램 설계단계에서 수행되는 활동은?
① 지도자 관리   ② 잠재적 참여자 매핑
③ 프로그램 내용 계열화   ④ 프로그램 평가 준거 확인
⑤ 프로그램 개발 기본방향 설정

70. 간단한 청소년수련활동을 실시할 수 있는 시설 및 설비를 갖춘 정보·문화·예술 중심의 수련시설로, 시·도지사 및 시장·군수·구청장이 읍·면·동에 1개소 이상 설치·운영하여야 하는 시설은?
① 청소년쉼터   ② 청소년수련관   ③ 청소년수련원
④ 청소년특화시설   ⑤ 청소년문화의 집

정답 및 해설

66 ① 67 ② 68 ③ 69 ③ 70 ⑤

66 ①은 국가의 업무이다. 국가는 둘 이상의 시·도 또는 전국의 청소년이 이용할 수 있는 국립청소년수련시설을 설치·운영하여야 한다. (법 제11조)

67 ② 청소년프로그램 개발 접근 원리

선형적접근	보기 참조
비선형적 접근	・같은 시간에 몇 개의 절차가 동시에 이루어져 시간상의 제약을 받지 않으며, 각 단계가 계속적으로 순환되는 특징을 가지고 있다.
비통합적 접근	・프로그램의 참여가 예상되는 잠재적 고객, 즉 청소년의 참여를 고려하지 않고 청소년단체나 기관, 그리고 청소년지도사가 독자적으로 프로그램개발을 전개하는 방식을 말한다.
통합적 접근 (체제분석적 접근)	・프로그램개발에 영향을 미치는 요인들을 종합적으로 고려하는 방식이다. ・전개방식이 총체적이고 분석적이기 때문에 프로그램의 전 과정이 복잡하고 프로그램개발자의 전문적인 능력을 필요로 하지만 여타 접근 방법에 비해 오차를 최소화시킬 수 있다는 장점이 있다.

68 ③ 기획은 미래지향적이다.

69 ③ 프로그램개발 통합모형

프로그램 기획	프로그램 설계	프로그램마케팅	프로그램 실행	프로그램 평가
・프로그램 개발팀 구성 ・청소년 기관 분석 ・청소년 특성 분석 ・프로그램 개발 타당성 분석 ・프로그램 개발 기본방향 설정 ・프로그램 아이디어창출 ・청소년요구/필요분석 ・우선순위 설정	・프로그램 목적 목표 진술 ・프로그램내용선정 ・프로그램내용계열화 ・활용체계설계 ・활용내용설계 ・활용운용설계 ・활용매체개발	・잠재적참여자 매핑 ・프로그램마케팅 방법/기법결정 ・프로그램마케팅 자료/매체제작 ・프로그램마케팅 실행	・청소년관리 (등록학습참여) ・지도자관리 (섭외교수촉진) ・활동자료관리 (교재메뉴얼매체) ・자원관리 (물적시설자원)	・프로그램평가 목적 설정 ・프로그램평가 준거 확인 ・프로그램평가 지표도구 개발 ・프로그램평가 자료수집 분석 ・프로그램평가보고 개정

70 ⑤ 청소년 수련시설 및 이용시설

청소년수련시설	청소년수련관	다양한 청소년수련거리를 실시할 수 있는 각종 시설 및 설비를 갖춘 종합수련시설
	청소년수련원	숙박기능을 갖춘 생활관과 다양한 청소년수련거리를 실시할 수 있는 각종 시설과 설비를 갖춘 종합수련시설
	청소년문화의 집	간단한 청소년수련활동을 실시할 수 있는 시설 및 설비를 갖춘 정보·문화·예술 중심의 수련시설
	청소년특화시설	청소년의 직업체험, 문화예술, 과학정보, 환경 등 특정 목적의 청소년활동을 전문적으로 실시할 수 있는 시설과 설비를 갖춘 수련시설
	청소년야영장	야영에 적합한 시설 및 설비를 갖추고, 청소년수련거리 또는 야영편의를 제공하는 수련시설
	유스호스텔	청소년의 숙박 및 체류에 적합한 시설·설비와 부대·편익시설을 갖추고, 숙식편의 제공, 여행 청소년의 활동지원(청소년수련활동 지원은 제11조에 따라 허가된 시설·설비의 범위에 한정한다)을 기능으로 하는 시설
청소년이용시설		수련시설이 아닌 시설로서 그 설치 목적의 범위에서 청소년활동의 실시와 청소년의 건전한 이용 등에 제공할 수 있는 시설

71 청소년프로그램 개발 패러다임 중 구성주의 패러다임에 해당하는 것을 모두 고른 것은?

> ㄱ. 목표에 의해 내용이 결정되는 성격이 강하다.
> ㄴ. 청소년을 수동적이고 피동적인 존재로 간주한다.
> ㄷ. 청소년지도자와 청소년 중심의 프로그램개발 중요성을 강조한다.

① ㄱ
② ㄷ
③ ㄱ, ㄴ
④ ㄴ, ㄷ
⑤ ㄱ, ㄴ, ㄷ

72 브레인스토밍(brainstorming)에 관한 설명이 아닌 것은?
① 완전히 비형식적이다.
② 부정적 비판이 장려된다.
③ 조합과 확대가 권장된다.
④ 많은 아이디어가 나올수록 좋다.
⑤ 얽매이지 않고 자유롭게 진행하여야 한다.

73 청소년활동 진흥법상 한국청소년활동진흥원의 사업으로 명시된 것이 아닌 것은?
① 청소년지도사의 연수
② 청소년 자원봉사활동의 활성화
③ 수련시설의 안전에 관한 컨설팅 및 홍보
④ 청소년수련활동 인증위원회 등 청소년수련활동 인증제도의 운영
⑤ 청소년치료재활센터 및 청소년 보호·재활센터의 유지·관리 및 운영

74 다음에서 설명하는 프로그램 요구분석 기법은?

> ○ 학습자가 표현한 요구를 확인하기 위해 가장 널리 활용되는 요구분석 기법이다.
> ○ 구체적인 방법으로 질문지법(questionnaire)과 면접법(interview)이 있다.

① 관찰법
② 데이컴법
③ 델파이법
④ 서베이법
⑤ 능력분석법

75 청소년이용시설 중 상시 또는 정기적으로 청소년의 이용에 제공할 수 있는 시설로서 청소년지도사를 배치한 시설에 대해 그 설치·운영자의 신청을 받아 청소년이용권장시설로 지정할 수 있는 자는?

① 도지사 ② 국무총리 ③ 성평등족부장관
④ 시장·군수·구청장 ⑤ 한국청소년활동진흥원장

정답 및 해설

71 ② 72 ② 73 ⑤ 74 ④ 75 ④

71 ② 청소년프로그램 개발 패러다임

실증주의 패러다임	· 프로그램이란 청소년의 외부 세계에 존재하는 새로운 지식과 정보, 그리고 기술 등을 청소년에게 전달하거나 가르칠 수 있도록 하는 도구적이고 공학적인 성격으로 규정된다. · 프로그램에 참여하는 청소년을 수동적이고 피동적인 존재로 간주하는 인식이 깔려 있다. · 프로그램개발이란 청소년지도사와 청소년사이의 수단적인 메커니즘을 효과적으로 만들어 가기 위해 프로그램개발의 절차를 강조하고, 이러한 의도와 목표에 의해 내용을 결정하는 목표 수단모델의 성격이 강하다
구성주의 (실제적-해석적) 패러다임	· 청소년지도의 과정을 청소년지도사와 청소년이 함께 '의미를 창출하는 상호작용의 과정'으로 규정한다. · 프로그램 개발은 특정 분야의 내용 전문가에게 전적으로 위임하지 않고, 청소년지도사와 청소년 중심의 프로그램개발을 강조한다
비판적주의 패러다임	· 더 넓은 사회에서 이데올로기적, 사회경제적 힘들로 부터 발생되는 인간의 억압의 상태를 해방시키는 데 관심을 기울인다. · 프로그램은 청소년지도자와 청소년이 함께 프로그램 내용을 구성하고 비판적으로 반성하는 통합적 과정 자체가 청소년지도 과정이며, 이러한 과정이 바로 '대화과정'이기 때문에 이 패러다임에 따른 청소년 프로그램개발의 형태는 '대화 모형'이라고 할 수 있다.

72 ② 제시된 아이디어에 대한 비판은 추후의 비판적 단계까지 보류하고 계속해서 아이디어를 확장하고 더하는 데에 초점을 둬야 한다. 비판을 유예하는 것으로 참여자들은 자유로운 분위기 속에서 독특한 생각들을 꺼낼 수 있게 된다.

73 ⑤는 청소년 상담원의 업무이다(청소년복지지원법 제22조 제9항).

74 ④ 프로그램 요구분석 기법

서베이법	· 보기참조
관찰법	· 관찰자가 조사 대상의 개인, 사회집단, 또는 지역사회의 행동이나 사회현상을 현장에서 직접 보거나 들어서 필요한 정보나 상황을 정확히 알아내려는 방법이다.
개별이력	· 요구를 개인적으로 결정하고 기록하는 데 이용되는 방법이다(Boyle, 1981). · 이 기법은 주로 의사나 변호사등 전문직에 종사하는 사람들의 교육요구를 분석하고자 할 때 그들의 개인이력을 보고 요구를 파악하는 방법이다.
결정적 사건분석법	· 필요한 관찰과 평가를 위해 가장 적절한 지위에 있는 사람들로부터 특정한 행동에 대한 기록을 얻어내는 방법이다.
능력분석법	· 특정 영역의 전문가가 반드시 소유하고 있어야 할 최소한의 전문적 능력을 현재 그 영역에 종사하고 있는 사람으로부터 확인하여 교육적 요구를 분석하는 방법이다.
델파이법	· 추정하려는 문제에 대한 정확한 정보가 없을 때 전문가들의 직관과 판단을 집합적으로 적용하여 미래를 예측하거나 연구하는 방법이다.
데이컴법	· 교육과정을 개발하는 데 활용되어온 직무분석의 한 기법이다.

75 ④ 시장·군수·구청장은 청소년이용시설 중 상시 또는 정기적으로 청소년의 이용에 제공할 수 있는 시설로서 청소년지도사를 배치한 시설에 대해서는 그 설치·운영자의 신청을 받아 청소년이용권장시설로 지정할 수 있다.(청소년활동진흥법 시행령 제17조 제2항)

참고문헌

강진령, 집단상담의 실제, 학지사, 2005
강진령, 집단상담과 치료, 학지사, 2012
김명권 외 역, 집단상담 과정과 실제, 시그마프레스, 2004
김봉환·정철영·김병석, 학교진로상담, 학지사, 2012
김석우, 기초통계학, 학지사, 2009
김승국 외, 행동장애와 심리치료, 교육과학사, 2003
김영환 외, 심리검사의 이론과 실제, 학지사, 2012
김정명·김홍규·김중명, 청소년의 선호에 기반한 수련활동시설의 유형구분 및 이용실태에 관한 연구, 한국청소년개발원, 2004
김정택·김명준 역, 심리 유형의 역동과 발달, 어세스타, 2009
김정택·심혜숙, 16가지 성격유형의 특성, 어세스타, 2007
김중술, 다면적 인성검사, 서울대학교 출판부, 1994
김진숙 외 역, 집단상담 과정과 실제, 시그마프레스, 2007
김춘경·이수연·최웅용, 청소년상담, 학지사, 2007
김춘경, 최웅용 역, 집단상담기법, 시그마프레스, 2004
김현주·김혜숙·박숙희, 심리검사의 이해, 교육과학사, 2009
김현철·임희진, 청소년정책 리포트, 한국청소년정책연구원, 2013
김현택 외, 인간의 이해 심리학, 학지사, 2010
노안영, 집단상담 이론과 실제, 학지사, 2011
문화체육부청소년정책실, 수련거리 운영지침, 문화체육부, 1997
민윤기 외, 인간생활과 심리학, 학지사, 2011
박성덕 역, 정서중심적 부부치료, 학지사, 2006
박영숙, 심리검사의 이론과 활용, 하나의학사, 1989
박영숙, 심리평가의 실제, 하나의학사, 1994
박준규, 노인들의 성문화, 얼마나 알고 계세요?, 오마이뉴스, 2006
박천식 외, 재미있는 심리학, 교육과학사, 2010
박형태·이정일 공저, 소방안전교육사 심리학개론, 정훈사, 2009
방선욱·이경화·박천식, 심리학의 이해, 교육과학사, 2008
손영화, 생활과 심리학, 학지사, 2010
신명희 외, 발달심리학, 학지사, 2013
성평등가족부, 청소년활동진흥법, 청소년역량개발과, 2011
성평등가족부, 취약청소년 자립 및 학업지원 통합모형 개발, 한국청소년상담복지개발원, 2013
오세진 외, 인간행동과 심리학, 학지사, 2011
우종하, 생활속의 인간심리, 교육과학사, 2009
윤가현 외, 심리학의 이해, 학지사, 2008
이양 외, 포인트 심리학, 교육과학사, 2009
이용남 편, 교육 및 상담심리학, 교육과학사, 2009
이우경·이원혜, 심리평가의 최신 흐름, 학지사, 2012
이은경·이지연 역, 집단상담의 실제, 시그마프레스, 2005
이장호·김정희, 집단상담의 원리와 실제, 법문사, 1992
이장호·정남운·조성호, 상담심리학의 기초, 학지사, 2008
이현림·김영숙, 인간발달과 교육, 교육과학사, 2008
정미경 외, 심리학개론, 양서원, 2010
정성란 외, 집단상담, 학지사, 2013
정옥분, 청년심리학, 학지사, 2009
조현춘 외 역, 집단심리상담의 이론과 실제, 시그마프레스, 2005
주은선·주은지 역, 15가지 집단상담기술, 시그마프레스, 2008
현성용 외, 현대심리학 입문, 학지사, 2008
홍기원·최영안·이종택, 알기쉬운 심리학, 양서원, 2010
홍성열, 사회과학도를 위한 기초통계, 학지사, 2008